신용한 행정학

메가 공무원

시행처별
기출문제집

해설편

빠른 정답표

국가직 9급

2024년
01	④	02	③	03	①	04	①	05	④	06	②	07	①	08	③	09	①	10	④
11	④	12	③	13	④	14	②	15	①	16	②	17	③	18	②	19	③	20	②

2023년
01	③	02	①	03	②	04	④	05	②	06	③	07	①	08	①	09	②	10	③
11	①	12	④	13	④	14	②	15	②	16	③	17	④	18	③	19	④	20	①

2022년
01	①	02	①	03	②	04	②	05	①	06	④	07	④	08	②	09	③	10	②
11	③	12	④	13	②	14	④	15	④	16	③	17	③	18	①	19	③	20	②

2021년
01	③	02	④	03	③	04	④	05	③	06	③	07	②	08	①	09	②	10	③
11	①	12	④	13	④	14	④	15	④	16	①	17	④	18	②	19	②	20	④

2020년
01	①	02	④	03	②	04	①	05	②	06	③	07	④	08	①	09	③	10	③
11	④	12	①	13	②	14	②	15	③	16	④	17	③	18	③	19	④	20	①

지방직 9급

2024년
01	④	02	④	03	②	04	③	05	③	06	③	07	②	08	①	09	③	10	③
11	①	12	①	13	④	14	②	15	②	16	④	17	③	18	①	19	②	20	④

2023년
01	①	02	④	03	②	04	②	05	②	06	④	07	①	08	②	09	④	10	③
11	①	12	②	13	④	14	②	15	③	16	②	17	③	18	③	19	①	20	④

2022년
01	③	02	④	03	①	04	④	05	③	06	③	07	①	08	①	09	①	10	④
11	③	12	②	13	④	14	②	15	④	16	②	17	①	18	②	19	②	20	④

2021년
01	①	02	②	03	④	04	①	05	③	06	②	07	③	08	①	09	④	10	②
11	④	12	②	13	②	14	①	15	②	16	③	17	④	18	③	19	①	20	④

2020년
01	④	02	③	03	②	04	①	05	③	06	②	07	①	08	④	09	③	10	④
11	③	12	②	13	①	14	②	15	④	16	①	17	③	18	④	19	④	20	③

빠른 정답표

국가직 7급

2024년

01	③	02	④	03	④	04	②	05	①	06	③	07	②	08	④	09	②	10	③
11	③	12	①	13	①	14	④	15	①	16	②	17	①	18	①	19	②	20	①
21	④	22	③	23	③	24	④	25	③										

2023년

01	②	02	④	03	①	04	②	05	①	06	③	07	④	08	②	09	②	10	③
11	④	12	④	13	①	14	④	15	①	16	③	17	③	18	①	19	④	20	①
21	③	22	③	23	②	24	④	25	②										

2022년

01	④	02	①	03	③	04	②	05	④	06	③	07	④	08	②	09	③	10	③
11	④	12	①	13	④	14	③	15	②	16	②	17	③	18	②	19	①	20	①
21	④	22	④	23	①	24	②	25	①										

2021년

01	③	02	②	03	①	04	①	05	③	06	④	07	④	08	②	09	②	10	①
11	④	12	④	13	④	14	③	15	①	16	③	17	③	18	③	19	④	20	②
21	①	22	④	23	②	24	②	25	①										

2020년

01	④	02	②	03	④	04	③	05	②	06	③	07	②	08	④	09	④	10	①
11	①	12	②	13	①	14	③	15	②	16	③	17	④	18	③	19	④	20	③

지방직 7급

2024년

| 01 | ④ | 02 | ② | 03 | ② | 04 | ③ | 05 | ④ | 06 | ① | 07 | ④ | 08 | ④ | 09 | ① | 10 | ④ |
| 11 | ③ | 12 | ② | 13 | ④ | 14 | ② | 15 | ④ | 16 | ① | 17 | ① | 18 | ② | 19 | ③ | 20 | ② |

2023년

| 01 | ③ | 02 | ③ | 03 | ① | 04 | ④ | 05 | ① | 06 | ④ | 07 | ① | 08 | ④ | 09 | ③ | 10 | ② |
| 11 | ① | 12 | ④ | 13 | ④ | 14 | ② | 15 | ② | 16 | ③ | 17 | ② | 18 | ② | 19 | ③ | 20 | ② |

2022년

| 01 | ② | 02 | ④ | 03 | ② | 04 | ④ | 05 | ① | 06 | ③ | 07 | ③ | 08 | ③ | 09 | ① | 10 | ④ |
| 11 | ① | 12 | ② | 13 | ③ | 14 | ④ | 15 | ④ | 16 | ④ | 17 | ③ | 18 | ① | 19 | ① | 20 | ② |

2021년

| 01 | ③ | 02 | ④ | 03 | ① | 04 | ② | 05 | ④ | 06 | ① | 07 | ③ | 08 | ④ | 09 | ④ | 10 | ② |
| 11 | ④ | 12 | ② | 13 | ② | 14 | ② | 15 | ② | 16 | ② | 17 | ① | 18 | ① | 19 | ② | 20 | ④ |

2020년

| 01 | ② | 02 | ④ | 03 | ① | 04 | ④ | 05 | ② | 06 | ② | 07 | ② | 08 | ① | 09 | ③ | 10 | ① |
| 11 | ① | 12 | ① | 13 | ③ | 14 | ④ | 15 | ① | 16 | ③ | 17 | ② | 18 | ④ | 19 | ② | 20 | ③ |

빠른 정답표

국회 8급

2024년

01	②	02	⑤	03	③	04	③	05	④	06	②	07	①	08	②	09	④	10	①
11	①	12	②	13	③	14	④	15	⑤	16	③	17	②	18	③	19	④	20	⑤
21	①	22	④	23	⑤	24	②	25	④										

2023년

01	②	02	③	03	①	04	①	05	②	06	④	07	①	08	⑤	09	③	10	⑤
11	①	12	②	13	④	14	③	15	②	16	④	17	⑤	18	③	19	⑤	20	④
21	⑤	22	①	23	②	24	③	25	④										

2022년

01	①	02	⑤	03	⑤	04	④	05	③	06	③	07	②	08	③	09	①	10	④
11	⑤	12	①	13	②	14	②	15	④	16	⑤	17	③	18	②	19	②	20	⑤
21	③	22	③	23	②	24	④	25	①										

2021년

01	②	02	①	03	③	04	①	05	④	06	⑤	07	④	08	⑤	09	④	10	①
11	④	12	③	13	②	14	⑤	15	①	16	④	17	②	18	④	19	③	20	⑤
21	②	22	③	23	④	24	②	25	①										

2020년

01	②	02	②	03	③	04	②	05	④	06	③	07	②	08	③	09	①	10	①
11	⑤	12	③	13	④	14	④	15	④	16	⑤	17	⑤	18	⑤	19	②	20	⑤
21	②	22	①	23	③	24	①	25	④										

경찰간부후보생

2025년

01	②	02	④	03	③	04	④	05	③	06	②	07	③	08	①	09	④	10	①
11	②	12	①	13	①	14	④	15	②	16	④	17	③	18	①	19	②	20	③
21	④	22	②	23	④	24	③	25	①	26	④	27	③	28	②	29	④	30	②
31	②	32	③	33	③	34	③	35	①	36	④	37	③	38	①	39	④	40	②

2024년

01	①	02	④	03	③	04	③	05	③	06	③	07	①	08	①	09	④	10	②
11	③	12	④	13	②	14	③	15	①	16	③	17	①	18	④	19	④	20	④
21	②	22	①	23	②	24	③	25	①	26	②	27	①	28	③	29	④	30	②
31	④	32	④	33	②	34	①	35	①	36	③	37	④	38	②	39	①	40	③

2023년

01	①	02	③	03	②	04	②	05	①	06	②	07	④	08	②	09	③	10	②
11	②	12	③	13	④	14	③	15	④	16	①	17	②	18	①	19	④	20	②
21	③	22	②	23	①	24	①	25	④	26	①	27	②	28	④	29	③	30	③
31	④	32	①	33	③	34	④	35	①	36	②	37	③	38	③	39	③	40	③

2022년

01	②	02	④	03	③	04	①	05	③	06	④	07	③	08	③	09	③	10	③
11	④	12	①	13	②	14	②	15	②	16	③	17	①	18	④	19	③	20	①
21	④	22	②	23	④	24	④	25	②	26	②	27	③	28	③	29	②	30	①
31	①	32	②	33	③	34	①	35	④	36	②	37	②	38	①	39	②	40	④

2021년

01	④	02	①	03	③	04	④	05	④	06	②	07	③	08	③	09	①	10	①
11	②	12	④	13	④	14	②	15	②	16	④	17	③	18	③	19	②	20	④
21	④	22	②	23	②	24	③	25	①	26	④	27	②	28	④	29	③	30	①
31	①	32	①	33	②	34	④	35	④	36	②	37	④	38	①	39	①	40	②

CONTENTS

문제편

국가직 9급
2024년 국가직 9급 행정학개론 … 13
2023년 국가직 9급 행정학개론 … 19
2022년 국가직 9급 행정학개론 … 25
2021년 국가직 9급 행정학개론 … 31
2020년 국가직 9급 행정학개론 … 37

지방직 9급
2024년 지방직 9급 행정학개론 … 45
2023년 지방직 9급 행정학개론 … 51
2022년 지방직 9급 행정학개론 … 57
2021년 지방직 9급 행정학개론 … 63
2020년 지방직 9급 행정학개론 … 69

국가직 7급
2024년 국가직 7급 행정학 … 77
2023년 국가직 7급 행정학 … 83
2022년 국가직 7급 행정학 … 89
2021년 국가직 7급 행정학 … 97
2020년 국가직 7급 행정학 … 103

지방직 7급
2024년 지방직 7급 행정학 … 111
2023년 지방직 7급 행정학 … 117
2022년 지방직 7급 행정학 … 123
2021년 지방직 7급 행정학 … 129
2020년 지방직 7급 행정학 … 135

국회 8급
2024년 국회 8급 행정학 … 143
2023년 국회 8급 행정학 … 153
2022년 국회 8급 행정학 … 159
2021년 국회 8급 행정학 … 165
2020년 국회 8급 행정학 … 173

경찰간부후보생
2025년 경찰간부후보생 행정학 … 183
2024년 경찰간부후보생 행정학 … 193
2023년 경찰간부후보생 행정학 … 203
2022년 경찰간부후보생 행정학 … 211
2021년 경찰간부후보생 행정학 … 219

해설편

국가직 9급

2024년 국가직 9급 행정학개론	⋯ 12
2023년 국가직 9급 행정학개론	⋯ 18
2022년 국가직 9급 행정학개론	⋯ 24
2021년 국가직 9급 행정학개론	⋯ 31
2020년 국가직 9급 행정학개론	⋯ 37

지방직 9급

2024년 지방직 9급 행정학개론	⋯ 46
2023년 지방직 9급 행정학개론	⋯ 52
2022년 지방직 9급 행정학개론	⋯ 58
2021년 지방직 9급 행정학개론	⋯ 64
2020년 지방직 9급 행정학개론	⋯ 71

국가직 7급

2024년 국가직 7급 행정학	⋯ 80
2023년 국가직 7급 행정학	⋯ 88
2022년 국가직 7급 행정학	⋯ 96
2021년 국가직 7급 행정학	⋯ 103
2020년 국가직 7급 행정학	⋯ 111

지방직 7급

2024년 지방직 7급 행정학	⋯ 120
2023년 지방직 7급 행정학	⋯ 126
2022년 지방직 7급 행정학	⋯ 133
2021년 지방직 7급 행정학	⋯ 139
2020년 지방직 7급 행정학	⋯ 145

국회 8급

2024년 국회 8급 행정학	⋯ 154
2023년 국회 8급 행정학	⋯ 161
2022년 국회 8급 행정학	⋯ 168
2021년 국회 8급 행정학	⋯ 177
2020년 국회 8급 행정학	⋯ 187

경찰간부후보생

2025년 경찰간부후보생 행정학	⋯ 200
2024년 경찰간부후보생 행정학	⋯ 211
2023년 경찰간부후보생 행정학	⋯ 224
2022년 경찰간부후보생 행정학	⋯ 236
2021년 경찰간부후보생 행정학	⋯ 247

국가직 9급

2024년 국가직 9급 해설 ······ 12

2023년 국가직 9급 해설 ······ 18

2022년 국가직 9급 해설 ······ 24

2021년 국가직 9급 해설 ······ 31

2020년 국가직 9급 해설 ······ 37

2024년 국가직 9급

문제편 p.13~17

정답

01	④	02	③	03	①	04	①	05	④
06	②	07	①	08	③	09	①	10	④
11	④	12	③	13	④	14	②	15	①
16	②	17	③	18	②	19	③	20	②

출제영역 분석

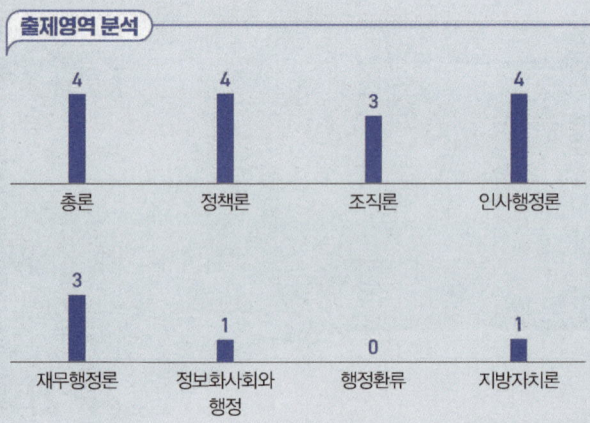

총론 4, 정책론 4, 조직론 3, 인사행정론 4
재무행정론 3, 정보화사회와 행정 1, 행정환류 0, 지방자치론 1

출제경향 분석

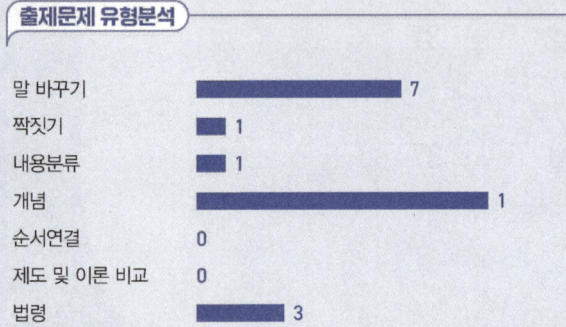

기출문제 17, 신유형 문제 2, 기출문제 변형 1

출제문제 유형분석

말 바꾸기	7
짝짓기	1
내용분류	1
개념	1
순서연결	0
제도 및 이론 비교	0
법령	3

---

01 상 중 ⓗ ■■■ 🔑 ④

출제유형 **출제영역** Ⅳ 개념 / 하위정부모형(철의 삼각)

④ ❌ 하위정부 모형은 **이익집단, 입법부(의회)의 상임위원회, 행정기관의 관료** 등의 소수 엘리트들이 연대를 형성하여 특정 영역의 정책결정을 배타적으로 지배하는 3자 간 동맹을 말한다. **법원은 이에 포함되지 않는다.**

SUMMARY 정책네트워크의 유형

하위정부 모형	이슈공동체	정책공동체
관료 + 의회 상임위 + 이익집단	광범위한 다수의 참여	제한된 참여(관료, 전문가), 다양한 이해관계자 X
안정적·폐쇄적	불안정(유동적, 일시적)	안정적(지속적, 장기적)
이해관계 일치 (동맹적)	경쟁적, 갈등적 (Negative-sum game)	의존적, 협력적, 신뢰 (Positive-sum game)
분야별 정책지배	정책산출의 예측 곤란	의도한 정책산출, 예측 가능
분배정책분야에서 주로 형성	권력의 다원론과 상관성 큼	뉴거버넌스와 연관된 개념, 정책내용 합리성 제고

연계학습 2025 신용한 행정학 p.209

---

02 상 ⓜ 하 ■■■ 🔑 ③

출제유형 **출제영역** Ⅰ 말바꾸기+Ⅳ 개념 / 실적주의

① ❌ **잭슨(Jackson) 대통령에 의해 공식화된 것은 엽관주의**이다. 실적주의는 엽관주의를 비판하면서 등장하였다.

② ❌ **엽관주의**에 대한 설명이다. 엽관주의 당시 근대 입법국가 시대에는 행정 업무가 단순해 공직의 일이 **상식적인 일반 대중 누구나 수행할** 수 있어 엽관주의를 적용해도 특별한 문제가 없었다. 특히 엽관주의는 특권적인 정부관료제를 일반대중에게 공개함으로 행정의 민주화에 공헌하였다.

③ ⭕ 실적주의는 공직 취임에 대한 기회의 균등을 보장하며, 공개경쟁시험을 통한 유능한 인재의 임용으로 행정의 효율성을 제고한다. 또한 공무원의 정치적 중립과 신분보장을 통해 행정의 공정성과 안정성을 확보해주는 것을 핵심 요소로 한다.

④ ❌ 실적주의 인사제도는 행정의 효율성, 행정의 공정성과 안전성을 중시하는 인사제도이다. **사회적 형평성을 중시하는 인사제도는 대표관료제**이다.

올바른 지문

① 엽관주의는 미국의 잭슨 대통령에 의해 공식화되었다.
② 엽관주의는 공직의 일을 건전한 상식과 인품을 가진 일반 대중 누구나 수행할 수 있는 것이라고 전제하였다.
④ 행정의 효율성, 공정성을 가장 중요한 가치로 삼는 인사제도이다.

연계학습 2025 신용한 행정학 p.448

03 상 중 하 ■■■ 🔍 ①

출제유형 출제영역 | 말바꾸기+Ⅳ 개념 / 신공공관리론

① ✕ 신공공관리론은 전통적 관료제와 달리 **형평성 대신 효율성에 초점**을 맞춘 고객지향적 정부를 강조한다.

②, ③, ④ ○ 신공공관리론에서는 수익자부담원칙의 강화, 정부부문 내 경쟁 원리 도입, 성과(결과)에 기초한 성과 중심주의 등을 행정개혁의 방향으로 제시하고 있다.

SUMMARY 신공공관리론 vs 전통적 관료제

구분		전통적 관료제	신공공관리론(기업가적 정부)
정부의 역할		노젓기(rowing) 역할	방향(steering)잡기 ⇨ 촉진(촉매)적 정부
정부의 활동		직접적 서비스 제공	할 수 있는 권한 부여 ⇨ 시민소유정부
행정의 가치		형평성과 민주성	경제성, 효율성, 효과성
서비스		독점적 공급	경쟁도입 ⇨ 경쟁적 정부
공급 방식		행정메커니즘	시장메커니즘 ⇨ 시장지향적 정부
관리 기제		법령, 규칙중심의 관리	임무중심의 관리, 결과 중시 ⇨ 사명지향적 정부
행정 관리 방식	투입 중심 예산		성과 연계 예산(VFM의 강조) ⇨ 성과지향적 정부
	지출지향		수익창출 ⇨ 기업형 정부
	사후대처		사전예방 ⇨ 미래지향적 정부
	명령과 통제		참여와 팀워크 및 네트워크 관리 ⇨ 분권적 정부
행정 주도 주체		관료 및 행정기관 중심 (계층제적 책임 확보)	고객중심 ⇨ 고객지향적 정부 (참여적 대응성 확보)

올바른 지문 ① 형평성 대신 효율성에 초점을 맞춘 고객지향적 정부 강조

연계학습 2025 신용한 행정학 152~154

04 상 중 하 ■■■ 🔍 ①

출제유형 출제영역 | 말바꾸기+Ⅳ 개념 / 시장실패와 정부대응

① ✕ 민영화를 강조하는 작은 정부론은 정부의 크기를 축소해 개인의 자유와 선택을 극대화해야 한다는 것으로 **정부실패에 대한 대응으로 제기**되었다.

② ○ 시장실패란 시장(시장기구)에 의한 자원배분의 효율성과 형평성을 담보하지 못하는 상태를 말한다.

③ ○ 정부는 공적 공급, 공적 유도, 정부 규제(시장 개입 및 규제) 등을 통해 시장실패를 교정한다.

④ ○ 시장실패를 초래하는 요인은 공공재의 존재, 외부효과의 발생, 자연독점, 불완전 경쟁, 정보의 비대칭 등이 있다.

SUMMARY 시장실패와 정부대응

	공적공급 (행정조직)	공적유도 (보조금)	정부규제 (권위)
공공재의 존재	O		
외부효과의 발생		O	O
자연독점	O		O
불완전 경쟁			O
정보의 비대칭성		O	O

올바른 지문 ① 민영화를 강조하는 작은 정부론은 <u>정부실패에 대한 대응</u>으로 제기되었다.

연계학습 2025 신용한 행정학 p.61~64

05 상 중 하 ■■■ 🔍 ④

출제유형 출제영역 | 말바꾸기+Ⅳ 개념 / 영기준예산제도

① ○ 영기준 예산제도는 기존 사업과 새로운 사업을 구분하지 않고 모든 지출제안서에 대해 매년 '0'의 기준 상태에서 근본적인 재평가를 바탕으로 예산을 편성하는 제도이다.

② ○ 우리나라는 1983년 예산편성에서 영기준 방식을 도입했다. 다만, 영기준 방식은 지향 가치를 공유하는 정도에 그쳤다.

③ ○ 영기준 예산제도의 예산편성의 기본 단위는 '의사결정단위'이며, 의사결정단위란 조직의 관리자가 독자적인 업무수행의 범위 및 예산편성의 결정권을 갖는 사업단위 또는 조직단위를 지칭한다.

④ ✕ **계획예산제도(PPBS)에 대한 설명이다.** 계획예산제도는 **집권화된 관리체계를 갖기** 때문에 정보와 의사결정 권한이 과도하게 **중앙집권화**되는 경향이 있다. 반면, **영기준예산제도는 계획책임이 분권화**되어 있다.

올바른 지문 ④ 계획예산제도는 집권화된 관리체계를 갖기 때문에 예산편성 과정에 소수의 조직 구성원만이 참여하게 된다.

연계학습 2025 신용한 행정학 p.704, 708

06 상 중 하 ■■■ 🔍 ②

출제유형 출제영역 | 말바꾸기+Ⅳ 개념 / 정책과정의 참여자

① ○ 시민단체는 정당, 이익집단, 전문가집단과 같이 비공식적 참여자에 해당한다. 시민단체는 시민여론을 동원해 정책과정 전반에 영향력을 행사한다.

② ✕ **정당은 비공식적 참여자**에 해당한다. 정당은 정책의제 설정과정에서 각종 요구를 정책대안으로 전환시키는 이익결집기능을 수행함으로써 의회의 입법과정을 실질적으로 주도한다.

③ ○ 사법부는 공식적 참여자로서 국가정책에 대한 사후적·최종적 판단기능을 수행하며, 최근 그 자체가 정책결정을 의미하는 경우도 많아지고 있다.

④ ○ 이익집단은 비공식적 참여자로서 특정 문제에 관해 직·간접적인 이해관계와 관심을 공유한 사람들의 자발적인 모임이다. 구성원 이익의 증진을 위해 표출기능을 수행하며, 압력단체로서 활동한다.

2024년 국가직 9급 해설 13

SUMMARY 공식적 참여자 vs 비공식적 참여자

공식적 참여자	비공식적 참여자
대통령, 입법부, 행정기관과 관료 사법부, 지방정부	정당, 이익집단, 전문가집단, 시민단체

올바른 지문 ② 정당은 비공식적 참여자로 대중의 여론을 형성하고 일반 국민에게 정책 관련 주요 정보를 전달하는 역할을 통해 정책과정에 영향을 미친다.

연계학습 2025 신용한 행정학 p.198, 199

07 상 중 하 ①

출제유형 출제영역 Ⅳ 개념 + Ⅶ 법령 / 국고채무부담행위

ㄱ. ○ 국가재정법 제25조 제3항

국가재정법 제25조 【국고채무부담행위】 ③ 국고채무부담행위는 사항마다 그 필요한 이유를 명백히 하고 그 행위를 할 연도 및 상환 연도와 채무부담의 금액을 표시하여야 한다.

ㄴ. ○ 국고채무부담행위는 국가가 금전 급부 의무를 부담하는 행위로서 그 채무 이행의 책임은 다음 연도 이후에 부담됨이 원칙이다.

ㄷ. ✕ **국고채무부담행위**는 국가가 예산확보 없이 먼저 채무를 부담하는 행위로, 국가는 채무부담의 권한을 부여받은 것으로, **지출권한을 부여받은 것은 아니다.** 그러므로, **지출 시에는 국회의결을 거쳐 예산이 성립해야 한다.**

동법 제25조 【국고채무부담행위】 ① 국가는 법률에 따른 것과 세출예산금액 또는 계속비의 총액의 범위 안의 것 외에 채무를 부담하는 행위를 하는 때에는 미리 예산으로써 국회의 의결을 얻어야 한다.

ㄹ. ✕ 국고채무부담행위는 단년도 예산 원칙의 예외라는 점에서 계속비와 동일하지만, **계속비는 공사나 제조 및 연구개발 사업에 한정되어 있다는 점에서, 국고채무부담행위와 차이점이 존재**한다.

연계학습 2025 신용한 행정학 p.679

08 상 중 하 ③

출제유형 출제영역 Ⅰ 말바꾸기 + Ⅳ 개념 / 정책평가의 논리모형

① ○ 정책평가의 논리모형이란 정책프로그램의 요소들과 정책 프로그램이 해결하려고 하는 문제들 사이의 논리적 인과관계를 투입 - 활동 - 산출 - 결과로 표현해주는 다이어그램이자 텍스트를 말한다.

② ○ 산출은 정책집행이 종료된 직후의 직접적인 결과물을 의미하며, 결과는 산출로 인해 나타나는 변화를 의미한다.

③ ✕ 논리모형은 투입 및 활동 과정 등을 통해 어떤 정책 프로그램이 수행되었는지 종합적으로 판단할 수 있으므로, **정책집행과정 및 성과를 명확히 보여줄 수 있다.**

④ ○ 논리모형은 이해관계자의 정책프로그램에 대한 이해를 높이고, 정책프로그램의 논리적 구조의 문제를 해결할 수 있는 소통의 장소를 제공한다.

연계학습 2025 신용한 행정학 p.300

09 상 중 하 ①

출제유형 출제영역 Ⅳ 개념 / 정책의 유형

① ✕ 정부 혹은 정치체제의 정통성과 정당성을 확보하고, 국민의 단결력이나 자부심을 높여 줌으로써 정부의 정책활동을 원활하게 하기 위한 정책은 **상징정책**에 해당하며, **알몬드와 파우얼(Almond & Powell)의 분류**에 해당한다.

② ○ 재분배정책은 돈이나 재산, 권력 등을 소유하고 있는 집단(고소득층)으로부터 그렇지 못한 집단(저소득층)으로의 소득이전을 목적으로 하는 정책을 말하며, 기초생활보장 대상자에 대한 생활 보조금 지급 등이 재분배 정책에 해당 된다.

③ ○ 분배정책은 특정한 개인, 기업체, 조직, 지역사회 등에 권리나 이익, 또는 재화나 공공서비스를 배분하는 정책으로, 도로 건설, 하천·항만 사업 등이 해당 된다.

④ ○ 규제정책은 개인이나 일부집단에 대해 재산권행사나 행동의 자유를 통제 및 제한함으로써 다른 사람이나 집단을 보호하려는 목적을 가진 정책을 말한다.

연계학습 2025 신용한 행정학 190~194

10 상 중 하 ④

출제유형 출제영역 Ⅶ 법령 / 비영리 민간단체 지원법

① ○ 비영리민간단체 지원법 제2조

비영리민간단체 지원법 제2조 【정의】 이 법에 있어서 "비영리민간단체"라 함은 영리가 아닌 공익활동을 수행하는 것을 주된 목적으로 하는 민간단체로서 다음 각호의 요건을 갖춘 단체를 말한다.
1. 사업의 직접 수혜자가 불특정 다수일 것
2. 구성원 상호간에 이익분배를 하지 아니할 것
3. 사실상 특정정당 또는 선출직 후보를 지지·지원 또는 반대할 것을 주된 목적으로 하거나, 특정 종교의 교리전파를 주된 목적으로 설립·운영되지 아니할 것
4. 상시 구성원수가 100인 이상일 것
5. 최근 1년 이상 공익활동실적이 있을 것
6. 법인이 아닌 단체일 경우에는 대표자 또는 관리인이 있을 것

② ○ 비영리민간단체 지원법 제6조 제1항, 제2항

동법 제6조 【정의】 ① 행정안전부장관, 시·도지사나 특례시의 장은 제4조제1항에 따라 등록된 비영리민간단체(이하 "등록비영리민간단체"라 한다)에 다른 법률에 따라 보조금을 교부하는 사업 외의 사업으로서 공익활동을 추진하기 위한 사업(이하 "공익사업"이라 한다)의 소요경비를 지원할 수 있다.
② 제1항에 따라 지원하는 소요경비의 범위는 사업비를 원칙으로 한다.

③ ⭕ 비영리민간단체 지원법 제8조

> **동법 제8조【사업계획서 제출】** 등록비영리민간단체가 공익사업을 추진하기 위하여 보조금을 교부받고자 할 때에는 사업의 목적과 내용, 소요경비, 기타 필요한 사항을 기재한 사업계획서를 해당 회계연도 2월 말까지 행정안전부장관, 시·도지사나 특례시의 장에게 제출하여야 한다.

④ ❌ 등록비영리민간단체는 보조금을 받아 수행한 공익사업을 완료한 때에는 **사업보고서를 행정안전부장관, 시·도지사나 특례시의 장에게 제출**해야 하며 사업평가, 사업보고서 및 평과결과의 공개 등에 필요한 사항은 **행정안전부령**으로 정한다.

> **동법 제9조【사업보고서 제출 등】** ① 등록비영리민간단체는 제8조의 사업계획서에 따라 사업을 완료한 때에는 다음 회계연도 1월 31일까지 <u>사업보고서를 작성하여 행정안전부장관, 시·도지사나 특례시의 장에게 제출하여야 한다.</u>
> ② 제1항에 따라 사업보고서를 제출받은 행정안전부장관, 시·도지사나 특례시의 장은 해당 사업에 대하여 평가를 실시하고, 인터넷 홈페이지 등을 이용하여 사업추진실적, 사업성과, 사업비 지출내역 등 사업보고서의 주요 내용과 그 평가결과를 공개하여야 한다.
> ③ 제2항에 따른 <u>사업 평가, 사업보고서 및 평가결과의 공개 등에 필요한 사항은 행정안전부령으로 정한다.</u>

올바른 지문 ④ 등록비영리민간단체는 보조금을 받아 수행한 공익사업을 완료한 때에는 사업보고서를 <u>행정안전부장관, 시·도지사나 특례시의 장에게 제출</u>해야 하며 사업평가, 사업보고서 및 평가결과의 공개 등에 필요한 사항은 <u>행정안전부령</u>으로 정한다.

(연계학습) 2025 신용한 행정학 p.69

---

11 ④

출제유형 **출제영역** Ⅳ 개념 / 신고전적 조직이론

①, ②, ③ ❌ 기계적 능률성, 공식적 조직구조, 합리적·경제적 인간관은 **고전적 조직이론의 특징**에 해당한다.

④ ⭕ 신고전적 조직이론은 능률성 중심의 고전적 조직이론에 대한 비판으로 등장한 이론이다. 호손실험에 의한 인간관계론과 후기 인간관계론으로 나뉜다. 신고전적 조직이론은 인간을 사회적 요구를 지닌 존재로 파악하고, 인간의 사회적·심리적 측면을 중시한다.

(연계학습) 2025 신용한 행정학 p.322

---

12 ③

출제유형 **출제영역** Ⅰ 말바꾸기 + Ⅳ 개념 / 토마스(Thomas)의 갈등 대처 전략

① ⭕ 회피(avoiding)는 자신의 이익과 상대방의 이익 모두에 무관심한 상태로, 갈등을 무시하거나 인정하지 않음으로써 갈등 상황에 소극적으로 대응한다.

② ⭕ 수용(accommodating)은 자신의 이익은 희생하면서, 상대방의 이익을 만족 시키려는 행태를 말한다.

③ ❌ **협동(cooperating) 전략에 대한 설명**이다. 타협전략(compromising)은 자신과 상대방의 이익의 중간정도를 만족시키려는 행태를 말한다.

④ ⭕ 경쟁(competing)은 상대방의 이익을 희생하여 자신의 이익을 추구하려는 행태를 말한다.

올바른 지문 ③ 협동(cooperating)은 갈등 당사자 간 서로 존중하고 자신과 상대방 모두의 이익을 극대화하려는 유형으로 'win-win' 전략을 취한다.

(연계학습) 2025 신용한 행정학 p.420

---

13 ④

출제유형 **출제영역** Ⅳ 개념 / 매트릭스 구조

제시문은 매트릭스 구조에 대한 설명이다.

① ⭕ 매트릭스 조직은 기능구조와 사업구조의 화학적 결합을 시도한 구조로 기능부서의 기술적 전문성과 사업부서의 신속한 대응성에 대한 동시적 필요가 요청되면서 등장한 조직형태이다.

② ⭕ 매트릭스 구조는 동태적 환경 및 부서 간 상호 의존성이 높은 상황에서 효과적이다.

> **SUMMARY** 매트릭스 구조가 유용하게 쓰일 수 있는 상황적 조건
> ⓐ 조직의 규모가 너무 크거나 너무 작지 않은 중간정도의 크기일 것, ⓑ 환경적 변화가 심하고 그 불확실성이 높을 것, ⓒ 조직이 사용하는 기술이 비일상적일 것, ⓓ 기술적 전문성도 높고, 산출에 관한 쇄신도 빨라야 한다는 이원적 요구가 강력할 때

③ ⭕ 매트릭스구조는 이중권한체계로 인해 조직내부의 혼란과 갈등·좌절 등을 야기할 수 있다.

④ ❌ 매트릭스 구조는 구조 내 **구성원들을 부서 간에 공유함으로써 인적 자원의 효율성을 제고**하기 위한 조직이다.

(연계학습) 2025 신용한 행정학 p.329, 330

---

14 ②

출제유형 **출제영역** Ⅲ 내용분류 / 공직자의 이해충돌 방지법

①, ③, ④ ⭕ 공직자의 이해충돌 방지법 제2조

> **공직자의 이해충돌 방지법 제2조【정의】** 이 법에서 사용하는 용어의 뜻은 다음과 같다.
> 6. "사적이해관계자"란 다음 각 목의 어느 하나에 해당하는 자를 말한다.
>   가. 공직자 자신 또는 그 가족(「민법」 제779조에 따른 가족을 말한다. 이하 같다)
>   나. 공직자 자신 또는 그 가족이 임원·대표자·관리자 또는 사외이사로 재직하고 있는 법인 또는 단체
>   라. 공직자로 채용·임용되기 전 2년 이내에 공직자 자신이 재직하였던 법인 또는 단체

② ✗ 공직자의 직무수행과 관련하여 이익 또는 불이익을 직접적으로 받는 다른 공직자는 **직무관련자에 해당**한다.

> **공직자의 이해충돌 방지법 제2조【정의】** 이 법에서 사용하는 용어의 뜻은 다음과 같다.
> 5. "직무관련자"란 공직자가 법령(조례·규칙을 포함한다. 이하 같다)·기준(제1호라목부터 바목까지의 공공기관의 규정·사규 및 기준 등을 포함한다. 이하 같다)에 따라 수행하는 직무와 관련되는 자로서 다음 각 목의 어느 하나에 해당하는 개인·법인·단체 및 공직자를 말한다.
>   라. 공직자의 직무수행과 관련하여 이익 또는 불이익을 직접적으로 받는 다른 공직자. 다만, 공공기관이 이익 또는 불이익을 직접적으로 받는 경우에는 그 공공기관에 소속되어 해당 이익 또는 불이익과 관련된 업무를 담당하는 공직자를 말한다.

연계학습 2025 신용한 행정학 p.564

15 상 중 하 ①

출제유형 출제영역 Ⅳ 개념 / 교육훈련

① ⭕ 액션러닝에 대한 설명이다. 액션러닝은 교육생들이 실제 현장에서 부딪치는 현안 문제를 가지고 자율적 학습, 전문가의 지원 등을 받으며 구체적인 문제해결 방안을 모색하는 학습방법이다.

연계학습 2025 신용한 행정학 p.504

16 상 중 하 ②

출제유형 출제영역 Ⅱ 짝 찾기 / 소청심사위원회

① ⭕ 경기도청 소속의 지방공무원 甲은 경기도 소청심사위원회의 관할이다.
② ✗ 지방검찰청 소속의 검사 乙은 **소청심사대상이 아니다**.
③ ⭕ 소방청 소속의 소방위 丙은 인사혁신처 소청심사위원회의 관할이다.
④ ⭕ 국립대학교 소속의 교수 丁는 교육부 교원소청심사위원회의 관할이다.

연계학습 2025 신용한 행정학 p.589

17 상 중 하 ③

출제유형 출제영역 Ⅰ 말 바꾸기+Ⅷ 법령 / 우리나라 지방행정제도

① ⭕ 주민조례발안에 관한 법률 제2조

> **주민조례발안에 관한 법률 제2조【주민조례청구권자】** 18세 이상의 주민으로서 다음 각 호의 어느 하나에 해당하는 사람(「공직선거법」 제18조에 따른 선거권이 없는 사람은 제외한다. 이하 "청구권자"라 한다)은 해당 지방자치단체의 의회(이하 "지방의회"라 한다)에 조례를 제정하거나 개정 또는 폐지할 것을 청구(이하 "주민조례청구"라 한다)할 수 있다.

② ⭕ 지방자치법 제6조 제4항, 제7항

> **지방자치법 제6조【지방자치단체의 관할 구역 경계변경 등】** ④ 행정안전부장관은 제3항에 따른 기간이 끝난 후 지체 없이 대통령령으로 정하는 바에 따라 관계 지방자치단체 등 당사자 간 경계변경에 관한 사항을 효율적으로 협의할 수 있도록 경계변경자율협의체(이하 이 조에서 "협의체"라 한다)를 구성·운영할 것을 관계 지방자치단체의 장에게 요청하여야 한다.
> ⑦ 행정안전부장관은 다음 각 호의 어느 하나에 해당하는 경우에는 위원회의 심의·의결을 거쳐 경계변경에 대하여 조정할 수 있다.
>   1. 관계 지방자치단체가 제4항에 따른 행정안전부장관의 요청을 받은 날부터 120일 이내에 협의체를 구성하지 못한 경우

③ ✗ 정책지원 전문인력은 **지방의회의원의 의정활동을 지원**한다.

> **지방자치법 제41조【의원의 정책지원 전문인력】** ① 지방의회의원의 의정활동을 지원하기 위하여 지방의회의원 정수의 2분의 1 범위에서 해당 지방자치단체의 조례로 정하는 바에 따라 지방의회에 정책지원 전문인력을 둘 수 있다.

④ ⭕ 국가경찰과 자치경찰의 조직 및 운영에 관한 법률 제18조 제1항, 제2항

> **국가경찰과 자치경찰의 조직 및 운영에 관한 법률 제18조【시·도자치경찰위원회의 설치】** ① 자치경찰사무를 관장하게 하기 위하여 특별시장·광역시장·특별자치시장·도지사·특별자치도지사(이하 "시·도지사"라 한다) 소속으로 시·도자치경찰위원회를 둔다. 다만, 제13조 후단에 따라 시·도에 2개의 시·도경찰청을 두는 경우 시·도지사 소속으로 2개의 시·도자치경찰위원회를 둘 수 있다.
> ② 시·도자치경찰위원회는 합의제 행정기관으로서 그 권한에 속하는 업무를 독립적으로 수행한다.

연계학습 2025 신용한 행정학 p.833, 840, 870, 884

18 상 중 하 ②

출제유형 출제영역 Ⅰ 말 바꾸기+Ⅳ 개념 / 정부규제

① ⭕ 시장유인적 규제는 개인이나 기업에게 일정한 의무는 부과하되 그것을 달성하는 구체적 방법은 개인이나 기업의 합리적 선택에 따른 자율적 판단에 맡기는 간접적 규제로 오염배출부과금제도, 이산화탄소 배출권거래제도 등이 있다.
② ✗ 네거티브 규제방식은 포지티브 규제방식에 비해 **피규제자의 자율성을 더 보장한다**.
③ ⭕ 명령지시적 규제는 국가가 개인이나 기업이 따라야 할 기준을 명확히 설정하고 이의 준수를 의무화하며, 위반한 행위를 처벌하는 강제적 규제이다.
④ ⭕ 사회적 규제는 사회적 형평성 확보를 목적으로 시장메커니즘에 의해 적정하게 다뤄지지 않는 가치(형평성)와 집단(소외계층)을 보호하기 위해 개인 및 기업에 대해 사회적 책임을 강제하는 규제로 작업장 안전 규제, 소비자 보호 규제 등이 있다.

올바른 지문 ② 네거티브 규제방식은 포지티브 규제방식에 비해 피규제자의 자율성을 더 보장한다.

SUMMARY	네거티브 규제 vs 포지티브 규제
네거티브 (negative) 시스템	• 명시적으로 금지하는 것 이외에는 모든 것을 자유로이 할 수 있음. • 원칙 허용, 예외 금지
포지티브 (positive) 시스템	• 명시적으로 허용하는 것 이외에는 원칙적으로 모든 행위가 금지됨. • 원칙 금지, 예외 허용

▶ 네거티브 규제가 포지티브 규제보다 피규제자에 더 많은 자율성을 보장해줌.

연계학습 2025 신용한 행정학 p.24~28

19 상中하 ③

출제유형 출제영역 Ⅰ 말 바꾸기+Ⅳ 개념 / 온실가스감축인지 예산제도

① ○ 국가재정법 제16조

> **국가재정법 제16조 【예산의 원칙】** 정부는 예산을 편성하거나 집행할 때 다음 각 호의 원칙을 준수하여야 한다.
> 6. 정부는 예산이 「기후위기 대응을 위한 탄소중립·녹색성장 기본법」 제2조제5호에 따른 온실가스(이하 "온실가스"라 한다) 감축에 미치는 효과를 평가하고, 그 결과를 정부의 예산편성에 반영하기 위하여 노력하여야 한다.

② ○ 국가재정법 제27조 제1항, 제2항

> **동법 제27조 【온실가스감축인지 예산서의 작성】** ① 정부는 예산이 온실가스 감축에 미칠 영향을 미리 분석한 보고서(이하 "온실가스감축인지 예산서"라 한다)를 작성하여야 한다.
> ② 온실가스감축인지 예산서에는 온실가스 감축에 대한 기대효과, 성과목표, 효과분석 등을 포함하여야 한다.

③ ✕ 정부의 기금은 **온실가스감축인지 예산제도의 대상에 포함**된다.

> **동법 제68조의3 【온실가스감축인지 기금운용계획서의 작성】** ① 정부는 기금이 온실가스 감축에 미칠 영향을 미리 분석한 보고서(이하 "온실가스감축인지 기금운용계획서"라 한다)를 작성하여야 한다.

④ ○ 국가재정법 제57조의2 제1항

> **동법 제57조의2 【온실가스감축인지 결산서의 작성】** ① 정부는 예산이 온실가스를 감축하는 방향으로 집행되었는지를 평가하는 보고서(이하 "온실가스감축인지 결산서"라 한다)를 작성하여야 한다.

올바른 지문 ③ 정부의 기금은 온실가스감축인지 예산제도의 대상에 포함된다.

연계학습 2025 신용한 행정학 p.637~638

20 상中하 ②

출제유형 출제영역 Ⅳ 개념 / 4차 산업혁명

② ○ 블록체인(block chain)에 대한 설명이다. 블록체인(block chain)은 블록에 데이터를 담아 체인 형태로 연결, 수많은 컴퓨터에 동시에 이를 복제해 저장하는 분산형 데이터 저장 기술로 거래장부를 공개하고 분산해 관리한다는 의미에서 '공공 거래장부'나 '분산 거래장부(Distributed Ledgers)'로도 불린다.

연계학습 2025 신용한 행정학 p.758

2023년 국가직 9급

문제편 p.19~23

정답

01	③	02	①	03	②	04	④	05	②
06	③	07	①	08	①	09	②	10	③
11	①	12	④	13	④	14	②	15	②
16	③	17	④	18	③	19	④	20	①

출제영역 분석

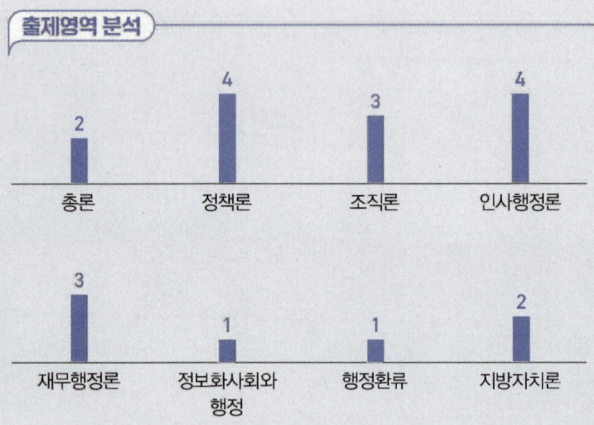

출제경향 분석

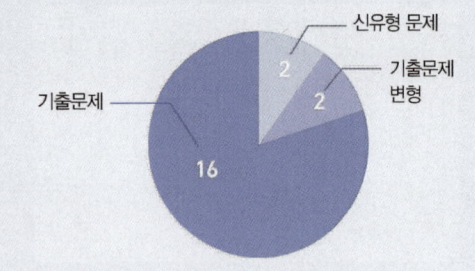

출제문제 유형분석

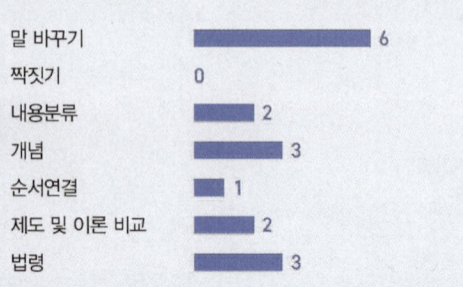

---

01 상 중 하 🔑 ③

출제유형 말 바꾸기+개념 / **출제영역** 행정이론

① ✗ **행정원리론자**인 귤릭(Gulick)은 최고관리층의 7가지 기능으로서 POSDCoRB(기획, 조직, 인사, 지휘, 조정, 보고, 예산)를 제시하였다.
② ✗ **행정행태론**은 가치와 사실을 구분하고, **사실에 대한 과학적 연구에 초점을 맞춰 행정연구에 과학화를 시도**하였다.
③ ◯ 신행정론은 행태주의와 실증주의적 방법론을 비판하고, 사회적 형평평성의 가치와 적실성을 강조하였다.
④ ✗ **시민권을 중시하는 것은 신공공서비스론**이다. 신공공관리론은 민간과 공공 부문의 파트너십을 강조하고 기업가정신을 중시하였다.

> **올바른 지문**
> ① 행정원리론은 최고관리자의 운영원리로 POSDCoRB를 제시하였다.
> ② 행정행태론은 가치와 사실을 구분하고 사실에 기반한 행정의 과학화를 시도하였다.
> ④ 신공공관리론은 민간과 공공 부문의 경쟁을 강조하고 시민권보다 기업가 정신을 중시하였다.

연계학습 2025 신용한 행정학 p.9, 119, 122, 124, 151

---

02 상 중 하 🔑 ①

출제유형 말 바꾸기+개념 / **출제영역** 베버의 관료제

① ✗ **이념형으로서의 관료제의 성립배경**은 근대사회 출범 이후 **합리성을 바탕으로 한 대규모 조직의 효율적인 구조와 작동**이다.
② ◯ 법적·합리적 권위에 기초를 둔 조직구조와 형태가 근대적 관료제이다.
③ ◯ 근대적 관료제에서 직위의 권한과 임무는 법규에 의해 규정되며, 임무수행은 문서에 의한다.
④ ◯ 관료제에서 관료는 상관(상급자)의 엄격한 감독과 통제 하에 임무를 수행한다.

> **올바른 지문** ① 관료제의 성립배경은 합리성을 바탕으로 한 조직의 효율적 구조와 작동이다.

SUMMARY 근대적 관료제의 특징

특징	장점(민주주의에 기여)	단점(민주주의에 저해)
법규에 의한 지배	예측가능성과 신뢰성	동조과잉, 목표 – 수단 전환
계층제적 구조	상명하복을 통한 질서유지	무사안일주의, 상급자 권위에의 의존
비개인성	공정성, 인간의 감정과 편견 배제	개별적 특수성 무시, 인격적 관계 소멸
문서주의	객관성, 정확성, 책임성	번문욕례, 형식주의
전문화와 분업	업무 능률성 향상	훈련된 무능, 할거주의
관료의 전임화	공직의 안정성과 업무능률 향상	관료 제국주의, 변동에의 저항

연계학습 2025 신용한 행정학 p.348, 349

03 상⊙중⊙하

출제유형 **출제영역** 이론 비교 / 총체주의 vs 점증주의

① ⊙ 총체주의(합리모형)는 경제적 합리성에 입각한 계산결정으로 계량모형을 통해 최적의 해결방안을 모색하려는 접근방식이다. 계획예산(PPBS), 영기준예산(ZBB) 등이 대표적 예산제도이다.
② ✕ **총체주의에 대한 설명**이다. 총체주의는 거시적 예산결정과 최적의 대안을 선택하고자 하므로 예산삭감을 설명하기에 적합한 이론이다.
③ ⊙ 총체주의는 인간의 완전한 합리성을 가정하여 자원배분의 최적화를 통한 최선(best), 최적(optimal), 극대화(maximizing) 대안을 선택하고자 한다.
④ ⊙ 점증주의는 결정자의 인식능력의 한계, 즉 예산 결정 시 모든 대안을 고려하지 못한다는 것을 전제로 한다.

SUMMARY 점증주의 vs 합리주의(총체주의)

구 분	점증주의	합리주의
의의	• 예산과정을 정치과정의 일부로 보는 관점 • 다원주의적 정치이론과 밀접한 관련	포괄적이고 철저한 분석을 지향하는 관점
결정기준	• 균형화원리 • 공정한 몫의 배분	• 파레토최적 • 사회후생의 극대화
합리성	정치적 합리성	경제적 합리성
결정방식	미시적·상향적	거시적·하향적 (단, ZBB : 미시적·상향적)
결정방법	• 반복적인 교섭과 협상 • 상호적응 중시, 참여적 결정	계량적 분석기법 사용 : 비용편익분석, 체제분석, OR 등의 분석적 결정
제도	LIBS, PBS	PPBS, ZBB
목표	재정민주주의	예산배분의 효율성
특징	• 현상유지적, 보수적, 현실적 • 예산과정을 행정부와 의회의 선형적 함수관계로 파악 • 목표와 수단의 상호유기적 관계 인정 • 예산결정에 있어 관련된 이론이 없거나, 불신이 클 때 사용 • 결정자의 인식능력의 한계를 전제	• 이상적, 혁신적, 총체적 • 목표와 수단의 분리(목표를 주어진 것으로 인정) • 이론과 모형을 강조 • 체계적인 탐색

(연계학습) 2022 신용한 행정학 p.649~652

04 상⊙중⊙하

출제유형 **출제영역** 말 바꾸기+이론 비교 / 무의사결정론

① ⊙ 무의사결정은 정책문제의 채택단계 뿐만 아니라 정책의 전 과정에서 일어난다.
② ⊙ 무의사결정의 수단으로는 기존 정치체제 내의 지배적인 가치나 신념, 절차, 편견을 동원하여 변화 요구를 봉쇄하는 방법이 있다.
③ ⊙ 무의사결정은 정책문제화를 막기 위해 폭력을 사용하기도 한다.
④ ✕ **무의사결정론**은 '정책을 결정하는 권력'과 '정책의제가 채택되지 않도록 하는 권력'의 2가지 차원을 설명하고, 다원론이 무의사결정권력에 관심 갖지 않은 것을 비판하며, **신엘리트론**으로 불린다.

올바른 지문 ④ 엘리트의 두 얼굴 중 권력행사의 어두운 측면을 고려하지 못한다고 비판했기 때문에 신엘리트론으로 불린다.

(연계학습) 2025 신용한 행정학 p.203

05 상⊙중⊙하

출제유형 **출제영역** 말 바꾸기 / 통합재정

①, ③ ⊙ 통합재정은 재정의 국민경제적 효과분석을 위해 경상거래와 자본거래를 구분하는 경제적 분류로 작성한다.
② ✕ 통합재정은 일반회계, 특별회계, 기금을 모두 포괄한 국가재정 전체를 의미하며, 비영리 공공기관까지는 포함이 되나, **공공부문 전체가 포함되는 것은 아니다.**
④ ⊙ 통합재정은 재정건전성 파악을 위해 회계 간 전출입거래 등 이중거래나 내부거래를 제거한 순세출·순세입 규모로 작성된다.

(연계학습) 2025 신용한 행정학 p.641, 642

06 상⊙중⊙하

출제유형 **출제영역** 말 바꾸기 / 평가의 타당성과 신뢰성

① ✕ **외적타당성에 대한 설명**이다. 외적타당성은 분석 및 평가 결과를 다른 상황에서도 적용할 수 있는 정도를 의미한다.
② ✕ **구성적 타당성에 대한 설명**이다. 구성적 타당성이란 이론적 구성요소들이 성공적으로 조직화, 즉 측정가능하게 변환된 정도를 의미한다.
③ ⊙ 내적타당도에 대한 옳은 설명이다. 내적 타당성은 집행된 정책내용과 발생한 정책효과 간의 관계에 대한 인과적 추론의 정확성 정도를 의미하며, 가장 먼저 확보해야할 타당도이다.
④ ✕ **신뢰성에 대한 설명**이다. 신뢰성이란 측정도구가 어떤 현상을 되풀이해서 측정했을 때 일관성 있게 측정할 수 있는 정도를 말한다.

(연계학습) 2025 신용한 행정학 p.302

07 상⊙중⊙하

출제유형 **출제영역** 법령 / 지방공무원법

① ✕ **지방의회의원은 인사위원회 위원으로 위촉될 수 없다.**

지방공무원법 제7조【인사위원회의 설치】 ⑤ 지방자치단체의 장과 지방의회의 의장은 각각 소속 공무원(국가공무원을 포함한다) 및 다음 각 호에 해당하는 사람으로서 인사행정에 관한 학식과 경험이 풍부한 사람 중에서 위원을 임명하거나 위촉하되, 위원의 자격요건에 관하여 필요한 사항은 대통령령으로 정한다. 다만, 시험위원은 시험실시기관의 장이 따로 위촉할 수 있다.
 1. 법관·검사 또는 변호사 자격이 있는 사람
 2. 대학에서 조교수 이상으로 재직하거나 초등학교·중학교·고등학교 교장 또는 교감으로 재직하는 사람

3. 공무원(국가공무원을 포함한다)으로서 20년 이상 근속하고 퇴직한 사람
4. 「비영리민간단체 지원법」에 따른 비영리민간단체에서 10년 이상 활동하고 있는 지역단위 조직의 장
5. 상장법인의 임원 또는 「공공기관의 운영에 관한 법률」 제5조에 따라 지정된 공기업의 지역단위 조직의 장으로 근무하고 있는 사람

⑥ 다음 각 호의 어느 하나에 해당하는 사람은 위원으로 위촉될 수 없다.
1. 제31조 각 호의 어느 하나에 해당하는 사람
2. 「정당법」에 따른 정당의 당원
3. 지방의회의원

연계학습) 2025 신용한 행정학 p.845

08 상 중 하 ①

출제유형) 출제영역) 개념 / 조직구조모형

① ✗ **사업구조**는 산출물에 기반을 둔 사업부서화 방식으로, 사업구조의 부서 내 조정은 용이하지만 **부서 간의 조정은 어려워지고**, 부서 간 경쟁이 지나칠 때 조직 전반에 부정적 결과를 초래할 수 있다.
② ○ 매트릭스구조는 기능구조와 사업구조의 화학적 결합을 시도한 구조로 기능부서의 통제권한은 수직적으로, 사업부서 간 조정권한은 수평적으로 흐르는 이원적 권한체계를 가지는 조직이다.
③ ○ 네트워크 구조는 조직의 자체기능은 핵심역량 위주로 합리화하고 여타 기능은 외부와의 계약관계를 통해 수행하는 구조이다. 네트워크 조직은 한 조직 내에서 모든 기능을 수행하는 방식에서 탈피하여, 조정·기획 등 전략적 기능 외에 기타 기능 등은 외부 기관들에 아웃소싱하여 환경변화에 대처한다.
④ ○ 팀제구조는 핵심업무 과정 중심의 구조화 방식으로 부서 간경계를 실질적으로 제거하여 의사소통을 원활하게 하는 조직이다.

올바른 지문) ① 사업(부)구조는 조직의 산출물에 기반을 둔 구조화 방식으로 사업(부) 간 기능 조정이 어려워진다.

연계학습) 2025 신용한 행정학 p.328~332

09 상 중 하 ②

출제유형) 출제영역) 개념 / 적극적 인사행정

연공주의(seniority system)는 조직 내 구성원의 서열을 근속연수나 연령 등에 따라 결정하고 이러한 연공서열에 따라 구성원에 대한 보상 여부와 수준을 정하는 방식이다.

ㄱ. ○ 연공주의는 근속연수나 연령에 따라 조직에 대한 구성원의 기여 정도가 비례하여 증가할 것이라는 전제를 갖고 있으므로, 장기근속에 따른 조직에 대한 충성심과 기여도가 향상된다.
ㄴ, ㄹ ✗ **성과주의에 대한 설명**이다. 성과주의는 성과 기여도에 따른 적절한 보상을 통해 조직구성원의 사기를 진작시켜 지속적인 경쟁과 자발적 몰입을 유도하는 데 초점을 맞춘다.

ㄷ. ○ 연공에 의한 서열의 결정은 조직 내에서 자신의 위치를 확인할 수 있게 하는 등 조직 내 계층적 서열구조의 확립을 통해 개인의 안정감이 증진된다.

연계학습) 2025 신용한 행정학 p.453

10 상 중 하 ③

출제유형) 출제영역) 개념 / 엘리슨 모형

①, ④ ✗ **조직과정모형(모형 Ⅱ)에 대한 설명**이다. 조직과정모형은 정부를 느슨하게 연결된 하위조직들의 연합체로 간주하며, **갈등의 준해결**과 제한된 합리성을 추구함을 설명한다. 또한, **정부가 준독립적인 하위조직들**로 **구성**되어 있기 때문에 참여자들 간의 응집성은 약한 편이다.
② ✗ **합리모형(모형 Ⅰ)에 대한 설명**이다. 합리모형은 국가 또는 정부를 잘 조정된 유기체로서 합리적이고 단일체적인 결정자임을 가정하며, 일관된 선호, 일관된 목표, 일관된 평가기준을 가지고 정책결정을 하게 된다.
③ ○ 관료정치모형(모형 Ⅲ)에 대한 옳은 설명이다. 관료정치모형은 정책결정이란 참여자들 간의 갈등과 타협·흥정에 이뤄지는 정치적 활동으로 설명하는 의사결정 모형이다. 집단의 목표, 하위집단의 목표, 개인의 목표가 모두 혼재되어 참여자들 간 응집성은 매우 약하며, 구성원들 간 목표 공유 정도와 정책결정의 일관성이 매우 낮다.

SUMMARY 엘리슨 모형

구 분	모형 Ⅰ : 합리모형	모형 Ⅱ : 조직과정모형	모형 Ⅲ : 관료정치모형
조직관	조정과 통제가 잘된 유기체	느슨하게 연결된 하위조직들의 연합체	독립적인 개별 행위자들의 집합체
권 력	조직의 두뇌와 같은 최고관리층에게 집중	준독립적인 하위조직들이 분산 소유	개별 행위자들의 정치적 자원에 의존
행위자의 목표	조직 전체의 목표	조직 전체의 목표 +하위조직들의 목표	조직 전체의 목표 +하위조직들의 목표 +개별 행위자들의 목표
목표 공유도	매우 강함.	약함.	매우 약함.
정책 결정	최고지도자의 명령·지시	표준운영절차(SOP)에 의한 정책결정	정치적 게임의 규칙에 따른 타협, 흥정, 지배
정책 일관성	매우 강함.	약함.	매우 약함.
적용 계층	조직 전반	하위 계층	상위 계층

연계학습) 2025 신용한 행정학 p.267, 268

11 [상중하] ①

출제유형 출제영역 내용 분류 / 집단사고

① ✗ 토론을 바탕으로 한 집단지성의 활용은 **집단사고를 방지**할 수 있는 방법에 해당한다.
②, ③, ④ ○ 집단사고(groupthink)는 집단응집성과 합의에 대한 압력으로 인해 비판적인 사고가 억제되고 대안들에 대한 찬성과 반대가 충분히 검토되지 못한 채 의사결정이 이루어짐으로써 결국 잘못된 의사결정에 도달하게 되는 현상으로 집단에 대한 과대평가, 집단적인 합리화(닫힌 마음), 만장일치에 대한 믿음 등으로 나타난다.

SUMMARY 집단사고(groupthink)의 특징

① 집단이 실수를 할 리 없다는 환상(illusion of invulnerability)
② 집단의 도덕성에 대한 환상(illusion of morality)
③ 집단에 반대하는 사람은 악하고 어리석다고 생각하는 고정관념
④ 집단적 합의에 대한 이의제기의 자체검열과 억압
⑤ 침묵을 합의로 간주하는 만장일치의 환상(illusion of unanimity)
⑥ 불리한 정보로부터 집단을 보호하는 수호자라고 자임하는 인물의 등장 등

연계학습 2025 신용한 행정학 p.273

---

12 [상중하] ④

출제유형 출제영역 말 바꾸기+개념 / 거시조직이론

① ○ 구조적 상황이론은 비교적 안정된 환경에는 기계적 조직 구조가 적합하고, 변동이 심한 환경에는 유기적 조직구조가 적합하다고 본다.
② ○ 전략적 선택이론은 조직구조는 재량을 지닌 관리자들의 전략적 선택에 의해 결정된다는 이론적 관점이다.
③ ○ 거래비용이론에 따르면 외부 시장과의 거래비용이 많이 발생한다면, 조직으로 거래비용을 내부화시켜야 한다. 만약 내부의 조정비용이 오히려 시장에서의 거래 비용보다 많이 발생한다면, 이 때에는 시장거래가 효율적이다.
④ ✗ 조직군 생태학 이론은 가장 극단적인 환경결정론으로, 조직의 성공은 개별 조직의 합리적인 설계와 노력에 달려 있는 것이 아니라, 조직이 어떠한 환경에 속하고 이 환경이 어떠한 선택을 하는가에 달려 있다는 것이다. 이러한 선택과정은 3단계(변이, 선택, 보존)으로 나타나는데, 변이는 우연적 변화로 한정되는 것이 아니며, **계획적이고 의도적인 변화 또한 포함된다.**

올바른 지문 ④ 조직군 생태학이론 – 조직군의 변화를 이끄는 변이는 우연적 변화(돌연변이), 계획적이고 의도적인 변화를 포함한다.

SUMMARY 거시조직이론의 분류

환경인식 분석수준	결정론 : 조직은 환경에 대한 종속변수	임의론 : 조직은 환경에 대한 독립변수
개별조직	체제구조적 관점 ① 구조적 상황론	전략적 선택 관점 ① 전략적 선택이론 ② 자원의존이론
조직군	자연적 선택 관점 ① 조직군생태학 이론 ② 조직경제학(주인-대리인이론, 거래비용이론)	집단적 행동 관점 ① 공동체 생태학 이론

연계학습 2025 신용한 행정학 p.364~367

---

13 [상중하] ④

출제유형 출제영역 말 바꾸기+개념 / 직무평가방법

① ○ 점수법은 직무평가기준에 따라 평가대상직무의 구성요소별로 점수를 매기고 총합을 구하는 방식이다.
② ○ 분류법은 직무와 등급기준표를 비교하여 판단하는 것으로 비계량적 방법이다.
③ ○ 서열법은 직무와 직무를 비교하여 평가하는 비계량적 방법으로 직무 전체의 중요도와 난이도를 바탕으로 상대적 가치를 비교하여 직무의 우열을 정하는 방법이다.
④ ✗ 요소비교법은 대표 기준직무와 직무의 평가요소를 상호비교하여 분석하는 상대평가 방식으로 **계량적 평가법**이다.

올바른 지문 ④ 요소비교법은 기준직무(Key job)와 평가할 직무를 상호 비교해 가며 평가하는 계량적 방법이다.

SUMMARY 직무평가의 방법

비계량	서열법	쌍쌍비교법 등을 활용하여 직무를 구성요소별로 나누지 않고 전체적·종합적으로 평가하여 상대적 중요도에 의해 직위를 서열화
	분류법	서열법과 같이 직무요소에 대한 분석없이 직무전체를 종합적으로 평가하지만, 등급분류기준을 정한 등급기준표에 따라 등급을 정하는 방법. 서열법보다 세련된 방법으로 정부기관에서 많이 활용
계량	점수법	각 직위의 직무요소에 대해 점수를 부여하고, 총점을 구한 후 직무평가기준표에 따라 배치하는 방법. 가장 많이 사용하는 방법
	요소비교	직무를 평가요소별로 계량적으로 평가하되 점수법의 임의성 보완을 위해 조직내 가장 핵심직위(기준직위)를 선정하여 이와 대비시키는 방법(가장 늦게 고안된 방식). 관찰가능한 직무와 (기준)직무를 비교함으로써 점수부여의 임의성을 극복
직무 VS 직무	(상대평가)서열법, 요소비교법	
직무 VS 등급 기준표	(절대평가)분류법, 점수법	

연계학습 2025 신용한 행정학 p.480, 481

---

14 [상중하] ②

출제유형 출제영역 말 바꾸기+법령 / 우리나라 전자정부

① ○ 지능정보화 기본법 제6조 제1항

> 지능정보화 기본법 제6조【지능정보사회 종합계획의 수립】① 정부는 지능정보사회 정책의 효율적·체계적 추진을 위하여 지능정보사회 종합계획(이하 "종합계획"이라 한다)을 3년 단위로 수립하여야 한다.

② ❌ **행정안전부장관**(과학기술정보통신부장관 ×)은 5년마다 행정기관등의 기관별 계획을 종합하여 '전자정부기본계획'을 수립하여야 한다.

> **전자정부법 제5조【전자정부기본계획의 수립】** ① 중앙사무관장기관의 장은 전자정부의 구현·운영 및 발전을 위하여 5년마다 제5조의2제1항에 따른 행정기관등의 기관별 계획을 종합하여 전자정부기본계획을 수립하여야 한다.
> **제2조【정의】** 이 법에서 사용하는 용어의 뜻은 다음과 같다.
> 4. "중앙사무관장기관"이란 국회 소속 기관에 대하여는 국회사무처, 법원 소속 기관에 대하여는 법원행정처, 헌법재판소 소속 기관에 대하여는 헌법재판소사무처, 중앙선거관리위원회 소속 기관에 대하여는 중앙선거관리위원회사무처, 중앙행정기관 및 그 소속 기관과 지방자치단체에 대하여는 행정안전부를 말한다.

③ ⭕ 전자정부법 제2조

> **전자정부법 제2조【정의】** 이 법에서 사용하는 용어의 뜻은 다음과 같다.
> 8. "전자화문서"란 종이문서와 그 밖에 전자적 형태로 작성되지 아니한 문서를 정보시스템이 처리할 수 있는 형태로 변환한 문서를 말한다.

④ ⭕ 지능정보화 기본법 제8조 제1항

> **지능정보화 기본법 제8조【지능정보화책임관】** ① 중앙행정기관의 장과 지방자치단체의 장은 해당 기관의 지능정보사회 시책의 효율적인 수립·시행과 지능정보화 사업의 조정 등 대통령령으로 정하는 업무를 총괄하는 책임관(이하 "지능정보화책임관"이라 한다)을 임명하여야 한다.

올바른 지문 ② 행정안전부장관은 5년마다 행정기관등의 기관별 계획을 종합하여 '전자정부기본계획'을 수립하여야 한다.

(연계학습) 2025 신용한 행정학 p.751, 757

---

15 상❷하 ②

출제유형 출제영역 말 바꾸기+개념 / 행정책임의 접근법((Dubnic & Romzek)

① ⭕ 관료적 책임성(계층적 책임)은 자율성이 적은 개별 관료에 대한 통제와 감독이 중요한 요소로 보는 유형이다.
② ❌ 법적 책임성은 주어진 법적 의무 사항에 대한 준수 여부를 감독하고 평가하는 **합법성에 대한 관리가 법적 책임성을 중요한 요소**로 보는 유형이다.
③ ⭕ 전문가적 책임성은 정부조직 내에서 관료의 전문성과 자율성을 조직 운영의 중요한 요소로 보는 유형이다.
④ ⭕ 정치적 책임성은 대통령, 국회의원, 이익단체 등 주요 이해관계자들의 필요와 요구를 충족시키는가를 중요한 요소로 보는 유형이다.

SUMMARY Dubnick & Romzek의 행정책임성 유형

구분		관료조직 통제의 소재	
		내부	외부
조직의 자율성 (통제의 정도)	낮음(높음)	관료적(위계적) 책임성	법률적 책임성
	높음(낮음)	전문적 책임성	정치적 책임성

(연계학습) 2025 신용한 행정학 p.769, 770

16 상❷하 ③

출제유형 출제영역 법령 / 국가재정법

① ⭕ 국가재정법 제85조의2 제1항

> **국가재정법 제85조의2【재정사업의 성과관리】** ① 정부는 성과중심의 재정운용을 위하여 다음 각 호의 성과목표관리 및 성과평가를 내용으로 하는 재정사업의 성과관리(이하 "재정사업 성과관리"라 한다)를 시행한다.
> 1. 성과목표관리 : 재정사업에 대한 성과목표, 성과지표 등의 설정 및 그 달성을 위한 집행과정·결과의 관리
> 2. 성과평가 : 재정사업의 계획 수립, 집행과정 및 결과 등에 대한 점검·분석·평가

② ⭕ 국가재정법 제85조의10 제2항

> **동법 제85조의10【재정사업 성과관리 결과의 반영 등】** ② 기획재정부장관은 재정사업의 성과평가 결과를 재정운용에 반영할 수 있다.

③ ❌ **기획재정부장관은 자율평가 결과 추가적인 평가가 필요하다고 판단되는 사업에 대해 심층평가를 할 수 있다.**

> **동법 시행령 제39조의3【재정사업의 성과평가 등】** ① 기획재정부장관은 법 제85조의8제1항에 따라 각 중앙관서의 장과 기금관리주체에게 기획재정부장관이 정하는 바에 따라 주요 재정사업을 스스로 평가(이하 "재정사업자율평가"라 한다)하도록 요구할 수 있으며, 다음 각 호의 어느 하나에 해당하는 사업에 대해서는 심층평가를 실시할 수 있다. 다만, 「과학기술기본법」 제11조에 따른 국가연구개발사업에 대한 평가는 「국가연구개발사업 등의 성과평가 및 성과관리에 관한 법률」에 따른 성과평가로 재정사업자율평가 또는 심층평가를 대체할 수 있다.
> 1. 재정사업자율평가 결과 추가적인 평가가 필요하다고 판단되는 사업

④ ⭕ 재정사업자율평가제도는 미국 백악관 예산관리국(OMB)의 PART를 우리 현실에 맞게 수정한 제도이다.

올바른 지문 ② 재정사업 자율평가 결과 기획재정부장관이 필요하다고 판단하면 재정사업 심층평가를 실시할 수 있다.

(연계학습) 2025 신용한 행정학 p.719~721

17 상 중 하 ④

출제유형 출제영역) 개념 / 공직자의 이해충돌 방지법

① ○ 「공직자의 이해충돌 방지법」은 2021년 5월 18일 제정되어 2022년 5월 19일부터 시행되었다.
② ○ 이해충돌은 실질적 이해충돌, 외견상 이해충돌, 잠재적 이해충돌로 분류된다.
③ ○ 이해충돌 회피의 기본적인 원칙은 "누구도 자신의 사건에 대해 판결할 수 없다"는 것이다. 이러한 원칙은 자신만이 아니라 부적절한 의사결정에 영향을 미치는 가족구성원과 여타 사적 관련자들에게도 확장된다.
④ ✕ 「공직자의 이해충돌 방지법」의 **위반행위는 위반행위가 발생한 공공기관 또는 그 감독기관에도 신고할 수 있다.**

> **공직자 이해충돌방지법 제18조【위반행위의 신고 등】** ① 누구든지 이 법의 위반행위가 발생하였거나 발생하고 있다는 사실을 알게 된 경우에는 다음 각 호의 어느 하나에 해당하는 기관에 신고할 수 있다.
> 1. 이 법의 위반행위가 발생한 공공기관 또는 그 감독기관
> 2. 감사원 또는 수사기관
> 3. 국민권익위원회

SUMMARY 이해충돌의 유형

실질적 이해충돌	현재 발생하고 있고, 과거에도 발생한 이해충돌
외견상 이해충돌	공무원의 사익이 부적절하게 공적 의무의 수행에 영향을 미칠 가능성이 외견상 있는 상태로서 부정적 영향이 현재화된 것은 아닌 상태
잠재적 이해충돌	잠재적 이해충돌로서, 공무원이 미래의 공적 책임에 관련되는 일에 연루되는 경우에 발생

연계학습) 2025 신용한 행정학 p.564

18 상 중 하 ③

출제유형 출제영역) 개념 / 국가공무원법상 징계

① ✕ **직위해제는 징계처분에 해당하지 않는다.**

> **국가공무원법 제79조【징계의 종류】** 징계는 파면·해임·강등·정직·감봉·견책(譴責)으로 구분한다.

② ✕ **직위해제는 공무원에게 신분은 보유**하나 직위를 부여하지 않고 일정기간 직무에서 격리시키는 처분을 말한다.
③ ○, ④ ✕ 직무수행능력이 부족하거나 실적이 불량한자는 직위해제의 대상에 해당되며, **직위해제의 사유가 소멸될 경우 임용권자는 지체없이(3개월 이내×) 직위를 부여하여야 한다.**

> **동법 제73조의3【직위해제】** ① 임용권자는 다음 각 호의 어느 하나에 해당하는 자에게는 직위를 부여하지 아니할 수 있다.
> 1. 삭제
> 2. 직무수행 능력이 부족하거나 근무성적이 극히 나쁜 자
> 3. 파면·해임·강등 또는 정직에 해당하는 징계 의결이 요구 중인 자
> 4. 형사 사건으로 기소된 자(약식명령이 청구된 자는 제외한다)
> 5. 고위공무원단에 속하는 일반직공무원으로서 제70조의2제1항제2호부터 제5호까지의 사유로 적격심사를 요구받은 자
> 6. 금품비위, 성범죄 등 대통령령으로 정하는 비위행위로 인하여 감사원 및 검찰·경찰 등 수사기관에서 조사나 수사 중인 자로서 비위의 정도가 중대하고 이로 인하여 정상적인 업무수행을 기대하기 현저히 어려운 자
>
> ② 제1항에 따라 직위를 부여하지 아니한 경우에 그 사유가 소멸되면 임용권자는 지체 없이 직위를 부여하여야 한다.

연계학습) 2025 신용한 행정학 p.592, 593

19 상 중 하 ④

출제유형 출제영역) 순서 연결 / 우리나라의 주민참여제도

④ ○ 1999년 조례제정개폐청구제 및 주민감사청구제, 2004년 주민투표제, 2005년 주민소송제, 2006년 주민소환제가 도입되었고, 2021년 지방자치법 전부개정을 통해 규칙의 제정과 개정·폐지 의견제출에 관한 내용이 추가되었다.

> **지방자치법 제20조【규칙의 제정과 개정·폐지 의견 제출】** ① 주민은 제29조에 따른 규칙(권리·의무와 직접 관련되는 사항으로 한정한다)의 제정, 개정 또는 폐지와 관련된 의견을 해당 지방자치단체의 장에게 제출할 수 있다.

연계학습) 2025 신용한 행정학 p.884

20 상 중 하 ①

출제유형 출제영역) 개념 / 정책의제설정모형

① ✕ 통제집단 사전·사후설계란 통제집단과 실험집단을 무작위 배정에 의해 동질적으로 구성하여 사전과 사후에 측정값을 비교하는 실험설계 방법이다. **통제집단 사전·사후설계의 경우 통제집단과 실험집단 모두 사전측정과 사후측정이 행해짐에 따라 실험 전 측정한 그 자체가 실험에 영향을 검사효과(측정요소)가 발생할 수 있다는 단점이 존재**한다.
② ○ 준실험은 진실험에 비해 인위적 요소가 많지 않아 외적 타당도와 실험의 실현가능성이 높다.
③ ○ 회귀불연속 설계란 실험집단과 통제집단에 실험대상을 배정할 때 분명하게 알려진 자격기준에 따라 두집단을 다르게 구성하여 집단 간 회귀분석의 결과를 비교하는 방식으로, 구분점(구간)에서 회귀직선의 불연속적인 단절을 이용한다.
④ ○ 솔로몬 4집단 설계는 통제집단 사전–사후검사설계와 통제집단 사후검사설계를 결합한 방식이다. 각각의 단점을 보완하기 위해 4개의 집단으로 구성한 실험설계이므로, 각 설계의 장점을 갖는다

연계학습) 2025 신용한 행정학 p.306~309

2022년 국가직 9급

문제편 p.25~29

정답

01	①	02	①	03	②	04	②	05	①
06	④	07	④	08	②	09	③	10	②
11	③	12	④	13	②	14	④	15	④
16	③	17	③	18	①	19	③	20	②

출제영역 분석

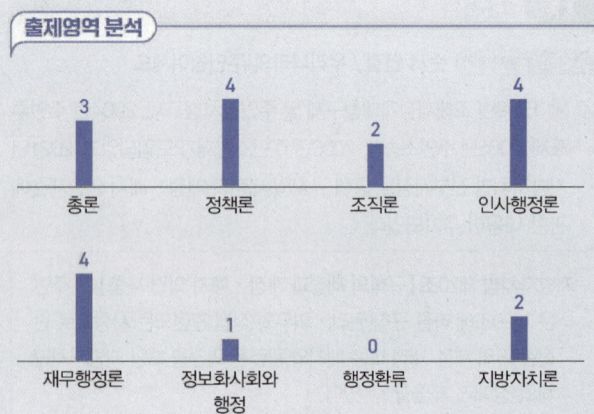

총론 3 / 정책론 4 / 조직론 2 / 인사행정론 4
재무행정론 4 / 정보화사회와 행정 1 / 행정환류 0 / 지방자치론 2

출제경향 분석

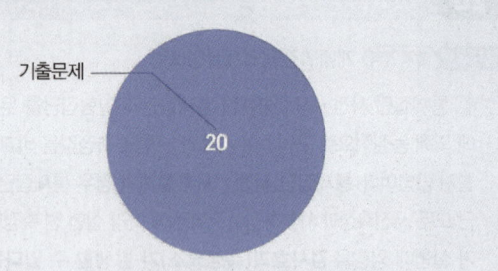

기출문제 20

출제문제 유형분석

- 말 바꾸기 1
- 짝짓기 2
- 내용분류 4
- 개념 6
- 순서연결 1
- 제도 및 이론 비교 0
- 법령 6

---

01 상 중 하 🔑 ①

출제유형 **출제영역** 개념 / 직업공무원제

① ✗ **직무급 중심 보수체계**의 특징을 갖는 것은 **직위분류제**이다. 직위분류제는 직업공무원제의 확립을 저해한다.
② ○ 직업공무원제는 채용 당시의 직무수행 능력보다는 장기적인 발전 가능성이나 잠재력을 중요시하므로, 공무원의 능력발전 기회를 부여하게 된다.
③, ④ ○ 직업공무원제는 계급제, 폐쇄형 공무원제, 일반행정가, 신분 보장을 지향한다.

연계학습 2025 신용한 행정학 p.455

02 상 중 하 🔑 ①

출제유형 **출제영역** 개념 / 정책 유형분류

① ○ **추출정책**에 대한 설명이다. 추출정책은 국가의 정책적 목표에 의해 일반 **국민들에게 인적·물적 자원을 부담시키는 정책**으로, 추출정책을 통해 국민들로부터 일정한 자원을 얻어 정부의 운영, 정책의 설계와 시행 등과 같은 활동을 수행한다.

SUMMARY 정책의 유형

분배정책	권리나 이익, 또는 서비스의 배분 / 포크배럴, 로그롤링 현상이 발생 예 수출 특혜 금융, 지방자치단체에 대한 국가보조금 지급, 주택자금 대출, 국유지 불하, 농민을 위한 영농정보 제공 등
재분배정책	고소득층으로부터 저소득층으로 소득이전 / 계급대립적 성격으로 치열한 갈등 예 누진소득세 제도, 영세민 취로사업, 임대주택의 건설 등
규제정책	개인이나 일부집단에 대한 권리행사의 제한이나 의무부과 ① 경쟁적 규제 : 다수 경쟁자 중 특정 개인이나 집단에게 특정권리나 서비스를 제공하는 것과 관련된 정책(방송국 설립인가, 항공노선 허가) ② 보호적 규제 : 일반 대중보호를 목적으로 하는 규제정책 예 최저임금제, 독점규제 및 공정거래에 관한 법률 등
구성정책	체제의 구조와 운영에 관련된 정책 / 대외적 가치배분에는 영향이 없지만, 대내적으로 게임의 법칙발생, 총체적 기능과 권위적 성격을 나타냄. 예 정부기관 신설, 선거구 조정 등
추출정책	정책적 목표에 의해 국민들에게 인적·물적 자원을 부담시키는 정책 예 조세, 병역, 물자수송, 노력동원 등과 관련된 정책
상징정책	정치체제에 대한 정당성과 신뢰성 및 국민통합성을 증진시키기 위하여 국내외 환경에 산출시키는 이미지나 상징과 관련된 정책 예 88 서울올림픽경기, 2002 한·일월드컵경기, 남대문복원

연계학습 2025 신용한 행정학 p.193

03 상 중 하 ■■■ 🔑 ②

출제유형 **출제영역** 짝 찾기 / 직위분류제 용어

① ○ '직위'는 한 사람의 근무를 요하는 직무와 책임을 말한다.
② ✕ '직급'은 직무의 **종류·곤란성·책임도가 상당히 유사**한 직위의 군을 의미한다.
③ ○ '직류'는 동일 직렬 내에서 **담당 분야가 같은** 직무의 군이다.
④ ○ '직무등급'은 직무의 **종류는 다르나, 직무 수행의 책임도와 자격 요건이 유사**해 동일한 보수를 지급할 수 있는 직위의 횡적 군을 말한다.

올바른 지문 ② '직급'은 직무의 종류·곤란도·책임도가 상당히 유사한 직위의 군이다.

SUMMARY 직위분류제의 구조

직위(position)		한 사람의 근무를 요하는 직무와 책임 (예 ○○ 담당)
직무 분석	직류 (sub-series)	동일 직렬 내에서 담당 분야가 같은 직무의 군 (예 행정직렬내 일반행정직류와 재경직류)
	직렬 (series)	직무 종류가 유사하나 난이도와 책임도가 다른 직급의 군 (예 행정직군내 행정직렬과 세무직렬)
	직군 (group)	직무 성질이 유사한 직렬의 군 (예 행정직군, 기술직군)
직무 평가	직급 (class)	직무의 종류·곤란성과 책임도가 상당히 유사한 직위의 군 직위가 내포하는 직무의 성질·난이도·책임의 정도가 유사해 채용·보수 등에서 동일하게 다룰 수 있는 직위의 집단 (예 행정 9급, 세무 9급)
	등급 (grade)	직무의 곤란성과 책임도가 상당히 유사한 직위의 군. 직무의 종류는 다르나, 직무 수행의 책임도와 자격 요건이 유사해 동일한 보수를 지급할 수 있는 직위의 횡적 군 (예 9급)

연계학습 2025 신용한 행정학 p.479

04 상 중 하 ■■■ 🔑 ②

출제유형 **출제영역** 개념 / 윌슨의 규제정치모형

① ✕ 대중정치는 정부규제로 인해 발생되는 비용과 편익이 쌍방 모두 이질적인 불특정 다수에게 분산된다.
② ○ 고객정치 상황에 대한 설명이다. 고객정치는 정부규제로 인해 발생하게 될 **비용은 상대적으로 작고 이질적인 불특정 다수에게 부담**되나, 그 **편익은 대단히 크며, 동질적인 소수에게 귀속되는 상황**이다. 다수의 비용부담자 집단에서는 집단행동의 딜레마가 발생하며, 조직화된 소수의 수혜자 집단에 의해 규제기관이 포획을 당하게 된다.
③ ✕ 기업가정치는 비용은 고객정치의 상황과 반대로 비용은 소수의 동질적 집단에 집중되나 편익은 불특정 다수에게 확산되어 있는 상황이다.
④ ✕ 이익집단정치는 비용과 편익이 모두 소수의 동질적 집단에 국한된다.

SUMMARY 윌슨의 규제정치모형

구 분		규제의 편익	
		넓게 분산	좁게 집중
규제비용	넓게 분산	• 대중정치 : 편익, 비용 모두 분산 • 수혜자 : 집단행동의 딜레마 • 비용부담자 : 집단행동의 딜레마 ⇨ 규제에 대한 정치적 위험과 논란이 적음. 예 음란물 규제, 낙태규제 등	• 고객정치 : 편익은 집중, 비용은 분산 • 수혜자 : 규제의 집행을 촉구 • 비용부담자 : 집단행동의 딜레마 발생 ⇨ 규제의 강력한 이행 예 수입규제, 직업면허, 환경규제 완화 등
	좁게 집중	• 기업가정치 : 편익은 분산, 비용은 소수 집중 • 정책선도자들이 시민의사를 결집하여 추진 • 수혜자 : 집단행동의 딜레마 발생 • 비용부담자 : 규제의 집행에 강력히 저항 ⇨ 규제의 느슨한 집행 예 환경오염규제, 퇴폐업소 단속, 외제차에 대한 수입규제 완화 등	• 이익집단정치 : 편익 집중, 비용 집중 • 수혜자 : 규제의 집행을 촉구 • 비용부담자 : 규제의 집행에 강력히 저항 ⇨ 서로의 이익확보를 위해 대립. 규제정책의 가시성이 높음. 예 한·약분쟁, 의약분업규제 등

연계학습 2025 신용한 행정학 p.28

05 상 중 하 ■■■ 🔑 ①

출제유형 **출제영역** 내용 분류 / 내용이론과 과정이론의 분류

과정이론은 인간의 행동이 어떤 과정을 통해 동기유발이 되는가(how?)를 설명하는 이론으로 사람들이 어떠한 방법을 통해 욕구를 충족시키고, 욕구충족을 위한 여러 가지 행동대안 중 어떠한 방법으로 행동선택을 하는가에 중점을 둔다.

ㄱ, ㄴ, ㄷ ○ 브룸(Vroom)의 기대이론, 애덤스(Adams)의 공정성 이론, 로크(Locke)의 목표설정이론이 과정이론에 해당된다.
ㄹ, ㅁ ✕ 앨더퍼(Alderfer)의 ERG이론, 맥그리거(McGregor)의 X이론·Y이론은 **내용이론에 해당**한다.

SUMMARY 동기부여이론의 체계

내용 이론		① Maslow의 욕구계층이론　② Alderfer ERG이론 ③ McGregor X·Y이론　④ Herzberg 동기·위생요인이론 ⑤ Argyris 성숙·미성숙이론　⑥ Likert 4대 관리체제론 ⑦ McClelland 성취동기　⑧ E. Schein 복잡인 모형 ⑨ Z이론 모형
과정 이론	기대이론	① Vroom의 V.I.E 기대이론 ② Porter와 Lawler의 성과-만족 이론 ③ Georgopoulos의 통로-목표이론
	형평성이론	Adams의 형평성(equity)이론
	목표설정이론	Locke의 목표설정이론
	학습이론	① 고전적 조건화이론(Pavlov) ② 수단적 조건화이론(Thorndike) ③ 조작적 조건화이론(Skinner)
	직무특성이론	Hackman & Oldham 직무특성

연계학습 2025 신용한 행정학 p.391

06 ④

출제유형/출제영역: 법령 / 특별지방자치단체

① ○ 지방자치법 제199조 제1항

> 지방자치법 제199조【설치】① 2개 이상의 지방자치단체가 공동으로 특정한 목적을 위하여 광역적으로 사무를 처리할 필요가 있을 때에는 특별지방자치단체를 설치할 수 있다. 이 경우 특별지방자치단체를 구성하는 지방자치단체(이하 "구성 지방자치단체"라 한다)는 상호 협의에 따른 규약을 정하여 구성 지방자치단체의 지방의회 의결을 거쳐 행정안전부장관의 승인을 받아야 한다.

② ○ 특별지방자치단체는 보통지방자치단체와 마찬가지로 법인격을 갖는다.

③ ○ 지방자치법 제204조 제1항

> 동법 제204조【의회의 조직 등】① 특별지방자치단체의 의회는 규약으로 정하는 바에 따라 구성 지방자치단체의 의회 의원으로 구성한다.

④ ✕ **구성 지방자치단체의 장은** 「지방자치법」상 겸임 제한 규정에도 불구하고 **특별지방자치단체의 장을 겸할 수 있다.**

> 동법 제205조【집행기관의 조직 등】① 특별지방자치단체의 장은 규약으로 정하는 바에 따라 특별지방자치단체의 의회에서 선출한다.
> ② 구성 지방자치단체의 장은 제109조에도 불구하고 특별지방자치단체의 장을 겸할 수 있다.

> 동법 제109조【겸임 등의 제한】① 지방자치단체의 장은 다음 각 호의 어느 하나에 해당하는 직을 겸임할 수 없다.
> 1. 대통령, 국회의원, 헌법재판소 재판관, 각급 선거관리위원회 위원, 지방의회의원
> 2. 「국가공무원법」 제2조에 따른 국가공무원과 「지방공무원법」 제2조에 따른 지방공무원
> 3. 다른 법령에 따라 공무원의 신분을 가지는 직
> 4. 「공공기관의 운영에 관한 법률」 제4조에 따른 공공기관(한국방송공사, 한국교육방송공사 및 한국은행을 포함한다)의 임직원
> 5. 농업협동조합, 수산업협동조합, 산림조합, 엽연초생산협동조합, 신용협동조합 및 새마을금고(이들 조합·금고의 중앙회와 연합회를 포함한다)의 임직원
> 6. 교원
> 7. 「지방공기업법」 제2조에 따른 지방공사와 지방공단의 임직원
> 8. 그 밖에 다른 법률에서 겸임할 수 없도록 정하는 직

연계학습: 2025 신용한 행정학 p.837, 838

07 ④

출제유형/출제영역: 짝짓기 / Nakamura & Smallwood의 집행유형

① ○ 고전적 기술자형은 정책결정자가 구체적인 정책목표와 세부 정책내용까지 결정하고, 하위 정책집행자들의 활동을 엄격히 통제하며, 정책집행자는 정책결정자가 결정한 정책내용을 충실히 집행하는 관계유형을 말한다.

② ○ 재량적 실험형에서 정책결정자는 구체적인 정책의 목표를 설정하지 못하고 추상적 목표에 머물게 되며 정책의 대부분을 집행자들에게 위임하는 것으로 정책결정자가 정책집행자에게 광범위한 재량권을 부여하는 관계유형을 말한다.

③ ○ 관료적 기업가형에서 정책집행자는 결정권까지도 행사하면서 정책과정 전체를 좌우지한다. 모든 실권을 집행자들이 가지고 있으며, 자신이 정책목표를 정하고 이 목표가 채택되도록 결정자를 설득한다.

④ ✕ 지시적 위임형은 정책결정자는 정책목표를 정하고, **집행자는 결정자가 수립한 목표달성에 사용할 수단을 결정할 재량권을 가지고 있다.**

SUMMARY Nakamura와 Smallwood의 정책집행 유형 분류

고전적 기술자형	① 정책결정자 : 구체적인 정책목표와 세부 정책내용까지 결정 ② 정책집행자 : 세세한 기술적 문제 정도에서만 미약한 재량권 행사
지시적 위임형	① 정책결정자 : 정책목표와 대체적인 방침수립 ② 정책집행자 : 구체적인 집행에 필요한 충분한 재량권을 부여 받음
협상형	① 정책결정자 : 정책의 목표를 설정 ② 정책집행자 : 정책목표와 수단에 대해 결정자와 협상을 벌임 ③ 집단의 힘과 협상력의 정도에 따라 주도권이 결정
재량적 실험형	① 정책결정자 : 구체적인 목표를 설정하지 못하고 추상적 수준에 머묾. 정책집행자에게 광범위한 재량권을 부여 ② 정책집행자 : 정책목표의 구체화, 수단 선택을 자기 책임하에 관장
관료적 기업가형	① 정책결정자 : 형식상 결정권을 소유 ② 정책집행자 : 정책과정 전체를 좌우지하는 형태로서 결정권까지도 행사. 자신의 정책목표달성에 필요한 능력을 보유

연계학습: 2025 신용한 행정학 p.287~289

08

출제유형/출제영역: 내용 분류 / MBO

ㄱ. ○ 목표관리제는 참여적 관리로 목표설정에 있어, 부하와 상사가 공동으로 결정한다.

ㄴ. ✕ 목표관리제는 **단기적이고 측정 가능한 생산목표**(가시적·계량적·단기적)를 설정한다.

ㄷ. ○ 목표관리제는 폐쇄적 내부관리모형이므로 급격한 변화나 복잡한 환경보다는 조직 내·외의 상황이 안정적이고 예측가능한 조직에서 성공확률이 높다.

ㄹ. ✕ 목표관리제는 결과지향적 관리로, 목표의 **정량적·객관적 성격이 강조**된다.

연계학습: 2025 신용한 행정학 p.428~430

09 상[중]하 ③

출제유형 출제영역 법령 / 성립시기에 따른 예산의 구분

③ ⭕ 예산을 성립시기에 따라 구분할 때 본예산, 수정예산, 추가경정예산으로 구분된다. 수정예산은 예산의 성립 전 변경, 본예산은 최초로 성립된 예산, 추가경정예산은 예산의 성립 후 변경을 말한다.

SUMMARY 예산의 성립시기에 따른 구분

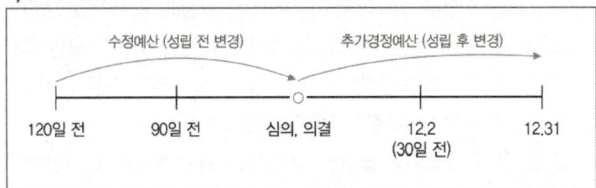

연계학습 2025 신용한 행정학 p.631~633

10 상[중]하 ②

출제유형 출제영역 순서연결 / 행정학의 발달과정

② ⭕ (다) 공공관리론(정치행정이원론) → (라) 신행정론 → (나) 공공선택론 → (가) 뉴거버넌스

(가) **뉴거버넌스론에 대한 설명**이다. 뉴거버넌스론은 공적 문제해결 및 공공서비스 생산분배에 있어, 기존의 계층제(정부)에 의존하는거버넌스와 달리 1980년대 이후 계층제와 시장, 시민사회 간의 네트워크를 활용하는 새로운 흐름을 의미한다.

(나) **공공선택론에 대한 설명**이다. 오스트롬(V. Ostrom)은 「미국 행정학의 지적 위기(1973)」의 출간을 통해 공공재의 공급에서 시민의 선택을 중시하는 공공선택론을 행정학에 접목을 시도하였다.

(다) **공공관리론(정치행정이원론)에 대한 설명**이다. 굿노(F. J. Goodnow)는 「정치와 행정(1900)」을 발표하면서 '정치는 국가의지의 표현이며, 행정은 이를 실천하는 것'으로, 정치와 행정의 차이를 분명히 하였다.

(라) **신행정론(1960)에 대한 설명**이다. 신행정론은 1960년대 미국 내 사회문제들을 당시 행태주의가 해결하지 못하자 이에 대한 반성으로 등장한 이론이다. 특히 왈도(Waldo)를 중심으로 한 소장학자들이 참여한 미노부르크 회의에서는 문제 지향적·처방적·실천적 행정연구의 방향을 모색하고 사회적 형평성에 기초한 행정학의 독자적 주체성을 강조하였다.

연계학습 2025 신용한 행정학 p.112~118

11 상중[하] ③

출제유형 출제영역 내용 분류 / 예산집행의 재정통제 제도

①, ②, ④ ⭕ 예산집행의 신축성을 유지하기 위한 제도에는 계속비, 수입대체경비, 예산의 이체 등이 있다.

③ ❌ 예산의 재배정은 **예산통제의 확보방안**이다.

SUMMARY 예산의 집행 - 신축성 확보방안

이용	입법과목(장·관·항) 간에 상호융통(국회의결 필요)
전용	행정과목(세항·목)간에 상호 융통(국회의결 불필요)
이체	정부조직 등에 관한 법령의 제정·개정·폐지로 직무·권한 변동 시 예산도 이에 따라서 책임소관 변경(국회의결 불필요)
이월	당해 회계연도 예산의 일정액을 다음 연도에 넘겨서 사용하는 것 ㉠ 명시이월 : 예측된 이월 ㉡ 사고이월 : 예측되지 않은 이월
예비비	예측할 수 없는 예산외 지출과 초과지출시를 대비해 세입세출예산에 계상한 금액. 상한 : 일반회계 예산총액의 1/100 이내(국회의결 필요)
계속비	완성에 수년을 요하는 사업 경비의 총액과 연부액을 정해 미리 국회의결을 얻은 범위안에서 수년에 걸쳐 지출하는 예산(5년 연장가능)
국고채무 부담행위	법률, 세출예산, 계속비 범위 외에 정부가 채무를 부담하는 행위 미리 예산으로서 국회의결을 얻어야 함. 지출권한은 아님.
수입대체경비	중앙관서 장이 일정 항목에 대해 수입의 범위 안에서 경비의 직접지출이 가능한 경비
추가경정예산	예산의 확정 후 변경
총액계상예산	세부 내용을 미리 확정하기 어려운 사업은 총액으로 예산 계상
회계연도 개시 전 예산배정	특정경비에 대해서는 회계연도 개시 전에 예산배정 가능 (외국에서 지급하는 경비, 재해복구사업비 등)

연계학습 2025 신용한 행정학 p.676~681

12 상[중]하 ④

출제유형 출제영역 개념 / 정부관의 변천

① ⭕ 19세기 시민혁명으로 성립된 입법국가는 국가로부터의 자유를 강조하였으며, 개인의 자유주의와 최소정부관을 배경으로 하여 야경국가를 지향하였다.

② ⭕ 경제대공황 이후 케인스 주의, 뉴딜(New Deal)정책 등의 정부개입을 통한 경제안정화기능이 강조되었으며, 최대의 봉사가 최선의 정부라는 큰 정부관을 강조하였다.

③ ⭕ 영국의 대처리즘, 미국의 레이거노믹스는 신자유주의와 신보수주의를 바탕으로 작은 정부를 지향하였다.

④ ❌ **하이에크(hayek)는** 대표적인 신자유주의 학자로 「노예의 길(The Road to Serfdom)」에서 **정부실패를 비판하고, 작은 정부를 강조**하였다.

올바른 지문 ④ 하이에크(hayek)는 「노예의 길」에서 정부실패를 비판하고 작은 정부를 강조하였다.

연계학습 2025 신용한 행정학 p.19, 20

13 상중하 ②

출제유형 출제영역 법령 / 공무원의 신분보장(종합)

① ⭕ 직권면직은 「국가공무원법」상 징계의 종류에 해당하지 않는다.

> **국가공무원법 제79조 【징계의 종류】** 징계는 파면·해임·강등·정직·감봉·견책(譴責)으로 구분한다.

② ❌ 정직은 징계처분의 일종으로, 정직 기간 중에는 **보수의 전액(1/2 ×)을 감하도록 되어 있다.**

> **동법 제80조 【징계의 효력】** ③ 정직은 1개월 이상 3개월 이하의 기간으로 하고, 정직 처분을 받은 자는 그 기간 중 공무원의 신분은 보유하나 직무에 종사하지 못하며 보수는 전액을 감한다.

③ ⭕ 국가공무원법 제71조 제1항

> **동법 제71조 【휴직】** ① 공무원이 다음 각 호의 어느 하나에 해당하면 임용권자는 본인의 의사에도 불구하고 휴직을 명하여야 한다.
> 1. 신체·정신상의 장애로 장기 요양이 필요할 때
> 2. 삭제 〈1978. 12. 5.〉
> 3. 「병역법」에 따른 병역 복무를 마치기 위하여 징집 또는 소집된 때
> 4. 천재지변이나 전시·사변, 그 밖의 사유로 생사(生死) 또는 소재(所在)가 불명확하게 된 때
> 5. 그 밖에 법률의 규정에 따른 의무를 수행하기 위하여 직무를 이탈하게 된 때
> 6. 「공무원의 노동조합 설립 및 운영 등에 관한 법률」 제7조에 따라 노동조합 전임자로 종사하게 된 때

④ ⭕ 국가공무원법 제70조 제1항

> **동법 제70조 【직권 면직】** ① 임용권자는 공무원이 다음 각 호의 어느 하나에 해당하면 직권으로 면직시킬 수 있다.
> 5. 제73조의3제3항에 따라 대기 명령을 받은 자가 그 기간에 능력 또는 근무성적의 향상을 기대하기 어렵다고 인정된 때

올바른 지문 ② 정직은 징계처분의 일종으로, 정직 기간 중에는 보수의 전액을 감하도록 되어 있다.

연계학습 2025 신용한 행정학 p.586, 587

---

14 상중하 ④

출제유형 출제영역 개념 / 립스키의 일선관료제

①, ②, ③ ⭕ 립스키는 일선관료제론에서 '서비스 제공에 있어서 상당한 재량권의 보유', '불충분한 자원', '권위에 대한 위협과 도전', '모호하고 대립되는 기대', '객관적 성과평가의 기준 결여' 등을 일선관료들의 업무환경 및 특징으로 제시하였다.

④ ❌ **단순화나 정형화의 메커니즘은 일선관료의 적응방식**이다. 일선관료들은 개별적인 집행상황에 부합하는 유연한 업무수행을 하기보다는 습관적이고 정형화된 형태로 업무를 수행한다(단순화나 정형화의 메커니즘을 통해 복잡하고, 불확실한 상황에 대처함.).

연계학습 2025 신용한 행정학 p.281, 282

---

15 상중하 ④

출제유형 출제영역 개념 / 정책결정모형(종합)

① ⭕ 드로어(Dror)가 제시한 최적모형은 경제적 합리성과 직관·판단력·창의력과 같은 요인을 중심으로 한 초합리성을 고려한 규범적·처방적 정책결정모형이다.

② ⭕ 쓰레기통모형은 조직의 구성단위나 구성원 사이의 응집성이 조직화된 혼란(무정부) 상태에서 이루어지는 의사결정의 특징을 강조한 모형으로 극도로 불합리한 집단적 의사결정에 관한 대표적 모형이다.

③ ⭕ 점증모형은 기존 정책을 토대로 하여 그보다 약간 수정된 내용의 정책을 추구하는 의사결정모형으로 정치적 합리성을 중시한다.

④ ❌ 회사모형은 조직을 둘러싼 외부환경은 매우 복잡하고, 가변적인 불확실한 환경이므로 조직이 **환경에 대해 단기적으로 대응**하거나 환경과 협상함으로써 **불확실한 환경을 관리 가능한 상황으로 만들어서 '회피'해버린다**(불확실성의 회피).

SUMMARY 회사모형의 특징

갈등의 준해결	나쁘지 않을 정도의 수준(어느 쪽도 완전히 만족스럽지 않은 수준)에서 결정
불확실성의 회피	불확실성의 회피를 추구. 단기 전략에 치중 or 환경과의 타협
문제 중심의 탐색	총체적 고려가 아닌 문제중심적·부분적 고려
조직의 학습	조직은 경험을 통한 학습에 의해 보다 세련된 결정과 목표달성도를 높임.
표준운영절차 (SOP)	경험 누적의 결과로 나타난 SOP의 중시. SOP 발견이 조직의 사결정의 최종목표

연계학습 2025 신용한 행정학 p.257, 258, 263~266

---

16 상중하 ③

출제유형 출제영역 개념 / 정치적 중립

정치적 중립은 공무원이 정치에 개입하지 않는다는 의미가 아닌, 어느 정당이 집권하든 공평하고 차별 없이 봉사하는 것을 의미한다.

① ⭕ 정치적 중립을 통해 정치적 개입에 의한 부정부패를 방지하고, 실적주의를 확립하고 행정의 능률성과 전문성을 확보할 수 있다.

② ⭕ 공무원은 국민 전체의 봉사자로서 정치적 중립을 지키며 불편부당해야 한다.

③ ❌ 공무원의 정치적 중립 의무는 **정치적 기본권인 참정권 등을 제한할 수 있다**는 한계점이 있다.

④ ⭕ 정치적 중립을 통해 선거 개입 등 정치의 부정을 방지하고, 공명선거를 통해 민주적 기본질서를 제고할 수 있다.

연계학습 2025 신용한 행정학 p.583

17 상중하 ③

출제유형 출제영역 개념 / 지방교부세 등

① ◯ 지방교부세는 지방재정의 지역 간 불균형을 시정하기 위하여 국가가 내국세액의 일정비율과 종합부동산세 전액, 담배 개별소비세의 일정비율을 재원으로 하여 각 자치단체에 배분하여 교부하는 재원이다.

② ◯ 지방교부세법 제3조

> **지방교부세법 제3조【교부세의 종류】** 지방교부세(이하 "교부세"라 한다)의 종류는 보통교부세·특별교부세·부동산교부세 및 소방안전교부세로 구분한다.

③ ✕ **국고보조금에 대한 설명**이다.

④ ◯ 부동산교부세는 종합부동산세 전액을 재원으로 하며, 지방자치단체에 전액 교부하여야 한다.

> **동법 제9조의3【부동산교부세의 교부】** ① 부동산교부세는 지방자치단체에 전액 교부하여야 한다.

SUMMARY 지방교부세

보통 교부세	① 용도: 지자체의 기본적 행정수준 유지를 위해 용도의 지정없이 교부되는 일반재원 ② 재원: 내국세 총액의 19.24%의 97% ③ 산정: 기준재정 수입액이 기준재정 수요액에 미달하는 규모를 기초로 산정
특별 교부세	① 용도: 국가 역점 시책사업 추진에 대한 보전 등 특수한 사정으로 발생한 재정수요를 충당하기 위해 교부되는 특정재원 ② 재원: 내국세 총액의 19.24%의 3% ③ 산정: 자치단체가 교부신청 시 교부 목적의 타당성을 검토하여 교부. 신청 없이도 행안부 장관이 일정기준에 따라 지급 가능
소방 안전 교부세	① 용도: 지자체의 소방인력운용 소방 및 안전시설 확충, 안전관리 강화 등을 위하여 자치단체에 대하여 교부하는 특정재원 ② 재원: 담배에 부과하는 개별소비세 총액의 45%에 해당하는 금액 ③ 산정: 지방자치단체의 소방인력, 소방 및 안전시설 현황, 소방 및 안전시설 투자 소요, 재난예방 및 안전강화 노력, 재정여건 등을 고려하여 대통령령으로 정함.
부동산 교부세	① 용도: 지방세였던 종토세가 국세인 종합부동산세로 전환됨에 따라 이를 재원으로 지자체에 교부(일반재원) ② 재원: 국세인 종합부동산세의 총액 ③ 산정: 지방자치단체의 재정여건이나 지방세 운영상황 등을 고려하여 대통령령으로 정함('10년 개정)

연계학습 2025 신용한 행정학 p.915~919

18 상중하 ①

출제유형 출제영역 법령 / 정부업무평가 기본법

① ✕ 특정평가는 중앙행정기관(**공공기관** ✕)을 대상으로 한다.

> **정부업무평가 기본법 제2조【정의】** 이 법에서 사용하는 용어의 정의는 다음과 같다.
> 4. "특정평가"라 함은 국무총리가 중앙행정기관을 대상으로 국정을 통합적으로 관리하기 위하여 필요한 정책등을 평가하는 것을 말한다.

② ◯ 정부업무평가 기본법 제9조 제1항

> **동법 제9조【정부업무평가위원회의 설치 및 임무】** ① 정부업무평가의 실시와 평가기반의 구축을 체계적·효율적으로 추진하기 위하여 국무총리 소속하에 정부업무평가위원회를 둔다.
> ② 위원회는 다음 각 호의 사항을 심의·의결한다.

③ ◯ 정부업무평가 기본법 제18조 제4항

> **동법 제18조【지방자치단체의 자체평가】** ④ 행정안전부장관은 평가의 객관성 및 공정성을 높이기 위하여 평가지표, 평가방법, 평가기반의 구축 등에 관하여 지방자치단체를 지원할 수 있다.

④ ◯ 정부업무평가 기본법 제2조

> **동법 제2조【정의】** 이 법에서 사용하는 용어의 정의는 다음과 같다.
> 3. "자체평가"라 함은 중앙행정기관 또는 지방자치단체가 소관 정책 등을 스스로 평가하는 것을 말한다.

올바른 지문 ① 특정평가는 국무총리가 중앙행정기관을 대상으로 국정을 통합적으로 관리하기 위한 목적을 갖는다.

연계학습 2025 신용한 행정학 p.310~313

19 상중하 ③

출제유형 출제영역 법령 / 재무제표의 구성요소

③ ◯ 결산보고서 상의 재무제표는 재정상태표, 재정운영표, 순자산변동표로 구성된다.

> **국가회계법 제14조【결산보고서의 구성】** 결산보고서는 다음 각 호의 서류로 구성된다.
> 3. 재무제표
>   가. 재정상태표
>   나. 재정운영표
>   다. 순자산변동표
>   라. 현금흐름표

연계학습 2025 신용한 행정학 p.689

20 상 중 하 ■■■　　🔑 ②

출제유형 출제영역 법령 / 정보기술아키텍처

② ⭕ 정보기술아키텍처(ITA : Information Technology Architecture)에 대한 설명이다. 정보기술아키텍처는 일정한 기준·절차에 따라 조직의 업무와 정보, 이를 지원하기 위한 조직 전체의 정보화 요소들을 통합적으로 분석한 뒤, 이들 간의 관계를 구조적으로 정리한 체제 및 이를 바탕으로 정보시스템을 효율적으로 구성하기 위한 방법을 의미한다. 우리나라 「전자정부법」에서는 정보기술아키텍처를 다음과 같이 규정하고 있다.

> **전자정부법 제2조【정의】** 이 법에서 사용하는 용어의 뜻은 다음과 같다.
> 12. "정보기술아키텍처"란 일정한 기준과 절차에 따라 업무, 응용, 데이터, 기술, 보안 등 조직 전체의 구성요소들을 통합적으로 분석한 뒤 이들 간의 관계를 구조적으로 정리한 체제 및 이를 바탕으로 정보화 등을 통하여 구성요소들을 최적화하기 위한 방법을 말한다.

연계학습 2025 신용한 행정학 p.758

2021년 국가직 9급

문제편 p.31~35

정답

01	③	02	④	03	③	04	④	05	③
06	③	07	②	08	①	09	②	10	③
11	①	12	④	13	④	14	④	15	①
16	①	17	④	18	②	19	②	20	④

출제영역 분석

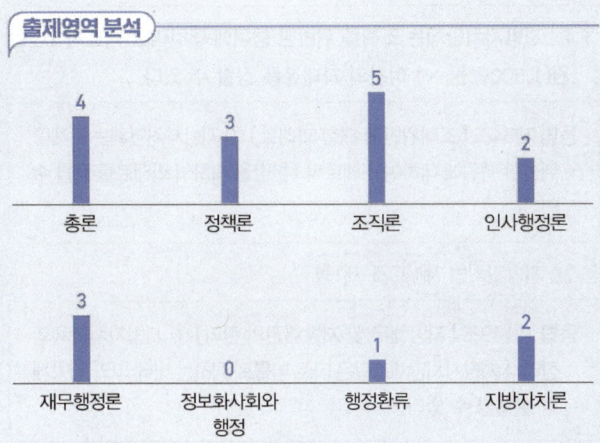

출제경향 분석

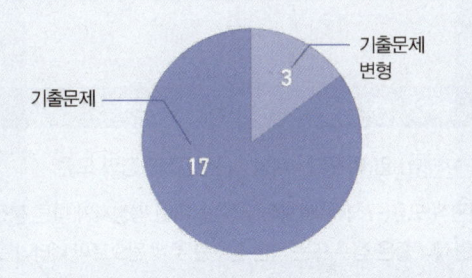

출제문제 유형분석

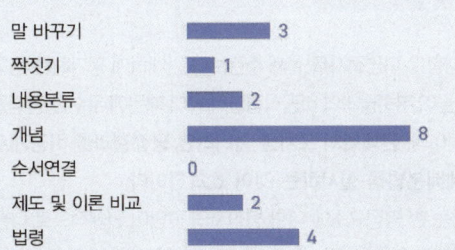

---

01 상 중 하 ■ ■ ■ 🔑 ③

출제유형 이론비교 / **출제영역** 시장실패의 요인

①, ②, ④ ⭕ 외부효과 발생, 시장의 독점 상태, 시장이 담당하기 어려운 공공재의 존재 등은 시장실패의 원인에 해당한다.

③ ❌ X-비효율성 발생은 정부실패의 원인에 해당한다.

올바른 지문 ③ ❌ X-비효율성 발생 - <u>정부실패의 원인</u>

SUMMARY 시장실패의 원인

공공재	공공재의 '비경합성'과 '비배재성'의 특징으로 '무임승차' 문제 발생. 시장형성 × ⇨ 정부 직접공급
외부효과	경제주체의 행동이 비의도적으로 대가없이 다른 주체에게 손해나 이득을 가져다주는 효과 ① 외부경제 : 긍정적 효과(대중교통) ⇨ 과소공급 ⇨ 정부 보조금 지원 ② 외부불경제 : 부정적 효과(대기오염, 소음) ⇨ 과다공급 ⇨ 정부규제
독점 불완전 경쟁	독과점으로 인한 공정경쟁의 저해와 과소생산의 문제 발생 ① 독점 : 정부의 직접공급 또는 독점기업에 대한 규제 ② 과점(불완전 경제) : 담합 행위 등에 대한 규제
불완전 정보	주인과 대리인의 관계 속 정보의 비대칭으로 인한 대리손실 ('역선택'과 '도덕적 해이') 발생 ⇨ 정보 비대칭 완화를 위한 보조금 지급이나 규제
분배 불평등	시장에서는 능률성을 중시, 공평한 소득분배는 보장 ×

연계학습 2025 신용한 행정학 p.61~63

---

02 상 중 하 ■ ■ ■ 🔑 ④

출제유형 말 바꾸기+개념 / **출제영역** 조직 목표의 기능

① ⭕ 조직목표는 조직구성원들이 조직에 일체감을 느끼고 조직 활동의 동기를 유발하게 하는데 필요한 기초를 제공한다.

② ⭕ 조직목표는 조직을 설계하는 준거이며, 조직의 효과를 평가하는 기준이 된다.

③ ⭕ 조직의 목표는 바람직한 미래상으로 조직의 활동 방향과 조직 구성원들의 행동 기준을 제공한다.

④ ❌ 조직목표는 조직의 존재와 활동을 사회적으로 정당화하는 근거가 된다.

올바른 지문 ④ 조직이 존재하는 <u>정당성의 근거가 된다</u>.

SUMMARY 조직목표의 기능

① 조직의 목표는 바람직한 미래상으로 조직의 활동 방향과 조직구성원들의 행동 기준을 제공
② 조직구성원들이 조직에 일체감을 느끼고 조직 활동의 동기를 유발하게 하는데 필요한 기초를 제공
③ 조직의 존재와 활동을 사회적으로 정당화하는 근거
④ 조직의 효과를 평가하는 기준
⑤ 내부 조직 간에 갈등이 발생한 경우 이를 조정하는 기능 수행
⑥ 조직을 설계하는 준거

연계학습 2025 신용한 행정학 p.431

03 상중하 ■■■ 🔍 ③

출제유형 출제영역 개념 / 네트워크 조직

③ ⊙ **네트워크 조직에 대한 설명**이다. 네트워크 조직은 조직의 자체 기능은 핵심역량 위주로 합리화하고, 여타 기능은 외부와 계약 관계를 통해 수행하는 구조이다.

연계학습 2025 신용한 행정학 p.331, 332

04 상중하 ■■■ 🔍 ④

출제유형 출제영역 말 바꾸기+내용 분류 / 행정통제의 유형

ㄱ. ✕ **행정안전부의 각 중앙행정기관 조직과 정원 통제는 내부 – 공식적** 통제에 해당한다.
ㄴ. ⊙ 국회의 국정조사는 외부 – 공식적 통제에 해당한다.
ㄷ. ✕ **기획재정부의 각 부처 예산안 검토 및 조정은 내부 – 공식적 통제**에 해당한다.
ㄹ. ⊙ 국민들의 조세부과 처분에 대한 취소소송은 외부 – 비공식적 통제에 해당한다.
ㅁ. ✕ **국무총리의 중앙행정기관에 대한 기관평가는 내부 – 공식적 통제**에 해당한다.
ㅂ. ⊙ 환경운동연합의 정부정책에 대한 반대는 외부 – 비공식적 통제에 해당한다.
ㅅ. ✕ **중앙행정기관장의 당해 기관에 대한 자체평가는 내부 – 공식적** 통제에 해당한다.
ㅇ. ⊙ 언론의 공무원 부패 보도는 외부 – 비공식적 통제에 해당한다.

올바른 지문

ㄱ. ✕ 행정안전부의 각 중앙행정기관 조직과 정원 통제는 내부 – 공식적 통제
ㄷ. ✕ 기획재정부의 각 부처 예산안 검토 및 조정은 내부 – 공식적 통제
ㅁ. ✕ 국무총리의 중앙행정기관에 대한 기관평가는 내부 – 공식적 통제
ㅅ. ✕ 중앙행정기관장의 당해 기관에 대한 자체평가는 내부 – 공식적 통제

SUMMARY 행정통제의 유형(Gilbert)

구분	외 부	내 부
공식	• 입법부에 의한 통제 • 사법부에 의한 통제 • 헌법재판소 • 옴부즈만(행정감찰관)	• 계층제(명령체계) 및 인사관리제도를 통한 통제 • 감사원에 의한 통제 • 대통령실과 국무조정실(정부업무평가)에 의한 통제 • 중앙행정부처에 의한 통제 • 교차기능조직
비공식	• 시민에 의한 통제 • 이익집단에 의한 통제 • 여론, 매스컴, 인터넷 • 정당	• 동료집단의 평가와 비판 • 공무원으로서의 직업윤리

연계학습 2025 신용한 행정학 p.772~775

05 상중하 ■■■ 🔍 ③

출제유형 출제영역 말 바꾸기+법령 / 우리나라 지방자치권

① ⊙ 지방자치법 제28조 제1항

> 지방자치법 제28조【조례】① 지방자치단체는 법령의 범위 안에서 그 사무에 관하여 조례를 제정할 수 있다. 다만, 주민의 권리 제한 또는 의무 부과에 관한 사항이나 벌칙을 정할 때에는 법률의 위임이 있어야 한다.

② ⊙ 지방자치법 제163조 제1항

> 동법 제163조【지방공기업의 설치·운영】① 지방자치단체는 주민의 복지증진과 사업의 효율적 수행을 위하여 지방공기업을 설치·운영할 수 있다.

③ ✕ **지방자치단체는 조례를 위반한 행위에 대하여 조례로써 1천만 원(1,500만원 ×) 이하의 과태료를 정할 수 있다.**

> 동법 제34조【조례위반에 대한 과태료】① 지방자치단체는 조례를 위반한 행위에 대하여 조례로써 1천만원 이하의 과태료를 정할 수 있다.

④ ⊙ 지방자치법 제139조 제1항

> 동법 제139조【지방채무 및 지방채권의 관리】① 지방자치단체의 장이나 지방자치단체조합은 따로 법률로 정하는 바에 따라 지방채를 발행할 수 있다.

올바른 지문 ③ 지방자치단체는 조례를 위반한 행위에 대하여 조례로써 <u>1천만원</u> 이하의 과태료를 정할 수 있다.

연계학습 2025 신용한 행정학 p.842, 913, 924

06 상중하 ■■■ 🔍 ③

출제유형 출제영역 말 바꾸기+개념 / 근무성적평정의 오류

① ⊙ 일관적 오류(규칙적, 체계적 오류)는 어떤 평정자가 다른 평정자들보다 언제나 좋은 점수 또는 나쁜 점수를 주게 됨으로써 나타나는 오류로 강제배분법을 완화방법으로 고려할 수 있다.
② ⊙ 근접효과(막바지효과)는 전체 기간의 근무성적을 평가하기보다는 최근의 실적이나 능력을 중심으로 평가하는 효과로, 독립된 평가센터의 설치·운영, MBO 평정방식, 중요사건기록법의 활용 등이 방지대책이다.
③ ✕ 관대화 경향은 피평정자를 실제 수준보다 관대하게 평가하는 경향으로 평정자들이 부하들과의 비공식집단적 유대 때문에 우수한 평점을 주게 되는 것이다. **관대화의 오차를 줄이려면 평정결과를 비공개로 하거나 강제배분법을 실시하는 것이 효과적이다.**
④ ⊙ 연쇄효과는 한 평정요소에 대한 평정자의 판단이 연쇄적으로 다른 요소의 평정에도 영향을 주는 오류이다. 방지대책으로는 강제선택법을 사용하여 평정요소 간의 연상효과를 가능한 한 배제, 각 평정요소별로 모든 피평정자를 순차적으로 평정, 유사한 평정요소를 멀리 떨어지게 하는 등 요소별 배열 순서에 유의 등이 있다.

올바른 지문 ③ 관대화 경향은 비공식집단적 유대 때문에 발생하며 평정결과의 비공개를 완화방법으로 고려할 수 있다.

(연계학습) 2025 신용한 행정학 p.514~516

07 ②

출제유형 출제영역 개념+이론 비교 / 과학적 관리론

테일러(Taylor)는 기업경영의 능률화를 위해 과학적 관리법을 주장하면서 '시간 및 동작연구(Time and Motion study)'(1911)를 통해 작업을 표준화하고, 이를 근거로 차별적 성과급 등의 새로운 경영방식을 제시하였다.

② ✗ **인간관계론에 대한 설명이다.** 과학적관리론은 인간을 경제적 유인에 의해 동기가 유발되는 타산적 존재인 X론적 인간관으로 전제한다.

SUMMARY 과학적 관리론 vs 인간관계론

	과학적 관리론 (Taylorism, Fordism)	인간관계론 (Mayo의 호손실험)
연구	시간 및 동작 연구(Taylor)	호손실험(Mayo)
인간관	경제적 인간관(X론적 인간관)	사회적 인간관
초점	공식구조의 설계	비공식구조의 사회적 규범 중시
관리방식	명확한 목표, 반복적 훈련	일체감, 대인관계, 집단사기의 관리
동기부여	경제적 보상	사회적 욕구의 충족 등 비경제적 보상
중요가치	기계적 능률성	사회적 능률성
학문적 기여	고전적 행정학의 기틀 마련	신고전적 행정학 형성
한계	• 폐쇄적 환경관 • 공식구조만 중시, 경제적 욕구에 의해서만 지배되는 편향된 인간관 • 조직의 기계화·비인간화를 조장	• 폐쇄적 환경관 • 하향적 통제 방식의 유지 • 보다 세련된 착취방법에 불과 • 이원론적 인식의 한계(인간의 복잡한 측면을 보지 못함)

공통점 : 폐쇄적 환경관, 생산성 향상을 위한 관리기술

(연계학습) 2025 신용한 행정학 p.119~121

08 ①

출제유형 출제영역 이론 비교 / 신공공관리론 vs 뉴거버넌스

① ○ 신공공관리론과 뉴거버넌스론에서는 정부의 역할에 대해 기존의 행정국가체제와는 달리 노젓기보다는 방향잡기를 강조한다.

② ✗ **신공공관리의 인식론적 기초는 신자유주의**인데 비해, 뉴거버넌스의 인식론적 기초는 공동체주의이다.

③ ✗ **신공공관리가 중시하는 관리 가치는 결과(outcomes)이다.**

④ ✗ **뉴거버넌스의 관리 기구**는 신뢰, 협력을 기반으로 한 **연계망(network)이다.**

올바른 지문
② 신공공관리의 인식론적 기초는 신자유주의이다.
③ 신공공관리가 중시하는 관리 가치는 결과(outcomes)이다.
④ 뉴거버넌스의 관리 기구는 연계망(network)이다.

SUMMARY 신공공관리론 vs 뉴거버넌스모형

	신공공관리	뉴거버넌스
정부역할	방향잡기(steering)	
인식론적 기초	신자유주의	공동체주의
관리기구	시장	연계망(network)
관리가치	결과(outcomes)	신뢰(trust)
관료역할	공공기업가 (public entrepreneur)	조정자(coordinator)
작동원리	경쟁(시장 메커니즘)	협력체제(partnership)
서비스 공급	민영화, 민간위탁	공동공급 (시민, 기업 등 참여)
관리방식	고객지향	임무중심
분석수준	조직 내 (intra-organizational)	조직 간 (inter-organizational)

(연계학습) 2025 신용한 행정학 p.163, 164

09 ②

출제유형 출제영역 짝짓기+개념 / 정책 유형별 특징

ㄱ. ○ 규제정책은 개인이나 일부 집단에 대한 권리행사의 제한이나 의무를 부과하는 정책 유형으로 그 행사에 있어서 강력력을 갖는 것이 특징이다.

ㄴ. ✗ FTA협정에 따른 농민피해 지원, 중소기업을 위한 정책자금지원은 분배정책에 해당하지만, **사회보장 및 의료보장정책은 재분배정책에 해당한다.**

ㄷ. ○ 재분배정책은 고소득층으로부터 저소득층으로의 소득이전을 목적으로 하는 정책을 말하며, 가진 자와 못 가진 자, 노동자계급과 자본계급의 대립 형태인 계급대립적·계급정책적 성격을 가진다.

ㄹ. ✗ 저소득층을 위한 근로장려금 제도, 영세민을 위한 임대주택 건설은 재분배정책에 해당하지만, **대덕 연구개발 특구 지원 등은 분배정책에 해당한다.**

ㅁ. ○ 구성정책은 정치체제에서 투입을 구조화하고, 체제의 구조와 운영에 관련된 정책으로 정부조직이나 기구 신설, 선거구 조정, 공직자의 보수결정 등이 해당한다.

SUMMARY 정책의 유형

분배정책	권리나 이익, 또는 서비스의 배분 / 포크배럴, 로그롤링 현상 발생 / 정책내용이 소규모 단위로 구분가능 예 수출 특혜 금융, 지방자치단체에 대한 국가보조금 지급, 주택자금 대출, 국유지 불하, 농민을 위한 영농정보 제공, 사회간접자본제공, 기업에 대한 보조금 지급 등
재분배정책	고소득층으로부터 저소득층으로 소득이전 / 계급 대립적 성격으로 치열한 갈등 / 중앙정부 수준의 정책결정이 필요 예 누진소득세 제도, 영세민 취로사업, 임대주택의 건설, 사회보장제도 등
규제정책	개인이나 일부집단에 대한 권리행사의 제한이나 의무부과 / 정책의 수혜자와 피해자가 구분됨 ① 경쟁적 규제 : 다수 경쟁자 중 특정 개인이나 집단에게 특정 권리나 서비스를 제공하는 것과 관련된 정책 　예 방송국 설립인가, 항공노선 허가 등 ② 보호적 규제 : 일반 대중보호를 목적으로 하는 규제정책 　예 최저임금제, 독점규제 및 공정거래에 관한 법률 등
구성정책	체제의 구조와 운영에 관련된 정책 / 대외적 가치배분에는 영향이 없지만, 대내적으로 게임의 법칙발생 / 총체적 기능과 권위적 성격을 나타냄 예 정부기관 신설, 선거구 조정, 공직자의 보수 결정 등

연계학습 2025 신용한 행정학 p.190~192

---

10 상 중 하 🔑 ③

출제유형 출제영역 말 바꾸기+법령 / 다양한 행태의 예산

① ⭕ 헌법 제57조

> 헌법 제57조 국회는 정부의 동의없이 정부가 제출한 지출예산 각항의 금액을 증가하거나 새 비목을 설치할 수 없다.

② ⭕ 국가재정법 제41조

> 국가재정법 제41조【감사원의 예산】 정부는 감사원의 세출예산요구액을 감액하고자 할 때에는 국무회의에서 감사원장의 의견을 들어야 한다.

③ ❌ **준예산제도**에 대한 설명이다. 준예산은 회계연도 개시 전까지 입법부를 통과하지 못하는 경우 예산안이 입법부에서 의결될 때까지 **기관 또는 시설의 유지 운영, 지출의무의 이행, 승인된 사업의 계속(모든 예산 ×)에 한하여 전년도 예산에 준해 지출할 수 있도록 한 제도**이다.

> 헌법 제54조 ③ 새로운 회계연도가 개시될 때까지 예산안이 의결되지 못한 때에는 정부는 국회에서 예산안이 의결될 때까지 다음의 목적을 위한 경비는 전년도 예산에 준하여 집행할 수 있다.
> 1. 헌법이나 법률에 의하여 설치된 기관 또는 시설의 유지·운영
> 2. 법률상 지출의무의 이행
> 3. 이미 예산으로 승인된 사업의 계속

④ ⭕ 국회법 제128조의2

> 국회법 제128조의2【결산의 심의기한】 국회는 결산에 대한 심의·의결을 정기회 개회 전까지 완료하여야 한다.

올바른 **지문** ③ 정부는 회계연도 개시 전까지 예산안이 의결되지 못한 때에는 전년도 예산에 준해 <u>특정경비에 한하여</u> 예산을 편성해 운영할 수 있다.

연계학습 2025 신용한 행정학 p.631, 632, 661, 683

---

11 상 중 하 🔑 ①

출제유형 출제영역 내용 분류+법령 / 공무원의 법령상 의무

① ❌ **부패행위 신고의무**는 「부패방지 및 국민권익위원회 설치와 운영에 관한 법률」에 규정되어 있다.

SUMMARY 우리나라 공직윤리 관련 의무

헌법상 의무	「국가공무원법」(13대 의무)	「공직자 윤리법」
충성의 의무	① 성실의무 ② 복종의무 ③ 직장이탈 금지의 의무 ④ 친절·공정의 의무 ⑤ 비밀엄수의 의무 ⑥ 청렴의 의무 ⑦ 외국정부의 영예 등 수령 규제 ⑧ 품위유지의 의무 ⑨ 영리 업무 및 겸직 금지 ⑩ 정치 운동의 금지 ⑪ 집단 행위의 금지 ⑫ 선서의 의무 ⑬ 종교중립의 의무	① 이해충돌방지 의무 ② 재산등록의무 ③ 재산공개의무 ④ 선물수수 신고·등록의 의무 ⑤ 주식백지신탁의무 ⑥ 퇴직공직자 등에 대한 업무취급제한 및 취업제한 ⑦ 재직자 등의 취업청탁 등 제한

* 기타 개별법
- 공직자 병역사항 신고 및 공개의무(「공직자 등의 병역사항 신고 및 공개에 관한 법률」)
- 부패행위 신고의무(「부패방지 및 국민권익위원회 설치와 운영에 관한 법률」)
- 부정청탁 및 금품등의 수수 금지의무, 위반행위 신고의무, 신고자 등의 보호 의무(「부정청탁 및 금품등 수수의 금지에 관한 법률」)
- 부패행위 발생의 사전예방(「공직자의 이해 충돌 방지법」)

연계학습 2025 신용한 행정학 p.557, 558

---

12 상 중 하 🔑 ④

출제유형 출제영역 개념 / 우리나라의 예산 과정

④ ❌ 우리나라의 예산주기는 3년으로 2021년에는 2020년도 예산의 결산, 2021년도 예산의 집행, 2022년도 예산의 편성이 중첩되어 집행된다. 따라서 **감사원의 2021년도 예산에 대한 결산검사보고서의 작성은 2022년도에 이루어진다.**

구 분	2019년	2020년	2021년	2022년	2023년
2020년 예산	편성/심의	집행	결산		
2021년 예산		편성/심의	집행	**결산**	
2022년 예산			편성/심의	집행	결산

연계학습 2025 신용한 행정학 p.656, 657

13

출제유형 | 출제영역 : 법령 / 추가경정예산

①, ②, ③ ◎ 「국가재정법」 제89조 각 호의 추가경정예산안 편성 가능 사유에 해당한다.

> **국가재정법 제89조【추가경정예산안의 편성】** ① 정부는 다음 각 호의 어느 하나에 해당하게 되어 이미 확정된 예산에 변경을 가할 필요가 있는 경우에는 추가경정예산안을 편성할 수 있다.
> 1. 전쟁이나 대규모 재해(「재난 및 안전관리 기본법」 제3조에서 정의한 자연재난과 사회재난의 발생에 따른 피해를 말한다)가 발생한 경우
> 2. 경기침체, 대량실업, 남북관계의 변화, 경제협력과 같은 대내·외 여건에 중대한 변화가 발생하였거나 발생할 우려가 있는 경우
> 3. 법령에 따라 국가가 지급하여야 하는 지출이 발생하거나 증가하는 경우

연계학습 2025 신용한 행정학 p.631, 632

14

출제유형 | 출제영역 : 개념 / 공기업

① ◎ 초기 대규모 고정자본이 소요되어 민간기업의 참여가 쉽지 않은 공공서비스의 수요에 대응(철도, 전력 등)할 필요성이 있는 경우 공기업 설립이 정당화된다.

② ◎ 자연독점사업의 경우 시장실패가 초래되어 민간독점을 방지하기 위해 공기업을 설치한다.

③ ◎ 공기업은 사회주의적 경제원리를 도입한 것으로 과거 유럽은 2차 세계대전 이후 사회주의 정당들이 집권하면서 주요기간 사업의 국유화 조치를 시행하였다.

④ ✕ **주식회사형 공기업은 특별법 혹은 회사법(상법 등)에 의해 설립**되며, 임원은 준공무원에 속하나 **소속직원의 신분은 공무원이 아닌 회사원**이다. 따라서 조직·인사에 대한 규정은 자체적으로 제정할 수 있다.

올바른 지문 ④ 주식회사형 공기업은 특별법 혹은 상법에 의해 설립되며, 소속직원의 신분은 공무원이 아닌 회사원으로 조직·인사에 대한 규정은 자체적으로 제정할 수 있다.

SUMMARY 공기업의 유형분류(정부부처형 vs 공사형 vs 주식회사형)

① 정부부처형 공기업	② 공사형 공기업	③ 주식회사형 공기업
정부기관형태를 띠는 관청기업	정부가 전액 출자한 법인	민간자본과 정부가 결합
정부조직법에 의해 설립 공공성 ≫ 기업성	특별법에 의해 설립 공공성 + 기업성	**특별법 혹은 회사법에 의해 설립** 공공성 ≪ 기업성
독립된 법인격, 당사자능력 ✕	독립된 법인격, 당사자 능력 ○	
정부예산으로 운영(특별회계) - 정부기업예산법, 국가재정법	독립채산제로 운영 - 공공기관의 운영에 관한 법률	
직원은 일반 공무원	임원 : 준공무원, 직원 : 회사원	
책임운영기관, **우**편, **조**달, **양**곡관리, **우**체국 예금	대한석탄공사, 한국철도공사 등	한국전력공사, 한국가스공사 등

연계학습 2025 신용한 행정학 p.377, 378

15

출제유형 | 출제영역 : 말 바꾸기 + 개념 / 내용 이론 & 과정 이론(종합)

① ✕ **아담스의 공정성 이론**에 따르면 개인은 자신의 직무에 대한 공헌도와 부상을 준거인물과 비교하고, **불형평성(불공정성)을 느끼는 경우 이를 해소하는 방향으로 동기가 유발**된다고 설명한다.

② ◎ 매클리랜드의 성취동기이론에 따르면 개인의 동기는 사회문화와 상호작용하는 과정에서 취득하고 학습된다.

③ ◎ 브룸의 기대이론에서 기대감(Expectation)은 자신의 노력이 일정한 성과를 달성하는 기대감을 말하는 것으로 통상적으로 주관적 확률로 표시된다.

④ ◎ 앨더퍼는 상위욕구가 만족되지 않거나 좌절될 때 하위 욕구를 더욱 총족시키고자 한다는 '좌절-퇴행' 접근법을 주장하였다.

올바른 지문 ① 아담스(Adams)의 공정성 이론에 따르면 불공정하다고 인식할 때 동기가 유발된다.

연계학습 2025 신용한 행정학 p.393, 397, 399~401

16

출제유형 | 출제영역 : 말 바꾸기 + 개념 / 내적·외적 타당성 저해 요인

① ✕ **연구자의 측정기준이나 측정도구가 변화하는 경우 내적 타당성을 저해하는 요인으로 작용한다.** 이를 측정수단요소(도구요인)라고 하는데, 정책집행 전과 후에 측정자의 측정기준이나 측정도구가 변화함으로써 정책효과가 왜곡되는 현상을 말한다.

② ◎ 표본의 대표성 부족은 외적 타당성을 저해하는 요인 중 하나이다. 양 집단 간 동질성이 있다 하더라도 각 집단의 구성원이 사회적 대표성이 없으면 그 결과를 일반화하기가 곤란하다.

③ ◎ 호손효과(Hawthorne effect)에 대한 설명이다. 호손효과는 외적 타당성을 저해하는 대표적인 요인이다.

④ ◎ 크리밍(Creaming) 효과에 대한 설명이다. 크리밍 효과는 효과가 크게 나타날 사람만 의도적으로 실험집단으로 선정하고, 조건이 나쁜 구성원들로 비교집단을 구성하여 일정한 처리를 한 경우 그 결과를 일반화하는 것은 곤란하다는 외적타당성 저해요인에 해당한다.

SUMMARY 외적타당성 저해요인

호오돈효과	실험집단 구성원이 실험대상이라는 사실을 인식함으로써 평소와는 다른 특별한 심리적 행동을 보이는 현상(실험조작 반응효과)
다수적 처리에 의한 간섭	한 집단에 여러 번의 실험적 처리를 반복하여 가할 경우 실험조작에 익숙해짐으로써 영향을 받게 되는 현상
표본의 대표성 부족	양 집단 간 동질성이 있다 하더라도 사회적 대표성이 없는 경우
실험조작과 측정의 상호작용	사전측정의 효과와 실험조작 반응효과의 상호작용으로 실험의 결과를 모집단에 일반화하여 적용하기가 곤란
크리밍 효과	효과가 크게 나타날 사람만 의도적으로 실험집단에 배정한 경우 그 결과를 일반화하는 것은 곤란

연계학습 2025 신용한 행정학 p.304, 305

17 ④

출제유형 출제영역) 개념+법령 / 주민 소환 제도

①, ③ ⓞ 주민소환제도는 주민참여를 통한 실질적인 직접민주주의 제도로써 심리적인 통제 효과가 크다.
② ⓞ 비례대표 지방의회의원은 소환대상에서 제외된다.

> **지방자치법 제25조【주민소환】** ① 주민은 그 지방자치단체의 장 및 지방의회의원(비례대표 지방의회의원은 제외한다)을 소환할 권리를 가진다.

④ ✖ 군수를 소환하려고 할 경우에는 해당 군의 **주민소환투표권자 총수의 100분의 15 이상의 서명**을 받아야 한다.

> **주민소환에 관한 법률 제7조【주민소환투표의 청구】** ① 전년도 12월 31일 현재 주민등록표 및 외국인등록표에 등록된 제3조제1항제1호 및 제2호에 해당하는 자(이하 "주민소환투표청구권자"라 한다)는 해당 지방자치단체의 장 및 지방의회의원(비례대표선거구시·도의회의원 및 비례대표선거구자치구·시·군의회의원은 제외하며, 이하 "선출직 지방공직자"라 한다)에 대하여 다음 각 호에 해당하는 주민의 서명으로 그 소환사유를 서면에 구체적으로 명시하여 관할선거관리위원회에 주민소환투표의 실시를 청구할 수 있다.
> 2. 시장·군수·자치구의 구청장 : 당해 지방자치단체의 주민소환투표청구권자 총수의 <u>100분의 15 이상</u>

올바른 지문 ④ 군수를 소환하려고 할 경우에는 해당 군의 주민소환투표청구권자 총수의 <u>100분의 15 이상의 서명</u>을 받아 청구해야 한다.

연계학습) 2025 신용한 행정학 p.893~895

18 ②

출제유형 출제영역) 말 바꾸기+개념 / 신공공서비스론

① ⓞ 신공공서비스론에서 정부의 역할은 시민에게 봉사해야 한다.
② ✖ **공익을 개인적 이익의 집합(총합)으로 보는 것은 신공공관리론**이다. 신공공서비스론에서 공익이란 공유된 가치의 담론의 결과물로 인식해야 하며, 공동의 이익과 공동의 책임을 창출하는 것을 목표로 해야 한다.
③ ⓞ 신공공서비스론에서 책임성이란 복잡하고 다원적인 행정책임을 말한다. 따라서 관료들은 시장에만 주의를 기울여서는 안되며, 헌법과 법률, 지역사회의 가치, 정치적 규범 등에도 관심을 기울여야 한다.
④ ⓞ 신공공서비스론에서는 단순히 생산성이 아니라 사람의 가치를 받아들여야 한다. 공공조직과 그 네트워크는 모든 사람을 존중하는 바탕 위에서 공유된 리더십과 협력의 과정을 통해 작동될 때 성공할 수 있다.

올바른 지문 ② 공익은 <u>공유된 가치의 담론의 결과물</u>이기 때문에 시민들과 신뢰와 협력의 관계를 확립해야 한다.

연계학습) 2025 신용한 행정학 p.174~176

19 ②

출제유형 출제영역) 말 바꾸기+개념 / 비용·편익 분석

ㄱ. ⓞ 할인율이 높을 때는 편익이 단기간에 실현되는 단기투자 사업에 유리하다. 따라서 공공사업과 같이 편익이 장기적으로 발생하는 경우에는 높은 할인율이 적용될수록 경제적 타당성은 낮아진다.
ㄴ. ✖ 비용과 편익에는 직접적이고 유형적인 것 뿐만 아니라 **화폐적 비용이나 편익으로 쉽게 측정할 수 없는 무형적인 것도 포함**된다.
ㄷ. ✖ **순현재가치는 편익의 총현재가치에서 비용의 총현재가치를 뺀 것**이며, 편익에서 비용의 차이가 0보다 클 경우(즉, 편익이 클 경우) 사업의 타당성을 인정할 수 있다.
ㄹ. ⓞ 내부수익률은 할인율이 주어지지 않을 때 이를 통해 사업대안 간 평가가 가능하다는 장점을 가진 분석기법이다.

올바른 지문
ㄴ. 직접적이고 유형적인 비용과 편익을 반영하고, <u>간접적이고 무형적인 비용과 편익도 포함</u>한다.
ㄷ. 순현재가치(NPV)는 <u>편익의 총현재가치에서 비용의 총현재가치를 뺀 것</u>이며 0보다 클 경우 사업의 타당성을 인정할 수 있다.

연계학습) 2025 신용한 행정학 p.246~249

20 ④

출제유형 출제영역) 개념 / 공직봉사동기이론

①, ③ ⓞ 페리(Perry)의 공공서비스동기(Public Service Motivation)는 동기유발 요인으로 금전적·물질적 보상보다 지역공동체나 국가, 인류를 위해 봉사하려는 이타심에 주목한 이론이다. 즉, 민간부문 종사자들에게 나타나지 않고 공공부문 종사자들에게 특수하게 나타나는 동기부여라고 할 수 있다. 이는 공공봉사동기가 높은 사람을 공직에 충원해야한다는 주장의 근거가 될 수 있다.
② ⓞ 공공봉사동기이론은 공공정책에 대한 호감도, 공익몰입, 동정, 자기희생의 개념으로 구성되어 있다.
④ ✖ **페리와 아이스(Perry&Wise)는 합리적 차원, 규범적 차원, 정서적(감성적) 차원을 제시하였다.**

올바른 지문 ④ 페리와 아이스(Perry&Wise)는 <u>합리적 차원, 규범적 차원, 정서적(감성적) 차원</u>을 제시하였다.

SUMMARY 페리(Perry)의 공공서비스동기(Public Service Motivation)

개념차원	특징	하위 차원
합리적 차원	• 정책형성 과정의 참여 • 공공정책에 대한 동일시 • 특정 이해관계에 대한 지지	공공정책에 대한 호감도 (attraction to public policy making)
규범적 차원	• 공익 봉사의 욕구 • 의무와 정부 전체에 대한 충성 • 사회적 형평의 추구	공익몰입 (committment to public interest)
정서적 (감성적) 차원	• 정책의 사회적 중요성에 기인한 정책몰입 • 선의의 애국심	동정(compassion) 자기희생(self-sacrifice)

연계학습) 2025 신용한 행정학 p.405

2020년 국가직 9급

문제편 p.37~41

정답

01	①	02	④	03	②	04	①	05	②
06	③	07	④	08	①	09	③	10	③
11	④	12	①	13	②	14	②	15	③
16	④	17	③	18	③	19	④	20	①

출제영역 분석

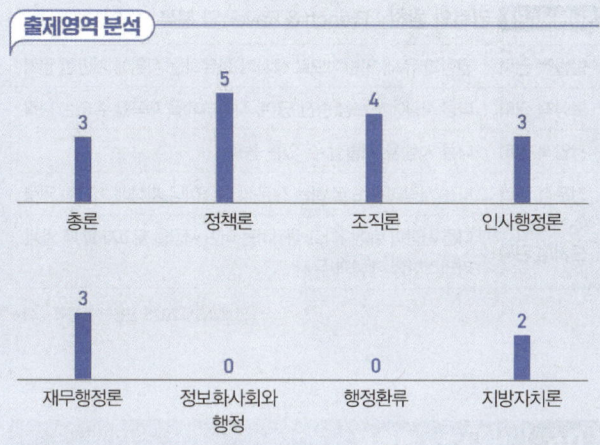

출제경향 분석

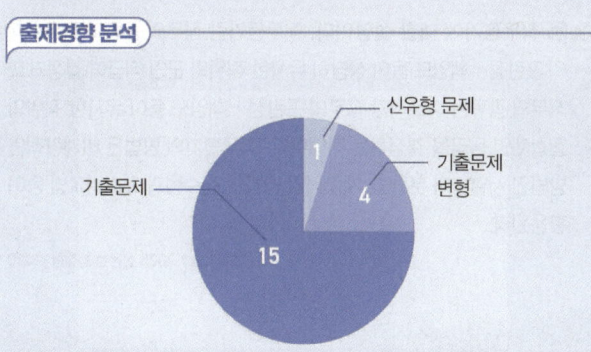

출제문제 유형분석

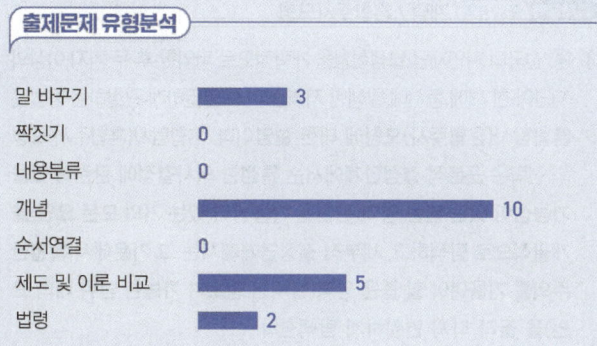

01   🔑 ①

출제유형 개념 / **출제영역** 정치행정이원론

① ○ 정치·행정 이원론은 정치와 행정을 엄격히 분리하고, 행정의 독립성과 자율성을 강조하였다.
② ✕ 1930년대 뉴딜정책과 제2차 세계대전을 거치면서 위기관리 시 신속한 정책결정의 필요성 등으로 행정의 정책형성기능이 중시되면서 정치·행정 일원론이 제기되었다.
③ ✕ 행정개혁운동의 이론적 근거가 된 과학적관리론은 정치·행정 이원론을 주장하였다.
④ ✕ 애플비(Appleby)는 정치·행정 일원론을 대표하는 학자로 정치와 행정의 관계는 정합적·연속적·순환적이어서 양자를 구별하는 것은 부적합함을 설명하였다.

올바른 지문
② 1930년대 뉴딜정책은 정치·행정 일원론이 등장하게 된 중요 배경이다.
③ 과학적 관리론과 행정개혁운동은 정치·행정 일원론의 한계를 지적하였다.
④ 정치·행정 일원론을 대표하는 애플비(Appleby)는 정치와 행정이 정합적·연속적·순환적이라고 보았다.

연계학습 2025 신용한 행정학 p.7~10

02   🔑 ④

출제유형 개념 / **출제영역** 무의사결정론

① ○ 무의사결정을 추진하는 방법에는 정치체제 내의 지배적 규범이나 절차를 강조하여 변화를 위한 주장을 꺾는 간접적 방법이 있다. 이는 새로운 주장을 비애국적·비윤리적 또는 지배적인 정치이념에 위반되거나 확립된 절차나 규칙에 위반되는 것으로 낙인찍는 방법에 해당한다.
② ○ 무의사결정은 엘리트의 가치나 이익에 대한 잠재적이거나 현재적인 도전을 억압하거나 방해하는 결정이다. 이는 기존 엘리트세력의 이익을 옹호하거나 보호하는 데 목적이 있다.
③ ○ 무의사결정권력을 행사하는 방법에는 폭력이나 테러행위가 포함될 수 있다.
④ ✕ 사이먼의 의제형성과 관련된 인식을 말한다. 조직도 제한된 합리성(주의 집중력과 가용자원의 한계)으로 인하여 일부 문제만이 정책의제로 선택된다는 것이다.

연계학습 2025 신용한 행정학 p.203, 204

03 ②

출제유형 출제영역) 말 바꾸기+개념 / 우리나라 지방자치권

① ✖ 지방자치권을 구성하는 핵심적 사항은 **자치입법권, 자치조직권, 자치재정권, 자치사법권**이 있으며 우리나라의 경우 **자치사법권이 부여되어 있지 않다.**

② ◎ 지방자치단체의 예산안 편성권은 지방자치단체장에 속한다.

③ ✖ 지방자치단체장 또한 **규칙의 제정**을 통해 자치입법권을 행사할 수 있다.

> **지방자치법 제28조【규칙】**지방자치단체의 장은 법령이나 조례가 위임한 범위에서 그 권한에 속하는 사무에 관하여 규칙을 제정할 수 있다.

④ ✖ 세종특별자치시와 제주특별자치도는 **단층제로 운영**이 되고 있으며, 제주특별자치도의 제주시는 **자치시가 아니라 행정시**이다.

연계학습 2025 신용한 행정학 p.833, 834, 842~847

04 ①

출제유형 출제영역) 말 바꾸기+개념 / TQM

ㄱ. ◎ TQM은 고객의 요구에 부응하는 품질 달성이 최우선 목표로, 품질을 소수 전문가나 관리자가 아닌 고객이 평가한다.

ㄴ. ◎ TQM은 결점이 없어질 때까지 개선활동을 되풀이해 무결점주의를 중시한다.

ㄷ. ✖ TQM은 **분권적 조직관리** 방식을 가지며, **예방적·사전적 통제**를 강조한다.

ㄹ. ✖ TQM의 문제해결의 주된 방법은 조직 내 모든 사람의 모든 업무에 적용하며, 업무수행의 초점이 개인에서 집단적 노력으로 이동한다.

올바른 지문
ㄷ. 분권화된 기획과 사전적·예방적 통제를 강조한다.
ㄹ. 문제해결의 주된 방법은 개인적 노력에서 집단적 노력으로 옮아간다.

SUMMARY TQM의 특징

고객의 요구 존중 (고객주의)	• 고객의 요구에 부응하는 품질 달성이 최우선 목표 • 품질을 소수 전문가나 관리자가 아닌 고객이 평가
예방적 통제· 장기적 시간관	• 예방적·사전적 통제이며(시민헌장제), 장기적 시간관
총체적 적용· 집단적 노력 강조	• 조직 내 모든 사람의 모든 업무에 적용 • 업무수행의 초점이 개인에서 집단적 노력으로 이동
지속적 개선 (무결점주의)	• 결점이 없어질 때까지 개선활동을 되풀이
과학적 방법 사용 (과학주의)	• 사실자료에 기초를 두고, 과학적 품질관리 기법을 적용
신뢰관리 (인간주의)	• 모든 계층의 구성원들 사이에 개방적이고 신뢰하는 관계 설정
분권적 조직구조	• 분권적 조직구조 선호

연계학습 2025 신용한 행정학 p.432~434

05 ②

출제유형 출제영역) 짝짓기+개념 / 권력의 원천

① ◎ 합법적 권력은 권한과 유사하며 일반적으로 상사가 보유하는 지위에 기반하는 권력이다.

② ✖ **강압적 권력은 다른 사람을 처벌할 수 있는 능력**을 말한다. **카리스마 개념과 유사한 것은 준거적 권력**이다.

③ ◎ 전문적 권력이란 다른 사람이 필요로 하는 전문적 기술이나 지식에 기반한 권력이며, 이는 조직 내 공식적 직위와 향상 일치하는 것은 아니다.

④ ◎ 준거적 권력은 다른 사람이 뛰어나다고 생각하는 어떤 사람을 닮고자 할 때 발생한다.

올바른 지문 ② 강압적 권력은 인간의 공포에 기반한다.

SUMMARY 권력의 원천 : French & Raven의 분류

합법적 권력	권한과 유사, 일반적으로 상사가 보유하는 직위에 기반한 권력
보상적 권력	다른 사람에게 보상(승진, 급여, 직위부여)을 제공할 수 있는 능력
강압적 권력	다른 사람을 처벌할 수 있는 능력
전문적 권력	다른 사람이 필요로 하는 전문적 기술이나 지식에 기반한 권력
준거적 권력	다른 사람이 뛰어나다고 생각하는 어떤 사람을 닮고자 할 때 발생, 카리스마의 개념과 유사

연계학습 2025 신용한 행정학 p.416

06 ③

출제유형 출제영역) 개념 / 직무평가 방법

③ ◎ **직무평가에 대한 설명**이다. 직무평가란 직무의 종류와 직무수행의 곤란성·책임도 등이 상당히 유사한 직위의 군인 직급이 결정되고, 직무의 종류는 다르지만 직무의 곤란성·책임도 등이 유사한 직위의 집합체인 등급을 결정하는 작업이다. 직무평가의 방법은 비계량적인 방법인 서열법과 분류법, 계량적인 방법인 점수법과 요소비교법 등이 활용된다.

연계학습 2025 신용한 행정학 p.480

07 ④

출제유형 출제영역) 개념 / 혼합주사모형

④ ◎ 전국의 자연재난 발생현황을 개략적으로 파악한 후 두 가지 이상의 재난이 한 해에 동시에 발생한 지역을 다시 면밀하게 관찰하는 방법은 **혼합탐사(혼합주사)모형에 대한 설명**이다. 혼합탐사(혼합주사)모형의 전략은 **근본적 결정단계에서는 특정한 의사결정에 관련이 있을 가능성이 있는 넓은 영역(관련될 가능성이 있는 거의 모든 요인)을 개괄적으로 탐색**하고, **세부적 결정단계에서는 그 가운데서 특별한 주의를 기울여야 할 좁은 영역(철저한 검토가 가능한 범위 내의 요인)을 골라 다시 면밀하게 탐색**한다.

연계학습 2025 신용한 행정학 p.260

08 상 중 하 🔑 ①

출제유형 출제영역 말 바꾸기+법령 / 예산집행의 절차

① ⭕ 국가재정법 제43조 제2항

> 국가재정법 제43조 【예산의 배정】 ② 기획재정부장관은 각 중앙관서의 장에게 예산을 배정한 때에는 감사원에 통지하여야 한다.

② ❌ 기획재정부장관은 예산배정요구서에 따라 **분기별**(반기별 ×) 예산배정계획을 작성하여 국무회의의 심의를 거친 후 **대통령의 승인**(국회의 심의 ×)을 받은 뒤에 예산을 배정한다.

> 동법 제43조 【예산의 배정】 ① 기획재정부장관은 제42조의 규정에 따른 예산배정요구서에 따라 분기별 예산배정계획을 작성하여 국무회의의 심의를 거친 후 대통령의 승인을 얻어야 한다.

③ ❌ **기획재정부장관이 각 중앙관서의 장**에게 예산사용의 권리를 부여하는 것은 **배정**(재배정 ×)이다.

④ ❌ **기획재정부장관은** 예산집행의 효율성을 높이기 위하여 매년 예산집행에 관한 지침을 작성하여 **매년 1월말**(2월말 ×)까지 **각 중앙관서의 장**(국회예산정책처 ×)에게 통보하여야 한다.

> 동법 제44조 【예산집행지침의 통보】 기획재정부장관은 예산집행의 효율성을 높이기 위하여 매년 예산집행에 관한 지침을 작성하여 각 중앙관서의 장에게 통보하여야 한다.
> 동법 시행령 제18조 【예산집행지침의 통보】 ① 기획재정부장관은 법 제44조에 따른 예산집행지침을 매년 1월말까지 각 중앙관서의 장에게 통보하여야 한다.

올바른 지문
② 기획재정부장관은 분기별 예산배정계획을 작성하여 국무회의의 심의를 거친 후 대통령의 승인을 받은 뒤에 예산을 배정한다.
③ 중앙관서의 장에게 자금을 사용할 수 있는 권한을 부여하는 것을 예산 배정이라고 한다.
④ 기획재정부장관은 매년 1월 말까지 예산집행지침을 각 중앙관서의 장에게 통보하여야 한다.

연계학습 2025 신용한 행정학 p.669~670

09 상 중 하 🔑 ③

출제유형 출제영역 개념 / 타당성과 신뢰성

①, ②, ④ ⭕ ③ ❌ **신뢰도는 타당성의 필요조건이며**, 타당성보다는 갖추기 쉽다. 어떤 측정이 타당성이 높다면, 그 측정의 신뢰성은 높지만, 신뢰성이 높더라도 그 측정이 반드시 타당하다고는 할 수 없다.

올바른 지문
③ 신뢰성은 측정도구의 타당성을 담보할 수 있는 필요조건이다.

SUMMARY 신뢰성과 타당성의 관계

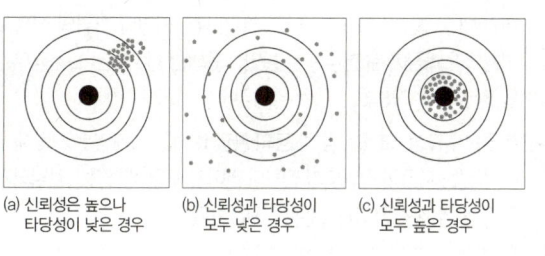

(a) 신뢰성은 높으나 타당성이 낮은 경우
(b) 신뢰성과 타당성이 모두 낮은 경우
(c) 신뢰성과 타당성이 모두 높은 경우

연계학습 2025 신용한 행정학 p.302, 303

10 상 중 하 🔑 ③

출제유형 출제영역 말 바꾸기+법령 / 내부임용 등

① ❌ 겸임은 한 사람에게 둘 이상의 직위를 부여하는 것으로 그 **대상은 경력직**(특정직 ×) 공무원이며, **겸임 기간은 2년 이내**로 하며, 필요한 경우 2년의 범위에서 연장할 수 있다.

> 국가공무원법 제32조의3 【겸임】 직위와 직무 내용이 유사하고 담당 직무수행에 지장이 없다고 인정하면 대통령령등으로 정하는 바에 따라 경력직 공무원 상호 간에 겸임하게 하거나 경력직공무원과 대통령령으로 정하는 관련 교육·연구기관, 그 밖의 기관·단체의 임직원 간에 서로 겸임하게 할 수 있다.
> 공무원임용령 제40조 【겸임】 ③ 제2항에 따른 겸임기간은 2년 이내로 하며, 특히 필요한 경우 2년의 범위에서 연장할 수 있다.

② ❌ 전직은 **상이한 직렬의 동일한 계급 또는 등급으로 수평이동**하는 것으로 **공무원을 전직 임용하려는 때에는 전직시험을 거쳐야 한다**. 다만, 대통령령등으로 정하는 경우에는 시험의 일부나 전부를 면제할 수 있다.

> 국가공무원법 제28조의3 【전직】 공무원을 전직 임용하려는 때에는 전직시험을 거쳐야 한다. 다만, 대통령령등으로 정하는 전직의 경우에는 시험의 일부나 전부를 면제할 수 있다.

③ ⭕ 전보란 같은 직급 내에서의 보직 변경 또는 고위공무원단 직위 간의 보직 변경을 말하며, 전보가 제한되는 기간이나 범위를 두고 있다.

> 국가공무원법 제5조 【정의】 이 법에서 사용하는 용어의 뜻은 다음과 같다.
> 6. "전보(轉補)"란 같은 직급 내에서의 보직 변경 또는 고위공무원단 직위 간의 보직 변경(제4조제2항에 따라 같은 조 제1항의 계급 구분을 적용하지 아니하는 공무원은 고위공무원단 직위와 대통령령으로 정하는 직위 간의 보직 변경을 포함한다)을 말한다.

④ ❌ 임용권자는 **직제 또는 정원의 변경이나 예산의 감소 등으로 직위가 폐지되거나 하위의 직위로 변경되어 과원이 된 경우 또는 본인이 동의한 경우**에는 소속 공무원을 강임할 수 있다. 강임된 사람에게는 강임된 봉급이 강임되기 전보다 많아지게 될 때까지는 강임되기 전의 봉급에 해당하는 금액을 지급한다.

국가공무원법 제73조의4 【강임】 ① 임용권자는 직제 또는 정원의 변경이나 예산의 감소 등으로 직위가 폐직되거나 하위의 직위로 변경되어 과원이 된 경우 또는 본인이 동의한 경우에는 소속 공무원을 강임할 수 있다.

공무원보수규정 6조 【강임 시 등의 봉급 보전】 ① 강임된 사람에게는 강임된 봉급이 강임되기 전보다 많아지게 될 때까지는 강임되기 전의 봉급에 해당하는 금액을 지급한다.

올바른 지문

① 겸임은 한 사람에게 둘 이상의 직위를 부여하는 것으로 그 대상은 일반직 공무원이며, 겸임 기간은 2년 이내로 한다.
② 전직은 인사 관할을 달리하는 기관 사이의 수평적 인사이동에 해당하며, 전직시험을 거치도록 하고 있으며 예외적인 경우에만 시험의 일부나 전부를 면제할 수 있다.
④ 임용권자는 직제 또는 정원의 변경이나 예산의 감소 등으로 직위가 폐직되거나 하위의 직위로 변경되어 과원이 된 경우 또는 본인이 동의한 경우에는 소속 공무원을 강임할 수 있으며, 강임된 사람에게는 강임된 봉급이 강임되기 전보다 많아지게 될 때까지는 강임되기 전의 봉급에 해당하는 금액을 지급한다.

SUMMARY 수평적 이동과 수직적 이동

1. 수평적 이동

전직	• 상이한 직렬, 동일 계급·등급으로 수평이동 • 전직시험 필요
전보	• 동일한 직렬, 직급 내 직위만 바꿈
파견	• 공무원의 소속을 바꾸지 않고 일시적으로 다른 기관이나 국가기관 이외의 기관 및 단체에서 근무하는 것
겸임	• 직위·직무 내용이 유사하고, 수행에 지장이 없을 경우 한 공무원에게 둘 이상의 직위를 부여하는 것

2. 수직적 이동

승진	• 하위직급에서 상위직급으로 상향 이동(보수의 증액) • 승급 : 보수 인상은 승진과 유사, but 승급은 같은 계급에서 호봉이 높아지는 것(계급·직책 변동×)
강임 (demotion)	• 같은 직렬 내에서 하위직급으로 임명 • 강등 : 하향적 이동이라는 점 동일, but 강등은 징계의 한 방법

연계학습 2025 신용한 행정학 p.494, 495

---

11 상 중 하 ■■■ ④

출제유형 출제영역 말 바꾸기+개념 / 갈등관리

① ○ 직무와 책임의 분할이 심한 경우 의견대립과 갈등의 가능성이 높아지며 높은 상호의존성과 모호한 책임도 갈등상황을 만들 수 있다.
② ○ 전통적 견해(고전적 관점)에서 갈등은 언제나 부정적 영향으로 인식하여 갈등 제거에 초점을 둔다.
③ ○ 정보량의 조절에 따라 갈등이 발생할 수 있다. 즉 상황에 따라 억제하거나 지나치게 과다한 정보를 전달함으로써 갈등을 조성할 수 있다.
④ ✗ 폰디(L. R. Pondy)는 **지각된 단계**를 인지된 단계라고도 하는데 이 단계는 **당사자가 갈등의 잠재성을 알게 되는 단계**이다.

SUMMARY 갈등관의 변천

전통적 견해	갈등역기능론(~ 1940년대 중반) : 갈등은 언제나 부정적 영향으로 인식
행태론적 견해	갈등수용론(1940년대 후반 ~ 1970년대 중반) : 조직 갈등은 필연적 현상으로 인식
상호 작용주의적 견해	갈등조장론(1970년대 후반 ~) : 긍정적 갈등은 조장, 부정적 갈등은 제거를 주장

연계학습 2025 신용한 행정학 p.418~420

---

12 상 중 하 ■■■ ①

출제유형 출제영역 말 바꾸기+이론 비교 / 예산제도(종합)

① ✗ **품목별 예산제도**는 지출 대상별로 분류되기 때문에 정부가 **무엇을 구매하는지는 밝혀지지만 왜 구매하는지는 밝혀지지 않는다**. 즉, 정부가 예산 항목의 지출을 통해 무슨 사업을 추진하는지 파악할 수 없다.
② ○ 성과주의 예산제도는 예산을 사업별·활동별로 분류해 편성하고, 업무단위의 원가와 양을 계산해 편성하는 제도이다. 예산배정은 '단위원가 × 필요사업량 = 예산액' 방식으로 계산한다.
③ ○ 계획예산제도는 장기적인 계획(Planning)과 단기적인 예산편성(Budgeting)을 프로그램(Programming)을 통해 유기적으로 연결시킴으로써 합리적인 자원배분을 이룩하려는 제도이다.
④ ○ 영기준 예산제도의 예산 편성절차는 의사결정단위(Decision unit)의 확인, 의사결정 패키지의 작성, 우선순위의 결정, 실행예산 편성 순으로 진행된다.

SUMMARY 예산제도의 특징

예산 제도	중점	기획 책임	장점	단점
품목별 예산 (LIBS)	통제 지향	분산적	• 회계책임 명확 • 재정통제 용이	• 융통성 저해 • 지출 목표의식 결여
성과주의 예산 (PBS)	관리 지향	분산적	• 사업목적과 내용의 이해 • 집행의 신축성	• 회계책임 불분명 • 총괄계정에 부적합
계획예산 (PPBS)	기획 지향	집권적	• 자원배분의 합리화 • 부서 간 장벽 타파 • 목표와 수단의 연계	• 사업구조작성의 어려움 • 의사결정의 집권화 • 공무원과 의회의 이해 부족
목표관리 예산 (MBO)	관리 기능	분산적	• 민주화, 창의적 참여	• 단기목표에 치중 • 평가기준개발의 어려움
영기준 예산 (ZBB)	감축 지향	분산적	• 예산절감 • 관리자의 참여 확대	• 사업축소 및 폐지 곤란 • 분석기법의 적용 한계

연계학습 2025 신용한 행정학 p.701~711

13

출제유형 출제영역) 이론비교 / 고유사무 vs 단체위임사무 vs 기관위임사무

① ⭕ 기관위임사무는 지방자치단체에 위임된 것이 아니라 그 집행기관에게 위임된 사무이므로 지방의회는 관여하지 못한다. 따라서 조례제정권을 행사할 수 없다.
② ❌ **보건소의 운영업무**는 대표적인 **단체위임사무**이다. 병역자원의 관리업무, 의약사면허, 외국인등록 등에 관한 사무는 **기관위임사무**에 해당한다.
③ ⭕ 중앙정부는 단체위임사무에 대해 합법성과 합목적성의 교정적 감독에 한정되고, 그 사전적(예방적)인 감독은 배제된다.
④ ⭕ 기관위임사무의 처리비용은 국가가 부담한다.

올바른 지문 ② 보건소의 운영업무는 대표적인 **단체위임사무**이다. 병역자원의 관리업무는 대표적인 **기관위임사무**이다.

SUMMARY 자치사무, 단체위임사무, 기관위임사무

구분	자치사무	단체위임사무	기관위임사무
개념	지방자치단체가 자기의 책임과 부담으로 처리하는 지방적 공공사무	법령에 의하여 국가 또는 상급 자치단체로부터 그 지방자치단체에 위임된 사무	법령에 의하여 국가 또는 상급 지방자치단체로부터 지방자치단체의 집행기관에 위임된 사무
결정 주체	지방의회 (본래의 사무)	지방의회 (지방자치단체에 위임)	국가 (지방자치단체 개입 불가)
사무 처리 주체	지방자치단체	지방자치단체	지방자치단체장 (일선행정기관의 성격)
조례 제정권	○	○	×
국가의 감독	합법성 중심의 교정적 (사후) 감독	합법성과 합목적성의 교정적 감독	교정적 감독 + 예방적 감독
경비의 부담	자치단체 부담 보조금 = 장려적 보조금	공동 부담 보조금 = 부담금	국가 부담 보조금 = 교부금
사무 예시	자치단체의 존립, 유지사무, 주민복지사무(상하수도, 지역민방위, 지역소방, 도서관, 주민등록, 학교, 병원, 도로, 도시계획, 쓰레기 처리 등)	보건소, 생활보호, 의료보호, 재해구호, 도세 징수, 공과금 징수, 직업안정, 하천유지보수, 국도유지보수 등	대통령, 국회의원 선거, 근로기준설정, 가족관계등록, 의약사면허, 도량형, 외국인등록, 여권발급 등

14

출제유형 출제영역) 개념 / 신제도주의 등

① ❌ 법적·제도적 접근방법은 행정학의 초기 접근 방법으로 분석의 대상을 공식적 제도나 법률에 기반을 두고 있는 접근방법이다. **개인의 속성과 행태를 행정 현상의 설명변수로 규정하는 것은 행태주의적 접근방법에 대한 설명이다.**
② ⭕ 신제도주의 접근방법에 대한 올바른 설명이다. 신제도주의 접근방법은 제도를 공식적인 체제나 구조, 조직에 한정하지 않고 비공식적인 제도나 규범도 포함하는 넓은 범위로 규정한다.
③ ❌ **생태론적 접근방법에 대한 설명이다.** 생태론적 접근방법은 행정현상을 자연·사회·문화적 환경과 관련시켜 이해하려고 한다. 따라서 행정 체제의 개방성을 강조한다.
④ ❌ 행정 현상을 분석하기 위해 다양한 관련 변수 중에서 환경을 포함해 거시적으로 접근하는 것은 **체제론적 접근방법**이다. 툴민의 논변적 접근방법은 행정의 불확실성을 인정하면서 결정에 대한 주장을 정당화할 수 있도록 논거를 체계적으로 전개할 수 있는 모형(본증 – 보증 – 반증)을 제공하는 접근방법이다.

올바른 지문
① 행태주의적 접근방법은 개인이나 집단의 속성과 행태를 행정 현상의 설명변수로 규정한다.
③ 생태론적 접근방법은 행정은 자연·문화적 환경과 관련하여 이해하면서 행정체제의 개방성을 강조한다.
④ 체제론적 접근방법은 환경을 포함하여 거시적인 관점에서 행정현상을 분석한다.

연계학습) 2025 신용한 행정학 p.107, 123, 128, 139

15

출제유형 출제영역) 이론 비교 / 행정의 본질적 가치

공리주의적 관점은 소비자의 효용이나 만족의 극대화를 추구하며, 결과의 보편성을 강조하는 실체설적인 입장이다.

ㄱ. ⭕ 공리주의자는 전체효용의 극대화 입장으로 사회구성원의 효용을 계산한 다음에 전 구성원의 총효용을 극대화함으로써 공익에 도달할 수 있다고 본다.
ㄴ. ⭕ 공리주의는 다양한 이익의 총합을 최대화 한 것이 공익이라고 보는 입장으로, 결과적 실현을 강조하게 된다. 따라서 의무론적(과정론적) 윤리가 아니라 목적론적(결과론적) 윤리를 강조하게 된다.
ㄷ. ❌ **공리주의적 관점에서 공익이란 전체이익의 총합을 최대화하는 것이므로 합법성보다는 효율성이 윤리적 행정의 판단기준**이 된다.

올바른 지문 ㄷ. 합법성(legitimacy)보다는 효율성(efficiency)이 윤리적 행정의 판단기준이다.

연계학습) 2025 신용한 행정학 p.87~90

16 ④
출제유형 | 출제영역 말 바꾸기+개념 / 책임운영기관

①, ②, ③ ◎ 책임운영기관은 정부가 수행하는 집행적 사무 중 공공성을 유지하면서도 경쟁원리에 따라 운영하는 것이 바람직하거나 전문성이 있어 성과관리를 강화할 필요가 있는 사무에 대해 기관운영상의 자율성을 부여하고, 성과에 대하여 책임을 지도록 설치된 행정기관이다. 객관적이고 신뢰할 수 있는 평가시스템을 구축하기 위해 우리나라는 매년 성과계획서와 성과보고서를 작성·제출한다.

④ ✗ 영국에서는 대처 행정부의 Next Steps 프로그램에 의해 1988년 책임운영기관(executive agency)을 처음 설치하였으며, **우리나라에서는 1999년「책임운영기관의 설치·운영에 관한 법률」을 제정**하고 국립의료원, 운전면허시험관리단 등이 시범기관으로 선정된 이후 현재 40여개 기관이 지정되어 운영되고 있다.

올바른 지문 ④ <u>1988년</u> 영국에서 집행기관(executive agency)이라는 이름으로 처음 도입되었고, 우리나라는 <u>1999년</u>부터 도입·운영하고 있다.

(연계학습) 2025 신용한 행정학 p.384

17 ③
출제유형 | 출제영역 말 바꾸기+개념 / 정책변동의 유형

① ◎ 킹던의 정책흐름모형은 서로 무관하게 자신의 규칙에 따라 흘러 다니는 정책문제의 흐름, 정치의 흐름, 정책대안의 흐름 등 세 가지 흐름이 결합하여 정책의제설정이 이루어진다는 것이다.

② ◎ 무치아로니(Mucciaroni)는 이익집단의 위상변동을 설명하는 틀로서, 이슈맥락과 제도맥락이라는 두 가지 개념을 사용한다.

이슈맥락	정책의 유지 또는 변동에 영향을 미치는 정책요인. 이념, 경험, 환경적 요인을 망라한 것으로 이슈맥락에서의 선호에 따라 이익집단의 위상이 달라지고, 정책변동의 내용이 달라짐.
제도맥락	입법부나 행정부의 지도자들을 포함한 구성원들이 특정한 정책이나 사업에 대하여 지니고 있는 선호나 행태를 포괄적으로 지칭함. 대통령이나 의회지도자 등의 선호나 행태가 특정 이익집단의 이익과 주장에 대해 호의적인가를 의미함.

③ ✗ **정책승계에 대한 설명이다. 정책유지는 정책의 기본골격은 유지하면서 구체적인 구성요소를 완만하게 대체·변경하는 것을 의미**한다. 즉 정책유지는 실질적인 정책내용이 유지되어야 한다.

④ ◎ 정책종결이란 정책목표가 달성되어 문제가 소멸되었거나, 달성이 불가능한 경우 다른 정책에 의한 대체 없이 기존 정책을 완전히 소멸시키는 것을 말한다.

올바른 지문 ③ 실질적인 정책내용이 변하더라도 정책목표도 변하지 않은 경우 이를 <u>정책승계</u>라 한다.

(연계학습) 2025 신용한 행정학 p.315~317

18 ③
출제유형 | 출제영역 말 바꾸기+개념 / 공무원의 신분보장(종합)

① ◎ 현재의 인사혁신처는 비독립 단독형(비독립형 단독제) 형태의 중앙인사기관이다.

② ◎ 전문경력관은 특수분야의 경우 한 직위에 장기 근무토록 임용하는 일반직 공무원이다. 2013년「국가공무원법」을 개정하면서 일반직 공무원 중심으로 전문성을 제고하고자 일반직 임기제 공무원 및 전문경력관 제도를 도입하였다.

③ ✗ 국가공무원법 제74조 및 별정직공무원 인사규정 제8조

> **국가공무원법 제74조【정년】** ① 공무원의 <u>정년</u>은 다른 법률에 특별한 규정이 있는 경우를 제외하고는 <u>60세</u>로 한다.

> **별정직공무원 인사규정 제8조【일반직으로의 채용】** 별정직공무원을 일반직으로 임용하는 경우에는 어떠한 우선권도 인정하지 아니한다.

④ ◎ 국가공무원법 제2조의 2

> **국가공무원법 제2조의2【고위공무원단】** ① 국가의 고위공무원을 범정부적 차원에서 효율적으로 인사관리하여 정부의 경쟁력을 높이기 위하여 고위공무원단을 구성한다.

(연계학습) 2025 신용한 행정학 p.469, 476, 590

19 ④
출제유형 | 출제영역 말 바꾸기+개념 / 정책변수

ㄱ. ✗ **매개변수란 독립변수와 종속변수 사이에서 매개하는 변수로 독립변수의 결과이면서 종속변수의 원인이 되는 변수**이다.

ㄴ. ◎ 조절변수란 독립변수의 효과를 중간에서 조절하는 변수로 독립변수와 종속변수 간에 상호작용 효과를 나타나게 한다.

ㄷ. ✗ **억제변수란 독립변수와 종속변수 간에 상관관계가 있는데도 없는 것처럼 나타나게 하는 제3의 변수**이다.

ㄹ. ◎ 허위변수란 독립변수와 종속변수 간 전혀 관계가 없음에도 불구하고 상관관계가 있는 것처럼 보이도록 하는 변수이다.

올바른 지문
ㄱ. 매개변수 – 독립변수의 <u>결과</u>이면서 종속변수의 원인이 되는 제3의 변수
ㄷ. 억제변수 – 독립변수와 종속변수 간에 상관관계가 <u>있는데도 없는 것처럼</u> 나타나게 하는 제3의 변수

SUMMARY 정책의 변수

허위변수	• 독립변수와 종속변수 간 관계가 없음에도, 인과적 관계가 있는 것처럼 보이도록 하는 변수(허위변수 제거 시 정책효과가 소멸) • 정책평가자가 가장 주의해야 할 변수
혼란변수	• 독립변수와 종속변수 간에 관계가 있는 상태에서 두 변수 간의 관계를 과대 또는 과소평가하게 만드는 변수 (혼란변수 제거 시 정책효과 크기변화 발생)
억제변수	• 독립변수와 종속변수 간에 관계가 있는데도 없는 것처럼 보이도록 하는 변수
왜곡변수	• 독립변수와 종속변수 간의 관계를 정반대의 관계로 나타나게 하는 변수
구성변수	• 포괄적 개념의 하위 변수
선행변수	• 독립변수에 선행하여 작용함으로써 독립변수에 영향을 미치는 변수
매개변수	• 독립변수와 종속변수 사이에서 매개하는 변수

연계학습 2025 신용한 행정학 p.301

20 상중하 ①

출제유형 출제영역 말 바꾸기+개념 / 세계잉여금

ㄱ. ○ 세계잉여금은 일반회계, 특별회계가 포함되고 기금은 제외된다.
ㄴ. ✕ 세계잉여금에는 **국채발행 및 차입금 등도 세입에 포함**된다. 따라서 적자 국채 발행이 커질수록 세계잉여금도 늘어나는 **정(+)의 관계**를 가진다. 특히 세계잉여금은 국채발행 등 빚으로 조달된 수입이 포함되기 때문에 **재정건전성을 평가하기에는 부적절**하다. 재정건전성은 통합재정수지를 통해 평가해야 한다.
ㄷ. ✕ 결산의 결과 발생한 세계잉여금은 **교부세의 정산, 공적자금상환기금에의 출연, 국채의 채무상환 후 추가경정예산의 재원으로 활용**할 수 있다.

올바른 지문
ㄴ. 적자 국채 발행 규모와 정(+)의 관계이며, 국가의 재정 건전성을 파악하는데 효과적이지 못하다.
ㄷ. 결산의 결과 발생한 세계잉여금은 추가경정예산에 편성할 수 있다.

연계학습 2025 신용한 행정학 p.684, 685

지방직 9급

해설

2024년 지방직 9급 해설 …… 46

2023년 지방직 9급 해설 …… 52

2022년 지방직 9급 해설 …… 58

2021년 지방직 9급 해설 …… 64

2020년 지방직 9급 해설 …… 71

2024년 지방직 9급

문제편 p.45~49

정답

01	④	02	④	03	②	04	③	05	③
06	③	07	②	08	①	09	③	10	③
11	①	12	①	13	④	14	②	15	②
16	④	17	③	18	①	19	②	20	④

출제영역 분석

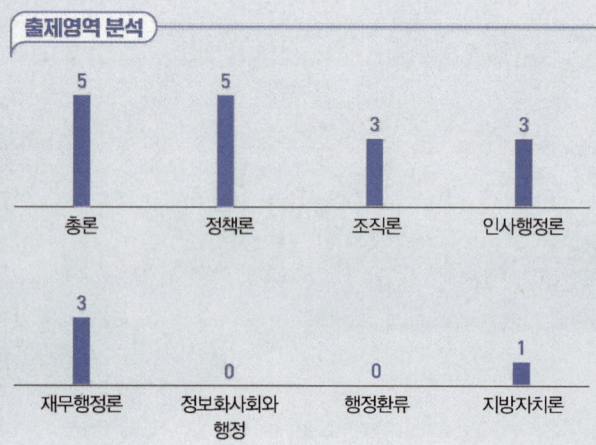

출제경향 분석

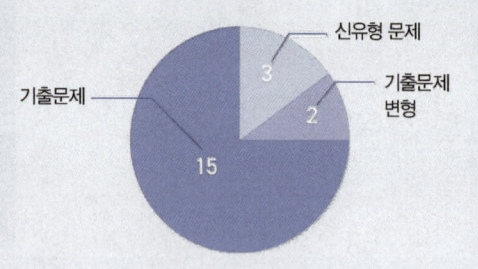

출제문제 유형분석

말 바꾸기	7
짝짓기	0
내용분류	1
개념	9
순서연결	0
제도 및 이론 비교	0
법령	3

---

01 상 중 하 ■■■ 🔑 ④

출제유형 출제영역 Ⅳ 개념 / 아담스(Adms)의 공정성 이론

① ⭕ 개인은 자신의 직무에 대한 공헌도(투입)와 보상(산출)을 준거인물과 비교하고, 불형평성을 느끼는 경우(준거인물의 투입과 산출의 비율보다 크거나 작다고 지각하면) 이를 해소하는 방향으로 동기가 유발된다고 설명하는 이론이다.

③ ⭕ 직무수행에 동원한 노력, 기술, 교육은 투입에 해당하며, 보수, 승진, 직무만족 등은 산출에 해당한다

② ⭕, ④ ❌ 준거인과 비교하여 **과소보상자 뿐만아니라 과대보상자도 불공정하다고 느끼게 되며**, 과대보상일 경우 투입 증대, 편익 감소요청 등의 행태가 나타나게 된다.

연계학습 2025 신용한 행정학 p.399, 400

---

02 상 중 하 ■■■ 🔑 ④

출제유형 출제영역 Ⅰ 말바꾸기 + Ⅳ 개념 / 공공선택이론

① ⭕ 공공선택이론은 인간을 자신의 효용의 극대화하는 이기적이고 합리성을 따르는 경제주체로 가정한다.

②, ③ ⭕ 공공선택이론은 정책결정(비시장적 의사결정)의 영역에 경제학적 분석기법을 도입하여 정부실패를 설명한 이론이며, 대표적인 학자는 뷰캐넌(Buchanan), 털럭(Tullock), 오스트롬(Ostrom) 등이다.

④ ❌ 공공선택이론은 개인을 분석의 기초단위로 삼는 **방법론적 개체주의**이다.

연계학습 2025 신용한 행정학 p.131

---

03 상 중 하 ■■■ 🔑 ②

출제유형 출제영역 Ⅳ 개념 / 피터스(Peters)의 모형

② ❌ **피터스(Peters)가** 「미래의 국정관리(The Future of Governing)」에서 제시한 정부개혁 모형은 **시장 · 참여 · 신축 · 탈규제적**(자유민주주의 모형 ×) 정부모형이다.

연계학습 2025 신용한 행정학 p.167, 168

---

04 상 중 하 ■■■ 🔑 ③

출제유형 출제영역 Ⅳ 개념 + Ⅶ 법령 / 내부임용

① ⭕ 전직은 직렬을 달리하는 동일한 계급 또는 등급으로 수평 이동하는 것을 말한다.

② ⭕ 전보는 동일한 직렬과 직급 내에서 직위만 바꾸는 것을 말한다.

③ ❌ 강임의 경우, **같은 직렬의 하위 직급이 없더라도 다른 직렬의 하위 직급에 임명할 수 있다.**

> **지방공무원법 제5조【정의】** 이 법에서 사용하는 용어의 뜻은 다음과 같다.
> 1. "직위(職位)"란 1명의 공무원에게 부여할 수 있는 직무와 책임을 말한다.

2. "직급(職級)"이란 직무의 종류·곤란성과 책임도가 상당히 유사한 직위의 군(群)을 말하며, 같은 직급에 속하는 직위에 대하여는 임용자격·시험, 그 밖의 인사행정에서 동일한 취급을 한다.
3. "정급(定級)"이란 직위를 직급에 배정하는 것을 말한다.
4. <u>**강임(降任)**이란 같은 직렬 내에서 하위 직급에 임명하거나 하위 직급이 없어 다른 직렬의 하위 직급에 임명하는 것을 말한다.</u>
5. "전직(轉職)"이란 직렬을 달리하여 임명하는 것을 말한다.
6. "전보(轉補)"란 같은 직급 내에서의 보직변경을 말한다.

④ ◉ 지방공무원법 제29조의 3

동법 제29조의3【전입】 지방자치단체의 장 또는 지방의회의 의장은 공무원을 전입시키려고 할 때에는 해당 공무원이 소속된 지방자치단체의 장 또는 지방의회의 의장의 동의를 받아야 한다.

(연계학습) 2025 신용한 행정학 p.494, 495

05 상 중 하 ③

(출제유형)(출제영역) Ⅰ 말바꾸기 + Ⅳ 개념 / 프로그램 예산제도

① ◉ 우리나라의 경우 중앙정부는 2007년, 지방정부는 2008년부터 프로그램 예산제도를 도입 하였다.
② ◉ 프로그램예산제도는 프로그램 중심의 예산편성을 함으로써 성과 지향적 예산 편성 및 운용이 가능해지고 기존의 투입 중심의 예산운용을 사업 또는 성과 중심의 예산운용으로 전환하는 데 그 의의가 있다.
③ ✗ 프로그램 예산 제도는 프로그램을 통해 예산을 유기적으로 연결시킴으로써 합리적인 자원배분을 이룩하려는 제도로, **하향적인 의사결정(Top-down) 구조**를 가진다.
④ ◉ 프로그램 예산제도는 일반회계, 특별회계, 기금이 포괄적으로 표시되어 총체적 재정배분 파악이 가능하다는 장점이 있다.

(연계학습) 2025 신용한 행정학 p.647, 648

06 상 중 하 ③

(출제유형)(출제영역) Ⅰ 말바꾸기 + Ⅳ 개념 / 형평성

①, ② ◉ 사회적 형평성은 1968년 개최된 미노부룩 회의(Minnowbrook Conference)에서 태동한 신행정론에 **신행정론의 등장**과 더불어 강조되기 시작하였으며, 롤스의 정의론 또한 사회적 형평성 논의에 영향을 주었다.
③ ✗ 수직적 형평성은 동등하지 않은 것을 **서로 다르게 취급**(동등하게 ✗)하는 것을 의미하며, 누진세가 그 예에 해당한다.
④ ◉ 수평적 형평성은 동등한 것을 동등하게 취급하는 것으로, 동일노동 동일임금이 그 예에 해당한다.

SUMMARY 수평적 형평 vs 수직적 형평

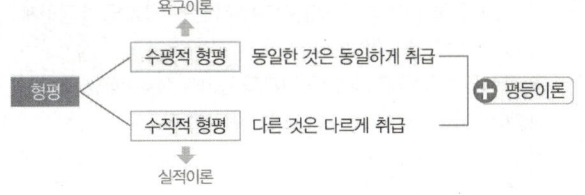

(연계학습) 2025 신용한 행정학 p.93

07 상 중 하 ②

(출제유형)(출제영역) Ⅳ 개념 / 대안의 결과예측 : 주관적 예측

② ◉ 교차영향분석에 대한 설명이다. 교차영향분석은 관련된 사건의 발생 여부에 기초하여 미래 특정사건의 발생 가능성에 대한 식견 있는 판단을 이끌어내는 주관적·질적 분석기법이다.

SUMMARY 델파이 기법과 교차영향분석

교차영향분석은 델파이 기법의 보완을 위해 고안되었으며, 델파이는 개별적 사건의 발생가능성에만 관심을 가지는 반면, 교차영향분석은 관련 사건들 사이의 잠재적인 관계를 고려하게 된다.

(연계학습) 2025 신용한 행정학 p.242

08 상 중 하 ①

(출제유형)(출제영역) Ⅶ 법령 / 예산과정

① ✗ 「국가재정법」에서는 대통령의 승인을 얻은 정부 예산안이 회계연도 개시 **120일**(90일 ✗) 전까지 국회에 제출되어야 한다고 규정하고 있다.

국가재정법 제32조【예산안편성지침의 통보】 기획재정부장관은 제31조제1항의 규정에 따른 예산요구서에 따라 예산안을 편성하여 국무회의의 심의를 거친 후 대통령의 승인을 얻어야 한다.

동법 제33조【예산안편성지침의 통보】 정부는 제32조의 규정에 따라 대통령의 승인을 얻은 예산안을 회계연도 개시 <u>120일 전까지 국회에 제출하여야 한다.</u>

② ◉ 국가재정법 제29조 제1항

동법 제29조【예산안편성지침의 통보】 ① 기획재정부장관은 국무회의의 심의를 거쳐 대통령의 승인을 얻은 다음 연도의 예산안편성지침을 매년 3월 31일까지 각 중앙관서의 장에게 통보하여야 한다.

③ ◉ 소관상임위원회에서 증액한 내용은 예산결산특별위원회에서 상임위원회의 동의 없이 삭감할 수 있으나, 상임위원회가 삭감한 세출예산의 금액을 증가하거나 새 비목을 설치할 경우에는 소관 상임위원회의 동의가 필요하다.

④ ◉ 국가재정법 제35조

동법 제35조【국회제출 중인 예산안의 수정】 정부는 예산안을 국회에 제출한 후 부득이한 사유로 인하여 그 내용의 일부를 수정하고자 하는 때에는 국무회의의 심의를 거쳐 대통령의 승인을 얻은 수정예산안을 국회에 제출할 수 있다.

(연계학습) 2025 신용한 행정학 p.661, 662

09

출제유형 출제영역 Ⅰ 말바꾸기 + Ⅳ 개념 / 신공공서비스론

① ○ 신공공서비스론은 신공공관리론을 극복하기 위해 등장하였으며, 비판이론과 포스트 모더니즘 등을 활용하게 된다.
② ○ 신공공서비스론에서 공익이란 공유된 가치의 담론의 결과물로 인식해야 하며, 공동의 이익과 공동의 책임을 창출하는 것을 목표로 해야 한다.
③ ✗ **신공공서비스론**은 관료의 역할과 관련하여 방향잡기가 아니라 **봉사하기를 강조**한다. 방향잡기는 신공공관리론에서의 관료의 역할이다.
④ ○ 정부관료는 헌법과 법률, 정치 규범, 시민에 대한 대응성을 중요시해야 한다.

SUMMARY 신공공서비스론의 7가지 기본 원칙

① 시민에 대한 봉사 : "고객이 아니라 시민에게 봉사하라"
② 공익의 중시 : "공익은 부산물이 아니라 목표이다"
③ 시민의식의 중시 : "기업가 정신보다 시민의식(citizenship)의 가치를 받아들여라"
④ 전략적 사고와 민주적 행동 : "전략적으로 사고하고, 민주적으로 행동하라"
⑤ 책임의 다원성 : "책임성이란 것이 단순한 것이 아니라는 점을 인식하라"
⑥ 조종이 아닌 봉사 : "조종하기보다 봉사하기를 하라"
⑦ 인간존중 : "단순히 생산성이 아니라 '사람'의 가치를 받아들여라"

연계학습 2025 신용한 행정학 p.174~176

10

출제유형 출제영역 Ⅰ 말바꾸기 + Ⅳ 개념 / Daft의 조직구조모형

ㄱ ✗ **네트워크 조직**에 대한 설명이다. 팀제 조직은 조직구성원을 핵심 업무과정 중심으로 조직하는 방식이다.
ㄴ, ㄹ ○ 팀제 조직은 관료제의 병리를 타파하고 업무수행에 새로운 의식과 행태의 변화의 필요성 등의 요구에 등장한 조직이다. 팀제 조직은 부서 간 경계를 실질적으로 제거한 유기적 조직구조이며, 역동적 환경변화에 유연하게 적응하고 신속한 문제해결이 가능하다.
ㄷ ✗ **기계적 관료제**에 대한 설명이다. 기계적 관료제는 기술구조부문이 강력한 유형으로 작업과정 표준화에 의한 조정을 통해 힘이 발휘된다.

연계학습 2025 신용한 행정학 p.326~332

11

출제유형 출제영역 Ⅰ 말바꾸기 + Ⅳ 개념 / 정책지지연합모형

ㄱ ○ 정책지지연합모형(정책옹호연합모형)은 정책변화를 이해하기 위한 분석단위로 '다양한 수준의 정부에서 활동하는 행위자들을 모두 포함하는 정책하위체제(policy subsystem)에 중점을 둔다.
ㄴ ○ 정책학습은 지지연합 내에서도 이루어질 수 있고, 다른 지지연합으로부터의 학습도 가능하다.

ㄷ ✗ 행정규칙, 예산배분, 규정의 해석에 대한 결정은 **이차적 측면과 관련**된다. 정책 핵심 신념은 근본적인 정책갈등 방향(환경보호와 경제개발), 정책도구에 관한 기본적 선택(강제, 유인, 설득)과 관련된다.
ㄹ ✗ 신념 체계 구조에서 규범적 핵심 신념은 **모든 정책영역에 대하여 적용**되며, 이차적 측면(secondary aspects)보다 변화가능성이 적다.

올바른 지문
ㄷ. 행정규칙, 예산배분, 규정의 해석에 대한 결정은 이차적 측면과 관련된다.
ㄹ. 신념 체계 구조에서 규범적 핵심 신념은 모든 정책영역에 적용되며, 이차적 측면(secondary aspects)보다 변화 가능성이 작다.

SUMMARY 정책지지연합의 신념체계의 구조

	규범핵심	정책핵심	이차적 측면
특징	근본적, 규범적, 존재론적인 공리	규범적 공리를 달성하기 위한 기본적인 전략에 관한 근본적인 정책입장	정책핵심을 집행하기 위하여 필요한 도구적 결정과 정보탐색
적용 범위	모든 정책영역에 대하여 적용함	관심 있는 특정 정책 규범에 적용함	관심 있는 특정 정책 절차에 적용함
변화 가능성	매우 어려움 : 종교개종과 비슷함	어려움 심각한 변력이 일어나면 변화 가능	보통 쉬움 가장 행정적이고 법적인 정책결정의 주체임
예시	- 사람의 성격 - 다양한 가치, 아름다움, 자유, 건강	- 근본적인 정책갈등 방향 환경보호와 경제개발 - 정책도구에 관한 기본적 선택, 강제, 유인, 설득	- 행정규칙, 예산배분, 규정해석에 관한결정 - 프로그램실적에 관한 정보

연계학습 2025 신용한 행정학 p.285

12

출제유형 출제영역 Ⅲ 내용분류 / 공무원의 법령상 의무

ㄱ ○ 공직자윤리법 제2조의2 제1항, 제2항, 제3항, 제4항

공직자윤리법 제2조의2【이해충돌 방지 의무】 ① 국가 또는 지방자치단체는 공직자가 수행하는 직무가 공직자의 재산상 이해와 관련되어 공정한 직무수행이 어려운 상황이 일어나지 아니하도록 노력하여야 한다.
② 공직자는 자신이 수행하는 직무가 자신의 재산상 이해와 관련되어 공정한 직무수행이 어려운 상황이 일어나지 아니하도록 직무수행의 적정성을 확보하여 공익을 우선으로 성실하게 직무를 수행하여야 한다.
③ 공직자는 공직을 이용하여 사적 이익을 추구하거나 개인이나 기관·단체에 부정한 특혜를 주어서는 아니 되며, 재직 중 취득한 정보를 부당하게 사적으로 이용하거나 타인으로 하여금 부당하게 사용하게 하여서는 아니 된다.
④ 퇴직공직자는 재직 중인 공직자의 공정한 직무수행을 해치는 상황이 일어나지 아니하도록 노력하여야 한다.

ㄴ. ⭕ 공직자윤리법 제10조 제1항

> **공직자윤리법 제10조【등록재산의 공개】** ① 공직자윤리위원회는 관할 등록의무자 중 다음 각 호의 어느 하나에 해당하는 공직자 본인과 배우자 및 본인의 직계존속·직계비속의 재산에 관한 등록사항과 제6조에 따른 변동사항 신고내용을 등록기간 또는 신고기간 만료 후 1개월 이내에 관보(공보를 포함한다) 및 인사혁신처장이 지정하는 정보통신망을 통하여 공개하여야 한다.

ㄷ. ❌ 「국가공무원법」상 의무에 해당한다.

> **국가공무원법 제59조의2【종교중립의 의무】** ① 공무원은 종교에 따른 차별 없이 직무를 수행하여야 한다.

ㄹ. ❌ 「국가공무원법」상 의무에 해당한다.

> **국가공무원법 제63조【품위유지의 의무】** 공무원은 직무의 내외를 불문하고 그 품위가 손상되는 행위를 하여서는 아니 된다.

(연계학습) 2025 신용한 행정학 p.558~563

---

13 상 ❸ 하 ④

출제유형 출제영역 Ⅳ 개념 / 하향적 접근

④ ⭕ 반 미터와 반 혼(Van Meter & Van Horn)의 정책 집행과정 연구에 대한 설명이다. 반 미터와 반 혼(Van Meter & Van Horn)은 프레스맨과 윌다브스키 등의 집행사례 선행연구를 검토한 후 선행연구에서는 집행현상을 설명할 수 있는 이론적 관점이 결여되었음을 지적하고, 집행모형 구축의 필요성을 강조하였다. 이들은 정책 집행을 정책이 결정되어 산출로 이어지는 연속적 과정으로 파악하고 그 과정에서 발생하는 일들을 모형화하여 설명하고자 하였다. 반 미터와 반 혼(Van Meter & Van Horn)은 정책집행의 성과를 설명하는 변수로 정책의 목표와 기준, 가용자원, 조직간 관계, 집행기관의 특성, 경제·정치·사회적 환경의 특징, 집행자의 성향 및 반응을 제시하였다.

(연계학습) 2025 신용한 행정학 p.279, 280

---

14 상 ❸ 하 ②

출제유형 출제영역 Ⅰ 말바꾸기 + Ⅳ 개념 / 예산집행의 신축성 유지방안

① ⭕ 추가경정예산은 예산이 성립된 이후 생긴 사유로 인해 이미 성립한 예산에 변경을 가할 필요가 있을 때 편성하여 국회에 제출하는 예산으로 국회에서 추경예산안이 확정되기 전에 이를 미리 배정하거나 집행할 수 없다.
② ❌ 예비비는 예측할 수 없는 예산 외의 지출 및 초과지출에 충당하기 위해 세입세출예산에 계상한 금액으로 **일반회계 예산총액의 1/100 이내의 금액**을 예비비로 세입세출예산에 계상한다.

> **국가재정법 제22조【예비비】** ① 정부는 예측할 수 없는 예산 외의 지출 또는 예산초과지출에 충당하기 위하여 일반회계 예산총액의 100분의 1 이내의 금액을 예비비로 세입세출예산에 계상할 수 있다. 다만, 예산총칙 등에 따라 미리 사용목적을 지정해 놓은 예비비는 본문에도 불구하고 별도로 세입세출예산에 계상할 수 있다.

③ ⭕ 계속비의 지출 연한은 그 회계연도부터 5년 이내이며, 여건상 필요한 경우에는 기획재정부장관이 필요하다고 인정하는 때 국회의 의결을 거쳐 10년 이내로 지출연한을 연장할 수 있다.
④ ⭕ 각 중앙관서의 장은 예산의 목적범위 안에서 재원의 효율적 활용을 위하여 대통령령이 정하는 바에 따라 기획재정부 장관의 승인을 얻어 각 세항 또는 목의 금액을 전용할 수 있다.

> **올바른 지문**
> ② 예비비의 경우, 정부는 예측할 수 없는 예산 외의 지출 또는 예산초과지출에 충당하기 위하여 <u>일반회계 예산총액의 100분의 1 이내의 금액</u>으로 세입세출예산에 계상할 수 있다.

(연계학습) 2025 신용한 행정학 p.631, 676~681

---

15 상 ❸ 하 ②

출제유형 출제영역 Ⅶ 법령 / 지방공기업

① ⭕ 지방공기업법 제7조 제2항

> **지방공기업법 제7조【관리자】** ② 관리자는 대통령령으로 정하는 바에 따라 해당 지방자치단체의 공무원으로서 지방직영기업의 경영에 관하여 지식과 경험이 풍부한 사람 중에서 지방자치단체의 장이 임명하며, 임기제로 할 수 있다.

② ❌ 지방공사를 설립하고자 하는 시장·군수·구청장은 설립 전에 **관할 특별시장·광역시장 및 도지사**(행정안전부장관 ×)와 협의하여야 한다.

> **동법 제49조【설립】** ① 지방자치단체는 제2조에 따른 사업을 효율적으로 수행하기 위하여 필요한 경우에는 지방공사(이하 "공사"라 한다)를 설립할 수 있다. 이 경우 공사를 설립하기 전에 특별시장, 광역시장, 특별자치시장, 도지사 및 특별자치도지사(이하 "시·도지사"라 한다)는 행정안전부장관과, <u>시장·군수·구청장</u>(자치구의 구청장을 말한다)<u>은 관할 특별시장·광역시장 및 도지사와 협의하여야 한다</u>.

③ ⭕ 지방공기업법 제50조 제1항

> **동법 제50조【공동설립】** ① 지방자치단체는 상호 규약을 정하여 다른 지방자치단체와 공동으로 공사를 설립할 수 있다.

④ ⭕ 지방공기업법 제5조

> **동법 제5조【지방직영기업의 설치】** 지방자치단체는 지방직영기업을 설치·경영하려는 경우에는 그 설치·운영의 기본사항을 조례로 정하여야 한다.

> **올바른 지문**
> ② 지방공사를 설립하고자 하는 시장·군수·구청장은 설립 전에 관할 특별시장·광역시장 및 도지사와 협의하여야 한다.

(연계학습) 2025 신용한 행정학 p.913, 914

16 ④

출제유형 출제영역 Ⅱ 짝짓기 + Ⅳ 개념 / 정책문제의 구조화 기법

ㄱ. ✗ **계층분석에 대한 설명**이다. 가정분석은 문제에 대한 가정이나 전제가 정책과정의 참여자들 간 일치하지 않을 경우 가정들에 대한 비판적 평가, 이해관계자의 확인 등을 통해 상충적 가정들을 창의적으로 통합하는 기법이다.

ㄴ. ✗ **가정분석에 대한 설명**이다. 계층분석은 문제의 원인을 계층적으로 규명해 나가는 기법으로 인과관계 파악을 주된 목적으로 한다. 간접적이고 불확실한 원인에서 직접적이고 확실한 원인을 차례차례 계층적으로 확인해 나가는 방식의 기법이다.

ㄷ. ○ 시네틱스(유추분석)는 유사문제에 대한 비교와 유추를 통해 특정 문제를 명확하게 정의하는 기법으로 개인적·직접적·상징적·환상적 유추방법 등이 있다.

ㄹ. ○ 분류분석은 문제를 구성하고 있는 구성요소들을 카테고리별로 분류·식별하여 문제를 명확하게 정의하는 기법이다.

올바른 지문
ㄱ. 계층분석 : 문제상황의 가능성 있는 원인, 개연성(plausible)있는 원인, 행동가능한 원인을 식별하기 위한 기법
ㄴ. 가정분석 : 정책문제에 관해 서로 대립되는 가정의 창조적 종합을 목표로 하는 기법

연계학습 2025 신용한 행정학 p.226~268

17 ③

출제유형 출제영역 Ⅰ 말 바꾸기 + Ⅳ 개념 / 직무평가방법

① ○ 분류법은 직무와 등급기준표를 비교하여 판단하는 것으로 비계량적 방법이다.
② ○ 서열법은 직무 전체의 중요도와 난이도를 바탕으로 상대적 가치를 비교하여 직무의 우열을 정하는 방법으로 비계량적 방법으로 인원이 적은 소규모 조직에서 적용 가능한 평가방식이다.
③ ✗ 점수법은 평가 요소의 단계 구분과 비중 결정 및 점수 부여에서 현실적으로 전문가의 주관성이 개입될 수 밖에 없으므로, **명확한 객관성을 가진다는 이론적 근거를 찾기 어렵다.**
④ ○ 요소비교법은 대표 기준직무와 직무의 평가요소를 상호비교하여 분석하는 상대평가 방식으로 계량적 평가법이다.

SUMMARY 직무평가의 방법

비계량	서열법	쌍쌍비교법 등을 활용하여 직무를 구성요소별로 나누지 않고 전체적·종합적으로 평가하여 상대적 중요도에 의해 직위를 서열화
	분류법	서열법과 같이 직무요소에 대한 분석없이 직무전체를 종합적으로 평가하지만, 등급분류기준을 정한 등급기준표에 따라 등급을 정하는 방법. 서열법보다 세련된 방법으로 정부기관에서 많이 활용
계량	점수법	각 직위의 직무요소에 대해 점수를 부여하고, 총점을 구한 후 직무평가기준표에 따라 배치하는 방법. 가장 많이 사용하는 방법
	요소비교	직무를 평가요소별로 계량적으로 평가하되 점수법의 임의성 보완을 위해 조직내 가장 핵심직위(기준직위)를 선정하여 이와 대비시키는 방법(가장 늦게 고안된 방식). 관찰가능한 직무와 (기준)직무를 비교함으로써 점수부여의 임의성을 극복

직무 VS 직무	(상대평가)서열법, 요소비교법
직무 VS 등급기준표	(절대평가)분류법, 점수법

연계학습 2025 신용한 행정학 p.481, 482

18 ①

출제유형 출제영역 Ⅰ 말바꾸기 + Ⅳ 개념 / 리더 - 구성원 교환이론

ㄱ. ○ 리더 - 구성원 교환이론은 리더가 내집단, 외집단을 형성하는 것을 지지하는 이론으로서, 내집단의 지위를 가진 부하들은 높은 직무성과 평가를 받고, 낮은 이직의도를 가지며, 높은 직무만족도를 나타낸다는 이론이다.

ㄴ. ○ 리더와 구성원은 여러 단계를 거쳐 관계를 형성하고 발전하게 되며 이를 발전하는 과정을 '리더십 만들기'라 한다.

ㄷ. ✗ 리더 - 구성원 교환이론에서 **리더는 자신이 선호하는 부하들에게는 상을 주어 좋은 관계를 유지하지만, 그렇지 않은 부하들에게는 벌을 주는 차별화 행위**를 한다고 본다.

ㄹ. ✗ 리더 - 구성원 교환이론에서는 높은 도덕성과 동기 수준이 아니라, **리더와 부하 간의 개별적 상호작용**과, 구성원의 성장과 조직에의 기여를 위해, **충분한 지원과 정서적 지지 제공을 중시**한다.

연계학습 2025 신용한 행정학

19 ②

출제유형 출제영역 Ⅰ 말바꾸기 + Ⅳ 개념 / 정책학

① ○ 현대적 정책학의 출발점은 1951년 라스웰(Harold D. Lasswell)의 논문 정책지향(Policy Orientation)이다.
② ✗ 라스웰은 정책학의 특징으로 문제지향성, 범학문적 성격과 방법론상의 다양성, 맥락성, 순수과학과 응용과학, 융합 등을 제시하였다.
④ ○ 드로(Dror)는 최적모형에서 정책결정의 과정을 상위정책결정(meta-policymaking), 정책결정(policymaking), 후정책결정(post-policymaking)으로 제시하였다.

연계학습 2025 신용한 행정학 p.187~189, 261

20 ④

출제유형 출제영역 Ⅰ 말바꾸기 + Ⅳ 개념 / 무어(Moore)의 공공가치창출론(creating public value)

ㄱ. ✗ 공공가치 지도그리기를 제시한 학자는 **보즈만(Bozeman)과 사레비츠(Sarewitz)**이다. 보즈만은 정책과 프로그램에 대한 주로 효율성에 초점을 맞춘 협소한 경제적 평가의 적절성에 의문을 제기하면서 정책의 공공가치 전제들을 식별하고 그러한 전제들의 진화와 정책에 대한 영향(궁극적으로 사회적 결과들) 추적하기 위한 접근법으로 공공가치 지도작성 모형을 제시한다.

ㄴ. ✗ **무어는 공공가치의 관점을 너무 좁게 해석했다는 한계를 극복하기 위해 공공가치 회계라는 개념을 활용**하여 공공가치의 관점을 확장시켰다.

ㄷ ⭕ 공공가치창출을 위한 전략적 삼각형 모델은 정당성과지지, 운영역량, 공공가치로 구성된다.
ㄹ ⭕ 정책적 또는 사회적 차원의 공공가치가 실현되지 않을 때에는 공공가치실패 현상이 발생하게 된다. 즉, 정부(공공부문)와 시장(민간부문)이 공공가치 실현에 필수적으로 요구되는 자원과 서비스를 시민들에게 효과적으로 제공하지 못할 때 공공가치의 실패가 발생한다.

연계학습 2025 신용한 행정학 p.177, 178

2023년 지방직 9급

문제편 p.51~55

정답

01	①	02	④	03	②	04	②	05	②
06	④	07	①	08	②	09	④	10	③
11	①	12	②	13	④	14	②	15	③
16	②	17	③	18	③	19	①	20	④

출제영역 분석

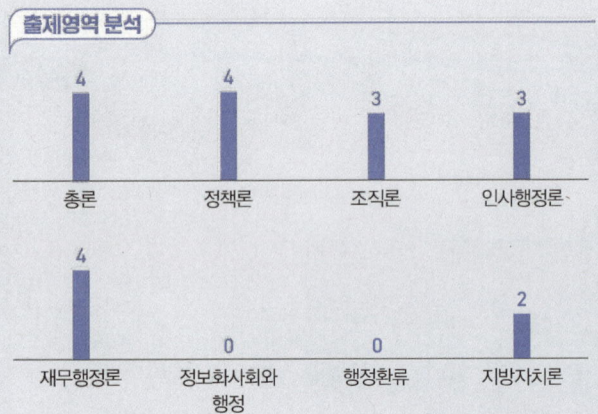

출제경향 분석

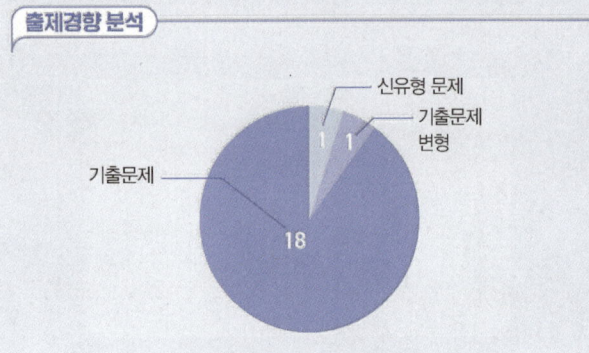

출제문제 유형분석

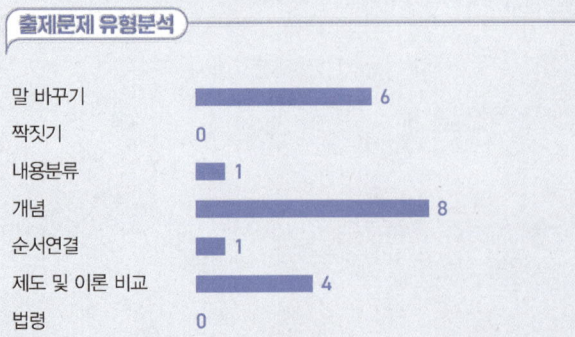

---

01 상중하 🔑 ①

출제유형 출제영역 이론 비교 / 계급제 vs 직위분류제

① ✗ **직위분류제에 대한 설명**이다. 계급제는 공직분류를 인간 중심으로 하는 것으로, 공무원 개개인의 자격과 능력을 기준으로 계급을 분류하고, 개인에게 부여된 계급에 따라 직무가 부여되는 제도이다.
② ○ 계급제는 일반적으로 폐쇄체제로 운영되며, 엄격한 계층제를 이룬다.
③ ○ 계급제는 공직에 채용된 뒤 조직 전체 혹은 국가 전반의 시각에서 업무를 파악하고 처리할 수 있는 일반행정가를 지향한다.
④ ○ 계급제는 일반행정가의 중시로 계급만 동일하면 보수의 변동 없이 전직과 전보가 탄력적으로 이루어질 수 있다.

올바른 지문 ① 공무원 개개인의 자격과 능력을 기준으로 계급을 분류하고, 개인에게 부여된 계급에 따라 직무가 부여되는 제도이다.

연계학습 2025 신용한 행정학 p.477, 478

02 상중하 🔑 ④

출제유형 출제영역 말 바꾸기+개념 / 민츠버그(Minzberg)의 조직유형

①, ②, ③ ○ 민츠버그는 조직의 3가지 국면(구성, 조정기제, 상황·구조적 요인)에 따라 **단순구조, 기계적 관료제, 전문적 관료제, 사업부제, 애드호크라시(임시체제, Adhocracy)** 등 5가지로 조직유형을 분류하였다.
④ ✗ 홀라크라시(holacracy)는 권한과 의사결정이 상위 계층에 속하지 않고 조직 전체에 걸쳐 분배되어 있는 조직구조를 말한다.

연계학습 2025 신용한 행정학 p.361~363

03 상중하 🔑 ②

출제유형 출제영역 말 바꾸기+개념 / 정책결정모형

① ✗ **엘리슨(Allison)모형에 대한 설명**이다. 혼합주사모형은 에치오니(Etzioni)가 합리모형과 점증모형을 절충하여 주장한 이론이다.
② ○ 사이버네틱스모형은 합리모형과 대립되는 적응적·관습적 의사결정모형으로 자동온도조절장치와 같이 실내온도의 변화에 관한 정보만을 수집·분석하여 미리 정한 온도를 벗어나면 표준적 절차에 따라 온도조절 결정을 하는 방식이다.
③ ✗ **회사모형에 대한 설명**이다. 쓰레기통 모형은 조직화된 혼란 상태에서 이루어지는 의사결정의 특징을 강조한 모형이다.
④ ✗ **만족모형에 대한 설명**이다. 합리모형은 의사결정자의 완전한 합리성을 가정하고, 목표달성의 극대화를 위해 최선의 대안 선택을 추구하는 모형이다.

올바른 지문
① 엘리슨(Allison)모형은 1960년대 미국의 쿠바 미사일 위기사건을 설명하기 위해 연구된 모형이다.
③ 회사모형은 갈등의 준해결, 문제중심의 탐색, 불확실성 회피, 표준운영절차의 활용을 설명하는 모형이다.
④ 만족모형은 만족할 만한 수준에서 의사결정이 이루어진다고 설명하는 모형이다.

연계학습 2025 신용한 행정학 p.256~270

04 ②
출제유형 출제영역 순서연결 / 행정학의 발달과정

② ◎ 시기순으로 나열하면, (가) 1910년대 테일러(Taylor)의 과학적 관리론 → (라) 1945년 사이먼(Simon)의 행정행태론(1940년대) → (다) 1960년대 왈도(Waldo)의 신행정론 → (나) 1992년 오스본과 게블러의 「정부재창조론」에서 신공공관리론(1980년대~)의 순이다.

연계학습 2025 신용한 행정학 p.112~118

05 ②
출제유형 출제영역 말 바꾸기+개념 / 정책참여자 간 관계

① ◎ 고전적 엘리트론에서 엘리트들은 다른 계층에 대해 책임을 지지 않으면서 중요한 정책문제는 사회 전체의 이익과 상관없이 자신들의 이해관계를 고려하여 결정하였다.

② ✕ **명성접근법은 헌터(Hunter)가 주장한 이론**이다. 밀즈(Mills)는 지위 접근법을 사용하여 엘리트들을 분석하였다.

③ ◎ 달(Dahl)은 엘리트가 존재하지만 정치적 자원이 분산되어 있음을 전제로 다원주의론(다원적 권력이론)을 주장한다.

④ ◎ 바흐라흐와 바라츠(Bachrach & Baratz)는 「권력의 두 얼굴」에서 정책의제가 채택되지 않도록 하는 무의사결정권력이 행사됨을 설명하고, 무의사결정은 의제설정뿐만 아니라 정책결정과정에서도 발생할 수 있다고 주장한다.

올바른 지문 ② 밀즈(Mills)는 <u>지위 접근법</u>을 사용하여 엘리트들을 분석한다.

연계학습 2025 신용한 행정학 p.200~202

06 ④
출제유형 출제영역 말 바꾸기+개념 / 예산 불성립 시 예산집행을 위한 장치

① ◎ 준예산은 예산 불성립시 특정 경비에 한해서 전년도 예산에 준해 지출할 수 있도록 만든 제도이다.

② ◎ 현재 우리나라는 준예산제도를 채택하고 있다.

③ ◎ 가예산은 1개월분의 예산을 국회 의결을 거쳐 집행하는 것으로 우리나라는 1948년 정부수립 후 가예산제도를 이용했으나, 1960년대부터 준예산제도를 채택하고 있다.

④ ✕ **잠정예산은 가예산과 마찬가지로 국회의결을 필요로 한다.**

올바른 지문 ② 잠정예산은 수개월 단위로 임시예산을 편성해 운영하는 것으로 가예산과 마찬가지로 <u>국회의 의결이 필요하다</u>.

SUMMARY 예산불성립시 예산집행을 위한 장치

구 분	기 간	국회의결	지출 항목	채택국가
준예산	무제한	불필요	한정적	현재 우리나라, 독일
가예산	1개월	필 요	전반적	우리나라 1공화국, 프랑스
잠정예산	무제한	필 요	전반적	미국, 일본, 영국, 캐나다

연계학습 2025 신용한 행정학 p.632, 633

07 ①
출제유형 출제영역 말 바꾸기 / 동기부여 이론

① ◎ 로크의 목표설정이론에 따르면, 목표의 난이도와 구체성에 의해 개인의 성과가 결정된다고 주장함으로써 목표가 도전적이고 명확할 때 인간은 더욱 노력하게 된다고 본다.

② ✕ **매슬로우의 욕구계층이론에서는 욕구의 좌절·퇴행적 진행을 고려하지 못한다.** 즉, 욕구는 순차적으로 유발되는 것이지 상위차원의 욕구가 충족되지 못하거나 좌절 될 경우 하위욕구를 충족시키고자 하지 않는다. 좌절-퇴행 접근법을 주장한 것은 앨더퍼이다.

③ ✕ **브룸의 기대이론에 대한 설명**이다. 해크먼과 올드햄의 직무특성이론은 직무의 특성이 직무 수행자의 성장욕구수준에 부합 될 때 직무가 그 직무 수행자에게 더 큰 의미와 책임감을 주고 이로 인해 동기유발의 측면에서 긍정적인 성과를 얻게 됨을 설명하는 이론이다.

④ ✕ **허즈버그의 욕구충족요인이원론에 대한 설명**이다. 앨더퍼는 매슬로우의 욕구계층이론을 수정하여 인간의 욕구를 존재(E : Existence), 관계(R : Relatedness), 성장(G : Growth)의 3단계로 분류하였다.

연계학습 2025 신용한 행정학 p. 392, 393, 402, 404

08 ②
출제유형 출제영역 개념+이론 비교 / 품목별 예산제도

① ◎ 품목별 예산제도는 품목별 예산제도는 지출대상별로 예산액을 명확히 배정함으로써 부정부패를 막고, 행정의 능률을 향상시키기 위해 도입 되었다.

② ✕ **영기준 예산제도에 대한 설명**이다. 영기준 예산제도의 예산 편성 절차는 의사결정단위(Decision unit)의 확인, 의사결정 패키지의 작성, 우선순위의 결정, 실행예산 편성 순으로 진행된다.

③ ◎ 품목별 분류는 예산으로 구입하고자 하는 재화와 용역의 종류를 기준으로 예산내용을 분류하는 통제지향적 예산제도이다.

④ ◎ 품목별 예산제도는 투입중심이므로 재정지출의 구체적 목표의식이 결여되어 있어 조직 목표 및 성과에 대해서는 파악하기 어렵다.

연계학습 2025 신용한 행정학 p.701~702

09 ④
출제유형 출제영역 개념 / 적극적 인사행정

① ◎ 블랙스버그 선언(1983)은 미국 사회에서 일어나고 있는 필요 이상의 관료 공격, 대통령의 반관료적 성향, 정당 정치권의 반정부 어조 따위와 같이 행정의 정당성을 침해하는 정치·사회적 문제점을 지적하고 그 원인의 일부가 행정학 연구의 문제점에서 비롯되었음을 주장한 선언이다.

②, ③ ◎ 행정재정립 운동은 1980년대 이후 행정과 직업공무원제에 대한 불신이 높아지면서 엽관주의적 요소의 도입이 지속되자 이에 대한 반작용으로 등장한 운동으로 직업공무원제를 옹호했으며, 정부를 재창조하기보다는 재발견해야한다고 주장하였다.

④ ❌ **신행정학의 태동**을 가져온 것은 1968년 시라큐스 대학에서 왈도를 중심으로 프레드릭슨, 마리니 등 50명의 소장학자들이 참여한 **미노부르크 회의**이다.

미노브루크 회의 (1968)	블랙스버그 선언 (1983)
신행정론 행태주의 비판	행정재정립 신공공관리론 비판

연계학습 2025 신용한 행정학 p.101, 124

10 상중하

출제유형 출제영역 개념 / 정부 총지출을 구성하는 세 가지 공공재원

① ⭕ 기금은 세입·세출예산에 의하지 아니하고 예산 외로 운영할 수 있는 자금으로서 특정 목적을 위해 특정 자금을 신축적으로 운용할 수 있다.
② ⭕ 특별회계는 국가에서 특정한 사업을 운영하고자 할 때, 특정한 자금을 보유하여 운용하고자 할 때, 특정한 세입으로 특정한 세출에 충당함으로써 일반회계와 구분하여 회계처리할 필요가 있을 때에 법률로써 설치하는 예산이다.
③ ❌ **특별회계**는 일반회계와 같이 세입세출예산의 일부분으로서 일반회계와 함께 예산의 일부분으로 **국회의 심의를 받는다**.
④ ⭕ 기금은 예산 통일성 원칙의 예외이다.

SUMMARY 일반회계 vs 특별회계 vs 기금

구분	예산		기금
	일반회계	특별회계	
설치	일반적 재정활동	특정사업 운영 특정자금 운용 특정세입으로 특정 세출 충당	특정 목적을 위해 특정 자금을 신축적으로 운용
운용	공권력에 의한 조세수입과 무상급부 원칙	일반회계와 기금 운용 형태 혼재	출연금, 부담금 등 다양한 재원
예산	① 부처의 예산 요구 ② 기획재정부의 정부예산안 편성 ③ 국회 심의·의결 확정	좌 동	① 관리주체가 운영계획 수립 ② 기획재정부장관 협의·조정 ③ 국회 심의·의결 확정
집행	엄격한 통제 목적외 사용 금지 원칙	좌 동	합목적성 차원에서 상대적으로 자율성과 탄력성 보장
수입지출	연계 배제	특정수입과 지출의 연계	특정 수입과 지출의 연계
변경	추경예산 편성	좌 동	지출 금액의 20% 이상 변경시 국회 의결 필요 (금융성 기금 : 30%)
결산	국회 결산 심의·승인	국회 결산 심의·승인	국회 결산 심의·승인

연계학습 2025 신용한 행정학 p.626~628

11 상중하 ①

출제유형 출제영역 이론 비교 / 고유사무 vs 단체위임사무 vs 기관위임사무

① ❌ **단체위임사무에 대한 설명**이다. 기관위임사무는 위임기관이 전액 부담하는 것이 원칙이다.
② ⭕ 단체위임사무는 법령에 의하여 국가 또는 상급 지방자치단체로부터 그 지방자치단체에 위임된 사무이다.
③ ⭕ 단체위임사무는 위임된 사무이지만 해당 자치단체 자체에 위임된 사무이기 때문에 해당 지방의회가 참여하며, 조례제정권을 가진다.
④ ⭕ 자치사무는 지방자치단체의 고유사무이므로 국가의 감독은 합법성에 관한 사후 교정적 감독(소극적 감독)에만 한정된다.

SUMMARY 자치사무, 단체위임사무, 기관위임사무

구분	자치사무	단체위임사무	기관위임사무
개념	지방자치단체가 자기의 책임과 부담으로 처리하는 지방적 공공사무	법령에 의하여 국가 또는 상급 지방자치단체로부터 그 지방자치단체에 위임된 사무	법령에 의하여 국가 또는 상급 지방자치단체로부터 지방자치단체의 집행기관에게 위임된 사무
결정주체	지방의회(본래의 사무)	지방의회(지방자치단체에 위임)	국가(지방자치단체 개입 불가)
사무처리 주체	지방자치단체	지방자치단체	지방자치단체장(일선행정기관의 성격)
조례 제정권	○	○	×
국가의 감독	합법성 중심의 교정적 (사후)감독	합법성과 합목적성의 교정적 감독	교정적 감독+예방적 감독
경비의 부담	자치단체 보조금 = 장려적 보조금	공동부담 보조금 = 부담금	국가 부담 보조금=교부금
사무예시	자치단체의 존립, 유지사무, 주민복지사무(상하수도, 지역민방위, 지역소방, 도서관, 주민등록, 학교, 병원, 도로, 도시계획, 쓰레기 처리 등)	보건소, 생활보호, 의료보호, 재해구호, 도세징수, 공과금 징수, 직업안정, 하천유지보수, 국도유지보수 등	대통령·국회의원 선거, 근로기준설정, 가족관계등록, 의약사면허, 도량형, 외국인등록, 여권발급 등

연계학습 2025 신용한 행정학 p.848~850

12 상중하 ②

출제유형 출제영역 말 바꾸기+개념 / 대표관료제

① ⭕ 양성채용목표제, 장애인 의무고용제 등 균형인사정책은 우리나라의 대표관료제 임용정책에 해당한다.
② ❌ **대표관료제**는 **실적주의의 폐단**과 **직업공무원제의 한계를 극복하기 위해 등장**한 인사제도이다.
③ ⭕ 대표관료제는 공직에의 임용기준을 개인의 능력이 아니라 그가 속한 집단에 두는 할당제를 강요하게 되며, 역차별의 문제를 야기할 수 있다.

④ ⊙ 대표관료제는 관료들이 출신집단의 가치와 이익을 정책에 반영할 것이라는 가정에 기반하여, 관료제에 대한 외부통제의 약화를 보완하고, 관료제의 민주적 대응성을 제고하기 위한(임명직 관료집단을 민주적으로 행동하게 하기 위한) 내부통제 강화장치로 도입된 제도이다.

연계학습 2025 신용한 행정학 p.457~460

13 상 중 하 ■■■ 🔑 ④

출제유형 출제영역 개념 / 정책창 모형

ㄱ. ✗ **정책지지연합모형에 대한 설명**이다.
ㄴ. ⊙ 킹던의 정책창 모형은 쓰레기통 모형의 기본 아이디어를 정책의제설정 과정에 적용시킨 모형이다.
ㄷ. ⊙ 킹던의 정책창 모형에 의하면 서로 무관하게 자신의 고유한 규칙에 따라 흘러다니던 정책문제, 정치, 정책대안 등의 세가지 흐름이 사회적 사건이나 정치적 사건과 같은 점화장치에 의해 결합하게 되고, 이러한 현상을 정책의 창이 열린 것으로 표현하였다.

연계학습 2025 신용한 행정학 p.266

14 상 중 하 ■■■ 🔑 ②

출제유형 출제영역 말 바꾸기+개념 / 행정가치

① ⊙ 합리성은 어떤 행위가 목표달성을 위한 최적 수단이 되느냐의 여부를 가리키는 개념이다.
② ✗ **효과성은 목표 대비 산출의 비율로, 목표달성도를 의미하는 개념**이다. 반면 **투입 대비 산출의 비율을 의미하는 것은 효율성(능률성)**이다.
③ ⊙ 자율적 책임(내재적 책임)은 외부적 힘이 아닌, 관료의 내면적 기준에 의한 책임으로 공무원이 전문가로서의 직업윤리나 책임감에 기초해서 적극적이고 자발적인 재량을 발휘하여 확보되는 행정책임이다.
④ ⊙ 민주성은 국민과의 관계인 '대외적 민주성'뿐만 아니라 행정조직 내부의 측면에서의 '대내적 민주성'등 두 가지 측면에서 논의된다.

올바른 지문 ② 효과성은 목표의 달성도를 나타내고, 효율성(능률성)은 투입 대비 산출의 비율을 의미한다.

SUMMARY 능률성 vs 효과성 vs 생산성

능률성 (efficiency)	효과성 (effectiveness)	생산성 (productivity)
산출/투입	산출/목표 (비용에 대한 고려 X)	능률성 + 효과성
투입최소화, 산출극대화에 관심	목표달성여부에 관심	종합적
산출과 비용의 관계라는 조직 내부적 관계	조직과 효과가 나타나는 환경과의 외부적 관계	종합적
19C말 행정관리론	1960년대 발전행정론	1980년대 신공공관리론

연계학습 2025 신용한 행정학 p.95, 97~100, 768

15 상 중 하 ■■■ 🔑 ③

출제유형 출제영역 말 바꾸기+개념 / 근무성적평정의 오류

① ⊙ 집중화 경향은 피평정자들에게 대부분 중간 수준의 점수를 주는 심리적 경향이다. 집중화 경향은 평정상 의문이 있거나 피평정자에 관해 잘 모르는 경우, 모험을 피하려는 방편으로 모든 것이 평균이라는 평정을 하게 된다.
② ⊙ 총계적 오류(total error)는 평정자의 평정기준이 일정치 않아 관대화 및 엄격화경향이 불규칙하게 나타나는 오류이다.
③ ✗ **초기 실적이나 최근의 실적을 중심으로 평가함으로써 발생하는 시간적 오류는 첫머리 효과와 막바지 효과이다.** 연쇄효과(halo effect)는 한 평정요소에 대한 평정자의 판단이 연쇄적으로 다른 요소의 평정에도 영향을 주는 오류이다.
④ ⊙ 관대화 경향은 평정결과의 분포가 우수한 쪽에 집중되는 분포상의 착오로, 강제배분법을 활용하여 방지할 수 있다.

올바른 지문 ③ 연쇄효과(halo effect)는 한 평정요소에 대한 평정자의 판단이 연쇄적으로 다른 요소의 평정에도 영향을 주는 오류이다.

SUMMARY 근무성적평정의 오류

연쇄 효과	한 평정 요소에 대한 판단이 연쇄적으로 다른 요소 평정에도 영향을 주는 오류 (=현혹효과, 후광효과) 예 성실도를 높게 평가하면 추진력도 높게 평가
분포상의 착오	① 집중화 경향 : 피평정자들에게 대부분 중간 수준의 점수를 주는 심리적 경향 ② 관대화 경향 : 평정 결과의 분포가 우수한 쪽에 집중되는 경향 ③ 엄격화 경향 : 평정 결과의 분포가 열등한 쪽에 집중되는 경향 ④ 방지대책 : 강제배분법을 활용
규칙적 (체계적) 오류	어떤 평정자가 항상 관대화나 엄격화 경향을 보이는 것으로 평정기준이 높거나 낮은데서 오는 규칙적·일관적 착오 → 표준점수를 통한 사후조정이 가능
총계적 오류	평정자의 평정 기준이 일정치 않아 관대화 및 엄격화 경향이 불규칙하게 나타나는 오류. 규칙 오류와 달리 총계적 오류발생 시 사후적 조정이 불가능함.
시간적 오류	① 첫머리효과(최초효과) : 전체 기간의 근무성적을 평가하기보다는 초기의 업적에 영향을 크게 받는 효과 ② 막바지효과(근접효과) : 최근의 실적이나 능력을 중심으로 평가하는 효과 ③ 방지대책 : ㉠ 독립된 평가센터, ㉡ MBO평정, ㉢ 중요사건기록법
유사성 오차	평정자가 자기자신과 성향이 유사한 부하에게 후한 점수를 주는 오차
논리적 오차 (logical error)	평정요소간 존재하는 논리적 상관관계에 의하여 생기는 오류. 어떤 평정요소가 특별히 좋거나 혹은 아주 낮은 점수를 받은 경우에 일반적인 상관관계에 있는 다른 요소도 높게 혹은 낮게 평정하는 경향
상동적 오차 (streotyping error)	유형화(정형화·집단화)의 착오로 편견이나 선입견 또는 고정관념에 의한 오차 피평가자가 속한 사회적 집단의 유형에 대한 지각이나 어떤 인식을 오랫동안 같은 상태로 일관되게 유지하려는 심리상태에서 기인하는 오차

귀인적 편견	드러나는 행위를 기초로 해서 관찰자가 자신이나 피평가자의 내적 상태를 추론함으로써 발생하는 오류
선택적 지각	자기 기준 체계에 유리한 것만을 일관성 있게 추론함으로써 발생하는 오류
피그말리온 효과	자기충족적 예언효과를 의미하는 것으로 예언대로 행동하고 판단하게 되는 현상(=로젠탈효과)
평정오류시정	① 사전교육 철저, ② 강제배분법 사용, ③ 사후적 표준값으로 환산 등

(연계학습) 2025 신용한 행정학 p.514~516

16 상중하 ②

출제유형 출제영역 말 바꾸기+개념 / Wright의 정부 간 관계모형

① ◯ 라이트(Wright)는 중앙정부와 지방정부의 권력관계 및 기능적 상호의존관계를 기준으로 정부 간 관계모형을 포함형(포괄형), 분리형, 중첩형으로 구분하고 있다.

② ✕ 대등권위모형(조정권위모형, coordinate–authority model)은 **연방정부와 주정부가 동등한 권위**를 가지고 있고, **지방정부는 주정부에 귀속**되어 있는 형태이다.

SUMMARY 분리권위형(동등권위형)

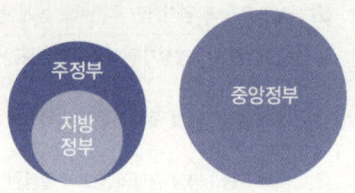

③ ◯ 내포권위모형(inclusive–authority model)은 지방정부가 중앙정부에 전적으로 의존하는 수직적인 관계로 계층적 권위하에 포괄적·종속적 관계를 지니는 형태이다.

④ ◯ 중첩권위모형(overlapping–authority model)은 중앙정부와 지방정부가 상호 독자성을 유지하며 기능적으로 상호의존관계에 있는 경우이다.

올바른 지문 ② 대등권위모형(조정권위모형, coordinate–authority model)은 연방정부와 주정부가 동등한 권위를 가지고 있고, 지방정부는 주정부에 귀속되어 있는 형태이다.

SUMMARY Wright의 정부 간 관계모형

Wright의 정부간 관계모형 : 중첩형이 가장 이상적. 우리나라는 포괄형에 속함

포괄형(종속형)	분리형(독립형)	중첩형(상호의존형)
관계 : 포괄·종속적 권위 : 계층적(엄격한 명령·복종) 사무 : 기관위임사무 주종 재정·인사 : 완전 종속	관계 : 분리·독립적 권위 : 독립적 사무 : 고유사무 주종 재정·인사 : 완전 분리	관계 : 상호의존적 권위 : 협상적 사무 : 고유＞기관위임사무 재정·인사 : 상호 의존과 교류

(연계학습) 2025 신용한 행정학 p.929~932

17 상중하 ③

출제유형 출제영역 이론 비교 / 거래적 리더십 vs 변혁적 리더십

① ◯ 변혁적 리더십의 구성요소 중 영감적 리더십에 대한 설명이다.

② ◯ 변혁적 리더십의 구성요소 중 개별적 배려에 대한 설명이다.

③ ✕ **거래적 리더십에 대한 설명**이다. 거래적 리더십은 성과에 대한 적합한 보상, 적극적 예외관리, 수동적 예외관리, 자유방임 등의 특징을 가진다.

④ ◯ 변혁적 리더십의 구성요소 중 지적 자극에 대한 설명이다.

SUMMARY 거래적 리더십 vs 변혁적 리더십

	거래적 리더십	변혁적 리더십
초 점	일반 관리층	최고 관리층
관리전략	합리적 교환관계와 통제 하급욕구의 충족	비전공유를 통한 내적 동기유발 고급욕구의 만족
변화관	안전지향(폐쇄적)	변화지향(개방적), 환경적응지향
조직구조	고전적 관료제	탈관료제(구조의 융통성 중시)

(연계학습) 2025 신용한 행정학 p.414

18 상중하 ③

출제유형 출제영역 말 바꾸기+개념 / 무어(Moore)의 공공가치창출론(creating public value)

> **무어(Moore)의 공공가치 창출론**
> ① 능률성만을 중요시하는 신공공관리론의 접근방법과는 달리 행정의 공공성 약화를 극복하기 위한 대안적 패러다임으로 등장.
> ② 민주적으로 선출되어 정당성을 부여 받은 정부의 관리자들은 공공자산(국가 권위, 국가재정)을 활용하여 시민을 위한 공공가치를 창출해야 함

① ◯ 무어(Moore)의 공공가치창출론(creating public value)은 신공공관리론이 야기한 행정의 정당성 위기, 즉 행정의 공공성 약화를 극복하기 위한 대안적인 패러다임으로 등장하였다.

② ◯ 무어(Moore)는 공공가치창출을 세 가지 전략적 삼각형(strategic triangle)으로 구성하여 제안한다. 전략적 삼각형의 첫 번째는 정당성과 지원의 확보이고, 두 번째는 공적 가치의 형성이며, 세 번째는 운영역량의 형성이다.

③ ✕ 신공공관리론은 행정의 수단성만을 강조함으로써 정부의 존재 이유에 대한 근본적 의문에 적절한 답을 제시하지 못하였고, 이러한 **행정의 정당성 위기를 극복하기 위한 대안으로 무어(Moore)의 공공가치창출론(creating public value)이 등장**하였다.

④ ◯ 무어(Moore)의 공공가치창출론(creating public value)은 민간분야의 관리자들이 주어진 자산을 활용하여 주주가 요구하는 민간부문의 가치를 창출하는 것처럼 민주적으로 선출되어 정당성을 부여 받은 정부의 관리자들은 공공자산(국가 권위, 국가재정)을 활용하여 시민을 위한 공공가치를 창출해야 한다는 점에 착안한 것이다.

SUMMARY 전통적 공공행정론 vs 신공공관리론 vs 공공가치창출론

구분	전통적 공공행정론	신공공관리론	공공가치창출론
공익	정치인이나 전문가가 정의	개인 선호의 집합	숙의를 거친 공공의 선호
성과 목표	정치적으로 정의	효율성 : 고객 대응성과 경제성보장	공공가치 달성 – 서비스 제공, 만족, 사회적 결과, 신뢰 및 정당성
책임성 확보	정치인에 대한 책임 정치인을 통한 의회에 대한 책임	성과계약을 통한 상위 기관에 대한 책임, 시장 메커니즘을 통한 고객에 대한 책임	다원적 차원 – 정부 감시자로서 시민 – 사용자로서의 고객 – 납세자
서비스 전달 체계	계층조직, 자율규제 하는 전문직	민간조직, 책임 행정기관	대안적 전달체계를 실용적으로 선택 – 공공부문, 공공기관, 책임행정기관, 민간기업, 공동체조직

연계학습 2025 신용한 행정학 p.177, 178

19 ①

출제유형 출제영역 내용분류 / 정책 유형

① ⭕ 앨먼드와 파월(Almond & Powell)은 정책유형을 분배정책, 규제정책, 추출정책, 상징정책으로 구분하였다.

②, ③, ④ ❌ 리플리와 프랭클린(Ripley & Franklin)은 정책유형을 **분배정책, 경쟁적 규제정책, 보호적 규제정책, 재분배정책**으로 구분하였다.

SUMMARY 정책 성격에 따른 분류

학자	정책 분류
Lowi	분배정책, 규제정책, 재분배정책, 구성정책
Almond & Powell	분배정책, 규제정책, 추출정책, 상징정책
Ripley & Franklin	분배정책, 경쟁적 규제정책, 보호적 규제정책, 재분배정책
Salisbury	분배정책, 규제정책, 재분배정책, 자율규제정책

연계학습 2025 신용한 행정학 p.198

20 ④

출제유형 출제영역 말바꾸기+개념 / 공공재의 과다공급설(정부팽창)

① ⭕ 바그너(Wagner)의 법칙은 국민소득이 증가할 때, 공공재 수요의 소득 탄력적 특성으로 국민경제에서 차지하는 공공부문의 상대적 크기가 증대되는 현상이다.

② ⭕ 피코크(Peacock)와 와이즈맨(Wiseman)의 전위효과 및 대체효과는 전쟁 등 위기상황 발생 시 공공지출이 상향조정되어 위기상황 해소 후에도 공공지출의 크기가 감소하지 않고(전위효과), 공공지출이 민간지출을 대체하는 현상(대체효과)이다.

③ ⭕ 보몰(Baumol) 효과는 공공부문 서비스의 노동집약적 성격으로 인해 민간부문에 비해 공공부문의 생산성 증가가 느리고, 이러한 낮은 공공부문의 생산성이 정부지출을 증가시키고, 사회 전체 경쟁력을 저하시키는 현상이다.

④ ❌ 니스카넨(Niskanen)의 관료예산극대화가설에 대한 설명이다. 파킨슨(Parkinson)의 법칙은 공무원 수가 실제 행정의 업무량과 직접적 관계없이 증가하는 현상을 말한다.

올바른 지문 ④ 니스카넨(Niskanen)은 관료들이 자신들의 권력 극대화를 위해 필요 이상으로 자기 부서의 예산을 추구함에 따라 정부 예산이 지속적으로 증가한다고 주장한다.

SUMMARY 공공재의 과다공급설

Wagner의 법칙	국민소득이 증가할 때, 공공재 수요의 소득 탄력적 특성으로 국민경제에서 차지하는 공공부문의 상대적 크기가 증대되는 현상
Peacock–Wiseman 전위효과 및 대체효과	전쟁 등 위기상황 발생 시 공공지출이 상향조정되어 위기상황 해소 후에도 공공지출의 크기가 감소하지 않고, 공공지출이 민간지출을 대체하는 현상
Niskanen의 관료예산극대화가설	관료들이 공익이 아닌 자신과 자기부서의 효용(권력)을 극대화하기 위해 적정수준 이상으로 자기부서의 예산을 극대화하는 현상
Parkinson 법칙 (상승하는 피라미드의 법칙)	공무원 수가 업무량과 직접적 관계없이 증가하는 현상. 행정수요에 상관없이 '제1공리'와 '제2공리'의 순환과정을 통해 발생하는 정부팽창을 설명(제1공리 : 부하배증, 제2공리 : 업무배증)
Baumol 효과 (보몰병)	공공부문 서비스의 노동집약적 성격으로 인해 민간부문에 비해 생산성 증가가 느리고, 이러한 낮은 공공부문의 생산성이 사회전체 경쟁력을 저하시키는 현상
Brennan–Buchanan 리바이어던 가설	집권화 된 정부일수록 예산규모는 증대된다는 것, 공공지출에 대한 권한이 집중될 경우 정치인과 관료들의 선호가 재정정책에 반영됨으로써 정부 규모가 과도하게 팽창하게 됨.

연계학습 2025 신용한 행정학 p.65

2022년 지방직 9급

문제편 p.57~61

정답

01	③	02	④	03	①	04	④	05	③
06	③	07	①	08	①	09	①	10	④
11	③	12	②	13	④	14	②	15	④
16	②	17	①	18	②	19	②	20	④

출제영역 분석

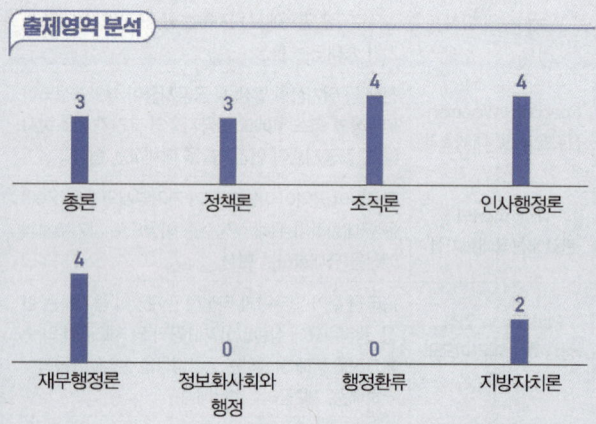

출제경향 분석

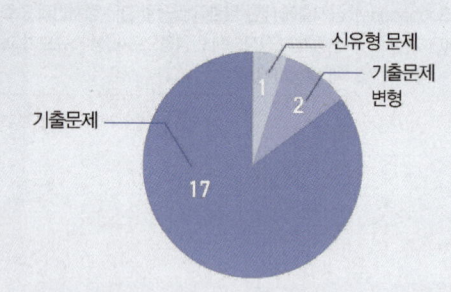

출제문제 유형분석

- 말 바꾸기: 5
- 짝짓기: 3
- 내용분류: 1
- 개념: 8
- 순서연결: 0
- 제도 및 이론 비교: 1
- 법령: 2

---

01 상중하 ③

출제유형 말 바꾸기+이론 비교 / **출제영역** 공익의 실체설 vs 과정설

ㄱ. ⓞ 실체설에 의하면 공익은 사익을 초월한 실체적·규범적·도덕적 개념이다.

ㄴ. ⓞ 과정설에 의하면 공익은 사익 간 타협 또는 집단 간 상호작용의 산물로, 절차적 합리성을 강조한다.

ㄷ. ✕ **다원적 민주주의**에 도움을 주는 것은 민주적 조정과정에 의한 공익의 도출을 중시하는 **과정설**이다.

ㄹ. ⓞ 플라톤(Plato)과 루소(Rousseau)는 모두 공익의 실체설을 주장하였다.

올바른 지문 ㄷ. 과정설은 다원적 민주주의에 도움을 준다.

SUMMARY 공익의 실체설 vs 과정설

구분	실체설	과정설
공익	• 공익은 사익을 초월한 실체로 존재(유기체·공동체적 관점, 집단주의적 성격) • 공익과 사익 간 갈등은 있을 수 없음.	• 공익은 사익 간 갈등의 조정·타협의 산물(자유주의적 관점, 개인주의적 시각) • 사익을 초월한 공익의 존재를 부정
관료	⇨ 엘리트나 관료에 의해 실체가 규정 • 공익의 규정과 목민적 역할	⇨ 과정·제도·절차적 국면을 통해 형성 • 사익 간 갈등의 조정자적 역할
한계	• 공익이 소수의 엘리트에 의해 규정됨으로써 전체주의 또는 권위주의로 변질될 가능성	• 공익형성과정에서 집단이기주의의 발생과 소수 몇몇 집단에 의해 주도될 가능성(조직화되지 못한 사회적 약자의 이익이 보호받지 못할 가능성)
설명력	• 국가의 힘이 강력한 개도국	• 민주적 의견수렴절차가 발달한 선진국
관점	• 엘리트주의, 합리모형	• 다원주의, 점증모형

연계학습 2025 신용한 행정학 p.87~90

---

02 상중하 ④

출제유형 내용분류 / **출제영역** 허즈버그의 욕구충족요인이원론

①, ②, ③ ⓞ 허즈버그의 욕구충족요인이원론은 조직구성원에게 불만을 주는 요인(위생요인)과 만족을 주는 요인(동기요인)은 상호 독립되어 있다는 것을 제시하는 이론이다. 감독, 보수, 대인관계는 위생요인에 해당한다.

④ ✕ 성취감은 동기요인에 해당한다.

SUMMARY 동기요인과 위생요인의 구별

구분	위생요인(불만요인)	동기요인(만족요인)
성격	직무 외적 또는 근무환경 요인	직무자체 요인(직무내용)
예시	조직의 정책(행정)과 관리, 감독, 보수, 대인관계, 작업조건	직무, 인정감, 보람, 책임감, 성취감, 성장감

연계학습 2025 신용한 행정학 p.395, 396

03 상 중 하 ■■■ 🔍 ①

출제유형 출제영역 말 바꾸기 / 서번트 리더십

ㄱ. ⭕ 서번트 리더십은 인간존중을 바탕으로 구성원들이 업무 수행에서 잠재력과 기량을 충분히 발휘할 수 있도록 도와주는 리더십으로, 구성원들이 공동의 목표를 이뤄 나갈 수 있도록 환경을 조성해 주고 도와주는 섬기는 리더십이다.

ㄴ. ❌ **거래적 리더십에 대한 설명**이다. 서번트 리더십은 신뢰와 봉사를 핵심 관리수단으로 한다.

ㄷ. ⭕ 그린리프는 섬기는 자로서 리더는 존중, 봉사, 정의, 정직, 공동체 윤리 등 다섯 가지 원칙을 강조했다.

ㄹ. ❌ 서번트 리더십에서 리더의 최우선적 역할은 **구성원의 성장을 지원하기 위한 후원자의 역할을 강조**하며, 지도자와 구성원 간의 신뢰를 바탕으로 조직성과 달성 및 긍정적 조직 변화를 도모하고자 한다.

올바른 지문
ㄴ. 신뢰와 봉사를 핵심 관리수단으로 한다.
ㄹ. 리더의 최우선적인 역할은 구성원들을 후원(섬김)하는 것이다.

(연계학습) 2025 신용한 행정학 p.415

04 상 중 하 ■■■ 🔍 ④

출제유형 출제영역 짝 찾기 / 행정학의 접근방법

① ❌ 오스본과 게블러는 정부재창조를 통해 정부부문의 재구축과 민간부문의 공공서비스 공급에 참여 필요성을 강조한 **신공공관리론자**이다.

② ❌ 후기행태주의는 가치중립적인 과학적 연구보다 **정책지향·가치지향적 연구**를 강조한다.

③ ❌ 리그스는 행정생태론자로, **비교행정론**을 연구하였다.

올바른 지문
① 행정생태론 – 가우스, 리그스 – 환경요인 중시
② 후기행태주의 – 이스턴 – 정책지향·가치지향적 연구 강조
③ 신공공관리론 – 오스본&게블러 – 시장원리인 경쟁을 도입

(연계학습) 2025 신용한 행정학 p.13

05 상 중 하 ■■■ 🔍 ③

출제유형 출제영역 말 바꾸기 / 티부(Tiebout)가설

① ⭕ 시민의 이동성 : 시민은 자신의 선호에 맞는 지방정부로의 자유로운 이동이 가능한 것으로 가정한다.

② ⭕ 외부효과의 배제 : 한 지방정부가 제공하는 서비스는 그 지역주민에게만 영향을 미치는 것으로 전제한다.

③ ❌ **고정적 생산요소의 존재(부존재 ×)** : **최소한 한 가지 이상의 고정적 생산요소를 가진다**고 전제한다.

④ ⭕ 완전한 정보 : 지방정부가 제공하는 서비스와 그에 대한 완전한 정보가 주민에게 주어진다.

올바른 지문 ③ 고정적 생산요소의 존재

SUMMARY 티부가설의 기본가정 및 전제

1. **완전한 정보와 시민의 완전한 이동성** : 지방정부가 제공하는 서비스의 정보가 공개되고, 시민은 자신의 선호에 맞는 지방정부로 자유로운 이동이 가능. 거주지를 선택함에 있어 고용기회의 제약으로 인한 영향은 없어야 하므로 모든 주민은 배당소득으로 생활하고 있다고 가정함.

2. **다수의 지방정부** : 상이한 정책을 추진하는 많은 수의 지방정부가 존재

3. **공공서비스로 인한 외부효과의 부존재** : 한 지방정부가 제공하는 서비스는 그 지역주민에게만 영향을 미침.

4. **단위당 평균비용의 동일(규모수익 불변)** : 규모의 경제가 존재하지 않음.

5. **각 지방별 고정적 생산요소의 존재** : 최소한 한 가지 이상의 고정적 생산요소를 가짐.

6. **각 지방정부는 인구의 최적 규모 추구** : 최적 규모는 최저평균비용으로 공공재를 생산할 수 있는 규모. 주민의 수가 최적 규모보다 적을 때는 유입을 시도하고, 많을 때는 유출을 위해 노력함.

7. **재원은 당해지역 주민들의 재산세(property tax)로 충당** : 국고보조금 등은 존재하지 않음.

(연계학습) 2025 신용한 행정학 p.133, 134

06 상 중 하 ■■■ 🔍 ③

출제유형 출제영역 말 바꾸기 / 관료제의 병폐

① ⭕ 할거주의란 관료제의 구조적 특성 때문에 조직구성원들이 자신이 소속된 기관과 부서만을 생각하고 다른 부서에 대해 배려하지 않는 편협한 태도를 말한다.

② ⭕ 형식주의(red tape)는 관료제에서 문서주의와 규칙중시로 인해 실제 행정의 내용보다는 복잡한 서류와 문서의 생산 등의 번거로운 문서처리, 까다로운 절차준수 등을 더 중시하는 부작용을 의미한다.

③ ❌ **관료제의 제국주의에 대한 설명**이다. 피터(Peter)의 원리란 관료제 규모가 커지면 승진의 기회가 확대되고 무능한 사람들이 높은 자리를 차지함을 설명한다.

④ ⭕ 전문화로 인한 무능(훈련된 무능)은 한 가지 지식 또는 기술에 관하여 훈련받고 기존 규칙을 준수하도록 길들여진 경우 변동된 새로운 조건에 적응하지 못하는 것을 말한다.

SUMMARY 관료제의 병폐

인간적 발전의 저해	집권적이고 권위주의적인 통제와 법규우선주의, 비개인적 역할관계는 불신과 불안감을 조성하고 조직구성원의 사회적 욕구충족을 저해하며, 성장과 성숙을 방해
법규만능주의	업무수행지침을 규정한 공식적인 법 규정만을 고집하고 상황에 유연한 대응을 하지 못함.
목표대치	법규의 엄격한 적용과 준수의 강조로 과잉동조 현상과 목표와 수단의 대치현상이 빚어짐(목표보다는 수단인 규칙이나 절차 중시).
훈련된 무능	한 가지의 지식 또는 기술에 관하여 훈련받고, 기존규칙을 준수하도록 길들여진 경우 변동된 새로운 조건에 적응시키지 못하는 경직성을 보임.

2022년 지방직 9급 해설 59

번문욕례	구조의 경직성 및 법규·절차준수의 강조, 문서주의로 불필요한 문서처리가 늘어남.
무사안일주의	변화를 시도하기보다는 주어진 현실에 안주하거나 환경의 요구에 수동적으로 반응함.
권력구조의 이원화와 갈등	상사의 계서적 권한과 부하의 전문적 능력이 이원화되어 갈등과 조직 내 비효율을 유발함.
권위주의적 행태의 조장	권한과 능력의 괴리, 상위직으로 갈수록 모호해지는 업적평가기준, 공식적 규범의 엄격한 준수 등이 관료의 권위주의적 행태를 조장함.
무리한 세력팽창	업무량과는 상관없이 기구와 인력을 증대시킴(관료제의 제국주의).
부처이기주의	조직구성원들이 자신의 소속된 기관과 부서만을 생각하는 편협한 태도
피터의 원리	관료제 규모가 커지면 승진의 기회가 확대되고 무능한 사람들이 높은 자리를 차지함.

연계학습 2025 신용한 행정학 p.349, 350

07 상 중 하 ①

출제유형 출제영역 개념 / 상향적 집행

ㄱ. ○ **엘모어**는 정책집행을 전방향적 집행(forward mapping, 하향적 접근)과 후방향적 집행(backward mapping, 상향적 접근)으로 구분하고, 결정자가 집행의 모든 과정을 통제할 수 있다는 전방향적 접근의 가정에 의문을 제기하면서 집행현장에서 출발하여 정책결정까지 살펴보는 **후방향적(상향적) 접근**을 강조하였다.

ㄴ, ㄹ ✕ 사바티어(Sabatier)와 매즈매니언(Mazmanian), 반 미터(Van Meter)와 반 호른(Van Horn) 등의 연구에 의하여 제시된 하향적 접근방법은 정책집행을 정책결정 단계에서 채택된 정책목표를 달성하는 과정으로 본다.

ㄷ. ○ 립스키의 일선관료제론은 일선관료들이 일반적으로 처하게 되는 업무환경을 관찰하고, 그들이 환경에 적응하기 위해 어떤 메커니즘을 개발하는지를 분석한 정책집행의 **상향적 접근방법**에 관련된 이론이다.

연계학습 2025 신용한 행정학 p.279, 281, 283

08 상 중 하 ①

출제유형 출제영역 개념 / 호그우드(Hogwood)와 피터슨(Peters)의 정책변동의 유형

① ✕ 정책혁신은 기존의 조직이나 예산의 기반이 아니라 **완전히 새로운 정책을 채택하는 것을 의미**한다. 따라서 무(無)에서 유(有)를 창출하여야 함을 의미한다.

연계학습 2025 신용한 행정학 p.314

09 상 중 하 ①

출제유형 출제영역 개념 / 퀸과 로보그의 경쟁가치모형

① ✕ 응집력은 관계지향 문화에서 강조하는 가치이다. 위계적 조직문화는 내부의 **안정성**과 **지속성**을 중요시하며, 조직구성원들의 **표준화된 규칙**과 **절차준수**를 강조한다.

② ○ 혁신지향 조직문화이다. 혁신지향 조직문화에서는 조직구성원들의 창의성 증진, 변화, 혁신, 도전 등이 강조된다.

③ ○ 과업지향 문화는 조직의 생산성, 능률성 등이 강조된다.

④ ○ 관계지향 조직문화에서는 조직구성원들의 협력, 구성원들의 조직에 대한 충성심, 응집력, 사기 등이 중요한 가치가 된다.

SUMMARY 퀸과 로보그의 경쟁가치모형

구 분	조 직(외부)	인 간(내부)
통 제	합리적 목표모형 • 목표 : 생산성, 능률성 • 수단 : 기획, 목표 설정 **과업지향문화(합리문화)**	내부과정모형 • 목표 : 안정성, 균형 • 수단 : 정보관리 **위계지향문화(위계문화)**
유연성 (융통성)	개방체제모형 • 목표 : 성장, 자원확보 • 수단 : 융통성, 외적 평가 **혁신지향문화**	인간관계모형 • 목표 : 인적자원 개발 • 수단 : 응집력, 사기 **관계지향문화(집단문화)**

연계학습 2025 신용한 행정학 p.425

10 상 중 하 ④

출제유형 출제영역 개념 / 공무원 연금제도

① ○ 연금지급률은 재직기간 1년당 평균기준소득월액의 1.9%에서 2035년까지 1.7%로 단계적으로 인하한다.

② ○ 공무원 연금법 제43조 제1항

> **공무원연금법 제43조【퇴직연금 또는 퇴직연금일시금】** ① 공무원이 10년 이상 재직하고 퇴직한 경우에는 다음 각 호의 어느 하나에 해당하는 때부터 사망할 때까지 퇴직연금을 지급한다.

③ ○ 공무원 연금의 기여율은 기존 기준소득월액의 7%에서 기준소득월액의 9%로 2020년까지 단계적 인상되었다.

④ ✕ 평균기준소득월액은 퇴직 전 3년이 아닌 **재직기간 전체**를 기반으로 산정한다.

SUMMARY 우리나라 연금제도의 개혁방향(2016. 1. 27 시행)

	종 전	('16. 1. 1 시행)
1. 연금지급률 인하	전 재직기간 평균기준소득월액 ×재직기간× 1.9%	전 재직기간 평균기준소득월액× 재직기간× 1.7% • 2035년까지 단계적 인하 • 1%에 소득재분배 요소 도입
2. 공무원 기여금 인상	기준소득월액의 7%	기준소득월액의 9% • 2020년까지 단계적 인상
3. 연금산정 시 소득상한 인하	전체공무원 기준소득월액 평균액의 1.8배를 소득상한으로 설정	전체공무원 기준소득월액 평균액의 1.6배를 소득상한으로 설정

	종 전	('16. 1. 1 시행)
4. 연금지급개시 연령 연장	• 2009년 이전 : 60세부터 • 2010년 이후 : 65세부터	임용시기 구분 없이 65세부터 • 퇴직연도별 단계적 연장
5. 기여금 납부기간 (재직기간 상한 연장)	최대 33년까지 인정	최대 36년까지 인정 • 재직기간 21년 미만부터 단계적 연장
6. 유족연금지급률 하향 조정	• 2009년 이전 : 70% • 2010년 이후 : 60%	전·현직 공무원 모두 60% 적용 • 개정법 시행 이후 유족연금 사유 발생자부터
7. 최저복무기간	20년	10년

연계학습 2025 신용한 행정학 p.543

11 정답 ③

출제유형 출제영역 내용분류+법령 / 지방세

③ ⭕ 특별시·광역시의 보통세와 도의 보통세에 공통적으로 속하는 세목에는 ㄴ. 지방소비세, ㄹ. 레저세, ㅂ. 취득세가 있다.

SUMMARY 우리나라의 지방세 세목체계

구분		특별시·광역시세	자치구세	도세	시·군세
지방세	보통세	취득세, 주민세, 자동차세, 레저세, 담배소비세, 지방소비세, 지방소득세	등록면허세, 재산세	취득세, 레저세, 등록면허세, 지방소비세	주민세, 재산세, 자동차세, 담배소비세, 지방소득세
	목적세	지방교육세, 지역자원시설세		지방교육세, 지역자원시설세	
국세	내국세 직접세	소득세, 법인세, 상속·증여세, 종합부동산세			
	내국세 간접세	부가가치세, 개별소비세, 주세, 인지세, 증권거래세			
	목적세	교육세, 농어촌특별세, 교통·에너지·환경세			
	관세				

특별자치시와 특별자치도세 : 취득세, 등록면허세, 레저세, 담배소비세, 지방소비세, 주민세, 지방소득세, 재산세, 자동차세, 지역자원시설세, 지방교육세

연계학습 2025 신용한 행정학 p.907

12 정답 ②

출제유형 출제영역 말 바꾸기+개념 / 발생주의 & 복식부기

① ⭕ 국가회계는 디브레인(dBrain) 시스템을 통해 예산 업무의 처리와 동시에 업무의 효과가 재무계정 과목으로 자동 분개됨으로써 회계 업무가 처리된다. 지방자치단체회계는 e-호조 시스템에서 예산 업무와 동시에 처리된다.

② ❌ 지방자치단체회계에서는 기업회계의 재무회계 – 관리회계 개념과는 다르게 재무회계 – 예산회계 개념을 사용하고 있다. **예산회계는 단식부기·현금주의회계를 적용하는 회계를 말하며, 재무회계는 복식부기·발생주의회계를** 적용해 재무제표를 작성·보고하기 위한 회계를 말한다.

③ ⭕ 현금주의 회계방식은 거래분류기준이 현금 수불의 측면이므로 손해배상 비용이나 부채성 충당금 등에 대한 인식이 어렵지만 발생주의 회계방식은 거래분류기준을 수익과 비용이 발생된 시점을 기준으로 하므로 미지급비용과 미수수익을 각각 부채와 자산으로 인식한다.

④ ⭕ 우리나라의 정부회계제도는 **복식부기·발생주의 방식을 채택하고 있다.**

SUMMARY 재무회계와 관리회계(예산회계)의 차이

구분	재무회계	관리회계(예산회계)
법규에 의한 지배	외부 이해관계자 (주주·투자자·채권자 등)	내부 이해관계자 (경영자, 직원)
목표	외부보고 재무제표 작성	조직의 효율성 증대
주된 관심 사항	경제적 현상의 측정·전달	조직의 성과
회계 기준	일반적으로 인정된 회계 원칙(GAAP)	내부 규정
산출물	업무 능률성 향상	제품별 원가, 부문별 성과
정보 특성	객관성, 감사 가능성	적시성, 관련성
사용 자료	과거	과거·현재·미래
보고 기간	회계연도(주로 1년 단위)	임의적·변동적
보고 형식과 내용	고정적·정형적	임의적·변동적

올바른 지문 ② 지방자치단체회계에서는 예산회계는 현금주의 단식부기 회계방식이, 재무회계는 발생주의 복식부기 방식이 적용된다.

연계학습 2025 신용한 행정학 p.688~690, 721, 722

13 정답 ④

출제유형 출제영역 말 바꾸기+개념 / 위원회조직

ㄱ. ⭕ 위원회는 구성원이 복수이므로 책임이 분산되어 책임전가 현상이 발생할 수 있다는 단점이 있다.

ㄴ. ❌ 업무가 계속성·상시성이 있어야하는 것은 **행정위원회의 특징**이다. 자문위원회는 업무내용이 전문가 의견 등을 들어 결정할 필요가 있거나 업무성질이 신중한 절차를 거쳐 처리할 필요가 있을 때 설치한다.

ㄷ. ⭕ 위원회는 다양한 이견의 조정과 협력을 확보(민주주의 이념에 부합)할 수 있다는 장점이 있다.

ㄹ. ⭕ 방송통신위원회, 금융위원회, 공정거래위원회, 원자력안전위원회, 국민권익위원회, 개인정보보호위원회는 각각 개별법률 및 「정부조직법」에 의하여 규정되는 중앙행정기관이다.

올바른 지문 ㄴ. 행정위원회는 업무가 계속성·상시성이 있어야 한다.

연계학습 2025 신용한 행정학 p.370, 375, 376

14 상(중)하 ②

출제유형 말 바꾸기+개념 / **출제영역** 공무원 보수

① ○ 직능급은 직무수행능력(노동력의 가치)에 따라 보수를 지급하는 것으로 유능한 인재를 계속 보유할 수 있다.
② ✗ 연공급은 공무원의 근속연수를 기준으로 하는 보수, 근속연수에 따라 임금수준을 결정하는 체계이므로 근속연수에 따라 기준급이 높아지지만, **전문 기술인력의 확보가 곤란하다.**
③ ○ 직무급은 직무가 지니는 상대적 가치를 분석평가하고 그에 상응토록 보수를 결정하는 방식으로 각 직무의 상대적 가치를 결정하기 위한 직무평가가 선행되어야 하며, '일에 맞는 보수(동일노동·동일보수 : equal pay for equal work)'를 통해 보수의 공정성을 높일 수 있다.
④ ○ 성과급은 직무수행의 성과를 측정하여 그 결과에 따라 보수를 차등적으로 지급하는 방식이다.

올바른 지문 ② 연공급은 근속연수를 기준으로 하기 때문에 <u>전문기술인력 확보가 곤란하다.</u>

연계학습 2025 신용한 행정학 p.534, 535

15 상(중)하 ④

출제유형 법령 / **출제영역** 예비타당성 조사제도

④ ○ 국가재정법 제38조 제1항

국가재정법 제38조 【예비타당성조사】 ① 기획재정부장관은 총사업비가 [(가) 500억원] 이상이고 국가의 재정지원 규모가 [(나) 300억원] 이상인 신규 사업으로서 다음 각 호의 어느 하나에 해당하는 대규모사업에 대한 예산을 편성하기 위하여 미리 예비타당성조사를 실시하고, 그 결과를 요약하여 국회 소관 상임위원회와 예산결산특별위원회에 제출하여야 한다. 다만, 제4호의 사업은 제28조에 따라 제출된 중기사업계획서에 의한 재정지출이 500억 원 이상 수반되는 신규 사업으로 한다.

연계학습 2025 신용한 행정학 p.673, 674

16 상(중)하 ②

출제유형 개념 / **출제영역** 공직자윤리법

①, ③, ④ ○, ② ✗ 공직자윤리법 제3조 제1항

공직자윤리법 제3조 【등록의무자】 ① 다음 각 호의 어느 하나에 해당하는 공직자(이하 "등록의무자"라 한다)는 이 법에서 정하는 바에 따라 재산을 등록하여야 한다.
1. 대통령·국무총리·국무위원·국회의원 등 국가의 정무직공무원
2. 지방자치단체의 장, 지방의회의원 등 지방자치단체의 정무직 공무원
3. **4급 이상의 일반직 국가공무원(고위공무원단에 속하는 일반직공무원을 포함한다) 및 지방공무원과 이에 상당하는 보수를 받는 별정직공무원(고위공무원단에 속하는 별정직공무원을 포함한다)**
4. 대통령령으로 정하는 외무공무원과 4급 이상의 국가정보원 직원 및 대통령경호처 경호공무원
5. **법관 및 검사**
6. 헌법재판소 헌법연구관
7. **대령 이상의 장교 및 이에 상당하는 군무원**
8. 교육공무원 중 총장·부총장·대학원장·학장(대학교의 학장을 포함한다) 및 전문대학의 장과 대학에 준하는 각종 학교의 장, 특별시·광역시·특별자치시·도·특별자치도의 교육감 및 교육장
9. **총경(자치총경을 포함한다) 이상의 경찰공무원과 소방정 이상의 소방공무원**
10. 제3호부터 제7호까지 및 제9호의 공무원으로 임명할 수 있는 직위 또는 이에 상당하는 직위에 임용된 「국가공무원법」 제26조5 및 「지방공무원법」 제25조5에 따른 임기제공무원
11. 「공공기관의 운영에 관한 법률」에 따른 공기업(이하 "공기업"이라 한다)의 장·부기관장·상임이사 및 상임감사, 한국은행의 총재·부총재·감사 및 금융통화위원회의 추천직 위원, 금융감독원의 원장·부원장·부원장보 및 감사, 농업협동조합중앙회·수산업협동조합중앙회의 회장 및 상임감사
12. 제3조의2에 따른 공직유관단체(이하 "공직유관단체"라 한다)의 임원
12의2. 「한국토지주택공사법」에 따른 한국토지주택공사 등 부동산 관련 업무나 정보를 취급하는 대통령령으로 정하는 공직유관단체의 직원
13. 그 밖에 국회규칙, 대법원규칙, 헌법재판소규칙, 중앙선거관리위원회규칙 및 대통령령으로 정하는 특정 분야의 공무원과 공직유관단체의 직원

올바른 지문 ② <u>대령 이상의 장교 및 이에 상당하는 군무원</u>

연계학습 2025 신용한 행정학 p.560

17 상(중)하 ①

출제유형 개념 / **출제영역** 정책수단

① ○ **조세지출 < 바우처, 직접대출 < 경제적 규제** 순으로 강제성이 높다.

SUMMARY 강제성의 정도에 따른 행정수단과 효과

강제성	행정수단	효과성	효율성	형평성	관리 가능성	정당성 (정치적 지지)
낮음	손해책임법, 정보제공, 조세지출	낮음	중간	낮음	중간	높음
중간	바우처, 보험, 보조금, 공기업, 대출보증, 직접 대출계약, 벌금	중간	높음	중간	중간	중간
높음	경제적 규제, 사회적 규제	높음	높음/낮음	높음	낮음	높음/낮음

연계학습 2025 신용한 행정학 p.59

18 ②

출제유형 출제영역 짝 찾기 / 일반회계 vs 특별회계 vs 기금

① ◯ 국가재정법 제4조 제2항

> **국가재정법 제4조 【회계구분】** ② 일반회계는 조세수입 등을 주요 세입으로 하여 국가의 일반적인 세출에 충당하기 위하여 설치한다.

② ✕ 예산총계주의 원칙(완전성의 원칙)은 모든 세입과 세출은 예산에 명시적으로 나열되어 있어야 한다는 것으로, **특별회계는 예산총계주의 원칙의 예외에 해당하지 않는다.**

③ ◯ 일반회계, 특별회계, 기금은 다음해 5월 31일까지 국회에 결산서(기금의 경우 기금결과보고서)를 제출하고, 국회의 결산승인을 받아야 한다.

④ ◯ 국가재정법 제89조 제1항

> **국가재정법 제89조 【추가경정예산안의 편성】** ① 정부는 다음 각 호의 어느 하나에 해당하게 되어 이미 확정된 예산에 변경을 가할 필요가 있는 경우에는 추가경정예산안을 편성할 수 있다.
> 1. **전쟁이나 대규모 재해(「재난 및 안전관리 기본법」 제3조에서 정의한 자연재난과 사회재난의 발생에 따른 피해를 말한다)가 발생한 경우**
> 2. 경기침체, 대량실업, 남북관계의 변화, 경제협력과 같은 대내·외 여건에 중대한 변화가 발생하였거나 발생할 우려가 있는 경우
> 3. 법령에 따라 국가가 지급하여야 하는 지출이 발생하거나 증가하는 경우

올바른 지문 ② 특별회계와 기금은 <u>통일성 원칙의 예외</u>이다.

연계학습 2025 신용한 행정학 p.626~630

19 ②

출제유형 출제영역 개념 / 유연근무제

탄력근무제의 유형으로는 시차출퇴근형, 근무시간선택형, 집약근무형이 있다.

① ✕ 재택근무형은 원격근무제의 한 유형이다.
② ◯ 집약근무형은 1일 4~12시간, 주 3.5~4일 동안 근무하는 유형이다.
③ ✕ 시차출퇴근형은 **1일 8시간 근무체제**를 유지하여야 한다.
④ ✕ 근무시간선택형은 **1일 4~12시간, 주 5일** 동안 근무하는 유형이다.

SUMMARY 유연근무제

유형	세부형태	활용방법
탄력근무제		주 40시간 근무하되, 출·퇴근시각·근무시간·근무일을 자율 조정
	시차출퇴근형	1일 8시간 근무체제 유지, 출퇴근시간 자율 조정
	근무시간선택형	일 8시간에 구애받지 않음(일 4~12시간 근무), 주 5일 근무 준수
	집약근무형	일 8시간에 구애받지 않음(일 4~12시간 근무), 주 3.5~4일 근무
재량근무제		근무시간, 근무장소 등에 구애받지 않고 구체적인 업무성과를 토대로 근무한 것으로 간주하는 근무형태 • 출퇴근 의무 없이 프로젝트 수행으로 주40시간 인정 • 고도의 전문적 지식과 기술이 필요해 업무수행 방법이나 시간배분을 담당자의 재량에 맡길 필요가 있는 분야
원격근무제		특정한 근무장소를 정하지 않고 정보통신망을 이용하여 근무
	재택근무형	• 사무실이 아닌 자택에서 근무 • 1일 근무시간은 4~8시간으로 변동 불가
	스마트워크 근무형	• 자택 인근 스마트워크센터 등 별도 사무실에서 근무 • 1일 근무시간은 4~8시간으로 변동 불가

연계학습 2025 신용한 행정학 p.530

20 ④

출제유형 출제영역 짝 찾기 / 정책의제설정모형

① ◯ (가)는 외부주도형으로, 시민사회단체 등과 같은 외부집단의 주도에 의해 정책 의제화가 진행된다.
② ◯ (나)는 내부접근형으로, 정부기관 내의 관료집단이나 정책결정자에게 쉽게 접근할 수 있는 외부집단이 최고정책결정자에게 접근하여 정부의제화하는 경우이다.
③ ◯ (다)는 굳히기형으로, 대중적 지지가 높을 것으로 기대될 때 국가가 의제설정을 주도하므로 이미 민간집단의 광범위한 지지가 형성된 이슈에 대하여 정책결정자가 지지의 공고화(consolidation)를 추진하는 유형이다.
④ ✕ (라)는 동원형으로, 주로 정치지도자들의 지시에 의해 사회문제가 바로 정부의제로 채택되지만, **일방적으로 의제화하는 것이 아니라 일반대중이나 관련 집단들의 지지를 얻기 위해 정부의 PR 활동을 통해 공중의제화가 진행된다.**

SUMMARY 의제설정의 네 가지 유형

주도자/대중의 지지	높음	낮음
사회적 행위자	외부주도형	내부주도형(내부접근형)
국가	굳히기형	동원형

연계학습 2025 신용한 행정학 p.216~218

2021년 지방직 9급

문제편 p.63~67

정답

01	①	02	②	03	④	04	①	05	③
06	②	07	③	08	①	09	④	10	②
11	④	12	②	13	②	14	①	15	②
16	③	17	④	18	③	19	①	20	④

출제영역 분석

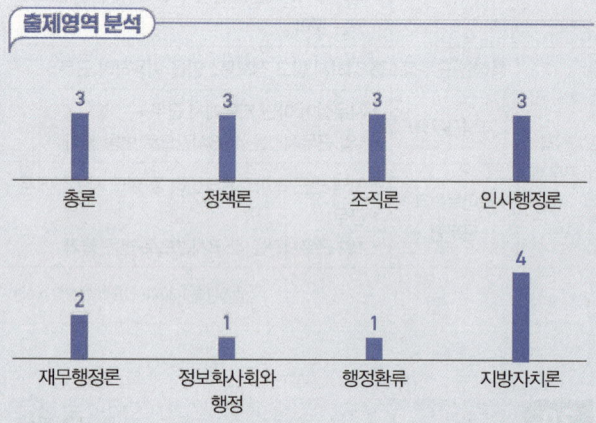

출제경향 분석

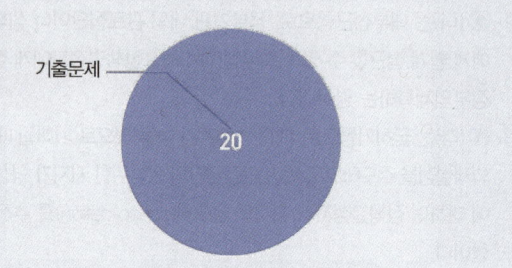

출제문제 유형분석

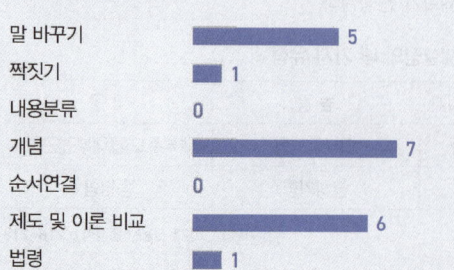

---

01 상 중 하 🔑 ①

출제유형 **출제영역** 개념 / 정치행정이원론 vs 정치행정일원론

① ⭕ 1930년대 경제대공황(시장실패), 빈부격차 등의 사회문제가 확산되고 공공수요의 폭발적 증대로 인해 행정국가가 등장하였다. 정치·행정 일원론은 이와 같은 상황 속에서 신속한 정책결정의 필요성 등 행정의 '정책형성기능'이 중시되면서 제기되었다.

② ❌ 윌슨(Wilson)의 「행정연구」는 정치·행정 이원론에 공헌하였다.

③ ❌ 정치·행정 이원론에 대한 설명이다. 정치·행정일원론은 행정을 정치와 불가분의 관계에 있다고 보고, 행정의 정치적 기능으로서 정책형성기능을 중시한다.

④ ❌ 정치·행정 이원론에 대한 설명이다. 정치·행정일원론은 행정과 경영의 차이를 강조하며, 행정이 지향하는 가치로 경영과는 다른 '공익', '형평성' 등의 공공성을 강조하였다.

SUMMARY 행정의 기능 & 역할 : 정치행정일원론 vs 정치행정이원론

구 분	정치행정일원론	정치행정이원론
행정의 기능 & 역할	• 행정의 결정(입법)기능 중시 • 행정의 정치와의 연계성 강조 • 정치성, 공공성 등의 가치 중시 ⇨ 행정의 정치적 성격 강조	• 행정의 결정기능 배제, 관리기능 중시 • 정치로부터 분리된 행정의 독자성 강조 • 기업의 능률 정신 강조 ⇨ 행정의 경영적 성격 강조

연계학습 2025 신용한 행정학 p. 7~12

---

02 상 중 하 🔑 ②

출제유형 **출제영역** 개념 / 신공공관리론

①, ③, ④ ⭕ 기업가적 정부는 전통적 관료제와 달리 경쟁적 정부, 성과지향적 정부, 사전예방을 통한 미래지향적 정부, 분권적 정부 등을 특징으로 한다.

② ❌ 신공공관리론은 정부의 역할을 노젓기(rowing)가 아닌 **방향잡기(steering)**로 본다.

올바른 지문 ② 방향잡기(steering) 정부

SUMMARY 전통적 관료제 vs 신공공관리론(Osborne & Gaebler, 1992)

구분	전통적 관료제	신공공관리론(기업가적 정부)
정부의 역할	노젓기(rowing) 역할	방향(steering)잡기 ⇨ 촉진(촉매)적 정부
정부의 활동	직접적 서비스 제공	할 수 있는 권한 부여 ⇨ 시민소유정부
행정의 가치	형평성과 민주성	경제성, 효율성, 효과성
서비스	독점적 공급	경쟁도입 ⇨ 경쟁적 정부
공급방식	행정메커니즘	시장메커니즘 ⇨ 시장지향적 정부
관리기제	법령, 규칙중심의 관리	임무중심의 관리, 결과 중시 ⇨ 사명지향적 정부
행정관리 방식	투입 중심 예산	성과 연계 예산(VFM의 강조) ⇨ 성과지향적 정부
	지출지향	수익창출 ⇨ 기업형 정부

	사후대처	사전예방 ⇨ 미래지향적 정부	
행정 주도주체	명령과 통제	참여와 팀워크 및 네트워크 관리 ⇨ 분권적 정부	
	관료 및 행정기관 중심(계층제적 책임 확보)	고객중심 ⇨ 고객지향적 정부(참여적 대응성 확보)	

연계학습 2025 신용한 행정학 p.151~154

03 ④

출제유형 / 출제영역 : 내용 분류 / 공무원의 분류

① ✗ **소방 공무원**은 경력직 공무원 중 **특정직 공무원**에 해당한다.

국가공무원법 제2조 【공무원의 구분】
1. 일반직공무원 : 기술·연구 또는 행정 일반에 대한 업무를 담당하는 공무원
2. 특정직공무원 : 법관, 검사, 외무공무원, 경찰공무원, 소방공무원, 교육공무원, 군인, 군무원, 헌법재판소 헌법연구관, 국가정보원의 직원, 경호공무원과 특수 분야의 업무를 담당하는 공무원으로서 다른 법률에서 특정직공무원으로 지정하는 공무원

② ✗ **국회수석전문위원**은 **별정직 공무원**에 해당한다.
③ ✗ **차관은 정무직 공무원**이며, **1급부터 3급 공무원까지는 일반직 공무원**에 해당한다.
④ ○ **경력직 공무원**은 실적주의와 직업공무원제의 적용을 받는 공무원으로, 일반직과 특정직으로 분류되고 실적과 자격에 의해 임용, 신분이 보장된다.

동법 제2조 【공무원의 구분】 ② "경력직공무원"이란 실적과 자격에 따라 임용되고 그 신분이 보장되며 평생 동안(근무기간을 정하여 임용하는 공무원의 경우에는 그 기간 동안을 말한다) 공무원으로 근무할 것이 예정되는 공무원을 말하며, 그 종류는 다음 각 호와 같다.

올바른 지문
① 소방 공무원은 경력직 공무원 중 경력직 공무원에 해당한다.
② 국회수석전문위원은 별정직 공무원에 해당한다.
③ 차관은 정무직 공무원이다.

SUMMARY 경력직 공무원 vs 특수경력직 공무원

구분	특징	예시
일반직	• 기술, 연구, 행정 일반을 담당하는 대다수의 공무원. 성질상 직업공무원의 주류형성 • 일반적으로 계급은 1급~9급으로 구분 • 고위공무원단은 계급이 없으며, 연구직이나 지도직 공무원은 연구관·연구사, 지도관·지도사의 2계급으로 구분	행정 일반, 기술, 연구·지도직 공무원, 국회전문위원, 감사원 사무차장, 광역자치단체 선거관리위원회 상임위원 등
특정직	• 개별법(소방공무원법, 교육공무원법, 외무공무원법 등)의 적용을 받는 특수 분야 업무를 담당하는 공무원 • 우리나라 공무원 중 법관, 검사, 군인 등 특정직 비중이 가장 높음	교육·소방·경찰·외무공무원 및 법관, 헌법재판소 헌법연구관과 검사, 군인과 군무원, 국가정보원 직원 등

정무직	선거로 취임하거나 임명할 때 국회의 동의가 필요한 공무원	대통령, 국회의원, 자치단체장, 지방의회 의원, 감사원장, 헌법재판소장, 헌법재판소 재판관, 국무총리, 중앙선거관리위원회 상임위원 등
	고도의 정책결정 업무를 담당하거나 이러한 업무를 보조하는 공무원으로서 법률이나 대통령령에서 정무직으로 지정하는 공무원	장·차관(법제처장, 통계청장, 기상청장 포함) 및 국가정보원의 원·차장, 국회사무총장, 감사원 사무총장 등
별정직	비서관·비서 등 보좌업무 등을 수행하거나 특정한 업무 수행을 위하여 법령에서 별정직으로 지정하는 공무원	국회수석전문위원, 국가정보원 기획조정실장 등

연계학습 2025 신용한 행정학 p.471~474

04 ①

출제유형 / 출제영역 : 이론 비교 / 예산제도(종합)

① ✗ **품목별 예산제도(LIBS)**는 지출대상별로 예산액을 명확히 배정함으로써 **행정부의 권한과 재량을 제한하는 통제지향적 예산제도**이다.
② ○ 성과주의 예산제도(PBS)는 예산을 사업별·활동별로 분류해편성하고, 업무단위의 원가와 양을 계산하여 편성하는 것으로, '단위원가×필요사업량=예산액' 방식으로 계산한다.
③ ○ 계획예산제도(PPBS)는 장기적인 계획(Planning)과 단기적인 예산편성(Budgeting)을 프로그램(Programming)을 통해 유기적으로 연결시킴으로써 합리적인 자원배분을 이룩하려는 제도이다.
④ ○ 영기준예산제도(ZBB)는 모든 지출제안서에 대해 매년 '0'의 기준 상태에서 근본적인 재평가를 하므로, 전년도 예산에 구애받지 않는다.

올바른 지문 ① 품목별 예산제도(LIBS)는 행정부의 재량권을 제한하기 위해 도입되었다.

SUMMARY 예산제도의 특징

예산제도	중점	기획책임	장점	단점
품목별 예산 (LIBS)	통제 지향	분산적	• 회계책임 명확 • 재정통제 용이	• 융통성 저해 • 지출 목표의식 결여
성과주의 예산 (PBS)	관리 지향	분산적	• 사업목적과 내용의 이해 • 집행의 신축성	• 회계책임 불분명 • 총괄계정에 부적합
계획예산 (PPBS)	기획 지향	집권적	• 자원배분의 합리화 • 부서 간 장벽 타파 • 목표와 수단의 연계	• 사업구조작성 어려움 • 의사결정의 집권화 • 공무원과 의회의 이해 부족
목표관리예산 (MBO)	관리 기능	분산적	민주화, 창의적 참여	• 단기목표에 치중 • 평가기준개발의 어려움
영기준예산 (ZBB)	감축 지향	분산적	• 예산절감 • 관리자의 참여 확대	• 사업축소 및 폐지 곤란 • 분석기법의 적용 한계

연계학습 2025 신용한 행정학 p.701~711

05 ③

출제유형 출제영역 제도 및 이론 비교 / 일반회계 vs 특별회계 vs 기금

① ⭕ 기금은 국가가 특정한 목적을 위하여 특정한 자금을 신축적으로 유지할 필요가 있을 때 법률로써 설치하며, 예산외로 운영할 수 있는 자금으로, 특정 수입과 지출의 연계가 강하다.
② ⭕ 특별회계는 특정한 목적을 위해 세입과 세출을 일반회계와 별도로 구분·경리하는 예산으로, 세입과 세출의 운영체계를 지닌다.
③ ❌ **기금**은 집행단계에서 국회의결 없이 주요 항목에 대한 지출 금액의 변경이 가능하는 등, **특별회계 예산에 비해 자율성과 탄력성이 크다.**
④ ⭕ 특별회계 예산과 기금 모두 결산서를 익년도 5월 31일까지 국회에 제출하여야 한다.

올바른 지문 ③ 기금은 합목적성 차원에서 특별회계 예산보다 자율성과 탄력성이 강하다.

SUMMARY 일반회계, 특별회계, 기금의 특징

구분	예산		기금
	일반회계	특별회계	
설치	일반적 재정활동	특정사업 운영 특정자금 운용 특정세입으로 특정세출 충당 법률로 설치	특정 목적을 위해 특정 자금을 신축적으로 운용 법률로 설치
운용	조세수입이 주요재원	일반회계와 기금 운용 형태 혼재	출연금, 부담금 등 다양한 재원
예산	① 행정부 : 회계연도 120일 전까지 예산안 제출 ② 국회 : 회계연도 30일 전까지 심의·의결	① 행정부 : 회계연도 120일 전까지 예산안 제출 ② 국회 : 회계연도 30일 전까지 심의·의결	① 행정부 : 회계연도 120일 전까지 기금운용계획안 제출 ② 국회 : 회계연도 30일 전까지 심의·의결
집행	엄격한 통제 목적 외 사용 금지 원칙	엄격한 통제 목적 외 사용 금지 원칙	합목적성 차원에서 상대적으로 자율성과 탄력성 보장
수입지출	연계 배제	특정수입과 지출의 연계	특정수입과 지출의 연계
변경	이용, 전용, 추경예산 편성	이용, 전용, 추경예산 편성	비금융성 기금 : 20% 내 자율 금융성 기금 : 30% 내 자율
결산	① 행정부 : 익년도 5월 31일까지 결산서 제출 ② 국회 : 정기국회 개회 전까지 승인	① 행정부 : 익년도 5월 31일까지 결산서 제출 ② 국회 : 정기국회 개회 전까지 승인	① 행정부 : 익년도 5월 31일까지 기금결과보고서 제출 ② 국회 : 정기국회 개회 전까지 승인

연계학습 2025 신용한 행정학 p.629~630

06 ②

출제유형 출제영역 말 바꾸기+개념 / 지방재정(종합)

① ⭕ 재정자립도는 지방자치단체의 일반회계 세입총액 가운데 자주재원(지방세 수입 + 세외수입)이 차지하는 비중이다.
② ❌ **국고보조금**은 자금 활용에 있어 용도가 정해진 '특정재원'으로, **지방재정운영의 자율성이 저해될 위험이 존재**한다.
③ ⭕ 지방교부세는 수평적 조정으로서 지방재원의 균형화 기능을 하며, 수직적 조정으로서 지방재원의 보강기능을 한다.
④ ⭕ 지방재정법 제11조 제1항

> **지방재정법 제11조 【지방채의 발행】** ① 지방자치단체의 장은 다음 각 호를 위한 자금 조달에 필요할 때에는 지방채를 발행할 수 있다. 다만, 제5호 및 제6호는 교육감이 발행하는 경우에 한한다.
> 1. 공유재산의 조성 등 소관 재정투자사업과 그에 직접적으로 수반되는 경비의 충당
> 2. 재해예방 및 복구사업
> 3. 천재지변으로 발생한 예측할 수 없었던 세입결함의 보전
> 4. 지방채의 차환
> 5. 「지방교육재정교부금법」 제9조제3항에 따른 교부금 차액의 보전
> 6. 명예퇴직(「교육공무원법」 제36조 및 「사립학교법」 제60조의3에 따른 명예퇴직을 말한다. 이하 같다) 신청자가 직전 3개 연도 평균 명예퇴직자의 100분의 120을 초과하는 경우 추가로 발생하는 명예퇴직 비용의 충당

올바른 지문 ② 국고보조금은 지방재정운영의 자율성을 저해한다.

연계학습 2025 신용한 행정학 p.915, 921, 924, 926

07 ③

출제유형 출제영역 이론 비교 / 변혁적 리더십 vs 거래적 리더십

① ❌ **변혁적 리더십**은 조직의 안정보다는 노선과 문화를 변동시키려고 노력하는 최고 관리층의 **변화추구적·개혁적 리더십**이다.
② ❌ **유기적 조직체계에 좀 더 적합하며, 개별적 배려를 구성요소로** 한다.
④ ❌ 리더와 부하의 관계를 경제적 교환관계로 인식하고, 보상에 관심을 두는 것은 **거래적 리더십**이다.

올바른 지문
① 조직의 안정보다 적응을 강조한다.
② 유기적 조직체계에 적합하며, 개인적 배려를 강조한다.
④ 거래적 리더십은 리더와 부하의 관계를 경제적 교환관계로 인식하고, 보상에 관심을 둔다.

> **SUMMARY** 변혁적 리더십의 구성요소

카리스마적 (위광적) 리더십	리더가 난관을 극복하고 현상태에 대한 각성을 표명함으로써 부하들에게 자긍심과 신념 부여
영감적 리더십	부하가 도전적 목표와 임무, 미래에 대한 비전을 열정적으로 받아들이고 계속 추구하도록 격려
개별적 배려	부하에 대한 특별한 관심과 특정한 요구를 이해함으로써 개인적 존중감 전달
지적 자극	부하들이 형식적 관례와 사고를 다시 생각하게 함으로써 새로운 관념을 촉발

(연계학습) 2025 신용한 행정학 p.414

---

08 상 ⓒ 하 ■■■ 🔑 ①

출제유형 **출제영역** 말 바꾸기+개념 / 조직이론(종합)

① ○ 인간관계론은 과학적관리론과 달리 인간을 사회적 유인에 따라 움직이는 존재로 파악하고 조직 내에서 사회적 능률을 향상시킬 수 있는 관리방법을 탐구한 접근방법이다.
② ✕ **시간 및 동작연구(time & motion study)** 등을 통해 과학적 관리론을 주장한 것은 **테일러(Taylor)**이다.
③ ✕ **고전적 조직이론은 기계적 능률성**을 최고의 가치로 강조한다.
④ ✕ **상황이론(contingency theory)은** 모든 상황에 적용되는 **유일·최선의 조직구조나 관리방법은 없다고 전제**한다.

> **올바른 지문**
> ② 테일러(Taylor)는 시간-동작 연구를 통해 과학적 관리론을 주장하였다.
> ③ 고전적 조직이론은 조직 내 기계적 능률을 강조한다.
> ④ 상황이론(contingency theory)은 모든 상황에서 적용되는 유일·최선의 조직구조는 없다고 전제한다.

(연계학습) 2025 신용한 행정학 p.312, 323

---

09 상 ⓒ 하 ■■■ 🔑 ④

출제유형 **출제영역** 짝짓기+개념 / 균형성과표(BSC)

①, ② ○ 균형성과표(BSC)는 ⓘ 재무적 지표와 비재무적 지표(고객, 학습과 성장, 내부 프로세스)의 균형, ⓛ 조직의 내부요소(직원과 내부 프로세스)와 외부요소(재무적 투자자와 고객) 간 균형, ⓒ 결과를 예측해주는 선행지표와 결과인 후행지표 간 균형, ⓔ 단기적 관점(재무적 관점)과 장기적 관점(학습과 성장관점)의 균형을 모색한다.
③ ○ 균형성과표(BSC)는 전통적 '재무의 관점' 뿐만 아니라 '고객의 관점', '내부프로세스 관점', '학습 및 성장의 관점'(4개의 관점)을 균형 있게 관리하여 조직의 과거, 현재 및 미래를 동시에 관리해 나가고자 하는 포괄적·통합적 성과관리시스템이다.
④ ✕ 고객관점의 성과지표는 정책순응도, 고객만족도, 잘못된 업무처리 건수, 민원인의 불만율, 신규 고객의 증감, 삶의 질에 대한 통계지표 등으로 **시민참여, 적법절차는 내부프로세스 관점, 내부 직원의 만족도는 학습과 성장 관점에 해당**한다.

> **올바른 지문** ④ 고객 관점에서의 성과지표는 정책순응도, 고객만족도, 잘못된 업무처리 건수, 민원인의 불만율, 신규 고객의 증감, 삶의 질에 대한 통계지표 등이다.

> **SUMMARY** 균형성과관리의 4대 관점

가치 지향	재무적 관점	• 개념: 기업의 주인인 주주에게 보여주어야 할 성과의 관점. 기업 BSC에 있어 최종목표 • 공공부문: 공공부문은 사명달성이 궁극적 목표이므로 재무적 관점은 제약조건으로 작용	성과지표: 매출, 자본수익률, 예산 대비 차이 등 전통적 후행지표
	고객 관점	• 개념: 서비스의 구매자인 고객들에게 무엇을 보여주어야 할 성과의 관점 • 공공부문: 공공부문에서는 재무적 관점보다 고객의 관점이 중요. 그러나 이해관계자가 광범위하고 명확하지 않은 한계 有	성과지표: 고객만족도, 정책순응도, 민원인의 불만율 등
행동 지향	내부 프로 세스 (과정) 관점	• 개념: 목표달성을 위해 기업내부의 일처리 방식의 혁신관점 • 공공부문: 정책결정과정, 정책집행과정, 재화와 서비스의 전달과정 등을 포괄하는 넓은 의미	성과지표: 의사결정과정의 시민참여, 적법절차 등
	학습과 성장 관점	• 개념: 변화와 개선의 능력을 어떻게 키워나가야 할 것인가의 관점. 미래업무운영에 대한 근거를 제공. '미래의 관점'으로 대체 설명되기도 함. • 공공부문: 구성원의 지식의 창조와 관리, 지속적인 자기혁신과 성장 등이 중요한 요소	성과지표: 학습 동아리 수, 내부 제안 건수, 직무 만족도 등

(연계학습) 2025 신용한 행정학 p.439, 440

---

10 상 ⓒ 하 ■■■ 🔑 ②

출제유형 **출제영역** 말 바꾸기+개념 / 정책지지연합모형

① ○ 정책옹호연합모형(advocacy coalition framework)은 10년 이상의 기간에 걸쳐 신념 체계에 기초한 지지연합의 상호작용과 정책 학습, 정치체제의 변화와 사회경제적 환경 변화로 인해 정책이 변동한다고 보는 모형이다.
② ✕ 옹호연합 참여자들의 신념체계는 기본핵심신념(deep core beliefs), 정책핵심신념(policy core beliefs), 부차적 신념(secondary beliefs)로 구성되며, **기본핵심신념(deep core beliefs)은** 유아시절 형성된 사회화과정의 산물로서 **쉽게 변화시킬 수 없다.**
③ ○ 하나의 정책하위체계 내에서 복수의 정책옹호연합들이 자원을 동원하여 그들의 신념체계를 정책과 프로그램에 반영시키기 위해 노력하는데, 이들이 각각 선택한 서로 상반되는 경쟁적인 정책대안들을 제3자인 정책중개자들이 중재할 수 있다.
④ ○ 옹호연합은 자신들의 신념을 정부의 정책과 프로그램에 반영시키려고 자신들이 동원할 수 있는 자원을 최대한 이용하는 등 다양한 전략을 구사한다. 자원에는 정책을 결정할 수 있는 공식적인 법적 권위, 일반여론, 정보, 인적자원, 재정자원, 유능한 리더십 등이 있다.

> **올바른 지문** ② 정책학습을 통해 행위자들의 기저 핵심 신념(deep core beliefs)을 쉽게 변화시킬 수 없다.

(연계학습) 2025 신용한 행정학 p.285

11 ④

출제유형 출제영역 이론 비교 / 엽관주의 vs 실적주의

① ✗ **실적주의에 대한 설명이다.** 엽관주의는 정당에의 충성도와 공헌도를 관직의 임용기준으로 삼는 인사행정제도이다.
② ✗ **엽관주의는** 선출직 정치지도자(집권 정치인)들을 통해 관료집단에 대한 통제가 용이하며, 정치지도자의 **국정 지도력을 강화(약화 ×)한다.**
③ ✗ 국민에 대한 관료의 대응성을 높일 수 있다는 장점은 **엽관주의에 대한 설명이다.**
④ ○ 실적주의는 공직 임용에 대한 기회의 균등을 보장할 수 있다.

올바른 지문
① 실적주의는 개인의 능력, 적성 기술을 공직 임용 기준으로 한다.
② 엽관주의는 정치지도자의 국정 지도력을 강화한다.
③ 엽관주의는 국민에 대한 관료의 대응성을 높인다.

SUMMARY 엽관주의와 실적주의의 장·단점

(1) 엽관주의의 장·단점

장점 및 공헌	단점 및 폐단
① 특권적 정부관료제를 일반대중에게 공개 ⇨ 민주정치 발달과 행정 민주화에 공헌	① 매관매직 등 정치적·행정적 부패를 초래
② 정당의 대중화와 정당정치의 발달에 공헌	② 행정의 전문성 저해 & 비능률성 야기
③ 국민의 요구에 대한 관료적 대응성을 향상	③ 행정의 계속성, 일관성, 안정성 등을 훼손
④ 선출직 정치지도자들의 관료집단에 대한 통제가 용이	④ 관직의 남설을 통해 재정적 낭비를 초래
	⑤ 행정의 공공성을 담보할 수 없음

(2) 실적주의의 장·단점

장점 및 공헌	단점 및 폐단
① 공직취임에 대한 기회균등 보장	① 소극적·경직적 인사제도
② 공개경쟁시험으로 유능한 인재 임용	② 채용시험 내용과 직무 수행 능력과의 직접적 연계성 부족
③ 정치적 중립 ⇨ 행정의 공정성 확보	③ 정치적 중립 ⇨ 행정의 대응성 & 책임성 부재
④ 신분보장 ⇨ 행정의 안정성 & 계속성 확보	④ 신분보장으로 정치지도자의 공무원에 대한 통제력 확보가 어려움
⑤ 공직의 상품화 봉쇄 ⇨ 부패 감소	⑤ 공무원의 정치적 자유를 지나치게 제약

연계학습 2025 신용한 행정학 p.447, 448

12 ②

출제유형 출제영역 개념 / 고위공무원단

② ✗ 고위공무원단의 도입 목적은 신분보다 일 중심의 인사관리, 고위직의 개방 확대와 경쟁 촉진, 고위직의 성과와 책임성 확대, 범정부적 통합적 시야 확보, 고위공무원에 대한 부처별 인사자율권 확대 등이다. **계급 중심에서 벗어나 직무중심의 인사관리를 위해 도입되었다.**

올바른 지문 ② 직무 중심의 인사관리

SUMMARY 우리나라 고위공무원단 제도의 내용 및 특징

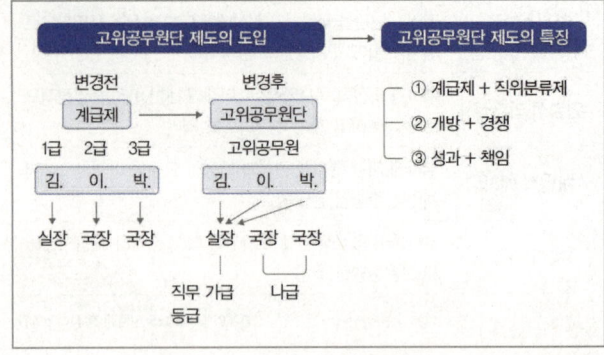

연계학습 2025 신용한 행정학 p.462~467

13 ②

출제유형 출제영역 개념 / 4차 산업혁명

4차 산업혁명은 로봇이나 인공지능(AI)가 이끄는 정보통신기술의 융합으로 이뤄지는 차세대 산업혁명을 의미한다.
① ○ 4차 산업혁명은 산업과 산업 간의 초연결성을 바탕으로 초지능성을 창출하며, 이를 미래예측을 통해 뒷받침하여 융합과 혁신을 이끌어낸다.
② ✗ **대량 생산 및 규모의 경제 확산은 1,2차 산업혁명의 특징**에 해당한다.
③, ④ ○ 4차 산업혁명은 IoT(사물인터넷), 인공지능, 로봇, 나노기술, 바이오, 드론, 자율주행 자동차, 3D 프린터, 빅데이터 등 신기술을 바탕으로 스마트 도시, 맞춤형 공공서비스 제공 등 기존 제조업과 융합해 생산능력과 효율을 극대화 시킬 수 있다.

연계학습 2025 신용한 행정학 p.737, 738

14 ①

출제유형 출제영역 이론 비교 / 외재적 책임 vs 내재적 책임

ㄱ. ○ 파이너는 외부적인 힘에 의한 통제로 확보되는 책임으로 법적·제도적 외부통제를 강조한다.
ㄴ. ✗ 감사원의 직무감찰과 회계감사는 **내부통제(외부통제 ×)에** 해당한다.
ㄷ. ✗ **프리드리히(Friedrich)는 외부적 힘이 아닌, 관료의 내면적 기준에 의한 책임,** 공무원이 전문가로서의 직업윤리나 책임감에 기초해서 **적극적이고 자발적인 재량을 발휘하여 확보되는 행정 책임**을 말한다.

올바른 지문
ㄴ. 감사원의 직무감찰과 회계감사는 내부통제에 해당한다.
ㄷ. 프리드리히(Friedrich)는 외재적 통제보다 주관적·내재적 책임을 강조한다.

연계학습 2025 신용한 행정학 p.768, 769

15 ②

출제유형 출제영역 제도 및 이론 비교 / 자치경찰제

① ○ 자치경찰제도는 경찰조직을 지방정부의 관할하에 두는 방식으로, 책임성 있는 생활치안의 실현, 경찰행정의 분권화와 민주화 구현 등의 장점이 있다.
② ✕ **국가경찰제도의 장점에 해당한다.** 자치경찰제도는 지역 간 치안 격차의 발생 가능성이 존재한다.
③ ○ 제주특별법 제90조 각 호

> **제주특별자치도 설치 및 국제자유도시 조성을 위한 특별법 제90조 【사무】** 자치경찰은 다음 각 호의 사무(이하 "자치경찰사무"라 한다)를 처리한다.
> 1. 주민의 생활안전활동에 관한 사무
>   가. 생활안전을 위한 순찰 및 시설 운영
>   나. 주민참여 방범활동의 지원 및 지도
>   다. 안전사고와 재해·재난 등으로부터의 주민보호
>   라. 아동·청소년·노인·여성 등 사회적 보호가 필요한 사람의 보호와 가정·학교 폭력 등의 예방
>   마. 주민의 일상생활과 관련된 사회질서의 유지와 그 위반행위의 지도·단속

④ ○ 국가경찰과 자치경찰의 조직 및 운영에 관한 법률 제18조 제1항

> **국가경찰과 자치경찰의 조직 및 운영에 관한 법률 제18조【시·도자치경찰위원회의 설치】** ① 자치경찰사무를 관장하게 하기 위하여 특별시장·광역시장·특별자치시장·도지사·특별자치도지사 소속으로 시·도자치경찰위원회를 둔다.
> ② 시·도자치경찰위원회는 합의제 행정기관으로서 그 권한에 속하는 업무를 독립적으로 수행한다.

연계학습 2025 신용한 행정학 p.857~860

16 ③

출제유형 출제영역 법령 / 지방자치단체의 예비비

①, ②, ④ ○, ③ ✕ 예비비는 일반회계 예산 총액의 1/100 범위 내에서 예산에 계상하도록 하고, **지방의회 예산안 심의결과 폐지되거나 감액된 지출항목에 대해서는 예비비를 사용할 수 없도록 하며,** 예비비는 결산과 별도로 지방의회 승인을 받도록 한다.

> **지방재정법 제43조 【예비비】** ① 지방자치단체는 예측할 수 없는 예산 외의 지출 또는 예산 초과 지출에 충당하기 위하여 일반회계와 교육비특별회계의 경우에는 각 예산 총액의 100분의 1 이내의 금액을 예비비로 예산에 계상하여야 하고, 그 밖의 특별회계의 경우에는 각 예산 총액의 100분의 1 이내의 금액을 예비비로 예산에 계상할 수 있다.
> ② 제1항에도 불구하고 재해·재난 관련 목적 예비비는 별도로 예산에 계상할 수 있다.
> ③ 지방자치단체의 장은 지방의회의 예산안 심의 결과 폐지되거나 감액된 지출항목에 대해서는 예비비를 사용할 수 없다.

올바른 지문 ③ 지방의회의 예산안 심의 결과 감액된 지출항목에 대해 예비비를 사용할 수 없다.

연계학습 2025 신용한 행정학 p.622

17 ④

출제유형 출제영역 개념 / 앨리슨 모형

앨리슨은 집단적 의사결정을 유형화하여 정부의 정책결정과정을 세 가지 의사결정모형을 통해 분석하였다. 사례에서 미국의 해안봉쇄 결정은 **대통령의 단일적 결정이 아닌 여러 대표자들의 대안에 대한 갈등과 타협의 과정으로 결정**을 한 것이 특징이다.

④ ○ 사례에서는 관료정치모형에 따른 정책결정의 특징을 설명하고 있다. 관료정치모형에서 정책결정이란 참여자들 간의 갈등과 타협·흥정에 의해 이뤄지는 정치적 활동으로 설명하는 의사결정모형이다. 이 모형에서는 정부를 독립적 개별 행위자들의 집합체로 간주하고, **독립된 자유재량을 가진 참여자들 개개인이 의사결정의 주체**가 된다고 본다. 사례에서 **각 대표자들은 개별 행위자로, 각자가 선호하는 대안을 제시하였고, 대표자들 간의 갈등과 타협·흥정에 의해 의사결정**이 이뤄졌다.

SUMMARY 앨리슨 모형 Ⅰ·Ⅱ·Ⅲ

구분	모형Ⅰ: 합리모형	모형Ⅱ: 조직과정 모형	모형Ⅲ: 관료정치 모형
조직관	조정과 통제가 잘된 유기체	느슨하게 연결된 하위조직들의 연합체	독립적인 개별 행위자들의 집합체
권력	조직의 두뇌와 같은 최고관리층에게 집중	준독립적인 하위조직들이 분산 소유	개별 행위자들의 정치적 자원에 의존
행위자의 목표	조직 전체의 목표	조직 전체의 목표 + 하위조직들의 목표	조직 전체의 목표 + 하위조직들의 목표 + 개별 행위자들의 목표
목표 공유도	매우 강함	약함	매우 약함
정책결정	최고지도자의 명령·지시	표준운영절차(SOP)에 의한 정책결정	정치적 게임의 규칙에 따른 타협, 흥정, 지배
정책 일관성	매우 강함	약함	매우 약함
적용 계층	조직 전반	하위 계층	상위 계층

연계학습 2025 신용한 행정학 p.267, 268

18 ③

출제유형 출제영역 말 바꾸기+개념 / 신제도주의

① ◯ 신제도주의에서 제도는 비공식적 규범이나 정책구조 등 제도에 대한 이해의 폭을 확대하여, 법률, 규범, 관습 등을 제도에 포함한다.
② ◯ 역사적 제도주의에서 형성된 제도는 지속성과 경로의존성(path dependence)을 갖고 현재의 정책선택을 제약한다고 본다.
③ ✕ 사회학적 신제도주의는 결과성의 논리보다는 **적절성의 논리에 의해 설명**된다. 사회학적 신제도주의에서 제도의 변화는 효율성과 합리성 추구로 발생하는 것이 아니라, 그 당시 가장 많은 사람들에게 정당하다고 인정받는 방향으로 결정되는 것에 초점을 맞춘다는 것이다.
④ ◯ 합리적 선택 제도주의에서 제도는 합리적이며 자기이익을 추구하는 개인의 행태를 제약한다고 본다.

올바른 지문 ③ 사회학적 제도주의는 결과성의 논리보다 적절성의 논리를 중시한다.

연계학습 2025 신용한 행정학 p.139~145

19 ①

출제유형 출제영역 개념 / 내적 타당성 저해요인

① ◯ 보기의 사례는 검사요인(측정요인)에 해당한다. 검사요인은 **측정 그 자체가 실험에 영향을 주는 것**으로 예를 들어 동일한 시험문제를 사전·사후에 사용하게 되면 사후 시험에서는 점수가 높아지는 현상이 대표적이다.
② ✕ 선발요인은 조사자가 자의로 실험집단을 배정하거나 지원자를 신청 받아 실험집단을 구성할 경우, 실험집단과 비교집단 간 구성원이 다르기 때문에 나타나는 현상이다.
③ ✕ 상실요인은 연구기간 중 실험집단의 일부가 탈락해 남아있는 실험집단 구성원이 최초와 다른 특성을 가짐에 따라 발생하는 것이다.
④ ✕ 역사요인은 실험기간 동안에 일어난 비의도적인 사건발생이 실험에 영향을 미치는 것을 말한다.

SUMMARY 내적타당성 저해요인

구분	내용
선발요소 (선정요인)	실험집단구성 시 **선발의 차이**로 인한 오류(실험집단과 통제집단이 동등하게 선발되지 못하여 처음부터 다른 특성을 가져 정책이 영향을 받는 것)
역사적 요소	실험기간동안에 일어난 **역사적 사건**이 실험에 영향을 미치는 것
성숙효과 (성장효과)	**시간 경과**에 따라 실험집단 특성이 자연스럽게 성장·발전하는 것 허위·혼란변수로 작용
선발과 성숙의 상호작용	실험집단구성 시 **선발의 차이**가 시간이 지남에 따라 구성원의 자연적 성장이나 발전 속도에 의한 차이로까지 이어지는 현상
상실요소	연구기간 중 **실험집단의 일부가 탈락**해 남아있는 최종 실험집단 구성원이 최초와 다른 특성을 가짐에 따라 발생하는 것
측정요소 (시험효과)	실험 전 측정한 그 자체가 실험에 영향을 주는 것(예) 동일한 시험문제를 사전·사후에 사용하게 되면 사후 시험에서는 점수가 높게 나타나는 것)
측정수단요소	연구자의 측정기준이나 측정도구가 변화함으로써 발생하는 현상(측정도구요인)
회귀인공요소 (실험직전반응)	실험 전 1회 측정에서 극단적인 점수를 얻은 것을 기초로 개인들을 선발하게 되면, 다음의 측정에서 **그들의 평균점수가 덜 극단적인 방향으로 이동**하게 되는 것
오염효과	통제집단의 구성원이 실험집단 구성원의 **행동을 모방**하는 오염 또는 확산효과로서 모방, 정책의 누출, 부자연스러운 변이 등이 여기에 포함됨

연계학습 2025 신용한 행정학 p.304

20 ④

출제유형 출제영역 말 바꾸기+개념 / 지방자치단체의 기관 구성

① ◯ 강시장-의회형(기관대립형)은 집행권을 가진 시장이 집행업무에 관한 실질적 책임자일 뿐만 아니라, 의회와의 관계에서 지도자적 지위에 있는 유형으로 시장이 강력한 정치적 리더십을 행사한다.
② ◯ 위원회형(기관통합형)은 주민에 의해 직선되는 3~5인 정도의 위원으로 구성된 위원회가 입법권과 행정권을 모두 행사하는 유형으로 선출된 의원들이 집행부서의 장을 맡게 된다.
③ ◯ 약시장-의회형(기관대립형)은 의회가 입법권을 행사할 뿐 아니라 직접 집행업무에 관여하여 시장은 극히 제한된 범위에서 행정권한만을 가지는 유형이다.
④ ✕ 의회-시지배인 형태에서는 의회가 시지배인(관리인, city manager)을 고용하고, 시지배인을 통해 집행권을 행사한다. 따라서 **시지배인은 의례적이고 명목적인 기능을 수행하는 것이 아니라 자치단체의 행정 운영 전반에 대하여 책임을 지는 전문가**이다. 이 제도는 주민의 선출을 거치지 아니한 자에게 막중한 권한을 집중시키는 결과를 가져와 독선화할 위험을 가지고 있어 비판을 받는다.

올바른 지문 ④ 의회-시지배인 형태에서는 시지배인이 자치단체의 행정 운영 전반에 대하여 책임을 진다.

연계학습 2025 신용한 행정학 p.862~865

2020년 지방직 9급

문제편 p.69~73

정답

01	④	02	③	03	②	04	①	05	③
06	②	07	①	08	④	09	③	10	④
11	③	12	②	13	①	14	②	15	④
16	①	17	③	18	④	19	④	20	③

출제영역 분석

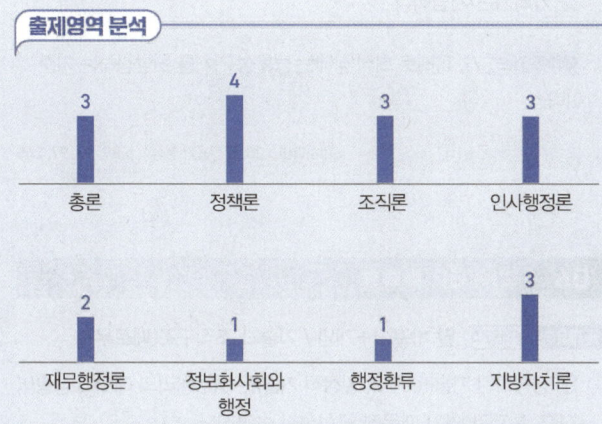

출제경향 분석

출제문제 유형분석

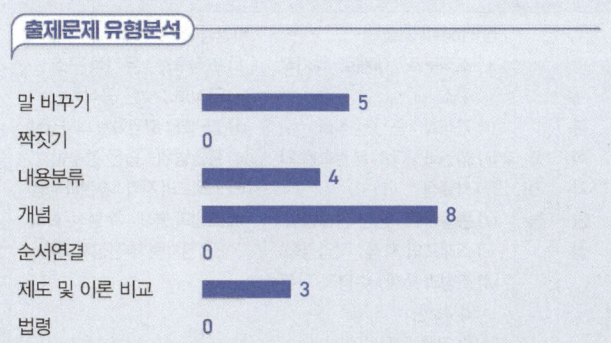

---

01 하 ④

출제유형 개념 / **출제영역** 작은정부 vs 큰 정부

①, ②, ③ ✕ 정치·행정 일원론, 뉴딜정책, 사회복지 프로그램의 확대 등은 '큰정부'를 옹호한다. 1930년대 경제대공황에 대응하는 과정에서 뉴딜정책과 제2차 세계대전을 거치면서 위기관리 시 신속한 정책결정의 필요성 등으로 행정의 정책형성 기능이 중시되면서 정치·행정 일원론이 제기되었고, 이러한 정치·행정 일원론은 정부의 적극적인 역할을 강조한다.

④ ○ 신공공관리론은 정부기능의 축소와 행정에 시장원리 및 기업운영 원리의 도입을 시도하는 것으로 작은정부를 적극적으로 옹호한다.

연계학습 2025 신용한 행정학 p.20

02 하 ③

출제유형 개념 / **출제영역** 매트릭스 구조

③ ○ 매트릭스 조직은 기능구조와 사업구조의 화학적 결합을 시도한 구조로 기능부서의 기술적 전문성과 사업부서의 신속한 대응성에 대한 동시적 필요가 요청되면서 등장한 조직형태이다.

연계학습 2025 신용한 행정학 p.329

03 하 ②

출제유형 내용 분류 / **출제영역** 우리나라 지방재정

①, ③, ④ ✕ 지방교부세, 조정교부금, 국고보조금 등은 의존재원에 해당한다.

② ○ 재산임대수입은 자치단체가 소유하는 잡종재산의 임대 또는 매각에 의한 수입으로 자주재원 중 세외수입(경상적 수입)에 해당한다.

SUMMARY 지방재정의 구성체계

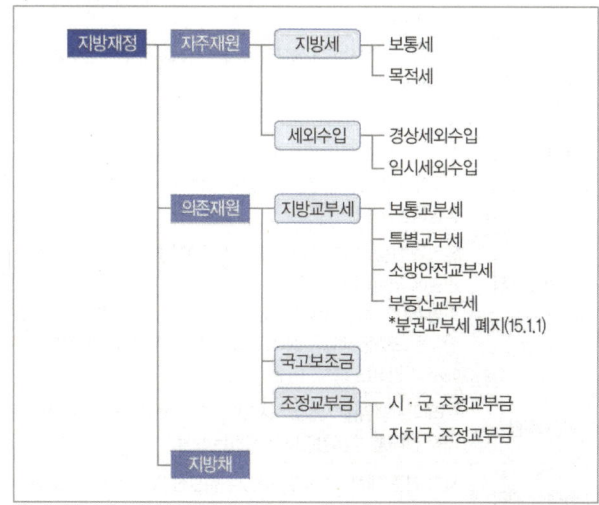

연계학습 2025 신용한 행정학 p.904

04 상중하 ①

출제유형 **출제영역** 개념 / 근무성적평정의 오류

① ⭕ 선입견에 의한 오류에 대한 설명이다. 선입견(stereotyping error)에 의한 오류는 유형화(정형화·집단화)의 착오로 편견이나 선입견 또는 고정관념에 의한 오차를 말한다. 피평가자가 속한 사회적 집단(국내 최고 대학)의 유형에 대한 지각이나 어떤 인식을 오랫동안 같은 상태로 일관되게 유지(높은 근무성적평정 등급 부여)하려는 심리상태에 기인한다.

② ❌ 집중화 경향으로 인한 오류는 피평정자들에게 **대부분 중간 수준의 점수**를 주는 심리적 경향이다.

③ ❌ 엄격화 경향으로 인한 오류는 피평정자를 **실제 수준보다 낮게 평가**하는 경향을 말한다.

④ ❌ 첫머리 효과는 전체 기간의 근무성적을 평가하기보다는 **초기의 업적에 영향을 크게 받는 효과**이다.

SUMMARY 근무성적평정의 오류

연쇄 효과	한 평정 요소에 대한 판단이 연쇄적으로 다른 요소 평정에도 영향을 주는 오류(=현혹효과, 후광효과) 메 성실도를 높게 평가하면 추진력도 높게 평가
분포상의 착오	① 집중화 경향: 피평정자들에게 대부분 중간 수준의 점수를 주는 심리적 경향 ② 관대화 경향: 평정 결과의 분포가 우수한 쪽에 집중되는 경향 ③ 엄격화 경향: 평정 결과의 분포가 열등한 쪽에 집중되는 경향 ④ 방지대책: 강제배분법을 활용
규칙적(체계적) 오류	어떤 평정자가 항상 관대화나 엄격화 경향을 보이는 것으로 평정기준이 높거나 낮은데서 오는 규칙적·일관적 착오 → 표준점수를 통한 사후조정이 가능
총계적 오류	평정자의 평정 기준이 일정치 않아 관대화 및 엄격화 경향이 불규칙하게 나타나는 오류, 규칙 오류와 달리 총계적 오류발생 시 사후적 조정이 불가능함
시간적 오류	① 첫머리효과(최초효과): 전체 기간의 근무성적을 평가하기보다는 초기의 업적에 영향을 크게 받는 효과 ② 막바지효과(근접효과): 최근의 실적이나 능력을 중심으로 평가하는 효과 ③ 방지대책: ㉠ 독립된 평가센터, ㉡ MBO평정, ㉢ 중요사건기록법
유사성 오차	평정자가 자기자신과 성향이 유사한 부하에게 후한 점수를 주는 오차
논리적 오차 (logical error)	평정요소간 존재하는 논리적 상관관계에 의하여 생기는 오류 어떤 평정요소가 특별히 좋거나 혹은 아주 낮은 점수를 받은 경우에 일반적인 상관관계에 있는 다른 요소도 높게 혹은 낮게 평정하는 경향
상동적 오차 (streotyping error)	유형화(정형화·집단화)의 착오로 편견이나 선입견 또는 고정관념에 의한 오차 피평가자가 속한 사회적 집단의 유형에 대한 지각이나 어떤 인식을 오랫동안 같은 상태로 일관되게 유지하려는 심리상태에서 기인하는 오차
귀인적 편견	드러나는 행위를 기초로 해서 관찰자가 자신이나 피평가자의 내적 상태를 추론함으써 발생하는 오류
선택적 지각	자기 기준 체계에 유리한 것만을 일관성 있게 추론함으로써 발생하는 오류
피그말리온 효과	자기충족적 예언효과를 의미하는 것으로 예언대로 행동하고 판단하게 되는 현상(=로젠탈효과)
평정오류시정	① 사전교육 철저, ② 강제배분법 사용, ③ 사후적 표준값으로 환산 등

연계학습 2025 신용한 행정학 p.514~516

05 상중하 ③

출제유형 **출제영역** 개념 / 행정가치

① ⭕ 공익 과정설은 사익을 초월한 별도의 공익개념 존재를 부정하는 입장이다. 각 사회집단의 이익과 본질적으로 구별되는 공익은 존재하지 않는다는 입장이다.

② ⭕ 롤스(Rawls)는 제1원리인 기본적 자유의 평등원리와 제2원리인 차등조정의 원리가 충돌한 경우에는 제1원리가 제2원리에 우선한다고 주장한다.

③ ❌ **파레토 최적 상태는 능률성 판단기준이다.** 파레토 최적은 최적의 자원배분이 실현되어 어느 한 사람의 효용을 증가시키려면 반드시 다른 사람의 효용감소가 필요한 상태를 의미한다.

④ ⭕ 합리성은 어떤 행위가 목표달성을 위한 최적 수단이 되느냐의 여부를 가리키는 개념이다.

올바른 지문 ③ 파레토 최적 상태는 <u>능률성</u> 가치를 뒷받침하는 기준이다.

연계학습 2025 신용한 행정학 p.89, 92, 97, 245

06 상중하 ②

출제유형 **출제영역** 말 바꾸기+개념 / 기술과 조직구조(페로우)

① ⭕ 정형화된 기술(routine, 일상적 기술)은 업무처리의 예외적 상황이 적고, 통제가 쉽기 때문에 공식성이 높아진다.

② ❌ 비일상적 기술일수록, 기술의 다양성이 높고, 조직의 분화의 정도는 높아지고 기술의 전문성들이 요구되므로 **통솔범위는 좁아지게 된다.**

③ ⭕ 공학적 기술은 분석가능성이 높고, 다수의 예외적 상황이 발생하는 특징이 있다.

④ ⭕ 기예적 기술(craft, 장인 기술)은 소수의 예외적 상황과 낮은 분석가능성이 특징으로 대체로 유기적 구조와 부합한다.

올바른 지문 ② 비정형화된 기술은 부하들에 대한 상사의 <u>통솔범위를 좁힐 수밖에 없을 것이다.</u>

SUMMARY 페로우(Perrow)의 기술분류와 조직구조

		과업다양성	
		소수의 예외적 상황	다수의 예외적 상황
분석가능성	불가능	장인(craft) 기술 ⅰ) 조직구조: 대체로 유기적 구조 ⅱ) 공식화: 중간 공식화 ⅲ) 집권화: 다소 분권화된 의사결정 ⅳ) 통솔범위: 중간 통솔범위 ⅴ) 스태프의 자격: 작업경험 ⅵ) 조정과 통제: 수평적, 구두 의사소통 메 고급 도자기 생산	비일상적(nonroutine) 기술 ⅰ) 조직구조: 유기적 구조 ⅱ) 공식화: 낮은 공식화 ⅲ) 집권화: 분권화된 의사결정 ⅳ) 통솔범위: 좁은 통솔범위 ⅴ) 스태프의 자격: 훈련과 경험 ⅵ) 조정과 통제: 수평적, 회의 메 원자력 추진장치 개발

	일상적(routine) 기술	공학적(engineering) 기술
가능	ⅰ) 조직구조 : 기계적 구조 ⅱ) 공식화 : 높은 공식화 ⅲ) 집권화 : 의사결정의 집권화 ⅳ) 통솔범위 : 넓은 통솔범위 ⅴ) 스태프의 자격 : 낮은 훈련 및 경험 ⅵ) 조정과 통제 : 수직적, 문서 의사소통 예 전열기 부품 등 표준화된 제품의 대량생산	ⅰ) 조직구조 : 대체로 기계적 구조 ⅱ) 공식화 : 중간 공식화 ⅲ) 집권화 : 다소 집권화 ⅳ) 통솔범위 : 중간 통솔범위 ⅴ) 스태프의 자격 : 공식훈련 ⅵ) 조정과 통제 : 문서 및 구두 의사소통 예 주문받은 전동기 등 기계생산

연계학습 2025 신용한 행정학 p.337

07 상 중 하 ①

출제유형 출제영역 개념 / 보충성의 원칙

① ◎ **보충성 원칙에 대한 설명**이다. 보충성 원칙은 중앙과 지방의 기능 배분에 있어 지방사무는 원칙적으로 지방정부의 관할권으로 인정하고, 지방정부가 처리하기 어려운 일에 대하여 중앙정부가 관여한다는 원칙을 말한다.

연계학습 2025 신용한 행정학 p.819

08 상 중 하 ④

출제유형 출제영역 개념 / 하향적 접근

ㄷ, ㄹ ◎ 정책집행의 하향식 접근은 정책집행의 영향요인의 발견과 성공적 집행조건과 전략을 규명하여 집행이론을 구축하고 정책결정자에게 규범적 처방을 제시하는 데 있다. 따라서 하위직보다는 고위직이 주도하며, 결정자는 정책집행에 영향을 미치는 정치적·조직적·기술적 과정을 충분히 통제할 수 있다고 가정한다.

ㄱ, ㄴ ✗ **상향식 접근에 대한 설명**이다.

SUMMARY 하향적 접근 vs 상향적 접근

구 분	하향적 접근(위 ⇨ 아래) : 결정자의 시각	상향적 접근(아래 ⇨ 위) : 현장의 시각
결정과 집행	• 정책결정과 집행을 분리 (정치행정이원론)	• 정책결정과 집행의 통합 (정치행정일원론)
집행의 성공 요건	• 정책결정자의 리더십 • 집행과정의 법적 구조화	• 일선공무원의 전문지식과 문제해결 능력
집행자	• 집행자의 결정자에 대한 순응과 집행자에 대한 결정자의 통제 강조	• 집행자의 재량과 자율을 강조
Berman	• 거시적·하향적 집행	• 미시적·적응적 집행(강조)
Elmore	• 전방향적 집행	• 후방향적 집행(강조)
접근법 및 연구 목적	• 정책집행의 영향요인 도출 & 집행이론의 구축(거시적·연역적 접근)	• 개별적 집행현장의 기술과 설명 & 개별 집행 문제의 해결 (미시적·귀납적 접근)
단점	• 민주주의 체제하에서 명확한 목표설정의 어려움 • 정책반대자의 입장 및 전략적 행동파악의 한계	• 거시적 틀에 대한 간과 가능성 • 선출직 공무원의 결정과 책임이라는 민주주의 기본가치의 위배 가능성

연계학습 2025 신용한 행정학 p.279~281

09 상 중 하 ③

출제유형 출제영역 개념 / 조직구조의 형성원리

① ◎ 분업의 원리란 업무를 세분할수록 능률적·경제적 성과를 얻을 수 있다는 원리로 분업은 가급적 세분화하고 세분화된 직무는 가급적 동질적인 것들끼리 묶어서 조직단위를 형성해야 한다.

② ◎ 통솔범위의 원리란 상관의 능률적인 감독을 위해서는 통제하는 대상인원의 범위를 적정하게 제한해야 한다는 원리로 한 명의 상관이 감독하는 부하의 수는 상관의 통제능력 범위 내로 한정해야 한다.

③ ✗ 명령통일의 원리란 조직 구성원들이 각자 **한 사람의 상관으로부터만 명령을 받아야 한다는 원리**이다.

④ ◎ 조정의 원리는 상명하복의 계서적 권한체제에 의해 이루어져야 하며 그러한 권한은 계서적이고 집권적으로 배분하여 분화된 활동의 통합을 강조한다.

연계학습 2025 신용한 행정학 p.342~344

10 상 중 하 ④

출제유형 출제영역 개념 / 직업공무원제

①, ②, ③ ◎ 최근 인사행정에는 개방형 인사제도, 계약제 임용제도, 계급정년제의 도입 등 공직사회의 민주성과 책임성 제고를 위한 다양한 적극적 인사 관리 방식이 도입이 되고 있다.

④ ✗ 정치적 중립은 직업공무원제의 특징이자 장점이다.

SUMMARY 직업공무원제의 장·단점

장점	단점
① 일체감·봉사정신 강화 ② 엄격한 근무규율의 수용 ③ 온정적 관계의 발전 ④ 행정의 계속성·안정성·일관성 유지 ⑤ 고급 공무원 양성에 유리 (일반행정가) ⑥ 공직의 직업전문분야 확립에 유리	① 특권집단화(민주통제 곤란) ② 폐쇄적 임용 ⇨ 공직취임기회의 제약 & 외부전문가 임용 곤란 ③ 공직침체(무사안일) ④ 전문화 방해 ⑤ 승진지망의 과열

연계학습 2025 신용한 행정학 p.455, 456

11 상 중 하 ③

출제유형 출제영역 개념 / 계획예산제도

③ ◎ **계획예산제도(PPBS)에 대한 설명이다.** 미국 케네디 행정부의 국방장관인 맥나마라(McNamara)가 국방부에 최초로 도입한 계획예산제도(PPBS)는 장기적인 계획(Planning)과 단기적인 예산편성(Budgeting)을 프로그램(Programing)을 통해 유기적으로 연결시킴으로써 합리적인 자원배분을 이룩하려는 제도로 기획기능을 강조하는 '기획지향'의 예산제도이다.

SUMMARY LIBS vs PBS vs PPBS

구분	LIBS	PBS	PPBS
발달연대	1900년대 초반	1950년대	1960년대
기본적 지향	통제	관리	계획(기획)
대안 선택	점증적 결정	점증적 결정	총체적 결정
기획의 책임	분산	분산	중앙
결정의 흐름	상향적	상향적	하향적
결정권의 소재	분권화	분권화	집권화
통제 책임	중앙	운영단위	운영단위

연계학습 2025 신용한 행정학 p.704

12 상 중 하 🔑 ②

출제유형 출제영역 개념 / 직위분류제

①, ③, ④ ✖ 계급제의 단점에 해당한다.
② ○ 직위분류제는 직무의 내용이나 수준이 명확하게 나타나므로, 직위 간의 권한과 책임의 한계를 명백하게 해 조직 내 인력배치의 탄력성과 신축성 확보가 곤란하다.

SUMMARY 계급제와 직위분류제

구 분	계급제	직위분류제
발달배경	농업사회	산업사회 (과학적 관리론, 실적주의)
적용국가	영국, 프랑스, 독일, 일본, 우리나라 등	미국, 캐나다, 필리핀, 중남미 국가 등
인사관리	연공서열 중심	능력과 실적 중심
인사운용의 탄력성(융통성)	높음	낮음
인사권자의 권한	높음(인사권자의 판단에 의존)	낮음(직급명세서에 의존)
분류단위	계급(사람중심)	직위(직무중심)
보수	생활급 위주의 보수	직무급 : 공정한 보수
현직자의 근무의욕	높음	낮음
인사배치	신축성(횡적이동 용이)	비신축성(횡적교류 곤란)
경력발전	일반행정가(generalist)	전문행정가(specialist)
신분보장	강함	약함
개방형·폐쇄형	폐쇄형	개방형
권한·책임한계	불명확	명확
조직의 경직성	높음	낮음
조직규모	소규모 조직에 적합	대규모 조직에 적합
조정·협조	용이 (부서 할거주의 정도 낮음)	곤란 (부서 할거주의 정도 높음)
외부환경과의 대응력	약함	강함
행정계획	장기적 사업계획	단기적 인력계획

계급제와 직위분류제의 조화	1. 관계 : 직위분류제와 계급제는 상호대립되는 것처럼 보이나, 사실은 상호보완적으로 활동 2. 계급제를 채택한 국가에서는 점차 직위분류제적 요소를 가미하고, 직위분류제를 채택한 국가에서는 계급제적 요소를 도입하여 상호의 약점을 보완

▶ 주의 : 우리나라의 옴부즈만인 국민권익위원회는 국무총리 소속으로 내부·공식적 통제에 해당

연계학습 2025 신용한 행정학 p.482

13 상 중 하 🔑 ①

출제유형 출제영역 내용 분류 / 행정통제의 유형

① ✖ 감사원의 직무감찰은 **내부 공식적 통제에 해당한다.**
② ○ 의회의 국정감사는 외부 공식적 통제에 해당한다.
③ ○ 법원의 행정명령 위법 여부 심사는 외부 공식적 통제에 해당한다.
④ ○ 헌법재판소의 권한쟁의 심판은 외부 공식적 통제에 해당한다.

올바른 지문 ① 감사원의 직무감찰은 내부 공식적 통제에 해당한다.

SUMMARY Gilbert의 행정 통제 유형

구분	외부적 통제	내부적 통제
공식	입법부, 사법부 옴부즈만(일반적으로 의회소속)	계층제 및 인사관리제도, 감사원 대통령실과 국무조정실, 중앙행정부처, 교차기능조직
비공식	시민, 정당, 선거, 투표 이익집단, 여론, 매스컴, 인터넷	동료집단의 평가와 비판 공무원의 직업윤리

연계학습 2025 신용한 행정학 p.772

14 상 중 하 🔑 ②

출제유형 출제영역 말 바꾸기+개념 / 민간투자유치제도

① ✖ BTO(Build – Transfer – Operate)는 **민간**이 민간자본으로 **건설 후 소유권이 정부에 귀속**되며, **민간이 일정 기간 시설을 직접 운용**하여 투자비를 회수하는 방식이다.
② ○ BTL(Build – Transfer – Lease)은 민간이 민간자본으로 건설 후 소유권이 정부에 귀속되며, 그 시설을 정부가 협약에서 정한 기간 동안 민간에게 임차하여 사용·수익하는 방식이다. 민간은 일정 기간 동안 정부로부터 임대료를 받아 투자비를 회수하는 방식이다.
③ ✖ BOT(Build – Own – Transfer)는 **민간이 민간자본으로 건설**하고 **민간이 일정 기간 시설을 직접 운용**하여 투자비를 회수하고, **기간의 만료 시 소유권과 운영권이 정부에 귀속**된다.
④ ✖ BOO(Build – Own – Operate)는 사업시행자가 시설을 건설한 후 해당 시설의 소유권 및 운영권을 사업시행자가 가지는 방식이다.

SUMMARY 민간투자유치의 추진방식

BTO (Build-Transfer-Operate)	① 민간이 민간자본으로 건설 ② 건설 후 소유권이 정부에 귀속 ③ 민간이 일정 기간 시설을 직접 운용하여 투자비를 회수
BOT (Build-Own-Transfer)	① 민간이 민간자본으로 건설 ② 일정 기간 동안(통상 30년) 민간이 시설관리운영권을 보유 ③ 민간이 일정 기간 시설을 직접 운용하여 투자비를 회수하고, 기간의 만료 시 소유권과 운영권이 정부에 귀속
BTL (Build-Transfer-Lease)	① 민간이 민간자본으로 건설 ② 건설 후 소유권이 정부에 귀속, 그 시설을 정부가 협약에서 정한 기간 동안 민간에게 임차하여 사용·수익하는 방식 ③ 민간은 일정 기간 동안 정부로부터 임대료를 받아 투자비를 회수
BLT (Build-Lease-Transfer)	① 민간이 민간자본으로 건설 ② 건설 후 민간이 일정 기간 시설을 정부에게 임대하고, 정부로부터 임대료를 받아 투자비를 회수 ③ 기간만료 시 정부에 소유권이 귀속

(연계학습) 2025 신용한 행정학 p.52, 53

---

15 ④

출제유형 말 바꾸기+개념 / **출제영역** 정책평가의 요소 등

ㄱ. ✗ 인과관계가 검증되기 위해서는 **정책수단의 실현이 정책목표의 달성에 선행해서 존재해야 한다**(시간적 선행성).

ㄴ. ○ 특정 정책수단 실현과 정책목표 달성정도간의 관계를 설명하는 다른 요인이 배제되어야한다(경쟁적 가설의 배제).

ㄷ. ○ 정책 수단의 변화 정도에 따라 정책목표의 달성 정도도 변해야 한다(공동변화성).

올바른 지문 ㄱ. 인과관계가 검증되기 위해서는 <u>정책수단의 실현이 정책목표의 달성에 선행해서 존재해야 한다</u>.

(연계학습) 2025 신용한 행정학 p.301

---

16 ①

출제유형 개념 / **출제영역** 비용편익분석

① ✗ 비용·편익분석은 단일 척도인 화폐가치로 비교되므로 **다양한 분야의 정책이나 사업 간 우선순위에 대한 비교가 가능**하다.

② ○ 비용·편익분석은 비용과 편익을 화폐적(금전적) 가치로 표현하고, 장기적인 시각에서 분석하는 방법이다.

③ ○ 대안들의 비교평가를 위해서는 비용과 편익을 동일시점 현재가치에서 평가되어야 한다. 이를 위해 미래의 가치를 현재의 가치로 표시해야 하는데 이때 미래가치에서 현재가치로의 교환비율인 할인율을 적용한다.

④ ○ 순현재가치는 편익의 총현재가치에서 비용의 총현재가치를 뺀 것으로 순현재가치가 0보다 큰 경우에는 그 사업은 일단 추진할 가치가 있는 사업이라 할 수 있다.

올바른 지문 ① 분야가 다른 정책이나 프로그램을 <u>비교할 수 있다</u>.

(연계학습) 2025 신용한 행정학 p.246~258

---

17 ③

출제유형 말 바꾸기+개념 / **출제영역** 정책결정모형(종합)

ㄱ. ✗ **혼합주사모형에 대한 설명이다.** 혼합주사모형은 근본적인 결정과 세부적인 결정으로 나누어 근본적 결정(숲을 보는 결정)의 경우 합리모형을, 세부결정(나무를 보는 결정)의 경우 점증모형을 선별적으로 적용하는 모형이다.

ㄴ. ○ 점증모형은 현상유지를 옹호하므로 보수주의 성격이 강하다.

ㄷ. ○ 쓰레기통 모형은 조직의 구성단위나 구성원 사이의 응집성이 아주 약한 혼란상태(조직화된 혼란 상태)에서 이루어지는 의사결정으로 정책문제의 흐름, 해결책의 흐름, 의사결정의 기회, 참여자의 흐름의 요소가 독자적으로 흘러 다니다가 우연한 점화계기로 결합하여 의사결정이 이루어진다고 본다.

ㄹ. ✗ **회사모형에 대한 설명이다.** 회사모형은 갈등의 준해결, 불확실성의 회피, 문제중심의 탐색, 조직의 학습, 표준운영절차를 특징으로 한다.

올바른 지문
ㄱ. 혼합주사 모형에서는 정책결정을 근본적 결정과 세부적 결정으로 구분한다.
ㄹ. 갈등의 준해결과 표준운영절차(SOP)의 활용은 <u>회사모형</u>의 특징이다.

(연계학습) 2025 신용한 행정학 p.257~266

---

18 ④

출제유형 말 바꾸기+개념 / **출제영역** 조세지출예산제도

① ○, ④ ✗ **조세지출이란 정부가 받아야 할 세금을 비과세, 감면, 공제 등의 세제 혜택을 통해 받지 않고 포기한 액수를 의미한다.**

② ○ 통상적인 예산상의 재정지출이 직접지출이라면, 조세지출은 간접지출에 해당한다.

③ ○ 조세지출은 징수해야 할 조세를 감면해 준 것으로 사실상 보조금을 지급한 것과 동일한 경제적 효과를 나타내기 때문에 숨겨진 보조금이라고 불린다.

올바른 지문 ④ 세금 자체를 부과하지 않는 비과세는 <u>조세지출의 방법이다</u>.

(연계학습) 2025 신용한 행정학 p.634, 635

19 상중하 ④

출제유형 출제영역) 내용 분류+개념 / 유비쿼터스 정부

ㄱ, ㄴ ○ 유비쿼터스 정부는 기술적인 측면에서 **브로드밴드와 무선 & 모바일 네트워크, 센싱, 칩을 기반**으로 하며, 정부서비스의 전달방법 측면에서 지능적인 업무수행과 개개인의 수요에 맞는 **맞춤형 행정서비스를 제공하는 것을 특징**으로 한다.

ㄷ ○ 유비쿼터스 세상의 도래는 컴퓨팅, 커뮤니케이션, 접속, 콘텐츠, 조용함 등 5C의 5Any)를 지향한다. 여기서 **5Any는 Any-time, Any-where, Any-device, Any-network, Any-service**를 말한다.

SUMMARY 전자정부와 유비쿼터스정부

구 분	전자정부	유비쿼터스정부
기술적인 측면	초고속 정보통신망과 온라인 네트워크 기술이 기반	브로드밴드와 무선 & 모바일 네트워크, 센싱, 칩 기반
정부서비스 전달방법의 측면	신속·투명한 서비스 제공	지능적인 업무수행과 개개인의 수요에 맞는 맞춤형 행정서비스 제공
업무방식의 측면	신속성·투명성·효율성·민주성	실질적인 고객지향성·지능성·형평성·실시간성

연계학습 2025 신용한 행정학 p.748

20 상중하 ③

출제유형 출제영역) 법령 / 민원행정

ㄱ ○ 민원행정이란 집행적·전달적 행정 가운데 고객(민원)의 특정한 요구행위가 있을 때 그에 대응하는 행정이다.

ㄴ ○ 행정기관이 사경제의 주체로서 제기하는 경우에는 행정기관도 민원을 제기하는 주체가 될 수 있다.

> **민원 처리에 관한 법률 제2조【정의】** 이 법에서 사용하는 용어의 뜻은 다음과 같다.
> 2. "민원인"이란 행정기관에 민원을 제기하는 개인·법인 또는 단체를 말한다. 다만, 행정기관(사경제의 주체로서 제기하는 경우는 제외한다), 행정기관과 사법(私法)상 계약관계(민원과 직접 관련된 계약관계만 해당한다)에 있는 자, 성명·주소 등이 불명확한 자 등 대통령령으로 정하는 자는 제외한다.

ㄷ ✕ 민원행정은 주로 행정기관에 대하여 일정한 어떤 행위를 요구하는 의사표시가 전제되고 이러한 의사표시의 내용 중에는 부당한 행정으로 인한 불이익을 시정하고자하는 의사표시가 포함될 수 있기 때문에 **매우 간편한 행정구제의 수단으로서의 기능을 수행한다**. 이러한 구제수단의 예로 행정기관 등의 위법·부당하거나 소극적인 처분 및 불합리한 행정제도로 인하여 국민의 권리를 침해하거나 국민에게 불편 또는 부담을 주는 사항에 관한 민원인 고충민원 등이 있다.

연계학습 2025 신용한 행정학 p.83

합격으로 증명하는 1등 행정학

신용한 행정학

국가직 7급

해설

2024년 국가직 7급 해설 ······ 80

2023년 국가직 7급 해설 ······ 88

2022년 국가직 7급 해설 ······ 96

2021년 국가직 7급 해설 ······ 103

2020년 국가직 7급 해설 ······ 111

2024년 국가직 7급

문제편 p.77~82

정답

01	③	02	④	03	④	04	②	05	①
06	③	07	②	08	④	09	②	10	③
11	③	12	①	13	①	14	④	15	①
16	②	17	①	18	①	19	②	20	①
21	④	22	③	23	③	24	④	25	③

출제영역 분석

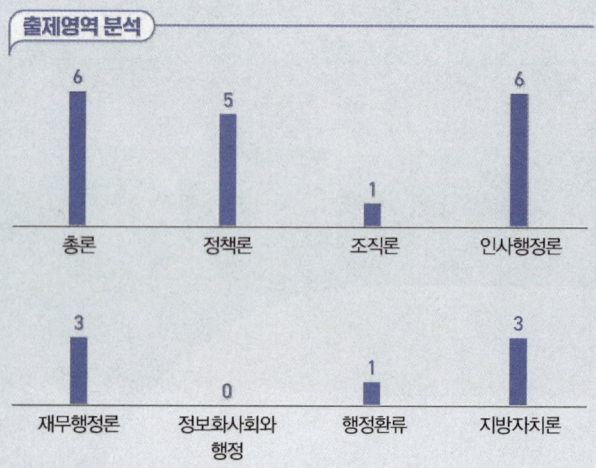

출제경향 분석

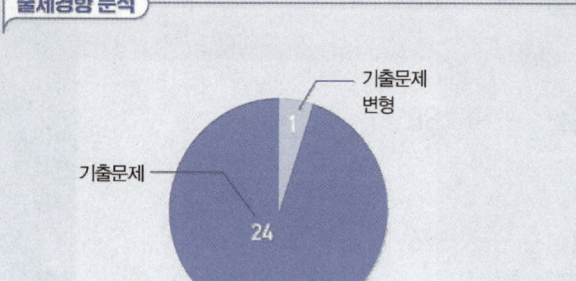

출제문제 유형분석

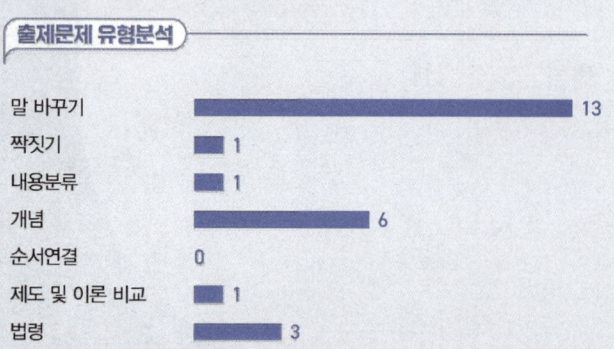

---

01 상중하 → ③

출제유형 **출제영역** Ⅳ 개념 / 윌슨의 규제정치 이론

③ ⊙ 수입규제는 고객정치에 해당한다. 고객정치는 정부규제로 인해 발생하게 될 비용은 상대적으로 작고 이질적인 불특정 다수에게 부담되나, 그 편익은 대단히 크며, 동질적인 소수에게 귀속되는 상황이다. 수입규제, 직업면허, 환경규제 완화 등이 고객정치에 해당한다.

SUMMARY 윌슨의 규제정치모형

구분		규제의 편익	
		넓게 분산	좁게 집중
규제비용	넓게 분산	• 대중정치: 편익 비용 모두 분산 • 수혜자: 집단행동의 딜레마 • 비용부담자: 집단행동의 딜레마 ⇒ 규제에 대한 정치적 위험과 논란이 적음 음란물 규제, 낙태규제 등	• 고객정치: 편익은 집중, 비용은 분산 • 수혜자: 규제의 집행을 촉구 • 비용부담자: 집단행동의 딜레마 발생. ⇒ 규제의 강력한 이행 수입규제, 직업면허, 환경규제 완화 등
	좁게 집중	• 기업가정치: 편익은 분산, 비용은 소수 집중 • 정책선도자들이 시민의사를 결집하여 추진 • 수혜자: 집단행동의 딜레마 발생 • 비용부담자: 규제의 집행에 강력히 저항 ⇒ 규제의 느슨한 집행 환경오염규제, 퇴폐업소단속, 외제차에 대한 수입규제완화 등	• 이익집단정치: 편익 집중, 비용 집중 • 수혜자: 규제의 집행을 촉구 • 비용부담자: 규제의 집행에 강력히 저항 ⇒ 서로의 이익확보를 위해 대립, 규제정책의 가시성이 높음. 한·약분쟁, 의약분업규제 등

연계학습 2025 신용한 행정학 p.28, 29

---

02 상중하 → ④

출제유형 **출제영역** Ⅳ 개념 / 행정가치

①, ②, ③ ✗ 형평성, 평등성, 공익성은 행정의 **본질적 가치**에 해당한다.
④ ⊙ 행정은 본질적 가치와 수단적 가치로 나눌 수 있으며, 가외성, 능률성, 효과성, 합법성은 수단적 가치에 해당한다.

SUMMARY 본질적 가치 vs 수단적 가치

본질적 가치	① 가치자체가 목적이 되는 가치(행정이 달성하고자 하는 궁극적 가치) ② 결과에 상관없이 만족을 줄 수 있는 가치 예 공익성, 정의, 복지, 형평성, 평등, 자유 등
수단적 가치	① 궁극적 목적(본질적 가치)실현을 가능하게 하는 가치 ② 행정과정에서 구체적 지침이 될 수 있는 가치 예 합리성, 능률성, 효과성, 민주성, 책임성, 합법성, 투명성, 가외성 등

연계학습 2025 신용한 행정학 p.83~85

03 ④

출제유형 / 출제영역 Ⅲ 짝짓기 + Ⅳ 개념 / 전통적 예산 원칙과 그 예외

① ○ **통일성의 원칙**은 특정수입과 특정 세출을 직접 연계시켜서는 안 된다는 원칙으로 예외는 목적세, 수입대체경비, 특별회계 등이다.
② ○ **단일성의 원칙**은 회계장부가 너무 많으면 재정구조를 이해하기 어려우므로 **예산은 가능한 모든 재정활동을 포괄하는 단일의 예산 내에서 정리되어야 한다는 원칙**으로 예외는 추가경정예산, 특별회계, 기금 등이다.
③ ○ **완전성의 원칙(예산총계주의)**은 모든 세입과 세출은 예산에 명시적으로 나열되어 있어야 한다는 원칙으로 예외는 수입대체경비의 초과수입, 현물출자, 전대차관 등이다.
④ ✕ **예산의 이용은 한정성의 원칙 중 목적 외 사용금지 원칙의 예외에 해당**한다. 사전의결의 원칙은 예산은 집행되기 전에 미리 국회의 의결을 거쳐야 한다는 원칙으로 회계연도가 시작되면 바로 집행할 수 있도록 해야 한다는 원칙이다. 예외로는 준예산, 전용, 사고이월 등이다.

SUMMARY 전통적 예산원칙(Neumark)과 예외

원 칙	내 용	예 외
공개성의 원칙	국민들에게 공개!	국가정보원 예산 등
명확성의 원칙	이해하기 쉽고 단순·명확해야!	총액계상예산
사전의결의 원칙	미리 국회가 의결!	전용, 사고이월, 준예산, 긴급명령, 선결처분
한정성의 원칙	① 목적 외 사용금지	이용과 전용
	② 계산된 금액 내 집행	예비비, 추가경정예산
	③ 회계연도 독립	이월, 계속비
통일성의 원칙	특정수입과 지출이 연계금지!	목적세, 수입대체경비, 특별회계, 기금
단일성의 원칙	가급적 단일회계내에 정리!	추가경정예산, 특별회계, 기금
완전성의 원칙	모든 세입·세출이 나열되어야!	전대차관, 순계예산, 수입대체경비, 기금
정확성의 원칙	예산과 결산이 일치!	적자 or 불용액의 발생

연계학습 2025 신용한 행정학 p.602~608

04 ②

출제유형 / 출제영역 Ⅳ 개념 / 하위정부모형(철의 삼각)

② ○ **하위정부모형에 대한 설명**이다. 하위정부모형은 이익집단, 입법부의 상임위원회, 행정기관의 관료 등 소수 엘리트들이 연대를 형성(철의 삼각)하기 때문에 네트워크의 자율성과 안정성이 비교적 높다. 하위정부모형은 특정영역의 정책결정을 배타적으로 지배하는 3자 간 동맹이 형성되고 있는 양태를 설명한다.

SUMMARY 하위정부모형(=철의삼각, iron triangle)

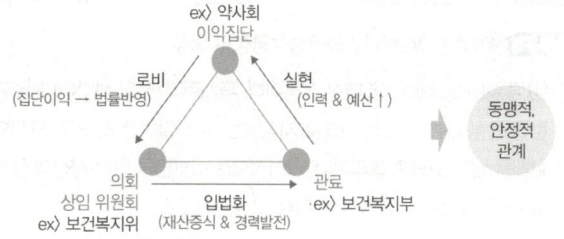

연계학습 2025 신용한 행정학 p.207

05 ①

출제유형 / 출제영역 Ⅲ 내용 분류 / 행정통제의 유형

① ○ 감사원에 의한 통제는 내부·공식적 통제에 해당한다.
②, ③, ④ ✕ 헌법재판소, 국회, 주민참여예산제도 등을 통한 통제는 **외부 공식적 통제에 해당**한다.

SUMMARY Gilbert의 행정통제의 유형

구 분	외 부	내 부
공식적	• 입법부에 의한 통제 • 사법부에 의한 통제 • 헌법재판소 • 옴부즈만(행정감찰관)	• 계층제(명령체계) 및 인사관리제도를 통한 통제 • 감사원에 의한 통제 • 대통령실과 국무조정실(정부업무평가)에 의한 통제 • 중앙행정부처에 의한 통제 • 교차기능조직
비공식적	• 시민에 의한 통제 • 이익집단에 의한 통제 • 여론, 매스컴, 인터넷 • 정당	• 동료집단의 평가와 비판 • 공무원으로서의 직업윤리

연계학습 2025 신용한 행정학 p.768~771

06 ③

출제유형 / 출제영역 Ⅳ 개념 / 정치행정이원론 VS 정치행정일원론

①, ② ○ 정치·행정이원론은 행정을 엽관주의로부터 초래된 정당정치의 오염으로 탈출시켜 비효율과 낭비, 부패를 청산함으로써 좋은 정부 구현을 위한 움직임이었다.
③ ✕ **정치·행정일원론에 대한 설명**이다. 정치·행정이원론은 행정을 관리활동으로 규정하고 정책결정과 집행을 분리하였다.
④ ○ 윌슨은 정치·행정이원론을 주장하면서 행정을 관리와 경영의 영역(field of business), 그리고 전문적·기술적 영역으로 규정하였다.

연계학습 2025 신용한 행정학 p.7~12

07 상 중 하 ■■■ 🔑 ②

출제유형 출제영역 Ⅳ 개념 / 근무성적평정의 오류

② ⭕ 투사(projection)에 대한 설명이다. 투사란 자신의 생각이나 욕구, 감정 등을 다른 사람의 것으로 지각하는 것을 말하는 것으로, 자신의 실패를 남의 탓으로 돌리거나, 사회적으로 비난받을 만한 자신의 행동을 다른 사람에게 전가하는 지각 오류를 말한다.

연계학습 2025 신용한 행정학 p.512

08 상 중 하 ■■■ 🔑 ④

출제유형 출제영역 Ⅰ 말 바꾸기 + Ⅵ 이론 비교 / 신공공관리론 vs 탈신공공관리론

①, ②, ③ ⭕ 신공공관리론은 신자유주의를 기반으로 하여 **시장주의를 통한 작은정부의 실현과 신관리주의(기업가적 정부운영)를 강조하는 이론으로,** 성과에 의한 관리, 수익자부담원칙 등을 강조한다.

④ ❌ **탈신공공관리론에 대한 설명**이다. 탈신공공관리론은 구조적 통합을 통한 분절화의 축소를 지향하고 있다. 신공공관리론은 소규모의 준자율적 조직으로 분절화를 지향한다.

SUMMARY 신공공관리의 운영원리 : '시장주의' + '신관리주의'

시장주의	신관리주의
• **작은정부지향** : 가격메커니즘과 경쟁원리를 활용한 공공서비스 제공 ⇨ 정부역할 축소 • **고객지향** : 국민은 납세자나 일방적 서비스 수혜자가 아닌 정부의 고객으로 인식 ⇨ 고객주의	• **기업관리기법의 도입** : 행정과 경영의 유사성에 대한 인식에 기초, 기업의 경영원리와 관리기법의 도입 • **성과중심의 관리** : 권한위임을 통해 관리자의 자율성을 향상시키고, 성과를 통한 책임성 확보와 관리효율성 제고를 강조
① 민간위탁과 민영화의 확대(시장성 테스트) ② 정부 내 경쟁원리도입(개방형 인사제도) ③ 규제완화 및 수익자부담원칙의 강화 ④ 고객이 가치를 부여하는 결과 산출(주민만족도조사) ⑤ 서비스의 질 관리(서비스 헌장제도) ⑥ 고객에 대한 서비스 선택권 부여	① 기업가 정신의 강조 ② 성과(결과)에 기초한 관리(성과급, 연봉제) ③ 권한이양(자율적 권한부여, 성과를 통한 책임강조) ④ 품질관리기법(TQM, 정책품질관리제) ⑤ 인센티브 메커니즘 ⑥ 고객만족(CSM) 경영기법의 도입

연계학습 2025 신용한 행정학 p166

09 상 중 하 ■■■ 🔑 ②

출제유형 출제영역 Ⅰ 말 바꾸기 + Ⅳ 개념 / 정책평가의 유형

① ⭕ 내부평가는 정책을 담당하고 있는 사람들이나 이들이 소속한 조직의 다른 구성원이 행하는 평가를 말한다. 내부평가는 평가에 전문성과 경험을 활용할 수 있다는 장점을 가진다.

② ❌ 비용편익분석은 정책 실행이 가져올 모든 비용과 편익을 화폐 단위로 계량화하여 비교하는 방법으로서, 대안의 선택기준으로 경제적 타당성에 초점을 맞춘 **능률성을 평가 할 수 있지만, 대응성을 측정하기에는 효과적이지 않다.**

③ ⭕ 총괄평가는 정책이 집행된 후에 수행되는 평가이다. 주로 정책이 당초 의도했던 목적을 달성했는 지의 여부를 판단하는 정책효과성 평가, 능률성 평가를 위한 목적으로 수행된다.

④ ⭕ 평가성 검토(평가성 사정)는 **정책에 대한 전면적인 평가를 시작하기 전에** 본 평가의 목적을 달성하기 위해 평가실시의 기술적 가능성, 유용성 등을 조사하는 **예비평가이다.**

연계학습 2025 신용한 행정학 p.243, 295

10 상 중 하 ■■■ 🔑 ③

출제유형 출제영역 Ⅰ 말 바꾸기 + Ⅳ 개념 / 정책집행

① ❌ 하향식 접근방법은 **전방향접근법(forward mapping)이라고 불리며, 정책 목표를 달성해 가는 과정을 정책집행으로 이해**한다.

② ❌ 상향식 접근방법은 **정책집행현장에서 집행조직과 정책사업 간 상호작용의 중요성을 강조**한다.

③ ⭕ 매틀랜드는 정책목표의 모호성과 갈등의 정도에 따라 집행상황을 관리적 집행, 정치적 집행, 실험적 집행, 상징적 집행으로 구분하였다.

④ ❌ **협상형에 대한 설명**이다. 관료적 기업가형은 정책집행자가 정책결정자의 결정권을 장악하고 정책과정 전반을 완전히 통제하는 유형이다.

연계학습 2025 신용한 행정학 p.233, 276, 284~286

11 상 중 하 ■■■ 🔑 ③

출제유형 출제영역 Ⅰ 말 바꾸기 + Ⅳ 개념 / 체제이론

① ⭕ 체제이론은 체제의 속성과 기능을 규명하고, 모든 행정현상을 전체 체제의 특성속에서 통합적 분석을 시도하는 총체적 접근법이다. 체제이론은 목적 달성을 위한 유일 최선의 방법은 없으며, 다양한 방법이 존재한다고 가정 한다(등종국성).

② ⭕ 체제이론은 다양한 환경에 적응할 수 있도록 내부의 구조나 기능 또한 환경에 적합하게 분화될 것을 요구하게 된다.

③ ❌ ④ ⭕ **체제이론은** 환경으로부터 대응하기 위해 다양성을 갖추고, 특수한 기능을 수행할 수 있도록 **구조와 기능이 끊임없이 진화됨을 강조(부의 엔트로피)**한다.

SUMMARY 체제의 속성

폐쇄체제	개방체제
환경과 상호작용 ×	환경과 상호작용 ○
선형적 인과관계(유일 최선의 방법)	목표 달성의 다양성(등종국성)
엔트로피 ↑ → 해체, 소멸	엔트로피 ↓ → 항상성(동태적 안정상태)

연계학습 2025 신용한 행정학 p.128~129

12 상(중)하 ①

출제유형 출제영역 | 말 바꾸기+Ⅳ 개념 / 정책결정모형

① ○ 사이버네틱스모형은 대안탐색의 과정을 치밀한 분석의 과정이라기보다, 미리 정해진 대안의 레퍼토리 중에서 하나를 선택하여 환경에 적응하고자 하는 무목적적 적응 과정을 특징으로 한다.
② ✗ **최적모형에 대한 설명**이다. 최적모형은 기존의 합리모형이 계량적 요인만을 대상으로 하여 질적 측면을 간과하고 있음을 비판하고, 정책결정자의 직관적 판단과 같은 초합리성의 중요성을 강조하였다.
③ ○ **관료정치모형**(앨리슨 모형 Ⅲ)에 대한 설명이다. 관료정치모형은 독립적인 개별 행위자들의 집합체가 정치적 게임의 규칙에 따른 타협, 흥정 등을 통해 정책결정을 내리는 상황을 설명하기 용이하다
④ ○ **쓰레기통 모형에 대한 설명**이다. 쓰레기통모형은 정책결정을 조직화된 무질서 상태에서 어떠한 계기로 인해 우연히 결정되는 현상으로 설명한다.

연계학습 2025 신용한 행정학 p.260~267

13 상(중)하 ①

출제유형 출제영역 | Ⅳ 개념+Ⅵ 이론 비교 / 예산제도(종합)

ㄴ. ✗ 성과 예산제도(PBS)는 예산을 사업별·활동별로 분류해 편성하고, 업무단위의 원가와 양을 계산해 편성하는 제도이다. 성과 예산제도(PBS)는 투입되는 예산의 성과를 파악할 수 있지만, **성과주의 예산을 적용할 업무단위 선정 및 단위원가를 계산하기 어렵다는 단점**이 있다.
ㄷ. ✗ **계획예산제도**는 장기적인 계획과 단기적인 예산편성을 프로그램을 통해 유기적으로 연결시킴으로써 합리적인 자원배분을 이룩하려는 제도로, **집권적이며 하향적인 의사결정 구조를 가지게 된다. 또한 분석과정에 있어 많은 시간과 노력이 필요하므로, 계량화와 환산작업이 어렵다는 단점을 가진다.**

예산제도	중점	기획책임	장 점	단 점
품목별 예산 (LIBS)	통제 지향	분산적	• 회계책임 명확 • 재정통제 용이	• 융통성 저해 • 지출 목표의식 결여
성과주의 예산 (PBS)	관리 지향	분산적	• 사업목적과 내용의 이해 • 집행의 신축성	• 회계책임 불분명 • 총괄계정에 부적합
계획예산 (PPBS)	기획 지향	집권적	• 자원배분의 합리화 • 부서 간 장벽 타파 • 목표와 수단의 연계	• 사업구조작성 어려움 • 의사결정의 집권화 • 공무원과 의회의 이해 부족
목표관리 예산 (MBO)	관리 기능	분산적	• 민주화, 창의적 참여	• 단기목표에 치중 • 평가기준개발의 어려움
영기준 예산 (ZBB)	감축 지향	분산적	• 예산절감 • 관리자의 참여 확대	• 사업축소 및 폐지 곤란 • 분석기법의 적용 한계

연계학습 2025 신용한 행정학 p.697~707

14 상(중)하 ④

출제유형 출제영역 | 말바꾸기+Ⅳ 개념 / 예산집행의 신축성 유지방안

ㄱ. ✗ **예산의 이용에 대한 설명**이다. 예산의 전용은 행정과목(세항 – 목) 간의 상호융통이다.
ㄴ. ✗ **사고이월에 대한 설명**이다. 명시이월은 연내 지출 마감이 불가함이 예측된 경비는 세입·세출예산에 명시해 국회승인을 얻어 다음 연도에 사용하는 것이다.
ㄷ. ○ 국가재정법 제22조 제1항

> **국가재정법 제22조【예비비】** ① 정부는 예측할 수 없는 예산 외의 지출 또는 예산초과지출에 충당하기 위하여 일반회계 예산총액의 100분의 1 이내의 금액을 예비비로 세입세출예산에 계상할 수 있다.

ㄹ. ○ 국가재정법 제47조 제2항

> **동법 제47조【예산의 이용·이체】** ② 기획재정부장관은 정부조직 등에 관한 법령의 제정·개정 또는 폐지로 인하여 중앙관서의 직무와 권한에 변동이 있는 때에는 그 중앙관서의 장의 요구에 따라 그 예산을 상호 이용하거나 이체(移替)할 수 있다.

올바른 지문

ㄱ. 예산의 이용이란 각 기관·장·관·항 간에 상호 융통하는 것을 말한다.
ㄴ. 예산의 사고이월이란 예산 성립 후 연도 내 지출원인행위를 하고 불가피한 사유로 지출하지 못한 경비와 지출원인행위를 하지 아니한 그 부대경비의 금액에 대한 이월을 말한다.

SUMMARY 예산의 집행 – 신축성 확보방안

이용	입법과목(장·관·항) 간에 상호융통(국회의결 필요)
전용	행정과목(세항·목)간에 상호 융통(국회의결 불필요)
이체	정부조직 등에 관한 법령의 제정·개정·폐지로 직무·권한 변동 시 예산도 이에 따라서 책임소관 변경(국회의결 불필요)
이월	당해 회계연도 예산의 일정액을 다음 연도에 넘겨서 사용하는 것 ㉠ 명시이월 : 예측된 이월 ㉡ 사고이월 : 예측되지 않은 이월
예비비	예측할 수 없는 예산외 지출과 초과지출시를 대비해 세입세출예산에 계상한 금액. 상한 : 일반회계 예산총액의 1/100 이내(국회의결 필요)
계속비	완성에 수년을 요하는 사업 경비의 총액과 연부액을 정해 미리 국회의결을 얻은 범위안에서 수년에 걸쳐 지출하는 예산(5년 연장가능)
국고채무 부담행위	법률, 세출예산, 계속비 범위 외에 정부가 채무를 부담하는 행위 미리 예산으로서 국회의결을 얻어야 함. 지출권한은 아님.
수입대체경비	중앙관서 장이 일정 항목에 대해 수입의 범위 안에서 경비의 직접 지출이 가능한 경비
추가경정예산	예산의 확정 후 변경
총액계상예산	세부 내용을 미리 확정하기 어려운 사업은 총액으로 예산 계상
회계연도 개시 전 예산배정	특정경비에 대해서는 회계연도 개시 전에 예산배정 가능 (외국에서 지급하는 경비, 재해복구사업비 등)

연계학습 2025 신용한 행정학 p.676~681

15 상 중 하 🔑 ①

출제유형 출제영역 Ⅰ 말바꾸기+Ⅳ 개념 / 우리나라 지방자치 등

① ✗ 기관위임사무는 일반적으로 지방적 이해관계보다 전국적 이해관계가 큰 사무의 특성을 가지며, 법령에 의해 국가 또는 상급 지방자치단체로부터 **지방자치단체의 집행기관에게 위임된 사무를 의미**한다.

② ○ 효율성의 원칙에 따르면 보충성의 원칙을 받아들인다 해도 모든 사무를 기초지방정부에 맡길 수는 없다. 사무에 따라서는 보다 넓은 지역을 담당하는 광역지방정부나 전국을 단위로 하는 중앙정부가 일차적인 책임을 가지고 처리하는 것이 훨씬 더 효율적일 경우가 있기 때문이다.

③ ○ 포괄성의 원칙은 사무배분에 있어 동종의 업무나 상호 밀접히 연관된 업무는 같이 배분해 주어야 한다는 원칙으로 지방정부가 배분받은 사무에 대해 배타적(exclusive) 권한을 행사할 수 있도록 해야 한다는 내용도 담고 있다.

④ ○ 자치사무는 지역주민의 공공복리를 위해 지방자치단체가 자기의 책임과 부담으로 처리하는 지방적 공공사무로서 자치단체의 존립을 목적으로 하는 사무를 의미한다. 자치사무에 대한 국가의 감독은 합법성에 관한 사후 교정적 감독(소극적 감독)에만 한정된다.

올바른 지문
① 기관위임사무는 주로 지방적 이해관계보다 국가적 차원의 이해관계가 크게 걸려 있는 사업이 대상이며, 지방자치단체의 집행기관에 위임한 사무이다.

SUMMARY 자치사무, 단체위임사무, 기관위임사무

구 분	자치사무	단체위임사무	기관위임사무
개 념	지방자치단체가 자기의 책임과 부담으로 처리하는 지방적 공공사무	법령에 의하여 국가 또는 상급 지방자치단체로부터 그 지방자치단체에 위임된 사무	법령에 의하여 국가 또는 상급 지방자치단체로부터 지방자치단체의 집행기관에게 위임된 사무
결정주체	지방의회(본래의 사무)	지방의회(지방자치단체에 위임)	국가(지방자치단체 개입 불가)
사무처리 주체	지방자치단체	지방자치단체	지방자치단체장(일선행정기관의 성격)
조례 제정권	○	○	✗
국가의 감독	합법성 중심의 교정적 (사후)감독	합법성과 합목적성의 교정적 감독	교정적 감독+예방적 감독
경비의 부담	자치단체 보조금 = 장려적 보조금	공동부담 보조금 = 부담금	국가 부담 보조금 = 교부금
사무예시	자치단체의 존립, 유지사무, 주민복지사무(상하수도, 지역민방위, 지역소방, 도서관, 주민등록, 학교, 병원, 도로, 도시계획, 쓰레기 처리 등)	보건소, 생활보호, 의료보호, 재해구호, 도세징수, 공과금 징수, 직업안정, 하천유지보수, 국도유지보수 등	대통령·국회의원 선거, 근로기준설정, 가족관계등록, 의약사면허, 도량형, 외국인등록, 여권발급 등

연계학습 2025 신용한 행정학 p.848~850, 853

16 상 중 하 🔑 ②

출제유형 출제영역 Ⅶ 법령 / 공무원의 신분보장(종합)

① ○ 국가공무원법 제73조의3 제1항

> **국가공무원법 제73조3 【직위해제】** ① 임용권자는 다음 각 호의 어느 하나에 해당하는 자에게는 직위를 부여하지 아니할 수 있다.
> 3. 파면·해임·강등 또는 정직에 해당하는 징계 의결이 요구 중인 자

② ✗ 정직은 중징계 처분 중의 하나로 사유에 따라 1개월 이상 3개월 이하의 기간이 적용되며, **정직기간 중 보수는 전액을 감한다.**

> **동법 제80조 【징계의 효력】** ③ 정직은 1개월 이상 3개월 이하의 기간으로 하고, 정직 처분을 받은 자는 그 기간 중 공무원의 신분은 보유하나 직무에 종사하지 못하며 보수는 전액을 감한다.

③ ○ 국가공무원법 제73조의4 제1항

> **동법 제73조의4 【강임】** ① 임용권자는 직제 또는 정원의 변경이나 예산의 감소 등으로 직위가 폐직되거나 하위의 직위로 변경되어 과원이 된 경우 또는 본인이 동의한 경우에는 소속 공무원을 강임할 수 있다.

④ ○ 해임은 강제퇴직 처분으로, 3년간 공직취임이 제한된다. 원칙적으로 퇴직급여의 제한은 없으나 뇌물·향응수수·공금횡령·유용 등으로 해임된 경우에는 퇴직급여가 제한된다(5년 미만 : 퇴직급여의 1/8 감액, 5년 이상 : 퇴직급여의 1/4 감액).

올바른 지문
② 정직은 중징계 처분 중의 하나로 사유에 따라 1개월 이상 3개월 이하의 기간이 적용되며, 정직기간 중 보수는 전액을 감한다.

SUMMARY 징계의 종류

(1) 신분보유

구분	승급제한	보수(기간)	직무수행	기타
견책	6개월	영향 ✗	영향 ✗	훈계·회개
감봉	12개월	1/3(1~3개월)	영향 ✗	
정직	18개월	전액(1~3개월)	1~3개월 정지	
강등	18개월	전액(3개월)	3개월	1계급 강등

(2) 신분박탈

구분	처분	공직취임 제한	퇴직급여	퇴직급여 제한 범위
해임	강제퇴직 처분	3년간	제한 ✗ (금전문제 해임 시 제한 ○)	5년 미만-1/8 5년 이상-1/4
파면	강제퇴직 처분	5년간	제한 ○	5년 미만-1/4 5년 이상-1/2

연계학습 2025 신용한 행정학 p.586, 587, 593

17

출제유형 출제영역) Ⅰ 말바꾸기 + Ⅳ 개념 / 정부규제

① ✗ **관리규제는 투입규제(수단규제)에 비해 피규제자에게 더욱 많은 자율성을 부여**한다.
② ○ 성과규제는 정부가 특정한 사회문제 해결에 대한 목표 달성 수준을 정하고 피규제자에게 이를 달성할 것을 요구하는 것이다.
③ ○ 직접규제는 정부가 직접 규제하는 방식인 반면 자율규제는 개인과 기업 등 피규제자가 스스로 합의된 규범을 만들고 이를 구성원들에게 적용하는 형태의 규제 방식이다.
④ ○ 허용사항 외에는 모두 규제되는 것이 포지티브 규제이며, 금지사항을 명시하고 이외에는 모두 허용되는 것이 네거티브 규제이다. 따라서 네거티브 규제가 포지티브 규제보다 피규제자에 더 많은 자율성을 보장해준다.

올바른 지문
① 관리규제는 투입규제(수단규제)에 비해 피규제자에게 더욱 많은 자율성을 부여한다.

연계학습) 2025 신용한 행정학 p.27, 28

18

출제유형 출제영역) Ⅶ 법령 / 공직자윤리법

① ✗ 공직자윤리법 제1조

공직자윤리법 제1조 【목적】 이 법은 공직자 및 공직후보자의 재산등록, 등록재산 공개 및 재산형성과정 소명과 공직을 이용한 재산취득의 규제, 공직자의 선물신고 및 주식백지신탁, 퇴직공직자의 취업제한 및 행위제한 등을 규정함으로써 공직자의 부정한 재산 증식을 방지하고, 공무집행의 공정성을 확보하는 등 공익과 사익의 이해충돌을 방지하여 국민에 대한 봉사자로서 가져야 할 공직자의 윤리를 확립함을 목적으로 한다.

② ○ 공직자윤리법 제2조

동법 제2조 【생활보장 등】 국가는 공직자가 공직에 헌신할 수 있도록 공직자의 생활을 보장하고, 공직윤리의 확립에 노력하여야 한다.

③, ④ ○ 공직자윤리법 제2조의2 제2항, 제4항

동법 제2조2 【이해충돌 방지 의무】 ② 공직자는 자신이 수행하는 직무가 자신의 재산상 이해와 관련되어 공정한 직무수행이 어려운 상황이 일어나지 아니하도록 직무수행의 적정성을 확보하여 공익을 우선으로 성실하게 직무를 수행하여야 한다.
④ 퇴직공직자는 재직 중인 공직자의 공정한 직무수행을 해치는 상황이 일어나지 아니하도록 노력하여야 한다.

연계학습) 2025 신용한 행정학 p.558~563

19

출제유형 출제영역) Ⅶ 법령 / 공무원의 법령상 의무

① ○ 국가공무원법 제59조

국가공무원법 제59조 【친절·공정의 의무】 공무원은 국민 전체의 봉사자로서 친절하고 공정하게 직무를 수행하여야 한다.

② ○ 사실상 노무에 종사하는 공무원은 **노동운동이나 그 밖에 공무 외의 일을 위한 집단 행위를 할 수 있다.**

동법 제66조 【집단행위의 금지】 ① 공무원은 노동운동이나 그 밖에 공무 외의 일을 위한 집단 행위를 하여서는 아니 된다. 다만, 사실상 노무에 종사하는 공무원은 예외로 한다.

③ ○ 국가공무원법 제62조

동법 제62조 【외국 정부의 영예 등을 받을 경우】 공무원이 외국 정부로부터 영예나 증여를 받을 경우에는 대통령의 허가를 받아야 한다.

④ ○ 국가공무원법 제61조 제1항

동법 제61조 【청렴의 의무】 ① 공무원은 직무와 관련하여 직접적이든 간접적이든 사례·증여 또는 향응을 주거나 받을 수 없다.

올바른 지문
② 사실상 노무에 종사하는 공무원은 노동운동이나 그 밖에 공무 외의 일을 위한 집단 행위를 할 수 있다.

연계학습) 2025 신용한 행정학 p.546, 557, 558

20

출제유형 출제영역) Ⅰ 말바꾸기 + Ⅳ 개념 / 정책의제 설정 유형 등

① ✗ 호그우드와 건(Hogwood & Gunn)은 문제가 심각성과 특수성을 지니는 경우, **제기된 문제가 감정적 측면을 가지고 있어 대중매체의 관심을 끄는 경우**, 많은 다수의 사람들에게 영향을 주는 문제일 경우, 이미 해결책이 강구된 문제나 다른 지방자치단체에서 정책의제로 채택된 문제일 경우, 주도집단의 규모나 정치적 자원이 풍부할 경우에 정책의제로 설정될 가능성이 높다고 하였다
② ○ 외부주도형은 주로 이익집단의 활동이 활발하고, 정부가 외부의 요구에 민감하게 반응하는 정치체제, 즉 다원화된 정치체제에서 주로 나타난다.
③ ○ 정부의제는 정부의 공식적인 의사결정에서 문제해결을 위해 신중하고 적극적으로 검토하기로 명백히 밝힌 문제이다.
④ ○ 바흐라크와 바라츠(Bachrach & Baratz)는 폭력, 적응적 흡수, 지배적인 가치나 편견의 동원, 현존 규칙 및 절차의 재편성 등을 제시하였는데 이 중 가장 직접적인 수단은 폭력이다.

연계학습) 2025 신용한 행정학 p.203, 216, 217

21 ④

출제유형 / 출제영역: Ⅵ 이론 비교 / 엽관주의 vs 실적주의

①, ②, ③ ⓞ 실적주의의 정당화 근거에 해당한다.
④ ✗ **엽관주의에 대한 설명**이다. 엽관주의는 행정에 대한 민주적 통제를 강화시키는 장점이 있다.

SUMMARY 엽관주의와 실적주의의 장·단점

(1) 엽관주의의 장·단점

장점 및 공헌	단점 및 폐단
① 특권적 정부관료제를 일반대중에게 공개 ⇨ 민주정치 발달과 행정 민주화에 공헌	① 매관매직 등 정치적·행정적 부패를 초래
② 정당의 대중화와 정당정치의 발달에 공헌	② 행정의 전문성 저해 & 비능률성 야기
③ 국민의 요구에 대한 관료적 대응성을 향상	③ 행정의 계속성, 일관성, 안정성 등을 훼손
④ 선출직 정치지도자들의 관료집단에 대한 통제가 용이	④ 관직의 남설을 통해 재정적 낭비를 초래
	⑤ 행정의 공공성을 담보할 수 없음

(2) 실적주의의 장·단점

장점 및 공헌	단점 및 폐단
① 공직취임에 대한 기회균등 보장	① 소극적·경직적 인사제도
② 공개경쟁시험으로 유능한 인재 임용	② 채용시험 내용과 직무 수행 능력과의 직접적 연계성 부족
③ 정치적 중립 ⇨ 행정의 공정성 확보	③ 정치적 중립 ⇨ 행정의 대응성 & 책임성 부재
④ 신분보장 ⇨ 행정의 안정성 & 계속성 확보	④ 신분보장으로 정치지도자의 공무원에 대한 통제력 확보가 어려움
⑤ 공직의 상품화 봉쇄 ⇨ 부패 감소	⑤ 공무원의 정치적 자유를 지나치게 제약

연계학습 2025 신용한 행정학 p.907

22 ③

출제유형 / 출제영역: Ⅰ 말바꾸기 + Ⅳ 개념 / 직업공무원제

① ⓞ 직업공무원은 오랫동안 공직에 근무하게 되므로, 공직에 대한 직업적 연대 의식을 가지게 되어 공무원집단의 구성원으로서의 일체감과 단결심을 갖게 된다.
② ⓞ 직업공무원제는 우수한 젊은 인재들이 공직에 많은 관심을 갖도록 유인하고, 공무원으로 채용되어 실적에 따라 높은 상위 직책까지 일생을 근무하면서 승진 할 수 있도록 하는 공직제도이다.
③ ✗ 직업공무원제는 폐쇄적 임용을 하기 때문에 공무원 집단이 보수적으로 되거나 관료주의화 되는 경향을 만들며, 전문행정가의 양성을 저해하고, **행정의 전문화에 역행할 수 있다는 단점**이 있다.
④ ⓞ 직업공무원제는 공직에의 장기 근무를 유도하므로 행정의 계속성과 안정성 및 일관성을 유지할 수 있다.

SUMMARY 직업공무원제의 장·단점

장점	단점
① 일체감·봉사정신 강화	① 특권집단화(민주통제 곤란)
② 엄격한 근무규율의 수용	② 폐쇄적 임용 ⇨ 공직취임기회의 제약&외부전문가 임용 곤란
③ 온정적 관계의 발전	③ 공직침체(무사안일)
④ 행정의 계속성·안정성·일관성 유지	④ 전문화 방해
⑤ 고급 공무원 양성에 유리(일반행정가)	⑤ 승진지망의 과열
⑥ 공직의 직업전문분야 확립에 유리	

연계학습 2025 신용한 행정학 p.454~456

23 ③

출제유형 / 출제영역: Ⅰ 말바꾸기 + Ⅳ 개념 / 정부 간 관계모형

① ⓞ 앤더슨(Anderson)은 "정부 간 관계는 ' 미국 연방제제 내에서 ' 모든 계층과 모든 형태의 정부 간에 일어나는 상호작용과 행위의 총체라고 주장하였다.
② ⓞ 라이트(Wright)의 중첩권위모형(overlapping-authority model)은 중앙정부와 지방정부가 상호 독자성을 유지하며 기능적으로 상호의존관계에 있는 경우이다.
③ ✗ 윌슨과 게임(Wilson & Game)은 정부 간 관계를 대리인모형, 권력의존모형, 지배인모형으로 설명하고 있다. 대리인모형은 기본적으로 지방정부를 중앙정부에 종속된 대리인으로 보는 것이며, 동반자모형 또는 권력의존모형은 중앙정부와 지방정부를 동반자적이고 평등한 파트너 관계로 인식하는 것이다. 지배인모형은 지방정부가 중앙정부의 통제하에 놓여 있기는 하지만, 어느 정도 상대적 자율성을 가지고 있다고 보는 모형이다.
④ ⓞ 엘코크(Elcock)의 동반자모형은 중앙과 지방정부는 동반자의 관계로 서로 대등한 입장에서 상호 작용을 하는 것을 설명하는 모형이다.

올바른 지문
③ 윌슨과 게임(Wilson & Game)의 지배인 모형에 따르면 지방정부는 중앙정부로부터 어느 정도의 자율성을 가지고 지방을 관리한다.

연계학습 2025 신용한 행정학 p.929~932

24 ④

출제유형 / 출제영역: Ⅰ 말바꾸기 + Ⅳ 개념 / 기술과 조직구조(Woodward)

①, ② ⓞ 대량생산기술을 의존하는 조직에서 감독자의 관리 범위, 공식화된 절차 집권화의 정도, 그리고 문서에 의한 의사전달은 높게 나타나지만 단위소량생산기술이나 연속공정생산기술을 의존하는 조직에서는 낮게 나타난다.
③ ⓞ 대량 생산 기술에 의존하는 조직은 주로 기계적 구조 형태를 나타내고 단위소량생산기술이나 연속공정생산기술에 의존하는 조직은 유기적 구조 형태를 나타낸다.
④ ✗ 단위소량생산기술에서 연속공정생산기술로 갈수록 기술의 복잡성이 증대되고, 그에 따라 관리계층의 수가 증대되며, **전체 구성원 중에서 관리자가 차지하는 비율도 증가한다.**

올바른 지문
④ 단위소량생산기술에서 연속공정생산기술로 기술의 복잡성이 증가함에 따라 전체 구성원 중에서 관리자가 차지하는 비율이 증가한다.

연계학습 2025 신용한 행정학 p.339

25 상 중 하 ③

출제유형 출제영역 Ⅰ 말바꾸기 + Ⅳ 개념 / 집권–분권에 대한 역사적 원칙과 제도

①, ② ❌ 딜런(Dillon)의 원칙은 지방정부는 **주정부의 피조물로서 부여된 자치권만을 행사하게 되며, 주정부는 지방정부를 폐지할 수 있다는 원칙**이다.

④ ❌ 지역사회에서 만든 헌장을 주민투표를 통해 결정하는 방식인 자치헌장(home-rule)은 분권을 지향하는 반면, **딜런(Dillon)의 원칙은 집권 지향적**이다.

연계학습 2025 신용한 행정학 p.931

2023년 국가직 7급

문제편 p.83~88

정답

01	②	02	④	03	①	04	②	05	①
06	③	07	④	08	②	09	②	10	③
11	④	12	④	13	①	14	④	15	①
16	③	17	③	18	①	19	④	20	①
21	③	22	③	23	②	24	④	25	②

출제영역 분석

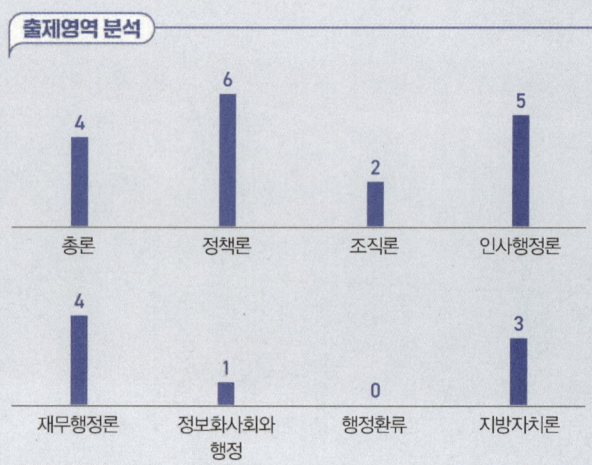

총론 4, 정책론 6, 조직론 2, 인사행정론 5
재무행정론 4, 정보화사회와 행정 1, 행정환류 0, 지방자치론 3

출제경향 분석

신유형 문제 1
기출문제 24

출제문제 유형분석

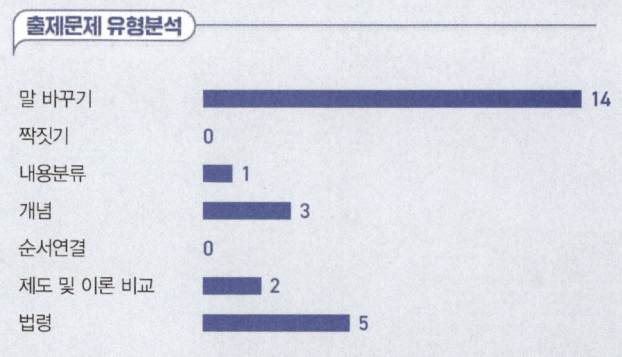

말 바꾸기 14
짝짓기 0
내용분류 1
개념 3
순서연결 0
제도 및 이론 비교 2
법령 5

---

01 ②

출제유형 출제영역 말바꾸기+개념 / 주인-대리인 이론

① ○ 주인-대리인이론은 경제적 능률을 중시하는 인간관에 기반한 이론으로, 개인은 자신의 이익을 극대화 하려는 합리적 이기주의자로 가정한다.

② ✕ 주인과 대리인의 목표 상충으로 인해 나타나는 것은 **대리손실(역선택과 도덕적 해이)**이다. X-비효율성은 경제주체가 독점적 지위를 갖는 경우 관리효율성을 극대화하려는 유인 부족으로 생산의 평균비용이 증가하는 현상을 말한다.

③, ④ ○ 주인-대리인 이론에서 주인과 대리인 간에는 인지적 한계, 정보격차(정보의 불균형)와 근본적 이해관계의 상충 등으로 기회주의적 행동이 나타나고 이로 인해 대리손실(역선택과 도덕적 해이)이 발생함을 설명한다.

연계학습 2025 신용한 행정학 p.146, 147

02 ④

출제유형 출제영역 말바꾸기+개념 / 정책평가의 유형

① ○ 평가성 사정은 평가로부터 얻을 수 있는 정보수요 및 평가의 실행가능성을 사정하고, 평가정보의 활용 방안에 대해 합의하며, 실행 가능하고 효율적인 평가 설계를 선택하도록 돕는 예비적인 평가기획 활동을 말한다.

② ○ 정책영향평가란 정책이나 사업이 의도한 방향으로 변화를 가져왔는지 여부를 평가하는 것으로, 정책이 집행된후 정책이 사회에 미친 영향(impact)을 평가하는 효과성 평가로 볼 수 있다.

③ ○ 모니터링은 과정평가에 해당하며 집행의 능률성과 효과성을 확보할 수 있다.

④ ✕ **총괄평가에 대한 설명**이다. 형성평가는 정책이 집행되는 도중, 사업계획을 형성·개발하는 과정에서 수행되는 평가를 말한다.

연계학습 2025 신용한 행정학 p.298~300

03 ①

출제유형 출제영역 말바꾸기+개념 / 근무성적평정의 유형

① ✕ **강제배분법**이란 피평정자의 성적분포가 과도하게 집중되거나 관대화되는 것을 막기 위해 **성적분포를 미리 정해 놓는 방법**을 말한다. 따라서 평가의 집중화 경향을 억제하는 효과가 있지만, 평정자가 미리 정해진 비율에 따라 평정대상자를 각 등급에 분포시키고 그 다음에 역으로 등급에 해당하는 점수를 부여하는 **역산식 평정을 할 가능성이 높다**. 또한, 평정대상 다수가 우수한 경우에도 일정한 비율의 인원은 하위 등급을 받을 수 있다는 단점이 존재한다.

연계학습 2025 신용한 행정학 p.509, 510

04 상 중 하 ☐☐☐ 🔑 ②

출제유형 **출제영역** 말바꾸기+개념/정책네트워크

① ○ ② ✗ 정책네트워크란 수많은 공식·비공식적 참여자가 존재하는 정책과정의 참여자들 간 상호작용을 구조적인 차원으로 설명하는 틀이다. 따라서 **정책네트워크의 경계는 공식기관들에 의해 결정되는 것이 아니라, 다양한 참여자들 간 상호작용과 관계를 중심으로 결정**된다.

③ ○ 하위정부 모형은 이익집단, 의회의 상임위원회, 행정기관의 관료 등 소수 엘리트들이 연대를 형성하여 특정 영역의 정책결정을 배타적으로 지배하는 3자 간 동맹이 형성되고 있는 네트워크를 말한다. 3자 간 이해관계가 일치하므로 안정성이 높은 것이 특징이며 3자 간 동맹관계를 철의 삼각으로 표현하기도 한다.

④ ○ 하위정부 모형에 대한 대안으로 대두된 정책공동체 모형은, 특정 정책문제에 대한 전문성을 가진 사람들이 상호 이해를 공유한다는 측면에서 서로 유사한점이 존재한다.

연계학습 2025 신용한 행정학 p.207~211

05 상 중 하 ☐☐☐ 🔑 ①

출제유형 **출제영역** 말바꾸기+개념 / 신공공관리론 vs 넛지이론

① ✗ 신공공관리론의 학문적 토대는 신고전학파 경제학인데 반하여, **넛지이론의 학문적 토대는 행동경제학(공공선택론 ✗)이다.**

② ○ 정부정책의 목표에 있어서, 신공공관리론은 효율성을 증대하여 고객 대응성을 높이자는 목표를 가지는것에 반하여, 넛지이론은 행동변화를 통해서 삶의 질을 높이는 것이다.

③ ○ 합리성에 구분에 있어서 신공공관리론은 경제적 합리성을 가정하지만, 넛지이론에서는 제한된 합리성을 가정한다.

④ ○ 신공공관리론에서는 공무원은 정치적 기업가 이지만, 넛지이론에서는 선택 설계자이다.

SUMMARY 신공공관리론 vs 넛지이론

구 분	신공공관리론	넛지이론
이론의 학문적 토대	신고전학파 경제학, 공공선택론	행동경제학
합리성	완전한 합리성, 경제학 합리성	제한된 합리성, 생태적 합리성
정부 역할의 이념적 기초	신자유주의, 시장주의	자유주의적 개입주의
정부 역할의 근거와 한계	시장실패와 제도 실패, 정부실패	행동적 시장실패와 정부실패
공무원상	정치적 기업가	선택 설계자
정부 정책의 목표	고객주의, 개인의 이익 증진	행동 변화를 통한 삶의 질 제고
정책 수단	경제적 인센티브	넛지
정부개혁 모델	기업가적 정부	넛지 정부

연계학습 2025 신용한 행정학 p.182, 183

06 상 중 하 ☐☐☐ 🔑 ③

출제유형 **출제영역** 개념 / 립스키의 일선관료제

① ○ 일선관료들의 집행현장은 정형화하기 어렵고, 업무가 기계적이기보다는 인간적 차원에서 대처해야 할 상황이 많으므로, 재량권 강화를 통해 예상치 못한 사태에 대비하게 할 수 있다.

② ○ 일선관료는 만성적으로 부족한 자원, 모호하고 대립되는 기대, 불충분한 자원, 권위에 대한 위협과 도전이라는 환경에 처해있다.

③ ✗ **일선관료들은** 개별적인 집행상황에 부합하는 유연한 업무수행을 하기보다는 **습관적이고 정형화된 형태로 업무를 수행한다**(단순화나 정형화의 메커니즘을 통해 복잡하고, 불확실한 상황에 대처함.).

④ ○ 일선관료는 정책의 최종적 과정에서 국민과 직접 접촉하며 상당한 재량권을 행사하는 하위직 관료로 구성된 공공서비스 집단을 말한다. 정부를 대신하여 시민에게 정책을 직접 전달하며, 특히 사회경제적 취약계층의 삶에 큰 영향력을 미친다.

연계학습 2025 신용한 행정학 p.281, 282

07 상 중 하 ☐☐☐ 🔑 ④

출제유형 **출제영역** 말바꾸기+개념 / 집권화 vs 분권화

① ○ 조직규모가 작고 역사가 짧을수록, 조직이 집권화하는 것이 유리하며, 조직의 규모가 커질수록 조직이 처리해야 할 문제 혹은 업무 등이 복잡해져 분권화할 가능성이 높아진다.

② ○ 집권화에서 최고의사결정권자는 전문가들의 능력을 적극 활용할 수 있기 때문에 전문화를 증진시키는 데 기여한다.

③ ○ 분권화는 의사결정의 분산을 통해, 탄력적 업무수행을 할 수 있다는 장점이 있다.

④ ✗ **집권화의 장점에 해당**한다. 집권성은 통합·조정기능 강화에 효과적이며, 행정의 중복기능을 줄일 수 있는 장점을 지닌다.

연계학습 2025 신용한 행정학 p.335

08 상 중 하 ☐☐☐ 🔑 ②

출제유형 **출제영역** 말바꾸기+개념 / 만족모형

ㄱ ○ 만족모형은 최선의 대안이 아니라 만족할 만한 대안을 찾은 후에 대안 탐색을 중단하게 되면 검토되지 않은 대안 중에 훨씬 더 중요한 대안이 포기될 수 있다. 이러한 위험은 책임회피와 보수적 사고방식에 젖기 쉬운 공무원의 경우에 더욱 심해질 수가 있다.

ㄴ ✗ 만족의 여부는 개인 또는 조직의 기대수준에 달려있는데, **기대수준은 유동적이며 어느 것이 만족할 만한 대안인지를 객관적으로 판단하기 어렵다.**

ㄷ ✗ **회사모형에 대한 설명**이다. 회사모형은 조직의 인지적 한계에 초점을 두고 수평적 하위조직간의 관계를 주로 다루었기 때문에 조직내의 상하관계 등에서 나타나는 권력적 측면이 의사결정에 미치는 영향을 소홀히 취급하였다.

ㄹ ○ 일반적이고 가벼운 의사결정에서는 무작위적으로 대안을 고려하고 만족할 만한 대안이 있으면 대안의 탐색이 중단될 수 있지만, 중대한 의사결정에는 이러한 의사결정이 아니라, 분석적 결정이 이루어질 가능성이 크다.

연계학습 2025 신용한 행정학 p.259

09 　상 **중** 하 　■■■　　　🔑 ②

출제유형 출제영역) 말바꾸기 + 이론 비교 / 시계열적 비교

① ④ ⭕ 추세연장 예측기법이란 과거의 변동추세를 모아둔 시계열 데이터에 대한 분석결과를 토대로 이를 연장하여 미래를 예측하는 경험적·귀납적 통계적 방법을 말하며, 인구감소, 경제성장, 기관의 업무량 등을 예측하는 데 이용된다.

② ❌ **교차영향행렬**은 **추측(Conjecture)기법**이다. 추세연장 예측기법의 주요 방법에는 이동평균법, 지수평활법 등이 있다.

③ ⭕ 시계열적 예측에 의한 예측은 지속성, 규칙성 및 자료의 신뢰성과 타당성 등 세 가지 기본과정에 기초를 두게 된다.

지속성 (persistence)	과거의 변화 방식이 미래에도 그대로 지속될 것이라는 가정
규칙성 (regularity)	과거의 변화 패턴이 미래에도 규칙적으로 반복되어 나타날 것이라는 가정
신뢰성과 타당성 (reliability & validity)	이용될 자료가 내적으로 일관성을 띠고 있어 신뢰할 수 있을 뿐만 아니라, 측정하고자 의도한 것을 측정할 수 있다는 가정

연계학습) 2025 신용한 행정학 p.233, 234

10 　상 **중** 하 　■■■　　　🔑 ③

출제유형 출제영역) 말 바꾸기 + 개념 / 리더십 이론(종합)

ㄱ. ❌ 켈리(Kelley)는 독자적이고 비판적인 사고를 하는가 아니면 의존적이고 무비판적인 사고를 하는가, 그리고 능동적인가 아니면 피동적인가를 기준으로 **다섯 가지 추종자의 역할을 구분**하였다.

소외적 추종자 (alienated follower)	독자적·비판적 이 며조직의 문제해결에는 피동적이다. 조직의 결함과 다른 사람의 흠집에만 관심을 가지고 문제해결에 참여하는 것은 꺼린다
순응적 추종자 (conformist)	의존적, 무비판적이지만 조직활동에 적극적으로 참여하고 무슨 지시에든 복종한다. 순응자의 최대관심사는 갈등회피이다.
실용주의적 생존추구자 (pragmatic survivor)	다른 네 가지 추종자 유형의 특성을 절충하여 함께 지니면서 필요에 따라 행태를 자유자재로 바꿀 수 있는 사람이다. 위험을 피하고 자기이익을 최대화하는데 필요하다면 어떤 행태든 활용할 수 있는 사람이다. 조직에서 살아남는 데 필요하다면 무슨 일이든 하는 타입이다
수동적 추종자 (passive follower)	비독자적·무비판적·피동적 추종자이다. 책임감이나 솔선력을 결여하고, 하라는 일만 그것도 감독을 받아야만 하는 타입이다.
효율적 추종자 (effective follower)	독자적·비판적 사고의 틀을 가지고 조직활동에 능동적으로 참여하는 사람이다. 조직의 이익을 위해서라면 모험이나 갈등도 피하지 않는 사람이다.

ㄴ. ⭕ 블레이크와 머튼(Blake & Mouton)은 관리그리드 모형에서 생산에 대한 관심과 인간에 대한 관심을 기준으로 리더십유형을 다섯 가지로 분류(무관심형, 친목형, 과업형, 타협형, 단합형)하였으며, 인간에 대한 관심과 생산에 대한 관심이 함께 높은 단합형(team)이 가장 이상적 리더십임을 설명한다.

ㄷ. ⭕ 피들러(Fiedler)는 리더의 효과성은 상황에 의해 결정된다고 보고, 상황변수를 3가지(리더와 부하의 관계, 임무구조, 직위에 부여된 권력)로 설정하였다.

ㄹ. ❌ 오하이오 주립대 리더십 연구자들은 리더의 행동을 임무중심적 행태인 '구조설정(initiating structure)'과 인간관계 중심적 행태인 '배려(consideration)'의 두 가지 국면을 기준으로 네 가지 리더십 유형으로 분류하였다. 또한 **'구조설정'과 '배려'의 수준이 다 같이 높을 때 생산성이 가장 높다는 것을 발견**하였다.

연계학습) 2025 신용한 행정학 p.409, 413

11 　상 **중** 하 　■■■　　　🔑 ④

출제유형 출제영역) 이론 비교 / 예산의 형식

① ⭕ 예산은 정부만이 제안권을 갖고 있고 국회는 제안권을 갖지 않은 반면에 법률은 정부와 국회 모두 제안권을 갖는다.

② ⭕ 예산안을 심의할 때 국회는 정부가 제출한 예산안의 범위 내에서 삭감할 수 있으나, 정부의 동의 없이 지출예산 각 항의 금액을 증가하거나 새 비목을 설치할 수 없다.

③ ⭕ 법률은 공포로써 효력이 발생하지만 예산은 공포가 필요 없으며 국회 의결로 확정되고 대통령은 국민에게 공고할 뿐이다.

④ ❌ 입법부의 예산 심의 기능은 재정 민주주의를 실현하는 중요한 제도적 장치의 하나로, 대통령은 국회가 의결한 법률안에 대해 재의 요구를 할 수 있으나, **국회는 정부가 제출한 예산안에 대한 심의·의결 자체를 거부할 수 없다.**

> **헌법 제54조** ① 국회는 국가의 예산안을 심의·확정한다.
> ② 정부는 회계연도마다 예산안을 편성하여 회계연도 개시 90일 전까지 국회에 제출하고, 국회는 회계연도 개시 30일 전까지 이를 의결하여야 한다.

SUMMARY 예산과 법률의 차이

	예산	법률
제출권자	정부	국회, 정부
제출기간	회계연도 개시 120일전	제한 없음
국회심의권	정부 동의 없이 예산 증액 및 새비목 설치 불가, 삭감은 가능	자유로운 수정가능
대통령거부권	거부권 행사 불가	거부권 행사 가능
대인적 효력	국가기관을 구속	국가기관·국민 모두 구속
시간적 효력	회계연도에 국한	폐지 시까지 계속적 효력

연계학습) 2025 신용한 행정학 p.603

12 상**중**하 ■■■ 🔍 ④

출제유형 출제영역 말 바꾸기＋개념 / 행정 PR

① ⭕ 행정 PR은 행정민주화의 요청에 따라 그 필요성이 제기되고 있다.
② ⭕ 행정 PR은 정보전달의 과장 및 정보왜곡이 없어야 한다는 진실성・객관성을 전제한다.
③ ⭕ 행정 PR은 국민의 비판적 여론의 억제 목적으로 활용되어서는 안되며, 건전한 여론을 형성해야 한다는 교육성・계몽성을 특징으로 한다.
④ ❌ 행정 PR은 국민의 알권리를 충족시키기 위한 정부의 의무적 활동으로, 국민과의 **수평적・협력적**(일방적・명령적 ×) 관계를 기초로 한다.

연계학습 2025 신용한 행정학 p.73, 74

13 상**중**하 ■■■ 🔍 ①

출제유형 출제영역 법령＋말 바꾸기 / 공무원의 법령상 의무 등

① ⭕ 국가공무원법 제61조 제2항

> **국가공무원법 제61조【청렴의 의무】** ② 공무원은 직무상의 관계가 있든 없든 그 소속 상관에게 증여하거나 소속 공무원으로부터 증여를 받아서는 아니 된다.

② ❌ 중징계의 일종인 파면은 강제퇴직 처분으로 **5년간 공직취임이 제한되며, 퇴직급여의 일부가 삭감**(5년 미만인 경우 1/4, 5년 이상인 경우 1/2을 감액)된다.
③ ❌ **다른 법령 또는 사회상규에 따라 허용되는 경우**에는 직무관련자로부터 사적 노무를 제공받을 수 있다.

> **공무원 행동강령 제13조의2【청렴의 의무】** 공무원은 자신의 직무권한을 행사하거나 지위・직책 등에서 유래되는 사실상 영향력을 행사하여 직무관련자 또는 직무관련공무원으로부터 사적 노무를 제공받거나 요구 또는 약속해서는 아니 된다. 다만, 다른 법령 또는 사회상규에 따라 허용되는 경우에는 그러하지 아니하다.

④ ❌ 감봉은 경징계에 해당하며 **1개월 이상 3개월 이하 기간 동안**(직무에 종사하지 못하고 ×) **보수의 1/3을 삭감**하는 처분이다.

올바른 지문
② 중징계의 일종인 파면의 경우 5년간 공무원으로 재임용될 수 없으며, 연금급여의 불이익도 있다.
④ 감봉은 경징계에 해당하며 1개월 이상 3개월 이하 기간 동안 보수의 1/3을 삭감하는 처분이다.

SUMMARY 징 계

(1) 신분보유

구분	승급제한	보수(기간)	직무수행	기타
견책	6개월	영향 ×	영향 ×	훈계・회개
감봉	12개월	1/3(1~3개월)	영향 ×	
정직	18개월	전액(1~3개월)	1~3개월 정지	
강등	18개월	전액(3개월)	3개월	1계급 강등

(2) 신분박탈

구분	처분	공직취임 제한	퇴직급여	퇴직급여 제한 범위
해임	강제퇴직 처분	3년간	제한 × (금전문제 해임 시 제한 ○)	5년 미만-1/8 5년 이상-1/4
파면	강제퇴직 처분	5년간	제한 ○	5년 미만-1/4 5년 이상-1/2

연계학습 2025 신용한 행정학 p.558, 564, 586

14 상**중**하 ■■■ 🔍 ④

출제유형 출제영역 말 바꾸기＋개념 / 단체위임사무 등

① ⭕ 라이트(Wright)는 정부 간 관계모형에서 포괄권위형(포괄형), 분리권위형(분리형), 중첩권위형(중첩형)으로 나누고 각 유형에서 지방정부의 사무구성, 중앙・지방 간 재정관계와 인사관계의 차이를 밝히고 있다.
② ⭕ 엘코크(Elcock)가 제시한 대리인모형은 지방은 단순한 대리인에 불과하다고 인식하며, 지방정부는 중앙정부의 위임된 사무를 수행하는 것이며, 재량권이 거의 없는 것으로 설명하는 모형이다.
③ ⭕ 지방자치법 제125조 제2항

> **국가공무원법 제125조【행정기구와 공무원】** ① 지방자치단체는 그 사무를 분장하기 위하여 필요한 행정기구와 지방공무원을 둔다.
> ② 제1항에 따른 행정기구의 설치와 지방공무원의 정원은 인건비 등 대통령령으로 정하는 기준에 따라 그 지방자치단체의 조례로 정한다.

④ ❌ 단체위임사무는 위임된 사무이지만 해당 자치단체 자체에 위임된 사무이기 때문에 해당 **지방의회가 그 사무의 처리에 참여하며, 조례 제정권을 가진다.**

올바른 지문 ④ 우리나라 지방자치단체의 단체위임사무는 의결기관인 지방의회가 그 사무의 처리에 관여할 수 있다.

연계학습 2025 신용한 행정학 p.849, 929, 931

15 상**중**하 ■■■ 🔍 ①

출제유형 출제영역 내용분류 / 우리나라 국가재정법

① ❌ 재정준칙(fiscal rule)은 재정수지, 재정지출, 국가채무 등의 총량적인 재정지표에 대해 구체적인 목표수치를 동반한 재정운영 목표를 법제화한 정책으로서 「**국가재정법**」에 규정되어 있지는 않다.
② ⭕ 국가재정법 제37조 제1항

> **국가재정법 제37조【총액계상】** ① 기획재정부장관은 대통령령으로 정하는 사업으로서 세부내용을 미리 확정하기 곤란한 사업의 경우에는 이를 총액으로 예산에 계상할 수 있다.

③ ⭕ 국가재정법 제50조 제1항

> **동법 제50조【총사업비의 관리】** ① 각 중앙관서의 장은 완성에 2년 이상이 소요되는 사업으로서 대통령령으로 정하는 대규모사업에 대하여는 그 사업규모·총사업비 및 사업기간을 정하여 미리 기획재정부장관과 협의하여야 한다. 협의를 거친 사업규모·총사업비 또는 사업기간을 변경하고자 하는 때에도 또한 같다.

④ ⭕ 국가재정법 제7조 제1항

> **동법 제7조【국가재정운용계획의 수립 등】** ① 정부는 재정운용의 효율화와 건전화를 위하여 매년 해당 회계연도부터 5회계연도 이상의 기간에 대한 재정운용계획(이하 "국가재정운용계획"이라 한다)을 수립하여 회계연도 개시 120일 전까지 국회에 제출하여야 한다.

[연계학습] 2025 신용한 행정학 p.617, 675, 680, 717

---

16 상ⓒ하

출제유형 **출제영역** 이론 비교 / 상향적 접근 vs 하향적 접근

정책집행을 주어진 정책목표의 달성을 위한 수단적 행위로 파악하는 접근방법은 정책집행연구의 하향식 접근이다.

① ⭕ 하향식 접근에서 정책결정의 내용은 타당한 인과이론에 바탕을 둔 것이어야 하며, 규범적 처방이 된다.

② ⭕ 하향식 접근은 정책집행을 정책목표 달성을 위해 채택된 정책결정 내용을 충실히 이행하는 과정으로 인식하므로 명확하고 일관된 정책목표와 그 실현을 위한 정책수단을 가지고 있는 것으로 가정한다.

③ ❌ **상향식 접근에 대한 설명**이다. 상향식 접근방법은 집행현장을 있는 그대로 파악하기 때문에 의도하지 않은 효과도 분석가능하며, 지역 간 집행상의 차이의 파악에 유리하다.

④ ⭕ 하향식 접근은 정책집행을 주도하고 지지하는 자들의 입장에서 정책집행과정을 관찰하고 연구하기 때문에 반대자 및 다른 행위자들의 입장이나 전략적 행동들을 쉽게 파악할 수 없다는 단점이 있다.

올바른 지문 ③ 상향식 접근은 정부 및 민간 프로그램에서의 의도하지 않은 효과까지도 분석할 수 있다는 장점이 있다.

[연계학습] 2025 신용한 행정학 p.279~284

---

17 상ⓒ하

출제유형 **출제영역** 말 바꾸기+개념 / 우리나라 공무원 제도

ㄱ. ❌ 중앙정부·지방자치단체 및 그 하부기관에 근무하는 공무원은 직장협의회를 설립할 수 있으며, **하나의 기관에는 하나(복수 ×)의 협의회 설립**이 가능하다.

> **공무원직장협의회의 설립·운영에 관한 법률 제2조【설립】** ① 국가기관, 지방자치단체 및 그 하부기관에 근무하는 공무원은 직장협의회(이하 "협의회"라 한다)를 설립할 수 있다.
> ② 협의회는 기관 단위로 설립하되, 하나의 기관에는 하나의 협의회만을 설립할 수 있다.

ㄴ. ⭕ 휴직은 일정한 사유로 직무에 종사할 수 없는 경우 일정기간 동안 신분을 유지하면서 직무에 종사하지 않아도 되도록 하는 조치로 임용권자가 직권으로 휴직을 명하는 직권휴직과 본인의 원에 따라 휴직을 명하는 청원휴직이 있다.

ㄷ. ❌ 공무원은 소청심사위원회를 통해 부당하다고 여겨지는 징계에 대한 구제를 신청할 수 있으며, 소청심사위원회의 결정은 **처분청(소청인 ×)을 기속**한다.

ㄹ. ⭕ 국가공무원법 제29조 제3항

> **국가공무원법 제29조【시보임용】** ③ 시보 임용 기간 중에 있는 공무원이 근무성적·교육훈련성적이 나쁘거나 이 법 또는 이 법에 따른 명령을 위반하여 공무원으로서의 자질이 부족하다고 판단되는 경우에는 제68조와 제70조에도 불구하고 면직시키거나 면직을 제청할 수 있다. 이 경우 구체적인 사유 및 절차 등에 필요한 사항은 대통령령등으로 정한다.

[연계학습] 2025 신용한 행정학 p.501, 548, 589, 590, 593

---

18 상ⓒ하

출제유형 **출제영역** 법령 / 우리나라 국가채무

① ❌ **기금이 발행한 채권 또한 국가채무에 포함**된다.

> **국가재정법 제91조【국가채무의 관리】** ② 제1항의 규정에 따른 금전채무는 다음 각 호의 어느 하나에 해당하는 채무를 말한다.
> 1. 국가의 회계 또는 기금(재원의 조성 및 운용방식 등에 따라 실질적으로 국가의 회계 또는 기금으로 보기 어려운 회계 또는 기금으로서 대통령령으로 정하는 회계 또는 기금은 제외한다. 이하 이 항에서 같다)이 발행한 채권
> 2. 국가의 회계 또는 기금의 차입금
> 3. 국가의 회계 또는 기금의 국고채무부담행위
> 4. 그 밖에 제1호 및 제2호에 준하는 채무로서 대통령령으로 정하는 채무

② ⭕ 국채는 국가가 공공목적에 필요한 자금을 확보하거나 기 발행된 국채의 상환을 위해 발행하는 채권으로서, 현재 국고채권, 외화표시 외국환평형기금채권(외평채), 국민주택채권, 재정증권 등 4종의 국채가 발행되고 있다.

③ ⭕ 국가채무를 성질별로 분류할 경우, 크게 외평기금과 주택기금의 대응자산 취득을 위한 채무인 금융성 채무와 일반회계 적자보전 목적 등의 용도로 사용되는 적자성 채무로 구분할 수 있다.

[연계학습] 2025 신용한 행정학 p.618

19 ④

출제유형 출제영역) 법령 / 공직자윤리법

① ◯ 공직자윤리법 제14조의 8 제1항

> **공직자윤리법 제14조의8【신탁상황의 보고 등】**① 주식백지신탁의 수탁기관은 매년 1월 1일(주식백지신탁계약이 체결된 해의 경우에는 계약체결일)부터 12월 31일까지 신탁재산을 관리·운용·처분한 내용을 다음 해 1월 중에 관할 공직자윤리위원회에 보고하여야 한다. 이 경우 12월 중에 주식백지신탁계약이 체결되었으면 다음 해의 관리·운용·처분에 관한 내용과 함께 보고할 수 있다.

② ◯ 백지 신탁제도는 「공직자윤리법」에 규정되어 있다.

> **동법 제1조【목적】** 이 법은 공직자 및 공직후보자의 재산등록, 등록재산 공개 및 재산형성과정 소명과 공직을 이용한 재산취득의 규제, 공직자의 선물신고 및 주식백지신탁, 퇴직공직자의 취업제한 및 행위제한 등을 규정함으로써 공직자의 부정한 재산 증식을 방지하고, 공무집행의 공정성을 확보하는 등 공익과 사익의 이해충돌을 방지하여 국민에 대한 봉사자로서 가져야 할 공직자의 윤리를 확립함을 목적으로 한다.

③ ◯ 공직자윤리법 제14조의5 제1항

> **동법 제14조의5【주식백지신탁 심사위원회의 직무관련성 심사 등】** ① 공개대상자등 및 그 이해관계인이 보유하고 있는 주식의 직무관련성을 심사·결정하기 위하여 인사혁신처에 주식백지신탁 심사위원회를 둔다

④ ✗ **백지신탁제도는** 공직자의 보유주식에 대해 직무관련성이 인정될 경우 보유주식을 매각하거나, 신탁계약을 체결하도록 하는 제도이나, **공직자의 의견을 반영하는 것은 아니다.**

연계학습) 2025 신용한 행정학 p.561

③ ✗ 공직자윤리법 제5조 제1항

> **동법 제5조【재산의 등록기관과 등록시기 등】** ① 공직자는 등록의무자가 된 날부터 2개월이 되는 날이 속하는 달의 말일까지 등록의무자가 된 날 현재의 재산을 다음 각 호의 구분에 따른 기관(이하 "등록기관"이라 한다)에 등록하여야 한다. 다만, 등록의무자가 된 날부터 2개월이 되는 날이 속하는 달의 말일까지 등록의무를 면제받은 경우에는 그러하지 아니하며, 전보(轉補)·강임(降任)·강등(降等) 또는 퇴직 등으로 인하여 등록의무를 면제받은 사람이 3년(퇴직한 경우에는 1년) 이내에 다시 등록의무자가 된 경우에는 전보·강임·강등 또는 퇴직 등을 한 날 이후 또는 제11조제1항에 따른 재산변동사항 신고 이후의 변동사항을 신고함으로써 등록을 갈음할 수 있다.

④ ✗ 공직자윤리법 제3조 제1항

> **동법 제3조【등록의무자】** ① 다음 각 호의 어느 하나에 해당하는 공직자(이하 "등록의무자"라 한다)는 이 법에서 정하는 바에 따라 재산을 등록하여야 한다.
> 8. 교육공무원 중 총장·부총장·대학원장·학장(대학교의 학장을 포함한다) 및 전문대학의 장과 대학에 준하는 각종 학교의 장, 특별시·광역시·특별자치시·도·특별자치도의 교육감 및 교육장

연계학습) 2025 신용한 행정학 p.560

20 ①

출제유형 출제영역) 법령 / 공직자윤리법

① ◯ **국채, 공채, 회사채 등 유가증권은 액면가로 등록한다.**

> **공직자윤리법 제4조【등록대상재산】** ③ 제1항에 따라 등록할 재산의 종류별 가액(價額)의 산정방법 또는 표시방법은 다음과 같다.
> 6. 국채·공채·회사채 등 유가증권은 액면가

② ✗ 공직자윤리법 제4조 제1항

> **동법 제4조【등록대상재산】** ① 등록의무자가 등록할 재산은 다음 각 호의 어느 하나에 해당하는 사람의 재산(소유 명의와 관계없이 사실상 소유하는 재산, 비영리법인에 출연한 재산과 외국에 있는 재산을 포함한다. 이하 같다)으로 한다.
> 3. 본인의 직계존속·직계비속. 다만, 혼인한 직계비속인 여성과 외증조부모, 외조부모, 외손자녀 및 외증손자녀는 제외한다.

21 상중하 ③

출제유형 출제영역 법령 / 지방의회

① ○ 지방자치법 제41조 제1항

> **지방자치법 제41조【의원의 정책지원 전문인력】** ① 지방의회의원의 의정활동을 지원하기 위하여 지방의회의원 정수의 2분의 1 범위에서 해당 지방자치단체의 조례로 정하는 바에 따라 지방의회에 정책지원 전문인력을 둘 수 있다.

② ○ 지방자치법 제103조 제2항

> **동법 제103조【사무직원의 정원과 임면 등】** ② 지방의회의 의장은 지방의회 사무직원을 지휘·감독하고 법령과 조례·의회규칙으로 정하는 바에 따라 그 임면·교육·훈련·복무·징계 등에 관한 사항을 처리한다.

③ ✕ 지방의회의 정례회는 **매년 2회** 개최한다.

> **동법 제53조【정례회】** ① 지방의회는 매년 2회 정례회를 개최한다.

④ ○ 동법 제43조 제1항

> **동법 제109조【겸직 등 금지】** ① 지방의회의원은 다음 각 호의 어느 하나에 해당하는 직(職)을 겸할 수 없다.
> 2. 헌법재판소 재판관, 각급 선거관리위원회 위원

연계학습 2025 신용한 행정학 p.870, 871

22 상중하 ③

출제유형 출제영역 말 바꾸기 + 개념 / 재정투명성

① ○ 재정의 투명성(Fiscal Transparency)이란 일반 국민들에게 재정에 관련된 모든 정보를 시의적절하고 체계적으로 완전히 공개하는 것을 의미한다.

② ○ 2007년의 IMF 「재정투명성 규약」은 재정투명성과 관련하여 기본적인 4대 구조 하에 10개의 원칙, 45개의 세부 코드를 규정하였는데, 이중 4대 기본구조는 '정부의 역할과 책임의 명확화', '공개된 예산 과정', '정보에 관한 국민의 이용가능성 보장', '재정정보의 완전성에 대한 보증'으로 구분할 수 있다.

③ ✕ 「국가재정법」은 **일반정부 및 공공부문의 재정통계를 매년 1회 이상 투명하게 공표하도록 규정**하고 있다.

> **국가재정법 제9조【재정정보의 공표】** ① 정부는 예산, 기금, 결산, 국채, 차입금, 국유재산의 현재액, 통합재정수지 및 제2항에 따른 일반정부 및 공공부문 재정통계, 그 밖에 대통령령으로 정하는 국가와 지방자치단체의 재정에 관한 중요한 사항을 매년 1회 이상 정보통신매체·인쇄물 등 적당한 방법으로 알기 쉽고 투명하게 공표하여야 한다.

④ ○ 국가재정법 제100조 제1항

> **동법 제100조【예산·기금의 불법지출에 대한 국민감시】** ① 국가의 예산 또는 기금을 집행하는 자, 재정지원을 받는 자, 각 중앙관서의 장(그 소속기관의 장을 포함한다) 또는 기금관리주체와 계약 그 밖의 거래를 하는 자가 법령을 위반함으로써 국가에 손해를 가하였음이 명백한 때에는 누구든지 집행에 책임 있는 중앙관서의 장 또는 기금관리주체에게 불법지출에 대한 증거를 제출하고 시정을 요구할 수 있다.

올바른 지문 ③ 「국가재정법」에서는 공공부문을 포함한 일반정부의 재정통계를 매년 1회 이상 투명하게 공표하도록 규정하고 있다.

연계학습 2025 신용한 행정학 p.616

23 상중하 ②

출제유형 출제영역 말 바꾸기 + 개념 / 정부신뢰

ㄱ. ○ 정부신뢰란 정부에 대한 시민들의 긍정적 평가로 이해할 수 있으며, 정부의 도덕성 확보, 정책 내용의 일관성 유지, 정부 역량은 모두 정부신뢰의 구성인자에 해당한다.

ㄴ. ✕ 정부와 시민 간의 신뢰 유형 중 대칭적인 관계에서 형성되는 것은 상호 신뢰(mutual trust)이다. **신탁적 신뢰(fiduciary trust) 비대칭적인 관계에서 형성되는 신뢰**이다.

ㄷ. ○ 시민들이 기피하는 시설의 건설 추진 여부에 대한 공론조사에서 시민대표단을 구성하여 토론하는 것은 숙의민주주의에 대한 사례에 해당한다.

숙의민주주의	타율적으로 주어진 결정안에 대한 단순한 선택 행위가 아니라 심사숙고의 과정을 통하여 결정을 위한 대안을 만들고, 나아가서 이대안을 정책이 될 수 있도록 선택하는 민주주의의 과정. 공론조사, 합의회의, 시민회의, 주민배심등 다양한 유형이 존재.

연계학습 2025 신용한 행정학 p.72

24 상중하 ④

출제유형 출제영역 개념 / 우리나라 지방재정

① ○ 부동산교부세는 종합부동산세의 전액을 재원으로 자치단체의 재정여건 등을 고려하여 교부하는 일반재원이다.

② ○ 지방교육재정교부금법 제3조 제2항

> **지방교육재정교부금법 제3조【교부금의 종류와 재원】** ② 교부금 재원은 다음 각 호의 금액을 합산한 금액으로 한다.
> 1. 해당 연도 내국세[목적세 및 종합부동산세, 담배에 부과하는 개별소비세 총액의 100분의 45 및 다른 법률에 따라 특별회계의 재원으로 사용되는 세목(稅目)의 해당 금액은 제외한다. 이하 같다] 총액의 1만분의 2,079
> 2. 해당 연도 「교육세법」에 따른 교육세 세입액 중 「유아교육지원특별회계법」 제5조제1항에서 정하는 금액 및 「고등·평생교육지원특별회계법」 제6조제1항에서 정하는 금액을 제외한 금액

③ ⭕ 2005년 노무현정부 때 국가균형발전특별회계가 신설된 이후, 지방시대 종합계획과 지역균형발전 관련 사업의 효율적 추진을 위해 '국가균형발전특별회계'를 '지역균형발전특별회계'로 변경하였다.

④ ❌ 지역상생발전기금은 지방소비세도입에 따른 **수도권과 타 지역간 재정격차를 우려**(광역지자체와 기초지자체 간 불균형 ×)하여 도입한 지방자치단체 간 상생발전을 위한 수평적 형평화 수단의 재정조정제도이다. 지역상생발전기금은 서울·인천·경기도가 징수하는 지방소비세의 35%를 조성하여 비수도권 광역자치단체에 배분한다.

> **지방자치단체 기금관리기본법 제17조【지역상생발전기금의 설치·운용】** ① 특별시·광역시·특별자치시·도·특별자치도(이하 "시·도"라 한다)는 지방자치단체 간 상생(相生) 발전을 지원하고, 기금의 여유자금을 효율적으로 관리·활용하기 위하여 지역상생발전기금(이하 "발전기금"이라 한다)을 설치한다.

연계학습 2025 신용한 행정학 p.904

25 ②

출제유형 출제영역 개념 / 리엔지니어링

② ⭕ 업무재설계(BPR)는 정보기술의 활용을 통해 조직업무의 절차를 재정비하여 이음매 없는 조직을 구현하려는 현대적 관리전략으로, 비용, 품질, 서비스, 속도와 같은 조직의 핵심적 성과에 있어 '극적인 개선'을 이루기 위해 업무프로세서를 '근본적으로 다시 생각'하고 급진적으로 재설계하는 것을 말한다.

연계학습 2025 신용한 행정학 p.441

2022년 국가직 7급

문제편 p.89~95

정답

01	④	02	①	03	③	04	②	05	④
06	③	07	④	08	②	09	③	10	③
11	④	12	①	13	④	14	③	15	②
16	②	17	③	18	②	19	①	20	①
21	④	22	④	23	①	24	②	25	①

출제영역 분석

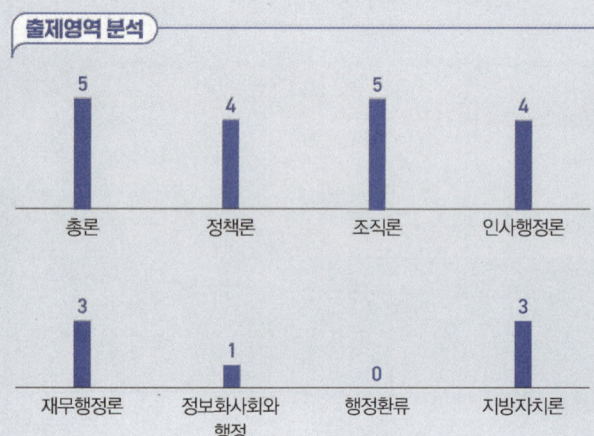

출제경향 분석

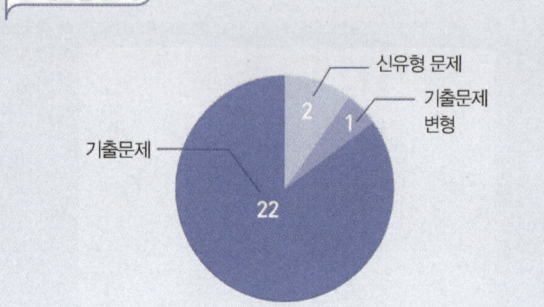

출제문제 유형분석

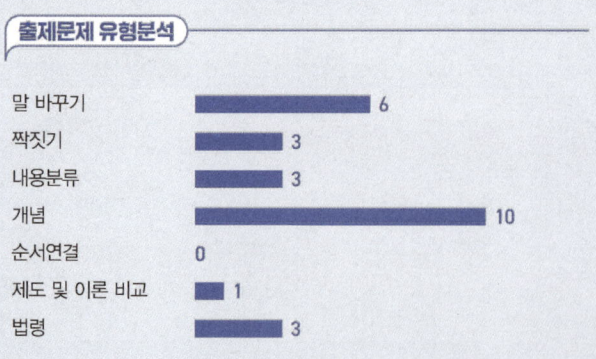

---

01 상 중 하 ④

출제유형 출제영역 개념 / 상황변수와 조직구조

① ○ 일상적 기술을 가진 조직의 경우 높은 공식화 구조를 가지며, 비일상적 기술일수록 공식화가 낮아진다.
② ○ 조직구조의 높은 복잡성, 공식성, 집권성을 특징으로 하는 기계적 구조와 낮은 복잡성, 공식성, 집권성을 특징으로 하는 유기적 구조로 구분할 수 있다.
③ ○ 환경이 빠르게 변하고 예측이 불가능할 경우에는 그에 대응하기 위한 유연성이 요구되므로 유기적 구조가 적합하다.
④ ✗ **조직구조는** 조직 내 여러 부문 간 결합의 형태로, **구성원 간의 상호 작용 등 다양한 요소와 관련성이 있다.**

SUMMARY 상황변수와 조직구조

구 분	규모 (증가할수록)	기술 (비일상적 기술일수록)	환경 (불확실성이 높을수록)
복잡성	+	+	+
공식성	+	−	−
집권성	−	−	−

연계학습 2025 신용한 행정학 p.337~341

02 상 중 하 ①

출제유형 출제영역 개념 / 동기부여 이론(종합)

① ✗ 앨더퍼(Alderfer)는 매슬로우의 욕구계층이론을 수정하여 인간의 욕구를 존재(E : Existence), 관계(R : Relatedness), 성장(G : Growth)의 3단계로 분류하였다. 이 중 **관계욕구는 매슬로우의 사회적 욕구에 해당**한다.
② ○ 브룸(Vroom)의 기대이론은 동기유발은 과업에 대한 개인의 기대감, 수단성, 유의성에 의해 결정된다고 주장하는 이론으로 과정이론에 해당한다.
③ ○ 허즈버그(Herzberg)의 욕구충족요인 이원론의 위생요인은 개인의 불만족을 방지하는 효과를 가져오는 요인으로 충족되지 않으면 불만을 일으키지만 충족이 되면 불만을 제거하는 소극적 효과만을 가진다.
④ ○ 애덤스(Adams)는 자기의 노력과 그 결과로 얻어지는 보상을 준거인물과 비교하여 상대적으로 느끼는 공평함의 정도가 동기부여에 영향을 미친다고 주장하였다.

올바른 지문 ① 앨더퍼(Alderfer)의 욕구내용 중 관계욕구는 머슬로(Maslow)의 사회적 욕구에 해당한다.

연계학습 2025 신용한 행정학 p.393, 396, 399, 400

03 상 중 하 ③

출제유형 출제영역 법령 / 공무원의 임용결격 사유

③ ✕ 징계로 **파면처분**을 받은 때부터 **5년**이 지나지 아니한 자는 공무원으로 임용될 수 없다.

> **국가공무원법 제33조【결격사유】** 다음 각 호의 어느 하나에 해당하는 자는 공무원으로 임용될 수 없다.
> 1. 피성년후견인
> 2. 파산선고를 받고 복권되지 아니한 자
> 3. 금고 이상의 실형을 선고받고 그 집행이 종료되거나 집행을 받지 아니하기로 확정된 후 5년이 지나지 아니한 자
> 4. 금고 이상의 형을 선고받고 그 집행유예 기간이 끝난 날부터 2년이 지나지 아니한 자
> 5. 금고 이상의 형의 선고유예를 받은 경우에 그 선고유예 기간 중에 있는 자
> 6. 법원의 판결 또는 다른 법률에 따라 자격이 상실되거나 정지된 자
> 6의2. 공무원으로 재직기간 중 직무와 관련하여 「형법」 제355조 및 제356조에 규정된 죄를 범한 자로서 300만원 이상의 벌금형을 선고받고 그 형이 확정된 후 2년이 지나지 아니한 자
> 6의3. 「성폭력범죄의 처벌 등에 관한 특례법」 제2조에 규정된 죄를 범한 사람으로서 100만원 이상의 벌금형을 선고받고 그 형이 확정된 후 3년이 지나지 아니한 사람
> 6의4. 미성년자에 대한 다음 각 목의 어느 하나에 해당하는 죄를 저질러 파면·해임되거나 형 또는 치료감호를 선고받아 그 형 또는 치료감호가 확정된 사람(집행유예를 선고받은 후 그 집행유예기간이 경과한 사람을 포함한다)
>   가. 「성폭력범죄의 처벌 등에 관한 특례법」 제2조에 따른 성폭력범죄
>   나. 「아동·청소년의 성보호에 관한 법률」 제2조제2호에 따른 아동·청소년대상 성범죄
> 7. 징계로 파면처분을 받은 때부터 5년이 지나지 아니한 자
> 8. 징계로 해임처분을 받은 때부터 3년이 지나지 아니한 자

연계학습 2025 신용한 행정학 p.496

04 상 중 하 ②

출제유형 출제영역 개념 / 엽관주의

① ◯ 영국의 경우 1870년 추밀원령에 의해 실적주의가 확립이 되었으며 미국은 1883년 펜들턴 법에 의해 실적주의가 확립이 되었다.

② ✕ **실적주의에 대한 설명**이다. 엽관주의는 행정의 안정성, 계속성, 효율성 등의 훼손, 행정의 공정성 저해, 매관매직 등으로 인한 부패 등의 단점을 가진다.

③, ④ ◯ 잭슨 대통령의 엽관주의는 정당에의 충성도와 공헌도를 관직의 임용기준으로 삼는 인사행정제도로 특권적인 정부관료제를 일반대중에게 공개함으로써 민주정치의 발달과 행정의 민주화에 공헌하는 등 공무원의 정치적 책임성을 확보할 수 있다는 장점이 있어 오늘날에도 부분적으로 남아 있다.

연계학습 2025 신용한 행정학 p.448, 449

05 상 중 하 ④

출제유형 출제영역 개념 / 관료제 이론

① ◯ 관료제는 계층제의 원리에 따라, 권한의 계층이 뚜렷하게 구획되는 계서제 속에 모든 직위들이 배치되며, 상명하복의 질서정연한 체제로서 하급자는 상급자의 엄격한 감독과 통제 하에 임무를 수행한다.

② ◯ 관료제의 관료의 채용 기준은 전문적 능력(실적)이며, 관료로서의 직업은 전임직업(專任職業)이다.

③ ◯ 훈련된 무능은 한 가지의 지식 또는 기술에 관하여 훈련받고, 기존규칙을 준수하도록 길들여진 경우, 변동된 새로운 조건에 적응하지 못하는 경직성을 보이는 현상을 말한다.

④ ✕ **무사안일주의에 대한 설명**이다. 동조과잉이란 법규의 엄격한 준수가 강조됨으로 인해, 관료는 목표를 달성하기 위한 수단인 규칙과 절차에 집착하고 동조하게 되어 결과적으로 목표보다 수단이 더 중시되는 현상을 의미한다.

> **올바른 지문** ③ 무사안일주의는 적극적으로 새로운 과업을 찾아서 실행하기보다 현재의 주어진 업무만을 소극적으로 수행하는 것이다.

연계학습 2025 신용한 행정학 p.347~350

06 상 중 하 ③

출제유형 출제영역 법령 / 전문경력관 제도

①, ② ◯ 전문경력관직위의 군은 일반직 공무원과는 달리 직무의 특성·난이도 및 직무에 요구되는 숙련도 등에 따라 가군, 나군 및 다군으로 구분한다.

> **전문경력관 규정 제4조【직위군 구분】** ① 제3조에 따른 전문경력관 직위(이하 "전문경력관직위"라 한다)의 군(이하 "직위군"이라 한다)은 직무의 특성·난이도 및 직무에 요구되는 숙련도 등에 따라 가군, 나군 및 다군으로 구분한다.

③ ✕ 임용권자는 일정한 경우 전직 시험을 거쳐 **전문경력관을 다른 일반직공무원으로 전직시킬 수 있다.**

> **동규정 제4조【직위군 구분】** ① 임용권자는 다음 각 호의 어느 하나에 해당하는 경우에는 전직시험을 거쳐 전문경력관을 다른 일반직공무원으로 전직시키거나 다른 일반직공무원을 전문경력관으로 전직시킬 수 있다.
> 1. 직제나 정원의 개정 또는 폐지로 인하여 해당 직(職)의 인원을 조정할 필요가 있는 경우
> 2. 제7조에 따른 전문경력관 경력경쟁채용시험등의 응시요건을 갖춘 경우(전문경력관이 아닌 일반직공무원이 전문경력관으로 전직하는 경우로 한정한다)

④ ◯ 전문경력관 규정 제3조 제1항

> **동규정 제4조【직위군 구분】** ① 임용령 제2조제3호에 따른 소속 장관(이하 "소속 장관"이라 한다)은 해당 기관의 일반직공무원 직위 중 순환보직이 곤란하거나 장기 재직 등이 필요한 특수 업무 분야의 직위를 인사혁신처장과 협의하여 전문경력관직위로 지정할 수 있다.

올바른지문 ③ 전직시험을 거쳐 전문경력관을 다른 일반직공무원으로 전직시키거나 다른 일반직공무원을 전문경력관으로 전직시킬 수 있다.

연계학습 2025 신용한 행정학 p.476

07 상 중 하 ④

출제유형 출제영역 개념 / 동기부여

보상이 없어진 첫 번째 집단은 상대적으로 적은 수만이 그리기 놀이를 계속한 것으로 보아, 보상과 같은 **외재적 동기(가)** 부여의 증가로 인해 **내재적 동기(나)**가 감소하는 구축효과 현상이 발생한 것으로 이해 할 수 있으며 내재적 동기의 예시로는 **일에 대한 즐거움(다)** 등이 있다.

④ ◎ 일반적으로 조직구성원들의 동기부여는 내재적 동기부여와 외재적 동기부여로 구성된다. 전자인 **내재적 동기부여**는 개인의 내적 요인에 의해 자발적으로 발생되는 동기로서 직무를 수행할 때 **개인이 느끼는 즐거움(다)**, 개인의 성취, 흥미, 만족감 등의 긍정적 감정상태를 의미한다. 이에 반해 후자인 **외재적 동기**부여는 개인 외부에서 발생하는 비자발적인 동기로서 주로 보상과 같은 외부적 요인들을 의미한다. 일반적으로 내재적 동기부여와 외재적 동기부여는 상충되는 것으로 보상과 같은 외재적 동기부여가 증가하면 내재적 동기가 감소하는 구축효과(crowding out effect) 현상이 발생하는 것으로 이해 된다.

연계학습 2025 신용한 행정학 p.400~402

08 상 중 하 ②

출제유형 출제영역 말 바꾸기+개념 / 실험과 비실험

ㄱ ◎ 준실험적 방법의 유형에는 비동질적 비교집단 설계, 사후측정 비교집단 설계, 회귀불연속 설계, 단절적 시계열 분석 등이 있다.

ㄴ ✕ **시간의 경과** 때문에 발생하는 내적 타당성 저해요인은 **성숙효과**이다. 역사요인은 실험기간 동안에 일어난 역사적 사건이 실험에 영향을 미치는 것을 말한다.

ㄷ ◎ 비실험적 방법중 통계적 비실험에 대한 설명이다. 통계적 비실험은 결과변수에 영향을 미친다고 생각되는 제3변수들을 식별하여 통계분석모형에 포함시킨 후 정책효과를 추정하는 것이다.

SUMMARY 실험과 비실험

구 분		실험 & 통제집단	조사설계 유형
실험	진실험	동질성 확보 ○ (무작위 배정)	무작위배정에 의한 실험집단·통제집단 설계, 무작위배정에 의한 사전 및 사후 통제집단 설계
	준실험	동질성 확보 ✕ (짝짓기 배정)	비동질적 비교집단 설계, 사후측정 비교집단 설계, 회귀불연속 설계, 단절적 시계열 분석 등
비실험		비교집단 ✕	단일집단 사후측정, 단일집단 사전·사후측정설계

연계학습 2025 신용한 행정학 p.304~309

09 상 중 하 ③

출제유형 출제영역 내용 분류 / 의무지출 vs 재량지출

ㄱ, ㄴ, ㄹ, ㅁ ◎ 의무지출의 범위는 지방교부세, 지방교육재정교부금 등 법률에 따라 지출 의무가 정해지고 법령에 따라 지출 규모가 결정되는 지출, 외국 또는 국제기구와 체결한 국제조약 또는 일반적으로 승인된 국제법규에 따라 발생되는 지출, 그리고 국채 및 차입금 등에 대한 이자지출을 포함한다.

> **국가재정법 시행령 제2조【국가재정운용계획의 수립 등】** ③ 법 제7조제2항제4호의2에 따른 의무지출의 범위는 다음 각 호와 같다.
> 1. 「지방교부세법」에 따른 지방교부세, 「지방교육재정교부금법」에 따른 지방교육재정교부금 등 법률에 따라 지출의무가 정하여지고 법령에 따라 지출규모가 결정되는 지출
> 2. 외국 또는 국제기구와 체결한 국제조약 또는 일반적으로 승인된 국제법규에 따라 발생되는 지출
> 3. 국채 및 차입금 등에 대한 이자지출

연계학습 2025 신용한 행정학 p.671

10 상 중 하 ③

출제유형 출제영역 말 바꾸기+개념 / 예산제도(종합)

① ◎ 영기준예산제도는 모든 지출제안서에 대해 매년 '0'의 기준 상태에서 근본적인 재평가를 바탕으로 검토하는 제도로서 피어(Peter A. Pyhrr)에 의해 1969년 미국의 민간기업 Texas Instruments에서 처음 도입되었으며, 그 후 카터가 대통령이 된 후 1977년부터 연방정부에 도입하게 되었다.

② ◎ 계획예산제도는 장기적인 계획(Planning)과 단기적인 예산편성(Budgeting)을 프로그램(Programming)을 통해 유기적으로 연결시킴으로써 합리적인 자원배분을 이룩하려는 제도로 1963년 케네디(Kennedy) 행정부의 국방장관 맥나마라(McNamara)에 의해 국방부에 도입되었고, 1965년 존슨(Johnson) 대통령에 의해 연방정부에 도입되었다.

③ ✕ 산출 이후의 성과에 관심을 가지며 예산 집행의 재량과 결과에 대한 책임을 강조하는 제도는 **신성과주의(NPBS)에 대한 설명**이다. **성과주의 예산제도는** 투입은 성과로 이어진다는 단선적 가정 아래, 업무, 활동, 등 **직접적 산출에 관심**을 가진다.

④ ◎ 품목별예산제도는 예산을 지출대상(품목)별로 분류해 편성하는 예산제도로서 1912년 미국연방정부가 '능률과 절약을 위한 대통령 위원회(Taft 위원회)'를 설치하면서 품목별 예산의 도입을 권장하고, 1920년대에는 대부분의 연방부처에서 도입되었다.

SUMMARY 성과주의 예산 vs 신성과주의 예산

성과주의 예산(P.B.S)	신성과주의 예산(N.P.B.S)
활동·산출에 초점	결과에 초점
비용과 활동 연계	결과와 예산과 연계
광범위(포괄적)한 예산개혁	예산과정에 성과정보 활용

연계학습 2025 신용한 행정학 p.712~714

11 　상 ❸ 하　　　　🔍 ④

출제유형 **출제영역** 내용 분류＋개념 / 정치행정이원론 vs 정치행정일원론

① ○ 정치행정이원론은 행정과 경영을 동일시하는 공사행정일원론의 입장을 취한다.
② ○ 정치행정이원론은 정치와 행정을 그 본질이 서로 다른 활동이라고 보고 양자를 명백히 구분하는 입장으로, 입법부(정치)에서 정책을 결정하면, 행정은 이를 효율적으로 집행하는 전문적 관리기술(인력과 물자를 관리하는 내부적 관리행위)로 인식한다.
③ ○ 윌슨(Wilson)은 행정을 관리와 경영의 영역, 그리고 전문적·기술적 영역으로 규정하고, 정부는 효율성과 전문성을 갖추어야 한다고 주장하였다.
④ ✕ **정치행정일원론에 대한 설명**이다. 정치행정일원론은 1930년대 경제대공황(시장실패)에 대응하는 과정에서의 뉴딜정책과 제2차 세계대전을 거치면서 위기관리 시 신속한 정책결정의 필요성 등으로 행정의 '정책형성기능'이 중시되면서 제기되었다.

SUMMARY 행정과 경영

유사점 : 공사행정일원론 (정치행정이원론)	차이점 : 공사행정이원론 (정치행정일원론)
① 관리기술적 측면(목표달성을 위한 인적·물적 자원의 동원과 활용) ② 관료제적 성격을 갖는 대규모 조직의 관리 ③ 합리적이고 집단적 협동행위	① 행정⇨공익실현 경영⇨이윤극대화 ② 행정의 정치권력적 성격(공권력을 배경) ③ 행정의 엄격한 법적 규제 ④ 행정에 대한 평등성, 형평성의 요청 ⑤ 행정의 독점성 ⑥ 행정의 넓은 관할 및 영향범위(전 국민이 대상)
행정관리론 : Wilson, Gulick, Urwick 행정행태론 : Simon	통치기능설 : Appleby, Dimock 발전행정론, 신행정론

올바른 지문 ④ 정치행정일원론은 대공황 이후 각종 사회문제를 해결하기 위해서 행정의 정책 결정·형성 및 준입법적 기능수행을 정당화하였다.

연계학습 2025 신용한 행정학 p.8~10

12 　상 ❸ 하　　　　🔍 ①

출제유형 **출제영역** 말 바꾸기＋개념 / 정부실패의 요인

① ✕ **X-비효율성이란 정부의 독점적 지위나 특정 민간기업에 정부가 독점적 지위를 허용함으로써 발생하는 현상을 말한다.**
② ○ 지대추구란 경제 주체들이 자신의 독과점적 지위의 유지를 위해 비생산적인 활동에 자원을 낭비하는 행위를 말한다.
③ ○ 파생적 외부효과는 정부의 개입으로 발생하는 잠재적·비의도적 확산효과나 부작용을 의미한다.
④ ○ 내부성은 관료제 내에서 공익(공적 목표)보다는 개인과 조직의 이익(사적 목표)을 우선시하는 현상이다.

SUMMARY 정부실패의 일반적 원인

내부성 (사적 목표)	• 관료제 내에서 공익(공적 목표)보다는 개인과 조직의 이익(사적 목표)을 우선시하는 현상 ㉠ Niskanen의 관료예산극대화모형(예산의 극대화), ㉡ Parkinson의 법칙, ㉢ 정보의 통제에 의한 권력 확대의 추구, ㉣ 비용을 도외시한 최신기술에 대한 집착, ㉤ 공익과 무관한 내부조직 목표의 설정 및 추구 등
X-비효율성 ·비용체증	• 경제주체가 독점적 지위를 가지는 경우 관리효율성을 극대화하려는 유인이 부족해 생산의 평균비용이 증가하는 현상으로 관리상의 비효율(기술적 비효율)을 의미함. • 정부의 독점적 지위나 특정 민간기업에 정부가 독점적 지위를 허용함으로써 발생함.
파생적 외부효과	정부의 개입으로 발생하는 잠재적·비의도적 확산효과나 부작용 예 경기회복정책이 경기과열을 초래, 주택안정화정책이 부동산 투기 조장 등
권력의 편재	권력의 특혜나 남용 등 정부에 의해서 오히려 분배적 불평등이 야기되는 현상 예 특혜적 기업면허, 진입장벽의 유지 등
비용과 편익의 절연	정부활동의 특성상 수혜자와 비용부담자의 분리(절연)로 인해 비용에 대해 둔감해지고 자원이 효율적으로 활용되지 못하는 현상. 거시적 절연과 미시적 절연이 발생

올바른 지문 ② 'X-비효율성'이란 정부의 독점적 지위나 특정 민간기업에 정부가 독점적 지위를 허용함으로써 발생하는 현상이다.

연계학습 2025 신용한 행정학 p.63

13 　상 ❸ 하　　　　🔍 ④

출제유형 **출제영역** 내용 분류＋개념 / 정책 유형별 특징

① ○ 경쟁적 규제정책은 많은 수의 경쟁자 중 특정 개인이나 집단에게만 일정한 재화나 용역에 대한 공급권을 부여하는 정책(경쟁제한정책)이다.
② ○ 경쟁적 규제정책은 경쟁입찰과정에서 승리한 입찰자에게 공급권을 부여하는 대신 정부는 공익을 위해 서비스 제공의 일정한 측면을 규제하게 된다.
③ ○ 경쟁적 규제정책의 예로는 주파수 할당, 항공노선 허가, 방송국설립 인가 등이 있다.
④ ✕ **보호적 규제정책에 대한 설명**이다. 보호적 규제정책에서 규제 대상자인 비용부담집단은 조직화가 용이하여 적극적으로 정책에 저항하지만, 다수의 수혜집단은 정책에 무임승차하려는 현상을 나타낸다.

SUMMARY 정책의 유형

분배정책	권리나 이익 또는 서비스의 배분 / 포크배럴, 로그롤링 현상이 발생 예 수출 특혜 금융, 지방자치단체에 대한 국가보조금 지급, 주택자금 대출, 국유지 불하, 농민을 위한 영농정보 제공 등
재분배 정책	고소득층으로부터 저소득층으로 소득이전 / 계급대립적 성격으로 치열한 갈등 예 누진소득세 제도, 영세민 취로사업, 임대주택의 건설 등
규제정책	개인이나 일부집단에 대한 권리행사의 제한이나 의무부과 ① 경쟁적 규제 : 다수 경쟁자 중 특정 개인이나 집단에게 특정권리나 서비스를 제공하는 것과 관련된 정책(방송국 설립인가, 항공노선 허가) ② 보호적 규제 : 일반 대중보호를 목적으로 하는 규제정책 예 최저임금제, 독점규제 및 공정거래에 관한 법률 등

구성정책	체제의 구조와 운영에 관련된 정책 / 대외적 가치배분에는 영향이 없지만, 대내적으로 게임의 법칙발생, 총체적 기능과 권위적 성격을 나타냄. 예 정부기관 신설, 선거구 조정 등
추출정책	정책적 목표에 의해 국민들에게 인적·물적 자원을 부담시키는 정책 예 조세, 병역, 물자수송, 노력동원 등과 관련된 정책
상징정책	정치체제에 대한 정당성과 신뢰성 및 국민통합성을 증진시키기 위하여 국내외 환경에 산출시키는 이미지나 상징과 관련된 정책 예 88 서울올림픽경기, 2002 한·일월드컵경기, 남대문복원

올바른 지문 ④ 보호적 규제정책의 정책집행 단계에서 규제받는 자들은 규제기관에 강하게 반발하거나 저항하기도 한다

(연계학습) 2025 신용한 행정학 p.193

14 상 중 하 ③

출제유형 출제영역 이론 비교 / 기관대립형 vs 기관통합형

① ⭕ 기관통합형은 주민에 의해 선출된 대표 기구가 의결기능과 집행기능을 함께 수행하는 형태이다. 주민에 의해 선출된 위원들이 직접 행정을 담당하기 때문에 행정에 주민의 의사를 보다 정확히 반영할 수 있다.
② ⭕ 기관통합형은 지방자치정부 조직에 있어서 의결기능과 집행기능을 모두 단일의 기관에 집중시키는 유형으로, 영국 등 영연방국가의 의회형을 예로 들 수 있다.
③ ❌ 기관대립형 중 **약시장 - 의회형은** 의회가 입법권을 행사할 뿐 아니라 직접 집행업무에 관여하여 수장은 지극히 제한된 범위의 행정권한만을 가지는 유형이다. 장의 고위직 지방공무원 인사에 대해서 의회의 동의를 요하고, **시장은 지방의회 의결에 대한 거부권을 가지지 못한다.** 지방의결에 대한 거부권을 가지는 것은 강시장 - 의회형이다.
④ ⭕ 기관대립형은 집행부와 의회의 기구가 병존되어 있으므로 상호 견제와 균형을 통해 민주적인 지방자치를 실시할 수 있지만, 집행부와 의회가 대립할 경우 오히려 비효율성이 발생할 수 있다.

올바른 지문 ③ 기관대립형 중 약시장-의회형은 시장의 고위직 지방공무원 인사에 대해서 의회의 동의를 요하는 반면, 강시장 - 의회형은 시장은 지방의회 의결에 대한 거부권을 가진다.

(연계학습) 2025 신용한 행정학 p.862~865

15 상 중 하 ②

출제유형 출제영역 말 바꾸기+개념 / 전자정부의 사례

① ⭕, ② ❌ **G2B는 전자조달시스템(나라장터, 전자통관시스템 등)** 과 같은 정부시스템을 활용하여 정부와 기업 간 업무처리의 효율성을 높이는 것이다.
③ ⭕ G4C는 정부의 대국민 서비스 차원으로, 국민들이 언제 어디서나 원하는 서비스를 한 번에 받을 수 있는 행정실현을 추구한다.
④ ⭕ G2G는 정부기관 간의 정보공유와 문서의 전자적 유통 등을 통해 행정능률의 획기적 향상과 종이 없는(paperless) 행정의 실현을 추구하는 것으로 대표적 사례는 온나라 시스템이다.

올바른 지문 ② 'G2B'는 조달 관련 온라인 서비스를 통합적으로 제공하는 것이다.

(연계학습) 2025 신용한 행정학 p.743

16 상 중 하 ②

출제유형 출제영역 말 바꾸기+개념 / 우리나라 재무행정조직의 연혁

① ⭕ 1948년 제정된 「헌법」과 「정부조직법」에 의해 국무총리 직속으로 총무처, 기획처, 법제처, 공보처가 설치되었고, 기획처 소속으로 예산국이 설립되어 중앙예산기관의 역할을 담당하였다.
② ❌ 1961년 군사정부에 의해 경제기획원이 설립되면서, 경제기획원(중앙예산기관)과 재무부(국고수지총괄기관)로 분리된 삼원체제로 운영되었다.
③ ⭕ 1994년 김영삼 행정부에 의해 경제기획원과 재무부가 통합되어 재정경제원으로 발족했다. 이는 중앙예산기관과 수입지출 총괄기관이 통합되면서 세입과 세출의 통합적 관리와 강력한 정책 조정 기능을 강조한 것으로 볼 수 있다.
④ ⭕ 현재는 기획예산처와 재정경제부를 통합해 설치된 기획재정부의 예산실이 중앙예산기관의 역할을 담당하고 있다.

올바른 지문 ② 1961년 설립된 경제기획원은 중앙예산기능을 담당하였으며, 재무부는 수입·지출의 총괄기능을 담당하였다.

(연계학습) 2025 신용한 행정학 p.605

17 상 중 하 ③

출제유형 출제영역 말 바꾸기+개념 / 신행정론

제시문은 신행정론에 대한 설명이다.
①, ②, ④ ⭕ 신행정론은 행정의 실천성과 적실성, 가치문제를 강조하였다. 또한 능률과 절약에 앞서 사회적 형평성 증진에 앞장서야 하고, 일반시민들에 대한 행정조직의 대응성을 높여야 한다고 주장하였다.
③ ❌ **신행정론은 행태주의와 논리실증주의를 비판**하면서 인간의 주관적 인식과 신념 등 주체성을 강조하는 현상학적 접근방법을 제시하였다.

SUMMARY 신행정론의 특징

기존의 행정연구비판	현실적합성 추구, 정책지향적 행정론(정치·행정일원론)
행태주의·실증주의에 대한 비판	현상학적 접근방법의 도입
가치문제의 중시 (사회적 형평성의 가치 강조)	규범적 이론의 발전에 깊은 관심(기존의 전문직주의, 가치중립적 관리론에 대한 비판)
고객중심의 행정, 능동적 행정의 촉구	일반시민들에 대한 행정의 대응성을 강조
조직에 대한 反전통적 처방	반계서적, 반관료제적 성향의 구조설계(저층, 분권화)를 처방

올바른 지문 ③ 행정의 형평성을 강조했으며, 논리실증주의 및 행태주의의 주장을 비판하였다.

(연계학습) 2025 신용한 행정학 p.124

18 상 중 하 ■■■ ②

출제유형 출제영역) 개념 / 정책결정요인론

① ✕ **정책결정요인론**은 정책을 결정 또는 좌우하는 환경적 요인('정치적 요인' vs '사회경제적 요인')이 무엇인가를 밝히려는 연구로, 계량화가 힘든 **정치적 변수는 과소평가**되었고, 계량화가 가능한 **사회경제적 변수는 과대평가**되었음을 비판받고 있다.
② ◯ 도슨과 로빈슨은 사회경제적변수가 정치체제와 정책 모두에 대하여 영향을 미치고, 이것이 정치적요인(정치체제)과 정책의 상관관계를 초래한다고 보았다. 이는 **사회경제적변수를 통제하면 정치체제와 정책의 관계가 사라지는 허위의 관계에 있음을 설명**한 것이다.
③ ✕ 초기의 정치학자들인 키와 로커트(Key & Lockard)는 참여경쟁모형을 통하여 사회경제적 변수가 아닌 **정치적 요인만이 직접적으로 정책에 영향을 미치는 변수임을 주장**하였다.
④ ✕ 루이스-벡(Lewis-Beck)은 **혼합모형을 주장한 학자들**로 사회경제적 요인과 함께 정치적 요인이 **정책에 영향을 미치는 효과를 설명**하였다.

연계학습) 2025 신용한 행정학 p.196

19 상 중 하 ■■■ ①

출제유형 출제영역) 짝짓기+개념 / 공직부패의 유형

① ✕ **급행료를 당연하게 요구하는 행위는 제도화된 부패**(일탈형 부패 ✕)이다.
② ◯ **권력형 부패**는 상층부의 정치인들이 정치권력을 이용해 초과적인 막대한 이익을 부당하게 얻기위한 부패유형이다.
③ ◯ **사기형부패**는 거래당사자 없이 공금횡령, 개인적 이익 편취, 회계부정 등 공무원에 의해 일방적으로 발생하는 부패유형이다.
④ ◯ **회색부패**는 사회에 잠재적으로 파괴적 영향이 있을 수 있는 부패로 구성원 일부는 처벌을 원하지만 일부는 처벌을 원하지 않는 부패유형이다.

올바른 지문) ① 인·허가 업무처리 시 소위 '급행료'를 당연하게 요구하는 행위를 <u>제도화된 부패</u>라고 한다.

연계학습) 2025 신용한 행정학 p.568, 569

20 상 중 하 ■■■ ①

출제유형 출제영역) 개념 / 하향적 접근

① ◯ 제시문의 내용은 **사바티어(Sabatier)와 마즈매니언(Mazmanian)의 연구에 의해 제시된 하향적 접근방법에 대한 설명**이다. 사바티어(Sabatier)와 마즈매니언(Mazmanian)은 효과적 정책집행을 위한 이상적인 조건으로 타당한 인과이론에 바탕을 둔 정책결정의 내용을 확보할 것, 법령이 정확한 정책 지침을 갖고 있어야 하며 대상집단의 순응을 극대화 하도록 구성할 것, 유능하고 헌신적인 관료가 집행을 담당할 것, 정책목표의 집행과정 동안 우선순위가 변하지 않고 안정적일 것 등의 내용을 제시하였다.

연계학습) 2025 신용한 행정학 p.279

21 상 중 하 ■■■ ④

출제유형 출제영역) 법령 / 공공기관의 정보공개에 관한 법률

① ◯ 우리나라는 중앙정부(국가)보다 앞서 헌법상의 '알 권리'를 기반으로 1992년 청주시에서 정보공개조례를 제정하였다.
② ◯ 공공기관의 정보공개에 관한 법률 제8조의2

> 공공기관의 정보공개에 관한 법률 제8조의2【공개대상 정보의 원문공개】공공기관 중 중앙행정기관 및 대통령령으로 정하는 기관은 전자적 형태로 보유·관리하는 정보 중 공개대상으로 분류된 정보를 국민의 정보공개 청구가 없더라도 <u>정보통신망을 활용한 정보공개시스템 등을 통하여 공개하여야 한다.</u>

③ ◯ 공공기관의 정보공개에 관한 법률 제9조 제1항

> 동법 제9조【비공개 대상 정보】① <u>공공기관이 보유·관리하는 정보는 공개 대상이 된다.</u> 다만, 다음 각 호의 어느 하나에 해당하는 정보는 공개하지 아니할 수 있다

④ ✕ 정보목록 중 **비공개 대상 정보가 포함된 경우에는 해당 부분을 공개하지 않을 수 있다.**

> 동법 제8조【정보목록의 작성·비치 등】① 공공기관은 그 기관이 보유·관리하는 정보에 대하여 국민이 쉽게 알 수 있도록 정보목록을 작성하여 갖추어 두고, 그 목록을 정보통신망을 활용한 정보공개시스템 등을 통하여 공개하여야 한다. <u>다만, 정보목록 중 제9조제1항에 따라 공개하지 아니할 수 있는 정보가 포함되어 있는 경우에는 해당 부분을 갖추어 두지 아니하거나 공개하지 아니할 수 있다.</u>

올바른 지문) ④ 정보목록은 비공개 대상 정보가 포함된 경우에는 공공기관이 작성, <u>공개하지 않을 수 있다.</u>

연계학습) 2025 신용한 행정학 p.74-82

22 상 중 하 ■■■ ④

출제유형 출제영역) 개념 / 신고전적 조직이론

①, ② ✕ 현대적 조직이론은 조직 환경의 중요성을 강조하며, 인간을 다양한 욕구를 가진 복잡인으로 가정한다. 조직군생태론, 자원의존이론은 현대적 이론에 해당한다.
③ ✕, ④ ◯ **신고전적 조직이론**은 사회적 인간관, 사회적 능률성과 비공식적 관계 중시, 경험적 과학성, **폐쇄적 환경관**의 특성을 갖는다.

SUMMARY 조직이론의 변화(Waldo의 분류)

고전적 이론	신고전적 이론	현대적 이론
합리적·경제적 인간관	사회적 인간관	복잡인
공식적 구조	비공식적 구조	고전과 신고전의 통합
원리적 접근	경험적 접근	복합적 접근
기계적 능률성 중시	사회적 능률성 중시	다원적 목표 및 가치 중시
고전적 관료제 과학적 관리론 행정관리론	인간관계론 후기인간관계론	상황적응이론 후기관료제모형 조직동태화(Adhocracy) 이론 조직경제학, 조직군생태학 이론 등
폐쇄체제(환경적 요인에 대한 고려 ×)		개방체제
기계적 구조(높은 복·공·집) ⇨ 안정적 환경에서의 높은 예측가능성		유기적 구조(낮은 복·공·집) ⇨ 동태적 환경에서의 높은 상황적응성

(연계학습) 2025 신용한 행정학 p.322, 323

23 상중하 ①

출제유형 / 출제영역 : 법령 / 우리나라 사무배분 기준

① ✗, ②, ④ ○ 지방자치법 제14조 제1항

지방자치법 제14조【지방자치단체의 종류별 사무배분기준】 ① 제13조에 따른 지방자치단체의 사무를 지방자치단체의 종류별로 배분하는 기준은 다음 각 호와 같다
1. 시·도
   가. 행정처리 결과가 2개 이상의 시·군 및 자치구에 미치는 광역적 사무
   나. 시·도 단위로 동일한 기준에 따라 처리되어야 할 성질의 사무
   다. 지역적 특성을 살리면서 시·도 단위로 통일성을 유지할 필요가 있는 사무
   라. 국가와 시·군 및 자치구 사이의 연락·조정 등의 사무
   마. 시·군 및 자치구가 독자적으로 처리하기 어려운 사무
   바. 2개 이상의 시·군 및 자치구가 공동으로 설치하는 것이 적당하다고 인정되는 규모의 시설을 설치하고 관리하는 사무
2. 시·군 및 자치구
   제1호에서 시·도가 처리하는 것으로 되어 있는 사무를 제외한 사무. 다만, 인구 50만 이상의 시에 대하여는 도가 처리하는 사무의 일부를 직접 처리하게 할 수 있다.

③ ○ 지방자치법 제13조 제2항

동법 제13조【지방자치단체의 사무 범위】 ① 지방자치단체는 관할 구역의 자치사무와 법령에 따라 지방자치단체에 속하는 사무를 처리한다.
② 제1항에 따른 지방자치단체의 사무를 예시하면 다음 각 호와 같다. 다만, 법률에 이와 다른 규정이 있으면 그러하지 아니하다.
1. 지방자치단체의 구역, 조직, 행정관리 등

(연계학습) 2025 신용한 행정학 p.855

24 상중하 ②

출제유형 / 출제영역 : 개념 / 지방선거

① ✗ 1949년 「지방자치법」을 제정·공포한 이후 1952년 전시 중 일부 지역에서 부분적 광역·기초지방의회 의원 선거가 실시(1대)되었으며, 1956년 총선거 실시로 제2대 지방의원 및 제1대 자치단체장이 선출되었다.
② ○ 1991년 지방의회 의원 선출을 위한 총선거가 실시되고 지방의회가 구성되었으며, 지방자치단체장과 지방의회의원을 동시에 뽑는 전국동시지방선거는 1995년에 김영삼 정부 때 이루어졌다.
③ ✗ **주민직선제에 의한 교육감 선거는 2007년부터 시행되**었다.
④ ✗ 1960년 개정된 「지방자치법」은 **서울특별시장·도지사, 시·읍·면장과 지방의원 모두를 주민에 의한 직접 선출로 규정**하였고, 1960년 개정된 「지방자치법」에 의거하여 **제3차 지방선거가 실시되어 지방자치단체가 구성**되었다.

(연계학습) 2025 신용한 행정학 p.817, 818

25 상중하 ①

출제유형 / 출제영역 : 짝짓기+개념 / 정책순응

① ○ (가) – 도덕적 설득, (나) – 유인, (다) – 처벌

(가)는 도덕적 설득에 대한 설명이다. 도덕적 설득은 정책의 도덕적 당위성을 설득하거나 양심에 호소하는 방법으로 일선집행관료나 중간매개자는 원래 적극적으로 정책집행을 해야 할 도덕적·윤리적·법적 책임이 있기 때문에 이들에 대한 도덕적 설득은 큰 저항이 없다. 다만, 정책대상집단들, 특히 피규제자는 정책내용의 소망성과 이를 결정하고 집행하는 결정기관과 집행기관의 정통성과 신뢰성에 대하여 의문을 품는 경우 의도적으로 불응의 핑계를 찾으려고 한다.

(나)는 유인에 대한 설명이다. 유인은 순응 시 보상과 편익을 제공하는 방법으로 경제적 유인은 도덕적인 자각이나 이타주의적 고려에 의하여 자발적으로 순응하는 사람들의 명예나 체면을 고려하지 않고 인간을 타락시킬 가능성이 있다. 즉, 돈을 받기 때문에 순응한다는 사실이 도덕적 자부심과 명예심을 손상시킬 수 있는 것이다.

(다) 처벌에 대한 설명이다. 처벌은 불응 시 불이익이나 제재를 가하거나 혜택을 박탈하는 방법이다. 처벌을 위해서는 불응의 형태를 정확하게 점검·파악할 수 있어야 하는데, 이는 어려운 경우가 많다. 예를 들어, 음식점에서 불결한 음식을 파는 행위, 제한속도를 위반하는 행위, 폐수를 방류하는 행위 등을 정확하게 파악하는 것은 매우 어렵다.

(연계학습) 2025 신용한 행정학 p.293

2021년 국가직 7급

문제편 p.97~101

정답

01	③	02	②	03	①	04	①	05	③
06	④	07	④	08	②	09	②	10	①
11	④	12	④	13	④	14	③	15	①
16	③	17	③	18	③	19	④	20	②
21	①	22	④	23	②	24	②	25	①

출제영역 분석

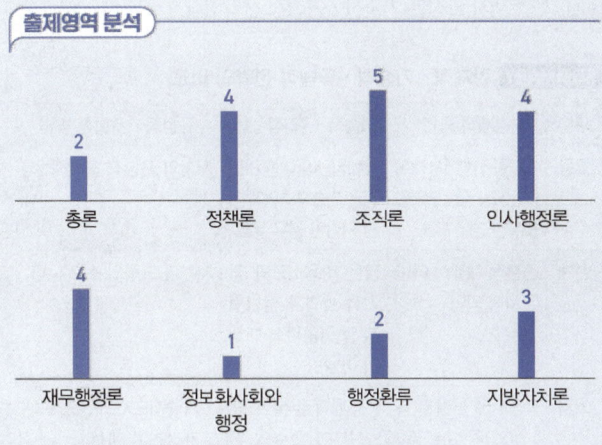

출제경향 분석

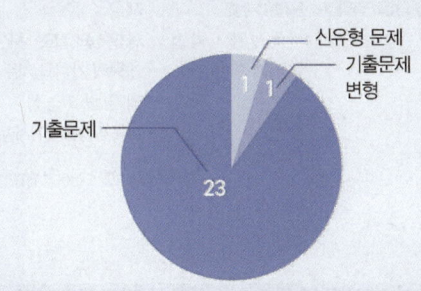

출제문제 유형분석

말 바꾸기	5
짝짓기	0
내용분류	1
개념	14
순서연결	1
제도 및 이론 비교	2
법령	2

---

01 상 중 하 ③

출제유형 / 출제영역 개념 / 계획예산제도

③ ○ 계획예산제도의 한계에 대한 설명이다. 계획예산제도는 목표의 정의가 어려우며, 사업들을 체계적으로 분류하기가 쉽지 않다(사업구조 작성의 어려움). 특히 **정보와 의사결정 권한이 과도하게 중앙집권화**되는 경향이 있어, 외부통제가 어렵고, 재정민주주의를 저해할 우려가 있다. 또한 계획예산제도는 지나치게 전문적이기 때문에 공무원과 의회가 **분석기법과 편성방법을 이해하기 어렵다는** 한계도 가지고 있다.

연계학습 2025 신용한 행정학 p.704~706

02 상 중 하 ②

출제유형 / 출제영역 법령 / 준예산

① ○ 준예산은 회계연도 개시일 전까지 예산이 성립되지 않을 때 편성할 수 있다.
② ✕ 우리나라의 준예산은 **국회의 의결을 필요로 하지 않는다는 점**에서 사전의결원칙의 예외에 해당한다.
③, ④ ○ 준예산은 법률상 지출의무의 이행, 이미 예산으로 승인된 사업의 계속 등의 경우에 집행할 수 있다.

> 헌법 제54조 ③ 새로운 회계연도가 개시될 때까지 예산안이 의결되지 못한 때에는 정부는 국회에서 예산안이 의결될 때까지 다음의 목적을 위한 경비는 전년도 예산에 준하여 집행할 수 있다.
> 1. 헌법이나 법률에 의하여 설치된 기관 또는 시설의 유지·운영
> 2. 법률상 지출의무의 이행
> 3. 이미 예산으로 승인된 사업의 계속

올바른 지문 ② 국회의 의결을 필요로 하지 않는다.

SUMMARY 예산 불성립 시 예산집행을 위한 장치

구 분	기 간	국회의결	지출 항목	채택국가
준예산	무제한	불필요	한정적	현재 우리나라, 독일
가예산	1개월	필 요	전반적	우리나라 1공화국, 프랑스
잠정예산	무제한	필 요	전반적	미국, 일본, 영국, 캐나다

* 준예산
① 중앙정부의 경우 편성된 적 ✕, 지방정부의 경우 성남시가 편성한 바 있음(2013년 예산안).
② 지출가능항목 : ㉠ 기관 또는 시설의 유지·운영 경비, ㉡ 법률상 지출의무의 이행, ㉢ 이미 예산으로 승인된 사업의 계속
③ 회계연도 개시 전까지 예산이 편성되지 않을 때(회계연도 개시 전 30일 ✕)
④ 제1공화국에서는 가예산 제도를 운영
⑤ 사전의결원칙의 예외

연계학습 2025 신용한 행정학 p.632

2021년 국가직 7급 해설 **103**

03 〈상 ㉷ 하〉 ①

출제유형 출제영역 개념+법령 / 시민참여예산

① ✗ 주민참여예산제도의 범위는 해당 **지방자치단체의 조례**로 정한다.

> **지방재정법 제39조【지방예산 편성 등 예산과정의 주민 참여】** ⑤ 주민참여예산기구의 구성·운영과 그 밖에 필요한 사항은 해당 지방자치단체의 조례로 정한다.

②, ③ ○ 우리나라는 기초자치단체인 광주광역시 북구에서 주민참여예산조례를 처음 제정하였다(2004년). 이후 「지방재정법」에 예산편성과정의 주민참여 법적 근거와 절차를 규정하였다. 이에 근거하여 지방자치단체의 장은 주민참여예산제도를 마련하여 시행하여야 한다.

> **지방재정법 제39조【지방예산 편성 등 예산과정의 주민 참여】** ① 지방자치단체의 장은 대통령령으로 정하는 바에 따라 지방예산 편성 등 예산과정(「지방자치법」 제39조에 따른 지방의회의 의결사항은 제외한다. 이하 이 조에서 같다)에 주민이 참여할 수 있는 제도(이하 이 조에서 "주민참여예산제도"라 한다)를 마련하여 시행하여야 한다.

④ ○ 주민참여예산제도는 주민이 예산 편성과정에 직접적으로 참여하는 제도로써, 주민의 의사결정권을 간접적으로 행사하는 의회의 예산 심의결과와 다를 경우, 직접적인 의사(주민)와 간접적인 의사(의회)가 충돌할 우려가 있다.

> **올바른 지문** ① 주민이 참여할 수 있는 예산의 범위는 각 지방자치단체의 조례로 정한다.

연계학습 2025 신용한 행정학 p.724~725

---

04 〈상 ㉷ 하〉 ①

출제유형 출제영역 개념+말 바꾸기 / 거래비용이론

① ✗ 거래비용은 시장에서 재화 및 용역의 거래에 드는 비용을 말하는 것으로, 거래비용은 인간의 기회주의적 속성으로 인해 비용이 증가하게 된다. 시장에서의 이러한 **거래비용을 줄이는 장치가 조직(계층제)**이다. 즉, **기회주의적 행동을 제어하는 데에는 계층제가 시장보다 효율적인 수단**이 된다.

② ○ 거래비용은 감시비용, 거래관계의 유지비용, 정보비용 및 대체비용 등과 같은 경제적 교환과정에서 발생하는 비용을 말한다.

③ ○ 거래비용이 조직내부의 명령체계나 계층제의 조정비용보다 적게 발생한다면 시장에 맡기는 것이 효율적이며, 반대라면 회사나 정부(조직)가 더 적합한 형태가 된다.

④ ○ 거래비용이론은 민간부문의 조직들이 생겨나고 일정한 구조를 갖게 되는 이유를 조직경제학적으로 설명한 이론이다.

> **올바른 지문** ① 기회주의적 행동을 제어하는 데에는 계층제가 시장보다 효율적인 수단이다.

연계학습 2025 신용한 행정학 p.148~150

---

05 〈상 ㉷ 하〉 ③

출제유형 출제영역 개념+말 바꾸기 / 저항극복 방안

① ✗ 경제적 손실보상, 임용상 불이익 방지(신분 및 보수 보장)는 피해집단이 저항하는 경우 유효한 전략으로 **기술적·공리적 방법**이다.

② ✗ 개혁지도자의 신망 개선, 의사전달과 참여의 원활화, 사명감 고취 등은 저항의 근본적 해결책에 가까운 전략으로 **규범적·사회적 방법**이다.

③ ○ 교육훈련과 자기계발 촉진 등은 규범적·사회적 방법(저항의 근본적 해결책)에 해당한다.

④ ✗ 개혁 시기의 조정(점진적 추진)은 **기술적·공리적 방법**에 해당한다.

> **올바른 지문**
> ① 경제적 손실 보상, 임용상 불이익 방지는 기술적·공리적 전략이다.
> ② 개혁지도자의 신망 개선, 의사전달과 참여의 원활화, 사명감 고취는 규범적·사회적 전략이다.
> ④ 개혁 시기 조정은 기술적·공리적 전략이다.

SUMMARY 강제적·기술적·규범적 전략의 비교

구분	강제적 방법	기술적·공리적 방법	규범적·사회적 방법
효용	긴급한 상황에서 개혁추진자가 강한 권력을 보유한 경우 유효	피해집단이 저항하는 경우, 기술적측면에 대한 저항인 경우 유효	저항의 근본적 해결책
한계	근본적 해결이 아닌 일시적 억압	많은 비용소모와 장기적 효과가 담보되지 않음(근본적 대책이 아님).	시간과 노력의 소모가 큼.
예시	• 직위에 부여된 공식적 권한으로 명령 • 신분상 불이익, 물리적 제재 • 긴장조성 • 권력구조 개편에 의한 저항세력 약화	• 경제적 손실 보상 • 신분과 보수의 유지 약속 • 개혁의 가치와 개인 이득 명확화 • 개혁 시기 조절(점진적 추진) • 개혁절차·방법 운영 개선	• 개혁지도자의 신망 또는 카리스마 개선 • 의사전달과 참여의 원활화 • 사명감 고취와 자존적 욕구의 충족 • 불만 노출과 해소의 기회 제공 • 개혁수용에 필요한 시간허용 • 개혁의 가치와 기존 가치의 양립 가능성 • 교육훈련과 자기계발 촉진

연계학습 2025 신용한 행정학 p.788

---

06 〈상 ㉷ 하〉 ④

출제유형 출제영역 법령 / 우리나라 사무배분 기준

「지방자치법」 제11조에 규정된 사무배분의 원칙 및 「지방자치분권 및 지역균형발전에 관한 특별법」에 대한 문제이다.

ㄱ, ㄷ ○ 보충성의 원칙에 대한 설명이다.

> **지방자치법 제11조【사무배분의 기본 원칙】** ② 국가는 제1항에 따라 사무를 배분하는 경우 지역주민생활과 밀접한 관련이 있는 사무는 원칙적으로 시·군 및 자치구의 사무로, 시·군 및 자치구가 처리하기 어려운 사무는 시·도의 사무로, 시·도가 처리하기 어려운 사무는 국가의 사무로 각각 배분하여야 한다.

ㄴ. ⭕ 포괄성의 원칙으로 지방자치단체가 그 사무를 자기의 책임 하에 종합적으로 처리할 수 있도록 포괄적으로 배분해야 한다는 것이다.

지방자치법 제11조【사무배분의 기본 원칙】 ③ 국가가 지방자치단체에 사무를 배분하거나 지방자치단체가 사무를 다른 지방자치단체에 재배분할 때에는 사무를 배분받거나 재배분받는 지방자치단체가 그 사무를 자기의 책임하에 종합적으로 처리할 수 있도록 관련 사무를 포괄적으로 배분하여야 한다.

ㄹ. ⭕ **국가는** 지방자치단체에 이양한 권한 및 사무가 원활히 처리될 수 있도록 **행정적·재정적 지원을 병행**하여야 한다.

지방자치분권 및 지역균형발전에 관한 특별법 제33조【권한이양 및 사무구분체계의 정비 등】 ③ 국가는 지방자치단체에 이양한 권한 및 사무가 원활히 처리될 수 있도록 행정적·재정적 지원을 병행하여야 한다.

ㅁ. ⭕ 중복배분금지의 원칙으로 지방자치단체 상호간의 사무는 서로 중복되지 않도록 배분해야 한다.

지방자치법 제11조【사무배분의 기본 원칙】 ① 국가는 지방자치단체가 사무를 종합적·자율적으로 수행할 수 있도록 국가와 지방자치단체 간 또는 지방자치단체 상호 간의 사무를 주민의 편익증진, 집행의 효과 등을 고려하여 서로 중복되지 아니하도록 배분하여야 한다.

(연계학습) 2025 신용한 행정학 p.853

---

07 상(중)하 ④

출제유형 출제영역 개념 / 사회자본

사회적 자본이란 인적·물적 자본과는 구분되는 사회적 관계 속에 존재하는 자본으로 '사회 구성원들이 공동의 문제를 해결하는 데 적극적으로 참여하는 사회의 조건 또는 특성'을 의미한다.

① ❌ **사회적 자본**은 동조성(conformity)을 요구하면서 개인의 행동이나 사적 선택을 제약할 수 있으므로 **개인에 대한 제재력이 강화될 수 있다는 역기능이 존재**한다.

②, ③ ❌ 사회적 자본은 상호신뢰, 호혜주의, 친사회적 규범, 협력적 네트워크, 적극적 참여 등의 특성을 가지며, 이러한 특성이 사회적 자본의 핵심 구성요소가 된다.

④ ⭕ 사회적 자본은 사회적 관계에서 거래비용을 감소시켜 주는 기능을 수행한다.

SUMMARY 사회적 자본 vs 인적·물적 자본

사회적 자본	인적·물적 자본
행위자들의 관계 속에 내재	개인이 개별적 소유
등가물의 교환 ×	등가물의 교환 ○
공공재	사적재
시간적 동시성 전제 ×	시간적 동시성 전제 ○
자본의 유지 위한 지속적 노력	자본 획득 → 보유
사용할수록 증가	사용할수록 감소

(연계학습) 2025 신용한 행정학 p.70~72

---

08 상(중)하 ②

출제유형 출제영역 말 바꾸기+개념 / 조직구조의 형성원리

ㄱ. ⭕ 계선은 상하 간 명령복종관계를 지닌 수직적 계층구조이며, 참모조직은 계선기관의 기능이 원활하게 수행될 수 있도록 횡적지원(정보제공, 자료분석, 기획)을 하는 수평적 구조이다.

ㄴ. ⭕ 부문화(부성화)의 원리란 일정한 기준에 따라 서로 연관된 업무를 묶어 조직단위를 구성해야 한다는 원리로, 기능부서화, 사업부서화, 지역부서화, 혼합부서화 등의 방식이 존재한다.

ㄷ. ❌ 통솔범위의 원리는 상관의 능률적인 감독을 위해서는 통제하는 대상인원의 범위를 적정하게 제한해야 한다는 원리를 말한다. **계층의 수와 통솔범위는 역의 관계가 성립하므로, 통솔범위가 넓을수록 저층구조가 형성되고, 통솔범위가 좁을수록 고층구조가 형성된다.**

ㄹ. ⭕ 명령통일의 원리는 조직구성원들이 각자 한 사람의 상관으로부터만 명령을 받아야 한다는 원리를 말한다.

올바른 지문 ㄷ. 통솔범위가 넓을수록 고도의 수평적 분화가 일어나 저층구조가 형성되고, 좁을수록 고층구조가 이뤄진다.

(연계학습) 2025 신용한 행정학 p.342~344

---

09 상(중)하 ②

출제유형 출제영역 개념+말 바꾸기 / 행정문화

호프스테드(Hofstede)는 문화의 다양성을 권력거리, 개인주의-집단주의, 남성성-여성성, 불확실성 회피, 시간관념측면에서 비교하였다.

① ⭕ 불확실성 회피(Uncertainty Avoidance)는 모호하고 불확실한 상황에 얼마나 불안을 느끼고 그것을 피하려고 노력하는가의 정도를 말한다. 불확실성 회피의 정도가 강하다는 것은 불안이나 반대 또는 대립을 기피하고 안정과 합의를 원하게 되므로, 공식적인 규정을 많이 만들어 불확실한 요소를 최대한 통제하려 한다.

② ❌ **집단주의**는 가족 개념을 바탕으로 집단에 대한 소속감과 충성심을 중시하며 집단 안에서 자신의 이익을 보호받으려 하므로 **개인 간 상호의존적인(느슨한 ×) 관계를 중시**한다.

③ ⭕ 권력거리(Power Distance)란 한 사회에 있어서 권력이 어떻게 배분되어야 하는가에 대한 믿음으로 권력거리가 강한 경우 권력자의 결정이나 자신과의 지위 차이를 자연스럽게 인정하게 된다.

④ ⭕ 남성성 – 여성성 차원은 자기주장이 강하고 사회적 성공과 물질적인 부를 추구하는 현실적인 경향과, 다른 사람에 대한 배려와 삶의 질을 중시하는 문화적 가치의 차이를 나타낸다. 남성성이 강한 문화는 야심차고 자기과시욕이 강하며 섬세함이 부족하고 남성과 여성의 역할에 대해 분명한 차이를 인정하려고 한다.

올바른 지문 ② 집단주의가 강한 문화는 개인주의가 강한 문화보다 상호의존적인 관계를 더 중요시한다.

(연계학습) 2025 신용한 행정학 p.426

10 ①

출제유형 출제영역 개념 / 피들러의 상황적응적 리더십

① ❌ 피들러의 상황론(상황적응적 모형)이 제시하는 상황변수에는 ⓐ 리더와 부하의 관계, ⓑ 임무(과업)구조, ⓒ 직위에 부여된 권력(공식적 권한의 정도)이 있다. **부하의 성숙도를 상황변수로 본 이론은 허쉬와 블랜차드(Hersey & Blanchard)의 리더십 상황이론(생애주기 이론)이다.**

②, ④ ⭕ 리더가 처한 상황에 따라 효과적인 리더십은 달라질 수 있으며, 상황이 유리하거나 불리할 때는 과업지향적 리더십이, 중간정도의 상황에서는 인간관계형이 적합하다.

③ ⭕ 피들러는 리더의 효과성은 상황에 의해 결정된다고 보고, 리더의 스타일을 LPC점수를 사용하여 과업지향적 리더, 관계지향적 리더로 분류하였다.

연계학습 2025 신용한 행정학 p.410

11 ④

출제유형 출제영역 개념+내용분류 / 엽관주의

①, ③ ⭕ 엽관주의란 정당에의 충성도와 공헌도를 관직의 임용기준으로 삼는 인사행정제도로 행정의 민주화, 정당정치 발달에 공헌한다.

② ⭕ 엽관주의는 선출직 정치지도자(집권 정치인)들을 통해 관료집단에 대한 통제가 용이하며, 정치지도자의 국정 지도력을 강화함으로써 공공정책의 실현이 용이하다.

④ ❌ **실적주의의 장점에 해당한다.** 엽관주의는 정권 교체 시 공직의 대량경질로 인해 행정의 계속성, 일관성, 안정성 등을 훼손할 수 있다.

SUMMARY 엽관주의의 장·단점

장점 및 공헌	단점 및 폐단
① 특권적 정부관료제를 일반대중에게 공개 ⇨ 민주정치 발달과 행정 민주화에 공헌	① 매관매직 등 정치적·행정적 부패를 초래
② 정당의 대중화와 정당정치의 발달에 공헌	② 행정의 전문성 저해 & 비능률성 야기
③ 국민의 요구에 대한 관료적 대응성을 향상	③ 행정의 계속성, 일관성, 안정성 등을 훼손
④ 선출직 정치지도자들의 관료집단에 대한 통제 용이	④ 관직의 남설을 통해 재정적 낭비를 초래
	⑤ 행정의 공공성을 담보할 수 없음

연계학습 2025 신용한 행정학 p.448, 449

12 ④

출제유형 출제영역 개념 / 직업공무원제

① ⭕ 직업공무원제는 공직에의 장기 근무를 유도하므로 행정의 계속성과 안정성 및 일관성을 유지할 수 있다.

② ⭕ 직업공무원제는 우수한 젊은 인재들이 공직에 많은 관심을 갖도록 유인하고, 공무원으로 채용되어 실적에 따라 높은 상위 직책까지 일생을 근무하면서 승진할 수 있도록 하는 공직제도이다.

③ ⭕ 직업공무원제는 폐쇄적 임용으로 인해 공무원 집단이 보수적, 특권 집단화 되는 경향을 만들 수 있다는 단점이 존재한다.

④ ❌ **직업공무원제는 일체감과 단결심 및 공직에 헌신하려는 정신을 강화하는 데 유리한 제도이다.**

올바른 지문 ④ 직업공무원제는 공직에 대한 자부심과 일체감이 강화됨으로써 높은 수준의 봉사정신과 행동규범을 유지하는 데 <u>유리한</u> 제도이다.

SUMMARY 직업공무원제의 장·단점

장점	단점
① 일체감·봉사정신 강화	① 특권집단화(민주통제 곤란)
② 엄격한 근무규율의 수용	② 폐쇄적 임용 ⇨ 공직취임기회의 제약&외부전문가 임용 곤란
③ 온정적 관계의 발전	③ 공직침체(무사안일)
④ 행정의 계속성·안정성·일관성 유지	④ 전문화 방해
⑤ 고급 공무원 양성에 유리(일반행정가)	⑤ 승진지망의 과열
⑥ 공직의 직업전문분야 확립에 유리	

연계학습 2025 신용한 행정학 p.455, 456

13 ④

출제유형 출제영역 내용 분류 / 정책수단

④ ⭕ 살라몬(Salamon)의 정책수단 유형 중 직접 수단에는 정부소비, 직접 대출, 공기업, 경제적 규제 등이 있다.

SUMMARY 행정수단의 특징(Salamon)

직접제공	간접제공
정부소비, 직접 대출, 공기업, 경제적 규제 등	계약, 바우처, 대출보증, 보조금, 손해책임법, 공공기관을 통한 공적 보험 등

강제	자발적 협력
경제적 규제, 사회적 규제, 벌금 등	조세지출, 정보 제공, 손해책임법, 바우처 등

연계학습 2025 신용한 행정학 p.58, 59

14 ③

출제유형 출제영역 순서 연결 / 정책평가의 절차

③ ⭕ 정책평가의 일반적인 절차는 ㅁ. 정책목표 확인 → ㄱ. 정책평가 대상 확정 → ㄷ. 인과모형 설정 → ㄹ. 자료 수집 및 분석 → ㄴ. 평가 결과 제시 순이다.

SUMMARY 정책평가의 단계

(1) 정책개요 작성 및 정책목표 규명	• 평가대상을 구체적으로 확정하는 단계
(2) 평가성 사정	① 착수직전분석: 새로운 프로그램 평가의 기획을 위해 평가의 착수직전에 수행되는 조망적 차원의 평가기획 ② 평가성 사정: 착수직전분석의 단계에서 여러 가지 가능한 평가로부터 얻을 수 있는 **정보수요를 사정**하고, **실행가능성** 등을 조사하는 일종의 예비평가
(3) 평가 기준의 설정	• 정책의 성공여부에 대한 평가기준의 수립단계 • 평가기준도 목표에 따라 변화

(4) 인과모형의 설정	• 모형을 통한 현실세계의 단순화 ① 변수 선정, ② 변수 간 관계 설정, ③ 변수관계의 성격에 관한 명제 설정의 단계로 진행
(5) 평가연구설계	• 평가유형 결정과 구체적인 평가설계방안 마련 • 진실험, 준실험, 비실험설계 등 활용
(6) 자료의 수집·분석	• 설문조사, 관찰, 면접, 문헌 및 정부자료 등을 이용하여 자료를 수집
(7) 결과의 환류 및 활용	• 결과의 환류를 통해 정책집행의 효과성 제고와 지식 축적에 활용

연계학습 2025 신용한 행정학 p.297

15 상 중 하 ①

출제유형 출제영역 이론 비교＋말 바꾸기 / 개방형 인사제도 vs 폐쇄형 인사제도

① O 개방형 인사제도는 일반적으로 공직의 개방에 따라 외부 전문가나 경력자에게 공직의 문호를 개방하여 새로운 지식과 기술, 그리고 새롭고 참신한 아이디어를 받아들임으로써 공직의 침체를 막고 공직을 새로운 기풍으로 진작시켜 행정의 효율성을 높이려는 의도에서 활용된다.

② X 폐쇄형 인사제도는 **계급제에 바탕**을 두고 있으며, **일반행정가**의 인력구조를 선호한다.

③ X **폐쇄형 인사제도**는 젊은 사람에게 공직을 보람 있는 생업으로 삼게 하는 제도이므로 공무원의 사기를 높이고 공무원의 장기 근무를 장려하므로 **행정의 일관성과 안정성을 가져오는 데 유리**하다.

④ X **폐쇄형 인사제도**는 개방형 인사제도에 비해 **내부승진의 기회가 많고** 공무원의 지위 향상이나 **경력 발전에 각별한 정책적 관심**을 쏟는다.

올바른 지문
② 일반적으로 폐쇄형 인사제도는 계급제에 바탕을 두고 있으며, 전문가보다 일반행정가 중심의 인력구조를 선호한다.
③ 폐쇄형 인사제도는 개방형 인사제도에 비해 안정적인 공직사회를 형성함으로써 공무원의 사기를 높이고 장기근무를 장려한다.
④ 폐쇄형 인사제도는 개방형 인사제도에 비해 내부승진과 경력 발전을 위한 교육훈련의 기회가 많다.

SUMMARY 개방형 vs 폐쇄형

구분	개방형	폐쇄형
신규임용	전 등급에서 허용	최하위직에만 허용
임용자격	전문능력	일반능력
승진기준	최적격자(내·외부)	상위적격자(연공고려 내부 임용)
공직분류	직위분류제(직무 중심)	계급제(사람 중심)
신분보장	신분 불안정(임용권자가 좌우)	신분보장(법적 보장)

연계학습 2025 신용한 행정학 p.484

16 상 중 하 ③

출제유형 출제영역 말 바꾸기＋개념 / 다양성 관리

① O 내면적(내적) 다양성은 가치관, 성격, 일에 대한 선호의 차이 등을 의미하는 것이고, 표면적(외적) 다양성은 성별, 인종, 민족, 나이, 장애 상태 등 쉽게 파악할 수 있는 특성차이를 의미한다. 사회구조와 문화환경 등의 급격한 변화로 표면적·내면적으로 서로 다름을 지닌 구성원들이 증가하게 되면서 다양성 관리의 중요성이 대두되고 있다.

② O 다양성관리(diversity management)란 '표면적·내면적 차이를 지닌 다양한 노동력을 공평하고 효율적으로 활용하기 위한 체계적인 인적자원관리 과정'을 말한다. 즉, 다양성관리는 '관리자가 구성원으로 하여금 다른 사람들의 욕구와 차이점에 대한 인식을 철저히 하도록 주지시키는 과정 및 프로그램'이라고 할 수 있다.

③ X 대표관료제, 균형인사정책, 일과 삶의 조화(WLB) 정책 등은 대표적인 다양성관리(diversity management) 방안이다.

④ O 대표관료제는 능력과 업적에 따른 인사관리를 강조하는 실적주의와의 마찰 가능성이 있다.

올바른 지문 ③ 균형인사정책, 일과 삶 균형정책은 다양성 관리의 방안으로 볼 수 있다.

연계학습 2025 신용한 행정학 p.460, 461

17 상 중 하 ③

출제유형 출제영역 말 바꾸기＋개념 / 쓰레기통 모형

① X 쓰레기통 모형은 코헨(Cohen), 마치(March), 올젠(Olsen) 등이 주장한 모형으로 조직의 구성단위나 **구성원 사이의 응집성이 아주 약한 혼란상태[조직화된 혼란(무정부) 상태]에서 이루어지는 의사결정의 특징을 강조한 모형**이다.

② X **유동적 참여자에 대한 설명이다.** 불명확한 기술(unclear technology)은 목표와 수단 사이에 존재하는 인과관계에 관한 지식과 기술이 불분명한 것이다.

③ O 쓰레기통 모형에서는 대표적으로 날치기 통과방식(=간과, choice by oversight)과 진빼기 결정방식(=탈피, choice by flight)의 의사결정이 이루어진다.

④ X **불명확한 기술(unclear technology)에 대한 설명이다.** 문제성 있는 선호(problematic preferences)는 참여자가 무엇을 선호하는지 또는 무엇이 바람직한지를 알지 못하거나 참여자 간에 합의가 없는 상황이다.

올바른 지문
① 조직구성원의 응집성이 아주 강한 혼란상태에 있는 조직에서 의사결정이 어떻게 이루어지는가를 기술하고 설명한다.
② 유동적 참여자는 조직에서 의사결정 참여자의 범위와 그들이 투입하는 에너지가 유동적임을 의미한다.
④ 불명확한 인과관계(기술)은 목표와 수단 사이의 인과관계가 명확하지 않음을 의미한다.

SUMMARY 조직화된 혼란상태

문제성 있는 선호 (불분명한 선호)	의사결정이 진행되면서 선호를 발견 (참여자가 스스로의 선호에 대해 불분명한 상황) or 선호가 서로 다른 상황
유동적 참여자	시간적 제약으로 참여자들이 유동적임
불명확한 인과관계	목표와 수단 사이의 인과관계에 관한 불분명한 지식과 기술

연계학습 2025 신용한 행정학 p.265, 266

18 상 중 하 ③

출제유형 출제영역 말 바꾸기+개념 / 정책델파이기법

① ◯ 정책델파이는 참여자간의 갈등이 정책이슈에 내재된 정상적인 모습이라는 가정에 입각하여, 대안과 결과를 창조적으로 탐색하는 데 있어서 의견상의 차이를 이용하려는 시도가 이루어진다. 또한 대립되는 입장에 내재된 가정과 논증을 표면화시키고 명백하게 하기 위하여 노력한다.

② ◯ 정책델파이는 개별적 판단을 종합 시 의견의 중위값(medium)보다는 불일치와 갈등을 의도적으로 부각시킨다.

③ ✕ 정책델파이에서는 예측의 초기단계만 익명으로 응답하고 정책대안에 대한 주장들이 표면화된 이후에는 참가자들 간 **공개적 토론이 허용**된다.

④ ◯ 정책델파이의 참가자들은 '전문성' 자체보다 이해관계와 식견에 바탕을 두어 여러 상황을 대표하는 주장자들이 선정된다. 따라서 일반적 델파이와 달리 개인의 이해관계나 가치판단이 개입될 수 있다.

올바른 지문 ③ 정책대안에 대한 주장들이 표면화된 후에는 참가자들로 하여금 공개적으로 토론을 벌이게 한다.

SUMMARY 델파이기법 vs 정책델파이

	전통적 델파이기법	정책델파이기법
적용	일반문제(기술적인 문제)에 대한 예측	정책문제(정책적인 문제)에 대한 예측
응답자	동일영역에 **일반전문가**	전문가 이외의 이해관계자 등 식견 있는 人
익명성	• 완전한 익명성 (직접대면접촉의 상호토론 ×) • 익명으로 솔직한 의견 반영을 기대	• 선택적 익명성 (초기단계에서만 익명성이 요구. 논쟁이 표면화되고 나면 참여자들은 공개적으로 토론)
통계	일반적인 통계처리	의견차이를 부각시키는 양극화된 통계처리
합의	합의 도출(의견일치를 유도)	구조화된 갈등(유도된 의견대립)
토론	토론없음.	컴퓨터를 통한 회의 or 대면토론

[공통점] : ① **주관적 미래예측 기법**, ② 다수의 응답자, ③ 반복적 설문조사, ④ **통계된 의견처리**, ⑤ 처리결과의 환류

연계학습 2025 신용한 행정학 p.240, 241

19 상 중 하 ④

출제유형 출제영역 말 바꾸기+개념 / 1종 오류 vs 2종 오류

① ◯ 1종오류는 옳은 영가설을 기각하고, 틀린 연구가설을 채택하는 오류이다.

② ◯ 2종오류는 틀린 영가설을 채택하고, 옳은 연구가설을 기각하는 오류이다.

③ ◯ 제1종 오류는 α로 표시하고, 제2종 오류는 β로 표시한다.

④ ✕ 1−α는 영가설이 옳았을 때 옳았다고 할 수 있는 정도로 신뢰수준이라고 하며 **1−β는 영가설이 틀렸을 때 이를 틀렸다고 검증할 수 있는 것으로 검정력이라 한다.**

올바른 지문 ④ 확률 1−α는 신뢰수준을 나타내며, 확률 1−β는 검정력을 나타낸다.

SUMMARY 정책오류의 유형

1종 오류	2종 오류	3종 오류
옳은 영(귀무)가설을 기각	틀린 영(귀무)가설을 채택	• 정책 문제자체를 잘못 인지한 오류
틀린 대립(연구)가설을 채택	옳은 대립(연구)가설을 기각	• 메타오류(meta error) • 주로 의제설정과정, 문제의 인지와 정의 과정에서 발생
• 효과없는 정책대안을 채택하는 오류 • 정책효과가 없는데 있다고 판단하는 오류	• 효과있는 정책대안을 배제하는 오류 • 정책효과가 있는데 없다고 판단하는 오류	

연계학습 2025 신용한 행정학 p.213

20 상 중 하 ②

출제유형 출제영역 개념 / 브룸의 기대이론

① ◯ 브룸의 기대이론은 아담스의 형평성 이론, 로크의 목표설정이론, 학습이론 등과 더불어 과정이론 중 하나이다.

② ✕ **기대감(expectancy)은 노력(effort)이 성과(performance)로 이어질 것이라는 믿음이다.**

③ ◯ 수단성(instrumentality)은 성과(performance)가 보상(reward)으로 이어질 것이라는 믿음이다.

④ ◯ 유인가(valence)는 보상에 대한 주관적 선호의 강도이다.

올바른 지문 ② ✕ 기대감(expectancy)은 개인의 노력(effort)이 성과(performance)로 이어질 것이라는 주관적 믿음을 의미한다.

SUMMARY 브룸의 기대이론모형

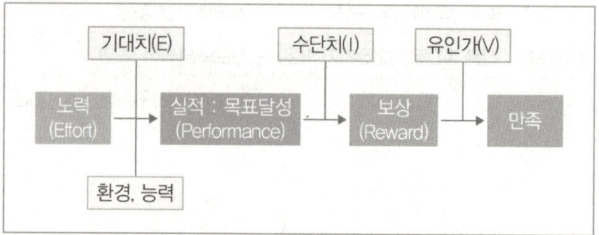

연계학습 2025 신용한 행정학 p.400, 401

21 상 중 하 ■■■ 🔍 ①

출제유형 출제영역 개념 / 성인지예산제도

① ⭕ 성인지 예산은 중앙정부의 경우 2010 회계연도 예산안 및 결산부터 적용되었다.

② ❌ **성인지예산제도의 목적은 양성평등**이다.

> **국가재정법 제26조【성인지 예산서의 작성】** ① 정부는 예산이 <u>여성과 남성에게 미칠 영향을 미리 분석한 보고서</u>[이하 "성인지(性認知)예산서"라 한다]를 작성하여야 한다.
> ② 성인지 예산서에는 성평등 기대효과, 성과목표, 성별 수혜분석 등을 포함하여야 한다.

③ ❌ **성인지예산제도는 1984년 호주에서 처음 시작**되어 스웨덴, 프랑스 등 OECD의 많은 국가들에게로 확산되었다.

④ ❌ **우리나라에서는 「국가재정법」 및 「지방재정법」에 성인지 예산서와 결산서(성인지기금운용계획서와 기금결산서 포함)의 작성을 의무화**하였다.

> **국가재정법 제68조의2【성인지 기금운용계획서의 작성】** ① 정부는 기금이 여성과 남성에게 미칠 영향을 미리 분석한 보고서(이하 "성인지 기금운용계획서"라 한다)를 작성하여야 한다.
> ② 성인지 기금운용계획서에는 성평등 기대효과, 성과목표, 성별 수혜분석 등을 포함하여야 한다.

(연계학습) 2025 신용한 행정학 p.636, 637

22 상 중 하 ■■■ 🔍 ④

출제유형 출제영역 개념 / 오츠(Oates)의 분권화 정리

ㄴ, ㄷ ⭕ 분권화 정리는 지역공공재의 생산을 어느 단계의 정부가 담당하든 동일한 비용이 든다면, 지방정부가 스스로의 판단에 의해 그 지역에 적정량의 지역공공재를 공급하는 것이 중앙정부에 의한 공급보다 효율적이라는 것이다. 공공서비스의 지리적 외부성에 따라 중앙–광역–기초의 정부간 '독점적' 재정기능 분담구조 제안하며, 다양한 지방정부가 파레토 효율적으로 공공재를 공급하게 되면 사회전체 효용이 극대화된다고 하였다. 결국 개인선호가 다양해질수록 분권화를 통해 사회효용은 더욱 커지게 된다고 보았다(Oates, 1972).

(연계학습) 2025 신용한 행정학 p.931

23 상 중 하 ■■■ 🔍 ②

출제유형 출제영역 개념 / 예산의 이용과 전용

① ❌ 이용은 **국회의 의결을 얻는 것과 더불어 기획재정부 장관의 승인이나 위임이 필요**하다.

> **국가재정법 제47조【예산의 이용·이체】** ① 각 중앙관서의 장은 예산이 정한 각 기관 간 또는 각 장·관·항 간에 상호 이용(移用)할 수 없다. 다만, 다음 각 호의 어느 하나에 해당하는 경우에 한정하여 미리 예산으로써 국회의 의결을 얻은 때에는 <u>기획재정부장관의 승인을 얻어 이용하거나 기획재정부장관이 위임하는 범위 안에서 자체적으로 이용할 수 있다.</u>

> 1. 법령상 지출의무의 이행을 위한 경비 및 기관운영을 위한 필수적 경비의 부족액이 발생하는 경우
> 2. 환율변동·유가변동 등 사전에 예측하기 어려운 불가피한 사정이 발생하는 경우
> 3. 재해대책 재원 등으로 사용할 시급한 필요가 있는 경우
> 4. 그 밖에 대통령령으로 정하는 경우

② ⭕ 기관 간 이용도 가능하다.

③ ❌ **항은 입법과목**으로, 국회의 의결을 받아 기획재정부 장관이 위임하는 범위 내에서 자체적으로 **이용(전용×)할 수 있다**.

④ ❌ **이용과 전용은 예산 한정성 원칙(목적 외 사용금지)의 예외**이며, 전용은 사전의결 원칙의 예외이다.

> **올바른 지문**
> ① 이용은 입법과목 사이의 상호융통으로 국회의 의결을 얻고, 기획재정부 장관의 승인이나 위임이 필요하다.
> ③ 세출예산의 항(項)간 이용은 국회 의결 및 기획재정부 장관의 승인을 얻어서 할 수 있다.
> ④ 이용과 전용은 예산 한정성 원칙의 예외이다.

(연계학습) 2025 신용한 행정학 p.676

24 상 중 하 ■■■ 🔍 ②

출제유형 출제영역 말 바꾸기+개념 / 옴부즈만 제도

① ❌ **옴부즈만은 주로 국민의 불평제기에 의해 촉발되지만, 자체정보로 직권조사하는 경우도 있다.**

② ⭕ 옴부즈만은 일반적으로 가용자원이 많지 않아 활동 범위가 제약되고, 시민의 불평·고충을 충분히 구제하지 못한다는 한계가 있다.

③ ❌ **옴부즈만은 의회(입법부) 소속인 경우가 일반적**이다. 그러나 우리나라처럼 행정부 소속인 경우도 있다.

④ ❌ **옴부즈만은 일반적으로 시정조치의 법적 강제권한이나 정부부처의 결정을 무효화 또는 취소할 수 있는 직접적인 권한이 없고,** 공표·보고·권유·설득의 수단을 주로 사용한다.

> **올바른 지문**
> ① 시민의 요구가 없어도 직권으로 조사활동을 할 수 있다.
> ③ 일반적으로 입법부가 임명한다.
> ④ 시정조치를 법적으로 강제할 수 있는 권한이 없다.

SUMMARY 일반적 옴부즈만

옴부즈만은 의회가 임명	의회소속인 경우가 일반적
임무수행상의 높은 자율성	행정부로부터 독립(외부적·공식적 통제수단)
직권조사 가능	주로 국민의 불평제기에 의해 촉발(직권조사하는 경우도 있음.)
조사대상의 다양성	불법행위는 물론 부당행위, 태만이나 과실도 조사 대상
간접적 통제	시정조치의 법적 강제 권한은 없으며, 공표·보고·설득의 수단 일반적으로 조사권·시찰권 ○, 소추권 ×

간편·신속한 문제해결	사법부에 의한 판결에 비해, 비용이 적게 들고 신속함. 예 우리나라의 고충민원의 처리기간은 60일 이내(60일의 범위 내에서 연장가능)
조정자·중재자	개인적 신망과 영향력에 의존하는 바가 큰 제도

연계학습 2025 신용한 행정학 p.777, 778

25 상 중 하   ①

출제유형 출제영역 말 바꾸기+개념 / 빅데이터

① ❌ 빅데이터에는 사진, 오디오, 비디오, 소셜 미디어 데이터, 로그 파일 등과 같은 **비정형 데이터도 포함**된다.
② ⭕ 빅데이터는 정형데이터는 물론 반정형화된 데이터, 비정형 데이터를 모두 포함한다.
③ ⭕ 빅데이터는 각종 센서 장비의 발달로 데이터가 늘어나면서 나타났다.
④ ⭕ 빅데이터는 데이터의 처리 능력에 있어 데이터를 수집·가공·분석하는 일련의 과정을 실시간 또는 일정 주기에 맞춰 처리할 수 있어야 한다.

올바른 지문 ① 사진은 빅데이터에 포함된다.

SUMMARY 빅데이터의 특징(3V)

크기 (Volume)	데이터의 물리적 크기 / 기업데이터, 웹데이터, 센서데이터에서 페타바이트(PB) 규모로 확장된 데이터가 등장
다양성 (Variety)	데이터의 형태 / 정형화된 데이터는 물론 반정형화된 데이터, 비정형 데이터를 모두 포함
속도 (Velocity)	데이터의 처리 능력 / 데이터를 수집·가공·분석하는 일련의 과정을 실시간 또는 일정 주기에 맞춰 처리할 수 있어야 함.

연계학습 2025 신용한 행정학 p.754

2020년 국가직 7급

문제편 p.103~107

정답

01	④	02	②	03	④	04	③	05	②
06	③	07	②	08	④	09	④	10	①
11	①	12	②	13	①	14	③	15	②
16	③	17	④	18	③	19	④	20	③

출제영역 분석

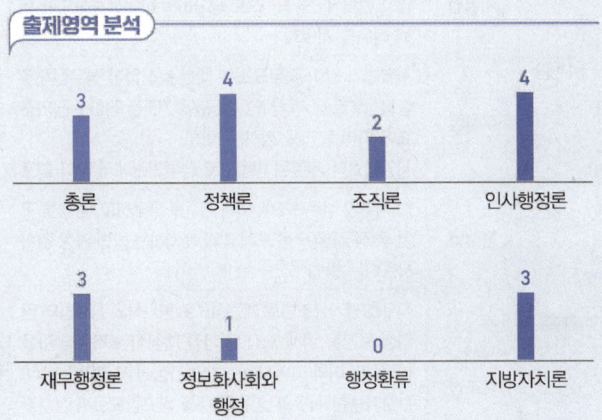

출제경향 분석

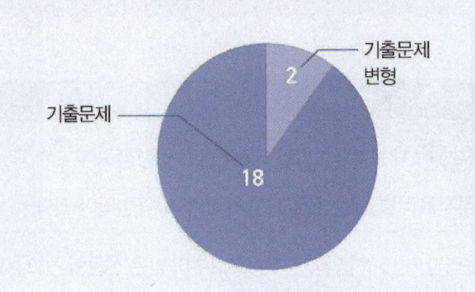

출제문제 유형분석

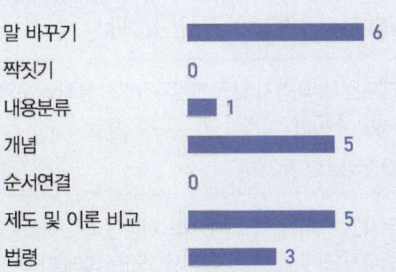

---

01 🔑 ④

출제유형 · 출제영역 개념 / 대리인 이론

④ ⭕ 해당 지문은 A보험회사가 정보비대칭성으로 인해 질병 및 사고 확률이 높은 B와 보험 계약을 체결하게 되는 '역선택'의 문제를 나타낸다. 역선택과 같은 대리손실의 문제를 다루는 이론은 주인 – 대리인 이론이다. 대리인 이론에서 대리손실은 대리인에 대한 주인의 정보부족으로 인해 나타나는 현상이다. 대리손실은 정보비대칭 구조와 이해관계가 충돌하는 상황에서 대리인의 기회주의적 행태로 인해 나타나며, 계약 전 감춰진 특성으로 부적격자가 대리인으로 선임되는 '역선택'과 계약 후 대리인의 권력남용으로 대리인 자신의 이익을 추구하는 사후손실인 '도덕적 해이'가 발생할 수 있다.

연계학습 2025 신용한 행정학 p.146, 147

---

02 🔑 ②

출제유형 · 출제영역 개념 / 분배정책

ㄱ. ⭕ 분배정책은 정책 과정에서 이해당사자들 간의 비교적 안정적인 연합을 형성한다.

ㄴ. ❌ **재분배정책에 대한 설명**이다. 재분배정책은 고소득층으로부터 많은 조세를 징수하여 저소득층에게 사회보장지출을 하여 소득의 재분배를 도모하는 정책으로, **안정적 정책집행을 위한 루틴화의 가능성이 낮고 집행을 둘러싼 논란이 있어 이데올로기의 논쟁강도가 높다.**

ㄷ. ⭕ 분배정책은 정부가 가지고 있는 한정된 자원을 여러대상자들에게 배분하는 것이므로, 분배정책의 수혜자들은 서비스와 편익을 더 많이 배분 받으려고 다투게 되는 로그롤링(log-rolling)이나 포크 배럴(pork barrel)과 같은 정치적 현상이 나타난다.

ㄹ. ❌ **규제정책에 대한 설명**이다. **규제정책은 정책결정시 정책 수혜자와 피해자가 명백하게 구분되어 집단 사이의 갈등 수준이 높으며, 정책의 불응자들에게 관료들은 강제력을 행사**하게 된다.

연계학습 2025 신용한 행정학 p.190~194

---

03 🔑 ④

출제유형 · 출제영역 개념 / 정책의제 설정 유형

① ⭕ 내부접근형은 정부기관 내부의 집단 혹은 정책결정자에게 쉽게 접근할 수 있는 외부집단이 최고정책결정자에게 접근하여 정부의제화하는 경우를 말하며, 공중의제화(행정 PR)가 생략된다.

② ⭕ 동원형의 경우 최고통치자나 고위정책결정자가 주도적으로 의제 형성을 주도한다.

③ ⭕ 외부주도형은 외부집단의 주도에 의해 정책의제화가 진행되는 유형으로 주로 이익집단의 활동이 활발하고, 정부가 외부의 요구에 민감하게 반응하는 정치체제, 즉 다원화된 정치체제에서 주로 나타난다.

④ ❌ **공고화형(굳히기형)은 대중의 지지가 높을 것으로 기대될 때 국가의 의제설정을 주도하는 모형**으로 이미 민간집단의 광범위한 지지가 형성된 이슈에 대하여 정책결정자가 지지의 공고화를 추진한다.

올바른 지문 ④ 공고화형(consolidation model)은 대중의 지지가 높은 정책 문제에 대한 정부의 주도적 해결을 설명한다.

SUMMARY 메이(P. J. May)의 의제설정 모형

주도자 \ 대중의 지지	높음	낮음
사회적 행위자	외부주도형	내부주도형(내부접근형)
국가	굳히기형	동원형

연계학습 2025 신용한 행정학 p.216~218

04 상(중)하 ■■■ 🔑 ③

출제유형 출제영역) 개념 / 거시조직이론

① ○ 전략적 선택론은 조직구조가 재량을 지닌 관리자들의 전략적 선택에 의해 결정된다는 이론적 관점으로 동일한 상황의 조직이라도 관리자의 환경에 대한 가치관과 인지적 기초에 따라 상이한 선택을 할 수 있음을 중시한다.

② ○ 번스(Burns)와 스토커(Stalker)는 조직구조는 상황적 특성(규모, 기술, 환경 등)에 의해 결정되며, 조직의 효과성은 조직의 구조적 특성(조직구조, 관리체계 관리과정 등)과 상황적 특성이 얼마나 부합하는가에 달려 있다고 주장한다.

③ ✕ 조직군 생태학이론은 조직의 변화가 외부환경의 선택에 따라 좌우되는 수동적인 존재로 이해한다.

④ ○ 버나드는 조직목표의 능률적 달성을 위해 조직의 공식적 권위와 구성원의 비공식적 요구의 조화, 의사전달의 중요성 등을 강조한다.

올바른 지문 ③ 조직군 생태학이론은 조직의 변화가 외부환경의 선택에 따라 좌우되는 수동적인 존재로 이해한다.

SUMMARY 거시조직이론의 분류

환경인식 \ 분석수준	결정론 : 조직은 환경에 대한 종속변수	임의론 : 조직은 환경에 대한 독립변수
개별조직	체제구조적 관점 ① 구조적 상황론	전략적 선택 관점 ① 전략적 선택이론 ② 자원의존이론
조직군	자연적 선택 관점 ① 조직군생태학 이론 ② 조직경제학(주인 – 대리인 이론, 거래비용이론)	집단적 행동 관점 ① 공동체 생태학 이론

연계학습 2025 신용한 행정학 p.364~367

05 상(중)하 ■■■ 🔑 ②

출제유형 출제영역) 말 바꾸기+개념 / 직무평가 방법

① ✕ 직무평가에서 직무수행의 난이도와 책임도에 따라 직위의 상대적 수준과 등급을 구분하게 된다. 반면, 직무분석에서는 직무의 종류가 같거나 유사한 직위들을 묶어 직렬을 형성하고 이러한 직렬들을 묶어 직군을 형성한다.

② ○ 직무자료 수집방법에는 직무의 내용, 책임도, 곤란도, 자격요건 등에 관한 모든 자료를 수집하기 위해 관찰, 면접, 설문지, 일지기록법 등이 활용된다.

③ ✕ 일반적으로 직무분석 이후에 직무평가가 이루어진다.

④ ✕ 직무평가의 방법으로는 서열법, 분류법 등 비계량적 방법과 점수법, 요소비교법등 계량적 방법을 사용한다.

올바른 지문
① 직무평가는 직무들의 상대적인 가치를 체계적으로 분류하여 등급화하는 것이다.
③ 일반적으로 직무분석 이후에 직무 분류를 위한 직무평가가 이루어진다.
④ 직무평가의 방법으로는 서열법, 분류법 등 비계량적 방법과 점수법, 요소비교법등 계량적 방법을 사용한다.

SUMMARY 직무평가의 방법

비계량	서열법	쌍쌍비교법 등을 활용하여 직무를 구성요소별로 나누지 않고 전체적·종합적으로 평가하여 상대적 중요도에 의해 직위를 서열화
	분류법	서열법과 같이 직무요소에 대한 분석없이 직무전체를 종합적으로 평가하지만, 등급분류기준을 정한 등급기준표에 따라 등급을 정하는 방법 서열법보다 세련된 방법으로 정부기관에서 많이 활용
계량	점수법	각 직위의 직무요소에 대해 점수를 부여하고, 총점을 구한 후 직무평가기준표에 따라 배치하는 방법 가장 많이 사용하는 방법
	요소비교법	직무를 평가요소별로 계량적으로 평가하되 점수법의 임의성 보완을 위해 조직 내 가장 핵심직위(기준직위)를 선정하여 이와 대비시키는 방법(가장 늦게 고안된 방식) 관찰가능한 직무와 (기준)직무를 비교함으로써 점수부여의 임의성을 극복
직무 vs 직무		(상대평가) 서열법, 요소비교법
직무 vs 등급기준표		(절대평가) 분류법, 점수법

연계학습 2025 신용한 행정학 p.480, 481

06 상(중)하 ■■■ 🔑 ③

출제유형 출제영역) 내용분류+법령 / 공무원의 법령상 의무

ㄱ. ✕ 「공직자윤리법」에는 선물신고의 의무가 규정되어 있다.

> 공직자윤리법 제15조【외국 정부등으로부터 받은 선물의 신고】① 공무원 또는 공직유관단체의 임직원은 외국으로부터 선물(대가 없이 제공되는 물품 및 그 밖에 이에 준하는 것을 말하되, 현금은 제외한다. 이하 같다)을 받거나 그 직무와 관련하여 외국인(외국단체를 포함한다. 이하 같다)에게 선물을 받으면 지체 없이 소속 기관·단체의 장에게 신고하고 그 선물을 인도하여야 한다.

ㄴ. ○ 내부고발자 보호제도는 「부패방지 및 국민권익위원회 설치와 운영에 관한 법률」에 규정되어 있다.

ㄷ. ○ 공직자윤리법 제3조 제1항 제9호

> 동법 제3조【등록의무자】① 다음 각 호의 어느 하나에 해당하는 공직자(이하 "등록의무자"라 한다)는 이 법에서 정하는 바에 따라 재산을 등록하여야 한다.
> 9. 총경(자치총경을 포함한다) 이상의 경찰공무원과 소방정 이상의 소방공무원

ㄴ. ❌ 공무원의 **주식백지신탁의무**는 「**공직자윤리법**」에 규정되어 있다.

> **동법 제15조【주식의 매각 또는 신탁】**① 등록의무자 중 제10조제1항에 따른 공개대상자와 기획재정부 및 금융위원회 소속 공무원 중 대통령령으로 정하는 사람 모두가 보유한 주식의 총 가액이 1천만원 이상 5천만원 이하의 범위에서 대통령령으로 정하는 금액을 초과할 때에는 초과하게 된 날부터 1개월 이내에 다음 각 호의 어느 하나에 해당하는 행위를 직접 하거나 이해관계자로 하여금 하도록 하고 그 행위를 한 사실을 등록기관에 신고하여야 한다.

올바른 지문

ㄱ. 「공직자윤리법」상 지방의회 의원은 외국 정부 등으로부터 받은 선물의 신고 의무가 있다.

ㄹ. 공무원의 주식백지신탁 의무는 「공직자윤리법」에 규정되어 있다.

(연계학습) 2025 신용한 행정학 p.558~563

07 상 중 하 ☐☐☐ 🔑 ②

출제유형 / 출제영역 이론 비교 / 신제도론

② ⭕ 합리적 선택 신제도론에서 제도는 개별 행위자의 행동에 영향을 주며, 거래의 불확실성과 거래비용을 감소시켜 거래의 안정성과 교환의 효율성을 높이는 역할을 수행한다. 역사적 신제도주의는 제도를 장기간의 역사적 과정(맥락)에서 형성된 인간행동의 정형화된 패턴으로 인식하고 형성된 제도는 지속성과 경로의존성(path dependence)을 갖고 현재의 정책선택을 제약하게 된다고 본다. 사회학적 신제도주의에서 조직이나 제도의 변화는 효율성과 합리성 추구로 발생하는 것이 아니라 사회적으로 정당하다고 인정받는 구조와 기능을 닮아가는 제도적 동형화 과정의 결과물로 설명한다.

올바른 지문

	합리적 선택 제도주의	역사적 제도주의	사회학적 제도주의
①	방법론적 개체주의	경로의존성	제도동형성
③	전략적 상호작용	중범위 수준 제도분석	제도동형성
④	전략적 상호작용	경로의존성	방법론적 전체주의

SUMMARY 신제도론의 유파별 비교

구분	역사적 신제도주의	사회학적 신제도주의	합리적 선택의 신제도주의
제도	장기간 역사적 과정(맥락)에서 형성	사회적 정당성을 획득한 상징, 도덕적 기초, 문화	개인들 간의 합리적 선택의 결과로 형성된 게임의 균형
제도의 변화	역사적 변환점에서의 급격한 변화	동형화의 진행과 정당성의 획득	비용/편익의 변화와 전략적 선택
중점	제도의 지속성과 제도형성의 과정을 중시(정치적 영역의 자율성)	제도의 형성과 변화 과정에서의 사회적 동형화 중시(문화 자율성)	개인들 간의 전략적 선택 중시(개인의 자율성)

선호의 형성	내생적 : 정치체제가 개인선호를 형성하고 제약함	내생적 : 사회문화와 상징이 개인선호를 형성하고 제약함	외생적 : 개인선호는 선험적으로 결정됨
학문적 기초	정치학, 역사학	사회학	경제학
접근법	방법론적 전체주의, 귀납적 접근(사례연구)	방법론적 전체주의, 귀납적 접근	방법론적 개체주의, 연역적 접근

(연계학습) 2025 신용한 행정학 p.144

08 상 중 하 ☐☐☐ 🔑 ④

출제유형 / 출제영역 개념 / 정책집행(종합)

① ❌ 하향식 접근방법에서는 **정책집행을 정책목표 달성을 위해 채택된 정책결정 내용을 충실히 이행하는 과정**으로 인식하므로 명확하고 일관된 정책목표와 그 실현을 위한 정책수단을 가지고 있는 것으로 가정한다.

② ❌ 사바티어(Sabatier)와 매즈매니언(Mazmanian)은 **하향식**(상향식 ×) 접근방법의 대표적인 모형을 제시하였다.

③ ❌ 엘모어(Elmore)는 **전방향적 집행(forward mapping, 하향적 접근)과 후방향적 집행(backward mapping, 상향적 접근)으로 구분**하고, 결정자가 집행의 모든 과정을 통제할 수 있다는 전방향적(하향적) 접근의 가정에 의문을 제기하면서 집행현장에서 출발하여 정책결정까지 살펴보는 **후방향적(상향적) 접근을 강조**하였다.

④ ⭕ 고긴(Goggin)은 과거의 집행연구가 단일사례연구를 중심으로 진행되어 지나치게 소수사례에 지나치게 많은 변수의 문제가 있다고 비판하였다. 그렇기 때문에 고긴(Goggin)은 관찰 사례수를 증가시킬 수 있는 비교사례연구 또는 통계적 연구설계의 바탕위에서 이론의 검증을 시도하는 제3세대 집행연구를 주장하였다.

올바른 지문

① 하향식 접근방법에서는 명확하고 일관된 정책목표가 효과적인 정책집행을 가져온다고 하였다.

② 사바티어(Sabatier)와 매즈매니언(Mazmanian)은 하향식 접근방법의 대표적인 모형을 제시하였다.

③ 엘모어(Elmore)가 제안한 전방향적 연구(forward mapping)는 하향식 접근방법과 유사하다.

SUMMARY 상향적 접근 vs 하향적 접근

구분	하향적 접근 (위 ⇨ 아래) : 결정자의 시각	상향적 접근 (아래 ⇨ 위) : 현장의 시각
결정과 집행	• 정책결정과 집행을 분리 (정치행정이원론)	• 정책결정과 집행의 통합 (정치행정일원론)
집행의 성공 요건	• 정책결정자의 리더십 • 집행과정의 법적 구조화	• 일선공무원의 전문지식과 문제해결 능력
집행자	• 집행자의 결정자에 대한 순응과 집행자에 대한 결정자의 통제 강조	• 집행자의 재량과 자율을 강조
Berman	• 거시적 · 하향적 집행	• 미시적 · 적응적 집행(강조)
Elmore	• 전방향적 집행	• 후방향적 집행(강조)

접근법 및 연구 목적	• 정책집행의 영향요인 도출 & 집행이론의 구축(거시적·연역적 접근)	• 개별적 집행현장의 기술과 설명 & 개별 집행 문제의 해결 (미시적·귀납적 접근)
단점	• 민주주의 체제하에서 명확한 목표설정의 어려움 • 정책반대자의 입장 및 전략적 행동파악의 한계	• 거시적 틀에 대한 간과 가능성 • 선출직 공무원의 결정과 책임이라는 민주주의 기본가치의 위배 가능성

연계학습 2025 신용한 행정학 p.279~284

09 상 중 하 ④

출제유형 출제영역 개념 / 학습조직

① ○ 학습조직은 개방체제와 자아실현적 인간관을 바탕으로 조직원이 새로운 지식을 창출하는 한편, 이를 조직 전체에 보급해 조직 자체의 성장·발전·업무 수행 능력을 증가시킬 수 있도록 지속적인 학습활동을 전개하는 조직이다.

②, ③ ○, ④ ✕ **셍게(Senge)는 학습조직 탄생을 위한 5가지 수련으로 자기완성, 사고의 틀(사고모형), 공동의 비전, 집단적 학습, 시스템 중심의 사고를 강조**하였다.

SUMMARY 셍게(Senge)의 학습조직 탄생을 위한 5가지 수련(disciplines)

자기완성 (personal mastery)	• 생애와 일에 관한 개인의 접근방법을 성숙시키는 것 • 각 개인은 원하는 결과를 얻을 수 있는 자기역량의 확대방법을 학습해야 함
사고의 틀(사고모형) (mental models)	• 뇌리에 깊이 박힌 정신적 이미지를 성찰하고 새롭게 하는 것 • 생각과 관점에 대한 끊임없는 성찰과 쇄신이 필요함
공동의 비전 (shared vision)	• 조직 구성원들이 공동으로 추구하는 목표와 원칙에 대한 공감대 형성하는 것
집단적 학습 (team learning)	• 구성원 간 진정한 대화와 집단적 사고의 과정을 통해 개인적 능력의 합계를 능가하는 지혜와 능력을 구축하게 하는 것 • 대화와 토론을 통한 지속적인 협력적 학습과 팀워크 개발·구축이 중요
시스템 중심의 사고 (systems thinking)	• 체제를 구성하는 여러 관련요인들을 통합적인 이론체계(실천체계)로 융합시키는 능력을 키우는 통합적 훈련

연계학습 2025 신용한 행정학 p.355~357

10 상 중 하 ①

출제유형 출제영역 개념 / 리더십 이론(종합)

① ✕ **변혁적 리더십의 구성요소는 카리스마적 리더십, 영감적 리더십, 개별적 배려, 지적 자극(자유방임 ✕) 등이 있다.**

② ○ 진성(신뢰감을 주는 리더십 : authentic) 리더십은 자기가 어떤 사람이며 자기의 가치관과 신념은 무엇인지 알고 그에 일관되게 솔직하고 개방적으로 행동하는 사람의 리더십이다. 진성 리더십은 리더가 그의 가치관에 따라 투명하고 윤리적으로 행동하여 추종자들이 리더를 신뢰하고 따르게 만드는 리더십이다.

③ ○ 서번트(servant) 리더십은 구성원들이 공동의 목표를 이뤄 나갈 수 있도록 환경을 조성해주고 도와주는, 구성원들을 섬기는 리더십으로 부하직원들을 상급자처럼 떠받들면서 리더를 따르게 하는 리더십이다.

④ ○ 거래적(transactional) 리더십은 무엇인가 가치 있는 것을 교환함으로써 추종자에게 영향력을 행사하는 리더십이다.

올바른 지문 ① 변혁적 리더십의 구성요소는 <u>카리스마적 리더십, 영감적 리더십, 개별적 배려, 지적 자극</u> 등이 있다.

SUMMARY 변혁적 리더십의 구성요소(Bass & Avilio)

카리스마적 (위광적) 리더십	리더가 난관을 극복하고 현 상태에 대한 각성을 표명함으로써 부하들에게 자긍심과 신념을 부여함
영감적 리더십	부하가 도전적 목표와 임무, 미래에 대한 비전을 열정적으로 받아들이고 계속 추구하도록 격려함
개별적 배려	부하에 대한 특별한 관심과 특정한 요구를 이해함으로써 개인적 존중감을 전달함
지적 자극	부하들이 형식적 관례와 사고를 다시 생각하게 함으로써 새로운 관념을 촉발함

연계학습 2025 신용한 행정학 p.414, 415

11 상 중 하 ①

출제유형 출제영역 개념 / 델파이 기법

보기에서 설명하는 내용은 델파이 기법에 대한 설명이다.

① ✕ **조건부 확률과 교차영향행렬은 주로 교차영향분석에서 사용**한다.

SUMMARY 전통적 델파이기법의 특징

익명성	참여하는 전문가들의 익명성이 엄격하게 보장됨
반복	개별적 판단은 집계 후 몇 회에 걸쳐 다시 알려주고, 수정과정을 반복
통제된 환류	응답을 종합하여 전문가들에게 요약수치로 전달함
응답의 통계처리	응답을 최빈수, 중위수, 평균 등 통계처리된 형태로 정리함
전문가 합의	합의된(근접한) 의견의 도출을 최종목표로 함

연계학습 2025 신용한 행정학 p.239~242

12 상 중 하 ②

출제유형 출제영역 말 바꾸기+개념 / 대표관료제

보기에서 설명하는 제도는 대표관료제이다.

① ○ 대표관료제는 소극적 대표와 적극적 대표를 가정한다. 소극적 대표는 '출신성분'이 관료의 '태도'를 결정한다는 전제이고, 적극적 대표는 '태도'가 '행동'을 결정한다는 전제이다.

② ✕ **크랜츠(Kranz)는 개념을 '비례대표'로까지 확대하여 '관료제 내의 모든 직무와 계급구성비까지 총인구비율에 상응하게 분포'되어야 함을 주장하였다.**

③ ⭕ 라이퍼(Riper)는 대표관료제의 개념을 확대해 사회적 특성 외에 사회적 가치까지도 대표관료제의 요소로 포함시키고 있다. 그에 의하면, 대표관료제는 ① 직업, 사회계층, 지역 등의 관점에서 그 사회의 모든 계층과 집단을 합리적으로 대표할 수 있도록 구성되어야 할 뿐만 아니라, ② 그 사회의 사조(ethos)나 태도까지도 충분히 반영될 수 있도록 구성되어야 한다고 본다.

④ ⭕ 대표관료제는 능력과 업적에 따른 인사관리를 강조하는 실적주의와의 마찰 가능성이 있으며, 할당제의 강요와 역차별에 대한 우려가 있다는 한계가 있다.

올바른 지문 ② 크랜츠(Kranz)는 이 제도의 개념을 비례대표(proportional representation)로까지 확대하였다.

연계학습 2025 신용한 행정학 p.457~460

---

13 상 중 하 ①

출제유형 출제영역 법령 / 지방의회의 징계

① ❌ 「지방자치법」상 의원의 징계에 있어 **출석정지는 30일**(45일간 ×) 이내에서 이뤄진다.

②, ③, ④ ⭕ 「지방자치법」상 징계의 종류에는 공개회의에서의 경고, 공개회의에서의 사과, 30일 이내의 출석정지, 제명이 있다.

지방자치법 제100조【징계의 종류와 의결】 ① 징계의 종류는 다음과 같다.
1. 공개회의에서의 경고
2. 공개회의에서의 사과
3. 30일 이내의 출석정지
4. 제명
② 제명에는 재적의원 3분의 2 이상의 찬성이 있어야 한다.

연계학습 2025 신용한 행정학 p.870

---

14 상 중 하 ③

출제유형 출제영역 말 바꾸기+개념 / 지역사회 권력구조

① ❌ 레짐이론은 도시정치에 있어서 지방정부와 비정부부문(민간부문이 주요 주체임)의 상호의존성을 강조한 이론이다. 따라서 **지방정부와 민간부문의 협력을 중시**하는 특성을 가지며, 협력은 연합(coalition)이나 연대의 형태로 이루어진다.

② ❌ 성장기구론에서 성장연합은 **토지 또는 부동산의 교환가치**(exchange value, 임대수익)를 증대시키기 위해 성장을 꾀하며, 반성장연합은 **토지 또는 부동산의 사용가치**(use value, 일상적 사용으로부터의 편익)인 주거지역의 삶의 질이나 환경을 중시한다.

③ ⭕ 정보의 비대칭성은 불균형적인 권력관계를 만들어내는 중요한 원인으로 지식정보사회에서의 엘리트 계층과 일반 대중 사이의 정보 비대칭성의 심화는 엘리트 이론의 설명력을 더욱 높여줄 수밖에 없다.

④ ❌ 신다원론은 **고전적 다원주의에 대한 비판을 수용**하여 새로운 다원주의 관점으로 제시된 이론이다. 특히 신다원론에서는 정책과정이 지역사회의 모든 구성원들에게 공정하게 개방되어 있다는 것은 잘못 인식된 결과이며, **영향력이 상대적으로 강한 집단은 정책과정에 있어 특별한 권력적 지위**를 누릴 수 있다고 본다.

올바른 지문
① ⭕ 레짐이론은 기업을 비롯한 민간부문 주요 주체들과의 연합이나 연대를 강조하는 특성을 갖는다.
② 성장기구론에서 비성장연합은 성장연합에 비해 부동산의 사용가치(use value), 즉 일상적 사용으로부터 오는 편익을 중시한다.
④ 신다원론에서는 정책과정이 지역사회의 구성원들에게 불공정한 개방이 이뤄지고 있으며, 엘리트 집단의 영향력은 지역 간 경쟁에서 이기기 위해 비의도적으로 허용된 결과이다.

연계학습 2025 신용한 행정학 p.203, 897~899

---

15 상 중 하 ②

출제유형 출제영역 말 바꾸기+개념 / 총액인건비제도

①, ③, ④ ⭕ 총액인건비제도는 중앙예산기관과 조직관리기관이 총정원과 인건비예산의 총액만을 정해주면, 각 부처는 그 범위 안에서 재량권을 발휘하여 인력운영 및 기구설치에 대한 자율성과 책임성을 부여받는 것이다.

② ❌ 총액인건비제도는 **2005년 노무현 정부**에서 8개 부처 44개 책임운영기관의 시범실시를 거쳐 2007년 1월 1일부터 각 부처로 확대 실시되었다. 지방자치단체도 당시 표준운영제의 엄격한 통제를 완화해 총액인건비 한도 내에서 지방자치단체가 조례로 기구와 정원을 구성할 수 있도록 하였다(현재는 기준인건비제).

올바른 지문 ② 2005년 노무현 정부에서 중앙행정기관 및 지방자치단체에 처음으로 도입되었으며, 공공기관으로 확대되었다.

연계학습 2025 신용한 행정학 p.537

---

16 상 중 하 ③

출제유형 출제영역 개념+법령 / 우리나라 전자정부

① ⭕ 온라인 국민참여포털인 국민신문고는 국민들이 인터넷 단일창구를 통해 행정기관에 고충 민원과 제안을 접수·처리하도록 구축된 시스템이다.

② ⭕ 디지털예산회계시스템은 예산, 회계, 정보의 국면을 하나로 통합하거나 연계하여 재정전체 업무가 동일 시스템에서 이루어지고, 관련정보가 생성되는 통합재정정보시스템을 의미한다.

③ ❌ 스마트워크(smart work)란 **원격근무의 한 형태**로 영상회의 등 정보통신기술을 이용해 시간·장소의 제약 없이 업무를 수행하는 유연한 근무형태를 말한다.

④ ⭕ 전자정부법 제5조 제1항

전자정부법 제5조【전자정부기본계획의 수립】 ① 중앙사무관장기관의 장은 전자정부의 구현·운영 및 발전을 위하여 5년마다 제5조의2제1항에 따른 행정기관등의 기관별 계획을 종합하여 전자정부기본계획을 수립하여야 한다.

올바른 지문 ③ 스마트워크(smart work)란 원격근무의 한 형태로 영상회의 등 정보통신기술을 이용해 시간·장소의 제약 없이 업무를 수행하는 유연한 근무형태를 말한다.

연계학습 2025 신용한 행정학 p.721, 743, 751

17 ④

출제유형 출제영역 개념 / 공공선택론

① ◯ 니스카넨의 예산극대화모형에서 최적의 서비스 공급 수준은 MB(Marginal Benefit, 한계편익)와 MC(Marginal Cost, 한계비용)가 일치하는 수준(MB = MC)에서 결정된다고 본다.
② ◯ 두 이론 모두 관료는 사적이익을 극대화한다고 가정한다.
③ ◯ 던리비의 관청형성 모형에 따르면 합리적인 고위관료들은 책임과 통제가 수반되는 일상적인 업무는 준정부조직이나 외부계약으로 떼어내고, 내부조직 개편을 통해 정책결정 기능과 수준을 강화하고자 한다.
④ ✕ **니스카넨이 아닌 던리비의 주장이다. 던리비는 니스카넨의 예산극대화 이론에서 관료가 일률적으로 예산극대화 동기를 갖는다는 것을 비판**하였다.

올바른 지문 ④ 던리비(Dunleavy)에 따르면 예산극대화 행동은 예산유형과 직위의 관계, 시대적 상황 등의 측면에서 다양하게 나타날 수 있다.

연계학습 2025 신용한 행정학 p.134~136

18 ③

출제유형 출제영역 이론 비교 / 진실험 vs 준실험

① ◯ 실험설계는 정책의 효과를 파악하기 위해 일정한 정책대상 집단에게 시행하는 정책평가의 한 방법이다. 일반적으로 실험을 통한 정책평가는 진실험, 준실험, 비실험 방법으로 구분된다.
② ◯ 진실험은 실험집단과 통제집단의 동질성을 확보하여 행하는 실험적 평가방법이며, 준실험은 실험집단과 통제집단의 동질성을 확보하지 못한 상태에서 정책을 처리하여 정책효과를 판단하는 실험이다.
③ ✕ **회귀 – 불연속 설계나 단절적 시계열 설계는 진실험설계가 아닌 준실험설계 방법에 해당**한다.
④ ◯ 준실험적 방법에서는 일반적으로 무작위 배정이 어려운 상황 하에서 짝짓기(matching) 방법을 활용하여 가능한 한 실험방법과 유사하게 대상 집단을 구성하여 정책효과를 측정한다.

올바른 지문 ③ 회귀 – 불연속 설계나 단절적 시계열 설계는 과거지향적(retrospective)인 성격을 갖는 준실험설계(quasi experiment)에 해당된다.

SUMMARY 진실험 vs 준실험

	실험&통제집단	내적 타당성	외적 타당성	실행 가능성
실험	진실험	동질성 확보 ◯ (무작위 배정)	높음	낮음	낮음
	준실험	동질성 확보 ✕ (짝짓기 배정)	중간	중간	중간

연계학습 2025 신용한 행정학 p.306~309

19 ④

출제유형 출제영역 말 바꾸기+개념 / 예산결정이론

①, ③ ◯ 루빈(Rubin)은 실시간 예산운영(real-time budgeting) 모형을 통해 예산운영과정을 서로 성질이 다른, 그러나 서로 연결된 세입, 세출, 균형, 집행, 과정의 다섯 개의 의사결정 흐름이 통합되면서 초래되는 의사결정으로 설명한다.
② ◯ 킹던(kingdon)의 의제설명 모형(정책흐름모형)을 통해 정책과정의 복잡성과 불확실한 역동성을 지적하였으며, 윌로비와 서메이어(Willoughby & Thumaier)의 다중합리성 모형은 킹던(kingdon)의 모형과 루빈(Rubin)의 실시간 운영모형을 통합하고자 하였다.
④ ✕ **예산 균형 흐름에서의 의사결정은 제약 조건의 정치적 특성을 갖는다.** 책임성의 정치적 특성을 갖는 것은 예산 집행 흐름에서의 의사결정이다.

올바른 지문 ④ 루빈(Rubin)의 실시간 예산운영(real-time budgeting) 모형에서 예산균형 흐름에서의 의사결정은 제약조건의 정치의 성격을 갖는다.

SUMMARY 실시간 예산운영 모형(Rubin)

의사결정의 흐름	특징	예산 정치
세입흐름에서 의사결정	누가(who), 얼마만큼(how much) 부담할 것인가?에 관한 의사결정	설득의 정치
세출흐름에서 의사결정	누구에게 배분할 것인가?에 관한 의사결정으로 예산 획득을 위한 경쟁과 예산의 배분에 관한 것	선택의 정치
예산 균형 흐름에서 의사결정	예산균형을 어떻게 정의할 것인가? 어떻게 달성할 것인가? 에 관한 의사결정	제약조건의 정치
예산 집행 흐름에서 의사결정	예산 계획에 따른 집행과 수정 및 일탈의 허용 범위에 관한 문제	책임성의 정치
예산 과정 흐름에서 의사결정	행정부와 입법부 간, 납세자인 시민과 예산 배분 결정자인 정부관료 간의 결정 권한의 균형에 관한 문제	어떻게 예산을 결정하는가, 누가 예산을 결정하는가의 정치

연계학습 2025 신용한 행정학 p.653

20 ③

출제유형 출제영역 말 바꾸기+개념 / 세외수입

① ◯ 부담금은 특정한 공익사업에 드는 경비의 충당을 목적으로 한다.
② ◯ 부담금은 국가 또는 시·도가 시행하는 공익사업 등이 다른 자치단체에 이익을 줄 경우 수익을 받는 지방자치단체에 대해 사업에 필요한 경비의 일부를 부담시키는 공과금으로, 수익자 부담의 원칙이 적용된다.
③ ✕ **부담금은「지방세법」상 지방세 수입의 재원이 아니며, 세외수입 중 임시적 수입에 포함**된다.
④ ◯ 부담금심의위원회는 기획재정부장관 소속이다.

부담금관리기본법 제9조【부담금운용심의위원회】 ① 부담금에 관한 주요정책과 그 운용방향 등을 심의하기 위하여 기획재정부장관 소속으로 부담금운용심의위원회(이하 "위원회"라 한다)를 둔다.

연계학습 2025 신용한 행정학 p.910~913

합격으로 증명하는 1등 행정학

신용한 행정학

합격으로 증명하는 1등 행정학

지방직 7급

해설

2024년 지방직 7급 해설 …… 120

2023년 지방직 7급 해설 …… 126

2022년 지방직 7급 해설 …… 133

2021년 지방직 7급 해설 …… 139

2020년 지방직 7급 해설 …… 145

2024년 지방직 7급

문제편 p.111~115

정답

01	④	02	②	03	②	04	③	05	④
06	①	07	④	08	④	09	①	10	④
11	③	12	②	13	④	14	②	15	④
16	①	17	①	18	②	19	③	20	②

출제영역 분석

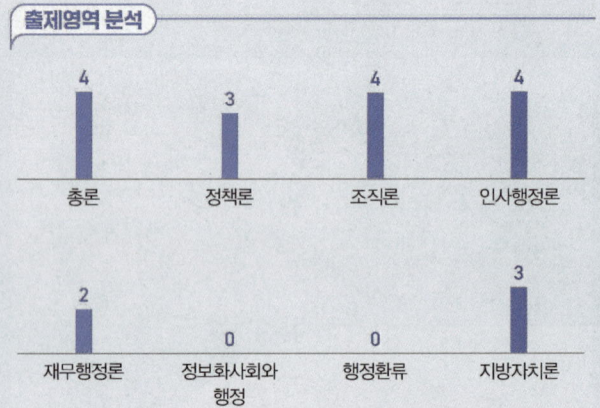

출제경향 분석

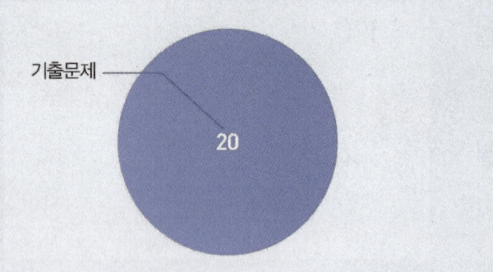

출제문제 유형분석

- 말 바꾸기 — 9
- 짝짓기 — 0
- 내용분류 — 0
- 개념 — 4
- 순서연결 — 0
- 제도 및 이론 비교 — 0
- 법령 — 8

---

01 상중하 ④

출제유형 **출제영역** Ⅳ 개념 + Ⅵ 이론 비교 / 신공공관리론 vs 뉴거버넌스론

① ✗ **신공공관리론**은 **시장지향적 경쟁원리를** 강조하고, **뉴거버넌스**는 **신뢰를 기반**으로한 **조정의 원리를 강조**한다.
② ✗ **신공공서비스론**은 국민을 덕성을 지닌 **시민**으로 보고, 신공공관리론은 국정의 대상인 **고객**으로 본다.
③ ✗ **신공공관리론**과 **뉴거버넌스론**에서는 정부의 역할에 대해 기존의 행정국가체제와는 달리 **노젓기보다는 방향잡기를 강조**한다.
④ ○ **신공공관리론은 행정의 효율성을 보다 중시하고, 뉴거버넌스는 행정의 민주성에 더 초점을 둔다.

SUMMARY 신공공관리 vs 뉴거버넌스

구 분	신공공관리	뉴거버넌스
정부역할	방향잡기(steering)	
인식론적 기초	신자유주의	공동체주의
관리기구	시장	연계망(network)
관리가치	결과(outcomes)	신뢰(trust)
관료역할	공공기업가	조정자
작동원리	경쟁(시장 메커니즘)	협력체제(partnership)
서비스 공급	민영화, 민간위탁 등	공동공급(시민, 기업 등 참여)
관리방식	고객지향	임무중심
분석수준	조직 내 (intra-organizational)	조직 간 (inter-organizational)

연계학습 2025 신용한 행정학 p.163, 164

---

02 상중하 ②

출제유형 **출제영역** Ⅰ 말바꾸기 + Ⅳ 개념 / 동기부여이론(종합)

① ✗ **맥클리랜드의 성취동기이론**에 대한 설명이다. 아지리스는 공식조직이 개인의 행태에 미치는 영향 연구를 통해 인간은 미성숙 상태에서 성숙 상태로 발전하는 과정에서 성격변화를 경험한다는 점을 주장했다.
② ○ **해크만과 올드햄의 직무특성이론**에 의하면 직무특성을 결정하는 변수로 기술다양성, 직무정체성, 직무중요성, 자율성, 환류를 들고 있다.
③ ✗ **아담스의 공정성 이론**에 따르면, 개인은 **자신의 직무에 대한 공헌도와 보상을 준거인물과 비교**하고, **불형평성(불공정성)을 느끼는 경우 이를 해소하는 방향으로 동기가 유발**된다고 설명한다.
④ ✗ **로크의 목표설정이론**에 대한 설명이다. 포터(Porter)와 롤러(Lawler)는 성과(직무성취수준)가 만족의 원인이 될 수 있다는 관점에 입각해 기대이론을 정립하였다.

연계학습 2025 신용한 행정학 p.397, 399, 401, 402, 404

03 · ②

출제유형 / 출제영역: Ⅳ 개념 / 정책지지연합모형

① ⭕ 정책변화를 이해하기 위한 분석단위로 '다양한 수준의 정부에서 활동하는 행위자들을 모두 포함하는 정책하위체제에 중점을 둠.
② ❌ 정책변화과정을 이해하기 위해서 **10년 이상의 장기간**(단기간 ×)에 초점을 두게 된다.
③ ⭕ 정책지지연합 내 동일한 신념체계를 공유하는 각 집단들은 자신들이 바라는대로 정책결정을 유도하기 위하여 각기 상이한 전략을 택하고, 상호 갈등관계에 놓이게 되는 전략은 타협을 중시하는 정책중재자의 도움을 받아 갈등이 해소된다.
④ ⭕ 정책하위체제에 영향을 미치는 외생변수는 안정적인 변수와 역동적인 변수 두가지 차원으로 나누어진다. 안정적 변수에는 문제의 기본 속성, 자원의 분포, 근본적인 사회구조나 사회문화적 가치, 법이나 제도 등이 포함되며, 역동적인 변수에는 사회경제적 조건의 변화, 여론의 변화, 지배집단의 변화등이 해당된다.

연계학습: 2025 신용한 행정학 p.285

04 · ③

출제유형 / 출제영역: Ⅳ 개념 + Ⅶ 법령 / 공익

① ❌ **과정설**(실체설 ×)은 사익들의 타협과 조정의 산물로서 실체를 드러내는 가치를 공익이라고 본다..
② ❌ **실체설**(과정설 ×)은 정부 또는 행정관료가 공익결정 과정에서 주체로서 적극적인 역할을 수행한다고 본다.
③ ⭕ 공익은 행정이 추구해야 할 본질적인 가치로서, 정책의 비용과 편익 등 자원 배분원칙의 가치기준을 제공한다.
④ ❌ 공익은 자유, 형평, 평등과 같이 **본질적**(수단적 ×) 행정가치에 해당한다.

연계학습: 2025 신용한 행정학 p.87~89

05 · ④

출제유형 / 출제영역: Ⅰ 말바꾸기 + Ⅳ 개념 / 정책결정모형(종합)

① ❌ **쓰레기통 모형**(혼합주사모형 ×)의 **'문제성 있는 선호'에 대한 설명**이다. 혼합주사모형은 근본적인 결정과 세부적인 결정으로 나누어 '근본적 결정'의 경우 합리모형을, '세부결정'의 경우 점증모형을 선별적으로 적용하는 모형이다.
② ❌ **쓰레기통 모형**(최적모형 ×)의 **'불명확한 기술'에 대한 설명**이다. 최적모형은 경제적 합리성과 직관·판단력·창의력과 같은 요인을 중심으로 한 초합리성을 고려한 규범적·처방적 정책결정모형이다.
③ ❌ **회사모형**(쓰레기통 모형 ×) **'문제 중심의 탐색' 대한 설명**이다.
④ ⭕ 앨리슨 모형의 합리적 행위자 모형(모형Ⅰ)에 따르면 조직구성원 또는 참여자들은 주어진 목표를 극대화하는 합리적 결정을 하게 되고, 정책의 일관성, 참여자들 간의 응집성, 목표에 대한 공유감이 강하다.

연계학습: 2025 신용한 행정학 p.263~268

06 · ①

출제유형 / 출제영역: Ⅶ 법령 / 예산총계주의

① ⭕ 국가재정법 예산총계주의 원칙의 예외에 대한 설명이다.

> **국가재정법 제32조【예산총계주의】** ① 각 중앙관서의 장은 용역 또는 시설을 제공하여 발생하는 수입과 관련되는 경비로서 대통령령으로 정하는 경비(이하 "수입대체경비"라 한다)의 경우 수입이 예산을 초과하거나 초과할 것이 예상되는 때에는 그 초과수입을 대통령령으로 정하는 바에 따라 그 초과수입에 직접 관련되는 경비 및 이에 수반되는 경비에 초과지출할 수 있다.

연계학습: 2025 신용한 행정학 p.609, 610

07 · ④

출제유형 / 출제영역: Ⅳ 개념 / 공공서비스의 유형과 특징

① ⭕ 요금재는 경합성은 없지만 배제가 가능한 공공서비스이다. 자연독점 등으로 인한 시장실패에 대응하기 위하여 정부가 직접 공급하거나 공기업이 공급하는 경우가 많다.
② ⭕ 집합재는 비용 부담에 따라 서비스 혜택을 차별화하거나 배제할 수 없기 때문에 무임승차 문제가 발생한다.
③ ⭕ 시장재는 일반적으로 시장에 의한 서비스 공급이 활성화될 수 있어 공공부문의 개입이 최소화되는 영역이다. 하지만 계층 간 수직적 형평성이 강조되면서 기본적인 수요조차도 충족하기 어려운 저소득층이나 영세민 배려를 위한 부분적인 정부개입이 발생한다.
④ ❌ **공공재에 대한 설명**이다. 공유재는 경합성은 있지만, 배제는 불가능한 서비스 및 재화를 말하며 국립공원, 하천 등이 해당된다.

SUMMARY 공공서비스의 유형

유형	특징	정부개입의 원인 및 방식	예
공공재 (집합재)	비배제성, 비경합성	무임승차 등으로 시장형성 X ⇨ 정부의 직접공급	• 국방, 외교, 치안 등 순수공공재
공유재	비배제성, 경합성	무임승차, 과잉소비 ⇨ 합리적 이용규칙(제도)의 설정	• 천연자원, 국립공원, 하천, 녹지
요금재	배제성, 비경합성	자연독점 ⇨ 정부나 공기업이 직접공급	• 전기, 가스, 상하수도, 도로 등
시장재	배제성, 경합성	공공부문 개입의 최소화 ⇨ 저소득층이나 영세민 배려	• 노인돌보미, 보육 등

연계학습: 2025 신용한 행정학 p.37~40

08 상 중 하 ■■■　🔑 ④

출제유형 출제영역 Ⅶ 법령 / 책임운영기관의 설치·운영에 관한 법률

① ⭕ 책임운영기관의 설치·운영에 관한 법률 제4조 제2항

> **책임운영기관의 설치·운영에 관한 법률 제4조 【책임운영기관의 설치 및 해제】** ② 행정안전부장관은 기획재정부 및 해당 중앙행정기관의 장과 협의하여 제1항에 따른 책임운영기관을 설치하거나 해제할 수 있다. 이 경우 행정안전부장관은 해당 중앙행정기관의 장의 의견을 존중하여야 한다.

② ⭕ 책임운영기관의 설치·운영에 관한 법률 제2조 제2항 각호

> **동법 제2조 【정의】** ② 책임운영기관은 기관의 지위에 따라 다음 각 호와 같이 구분한다.
> 1. 소속책임운영기관: 중앙행정기관의 소속 기관으로서 제4조에 따라 대통령령으로 설치된 기관
> 2. 중앙책임운영기관: 「정부조직법」 제2조제2항에 따른 청(廳)으로서 제4조에 따라 대통령령으로 설치된 기관

③ ⭕ 책임운영기관의 설치·운영에 관한 법률 제7조 제1항

> **동법 제7조 【기관장의 임용】** ① 소속중앙행정기관의 장은 공개모집 절차에 따라 행정이나 경영에 관한 지식·능력 또는 관련 분야의 경험이 풍부한 사람 중에서 기관장을 선발하여 「국가공무원법」 제26조의5에 따른 임기제공무원으로 임용한다. 이 경우 대통령령으로 정하는 바에 따라 기관장으로 임용하려는 사람의 능력과 자질을 평가하여 임용 여부에 활용하여야 한다.

④ ❌ 책임운영기관은 「**책임운영기관의 설치·운영에 관한 법률**」상 종합평가의 대상이다.

> **동법 제51조 【책임운영기관의 종합평가】** ① 위원회는 책임운영기관제도의 운영과 개선, 기관의 존속 여부 판단 등을 위하여 책임운영기관에 대한 종합평가를 한다. 다만, 종합평가 결과가 2회 연속 특별히 우수하다고 인정하는 기관에 대하여는 2년의 범위에서 대통령령으로 정하는 바에 따라 종합평가를 유예할 수 있다

연계학습 2025 신용한 행정학 p.384~387

09 상 중 하 ■■■　🔑 ①

출제유형 출제영역 Ⅶ 법령 / 지방재정조정제도

① ❌ **특별조정교부금**은 민간에 지원하는 보조사업의 재원으로 사용할 수 없다.

> **지방재정법 제29조의3 【조정교부금의 종류와 용도】** 제29조 및 제29조의2에 따른 조정교부금은 일반적 재정수요에 충당하기 위한 일반조정교부금과 특정한 재정수요에 충당하기 위한 특별조정교부금으로 구분하여 운영하되, 특별조정교부금은 민간에 지원하는 보조사업의 재원으로 사용할 수 없다

②, ③ ⭕ 지방재정법 제29조의3

> **동법 제29조의3 【조정교부금의 종류와 용도】** ① 지방자치단체나 그 기관이 법령에 따라 처리하여야 할 사무로서 국가와 지방자치단체 간에 이해관계가 있는 경우에는 원활한 사무처리를 위하여 국가에서 부담하지 아니하면 아니 되는 경비는 국가가 그 전부 또는 일부를 부담한다.
> ② 국가가 스스로 하여야 할 사무를 지방자치단체나 그 기관에 위임하여 수행하는 경우 그 경비는 국가가 전부를 그 지방자치단체에 교부하여야 한다.

④ ⭕ 지방재정법 제23조 제1항

> **동법 제23조 【보조금의 교부】** ① 국가는 정책상 필요하다고 인정할 때 또는 지방자치단체의 재정 사정상 특히 필요하다고 인정할 때에는 예산의 범위에서 지방자치단체에 보조금을 교부할 수 있다.

연계학습 2025 신용한 행정학 p.915~922

10 상 중 하 ■■■　🔑 ④

출제유형 출제영역 Ⅰ 말바꾸기 + Ⅶ 법령 / 지방자치단체의 구역

① ❌ 지방자치단체의 명칭과 구역을 바꾸거나 지방자치단체를 폐지하거나 설치하거나 나누거나 합칠 때에는 **법률**(조례 ×)로 정한다.

> **지방자치법 【지방자치단체의 명칭과 구역】** ① 지방자치단체의 명칭과 구역은 종전과 같이 하고, 명칭과 구역을 바꾸거나 지방자치단체를 폐지하거나 설치하거나 나누거나 합칠 때에는 법률로 정한다.

② ❌ **주민투표를 한 경우**는 지방의회의 의견을 듣지 않아도 된다.

> **동법 제29조의3 【지방자치단체의 명칭과 구역】** ③ 다음 각 호의 어느 하나에 해당할 때에는 관계 지방의회의 의견을 들어야 한다. 다만, 「주민투표법」 제8조에 따라 주민투표를 한 경우에는 그러하지 아니하다.
> 1. 지방자치단체를 폐지하거나 설치하거나 나누거나 합칠 때

③ ❌ 지방자치단체의 장은 **지방의회 재적의원 과반수의 출석과 출석의원 3분의 2 이상의 동의**를 받아 행정안전부장관에게 지방자치단체의 관할구역 경계변경에 대한 조정을 신청할 수 있다.

> **동법 제29조의3 【지방자치단체의 관할 구역 경계변경 등】** ① 지방자치단체의 장은 관할 구역과 생활권과의 불일치 등으로 인하여 주민생활에 불편이 큰 경우 등 대통령령으로 정하는 사유가 있는 경우에는 행정안전부장관에게 경계변경이 필요한 지역 등을 명시하여 경계변경에 대한 조정을 신청할 수 있다. 이 경우 지방자치단체의 장은 지방의회 재적의원 과반수의 출석과 출석의원 3분의 2 이상의 동의를 받아야 한다.

④ ⭕ 지방자치법 제8조 제1항

> **동법 제8조 【구역의 변경 또는 폐지·설치·분리·합병 시의 사무와 재산의 승계】** ① 지방자치단체의 구역을 변경하거나 지방자치단체를 폐지하거나 설치하거나 나누거나 합칠 때에는 새로 그 지역을 관할하게 된 지방자치단체가 그 사무와 재산을 승계한다.

연계학습 2025 신용한 행정학 p.839~841

11 ③

출제유형 출제영역 Ⅰ 말바꾸기 + Ⅳ 개념 / 넛지이론

① ✗ 정책수단으로 경제적 인센티브를 활용하는 것은 신공공관리론이다.
② ✗ 넛지이론은 각종 실험을 통한 귀납적 분석에 기초하여 엄격하게 검증된 증거에 기반하여 정책을 선택하거나 결정하는 것을 강조한다.
③ ○ 넛지는 전통적 정부개입방식과는 달리 간접적이고 유도적인 방식으로 사람들의 행동을 예측가능한 방향으로 변화시키는 선택설계방식을 활용한 정부개입을 의미한다.
④ ✗ 넛지이론에 따르면, 인간은 제한된 합리성으로 인해 불확실한 상황에서 판단과 선택의 효율성을 위해 무의식적이고 경험이나 직관에 의존하는 '휴리스틱(heuristic)' 의사결정 방법을 활용하게 되고 이로 인해 비합리적 의사결정인 '행동적 시장실패(behavioral market failure)'가 발생하게 된다.

SUMMARY 넛지이론과 신공공관리론의 비교

구 분	신공공관리론	넛지이론
이론의 학문적 토대	신고전파 경제학, 공공선택론	행동경제학
합리성	완전한 합리성, 경제학 합리성	제한된 합리성, 생태적 합리성
정부 역할의 이념적 기초	신자유주의, 시장주의	자유주의적 개입주의
정부 역할의 근거와 한계	시장실패와 제도 실패, 정부실패	행동적 시장실패와 정부실패
공무원상	정치적 기업가	선택 설계자
정부 정책의 목표	고객주의, 개인의 이익 증진	행동 변화를 통한 삶의 질 제고
정책 수단	경제적 인센티브	넛지
정부개혁 모델	기업가적 정부	넛지 정부

연계학습 2025 신용한 행정학 p.180, 181

12 ②

출제유형 출제영역 Ⅰ 말바꾸기 + Ⅳ 개념 / 총액인건비제도

ㄱ, ㄷ ○ 총액인건비 제도는 중앙예산기관과 조직관리기관이 총정원과 인건비예산의 총액만 정해주면, 각 부처는 그 범위 안에서 재량권을 발휘하여 인력운영 및 기구설치에 대한 자율성과 책임성을 부여받는 제도이다. 각 기관은 총액인건비 내에서 조직·보수제도를 성과 향상을 위한 효율적 인센티브로 활용해 성과 중심의 조직 운영을 할수 있다.
ㄴ ✗ 책임운영기관의 설치·운영에 관한 법령에 따른 **책임운영기관도 총액인건비제 시행의 대상에 해당**한다.

올바른 지문 ㄴ. 책임운영기관의 설치·운영에 관한 법령에 따른 책임운영기관도 총액인건비제 시행의 대상에 해당한다.

연계학습 2025 신용한 행정학 p.537

13 ④

출제유형 출제영역 Ⅶ 법령 / 정부업무평가 기본법

ㄱ ✗ 정부업무평가위원회는 **국무총리**(행정안전부장관 ✗) **소속**이다.

정부업무평가 기본법 제9조【정부업무평가위원회의 설치 및 임무】
① 정부업무평가의 실시와 평가기반의 구축을 체계적·효율적으로 추진하기 위하여 국무총리 소속하에 정부업무평가위원회를 둔다.

ㄴ ○ 정부업무평가 기본법 제10조 제1항

동법 제10조【위원회의 구성 및 운영】 ① 위원회는 위원장 2인을 포함한 15인 이내의 위원으로 구성한다.

ㄷ ✗ **국무총리**(행정안전부장관 ✗)는 매년 각종 평가결과보고서를 종합하여 이를 국무회의에 보고하거나 평가보고회를 개최하여야 한다.

동법 제27조【평가결과의 보고】 ① 국무총리는 매년 각종 평가결과보고서를 종합하여 이를 국무회의에 보고하거나 평가보고회를 개최하여야 한다.

ㄹ ○ 정부업무평가 기본법 제2조

동법 제2조【정의】 이 법에서 사용하는 용어의 정의는 다음과 같다.
2. "정부업무평가"라 함은 국정운영의 능률성·효과성 및 책임성을 확보하기 위하여 다음 각 목의 기관·법인 또는 단체(이하 "평가대상기관"이라 한다)가 행하는 정책등을 평가하는 것을 말한다.
 다. 중앙행정기관 또는 지방자치단체의 소속기관

올바른 지문
ㄱ. 정부업무평가의 실시와 평가기반의 구축을 체계적·효율적으로 추진하기 위하여 국무총리 소속하에 정부업무평가위원회를 둔다.
ㄷ. 국무총리는 매년 각종 평가결과보고서를 종합하여 이를 국무회의에 보고하거나 평가보고회를 개최하여야 한다.

연계학습 2025 신용한 행정학 p.310~313

14 ②

출제유형 출제영역 Ⅶ 법령 / 공무원의 임용결격 사유

② ✗ 파산선고를 받고 복권이 되면 복권된 때부터(5년 ✗) 공무원 임용이 가능하다.

국가공무법 제33조【결격사유】 다음 각 호의 어느 하나에 해당하는 자는 공무원으로 임용될 수 없다.
2. 파산선고를 받고 복권되지 아니한 자
4. 금고 이상의 형을 선고받고 그 집행유예 기간이 끝난 날부터 2년이 지나지 아니한 자
7. 징계로 파면처분을 받은 때부터 5년이 지나지 아니한 자
8. 징계로 해임처분을 받은 때부터 3년이 지나지 아니한 자

연계학습 2025 신용한 행정학 p.496

15 상중하 ④

출제유형 / 출제영역 Ⅰ 말바꾸기 + Ⅳ 개념 / 공무원 보수

① ✗ **직능급**에 대한 **설명**이다.
② ✗ **성과급**에 대한 **설명**이다.
③ ✗ **연공급**에 대한 **설명**이다.
④ ○ 직무급은 직무가 지니는 상대적 가치를 분석평가하고 그에 상응토록 보수를 결정하는 방식으로 각 직무의 상대적 가치를 결정하기 위한 직무평가가 선행되어야 하며, '일에 맞는 보수(동일노동·동일보수 : equal pay for equal work)'를 통해 보수의 공정성을 높일 수 있다.

연계학습 2025 신용한 행정학 p.534, 535

16 상중하 ①

출제유형 / 출제영역 Ⅰ 말바꾸기 + Ⅳ 개념 / 발생주의 & 복식부기

① ✗ 발생주의는 고정자산 등 경제적 자원을 **회계과정에서 인식할 수 있다.**
②, ③, ④ ○ 발생주의는 현금의 유입과 유출과는 관계없이 수익과 비용이 발생된 시점에 거래를 인식하는 방식으로 미지급비용을 부채로 인식하고 감가상각을 비용으로 인식한다.

SUMMARY 현금주의와 발생주의의 차이점

구 분	현금주의	발생주의
거래의 해석과 분류	현금 수불의 측면	쌍방 흐름(이원거래 개념) 측면
수익비용의 인식기준	현금의 수취·지출	수익의 획득 / 비용의 발생
선급비용· 선급수익	수익·비용으로 인식	자산과 부채로 인식
미지급비용· 미수수익	인식 안 됨	부채와 자산으로 인식
감가상각, 대손상각, 제품보증비, 퇴직급여충당금	인식 안 됨	비용으로 인식
상환이자지급액	지급 시기에 비용으로 인식	기간별 인식
무상거래	인식 안 됨	이중거래로 인식
정보 활용원	개별 자료 우선	통합 자료 우선
추가 정보 요구	별도 작업 필요	기본 시스템에 존재
적용 예	가계부, 비영리 공공부문	기업, 일부 비영리부문

연계학습 2025 신용한 행정학 p.688~690

17 상중하 ①

출제유형 / 출제영역 Ⅷ 법령 / 우리나라 공기업 등

① ○ 공공기관의 운영에 관한 법률 제48조 제8항

> **공공기관의 운영에 관한 법률 제48조【경영실적 평가】** ⑧ 기획재정부장관은 제7항에 따른 경영실적 평가 결과 경영실적이 부진한 공기업·준정부기관에 대하여 운영위원회의 심의·의결을 거쳐 제25조 및 제26조의 규정에 따른 기관장·상임이사의 임명권자에게 그 해임을 건의하거나 요구할 수 있다.

② ✗ 지방자치단체는 다른 지방자치단체와 공동으로 「지방공기업법」상 **지방공사를 설립할 수 있다.**

> **지방공기업법 제50조【공동설립】** ① 지방자치단체는 상호 규약을 정하여 다른 지방자치단체와 공동으로 공사를 설립할 수 있다.

③ ✗ 공공기관의 운영에 관한 법령상 시장형 공기업은 **자산규모가 2조원 이상**이거나 **총수입액 중 자체수입액이 차지하는 비중이 85% 이상**인 공기업이다.

> **공공기관의 운영에 관한 법률 시행령 제7조【공기업 및 준정부기관의 지정기준】** ③ 기획재정부장관은 법 제5조제4항제1호에 따라 다음 각 호의 기준에 해당하는 공기업을 시장형 공기업으로 지정한다.
> 1. 자산규모 : 2조원
> 2. 총수입액 중 자체수입액이 차지하는 비중: 100분의 85

④ ✗ 「지방공기업법」상 지방공사의 자본금은 그 전액을 지방자치단체가 출자하며, **민간출자도 가능**하다.

> **지방공기업법 제53조【출자】** ① 공사의 자본금은 그 전액을 지방자치단체가 현금 또는 현물로 출자한다.
> ② 제1항에도 불구하고 공사의 운영을 위하여 필요한 경우에는 자본금의 2분의 1을 넘지 아니하는 범위에서 지방자치단체 외의 자(외국인 및 외국법인을 포함한다)로 하여금 공사에 출자하게 할 수 있다. 증자(增資)의 경우에도 또한 같다.

연계학습 2025 신용한 행정학 p.379~383, 913, 914

18 상중하 ②

출제유형 / 출제영역 Ⅷ 법령 / 지방채

① ○ 지방재정법 시행령 제7조

> **지방재정법 시행령 제7조【지방채의 종류】** 법 제11조제1항의 규정에 의한 지방채의 종류는 다음 각 호와 같다.
> 1. 지방채증권 : 지방자치단체가 증권발행의 방법에 의하여 차입하는 지방채를 말하며, 외국에서 발행하는 경우를 포함한다.
> 2. 차입금 : 지방자치단체가 증서에 의하여 차입하는 지방채를 말하며, 외국정부·국제기구 등으로부터 차관(현물차관을 포함한다)을 도입하는 경우를 포함한다.

② ❌ 외채를 발행하려면 **지방의회의 의결을 거치지 전에 행정안전부 장관의 승인**을 받아야 한다.

> **동법 제11조【지방채의 발행】** ② 지방자치단체의 장은 제1항에 따라 지방채를 발행하려면 재정 상황 및 채무 규모 등을 고려하여 대통령령으로 정하는 지방채 발행 한도액의 범위에서 지방의회의 의결을 얻어야 한다. 다만, 지방채 발행 한도액 범위더라도 외채를 발행하는 경우에는 지방의회의 의결을 거치기 전에 행정안전부장관의 승인을 받아야 한다.

③ ⭕ 지방재정법 제11조 제1항

> **동법 제11조【지방채의 발행】** ① 지방자치단체의 장은 다음 각 호를 위한 자금 조달에 필요할 때에는 지방채를 발행할 수 있다. 다만, 제5호 및 제6호는 교육감이 발행하는 경우에 한한다.
> 4. 지방채의 차환

④ ⭕ 지방재정법 제12조 제1항

> **동법 제12조【지방채 발행의 절차】** ① 제11조에 따른 지방채의 발행, 원금의 상환, 이자의 지급, 증권에 관한 사무절차 및 사무 취급기관은 대통령령으로 정한다.

올바른 지문 ②「지방재정법」상 외채를 발행하려면 <u>지방의회의 의결을 거치지 전에 행정안전부장관의 승인</u>을 받아야 한다.

연계학습 2025 신용한 행정학 p.924

---

19 상 중 하 🔑 ③

출제유형 **출제영역** | 말바꾸기 + Ⅳ 개념 / 거시조직이론

①, ④ ⭕ 조직군 생태학이론은 조직군을 분석단위로 하며 조직의 변화가 외부 환경의 선택에 따라 좌우된다고 주장하는 극단적 환경결정론적 관점이다.

② ⭕ 조직군 생태학이론은 조직이 환경변화에 둔감해서 기존 조직의 특징을 그대로 유지하는 구조적 타성(structural inertia)에 빠질 때 조직은 자연도태될 가능성이 높다고 본다.

③ ❌ **전략적 선택이론에 대한 설명**이다.

SUMMARY 거시조직이론의 분류

환경인식 분석수준	결정론 : 조직은 환경에 대한 종속변수	임의론 : 조직은 환경에 대한 독립변수
개별조직	체제구조적 관점 ① 구조적 상황론	전략적 선택 관점 ① 전략적 선택이론 ② 자원의존이론
조직군	자연적 선택 관점 ① 조직군생태학 이론 ② 조직경제학(주인-대리인이론, 거래비용이론)	집단적 행동 관점 ① 공동체 생태학 이론

연계학습 2025 신용한 행정학 p.364~367

---

20 상 중 하 🔑 ②

출제유형 **출제영역** | 말바꾸기 + Ⅳ 개념 / 공무원 행동강령

①, ④ ⭕ 현행 공무원행동강령은 2002년 1월부터 시행된 「부패방지 및 국민권익위원회의 설치와 운영에 관한 법률」제8조에 근거해 2003년에 대통령령으로 제정됐다. 공무원 행동강령은 공무원에게 기대되는 바람직한 가치판단이나 의사결정을 담고 있으며, 공무원의 바람직한 행동의 방향을 제시하는 '가이드라인'의 목적이 있다.

> **공무원 행동강령 제1조【목적】** 이 영은「부패방지 및 국민권익위원회의 설치와 운영에 관한 법률」제8조에 따라 공무원이 준수하여야 할 행동기준을 규정하는 것을 목적으로 한다.

② ❌ **법원, 헌법재판소, 선거관리위원회 소속 국가공무원은 제외**된다.

> **공무원 행동강령 제3조【적용 범위】** 이 영은 국가공무원(국회, 법원, 헌법재판소 및 선거관리위원회 소속의 국가공무원은 제외한다)과 지방공무원(지방의회의원은 제외한다)에게 적용한다.

③ ⭕ 공무원 행동강령 제15조 제1항

> **공무원 행동강령 제15조【외부강의등의 사례금 수수 제한】** ① 공무원은 자신의 직무와 관련되거나 그 지위·직책 등에서 유래되는 사실상의 영향력을 통하여 요청받은 교육·홍보·토론회·세미나·공청회 또는 그 밖의 회의 등에서 한 강의·강연·기고 등(이하 "외부강의등"이라 한다)의 대가로서 중앙행정기관의 장등이 정하는 금액을 초과하는 사례금을 받아서는 아니 된다.

올바른 지문 ② 법원, 헌법재판소, 선거관리위원회 소속 국가공무원은 제외된다.

연계학습 2025 신용한 행정학 p.566

2023년 지방직 7급

문제편 p.117~122

정답

01	③	02	③	03	①	04	④	05	①
06	④	07	①	08	④	09	③	10	②
11	①	12	④	13	④	14	②	15	②
16	③	17	②	18	②	19	③	20	②

출제영역 분석

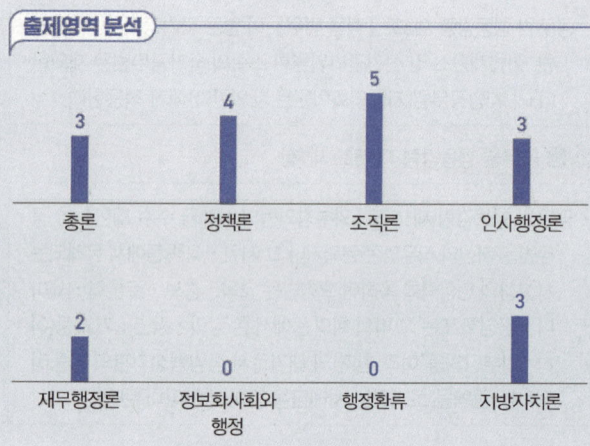

총론 3, 정책론 4, 조직론 5, 인사행정론 3, 재무행정론 2, 정보화사회와 행정 0, 행정환류 0, 지방자치론 3

출제경향 분석

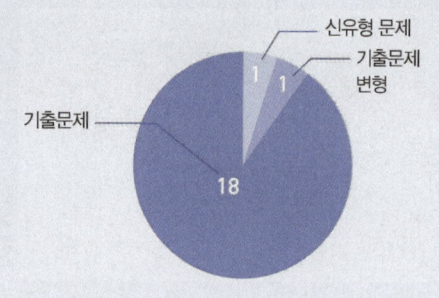

신유형 문제 1, 기출문제 변형 1, 기출문제 18

출제문제 유형분석

- 말 바꾸기: 6
- 짝짓기: 0
- 내용분류: 1
- 개념: 8
- 순서연결: 1
- 제도 및 이론 비교: 4
- 법령: 0

---

01 상중하 🔑 ③

출제유형 말 바꾸기+개념 / **출제영역** 직위분류제

① ○ 직위분류제는 공직을 직무중심으로 하여, 난이도와 책임의 경중도를 기준으로 등급을 분류하는 방식으로, 특정 직무에 대한 능력과 전문성을 갖춘 사람을 임용대상으로 한다.

② ○ 직위분류제는 동일직무에 대한 동일보수(equal pay for equal work)의 원칙에 입각한 직무급 수립이 용이하다.(높은 보수형평성)

③ ✕ 직위분류제는 개방형 인사제도를 기반으로 운영되는 것은 맞지만, 인사관리의 탄력성과 신축성을 확보하기 어렵다. 공직 내부에서 수평적 이동 시 **인사배치의 유연함과 신축성이 있는 것은 계급제**이다.

④ ○ 직위분류제는 직무를 중심으로 인력이 배치되므로 직무 자체가 없어진 경우 그 직무 담당자는 원칙적으로 퇴직의 대상이 된다.

연계학습 2025 신용한 행정학 p.477~482

---

02 상중하 🔑 ③

출제유형 개념 / **출제영역** 공공서비스의 유형과 특징

① ○ 시장재(private goods)중 의료, 교육과 같은 재화의 경우 경합적이므로 시장을 통한 배급이 가능하지만, 계층 간 수직적 형평성이 강조되면서 기본적인 수요조차도 충족하기 어려운 저소득층이나 영세민 배려를 위한 부분적인 정부개입이 발생할 수 있다.

② ○ 공유재는 경합성은 있지만 배제는 불가능한 서비스로, 정당한 대가를 지불하지 않는 사람들을 배제하기 어려워 과다 소비와 공급 비용 귀착 문제가 발생할 수 있다(공유지의 비극).

③ ✕ 요금재는 경합성은 없지만 배제가 가능한 공공서비스이다. **요금재의 상당부분을 정부가 공급하는 이유는 자연독점**(X-비효율성 ✕)으로 시장실패의 가능성이 큰 분야에 대응해야 하기 때문이다.

④ ○ 집합재(공공재)는 비경합성과 비배제성의 특징 때문에 비용부담에 따른 서비스의 차별화나 서비스 혜택으로부터의 배제가 불가능하고 무임승차 현상이 발생한다.

SUMMARY 공공서비스의 유형(Savas)

유형	특징	정부개입의 원인 및 방식	예
공공재 (집합재)	비배제성, 비경합성	무임승차 등으로 시장형성 X ⇨ 정부의 직접공급	• 국방, 외교, 치안 등 순수공공재
공유재	비배제성, 경합성	무임승차, 과잉소비 ⇨ 합리적 이용규칙(제도)의 설정	• 천연자원, 국립공원, 하천, 녹지
요금재	배제성, 비경합성	자연독점 ⇨ 정부나 공기업이 직접공급	• 전기, 가스, 상하수도, 도로 등
시장재	배제성, 경합성	공공부문 개입의 최소화 ⇨ 저소득층이나 영세민 배려	• 노인돌보미, 보육 등

연계학습 2025 신용한 행정학 p.37~40

03 ① 출제유형: 말 바꾸기+개념 / 행정의 가치

① ⭕ 가외성은 행정에 있어서 중첩이나 여분·초과분 등을 의미하는 것으로, 예측하지 못한 행정수요에 대응이 가능하게 함으로써 행정에 대한 신뢰성을 제고한다.
② ❌ **공익의 과정설에 대한 설명**이다. 공익의 실체설은 사회 전 구성원의 총효용을 극대화함으로써 공익에 도달할 수 있다고 본다.
③ ❌ **사회적 효율성에 대한 설명**이다. 기계적 능률성은 투입 대비 산출의 비율을 의미하며, 최소의 투입으로 최대의 산출을 내는 행정을 의미한다.
④ ❌ **수직적 형평성에 대한 설명**이다. 수평적 형평성은 '동등한 것을 동등하게 취급한다'는 원칙을 말한다.

연계학습 2025 신용한 행정학 p.88, 89, 93, 94, 98, 99

04 ④ 출제유형: 말 바꾸기+개념 / 사이먼(Simon)의 행정행태론

④ ⭕ 제시문은 사이먼(H. A. Simon)의 행정행태론에 대한 설명이다. 사이먼은 행정관리론의 대표적 원리인 분업의 원리, 통솔범위의 원리 등에 대해 과학적 실험을 거치지 않은 격언(proverb)에 불과함을 논박하고, 행정학 연구에 있어 논리실증주의의 도입을 강조하고 사실과 가치를 구분하여 과학으로서의 행정학을 주장하였다.

연계학습 2025 신용한 행정학 p.114

05 ① 출제유형: 개념+법령 / 직업공무원제도

① ⭕ (가)에 해당하는 기관은 헌법상 독립기관을 의미하며, ㄱ - 헌법재판소, ㄴ - 중앙선거관리위원회가 이에 해당한다.

> **국가재정법 제40조【독립기관의 예산】** ① 정부는 독립기관의 예산을 편성할 때 해당 독립기관의 장의 의견을 최대한 존중하여야 하며, 국가재정상황 등에 따라 조정이 필요한 때에는 해당 독립기관의 장과 미리 협의하여야 한다.
> ② 정부는 제1항의 규정에 따른 협의에도 불구하고 독립기관의 세출예산요구액을 감액하고자 할 때에는 국무회의에서 해당 기관의 장의 의견을 들어야 하며, 정부가 독립기관의 세출예산요구액을 감액한 때에는 그 규모 및 이유, 감액에 대한 독립기관의 장의 의견을 국회에 제출하여야 한다.
>
> **동법 제41조【감사원의 예산】** 정부는 감사원의 세출예산요구액을 감액하고자 할 때에는 국무회의에서 감사원장의 의견을 들어야 한다.

> **제6조【독립기관 및 중앙관서】** ① 이 법에서 "독립기관"이라 함은 국회·대법원·헌법재판소 및 중앙선거관리위원회를 말한다.

연계학습 2025 신용한 행정학 p.662

06 ④ 출제유형: 말 바꾸기+개념 / 이해관계자 자본주의 모델

공공기관 기업지배구조의 이념형적 모델은 소유권과 지배권의 집중도와 다양한 이해관계자 중에서 누가 기업지배의 주체로서 핵심적인 역할을 수행하느냐를 기준으로 주주 자본주의 모델과 이해관계자 자본주의 모델로 구분이 된다.

④ ❌ 이해관계자 자본주의 모델에서 근로자의 경영 참여는 이사회를 통한, 근로자 경영 참여, 공동결정제도를 통해서 이루어지며, 장기적 성장을 추구하게 된다. 종업원지주제도, 단기 업적주의는 주주 자본주의 모델에 해당한다.

SUMMARY 이해관계자 자본주의 모델

구 분	주주 자본주의 모델	이해관계자 자본주의 모델
기업의 본질	주주 주권주의 (주주가 기업의 주인)	기업공동체주의 (기업은 하나의 공동체)
경영목표	주주이익 극대화	이해관계자들의 이익 극대화
경영상의 문제점과 원인	대리인 문제, 주주의 통제력 부족	이해관계자의 참여 부재, 이해관계자들의 이해관계 반영 실패
기업규율 방식	이사회의 경영감시, 시장에 의한 규율	조직에 의한 통제, 주거래은행의 경영감시 및 통제, 이해관계자 경영 참여
기업성과 측정 방법	기업의 시장가치(주식가격)	기업의 시장가치, 고용 관계, 공급자와 구매자와의 거래 관계 등
근로자 경영 참여	종업원지주제(ESOP), 연금펀드를 통한 지분 참여	이사회를 통한 근로자 경영 참여, 공동결정제도
기업의 사회적책임	주주이익 우선주의, 경제적 가치 추구, 단기 업적주의	기업의 사회적 책임과 이해관계자 전체 이익 추구, 장기적 성장 추구

연계학습 2025 신용한 행정학 p.379

07 ① 출제유형: 법령 / 주민의 참여

① ⭕ 주민투표법 제1조

> **주민투표법 제1조【목적】** 이 법은 지방자치단체의 주요결정사항에 관한 주민의 직접참여를 보장하기 위하여 「지방자치법」 제18조에 따른 주민투표의 대상·발의자·발의요건·투표절차 등에 관한 사항을 규정함으로써 지방자치행정의 민주성과 책임성을 제고하고 주민복리를 증진함을 목적으로 한다.

② ❌ 시·도의 경우 **주무부장관**에게, 시·군 및 자치군의 경우에는 시·도지사에게 감사를 청구할 수 있다(해당 지방자치단체장 ×).

> **지방자치법 제21조【주민의 감사 청구】** ① 지방자치단체의 18세 이상의 주민으로서 다음 각 호의 어느 하나에 해당하는 사람("공직선거법」 제18조에 따른 선거권이 없는 사람은 제외한다. 이하 이 조에서 "18세 이상의 주민"이라 한다)은 시·도는 300명, 제198조에 따른 인구 50만 이상 대도시는 200명, 그 밖의 시·군 및 자치구는 150명 이내에서 그 지방자치단체의 조례로 정하는 수 이상의 18세 이상의 주민이 연대 서명하여 그 지방자치단체와 그 장의

권한에 속하는 사무의 처리가 법령에 위반되거나 공익을 현저히 해친다고 인정되면 시·도의 경우에는 주무부장관에게, 시·군 및 자치구의 경우에는 시·도지사에게 감사를 청구할 수 있다.

③ ✗ 우리나라의 주민소송 제도는 2005년 「지방자치법」 개정을 통해 **주민소송제를 도입**하였으며, **2006년 1월부터 발효**되었다.
④ ✗ **비례대표 지방의회의원은 주민소환할 수 없다.**

> 동법 제25조【주민소환】① 주민은 그 지방자치단체의 장 및 지방의회의원(비례대표 지방의회의원은 제외한다)을 소환할 권리를 가진다.

연계학습 2025 신용한 행정학 p.882~895

08 ④

출제유형 출제영역 개념＋말 바꾸기 / 동기부여이론

① ○ 앨더퍼(Alderfer)의 ERG이론은 하위단계에서 상위단계로의 욕구단계 이동 뿐 아니라 욕구좌절로 인한 후진적·하향적 퇴행을 제시하였다.
② ○ 허츠버그(Herzberg)의 욕구충족요인이원론(2요인론)에서 종업원의 직무환경 요인은 위생요인이며, 직무성취감은 동기요인으로 동기부여에 미치는 요인은 서로 다르다고 본다.
③ ○ 아담스(Adams)의 공정성이론은 인간의 공정성의 지각에 의해 동기유발이 결정된다는 것으로 불공정성을 느끼는 경우 이를 해소하는 방향으로 동기가 유발된다.
④ ✗ 노력, 성과, 보상, 만족, 환류로 이어지는 동기부여 과정을 제시하면서 노력-성과 간 관계에 있어 개인의 능력과 자질, 역할 인지의 수준에 영향을 받는다고 보는 것은 **포터와 롤러(Porter & Lawler)의 성과-만족이론**이다.

> 올바른 지문 ④ 포터와 롤러(Porter & Lawler)의 기대이론은 노력, 성과, 보상, 만족, 환류로 이어지는 동기부여 과정을 제시하면서 노력-성과 간 관계에 있어 개인의 능력과 자질, 그리고 역할인지를 강조했다.

연계학습 2025 신용한 행정학 p.393~401

09 ③

출제유형 출제영역 법령 / 지방정부 간 관계 - 정부 간 갈등과 분쟁

① ○ 지방자치법 제165조 제1항 단서

> 제165조(지방자치단체 상호 간의 분쟁조정) ① 지방자치단체 상호 간 또는 지방자치단체의 장 상호 간에 사무를 처리할 때 의견이 달라 다툼(이하 "분쟁"이라 한다)이 생기면 다른 법률에 특별한 규정이 없으면 행정안전부장관이나 시·도지사가 당사자의 신청을 받아 조정할 수 있다. 다만, <u>그 분쟁이 공익을 현저히 해쳐 조속한 조정이 필요하다고 인정되면 당사자의 신청이 없어도 직권으로 조정할 수 있다.</u>

② ○ 지방자치법 제165조 제7항

> 제165조(지방자치단체 상호 간의 분쟁조정) ⑦ 행정안전부장관이나 시·도지사는 제4항부터 제6항까지의 규정에 따른 조정 결정 사항이 성실히 이행되지 아니하면 그 지방자치단체에 대하여 제189조(지방자치단체의 장에 대한 직무이행명령)를 준용하여 이행하게 할 수 있다.

③ ✗, ④ ○ 지방분쟁조정위원회는 시·도에, 중앙분쟁조정위원회는 행정안전부에 설치한다. **중앙분쟁조정위원회는 시·도 간 또는 그 장 간의 분쟁, 시·도와 시·군 및 자치구 간 또는 그 장의 분쟁을 심의·의결한다.**

> 제166조(지방자치단체중앙분쟁조정위원회 등의 설치와 구성 등) ① 제165조제1항에 따른 분쟁의 조정과 제173조제1항에 따른 협의사항의 조정에 필요한 사항을 심의·의결하기 위하여 <u>행정안전부에 지방자치단체중앙분쟁조정위원회(이하 "중앙분쟁조정위원회"라 한다)를, 시·도에 지방자치단체지방분쟁조정위원회(이하 "지방분쟁조정위원회"라 한다)를 둔다.</u>
> ② <u>중앙분쟁조정위원회는 다음 각 호의 분쟁을 심의·의결한다.</u>
> 1. 시·도 간 또는 그 장 간의 분쟁
> 3. 시·도와 시·군 및 자치구 간 또는 그 장 간의 분쟁

연계학습 2025 신용한 행정학 p.949

10 ②

출제유형 출제영역 개념＋말 바꾸기 / 조직문화

ㄱ. ○ 퀸(Quinn)은 경쟁가치모형은 '내부지향(인간)-외부지향(조직)과 유연성(융통성, 변화), 통제(안정)'라는 두 가지 차원에서 인간관계모형, 개방체제모형, 내부과정모형, 합리적목표모형의 4가지 조직문화 유형을 도출하였다.
ㄴ. ✗ 홉스테드(Hofstede)는 권력거리를 한 사회에 있어서 권력이 어떻게 배분되어야 하는가에 대한 믿음을 나타낸다고 보고, **권력거리가 강한(크기가 큰) 문화에서는 집권화와 권위주의적 요소가 강하다고 본다. 권력거리가 약한(크기가 작은) 문화가 조직 내 의사소통이 활발하고, 분권화된 경우가 많다고 본다.**
ㄷ. ○ 레빈(Lewin)은 조직에서 혁신을 불러일으키는 노력을 해빙(unfreezing), 변화(moving, changing), 재동결(refreezing)의 세 단계로 구분하여 제시했다.

해빙	조직원들이 변화의 필요성을 깨닫게 하는 과정
변화	예전의 방식에서 새로운 방식으로 움직이는 자체
재동결	새롭게 형성된 행동이 정형화된 행동으로 굳어지는 과정

> 올바른 지문 ㄴ. 홉스테드(Hofstede)는 '권력거리'의 크기가 작은 문화에서는 평등한 관계를 중시하기 때문에 조직 내 의사소통이 활발하고 분권화된 경우가 많다고 본다.

연계학습 2025 신용한 행정학 p.425~427

11 상중하 ①

출제유형 출제영역 개념+말 바꾸기 / 근무성적평정의 방법

① ⭕ 도표식 평정척도법에 대한 설명이다. 도표식 평정척도법은 직무수행실적·직무수행능력·직무형태 등에 관한 평정요소를 나열하고 각각에 대한 우열의 등급을 표시하는 평정척도를 그린 평정표를 통한 평정방법이다. 평정서 작성이 간단하고, 평정이 용이하지만 연쇄화·집중화·관대화의 오차발생 가능성이 있다.

연계학습 2025 신용한 행정학 p.509~513

12 상중하 ④

출제유형 출제영역 개념+말 바꾸기 / 거시조직이론

① ⭕ 자원의존이론은 환경에 대한 임의론적 인식론에 입각한 전략적 선택이론으로, 조직을 환경적 결정에 피동적인 존재로 보지 않고 조직이 주도적·능동적으로 환경에 대처하며 환경을 조직에 유리하도록 관리하려는 존재로 본다.

② ⭕ 조직군생태론은 조직의 변화가 외부환경의 선택에 따라 좌우된다고 주장하는 극단적 환경결정론적 관점으로 조직을 외부 환경의 선택에 따라 좌우되는 피동적 존재로 보고, 조직의 발전이나 소멸의 원인을 환경에 대한 조직 적합도에서 찾는다.

③ ⭕ 혼돈이론은 우리의 세계가 질서와 혼돈, 그리고 무질서의 세 가지 영역이 교호작용하는 과정하에 있다고 전제하고, 혼돈야기의 조건과 진행경로를 이해하고, 혼돈의 숨겨진 질서와 혼돈의 미래를 예측하고자 하는시도이다. 따라서 복잡한 체제의 총체적 이해를 도울 수 있다는 장점이 있으나, 현실세계에 적용하기 어렵다는 한계를 보인다.

④ ❌ **상황론적 조직이론은 모든상황에 적용되는 유일·최선의 조직구조나 관리방법은 없다는 전제**하에, 조직구조는 상황적 특성(규모, 기술, 환경 등)에 의해 결정되며, 조직의 효과성은 조직의 구조적 특성(조직구조, 관리체계, 관리과정 등)과 상황적 특성이 얼마나 부합하는가에 달려있다고 주장하는 조직이론이다.

SUMMARY 공공서비스의 유형(Savas)

분석수준 \ 환경인식	결정론 : 조직은 환경에 대한 종속변수	임의론 : 조직은 환경에 대한 독립변수
개별조직	체제구조적 관점 ① 구조적 상황론	전략적 선택 관점 ① 전략적 선택이론 ② 자원의존이론
조직군	자연적 선택 관점 ① 조직군생태학 이론 ② 조직경제학(주인-대리인이론, 거래비용이론)	집단적 행동 관점 ① 공동체 생태학 이론

연계학습 2025 신용한 행정학 p.364~367

13 상중하 ④

출제유형 출제영역 법령 / 주민의 참여

① ⭕ 국가공무원법 제26조의3

국가공무원법 제26조의3【외국인과 복수국적자의 임용】 ① 국가기관의 장은 국가안보 및 보안·기밀에 관계되는 분야를 제외하고 대통령령등으로 정하는 바에 따라 외국인을 공무원으로 임용할 수 있다.

② ⭕ 기준타당성은 시험이 실제 시험대상자의 직무수행능력을 얼마나 정확하게 예측했는가의 정도를 나타내는 개념이다. 따라서 임용시험 성적과 임용 후 근무성적 간의 연관성이 높다면 임용 시험의 기준 타당성이 높다고 할 수 있다.

③ ⭕ 국가공무원법 제26조의2

동법 제26조의2【근무시간의 단축 임용 등】 국가기관의 장은 업무의 특성이나 기관의 사정 등을 고려하여 소속 공무원을 대통령령등으로 정하는 바에 따라 통상적인 근무시간보다 짧게 근무하는 공무원으로 임용 또는 지정할 수 있다.

④ ❌ 신규 채용되는 공무원이라 할지라도, **대통령령 등으로 정하는 경우에는 시보 임용을 면제하거나 그 기간을 단축할 수 있다.**

동법 제29조【시보 임용】 ① 5급 공무원(제4조제2항에 따라 같은 조 제1항의 계급 구분이나 직군 및 직렬의 분류를 적용하지 아니하는 공무원 중 5급에 상당하는 공무원을 포함한다. 이하 같다)을 신규 채용하는 경우에는 1년, 6급 이하의 공무원을 신규 채용하는 경우에는 6개월간 각각 시보(試補)로 임용하고 그 기간의 근무성적·교육훈련성적과 공무원으로서의 자질을 고려하여 정규 공무원으로 임용한다. 다만, 대통령령등으로 정하는 경우에는 시보 임용을 면제하거나 그 기간을 단축할 수 있다.

연계학습 2025 신용한 행정학 p.496~501

14 상중하 ②

출제유형 출제영역 법령 / 공무원의 법령상 의무

① ⭕ 공익신고자 보호법 제30조 제1항

공익신고자 보호법 제30조【벌칙】 ① 다음 각 호의 어느 하나에 해당하는 자는 5년 이하의 징역 또는 5천만원 이하의 벌금에 처한다.
1. 제10조제5항을 위반하여 피신고자의 인적사항 등을 포함한 신고내용을 공개한 자
2. 제12조제1항을 위반하여 공익신고자등의 인적사항이나 공익신고자등임을 미루어 알 수 있는 사실을 다른 사람에게 알려주거나 공개 또는 보도한 자

② ❌ 지방공무원이 외국 정부로부터 영예나 증여를 받을 경우에는 **대통령**(소속 지방자치단체장 ×)의 허가를 받아야 한다.

지방공무원법 제54조【외국정부의 영예 등을 받을 경우】 공무원은 외국정부로부터 영예 또는 증여를 받을 경우에는 대통령의 허가를 받아야 한다.

③ ⭕ 공직자윤리법 제1조

공직자윤리법 제1조【목적】 이 법은 공직자 및 공직후보자의 재산등록, 등록재산 공개 및 재산형성과정 소명과 공직을 이용한 재산취득의 규제, 공직자의 선물신고 및 주식백지신탁, 퇴직공직자의 취업제한 및 행위제한 등을 규정함으로써 공직자의 부정한 재산 증식을 방지하고, 공무집행의 공정성을 확보하는 등 공익과 사익의 이해충돌을 방지하여 국민에 대한 봉사자로서 가져야 할 공직자의 윤리를 확립함을 목적으로 한다.

④ ⭕ 재산등록의무자 모두가 등록재산 공개 대상은 아니며 일반적으로 재산등록의무자는 4급 이상의 공무원, 공개대상자는 1급 이상 공무원에 해당한다.

올바른 지문 ② 지방공무원이 외국 정부로부터 영예나 증여를 받을 경우에는 <u>대통령의 허가</u>를 받아야 한다.

(연계학습) 2025 신용한 행정학 p.558~563

---

15 상 중 하 🔍 ②

출제유형 출제영역 말 바꾸기 + 개념 / 지방재정력 평가모형(종합)

① ⭕ 재정자립도는 지방자치단체의 일반회계 세입총액 가운데 자주재원이 차지하는 비중으로 지방자치단체의 실제 재정력과 차이가 있다는 비판이 있다.
② ❌ 재정자주도는 일반회계 세입에서 자주재원과 지방교부세 등을 합한 일반재원의 비중이다. 보통교부세 교부 여부의 적용기준으로 활용되는 것은 **재정력지수**이다.
③ ⭕ 재정력지수는 지방자치단체가 기초적인 재정수요를 어느 정도 자체적으로 해결 능력을 가지고 있는가를 추정하는 지표이다.
④ ⭕ 주민 1인당 지방세 부담액은 지방세액을 해당 지방자치단체 주민수로 나눈 것으로 세입구조 안정성을 판단하는 기준이 된다.

SUMMARY 지방재정력 평가모델
(1) 재정규모 : 자주재원+의존재원+지방채
(2) 지방자치 재정력 평가모형

재정 자립도	일반회계 세입에서 자주재원이 차지하는 비중 재정자립도 = [지방세수입+세외수입] / 일반회계 세입총액 한계 : 세출의 질 or 총재정규모 or 정부지원규모 등 실질적 재정상태를 알지 못함
재정 자주도	일반회계 세입에서 자주재원과 지방교부세를 합한 일반재원의 비중 재정자주도 = (자주재원+보통교부세) / 일반회계 세입총액
재정력 지수	자치단체가 기초적 재정수요를 어느 정도 자체적으로 해결 능력을 가지고 있는가의 개념 재정력지수 = 기준재정수입액 / 기준재정수요액 → 1이 넘으면 우수 1이하인 경우 부족분에 대해서는 지방교부세 중 보통교부세라는 일반재원을 통해 중앙정부가 충당

(연계학습) 2025 신용한 행정학 p.926, 927

---

16 상 중 하 🔍 ③

출제유형 출제영역 말 바꾸기 + 개념 / 우리나라의 예산과정(종합)

① ⭕ 국가재정법 제31조 제1항

국가재정법 제31조【예산요구서의 제출】 ① 각 중앙관서의 장은 제29조의 규정에 따른 예산안편성지침에 따라 그 소관에 속하는 다음 연도의 세입세출예산·계속비·명시이월비 및 국고채무부담행위 요구서(이하 "예산요구서"라 한다)를 작성하여 매년 5월 31일까지 기획재정부장관에게 제출하여야 한다.

② ⭕ 국가재정법 제35조

동법 제35조【국회제출 중인 예산안의 수정】 정부는 예산안을 국회에 제출한 후 부득이한 사유로 인하여 그 내용의 일부를 수정하고자 하는 때에는 국무회의의 심의를 거쳐 대통령의 승인을 얻은 수정예산안을 국회에 제출할 수 있다.

③ ❌ 국회에 제출된 예산안은 **소관 상임위원회**(예산결산특별위원회 ×)에서 **예비심사**를 하여 그 결과를 의장에게 보고하고, 의장은 **예산결산특별위원회**(소관 상임위원회 ×)에 회부하고 심사가 끝난 후 본회의에 부의된다.

④ ⭕ 국가재정법 제59조

동법 제59조【국가결산보고서의 작성 및 제출】 기획재정부장관은 「국가회계법」에서 정하는 바에 따라 회계연도마다 작성하여 대통령의 승인을 받은 국가결산보고서를 다음 연도 4월 10일까지 감사원에 제출하여야 한다.

올바른 지문 ③ 국회에 제출된 예산안은 <u>소관 상임위원회</u>에서 예비심사를 하여 그 결과를 의장에게 보고하고, 의장은 <u>예산결산특별위원회</u>에 회부하고 심사가 끝난 후 본회의에 부의된다.

(연계학습) 2025 신용한 행정학 p.631, 661, 665, 683

---

17 상 중 하 🔍 ②

출제유형 출제영역 말 바꾸기 + 개념 / 정책대안의 탐색

① ⭕ 점증주의 방식이란 기존 정책을 토대로 하여 그보다 약간 수정된 내용의 정책을 추구하는 방식의 의사결정모형에 해당한다.
② ❌ 정치·경제·사회·문화적인 측면에서의 상황이 달라지면 동일한 정책도 전혀 다른 결과를 초래하므로 다른 나라의 정책을 정책대안으로 고려할 때는 신중을 기하고 상황의 차이를 면밀하게 검토해야 한다. 따라서 다른 정부의 정책을 대안으로 고려할 때는 가급적 사회문화적 배경 등이 **유사한 지역을 선택**하는 것이 바람직하다.
③ ⭕ 주관적·직관적 판단을 이용하는 방법으로 흔히 논의되는 것으로 브레인스토밍과 델파이가 있으며 양자모두가 정책대안의 개발·창출뿐만 아니라 정책대안의 결과를 예측하는데 사용된다.
④ ⭕ 브레인스토밍은 문제에 대한 관련 전문가들이 모여 제약 없이 자유로운 토론을 통해 문제 상황의 인식과 개념화를 위한 창의적 아이디어를 도출하는 기법이다.

올바른 지문 ② 다른 정부의 정책을 대안으로 고려할 때는 가급적 사회문화적 배경이 유사한 지역을 선택하는 것이 바람직하다.

연계학습 2025 신용한 행정학 p.232

18 상 중 하 🔑 ②

출제유형 출제영역 말 바꾸기+개념 / 정책유형별 특징

① ❌ **재분배정책**에 대한 **설명**이다. 분배정책은 특정한 개인, 기업체, 조직, 지역사회 등에 권리나 이익, 또는 재화나 공공서비스를 배분하는 정책이다.
② ⭕ 보호적 규제정책은 민간의 활동을 제약하는 조건을 설정함으로써, 일반 대중을 보호하는 것을 목적으로 하는 규제정책으로 소비자나 일반 대중을 보호하기 위하여 개인이나 집단의 권리행사 또는 행동의 자유를 구속·통제하는 정책이다.
③ ❌ **추출정책**에 대한 **설명**이다. 상징정책은 정부가 정치체제에 대한 정당성과 신뢰성 및 국민통합성 증진을 위해 국내외 환경에 산출시키는 이미지나 상징과 관련된 정책이다.
④ ❌ 로위(Lowi)의 정책분류는 분배·규제·재분배정책 이외의 속성을 보이는 것도 현실적으로 존재하며, 모든 속성을 갖는 경우도 있다는 한계가 있다.

올바른 지문
① 로위(Lowi)의 **재분배정책**은 돈이나 권력 등을 많이 소유하고 있는 집단으로부터 그렇지 못한 집단으로 이전시키는 정책이다.
③ 아몬드(Almond)와 파월(Powell)의 **추출정책**은 정책목표를 달성하기 위해 인적·물적 자원을 부담시키는 정책이다.
④ 로위(Lowi)가 제시한 정책유형론은 포괄성과 상호배타성을 확보하지 못하였다.

SUMMARY 정책의 유형

분배정책	권리나 이익, 또는 서비스의 배분 / 포크배럴, 로그롤링 현상이 발생 예 수출 특혜 금융, 지방자치단체에 대한 국가보조금 지급, 주택자금 대출, 국유지 불하, 농민을 위한 영농정보 제공 등
재분배 정책	고소득층으로부터 저소득층으로 소득이전 / 계급대립적 성격으로 치열한 갈등 예 누진소득세 제도, 영세민 취로사업, 임대주택의 건설 등
규제정책	개인이나 일부집단에 대한 권리행사의 제한이나 의무부과 ① 경쟁적 규제 : 다수 경쟁자 중 특정 개인이나 집단에게 특정권리나 서비스를 제공하는 것과 관련된 정책(방송국 설립인가, 항공노선 허가) ② 보호적 규제 : 일반 대중보호를 목적으로 하는 규제정책 예 최저임금제, 독점규제 및 공정거래에 관한 법률 등
구성정책	체제의 구조와 운영에 관련된 정책 / 대외적 가치배분에는 영향이 없지만, 대내적으로 게임의 법칙발생, 총체적 기능과 권위적 성격을 나타냄. 예 정부기관 신설, 선거구 조정 등
추출정책	정책적 목표에 의해 국민들에게 인적·물적 자원을 부담시키는 정책 예 조세, 병역, 물자수송, 노력동원 등과 관련된 정책
상징정책	정치체제에 대한 정당성과 신뢰성 및 국민통합성을 증진시키기 위하여 국내외 환경에 산출시키는 이미지나 상징과 관련된 정책 예 88 서울올림픽경기, 2002 한·일월드컵경기, 남대문복원

연계학습 2025 신용한 행정학 p.190~194

19 상 중 하 🔑 ③

출제유형 출제영역 말 바꾸기+개념 / 정책평가(종합)

① ⭕ 정책이 실시된 이후 두 집단을 선정하여 정책평가를 실시하고, 그 결과를 비교하는 방식으로, 선정효과로 인한 내적 타당성이 훼손될 수 있다.
② ⭕ 진실험은 실험통제의 곤란으로 인한 모방, 정책내용의 유출 등 내적 타당성의 저해요인(오염효과)이 발생할 수 있다.
③ ❌ 비동질적 통제집단설계는 진실험과 달리 실험집단과 통제집단이 무작위 배정을 통한 동질화가 이루어지지 않아 **내적 타당성을 확보하기 어렵다**.
④ ⭕ 준실험은 진실험에 비해 인위적 요소가 많지 않아 외적 타당도와 실험의 실현가능성이 높고 내적 타당성 측면에서는 진실험이 가장 높은 방식이다.

SUMMARY 실험과 비실험

		실험 & 통제집단	내적타당성	외적타당성	실행가능성
실험	진실험	동질성 확보 O (무작위 배정)	높음	낮음	낮음
	준실험	동질성 확보 X (짝짓기 배정)	중간	중간	중간
비실험		비교집단 X	낮음	높음	높음

연계학습 2025 신용한 행정학 p.306~309

20 상 중 하 🔑 ②

출제유형 출제영역 법령 / 정부업무평가 기본법

① ❌ 재평가는 **국무총리**(기획재정부장관 ×)가 실시할 수 있다.

정부업무평가 기본법 제17조 【자체평가결과에 대한 재평가】 국무총리는 중앙행정기관의 자체평가결과를 확인·점검 후 평가의 객관성·신뢰성에 문제가 있어 다시 평가할 필요가 있다고 판단되는 때에는 위원회의 심의·의결을 거쳐 재평가를 실시할 수 있다.

② ⭕ 정부업무평가 기본법 제14조 제2항

동법 제14조 【중앙행정기관의 자체평가】 ② 중앙행정기관의 장은 자체평가조직 및 자체평가위원회를 구성·운영하여야 한다. 이 경우 평가의 공정성과 객관성을 확보하기 위하여 자체평가위원의 3분의 2이상은 민간위원으로 하여야 한다.

③ ❌ 특정평가는 **국무총리**(행정안전부장관 ×)가 실시한다.

동법 제20조 【특정평가의 절차】 ① 국무총리는 2 이상의 중앙행정기관 관련 시책, 주요 현안시책, 혁신관리 및 대통령령이 정하는 대상부문에 대하여 특정평가를 실시하고, 그 결과를 공개하여야 한다.

④ ❌ 합동평가는 **행정안전부장관**(국무총리 ×)이 실시할 수 있다.

> **동법 제21조【국가위임사무등에 대한 평가】** ① 지방자치단체 또는 그 장이 위임받아 처리하는 국가사무, 국고보조사업 그 밖에 대통령령이 정하는 국가의 주요시책 등(이하 이 조에서 "국가위임사무 등"이라 한다)에 대하여 국정의 효율적인 수행을 위하여 평가가 필요한 경우에는 <u>행정안전부장관이 관계중앙행정기관의 장과 합동으로 평가</u>(이하 "합동평가"라 한다)를 실시할 수 있다.

올바른 지문
① <u>국무총리</u>는 중앙행정기관의 자체평가결과를 확인·점검 후 평가의 객관성과 신뢰성에 문제가 있어 다시 평가가 필요하다고 판단되는 경우, 위원회의 심의·의결을 거쳐 재평가를 실시할 수 있다.
③ <u>국무총리</u>는 둘 이상의 중앙행정기관 관련 시책, 주요 현안 시책, 혁신관리 및 대통령령이 정하는 부문에 대하여 특정평가를 실시하고 그 결과를 공개하여야 한다.
④ 지방자치단체 또는 그 장이 위임받아 처리하는 국가사무, 국고보조사업 그리고 국가의 주요 시책사업 등에 대해 <u>행정안전부장관</u>은 관계중앙행정기관의 장과 합동으로 평가를 실시할 수 있다.

연계학습 2025 신용한 행정학 p.310~313

2022년 지방직 7급

문제편 p.123-127

정답

01	②	02	④	03	②	04	④	05	①
06	③	07	③	08	③	09	①	10	④
11	①	12	②	13	③	14	④	15	④
16	④	17	③	18	①	19	①	20	②

출제영역 분석

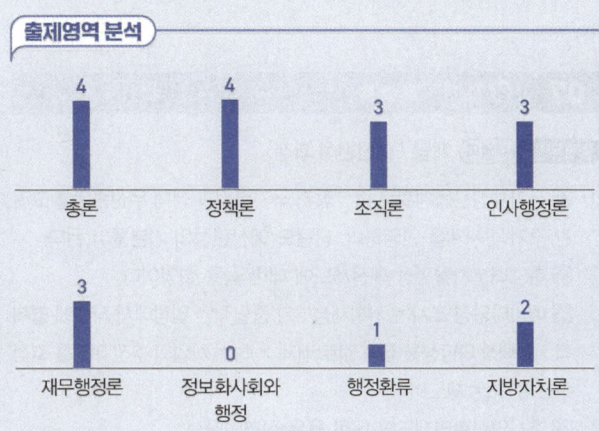

출제경향 분석

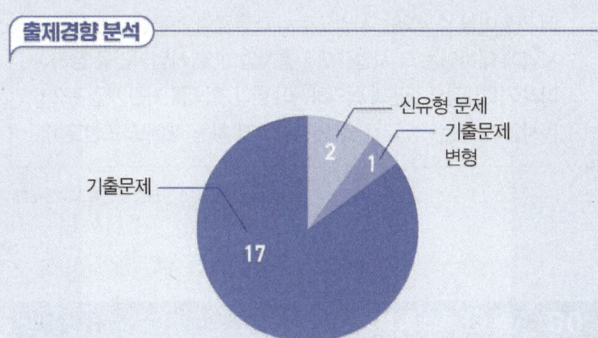

출제문제 유형분석

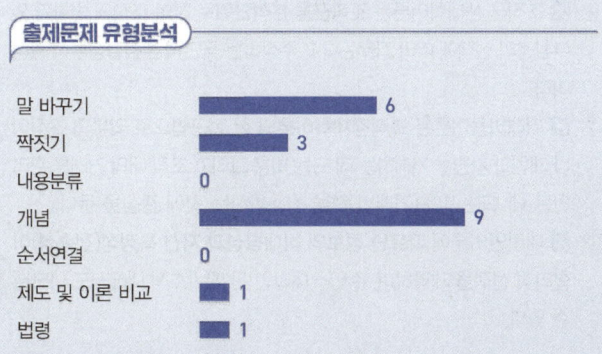

01 상 중 하 ②

출제유형 출제영역) 개념 / 행정과 정치

① ✗ **윌슨**(W. Wilson)은 **행정의 연구**(1887)에서 정치와 행정의 분리를 주장하고 행정의 능률성을 강조하였다.
② ○ 애플비(Appleby)는 정치·행정 일원론을 대표하는 학자로 정치와 행정의 관계는 정합적·연속적·순환적이어서 양자를 구별하는 것은 부적합함을 설명하였다.
③ ✗ **테일러**(F. W. Taylor)에 대한 **설명**이다. 테일러(F. Taylor)는 시간 및 동작연구(time & motion study)등을 통해 생산의 극대화를 가져올 수 있는 최선의 길(one best way)을 찾고자 하였다.
④ ✗ **귤릭**(Gulick)이 제시하는 POSDCoRB에 대한 **설명**이다. P는 기획(Planning), O는 조직화(Organizing), S는 인사(Staffing), D는 지휘(Directing), R은 보고(Reporting), B는 예산(Budgeting)을 의미한다.

연계학습) 2025 신용한 행정학 p.9~10

02 상 중 하 ④

출제유형 출제영역) 개념 / 행정이론(종합)

① ○ 신행정학은 행정학의 실천적 성격과 적실성을 회복하기 위해 정책 지향적인 행정학을 강조하였다.
② ○ 발전행정론은 행정의 독자성과 더불어 환경이 행정에 미치는 영향도 고찰할 필요성이 제기 됨에 따라 연구가 이루어진 학문이다.
③ ○ 공공선택론은 행정서비스에 대한 시민 개개인의 선호와 선택의 존중을 핵심가치로 한다.
④ ✗ **신공공서비스론에 대한 설명**이다. 신공공서비스론의 관료역할은 방향잡기 보다는 시민들로 하여금 공유된 가치를 표명하고 그것을 충족시킬 수 있도록 도와주고 봉사해야 함을 강조한다.

올바른 지문) ④ 신공공서비스론은 지역사회 문제를 해결하는 과정에서 시민들의 공유된 가치를 관료가 협상하고 중재해야 한다고 주장한다.

연계학습) 2025 신용한 행정학 p.116, 131, 174

03 상 중 하 ②

출제유형 출제영역) 개념 / 민간위탁

① ○ 민간위탁이란 국가 및 지방자치단체가 자신들의 사무를 민간부문에서 대신 수행하도록 위탁하는 것을 의미하는 것으로, 정부가 경쟁입찰을 통해선정된 민간업자에게 비용을 지불하고, 공공서비스 생산을 의뢰한다.
② ✗ 사회복지기관, 소비자보호단체, 청소년보호단체 등 **비영리단체 또한 민간위탁의 대상**이 된다.
③ ○ 민간위탁은 기업 간 경쟁입찰을 통해 생산주체를 결정함으로써 정부재정부담을 경감시킬 수 있으며, 인력운영의 유연성을 제고해 관료조직의 팽창을 억제하면서도 해당 분야에 필요한 전문인력을 상시적으로 확보하는 효과가 있다.

④ ⭕ 민간위탁 등 대안적 서비스 공급방식은 1990년대 이후 미국과 유럽의 지방정부에서 크게 활용되고 있으며, 우리나라에서도 쓰레기수거업무, 도로건설업무 등에 적용되고 있다.

연계학습 2025 신용한 행정학 p.47~49

04 상 중 하 ■■■ 🔑 ④

출제유형 출제영역 말 바꾸기+개념 / 비용효과분석

① ❌ **비용편익분석에 대한 설명**이다. 비용효과분석은 '비용'은 '금전적 가치'로 '효과'는 측정가능한 '산출물단위'로 산정한다.
② ❌ 비용효과분석은 형평성의 가치 등을 고려하지 못하므로 **사회적 후생의 문제와 쉽게 연계하기 어렵다**는 단점이 존재한다.
③ ❌ **비용효과분석은** 화폐단위로 측정하는 문제를 피하기 때문에 비용편익분석보다 공공부문의 사업대안분석에 적용가능성이 높고 **시장가격에 대한 의존도가 낮으므로** 민간부문의 사업대안 분석에 적용가능성이 낮다.
④ ⭕ 비용효과분석은 국방, 경찰, 보건, 운수 등의 영역에 적용된다.

SUMMARY 비용편익분석 vs 비용효과분석

구 분	비용편익분석	비용효과분석
가치산정	비용·편익 ⇨ 화폐가치	비용 ⇨ 화폐가치, 효과 ⇨ 산출물 단위
성 격	양적 분석 (공공부문 적용에 한계) 형평성·주관적 가치문제 다루지 못함	질적 분석 (공공부문 적용에 적합) 외부효과, 무형적·질적 가치 분석에 적합
중 점	경제적 합리성	기술적 합리성 (정책대안의 효과성)
비용·효과의 변동여부	비용과 편익이 함께 변동 (가변비용, 가변편익)	어느 한쪽이 고정 (비용고정 – 효과극대화 or 효과고정-비용최소화)

연계학습 2025 신용한 행정학 p.252

05 상 중 하 ■■■ 🔑 ①

출제유형 출제영역 말 바꾸기+개념 / 예산의 분류

① ⭕ 기능별 분류에 대한 옳은 설명이다.
② ❌ 조직별 분류 – 누가 얼마를 쓰느냐
③ ❌ 경제 성질별 분류 – 국민경제에 미치는 총체적인 효과가 어떠한가
④ ❌ 시민을 위한 분류(기능별 분류) – 정부가 무슨 일을 하는 데 얼마를 쓰느냐

SUMMARY 예산분류의 초점

구 분	초 점
기능별 분류	정부가 무슨 일을 하는 데 얼마를 쓰느냐
조직별 분류	어떤 기관이 얼마를 쓰느냐
품목별 분류	정부가 무엇을 구입하는 데 얼마를 쓰느냐
경제 성질별 분류	국민 경제에 미치는 총체적인 효과가 어떠한가

연계학습 2025 신용한 행정학 p.643

06 상 중 하 ■■■ 🔑 ③

출제유형 출제영역 법령 / 점증모형

① ⭕ 점증모형은 모두 분석하기보다는 기존 정책을 토대로 그보다 약간 수정된 내용의 정책을 추구하는 방식의 의사결정 모형이다.
② ⭕ 점증모형은 능력·시간·정보의 부족으로 약간의 변화만 있는 정책을 시행해가면서 상황변화를 고려하여 계속적으로 수정·보완하게 된다.
③ ❌ 급격한 개혁과 새로운 환경을 반영하는 혁신적 정책결정을 설명하기 용이한 모형은 **합리모형**이다.
④ ⭕ 점증모형은 정치적 합리성을 추구하며, 목표를 고정된 것으로 전제하지 않고, 수단에 의해 목표가 수정될 수 있음을 긍정한다.

연계학습 2025 신용한 행정학 p.256~258

07 상 중 하 ■■■ 🔑 ③

출제유형 출제영역 개념 / 예산편성 과정

① ⭕ 국가재정운용계획은 중·장기 국가비전과 정책 우선순위를 고려한 중기적 시계를 반영하며, 단년도 예산편성의 기본틀이 된다.
② ⭕ 총액배분자율편성 예산제도에 대한 옳은 설명이다.
③ ❌ **예비타당성 조사**는 기획재정부가 중립적인 입장에서 사전에 **경제적·정책적 타당성을 집중 검토**(배제 ×)하여 사업의 추진 여부를 결정하도록 하는 제도이다.
④ ⭕ 총사업비관리제도에 대한 옳은 설명이다.

> 국가재정법 제50조 【총사업비의 관리】① 각 중앙관서의 장은 완성에 2년 이상 소요되는 사업으로서 대통령령으로 정하는 대규모 사업에 대하여는 그 사업규모·총사업비 및 사업기간을 정하여 미리 기획재정부 장관과 협의하여야 한다. 협의를 거친 사업규모·총사업비 또는 사업기간을 변경하고자 하는 때에도 또한 같다.

연계학습 2025 신용한 행정학 p.673~675

08 상 중 하 ■■■ 🔑 ③

출제유형 출제영역 말 바꾸기+개념 / 거시조직이론

① ❌ 조직군 생태학이론은 **조직군을 분석단위**로 하며 조직의 변화가 외부환경의 선택에 따라 좌우된다고 주장하는 극단적 환경결정론적 관점이다.
② ❌ 거래비용이론은 **조직경제학이론의 한 접근법**으로 외부의 조직이나 개인과 자원을 거래하는 데 드는 비용 그리고 조직 내의 거래를 관리하는 데 드는 비용(거래비용)을 최소화하는 것에 관심을 둔다.
④ ❌ 대리인이론에 따르면 **정보의 비대칭성과 자산 특정성(전속성)**이 합리적 선택을 제약하며, 주인 – 대리인 관계는 조직 내에서도 나타날 수 있다.

> **올바른 지문**
> ① 조직군생태론은 조직군을 기본 분석단위로 하며, 조직의 변화가 외부환경의 선택에 따라 좌우된다고 주장하는 극단적 환경결정론적 관점이다.
> ② 거래비용이론은 조직경제학이론의 한 접근법으로 조직 내, 조직 간 거래비용에 관심을 둔다.
> ④ 대리인이론에 따르면 정보의 비대칭성과 자산 특성성이 합리적 선택을 제약하며, 주인–대리인 관계는 조직 내에서 나타날 수 있다.

(연계학습) 2025 신용한 행정학 p.364~367

09 상 중 하 ①

출제유형 출제영역 말바꾸기+개념 / 정책의제 설정 유형

① ✗ **동원모형에 대한 설명**이다. 내부접근형은 정부기관 내의 관료집단이나 정책결정자에게 쉽게 접근할 수 있는 외부집단이 최고정책결정자에게 접근하여 정부의제화하는 경우를 말하며, 내부접근형은 동원형처럼 정책담당자들에 의해 정책의제화가 진행되지만 **내부접근형은 공중의제화 과정이 생략된다**는 차이점이 있다.
② ◯ 동원형은 정부 내의 정책결정자들이 주도하여 정부의제화를 만드는 경우이다. 주로 정치지도자들의 지시에 의해 사회문제가 바로 정부의제로 채택되지만, 일방적으로 의제화하는 것이 아니라 일반대중이나 관련 집단들의 지지를 얻기 위해 정부의 PR 활동을 통해 공중의제화가 진행되며, 주로 정부의 힘이 강하고 민간부문의 힘이 취약한 후진국에서 나타난다.
③ ◯ 외부주도형은 외부집단의 주도에 의해 정책의제화가 진행되는 유형으로 주로 이익집단의 활동이 활발하고, 정부가 외부의 요구에 민감하게 반응하는 정치체제, 즉 다원화된 정치체제에서 주로 나타난다.
④ ◯ 공고화형(굳히기형)은 대중의 지지가 높을 것으로 기대 될 때 국가의 의제설정을 주도하는 모형으로 이미 민간집단의 광범위한 지지가 형성된 이슈에 대하여 정책결정자가 지지의 공고화를 추진한다.

> **올바른 지문** ① 내부접근형은 정부기관 내의 관료집단이나 정책결정자에게 쉽게 접근할 수 있는 외부집단이 주도하며, 공중의제화 과정은 생략된다.

(연계학습) 2025 신용한 행정학 p.216~218

10 상 중 하 ④

출제유형 출제영역 말바꾸기+개념 / 재정준칙

재정준칙(fiscal rule)은 재정수지, 재정지출, 국가채무 등의 총량적인 재정지표에 대해 구체적인 목표수치를 동반한 재정운영 목표를 법제화한 정책으로서, 국가채무관리제도에 해당한다. 재정준칙은 재정건전화 제도로서, 목표변수에 따라 수입준칙, 지출준칙, 재정수지준칙, 채무준칙 등으로 구분할 수 있다.

① ◯ 재정채무준칙이란 GDP 대비 국가채무 비율의 한도를 제시하거나 단계적으로 감소하도록 제약조건을 가하는 방식으로, 재정건전성 제고에 효과적이며, 단순하고 감독이 용이하여 통제 가능성이 높다.
② ◯ 재정수지준칙이란 매 회계연도 또는 일정기간 동안의 재정수지를 균형 또는 일정 범위 내에서 관리하는 방식으로, 경기안정화 기능이 미약하여 거시경제 안정성이 저해될 가능성 존재한다.
③ ◯ 재정지출준칙은 총지출 한도, 총지출 증가율 등 재정지출 규모나 증가율을 직접적으로 제한하는 방식으로, 경제성장률이나 재정적자 규모의 예측에 의존하지 않고 정부지출을 줄여 재정건전화에 기여한다.
④ ✗ **재정지출준칙에 대한 설명**이다. 수입준칙이란 재정수입의 최고 또는 최저한도를 설정하거나, 특정 수입에 대한 배분비율을 설정하는 방식이다.

SUMMARY 재정준칙 유형별 장·단점

구 분	장 점	단 점
수입준칙	• 초과수입의 일부를 국가채무 상환에 사용하여 재정건전성에 기여	• 수입준칙 단독으로 지속 가능성 측면에서 직접적 연관성이 부족
지출준칙	• 정부지출을 줄여 재정건전화에 기여 • 단순하고, 감독이 용이하여 통제 가능성이 높은 편임	• 재정의 지속 가능성과는 직접적인 연관성 부족 • 재정건전화 시기에는 효과적으로 사용될 수 있으나 조세지출 등을 통한 우회위험이 존재
재정수지준칙	• 재정건전성 제고에 효과적 • 간단하며, 이해하기 쉽고, 투명하며, 모니터링이 용이하고, 대중들과 소통이 쉬움	• 경기안정화 기능이 미약(경기순응적)하여 거시경제 안정성이 저해될 가능성 존재
구조적 재정수지준칙	• 경기대응성을 유지하면서도 재정건전성을 확보하는 데 유리하게 작용	• 잠재 GDP, 수입 및 지출의 GDP 탄력성 등의 추정에 불확실성이 내재
채무준칙	• 재정건전성 제고에 효과적 • 단순하고 감독이 용이하여 통제 가능성도 높은 편임	• 경기안정화 기능이 미약 (경기순응적) • 최적의 부채수준에 대한 사회적 합의가 어려움

(연계학습) 2025 신용한 행정학 p.617

11 상 중 하 ①

출제유형 출제영역 이론 비교 / 계급제 vs 직위분류제

① ✗ **직위분류제에 대한 설명**이다. 계급제는 공직에 채용된 뒤 다양한 경험과 지식을 축적시켜 조직 전체 혹은 국가 전반의 시각에서 업무를 파악하고 처리할 수 있는 일반행정가(generalist)를 지향한다.
② ◯ 직위분류제는 동일 직렬에 따라 장기간 근무하는 것을 원칙으로 하므로 행정의 전문화와 직무중심적 동기유발을 지지한다.
③ ◯ 계급제는 폐쇄체계로 운영되므로 장기간 근무하게 되고 내부 승진을 통해 장기근속이 보장되므로 공무원의 신분보장과 직업공무원제를 확립하는 데 용이하다.
④ ◯ 직위분류제는 직무의 내용이나 수준이 명확하게 나타나므로, 직위 간의 권한과 책임의 한계를 명백하게 해 조직 관리의 합리성을 기한다.

올바른 지문 ① 직위분류제는 보직 관리 범위를 제한하여 공무원의 시야를 좁게 만드는 측면이 있다.

SUMMARY 계급제의 장·단점

장 점	단 점
① 장기적 관점에서 유능한 인재의 공직 흡수	① 직무급 확립 곤란(낮은 보수 형평성)
② 공무원의 경력발전 기회 증진	② 행정의 전문화에 부응 못함
③ 신분보장과 직업공무원제 확립에 유리	③ 의사결정의 적실성 확보의 곤란
④ 인력활용의 융통성과 효율성을 높여 탄력적 인사관리 가능	④ 적임자의 임용을 담보할 수 없어 능률성 저하
⑤ 일반행정가 양성에 유리	⑤ 계서제 상의 각 계층 간 긴장 조성
⑥ 공무원의 직업적 연대의식과 일체감을 높여 능률성 제고	⑥ 각 계층의 구성원들이 집단이익 옹호에 집착할 가능성
⑦ 공무원의 시야와 이해력을 넓혀 부서 간·부처 간 협조와 조정이 원활하게 이루어짐.	⑦ 강력한 신분보장으로 무사안일·특권집단화 할 우려
	⑧ 수직적 융통성이 낮음.

SUMMARY 직위분류제의 장·단점

장 점	단 점
① 채용시험 등 인사배치에서 적합한 기준 제공	① 일반행정가의 양성 곤란
② 적재적소에 유능한 사람 임용	② 조직 및 직무 변화에 대응 미흡
③ 훈련의 수요 쉽게 파악, 직무급 수립 용이(높은 보수형평성)	③ 인사관리의 탄력성 & 신축성 확보 곤란
④ 권한과 책임의 한계를 명백하게 해 조직 관리의 합리성을 기함	④ 공무원 신분 보장의 위협
⑤ 행정의 전문화와 정원관리에 용이	⑤ 조직에 대한 헌신과 단결심 저해
⑥ 직무 중심적 동기유발을 지지	⑥ 전문가 지향으로 횡적 의사소통이나 협조·조정의 곤란

(연계학습) 2025 신용한 행정학 p.483

12 상 중 하 ②

출제유형 출제영역 짝짓기+개념 / 시험의 타당성

① ◯ 신뢰성의 측정방법 중 문항 간 일관성 검증법에 대한 설명이다. 문항 간 일관성 검증법은 시험의 모든 항목 또는 문항을 서로 비교하고, 그 성적을 상관지어 보는 방법이다.

② ✗ **기준타당성에 대한 설명**이다. 기준타당성이란 시험이 실제 시험대상자의 직무수행능력을 얼마나 정확하게 예측했는가의 정도를 나타낸다.

③ ◯ 신뢰성의 측정방법 중 재시험법에 대한 설명이다. 재시험법은 동일한 시험을 동일한 대상집단에게 시간 간격을 두고 2회 이상 실시하여 그 성적을 비교하는 방법이다(시험의 종적 일관성 검증).

④ ◯ 신뢰성의 측정방법 중 동질이형법에 대한 설명이다. 동질이형법은 문제수준이 비슷한 동질의 시험유형을 개발하여 동일 대상에게 시험을 보게 한 후 성적 간 상관관계를 분석하는 방법이다(종적 일관성과 횡적 일관성 모두 검증 가능).

올바른 지문 ② 기준타당성은 시험성적과 본래 시험으로 예측하고자 했던 기준 사이에 얼마나 밀접한 상관관계가 있는가를 검증한다.

SUMMARY 시험의 타당성

기준 타당성	① 개념 : 시험성적＝직무수행 실적(직무수행능력) ② 예측적 타당성 검증 : 시험합격자의 시험성적과 근무를 시작하여 일정기간이 지난 후 평가한 근무실적 간의 상관관계를 분석 ③ 동시적 타당성 검증 : 재직자에게 시험을 실시하여 얻은 시험성적과 그들의 근무실적에 대한 자료를 수집하여 상관관계를 분석
내용 타당성	① 개념 : 시험내용＝직무수행에 필요한 능력요소 ② 검증 : 전문가 집단이 시험의 구체적 내용과 직무수행의 적합성 여부를 주관적으로 판단하여 검증.
구성 타당성	① 개념 : 시험내용＝직무능력과 관련한 이론적 구성요소 ② 시험이 이론적으로 구성(추정)한 능력요소를 얼마나 정확하게 측정할 수 있느냐에 관한 타당성

(연계학습) 2025 신용한 행정학 p.498, 499

13 상 중 하 ③

출제유형 출제영역 말 바꾸기+개념 / 탈관료제(Adhocracy)

①, ② ◯ 애드호크라시 조직모형은 조직화와 표준화를 특징으로 하는 기계적 구조와 반대의 속성을 갖는 조직구조로 조직의 잠정성, 상황적 응성을 강조한다.

③ ✗, ④ ◯ 애드호크라시(adhocracy)는 공동책임이 원칙이므로 **책임소재가 명확하지 않으며**, 다양한 전문요원의 집합이기 때문에 업무처리과정에서 **갈등과 비협조가 일어날 가능성이 높다**.

올바른 지문 ③ 책임소재가 모호하여 갈등이 생길 가능성이 높다.

(연계학습) 2025 신용한 행정학 p.351

14 상 중 하 ④

출제유형 출제영역 말 바꾸기+개념 / 근무성적평정의 유형

① ◯ 다면평가제는 상급자만이 평가하는 일면적 평가가 아니라 상사, 동료, 부하, 고객 등의 다양한 평가자가 다양한 측면에서 평가하는 제도를 의미한다.

② ◯ 목표관리제는 상하급자 간 협의를 통해 목표를 정하고, 집행 상의 자율을 부여한 목표달성도에 따라 평가하고 환류하는 방식이다.

③ ◯ 강제배분법은 피평정자의 성적분포가 과도하게 집중되거나 관대화되는 것을 막기 위해 성적분포를 미리 정해 놓는 방법이다.

④ ✗ **도표식 평정척도법**은 직무수행실적·직무수행능력·직무형태 등에 관한 평정요소를 나열하고 각각에 대한 우열의 등급을 표시하는 평정척도를 그린 평정표를 통한 평정방법으로 평가요소에 대한 등급의 비교기준이 불명확하여 **평정이 임의적일 수 있다**.

(연계학습) 2025 신용한 행정학 p.509~512, 521

15 　④

출제유형 출제영역 짝짓기+개념 / 행정통제의 유형

① ❌ **시민단체**에 의한 통제는 **외부·비공식** 통제에 해당한다.
② ❌ **국회**에 의한 통제는 **외부·공식** 통제에 해당한다.
③ ❌ **언론**에 의한 통제는 **외부·비공식** 통제에 해당한다.
④ ⭕ 기획재정부에 의한 통제는 내부·공식 통제에 해당한다.

SUMMARY Gilbert 행정통제 유형

구분	외부	내부
공식적	• 입법부에 의한 통제 • 사법부에 의한 통제 • 헌법재판소 • 옴부즈만(행정감찰관)	• 계층제(명령체계) 및 인사관리제도를 통한 통제 • 감사원에 의한 통제 • 대통령실과 국무조정실(정부업무평가)에 의한 통제 • 중앙행정부처에 의한 통제 • 교차기능조직
비공식적	• 시민에 의한 통제 • 이익집단에 의한 통제 • 여론, 매스컴, 인터넷 • 정당	• 동료집단의 평가와 비판 • 공무원으로서의 직업윤리

연계학습 2025 신용한 행정학 p.772

16 　④

출제유형 출제영역 개념 / 넛지이론

ㄱ. ⭕ 넛지는 전통적 정부개입방식과는 달리 간접적이고 유도적인 방식으로 사람들의 행동을 예측가능한 방향으로 변화시키는 선택설계방식을 활용한 정부개입을 의미한다.
ㄴ. ⭕ 넛지는 개인이 올바른 선택을 하도록 개입한다는 측면에서 개입주의를 표방하고 있으나, 개인에게 선택의 옵션을 제공하고, 특정 선택을 강요하지 않는다는 점에서 자유주의적이다.
ㄷ. ⭕ 넛지는 더 좋은 선택을 유도하기 위한 선택설계 과정에서 사람들의 인지적 편향을 전략적으로 활용한다. 선택설계에 활용되는 넛지도구들로는 디폴트 옵션[선택적 가입 방식(opt-in), 선택적 탈퇴 방식(opt-out)]의 조정, 정보와 선택 대안의 단순화 등의 방법이 있다.

연계학습 2025 신용한 행정학 p.180, 181

17 　③

출제유형 출제영역 개념 / 동기부여이론

① ❌ 강화이론은 외부 자극에 의해 학습된 행동이 유발되는 과정이나 이러한 행동이 왜 지속되는가를 밝히려는 이론으로, **행동의 원인보다 결과에 초점을 둔다.**
② ❌ 로크(J. Locke)의 목표설정이론은 개인의 목표를 강력한 동기유발 요인으로 보고, 목표의 도전성과 명확성에 따라 직무 성과가 결정된다고 주장하였다. **동기유발을 위해서는 난이도가 높고 도전적이며, 구체적이고 명확한 목표가 채택될 필요가 있다.**

③ ⭕ 포터와 롤러의 업적·만족이론은 기존의 기대이론이 직무에 대한 만족감을 통해 직무 성취 수준이 결정된다고 이해한 것에 비해, **직무 성취수준에 따라 직무에 대한 만족감이 결정되는 것으로 접근하고 있다는 점을 주장한다.**
④ ❌ 공공봉사동기(public service motivation)는 **민간부문 종사자와는 차별화되는 공공부문 종사자의 가치체계**를 의미한다. 또한, 공공봉사동기가 높은 사람은 물질적·외재적 동기보다 사명감과 이타심 같은 공공에 대한 봉사를 더 중요하게 여길 것으로 가정한다.

연계학습 2025 신용한 행정학 p.401~405

18 　①

출제유형 출제영역 개념 / 정부 간 관계모형

① ⭕ 피터슨(Peterson)의 도시한계론은 서비스와 세금의 조합에 따라 주민이 자유롭게 이동하는 개방체제의 상황에서 지방정부가 생산적 노동과 자본의 유치·확보에 도움이 되는 개발정책에 우선순위를 두는 것은 불가피하다고 설명하였다.
② ❌ 라이트(Wright)는 정부간 관계를 **포괄권위형, 분리권위형, 중첩권위형으로 분류하였다.**
③ ❌ 로즈(Rhodes)는 전략적 협상관계모형을 통해, 중앙은 지방에 비해 재정적 자원과 법적 자원을 가지고 있는 반면 **지방은 정보자원과 현장에 서비스를 제공하는 조직자원을 가지고 있다고 보았다.**
④ ❌ 티부(Tiebout)가 주장한 발에 의한 투표(voting with feet)를 위해서는 완전한 정보와 시민의 완전한 이동성, **공공서비스로 인한 외부효과의 부존재 등의 전제조건이 충족되어야 한다.**

연계학습 2025 신용한 행정학 p.929~932

19 　①

출제유형 출제영역 개념 / 정책학의 발달과정

① ⭕ 드로어(Dror)는 정책학의 목적은 정책결정체제에 대한 이해를 증진시키고 이를 개선시키는 것으로 보고, 지식과 체제에 직접적인 관심을 기울여야 한다고 주장하였다.
② ❌ 정책의제 설정이론은 정책의제의 해결방안 탐색뿐만 아니라 **무의사결정(nondecision making)이론을 통해 문제가 의제로 설정되지 않는 비결정 상황에도 관심**을 가진다.
③ ❌ 라스웰(Laswell)은 정책과정에 관한 지식과 정책에 필요한 지식을 모두 강조하였으며, 가치판단을 위한 규범적(normative) 접근과 사실판단을 위한 실증적(positive) 접근을 융합하여 처방적 접근을 시도하였다.
④ ❌ 정책에 대한 체계적인 연구는 경제정책학에서 먼저 시작 되었으며, **체제분석, OR(관리과학)과 후생경제학은 다양한 정책결정 이론에 활용되어 왔다.**

연계학습 2025 신용한 행정학 p.187, 188

20 상중하 ■■■

출제유형 출제영역 짝짓기 + 개념 / 우리나라 자치재정권

ㄱ. ◯ 탄력세율제도란, 세법상 정해진 세율(기본세율 또는 표준세율)을 법률의 위임에 의해서 대통령령 등의 명령이나 지방정부의 조례에 의해 다르게 정할 수 있는 제도를 말한다.
ㄴ. ◯ 탄력세율의 적용분야는 대통령령 규정사항에 따른 자동차세(자동차 주행에 대한 자동차세), 담배소비세, 그리고 조례 규정사항에 따른 등록면허세, 주민세, 재산세, 지방세, 자동차세, 취득세, 지역자원시설세, 지방교육세(레저세 ×, 지방소비세 ×)이다.
ㄷ. ✗ 담배소비세, 주행분 자동차세는 대통령령(조례 ×) 규정사항에 따른 탄력세율 적용분야이다.

연계학습 2025 신용한 행정학 p.909

2021년 지방직 7급

문제편 p.129~134

정답

01	③	02	④	03	①	04	②	05	④
06	①	07	③	08	④	09	④	10	②
11	④	12	③	13	③	14	②	15	②
16	②	17	①	18	①	19	②	20	④

출제영역 분석

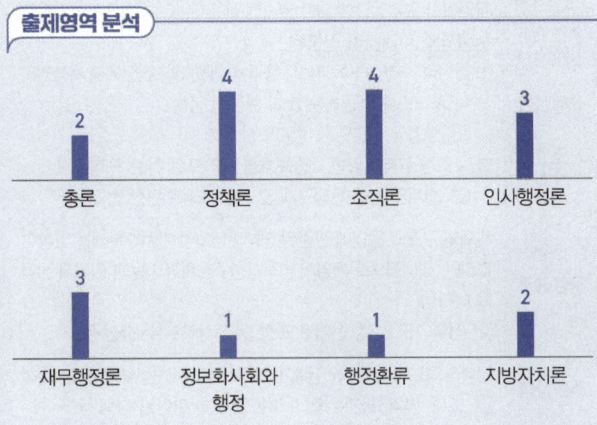

출제경향 분석

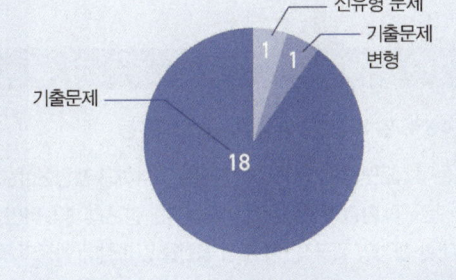

출제문제 유형분석

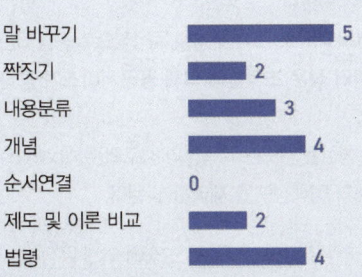

---

01 상 중 하 ③

출제유형 출제영역) 개념 / 관료제

③ ⭕ 베버의 관료제 이론은 자본주의 정신, 기계적 능률 등이 강조되던 산업화 단계 사회에서 조직의 능률향상을 위한 대표적인 고전적 조직이론이다.

연계학습 2025 신용한 행정학 p.348

02 상 중 하 ④

출제유형 출제영역) 개념+짝 찾기 / 정책의제 설정 유형

④ ⭕ (가) : 내부접근형, (나) : 외부주도형, (다) : 동원형
(가) **내부접근형에 대한 설명이다.** 내부접근형은 정부기관 내의 관료집단이나 정책결정자에게 쉽게 접근할 수 있는 외부집단이 최고정책결정자에게 접근하여 정부의제화하는 경우를 말하며, 내부접근형은 동원형처럼 정책담당자들에 의해 정책의제화가 진행되지만 **내부접근형은 공중의제화 과정이 생략**된다는 차이점이 있다.
(나) **외부주도형에 대한 설명이다.** 외부주도형은 외부집단의 주도에 의해 정책의제화가 진행되는 유형으로, 정부 밖에 있는 민간집단에 의해 이슈가 제기되고 그것이 확산되어 공중의제로 전환되고 결국 정책의제로 채택되는 과정을 설명하는 모형이다.
(다) **동원형에 대한 설명이다.** 동원형은 정부 내의 정책결정자들이 주도하여 정부의제화를 만드는 경우로, 주로 정치지도자들의 지시에 의해 사회문제가 바로 정부의제로 채택되지만, 일방적으로 의제화하는 것이 아니라 일반대중이나 관련 집단들의 지지를 얻기 위해 정부 PR활동을 통해 공중의제화가 진행된다.

연계학습 2025 신용한 행정학 p.216~218

03 상 중 하 ①

출제유형 출제영역) 개념+말 바꾸기 / 엽관주의 vs 실적주의

① ❌ **실적주의는 엽관주의(대표관료제 ×)를 비판하면서 등장하였다.** 엽관주의의 부작용으로 공직의 거래와 행정의 비전문성·비능률성 등이 발생하였고, 이에 대한 개혁운동이 실적주의의 수립요인으로 작용하였다.
② ⭕ 엽관주의는 정당에의 충성도와 공헌도를 관직의 임용기준으로 삼는 인사행정제도로 특권적인 정부관료제를 일반대중에게 공개함으로써 민주정치의 발달과 행정의 민주화에 공헌 하는 등 공무원의 정치적 책임성을 확보할 수 있다는 장점이 있어 오늘날에도 부분적으로 남아있다.
③ ⭕ 자본주의와 산업화의 발달에 따른 행정의 양적 확대와 질적 분화 현상이 나타나면서, 전문적·기술적 능력을 갖춘 인력을 확보할 수 있는 실적주의의 정당성이 강화되었다.
④ ⭕ 엽관주의는 관료기구와 집권 정당의 동질성을 확보하고, 정부가 공무원의 충성심을 확보하고 정치지도자의 국정 지도력을 강화함으로써 공공정책의 실현이 용이하다는 장점이 있다.

연계학습 2025 신용한 행정학 p.448~450

04

출제유형 출제영역) 개념+말 바꾸기 / 예산의 분류

① ◯ 기능별 분류는 정부가 수행하는 기능(활동영역)별로 예산내용을 분류하는 것으로, 큰 기능에는 몇 개 부처 예산이 동시에 포함되어 어느 부처의 예산인지 파악하기 어려워 기관별 예산흐름의 파악이나 입법부의 효율적인 통제가 어려워지게 된다.
② ✗ **조직별 분류는** 예산내용을 그 편성과 집행책임을 담당하는 정부의 조직단위별로 분류하는 방법으로, **예산지출의 목적 및 대상을 파악하기 어렵다는 단점이 있다.**
③ ◯ 기능별 분류는 일반국민들이 정부예산을 통해 정부활동 및 정책의 우선순위를 파악할 수 있는 유용한 예산정보로 시민을 위한 분류라고 한다.
④ ◯ 품목별 분류는 예산으로 구입하고자 하는 재화와 용역의 종류를 기준으로 예산내용을 분류하는 통제지향적 분류방법으로 예산집행의 신축성을 저해할 수 있다.

올바른 지문) ② 예산의 조직별 분류의 단점은 예산지출의 목적(대상)을 파악하기 어렵다는 점이다.

연계학습) 2025 신용한 행정학 p.643~645

05

출제유형 출제영역) 내용분류 / 합리모형

제시문은 합리모형에 대한 설명이다.

④ ◯ 합리모형에 대한 설명이다. 합리모형은 의사결정자의 완전한 합리성을 전제하고, 목표나 가치가 명확하게 고정되어 있다는 가정하에 목표달성의 극대화를 위해 최선의 대안 선택을 추구하는 결정 모형이다. 합리모형은 정책의 합리적 분석에 기여, 쇄신적 정책결정, 환경변화에 대한 적응력이 강하다는 장점이 있지만, 완전한 경제인 등 가정의 비현실성 등으로 인해 현실 적합성이 떨어지는 한계가 있다.
① ✗ 점증모형에 대한 설명이다.
② ✗ 쓰레기통 모형에 대한 설명이다.
③ ✗ 회사모형에 대한 설명이다.

연계학습) 2025 신용한 행정학 p.253~264

06

출제유형 출제영역) 말 바꾸기+개념 / 정부규제

① ✗ **종합편성 채널의 운영권을 부여하고, 이를 확보한 방송사에 대한 규제**는 리플리와 프랭클린(Ripley & Franklin)의 **경쟁적 규제 정책(보호적 규제 정책 ✗)**을 시행한 것으로 볼 수 있다.
② ◯ 네거티브 규제(negative regulation)는 원칙은 허용하고, 예외는 금지하는 것으로, 네거티브 규제가 포지티브 규제보다 피규제자에 더 많은 자율성을 보장해준다.
③ ◯ 우리나라는 새로운 제품이나 서비스가 출시될 때 일정기간 기존 규제를 면제·유예하는 제도로 규제 샌드박스를 도입하였다.
④ ◯ 윌슨(Wilson)의 규제정치 이론에 따르면, 대체로 경제적 규제는 고객정치의 상황으로 분류되며 사회적 규제는 기업가정치의 상황으로 분류된다.

올바른 지문) ① 종합편성 채널의 운영권을 부여하고, 이를 확보한 방송사에 대한 규제는 리플리와 프랭클린(Ripley & Franklin)의 경쟁적 규제 정책을 시행한 것으로 볼 수 있다.

SUMMARY 정책의 유형

분배정책	권리나 이익, 또는 서비스의 배분 / 포크배럴, 로그롤링 현상이 발생 / 정책내용이 소규모 단위로 구분가능 예) 수출 특혜 금융, 지방자치단체에 대한 국가보조금 지급, 주택자금 대출, 국유지 불하, 농민을 위한 영농정보 제공, 사회간접자본제공, 기업에 대한 보조금 지급 등
재분배 정책	고소득층으로부터 저소득층으로 소득이전 / 계급 대립적 성격으로 치열한 갈등 / 중앙정부 수준의 정책결정이 필요 예) 누진소득세 제도, 영세민 취로사업, 임대주택의 건설, 연방은행의 신용통제, 사회보장제도 등
규제정책	개인이나 일부집단에 대한 권리행사의 제한이나 의무부과 / 정책수혜자와 피해자가 구분됨. ① 경쟁적 규제 : 다수 경쟁자 중 특정 개인이나 집단에게 특정권리나 서비스를 제공하는 것과 관련된 정책 예) 방송국 설립인가, 항공노선 허가 등 ② 보호적 규제 : 일반 대중보호를 목적으로 하는 규제정책 예) 최저임금제, 독점규제 및 공정거래에 관한 법률 등
구성정책	체제의 구조와 운영에 관련된 정책 / 대외적 가치배분에는 영향이 없지만, 대내적으로 게임의 법칙발생 / 총체적 기능과 권위적 성격을 나타냄. 예) 정부기관 신설, 선거구 조정, 공직자의 보수 결정 등
추출정책	정책적 목표에 의해 국민들에게 인적·물적 자원을 부담시키는 정책 예) 조세, 병역, 물자수송, 노력동원 등과 관련된 정책 등
상징정책	정치체제에 대한 정당성과 신뢰성 및 국민통합성을 증진시키기 위하여 국내외 환경에 산출시키는 이미지나 상징과 관련된 정책 예) 88 서울올림픽경기, 2002 한·일 월드컵경기, 남대문원 등

연계학습) 2025 신용한 행정학 p.28, 29, 35, 193

07

출제유형 출제영역) 말 바꾸기+개념 / 공공선택론 등

① ◯ 생태론적 접근방법은 행정을 유기체로 파악하고 행정현상을 자연·사회·문화적 환경과 관련시켜 이해하려는 접근법이다. 다만, 행정환경에 대한 행정의 적극적·주체적 역할을 간과한다(행정의 독자성을 과소평가하고 환경에 대한 종속변수로 취급)는 한계가 있다.
② ◯ 후기행태주의는 적실성(relevance) 있는 연구를 강조하고, 연구결과의 실천(action)을 중요시한다. 또한, 가치중립적·과학적 연구보다 가치평가적 정책연구를 지향한다.
③ ✗ **공공선택이론은** 단일의 대규모 조직에 의해 독점적으로 공급되는 것보다 **권한이 분산된 여러 작은 조직들에 의해 공공서비스가 공급되는 것을 선호**한다.
④ ◯ 역사적 제도주의에서 형성된 제도는 지속성과 경로의존성(path dependence)을 갖고 현재의 정책선택을 제약하게 된다.

올바른 지문) ③ 공공선택이론은 단일의 대규모 조직에 의해 독점적으로 공급되는 것보다 권한이 분산된 여러 작은 조직들에 의해 공공서비스가 공급되는 것을 선호한다.

연계학습) 2025 신용한 행정학 p.123, 125, 126, 131, 141

08 상중하 ④

출제유형 출제영역 짝 찾기 / 톰슨(Thompson)의 기술

① ✘ 집약형 기술(intensive technology)은 **교호적 상호의존성**(reciprocal interdependence)을 갖고 부정기적 회의, 상호 조정, 수평적 의사전달, 예정표 등의 조정 형태가 나타난다.
② ✘ 공학형 기술(engineering technology)은 **페로우(Perrow)의 기술유형**에 해당한다.
③ ✘ 연속형 기술(long-linked technology)은 **연속적 상호의존성**(sequential interdependence)을 갖고, **정기적 회의, 수직적 의사전달, 계획** 등의 조정 형태가 나타난다.

올바른 지문
① 집약형 기술(intensive technology) – 교호적 상호의존성(reciprocal interdependence) – 부정기적 회의, 상호 조정, 수평적 의사전달, 예정표
③ 연속형 기술(long-linked technology) – 연속적 상호의존성(sequential interdependence) – 정기적 회의, 수직적 의사전달, 계획

SUMMARY 톰슨(Thompson)의 기술분류와 조직구조

기술	상호의존성	의사전달의 빈도	조정형태
중개적 기술	집합적 상호의존성	낮음	규칙, 표준화
연계형 기술	연속적 상호의존성	중간	정기적 회의, 수직적 의사전달, 계획
집약적 기술	교호적 상호의존성	높음	부정기적 회의, 상호 조정, 수평적 의사전달, 예정표

연계학습 2025 신용한 행정학 p.337, 338

09 상중하 ④

출제유형 출제영역 법령 / 고충처리제도

① ◯ 6급 이하는 각 부처에 설치된 보통고충심사위원회가, 5급 이상은 중앙고충심사위원회가 각각 담당하며, 중앙고충심사위원회의 기능은 소청심사위원회에서 관장한다.
② ◯ 소청심사는 인사상 불이익처분이 대상인데 비해, 고충처리는 근무조건, 인사관리, 신상문제나 직장생활과 관련하여 표시하는 불만을 대상으로 하기 때문에 그 범위가 넓다.
③ ◯ 소청심사위원회의 결정은 처분청에 대한 법적 기속력이 있지만, 고충심사위원회의 결정은 권고적인 것으로 법적 구속력이 없으며, 임용권자에게 결정결과에 따라 고충 해소를 위한 노력을 할 의무를 부과한다.
④ ✘ 고충심사위원회가 청구서를 접수한 때에는 30일 이내에 고충심사에 대한 결정을 하여야 한다. 보통고충심사위원회의 결정은 위원 5명 이상의 출석과 출석위원 과반수의 합의에 따르며, 중앙고충심사위원회의 결정은 **위원 3분의 2 이상의 출석과 출석 위원 과반수의 합의에 따른다.**

공무원고충처리규정 제7조【고충심사절차】 ① 고충심사위원회가 청구서를 접수한 때에는 30일 이내에 고충심사에 대한 결정을 하여야 한다. 다만, 부득이하다고 인정되는 경우에는 고충심사위원회의 의결로 30일을 연장할 수 있다.

제10조【고충심사위원회의 결정】 ① 보통고충심사위원회의 결정은 제3조제6항 전단, 제3조의2제6항 전단, 제3조의3제6항 전단 또는 제3조의4제5항 전단에 따른 위원 5명 이상의 출석과 출석위원 과반수의 합의에 따른다.
② 중앙고충심사위원회의 결정은 위원(「국가공무원법」 제9조제3항에 따라 인사혁신처에 설치된 소청심사위원회의 상임위원과 비상임위원을 말한다) 3분의 2 이상의 출석과 출석 위원 과반수의 합의에 따른다.

올바른 지문 ④ 고충심사위원회가 청구서를 접수한 때에는 30일 이내에 고충심사에 대한 결정을 하여야 한다. 보통고충심사위원회의 결정은 위원 5명 이상의 출석과 출석위원 과반수의 합의에 따르며, 중앙고충심사위원회의 결정은 위원 3분의 2 이상의 출석과 출석 위원 과반수의 합의에 따른다.

연계학습 2025 신용한 행정학 p.528

10 상중하 ②

출제유형 출제영역 말 바꾸기 + 개념 / 현대적 집행관

①, ③, ④ ◯ 프레스맨(Pressman)과 윌다브스키(Wildavsky)는 정책집행의 실패원인을 너무 많은 집행과정의 참여자, 집행관료의 빈번한 교체, 타당한 인과모형의 결여, 부적절한 기관의 정책집행 등으로 보았다.
② ✘ 프레스맨(Pressman)과 윌다브스키(Wildavsky)의 사례연구는 정책집행에 대한 초기 연구로 정책이 형성된 후 집행이 이루어진다는 하향적 접근방법을 채택하고 있지만, **정책결정과 집행사이에 연속성과 밀접한 상호관계를 강조**하고 있다.

올바른 지문 ② 정책집행은 정책결정과 연속적으로 수행되어야 한다.

연계학습 2025 신용한 행정학 p.276~278

11 상중하 ④

출제유형 출제영역 내용분류 / 중앙인사기관의 유형과 특징

행정수반이 인사관리에 직접적 책임을 지며, 인사기관의 장이 행정수반을 보좌하여 집행업무를 수행하는 형태는 **비독립단독형**이다. 중앙인사기관이 행정수반에 의해 임명된 한 사람의 기관장에 의해 관리되는 형태(집행부형)이다.

① ✘ 정치권력의 부당한 개입을 막아 정치적 중립성을 확보하는 장점을 가지는 것은 **독립합의형** 인사기관이다.
② ✘ 합의체 구성원의 임명시기를 서로 다르게 함으로써 인사행정의 계속성, 일관성을 확보할 수 있는 것은 **독립합의형**이다.

③ ❌ 합의에 따른 결정방식으로 인사의 공정성을 유지하는 것은 **합의형**에 대한 설명이다.

④ ⭕ **비독립단독형의 특징**에 해당되는 것으로 행정수반에 의해 임명되며, 인사기관장은 조직을 관장하고, 행정수반의 지휘를 받는다.

SUMMARY 중앙인사기관의 유형 구분

독립성＼합의성	합의형	단독형
독립형	독립합의형	독립단독형
비독립형	비독립합의형	비독립단독형

연계학습 2025 신용한 행정학 p.469

12 🔑 ③

출제유형 출제영역) 개념 + 말 바꾸기 / 리더십 이론(종합)

① ⭕ 하버드대 카플란&노턴(Kaplan&Norton)교수는 조직관리에 있어 전통적 재무의 관점 뿐 아니라 고객의 관점, 내부프로세스 관점, 학습 및 성장의 관점을 균형 있게 관리하는 균형성과표(BSC)를 제시하였다.

② ⭕ 민츠버그는 조직의 3가지 국면(구성, 조정기제, 상황·구조적 요인)에 따라 조직을 5가지, 즉 최고관리층, 중간계선, 작업계층, 기술구조, 지원참모(지원막료)를 제시하였다.

③ ❌ 허시와 블랜차드의 리더십 상황이론(생애주기이론)에서 부하의 성숙도가 높을 때에는 부하에게 권한을 대폭 위임해주는 **위임형 리더십이 효과적**이라고 보았다.

④ ⭕ 베버는 권위의 유형에 따라 이념형으로서의 관료제 모형을 제시하였으며, 법규에 의한 지배, 계서제, 문서화, 임무수행의 비개인화, 관료의 전문화 등을 제시하였다.

올바른 지문 ③ 허시(Hersey)와 블랜차드(Blanchard)는 부하의 성숙도가 높은 경우 위임형 리더십이 효과적이라고 보았다.

연계학습 2025 신용한 행정학 p.349, 361, 412, 439

13 🔑 ③

출제유형 출제영역) 개념 / 중앙집권 vs 지방분권

① ⭕ 내생적 지역발전 전략에 기반한 도시경쟁력 확보가 중요해짐에 따라 지역이 자신의 개발을 스스로 주도하는 분권화전략이 중요해지고 있다.

② ⭕ 중앙집권적 국정운영의 폐해는 지방분권화의 확대요인으로 작용한다.

③ ❌ **지역 간 평등한 공공서비스**의 수요와 국민적 최저수준 유지에 대한 대응이 요청되면서 **중앙집권화가 확대**된다.

④ ⭕ 신공공관리론에 근거한 세계화 방향에 따라 지역은 상품 및 문화를 개발하여 개별주체로서 세계시장에 참여하게 된다.

연계학습 2025 신용한 행정학 p.811, 812

14 🔑 ②

출제유형 출제영역) 내용분류 / 모건(Morgan)의 조직 관점

모건은 조직을 이미지화함으로써 조직에 대한 다양한 시각을 가질 수 있도록 여덟 가지 조직의 이미지들을 제시하였다.

② ❌ 모건은 조직에 관한 여덟 가지 시각으로 기계장치로서의 조직, 유기체로서의 조직, 두뇌로서의 조직, 문화로서의 조직, 정치적 존재로서의 조직, 심리적 감옥으로서의 조직, 흐름과 변화과정으로서 조직, 지배를 위한 도구로서의 조직을 제시하였다(적응적 사회구조로서의 조직 ×).

조직이미지	개념
기계장치로서 조직 (Organization as Machines)	조직을 효과적으로 작동하는 기계와 같은 존재로 취급
유기체로서 조직 (Organization as Organisms)	조직을 하나의 살아 있는 생명체처럼 간주
두뇌로서 조직 (Organization as Brains)	두뇌처럼 작은 변화를 통해 끊임없이 개선해 나가는 특성을 가진 조직
문화로서 조직 (Organization as Culture)	조직이 바로 조직문화 자체라고 보는 관점
정치적 존재로서 조직 (Organization as Political systems)	조직은 자신의 이해를 두고 투쟁하는 모습으로 조직을 바라보는 시각
심리적 감옥으로서 조직 (Organization as Prison metaphor)	구성원들이 스스로 만들어 놓고도 스스로 그 속에 갇혀버리고 마는 심리적 감옥으로서 조직을 바라보는 시각
흐름과 변화과정으로서 조직 (Organization as Flux & Transformation)	끊임없는 변화의 소용돌이 속에 조직이 빠져 있는지에 대한 실마리를 제공하는 시각
지배를 위한 도구로서 조직 (Organization as Domination)	정치적 존재로서의 조직과 유사하지만, 권력의 행사를 목적이 아니라 수단으로 여기는 관점

연계학습 2025 신용한 행정학 p.325

15 🔑 ②

출제유형 출제영역) 법령 / 우리나라 예산의 결산 과정 등

② ⭕ (가) - 5, (나) - 3, (다) - 10, (라) - 3

(가) [5] 5회계연도 이상의 기간에 대한 국가재정운용계획을 수립해야 한다.

국가재정법 제7조【국가재정운용계획의 수립 등】 ① 정부는 재정운용의 효율화와 건전화를 위하여 매년 해당 회계연도부터 5회계연도 이상의 기간에 대한 재정운용계획(이하 "국가재정운용계획"이라 한다)을 수립하여 회계연도 개시 120일 전까지 국회에 제출하여야 한다.

(나) [3] 기획재정부장관은 다음연도의 예산안편성지침을 매년 **3월 31일**까지 각 중앙관서의 장에게 통보해야 한다.

동법 제29조【예산안편성지침의 통보】 ① 기획재정부장관은 국무회의의 심의를 거쳐 대통령의 승인을 얻은 다음 연도의 예산안편성지침을 매년 3월 31일까지 각 중앙관서의 장에게 통보하여야 한다.

(다) [10] 기획재정부 장관은 국가결산보고서를 **4월 10일**까지 감사원에 제출하여야 한다.

> **동법 제59조【국가결산보고서의 작성 및 제출】** 기획재정부장관은 「국가회계법」에서 정하는 바에 따라 회계연도마다 작성하여 대통령의 승인을 받은 국가결산보고서를 다음 연도 4월 10일까지 감사원에 제출하여야 한다.

(라) [3] 예산과정은 편성, 심의, 집행, 결산 및 회계검사의 단계로, 우리나라의 예산주기는 3년이다.

연계학습 2025 신용한 행정학 p.682~685

---

16 상 중 하 ✏️ ②

출제유형 출제영역 법령 / 공직윤리(종합)

① ⭕ 공익신고자 보호법 제19조 제1항

> **공익신고자 보호법 제19조【보호조치 신청에 대한 조사】** ① 위원회는 보호조치를 신청받은 때에는 바로 공익신고자등이 공익신고등을 이유로 불이익조치를 받았는지에 대한 조사를 시작하여야 한다. 이 경우 위원회는 공익신고자등이 보호조치를 신청한 사실을 조사기관에 통보할 수 있다.

② ❌ 취업심사대상자는 관할 공직자윤리위원회의 승인을 받지 않으면, **퇴직일부터 3년간 퇴직 전 5년 동안 취업제한기관에 취업할 수 없다.**

> **공직자윤리법 제17조【퇴직공직자의 취업제한】** ① 등록의무자(이하 이 장에서 "취업심사대상자"라 한다)는 퇴직일부터 3년간 퇴직 전 5년 동안 소속하였던 부서 또는 기관의 업무와 밀접한 관련성이 있는 다음 각 호의 어느 하나에 해당하는 기관(이하 "취업제한기관"이라 한다)에 취업할 수 없다. 다만, 관할 공직자윤리위원회의 승인을 받은 때에는 그러하지 아니하다.

③ ⭕ 공직자윤리법 제18조의4 제2항

> **공직자윤리법 제18조의4【퇴직공직자 등에 대한 행위제한】** ② 재직자는 퇴직공직자로부터 직무와 관련한 청탁 또는 알선을 받은 경우 이를 소속 기관의 장에게 신고하여야 한다.

④ ⭕ 부패방지 및 국민권익위원회의 설치와 운영에 관한 법률 제59조 제6항

> **부패방지 및 국민권익위원회의 설치와 운영에 관한 법률 제59조【신고의 처리】** ⑥ 위원회는 접수된 신고사항을 그 접수일부터 60일 이내에 처리하여야 한다. 이 경우 제1항제1호에 따른 사항을 확인하기 위한 보완 등이 필요하다고 인정되는 경우에는 그 기간을 30일 이내에서 연장할 수 있다.

올바른 지문 ② 취업심사대상자는 퇴직 전 5년 동안 소속하였던 부서의 업무와 밀접한 관련이 있는 기관에 퇴직일로부터 3년간 취업할 수 없다. 단, 관할 공직자윤리위원회로부터 취업 승인을 받은 경우는 예외로 한다.

연계학습 2025 신용한 행정학 p.558~566

---

17 상 중 하 ✏️ ①

출제유형 출제영역 제도 및 이론 비교 / 지방교부세 등

① ⭕ 지방교부세법 제3조

> **지방교부세법 제3조【교부세의 종류】** 지방교부세(이하 "교부세"라 한다)의 종류는 보통교부세·특별교부세·부동산교부세 및 소방안전교부세로 구분한다.

② ❌ **국고보조금에 대한 설명이다.** 지방교부세는 지방재정의 지역 간 불균형을 시정하기 위해 중앙정부가 내국세의 일정 비율을 자치단체에 배분하는 제도이다.

③ ❌ **교부세에 대한 설명이다.** 조정교부금은 중앙정부가 아닌 광역자치단체가 기초자치단체에게 재정을 조정해주는 재정조정제도를 말한다.

④ ❌ 지방교부세 대비 국고보조금의 비중 증가는 중앙에 대한 지방재정의 의존도를 강화시킴으로써 **지방재정의 자율성을 약화**시킬 수 있다.

올바른 지문
② 국고보조금은 중앙정부가 국가 사무를 지방정부에 위임하거나 지방정부가 추진하는 사업 경비의 전부 또는 일부를 보조하거나 지원하기 위한 제도이다.
③ 지방교부세는 전국적 최소한 동일 행정서비스 수준 보장을 위해 중앙정부가 내국세의 일정 비율을 자치단체에 배분하는 것이다.
④ 지방교부세 대비 국고보조금의 비중 증가는 지방재정의 자율성을 약화한다.

연계학습 2025 신용한 행정학 p.915~921

---

18 상 중 하 ✏️ ①

출제유형 출제영역 법령 / 우리나라의 전자정부

① ❌ 「고등교육법」상 사립대학도 「전자정부법」에 적용을 받는다.

> **전자정부법 제2조【정의】** 제2조(정의) 이 법에서 사용하는 용어의 뜻은 다음과 같다.
> 1. "전자정부"란 정보기술을 활용하여 행정기관 및 공공기관(이하 "행정기관등"이라 한다)의 업무를 전자화하여 행정기관등의 상호 간의 행정업무 및 국민에 대한 행정업무를 효율적으로 수행하는 정부를 말한다.
> 2. "행정기관"이란 국회·법원·헌법재판소·중앙선거관리위원회의 행정사무를 처리하는 기관, 중앙행정기관(대통령 소속 기관과 국무총리 소속 기관을 포함한다. 이하 같다) 및 그 소속 기관, 지방자치단체를 말한다.
> 3. "공공기관"이란 다음 각 목의 기관을 말한다.
>   가. 「공공기관의 운영에 관한 법률」 제4조에 따른 법인·단체 또는 기관
>   나. 「지방공기업법」에 따른 지방공사 및 지방공단
>   다. 특별법에 따라 설립된 특수법인
>   라. <u>「초·중등교육법」, 「고등교육법」 및 그 밖의 다른 법률에 따라 설치된 각급 학교</u>
>   마. 그 밖에 대통령령으로 정하는 법인·단체 또는 기관

② ⭕ 전자정부법 제5조 제1항

동법 제5조【전자정부기본계획의 수립】 ① 중앙사무관장기관의 장은 전자정부의 구현·운영 및 발전을 위하여 5년마다 제5조의2제1항에 따른 행정기관등의 기관별 계획을 종합하여 전자정부기본계획을 수립하여야 한다.

③ ⭕ 전자정부법 제5조의3

동법 제5조의3【전자정부의 날】 ① 전자정부의 우수성과 편리함을 국민에게 알리고 국제적 위상을 제고하는 등 지속적으로 전자정부의 발전을 촉진하기 위하여 매년 6월 24일을 전자정부의 날로 한다.

④ ⭕ 전자정부법 제55조 제1항

동법 제55조【지역정보통합센터 설립·운영】 ① 지방자치단체는 정보자원을 효율적으로 관리하고 지역정보화를 통합적으로 추진하기 위하여 지역정보통합센터를 설립·운영할 수 있고, 필요한 경우 국가와 지방자치단체 또는 둘 이상의 지방자치단체가 공동으로 지역정보통합센터를 설립·운영할 수 있다.

(연계학습) 2025 신용한 행정학 p.750~754

---

19 상 중 하 ■■■ 🔑 ②

출제유형 **출제영역** 말 바꾸기+개념 / 예비타당성 조사제도 등

① ❌ 정부가 지역주민에 대해 비과세, 감면, 공제 등 세제상 각종 유인장치를 통해 간접적 지원을 해주는 것은 **조세지출**이다. 주민참여예산제도는 예산'편성'단계에 주민이 참여하는 제도로 결과적 측면보다는 과정적 측면의 이념을 강조하는 제도이다.

② ⭕ 국가재정법 제38조 제1항, 제4항

국가재정법 제38조【예비타당성 조사】 ① 기획재정부장관은 총사업비가 500억원 이상이고 국가의 재정지원 규모가 300억원 이상인 신규 사업으로서 다음 각 호의 어느 하나에 해당하는 대규모사업에 대한 예산을 편성하기 위하여 미리 예비타당성조사를 실시하고, 그 결과를 요약하여 국회 소관 상임위원회와 예산결산특별위원회에 제출하여야 한다. 다만, 제4호의 사업은 제28조에 따라 제출된 중기사업계획서에 의한 재정지출이 500억원 이상 수반되는 신규사업으로 한다.
  1. 건설공사가 포함된 사업
  2. 「지능정보화 기본법」 제14조제1항에 따른 지능정보화 사업
  3. 「과학기술기본법」 제11조에 따른 국가연구개발사업
  4. 그 밖에 사회복지, 보건, 교육, 노동, 문화 및 관광, 환경 보호, 농림해양수산, 산업·중소기업 분야의 사업
④ 기획재정부장관은 국회가 그 의결로 요구하는 사업에 대하여는 예비타당성조사를 실시하여야 한다.

③ ❌ 각 중앙관서의 장은 예산의 집행방법 또는 제도의 개선 등으로 인하여 수입이 증대되거나 지출이 절약된 때에는 이에 기여한 자(공무원 또는 민간인)에게 성과금(절감된 예산 또는 증대된 수입의 10% 이내)을 지급할 수 있으며, **절약된 예산을 다른 사업에 사용할 수 있다.**

④ ❌ **총사업비관리제도**는 각 중앙관서의 장 완성에 2년 이상 소요되는 **대규모 사업**에 대하여 그 사업 규모와 총사업비, 사업기간을 미리 정하여 기획재정부 장관과 협의하도록 하는 제도이다.

올바른 지문
① 조세지출은 정부가 지역주민에 대해 비과세, 감면, 공제 등 세제상 각종 유인장치를 통해 간접적 지원을 해주는 것이다.
③ 예산성과금은 수익이 증대되거나 지출이 절약된 때에 이에 기여한 자에게 지급할 수 있으며 절약된 예산은 다른 사업에 사용할 수 있다.
④ 총사업비관리제도는 완성에 2년 이상이 소요되는 사업으로서 대통령령으로 정하는 대규모 사업의 경우, 사업 규모·총사업비 및 사업기간 등을 정하여 미리 기획재정부장관과 사전협의할 것을 요구한다.

(연계학습) 2025 신용한 행정학 p.634, 673, 674, 726

---

20 상 중 하 ■■■ 🔑 ④

출제유형 **출제영역** 말 바꾸기+개념 / 진실험 vs 준실험 등

ㄱ. ❌ **사회실험**은 어떤 정책효과를 추정하기 위해 인위적으로 **통제집단과 실험집단을 구성**하여 인과관계를 추정하는 연구설계 방식이다.
ㄴ. ❌ **진실험**은 실험이라는 특수한 상황에 의한 **호손 효과, 대표성 부족** 발생 등의 외적 타당성 저해요인이 발생할 수 있다.

올바른 지문
ㄱ. 자연과학의 실험실 실험과 같이 상황에 따라 통제집단(control group) 또는 비교집단(comparison group)을 구성하여 진행할 수 있다.
ㄴ. 진실험 방법을 활용하여 사회실험을 진행하면 호손 효과(Hawthorne Effect)가 발생할 수 있다는 단점이 있다.

SUMMARY 실험 vs 비실험

		실험&통제집단	내적 타당성	외적 타당성	실행 가능성	조사설계 유형
실험	진실험	동질성 확보 ○ (무작위 배정)	높음	낮음	낮음	무작위배정에 의한 실험 집단·통제집단 설계, 무작위배정에 의한 사전 및 사후 통제집단 설계
	준실험	동질성 확보 × (짝짓기 배정)	중간	중간	중간	비동질적 비교집단 설계, 사후측정 비교집단 설계, 회귀불연속 설계, 단절적 시계열 분석 등
비실험		비교집단 ×	낮음	높음	높음	단일집단 사후측정, 단일 집단 사전·사후측정설계

(연계학습) 2025 신용한 행정학 p.306~309

2020년 지방직 7급

문제편 p.135~139

정답

01	②	02	④	03	①	04	④	05	②
06	②	07	②	08	①	09	③	10	①
11	①	12	①	13	③	14	④	15	①
16	③	17	②	18	④	19	②	20	③

출제영역 분석

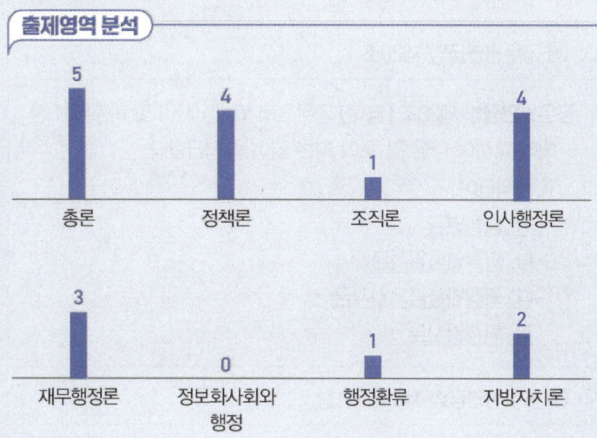

출제경향 분석

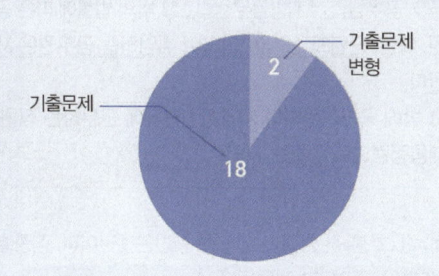

출제문제 유형분석

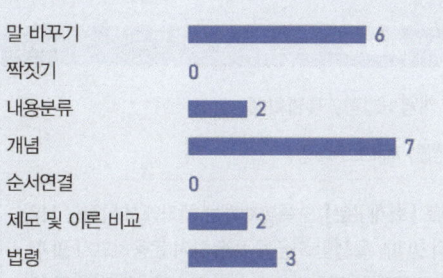

01 상중하

출제유형 이론 비교 / **출제영역** 탈신공공관리(Post-NPM)

①, ③, ④ ○ 탈신공공관리(Post-NPM)의 특징은 구조적 통합을 통한 분절화의 축소, 재집권화와 재규제의 주창, 총체적 정부 또는 합체된 정부의 주도, 역할 모호성의 제거, 민간·공공부문의 파트너십 강조, 집권화, 역량 및 조정의 증대, 중앙의 정치·행정적 역량의 강화, 환경적·역사적 문화적 요소에 유의 등이다.

② ✕ **탈관료제 모형에 기반을 둔 경쟁과 분권화 강조**는 신공공관리론(NPM)의 특징이다.

SUMMARY 신공공관리 vs 탈신공공관리

비교국면		신공공관리	탈신공공관리
정부 기능	정부-시장 관계의 기본 철학	시장지향주의 • 규제완화	정부의 정치·행정적 역량 강화 • 재규제의 주장 • 정치적 통제 강조
	주요 행정 가치	능률성, 경제적 가치 강조	민주성·형평성 등 **전통적 행정가치 동시 고려**
	정부 규모와 기능	정부 규모와 기능의 감축 • 민간화·민영화·민간위탁	민간화·민영화의 신중한 접근
	공공서비스 제공의 초점	시민과 소비자 관점의 강조	
	공공서비스 제공방식	시장 메커니즘의 활용 • 민간부문을 공공서비스 제공의 공동생산자 및 경쟁자로 규정 • 내부시장화·계약·외주화	민간-공공부문의 파트너십 강조
조직 구조	기본 모형	탈관료제 모형	관료제 모형과 탈관료제 모형의 조화
	조직구조의 특징	비항구적·유기적 구조 • 임시조직·네트워크 활용 • 비계층적 구조 • 구조적 권한 이양과 분권화	**재집권화** • **분권화와 집권화의 조화**
	조직개편의 방향	소규모의 준자율적 조직으로 분절화 • 책임운영기관	**분절화 축소** **총체적 정부 강조** 집권화, 역량 및 조정의 증대
관리 기법	조직관리의 기본 철학	경쟁과 자율성을 강조하는 민간부문의 관리기법 도입 • 경쟁의 원리 도입 • 규정과 규제의 완화 • 관리자의 자율성·책임성 강조	자율성과 책임성의 증대
	통제 메커니즘	결과·산출 중심의 통제	
	인사관리의 특징	경쟁적 인사관리 • 능력·성과 기반 인사관리 • 경쟁적 인센티브 중시 • 개방형 인사제도	공공책임성 중시

연계학습 2025 신용한 행정학 p.166

02 상(중)하 ④

출제유형 / 출제영역: 개념 / 정부실패와 정부대응

④ ⭕ 보기의 상황에 따르면 정부는 주택가격의 과도한 상승을 막기 위해 투기과열지구로 지정하였으나 의도와 다르게 오히려 주택가격을 급등시켰다. 이는 **파생적 외부효과에 대한 설명이다. 파생적 외부효과는 정부의 개입으로 발생하는 잠재적·비의도적 확산효과나 부작용을 의미한다.**

SUMMARY 시장실패의 원인

구분	내용
내부성 (사적 목표)	• 관료제 내에서 공익(공적 목표)보다는 개인과 조직의 이익(사적 목표)을 우선시하는 현상 ㉠ Niskanen의 관료예산극대화모형(예산의 극대화), ㉡ Parkinson의 법칙, ㉢ 정보의 통제에 의한 권력 확대의 추구, ㉣ 비용을 도외시한 최신기술에 대한 집착, ㉤ 공익과 무관한 내부조직 목표의 설정 및 추구 등
X-비효율성 ·비용체증	• 경제주체가 독점적 지위를 가지는 경우 관리효율성을 극대화하려는 유인이 부족해 생산의 평균비용이 증가하는 현상으로 관리상의 비효율(기술적 비효율)을 의미함 • 정부의 독점적 지위나 특정 민간기업에 정부가 독점적 지위를 허용함으로써 발생함
파생적 외부효과	정부의 개입으로 발생하는 잠재적·비의도적 확산효과나 부작용 예 경기회복정책이 경기과잉을 초래, 주택안정화정책이 부동산 투기를 조장 등
권력의 편재	권력의 특혜나 남용 등 정부에 의해서 오히려 분배적 불평등이 야기되는 현상 예 특혜적 기업면허, 진입장벽의 유지 등
비용과 편익의 절연	정부활동의 특성상 수혜자와 비용부담자의 분리(절연)로 인해 비용에 대해 둔감해지고 자원이 효율적으로 활용되지 못하는 현상, 거시적 절연과 미시적 절연이 발생

구분	미시적 절연	거시적 절연
개념	조직화된 소수의 수혜집단이 다수의 비용부담을 요구	다수의 수혜집단이 소수의 비용부담을 요구
활용수단	포획	투표나 선거
관련정책	규제정치모형 중 고객정치모형에 해당	규제정치모형 중 기업가적 정치모형에 해당
문제성격	순수 경제적 문제	정치·경제적 문제

(연계학습) 2025 신용한 행정학 p.63

03 상(중)하 ①

출제유형 / 출제영역: 법령문제 / 우리나라 공무원 보수 등

① ❌ 공무원의 **호봉 간 승급에 필요한 기간은 1년**이며, 공무원의 **봉급은 직종별로 여러 개의 봉급표**(일반직, 전문경력관, 지도직, 연구직, 우정직, 경찰·소방, 군인 등 11개)로 **구성**되어 있다.

국가공무원법 제46조【보수 결정의 원칙】 ① 공무원의 보수는 직무의 곤란성과 책임의 정도에 맞도록 계급별·직위별 또는 직무등급별로 정한다. 다만, 다음 각 호의 어느 하나에 해당하는 공무원의 보수는 따로 정할 수 있다.

1. 직무의 곤란성과 책임도가 매우 특수하거나 결원을 보충하는 것이 곤란한 직무에 종사하는 공무원
2. 제4조제2항에 따라 같은 조 제1항의 계급 구분이나 직군 및 직렬의 분류를 적용하지 아니하는 공무원
3. 임기제공무원

공무원보수규정 제13조【정기승급】 ① 공무원의 호봉 간 승급에 필요한 기간(이하 "승급기간"이라 한다)은 1년으로 한다.

② ⭕ 공무원보수규정 제63조 제1항

공무원보수규정 제63조【고위공무원의 보수】 ① 고위공무원에 대해서는 별표 31에 따라 직무성과급적 연봉제를 적용한다. 다만, 대통령경호처 직원 중 고위공무원단에 속하는 별정직공무원에 대해서는 호봉제를 적용한다.

③ ⭕ 공무원연금법 제28조

공무원연금법 제28조【급여】 공무원의 퇴직·사망 및 비공무상 장해에 대하여 다음 각 호에 따른 급여를 지급한다.

1. 퇴직급여
   가. 퇴직연금
   나. 퇴직연금일시금
   다. 퇴직연금공제일시금
   라. 퇴직일시금

④ ⭕ 공무원연금법 제3조 제1항

공무원연금법 제3조【정의】 ① 이 법에서 사용하는 의 뜻은 다음과 같다.

1. "공무원"이란 공무에 종사하는 다음 각 목의 어느 하나에 해당하는 사람을 말한다.
   가. 「국가공무원법」, 「지방공무원법」, 그 밖의 법률에 따른 공무원. 다만, 군인과 선거에 의하여 취임하는 공무원은 제외한다.
   나. 그 밖에 국가기관이나 지방자치단체에 근무하는 직원 중 대통령령으로 정하는 사람

올바른 지문 ① 호봉 간 승급에 필요한 기간은 1년이며, 직종별로 여러 개(11개)의 봉급표가 적용된다.

(연계학습) 2025 신용한 행정학 p.535, 536, 539, 541, 542

04 상(중)하 ④

출제유형 / 출제영역: 개념+법령 / 특별회계

①, ③ ⭕ 국가재정법 제4조 제3항

국가재정법 제4조【회계구분】 ③ 특별회계는 국가에서 특정한 사업을 운영하고자 할 때, 특정한 자금을 보유하여 운용하고자 할 때, 특정한 세입으로 특정한 세출에 충당함으로써 일반회계와 구분하여 회계처리할 필요가 있을 때에 법률로써 설치하되, 별표 1에 규정된 법률에 의하지 아니하고는 이를 설치할 수 없다.

② ◯ 국가재정법 제21조

> **동법 21조【세입세출예산의 구분】** ① 세입세출예산은 필요한 때에는 계정으로 구분할 수 있다.
> ② 세입세출예산은 독립기관 및 중앙관서의 소관별로 구분한 후 소관 내에서 일반회계·특별회계로 구분한다.

④ ✗ 이용과 전용은 **예산 한정성의 원칙(목적 외 사용금지)의 예외**에 해당하지만 특별회계는 **한정성 원칙이 적용**된다.

올바른 지문 ④ 예산의 이용 및 전용과 달리 예산 한정성의 원칙이 적용된다.

(연계학습) 2025 신용한 행정학 p.626~627

---

05 상 **중** 하 □□□ 🔍②

출제유형 출제영역 내용 분류 / 실험의 조사 설계 유형

①, ③ ✗ **준실험적 방법의 유형에 해당한다.** 준실험적 방법의 유형에는 비동질적 비교집단 설계, 사후측정 비교집단 설계, 회귀불연속 설계, 단절적 시계열 분석 등이 있다.

② ◯ **진실험적 방법의 유형에 해당한다.** 진실험적 방법의 대표적인 방법은 무작위배정에 의한 실험집단과 통제집단 설계, 무작위배정에 의한 사전 및 사후 통제집단 설계를 들 수 있다.

④ ✗ **비실험적 방법의 유형에 해당한다.** 비실험적 방법의 유형에는 단일집단 사후측정설계, 단일집단 사전·사후측정설계 등이 있다.

SUMMARY 실험 vs 비실험

구 분		실험 & 통제집단	조사설계 유형
실험	진실험	동질성 확보 ◯ (무작위 배정)	무작위배정에 의한 실험집단·통제집단 설계, 무작위배정에 의한 사전 및 사후 통제집단 설계
	준실험	동질성 확보 ✗ (짝짓기 배정)	비동질적 비교집단 설계, 사후측정 비교집단 설계, 회귀불연속 설계, 단절적 시계열 분석 등
비실험		비교집단 ✗	단일집단 사후측정, 단일집단 사전·사후측정설계

(연계학습) 2025 신용한 행정학 p.306~309

---

06 상 **중** 하 □□□ 🔍②

출제유형 출제영역 이론 비교 / 정책참여자 간 관계모형(종합)

① ◯ 국가조합주의란 제3세계 및 후진자본주의에서 나타나는 형태로, 국가주도의 강제적 조합주의를 말한다.

② ✗ 국가조합주의에 대한 설명이다. **다원주의**는 국가는 여러 이익집단으로 구성되어 있어 여러 집단 간의 협상과 타협에 의해 정책결정이 된다고 보며, **주로 선진국의 정책참여자의 권력 모형을 설명하는 이론**으로 활용된다.

③ ◯ 사회조합주의는 서구 선진자본주의에서 나타나는 형태로, 이익집단의 자발적 시도에 의해 등장한 자유주의적 조합주의이다.

④ ◯ 다원주의에 따르면, 사회의 각종 이익집단은 정부의 정책과정에 동등한 접근기회를 가지고 있으나, 이익집단들 간에 영향력의 차이가 있다고 인정한다. 다만, 잠재집단에 대한 고려나 중복가입 등을 통해 전체적으로 균형을 유지하고 있다고 본다.

(연계학습) 2025 신용한 행정학 p.201, 205, 206

---

07 상 **중** 하 □□□ 🔍②

출제유형 출제영역 이론 비교 / 정책네트워크 모형(종합)

① ◯ 철의 삼각(iron triangle) 모형은 이익집단, 입법부의 상임위원회, 행정기관의 관료 등 소수 엘리트들이 연대를 형성하여 특정 영역의 정책결정을 배타적으로 지배하는 3자 간 동맹이 형성되고 있는 양태를 설명한다.

② ✗ **이슈네트워크 모형에 대한 설명이다. 1970년대 후반 헤클로(Heclo)는** 이익집단의 증가, 의회의 파편화 등으로 **안정적 하위정부체계가 깨지고 있음을 주장**하며 정책이슈에 따라 **유동적·개방적 참여자들 간 상호작용을 설명하는 이슈네트워크 모형을 제시**하였다.

③ ◯ 정책공동체(policy community)의 주요구성원에는 하위정부 모형의 참여자뿐만 아니라, 특정 정책문제에 대한 전문성을 가진 사람들, 더 나아가 이해관계자 등이 포함된다.

④ ◯ 이슈네트워크(issue network)는 정책공동체와 비교할 때 특정영역에 이해관계나 관심 있는 사람들은 누구나 참여할 수 있는 의사소통 네트워크이므로, 경계가 모호하며 개방성이 높다.

올바른 지문 ② 이슈네트워크(issue network) 모형은 철의 삼각 모형의 경험적 타당성에 대해 의문을 제기하면서 참여자의 범위를 대폭 확대하였다.

SUMMARY 정책네트워크의 유형

하위정부 모형	이슈공동체	정책공동체
관료+의회 상임위+이익집단	광범위한 다수의 참여	제한된 참여(관료, 전문가), 다양한 이해관계자 ✗
안정적·폐쇄적	불안정(유동적, 일시적)	안정적(지속적, 장기적)
이해관계 일치 (동맹적)	경쟁적, 갈등적 (Negative-sum game)	의존적, 협력적, 신뢰 (Positive-sum game)
분야별 정책지배	정책산출의 예측 곤란	의도한 정책산출, 예측 가능
분배정책분야에서 주로 형성	권력의 다원론과 상관성 큼	뉴거버넌스와 연관된 개념 정책내용 합리성 제고

(연계학습) 2025 신용한 행정학 p.207~211

---

08 상 **중** 하 □□□ ①

출제유형 출제영역 말 바꾸기+법령 / 공무원의 법령상 의무

① ✗ 공무원은 직무상의 관계와 상관없이 소속 상관에게 증여하거나 소속 공무원으로부터 증여를 받아서는 안 된다.

> **국가공무원법 제61조【청렴의 의무】** ② 공무원은 직무상의 관계가 있든 없든 그 소속 상관에게 증여하거나 소속 공무원으로부터 증여를 받아서는 아니 된다.

② ⭕ 공무원은 소속 기관장의 허가가 있을 경우에는 겸직이 가능하다.

> 동법 제64조 【영리 업무 및 겸직 금지】 ① 공무원은 공무 외에 영리를 목적으로 하는 업무에 종사하지 못하며 <u>소속 기관장의 허가 없이 다른 직무를 겸할 수 없다.</u>

③ ⭕ 현행범일 경우에는 소속 기관의 장에게 통보하지 않고 구속이 가능하다.

> 동법 제58조 【직장 이탈 금지】 ② <u>수사기관이 공무원을 구속하려면 그 소속 기관의 장에게 미리 통보하여야 한다. 다만, 현행범은 그러하지 아니하다.</u>

④ ⭕ 대통령의 허가를 받을 경우 외국 정부로부터 증여가 가능하다.

> 동법 제62조 【외국 정부의 영예 등을 받을 경우】 공무원이 외국 정부로부터 영예나 증여를 받을 경우에는 대통령의 허가를 받아야 한다.

연계학습 2025 신용한 행정학 p.557, 558

09 상 **중** 하 ■■■ 🔑 ③

출제유형 출제영역 개념 + 법령 / 추가경정예산

① ❌ 정부는 국회에서 추가경정예산안이 확정되기 전에 이를 미리 배정하거나 집행할 수 없다.

> 국가재정법 제89조 【추가경정예산안의 편성】 ② 정부는 국회에서 추가경정예산안이 확정되기 전에 이를 미리 배정하거나 집행할 수 <u>없</u>다.

② ❌ 준예산에 대한 설명이다. 준예산은 회계 연도 개시일까지 예산이 성립되지 않으면 국회의 사전의결 없이 정부가 일정한 범위 내에서 전 회계연도에 준하여 집행하는 잠정적인 예산을 말한다.

③ ⭕ 국가재정법 제89조 제1항 제3호

> 동법 제89조 【추가경정예산안의 편성】 ① 정부는 다음 각 호의 어느 하나에 해당하게 되어 이미 확정된 예산에 변경을 가할 필요가 있는 경우에는 추가경정예산안을 편성할 수 있다.
> 3. 법령에 따라 국가가 지급하여야 하는 지출이 발생하거나 증가하는 경우

④ ❌ 국가재정법 제89조 제1항 제2호

> 동법 제89조 【추가경정예산안의 편성】 ① 정부는 다음 각 호의 어느 하나에 해당하게 되어 이미 확정된 예산에 변경을 가할 필요가 있는 경우에는 추가경정예산안을 편성할 수 있다.
> 2. 경기침체, 대량실업, 남북관계의 변화, 경제협력과 같은 대내·외 여건에 중대한 변화가 발생하였거나 발생할 우려가 있는 경우

연계학습 2025 신용한 행정학 p.631~633

10 상 **중** 하 ■■■ 🔑 ①

출제유형 출제영역 짝짓기 + 개념 / 근무성적 평정의 유형

① ⭕ ㄱ - 강제배분법, ㄴ - 산출기록법, ㄷ - 행태기준평정척도법에 대한 설명이다.

ㄱ. **강제배분법**은 평가 시 피평정자의 성적분포가 과도하게 집중되거나 관대화되는 것을 막기 위해 **성적분포를 미리 정해 놓는 방법**이다.

ㄴ. **산출기록법**은 공무원이 달성한 작업량을 평가 대상으로 하는 방법으로, 공무원이 일정한 시간당 수행한 작업량을 측정하거나 또는 일정한 작업량을 달성하는 데 소요한 시간을 계산해 그 성적을 평정하는 방법이다.

ㄷ. **행태기준평정척도법**은 도표식평정척도법과 중요사건기록법을 결합한 방식으로 주관적 판단의 배제를 위해 직무분석에 기초하여 직무와 관련한 중요한 과업분야를 선정하고, 각 과업분야에 대하여 가장 이상적인 행태에서부터 가장 바람직하지 못한 행태까지를 몇 개의 등급으로 구분하고 각 등급마다 중요 행태를 명확하게 기술하고 점수를 할당하는 방법이다.

연계학습 2025 신용한 행정학 p.509~513

11 상 **중** 하 ■■■ 🔑 ①

출제유형 출제영역 개념 / 내적 타당성 저해요인

① ⭕ 사례의 내적 타당성 위협요인은 역사 요소(사건효과)이다. 역사 요소는 실험기간 동안에 일어난 비의도적인 사건발생이 실험에 영향을 미치는 것이다. 사례에서 수질개선이라는 정책목표를 달성하기 위해 정책수단으로 공장 폐수정화시설을 의무적으로 갖추도록 하는 정책을 시행하였다. **1년 후 정부는 오염도가 낮아진 것이 정책효과로 인한 것이라고 발표하였으나 수질개선의 효과가 공장가동률 저하 또는 오염수준 측정 전 갑작스런 비 때문이라면(경쟁가설), 비의도적인 사건발생이 실험에 영향을 미치는 역사요소로 볼 수 있다.**

SUMMARY 내적 타당도의 저해요인

선발요소 (선정요인)	실험집단구성 시 선발의 차이로 인한 오류(실험집단과 통제집단이 동등하게 선발되지 못하여 처음부터 다른 특성을 가져 정책이 영향을 받는 것)
역사적 요소	실험기간동안에 일어난 역사적 사건이 실험에 영향을 미치는 것
성숙효과 (성장효과)	시간 경과에 따라 실험집단 특성이 자연스럽게 성장·발전하는 것, 허위·혼란변수로 작용
선발과 성숙의 상호작용	실험집단구성 시 선발의 차이가 시간이 지남에 따라 구성원의 자연적 성장이나 발전 속도에 의한 차이로까지 이어지는 현상
상실요소	연구기간 중 실험집단의 일부가 탈락해 남아있는 최종 실험집단 구성원이 최초와 다른 특성을 가짐에 따라 발생하는 것
측정요소 (시험효과)	실험 전 측정한 그 자체가 실험에 영향을 주는 것 예 동일한 시험문제를 사전·사후에 사용하게 되면 사후 시험에서는 점수가 높게 나타나는 것
측정수단요소	연구자의 측정기준이나 측정도구가 변화함으로써 발생하는 현상(측정도구요인)
회귀인공요소 (실험직전 반응)	실험 전 1회 측정에서 극단적인 점수를 얻은 것을 기초로 개인들을 선발하게 되면, 다음의 측정에서 그들의 평균점수가 덜 극단적인 방향으로 이동하게 되는 것
오염효과	통제집단의 구성원이 실험집단 구성원의 행동을 모방하는 오염 또는 확산효과로서 모방, 정책의 누출, 부자연스러운 변이 등이 여기에 포함됨

연계학습 2025 신용한 행정학 p.304

12 상중하 ①

출제유형 짝짓기+개념 / **출제영역** 공직부패 접근방법

① ○ 부패의 원인에 대한 도덕적 접근방법에 해당한다. **도덕적 접근방법**은 **부패를 개인행동의 결과**로 보아 개인이나 소규모 집단이 공적 역할을 지배하는 법규를 침해한 경우에 **부패의 원인을 이러한 행위에 참여한 개인들의 윤리와 자질의 탓으로 돌리는 경우**를 말한다.
② ✗ **체제론적 접근방법**의 입장이다.
③ ✗ **제도적 접근방법**의 입장이다.
④ ✗ **사회문화적 접근방법**에 해당한다.

SUMMARY 부패의 접근방법

도덕적 접근	부패의 원인을 개인의 윤리·자질의 탓으로 보는 접근법
사회문화적 접근	특정한 지배적 관습이나 경험적 습성이 부패를 조장한다고 보는 접근법 (우리나라의 선물관행이나 보은 의식과 같은 인사문화를 부패의 원인으로 보는 경우)
제도적 접근	행정통제 장치(법과 제도)의 미비를 부패의 발생 원인으로 보는 접근법(행정통제장치의 미비)
체제론적 접근	부패는 하나의 변수에 의하여 발생하는 것이 아니라, 그 나라의 문화적 특성·제도상 결함·구조상 모순·공무원의 부정적 행태 등 복합적인 요인에 의하여 발생한다고 보는 접근방법
맥락적 접근	발전의 종속변수로 부패를 필요악으로 파악
구조적 접근	공직사유관 등 공직자들의 잘못된 의식구조가 부패의 원인이라는 입장
권력문화적 접근	과도한 권력집중과 권력남용이 부패의 원인으로 보는 접근법
시민문화적 접근	건전한 시민문화가 결핍된 시민이 부패유인자이며 공급자로 보는 접근법
정치적·경제학적·정경유착적 접근	성장이념의 합리화에 근거한 정치와 경제엘리트 간 야합과 이권개입을 부패의 원인으로 보는 접근법
거버넌스적 접근	부패는 정부주도적 통치체제에서 비롯된 것으로 보고 다양한 주체들의 참여에 의한 수평적 거버넌스 체제로 전환함으로써 부패를 줄일 수 있다는 접근법

연계학습 2025 신용한 행정학 p.567

13 상중하 ③

출제유형 개념+이론 비교 / **출제영역** 행정책임과 행정통제

① ✗ 프리드리히의 현대적 책임론에 대한 설명이다. **파이너는 행정책임을 내면적 기준이 아닌, 외부적인 힘에 의한 통제로 확보되는 것으로** 보았다.
② ✗ **프리드리히**는 외부적 힘이 아닌, **관료의 내면적 기준에 의한 책임, 공무원이 전문가로서의 직업윤리나 책임감에 기초해서 적극적이고 자발적인 재량을 발휘하여 확보되는 행정책임을 강조**하였다.
③ ○ 윤리적 책임의식의 내재화는 내부통제에 해당한다.
④ ✗ 우리나라의 국민권익위원회의 고충민원처리제도는 **국무총리 소속의 행정부형 옴부즈만 제도**이다.

올바른 지문
① 프리드리히(Friedrich)는 행정의 적극적 이미지를 전제로 전문가로서의 관료의 기능적 책임을 강조하는 책임론을 제시하였다.
② 프리드리히는 외재적·민주적 책임의 중요성보다 개인적인 도덕적 의무감에 호소하는 책임을 강조하였다.
④ 옴부즈만제도를 의회형과 행정부형으로 구분할 경우, 국민권익위원회의 고충민원처리제도는 후자에 속한다.

SUMMARY 행정통제

(1) 외재적 책임 vs 내재적 책임

구분	외재적 책임(제도적 책임): Finer의 고전적 책임론	내재적 책임(자율적 책임): Friedrich의 현대적 책임
개념	• 내면적 기준이 아닌, '외부적인 힘'에 의한 통제로 확보되는 책임 • 관료는 대중이 선출한 대표자에게 책임져야 함	• 외부적 힘이 아닌, 관료의 내면적 기준에 의한 책임 • 책임은 통제가 아니라 유도되는 것, 직업윤리나 전문 기술적·과학적 기준에 따라야 할 책임

(2) 행정통제의 유형

구분	외부적 통제	내부적 통제
공식	입법부, 사법부, 옴부즈만(일반적으로 의회소속)	계층제 및 인사관리제도, 감사원, 대통령실과 국무조정실, 중앙행정부처, 교차기능조직
비공식	시민, 정당, 선거, 투표, 이익집단, 여론, 매스컴, 인터넷	동료집단의 평가와 비판, 공무원의 직업윤리

연계학습 2025 신용한 행정학 p.768, 769

14 상중하 ④

출제유형 개념 / **출제영역** 대리인이론

①, ②, ③ ○ 주인-대리인 관계에서 대리인은 업무수행에 관한 정보를 주인보다 더 많이 가지고 있는 경우가 대부분인데 이를 정보불균형, 정보비대칭성이라고 한다. 이러한 경우 대리인은 노력의 투입은 최소화하고, 이익은 최대화하고, 자기에게 유리한 정보는 과장하는 등 기회주의적 행동을 할 수 있다.
④ ✗ **대리인 관계를 설정할 수 있는 다수의 잠재적 당사자(대리인)가 존재한다면, 주인은 다른 유능한 대리인에게 위임이 가능하므로 주인-대리인 문제가 해결될 수 있다.** 대리인 문제는 대리인의 수가 적은, 즉 독점 내지 과점의 상태에서 심각하게 나타날 수 있다.

올바른 지문 ④ 대리인 관계를 설정할 수 있는 <u>소수(또는 독점)</u>의 당사자 존재

연계학습 2025 신용한 행정학 p.146, 147

15 상 중 하 ①

출제유형 **출제영역** 개념 / 조직구조모형(종합)

① ❌ 명령통일의 원칙은 조직 구성원들이 각자 한 사람의 상관으로부터만 명령을 받아야 한다는 원리로, 이원적 권한체계가 특징인 매트릭스 조직은 이에 부합하지 않는 조직이다.

② ⭕ 태스크 포스(Task Force, 임시작업단)는 문제에 관련된 부서들의 대표로 구성된 임시위원회로 일시적인 과제가 해결되면 TF는 해산된다.

③ ⭕ 프로젝트팀은 사업추진을 위해 관련 부서 간 장기간 협력이 필요할 때 적합한 장치로 대규모의 사업, 중요한 혁신 등이 필요할 때 채택하게 된다.

④ ⭕ 네트워크 조직은 각기 높은 독자성을 지닌 조직단위나 조직들 사이의 협력적 연계장치로 구성된 조직이다.

올바른 지문 ① 매트릭스 조직은 기능 중심의 수직적 계층구조에 수평적 조직구조를 결합한 조직으로 명령통일의 원리에 부합하지 않는다.

연계학습 2025 신용한 행정학 p.329, 343, 347

16 상 중 하 ③

출제유형 **출제영역** 말 바꾸기+법령 / 우리나라 광역행정방식

① ⭕ 지방자치법 제176조 제1항

> **지방자치법 제176조【지방자치단체조합의 설립】** ① 2개 이상의 지방자치단체가 하나 또는 둘 이상의 사무를 공동으로 처리할 필요가 있을 때에는 규약을 정하여 그 지방의회의 의결을 거쳐 시·도는 행정안전부장관의, 시·군 및 자치구는 시·도지사의 승인을 받아 지방자치단체조합을 설립할 수 있다. 다만, 지방자치단체조합의 구성원인 시·군 및 자치구가 2개 이상의 시·도에 걸치는 지방자치단체조합은 행정안전부장관의 승인을 받아야 한다.

② ⭕, ③ ❌ 조합을 해산한 경우 재산의 처분은 관계 **지방자치단체 협의**에 따른다.

> **동법 제181조【지방자치단체조합의 규약변경 및 해산】** ① 지방자치단체조합의 규약을 변경하거나 지방자치단체조합을 해산하려는 경우에는 제159조제1항을 준용한다.
> ② 지방자치단체조합을 해산한 경우에 그 재산의 처분은 관계 지방자치단체의 협의에 따른다.

④ ⭕ 지방자치법 제180조 제1항

> **동법 제180조【지방자치단체조합의 지도·감독】** ① 시·도가 구성원인 지방자치단체조합은 행정안전부장관의, 시·군 및 자치구가 구성원인 지방자치단체조합은 1차로 시·도지사의, 2차로 행정안전부장관의 지도·감독을 받는다. 다만, 지방자치단체조합의 구성원인 시·군 및 자치구가 2개 이상의 시·도에 걸치는 지방자치단체조합은 행정안전부장관의 지도·감독을 받는다.

올바른 지문 ③ 지방자치단체조합을 해산한 경우에 그 재산의 처분은 관계지방자치단체의 협의에 따른다.

연계학습 2025 신용한 행정학 p.959, 962

17 상 중 하 ②

출제유형 **출제영역** 개념 / 포스트모더니티 이론

① ⭕ 타자성은 '타인'에 대한 개방성, 다양성에 대한 선호, 기존질서에 대한 반대 등을 의미하며, 포스트모더니티는 나 아닌 다른 사람을 도덕적인 타자로 인정한다.

② ❌ 포스트모더니티는 모더니티(현대주의)의 핵심가정인 '**인간 이성(reason)**'과 '**합리성**'에 대한 신뢰, 그리고 객관주의·경험주의적 접근방법을 거부하고 규칙에 얽매이지 않는 행정의 운영을 위한 '**상상**'을 중시한다.

③ ⭕ 탈영역화란, 모든 지식의 성격과 조직에서 갖고 있는 '고유' 영역이 해체된다는 것을 의미하며, 포스트모더니티 이론에 따라 행정학의 고유영역이라고 믿는 지식이 변화하고, 행정조직의 계층성이 약화되는 탈관료제의 모습이 등장하였다.

④ ⭕ 포스트모더니티는 '행정은 객관적으로 연구될 수 있다.', '행정은 능률적이어야 한다.'는 명제에 대해 의문을 제기하며, 해체를 요구한다.

올바른 지문 ② 과학적 합리성(rationality)보다 관점에 따라 다양한 가능성이 허용되는 **상상(imagination)**이 더 중요하다.

SUMMARY 포스트모더니티 이론의 핵심개념과 행정(D. Farmer)

상상 (imagination)	• 현실의 관례에서 해방되어 새로운 사고와 판단을 요구함 • 규칙에 얽매이지 않는 행정의 운영이나 문제의 특수성에 대한 인정 등이 상상에 의한 것임
해체 (deconstruction)	• 언어, 몸짓, 이야기, 설화, 이론 등의 근거를 파헤쳐 보는 것 • '행정은 객관적으로 연구될 수 있다.', '행정은 능률적이어야 한다.'는 명제에 대한 의문제기와 해체를 요구함
영역해체 (탈영역화: deterritorialization)	• 모든 지식의 성격과 조직에서 갖고 있는 '고유' 영역이 해체(탈영역화)된다는 의미 • 행정학의 고유영역이라고 믿는 지식의 성격이 변화하고, 행정조직의 계층성이 약화되는 탈관료제의 모습이 등장함
타자성 (alterity)	• 나 아닌 다른 사람을 인식적 객체가 아닌 도덕적 타자로 인정(즉자성과의 반대개념) • 타자성은 '타인'에 대한 개방성, 다양성에 대한 선호, 기존 질서에 대한 반대 등을 의미함

연계학습 2025 신용한 행정학 p.172, 178

18 상중하 ④

출제유형: 말 바꾸기+법령 / 출제영역: 우리나라의 예산과정(종합)

① ⭕ 국회법 제84조 제3항

> 국회법 제84조【예산안·결산의 회부 및 심사】③ 예산결산특별위원회의 예산안 및 결산 심사는 제안설명과 전문위원의 검토보고를 듣고 종합정책질의, 부별 심사 또는 분과위원회 심사 및 찬반토론을 거쳐 표결한다. 이 경우 위원장은 종합정책질의를 할 때 간사와 협의하여 각 교섭단체별 대표질의 또는 교섭단체별 질의시간 할당 등의 방법으로 그 기간을 정한다.

② ⭕ 국회법 제84조 제6항

> 동법 제84조【예산안·결산의 회부 및 심사】⑥ 의장은 예산안과 결산을 소관 상임위원회에 회부할 때에는 심사기간을 정할 수 있으며, 상임위원회가 이유 없이 그 기간 내에 심사를 마치지 아니한 때에는 이를 바로 예산결산특별위원회에 회부할 수 있다.

③ ⭕ 국회법 제45조 제1항

> 동법 제45조【예산결산특별위원회】① 예산안, 기금운용계획안 및 결산(세입세출결산 및 기금결산을 말한다. 이하 같다)을 심사하기 위하여 예산결산특별위원회를 둔다.

④ ❌ **소관 상임위원회에서 삭감한 세출예산 각 항의 금액을 증가하게 하거나 새 비목을 설치할 경우**에는 소관 상임위원회의 **동의를 받아야 한다.**

> 동법 제84조【예산안·결산의 회부 및 심사】⑤ 예산결산특별위원회는 소관 상임위원회의 예비심사 내용을 존중하여야 하며, 소관 상임위원회에서 삭감한 세출예산 각 항의 금액을 증가하게 하거나 새 비목(費目)을 설치할 경우에는 소관 상임위원회의 동의를 받아야 한다. 다만, 새 비목의 설치에 대한 동의 요청이 소관 상임위원회에 회부되어 회부된 때부터 72시간 이내에 동의 여부가 예산결산특별위원회에 통지되지 아니한 경우에는 소관 상임위원회의 동의가 있는 것으로 본다.

올바른 지문 ④ 소관 상임위원회에서 삭감한 세출예산 각 항의 금액을 증가하게 할 경우에 소관 상임위원회의 동의를 <u>받아야 한다</u>.

연계학습 2025 신용한 행정학 p.660, 661, 666

19 상중하 ②

출제유형: 개념 / 출제영역: 사회학적 신제도주의

① ⭕ 배태성은 사회학적 신제도주의와 관련된 특성으로, '어떤 현상의 발생 원인이 되는 고유한 속성'을 의미한다. 사회학적 신제도주의자들은 개인의 선택과 선호는 그것이 배태된 문화적·역사적 틀 밖에서는 제대로 이해될 수 없다고 본다.

② ❌ 조직들이 시장의 압력 속에서 생존하기 위해 경쟁력 있는 조직 형태나 조직관리기법을 합리적으로 선택하는 것은 **합리선택적 신제도주의에 해당**한다. 규범적 동형화(normative isomorphism)는 전문가들의 집단적 동형화를 닮아가는 것을 말한다.

③ ⭕ 강압적 동형화(coercive isomorphism)는 그 조직이 소속된 사회의 문화적 기대에 의한 공식적·비공식적 압력의 결과로, 정부의 규제정책에 따른 기업의 오염방지장치 도입 및 장애인 고용 확대는 강압적 동형화의 예이다.

④ ⭕ 모방적 동형화(mimetic isomorphism)는 환경이 불확실할 때 성공적인 조직을 본받으려는 동기에서 일어나는 것으로, 선진국의 제도를 도입하여 적용하는 것은 모방적 동형화의 예이다.

SUMMARY 제도적 동형화의 유형

강압적 동형화	의존하고 있는 다른 조직과 그 조직이 소속된 사회의 문화적 기대에 의한 공식적·비공식적 압력의 결과
모방적 동형화	환경이 불확실할 때 성공적인 조직을 본받으려는 동기에서 일어남
규범적 동형화	문제를 보는 시각이 비슷한 전문가들에게서 나타나는 동형화

연계학습 2025 신용한 행정학 p.142~144

20 상중하 ③

출제유형: 개념 / 출제영역: 지방조정제도

① ❌ 문제에서 국비 지방비율이 3:7이므로 국고보조금이 56억(30%)이 배정될 계획이었다면, 비율에 따라 **A시가 부담해야 하는 비용은 131억(70%)**이다.

② ❌ 수돗물과 생수는 소득이 증가하면 소비가 증가하는 **정상재**이며, 수돗물 증가는 생수의 감소로 이어지는 **대체재**이다. 따라서 수돗물의 수질이 좋아지면 국민들이 저렴하게 물소비가 가능해져 **가계의 실질소득 증가효과**가 나타난다. 이러한 실질 소득증가는 수돗물 공급과 생수 공급을 증가시키는 **소득효과**를 유발한다. 또한 저렴한 수돗물에 대한 수요증가로 수돗물 공급이 생수의 공급을 대체하는 **대체효과**도 유발한다.

구분	개념
정상재 (normal goods)	다른 조건이 불변일 때, 소득이 증가(감소)함에 따라 수요가 증가(감소)하는 재화
소득효과	상품의 가격의 하락이 소비자의 실질소득을 증가시켜 그 상품의 구매력이 증가하게 되는 현상
대체효과	A와 B의 동일한 용도의 물건이 있을 때 A의 가격이 내리면 그전까지 B를 사던 사람이 A를 사게 되는 현상

③ ⭕ 보조금은 지역 간에 발생하는 외부효과를 시정하고 적정수준의 공급, 중앙정부의 특정 목적을 달성하기 위해 운영된다.

④ ❌ 정액보조란 **특정한 사무 또는 사업의 실시에 대하여 일정 금액의 보조금을 교부**하는 것으로 그 예로 지방교부세가 있다. 정률보조란 **지방자치단체가 지출하는 경비의 일정비율의 금액을 국가가 보조**하는 것으로 국고보조금이 이에 해당한다.

올바른 지문

① 만약 A시가 이 사업에 참여하여 당초 요청하기로 계획했던 보조금이 그대로 배정된다면, A시가 부담해야 하는 비용은 <u>131억</u>이다.
② 상수관망을 통해 공급되는 수돗물과 민간재인 생수가 모두 정상재(nomal goods)라고 가정하면, 환경부의 사업 보조금은 <u>수돗물과 생수의 공급수준을 증가시키는 소득효과</u> 뿐만 아니라, <u>수돗물 공급증가가 생수의 공급을 대체하는 대체효과를 유발시킨다</u>.
④ A시가 신청하지 않은 보조금은 <u>정률보조금</u>에 해당한다.

연계학습 2025 신용한 행정학 p.919~921

국회 8급

해설

2024년 국회 8급 해설 ······ 154

2023년 국회 8급 해설 ······ 161

2022년 국회 8급 해설 ······ 168

2021년 국회 8급 해설 ······ 177

2020년 국회 8급 해설 ······ 187

2024년 국회 8급

문제편 p.143~150

정답

01	②	02	⑤	03	③	04	③	05	④
06	②	07	①	08	②	09	④	10	①
11	①	12	②	13	③	14	④	15	⑤
16	③	17	②	18	③	19	④	20	⑤
21	①	22	④	23	⑤	24	②	25	④

출제영역 분석

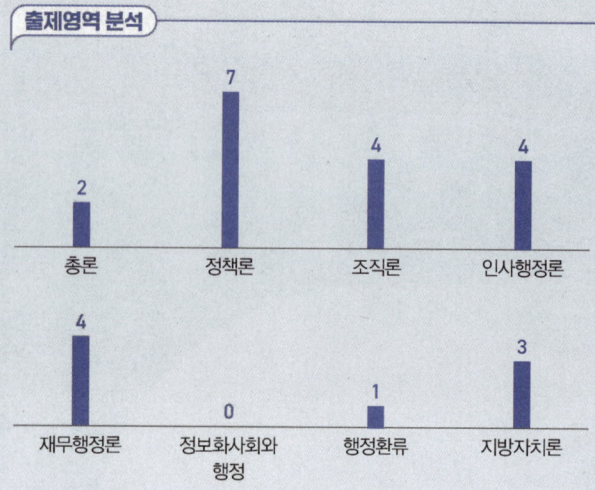

출제경향 분석

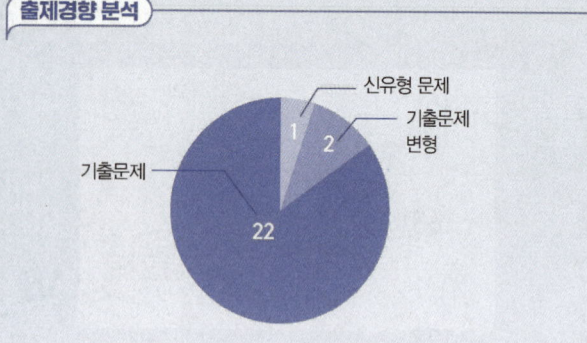

출제문제 유형분석

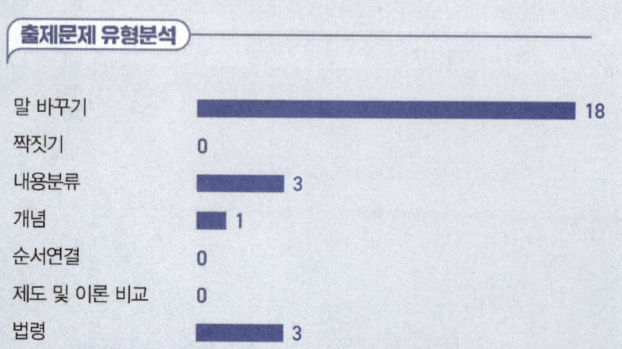

---

01 상중하 ②

출제유형 | 출제영역 | 말바꾸기+Ⅳ 개념 / 기계적 조직 vs 유기적 조직

ㄷ ✗ 조직의 외부환경이 **안정적인 경우**에는 유기적 조직구조 보다는 **기계적 구조가 적합**하다.
ㄹ ✗ **기계적 조직구조**에서는 **수직적 조정**을 강조한다.
ㅂ ✗ **성과측정이 어려운 상황**에서는 기계적 조직보다는 **유기적 조직이 적합**하다.

SUMMARY 기계적 구조 vs 유기적 구조

구분	기계적 구조	유기적 구조
장점	예측가능성	적응성
조직 특성	좁은 직무범위 표준운영절차 분명한 책임관계 계층제 공식적/몰인간적 대면관계	넓은 직무범위 적은 규칙/절차 모호한 책임관계 분화된 채널 비공식적/인간적 대면관계
상황 조건	명확한 조직목표와 과제 분업적 과제 단순한 과제 성과측정이 가능 금전적 동기부여 권위의 정당성 확보	모호한 조직목표와 과제 분업이 어려운 과제 복합적 과제 성과측정이 어려움 복합적 동기부여 도전받는 권위

연계학습 2025 신용한 행정학 p.326

---

02 상중하 ⑤

출제유형 | 출제영역 | 말바꾸기+Ⅳ 개념 / 정책참여자 간 관계(권력모형)

① ○ 고전적 엘리트이론은 집단이 형성되면 지배계급인 엘리트와 피지배계급인 대중으로 구분이 되고, 소수의 엘리트에 의한 지배체제가 구성된다고 주장한다.
②, ③ ○ 무의사결정은 엘리트들에게 안전한 문제만 논의하고 불리한 문제는 거론조차 되지 못하게 방해하는 결정이 이루어지며, 무의사결정은 정책의제 설정 단계뿐만 아니라 정책의 전 과정에서 일어난다고 주장한다.
④ ○ 다원주의론은 정책 영역별로 영향력을 행사하는 엘리트들은 각기 다르지만, 잠재집단에 대한 고려 및 중복가입 등을 통해 전체적으로 균형을 유지하고 있다고 가정한다.
⑤ ✗ 다원주의론은 이익집단이 정부 정책과정에 대한 동등한 접근 기회를 가지고 있다고 주장하며, **정부의 중립적이고 소극적인 역할 수행을 강조**한다.

올바른 지문

① 엽관주의는 미국의 잭슨 대통령에 의해 공식화되었다.
② 엽관주의는 공직의 일을 건전한 상식과 인품을 가진 일반 대중 누구나 수행할 수 있는 것이라고 전제하였다.
④ 행정의 효율성, 공정성을 가장 중요한 가치로 삼는 인사제도이다.

연계학습 2025 신용한 행정학 p.200~203

03 상 중 하 ■■■ 🔑 ③

출제유형 출제영역 Ⅳ 개념 / 시험의 타당성

③ ⭕ 내용타당도에 대한 설명이다. 내용타당도는 직무수행에 필요한 능력요소와 시험문제의 부합 정도를 의미하며, 특정한 직위의 의무와 책임에 직결되는 요소들을 시험이 어느 정도 측정할 수 있느냐에 관한 타당성을 말한다.

SUMMARY 타당성의 예시(이종수 외)

기준타당성	채용시험의 성적과 채용 후 일정한 기간(수개월 또는 1~2년)이 지난 뒤의 근무성적을 비교해 보는 것, 시험과 근무성적 간의 상관관계가 높을수록 기준타당성이 높은 것
내용타당성	타이피스트(typist) 선발시험에서 실제적인 근무상황에서 사용되는 것과 똑같은 서류양식을 시험 문제로 출제하는 경우
구성타당성	소방공무원 채용 시 체력을 측정하기 위해 추상적(이론적)으로 구성된 근력·지구력·균형감각 등을 제대로 측정해 주었는지의 정도

연계학습 2025 신용한 행정학 p.498, 499

04 상 중 하 ■■■ 🔑 ③

출제유형 출제영역 Ⅰ 말바꾸기 + Ⅳ 개념 / 예산제도(종합)

① ❌ **성과관리예산제도**(PBS)에 대한 설명이다.
② ❌ **영기준예산제도**(ZBB)에 대한 설명이다.
③ ⭕ 성과주의 예산제도는 예산을 사업별·활동별로 분류해 편성하고, 업무단위의 원가와 양을 계산해 편성하는 제도이다. 예산배정은 '단위원가 × 필요사업량 = 예산액' 방식으로 계산한다.
④ ❌ **계획예산제도**(PPBS)에 대한 설명이다.
⑤ ❌ **계획예산제도**(PPBS)에 대한 설명이다.

SUMMARY 예산제도의 특징

예산제도	중점	기획책임	장점	단점
품목별 예산 (LIBS)	통제지향	분산적	• 회계책임 명확 • 재정통제 용이	• 융통성 저해 • 지출 목표의식 결여
성과주의 예산 (PBS)	관리지향	분산적	• 사업목적과 내용의 이해 • 집행의 신축성	• 회계책임 불분명 • 총괄계정에 부적합
계획예산 (PPBS)	기획지향	집권적	• 자원배분의 합리화 • 부서 간 장벽 타파 • 목표와 수단의 연계	• 사업구조작성 어려움. • 의사결정의 집권화 • 공무원과 의회의 이해부족
목표관리 예산 (MBO)	관리기능	분산적	민주화, 창의적 참여	• 단기목표에 치중 • 평가기준개발의 어려움.
영기준 예산 (ZBB)	감축지향	분산적	• 예산절감 • 관리자의 참여 확대	• 사업축소 및 폐지 곤란 • 분석기법의적용한계

연계학습 2025 신용한 행정학 p.701~711

05 상 중 하 ■■■ 🔑 ④

출제유형 출제영역 Ⅲ 내용분류 + Ⅳ 개념 / 공무원의 분류

④ ❌ 고위공직자범죄수사처 차장은 **특정직 공무원**이다.

> **고위공직자범죄수사처 설치 및 운영에 관한 법률 제4조【처장·차장 등】** ① 수사처에 처장 1명과 차장 1명을 두고, 각각 **특정직공무원으로 보한다**.

연계학습 2025 신용한 행정학 p.472, 473

06 상 중 하 ■■■ 🔑 ②

출제유형 출제영역 Ⅶ 법령 / 「지방자치법」전부개정

2022년 「지방자치법」 전면개정 시 새롭게 반영된 제도를 묻는 문제이다.

① ⭕ 지방자치법 제103조 제2항

> **지방자치법 제103조【사무직원의 정원과 임면 등】** ② 지방의회의 의장은 지방의회 사무직원을 지휘·감독하고 법령과 조례·의회규칙으로 정하는 바에 따라 그 임면·교육·훈련·복무·징계 등에 관한 사항을 처리한다.

② ❌ 지방의회의원의 의정활동을 지원하기 위하여 지방의회의원 정수의 **2분의 1 범위**(3분의 2범위)에서 조례로 정하는 바에 따라 지방의회에 정책지원 전문인력을 둘 수 있다.

> **동법 제41조【의원의 정책지원 전문인력】** ① 지방의회의원의 의정활동을 지원하기 위하여 지방의회의원 정수의 2분의 1 범위에서 해당 지방자치단체의 조례로 정하는 바에 따라 지방의회에 정책지원 전문인력을 둘 수 있다.

③ ⭕ 지방자치법 제4조 제1항

> **동법 제4조【지방자치단체의 기관구성 형태의 특례】** ① 지방자치단체의 의회(이하 "지방의회"라 한다)와 집행기관에 관한 이 법의 규정에도 불구하고 따로 법률로 정하는 바에 따라 지방자치단체의 장의 선임방법을 포함한 지방자치단체의 기관구성 형태를 달리할 수 있다.

④ ⭕ 지방자치법 제20조 제1항

> **동법 제20조【규칙의 제정과 개정·폐지 의견 제출】** ① 주민은 제29조에 따른 규칙(권리·의무와 직접 관련되는 사항으로 한정한다)의 제정, 개정 또는 폐지와 관련된 의견을 해당 지방자치단체의 장에게 제출할 수 있다.

⑤ ⭕ 지방자치법 제186조 제1항

> **동법 제186조【중앙지방협력회의의 설치】** ① 국가와 지방자치단체 간의 협력을 도모하고 지방자치 발전과 지역 간 균형발전에 관련되는 중요 정책을 심의하기 위하여 중앙지방협력회의를 둔다.

연계학습 2025 신용한 행정학 p.824~827, 870

07

출제유형 출제영역 Ⅲ 내용 분류 / 내용이론과 과정이론의 분류

내용이론과 과정이론을 구분하는 문제이다.
① ○ (ㄱ) 맥클랜드의 성취동기이론, (ㄴ) 브룸의 기대이론
내용이론(ㄱ)은 인간이 행위를 하게 만드는 동기 또는 욕구를 확인하고 이를 설명하는 데에 초점이 집중되었으나, 과정이론(ㄴ)은 동기를 부여하는 요소를 규명하고, 동기를 부여하는 변수 상호 간의 관계를 설명한다.

연계학습 2025 신용한 행정학 p.391

08

출제유형 출제영역 Ⅰ 말바꾸기 + Ⅳ 개념 / 비용효과분석 등

ㄴ ✗ **비용효과분석**은 비용은 **화폐가치**로 측정되나 **편익**은 **산출물 단위**로 측정이 되므로, 동종사업 간의 비교에만 적용이 된다.
ㄷ ✗ 정책의 대상이 되는 문제 자체에 대한 정의를 잘못내리는 경우에 발생하는 오류를 **3종 오류**라고 한다.

연계학습 2025 신용한 행정학 p.226~228, 244, 251, 252

09

출제유형 출제영역 Ⅰ 말바꾸기 + Ⅳ 개념 / 정책결정모형(종합)

④ ✗ 쓰레기통 모형에서는 불확정적 선호, 불명확한 기술, **유동적 참여자**(상시적 참여자 ×)를 기본 전제로 의사결정의 기회, 해결을 요하는 문제, 문제의 해결책, 의사결정의 참여자 등이 독자적으로 흘러다니다가 어떤 계기로 교차하여 만나게 될 때 결정이 이루어진다고 본다.

연계학습 2025 신용한 행정학 p.256~266

10

출제유형 출제영역 Ⅰ 말바꾸기 + Ⅳ 개념 / 레짐이론

① ○ 레짐이론은 정부기관과 비정부기관의 상호 의존적인 관계를 강조함으로써, 정부와 비정부기관의 행위자가 협력하고 조정하는 활동에 초점을 맞추는 이론이다.
② ✗ 레짐이론은 재화나 서비스 등의 사회경제적 외생변수에 의해 지방정부의 정책이 영향을 받는 것이 아니라, 레짐과 지방정부 간 정책**행위자들의 요구 또는 협상력에 의해 지방정부의 정책이 영향을 받는다**는 견해이다.
③ ✗ 레짐이론은 다원주의 - 엘리트주의 간의 '누가 지배하는가'의 논쟁에서 초점을 변화시켜, '공적 목적이 어떻게 달성되며 장기적이고 효율적 통치연합이 어떻게 구축되고 유지되는가'에 관한 관심으로 문제의식을 이동시켰다.
④ ✗ 레짐이란, 비공식적 실체를 가진 통치연합으로, 공식적 장치가 아닌 **비공식적 장치**를 통해 지방정부와 비정부부문의 상호의존성을 강조한다.
⑤ ✗ **엘리트이론**에 대한 설명이다.

연계학습 2025 신용한 행정학 p.898

11

출제유형 출제영역 Ⅶ 법령 / 공직윤리(종합)

① ✗ 공직자의 이해충돌방지법은 언론인에게는 적용이 되지 않는다.

> 공직자의 이해충돌 방지법 제2조【정의】이 법에서 사용하는 용어의 뜻은 다음과 같다.
> 1. "공공기관"이란 다음 각 목의 어느 하나에 해당하는 기관·단체를 말한다.
>   가. 국회, 법원, 헌법재판소, 선거관리위원회, 감사원, 고위공직자범죄수사처, 국가인권위원회, 중앙행정기관(대통령 소속 기관과 국무총리 소속 기관을 포함한다)과 그 소속 기관
>   나. 「지방자치법」에 따른 지방자치단체의 집행기관 및 지방의회
>   다. 「지방교육자치에 관한 법률」에 따른 교육행정기관
>   라. 「공직자윤리법」 제3조의2에 따른 공직유관단체
>   마. 「공공기관의 운영에 관한 법률」 제4조에 따른 공공기관
>   바. 「초·중등교육법」, 「고등교육법」 또는 그 밖의 다른 법령에 따라 설치된 각급 국립·공립 학교

② ○ 총경 이상의 공무원, 대령 이상의 군인은 「공직자윤리법」상 재산등록의무가 있다.
③ ○ 재산등록의무자로 퇴직한 공직자는 퇴직 전 5년 퇴직 후 3년간 담당한 업무와 연관된 기업체에 취직 할 수 없다.
④ ○ 공무원행동강령은 부패방지법에 근거해 2003년 대통령령으로 제정이 되었으며, 공무원 청렴유지와 관련된 구체적 행동기준을 제시하고 있다.
⑤ ○ 「공직자윤리법」은 이해충돌의 방지, 재산등록 & 공개의무, 선물신고 의무, 주식백지신탁의무, 퇴직공직자의 취업제한 & 행위제한 의무를 규정하고 있다.

연계학습 2025 신용한 행정학 p.558~564, 566

12

출제유형 출제영역 Ⅰ 말바꾸기 + Ⅳ 개념 / 행정통제의 특징

① ✗ 우리나라의 국민권익위원회는 행정부 소속 옴부즈만으로서, **법률상 기관**이다. 또한 직권조사권 및 소추권을 갖고 있지 않다.
② ○ 헌법 제65조

> 헌법 제65조 ① 대통령·국무총리·국무위원·행정각부의 장·헌법재판소 재판관·법관·중앙선거관리위원회 위원·감사원장·감사위원 기타 법률이 정한 공무원이 그 직무집행에 있어서 헌법이나 법률을 위배한 때에는 국회는 탄핵의 소추를 의결할 수 있다.

③ ✗ 감사원은 헌법적 지위를 갖는 대통령 직속기구로서 회계검사와 직무감찰을 수행하며, 직무감찰은 행정부에 소속된 공무원들로 한정된다.
④ ✗ **행정심판, 행정소송** 등은 **헌법재판소의 관장사항**이 아니다.

> 헌법 제111조 ① 헌법재판소는 다음 사항을 관장한다.
> 1. 법원의 제청에 의한 법률의 위헌여부 심판
> 2. 탄핵의 심판

3. 정당의 해산 심판
4. 국가기관 상호간, 국가기관과 지방자치단체간 및 지방자치단체 상호간의 권한쟁의에 관한 심판
5. 법률이 정하는 헌법소원에 관한 심판

⑤ ❌ 「정부업무평가 기본법」에 근거하여 2006년 시행된 **자체평가는 현재까지 시행**되고 있다.

연계학습 2025 신용한 행정학 p.772~774

13 상 중 하 ■■■ 🔑 ③

출제유형 출제영역 I 말바꾸기+Ⅳ 개념 / 행정문화

① ❌ 조직문화는 조직의 초기 형성 단계에서 조직을 묶어주는 접착제 역할을 한다. 통합성과 안정성을 유지해주는 **조직 문화는 조직이 성숙 및 쇠퇴 단계**에 이르게 되면 오히려 **혁신을 저해하는 요인**이 된다.

② ❌ 기존 연구들은 주로 조직 내부 구성원 간의 거래관계나 **조직 외부 환경**(내부 환경 ×)과의 대응 관계를 두 가지 범주에서 조직문화의 유형화 기준을 도출하게 된다.

④ ❌ 합리문화는 조직의 생산성을 강조하는 것은 맞지만, **구성원들의 신뢰, 팀워크를 통한 참여는 집단문화**(관계지향문화)에 해당하며 **안정지향성은 위계문화**에 대한 특징에 해당된다.

⑤ ❌ **집단주의**는 가족 개념을 바탕으로 집단에 대한 소속감과 충성심을 중시하며 집단 안에서 자신의 이익을 보호받으려 하므로 **개인 간 상호의존적인**(느슨한 ×) 관계를 중시한다.

연계학습 2025 신용한 행정학 p.425~427

14 상 중 하 ■■■ 🔑 ④

출제유형 출제영역 I 말바꾸기+Ⅳ 개념 / 추측

ㄱ. ❌ 델파이 기법(Delphi method)은 관련분야의 전문지식을 가진 전문가들에게 **토론 없이 서면으로 자문을 의뢰**(완전한 익명성)하고 이를 반복·종합하여 예측결과를 도출하는 기법이다. 델파이 기법에서는 전문가들의 합의된 의견의 도출을 최종목표로 한다.

ㄴ. ❌ 브레인스토밍(Brainstorming)은 직접적·대면적 접촉을 유지하되, 즉흥적이고 자유로운 분위기하에서 조직구성원 및 전문가의 창의적 의견이나 독창적인 사람들의 기발한 아이디어를 구하는 것으로 브레인스토밍 과정에서 **타인의 아이디어를 비판하거나 평가하지 말아야 한다.**

ㄷ. ⭕ 표적집단면접기법(Focus group interview)은 훈련된 조사자가 소수의 응답자를 한 곳에 모아 관련된 주제에 대해 대화와 토론을 통해 정보를 수집하는 방법으로 소수의 응답자로 인해 일반화 가능성이 낮다는 단점이 있다.

ㄹ. ⭕ 지명반론자기법(Devil's advocate method)은 작위적으로 특정 조직원들 또는 집단을 반론 제기하는 집단으로 지정해 반론자 역할을 부여하고, 이들이 제기하는 반론과 이에 대한 제안자의 옹호 과정을 통해 의사결정을 유도하는 방식이다.

ㅁ. ❌ 명목집단기법(Nominal group technique)은 관련자들이 의사결정에 참여하지 않은 채 서면으로 대안에 대한 아이디어를 제출하도록 하고 모든 아이디어가 제시된 이후 **제한된 토의를 거쳐 투표로 의사결정**을 하는 기법이다.

연계학습 2025 신용한 행정학 p.239~243

15 상 중 하 ■■■ 🔑 ⑤

출제유형 출제영역 I 말바꾸기+Ⅳ 개념 / 예산결정이론

① ❌ 예산결정이론은 예산 배분의 경제적 측면을 강조하는 이론과 정치적 측면을 강조하는 이론으로 구분할 수 있는데, **전자는 포괄적·분석적 접근이며 후자는 점증적·단편적 접근이다.**

② ❌ 총체주의 예산은 정해진 목표나 가치가 고정되어 있음을 전제하기 때문에 **목표와 가치에 대한 사회적 합의가 도출되지 않은 경우에는 적용하기 어렵다.**

③ ❌ **총체주의**(점증주의 ×)는 관련된 모든 요소를 체계적으로 분석하여 예산을 활용하므로 경기변동에 탄력적으로 적응할 수 있으며, 계획 기능과 예산배분의 효율성을 특징으로 하므로 재정정책적 기능까지 수행할 수 있다.

④ ❌ 단절균형 모형은 **점증주의 이론의 한계를 비판**하고 예산재원의 배분형태는 항상 일정하게 유지되는 것이 아니라 특정사건이나 상황에 따라 균형 상태에서 급격한 변화가 발생하는 단절 현상이 발생하고 이후 다시 균형을 지속한다는 예산 이론이다.

연계학습 2025 신용한 행정학 p.649~654

16 상 중 하 ■■■ 🔑 ③

출제유형 출제영역 Ⅶ 법령 / 특별지방자치단체

①, ④ ⭕ 지방자치법 제199조 제1항

> 지방자치법 제199조 【설치】 ① 2개 이상의 지방자치단체가 공동으로 특정한 목적을 위하여 광역적으로 사무를 처리할 필요가 있을 때에는 특별지방자치단체를 설치할 수 있다. 이 경우 특별지방자치단체를 구성하는 지방자치단체(이하 "구성 지방자치단체"라 한다)는 상호 협의에 따른 규약을 정하여 구성 지방자치단체의 지방의회 의결을 거쳐 행정안전부장관의 승인을 받아야 한다.

② ⭕ 지방자치법 제199조 제3항

> 동법 제199조 【설치】 ③ 특별지방자치단체는 법인으로 한다.

③ ❌ 지방의회 의원은 특별지방자치단체의 의회 의원을 **겸직할 수 있다.**

> 동법 제204조 【의회의 조직 등】 ② 제1항의 지방의회의원은 제43조제1항에도 불구하고 특별지방자치단체의 의회 의원을 겸할 수 있다.

⑤ ⭕ 지방자치법 제201조

> 지방자치법 제201조 【구역】 특별지방자치단체의 구역은 구성 지방자치단체의 구역을 합한 것으로 한다. 다만, 특별지방자치단체의 사무가 구성 지방자치단체 구역의 일부에만 관계되는 등 특별한 사정이 있을 때에는 해당 지방자치단체 구역의 일부만을 구역으로 할 수 있다.

올바른 지문

③ 지방의회 의원은 특별지방자치단체의 의회 의원을 <u>겸직할 수 있다.</u>

연계학습 2025 신용한 행정학 p.837, 838

17 　상 중 하　②

출제유형 **출제영역**　Ⅲ 내용 분류 / 행정이론(종합)

ㄱ. ❌ 공공선택론은 분권화(집권화 ×), 민영화, 유연조직 등을 특징으로 한다.

ㅁ. ❌ 신공공서비스론은 사회봉사, 더 나은 생활 보장(효율성 ×), 방향잡기 등을 특징으로 한다.

올바른 지문
ㄱ. 공공선택론 - 분권화, 민영화, 유연조직
ㅁ. 신공공서비스론 - 사회봉사, 더 나은 생활 보장, 방향잡기

연계학습 2025 신용한 행정학 p.131, 151, 162, 174

18 　상 중 하　③

출제유형 **출제영역**　Ⅰ 말바꾸기+Ⅳ 개념 / 준실험

① ❌ **진실험** 평가에 대한 설명이다. 준실험 평가는 일반적으로 무작위 배정이 어려운 상황하에서 짝짓기(matching) 방법 등을 활용하여 실험집단과 통제집단을 설계한다.

② ❌ 준실험은 진실험에 비해 인위적 요소가 많지 않아 **외적 타당도와 실험의 실현가능성이 높다.**

③ ⭕ 준실험적 방법의 유형에는 비동질적 비교집단 설계, 사후측정 비교집단 설계, 회귀불연속 설계, 단절적 시계열 분석 등이 있다.

④ ❌ 준실험적 방법은 양 집단의 비동질성으로 인해 **성숙효과가 나타나거나,** 자원자로 구성된 실험집단과 비자원자로 구성된 비교집단 사이(자기선택에 의한 배정)에 따라 **선발효과가 나타난다.**

⑤ ❌ 회귀불연속 설계의 경우 절편의 크기를 기준으로 정책효과를 판단하게 된다. 따라서 정책의 **시행 시점인 구분점에서 절편(기울기 ×)이 변화**해야 장기적인 효과가 있다고 판단하게 된다.

SUMMARY 실험과 비실험

		실험 & 통제집단	내적타당성	외적타당성	실행가능성
실험	진실험	동질성 확보 O (무작위 배정)	높음	낮음	낮음
	준실험	동질성 확보 X (짝짓기 배정)	중간	중간	중간
비실험		비교집단 X	낮음	높음	높음

연계학습 2025 신용한 행정학 p.306~309

19 　상 중 하　④

출제유형 **출제영역**　Ⅰ 말바꾸기+Ⅳ 개념 / 정책의제 설정 유형

① ⭕ 동원형은 외부주도형과 반대로 정부 내의 정책결정자들이 주도하여 정부의제화를 만드는 경우이다.

② ⭕ 외부주도형은 정부 밖에 있는 민간집단에 의해 이슈가 제기되고 그것이 확산되어 공중의제로 전환되고 결국 정책의제로 채택되는 과정을 설명하는 모형이다.

③ ⭕ 내부접근형은 정부기관 내의 관료집단이나 정책결정자에게 쉽게 접근할 수 있는 외부집단이 최고정책결정자에게 접근하여 정부의제화 하는 경우로 그들의 이익이 과도하게 대변될 수 있다.

④ ❌ **내부접근형**은 동원형과 달리 대중의 지지를 획득하기 위한 **공중의제화 단계가 없다.**

⑤ ⭕ 외부주도형을 허쉬만은 '강요된 정책문제'라고 하였다.

올바른 지문
④ 내부접근형은 대중의 지지를 획득하기 위한 공중의제화 단계가 없다.

SUMMARY Cobb & Ross의 주도집단별 분류

① 외부주도형 : (사회문제 ➡ 사회적 이슈 ➡ 공중의제 ➡ 정부의제)
- 외부사람들의 주도에 의해 의제화가 진행
- Hirschman ➡ 강요된 정책문제라고 함. 다원화된 정치체제에서 발생

② 동원형 : (사회문제 ➡ 정부의제 ➡ 공중의제)
- 정부내의 정책담당자들에 의해 정책의제화가 진행되는 유형
- 정부가 민간을 동원하여 의제를 설정. 의제설정이 비교적 용이함
- 전문가의 영향력이 큼. 정부부문의 힘이 강하고, 민간부문의 힘이 취약한 후진국에서 발생

③ 내부접근형(=내부주도형, 음모형) : (사회문제 ➡ 정부의제)
- 동원형과 같이 정책담당자들에 의해 정책의제화가 진행되는 유형
- 정부관료제 내부에서만 정책의제화의 움직임이 있음. 공중의제화가 생략(행정PR ×)
- 권력집중형 국가, 의도적으로 국민을 무시하는 정부, 시간이 급박한 경우, 국민이 사전에 알면 곤란한 경우 발생

연계학습 2025 신용한 행정학 p.216~218

20 　상 중 하　⑤

출제유형 **출제영역**　Ⅰ 말바꾸기+Ⅳ 개념 / 우리나라 정부재정제도

① ❌ 국회는 예산안을 회계연도 개시 30일 전까지 의결해야 하며, 만일 새로운 회계연도 개시 전까지 의결하지 못할 경우 정부는 **준예산을 집행할 수 있다.**

② ❌ 예산의 입법과목(장·관·항) 간 **이용**(전용 ×)은 원칙적으로 허용되지 않지만, 미리 국회의 의결을 얻었을 때에는 기획재정부 장관의 승인을 얻어 **이용**(전용 ×)할 수 있다.

③ ❌ **사고이월에 대한 설명이다.** 명시이월은 연내 지출 마감이 불가함이 예측된 경비는 세입·세출예산에 명시해 국회승인을 얻어 다음 연도에 사용하는 것이다.

④ ❌ **수정예산에 대한 설명이다.** 추가경정예산은 예산이 성립된 이후 생긴 사유로 인해 이미 성립한 예산에 변경을 가할 필요가 있을 때 편성하여 국회에 제출하는 예산이다.

올바른 지문
① 국회는 예산안을 회계연도 개시 30일 전까지 의결해야 하며, 만일 새로운 회계연도 개시 전까지 의결하지 못할 경우 정부는 준예산을 집행할 수 있다.
② 예산의 입법과목(장·관·항) 간 이용은 원칙적으로 허용되지 않지만, 미리 국회의 의결을 얻었을 때에는 기획재정부 장관의 승인을 얻어 이용할 수 있다.

③ 사고이월은 예산 성립 후 연도 내에 지출원인행위를 하고 불가피한 사유로 지출하지 못한 경비와 지출원인행위를 하지 아니한 그 부대 경비의 금액에 대한 이월을 말한다.
④ 수정예산은 정부가 예산안을 국회에 제출한 후 예산이 최종 의결되기 전 예산안의 일부를 변경하거나 증액하고자 할 때 편성하는 예산이다.

연계학습 2025 신용한 행정학 p.631~634, 676, 677

21 상중하 ①

출제유형 출제영역 Ⅰ 말바꾸기+Ⅳ 개념 / 공무원 보수

② ✕ 생활급은 공무원과 그 가족의 생활을 보장하려는 목적을 지닌 속인적 급여이며, 직무급과 직능급을 포함하지는 않는다.
③ ✕ **직무급에 대한 설명**이다. 실적급은 직무수행의 성과를 측정하여 그 결과에 따라 보수를 차등적으로 지급하는 방식이다.
④ ✕ 연공급은 공무원의 근속연수를 기준으로 하는 보수로 **직업공무원제 또는 계급제하에서 강조**되는 보수체계이다.
⑤ ✕ 직능급은 직무수행능력을 기준으로 기본급을 결정하는 보수체계로, 주로 **직위분류제(계급제 ✕)를 채택하고 있는 국가에서 보수체계의 기초**로 활용되고 있다.

연계학습 2025 신용한 행정학 p.534, 535

22 상중하 ④

출제유형 출제영역 Ⅰ 말바꾸기+Ⅳ 개념 / 행정이론(종합)

① ✕ **생태론적 접근방법은 행정을 유기체로 파악하고 행정현상을 자연·사회·문화적 환경과 관련시켜 이해하려는 접근법**으로 생태론자들은 서구의 행정제도가 후진국에 잘 작동되지 않는 이유는 사회문화적 환경이 다르기 때문으로 분석하였다.
② ✕ 행태론적 접근방법의 대표적 학자인 사이먼(Simon)은 행정인의 행태를 연구하는 데 있어서 사회현상의 연구도 자연과학처럼 실증적 연구가 가능하다는 전제하에 비엔나 학파에서 출발한 **논리실증주의를 행정의 연구에 도입하였다.**
③ ✕ 제도론적 접근방법은 전통적 제도주의와 신제도주의로 구분되는데, 전통적 제도주의는 공식적 제도가 형성되는 과정에 분석의 초점을 맞추는데 반해, 신제도주의는 행태주의에 대한 반발로서 사회적으로 형성된 제도가 개인의 행위를 지배한다고 본다.
④ ○ 현상학적 접근방법은 사회과학 연구에 있어 실증주의와 행태주의가 내세우는 과학적 연구방법을 거부하고 인간 행태의 내면적 세계의 의미(meaning)이해를 중시하는 접근방법이다.
⑤ ✕ 포스트모더니티는 모더니티의 핵심가정인 '인간 이성(reason)'과 '합리성'에 대한 신뢰, 그리고 객관주의·경험주의적 접근방법을 거부하고 해체하려는 새로운 철학적 관점이다. 포스트모더니티는 진리의 기준은 맥락의존적(context dependent)이라고 보며 상상, 해체, 탈영역화, 타자성을 통해 전통적 관료제의 폐쇄성과 경직성을 극복하는 데에 기여하고 있다.

연계학습 2025 신용한 행정학 p.122, 125, 140, 169, 172

23 상중하 ⑤

출제유형 출제영역 Ⅰ 말바꾸기+Ⅳ 개념 / 거시조직이론 등

① ✕ 고전적 조직이론은 조직의 구조적 또는 기계적인 관점을 대표하는 초기의 행정이론으로, 1930년대 완성된 정치·행정이원론과 행정관리론의 입장에서 행정을 규명하던 시기의 조직이론이다.
② ✕ 신고전 조직이론은 능률성 중심의 고전적 조직이론에 대한 비판으로서 등장한 이론으로 폐쇄적 환경관을 특징으로 한다.
③ ✕ 대리인이론에서는 주인과 대리인 모두 이기적인 존재라는 점과 주인과 대리인 간에는 정보의 비대칭성(대칭성 ✕)이 있다는 점을 전제로 한다.
④ ✕ 상황론적 조직이론은 모든 상황에 적용되는 유일·최선의 조직구조나 관리방법은 없다는 전제하에, 조직이 처해 있는 상황에 따라 조직설계 및 관리방법도 달라져야 한다고 주장한다.
⑤ ○ 자원의존이론은 어떤 조직도 외부환경으로부터 모든 자원을 획득할 수 없음을 전제로 조직을 환경적 결정에 피동적인 존재로 보지 않고 스스로의 이익을 위해 주도적·능동적으로 환경에 대처하며, 조직관리자의 핵심적 희소자원 확보를 위한 전략적 선택이 중요하다고 본다.

환경인식 분석수준	결정론 : 조직은 환경에 대한 종속변수	임의론 : 조직은 환경에 대한 독립변수
개별조직	체제구조적 관점 ① 구조적 상황론	전략적 선택 관점 ① 전략적 선택이론 ② 자원의존이론
조직군	자연적 선택 관점 ① 조직군생태학 이론 ② 조직경제학(주인-대리인이론, 거래비용이론)	집단적 행동 관점 ① 공동체 생태학 이론

연계학습 2025 신용한 행정학 p.322, 323, 364~367

24 상중하 ②

출제유형 출제영역 Ⅰ 말바꾸기+Ⅳ 개념 / 예비타당성 조사제도

ㄱ ✕ 예비타당성조사제도는 재정운영의 효율성을 제고하기 위해 1999년 김대중정부 때 도입된 제도로서, **건설공사가 포함된 사업, 지능정보화 사업, 국가연구개발사업 등을 대상으로** 한다.

> **국가재정법 제38조【예비타당성조사】** ① 기획재정부장관은 총사업비가 500억원 이상이고 국가의 재정지원 규모가 300억원 이상인 신규 사업으로서 다음 각 호의 어느 하나에 해당하는 대규모사업에 대한 예산을 편성하기 위하여 미리 예비타당성조사를 실시하고, 그 결과를 요약하여 국회 소관 상임위원회와 예산결산특별위원회에 제출하여야 한다. 다만, 제4호의 사업은 제28조에 따라 제출된 중기사업계획서에 의한 재정지출이 500억원 이상 수반되는 신규 사업으로 한다.
> 1. 건설공사가 포함된 사업
> 2. 「지능정보화 기본법」 제14조제1항에 따른 지능정보화 사업
> 3. 「과학기술기본법」 제11조에 따른 국가연구개발사업
> 4. 그 밖에 사회복지, 보건, 교육, 노동, 문화 및 관광, 환경 보호, 농림해양수산, 산업·중소기업 분야의 사업

ㄴ. ❌ 예비타당성조사는 총사업비가 500억 원 이상이고 국가의 재정지원 규모가 300억원 이상인 대규모 신규사업을 대상으로 기획재정부장관이 실시하고, 조사 결과를 토대로 사업추진 여부를 결정한다.
ㄷ. ❌ 예비타당성조사는 경제성 분석. 정책성 분석, 지역균형발전 분석을 실시한 후 각 분석결과를 종합적으로 고려하여 다기준 분석의 일종인 계층화분석(AHP)을 활용하여 종합평가가 이루어진다.
ㄹ. ⭕
ㅁ. ⭕ 국가재정법 제38조 제2항

국가재정법 제38조【예비타당성조사】 ② 제1항에도 불구하고 다음 각 호의 어느 하나에 해당하는 사업은 대통령령으로 정하는 절차에 따라 예비타당성조사 대상에서 제외한다.
1. 공공청사, 교정시설, 초·중등 교육시설의 신·증축 사업
2. 문화재 복원사업
3. 국가안보와 관계되거나 보안이 필요한 국방 관련 사업
4. 남북교류협력과 관계되거나 국가 간 협약·조약에 따라 추진하는 사업
5. 도로 유지보수, 노후 상수도 개량 등 기존 시설의 효용 증진을 위한 단순개량 및 유지보수사업
6. 「재난 및 안전관리기본법」 제3조제1호에 따른 재난(이하 "재난"이라 한다)복구 지원, 시설 안전성 확보, 보건·식품 안전 문제 등으로 시급한 추진이 필요한 사업
7. 재난예방을 위하여 시급한 추진이 필요한 사업으로서 국회 소관 상임위원회의 동의를 받은 사업
8. 법령에 따라 추진하여야 하는 사업
9. 출연·보조기관의 인건비 및 경상비 지원, 융자 사업 등과 같이 예비타당성조사의 실익이 없는 사업
10. 지역 균형발전, 긴급한 경제·사회적 상황 대응 등을 위하여 국가 정책적으로 추진이 필요한 사업(종전에 경제성 부족 등을 이유로 예비타당성조사를 통과하지 못한 사업은 연계사업의 시행, 주변지역의 개발 등으로 해당 사업과 관련한 경제·사회 여건이 변동하였거나, 예비타당성조사 결과 등을 반영하여 사업을 재기획한 경우에 한정한다)으로서 다음 각 목의 요건을 모두 갖춘 사업. 이 경우, 예비타당성조사 면제 사업의 내역 및 사유를 지체 없이 국회 소관 상임위원회에 보고하여야 한다.
  가. 사업목적 및 규모, 추진방안 등 구체적인 사업계획이 수립된 사업
  나. 국가 정책적으로 추진이 필요하여 국무회의를 거쳐 확정된 사업

연계학습 2025 신용한 행정학 p.673, 674

---

25 ④

출제유형 출제영역 I 말바꾸기 + IV 개념 / 정책목표의 변동

ㄱ. ❌ 목표의 대치는 조직 내부문제만을 중시하고 조직 전체의 목표나 조직 외부환경의 변화를 과소평가하는 경우에 일어난다.
ㄴ. ⭕ 조직의 최고관리자나 소수의 간부가 일단 권력을 장악한 후에는 조직의 본래 목표를 추구하기보다 자기의 권력을 유지·강화시키는 데 더 관심을 갖는 과두제의 철칙은 목표의 대치를 야기하는 원인이 된다.
ㄷ. ❌ 행정 목표의 추상적·개괄적 성격으로 인해 행정인이 측정 가능한 유형적 목표·하위 목표에 더 치중하는 경우 상위 목표를 등한시하는 목표의 대치 현상이 나타나게 된다.
ㄹ. ⭕ 예비타당성 결과 편익비용비(B/C ratio)가 1보다 낮아 타당성이 없는 경우에도, 정책성 분성이나 지역균형발전 분석 등을 통해 타당성이 인정될 경우 예비타당성조사를 통과할 수 있다.
ㅁ. ❌

연계학습 2025 신용한 행정학 p.231

2023년 국회 8급

문제편 p.153~158

정답

01	②	02	③	03	①	04	①	05	②
06	④	07	①	08	⑤	09	③	10	⑤
11	①	12	②	13	④	14	③	15	②
16	④	17	⑤	18	③	19	⑤	20	④
21	⑤	22	①	23	②	24	③	25	④

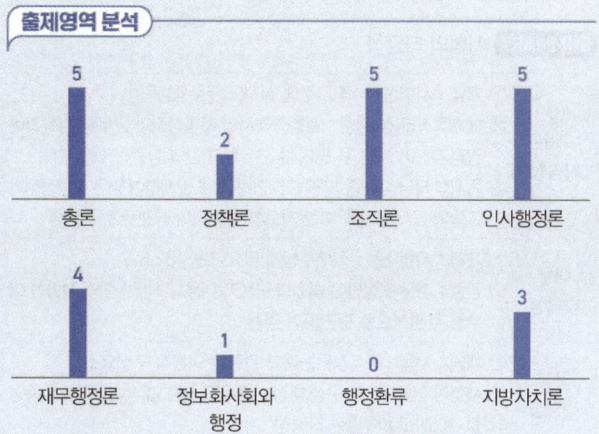

출제영역 분석

- 총론: 5
- 정책론: 2
- 조직론: 5
- 인사행정론: 5
- 재무행정론: 4
- 정보화사회와 행정: 1
- 행정환류: 0
- 지방자치론: 3

출제경향 분석

- 기출문제: 23
- 기출문제 변형: 1
- 신유형 문제: 1

출제문제 유형분석

- 말 바꾸기: 1
- 짝짓기: 2
- 내용분류: 0
- 개념: 5
- 순서연결: 0
- 제도 및 이론 비교: 0
- 법령: 2

---

01 상 중 하 🔑 ②

출제유형 · 출제영역 말 바꾸기+개념 / 엽관주의

① ◯ 엽관주의는 선거라는 전쟁에서 승리한 정당이 전리품(spoils)에 해당하는 공직을 차지하는 권한을 가지는 것을 의미(To the victor, belong the spoils)한다.

② ✗, ③ ◯ 엽관주의란 **정당에의 충성도와 공헌도**(혈연, 학연, 지연 ×)를 관직의 임용기준으로 삼는 인사행정제도로 민주정치의 발달과 같은 맥락에서 생성, 발전하였다.

④ ◯ 엽관주의는 행정의 전문성을 저해하고 비능률성을 야기할 수 있다.

⑤ ◯ 1883년 펜들턴 법 제정으로 실적주의가 확립되었다.

올바른 지문 ② 정당에의 충성도와 공헌도를 반영하여 공무원을 선발한다.

SUMMARY 엽관주의의 장·단점

장점 및 공헌	단점 및 폐단
① 특권적 정부관료제를 일반대중에게 공개 ⇨ 민주정치 발달과 행정 민주화에 공헌	① 매관매직 등 정치적·행정적 부패를 초래
② 정당의 대중화와 정당정치의 발달에 공헌	② 행정의 전문성 저해 & 비능률성 야기
③ 국민의 요구에 대한 관료적 대응성을 향상	③ 행정의 계속성, 일관성, 안정성 등을 훼손
④ 선출직 정치지도자들의 관료집단에 대한 통제가 용이	④ 관직의 남설을 통해 재정적 낭비를 초래
	⑤ 행정의 공공성을 담보할 수 없음

연계학습 2025 신용한 행정학 p.448~450

---

02 상 중 하 🔑 ③

출제유형 · 출제영역 말 바꾸기+개념 / 공직부패 접근방법

ㄱ. ◯ 도덕적 접근은 부패를 공무원 개인 행동의 결과로 보아 개인이나 소규모 집단이 공적 역할을 지배하는 법규를 침해한 경우에 부패의 원인을 이러한 행위에 참여한 개인들의 윤리와 자질의 탓으로 돌리는 경우이다.

ㄴ. ✗ **사회문화적 접근방법**에 대한 설명이다.

ㄷ. ✗ **제도적 접근방법**에 대한 설명이다.

ㄹ. ◯ 체제론적 접근은 부패란 하나의 변수에 의해 발생하는 것이 아니라, 복합적 요인에 의하여 발생한다고 보는 접근법이다.

올바른 지문
ㄴ. 특정한 관습이나 경험적 습성과 같은 것이 부패를 조장한다고 보는 입장은 사회문화적 접근법에 따른 것이다.
ㄷ. 사회의 법과 제도상의 결함이나 이러한 것들에 대한 관리기구와 운영상의 문제들이 부패의 원인으로 작용한다고 보는 입장은 제도적 접근법에 따른 것이다.

연계학습 2025 신용한 행정학 p.567

03 상중하 ①

출제유형 출제영역 법령 / 고향사랑 기부금

① ❌ 지방자치단체는 **해당 지방자치단체의 주민이 아닌 사람**(법인 ×)에 대해서만 고향사랑 기부금을 모금·접수할 수 있다.

> **고향사랑 기부금에 관한 법률 제4조 【고향사랑 기부금의 모금 주체 및 대상】** ① 지방자치단체는 해당 지방자치단체의 주민이 아닌 사람에 대해서만 고향사랑 기부금을 모금·접수할 수 있다.

② ⭕ 고향사랑 기부금에 관한 법률 제11조 제1항

> **동법 제11조【고향사랑기금의 설치 등】** ① 지방자치단체는 모금·접수한 고향사랑 기부금의 효율적인 관리·운용을 위하여 기금을 설치하여야 한다.

③ ⭕ 고향사랑 기부금에 관한 법률 제2조

> **동법 제2조【정의】** 이 법에서 사용하는 용어의 뜻은 다음과 같다.
> 1. "고향사랑 기부금"이란 지방자치단체가 주민복리 증진 등의 용도로 사용하기 위한 재원을 마련하기 위하여 해당 지방자치단체의 주민이 아닌 사람으로부터 자발적으로 제공받거나 모금을 통하여 취득하는 금전을 말한다.

④ ⭕ 고향사랑 기부금에 관한 법률 제9조 제3항

> **동법 제9조【답례품의 제공】** ③ 지방자치단체는 다음 각 호의 어느 하나에 해당하는 것을 답례품으로 제공하여서는 아니 된다.
> 1. 현금
> 2. 고가의 귀금속 및 보석류
> 3. 제2항제2호에 해당하지 아니하는 상품권 등 유가증권
> 4. 그 밖에 지역경제 활성화에 기여하지 못하는 것으로서 대통령령으로 정하는 것

⑤ ⭕ 고향사랑 기부금에 관한 법률 제3조

> **동법 제3조【다른 법률과의 관계】** 이 법에 따른 고향사랑 기부금의 모금·접수 및 사용 등에 관하여는 「기부금품의 모집 및 사용에 관한 법률」을 적용하지 아니한다.

올바른 지문 ① 지방자치단체는 **해당 지방자치단체의 주민이 아닌 사람**에 대해서만 고향사랑 기부금을 모금·접수할 수 있다.

04 상중하 ①

출제유형 출제영역 짝짓기+개념 / 시험의 타당성

ㄱ. ❌ **신뢰성**에 대한 설명이다. 구성타당성은 시험이 이론적으로 구성한 능력요소를 얼마나 정확하게 측정할 수 있느냐에 관한 타당성이다.

ㄴ. ⭕ 기준타당성은 시험이 실제 시험대상자의 직무수행능력을 얼마나 정확하게 예측했는가의 정도를 말하는 것으로 시험성적(하나의 측정도구)과 직무수행실적(다른 기준)을 비교하여 양자의 상관관계를 분석한다.

ㄷ. ⭕ 내용타당성은 일반적으로 직무에 정통한 전문가 집단이 시험의 구체적 내용과 직무 수행의 적합성 여부를 주관적으로 판단하여 검증하는 방법이다.

ㄹ. ⭕ 종적 일관성은 서로 다른 시점에서의 측정결과가 안정된 값을 가지는 것을 의미한다. 반면, 횡적 일관성은 동일시점에서 동질적인 둘 이상의 집단을 대상으로 같은 측정도구를 사용하여 얻은 측정 결과가 일관된 값을 가지는 것을 의미한다.

ㅁ. ⭕ 신뢰성은 시험결과로 나온 성적의 일관성을 말하는 것으로 시험시기·장소·채점자를 달리 하더라도 동일한 결과를 얻는 정도를 말한다. 신뢰성을 측정하는 방법으로는 재시험법, 동질이형법, 이분법 등이 사용된다.

올바른 지문 ㄱ. <u>신뢰성</u>이란 결과의 측정을 위한 도구가 반복적인 측정에서 얼마나 일관성 있는 결과를 얻을 수 있는가에 대한 타당성이다.

SUMMARY 시험의 타당성

기준 타당성	① 개념 : 시험성적=직무수행 실적(직무수행능력) ② 예측적 타당성 검증 : 시험합격자의 시험성적과 근무를 시작하여 일정기간이 지난 후 평가한 근무실적 간의 상관관계를 분석 ③ 동시적 타당성 검증 : 재직자에게 시험을 실시하여 얻은 시험성적과 그들의 근무실적에 대한 자료를 수집하여 상관관계를 분석
내용 타당성	① 개념 : 시험내용=직무수행에 필요한 능력요소 ② 검증 : 전문가 집단이 시험의 구체적 내용과 직무수행의 적합성 여부를 주관적으로 판단하여 검증.
구성 타당성	① 개념 : 시험내용=직무능력과 관련한 이론적 구성요소 ② 시험이 이론적으로 구성(추정)한 능력요소를 얼마나 정확하게 측정할 수 있느냐에 관한 타당성

연계학습 2025 신용한 행정학 p.498, 499

05 상중하 ②

출제유형 출제영역 개념 / MBO

① ⭕ 목표관리제는 참여적 관리로 목표설정에 있어, 부하와 상사가 공동으로 결정한다.

② ❌ MBO는 **참여적 관리**로, **Y이론적 인간관**에 입각한다.

③ ⭕ MBO는 조직구성원들이 목표성취를 위해 자발적으로 협조하고 합리적으로 행동함을 가정하므로, 권위적이거나 위계적인 조직문화가 강한 경우 조직원의 강한 저항과 갈등이 발생할 수 있다.

④ ⭕ MBO는 자율성을 바탕으로 성과에 따른 평가와 환류를 통해 미래의 목표관리를 개선한다.

⑤ ⭕ MBO는 가시적이고 계량적 목표설정과 목표달성도에 의한 평가로, 보다 높은 수준의 목표설정을 회피하고 계량적 측정이 용이한 분야에만 주력하는 행태가 발생할 수 있다.

올바른 지문 ② 참여적 관리전략으로, <u>Y이론적 인간관</u>에 입각한다.

연계학습 2025 신용한 행정학 p.428~430

06 상중하 ④

출제유형 출제영역 개념

② ○, ④ ✕ 프로젝트팀은 태스크포스와 마찬가지로 한시적이고 횡적으로 연결된 조직이라는 공통점이 있다.
③ ○ 매트릭스 조직은 기능구조와 사업구조의 화학적 결합을 시도한 구조로서 이중권한체계가 특징이다.
⑤ ○ 애드호크라시는 공식화 정도가 낮고, 분권화되어 있으며, 수평적 분화는 높으나 수직적 분화가 낮은 수평적 조직의 특징을 보여준다.

연계학습 2025 신용한 행정학 p.329, 347, 363

07 상중하 ①

출제유형 출제영역 개념 / 특별지방행정기관

① ✕ 특별지방행정기관은 중앙정부의 일선행정기관으로서 **특별지방행정기관의 소속 공무원은 국가공무원**에 해당하고, 상급기관과의 인사이동에 장벽이 없다.
② ○ 특별지방행정기관은 중층 구조를 가진 경우가 많으므로, 이들 간 지시-감독-통제 관계로 인해 관료적 속성이 강화되고, 이를 통해 서비스 전달의 효율성을 떨어뜨릴 수 있다는 문제점이 있다.
③ ○ 특별지방행정기관은 국가의 특정한 중앙행정기관에 소속되어, 당해 관할구역 내에서 소속 중앙행정기관의 사무에 속하는 특수한 전문 분야의 행정사무를 처리하는 지방행정기관이다. 따라서 주민들에 의한 직접적인 통제나 책임행정을 실현하기 어려운 문제점이 발생한다.
④ ○ 특별지방행정기관은 전국적 통일성을 요하는 국가사무의 수행을 위해 설치가 필요하다.
⑤ ○ 지방자치분권 및 지방행정체제개편에 관한 특별법 제12조

지방자치분권 및 지역균형발전에 관한 특별법 제12조【특별지방행정기관의 정비 등】① 국가는 「정부조직법」 제3조에 따른 특별지방행정기관이 수행하고 있는 사무 중 지방자치단체가 수행하는 것이 더 효율적인 사무는 지방자치단체가 담당하도록 하여야 하며, 새로운 특별지방행정기관을 설치하고자 하는 때에는 그 기능이 지방자치단체가 수행하고 있는 기능과 유사하거나 중복되지 아니하도록 하여야 한다.

올바른 지문 ① 특별지방행정기관의 소속 공무원은 국가공무원이기 때문에 상급기관과의 인사이동에 장벽이 없다.

연계학습 2025 신용한 행정학 p.945, 946

08 상중하 ⑤

출제유형 출제영역 짝짓기+개념 / 다양한 행정이론

⑤ ○ 뉴거버넌스론은 정치행정일원론적 성격이 강하며(ㄱ), 참여, 협조, 상호의존 등을 바탕으로 한 민주성과 신뢰성을 중시한다(ㄷ). 또한 뉴거버넌스론은 행정관료의 역할을 공공기업가로 보는 신공공관리론과는 달리 조정자 역할을 강조한다(ㄴ).

SUMMARY 신공공관리론과 뉴거버넌스론의 비교

구 분	신공공관리	뉴거버넌스
정부역할	방향잡기(steering)	
인식론적 기초	신자유주의	공동체주의
관리기구	시장	연계망(network)
관리가치	결과(outcomes)	신뢰(trust)
관료역할	공공기업가	조정자
작동원리	경쟁(시장 메커니즘)	협력체제(partnership)
서비스 공급	민영화, 민간위탁 등	공동공급(시민, 기업 등 참여)
관리방식	고객지향	임무중심
분석수준	조직 내 (intra-organizational)	조직 간 (inter-organizational)

연계학습 2025 신용한 행정학 p.163, 164

09 상중하 ③

출제유형 출제영역 법령+말바꾸기 / 내용이론 & 과정이론

① ○ 브룸(V. Vroom)의 기대이론은 욕구충족과 직무수행 간의 직접적인 관련성에 대해 의문을 제기하면서, 동기유발 과정에서 '기대'라는 요인을 강조하였다.
② ○ 앨더퍼는 매슬로우와 달리 상위욕구가 만족되지 않거나 좌절될 때 하위 욕구를 더욱 총족시키고자 한다는 '좌절-퇴행'접근법을 주장하였다.
③ ✕ 로크의 목표설정이론에 따르면, **목표가 도전적이고 명확할 때** 인간은 더욱 노력하게 된다고 본다.
④ ○ 맥그리거는 매슬로우의 욕구단계이론을 바탕으로 인간관을 X·Y 두 가지로 대별하고 각각의 인간관에 따른 관리전략을 제시하였다.
⑤ ○ 아담스의 공정성 이론에 따르면, 개인은 자신의 직무에 대한 공헌도와 보상을 준거인물과 비교하고, 불형평성(불공정성)을 느끼는 경우 이를 해소하는 방향으로 동기가 유발된다고 설명한다.

연계학습 2025 신용한 행정학 p.393, 394, 399, 401, 402

10 상중하 ⑤

출제유형 출제영역 개념 / 행정이론

② ○ 비담(D. Beetham)은 관료제의 개념을 이해하기 위해 사회과학의 통용되는 용법의 이해가 필요하다고 주장하며, 관료제 모형을 정의적, 규범적, 설명적 인 것으로 분류하고, 베버의 관료제 이론을 정의적 모형에 포함시켰다.
③ ○ 윌슨은 「행정연구(The Study of Administration)」라는 논문을 통해 행정의 탈정치화하고, 정당정치의 개입으로부터 자유로운 행정영역을 확립하고자 하였다.
④ ○ 테일러는 과학적 관리론을 통해 관리의 지도원리로 계획, 표준화, 능률화 등을 제시하였다.
⑤ ✕ 오스본과 게블러의 「정부재창조론」은 클린턴 행정부(레이건 행정부 ✕)의 정부재창조운동의 이론적 기초가 되었다.

연계학습 2025 신용한 행정학 p.117

11 상 중 하 ①

출제유형 출제영역 말바꾸기+개념 / 공식조직 vs 비공식조직

① ✗ 비공식적 집단은 사적인 인간관계를 토대로 형성되는 조직으로, 조직구성원의 욕구충족을 우선시 하는 조직이다. **비공식적 조직은 공식조직과 전혀 무관한 것은 아니며**, 공식적으로 규정되는 근무장소, 근무시간, 업무의 특성 등 다양한 특성들이 비공식적 조직 형성에 영향을 미치게 된다.

SUMMARY 공식조직 vs 비공식조직

1. 공식조직 : 공식적 조직목표달성을 위해 조직이 인위적으로 만든 집단
2. 비공식조직 : 사회적 욕구충족을 위해 구성원들이 자발적으로 구성하는 집단

순기능	① 행동규범의 공유와 사회적 통제 ② 공식적 의사소통의 보완과 쇄신적 활동의 촉진 ③ 구성원의 사회적 욕구충족
역기능	① 파벌조성으로 인한 공식조직의 응집력 약화 ② 공식권위의 약화 ③ 개인적 불만의 조직 내 확산 ④ 비공식적 의사소통의 무책임성

연계학습 2025 신용한 행정학 p.422

12 상 중 하 ②

출제유형 출제영역 말바꾸기+개념 / 성과주의 예산제도

ㄱ ○ 성과주의 예산제도는 성과주의 예산제도는 사업별로 예산 산출 근거가 제시되기 때문에 의회에서 예산심의가 용이하다.

ㄴ ✗ **성과주의 예산제도**는 장기적인 계획과의 연계보다는 단위사업만을 중시하는 경향이 있어 전략적인 **목표의식이 결여**된다.

ㄷ ○ 성과주의 예산제도는 예산배정과정에서 필요 사업량이 제시되므로 예산과 사업을 연계시킬 수 있다.

ㄹ ✗ 성과주의 예산제도는 성과주의 예산을 적용할 **업무단위 선정 및 단위원가를 계산하기 어렵다는 단점**이 있다.

ㅁ ○ 성과주의 예산제도는 정부가 예산항목의 지출을 통해 무슨 사업을 추진하는지 파악하기 어려운 품목별 예산제도와 달리 성과주의 예산제도는 사업 또는 활동별로 예산이 편성되므로, 사업관리가 용이하다

ㅂ ✗ 성과주의 예산제도는 다양한 원가 정보가 요구되므로 **복식부기·발생주의를 택하고 있는 조직에서 운영하기가 용이**하다.

연계학습 2025 신용한 행정학 p.702~703

13 상 중 하 ④

출제유형 출제영역 개념 / 공공선택모형

④ ○ 공공선택모형에 대한 설명이다. 공공선택모형은 현대 정치경제학의 연구에 힘입어 형성된 행정연구의 한 접근방법으로 공공재의 공급에서 시민의 선택을 중시하는 접근방법으로 특히 오스트롬(V. Ostrom)은 「미국 행정학의 지적 위기(1973)」의 출간을 통해 공공선택론의 관점을 행정학에 접목을 시도하였다. 공공선택모형은 경제학적 접근방법을 통한 비시장적 의사결정 분야의 연구로 경제학적 분석도구를 정책결정구조, 투표규칙, 투표자행태, 정당정치, 관료행태, 이익집단등의 연구에 활용한다.

연계학습 2025 신용한 행정학 p.131

14 상 중 하 ③

출제유형 출제영역 말바꾸기+법령 / 전자정부법

ㄱ ○ 전자정부법 제2조

전자정부법 제2조【정의】 이 법에서 사용하는 용어의 뜻은 다음과 같다.
1. "전자정부"란 정보기술을 활용하여 행정기관 및 공공기관(이하 "행정기관등"이라 한다)의 업무를 전자화하여 행정기관등의 상호 간의 행정업무 및 국민에 대한 행정업무를 효율적으로 수행하는 정부를 말한다.

ㄴ ○ 전자정부는 고객지향적 서비스를 실현하고 전자민주주의를 지향하는 것으로 효율성과 민주성을 중요시한다.

ㄷ ✗ **중앙사무관장기관의 장**(행정기관 등의 장 ✗)이 **5년마다 전자정부기본계획을 수립**하는 것이며, 행정기관등의 장은 기관별 계획을 5년마다 수립한다.

동법 제5조【전자정부기본계획의 수립】 ① 중앙사무관장기관의 장은 전자정부의 구현·운영 및 발전을 위하여 5년마다 제5조의2제1항에 따른 행정기관등의 기관별 계획을 종합하여 전자정부기본계획을 수립하여야 한다.

동법 제5조의2【기관별 계획의 수립 및 점검】 ① 행정기관등의 장은 5년마다 해당 기관의 전자정부의 구현·운영 및 발전을 위한 기본계획(이하 "기관별 계획"이라 한다)을 수립하여 중앙사무관장기관의 장에게 제출하여야 한다.

ㄹ ○ 디지털예산회계시스템은 예산, 회계, 정보의 국면을 하나로 통합하거나 연계하여 재정전체 업무처리가 동일 시스템에서 이루어지고, 관련정보가 생성되는 통합 재정정보시스템으로,

ㅁ ✗ 전자정부의 경계는 단순히 국가기관, 지방자치단체, 공공기관으로 한정되는 것이 아니라 기업, 국민 등 민간분야 간 관계까지 확장된다.

연계학습 2025 신용한 행정학 p.742, 743, 751

15 상 중 하 ②

출제유형 출제영역 법령 / 주민참여예산

② ✗, ④ ○ 「지방재정법」에서는 **예산과정의 주민 참여 범위를 지방예산 편성 등 예산과정으로 규정**하고 있어 단순히, 주민참여 범위를 예산편성으로 제한한다고 보기는 어렵다. 단 예산의 심의, 결산의 승인 등 지방의회의 의결사항은 주민참여 예산의 범위에서 제외된다.

지방재정법 제39조【지방예산 편성 등 예산과정의 주민 참여】 ① 지방자치단체의 장은 대통령령으로 정하는 바에 따라 지방예산 편성 등 예산과정(「지방자치법」 제47조에 따른 지방의회의 의결사항은 제외한다. 이하 이 조에서 같다)에 주민이 참여할 수 있는 제도(이하 이 조에서 "주민참여예산제도"라 한다)를 마련하여 시행하여야 한다.

③ ⓞ 지방재정법 제39조 제5항

동법 제39조【지방예산 편성 등 예산과정의 주민 참여】 ⑤ 주민참여예산기구의 구성·운영과 그 밖에 필요한 사항은 해당 지방자치단체의 조례로 정한다.

⑤ ⓞ 지방재정법 제39조 제2항

동법 제39조【지방예산 편성 등 예산과정의 주민 참여】 ② 지방예산 편성 등 예산과정의 주민 참여와 관련되는 다음 각 호의 사항을 심의하기 위하여 지방자치단체의 장 소속으로 주민참여예산위원회 등 주민참여예산기구(이하 "주민참여예산기구"라 한다)를 둘 수 있다.

연계학습 2025 신용한 행정학 p.724~725

---

16 상 중 하 ■■■　　🔑 ④

출제유형 출제영역 말바꾸기＋이론 비교 / 리더십이론

④ ⓞ 아이오와대학교의 화이트(R. White)와 리피트(R. Lippitt)는 권위주의형, 민주형, 자유방임형이라는 세 개의 리더십 유형을 구분하고 그 특징에 대해 실험을 통해 분석하였다. 그들의 실험 결과에 따르면, 민주형, 권위형, 자유방임형의 순으로 선호가 높으며, 민주형 리더십이 생산성과 산출물의 질 측면에서 가장 높은 성과를 이끌어내는 것으로 조사되었다.

구분	권위형	민주형	방임형
특성	• 모든 권위와 책임을 리더가 독점 • 업무와 책임을 부하에게 분명하게 배분 • 상의하달식 의사전달	• 권위를 위임하되 최종 책임을 짐. • 부하가 의사결정에 참여 • 쌍방향 의사전달	• 책임을 회피하고 권위를 방지 • 구성원들이 알아서 최선을 다할 것 • 동료 간 수평적 전달
장점	신속, 질서, 통제	참여, 자발적 헌신	무간섭, 자발
단점	경직, 수동	지연	혼란, 방향감각 상실

연계학습 2025 신용한 행정학 p.408

---

17 상 중 하 ■■■　　🔑 ⑤

출제유형 출제영역 말바꾸기＋법령 / 지방자치단체의 사무 범위

ㄷ ✕ 농산물·임산물·축산물·수산물 및 양곡의 수급조절에 관한 사무는 국가사무에 해당한다.

지방자치법 제15조【국가사무의 처리 제한】 지방자치단체는 다음 각 호의 국가사무를 처리할 수 없다. 다만, 법률에 이와 다른 규정이 있는 경우에는 국가사무를 처리할 수 있다.
1. 외교, 국방, 사법(司法), 국세 등 국가의 존립에 필요한 사무
2. 물가정책, 금융정책, 수출입정책 등 전국적으로 통일적 처리를 할 필요가 있는 사무
3. 농산물·임산물·축산물·수산물 및 양곡의 수급조절과 수출입 등 전국적 규모의 사무

ㄱ, ㄴ, ㄹ, ㅁ ⓞ 지방자치법 제13조 제2항 각호

지방자치법 제13조【지방자치단체의 사무 범위】 ① 지방자치단체는 관할 구역의 자치사무와 법령에 따라 지방자치단체에 속하는 사무를 처리한다.
② 제1항에 따른 지방자치단체의 사무를 예시하면 다음 각 호와 같다. 다만, 법률에 이와 다른 규정이 있으면 그러하지 아니하다.
4. 지역개발과 자연환경보전 및 생활환경시설의 설치·관리
5. 교육·체육·문화·예술의 진흥
6. 지역민방위 및 지방소방
7. 국제교류 및 협력

연계학습 2025 신용한 행정학 p.851, 852, 856

---

18 상 중 하 ■■■　　🔑 ③

출제유형 출제영역 말바꾸기＋이론 비교 / 공익의 실체설 vs 과정설

① ⓞ 규제정책은 국가 공권력을 통해 개인이나 일부집단에 대해 재산권 행사나 행동의 자유를 통제 및 제한하기 때문에 행정권의 남용의 가능성이 높아질 우려가 있다.

② ⓞ 편견의 동원(mobilization of bias)은 기존의 제도적 장치가 이미 기득권에 유리하게 편재되어 있는 것을 동원하여 기득권에 도전하는 갈등적 의제를 억압해 버리는 것을 의미하는 것으로 이는 신엘리트이론인 무의사결정이론에서 나타나는 현상이다.

③ ✕ 나눠먹기(prok-barrel)나 담합(log-rolling)현상이 발생하기 쉬운 것은 분배정책이다. 따라서 정책결정과정에서 분배정책의 경우 규제정책보다 나눠먹기(prok-barrel)나 담합(log-rolling) 현상이 발생하기 쉽다.

④ ⓞ 합리모형은 계량적 분석을 통한 분석적 접근방법에 가까우며, 점증모형은 정치적 합리성(타협과 조정)을 통한 경험적 접근방법에 가깝다.

⑤ ⓞ 무의사결정(non-decision making)은 정책의제 설정단계 및 정책집행과정 등 정책의 전 과정에서 일어난다.

올바른 지문 ① 정책결정과정에서 분배정책의 경우 규제정책보다 나눠먹기(pork-barrel)나 담합(log-rolling) 현상이 발생하기 쉽다.

연계학습 2025 신용한 행정학 p.190, 191, 203, 255~257

19 상 중 하　　🔑 ⑤

출제유형 출제영역 말바꾸기+이론 비교 / 시장실패 등

③ ⭕ 비가치재란 소비자에게 나쁜 영향을 미치는 것으로 인식되는 재화나 서비스를 말하며 담배, 마약, 매춘 등이 여기에 속하게 된다. 정부는 비가치재의 소비를 억제하기 위해 세금을 부과하거나 규제를 가하게 되며, 시장에서 비가치재에 대한 수요와 공급에 있어서 자원배분이 효율적이더라도 국가의 윤리적·도덕적 판단에 의해 정부규제가 정당화 될 수 있다.

⑤ ❌ 지대추구행위란 면허 취득 등을 통해 독과점적 지위를 가진 경제주체는 별다른 노력 없이 초과 소득을 얻을수 있게 되고, 경제주체가 이 같은 지위를 유지하기 위해 정부를 상대로 로비 등 비생산적 비용을 지불하는 행위를 말한다. 따라서 **지대추구행위는 정부가 개인 또는 기업에게 제한된 공공재화를 배분하거나 경제행위를 할 수 있는 인허가 권한 등을 내어줌으로써 발생할 수 있는 문제**이다.

연계학습 2025 신용한 행정학 p.60~62

20 상 중 하　　🔑 ④

출제유형 출제영역 말바꾸기+이론 비교 / 비용편익분석

① ⭕ 비용편익분석은 정책대안을 선택하는 데 있어 정책대안들의 편익과 이에 소요되는 비용을 계량적 비교를 통해 평가하는 체계적 분석수단을

② ⭕ 내부수익률(internal rate of return)은 편익-비용비율(B/C Ratio)을 1로 만드는 할인율을 말한다.

④ ❌ 사업의 기간이 길어질수록 현재가치는 작아진다.

현재가치의 계산

$$P = A \left[\frac{1}{\{1+i\}^n}\right]$$

- P : 현재가치　・A : 미래가치
- n : 기간할인　・i : 할인율

* 할인율과 현재가치 : 현재가치와 할인율은 반비례. 할인율이 클수록 현재가치는 작아지고 장기사업이 불리해짐.
* 기간과 현재가치 : 사업의 기간이 길어질수록 현재가치는 작아짐.

⑤ ⭕ 공공부문의 경우 비용과 편익의 산정 시 시장가격의 부재로, 잠재가격이 사용되는 경우가 많다. 사업의 유리함이나 불리함을 부각시키기 위하여 잠재가격을 의도적으로 왜곡하는 유인이 강하게 존재하기 때문에 객관적으로 타당한 결과를 얻기 어려울 수 있다.

연계학습 2025 신용한 행정학 p.246~249

21 상 중 하　　🔑 ⑤

출제유형 출제영역 말바꾸기+개념 / 영기준 예산제도

① ⭕ 영기준 예시제도는 방대한 우선순위 결정 시 시간제약과 최종적 우선순위의 판단 시 주관성(대안수준 설정의 임의성)이 개입될 수 있다.

② ⭕ 영기준 예산제도는 모든 지출제안서에 대해 매년 '0'의 기준 상태에서 근본적인 재평가를 바탕으로 검토하게 된다.

④ ⭕ 대안의 분석 및 평가와 대안의 우선순위 결정과정을 통해서 합리적·효율적 재원배분을 이룰 수 있으며, 계속사업의 예산이 점증적으로 증가하는 과정에서 발생하는 예산 낭비와 예산 팽창을 억제할 수 있다.

⑤ ❌ 공공부문에 있어 인건비나 임대료 등 경직성 경비는 영기준예산제도의 적용을 어렵게 할 수 있다.

연계학습 2025 신용한 행정학 p.708~710

22 상 중 하　　🔑 ①

출제유형 출제영역 말바꾸기+이론 비교 / 공익의 실체설 vs 과정설

① ❌ **공익의 과정설**(실체설 ×)은 **공익의 실체설**(과정설 ×)의 주장을 행정의 정당성과 통합성을 확보하기 위한 상징적 수사로 간주한다. 과정설은 다양한 이익집단들 간의 상호조정의 결과가 공익이라는 것이라고 간주하게 된다. 따라서, 행정(국가) 등이 공익을 정해주는 것은 그저 자신들의 정당성을 위한 근거로 주장한다는 것이다.

② ⭕ 적법절차의 준수를 강조하는 것은 과정설이다. 공익의 과정설에는 절차적 합리성을 강조하여 적법절차의 준수에 의해 공익이 보장된다고 보는 입장이다.

③ ⭕ 기초주의(foundationalism)는 인식의 자명하고 확실한 토대가 되는 기준이 있다고 보기 때문에 최대다수의 행복이나 절대가치와 같이 보편적으로 적용되는 공익의 실체를 인정하게 된다.

④ ⭕ 실체설은 공익은 사회구성원들이 보편적으로 공유하는 공동의 이익으로 간주하게 된다. 따라서 누구나 향유하게 되는 공공재의 존재와 공유지 비극의 문제 등은 실체설의 근거가 될 수 있다.

⑤ ⭕ 공익의 과정설은 공익을 사익 간 타협 또는 집단 간 상호작용의 산물로 보는 견해이다. 따라서 민주적 조정과정에 의한 공익의 도출을 중시한다.

올바른 지문 ① 공익의 과정설에서는 실체설의 주장을 행정의 정당성과 통합성을 확보하기 위하여 도입한 상징적 수사로 간주한다.

SUMMARY 공익의 실체설 vs 과정설

구 분	실체설	과정설
공 익	・공익은 사익을 초월한 실체로 존재(유기체·공동체적 관점, 집단주의적 성격) ・공익과 사익 간 갈등은 있을 수 없음. ⇨ 엘리트나 관료에 의해 실체가 규정	・공익은 사익 간 갈등의 조정·타협의 산물(자유주의적 관점, 개인주의적 시각) ・사익을 초월한 공익의 존재를 부정 ⇨ 과정·제도·절차적 국면을 통해 형성
관 료	・공익의 규정과 목민적 역할	・사익 간 갈등의 조정자적 역할
한 계	・공익이 소수의 엘리트에 의해 규정됨으로써 전체주의 또는 권위주의로 변질될 가능성	・공익형성과정에서 집단이기주의 발생과 소수 몇몇 집단에 의해 주도될 가능성(조직화 되지 못한 사회적 약자의 이익이 보호받지 못할 가능성)
설명력	・국가의 힘이 강력한 개도국	・민주적 의견수렴절차가 발달한 선진국
관 점	・엘리트주의, 합리모형	・다원주의, 점증모형

연계학습 2025 신용한 행정학 p.87~90

23 상중하 ②

출제유형 출제영역 말바꾸기+개념 / 교육훈련

② ✗ 일방향적 교육훈련방법인 교수(teaching) 중심 체제에서 자발적 **학습(Learning) 중심 체제**로 전환이 필요하다.

전통적 교육훈련	지식창조형 교육훈련
정형적 교육훈련	비정형적 교육훈련
폐쇄적 체제(closed system)	개방체제(open system)
교수(teaching) 중심 체제 ⇨	학습(learning) 중심 체제
공급자 중심 사고	피교육자인 수요자(고객) 중심 사고
강의식 교육 훈련	참여와 현장체험식 교육훈련
커리큘럼(curriculum)의 사고	학습체계(learning format)

연계학습 2025 신용한 행정학 p.502, 503

---

24 상중하 ③

출제유형 출제영역 말바꾸기+개념 / 우리나라 예산의 결산 과정 등

① ◯ 국회법 제84조 제5항

> **국회법 제84조【예산안·결산의 회부 및 심사】** ⑤ 예산결산특별위원회는 소관 상임위원회의 예비심사 내용을 존중하여야 하며, 소관 상임위원회에서 삭감한 세출예산 각 항의 금액을 증가하게 하거나 새 비목(費目)을 설치할 경우에는 소관 상임위원회의 동의를 받아야 한다. 다만, 새 비목의 설치에 대한 동의 요청이 소관 상임위원회에 회부되어 회부된 때부터 72시간 이내에 동의 여부가 예산결산특별위원회에 통지되지 아니한 경우에는 소관 상임위원회의 동의가 있는 것으로 본다.

② ◯ 국가재정법 제43조 제1항

> **국가재정법 제43조【예산의 배정】** ① 기획재정부장관은 제42조의 규정에 따른 예산배정요구서에 따라 분기별 예산배정계획을 작성하여 국무회의의 심의를 거친 후 대통령의 승인을 얻어야 한다.

③ ✗ 예산과정은 편성, 심의·의결, 집행, 결산 및 회계검사의 단계로, 우리나라의 예산주기는 **3년**이다.

④ ◯ 국가재정운용계획은 「국가재정법」에 근거해 각 부처의 중장기계획을 전체 국가의 우선순위와 재원의 능력 범위 내에서 추진될 수 있도록 각 부처와 협의하여 수립·운영하는 중기재정계획 제도로 매년 작성되며 5개년 연동계획(rolling plan)으로 수립된다.

⑤ ◯ 회계연도는 일정기간 동안의 수입과 지출을 구분·정리해 그 관계를 명확하게 하기 위해 인위적으로 설정한 기간이다.

올바른 지문 ③ 예산편성 – 예산심의·의결 – 예산집행 – 예산결산으로 이루어진 예산 주기는 <u>3년</u>이다.

연계학습 2025 신용한 행정학 p.656, 657, 660, 666, 669

---

25 상중하 ④

출제유형 출제영역 말 바꾸기+개념 / 대표관료제

① ◯ '국민에 의해 직접 선출되지는 않았으나 신분 보장을 받고 있는 임명직 관료집단을 어떻게 민주적 방법으로 행동하도록 만들 것인가'에 대해 대표관료제론자들은 객관적 책임은 매우 비현실적이라 비판하고, 개인의 성장배경과 사회화 과정·사회집단에 의해 형성되는 주관적 책임('누구에게 무엇에 대해 스스로 책임을 느끼며, 또 책임있게 행동하느냐')을 통해 해결하고자 한다.

② ◯ 대표관료제는 정부관료제가 그 사회의 인적 구성을 반영하도록 구성함으로써 관료제 내에 민주적 가치를 반영시키려는 의도에서 발달하였다.

③ ◯ 대표관료제의 핵심 가정은 소극적 대표가 적극적 대표를 촉진한다는 것이다. 소극적 대표는 출신성분이 관료의 태도를 결정한다는 전제이며, 적극적 대표는 태도가 행동을 결정한다는 전제이다.

④ ✗ 대표관료제는 **실적주의의 형식적 기회균등에 대한 수정 요구로 인해 대두**되었으며, 국민의 다양한 요구에 대한 정부의 대응성을 향상시키고 사회 경제적 여건이 **불리한 계층에 대한 공직진출을 보장**하여 **형평성**(능률성 ✗)을 향상시킨다.

올바른 지문 ④ 대표관료제는 <u>실적주의 원칙을 수정하여 형평성을 제고한다</u>.

SUMMARY 대표관료제의 효용·한계

기능(효용)	단점(한계)
① 관료제의 국민대표성 강화 ② 실질적 기회균등 보장과 수직적 형평성 제고 : 사회경제적 여건이 불리한 계층에 대한 공직진출에 실질적 기회를 보장 ③ 관료제의 대응성과 책임성 제고 ④ 대중통제의 내재화 : 관료집단간의 견제와 균형을 통해 사회집단 간 이익을 균형있게 대변가능	① 공직 전문성·생산성 저하 ⇨ 실적주의와의 마찰 가능성 ② 반(反)자유주의 원리 : 개인의 선택에 대한 인위적 간섭을 초래 ⇨ 개인권익의 침해 ③ 역차별(reverse discrimination)의 우려 : 수평적 형평성의 저해('같은 것은 같게') ④ 실현과정에서의 인사기술상의 한계 : 구성론적 대표성 확보의 어려움. ⑤ 재사회화에 대한 고려부족

연계학습 2025 신용한 행정학 p.457~460

2022년 국회 8급

문제편 p.159~164

정답

01	①	02	⑤	03	⑤	04	④	05	③
06	③	07	②	08	③	09	①	10	④
11	⑤	12	①	13	②	14	②	15	④
16	⑤	17	②	18	②	19	②	20	⑤
21	③	22	③	23	②	24	④	25	①

출제영역 분석

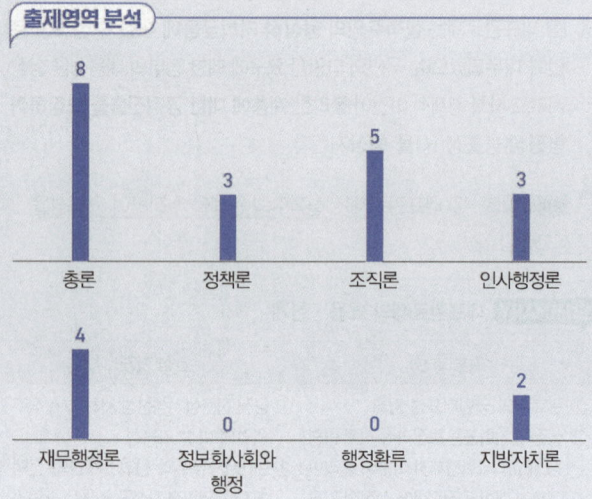

출제경향 분석

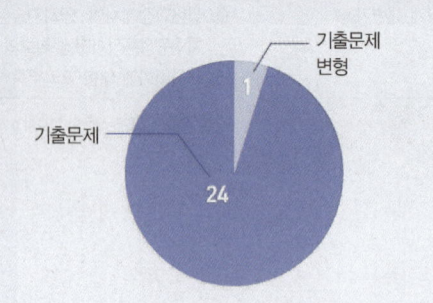

출제문제 유형분석

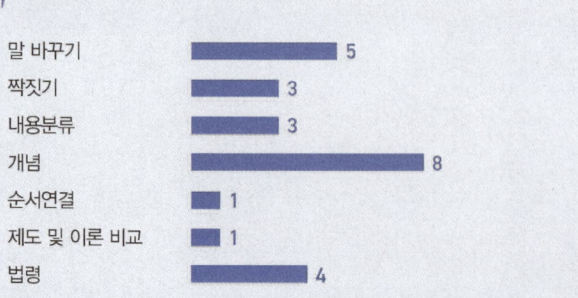

01 ①

출제유형 개념 / **출제영역** 롤스의 정의론, 공익의 실체설 vs 과정설

ㄱ. ⓞ 과정설은 공익을 조정과 타협의 산물로 보는 입장으로, 집단 간 힘의 불균형이 존재하는 경우 집단이기주의의 폐단이 발생할 수 있다. 힘센 소수의 몇몇 집단이 공익의 형성과정을 주도하고, 조직화 되지 못한 일반시민이나, 약자의 이익이 협상과 조정과정에서 희생되는 결과를 초래할 수 있다. 이를 극복하기 위해서는 공동체를 개인에 우선시키며, 공익이란 사익을 초월한 개념으로 파악하는 공익의 실체설 입장을 반영할 필요가 있다.

ㄴ. ⓞ 롤스(J. Rawls)의 제1원리와 제2원리가 충돌할 때에는 제1원리가 제2원리에 우선하고, 제2원리 내에서 충돌이 생길 때에는 '기회균등의 원리'가 '차등조정의 원리'에 각각 우선되어야 한다.

ㄷ. ✕ 과정설에 대한 설명이다. 실체설은 공익을 사익을 초월한 실체적·규범적·도덕적 개념으로 파악하며, 공동체를 개인에 우선시키는 견해이다.

ㄹ. ✕ 롤스(J. Rawls)의 정의론은 자유방임주의에 의거한 전통적 자유주의와 생산수단의 사회적 소유를 주장하는 **사회주의의 양극단을 지양(지향 ✕)하고 자유와 평등의 조화를 추구하는 중도주의적 입장**이다.

연계학습 2025 신용한 행정학 p 87~93

02 ⑤

출제유형 내용 분류 / **출제영역** 학습조직

셍게(P. Senge)는 학습조직 탄생을 위한 5가지 수련 방법으로 **자**기완성, **사**고의 틀, **공**동의 비전, **집**단적 학습, **시**스템 중심의 사고를 제시했다.

① ⓞ 공동의 비전(shared vision)에 대한 설명이다.
② ⓞ 집단적 학습(team learning)에 대한 설명이다.
③ ⓞ 자기완성(personal mastery)에 대한 설명이다.
④ ⓞ 시스템 중심의 사고(systems thinking)에 대한 설명이다.
⑤ ✕ 학습효과를 극대화하기 위한 관리자의 리더십은 셍게의 학습조직 탄생을 위한 5가지 수련에 해당하지 않는다.

SUMMARY 셍게(Senge)의 학습조직 탄생을 위한 5가지 수련

자기완성 (personal mastery)	• 생애와 일에 관한 개인의 접근방법을 성숙시키는 것 • 각 개인은 원하는 결과를 얻을 수 있는 자기역량의 확대방법을 학습해야 함.
사고의 틀 (사고모형) (mental models)	• 뇌리에 깊이 박힌 정신적 이미지를 성찰하고 새롭게 하는 것 • 생각과 관점에 대한 끊임없는 성찰과 쇄신이 필요함.
공동의 비전 (shared vision)	• 조직 구성원들이 공동으로 추구하는 목표와 원칙에 대한 공감대 형성하는 것
집단적 학습 (team learning)	• 구성원 간 진정한 대화와 집단적 사고의 과정을 통해 개인적 능력의 합계를 능가하는 지혜와 능력을 구축하게 하는 것 • 대화와 토론을 통한 지속적인 협력적 학습과 팀워크 개발·구축이 중요
시스템 중심의 사고 (systems thinking)	• 체제를 구성하는 여러 관련요인들을 통합적인 이론체계(실전체계)로 융합시키는 능력을 키우는 통합적 훈련

연계학습 2025 신용한 행정학 p.356

03 상중하 ⑤

출제유형 **출제영역** 이론 비교 / 현금주의 vs 발생주의

① ❌ 재정상태표, 재정운영표 모두 발생주의 회계방식에 해당한다.
② ❌ **현금주의 회계방식은 회계처리의 객관성(외형상 수지균형 확보)의 확보가 용이**하며, **발생주의 회계방식은 자동이월 기능 등으로 인한 정보의 적시성 확보가 용이**하다.
③ ❌ **현금주의 회계방식은 절차가 간편하여 이해와 통제가 용이**하고 **발생주의 회계방식은 재정의 실질적 객관성 확보등으로 인해 재정 건전성 확보가 가능**하다.
④ ❌ 발생주의 회계방식은 채권채무, 자산평가, 감가상각 등의 자의적 추정이 불가피하기 때문에, **발생주의 회계방식이 오히려 의회통제를 회피하기 위해 악용될 가능성이 존재**한다.
⑤ ⭕ 현금주의 회계방식에서는 화폐자산과 차입금 등을 측정대상으로 한다면 발생주의 회계방식은 재무자원 뿐만아니라, 채권, 감가상각 등 비재무자원을 포함한 모든 경제자원을 측정대상으로 한다.

SUMMARY 현금주의 vs 발생주의

구 분	장점	단점
현금 주의	• 절차가 간편하고 이해와 통제가 용이 • 회계제도 운영상 경비 절감 • 회계처리의 객관성, 외형상 수지균형 확보가 용이	• 거래의 실질 및 원가 미반영 • 비용편익분석 등 재정성과측정 곤란
발생 주의	• 재정의 실질적 객관성 확보(감가상각비, 유동부채나 자산의 변동 등의 인식) • 경영성과 파악 용이(총량정보의 제공) • 복식부기와 결합, 자기검증기능으로 회계오류 시정 • 정보의 적시성 확보 • 자동 이월기능	• 채권채무의 자의적 추정이 불가피함. • 자산평가나 감가상각의 주관성 • 회수불가능한 부실채권 파악이 어려움. • 절차가 복잡하고, 숙련된 회계직 공무원 필요

연계학습 2025 신용한 행정학 p.689, 690

04 상중하 ④

출제유형 **출제영역** 내용분류 / 투사 vs 예견 vs 추측

ㄷ ❌ **경로분석은 예견(Predict)**에 해당한다.
ㅁ ❌ **자료전환법은 투사(Project)**에 해당한다.
ㅅ ❌ **격변예측기법은 투사(Project)**에 해당한다.

SUMMARY 대안의 결과예측

유 형	개 념	기 법
투사(Project) 추세연장적· 시계열적 예측	추세연장, 경향분석 등을 통한 귀납적 예측	• 시계열분석(외삽법, 보외법) • 최소자승 시계열분석 • 이동평균법 • 자료전환법 • 격변예측기법
예견(Predict) 이론적·인과 관계적 예측	이론적 모형을 통한 인과적·연역적 예측	• 이론지도작성 • 선형계획모형 • 투입·산출분석 • 회귀분석, 상관분석, 마르코프분석 • PERT • 대기행렬이론 • 시뮬레이션 • 게임이론, 계량적 시나리오 작성
추측 (conjecture) 직관적·주관적 예측	주관적 견해에 의존하는 판단적·질적 예측	• 델파이, 정책델파이 • 브레인스토밍 • 교차영향분석 • 실현가능성평가기법 • 비계량적 시나리오 작성 • 명목집단기법 등

연계학습 2025 신용한 행정학 p.233

05 상중하 ③

출제유형 **출제영역** 법령 / 우리나라의 공무원 노동 조합

① ❌ **우리나라는 공무원 노조의 정치활동을 허용하지 않는다.**

> 공무원의 노동조합 설립 및 운영 등에 관한 법률 제4조【정치활동의 금지】노동조합과 그 조합원은 정치활동을 하여서는 아니 된다.

②, ④ ❌, ③ ⭕ 이전 우리나라의 공무원 노동조합은 6급 이하의 일반직 공무원 등의 직급제한이 있었으나, 21년 7월 개정을 통해 공무원 노동조합의 가입 기준 중 **공무원의 직급 제한을 폐지**하고, **소방공무원과 교육공무원**(교원은 제외)의 노동조합 가입 및 **퇴직공무원 등의 노동조합 가입을 허용**하였다.

> 동법 제6조【가입 범위】① 노동조합에 가입할 수 있는 사람의 범위는 다음 각 호와 같다.
> 1. 일반직공무원
> 2. 특정직공무원 중 외무영사직렬·외교정보기술직렬 외무공무원, 소방공무원 및 교육공무원(다만, 교원은 제외한다)
> 3. 별정직공무원
> 4. 제1호부터 제3호까지의 어느 하나에 해당하는 공무원이었던 사람으로서 노동조합 규약으로 정하는 사람

⑤ ❌ **인사·보수, 교정·수사 등의 업무에 종사하는 공무원은 공무원 노동조합에 가입할 수 없다.**

> 동법 제6조【가입 범위】② 제1항에도 불구하고 다음 각 호의 어느 하나에 해당하는 공무원은 노동조합에 가입할 수 없다.
> 1. 업무의 주된 내용이 다른 공무원에 대하여 지휘·감독권을 행사하거나 다른 공무원의 업무를 총괄하는 업무에 종사하는 공무원
> 2. 업무의 주된 내용이 인사·보수 또는 노동관계의 조정·감독 등 노동조합의 조합원 지위를 가지고 수행하기에 적절하지 아니한 업무에 종사하는 공무원
> 3. 교정·수사 등 공공의 안녕과 국가안전보장에 관한 업무에 종사하는 공무원

연계학습 2025 신용한 행정학 p.564~550

06 상중하 ③

출제유형/출제영역 이론 비교 / 비용편익분석 vs 비용효과분석

① ✗ 비용효과분석은 '비용'은 '금전적 가치'로 '효과'는 측정가능한 '산출물단위'로 산정하여 분석한다. **모든 관련 요소를 공통의 가치 단위(화폐)로 측정하는 것은 비용편익분석에 대한 설명**이다.
② ✗ **비용효과분석은 기술적 합리성(경제적 합리성 ×)과 정책대안의 효과성을 강조**한다.
③ ◯ 비용효과분석은 시장가격에 거의 의존하지 않기 때문에 민간부문에서의 이윤극대화원리에 덜 의존적이므로, 민간부문이 사업대안 분석에 적용가능성이 낮다.
④ ✗ **비용효과분석은 질적 분석으로, 외부효과, 무형적·질적 가치 분석에 적합**하다.
⑤ ✗ **비용효과분석은 비용 또는 효과 어느 한쪽이 고정되어야 함으로** 변동하는 비용과 효과의 문제분석에 활용하기 어렵다.

SUMMARY 비용편익분석 vs 비용효과분석

구분	비용편익분석	비용효과분석
가치산정	비용·편익 ⇨ 화폐가치	비용 ⇨ 화폐가치, 효과 ⇨ 산출물 단위
성격	양적 분석 (공공부문 적용에 한계) 형평성·주관적 가치문제 다루지 못함	질적 분석 (공공부문 적용에 적합) 외부효과, 무형적·질적 가치 분석에 적합
중점	경제적 합리성	기술적 합리성 (정책대안의 효과성)
비용·효과의 변동여부	비용과 편익이 함께 변동 (가변비용, 가변편익)	어느 한쪽이 고정 (비용고정 - 효과극대화 or 효과고정-비용최소화)

연계학습 2025 신용한 행정학 p.244~252

07 상중하 ②

출제유형/출제영역 말 바꾸기 / 오스본과 개블러의 정부재창조론

① ✗ 촉진적 정부 : 기업가적 정부는 서비스 공급자보다는 촉매작용자, 중개자 그리고 촉진자 역할을 수행해야 한다(**노젓기보다 방향 잡아주기**).
② ◯ 사명지향적 정부 : 법규나 규정에 의한 관리보다는 목표와 임무를 중심으로 조직을 운영하고, 결과를 중시해야 한다(규칙 중심조직의 개혁).
③ ✗ 미래에 대비하는 정부 : 사후적으로 대책을 수립하기 보다는 사전에 문제 예방에 주력하는 것이 더욱 효과적이다(**사고 수습보다는 사고 예방**).
④ ✗ 경쟁적 정부 : 경쟁 원리의 도입을 통해 행정서비스 공급의 경쟁력을 제고해야 한다(**서비스 제공에 경쟁 도입**).
⑤ ✗ 지역사회가 주도하는 정부 : 기업가적 정부는 관료적 통제와 공급자 위주의 행정에서 벗어나 주민들에게 권한을 부여해 지역공동체를 형성함으로써 지역주민과 지역공동체를 서비스 공급 주체의 일원으로 참여시켜야 한다(**서비스 제공보다 권한 부여**).

SUMMARY 오스본과 개블러의 정부재창조론

1. 촉진적 정부
2. 지역사회가 주도하는 정부
3. 경쟁적 정부
4. 사명지향적 정부
5. 성과 지향적 정부
6. 고객 지향적 정부
7. 기업가적 정부
8. 미래에 대비하는 정부
9. 분권적 정부
10. 시장 지향적 정부

연계학습 2025 신용한 행정학 p.154

08 상중하 ③

출제유형/출제영역 개념 / 정책지지연합모형

① ✗ 상호작용과 시간의 흐름에 따른 **정책학습뿐만 아니라 사회경제적 변동과 정치체제구조의 변화로 정책변화 등이 일어난다고 가정**한다.
② ✗ 정책변화의 과정과 정책지향적 학습의 역할을 이해하기 위해서는 **10년 이상의 장기간**이 필요하다고 전제한다.
③ ◯ 정책변화를 이해하기 위한 분석단위로 다양한 수준의 정부에서 활동하는 행위자들을 모두 포함하는 정책하위체제에 중점을 둔 모형으로 정책하위체제 안에는 신념체계를 공유하는 정책지지연합이 존재한다고 본다.
④, ⑤ ✗ 정책지지연합모형은 **상향식 접근법(하향식 접근법 ×)의 분석단위를 채택**하고 하향적 접근방법의 법적, 사회경제적 변수, 과학적, 기술적인 정보 등 여러 가지 변수들을 결합한 모형이다.

연계학습 2025 신용한 행정학 p.285

09 상중하 ①

출제유형/출제영역 순서연결 / 행정학의 발달순서

① ◯ 미국의 행정학은 (가)행정관리론(19c말) - (다)행정과학의 적실성에 대한 논쟁(행정관리론에 대한 비판 과정에서 대두) - (바)비교행정론과 발전행정론의 등장(1950년대) - (마)신행정론의 등장(1960년대) - (나)신공공관리론의 등장(1980년대) - (라)거버넌스 이론의 유행(1990년대)의 순서로 발달하였다.

연계학습 2025 신용한 행정학 p.112~118

10 상중하 ④

출제유형/출제영역 개념 / 균형성과표(BSC)

① ◯ BSC는 결과에 초점을 둔 재무지표가 미래 조직 상황을 예측해내지 못하는 등의 여러 한계를 보이자, 이를 배경으로 등장한 성과지표 개발 방식으로, 재무적 지표를 포함해 조직의 비전과 목표, 전략으로부터 도출된 포괄적인 성과지표를 고려하고 있다.

② ⭕ BSC는 단기적 관점과 장기적 관점의 균형은 물론, 재무적 지표와 비재무적 지표의 균형, 조직 내부 요소와 외부 요소의 균형, 선행지표와 후행지표 간의 균형 등을 중시한다.

③ ⭕ 고객관점의 성과지표는 고객만족도, 정책순응도, 민원인의 불만율, 신규 고객의 증감 등이 대표적이다.

④ ❌ **재무적 관점은 전통적인 후행 성과지표**이다.

⑤ ⭕ BSC는 조직구성원들에게 조직의 전략 목적을 달성하기 위해 필요한 성과가 무엇인지를 알려주기 때문에 조직전략의 해석지침이 될 수 있다.

올바른 지문 ④ 재무적 관점은 전통적인 후행 성과지표이다.

SUMMARY 균형성과관리의 4대 관점

재무적 관점	기업의 주인인 주주에게 보여주어야 할 성과의 관점. 기업 BSC에 있어 최종목표	성과지표 : 매출, 자본수익률, 예산 대비 차이 등 전통적 후행 지표
고객 관점	서비스의 구매자인 고객들에게 무엇을 보여주어야 할 성과의 관점.	성과지표 : 고객만족도, 정책 순응도, 민원인의 불만율 등
내부프로세스 (과정)관점	목표달성을 위해 기업내부의 일처리 방식의 혁신관점	성과지표 : 의사결정과정의 시민참여, 적법절차 등
학습과 성장 관점	변화와 개선의 능력을 어떻게 키워나가야 할 것인가의 관점. 미래업무운영에 대한 근거를 제공. '미래의 관점'으로 대체 설명되기도 함.	성과지표 : 학습 동아리수, 내부 제안 건수, 직무 만족도 등

(연계학습) 2025 신용한 행정학 p.439, 440

---

11 상 중 하 ⑤

출제유형 출제영역 개념 / 계급제 vs 직위분류제

①, ④ ❌ **직위분류제에 대한 설명**이다.

② ❌ 권한과 책임의 명확화를 통해 전문화되고 체계적인 조직관리가 가능한 것은 합리적인 근무성적평정 및 직무에 기반한 **직위분류제에 대한 설명**이다.

③ ❌ **직무급**은 생활급이나 근속급과 달리 개별 공무원이 아닌 공무원에게 주어진 직무가 기준이 되며, 직무분석과 직무평가를 통해 객관적인 직무가치의 산정을 전제로 한다는 점에서 **직위분류제를 채택할 경우에 유용**하다.

⑤ ⭕ 계급제는 계급 내에서 인력 활용의 융통성과 효율성을 높여 탄력적 인사관리를 가능하게 하며, 일반행정가 양성을 통해 공무원의 시야와 이해력을 넓혀 공무원 간의 협조가 원활하게 이루어질 수 있다.

SUMMARY 계급제의 장·단점

장 점	단 점
① 장기적 관점에서 유능한 인재의 공직 흡수	① 직무급 확립 곤란(낮은 보수 형평성)
② 공무원의 경력발전 기회 증진	② 행정의 전문화에 부응 못함
③ 신분보장과 직업공무원제 확립에 유리	③ 의사결정의 적실성 확보의 곤란
④ 인력활용의 융통성과 효율성을 높여 탄력적 인사관리 가능	④ 적임자의 임용을 담보할 수 없어 능률성 저하
⑤ 일반행정가 양성에 유리	⑤ 계서제 상의 각 계층 간 긴장 조성
	⑥ 각 계층의 구성원들이 집단이익 옹호에 집착할 가능성

⑥ 공무원의 직업적 연대의식과 일체감을 높여 능률성 제고
⑦ 공무원의 시야와 이해력을 넓혀 부서 간·부처 간 협조와 조정이 원활하게 이루어짐.

⑦ 강력한 신분보장으로 무사안일·특권집단화 할 우려
⑧ 수직적 융통성이 낮음.

SUMMARY 직위분류제의 장·단점

장 점	단 점
① 채용시험 등 인사배치에서 적합한 기준 제공	① 일반행정가의 양성 곤란
② 적재적소에 유능한 사람 임용	② 조직 및 직무 변화에 대응 미흡
③ 훈련의 수요 쉽게 파악, 직무급 수립 용이(높은 보수형평성)	③ 인사관리의 탄력성 & 신축성 확보 곤란
④ 권한과 책임의 한계를 명백하게 해 조직 관리의 합리성을 기함	④ 공무원 신분 보장의 위협
⑤ 행정의 전문화와 정원관리에 용이	⑤ 조직에 대한 헌신과 단결심 저해
⑥ 직무 중심적 동기유발을 지지	⑥ 전문가 지향으로 횡적 의사소통이나 협조·조정의 곤란

(연계학습) 2025 신용한 행정학 p.477~483

---

12 상 중 하 ①

출제유형 출제영역 법령 / 주민참여제도

① ❌ **주민참여예산제도는 「지방자치법」이 아니라 「지방재정법」에 규정**되어 있다.

> **지방재정법 제39조 【지방예산 편성 등 예산과정의 주민 참여】** ① 지방자치단체의 장은 대통령령으로 정하는 바에 따라 지방예산 편성 등 예산과정(「지방자치법」 제47조에 따른 지방의회의 의결사항은 제외한다. 이하 이 조에서 같다)에 주민이 참여할 수 있는 제도(이하 이 조에서 "주민참여예산제도"라 한다)를 마련하여 시행하여야 한다.

② ⭕ 지방자치법 제18조 제1항

> **지방자치법 제18조 【주민투표】** ① 지방자치단체의 장은 주민에게 과도한 부담을 주거나 중대한 영향을 미치는 지방자치단체의 주요 결정사항 등에 대하여 주민투표에 부칠 수 있다.

③ ⭕ 지방자치법 제21조 제1항

> **지방자치법 제21조 【주민의 감사 청구】** ① 지방자치단체의 18세 이상의 주민으로서 다음 각 호의 어느 하나에 해당하는 사람(「공직선거법」 제18조에 따른 선거권이 없는 사람은 제외한다. 이하 이 조에서 "18세 이상의 주민"이라 한다)은 시·도는 300명, 제198조에 따른 인구 50만 이상 대도시는 200명, 그 밖의 시·군 및 자치구는 150명 이내에서 그 지방자치단체의 조례로 정하는 수 이상의 18세 이상의 주민이 연대 서명하여 그 지방자치단체와 그 장의 권한에 속하는 사무의 처리가 법령에 위반되거나 공익을 현저히 해친다고 인정되면 시·도의 경우에는 주무부장관에게, 시·군 및 자치구의 경우에는 시·도지사에게 감사를 청구할 수 있다.

④ ⭕ 지방자치법 제22조 제1항

지방자치법 제22조 【주민소송】 ① 제21조제1항에 따라 공금의 지출에 관한 사항, 재산의 취득·관리·처분에 관한 사항, 해당 지방자치단체를 당사자로 하는 매매·임차·도급 계약이나 그 밖의 계약의 체결·이행에 관한 사항 또는 지방세·사용료·수수료·과태료 등 공금의 부과·징수를 게을리한 사항을 감사 청구한 주민은 다음 각 호의 어느 하나에 해당하는 경우에 그 감사 청구한 사항과 관련이 있는 위법한 행위나 업무를 게을리한 사실에 대하여 해당 지방자치단체의 장(해당 사항의 사무처리에 관한 권한을 소속 기관의 장에게 위임한 경우에는 그 소속 기관의 장을 말한다. 이하 이 조에서 같다)을 상대방으로 하여 소송을 제기할 수 있다.

⑤ ⭕ 지방자치법 제25조 제1항

지방자치법 제25조 【주민소환】 ① 주민은 그 지방자치단체의 장 및 지방의회의원(비례대표 지방의회의원은 제외한다)을 소환할 권리를 가진다.

[연계학습] 2025 신용한 행정학 p.883

13 상 중 하 🔑 ②

출제유형 **출제영역** 짝 찾기 / 조직이론

① ❌ 테일러(F. Taylor)는 생산성과 능률성을 향상시키기 위해서는 기존의 관습적·전통적 관리방법이나 어림지양식, **관리자의 독단적인 직관에 의존하는 방법을 지양**하고 객관적으로 확립된 과학적 원리와 방법의 적용을 제시했다.

② ⭕ 페이욜(H. Fayol)은 최고관리자의 관점에서 분업의 원리, 권한과 책임의 원리, 규율의 원리, 명령통일의 원리, 지휘통일의 원리 등 14가지 관리원칙을 제시하였다.

③ ❌ 귤릭(L. Gulick)은 최고관리층의 7가지 기능으로서 POSDCoRB를 제시하였다. 이 중 C는 Coordinating(조정)으로, **협력(cooperation)은 포함되지 않는다**.

④ ❌ 베버(M. Weber)는 **근대관료제를 법적·합리적 권위에 기반**하는 것으로 보았다.

⑤ ❌ 메이요(E. Mayo)의 호손(Hawthorne)실험은 **작업장의 생산능률이 근로자가 속한 비공식 조직 내의 인간관계, 근로자의 감정, 태도 등에 더 많은 영향을 받고 있음을 발견**하였다.

SUMMARY 과학적 관리론 vs 인간관계론

	과학적 관리론 (Taylorism, Fordism)	인간관계론 (Mayo의 호손실험)
연구	시간 및 동작 연구	호손실험
인간관	경제적 인간관(X론적 인간관)	사회적 인간관(Y론적 인간관)
초점	공식구조의 설계	비공식구조의 사회적 규범 중시
관리방식	명확한 목표, 반복적 훈련	일체감, 대인관계, 집단사기의 관리
동기부여	경제적 보상	사회적 욕구의 충족 등 비경제적 보상
중요가치	기계적 능률성	사회적 능률성

학문적 기여	고전적 행정학의 기틀마련	신고전적 행정학 형성
한계	• 폐쇄적 환경관 • 공식구조만 중시, 경제적 욕구에 의해서만 지배되는 편향된 인간관 • 조직의 기계화·비인간화를 조장	• 폐쇄적 환경관 • 하향적 통제 방식의 유지 • 보다 세련된 착취방법에 불과 • 이원론적 인식의 한계(인간의 복잡한 측면을 보지 못함)

공통점: 폐쇄적 환경관, 생산성 향상을 위한 관리기술

SUMMARY 귤릭(Gulick)의 POSDCoRB

1. Planning(기획)
2. Organizing(조직)
3. Staffing(인사)
4. Directing(지휘)
5. Coordinating(조정)
6. Reporting(보고)
7. Budgeting(예산)

SUMMARY 베버(M. Weber)의 이념형 관료제

권위	관료제	지배형태	특징
전통적 권위	가산관료제	전통적 지배	권력을 장악한 자의 신분에 의해 유지
카리스마적 권위	카리스마적 관료제	카리스마적 지배	지배자의 특성·자질에 의존
법적·합리적 권위	근대적 관료제	합법적·합리적 지배	법규에 의한 지배, 계층제적 구조, 비개인성 등

[연계학습] 2025 신용한 행정학 p.342

14 상 중 하 🔑 ②

출제유형 **출제영역** 짝 찾기 / 뉴거버넌스 정부개혁모형(Peters)

② ⭕ 시장모형에서는 공공부문의 독점성에 대한 문제를 제기하고, 구조적 분권과 내부관리에서 성과급 등 민간관리방안의 도입을 처방한다.

올바른 지문

① 계층제 - 전통적 정부
③ 평면조직 - 참여적 정부
④ 가상조직 - 신축적 정부

SUMMARY Peters의 모형 비교

구 분	전통적 정부	시장적 정부	참여적 정부	신축적 정부 (유연조직 모형)	탈규제 정부 (저통제 모형)
문제제기	전근대적 권위	독점	계층제	영속성	내부규제
구조개혁 방안	계층제	분권화	평면조직	가상조직	특정 내용 없음
관리개혁 방안	직업 공무원제, 절차적 통제	성과급, 민간부문의 기법	총품질관리(TQM), 팀제	가변적 인사관리	관리재량권 확대

정책결정 개혁방안	정치·행정의 구분	내부시장, 시장적 유인	협의, 협상	실험	기업가적 정부	
공무원제 개혁방안	실적제	시장기제로 대체	계층제 축소	임시고용 제도 활용	내부규제 철폐	
공익의 기준	안정성, 평등	저비용	참여, 협의	저비용, 조정	창의성, 활동주의	

연계학습 2025 신용한 행정학 p.167, 168

15 상(중)하 ④

출제유형 출제영역 개념 / 윌슨(Wilson)의 규제정치모형

④ ○ 고객정치는 규제의 편익은 소수에게 집중되는 반면, 규제의 비용은 다수에게 분산되는 유형이다.

SUMMARY 윌슨의 규제정치모형

구 분		규제의 편익	
		넓게 분산	좁게 집중
규제 비용	넓게 분산	• 대중정치 : 편익, 비용 모두 분산 • 수혜자 : 집단행동의 딜레마 • 비용부담자 : 집단행동의 딜레마 ⇨ 규제에 대한 정치적 위험과 논란이 적음 예 음란물 규제, 낙태규제 등	• 고객정치 : 편익은 집중, 비용은 분산 • 수혜자 : 규제의 집행을 촉구 • 비용부담자 : 집단행동의 딜레마 발생. ⇨ 규제의 강력한 이행 예 수입규제, 직업면허, 환경규제 완화 등
	좁게 집중	• 기업가정치 : 편익은 분산, 비용은 소수 집중 • 정책선도자들이 시민의사를 결집하여 추진 • 수혜자 : 집단행동의 딜레마 발생 • 비용부담자 : 규제의 집행에 강력히 저항 ⇨ 규제의 느슨한 집행 예 환경오염규제, 퇴폐업소 단속, 외제차에 대한 수입규제완화 등	• 이익집단정치 : 편익 집중, 비용 집중 • 수혜자 : 규제의 집행을 촉구 • 비용부담자 : 규제의 집행에 강력히 저항 ⇨ 서로의 이익확보를 위해 대립. 규제정책의 가시성이 높음. 예 한·약분쟁, 의약분업규제 등

연계학습 2025 신용한 행정학 p.28, 29

16 상중(하) ⑤

출제유형 출제영역 짝 찾기 / 동기부여이론

① ✗ 맥클랜드(D. McClelland)는 개인마다 욕구의 계층에 차이가 있다고 주장하며, 성취욕구, 권력욕구, 친교욕구 중 성취욕구의 중요성에 중점을 둔 성취동기이론을 제시하였다. 동기의 강도는 행동이 일정한 결과로 이어진다는 기대감과 결과에 대한 선호의 정도에 달려 있다고 보는 것은 **브룸(Vroom)의 V.I.E. 기대이론에 대한 설명**이다.

② ✗ 맥그리거(McGregor)의 X·Y이론에서 **X이론은 주로 하위욕구를, Y이론은 주로 상위욕구**를 중요시하는 것이다.

③ ✗ 매슬로우(A. Maslow)에 따르면 **인간의 욕구는 생리적 욕구, 안전의 욕구, 사회적 욕구, 존중의 욕구, 자아실현의 욕구의 순서에 따라 유발**된다.

④ ✗ 허즈버그(F. Herzberg)의 욕구충족요인이원론은 조직구성원에게 **불만을 주는 요인인 위생요인(동기요인 ✗)과 만족을 주는 요인 동기요인(위생요인 ✗)은 상호독립** 되어 있다는 것을 제시하였다.

⑤ ○ 앨더퍼(Alderfer)는 매슬로우의 욕구계층이론을 수정하여 인간의 욕구를 존재(E: Existence), 관계(R: Relatedness), 성장(G: Growth)의 3단계로 분류하였다.

올바른 지문

① 브룸(Vroom) - 동기의 강도는 행동이 일정한 결과로 이어진다는 기대감과 결과에 대한 선호의 정도에 달려 있다.
② 맥그리거(D. McGregor) - Y이론은 주로 상위욕구를, X이론은 주로 하위욕구를 중요시하는 것이다.
③ 매슬로우(A. Maslow) - 인간의 욕구는 생리적 욕구, 안전의 욕구, 소속의 욕구, 존경에 대한 욕구, 자아실현의 욕구의 순서에 따라 유발된다.
④ 허즈버그(F. Herzberg) - 조직구성원에게 불만족을 주는 위생요인과 만족을 주는 동기요인이 각각 별개로 존재한다.

연계학습 2025 신용한 행정학 p.391~397, 401

17 상(중)하 ③

출제유형 출제영역 말 바꾸기+법령 / 일반회계 vs 특별회계 vs 기금

① ✗ 세입세출예산은 **일반회계와 특별회계**(기금 ✗)로 구분한다.

국가재정법 제21조 【세입세출예산의 구분】 ② 세입세출예산은 독립기관 및 중앙관서의 소관별로 구분한 후 소관 내에서 일반회계·특별회계로 구분한다.

② ✗ 국회의 예산에 예비금을 두지만, **관리는 국회의 사무총장**(국회의장 ✗)이 한다.

국회법 제23조 【국회의 예산】 ③ 국회의 예산에 예비금을 둔다.
④ 국회의 예비금은 사무총장이 관리하되, 국회운영위원회의 동의와 의장의 승인을 받아 지출한다. 다만, 폐회 중일 때에는 의장의 승인을 받아 지출하고 다음 회기 초에 국회운영위원회에 보고한다.

③ ○ 세입예산 과목은 관(款)·항(項)·목(目)으로 구분된다.

국가재정법 제21조 【세입세출예산의 구분】 ③ 세입예산은 제2항의 규정에 따른 구분에 따라 그 내용을 성질별로 관·항으로 구분하고, 세출예산은 제2항의 규정에 따른 구분에 따라 그 내용을 기능별·성질별 또는 기관별로 장·관·항으로 구분한다.
④ 예산의 구체적인 분류기준 및 세항과 각 경비의 성질에 따른 목의 구분은 기획재정부장관이 정한다.

④ ❌ **기금**에 대한 설명이다. 특별회계는 특정한 목적을 위해 세입과 세출을 일반회계와 별도로 구분·경리하는 예산이다.

> **국가재정법 제4조【회계구분】** ③ 특별회계는 국가에서 특정한 사업을 운영하고자 할 때, 특정한 자금을 보유하여 운영하고자 할 때, 특정한 세입으로 특정한 세출에 충당함으로써 일반회계와 구분하여 계리할 필요가 있을 때에 법률로써 설치한다.

⑤ ❌ 국회에 예산안이 제출되면 **본회의**(상임위원회 회의 ×)에서 정부의 시정연설을 듣는다.

> **국회법 제84조【예산안·결산의 회부 및 심사】** ① 예산안과 결산은 소관 상임위원회에 회부하고, 소관 상임위원회는 예비심사를 하여 그 결과를 의장에게 보고한다. 이 경우 예산안에 대해서는 본회의에서 정부의 시정연설을 듣는다.

올바른 지문

① 세입세출예산은 <u>일반회계와 특별회계</u>로 구분한다.
② 국회의 예산에 예비금을 두며 <u>국회의 사무총장</u>이 이를 관리한다.
④ <u>기금</u>은 국가가 특정한 목적을 위해 특정한 자금을 신축적으로 운영하기 위해 법률로써 설치한다.
⑤ 국회에 예산안이 제출되면 <u>본회의</u>에서 정부의 시정연설이 이루어진다.

SUMMARY 일반회계 vs 특별회계 vs 기금

구분	예산		기금
	일반회계	특별회계	
설치	일반적 재정활동	특정사업 운영 특정자금 운용 특정세입으로 특정세출 충당	특정 목적을 위해 특정 자금을 신축적으로 운용
운용	공권력에 의한 조세수입과 무상급부 원칙	일반회계와 기금 운용 형태 혼재	출연금, 부담금 등 다양한 재원
예산	① 부처의 예산 요구 ② 기획재정부의 정부 예산안 편성 ③ 국회 심의·의결 확정	좌 동	① 관리주체가 운영 계획 수립 ② 기획재정부장관 협의·조정 ③ 국회 심의·의결 확정
집행	엄격한 통제 목적 외 사용 금지 원칙	좌 동	합목적성 차원에서 상대적으로 자율성과 탄력성 보장
수입 지출	연계 배제	특정수입과 지출의 연계	특정 수입과 지출의 연계
변경	추경예산 편성	좌 동	지출 금액의 20% 이상 변경시 국회 의결 필요 (금융성 기금 : 30%)
결산	국회 결산 심의·승인	국회 결산 심의·승인	국회 결산 심의·승인

(연계학습) 2025 신용한 행정학 p.600, 626, 646, 665

---

18 ②

출제유형 / 출제영역: 내용분류 / 국세

ㄱ, ㄹ, ㅇ ⭕ **국세**에 해당하는 것은 증여세, 농어촌특별세, 종합부동산세 등이다.

ㄴ, ㄷ, ㅁ, ㅂ, ㅅ ❌ **취득세, 담배소비세, 레저세, 재산세, 등록면허세**는 **지방세**에 해당한다.

SUMMARY 조세의 종류

국세	내국세	직접세	소득세, 법인세, 상속·증여세, 종합부동산세
		간접세	부가가치세, 개별소비세, 주세, 인지세, 증권거래세
	목적세		교육세, 농어촌특별세, 교통·에너지·환경세
	관세		

(연계학습) 2025 신용한 행정학 p.624, 907

---

19 ②

출제유형 / 출제영역: 내용분류+법령 / 지방자치단체장의 권한

① ⭕ 지방자치단체장은 지방의회에 조례안·예산안을 제출하며, 기타 지방의회의 의결사항에 관하여 의안을 제안하는 권한을 가진다.

② ❌ **교육감의 권한**에 해당한다.

> **지방교육자치에 관한 법률 제20조【관장사무】** 교육감은 교육·학예에 관한 다음 각 호의 사항에 관한 사무를 관장한다.
> 5. 학교, 그 밖의 교육기관의 설치·이전 및 폐지에 관한 사항

③ ⭕ 지방자치법 제117조 제1항

> **지방자치법 제117조【사무의 위임 등】** ① 지방자치단체의 장은 조례나 규칙으로 정하는 바에 따라 그 권한에 속하는 사무의 일부를 보조기관, 소속 행정기관 또는 하부행정기관에 위임할 수 있다.

④ ⭕ 지방자치법 제29조

> **지방자치법 제29조【규칙】** 지방자치단체의 장은 법령 또는 조례의 범위에서 그 권한에 속하는 사무에 관하여 규칙을 제정할 수 있다.

⑤ ⭕ 지방자치법 제18조 제1항

> **지방자치법 제18조【주민투표】** ① 지방자치단체의 장은 주민에게 과도한 부담을 주거나 중대한 영향을 미치는 지방자치단체의 주요 결정사항 등에 대하여 주민투표에 부칠 수 있다.

올바른 지문 ② <u>교육감</u>은 교육기관을 설치 이전 및 폐지할 수 있다.

(연계학습) 2025 신용한 행정학 p.873~875

20 상 중 하 ⑤

출제유형 출제영역) 말 바꾸기+개념 / 공공선택론(티부가설)

① ◯ 지방정부의 재원은 당해지역 주민들의 재산세로 충당된다고 가정하며, 국고보조금 등은 존재하지 않는다고 본다.
② ◯ 공공서비스로 인한 외부효과는 존재하지 않는 것으로 가정한다. 즉, 한 지방정부가 제공하는 서비스는 그 지역 주민에게만 영향을 미치는 것으로 본다.
③ ◯ 거주지를 선택함에 있어 고용기회의 제약으로 인한 영향은 없어야 하므로 모든 주민은 배당소득으로 생활하고 있다고 가정한다.
④ ◯ 주민의 완전한 이동성과 완전한 정보를 가정한다. 따라서 지방정부가 제공하는 서비스의 정보는 주민에게 공개되고 주민은 이를 잘 알고 있으며, 자신의 선호에 맞는 지방정부로의 자유로운 이동이 언제나 가능한 것으로 가정한다.
⑤ ✗ 상이한 정책을 추진하는 **많은 수의 지방정부**가 존재한다고 가정한다.

올바른 지문 ⑤ 다수의 지방자치단체가 존재해야 한다.

SUMMARY 티부가설의 기본가정 및 전제

1. 완전한 정보와 시민의 완전한 이동성 : 지방정부가 제공하는 서비스의 정보가 공개되고, 시민은 자신의 선호에 맞는 지방정부로 자유로운 이동이 가능. 거주지를 선택함에 있어 고용기회의 제약으로 인한 영향은 없어야 하므로 모든 주민은 배당소득으로 생활하고 있다고 가정함.
2. 다수의 지방정부 : 상이한 정책을 추진하는 많은 수의 지방정부가 존재
3. 공공서비스로 인한 외부효과의 부존재 : 한 지방정부가 제공하는 서비스는 그 지역주민에게만 영향을 미침.
4. 단위당 평균비용의 동일(규모수익 불변) : 규모의 경제가 존재하지 않음.
5. 각 지방별 고정적 생산요소의 존재 : 최소한 한 가지 이상의 고정적 생산요소를 가짐.
6. 각 지방정부는 인구의 최적 규모 추구 : 최적 규모는 최저평균비용으로 공공재를 생산할 수 있는 규모. 주민의 수가 최적 규모보다 적을 때는 유입을 시도하고, 많을 때는 유출을 위해 노력함.
7. 재원은 당해지역 주민들의 재산세(property tax)로 충당 : 국고보조금 등은 존재하지 않음.

연계학습 2025 신용한 행정학 p.133, 134

21 상 중 하 ③

출제유형 출제영역) 법령+말 바꾸기 / 우리나라의 책임운영기관

① ◯ 책임운영기관의 설치·운영에 관한 법률 제3조의2 제1항

책임운영기관의 설치·운영에 관한 법률 제3조의2 【중기관리계획의 수립 등】 ① 행정안전부장관은 5년 단위로 책임운영기관의 관리 및 운영 전반에 관한 기본계획(이하 "중기관리계획"이라 한다)을 수립하여야 한다.

② ◯ 책임운영기관의 설치·운영에 관한 법률 제40조

동법 제40조 【중앙책임운영기관의 장의 임기】 중앙책임운영기관의 장의 임기는 2년으로 하되, 한 차례만 연임할 수 있다

③ ✗ 소속책임운영기관에는 대통령령으로 정하는 바에 따라 **소속 기관을 둘 수 있다**.

동법 제15조 【소속 기관 및 하부조직의 설치】 ① 소속책임운영기관에는 대통령령으로 정하는 바에 따라 소속 기관을 둘 수 있다.

④ ◯ 책임운영기관의 설치·운영에 관한 법률 제47조 제1항

동법 제47조 【인사 관리】 ① 중앙책임운영기관의 장은 「국가공무원법」 제32조제1항 및 제2항이나 그 밖의 공무원 인사 관계 법령에도 불구하고 고위공무원단에 속하는 공무원을 제외한 소속 공무원에 대한 일체의 임용권을 가진다.

⑤ ◯ 책임운영기관의 설치·운영에 관한 법률 제50조 제1항

동법 제50조 【위원회의 구성 및 운영】 ① 위원회는 위원장 및 부위원장 각 1명을 포함한 15명 이내의 위원으로 구성한다.

올바른 지문 ③ 소속책임운영기관에는 소속 기관을 둘 수 있다.

연계학습 2025 신용한 행정학 p.386, 387

22 상 중 하 ③

출제유형 출제영역) 개념 / 롤즈의 정의론

③ ◯ 최대최솟값(최소극대화, maximin)이란 사회적으로 불리한 조건에 있는 사람들에게 혜택이 돌아가도록 행정이 이뤄져야 한다는 것을 의미한다. 그렇기 때문에 수요가 낮은 S1의 값이 최대가 되는 A2가 최대최솟값이다.

연계학습 2025 신용한 행정학 p.92

23 상 중 하 ②

출제유형 출제영역) 말 바꾸기+개념 / 교육훈련

ㄱ. ◯ 멘토링은 개인 간의 신뢰와 존중을 바탕으로 조직 내 발전과 학습이라는 공통 목표의 달성을 도모하고자 하는 상호 관계로 조직 내 핵심인재의 육성 및 지식 이전, 조직구성원들 간의 학습활동 촉진, 리더십역량 배양 등을 특징으로 한다.
ㄴ. ✗ **학습조직**은 암묵적 지식으로 관리되던 조직의 내부 역량을 체계적으로 관리하는 방법으로, 학습조직 운영을 위한 **구체적인 조직설계의 기준을 제시하기가 어렵다**.
ㄷ. ◯ 액션러닝은 정책 현안에 대한 현장방문, 사례조사와 성찰 미팅을 통해 문제해결능력을 함양하는 것으로, 교육생들이 실제 현장에서 부딪치는 현안 문제를 가지고 자율적 학습, 전문가의 지원 등을 받으며 구체적인 문제해결 방안을 모색하는 학습방법이다.

ㄹ ❌ 워크아웃 프로그램은 조직의 수직적·수평적 장벽을 제거하고, 전 구성원의 자발적 참여에 의한 행정혁신을 추진하고, **관리자의 신속한 의사결정과 문제 해결을 도모**하는 교육훈련 방식이다.

(연계학습) 2025 신용한 행정학 p.503, 504

⑤ ⭕ 국가재정법 제27조 제1항

> **동법 제27조【온실가스감축인지 예산서의 작성】** ① 정부는 예산이 온실가스 감축에 미칠 영향을 미리 분석한 보고서(이하 "온실가스 감축인지 예산서"라 한다)를 작성하여야 한다.

(연계학습) 2025 신용한 행정학 p.647, 660, 665, 673, 717

24 상 ⊙중 하 ▪▪▪ 🔑 ④

출제유형 출제영역) 말 바꾸기+개념 / 시장실패와 정부실패

① ⭕ 비경합성과 비배제성의 특징을 갖는 공공재의 존재는 시장실패의 원인에 해당한다.
② ⭕ 부정적 효과를 주는 외부불경제는 과다공급에 대한 문제를 발생시키고 이에 대해 정부는 정부규제 등의 방법으로 대응한다.
③ ⭕ 공유지의 비극은 경합성과 비배제성의 특징을 갖는 공유재의 문제로 개인의 합리적 선택이 사회전체의 합리성을 담보하지 않음을 설명한다. 즉, '지하자원, 초원, 호수에 있는 물고기'와 같이 공동체의 모두가 사용해야 할 자원(공유자원)은 시장의 기능에 맡겨 두면 이를 남용하여 자원이 고갈될 위험이 있음을 지적한다.
④ ❌ **관료제 내에서 공익(공적 목표)보다는 개인과 조직의 이익(사적 목표)을 우선시하는 현상은 내부성(외부성×)**이다.
⑤ ⭕ 정부 산출물은 정부에 의해 독점적으로 생산되기 때문에 정부실패를 초래할 수 있다.

> **올바른 지문** ④ 관료의 <u>내부성</u>은 관료가 부서의 확장에만 집착하는 것을 의미한다.

(연계학습) 2025 신용한 행정학 p.40, 61~64

25 상 ⊙중 하 ▪▪▪ 🔑 ①

출제유형 출제영역) 말 바꾸기+개념 / 우리나라 재정운영제도(종합)

① ❌ 기획재정부가 작성한 **국가재정운용계획은 국무회의의 심의를 거쳐 확정**하는 반면, **예산안은 국회의 심의를 거쳐 확정**한다.
② ⭕ 총액배분·자율편성예산제도는 재정당국이 국가재정운용계획에 근거하여 분야별·부처별·부문별 지출한도를 제시하면, 각 부처는 소관 정책과 우선순위에 입각하여 자율적으로 지출한도 내에서 사업의 재원을 배분하는 하향적 예산편성제도이다.
③ ⭕ 프로그램 예산제도는 프로그램(사업)을 중심으로 예산을 편성하는 제도로 중앙정부는 2007년, 지방정부는 2008년부터 공식 도입되었다.
④ ⭕ 국가재정법 제38조 제1항

> **국가재정법 제38조【예비타당성조사】** ① 기획재정부장관은 총사업비가 500억원 이상이고 국가의 재정지원 규모가 300억원 이상인 신규 사업으로서 다음 각 호의 어느 하나에 해당하는 대규모사업에 대한 예산을 편성하기 위하여 미리 예비타당성조사를 실시하고, 그 결과를 요약하여 국회 소관 상임위원회와 예산결산특별위원회에 제출하여야 한다.

2021년 국회 8급

문제편 p.165~171

정답

01	②	02	①	03	③	04	①	05	④
06	⑤	07	④	08	⑤	09	④	10	①
11	④	12	③	13	②	14	⑤	15	①
16	④	17	②	18	②	19	③	20	⑤
21	②	22	③	23	④	24	②	25	①

출제영역 분석

총론 6, 정책론 4, 조직론 4, 인사행정론 2
재무행정론 4, 정보화사회와 행정 1, 행정환류 1, 지방자치론 3

출제경향 분석

기출문제 22, 기출문제 변형 2, 신유형 문제 1

출제문제 유형분석

- 말 바꾸기: 2
- 짝짓기: 2
- 내용분류: 1
- 개념: 7
- 순서연결: 0
- 제도 및 이론 비교: 5
- 법령: 8

---

01 상중하 ②

출제유형 출제영역 개념 / 국가공무원법상 징계

① ◯ 견책은 훈계하고 회개하게 함에 그치는 가장 경한 처분으로, 6개월간 승진과 승급이 정지된다.
② ✗ **감봉은 1개월 이상 3개월 이하의 기간 동안 보수의 1/3을 감하는 처분이다.**
③ ◯ 강등은 1계급 아래로 직급을 내리고, 공무원 신분은 보유하나 3개월간 직무에 종사하지 못하며 그 기간 중 보수의 전액을 감하는 처분이다.
④ ◯ 해임은 강제퇴직 처분으로, 3년간 공직취임이 제한된다. 원칙적으로 퇴직급여의 제한은 없으나 뇌물·향응수수·공금횡령·유용 등으로 해임된 경우에는 퇴직급여가 제한된다(5년 미만 : 퇴직급여의 1/8 감액, 5년 이상 : 퇴직급여의 1/4 감액).
⑤ ◯ 파면은 강제퇴직 처분으로, 5년간 공직취임이 제한되고 퇴직급여 또한 일부 삭감되는 처분이다(5년 미만 : 퇴직급여의 1/4 감액, 5년 이상 : 퇴직급여의 1/2 감액)

올바른 지문 ② 감봉은 보수의 불이익을 받는 것으로 1개월 이상 3개월 이하의 기간 동안 보수의 1/3을 감하는 처분이다.

SUMMARY 징계의 종류

① 신분보유

구분	승급제한	보수(기간)	직무수행	기타
견책	6개월	영향 ×	영향 ×	훈계·회개
감봉	12개월	1/3(1~3개월)	영향 ×	
정직	18개월	전액(1~3개월)	1~3개월 정지	
강등	18개월	전액(3개월)	3개월 정지	1계급 강등

② 신분박탈

구분	처분	공직취임 제한	퇴직급여	퇴직급여 제한 범위
해임	강제퇴직	3년간	원칙적으로 제한 × (금전문제 해임시 제한 ◯)	5년 미만 : 1/8 5년 이상 : 1/4
파면	강제퇴직	5년간	제한 ◯	5년 미만 : 1/4 5년 이상 : 1/2

연계학습 2025 신용한 행정학 p.586, 587

---

02 상중하 ①

출제유형 출제영역 법령 / 지방교부세 등

① ◯ 지방교부세법 제4조 제1항

지방교부세법 제4조【교부세의 재원】 ① 교부세의 재원은 다음 각 호로 한다.
1. 해당 연도의 내국세(목적세 및 종합부동산세, 담배에 부과하는 개별소비세 총액의 100분의 45 및 다른 법률에 따라 특별회계의 재원으로 사용되는 세목의 해당 금액은 제외한다. 이하 같다) 총액의 1만분의 1,924에 해당하는 금액
2. 「종합부동산세법」에 따른 종합부동산세 총액
3. 「개별소비세법」에 따라 담배에 부과하는 개별소비세 총액의 100분의 45에 해당하는 금액

② ❌ 지방교부세 중 **가장 최근에 신설된 것은 2015년 소방안전교부세**이다.
③ ❌ **소방안전교부세는 담배 개별소비세 총액의 100분의 20에서 100분의 45에 해당하는 금액으로 상향조정**되었다.
④ ❌ **특별교부세의 교부 주체는 행정안전부장관**이다.

> **지방교부세법 제9조【특별교부세의 교부】**② 행정안전부장관은 지방자치단체의 장이 제1항 각 호에 따른 특별교부세의 교부를 신청하는 경우에는 이를 심사하여 특별교부세를 교부한다. 다만, 행정안전부장관이 필요하다고 인정하는 경우에는 신청이 없는 경우에도 일정한 기준을 정하여 <u>특별교부세를 교부할 수 있다</u>.

⑤ ❌ **국고보조금은 지방교부세와 달리 지정된 용도로만 사용할 수 있는 재원**이다.

> **보조금 관리에 관한 법률 제22조【용도 외 사용 금지】**① 보조사업자는 법령, 보조금 교부 결정의 내용 또는 법령에 따른 중앙관서의 장의 처분에 따라 선량한 관리자의 주의로 성실히 그 보조사업을 수행하여야 하며 <u>그 보조금을 다른 용도에 사용하여서는 아니 된다</u>.

올바른 지문
② 소방안전교부세는 지방교부세 중 가장 최근에 신설되었다.
③ 소방안전교부세는 담배 개별소비세 총액의 20을 재원으로 하였으나 2020년 <u>100분의 45</u>로 상향조정되었다.
④ 특별교부세는 그 교부 주체가 <u>행정안전부장관</u>이다.
⑤ 국고보조금은 지정된 사업목적 이외의 용도로 사용할 수 <u>없는</u> 재원이다.

(연계학습) 2025 신용한 행정학 p.915~921

03 상**중**하 ③

출제유형 / 출제영역 개념 / 내적 타당도 저해요인

③ ⭕ 보기의 사례는 실험기간 중 일어난 사건에 의한 대상집단의 특성이 변화될 우려가 있는 상황으로, **역사적 요인에 부합하는 설명**이다.

SUMMARY 내적 타당도의 저해요인

선발요소 (선정요인)	• 조사자가 자의로 실험집단을 배정하거나 지원자를 신청 받아 실험집단을 구성할 경우, 실험집단과 비교집단 간 구성원이 다르기 때문에 나타나는 현상 • 정책의 대상이 되는 실험집단과 비교집단이 동등하게 선발되지 못하여 처음부터 다른 특성을 가져 발생하는 현상
역사적 요소 (사건효과)	• 실험기간 동안에 일어난 비의도적인 사건발생이 실험에 영향을 미치는 것 **예** 버스전용차선제 정책의 시행 전·후를 평가하려는데 두 시점 사이 지하철이 개통
성숙효과 (성장효과)	• 시간 경과에 따라 실험집단 특성이 자연스럽게 성장·발전하는 것 **예** 노인들을 대상으로 5년간 복지서비스 제공 후 건강상태를 측정
선발과 성숙의 상호작용	• 실험집단과 비교집단이 선발과정에도 차이가 있었고, 이에 따라 자연적 성장이나 발전과정에 있어서도 차이를 나타내는 것
상실요소 (피실험자 상실)	• 연구기간 중 실험집단의 일부가 탈락해 남아 있는 실험집단 구성원이 최초와 다른 특성을 가짐에 따라 발생하는 것
처치(처리)와 상실의 상호작용	• 실험처리기간 동안에 구성원의 상실로 실험의 내적 타당성이 위협받는 현상 • 두 집단 간 무작위 배정이 이루어진 경우라도 두 집단들에 대한 다른 처치로 인하여 처치기간 동안에 두 집단으로부터 서로 다른 성질의 구성원들이 상실되어 결론이 왜곡되는 현상
측정(검사) 요소 (시험요소)	• 측정 그 자체가 실험에 영향을 주는 것 **예** 동일한 시험문제를 사전·사후에 사용하게 되면 사후 시험에서는 점수가 높게 나타나는 현상
측정수단요소 (도구요인)	• 정책집행 전과 후에 측정자의 측정기준이나 측정도구가 변화함으로써 정책효과가 왜곡되는 현상 • 측정도구의 일관성 문제로 평가의 신뢰도와 관련됨.
회귀인공요소 (회귀요인, 통계적 회귀, 실험직전반응)	• 프로그램 집행 전의 1회 측정에서 극단적인 점수를 얻은 것을 기초로 개인들을 선발하게 되면, 다음의 측정에서 그들의 점수가 덜 극단적인 방향(평균값)으로 이동하게 되는 현상 **예** 영어점수 최하위 20%의 연수원생들에게 특강을 실시하여 효과를 평가
오염효과	• 통제집단의 구성원이 실험집단 구성원의 행동을 모방하는 오염 또는 확산효과로서 모방, 정책의 누출(이전), 부자연스러운 변이 등이 여기에 포함됨.

(연계학습) 2025 신용한 행정학 p.304

04 상**중**하 ①

출제유형 / 출제영역 개념+이론 비교 / 다중합리성모형(Thumaier & Willoughby) 등

① ⭕ **다중합리성 모형(Thumaier & Willoughby)은 예산과정이 하나의 관점에서 일관성 있게 전개된다는 예산이론은 현대 예산의 복잡성을 고려하면 현실성이 약하다는 점을 지적하며, 예산과정의 합리성은 경제적 측면뿐 아니라 정치·사회·법적 측면에서 다양한 형태로 존재하고, 따라서 관료들의 의사결정은 예산주의의 다양한 시점에서 단계별로 작용하는 합리적 기준에 따라 서로 다른 형태의 다중적 결정으로 구성된다고 보았다.**
② ❌ **단절균형모형**에 대한 설명이다.
③ ❌ **합리모형**에 대한 설명이다.
④ ❌ **점증모형**에 대한 설명이다.
⑤ ❌ **공공선택이론**에 대한 설명이다.

(연계학습) 2025 신용한 행정학 p.649~653

05 상**중**하 ④

출제유형 / 출제영역 말 바꾸기+개념 / 4차 산업혁명

①, ②, ③, ⑤ ⭕ 4차 산업혁명은 단순한 산업적 변화를 넘어 초연결성, 초지능성, 초예측성을 기반으로 정부의 운영방식이 변화하고 있으며, 정부를 둘러싼 민간과의 관계 설정 방식 등이 변화하고 있다. 실시간 행정정보의 공개를 통해 과거 관료중심의 폐쇄적 업무방식에서 개방적 업무 방식으로 변화, 온라인상의 국민의 공적토론의 활성화를 위한

플랫폼이 구축됨으로써 헌법상의 민주주의를 현실 정책결정과정에 구현함으로써 투명한 행정이 가능해질 것으로 기대되고 있다.

④ ❌ 정보의 공개와 유통으로 **직접(간접×)민주주의가** 활성화되고 시민중심의 서비스가 제공된다.

올바른 지문 ④ 정보의 공개와 유통으로 <u>직접민주주의가 활성화</u>되고 시민중심의 서비스가 제공된다.

(연계학습) 2025 신용한 행정학 p.737, 738

06 상⦿하 ⑤

출제유형/출제영역) 법령 / 공직윤리(종합)

① ❌ 품위 유지의 의무와 영리업무 및 겸직금지는 「국가공무원법」에 규정되어 있다.

국가공무원법 제63조【품위 유지의 의무】 공무원은 직무의 내외를 불문하고 그 품위가 손상되는 행위를 하여서는 아니 된다.

국가공무원법 제64조【영리 업무 및 겸직 금지】 ① 공무원은 공무 외에 영리를 목적으로 하는 업무에 종사하지 못하며 소속 기관장의 허가 없이 다른 직무를 겸할 수 없다.
② 제1항에 따른 영리를 목적으로 하는 업무의 한계는 대통령령등으로 정한다.

② ❌ 재산등록의무자였던 퇴직공직자는 **퇴직 전 5년** 동안 소속하였던 부서 또는 기관의 업무와 밀접한 관련성이 있는 기관에 **퇴직일로부터 3년간** 취업이 제한된다.

공직자윤리법 제17조【퇴직공직자의 취업제한】 ① 제3조제1항제1호부터 제12호까지의 어느 하나에 해당하는 공직자와 부당한 영향력 행사 가능성 및 공정한 직무수행을 저해할 가능성 등을 고려하여 국회규칙, 대법원규칙, 헌법재판소규칙, 중앙선거관리위원회규칙 또는 대통령령으로 정하는 공무원과 공직유관단체의 직원(이하 이 장에서 "취업심사대상자"라 한다)은 <u>퇴직일부터 3년간</u> 다음 각 호의 어느 하나에 해당하는 기관(이하 "취업심사대상기관"이라 한다)에 취업할 수 없다. 다만, 관할 공직자윤리위원회로부터 취업심사대상자가 <u>퇴직 전 5년 동안</u> 소속하였던 부서 또는 기관의 업무와 취업심사대상기관 간에 밀접한 관련성이 없다는 확인을 받거나 취업승인을 받은 때에는 취업할 수 있다.

③ ❌ 육군 소장은 재산공개의무가 없다.

공직자윤리법 제10조【등록재산의 공개】 ① 공직자윤리위원회는 관할 등록의무자 중 다음 각 호의 어느 하나에 해당하는 공직자 본인과 배우자 및 본인의 직계존속·직계비속의 재산에 관한 등록사항과 제6조에 따른 변동사항 신고내용을 등록기간 또는 신고기간 만료 후 1개월 이내에 관보 또는 공보에 게재하여 공개하여야 한다.
  6. <u>중장 이상의 장성급(將星級) 장교</u>
  8의2. <u>소방정감 이상의 소방공무원</u>

④ ❌ 교직원의 외부강의 사례금 상한액은 **시간당 100만원**이다.

부정청탁 및 금품등 수수의 금지에 관한 법률 제2조【정의】 이 법에서 사용하는 용어의 뜻은 다음과 같다.
  2. "공직자등"이란 다음 각 목의 어느 하나에 해당하는 공직자 또는 공적 업무 종사자를 말한다.
    다. 제1호라목에 따른 <u>각급 학교의 장과 교직원</u> 및 학교법인의 임직원
    라. 제1호마목에 따른 언론사의 대표자와 그 임직원

부정청탁 및 금품등 수수의 금지에 관한 법률 시행령【별표2】 공직자 등별 사례금 상한액
  나. 법 제2조제2호다목 및 라목에 따른 공직자 등 : <u>100만원</u>
  2. 적용기준
    가. 제1호가목 및 나목의 상한액은 강의 등의 경우 1시간당, 기고의 경우 1건당 상한액으로 한다.

⑤ ⭕ 총경 이상의 경찰공무원과 교육장은 재산등록의무가 있다.

공직자윤리법 제3조【등록의무자】 ① 다음 각 호의 어느 하나에 해당하는 공직자(이하 "등록의무자"라 한다)는 이 법에서 정하는 바에 따라 재산을 등록하여야 한다.
  8. 교육공무원 중 총장·부총장·대학원장·학장(대학교의 학장을 포함한다) 및 전문대학의 장과 대학에 준하는 각종 학교의 장, 특별시·광역시·특별자치시·도·특별자치도의 교육감 및 <u>교육장</u>
  9. <u>총경</u>(자치총경을 포함한다) 이상의 경찰공무원과 소방정 이상의 소방공무원

올바른 지문
① 품위 유지의 의무와 영리업무 및 겸직금지는 「<u>국가공무원법</u>」에 규정되어 있다.
② 재산등록의무자였던 퇴직공직자는 퇴직 전 5년 동안 소속하였던 부서 또는 기관의 업무와 밀접한 관련성이 있는 기관에 퇴직일로부터 <u>3년간</u> 취업이 제한된다.
③ 육군 중장과 소방정감은「공직자윤리법」상 재산공개의무가 있다.
④ 「부정청탁 및 금품 등 수수의 금지에 관한 법률 시행령」상 사립학교 교직원의 외부강의 사례금 상한액은 시간당 <u>100만원</u>이다.

(연계학습) 2025 신용한 행정학 p.558~563, 577, 578

07 상⦿하 ④

출제유형/출제영역) 법령 / 우리나라 공기업

①, ③ ⭕ 공공기관의 운영에 관한 법률 제48조 등

공공기관의 운영에 관한 법률 제48조【경영실적 평가】 ① <u>기획재정부장관</u>은 제24조의2제3항에 따른 연차별 보고서, 제31조제3항 및 제4항의 규정에 따른 계약의 이행에 관한 보고서, 제46조의 규정에 따른 경영목표와 경영실적보고서를 기초로 하여 <u>공기업·준정부기관의 경영실적을 평가한다.</u>

지방공기업법 제78조【경영평가 및 지도】① 행정안전부장관은 제3조에 따른 지방공기업의 경영 기본원칙을 고려하여 대통령령으로 정하는 바에 따라 지방공기업에 대한 경영평가를 하고, 그 결과에 따라 필요한 조치를 하여야 한다. 다만, 행정안전부장관이 필요하다고 인정하는 경우에는 지방자치단체의 장으로 하여금 경영평가를 하게 할 수 있다.

② ✗ 공공기관운영위원회에 대한 설명이다.

공공기관의 운영에 관한 법률 제8조【공공기관운영위원회의 설치】공공기관의 운영에 관하여 다음 각 호에 관한 사항을 심의·의결하기 위하여 기획재정부장관 소속하에 공공기관운영위원회(이하 "운영위원회"라 한다)를 둔다.
12. 제48조의 규정에 따른 공기업·준정부기관의 경영실적 평가 등

④ ○ 경영평가 결과에 따라 인사상 또는 예산상의 조치를 취할 수는 있지만, 민영화 대상 공기업이 결정되지는 아니한다.

공공기관의 운영에 관한 법률 제48조【경영실적 평가】⑧ 기획재정부장관은 제7항에 따른 경영실적 평가 결과 경영실적이 부진한 공기업·준정부기관에 대하여 운영위원회의 심의·의결을 거쳐 제25조 및 제26조의 규정에 따른 기관장·상임이사의 임명권자에게 그 해임을 건의하거나 요구할 수 있다.
⑨ 기획재정부장관은 제1항에 따른 경영실적 평가 결과 인건비 과다편성 및 제50조제1항에 따른 경영지침 위반으로 경영부실을 초래한 공기업·준정부기관에 대하여는 운영위원회의 심의·의결을 거쳐 향후 경영책임성 확보 및 경영개선을 위하여 필요한 인사상 또는 예산상의 조치 등을 취하도록 요청할 수 있다.

⑤ ○ 공공기관 경영평가의 주요지표로는 경영전략 및 리더십, 사회적 가치 구현, 업무효율, 조직·인사·재무관리, 보수 및 복리후생관리, 혁신과 소통 등이 포함된다.

올바른 지문 ② 공공기관운영위원회가 공공기관 경영평가에 관한 심의·의결기구의 역할을 수행한다.

연계학습 2025 신용한 행정학 p.379~383

08 상중하 ⑤

출제유형 출제영역 이론 비교 / 체제론 등

① ○ 공공선택론은 국가의 역할을 지나치게 경시하고, 역사적으로 누적·형성된 개인의 기득권을 계속 유지하기 위한 보수주의 접근에 불과하다는 비판을 받는다.
② ○ 후기행태주의는 가치중립적 과학적 연구보다 가치평가적 정책연구를 지향하며, 정책학 발전의 견인차 역할을 하였다.
③ ○ 1950년대 가우스(Gaus), 리그스(Riggs) 등을 중심으로 행정연구에 생태론적 접근 방법이 활용되기 시작했다. 리그스(Riggs)는 비교행정 연구모형을 통해 후진국 행정 체제에 대한 '프리즘적 사랑방 모형'을 제시하면서 행정의 환경변수로서 경제적 기초, 사회구조, 이념적 요인, 통신 및 정치 체제 등 다섯 가지를 선정하고 이들 환경 요소가 농업사회와 산업사회의 행정에 각각 어떻게 영향을 미치는가를 설명하였다.

④ ○ 신제도론은 구제도론과 달리 제도를 비공식적·규범·규칙까지 포괄하는 개념으로 이해하고, 제도와 환경과의 교호작용을 중시하였다.
⑤ ✗ 체제론은 행정 현상에서 중요한 요소인 권력, 의사전달, 정책결정의 문제나 행정의 가치문제를 고려하지 못한다.

올바른 지문 ⑤ 체제론적 접근 방법은 권력, 의사전달, 정책결정의 문제와 행정의 가치문제를 고려하지 못한다.

연계학습 2025 신용한 행정학 p.123, 125, 130, 138, 139

09 상중하 ④

출제유형 출제영역 내용 분류 / 광역행정방식

ㄱ. ✗ 사무위탁은 둘 이상의 지방자치단체가 계약에 의하여 자기사무의 일부를 상대방에 위탁하여 처리하는 방식으로 법인격을 갖춘 새 기관을 설립하지는 않는다.
ㄴ. ✗ 행정협의회는 여러 지방자치단체가 상호 연락·조정·협의 등을 통한 광역사무의 공동처리를 위하여 협의회를 설치하는 방식으로 독립된 법인격이 없다.
ㄷ. ○ 지방자치단체 조합은 둘 이상의 지방자치단체가 그 하나 또는 둘 이상의 사무를 공동으로 처리하기 위해 협의하여 설립하는 법인격을 갖는 특별지방자치단체이다.
ㄹ. ✗ 연합방식은 둘 이상의 지방자치단체가 그 고유의 독립적인 법인격은 그대로 가지면서, 그 전역에 걸친 '단체'를 새로 창설하여 '광역행정에 관한 일체의 사무'를 거기에서 처리하는 방식이다.
ㅁ. ○ 합병(통합)방식은 일정한 광역권 안에 여러 지방자치단체를 포괄하는 단일의 정부를 설립하여 그 정부의 주도로 잡다한 광역사무를 처리하는 방식이다.

연계학습 2025 신용한 행정학 p.953~959

10 상중하 ①

출제유형 출제영역 내용 분류 / 우리나라 공기업 등

ㄴ. ✗ 한국관광공사는 위탁집행형 준정부기관에 해당한다.
ㄷ. ✗ 근로복지공단은 기금관리형 준정부기관에 해당한다.
ㄹ. ✗ 한국철도공사는 준시장형 공기업에 해당한다.

올바른 지문
ㄴ. 위탁집행형 준정부기관 – 한국관광공사
ㄷ. 기금관리형 준정부기관 – 근로복지공단
ㄹ. 준시장형 공기업 – 한국철도공사

연계학습 2025 신용한 행정학 p.380, 385

11 ④

출제유형 출제영역) 말 바꾸기 + 개념 / 립스키의 일선관료제

① ◯ 일선관료들의 집행성과에 대한 기대 중 일부분은 비현실적이거나 또는 상호갈등을 일으키는 것이기 때문에 달성될 수 없는 것들이 많다.
② ◯ 일선관료들이 다른 정책과정의 참여자와 가장 구별되는 특징은 일반 시민들과 끊임없이 상호작용을 한다는 점이다. 일선관료들은 비록 계층제적인 구조 속에 놓여 있지만, 집행현장의 다양성과 복잡성 그리고 자신이 보유한 전문성과 경험 때문에 직무의 자율성이 광범위하며 의사결정에 있어서 상당한 재량권을 가지고 있다.
③ ◯ 일선관료들은 육체적·신체적 위협에 대처하기 위해 '잠재적 공격자'(potential assailants)의 특징을 사전에 정의함으로써 집행현장의 의사결정을 단순화시킨다. 예를 들어, 경찰들은 옷차림, 인종, 전과경력 등을 기준으로 자신들에 대한 신체적 위협자를 정의한다. 그리고 자신들의 간여를 최소한으로 줄이는 회피전략을 사용함으로써 위협요인을 줄이기도 한다.
④ ✕ 시간과 정보의 부족, 기술적인 지원의 부족은 상대적으로 불확실성이 높은 일선관료의 업무환경을 더욱 악화시키는 요소이다. **자원의 부족은 결과적으로 즉흥적인(improvisational) 집행과 피상적인 집행을 낳는다**.
⑤ ◯ 일선관료들이 부족한 자원에 대처하는 가장 쉬운 방법은 '지름길'(shortcut)을 택하는 것이다. 즉, 재빨리 결정을 내림으로써 시간을 절약하고 정책대상 집단과의 갈등, 결정에 대한 심리적 불안을 피하는 것이다. 예를 들어, 하급법원 판사들은 개별적인 사례에 대해 필요한 증언과 피의자에 대한 배경지식 없이 심리를 하고, 경찰들의 단속은 간헐적이고 기계적으로 이루어지는 것이다.

올바른 지문 ④ 일선관료는 시간과 정보·기술적인 지원 등 업무수행에 필요한 자원이 불충분하기 때문에 즉흥적이고 피상적인 집행을 하게 된다.

연계학습) 2025 신용한 행정학 p.281, 282

12 ③

출제유형 출제영역) 개념 / 기술과 조직구조(톰슨)

③ ◯ **집합적 상호의존성(pooled interdependence)에 대한 설명이다**. 집합적 상호의존성(중개적 기술)은 상호의존상태에 있는 고객들을 연결하는 활동에 쓰이는 기술로 부서들 사이의 과업이 서로 관련성이 없는 집합적(pooled) 상호의존관계에서 발생한다.

SUMMARY 기술분류와 조직구조(Thompson)

기술	상호의존성	의사전달의 빈도	조정형태
중개적 기술	집합적 상호의존성	낮음	규칙, 표준화
연계형 기술	연속적 상호의존성	중간	정기적 회의, 수직적 의사전달, 계획
집약적 기술	교호적 상호의존성	높음	부정기적 회의, 상호 조정, 수평적 의사전달, 예정표

연계학습) 2025 신용한 행정학 p.337, 338

13 ②

출제유형 출제영역) 말 바꾸기 + 개념 / 탈관료제(Adhocracy)

① ◯ 애드호크라시(adhocracy)는 조직 내의 구조적 배열뿐 아니라 조직 자체도 필요에 따라 생성·변동·소멸되는 잠정적인 것이어야 한다고 처방한다.
② ✕, ③ ◯ **애드호크라시(adhocracy)는 전문성이 매우 강한 전문인들로 구성되기 때문에 업무의 이질성이 매우 높다**. 따라서 횡적인 분화가 많이 일어나지만 업무수행이 자율적 책임 하에 주로 이루어지기 때문에 지시·감독의 필요성은 낮아 종적인 분화는 높지 않다.
④ ◯ 임시작업단(Task Force)은 문제에 관련된 부서들의 대표로 구성된 임시위원회이다. 임시작업단(Task Force)은 일시적 문제에 대한 부서 간 직접 조정장치로서 수직적 계층의 정보처리 부담을 덜어주는 효과적인 조정기제이며, 일시적인 과제가 해결되면 임시작업단(Task Force)은 해산한다.
⑤ ◯ 네트워크 조직은 전략, 계획, 통제의 기능만을 수행하고 대부분의 생산기능은 다른 조직에 위임하는 형태이다.

올바른 지문 ② 전문성이 강한 전문인들로 구성되기 때문에 업무의 이질성이 높다.

연계학습) 2025 신용한 행정학 p.347, 351, 357, 361

14 ⑤

출제유형 출제영역) 법령 + 말 바꾸기 / 주민참여제도

① ◯ 주민조례개폐청구제도는 주민발안제도의 일종으로 지역주민들이 해당 지방자치단체의 의회에게 조례를 제정하거나 개정하거나 폐지할 것을 청구할 수 있는 제도이다.
② ◯ 주민소환에 관한 법률 제8조

> 주민소환에 관한 법률 제8조 【주민소환투표의 청구제한기간】 제7조 제1항 내지 제3항의 규정에 불구하고, 다음 각 호의 어느 하나에 해당하는 때에는 주민소환투표의 실시를 청구할 수 없다.
> 1. 선출직 지방공직자의 임기개시일부터 1년이 경과하지 아니한 때
> 2. 선출직 지방공직자의 임기만료일부터 1년 미만일 때
> 3. 해당선출직 지방공직자에 대한 주민소환투표를 실시한 날부터 1년 이내인 때

③ ◯ 주민투표제도는 지방자치단체의 중요한 사안에 대하여 주민이 직접 결정권을 행사하는 제도이다.

> 지방자치법 제18조 【주민투표】 ① 지방자치단체의 장은 주민에게 과도한 부담을 주거나 중대한 영향을 미치는 지방자치단체의 주요 결정사항 등에 대하여 주민투표에 부칠 수 있다.

④ ◯ 주민소송은 재무행위와 관련한 감사청구를 한 주민이 제기하는 것으로 자치단체의 위법행위로 피해를 받지 않은 주민도 제기가 가능하다.
⑤ ✕ 주민참여예산제도는 「지방재정법」에 예산편성과정에의 주민참여 법적 근거와 절차를 규정하여 2006년 1월부터 시행되었으며, 2011년 9월부터 의무화되었으나, **주민의 의견 반영여부는 재량이다**.

지방재정법 제39조【지방예산 편성 등 예산과정의 주민 참여】① 지방자치단체의 장은 대통령령으로 정하는 바에 따라 지방예산 편성 등 예산과정(「지방자치법」 제39조에 따른 지방의회의 의결사항은 제외한다. 이하 이 조에서 같다)에 주민이 참여할 수 있는 제도(이하 이 조에서 "주민참여예산제도"라 한다)를 마련하여 시행하여야 한다.

지방재정법 시행령 제46조【지방예산 편성 등 예산과정의 주민 참여】② 지방자치단체의 장은 제1항에 따라 수렴된 주민의견을 검토하고 그 결과를 예산과정에 반영할 수 있다.

올바른 지문 ⑤ 주민참여예산제도는 「지방재정법」상 지방자치단체의 의무이지만 주민참여예산제도를 통해 수렴된 주민의 의견은 예산에 반영할 수 있다.

연계학습 2025 신용한 행정학 p.724, 883~895

15 상 중 하 ①

출제유형 출제영역 개념 / 정책의제 설정 유형

① ⓞ 동원형 정책의제 설정에 대한 설명이다. 동원형은 정부 내의 정책결정자들이 주도하여 정부의제화를 만드는 경우이다. 주로 정치지도자들의 지시에 의해 사회문제가 바로 정부의제로 채택되지만, 일방적으로 의제화하는 것이 아니라 일반대중이나 관련 집단들의 지지를 얻기 위해 정부의 PR 활동을 통해 공중의제화가 진행되며, 주로 정부의 힘이 강하고 민간부문의 힘이 취약한 후진국에서 나타난다.

SUMMARY 외부주도형 vs 동원모형 vs 내부접근형

	외부주도형	동원형	내부접근형 (= 내부주도형, 음모형)
전개 방향	① 사회문제 ⇨ ② 사회적 이슈 ⇨ ③ 공중의제 ⇨ ④ 정부의제	① 사회문제 ⇨ ② 정부의제 ⇨ ③ 공중의제	① 사회문제 ⇨ ② 정부의제
주도 세력	외부사람들의 주도에 의해 의제화가 진행	정부 내의 정책담당자들에 의해 정책의제화가 진행되는 유형(최고통치자나 고위정책결정자가 주도)	동원형과 같이 정책담당자들에 의해 정책의제화가 진행되는 유형(최고통치자보다 낮은 지위의 고위관료가 주도)
특징	• Hirshman ⇨ 강요된 정책문제라고 함.	• 정부가 민간을 동원하여 의제를 설정. 의제설정이 비교적 용이함 • 전문가의 영향력이 큼.	• 정부관료제 내부에서만 정책의제화의 움직임이 있음. 공중의제화가 생략(행정PR×)
사회· 문화적 배경	다원화된 정치체제에서 발생	정부부문의 힘이 강하고, 민간부문의 힘이 취약한 후진국에서 발생	권력집중형 국가(불평등 사회), 의도적으로 국민을 무시하는 정부, 시간이 급박한 경우, 국민이 사전에 알면 곤란한 경우에 발생

연계학습 2025 신용한 행정학 p.216~218

16 상 중 하 ④

출제유형 출제영역 법령+말 바꾸기 / 우리나라 예산의 결산과정

① ⓞ 국가재정법 제57조 제1항

국가재정법 제57조【성인지 결산서의 작성】① 정부는 여성과 남성이 동등하게 예산의 수혜를 받고 예산이 성차별을 개선하는 방향으로 집행되었는지를 평가하는 보고서(이하 "성인지 결산서"라 한다)를 작성하여야 한다.

②, ③ ⓞ 국가재정법 제58조 제1항 및 제2항

동법 제58조【중앙관서결산보고서의 작성 및 제출】① 각 중앙관서의 장은「국가회계법」에서 정하는 바에 따라 회계연도마다 작성한 결산보고서(이하 "중앙관서결산보고서"라 한다)를 다음 연도 2월 말일까지 기획재정부장관에게 제출하여야 한다.
② 국회의 사무총장, 법원행정처장, 헌법재판소의 사무처장 및 중앙선거관리위원회의 사무총장은 회계연도마다 예비금사용명세서를 작성하여 다음 연도 2월말까지 기획재정부장관에게 제출하여야 한다.

④ ✕ 기획재정부장관은 회계연도마다 작성하여 대통령의 승인을 받은 **국가결산보고서를 다음 연도 4월 10일(4월 20일 ×)까지 감사원에 제출**하여야 한다.

동법 제59조【국가결산보고서의 작성 및 제출】기획재정부장관은「국가회계법」에서 정하는 바에 따라 회계연도마다 작성하여 대통령의 승인을 받은 국가결산보고서를 다음 연도 4월 10일까지 감사원에 제출하여야 한다.

⑤ ⓞ 국가재정법 제60조

동법 제60조【결산검사】감사원은 제59조에 따라 제출된 국가결산보고서를 검사하고 그 보고서를 다음 연도 5월 20일까지 기획재정부장관에게 송부하여야 한다.

올바른 지문 ④ 기획재정부장관은 회계연도마다 작성하여 대통령의 승인을 받은 국가결산보고서를 다음 연도 <u>4월 10일</u>까지 감사원에 제출하여야 한다.

연계학습 2025 신용한 행정학 p.636, 682~684

17 상 중 하 ②

출제유형 출제영역 이론 비교 / 전통행정이론 vs 신공공관리론 vs 신공공서비스론

ㄱ ✕ 전통 행정이론에 대한 설명이다. **신공공서비스론**은 공동의 이익과 공동의 책임 창출을 공익으로 인식하고, **시민에게 봉사해야 함을 강조**한다.

ㄴ ✕, ㄹ ⓞ 신공공서비스론은 공익을 공유 가치에 대한 담론의 결과로 보는 반면, 신공공관리론은 개인 이익의 총합이라고 본다.

ㅁ ✕ 신공공관리론에 대한 설명이다. **신공공서비스론에서 공무원의 동기유발수단은 사회봉사, 사회이익에 기여하려는 욕구**이다.

SUMMARY 전통 행정이론 vs 신공공관리론 vs 신공공서비스론

구분	전통 행정이론	신공공관리론	신공공서비스론
이론 및 인식토대	• 초기 사회과학이론	• 신고전파 경제이론, 성과관리론	• 민주주의이론, 실증주의, 해석학, 비판이론, 포스트모더니즘 등 복합적
합리성과 인간행태	• 개괄적 합리성 • 행정인	• 기술적·경제적 합리성 • 경제인	• 전략적 합리성 • 정치적·경제적·조직적 합리성에 대한 다원적 검증
공익	• 법률로 표현된 정치적 결정	• 개인 이익의 총합	• 공유가치에 대한 담론의 결과
대응대상	• 고객과 유권자	• 고객	• 시민
정부역할	• 노젓기(정치적으로 정의된 단일 목표에 초점을 둔 정책설계와 집행)	• 방향잡기(시장의 힘을 활용한 촉매자)	• 봉사(공유가치 창출을 위한 집단이익의 협상과 중재)
책임성 확보	• 위계적	• 시장지향적	• 다면적
행정재량	• 공무원에게 제한된 재량 허용	• 목표달성을 위한 폭넓은 재량	• 재량이 필요하지만 제약과 책임 수반
조직구조	• 상명하복의 관료적 조직	• 분권화된 조직	• 리더십이 공유되는 협동적 조직
동기유발	• 보수와 편익, 공무원 보호	• 기업가정신	• 사회봉사, 사회이익에 기여하려는 욕구

(연계학습) 2025 신용한 행정학 p.174~176

---

18 상 중 하 ④

출제유형 출제영역 법령 / 우리나라 입법과정

① ⭕ 법제업무 운영규정 제8조 제1항

> **법제업무 운영규정 제8조【정부입법계획의 수립 등】** ① 법령안 주관기관의 장은 제5조에 따라 수립한 입법계획을 전년도 11월 30일까지 법제처장에게 제출하여야 한다. 이 경우 부처에 소속된 기관의 장은 그 소속 부처의 장을 거쳐 제출하여야 한다.

② ⭕ 국회의원이 정부예산 지출을 수반하는 법안을 발의할 때 페이고(pay-go) 법안이 발의되기도 한다.

페이고 (Pay-go)	"Pay-as-you-go"의 약어로서 "상응한 대가를 치르지 않고서 그냥 통과할 수는 없다"는 뜻으로, 재정이 소요되는 사업에 대한 입법을 추진할 때 재원 확보 방안도 함께 제출하도록 의무화하는 것

③ ⭕ 국회법 제63조의2 제1항

> **국회법 제63조2【전원위원회】** ① 국회는 위원회의 심사를 거치거나 위원회가 제안한 의안 중 정부조직에 관한 법률안, 조세 또는 국민에게 부담을 주는 법률안 등 주요 의안의 본회의 상정 전이나 본회의 상정 후에 재적의원 4분의 1 이상이 요구할 때에는 그 심사를 위하여 의원 전원으로 구성되는 전원위원회(全院委員會)를 개회

할 수 있다. 다만, 의장은 주요 의안의 심의 등 필요하다고 인정하는 경우 각 교섭단체 대표의원의 동의를 받아 전원위원회를 개회하지 아니할 수 있다.

④ ❌ 법률안 내용의 위헌 여부, 관련 법률과의 저촉 여부, 균형유지, 자체조항 간의 모순유무 등을 심사하는 **체계·자구의 심사는 모두 법제사법위원회에서 담당**한다.

> **국회법 제86조【체계·자구의 심사】** ① 위원회에서 법률안의 심사를 마치거나 입안을 하였을 때에는 법제사법위원회에 회부하여 체계와 자구에 대한 심사를 거쳐야 한다. 이 경우 법제사법위원회 위원장은 간사와 협의하여 심사에서 제안자의 취지 설명과 토론을 생략할 수 있다.

⑤ ⭕ 헌법 제53조 제1항, 제2항

> **헌법 제53조** ① 국회에서 의결된 법률안은 정부에 이송되어 15일 이내에 대통령이 공포한다.
> ② 법률안에 이의가 있을 때에는 대통령은 제1항의 기간내에 이의서를 붙여 국회로 환부하고, 그 재의를 요구할 수 있다. 국회의 폐회 중에도 또한 같다.

올바른 지문 ④ 법률안 내용의 위헌 여부, 관련 법률과의 저촉 여부, 같은 법률 내의 조항 간 모순·충돌 유무, 법률의 형식을 정비하는 체계심사는 모두 법제사법위원회에서 심사한다.

---

19 상 중 하 ③

출제유형 출제영역 법령 / 공무원 인사제도(종합)

ㄱ. ⭕ 국가공무원법 제28조의5 제1항

> **국가공무원법 제28조의5【공모 직위】** ① 임용권자나 임용제청권자는 해당 기관의 직위 중 효율적인 정책 수립 또는 관리를 위하여 해당 기관 내부 또는 외부의 공무원 중에서 적격자를 임용할 필요가 있는 직위에 대하여는 공모 직위(公募 職位)로 지정하여 운영할 수 있다.

ㄴ. ❌ **개방형직위는 일반직뿐만 아니라, 특정직, 별정직도 해당**된다.

> **개방형 직위 및 공모 직위의 운영 등에 관한 규정 제3조【개방형 직위의 지정】** ① 「국가공무원법」(이하 "법"이라 한다) 제28조의4제1항에 따라 「공무원임용령」 제2조제3호에 따른 소속장관(이하 "소속장관"이라 한다)은 소속 장관별로 법 제2조의2제2항 각 호의 고위공무원단 직위(이하 "고위공무원단직위"라 한다) 총수의 100분의 20의 범위에서 개방형 직위를 지정하되, 중앙행정기관과 소속 기관 간 균형을 유지하도록 하여야 한다.

ㄷ. ❌ 소속장관(중앙정부부처의 장)은 개방형 직위 지정범위에 관해 인사혁신처장(중앙인사기관장)과 협의해야 하며 **지방자치단체의 장은 중앙인사기관의 장과 별도의 협의 없이 개방형 직위를 지정할 수 있다.** 지방자치단체의 장(임용권자)은 개방형 직위를 지정·변경하려면 해당 자치단체 인사위원회의 심의·의결을 얻어야 한다(중앙인사기관장 협의 ×)

지방공무원법 제29조의4【개방형 직위】③ 임용권자는 개방형직위를 지정·변경하거나 직위별 직무수행 요건을 설정·변경하려면 미리 해당 인사위원회의 심의·의결을 거쳐야 한다.

ㄹ ⭕ 우리나라의 경우 기본적으로 계급제를 채택하고 있으며, 고위공무원단 등 채용 및 승진, 전직에서 직위분류제의 요소를 부분적으로 활용하고 있다.

ㅁ ❌ **개방형직위의 임용되는 공무원의 임용기간**은 다른 법령에 특별한 규정이 있는 경우를 제외하고는 **최소한 2년(3년 ×) 이상**으로 하여야 한다.

개방형 직위 및 공모 직위의 운영 등에 관한 규정【개방형 직위의 임용기간】① 개방형 직위에 임용되는 공무원의 임용기간은 다른 법령(「공무원임용령」은 제외한다)에 특별한 규정이 있는 경우를 제외하고는 5년의 범위에서 소속 장관이 정하되, 최소한 2년 이상으로 하여야 한다. 다만, 다음 각 호의 어느 하나에 해당하는 경우에는 특별한 사정이 없는 한 임용기간은 최소한 해당 호에서 정한 기간 이상으로 해야 한다

연계학습 2025 신용한 행정학 p.485~488

20 상 중 하 🔑 ⑤

출제유형 출제영역) 개념+말 바꾸기 / Nakamura & Smallwood의 집행유형

⑤ ❌ **재량적 실험가형에 대한 설명**이다. 관료적 기업가형은 정책집행자가 정책결정자의 결정권을 장악하고 정책과정 전반을 완전히 지배(광범위한 재량 ×)하는 유형이다.

올바른 지문 ⑤ 재량적 실험가형의 경우, 정책결정자가 정책의 구체적인 내용을 수립할 수 없기 때문에 정책집행자에게 광범위한 재량을 위임한다.

SUMMARY Nakamura & Smallwood의 정책집행유형

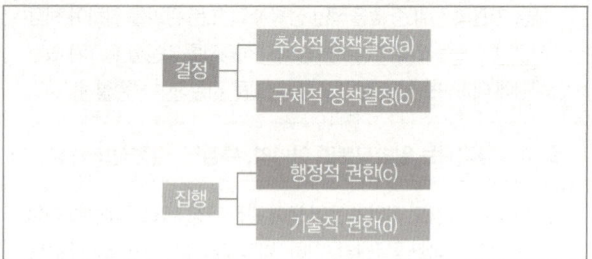

구분	정책결정자	정책집행자
고전적 기술관료형	a+b+c	d (미약한 재량권)
지시적 위임가형	a+b	c+d (충분한 재량권)
협상형	결정자가 목표설정 후 집행자와 목표와 수단 협상	
재량적 실험형	a	b+c+d (광범위한 재량권)
관료적 기업가형	× (형식적 결정권)	a+b+c+d (정책과정 지배)

연계학습 2025 신용한 행정학 p.287~289

21 상 중 하 🔑 ②

출제유형 출제영역) 말 바꾸기+개념 / 우리나라 재정운영제도(종합)

① ⭕ 예비타당성조사는 기획재정부장관이 실시하는 것으로 총사업비가 500억원 이상이면서 국가재정 지원규모가 300억원 이상인 신규사업 가운데 건설공사가 포함된 사업이나 정보화·연구개발사업 등이다.

국가재정법 제38조【예비타당성조사】① 기획재정부장관은 총사업비가 500억 원 이상이고 국가의 재정지원 규모가 300억 원 이상인 신규 사업으로서 다음 각 호의 어느 하나에 해당하는 대규모사업에 대한 예산을 편성하기 위하여 미리 예비타당성조사를 실시하고, 그 결과를 요약하여 국회 소관 상임위원회와 예산결산특별위원회에 제출하여야 한다. 다만, 제4호의 사업은 제28조에 따라 제출된 중기사업계획서에 의한 재정지출이 500억원 이상 수반되는 신규 사업으로 한다.
1. 건설공사가 포함된 사업
2. 「지능정보화 기본법」 제14조 제1항에 따른 지능정보화사업
3. 「과학기술기본법」 제11조에 따른 국가연구개발사업
4. 그 밖에 사회복지, 보건, 교육, 노동, 문화 및 관광, 환경 보호, 농림해양수산, 산업·중소기업 분야의 사업

② ❌ 사회간접자본에 대한 대규모 민간투자사업은 각 주무관청(기획재정부 장관 ×)이 지정한다.

사회기반시설에 대한 민간투자법 제38조【민간투자대상사업의 지정】① 주무관청은 사회기반시설사업을 민간투자방식으로 추진하려는 경우 이를 민간투자대상사업(이하 "대상사업"이라 한다)으로 지정하여야 하며, 대상사업으로 지정되기 위하여는 다음 각 호의 요건을 갖추어야 한다.
1. 사회기반시설과 관련된 중기·장기계획 및 국가투자사업의 우선순위에 부합할 것
2. 민간부문의 참여가 가능할 정도의 수익성이 있는 사업일 것

③ ⭕ 예산성과금은 공무원뿐만 아니라 일반 국민에게도 지급될 수 있다.

국가재정법 제49조【예산성과금의 지급 등】① 각 중앙관서의 장은 예산의 집행방법 또는 제도의 개선 등으로 인하여 수입이 증대되거나 지출이 절약된 때에는 이에 기여한 자에게 성과금을 지급할 수 있으며, 절약된 예산을 다른 사업에 사용할 수 있다.

④ ⭕ 총사업비관리제도는 국가 직접시행사업, 국가대행사업, 국고보조사업 및 국고보조를 받는 민간기관사업 가운데 사업 기간이 2년 이상으로 총사업비가 토목사업은 500억 원 이상, 건축사업은 200억 원 이상인 경우에는 총사업비관리제도의 대상이 된다.

⑤ ⭕ 기획재정부는 정부예산 및 기금의 불법지출에 대한 국민감시를 위한 예산낭비신고센터를 운영하고 있다.

연계학습 2025 신용한 행정학 p.672~675

22 ③

출제유형 출제영역 말 바꾸기+개념 / 혼돈이론

ㄱ. ⭕ 혼돈 속에 숨겨진 규칙성을 찾아내거나 간단한 규칙으로부터 출발하여 대혼돈으로 변화되는 상태를 설명하고 연구하는 혼돈이론은 안정된 운동상태를 보이는 계(界)가 어떻게 혼돈상태로 바뀌는가를 설명하고, 또 혼돈상태에서 숨겨진 질서를 찾으려는 시도이다.

ㄴ. ⭕ 혼돈은 스스로 불규칙하게 변화할 뿐만 아니라 미세한 초기조건의 차이가 점차 증폭되어 시간이 얼마간 지나면 완전히 서로 다른 결과를 나타낸다.

ㄷ. ❌ **혼돈이론은 비선형적(nonlinear) 변화를 가정한다.** Newton은 자연현상을 선형방정식으로 표현하여 예측가능하고 질서정연한 것으로 보았지만, 혼돈이론은 원인과 결과가 비례하지 않는 변화가 불규칙적으로 전개되고 결과를 예측하기 어려운 상태를 가정한다.

ㄹ. ⭕ 혼돈이론에서 설명하는 혼돈 속에서 질서를 찾는 과정은 자기조직화(self-organizing), 공진화(coevolution) 등을 통해 이루어진다.

자기조직화 (self-organizing)	비선형적 변화를 일으키는 사물 또는 현상들이 자기 스스로 구조와 질서를 갖추어 나가는 것
공진화 (coevolution)	계(界)를 구성하는 각 개체들이 끊임없이 서로에게 적응하면서 변화해 가는 과정

연계학습 2025 신용한 행정학 p.368

23 ④

출제유형 출제영역 개념+이론 비교 / 신제도주의

ㄱ. ❌ **역사적 신제도주의**가 제도의 종단적 측면을 중시하면서 국가 간에 차이를 강조한다면, **사회학적 신제도주의**는 횡단면적으로 국가 간 또는 조직 간에 어떻게 유사한 제도의 형태를 취하는가에 관심을 갖는다.

역사적 신제도주의	사회학적 신제도주의
종단면적 측면	횡단면적 측면
국가 간 차이를 설명	조직 간 유사성 설명

ㄴ. ⭕ 역사적 신제도주의에서의 제도는 일단 형성되면 방향성과 안정성을 유지하면서 변화는 계속적이고 점진적인 것이 아니라 위기상황에 대처하는 과정에서 매우 급격하고 간헐적으로 일어나는 단절적 균형의 특성을 보인다.

ㄷ. ⭕ 사회학적 제도주의에서 현대 조직의 많은 제도와 절차는 효율적이기 때문이라기보다는 문화적 관행이 확산되는 과정에서 발생한 결과로 설명하고 이러한 변화가 사회적 정당성을 확보할 때 새로운 제도로 정착된다고 설명한다.

ㄹ. ⭕ 사회학적 제도주의는 제도 자체에 이미 인간의 표준화된 행동 코드가 내재(배태)되어 있어 그를 벗어나기 힘들기 때문에 제도의 변화에서 개인의 역할을 인정하지 않는다. 개인은 자신의 의도에 따라 제도를 만들거나 변화시킬 수 없으며 제도에 종속될 뿐이라고 본다.

올바른 지문 ㄱ. 역사적 신제도주의가 제도의 종단적 측면을 중시하면서 국가 간에 차이를 강조한다면, 사회학적 신제도주의는 횡단면적으로 국가 간 또는 조직 간에 어떻게 유사한 제도의 형태를 취하는가에 관심을 갖는다.

연계학습 2025 신용한 행정학 p.139~145

24 ②

출제유형 출제영역 법령 / 예산집행의 신축성 유지방안 등

ㄱ. ⭕ 총액계산예산제도(총괄예산제도)는 총액규모만을 정하여 예산에 반영시키는 예산제도로, 예산집행의 신축성과 효율성을 제고하기 위한 제도이다.

ㄴ. ❌ 계속비는 회계연도 독립 원칙의 예외로, 국가가 지출할 수 있는 연한은 원칙적으로 그 회계연도로부터 5년 이내 이지만, **계속비는 예산의 일부로 국회의 사전의결을 필요로 한다.**

ㄷ. ⭕ 국가재정법 제22조 제1항

> 국가재정법 제22조 【예비비】 ① 정부는 예측할 수 없는 예산 외의 지출 또는 예산초과지출에 충당하기 위하여 일반회계 예산총액의 100분의 1 이내의 금액을 예비비로 세입세출예산에 계상할 수 있다. 다만, 예산총칙 등에 따라 미리 사용목적을 지정해 놓은 예비비는 본문에도 불구하고 별도로 세입세출예산에 계상할 수 있다.

ㄹ. ❌ 국고채무부담행위란 법률, 세출예산, 계속비 범위 안의 것 외에 정부가 재원확보 없이 지출의 원인이 되는 계약행위 등을 통해 채무를 부담하는 행위로 **차관, 국공채 등은 국고채무부담행위에 포함하지 않는다.**

연계학습 2025 신용한 행정학 p.676~680

25 ①

출제유형 출제영역 말 바꾸기+개념 / 정부규제

① ❌ **성과규제에 대한 설명이다.** 관리규제는 수단과 성과가 아닌 과정을 규제하는 것으로 정부는 피규제자가 만든 규제 목표 달성계획의 타당성을 평가하고 그 이행을 요구하는 것이며, 수단규제에 비해 자율성이 높다.

② ⭕ 수단(투입)규제는 정부의 목표를 달성하기 위해 필요한 기술이나 행위에 대해 사전적으로 규제하는 것이다.

③ ⭕ 공동규제는 정부로부터 위임을 받은 민간집단에 의해 이뤄지는 규제로 자율규제와 직접규제의 중간성격을 가진다.

④ ⭕ 자율규제는 개인과 기업 등 피규제자가 스스로 합의된 규범을 만들고 이를 구성원들에게 적용하는 형태의 규제 방식이다.

⑤ ⭕ 네거티브 규제는 명시적으로 금지하는 것 이외에는 모든 것을 자유로이 할 수 있는 방식이다.

올바른 지문 ① 성과규제에서는 정부가 제시한 성과 기준만 충족하면 되기 때문에 이를 달성하는 수단과 방법의 선택은 피규제자가 자유롭게 선택할 수 있으며, 수단규제에 비해 피규제자가 많은 자율성을 갖는다.

SUMMARY 규제의 대상별 분류

수단규제 (투입규제)	• 정부의 목표를 달성하기 위해 필요한 기술이나 행위에 대해 사전적으로 규제하는 것 • 정부의 규제 정도와 피규제자의 순응 정도를 파악하는 데 용이함.
성과규제 (산출규제)	• 정부가 목표달성 수준을 정하고 피규제자에게 이를 달성할 것을 요구하는 것 • 정부가 제시한 성과 기준만 충족하면 되기 때문에 이를 달성하는 수단과 방법은 피규제자가 자유롭게 선택할 수 있음.
관리규제 (과정규제)	• 과정을 규제하는 것. 정부는 피규제자가 만든 규제 목표 달성 계획의 타당성을 평가하고 이행을 요구 • 수단규제에 비해 자율성이 높음. 성과 달성 정도를 정하고 이를 확인해야 하는 성과규제를 적용하기 어려울 때 적합함.

연계학습 2025 신용한 행정학 p.27, 28

2020년 국회 8급

문제편 p.173~179

정답

01	②	02	②	03	③	04	②	05	④
06	③	07	②	08	③	09	①	10	①
11	⑤	12	③	13	④	14	④	15	④
16	⑤	17	⑤	18	⑤	19	②	20	⑤
21	②	22	①	23	③	24	①	25	④

출제영역 분석

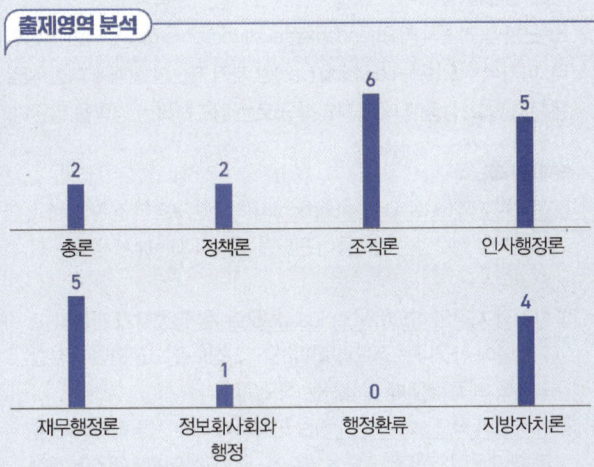

출제경향 분석

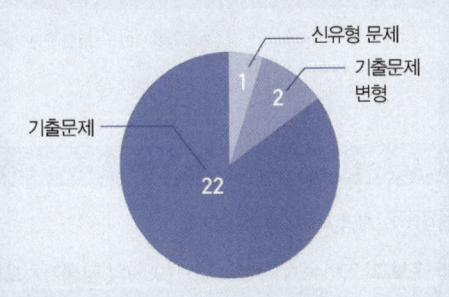

출제문제 유형분석

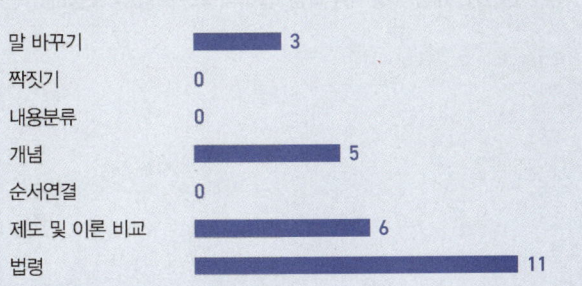

01 상중하 ②

출제유형 | 출제영역 개념 / 정부실패의 요인

① ✗ 비용과 수입의 분리(절연)는 **수혜자와 비용부담자의 분리(절연)로 인해 비용에 대해 둔감**해지고 자원이 효율적으로 활용되지 못하는 현상이다.
② ○ 내부성은 관료제 내에서 **공익(공적 목표)보다 개인과 조직의 이익(사적 목표)을 우선**시하는 현상이다.
③ ✗ X-비효율은 **경제주체가 독점적 지위**를 가지는 경우 관리효율성을 극대화하려는 유인이 부족해 생산의 평균비용이 증가하는 현상으로 **관리상의 비효율(기술적 비효율)**을 의미한다.
④ ✗ 파생적 외부효과는 **정부의 개입으로 발생**하는 잠재적·비의도적 확산효과나 **부작용**을 말한다.
⑤ ✗ 분배적 불공평이란 정부의 권력의 특혜나 남용 등 정부에 의해서 발생되는 현상을 말하며, 특혜적 기업면허 진입장벽의 유지 등이 있다.

연계학습 2025 신용한 행정학 p.63, 64

02 상중하 ②

출제유형 | 출제영역 개념 / 상황변수와 조직구조

② ✗ 집권화란 의사결정 권한이 중앙이나 상위기관에 유보되어 있는 것을 의미하며, 조직 내에 존재하는 **활동이 분화되어 있는 정도는 복잡성(complexity)**에 대한 설명이다.

올바른 지문 ② 조직구조의 구성요소 중 **복잡성**이란 조직 내에 존재하는 활동이 분화되어 있는 정도를 말한다.

SUMMARY 상황변수와 조직구조

1. 기본변수

분류	변수	내용
기본변수 (조직의 구조형성)	복잡성	횡적 분화인 수평적 분화 & 계층화 정도인 수직적 분화
	공식성	조직의 업무수행 방식이나 절차의 표준화 정도
	집권성	권력의 배분양태, 권력이 위임되는 수준(집권 or 분권)

2. 상황변수와 조직구조

구분	규모 (증가할수록)	기술(비일상적 기술일수록)	환경(불확실성이 높을수록)
복잡성	+	+	+
공식성	+	−	−
집권성	−	−	−

연계학습 2025 신용한 행정학 p.333~337

03 상(중)하 ③

출제유형 **출제영역** 법령 / 우리나라의 책임운영기관

① ✗ 우리나라의 중앙행정기관 소속 책임운영기관은 「책임운영기관의 설치·운영에 관한 법률」에 근거하여 설치 및 운영된다.

> **책임운영기관의 설치·운영에 관한 법률 제1조【목적】** 이 법은 책임운영기관의 설치 및 운영에 관한 기본적인 사항과 책임운영기관의 조직·인사·예산·회계 등에 관한 특례를 규정함으로써 행정 운영의 효율성과 행정 서비스의 질적 향상을 도모함을 목적으로 한다.

② ✗ 책임운영기관의 설치·운영에 관한 법률 제10조

> **동법 제10조【기본운영규정】** ① 기관장은 법령에서 정하는 범위에서 다음 각 호의 사항을 포함한 소속책임운영기관의 조직 및 운영에 관한 기본운영규정(이하 "기본운영규정"이라 한다)을 제정하여야 한다.

③ ○ 책임운영기관의 설치·운영에 관한 법률 제7조

> **동법 제7조【기관장의 임용】** ① 소속중앙행정기관의 장은 공개모집 절차에 따라 행정이나 경영에 관한 지식·능력 또는 관련 분야의 경험이 풍부한 사람 중에서 기관장을 선발하여 「국가공무원법」 제26조의5에 따른 임기제공무원으로 임용한다.
> ③ 기관장의 근무기간은 5년의 범위에서 소속중앙행정기관의 장이 정하되, 최소한 2년 이상으로 하여야 한다.

④ ✗ 책임운영기관의 설치·운영에 관한 법률 제18조

> **동법 제18조【임용권자】** 중앙행정기관의 장은 「국가공무원법」 제32조제1항 및 제2항, 그 밖의 공무원 인사 관계 법령에도 불구하고 소속책임운영기관 소속 공무원에 대한 일체의 임용권을 가진다.

⑤ ✗ 책임운영기관의 설치·운영에 관한 법률 제16조

> **동법 제16조【공무원의 정원】** ① 소속책임운영기관에 두는 공무원의 총 정원 한도는 대통령령으로 정한다. 이 경우 다음 각 호의 정원은 총리령 또는 부령으로 정하되, 대통령령으로 정하는 바에 따라 통합하여 정할 수 있다.
> 1. 공무원의 종류별·계급별 정원
> 2. 고위공무원단에 속하는 공무원의 정원

올바른 지문
① 「책임운영기관의 설치·운영에 관한 법률」에 근거하여 설치 및 운영된다.
② 기관장은 소속책임운영기관의 조직 및 운영에 관한 기본운영규정을 제정하여야 한다.
④ 중앙행정기관의 장은 전 직원에 대한 임용권을 갖는다.
⑤ 종류별·계급별 정원은 총리령 또는 부령으로 정한다.

연계학습 2025 신용한 행정학 p.384~387

04 상(중)하 ②

출제유형 **출제영역** 개념+말 바꾸기 / 근무성적평정의 오류

① ✗ 선택적 지각의 착오에 대한 설명이다. 연쇄적 착오(halo error)란 한 평정요소에 대한 평정자의 판단이 연쇄적으로 다른 요소의 평정에도 영향을 주는 오류를 말한다.

② ○ 일관적 착오(systematic error)란 평정자가 다른 평정자들보다 언제나 좋은 점수 또는 나쁜 점수를 주게 됨으로써 나타나는 오류이다. 평정자가 항상 관대화나, 엄격화경향을 보이는 것으로 평정기준이 높거나 낮은 데서 오는 오류이다.

③ ✗ 방어적 지각의 착오(perceptual defense)에 대한 설명이다.

④ ✗ 유사성의 착오(stereotyping)에 대한 설명이다. 근본적 귀속의 착오(fundamental attribution error)란 타인의 실패를 평가함에 있어서 상황적 요인의 영향은 과소평가하고 개인적 요인의 영향은 과대평가하는 경향을 말한다.

⑤ ✗ 근본적 귀속의 착오(fundamental attribution error)에 대한 설명이다. 이기적 착오(self-servicing bias)란 자기 자신의 실패에 대한 책임은 지지 않고 성공에 대한 개인적 공로는 강조하려는 경향을 말한다.

올바른 지문
① 선택적 지각(selective perception)의 착오란 모호한 상황에 관해 부분적인 정보만을 받아들여 판단을 내리게 되는데서 범하는 착오이다.
③ 방어적 지각의 착오(perceptual defense)란 평정자가 자신의 고정관념에 어긋나는 정보를 회피하거나, 정보를 고정관념에 부합되도록 왜곡시킬 때 발생하는 착오이다.
④ 유사성의 착오(stereotyping)란 평정자가 어떤 사람이나 사물을 볼 때 그들이 속한 집단 또는 범주에 대한 고정관념에 비추어 지각함으로써 발생하는 착오이다.
⑤ 근본적 귀속의 착오(fundamental attribution error)란 타인의 실패·성공을 평가할 때 상황적 요인은 과소평가하고 개인적 요인은 과대평가하거나 그 반대인 경우 발생하는 착오이다.

연계학습 2025 신용한 행정학 p.514~516

05 상(중)하

출제유형 **출제영역** 개념 / 효과성 측정모형

④ ○ 퀸과 로보그(Quinne & Rohbaugh, 1983)의 경쟁가치모형에 대한 설명이다. 경쟁가치모형은 조직이 내부·외부 중 어디에 초점을 두고 있는가, 조직구조가 통제(안정)를 강조하는가 아니면 변화와 융통성을 강조하는가를 기준으로 조직효과성에 대한 네 가지 경쟁적인 모형(인간관계, 개방체제, 내부과정, 합리적 목표모형)을 도출하였다.

SUMMARY 경쟁가치모형

구분	조직(외부)	인간(내부)
통제	• 합리적 목표모형 : 조직 구성원보다 조직 그 자체를 중시하고, 안정을 강조 • 목표 : 생산성, 능률성 • 수단 : 기획, 목표 설정 • 효과성 기준 : 조직의 생산성, 이윤	• 내부과정모형 : 조직 그 자체보다는 구성원을 중시하고, 조직의 안정을 강조 • 목표 : 안정성, 균형 • 수단 : 정보관리 • 효과성 기준 : 조직의 안정성과 균형유지
유연성 (융통성)	• 개방체제모형 : 조직 구성원보다 조직 자체를 중시하고, 구조의 유연성을 중시 • 목표 : 성장, 자원확보 • 수단 : 융통성, 외적 평가 • 효과성 기준 : 환경과의 바람직한 관계정립을 통한 조직성장여부가 효과성 기준	• 인간관계모형 : 조직 그 자체보다 구성원을 중시하고, 유연한 구조를 중시 • 목표 : 인적자원 개발 • 수단 : 응집력, 사기 • 효과성 기준 : 조직 내 인적 자원가치의 개발

(연계학습) 2025 신용한 행정학 p.100

06 상 중 하 ■■■   ③

출제유형 말 바꾸기+개념 / 출제영역 갈등관리

① ○ 갈등은 해결과정에서 조직의 문제해결 능력 창의력 융통성 등을 증진시켜 집단 또는 조직의 성과가 향상되는 순기능도 있다.
② ○ 관계갈등이란 구성원들 간의 인간관계에 의해 발생하는 갈등을 말하며, 관계갈등을 해결하기 위해서는 의사전달의 장애요소를 제거하고 직원 간 소통의 기회를 제공해줄 필요가 있다.
③ ✗ 직무갈등은 작업의 내용과 목표에 관한 갈등을 의미한다. 직무갈등은 업무를 처리하는 데 있어 구성원들 간의 목표 충돌 혹은 목표 달성 방법의 차이로 인해 발생하는 갈등이다. **상위 목표의 제시 등 목표를 명확화하여 해결할 수 있다.**
④ ○ 과정갈등은 업무를 처리하는 방식과 관련된 갈등으로 주로 어떻게 작업을 완수할 수 있을까와 관련된 갈등이다. 이러한 갈등을 해소시키기 위해서는 상호 의사소통 증진이나 조직구조의 변경을 통하여 해결할 수 있다.
⑤ ○ 갈등은 조직 구성원의 사기를 저하시키고 부서 간의 위화감을 조성하여 조직의 생산성을 떨어뜨릴 수 있다.

(연계학습) 2025 신용한 행정학 p.418~420

07 상 중 하 ■■■   ②

출제유형 법령 / 출제영역 유연근무제

ㄱ, ㄷ ✗ **재택근무형, 스마트워크 근무형**은 사무실이 아닌 자택에서 근무하는 것으로 **원격근무제**에 해당한다.

SUMMARY 유연근무제

유형	세부형태	활용방법
탄력 근무제		주 40시간 근무하되, 출·퇴근시각·근무시간·근무일을 자율 조정
	시차출퇴근형	1일 8시간 근무체제 유지, 출퇴근시간 자율 조정
	근무시간 선택형	일 8시간에 구애받지 않음(일4~12시간 근무), 주 5일 근무 준수
	집약근무형	일 8시간에 구애받지 않음(일4~12시간 근무), 주 3.5~4일 근무
재량근무제		근무시간, 근무장소 등에 구애받지 않고 구체적인 업무성과를 토대로 근무한 것으로 간주하는 근무형태 • 출퇴근 의무 없이 프로젝트 수행으로 주40시간 인정 • 고도의 전문적 지식과 기술이 필요해 업무수행 방법이나 시간배분을 담당자의 재량에 맡길 필요가 있는 분야
원격 근무제		특정한 근무장소를 정하지 않고 정보통신망을 이용하여 근무
	재택근무형	• 사무실이 아닌 자택에서 근무 • 1일 근무시간은 4~8시간으로 변동 불가
	스마트워크 근무형	• 자택 인근 스마트워크센터 등 별도 사무실에서 근무 • 1일 근무시간은 4~8시간으로 변동 불가

(연계학습) 2025 신용한 행정학 p.530

08 상 중 하 ■■■   ③

출제유형 이론 비교 / 출제영역 정부 간 관계모형

① ○ 중앙정부와 지방정부가 정치적 타협과 협상에 의한 상호의존관계에 있는 형태이며, Wright는 중첩권위형을 연방정부와 주정부 간의 이상적 관계로 설명한다.
② ○ 던사이어(Dunsire)의 이론 중 하향식모형은 지방정부는 중앙정부의 하위기관 또는 대리기관에 불과하며, 지방정부는 중앙정부의 하위기관 또는 대리기관에 불과하다고 본다.
③ ✗ **엘코크(Elcock)의 이론 중 대리인 모형에 대한 설명**이다. 동반자 모형은 중앙과 지방정부는 동반자의 관계로 서로 대등한 입장에서 상호 작용을 하는 것을 설명하는 모형이다.
④ ○ 윌다브스키(Wildavsky)의 이론 중 갈등-합의 모형은 중앙정부와 지방정부 양자는 대등한 관계를 유지하고 있으며, 지방정부는 정책입안과 집행에 있어서 상당한 자율성을 보유한다.
⑤ ○ 무라마츠 중앙 지방정부 간 관계를 수직적 통제모형과 수평적 통제모형으로 구분한다.

올바른 지문 ③ ✗ 엘코크(Elcock)의 이론 중 대리인모형은 지방정부가 중앙정부의 감독 및 지원 하에 국가정책을 집행하는 유형을 말한다.

(연계학습) 2025 신용한 행정학 p.929~932

09
출제유형 법령 / **출제영역** 우리나라의 광역행정방식

① ✗ 지방자치단체나 그 장은 소관 사무의 일부를 다른 지방자치단체나 그 장에게 **위탁**(위임 ✗)하여 처리하게 할 수 있다.

> **지방자치법 제168조【사무의 위탁】** ① 지방자치단체나 그 장은 소관 사무의 일부를 다른 지방자치단체나 그 장에게 위탁하여 처리하게 할 수 있다.

② ○ 지방자치법 제169조 제1항

> **동법 제169조【행정협의회의 구성】** ① 지방자치단체는 2개 이상의 지방자치단체에 관련된 사무의 일부를 공동으로 처리하기 위하여 관계 지방자치단체 간의 행정협의회(이하 "협의회"라 한다)를 구성할 수 있다. 이 경우 지방자치단체의 장은 시·도가 구성원이면 행정안전부장관과 관계 중앙행정기관의 장에게, 시·군 또는 자치구가 구성원이면 시·도지사에게 이를 보고하여야 한다.

③ ○ 지방자치법 제182조 제1항

> **동법 제182조【지방자치단체의 장 등의 협의체】** ① 지방자치단체의 장이나 지방의회의 의장은 상호 간의 교류와 협력을 증진하고, 공동의 문제를 협의하기 위하여 다음 각 호의 구분에 따라 각각 전국적 협의체를 설립할 수 있다.

④ ○ 지방자치법 제187조 제1항

> **동법 제187조【중앙행정기관과 지방자치단체 간 협의·조정】** ① 중앙행정기관의 장과 지방자치단체의 장이 사무를 처리할 때 의견을 달리하는 경우 이를 협의·조정하기 위하여 국무총리 소속으로 행정협의조정위원회를 둔다.

⑤ ○ 지방자치단체 조합은 둘 이상의 지방자치단체가 그 하나 또는 둘 이상의 사무를 공동으로 처리하기 위해 협의하여 설립하는 법인격을 갖는 특별지방자치단체로서 조합의 명의로 공동사무를 처리할 수 있고, 그 효과도 조합에 귀속된다.

올바른 지문 ① 지방자치단체나 그 장은 소관 사무의 일부를 다른 지방자치단체나 그 장에게 **위탁**하여 처리하게 할 수 있다.

연계학습 2025 신용한 행정학 p.957~961

10
출제유형 법령 / **출제영역** 정부업무평가 기본법

① ✗ 정부업무평가 기본법 제25조

> **정부업무평가 기본법 제25조【평가제도 운영실태의 확인·점검】** 국무총리는 평가제도의 운영실태를 확인·점검하고, 그 결과에 따라 제도개선방안의 강구 등 필요한 조치를 할 수 있다.

② ○ 정부업무평가 기본법 제28조 제2항

> **동법 제28조【평가결과의 예산·인사 등에의 연계·반영】** ① 중앙행정기관의 장은 평가결과를 조직·예산·인사 및 보수체계에 연계·반영하여야 한다.
> ② 중앙행정기관의 장은 평가결과를 다음 연도의 예산요구시 반영하여야 한다.

③ ○ 정부업무평가 기본법 제28조 제3항

> **동법 제28조【평가결과의 예산·인사 등에의 연계·반영】** ③ 기획재정부장관은 평가결과를 중앙행정기관의 다음 연도 예산편성시 반영하여야 한다.

④ ○ 정부업무평가 기본법 제27조 제2항

> **동법 제27조【평가결과의 보고】** ② 중앙행정기관의 장은 전년도 정책등에 대한 자체평가결과(위원회에서 심의·의결된 것을 말한다)를 지체 없이 국회 소관 상임위원회에 보고하여야 한다.

⑤ ○ 정부업무평가 기본법 제26조

> **동법 제26조【평가결과의 공개】** 국무총리·중앙행정기관의 장·지방자치단체의 장 및 공공기관평가를 실시하는 기관의 장은 평가결과를 전자통합평가체계 및 인터넷 홈페이지 등을 통하여 공개하여야 한다.

올바른 지문 ① 국무총리는 평가제도의 운영실태를 확인·점검하고, 그 결과에 따라 제도개선방안의 강구 등 필요한 조치를 할 수 있다.

연계학습 2025 신용한 행정학 p.310~313

11
출제유형 말 바꾸기+개념 / **출제영역** 다양한 형태의 예산

① ○ 본예산은 정기국회에서 다음 회계연도 예산에 대해 의결·확정한 예산을 의미하며 새로운 회계연도를 위해 최초로 성립한 예산이다.

② ○ 본예산이 회계연도 개시일 전까지 입법부를 통과하지 못하는 경우 예산안이 입법부에서 의결될 때까지 특정 경비에 한해서 전년도 예산에 준해 지출할 수 있도록 만든 제도이다.

③ ○ 예산이 성립되면 잠정예산은 그 유효기간이나 지출 잔액 유무에 관계없이 본예산에 흡수된다.

④ ○ 적자예산이란 수입보다 지출이 많은 예산으로, 경기침체나 국가적 위기에 정부가 능동적으로 대처하기 위해 편성하는 불균형예산으로, 적자예산으로 인한 재정적자는 국채발행, 한국은행으로부터의 차입, 해외차입 등으로 보전한다.

⑤ ✗ **추가경정예산에 대한 설명**이다. 수정예산은 정부가 국회에 예산안을 제출한 이후 예산이 아직 최종 의결되기 전에 예산안의 내용 중 일부를 변경할 필요성이 있을 때 편성하는 예산이다.

올바른 지문 ⑤ 추가경정예산은 예산성립 후에 발생한 사유로 인하여 필요한 경비의 과부족이 발생한 때 본예산에 수정을 가한 예산이다.

SUMMARY 예산의 유형

(1) 성립시기에 따른 구분

본예산	정기국회의 심의를 거쳐 확정된 예산
수정예산	예산이 확정되기 전(국회의결 이전) 변경
추가경정예산	예산이 확정된 후(국회의결 이후) 변경

(2) 예산 불성립시 예산집행장치

구 분	기 간	국회의결	지출 항목	채택국가
준예산	무제한	불필요	한정적	현재 우리나라, 독일
가예산	1개월	필 요	전반적	우리나라 1공화국, 프랑스
잠정예산	무제한	필 요	전반적	미국, 일본, 영국, 캐나다

연계학습 2025 신용한 행정학 p.631~633

---

12 상중하 ③

출제유형 출제영역 법령 / 우리나라의 예산과정(종합)

① ◯ 국가재정법 제31조 제1항

> **국가재정법 제31조【예산요구서의 제출】** ① 각 중앙관서의 장은 제29조의 규정에 따른 예산안편성지침에 따라 그 소관에 속하는 다음 연도의 세입세출예산·계속비·명시이월비 및 국고채무부담행위 요구서(이하 "예산요구서")를 작성하여 매년 <u>5월 31일까지</u> 기획재정부장관에게 제출하여야 한다.

② ◯ 헌법 제57조

> **헌법 제57조** 국회는 정부의 동의없이 정부가 제출한 지출예산 각항의 금액을 증가하거나 새 비목을 설치할 수 없다.

③ ✕ 국가재정법 제58조 제1항

> **국가재정법 제58조【중앙관서결산보고서의 작성 및 제출】** ① 각 중앙관서의 장은 「국가회계법」에서 정하는 바에 따라 회계연도마다 작성한 결산보고서(이하 "중앙관서결산보고서"라 한다)를 다음 연도 <u>2월 말까지</u> 기획재정부장관에게 제출하여야 한다.

④ ◯ 국가재정법 제34조 각 호

> **국가재정법 제34조【예산안의 첨부서류】** 제33조의 규정에 따라 국회에 제출하는 예산안에는 다음 각 호의 서류를 첨부하여야 한다.
> 4. 국고채무부담행위 설명서
> 6. 예산정원표와 예산안편성기준단가
> 14. 「국유재산특례제한법」 제10조제1항에 따른 국유재산특례지출예산서

⑤ ◯ 정부의 세입·세출에 대한 출납사무는 다음연도 2월 10일까지 완결해야 한다.

올바른 지문 ③ 국회사무총장은 「국가회계법」에서 정하는 바에 따라 회계연도마다 작성한 결산보고서를 다음 연도 2월 말까지 기획재정부장관에게 제출하여야 한다.

연계학습 2025 신용한 행정학 p.661, 662, 667, 683

---

13 상중하 ④

출제유형 출제영역 말 바꾸기 및 개념 / 관료제

베버의 이념형 관료제(Ideal type)는 권위를 3가지 유형(전통적 권위, 카리스마적 권위, 법적 권위)으로 나누고, 권위의 유형에 따라 이념형으로서의 관료제 모형을 제시하였다. 그 중 법적 권위에 입각한 근대적 관료제야말로 가장 과학적이며 합리성에 일치하는 조직모형으로 설명하였다.

ㄱ. ◯, ㄴ. ✕ **근대적 관료제의 특징은 법규에 의한 지배**이다. 모든 직위의 권한과 관할범위는 법규에 의하여 규정되며, 법규에 의한 지배와 법 앞의 평등을 강조한다.

ㄷ. ◯ 관료제에서 관료들은 계급과 근무연한에 따라 정해진 금전적 보수와 연금을 받는다.

ㄹ, ㅁ. ◯ 모든 직위의 권한과 임무는 문서화된 법규에 의해 규정되고, 임무 수행은 문서에 의한다. 문서주의는 업무처리의 객관성과 정확성, 책임성을 제고시킨다.

올바른 지문 ㄴ. 엄격한 계서제에 따라 상대방의 지위를 고려하지 않고 법규를 적용한다.

SUMMARY 베버(M. Weber)의 이념형 관료제

권위	관료제	지배형태	특징
전통적 권위	가산관료제	전통적 지배	권력을 장악한 자의 신분에 의해 유지
카리스마적 권위	카리스마적 관료제	카리스마적 지배	지배자의 특성·자질에 의존
법적·합리적 권위	근대적 관료제	합법적·합리적 지배	법규에 의한 지배, 계층제적 구조, 비개인성 등

연계학습 2025 신용한 행정학 p.348~350

---

14 상중하 ④

출제유형 출제영역 개념 / 외적 타당성 저해요인

④ ◯ 크리밍 효과에 대한 설명이다. 크리밍 효과는 효과가 크게 나타날 사람만 의도적으로 실험집단으로 선정하고 조건이 나쁜 구성원들로 비교집단을 구성하여 일정한 처리를 한 경우 정책의 영향력이 실제보다 과대평가 되는 것을 말한다.

SUMMARY 외적 타당성 저해요인

호오돈효과	실험집단 구성원이 실험대상이라는 사실을 인식함으로써 평소와는 다른 특별한 심리적 행동을 보이는 현상(실험조작 반응효과)
다수적 처리에 의한 간섭	한 집단에 여러 번의 실험적 처리를 반복하여 가할 경우 실험조작에 익숙해짐으로써 영향을 받게 되는 현상
표본의 대표성 부족	양 집단 간 동질성이 있다 하더라도 사회적 대표성이 없는 경우
실험조작과 측정의 상호작용	사전측정의 효과와 실험조작 반응효과의 상호작용으로 실험의 결과를 모집단에 일반화하여 적용하기가 곤란
크리밍 효과	효과가 크게 나타날 사람만 의도적으로 실험집단에 배정한 경우 그 결과를 일반화하는 것은 곤란

연계학습 2025 신용한 행정학 p.305

15 상 중 하 ④

출제유형 출제영역 법령 / 고유사무 vs 단체위임 사무 vs 기관위임 사무

① ✗ 기관위임사무의 처리에 필요한 경비는 **위임기관이 전액 부담**하는 것이 원칙이다.

> **지방재정법 21조【부담금과 교부금】** ② 국가가 스스로 하여야 할 사무를 지방자치단체나 그 기관에 위임하여 수행하는 경우 그 경비는 국가가 전부를 그 지방자치단체에 교부하여야 한다.

② ✗ 상수도·하수도의 설치 및 관리. 도시·군 계획사업의 시행, 소비자 보호 및 저축 장려는 **지방자치단체의 사무**이다.

> **지방자치법 제13조【지방자치단체의 사무범위】** ② 제1항에 따른 지방자치단체의 사무를 예시하면 다음 각 호와 같다. 다만, 법률에 이와 다른 규정이 있으면 그러하지 아니하다.
> 3. 농림·수산·상공업 등 산업 진흥
>   카. 소비자 보호 및 저축 장려
> 4. 지역개발과 자연환경보전 및 생활환경시설의 설치·관리
>   다. 도시·군계획사업의 시행
>   자. 상수도·하수도의 설치 및 관리

③ ✗ **기관위임사무는 지방자치단체의 장이 수임 주체**가 된다.

> **지방자치법 제115조【국가사무의 위임】** 시·도와 시·군 및 자치구에서 시행하는 국가사무는 시·도지사와 시장·군수 및 자치구의 구청장에게 위임하여 수행하는 것을 원칙으로 한다. 다만, 법령에 다른 규정이 있는 경우에는 그러하지 아니하다.

④ ○ 지방자치법 제117조 제1호

> **지방자치법 제117조【사무의 위임 등】** ① 지방자치단체의 장은 조례나 규칙으로 정하는 바에 따라 그 권한에 속하는 사무의 일부를 보조기관, 소속 행정기관 또는 하부행정기관에 위임할 수 있다.

⑤ ✗ 기관위임사무는 해당 지방자치단체에 위임된 것이 아니라 그 집행기관에게만 위임된 사무이므로 그 처리는 집행기관의 전권에 속하는 것이며, 따라서 이에 관하여 **지방의회는 관여할 수 없다**. 다만, 사무처리를 위해 지방자치단체에 경비를 부담하는 경우에는 지방의회가 관여할 수 있다.

올바른 지문
① 기관위임사무의 처리에 필요한 경비는 위임기관이 전액 부담한다.
② 상수도·하수도의 설치 및 관리. 도시계획사업의 시행, 소비자 보호 및 저축 장려는 지방자치단체의 사무이다.
③ 기관위임사무는 지방자치단체의 장이 수임 주체가 된다.
⑤ 지방의회는 자치단체의 기관위임사무를 지휘할 수 있는 권한이 없다.

연계학습 2025 신용한 행정학 p.849~852

16 상 중 하 ⑤

출제유형 출제영역 개념+말 바꾸기 / 통합예산(통합재정)

①✗, ⑤ ○ 통합재정이란 일반회계, 특별회계, 기금을 포괄한 국가 전체 재정을 의미한다. 우리나라는 IMF의 권장에 따라 **1979년부터 도입**했다.

② ✗ 통합재정의 운용은 재정운용의 투명성과 책임성을 확보하는 수단이 되므로, 재정운용의 탄력성을 부여하는 측면보다는 **재정통제를 강화하는 측면이 강하다**.

③ ✗ 통합재정수지를 계산할 때 **국민연금기금 등의 사회보장성 기금의 수지는 포함**된다.

④ ✗ 통합재정은 정부의 재정 활동을 체계적으로 분류해 표시함으로써 **재정이 국민 경제에 미치는 효과를 효과적으로 파악하고자 하는 예산제도**이다.

올바른 지문
① 우리나라는 IMF의 권장에 따라 1979년부터 도입되었으며, 지방재정의 일반회계, 기금, 교육특별회계까지 모두 통합재정수지에 포함된다.
② 통합재정수지를 통해 국가재정을 통합하여 관리할 수 있게 되어 예산운용의 통제성이 제고되었다.
③ 통합재정수지를 계산할 때 국민연금기금 등의 사회보장성 기금의 수지는 포함된다.
④ 통합재정은 정부의 재정 활동을 체계적으로 분류해 표시함으로써 재정이 국민 경제에 미치는 효과를 효과적으로 파악하고자 하는 예산제도이다.

연계학습 2025 신용한 행정학 p.641, 642

17 상 중 하 ⑤

출제유형 출제영역 법령+말 바꾸기 / 우리나라 전자정부

①, ③ ○ 전자정부법 제5조 제1항

> **전자정부법 제5조【전자정부기본계획의 수립】** ① 중앙사무관장기관의 장은 전자정부의 구현·운영 및 발전을 위하여 5년마다 제5조의2제1항에 따른 행정기관등의 기관별 계획을 종합하여 전자정부기본계획을 수립하여야 한다.
> ② 제1항에 따른 전자정부기본계획(이하 "전자정부기본계획"이라 한다)에는 다음 각 호의 사항이 포함되어야 한다.
> 3. 전자정부서비스의 제공 및 활용 촉진
> 10. 전자정부 구현을 위한 업무 재설계
> 11. 전자정부의 국제협력

> **전자정부법 제5조【정의】** 이 법에서 사용하는 용어의 뜻은 다음과 같다.
> 4. "중앙사무관장기관"이란 국회 소속 기관에 대하여는 국회사무처, 법원 소속 기관에 대하여는 법원행정처, 헌법재판소 소속 기관에 대하여는 헌법재판소사무처, 중앙선거관리위원회 소속 기관에 대하여는 중앙선거관리위원회사무처, 중앙행정기관 및 그 소속 기관과 지방자치단체에 대하여는 행정안전부를 말한다.

② ◉ 전자정부법 제5조의2 제1항

> **전자정부법 제5조의2 【기관별 계획의 수립 및 점검】** ① 행정기관등의 장은 5년마다 해당 기관의 전자정부의 구현·운영 및 발전을 위한 기본계획(이하 "기관별 계획"이라 한다)을 수립하여 중앙사무관장기관의 장에게 제출하여야 한다.

④ ◉ 민원 처리에 관한 법률 제10조 제3항

> **민원 처리에 관한 법률 제10조 【불필요한 서류 요구의 금지】** ③ 행정기관의 장은 민원을 접수·처리할 때에 다음 각 호의 어느 하나에 해당하는 경우에는 민원인에게 관련 증명서류 또는 구비서류의 제출을 요구할 수 없으며, 그 민원을 처리하는 담당자가 직접 이를 확인·처리하여야 한다.
> 1. 민원인이 소지한 주민등록증·여권·자동차운전면허증 등 행정기관이 발급한 증명서로 그 민원의 처리에 필요한 내용을 확인할 수 있는 경우
> 2. 해당 행정기관의 공부(公簿) 또는 행정정보로 그 민원의 처리에 필요한 내용을 확인할 수 있는 경우
> 3. 「전자정부법」 제36조제1항에 따른 행정정보의 공동이용을 통하여 그 민원의 처리에 필요한 내용을 확인할 수 있는 경우
> 4. 행정기관이 증명서류나 구비서류를 다른 행정기관으로부터 전자문서로 직접 발급받아 그 민원의 처리에 필요한 내용을 확인할 수 있는 경우로서 민원인이 행정기관에 미리 해당 증명서류 또는 구비서류에 대하여 관계법령등에서 정한 수수료 등을 납부한 경우

⑤ ✗ 정보시스템에 대한 설명이다. 정보기술아키텍처란 **일정한 기준과 절차에 따라 업무, 응용, 데이터, 기술, 보안 등 조직 전체의 구성요소들을 통합적으로 분석한 뒤 이들 간의 관계를 구조적으로 정리한 체제 및 이를 바탕으로 정보화 등을 통하여 구성요소들을 최적화하기 위한 방법**을 말한다.

> **동법 제2조 【정의】** 이 법에서 사용하는 용어의 뜻은 다음과 같다.
> 12. "정보기술아키텍처"란 일정한 기준과 절차에 따라 업무, 응용, 데이터, 기술, 보안 등 조직 전체의 구성요소들을 통합적으로 분석한 뒤 이들 간의 관계를 구조적으로 정리한 체제 및 이를 바탕으로 정보화 등을 통하여 구성요소들을 최적화하기 위한 방법을 말한다.
> 13. "정보시스템"이란 정보의 수집·가공·저장·검색·송신·수신 및 그 활용과 관련되는 기기와 소프트웨어의 조직화된 체계를 말한다.

올바른 지문 ⑤ "정보기술아키텍처"란 일정한 기준과 절차에 따라 업무, 응용, 데이터, 기술, 보안 등 조직 전체의 구성요소들을 통합적으로 분석한 뒤 이들 간의 관계를 구조적으로 정리한 체제 및 이를 바탕으로 정보화 등을 통하여 구성요소들을 최적화하기 위한 방법을 말한다.

(연계학습) 2025 신용한 행정학 p.751, 758

---

18 정답 ⑤

출제유형 말 바꾸기+법령 / **출제영역** 공무원 연금제도

① ◉ 우리나라 공무원 연금은 인사혁신처장이 관장하고, 그 집행은 공무원연금공단에서 공무원연금기금을 통해 운용되고 있다.

②, ③ ◉ 우리나라는 공무원연금 기금의 조성을 위해 기금제와 기여재를 채택하고 있다.

④ ◉ 우리나라는 기여금 납부기간의 재직기간 상한을 최대 36년까지 인정한다.

> **공무원연금법 제67조 【기여금】** ① 기여금은 공무원으로 임명된 날이 속하는 달부터 퇴직한 날의 전날 또는 사망한 날이 속하는 달까지 월별로 내야 한다. 다만, 기여금 납부기간이 36년을 초과한 사람은 기여금을 내지 아니한다.

⑤ ◉ **퇴직수당 지급에 드는 비용은 국가나 지방자치단체가 부담**한다.

> **공무원연금법 제66조 【비용부담의 원칙】** ② 제28조에 따른 급여 중 퇴직수당 지급에 드는 비용은 국가나 지방자치단체가 부담한다.

올바른 지문 ⑤ 퇴직수당은 정부가 부담한다.

(연계학습) 2025 신용한 행정학 p.540~543

---

19 정답 ②

출제유형 법령 / **출제영역** 공무원의 신분보장

② ◉ 징계위원회의 의결이 과반수를 얻지 못한 경우에는 출석위원 과반수가 될 때까지 징계등 혐의자에게 가장 불리한 의견에 차례로 유리한 의견을 더하여 가장 유리한 의견을 합의된 의견으로 본다. 즉, 가장 불리한 의견인 파면(위원 A, G)의 의견에 해임(위원 D, F)의 의견을 더하여 과반수 이상을 만들고 이 중 가장 유리한 의견인 해임이 합의된 의견으로 되는 것이다.

> **공무원징계령 제12조 【징계위원회의 의결】** ① 징계위원회는 위원 5명 이상의 출석과 출석위원 과반수의 찬성으로 의결하되, 의견이 나뉘어 출석위원 과반수의 찬성을 얻지 못한 경우에는 출석위원 과반수가 될 때까지 징계등 혐의자에게 가장 불리한 의견에 차례로 유리한 의견을 더하여 가장 유리한 의견을 합의된 의견으로 본다.

(연계학습) 2025 신용한 행정학 p.588

20 상 중 하 ⑤

출제유형 출제영역 개념 / 정책집행모형(종합)

① ✗ 버만(Berman)의 적응적 집행이란 적응(adaptation)의 관점에서 **집행현장의 중요성을 강조**한다. 버만은 정책집행의 문제가 정책과 그것을 둘러싼 제도적 환경(institutional setting)의 상호작용에 의하여 발생 한다고 이해하며, 집행의 제도적환경을 크게 거시집행(macro-implementation) 구조와 미시집행(micro implementation) 구조로 구분한다. 논의의 핵심은 미시집행 국변에서 발생하는 정책(policy)과 집행 조직(organization) 사이의 상호적응(mutual adaptation) 자체가 성공적인 집행이며, 정책집행의 성과는 이러한 미시집행과정에서 결정된다는 것이다.

② ✗ Elmore가 제시하는 전방향적 접근법은 집행의 조직체계가 계서적 관계로 연계됨을 가정하고, 정책의 원천에 가까울수록 권한과 영향력이 강해지며, 문제에 대응하는 시스템의 능력은 명령과 통제를 위주로 한 명확한 계서제의 구축에 있다고 주장하는 반면 후방향적 접근방법은 문제의 원천에 가까이 있는 일선관료의 일선관료의 지식과 능력을 강조하며, 시스템의 문제해결능력은 계서제적 통제에 달려있는 것이 아니라 문제에 가장 근접한 지점에서 재량을 극대화하는 것에 달려 있다고 본다.

③ ✗ 하향식 접근방법에는 **공식적 정책목표가 중요한 변수**로 취급받으므로 이에 근거한 집행실적의 객관적 평가가 용이하다.

④ ✗ **관료적 기업가형에 대한 설명**이다. 재량적 실험가형은 정책결정자는 구체적인 정책의 목표를 설정하지 못하고 추상적 목표에 머물게 되며, 정책의 대부분을 집행자들에게 위임하고 정책결정자가 정책집행자에게 광범위한 재량권을 부여하는 관계유형이다.

⑤ ○ 엘모어(Elmore)의 통합모형은 정책프로그램 설계 시 우선 전방향적 접근방법에 의해 정책목표를 명확히 설정하되, 후방형적 접근에서 제시하는 방법을 수용하여 가장 집행가능성이 높은 정책수단을 선택하는 방안을 제시한다.

연계학습 2025 신용한 행정학 p.279~284, 289

21 상 중 하 ②

출제유형 출제영역 개념+법령 / 우리나라 정부조직

ㄱ. ○ 정부조직법 제5조

> **정부조직법 제5조【합의제행정기관의 설치】** 행정기관에는 그 소관 사무의 일부를 독립하여 수행할 필요가 있는 때에는 법률로 정하는 바에 따라 행정위원회 등 합의제행정기관을 둘 수 있다.

ㄴ, ㄷ. ○ 정부조직법 제26조 제2항

> **동법 제26조【행정각부】** ② 행정각부에 장관 1명과 차관 1명을 두되, 장관은 국무위원으로 보하고, 차관은 정무직으로 한다. 다만, 기획재정부·과학기술정보통신부·외교부·문화체육관광부·산업통상자원부·보건복지부·국토교통부에는 차관 2명을 둔다.

ㄹ. ✗ **각 부(部) 밑에 청(廳)을 둔다.** 청은 각 부의 집행기능 중 일부를 독립적으로 수행하기 위해 설치한 중앙행정기관이다.

ㅁ. ✗ 위원회는 **의사결정권자가 복수인 합의제 중앙행정기관으로 각 위원회 밑에 청을 두지는 않는다.**

올바른 지문 ㄹ. 각 부(部) 밑에 청(廳)을 둔다.

연계학습 2025 신용한 행정학 p.370~374

22 상 중 하 ①

출제유형 출제영역 법령+말 바꾸기 / 공무원의 노동조합 설립 및 운영 등에 관한 법률

① ✗ 공무원은 임용권자의 동의를 받아 노동조합의 업무에만 종사할 수 있기 때문에 **전임자는 인정**되고 있다.

> **공무원의 노동조합 설립 및 운영 등에 관한 법률 제7조【노동조합 전임자의 지위】** ① 공무원은 임용권자의 동의를 받아 노동조합으로부터 급여를 지급받으면서 노동조합의 업무에만 종사할 수 있다.

② ○ 공무원의 노동조합 설립 및 운영 등에 관한 법률 제5조 제2항

> **공무원의 노동조합 설립 및 운영 등에 관한 법률 제5조【노동조합의 설립】** ② 노동조합을 설립하려는 사람은 고용노동부장관에게 설립신고서를 제출하여야 한다.

③ ○ 노동조합 및 노동관계조정법 제10조 제1항

> **노동조합 및 노동관계조정법 제10조【설립의 설립】** ① 노동조합을 설립하고자 하는 자는 다음 각호의 사항을 기재한 신고서에 제11조의 규정에 의한 규약을 첨부하여 연합단체인 노동조합과 2 이상의 특별시·광역시·특별자치시·도·특별자치도에 걸치는 단위노동조합은 고용노동부장관에게, 2 이상의 시·군·구(자치구를 말한다)에 걸치는 단위노동조합은 특별시장·광역시장·도지사에게, 그 외의 노동조합은 특별자치시장·특별자치도지사·시장·군수·구청장(자치구의 구청장을 말한다. 이하 제12조제1항에서 같다)에게 제출하여야 한다.

④ ○ 공무원의 노동조합 설립 및 운영 등에 관한 법률 제8조 제1항

> **공무원의 노동조합 설립 및 운영 등에 관한 법률 제8조【교섭 및 체결 권한 등】** ① 노동조합의 대표자는 그 노동조합에 관한 사항 또는 조합원의 보수·복지, 그 밖의 근무조건에 관하여 국회사무총장·법원행정처장·헌법재판소사무처장·중앙선거관리위원회사무총장·인사혁신처장(행정부를 대표한다)·특별시장·광역시장·특별자치시장·도지사·특별자치도지사·시장·군수·구청장(자치구의 구청장을 말한다) 또는 특별시·광역시·특별자치시·도·특별자치도의 교육감 중 어느 하나에 해당하는 사람(이하 "정부교섭대표"라 한다)과 각각 교섭하고 단체협약을 체결할 권한을 가진다. 다만, 법령 등에 따라 국가나 지방자치단체가 그 권한으로 행하는 정책결정에 관한 사항, 임용권의 행사 등 그 기관의 관리·운영에 관한 사항으로서 근무조건과 직접 관련되지 아니하는 사항은 교섭의 대상이 될 수 없다.

⑤ ⭕ 공무원의 노동조합 설립 및 운영 등에 관한 법률 제6조 제1항

> **공무원의 노동조합 설립 및 운영 등에 관한 법률 제6조 【가입 범위】**
> ① 노동조합에 가입할 수 있는 사람의 범위는 다음 각 호와 같다.
> 1. 일반직공무원
> 2. 특정직공무원 중 외무영사직렬·외교정보기술직렬 외무공무원, 소방공무원 및 교육공무원(다만, 교원은 제외한다)
> 3. 별정직공무원
> 4. 제1호부터 제3호까지의 어느 하나에 해당하는 공무원이었던 사람으로서 노동조합 규약으로 정하는 사람

올바른 지문 ① 공무원 노동조합 활동을 전담하는 전임자는 <u>인정된다</u>.

연계학습 2025 신용한 행정학 p.546~550

---

23 상 중 하 🔑 ③

출제유형 말 바꾸기 + 법령 / **출제영역** 지방조정제도

① ⭕ 지방재정법 제25조

> **지방재정법 제25조 【지방자치단체의 부담을 수반하는 법령안】** 중앙관서의 장은 그 소관 사무로서 지방자치단체의 경비부담을 수반하는 사무에 관한 법령을 제정하거나 개정하려면 미리 행정안전부장관의 의견을 들어야 한다.

② ⭕ 지방재정법 제45조

> **동법 제25조 【추가경정예산의 편성 등】** 지방자치단체의 장은 이미 성립된 예산을 변경할 필요가 있을 때에는 추가경정예산(追加更正豫算)을 편성할 수 있다. 다만, 다음 각 호의 경비는 추가경정예산의 성립 전에 사용할 수 있으며, 이는 같은 회계연도의 차기 추가경정예산에 계상하여야 한다.
> 1. 시·도의 경우 국가로부터, 시·군 및 자치구의 경우 국가 또는 시·도로부터 그 용도가 지정되고 소요 전액이 교부된 경비
> 2. 시·도의 경우 국가로부터, 시·군 및 자치구의 경우 국가 또는 시·도로부터 재난구호 및 복구와 관련하여 복구계획이 확정·통보된 경우 그 소요 경비

③ ❌ 국가는 정책상 필요하다고 인정할 때 또는 지방자치단체의 재정사정상 특히 필요하다고 인정할 때에는 예산의 범위에서 지방자치단체에 **보조금**(교부금 ×)**을 교부할 수 있다**.

> **동법 제23조 【보조금의 교부】** ① 국가는 정책상 필요하다고 인정할 때 또는 지방자치단체의 재정 사정상 특히 필요하다고 인정할 때에는 예산의 범위에서 <u>지방자치단체에 보조금을 교부할 수 있다</u>.

④ ⭕ 지방재정법 제49조 제1항

> **동법 제49조 【예산의 전용】** ① 지방자치단체의 장은 대통령령으로 정하는 바에 따라 각 정책사업 내의 예산액 범위에서 각 단위사업 또는 목의 금액을 전용(轉用)할 수 있다.

⑤ ⭕ 지방재정법 제60조의3 제1항

> **동법 제60조의3 【긴급재정관리단체의 지정 및 해제】** ① 행정안전부장관은 지방자치단체가 다음 각 호의 어느 하나에 해당하여 자력으로 그 재정위기상황을 극복하기 어렵다고 판단되는 경우에는 해당 지방자치단체를 긴급재정관리단체로 지정할 수 있다. 이 경우 행정안전부장관은 긴급재정관리단체로 지정하려는 지방자치단체의 장과 지방의회의 의견을 미리 들어야 한다.
> 1. 제55조의2에 따라 재정위기단체로 지정된 지방자치단체가 제55조의3에 따른 재정건전화계획을 3년간 이행하였음에도 불구하고 재정위기단체로 지정된 때부터 3년이 지난 날 또는 그 이후의 지방자치단체의 재정위험 수준이 재정위기단체로 지정된 때보다 대통령령으로 정하는 수준 이하로 악화된 경우
> 2. 소속 공무원의 인건비를 30일 이상 지급하지 못한 경우
> 3. 상환일이 도래한 채무의 원금 또는 이자에 대한 상환을 60일 이상 이행하지 못한 경우

올바른 지문 ③ 국가는 정책상 필요하다고 인정할 때 또는 지방자치단체의 재정사정상 특히 필요하다고 인정할 때에는 예산의 범위에서 지방자치단체에 <u>보조금을 지급할 수 있다</u>.

연계학습 2025 신용한 행정학 p.919~921

---

24 상 중 하 🔑 ①

출제유형 법령 + 말 바꾸기 / **출제영역** 시민예산참여

ㄷ ❌ 주민참여예산제도의 운영에 대한 평가는 **행정안전부장관이** 실시할 수 있다.

> **지방재정법 제39조 【지방예산 편성 등 예산과정의 주민 참여】** ④ 행정안전부장관은 지방자치단체의 재정적·지역적 여건 등을 고려하여 대통령령으로 정하는 바에 따라 지방자치단체별 주민참여예산제도의 운영에 대하여 평가를 실시할 수 있다.

ㄹ ❌ 주민참여예산기구의 구성·운영과 그 밖에 필요한 사항은 **해당 지방자치단체의 조례**로 정한다.

> **지방재정법 제39조 【지방예산 편성 등 예산과정의 주민 참여】** ⑤ 주민참여예산기구의 구성·운영과 그 밖에 필요한 사항은 <u>해당 지방자치단체의 조례로 정한다</u>.

올바른 지문
ㄷ 행정안전부장관은 주민참여예산제도의 운영에 대한 평가를 <u>실시할 수 있다</u>.
ㄹ 주민참여예산제도의 구체적인 내용은 <u>해당 지방자치단체의 조례로 정한다</u>.

연계학습 2025 신용한 행정학 p.724, 725

25 상 중 하 ④

출제유형 출제영역 법령 / 예비타당성 조사제도 등

① ❌ 기획재정부장관이 중앙관서의 장에게 예산을 배분하는 것은 배정(재배정 ×)이다. 재배정은 각 중앙관서의 장이 배정의 범위 내에서 다시 산하 재무관에게 예산액을 배정하는 것이다.

② ❌ 국가재정법 제46조 제3항

> **국가재정법 제46조【예산의 전용】** ③ 제1항 및 제2항에도 불구하고 각 중앙관서의 장은 다음 각 호의 어느 하나에 해당하는 경우에는 전용할 수 없다.
> 1. 당초 예산에 계상되지 아니한 사업을 추진하는 경우
> 2. 국회가 의결한 취지와 다르게 사업 예산을 집행하는 경우

③ ❌ **초·중등 교육시설의 신·증축사업이나 문화재 복원사업**은 예비타당성조사 대상에서 제외될 수 있다.

> **동법 제38조【예비타당성조사】** ② 제1항에도 불구하고 다음 각 호의 어느 하나에 해당하는 사업은 대통령령으로 정하는 절차에 따라 예비타당성조사 대상에서 제외한다.
> 1. 공공청사, 교정시설, 초·중등 교육시설의 신·증축 사업
> 2. 문화재 복원사업

④ ⭕ 국가재정법 제50조 제1항

> **동법 제50조【총사업비의 관리】** ① 각 중앙관서의 장은 완성에 2년 이상이 소요되는 사업으로서 대통령령이 정하는 대규모사업에 대하여는 그 사업규모·총사업비 및 사업기간을 정하여 미리 기획재정부장관과 협의하여야 한다. 협의를 거친 사업규모·총사업비 또는 사업기간을 변경하고자 하는 때에도 또한 같다.

⑤ ❌ 채무의 이행에 대한 국가의 보증을 받고자 하는 채무자 또는 채권자는 소관 중앙관선의 장의 의견을 받아 채무보증신청서를 **기획재정부장관에게 제출**하여야 한다.

> **동법 시행령 제44조【국가보증채무의 부담 및 관리】** ① 채무의 이행에 대한 국가의 보증을 받고자 하는 채무자 또는 채권자는 사업내용과 그 보증을 받고자 하는 채무(이하 "주채무"라 한다)의 범위·채권자명·채무자명·상환 또는 회수계획 등 필요한 사항에 대하여 미리 소관 중앙관서의 장의 의견을 받아 채무보증신청서를 기획재정부장관에게 제출하여야 한다.

올바른 지문
① 예산 배정은 기획재정부장관이 중앙관서의 장에게 예산을 배분하는 것을 말한다.
② 당초 예산에 계상되지 아니한 사업을 추진하는 경우 예산을 전용할 수 없다.
③ 초·중등 교육시설의 신·증축사업이나 문화재 복원사업은 예비타당성조사 대상에서 제외될 수 있다.
⑤ 채무의 이행에 대한 국가의 보증을 받고자 하는 채무자 또는 채권자는 소관 중앙관선의 장의 의견을 받아 채무보증신청서를 기획재정부장관에게 제출하여야 한다.

연계학습 2025 신용한 행정학 p.672~676

신용한 행정학

합격으로 증명하는 1등 행정학

경찰간부후보생

해설

2025년 경찰간부후보생 해설 ······ 200

2024년 경찰간부후보생 해설 ······ 211

2023년 경찰간부후보생 해설 ······ 224

2022년 경찰간부후보생 해설 ······ 236

2021년 경찰간부후보생 해설 ······ 247

2025년 경찰간부후보생

문제편 p.183~191

정답

01	②	02	④	03	③	04	④	05	③
06	②	07	③	08	①	09	④	10	①
11	②	12	①	13	①	14	④	15	②
16	④	17	③	18	①	19	②	20	③
21	④	22	②	23	④	24	③	25	①
26	④	27	③	28	②	29	④	30	②
31	②	32	②	33	③	34	③	35	①
36	④	37	③	38	①	39	④	40	②

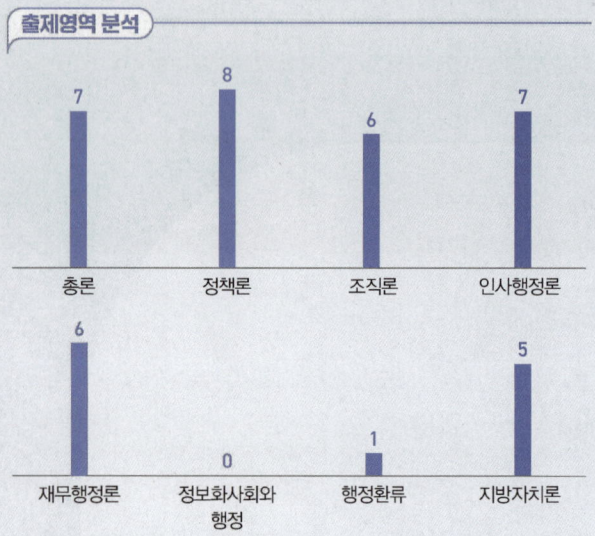
출제영역 분석

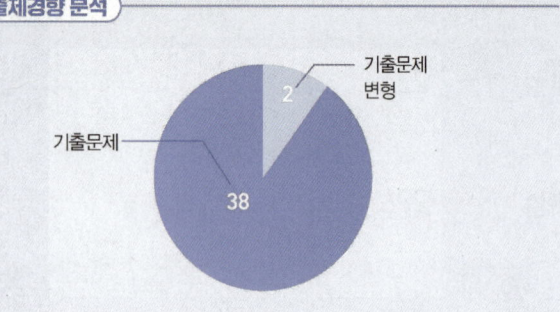
출제경향 분석

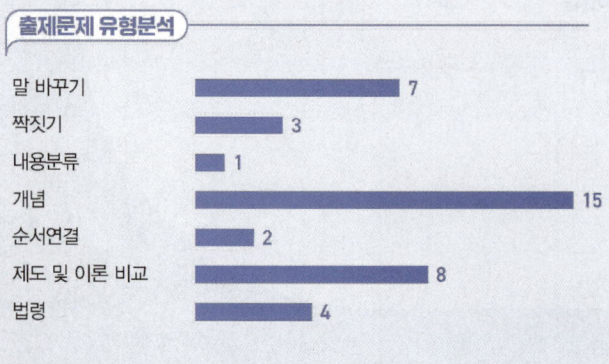
출제문제 유형분석

---

01 상 중 하   ②

출제유형 출제영역 Ⅳ 개념 / 행정학의 성립

② ✗ 관리과학 중심의 전통행정학은 엽관제의 극복을 위한 실천적 정치 개혁으로 출발하였다. 미국 행정학은 사기업 경영에서 유행하던 과학적 관리법 및 고전적 조직이론과 접목되면서 독자적인 학문영역을 구축하게 되었으며 공정과 평등이 아닌, **'절약과 능률'이 좋은 정부구현의 새로운 개념으로서 등장**하였다.

올바른 지문
② 관리과학 중심의 전통행정학은 <u>절약과 능률</u>을 중시하는 경영학과 유사하다.

연계학습 2025 신용한 행정학 p.113

02 상 중 하   ④

출제유형 출제영역 Ⅳ 개념 / 행정가치(종합)

가. ○ 과정설에서 공익은 사익의 총합이거나 사익 간 타협 또는 집단 간 상호작용의 산물로 본다.
나. ✗ **롤스의 제2원리(차등의 원리)에 대한 설명**이다. 제1원리(기본적 자유의 평등 원리)는 개인은 다른 사람의 유사한 자유와 상충되지 않는 한도 내에서 기본적 자유에 대한 평등한 권리가 인정되어야 한다는 것을 말한다.
다. ○ 합법성은 행정권력이 법규범을 준수하는 수준, 즉 법치행정을 의미하며, 공무원 행위의 정당성을 가르는 기반이다.
라. ○ 디목(Dimock)은 과학적 관리론에 입각한 기계적·금전적 효율관을 비판하고, 사회적 효율성을 강조하였다.

올바른 지문
나. 롤스(Rawls) 정의의 <u>제2원리</u>는 불우한 사람들의 편익을 최대화해야 한다는 것이다.

연계학습 2025 신용한 행정학 p.87~96

03 상 중 하   ③

출제유형 출제영역 Ⅳ 개념 / 행정이론(종합)

③ ○ 나. 행정(조직)관리론 → 가. 행태주의 → 다. 공공선택론 → 마. 정부재창조론 → 라. 신공공서비스론
가. (1940년) 사이먼은 사회현상도 자연과학과 같이 과학적 연구가 가능하다는 전제하에 자연과학에서의 연구방법인 논리실증주의를 사회과학의 연구에 도입하여 가치(value)와 사실(facts)을 구분하고, 연구대상을 '사실'에 국한시켰다.
나. (1937) 루즈벨트 대통령이 1937년 설치한 '행정관리에 관한 대통령위원회(일명 브라운로위원회)'에 참여한 귤릭(Gulick)은 최고관리자의 7가지 기능으로서 POSDCoRB를 제시하였다.
다. (1973) 오스트롬(V. Ostrom)은 「미국 행정학의 지적 위기」의 출간을 통해 공공선택론의 관점을 행정학에 접목을 시도하였다.

라. (2000) 덴하트와 덴하트의 신공공서비스론은 주인으로서의 시민, 적극적 시티즌십, 다양한 세력의 협력, 시민에 대한 정부의 봉사 등을 강조하는 규범적 모형으로서 신공공서비스론을 제시 하였다.

마. (1992) 오스본(Osborne) & 게블러(Gaebler)는 '정부재창조'를 통해 정부부문의 재구축과 민간부문의 공공서비스 공급에 참여 필요성을 강조하였다.

연계학습 2025 신용한 행정학 p.9~15

04 상중하 ④

출제유형 출제영역 Ⅳ 개념 / 정부실패의 원인

④ ◎ 마. X-비효율성, 바. 사적 목표의 설정, 사. 파생적 외부효과, 아. 분배의 불공정(권력의 편재)는 정부실패의 원인에 해당된다. 가. 공공재의 존재, 나. 외부효과의 발생, 다. 자연독점, 라. 정보의 비대칭성은 시장실패의 원인에 해당한다.

연계학습 2025 신용한 행정학 p.62~64

05 상중하 ③

출제유형 출제영역 Ⅳ 개념 / 행정통제의 유형

③ ✗ **감사원에 의한 통제**는 내부 **공식적 통제**에 해당한다.

SUMMARY Gilbert의 행정통제 유형

구 분	외부	내부
공식적	• 입법부에 의한 통제 • 사법부에 의한 통제 • 헌법재판소 • 옴부즈만(행정감찰관)	• 계층제(명령체계) 및 인사관리 제도를 통한 통제 • 감사원에 의한 통제 • 대통령실과 국무조정실 (정부업무평가)에 의한 통제 • 중앙행정부처에 의한 통제 • 교차기능조직
비공식적	• 시민에 의한 통제 • 이익집단에 의한 통제 • 여론, 매스컴, 인터넷 • 정당	• 동료집단의 평가와 비판 • 공무원으로서의 직업윤리

연계학습 2025 신용한 행정학 p.768

06 상중하 ②

출제유형 출제영역 Ⅳ 개념 / 윌슨의 규제정치모형

① ◎ 고객정치는 비용은 다수에게 분산되지만, 편익은 일부 정책대상집단에게 집중된다. 편익을 받는 소수 집단은 쉽게 조직화되고 결집하는 반면, 비용을 지불하는 일반국민들은 수동적이고 조직화되기 어렵기 때문에, 응집력이 강한 소수의 편익 수혜자의 논리가 적용될 가능성이 높다.

② ✗ 작업안전과 관련된 노동계와 경제계의 갈등은 **이익집단정치**에 대한 설명이다.

③ ◎ 이익집단정치는 규제로부터 예상되는 비용과 편익이 모두 소수의 동질적 집단에 귀속된다.

④ ◎ 대중정치는 감지된 비용과 편익이 모두 넓게 분산되며, 대표적인 예로는 음란물규제, 낙태에 대한 규제 등이 예에 해당한다.

올바른 지문
② 작업안전을 둘러싼 노동계와 경제계 간 갈등은 <u>이익집단정치</u>에 해당하는 예이다.

SUMMARY 윌슨의 규제정치모형

구 분		규제의 편익	
		넓게 분산	좁게 집중
규제비용	넓게 분산	• 대중정치 : 편익, 비용 모두 분산 • 수혜자 : 집단행동의 딜레마 • 비용부담자 : 집단행동의 딜레마 ⇨ 규제에 대한 정치적 위험과 논란이 적음 예 음란물 규제, 낙태규제 등	• 고객정치 : 편익은 집중, 비용은 분산 • 수혜자 : 규제의 집행을 촉구 • 비용부담자 : 집단행동의 딜레마 발생 ⇨ 규제의 강력한 이행 예 수입규제, 직업면허, 환경규제 완화 등
	좁게 집중	• 기업가정치 : 편익은 분산, 비용은 소수 집중 • 정책선도자들이 시민의사를 결집하여 추진 • 수혜자 : 집단행동의 딜레마 발생 • 비용부담자 : 규제의 집행에 강력히 저항 ⇨ 규제의 느슨한 집행 예 환경오염규제, 퇴폐업소단속, 외제차에 대한 수입규제완화 등	• 이익집단정치 : 편익 집중, 비용 집중 • 수혜자 : 규제의 집행을 촉구 • 비용부담자 : 규제의 집행에 강력히 저항 ⇨ 서로의 이익확보를 위해 대립, 규제정책의 가시성이 높음. 예 한·약분쟁, 의약분업규제 등

연계학습 2025 신용한 행정학 p.29

07 상중하 ③

출제유형 출제영역 Ⅰ 말바꾸기 + Ⅳ 개념 / 균형성과표(BSC)

① ◎ 1990년대 하버드대 카플란 & 노턴(Kaplan&Norton)교수는 조직관리에 있어 전통적 재무의 관점 뿐 아니라 고객의 관점, 내부프로세스 관점, 학습 및 성장의 관점을 균형 있게 관리하는 균형성과표(BSC)를 제시하였다.

② ◎ 고객 관점은 고객이 조직을 어떻게 평가하는가에 초점을 맞춘 것으로 성과지표로는 고객만족도, 민원불만, 정책순응도, 민원불만 등이 해당한다.

③ ✗ **직무만족, 지식관리, 조직문화 쇄신 등은 학습과 성장 관점에 해당**한다. 내부프로세스 관점은 의사결정과정의 시민참여, 적법절차 등이 해당된다.

④ ◎ 재무 관점은 기업의 주인인 주주에게 보여주여야 할 성과의 관점으로 주어진 예산에서 자원을 효율적으로 배분하는 것을 중요시한다. 성과지표로는 재정 조기집행률, 예산 현액 대비 불용률 등이 있다.

SUMMARY 균형성과관리의 4대 관점

재무적 관점	기업의 주인인 주주에게 보여주어야 할 성과의 관점. 기업 BSC에 있어 최종목표	성과지표 : 매출, 자본수익률, 예산 대비 차이 등 전통적 후행지표
고객 관점	서비스의 구매자인 고객들에게 무엇을 보여주어야 할 성과의 관점.	성과지표 : 고객만족도, 정책순응도, 민원인의 불만율 등
내부프로세스 (과정)관점	목표달성을 위해 기업내부의 일처리 방식의 혁신관점	성과지표 : 의사결정과정의 시민참여, 적법절차 등
학습과 성장 관점	변화와 개선의 능력을 어떻게 키워나가야 할 것인가의 관점. 미래업무운영에 대한 근거를 제공. '미래의 관점'으로 대체 설명되기도 함.	성과지표 : 학습 동아리수, 내부 제안 건수, 직무 만족도 등

연계학습 2025 신용한 행정학 p.436~438

---

08 상 중 하 ①

출제유형 출제영역 I 말바꾸기+IV 개념 / 공공재의 과다공급설, 과소공급설

다 ✗ **니스칸넨의 예산극대화 가설**에 대한 설명이다. 파킨슨의 법칙은 공무원 수가 실제 행정의 업무량과 직접적 관계없이 증가하는 현상을 말한다.

라 ✗ **전위효과 및 대체효과**는 전쟁 등 위기상황 발생 시 공공지출이 상향 조정되어 위기상황 해소 후에도 공공지출의 크기가 감소하지 않고, **공공지출이 민간지출을 대체하는 현상**을 말한다.

연계학습 2025 신용한 행정학 p.65

---

09 상 중 하 ④

출제유형 출제영역 I 말바꾸기+IV 개념 / 예산의 원칙

가 ✗ **단일성의 원칙**에 대한 설명이다. 완전성의 원칙은 모든 세입과 세출은 예산에 명시적으로 나열되어 있어야 한다는 원칙을 말한다.

나 ✗ **완전성 원칙**에 대한 설명이다. 단일의 원칙은 예산은 가능한 모든 재정활동을 포괄하는 단일의 예산 내에서 정리되어야 한다는 원칙을 말한다.

연계학습 2025 신용한 행정학 p.606~612

---

10 상 중 하 ①

출제유형 출제영역 I 말바꾸기+IV 개념 / 정부가 동원하는 공공재원

① ✗ 기금은 특정수입과 지출의 연계가 강하다는 점에서 특별회계와 유사하나, **특별회계에 비해, 계획변경 및 집행절차에 탄력성이 부여된다는 점에서 차이가 있다.**

② ○ 특별회계는 예산 단일의 원칙, 통일의 원칙에 대한 예외사항에 해당한다.

③ ○ 일반회계는 기본적인 정부활동과 관련된 주요 재정사업을 모두 포괄하는 회계로서, 일반적 국가 기능수행을 위해 '일반적 세입'으로 '일반적 지출'을 담당하는 회계를 말한다.

④ ○ 특별회계는 특정사업을 안정적으로 추진할 수 있다는 장점이 있으나, 특정 수입과 지출의 연결로 재정칸막이 현상과 이로 인해 '한쪽은 남고, 한쪽은 모자라는' 재원배분이 발생하여 재정운영의 비효율성을 야기할 수 있다.

연계학습 2025 신용한 행정학 p.623~625

---

11 상 중 하 ②

출제유형 출제영역 V 순서 연결 / 예산의 과정

② ○ 우리나라 예산 과정은 나. 중기사업계획서 제출 → 가. 예산안편성지침 통보 → 다. 예산요구서 작성 및 제출 → 라. 예산안 편성 → 바. 예산안 국회제출 → 마. 상임위원회 예비심사. → 사. 예산결산특별위원회 종합심사 → 아 본회의 심의·확정 순으로 이루어 진다.

SUMMARY 예산안 편성 과정

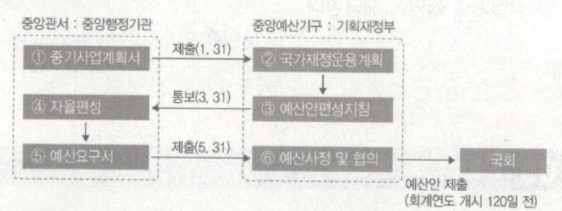

SUMMARY 예산 심의 과정

*예산심의 수행 전 국정감사 우선 실시(9월 1일 정기회 개회 전 30일 이내의 기간)

연계학습 2025 신용한 행정학 p.659~667

---

12 상 중 하 ①

출제유형 출제영역 VII 법령 / 우리나라 재정관리제도

① ✗ 국가재정운용계획은 정부가 매년 당해 회계연도부터 **5회계연도**(10회계연도 ✗) 이상의 기간에 대해 수립하는 재정운용계획이다.

> **국가재정법 제7조【국가재정운용계획의 수립 등】**① 정부는 재정운용의 효율화와 건전화를 위하여 매년 해당 회계연도부터 5회계연도 이상의 기간에 대한 재정운용계획(이하 "국가재정운용계획"이라 한다)을 수립하여 회계연도 개시 120일 전까지 국회에 제출하여야 한다.

② ○ 총액배분 자율편성 예산제도는 재정당국이 국가재정운용계획에 근거하여 분야별·부처별·부문별 지출한도를 제시하면, 각 부처는 소관 정책과 우선순위에 입각하여 자율적으로 지출한도 내에서 사업의 재원을배분하는 하향적 예산편성제도이다.

③ ○ 국가재정법 제26조 제1항

> **동법 제26조【국가재정운용계획의 수립 등】**① 정부는 예산이 여성과 남성에게 미칠 영향을 미리 분석한 보고서[이하 "성인지(性認知)예산서"라 한다]를 작성하여야 한다.

④ ⭕ 예비타당성조사는 1999년 도입되어 2000년 예산편성 때부터 적용하고 있는 제도로 대규모 사업의 신중한 착수와 재정투자의 효율성을 높이기 위해 도입된 제도로, 기획재정부장관 주관으로 시행되는 사전적 타당성 검증제도이다.

연계학습 2025 신용한 행정학 p.636~637673~675, .717~719

13 상중하 🔑 ①

출제유형 출제영역 Ⅳ 개념 / 예산의 분류

① ⭕ 품목별 예산제도에 대한 설명이다. 품목별 예산제도는 예산을 지출대상(품목)별로 분류해 편성하는 예산제도이다. 품목별 예산제도는 지출대상별로 예산액을 명확히 배정함으로써 관료의 권한과 재량을 제한하는 투입지향적·통제지향적예산제도로 예산담당 공무원들에게 필요한 핵심적 기술은 회계기술이다.

SUMMARY 품목별 예산제도

효용	한계
① 정부지출 통제와 공무원 재량권 남용 방지	① 재정의 목적 및 우선순위 파악이 어려움
② 회계책임의 명확화 → 행정부 통제 용이	② 예산집행의 신축성 저해
③ 정원에 대한 자료확보 → 인사행정에 유리	③ 전체적 상황파악의 어려움

연계학습 2025 신용한 행정학 p.700~702

14 상중하 🔑 ④

출제유형 출제영역 Ⅳ 개념 / 지방세

①, ②, ③ ⭕ 취득세, 등록면허세, 지방소비세는 도세에 해당한다.
④ ❌ **담배소비세**는 기초자치단체의 **시·군세** 이다.

SUMMARY 우리나라의 지방세 세목체계

구 분		특별시·광역시세	자치구세	도 세	시·군세
지방세	보통세	취득세, 주민세, 자동차세, 레저세, 담배소비세, 지방소비세, 지방소득세	등록면허세, 재산세	취득세, 레저세, 등록면허세, 지방소비세	주민세, 재산세, 자동차세, 담배소비세, 지방소득세
	목적세	지방교육세, 지역자원시설세		지방교육세, 지역자원시설세	
국세	내국세 직접세	소득세, 법인세, 상속·증여세, 종합부동산세			
	내국세 간접세	부가가치세, 개별소비세, 주세, 인지세, 증권거래세			
	목적세	교육세, 농어촌특별세, 교통·에너지·환경세(21.12.31까지 연장)			
	관세				

연계학습 2025 신용한 행정학 p.907

15 상중하 🔑 ②

출제유형 출제영역 Ⅰ 말바꾸기+Ⅳ 개념 / 민츠버그의 조직유형

① ⭕ 단순구조 전략부문(최고관리층)이 강력한 유형으로 직접 감독에 의한 조정을 통해 발휘된다.
② ❌ **기술구조가 조직의 핵심적인 부문인 것은 기계적 관료제**이다. 전문적 관료제는 핵심운영부문(작업계층) 중심의 구조이다.
③ ⭕ 기계적 관료제는 기술구조 부문이 강력한 유형으로 작업과정 표준화에 의한 조정을 통해 힘이 발휘된다.

SUMMARY 민츠버그의 조직유형

분 류	단순구조	기계적 관료제	전문적 관료제	사업부제	임시체제 (Adhocracy)
조정기제	직접감독 (통제)	작업(업무) 과정 표준화	기술표준화	산출표준화	상호조절
핵심부문	최고관리층 (전략부문)	기술구조	핵심운영층 (작업계층)	중간관리층 (중간계선)	지원참모
상황요인					
역사 규모 기술 환경 전략	신생조직 소규모 단순기술 단순, 동태적 최고관리자	오래된 조직 대규모 비교적 단순 단순, 안정적 기술관료	가변적 가변적 복잡한 기술 복잡, 안정적 전문가	오래된 조직 대규모 가변적 단순, 안정적 중간관리층	신생조직 가변적 매우 복잡 복잡, 동태적 전문가
구조요인					
전문화 공식화 통합/조정 집권/분권	낮음 낮음 낮음 집권화	높음 높음 낮음 제한된 수평적 분권화	높음(수평적) 낮음 높음 수평·수직적 분권화	중간 높음 낮음 제한된 수직적 분권화	높음(수평적) 낮음 높음 선택적 분권화
예	신생조직	행정부, 교도소	종합대학, 종합병원	재벌조직	연구소

연계학습 2025 신용한 행정학 p.361~363

16 상중하 🔑 ④

출제유형 출제영역 Ⅰ 말바꾸기 / 회사모형

④ ❌ 회사모형은 마치와 사이어트가 개인적 차원의 만족모형을 기업조직 내부차원의 의사결정에 초점을 맞추어 발전시킨 모형이다. 회사모형의 특징은, 갈등의 준해결, 문제 중심의 탐색, 표준운영절차의 중시, **불확실성의 회피**(선호 ×)이다.

연계학습 2025 신용한 행정학 p.263, 264

17 상중하 🔑 ③

출제유형 출제영역 Ⅰ 말바꾸기+Ⅳ 개념 / 동기부여 이론

① ❌ 허즈버그의 욕구충족요인 이원론에 대한 설명이다.
② ❌ 매슬로우의 욕구계층이론에서 **가장 하위단계의 욕구는 생리적 욕구**이다.

③ ⭕ 애덤스의 공정성이론에서 개인은 자신의 직무에 대한 공헌도(투입)와 보상(산출)을 준거인물과 비교하고, 불형평성을 느끼는 경우(준거인물의 투입과 산출의 비율보다 크거나 작다고 지각하면) 이를 해소하는 방향으로 동기가 유발된다고 설명하였다.
④ ❌ **앨더퍼의 ERG이론에 대한 설명**이다.

연계학습 2025 신용한 행정학 p.392~.401

18 상⦁중⦁하 ①

출제유형 출제영역 Ⅰ 말바꾸기+Ⅳ 개념 / 리더십 이론(종합)

① ⭕ 피들러(Fiedler)의 상황적합형 리더십 이론에 따르면 상황적 유리성(favorableness)이 매우 높거나 매우 낮은 경우 과업지향적 리더십이 효과적이다.
② ❌ **리더십이론의 행태론적 접근인 오하이오 주립대학 연구에 대한 설명**이다. 리더는 추종자들이 바라는 보상(목표)을 받게 해 줄 수 있는 행동(통로)을 명확하게 해주어야 부하의 성과를 높일 수 있다고 설명하였다.
③ ❌ **거래적 리더십에 대한 설명**이다. 변혁적 리더십은 조직의 안정보다는 노선과 문화를 변동시키려고 노력하는 최고 관리층의 변화추구적⦁개혁적 리더십이다.
④ ❌ 영감적 동기부여, 지적자극, 개별적 배려 등은 **변혁적 리더십의 구성요소에 해당**한다.

연계학습 2025 신용한 행정학 p.410~415

19 상⦁중⦁하 ②

출제유형 출제영역 Ⅰ 말바꾸기+Ⅳ 개념 / 대안의 결과예측

① ❌ **명목집단기법에 대한 설명**이다. 지명반론자기법은 작위적으로 특정 조직원들 또는 집단을 반론 제기하는 집단으로 지정해 반론자 역할을 부여하고, 이들이 제기하는 반론과 이에 대한 제안자의 옹호 과정을 통해 의사결정을 유도하는 방식이다.
② ❌ **직렬에 대한 설명**이다. 직류란 동일 직렬 내에서 담당 분야가 같은 직무의 군을 말한다.
③ ❌ **델파이기법에 대한 설명**이다. 명목집단기법은 관련자들이 의사결정에 참여하지 않은 채 개별적으로 해결방안을 구상하고, 서면으로 대안에 대한 아이디어를 제출하도록 하여, 모든 아이디어가 제시된 이후 제한된 토의를 거쳐 투표로 의사결정을 하는 기법이다.

연계학습 2025 신용한 행정학 p.236~240

20 상⦁중⦁하 ③

출제유형 출제영역 Ⅰ 말바꾸기+Ⅳ 개념 / 거시조직이론

③ ❌ **자원의존이론**은 어떤 조직도 외부환경으로부터 모든 자원을 획득할 수 없음을 전제로 "**조직을 환경적 결정에 피동적인 존재로 보지 않고 스스로의 이익을 위해 주도적⦁능동적으로 환경에 대처하며, 환경을 조직에 유리하도록 관리하려는 존재로 보는 임의론적 접근방법**이다.

연계학습 2025 신용한 행정학 p.364~367

21 상⦁중⦁하 ④

출제유형 출제영역 Ⅱ 짝짓기+Ⅳ 개념 / 직위분류제 용어

① ❌ **직급에 대한 설명**이다. 직렬이란 직무 종류가 유사하나 난이도와 책임도가 다른 직급의 군을 말한다.
② ❌ **직렬에 대한 설명**이다. 직류란 동일 직렬 내에서 담당 분야가 같은 직무의 군을 말한다.
③ ❌ **직류에 대한 설명**이다. 직급이란 직무의 종류⦁곤란성과 책임도가 상당히 유사한 직위의 군을 말한다.

올바른 지문
① 직급이란 직무의 종류⦁곤란성과 책임도가 상당히 유사한 직위의 군을 말한다.
② 직렬이란 직무의 종류가 유사하고 그 책임과 곤란성의 정도가 서로 다른 직급의 군을 말한다.
③ 직류란 같은 직렬 내에서 담당 분야가 같은 직무의 군을 말한다.

SUMMARY 직위분류제의 구조(국가공무원법 제5조)

	직위(position)	한 사람의 근무를 요하는 직무와 책임
직무 분석	직류 (sub-series)	동일 직렬 내에서 담당 분야가 같은 직무의 군
	직렬 (series)	직무 종류가 유사하나 난이도와 책임도가 다른 직급의 군
	직군 (group)	직무 성질이 유사한 직렬의 군
직무 평가	직급 (class)	직무의 종류⦁곤란성과 책임도가 상당히 유사한 직위의 군. 직위가 내포하는 직무의 성질⦁난이도⦁책임의 정도가 유사해 채용⦁보수 등에서 동일하게 다룰 수 있는 직위의 집단
	등급 (grade)	직무의 곤란성과 책임도가 상당히 유사한 직위의 군. 직무의 종류는 다르나, 직무 수행의 책임도와 자격 요건이 유사해 동일한 보수를 지급할 수 있는 직위의 횡적 군

연계학습 2025 신용한 행정학 p.479

22 상⦁중⦁하 ②

출제유형 출제영역 Ⅰ 말바꾸기+Ⅳ 개념 / 내부임용

① ⭕ 겸임은 직위와 직무 내용이 유사하고 담당 직무수행에 지장이 없다고 인정하면 한 공무원에게 둘 이상의 직위를 부여하는 것이다.
② ❌ **전보에 대한 설명**이다. 전직은 상이한 직렬의 동일한 계급 또는 등급으로 수평 이동하는 것이다.
③ ⭕ 파견은 공무원의 소속을 바꾸지 않고 일시적으로 다른 기관이나 국가기관 이외의 기관 및 단체에서 근무하는 것이다.
④ ⭕ 승진은 하위직급에서 직무의 곤란도와 책임도가 높은 상위직급으로 상향이동하는 것을 의미하며, 보수의 증액을 동반한다.

올바른 지문
② 전보는 동일한 직렬과 직급 내에서 직위만 바꾸는 것을 의미한다.

SUMMARY 수평적 이동의 특징

전직	상이한 직렬, 동일 계급·등급으로 수평이동. 전직시험 필요
전보	동일한 직렬, 직급 내 직위만 바꿈.
파견	공무원의 소속을 바꾸지 않고 일시적으로 다른 기관이나 국가기관 이외의 기관 및 단체에서 근무하는 것
겸임	직위·직무 내용이 유사하고, 수행에 지장이 없을 경우 한 공무원에게 둘 이상의 직위를 부여하는 것

SUMMARY 수직적 이동의 특징

승진	• 하위직급에서 상위직급으로 상향이동(보수의 증액) • 승급 : 보수 인상은 승진과 유사, but 승급은 같은 계급에서 호봉이 높아지는 것(계급·직책 변동 ×)
강임 (demotion)	• 같은 직렬 내에서 하위직급으로 임명 • 강등 : 하향적 이동이라는 점은 동일, but 강등은 징계의 한 방법

연계학습 2025 신용한 행정학 p.494, 495

---

23 상 중 하 ④

출제유형 출제영역 | 말바꾸기 + Ⅲ 내용분류 / 공무원의 분류

① ❌ 별정직 공무원은 **특수경력직(특정직 ×) 공무원의 한 유형**이다.
② ❌ 경력직 공무원은 **일반직 공무원과 특정직(특수경력직 ×) 공무원**으로 구분된다.
③ ❌ **군인과 군무원은 특정직 공무원**에 해당한다.

올바른 지문
① 별정직 공무원은 특수경력직 공무원의 한 유형이다.
② 경력직 공무원은 일반직 공무원과 특정직 공무원으로 구분된다.
③ 군인과 군무원은 특정직 공무원에 해당한다.

SUMMARY 우리나라 공직분류의 체계

(1) 경력직 공무원 : 실적주의와 직업공무원제의 적용을 받는 공무원. 경력직 공무원은 일반직·특정직으로 분류되고 실적과 자격에 의해 임용, 신분이 보장됨.

일반직	• 기술, 연구, 일반 행정을 담당하는 대다수 공무원. 성질상 직업공무원의 주류형성 • 일반적으로 계급은 1급~9급으로 구분 • 고위공무원단은 계급이 없으며, 연구직이나 지도직 공무원은 연구관·연구사, 지도관·지도사의 2계급으로 구분
특정직	• 개별법의 적용을 받는 특수 분야 업무를 담당하는 공무원. 교육·소방·경찰·외무공무원 및 법관, 헌법재판소 헌법연구관과 검사, 군인과 군무원, 국가정보원 직원 등 • 우리나라 공무원 중 법관, 검사, 군인 등 특정직 비중이 가장 높음.

(2) 특수경력직 공무원 : 실적주의와 직업공무원제의 적용을 받지 않음. 국가공무원법에 규정된 보수와 복무규율은 적용받음. 특수경력직 공무원들은 계급구분이 없음.

정무직	• 선거에 의해 취임하거나 임명에 있어서 국회의 동의를 필요로 하는 공무원 : 대통령, 국회의원, 자치단체장, 지방의회의원, 감사원장, 국무총리, 중앙선거관리위원회 상임위원 등 • 고도의 정책결정 업무를 담당하거나 이러한 업무를 보조하는 공무원으로 법률이나 대통령령에서 정무직으로 지정하는 공무원 : 장·차관(법제처장, 통계청장, 기상청장 포함) 및 국가정보원의 원·차장, 국회사무총장, 감사원 사무총장, 국가정보원 기획조정실장 등
별정직	• 비서관·비서 등 보좌업무 등을 수행하거나 특정한 업무 수행을 위하여 법령에서 별정직으로 지정하는 공무원 : 국회 수석전문위원 등

연계학습 2025 신용한 행정학 p.471~474

---

24 상 중 하 ③

출제유형 출제영역 | 말바꾸기 + Ⅳ 개념 / 근무성적평정의 오류

① ⭕ 상동적 오차(stereotyping error, 유형화의 착오)는 유형화(정형화·집단화)의 착오로 편견이나 선입견 또는 고정관념에 의한 오차이다.
② ⭕ 규칙적(체계적) 오류는 어떤 평정자가 다른 평정자들보다 언제나 좋은 점수 또는 나쁜 점수를 주게 됨으로써 나타나는 오류이다.
③ ❌ **시간적 오류 중 막바지효과(recency effect, 근접효과)에 대한 설명**이다. 연쇄효과(halo effect)는 한 평정요소에 대한 평정자의 판단이 연쇄적으로 다른 요소의 평정에도 영향을 주는 오류이다.
④ ⭕ 집중화경향(central tendency)은 피평정자들에게 대부분 중간 수준의 점수를 주는 심리적 경향이다.

올바른 지문
③ 막바지효과(recency effect)는 평정 시점에 가까운 최근의 근무성적이 평정에 영향을 미치는 현상이다.

SUMMARY 근무성적평정의 오류

연쇄 효과	한 평정 요소에 대한 판단이 연쇄적으로 다른 요소 평정에도 영향을 주는 오류(=현혹효과, 후광효과)
분포상의 착오	① 집중화 경향 : 피평정자들에게 대부분 중간 수준의 점수를 주는 심리적 경향 ② 관대화 경향 : 평정 결과의 분포가 우수한 쪽에 집중되는 경향 ③ 엄격화 경향 : 평정 결과의 분포가 열등한 쪽에 집중되는 경향 ④ 방지대책 : 강제배분법을 활용
규칙적 (체계적) 오류	어떤 평정자가 항상 관대화나 엄격화 경향을 보이는 것으로 평정 기준이 높거나 낮은데서 오는 규칙적·일관적 착오 → 표준점수를 통한 사후조정이 가능
총계적 오류	평정자의 평정 기준이 일정치 않아 관대화 및 엄격화 경향이 불규칙하게 나타나는 오류. 규칙 오류와 달리 총계적 오류발생시 사후적 조정이 불가능함.
시간적 오류	① 첫머리효과(최초효과) : 전체 기간의 근무성적을 평가하기보다는 초기의 업적에 영향을 크게 받는 효과 ② 막바지효과(근접효과) : 최근의 실적이나 능력을 중심으로 평가하는 효과 ③ 방지대책 : ㉠ 독립된 평가센터, ㉡ MBO평정, ㉢ 중요사건기록법
유사성 오차	평정자가 자기자신과 성향이 유사한 부하에게 후한 점수를 주는 오차
논리적 오차 (logical error)	평정요소간 존재하는 논리적 상관관계에 의하여 생기는 오류. 어떤 평정요소가 특별히 좋거나 혹은 아주 낮은 점수를 받은 경우에 일반적인 상관관계에 있는 다른 요소도 높게 혹은 낮게 평정하는 경향
상동적 오차 (streotyping error)	유형화(정형화·집단화)의 착오로 편견이나 선입견 또는 고정관념에 의한 오차 피평가자가 속한 사회적 집단의 유형에 대한 지각이나 어떤 인식을 오랫동안 같은 상태로 일관되게 유지하려는 심리상태에서 기인하는 오차

귀인적 편견	드러나는 행위를 기초로 해서 관찰자가 자신이나 피평가자의 내적 상태를 추론함으로써 발생하는 오류
선택적 지각	자기 기준 체계에 유리한 것만을 일관성 있게 추론함으로써 발생하는 오류
피그말리온 효과	자기충족적 예언효과를 의미하는 것으로 예언대로 행동하고 판단하게 되는 현상(=로젠탈효과)
평정오류시정	① 사전교육 철저, ② 강제배분법 사용, ③ 사후적 표준값으로 환산 등

연계학습 2025 신용한 행정학 p.514~516

25 상 중 하 ①

출제유형 출제영역 Ⅰ 말바꾸기+Ⅳ 개념 / 직업공무원제

① ✗ 직업공무원제는 **일반행정가 양성에 유리**하다.
② ○ 직업공무원제는 공무원에 대한 신분보장으로 무사안일, 관료적 병리현상을 초래하여 공무원집단이 외부환경의 급격한 변화에 적응하지 못하는 단점을 가진다.
③ ○ 직업공무원제는 공직에 대한 자부심과 일체감이 강화됨으로써 높은 수준의 봉사정신과 행동규범을 유지하는데 기여하며, 일생동안 공직에 근무하게 되므로, 공직에 대한 직업적 연대 의식을 가지게 된다.
④ ○ 직업공무원제는 공직에의 장기 근무를 유도하므로 행정의 계속성과 안정성 및 일관성을 유지할 수 있다.

올바른 지문
① 공직에 대한 폭넓은 시각과 안목을 가진 일반행정가 양성에 유리하다.

SUMMARY 직업공무원제의 장·단점

장 점	단 점
① 일체감·봉사정신 강화	① 특권집단화(민주통제 곤란)
② 엄격한 근무규율의 수용	② 폐쇄적 임용 ⇒ 공직취임기회의 제약 & 외부전문가 임용 곤란
③ 온정적 관계의 발전	
④ 행정의 계속성·안정성·일관성 유지	③ 공직침체(무사안일)
⑤ 고급 공무원 양성에 유리(일반행정가)	④ 전문화 방해
⑥ 공직의 직업전문분야 확립에 유리	⑤ 승진지망의 과열

연계학습 2025 신용한 행정학 p.454~456

26 상 중 하 ④

출제유형 출제영역 Ⅰ 말바꾸기+Ⅳ 개념 / 고위공무원단

①, ②, ③ ○ 고위공무원단의 도입 목적은 신분보다 일 중심의 인사관리, 고위직의 개방 확대와 경쟁 촉진, 고위직의 성과와 책임성 확대, 범정부적 통합적 시야 확보, 고위공무원에 대한 부처별 인사자율권 확대 등이다.
④ ✗ 고위공무원단은 계급이 폐지되고 **직무중심의 인사관리**가 특징이다.

연계학습 2025 신용한 행정학 p.462~467

27 상 중 하 ③

출제유형 출제영역 Ⅰ 말바꾸기+Ⅳ 개념 / 공무원의 신분보장

① ○ 직위해제는 공무원에게 신분은 보유하나 직위를 부여하지 않고 일정기간 직무에서 격리시키는 처분이다.
②, ③ ✗ 직무수행 능력이 부족하거나 근무성적이 극히 나쁜 자는 **직위해제의 대상에 해당**한다.

국가공무원법 제73조의3【직위해제】① 임용권자는 다음 각 호의 어느 하나에 해당하는 자에게는 직위를 부여하지 아니할 수 있다.
2. 직무수행 능력이 부족하거나 근무성적이 극히 나쁜 자
3. 파면·해임·강등 또는 정직에 해당하는 징계 의결이 요구 중인 자

④ ○ 국가공무원법 제73조의3 제2항

동법 제73조의3【직위해제】② 제1항에 따라 직위를 부여하지 아니한 경우에 그 사유가 소멸되면 임용권자는 지체 없이 직위를 부여하여야 한다.

올바른 지문
③ 직무수행 능력이 부족하거나 근무성적이 극히 나쁜 자는 직위 해제의 대상에 해당된다.

연계학습 2025 신용한 행정학 p.592, 593

28 상 중 하 ②

출제유형 출제영역 Ⅰ 말바꾸기+Ⅳ 개념 / 신지방분권화의 개념

① ○ 중앙집권적 국정운영은 전국적·총량적 성과는 거두었지만 산업 간·지역 간·개인 간 불균형 발전을 야기하였으며, 수도권은 과밀의, 지방은 과소의 폐해가 발생하게 되었다.
② ✗ 교통·통신수단의 발달은 시간과 공간을 단축시켜, 과거에는 불가능하였던 국가의 지방정부에 대한 즉각적인 지시와 통제가 가능하게 되어 **신중앙집권화를 촉진**하였다.
③ ○ 대량생산, 대중매체 등에 의한 개인의 개성과 지역사회 특수성의 상실은 획일화에 대한 인간의 염증을 고조시켜 신지방분권화를 촉진하였다.
④ ○ 국제화·세계화가 진전될수록 지방이 주도하여 세계화의 혼란을 흡수하고, 지역경제를 기반으로 국민경제를 형성해 나가야 한다.

연계학습 2025 신용한 행정학 p.813~815

29 상 중 하 ④

출제유형 출제영역 Ⅵ 이론 비교 / 단체자치 vs 주민자치

① ✗ 주민자치는 주민의 참여와 지방정부와 주민과의 관계(정치적 측면)를 강조하고, 단체자치는 중앙으로부터의 독립(법률적 측면)을 강조한다.
② ✗ 주민자치는 자치권을 지역의 고유한 권리로 보는 고유권설과 맥락을 같이하는 반면, 단체자치는 자치권의 성질을 국가로부터 수탁, 전래된 것으로 보는 것은 전래권설(수탁설)에 해당한다.
③ ✗ 주민자치는 지방자치단체와 주민과의 관계에 중점을 둔다. 반면, 단체자치는 지방자치단체와 국가와의 관계에 중점을 둔다.
④ ○ **주민자치는 영·미형 지방자치**이고 **단체자치는 프랑스, 독일 중심의 대륙형 지방자치**이다.

올바른 지문
④ 주민자치는 국가로부터 상대적으로 독립한 지방정부가 사무를 처리하는 영국형 모델이고, 단체자치는 지역의 문제를 지역 주민이 자신의 책임 아래 처리하는 대륙형 모델이다.

연계학습 2025 신용한 행정학 p.806, 807

30 상 중 하 ②

출제유형 출제영역 Ⅵ 이론 비교 / 기관통합형 vs 기관대립형

① ✗ **기관통합형에 대한 설명**이다. 기관대립형은 대통령 중심제와 유사한 구조이며, 의결기능과 집행기능을 분리하고, 의결기관과 집행기관은 주로 주민에 의해 선출된다.
② ○ 기관대립형은 의결기능과 집행기능을 각각 다른 기관에 분담시켜 상호 견제와 균형을 통해 지방자치를 운용해 나가는 방식이다.
③ ✗ **기관통합형에 대한 설명**이다. 기관대립형은 집행부와 의회가 대립할 경우 오히려 비효율성이 발생할 수 있다.
④ ✗ **기관통합형에 대한 설명**이다.

SUMMARY 지방자치단체의 기관구성 : 기관통합형 vs 기관대립(분리)형

(1) 기관통합형
 ① 의의 : 의결기능과 집행기능을 모두 단일의 기관에 통합. 지방의회만 주민직선으로 선출. 내각책임제와 유사
 ② 기관통합형의 장단점

장 점	단 점
① 권한이 집중되어 책임정치 실현에 용이	① 견제와 균형이 결여되어 권력 남용 우려
② 의결·집행기관 사이의 알력을 피할 수 있음	② 행정의 전문성 저해
③ 신중하고 공정한 통치 가능	③ 단일의 지도자가 없어 책임소재가 모호함

(2) 기관대립형
 ① 의의 : 의결기능과 집행기능을 각각 다른 기관에 분담. 지방의회와 집행기관의 장을 각각 주민직선으로 선출. 대통령중심제와 유사
 ② 기관대립형의 장단점

장 점	단 점
① 견제와 균형을 통한 권력남용의 방지	① 기관 간 대립알력의 심화
② 집행기관 전담을 통한 행정의 전문화	② 주민대표기관에게 책임귀일의 약화
③ 단일지도자를 통한 행정책임의 명백화	③ 단일지도자에 의한 편견적 결정 가능성

연계학습 2025 신용한 행정학 p.862~865

31 상 중 하 ②

출제유형 출제영역 Ⅶ 법령 / 지방의회 VS 지방자치단체장

① ○ 지방자치법 제28조 제1항, 제114조

지방자치법 제28조【조례】 ① 지방자치단체는 법령의 범위에서 그 사무에 관하여 조례를 제정할 수 있다. 다만, 주민의 권리 제한 또는 의무 부과에 관한 사항이나 벌칙을 정할 때에는 법률의 위임이 있어야 한다.

제114조【지방자치단체의 통할대표권】 지방자치단체의 장은 지방자치단체를 대표하고, 그 사무를 총괄한다.

② ✗ **지방자치단체장의 권한**에 해당한다.

동법 제29조【규칙】 지방자치단체의 장은 법령 또는 조례의 범위에서 그 권한에 속하는 사무에 관하여 규칙을 제정할 수 있다.

제116조【사무의 관리 및 집행권】 지방자치단체의 장은 그 지방자치단체의 사무와 법령에 따라 그 지방자치단체의 장에게 위임된 사무를 관리하고 집행한다.

③ ○ 지방자치법 제49조 제1항, 제76조 제1항

동법 제49조【행정사무 감사권 및 조사권】 ① 지방의회는 매년 1회 그 지방자치단체의 사무에 대하여 시·도에서는 14일의 범위에서, 시·군 및 자치구에서는 9일의 범위에서 감사를 실시하고, 지방자치단체의 사무 중 특정 사안에 관하여 본회의 의결로 본회의나 위원회에서 조사하게 할 수 있다.

제76조【의안의 발의】 ① 지방의회에서 의결할 의안은 지방자치단체의 장이나 조례로 정하는 수 이상의 지방의회의원의 찬성으로 발한다.

④ ○ 지방자치법 제47조 제1항, 제122조 제1항

동법 제47조【지방의회의 의결사항】 ① 지방의회는 다음 각 호의 사항을 의결한다.
 2. 예산의 심의·확정

제122조【지방자치단체의 장의 선결처분】 ① 지방자치단체의 장은 지방의회가 지방의회의원이 구속되는 등의 사유로 제73조에 따른 의결정족수에 미달될 때와 지방의회의 의결사항 중 주민의 생명과 재산 보호를 위하여 긴급하게 필요한 사항으로서 지방의회를 소집할 시간적 여유가 없거나 지방의회에서 의결이 지체되어 의결되지 아니할 때에는 선결처분(先決處分)을 할 수 있다.

연계학습 2025 신용한 행정학 p.867~875

32 ③
출제유형: Ⅰ 말바꾸기+Ⅳ 개념 / 특별지방행정기관

① ⭕ 특별지방행정기관은 국가의 사무를 집행하기 위해 설치한 일선기관인 반면, 지방자치단체는 자치사무와 위임사무를 관장한다.
② ⭕ 지방자치분권 및 지역균형발전에 관한 특별법 제34조 제1항

> **지방자치분권 및 지역균형발전에 관한 특별법 제34조【특별지방행정기관의 정비】** ① 국가는 「정부조직법」제3조에 따른 특별지방행정기관이 수행하고 있는 사무 중 지방자치단체가 수행하는 것이 더 효율적인 사무는 지방자치단체가 담당하도록 하여야 한다.

③ ❌ 특별지방행정기관과 지방자치단체는 관할구역이 완전히 일치하거나 상당 부분이 중첩되는 경우가 많이 존재하게 되고, 이를 **이용하는 주민을 공통의 고객으로 삼기 때문에, 업무의 중복추진 및 이중행정의 폐혜 등이 초래**되고 있다.

연계학습: 2025 신용한 행정학 p.945, 946

33 ③
출제유형: Ⅳ 개념+Ⅵ 이론 비교 / 정책네트워크 모형

가, 라 ⭕ 정책공동체(Policy community)는 특정 정책문제에 대한 전문성을 가진 사람들(행정관료, 정치인, 이익집단, 연구기관의 전문가 등에 한정)이 상호 이해를 공유하고 나아가 생산적이고 협력적인 파트너 관계를 유도하는 장으로서의 공동체이다.

나 ❌ **이슈네트워크(Issue-Network)에 대한 설명**이다. 1970년대 후반 헤클로(Heclo)는 보다 참여적 정치로의 변화, 이익집단의 증가, 의회의 파편화 등으로 안정적 하위정부체계가 깨지고 있음을 주장하면서 정책이슈에 따라 유동적·개방적 참여자들 간 상호작용을 설명하는 이슈네트워크 모형을 제시했다.

다 ❌ **하위정부(sub-government) 모형에 대한 설명**이다. 하위정부(sub-government) 모형은 이익집단, 입법부의 상임위원회, 행정기관의 관료 등 소수 엘리트들이 연대를 형성하여 특정 영역의 정책결정을 배타적으로 지배하는 3자 간 동맹이 형성되고 있는 양태를 설명한다.

SUMMARY 정책네트워크의 유형 : 하위정부 VS 이슈공동체 VS 정책공동체

하위정부 모형	이슈공동체	정책공동체
관료+의회 상임위+이익집단	광범위한 다수의 참여	제한된 참여(관료, 전문가), 다양한 이해관계자 X
안정적·폐쇄적	불안정(유동적, 일시적)	안정적(지속적, 장기적)
이해관계 일치 (동맹적)	경쟁적, 갈등적 (Negative-sum game)	의존적, 협력적, 신뢰 (Positive-sum game)
분야별 정책지배	정책산출의 예측 곤란	의도한 정책산출, 예측 가능
분배정책분야에서 주로 형성	권력의 다원론과 상관성 큼	뉴거버넌스와 연관된 개념 정책내용 합리성 제고

참여자	(제한)	하위정부 - 정책공동체 - 이슈네트워크 (광범위한 참여)
연계작용	(안정)	하위정부 - 정책공동체 - 이슈네트워크 (불안정)
의존성	(협력적)	하위정부 - 정책공동체 - 이슈네트워크 (갈등적)

연계학습: 2025 신용한 행정학 p.208-211

34 ③
출제유형: Ⅰ 말바꾸기+Ⅳ 개념 / 무의사결정

① ⭕ 바흐라흐와 바라츠(Bachrach & Baratz)는 「권력의 두얼굴(Two Face of Power), 1963」에서 권력은 '정책을 결정하는 권력(의사결정권력)'과 '정책의제가 채택되지 않도록 하는 권력(무의사결정권력)'의 2가지 차원으로 행사됨을 설명하고 Dahl의 다원론은 후자의 영향력(무의사결정권력)에 대해서는 관심을 가지지 않았음을 비판하였다.

②, ④ ⭕ 무의사결정은 엘리트(기득권 세력) 자신의 이익과 상충되는 도전과 주장을 적극적으로 좌절시키는 의도적 무결정 현상이다. 폭력, 적응적 흡수, 지배적인 가치나 편견의 동원, 현존 규칙 및 절차의 재편성을 통해 무의사결정이 이루어진다.

③ ❌ 무의사결정은 **정책의 전 과정에서 일어난다.**

연계학습: 2025 신용한 행정학 p.207

35 ①
출제유형: Ⅵ 이론 비교+Ⅰ 말바꾸기 / 다원주의 vs 조합주의

① ❌ 다원주의는 이익집단 간 상호경쟁을 추구하고, **조합주의에서 이익집단은 그들이 대표하는 분야에 있어서 이익의 독점적 대표권을 국가로부터 보장**받는 대신, 국가의 목적과 자본주의 체제의 지속적인 성장을 도모하도록 입안된 국가 정책을 효과적으로 수행할 수 있도록 협조한다.

② ⭕ 다원주의는 개별집단의 이익을 추구하지만 조합주의는 사회적 책임, 협의, 조화의 가치를 중시한다.

③ ⭕ 다원주의에서 정부의 역할은 중립적, 소극적 심판관이지만, 조합주의는 정부의 보다 적극적인 역할을 강조한다

④ ⭕ 다원주의는 정책을 이익집단 간 경쟁과 타협의 결과로 보고 조합주의는 국가와 이익집단 간 제도화된 합의로 본다.

SUMMARY 다원주의 vs 조합주의

구 분	다원주의	조합주의
구 조	복수의 이익집단 간 상호경쟁	특정영역에서 독점적 이익집단의 형태로 조직, 비경쟁적, 위계적 구조
이익집단의 역할	개별집단의 이익 추구	사회적 책임, 협의, 조화의 가치 중시
정부역할	중립적, 소극적 심판관	국가의 비중립성
정 책	이익집단 간 경쟁과 타협의 결과	국가와 이익집단 간 제도화된 합의

연계학습: 2025 신용한 행정학 p.205

36 상❸하 ■■■ 🔑 ④

출제유형 출제영역 Ⅰ 말바꾸기+Ⅳ 개념 / 비용편익분석

① ⭕ 현재가치와 할인율은 반비례 하므로 투자한 비용에 대해 효과가 장기적으로 발생한다면, 할인율이 높을수록 현재가치는 낮게 평가되어 경제적 타당성은 낮게 나타난다.
②, ③ ⭕ 비용・편익분석(cost-benefit analysis)은 정책대안이 얼마나 바람직한지 그 정도를 평가하기 위하여 정책대안에 관련된 모든 비용들과 편익들을 화폐가치로 환산하여 비교한다.
④ ❌ 비용・편익분석(cost-benefit analysis)에서 사용하는 화폐적 가치는 **대응성(정책에 대한 만족도)을 측정하기에 부적합한 측정수단**이다.

연계학습 2025 신용한 행정학 p.246~249

37 상❸하 ■■■ 🔑 ③

출제유형 출제영역 Ⅲ 내용분류+Ⅳ 개념 / 내적・외적 타당성 저해요인

① ⭕ 성숙효과(성장효과)에 대한 설명이다.
② ⭕ 측정수단요소(도구요인)에 대한 설명이다.
③ ❌ 호손효과(실험조작반응효과)에 대한 올바른 설명이지만 **호손효과(실험조작반응효과)는 외적 타당도의 저해요인**에 해당한다.
④ ⭕ 상실요소(피실험자 상실)에 대한 설명이다.

SUMMARY 내적 타당성 저해요인

선발요소 (선정요인)	실험집단 구성 시 선발의 차이로 인한 오류(실험집단과 통제집단이 동등하게 선발되지 못하여 처음부터 다른 특성을 가져 정책이 영향을 받는 것)
역사적 요소	실험기간 동안에 일어난 역사적 사건이 실험에 영향을 미치는 것
성숙효과 (성장효과)	시간 경과에 따라 실험집단 특성이 자연스럽게 성장・발전하는 것 허위・혼란변수로 작용
선발과 성숙의 상호작용	실험집단 구성 시 선발의 차이가 시간이 지남에 따라 구성원의 자연적 성장이나 발전 속도에 의한 차이로까지 이어지는 현상
상실요소	연구기간 중 실험집단의 일부가 탈락해 남아있는 최종 실험집단 구성원이 최초와 다른 특성을 가짐에 따라 발생하는 것
측정요소 (시험효과)	실험 전 측정한 그 자체가 실험에 영향을 주는 것 동일한 시험 문제를 사전・사후에 사용하게 되면 사후 시험에서는 점수가 높게 나타나는 것)
측정수단요소	연구자의 측정기준이나 측정도구가 변화함으로써 발생하는 현상(측정도구요인)
회귀인공요소 (실험직전반응)	실험 전 1회 측정에서 극단적인 점수를 얻은 것을 기초로 개인들을 선발하게 되면, 다음의 측정에서 그들의 평균점수가 덜 극단적인 방향으로 이동하게 되는 것
오염효과	통제집단의 구성원이 실험집단 구성원의 행동을 모방하는 오염 또는 확산효과로서 모방, 정책의 누출, 부자연스러운 변이 등이 여기에 포함됨.

연계학습 2025 신용한 행정학 p.304, 305

38 상❸하 ■■■ 🔑 ①

출제유형 출제영역 Ⅳ 개념 / 아담스(Adms)의 공정성 이론

① ❌ **상향적 접근방법(bottom-up approach)에 대한 설명**이다.
② ⭕ 상향적 접근방법(bottom-up approach)은 공식적인 정책목표가 중요한 변수로 취급되지 못하게 되므로 집행실적의 객관적 평가가 어려워진다.
③ ⭕ 하향적 접근방법(top-down approach)은 정책결정자의 리더십이 성공적 집행의 핵심조건으로 전제한다.

SUMMARY 정책집행연구의 접근법 : 상향식 접근 vs 하향적 접근

	하향적 접근(위⇨아래) : 결정자의 시각	상향적 접근(아래⇨위) : 현장의 시각
결정과 집행	정책결정과 집행을 분리 (정치행정 이원론)	정책결정과 집행의 통합 (정치행정 일원론)
연구목적	일반론적・규범적 처방의 제시 (거시적・연역적 접근)	집행현장의 기술과 설명 ⇨ 개별집행문제의해결(미시적・귀납적 접근)
집행의 성공요건	• 정책결정자의 리더십 • 집행과정의 법적 구조화	• 일선공무원의 전문지식과 문제해결 능력
집행자	집행자의 결정자에 대한 순응과 집행자에 대한 결정자의 통제 강조	집행자의 재량과 자율을 강조
Berman	거시적・하향적 집행	미시적・적응적 집행(강조)
Elmore	전방향적 집행	후방향적 집행(강조)
단점	• 민주주의체제하에서 명확한 목표설정의 어려움. • 정책반대자의 입장 및 전략적 행동파악의 한계	• 거시적 틀에 대한 간과 가능성 • 선출직 공무원의 결정과 책임이라는 민주주의 기본가치의 위배 가능성

연계학습 2025 신용한 행정학 p.279~281

39 상❸하 ■■■ 🔑 ④

출제유형 출제영역 Ⅳ 개념 / 정책지지연합모형

가 ⭕ 정책지지연합모형은 정책변화를 이해하기 위한 분석단위로 다양한 수준의 정부에서 활동하는 행위자들을 모두 포함하는 정책하위체제에 중점을 둔 모형으로 정책하위체제 안에는 서로 다른 목표를 가진 정책지지연합이 존재한다고 본다.
나 ⭕ 정책지지연합모형은 정책변화의 과정과 정책지향적 학습의 역할을 이해하기 위해서는 10년 이상의 장기간이 필요하다고 전제한다.
라 ⭕ 정책지지연합의 신념체계는 변화의 용이성에 따라 '규범적 핵심'(normative core), '정책 핵심'(policy core), '부차적 측면'(secondary aspects) 등으로 나눌 수 있다.

SUMMARY 정책지지연합모형(정책옹호연합모형)

기본전제	㉠ 정책변화 과정을 이해하기 위해 10년 이상의 장기간이 필요 ㉡ 분석단위로 정책하위체제(policy subsystem)에 중점 ㉢ 정책하위체제에는 신념체계(belief system)를 공유하는 정책지지연합(advocacy coalition)이 존재함.
분석방법	상향식 접근방법으로 검토를 시작해 공공 및 민간 분야까지 확장하면서 행위자들의 전략적 행위를 검토
결론	지지연합의 상호작용과 정책학습(policy learning)등의 변화로 정책변동(policy change)이 일어남.

연계학습 2025 신용한 행정학 p.285

40   상 ●중 하   🔑 ②

출제유형 출제영역) Ⅲ 내용분류 + Ⅳ 개념 / 정책의제 설정 유형

① ⭕ 동원형은 사회문제 → 정부의제 → 공중의제의 과정을 거친다.
② ❌ **내부접근형에 대한 설명**이다.
③ ⭕ 동원형은 정부 내부의 정책결정자가 주도적으로 정부의제를 먼저 설정하고 정책순응 확보를 위해 공중의제화 과정을 나중에 거친다.
④ ⭕ 동원형은 주로 정부의 힘이 강하고 민간부문의 힘이 취약한 후진국에서 나타난다.

SUMMARY Cobb & Ross의 주도집단별 분류

① 외부주도형 : (사회문제 ⇨ 사회적 이슈 ⇨ 공중의제 ⇨ 정부의제)
  - 외부사람들의 주도에 의해 의제화가 진행
  - Hirschman ⇨ 강요된 정책문제라고 함. 다원화된 정치체제에서 발생
② 동원형 : (사회문제 ⇨ 정부의제 ⇨ 공중의제)
  - 정부내의 정책담당자들에 의해 정책의제화가 진행되는 유형
  - 정부가 민간을 동원하여 의제를 설정. 의제설정이 비교적 용이함
  - 전문가의 영향력이 큼. 정부부문의 힘이 강하고, 민간부문의 힘이 취약한 후진국에서 발생
③ 내부접근형(=내부주도형, 음모형) : (사회문제 ⇨ 정부의제)
  - 동원형과 같이 정책담당자들에 의해 정책의제화가 진행되는 유형
  - 정부관료제 내부에서만 정책의제화의 움직임이 있음. 공중의제화가 생략(행정PR ×)
  - 권력집중형 국가, 의도적으로 국민을 무시하는 정부, 시간이 급박한 경우, 국민이 사전에 알면 곤란한 경우 발생

연계학습) 2025 신용한 행정학 p.216~218

2024년 경찰간부후보생

문제편 p.193~201

정답

01	①	02	④	03	③	04	③	05	③
06	③	07	①	08	①	09	④	10	②
11	③	12	④	13	②	14	③	15	①
16	③	17	①	18	②	19	②	20	④
21	②	22	①	23	②	24	②	25	①
26	②	27	①	28	③	29	④	30	②
31	④	32	④	33	②	34	①	35	①
36	③	37	④	38	②	39	①	40	③

출제영역 분석

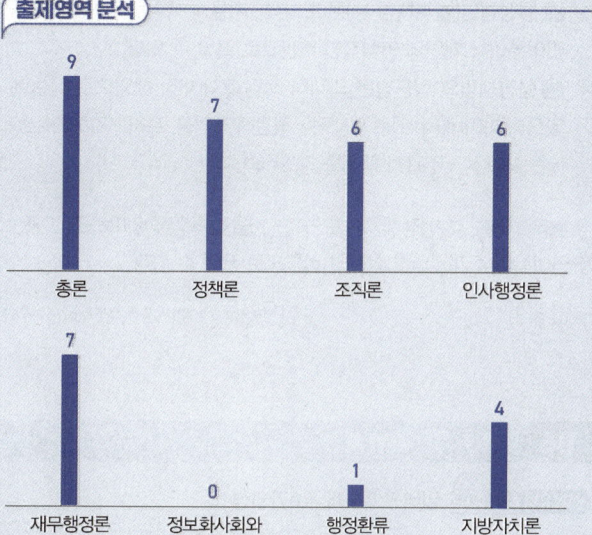

출제경향 분석

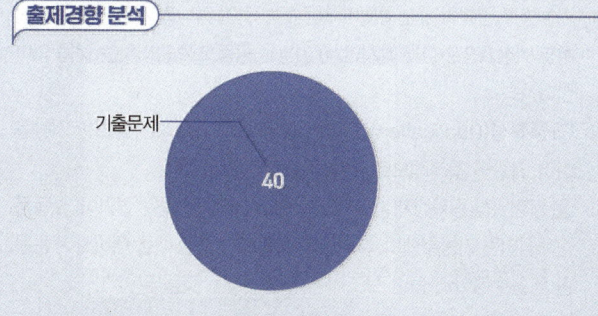

출제문제 유형분석

- 말 바꾸기: 27
- 짝짓기: 2
- 내용분류: 3
- 개념: 2
- 순서연결: 0
- 제도 및 이론 비교: 3
- 법령: 3

---

01 상 중 하   🔍 ①

출제유형 말 바꾸기 + 개념 / **출제영역** 행정 vs 경영

① ✗ 행정학이 태동하던 시기에는 엽관주의 등으로 인한 부패한 정당정치의 과도한 행정개입을 개혁을 막고자 정치로부터 독립된 행정학의 정체성을 확보하고자 하였다. 따라서 **행정과 경영을 동일시한 공사행정 일원론의 입장**이었다.

② ○ 신자유주의에 바탕을 둔 정부개혁은 시장원리 및 기업운영 원리가 도입됨에 따라, '행정의 경영화'라는 용어가 보편적으로 사용된다.

③ ○ 행정과 경영은 목표달성을 위해 인적·물적 자원을 효율적으로 동원하고 활용하는 관리기술이라는 측면에서 공통점을 가진다.

④ ○ 행정은 공익을 추구하기 때문에, 경영에 비해 법적·정치적 환경의 영향을 훨씬 강하게 받는다.

SUMMARY 행정과 경영

유사점 : 공사행정일원론 (정치행정이원론)	차이점 : 공사행정이원론 (정치행정일원론)
① 관리기술적 측면(목표달성을 위한 인적·물적 자원의 동원과 활용) ② 관료제적 성격을 갖는 대규모 조직의 관리 ③ 합리적이고 집단적 협동행위	① 행정 ⇨ 공익실현, 경영 ⇨ 이윤극대화 ② 행정의 정치권력적 성격(공권력을 배경) ③ 행정의 엄격한 법적 규제 ④ 행정에 대한 평등성, 형평성의 요청 ⑤ 행정의 독점성 ⑥ 행정의 넓은 관할 및 영향범위(전 국민이 대상)
행정관리론 : Wilson, Gulick, Urwick 행정행태론 : Simon	통치기능설 : Appleby, Dimock 발전행정론, 신행정론

올바른 지문 ① 행정학이 태동하던 시기에는 <u>행정과 경영을 동일시하는 공사행정 일원론</u>의 입장이었다.

연계학습 2025 신용한 행정학 p.9, 15

---

02 상 중 하   🔍 ④

출제유형 이론 비교 / **출제영역** 공익의 실체설 vs 과정설

①, ②, ③ ✗ **과정설에 대한 설명**이다. 공익의 과정설은 사익을 초월한 별도의 공익개념 존재를 부정하고, **공익은 사익의 총합이거나 사익 간 타협 또는 집단 간 상호작용의 산물로 보는 견해**이다. 또한 **숙의민주주의나 공론화 방안들과 같은 민주적 조정과정에 의한 공익의 도출을 중시**하고 국가는 개인들이 개별적 이익을 위해 자유롭게 활동하도록 하는 것이 공익을 극대화 시키는 것이며, 따라서 **정부의 활동은 중립적 조정자로서 역할로 제한**된다.

④ ○ 공익의 실체설은 공익을 사익과 구별되는 공익의 존재성을 인정하나, 공익의 실체가 무엇이냐에 있어서는 자연법, 정의, 형평, 복지, 인간 존중 등 다양한 견해가 존재한다.

올바른 지문

① 과정설은 사익의 총합이거나 사익 간 타협 또는 집단 간 상호작용의 산물이라고 본다.
② 과정설은 공직자의 조정자적 역할 및 행정의 중재역할을 강조한다.
③ 과정설은 공익을 형성하는 대표적인 의사결정 방식으로 숙의민주주의나 공론화 방안들이 강조된다.

SUMMARY 공익의 실체설 vs 과정설

구 분	실체설	과정설
공 익	• 공익은 사익을 초월한 실체로 존재(유기체·공동체적 관점, 집단주의적 성격) • 공익과 사익 간 갈등은 있을 수 없음.	• 공익은 사익 간 갈등의 조정·타협의 산물(자유주의적 관점, 개인주의적 시각) • 사익을 초월한 공익의 존재를 부정
	⇨ 엘리트나 관료에 의해 실체가 규정	⇨ 과정·제도·절차적 측면을 통해 형성
관 료	• 공익의 규정과 목민적 역할	• 사익 간 갈등의 조정자적 역할
한 계	• 공익이 소수의 엘리트에 의해 규정됨으로써 전체주의 또는 권위주의로 변질될 가능성	• 공익형성과정에서 집단이기주의의 발생과 소수 몇몇 집단에 의해 주도될 가능성(조직화 되지 못한 사회적 약자의 이익이 보호받지 못할 가능성)
설명력	• 국가의 힘이 강력한 개도국	• 민주적 의견수렴절차가 발달한 선진국
관 점	• 엘리트주의, 합리모형	• 다원주의, 점증모형

연계학습 2025 신용한 행정학 p.87~90

03 상중하

출제유형 출제영역 말바꾸기+개념 / 정부실패와 시장실패

① ○ 소비자와 공급자 사이에서 나타나는 정보의 비대칭성은 시장실패를 초래한다.
② ○ 경제활동이 의도하지 않은 혜택이나 손해를 가져다주면서도 이에 대한 대가나 비용이 수반되지 않는 외부효과는 시장실패를 초래한다.
③ ✗ 비배제성과 비경합성을 지닌 공공재의 존재는 **시장실패를 초래**한다.
④ ○ 정부실패의 원인인 비용과 편익의 절연에 대한 설명이다. 비용과 편익의 절연이란, 정부활동의 특성상 수혜자와 비용부담자의 분리로 인해 비용에 대해 둔감해지고 자원이 효율적으로 못되는 현상을 말한다.

올바른지문 ③ 비배제성과 비경합성을 지닌 공공재의 존재는 시장실패를 초래한다.

SUMMARY 시장실패의 구체적 원인

공공재	• 공공재가 갖는 '비경합성'과 '비배제성'의 특징으로 '무임승차'의 문제가 발생하므로 적정 수준의 시장이 형성되기 어려움.
외부효과	• 외부효과가 발생 시 경제주체의 활동에 대한 정당한 대가가 지불되지 않으므로 과대 또는 과소공급이 발생함. • 외부경제 : 과소공급 • 외부불경제 : 과다공급
독 점	• 규모의 경제 등으로 인한 독점의 발생시 독점 생산자는 가격 설정자가 되어 이윤극대화를 위한 과소생산의 문제(자원배분의 비효율성)를 발생시킴.
불완전경쟁	• 소수의 기업이 지배하는 불완전경쟁의 경우에도 소수의 기업 간 가격담합 등을 통해 가격 설정자로서 활동할 수 있음. 이러한 경우 독점과 같이 과소생산의 문제가 발생함.
불완전정보	• 생산자(대리인)와 소비자(주인) 사이에는 정보가 비대칭적으로 존재하고, 이러한 정보비대칭의 상황에서 대리인이 자신의 이익만을 추구함으로써 대리손실('역선택'과 '도덕적 해이')의 문제가 발생함.
분배 불평등	• 시장기구가 갖는 본질적인 한계임. • 시장에서는 능률성을 중시하지만 소득분배의 평등성은 보장할 수 없음.

연계학습 2025 신용한 행정학 p.61~64

04 상중하

출제유형 출제영역 말바꾸기+개념 / 행정학의 접근방법

다 ✗ 1960년대 신행정학에서는 행정학의 실천적 성격과 적실성을 회복하기 위해 **반실증주의에** 기반한 **문제지향적·처방적·실천적** 행정학을 요구했다.
마 ✗ 1980년대 신공공관리론은 '**작은 정부**'를 강조하는 기조 속에서 **규제를 완화**하고 행정의 시장경제화를 요구하였다.

연계학습 2025 신용한 행정학 p.112~118

05 상중하

출제유형 출제영역 말바꾸기+개념 / 행정책임과 행정통제

①, ② ○ 행정책임이란 공무원이 도덕적·법률적 규범에 따라 행동해야 하는 의무를 말하며, 법률적·제도적 책임을 의미하는 법적 책임과 도의적·자율적 책임을 의미하는 도덕적 책임으로 구분할 수 있다.
③ ✗ **행정책임(법적책임 ×)은 도의적·자율적 책임을 의미하므로, 국민여론이나 개인의 양심적인 비판으로 끝날 수 있다.
④ ○ 행정책임의 접근법은 외재적 책임과 내재적 책임으로 나눌 수 있으며 파이너(Finer)는 외재적·객관적 책임을, 프리드리히(Friedrich)는 내재적·주관적 책임을 강조한다.

올바른지문 ③ 행정책임은 도의적·자율적 책임을 의미하므로, 국민여론이나 개인의 양심적인 비판으로 끝날 수 있다.

연계학습 2025 신용한 행정학 p.767~769

06 상중하

출제유형 출제영역 말바꾸기+개념 / 가외성

① ✗ **중첩성(overlapping)에 대한 설명**이다. 중첩성은 기능이 기관별로 배타적이지 않고 혼합적으로 수행되는 상태를 말하며, 행정기관이 기능별로 명확하게 분화되어 활동하는 것이 아니라 서로 협력·관여하면서(상호의존성을 가지면서) 기능을 공동으로 관리하는 것을 의미한다.
② ✗ **중복성(Duplication)에 대한 설명**이다. 중복성은 동일한 기능을 여러 기관이 독자적으로 수행하는 상태를 말한다.
③ ○ 등전위성(동등잠재성 equipotrntiality)에 대한 옳은 설명이다. 동등잠재성이란 기능수행의 주 기관이 작동하지 않을 때를 대비하여 동등한 역할수행이 가능한 보조기관을 준비하는 것을 말한다.

중첩성(overlapping)	• 기능이 기관별로 배타적이지 않고 혼합적으로 수행되는 상태 • 행정기관이 기능별로 명확하게 분화되어 활동하는 것이 아니라 서로 협력·관여하면서(상호의존성을 가지면서) 기능을 공동으로 관리하는 것
중복성(Duplication)	동일한 기능을 여러 기관이 독자적으로 수행하는 상태
동등잠재력(equipotrntiality)	기능수행의 주 기관이 작동하지 않을 때를 대비하여 동등한 역할수행이 가능한 보조기관을 준비하는 것

연계학습 2025 신용한 행정학 p.102

07 상**중**하 🔑 ①

출제유형 **출제영역** 이론 비교 / 신공공관리론 vs 신공공서비스론

① ⭕ 신공공관리론은 공익을 개인적 이익의 집합(총합)으로 보는 반면, 신공공서비스론에서 공익이란 공유된 가치의 담론의 결과물로 인식해야 하며, 공동의 이익과 공동의 책임을 창출하는 것을 목표로 해야 한다.

② ❌ 신공공관리론과 신공공서비스론 **모두 정부의 역할을 방향잡기 역할을 강조**한다. 정의된 목표에 초점을 둔 노젓기 역할을 중시하는 것은 전통적 정부에 대한 설명이다.

③ ❌ **신공공관리론**은 정부기능이 민간에게 많이 이양되고 주요 통제권이 **분권화된 조직형태**를 선호하는 반면, **신공공서비스론**은 조직내외적으로 리더십을 공유하는 **협력적 구조**를 중시한다

④ ❌ **신공공관리론**은 운영상의 자율과 성과에 대한 **책임성 확보**를 주목하는 반면, **신공공서비스론은 복잡성과 다차원**에 주목한다. 민주적으로 선출된 정치지도자에 대한 책임을 중시하는 것은 전통적 정부에 대한 설명이다.

SUMMARY 전통 행정이론 vs 신공공관리론 vs 신공공서비스론

구 분	전통 행정이론	신공공관리론	신공공서비스론
이론 및 인식토대	• 초기 사회과학이론	• 신고전파 경제이론, 성과관리론	• 민주주의 이론, 해석학, 실증주의, 비판이론, 포스트모더니즘 등 복합적
합리성과 인간행태	• 개괄적 합리성 • 행정인	• 기술적·경제적 합리성 • 경제인	• 전략적 합리성 • 정치적·경제적·조직적 합리성에 대한 다원적 검증
공 익	• 법률로 표현된 정치적 결정	• 개인 이익의 총합	• 공유가치에 대한 담론의 결과
대응대상	• 고객과 유권자	• 고객	• 시민
정부역할	• 노젓기(정치적으로 정의된 단일 목표에 초점을 둔 정책설계와 집행)	• 방향잡기 (시장의 힘을 활용한 촉매자)	• 봉사(공유가치 창출을 위한 집단이익의 협상과 중재)
책임성 확보	• 위계적	• 시장지향적	• 다면적
행정재량	• 공무원에게 제한된 재량 허용	• 목표달성을 위한 폭넓은 재량	• 재량이 필요하지만 제약과 책임 수반
조직구조	• 상명하복의 관료적 조직	• 분권화된 조직	• 리더십이 공유되는 협동적 조직
동기유발	• 보수와 편익, 공무원 보호	• 기업가정신	• 사회봉사, 사회이익에 기여하려는 욕구

연계학습 2025 신용한 행정학 p.176

08 상**중**하 🔑 ①

출제유형 **출제영역** 짝짓기 / 정책 유형과 사례

① ⭕ 가 - 경쟁적 규제정책, 나 - 재분배정책, 다 - 상징정책

가 - 경쟁적 규제정책에 대한 설명이다. 경쟁적 규제정책은 많은 수의 경쟁자 중 특정 개인이나 집단에게만 일정한 재화나 용역에 대한 공급권을 부여하는 정책을 의미하며, 항공노선 취항허가, 방송국 설립인가, 진입규제 등이 이에 해당한다.

나 - 재분배정책은 고소득층으로부터 저소득층으로의 소득이전을 목적으로 하는 정책을 말하며, 사회보장책, 누진소득세 제도 등이 이에 해당한다.

다 - 상징정책은 정부가 정치체제에 대한 정당성과 신뢰성 및 국민통합성 증진을 위해 국내외 환경에 산출시키는 이미지나 상징과 관련된 정책을 의미하며, 문화재 복원사업, 국경일 제정 등이 이에 해당한다.

연계학습 2025 신용한 행정학 p.191~193

09 상**중**하 🔑 ④

출제유형 **출제영역** 내용 분류+개념 / 정책의제 설정 유형

① ❌ **내부접근형에 대한 설명**이다. 외부주도형은 정부 외부의 다양한 행위자들에 의해 특정사회문제가 정부개입을 통해 해결해야 할 문제로 받아들여지는 것을 말한다.

② ❌ **외부주도형에 대한 설명**이다. 동원형은 일당제 국가에서 최고 통치자나 고위정책결정자가 주도적으로 정책의제를 형성하는 것을 말한다.

③ ❌ **동원형에 대한 설명**이다. 내부접근형은 정책결정자에게 접근이 용이한 극소수의 외부집단과 정책 담당자들이 정책의제를 설정하는 것을 말한다.

④ ⭕ 동원형의 경우 최고통치자나 고위정책결정자가 의제형성을 주도하지만, 내부접근형의 경우 이들보다 낮은 지위의 고위관료가 의제형성을 주도하게 된다.

올바른 지문
① 내부접근형 의제설정은 정책결정자에게 접근이 용이한 극소수의 외부집단과 정책 담당자들이 정책의제를 설정하는 것이다.
② 외부주도형 의제설정은 정부 외부의 다양한 행위자들에 의해 특정사회문제가 정부개입을 통해 해결해야 할 문제로 받아들여지는 것이다.
③ 동원형 의제설정은 일당제 국가에서 최고 통치자나 고위정책결정자가 주도적으로 정책의제를 형성하는 것이다.

연계학습 2025 신용한 행정학 p.216~218

10 상**중**하 🔑 ②

출제유형 **출제영역** 내용 분류+개념 / 앨리슨 모형

가 ❌ **합리모형(모형 Ⅰ)에 대한 설명**이다. 합리모형은 국가 또는 정부를 잘 조정된 유기체로서 합리적이고 단일체적인 결정자임을 가정하며, 일관된 선호, 일관된 목표, 일관된 평가기준을 가지고 정책결정을 하게 된다.

나, 라 ❌ **조직과정모형(모형 Ⅱ)에 대한 설명**이다. 조직과정모형은 정부를 느슨하게 연결된 하위조직들의 연합체로 간주하며, 갈등의 준해결과 제한된 합리성을 추구함며, 표준운영절차(SOP)나 프로그램 목록에 의존하는 결정을 한다.

다 ⭕ 정치모형(모형 Ⅲ)에 대한 옳은 설명이다.

SUMMARY 엘리슨 모형

구 분	모형 Ⅰ: 합리모형	모형 Ⅱ: 조직과정모형	모형 Ⅲ: 관료정치모형
조직관	조정과 통제가 잘된 유기체	느슨하게 연결된 하위조직들의 연합체	독립적인 개별 행위자들의 집합체
권 력	조직의 두뇌와 같은 최고관리층에게 집중	준독립적인 하위조직들이 분산 소유	개별 행위자들의 정치적 자원에 의존
행위자의 목표	조직 전체의 목표	조직 전체의 목표 +하위조직들의 목표	조직 전체의 목표 +하위조직들의 목표 +개별 행위자들의 목표
목표 공유도	매우 강함.	약함.	매우 약함.
정책결정	최고지도자의 명령·지시	표준운영절차(SOP)에 의한 정책결정	정치적 게임의 규칙에 따른 타협, 흥정, 지배
정책 일관성	매우 강함.	약함.	매우 약함.
적용 계층	조직 전반	하위 계층	상위 계층

연계학습 2025 신용한 행정학 p.266, 267

11 상**중**하 ③

출제유형 **출제영역** 말바꾸기+개념 / 립스키의 일선관료제

①, ② ○ 일선관료는 정책의 최종적 과정에서 국민과 직접 접촉하며 상당한 재량권을 행사하는 하위직 관료로 구성된 공공서비스 집단으로서 업무집행 시에 실질적인 재량권을 행사하는 공무원을 말한다.

③ ✕ 일선관료의 업무환경에는 **불충분한 자원과 모호하고 대립**(명확하고 일관 ✕)**되는 기대**가 존재하므로 일선관료가 업무를 수행하는 기관에 대한 고객의 목표기대는 서로 일치하지 않는다.

④ ○ 단순화나 정형화의 메커니즘은 일선관료의 적응방식이다. 일선관료들은 개별적인 집행상황에 부합하는 유연한 업무수행을 하기보다는 습관적이고 정형화된 형태로 업무를 수행한다(단순화나 정형화의 메커니즘을 통해 복잡하고, 불확실한 상황에 대처함.).

올바른 지문 ③ 업무환경은 불충분한 자원과 모호하고 대립된 역할기대를 특징으로 한다.

연계학습 2025 신용한 행정학 p.281, 282

12 상**중**하 ④

출제유형 **출제영역** 말바꾸기+개념 / 정책평가(종합)

① ✕ 비용효과분석은 '비용'은 '금전적 가치'로 '효과'는 측정가능한 '산출물단위'로 산정하여 분석한다. 모든 관련 요소를 공통의 가치단위(화폐)로 측정하는 것은 비용편익분석에 대한 설명이다.

② ✕ **과정평가에 대한 설명**이다. 총괄평가는 정책이 집행된 후에 수행되는 평가이다. 주로 정책이 당초 의도했던 목적을 달성했는지의 여부를 판단하는 정책효과성 평가를 위한 목적으로 수행된다.

③ ✕ **정성적 또는 질적방법(비계량평가)**에 대한 설명이다. 정량적 또는 양적 방법은 연역적 방법에 의존하는 것으로 통계, 실적치, 비율 등의 강성자료(hard data)를 활용한다.

④ ○ 준실험적 방법은 일반적으로 무작위 배정이 어려운 상황하에서 짝짓기(matching : 축조) 방법 등을 활용하여 실험집단과 통제집단을 설계한다.

연계학습 2025 신용한 행정학 p.252, 298, 300, 307

13 상**중**하 ②

출제유형 **출제영역** 말바꾸기+개념 / 호그우드(Hogwood)와 피터슨(Peters)의 정책변동의 유형

① ✕ 정책혁신은 **기존의 조직이나 예산을 활용하는 것이 아니라 완전히 새로운 정책을 채택하는 것**을 의미한다. 따라서 무(無)에서 유(有)를 창출하여야 함을 의미한다.

② ○ 정책목표를 변경시키지 않는 범위 내에서 정책내용을 완전히 새로운 것으로 바꾸는 경우(정책목표 : 과속 단속으로 동일함. / 정책내용 : 경찰관 현장 단속 → 무인 감시카메라 단속)는 선형적 승계에 해당한다.

③ ✕ 정책종결은 정책목표가 달성되어 문제가 소멸되었거나, 달성이 불가능한 경우 **다른 정책에 의한 대체 없이 기존 정책을 완전히 소멸**시키는 것을 의미한다.

④ ✕ 부분종결은 정책의 일부를 유지하면서 다른 일부를 폐지하는 것으로 **정책유지**와(정책혁신 ✕) **종결**이 배합된 경우로 볼 수 있다.

연계학습 2025 신용한 행정학 p.314

14 상**중**하 ③

출제유형 **출제영역** 말바꾸기+개념 / 직위분류제의 특징 등

① ○ 직렬은 직무 종류가 유사하나 난이도와 책임도가 다른 직급의 군이다.

② ○ 직위분류제는 동일직무에 대한 동일보수의 원칙에 입각한 직무급 수립이 용이하다(높은 보수형평성).

③ ✕ 직위분류제는 **전보나 전직의 범위가 매우 좁게**(넓게 ✕) 설정되어 있어 인적자원의 전문성 향상에 기여한다.

④ ○ 직위분류제는 직무의 내용이나 수준이 명확하게 나타나므로, 직위 간의 권한과 책임의 한계를 명백하게 해 조직 관리의 합리성을 기한다.

SUMMARY 직위분류제의 장·단점

장 점	단 점
① 채용시험 등 인사배치에서 적합한 기준 제공	① 일반행정가의 양성 곤란
② 적재적소에 유능한 사람 임용	② 조직 및 직무 변화에 대응 미흡
③ 훈련의 수요 쉽게 파악, 직무급 수립 용이(높은 보수형평성)	③ 인사관리의 탄력성 & 신축성 확보 곤란
④ 권한과 책임의 한계를 명백하게 해 조직 관리의 합리성을 기함	④ 공무원 신분 보장의 위협
⑤ 행정의 전문화와 정원관리에 용이	⑤ 조직에 대한 헌신과 단결심 저해
⑥ 직무 중심적 동기유발을 지지	⑥ 전문가 지향으로 횡적 의사소통이나 협조·조정의 곤란

올바른 지문 ③ 전보나 전직의 범위가 매우 좁게 설정되어 있어 인적자원의 전문성 향상에 기여한다.

연계학습 2025 신용한 행정학 p.478~482

15 상중하 　 ①

출제유형 말바꾸기+개념 / 대표관료제

① ✗ **소극적 대표성에 대한 설명**이다. 적극적 대표성(능동적 대표성)이란 비례적으로 구성된 관료들이 출신집단이나 계층을 적극 대변하고 책임지는 것을 말한다.
② ○ 대표관료제는 할당제의 강요와 역차별의 우려가 있다.
③ ○ 대표관료제는 사회의 인적 구성을 잘 반영하도록 함으로써 관료제 내에 민주적 가치를 주입하며, 국민의 다양한 요구에 대한 정부의 대응성을 향상시키고, 정부정책에 대한 관료의 책임성을 제고시킨다.
④ ○ 대표관료제는 능력과 업적에 따른 인사관리를 강조하는 실적주의와의 마찰 가능성이 있다.

SUMMARY 대표관료제의 효용·한계

기능(효용)	단점(한계)
① 관료제의 국민대표성 강화 ② 실질적 기회균등 보장과 수직적 형평성 제고 : 사회경제적 여건이 불리한 계층에 대한 공직진출에 실질적 기회를 보장 ③ 관료제의 대응성과 책임성 제고 ④ 대중통제의 내재화 : 관료집단간의 견제와 균형을 통해 사회집단 간 이익을 균형있게 대변가능	① 공직 전문성·생산성 저하 ⇨ 실적주의와의 마찰 가능성 ② 반(反)자유주의 원리 : 개인의 선택에 대한 인위적 간섭을 초래 ⇨ 개인권익의 침해 ③ 역차별(reverse discrimination)의 우려 : 수평적 형평성의 저해('같은 것은 같게') ④ 실현과정에서의 인사기술상의 한계 : 구성론적 대표성 확보의 어려움. ⑤ 재사회화에 대한 고려부족

올바른 지문 ① 소극적 대표성은 사회 전체의 인구통계학적 특성을 반영해 정부 관료제를 구성하는 것이다.

연계학습 2025 신용한 행정학 p.457~460

16 상중하 　 ③

출제유형 말바꾸기+개념 / 근무성적평정의 유형

가 ○ 도표식평정척도법은 가장 널리 사용하는 방법으로 평정서 작성이 간단하고, 용이하다는 장점이 있다. 반면 평가요소에 대한 등급의 비교 기준이 불명확하여 평정이 임의적일 수 있다는 단점이 있다.
나 ○ 강제배분법은 도표식평정척도법에 따른 평가 시 피평정자의 성적 분포가 과도하게 집중되거나 관대화되는 것을 막기 위해 성적분포를 미리 정해 놓는 방법이다.
다 ✗ **행태관찰척도법에 대한 설명**이다. 행태기준 평정척도법은 도표식평정척도법과 중요사건기록법을 결합한 방식으로 주관적 판단의 배제를 위해 직무분석에 기초하여 직무와 관련한 중요한 과업분야를 선정하고, 각 과업분야에 대하여 가장 이상적인 행태에서부터 가장 바람직이지 못한 행태까지를 몇 개의 등급으로 구분하고 각 등급마다 중요 행태를 명확하게 기술하고 점수를 할당하는 방법이다.
라 ○ 중요사건기록법은 평정기간 중 피평정자의 근무실적에 큰 영향을 주는 중요 사건들을 평정자로 하여금 기술하게 하여 누적된 사건기록을 중심으로 평정하는 방법으로 막바지효과(최근의 사건을 중심으로 평가) 등 시간적 오류를 방지할 수 있다.

SUMMARY 근무성적평정의 유형

도표식 평정척도법	① 개념 : 직무수행실적·직무수행능력·직무행태 등에 관한 평정요소를 나열하고 각각에 대한 우열의 등급을 표시하는 평정척도를 그린 평정표를 통한 평정방법. 가장 널리 사용하는 방법 ② 대상 : 우리나라에서 5급 이하 공무원의 평정에 이용 ③ 장점 : ㉠ 작성이 간단하고, 평정이 용이, ㉡ 평정 결과의 계량화와 통계적 조정 가능, ㉢ 상벌 목적으로 이용시 효과적임 ④ 단점 : ㉠ 평정요소의 합리적 선정이 곤란, ㉡ 등급 비교기준이 불명확, ㉢ 평정이 임의적임, ㉣ 연쇄화·집중화·관대화의 오차발생 가능
강제배분법	도표식평정척도법에 따른 평가시 피평정자의 성적분포가 과도하게 집중되거나 관대화되는 것을 막기 위해 성적분포를 미리 정해 놓는 방법.
서열법	피평정자 간의 근무성적을 서열로 표시하는 방법. 집단의 규모가 작을 때 적합(=인물비교법, 쌍쌍비교법 : 피평정자를 두 사람씩 짝지어 비교하는 방법)
목표관리제 (MBO)	평가 요소 가운데 '결과'를 중시하는 방법. 상하급자 간 협의를 통해 목표를 정하고, 집행결과에 대해 목표달성도에 따라 평가하고 환류하는 방식.
체크리스트	평가의 기준이 되는 표준행동목록을 미리 작성해서 그 목록에 단순히 가부를 표시하는 방식으로 평가하는 방법. 항목별 가중치를 두어 계량적 수치로도 환산가능. Probst가 1930년에 고안해 '프로브스트 평정법'이라고도 함.
중요사건 기록법	평정기간 중 피평정자의 근무 실적에 큰 영향을 주는 중요 사건들을 평정자로 하여금 기술하게 하여 누적된 사건기록을 중심으로 평정하는 방법. 막바지효과(최근의 사건을 중심으로 평가)등 시간적 오류의 방지 가능
행태기준 평정척도법	① 도표식평정척도법+중요사건기록법 ② 직무분석에 기초하여 중요한 과업분야를 선정하고, 주관적 판단의 배제를 위해 각 과업분야에 대하여 가장 이상적인 형태에서부터 가장 바람직하지 못한 형태까지를 몇 개의 등급을 행태를 기준으로 구분하여 점수를 할당하는 방법
행태관찰 척도법	① 행태기준평정척도법 + 도표식평정척도법 ② 평정요소를 행태에 관해 다양하고 구체적인 사건, 사례로 제시 ③ 그러한 행태를 얼마나 자주 하는가에 대한 빈도를 표시하는 척도를 만들어 평가

연계학습 2025 신용한 행정학 p.509~512

17 상중하 　 ①

출제유형 말바꾸기+법령 / 국가공무원법상 징계 등

① ○ 국가공무원법 제73조의4 제1항

> **국가공무원법 제73조의4【강임】** ① 임용권자는 직제 또는 정원의 변경이나 예산의 감소 등으로 직위가 폐직되거나 하위의 직위로 변경되어 과원이 된 경우 또는 본인이 동의한 경우에는 소속 공무원을 강임할 수 있다.

② ❌ 강등은 1계급 아래로 직급을 내리고 공무원 신분은 보유하나 **3개월** (1개월 ×)간 직무에 종사하지 못하며 그 기간 중 보수는 전액을 감한다.

> **동법 제80조【징계의 효력】** ① 강등은 1계급 아래로 직급을 내리고 (고위공무원단에 속하는 공무원은 3급으로 임용하고, 연구관 및 지도관은 연구사 및 지도사로 한다) 공무원신분은 보유하나 <u>3개월간 직무에 종사하지 못하며 그 기간 중 보수는 전액을 감한다</u>. 다만, 제4조제2항에 따라 계급을 구분하지 아니하는 공무원과 임기제공무원에 대해서는 강등을 적용하지 아니한다.

③ ❌ 감봉은 1개월 이상 3개월 이하의 기간 동안 **보수의 3분의 1**(3분의 2 ×)을 감한다.

> **동법 제80조【징계의 효력】** ④ 감봉은 1개월 이상 3개월 이하의 기간 동안 <u>보수의 3분의 1을 감한다</u>.

④ ❌ 정직은 1개월 이상 3개월 이하의 기간으로 하고, 정직 처분을 받은 자는 그 기간 중 공무원의 신분은 보유하나 직무에 종사하지 못하며 **보수의 전액**(3분의 1 ×)을 감한다.

> **동법 제80조【징계의 효력】** ③ 정직은 1개월 이상 3개월 이하의 기간으로 하고, 정직 처분을 받은 자는 그 기간 중 공무원의 신분은 보유하나 직무에 종사하지 못하며 보수는 <u>전액을 감한다</u>.

SUMMARY 징계

(1) 신분보유

구분	승급제한	보수(기간)	직무수행	기타
견책	6개월	영향 ×	영향 ×	훈계·회개
감봉	12개월	1/3(1~3개월)	영향 ×	
정직	18개월	전액(1~3개월)	1~3개월 정지	
강등	18개월	전액(3개월)	3개월	1계급 강등

(2) 신분박탈

구분	처분	공직취임 제한	퇴직급여	퇴직급여 제한 범위
해임	강제퇴직 처분	3년간	제한 × (금전문제 해임 시 제한 ○)	5년 미만-1/8 5년 이상-1/4
파면	강제퇴직 처분	5년간	제한 ○	5년 미만-1/4 5년 이상-1/2

> **올바른 지문**
> ② 강등은 1계급 아래로 직급을 내리고 공무원 신분은 보유하나 <u>3개월간 직무에 종사하지 못하며 그 기간 중 보수는 전액을 감한다</u>.
> ③ 감봉은 1개월 이상 3개월 이하의 기간 동안 <u>보수의 3분의 1</u>을 감한다.
> ④ 정직은 1개월 이상 3개월 이하의 기간으로 하고, 그 기간 중 공무원의 신분은 보유하나 직무에 종사하지 못하며 <u>보수의 전액</u>을 감한다.

연계학습 2025 신용한 행정학 p.586, 587

---

18 상 충 하 ④

출제유형 출제영역 **짝짓기+개념 / 교육훈련**

① ⭕ 인턴십(Internship)은 조직의 전반적인 구조·문화·과정에 대한 이해와 함께 간단한 업무를 경험할 수 있는 기회를 부여하는 방법이다.

② ⭕ 실무지도(coaching)는 일상근무 중에 상관이 부하에게 직무수행에 관련된 기술을 가르쳐 주거나 질문에 답해 주는 각종 지도역할을 말한다.

③ ⭕ 사례연구(case study)는 사례를 놓고 토론하는 과정에서 거기에 내포된 원리를 스스로 터득하게 하는 방법이다.

④ ❌ **역할연기(role playing)에 대한 설명**이다. 액션러닝(action learning)은 정책 현안에 대한 현장방문, 사례조사와 성찰 미팅을 통해 문제해결능력을 함양하는 것으로, 교육생들이 실제 현장에서 부딪치는 현안문제를 가지고 자율적 학습, 전문가의 지원 등을 받으며 구체적인 문제해결 방안을 모색하는 학습방법이다.

> **올바른 지문** ④ **역할연기(role playing)**는 피훈련자에게 특정 역할이 주어지고, 그 역할에 따른 책임과 대처능력을 피훈련자가 연기함으로써 학습한다.

연계학습 2025 신용한 행정학 p.503~505

---

19 상 충 하 ②

출제유형 출제영역 **말바꾸기+법령 / 공무원의 분류**

① ⭕ 경력직 공무원은 실적주의와 직업공무원제의 적용을 받는 공무원으로, 일반직과 특정직으로 분류되고 실적과 자격에 의해 임용, 신분이 보장된다.

> **국가공무원법 제2조【공무원의 구분】** ② "경력직공무원"이란 실적과 자격에 따라 임용되고 그 신분이 보장되며 평생 동안(근무기간을 정하여 임용하는 공무원의 경우에는 그 기간 동안을 말한다) 공무원으로 근무할 것이 예정되는 공무원을 말하며, 그 종류는 다음 각 호와 같다.

② ❌ 전문경력관은 **경력직 공무원 중 일반직 공무원**이다.

③ ⭕ 시간선택제 공무원은 주당 15시간 이상 35시간 이하를 근무하는 일반직 공무원이다.

> **공무원임용령 제3조의3【시간선택제채용공무원의 임용】** ② 제1항에 따라 채용된 공무원(이하 "시간선택제채용공무원"이라 한다)의 주당 근무시간은 「국가공무원 복무규정」 제9조에도 불구하고 15시간 이상 35시간 이하의 범위에서 임용권자 또는 임용제청권자가 정한다. 이 경우 근무시간을 정하는 방법 및 절차 등은 인사혁신처장이 정한다.

④ ⭕ 일반임기제공무원은 직제 등 법령에 규정된 경력직공무원의 정원에 해당하는 직위에 임용되는 임기제공무원이다.

> **국가공무원법 제26조의5【근무기간을 정하여 임용하는 공무원】** ① 임용권자는 전문지식·기술이 요구되거나 임용관리에 특수성이 요구되는 업무를 담당하게 하기 위하여 경력직공무원을 임용할 때에 일정기간을 정하여 근무하는 공무원(이하 "임기제공무원"이라 한다)을 임용할 수 있다.

연계학습 2025 신용한 행정학 p.471, 475, 476

20 상 중 하 🔍 ④

출제유형 출제영역 내용 분류 / 쓰레기통 모형

①, ②, ③ ⭕ 쓰레기통 모형에서 조직화된 혼란상태의 특징은 불명확한 기술(unclear technology), 문제성 있는 선호(problematic preferences), 유동적 참여자(fluid participants)이다.

④ ❌ **선택기회(choice opportunity)는 의사결정의 네 가지 요소**에 해당한다.

SUMMARY 쓰레기통 모형의 전제

문제성 있는 선호 (불분명한 선호)	의사결정이 진행되면서 선호를 발견 (참여자가 스스로의 선호에 대해 불분명한 상황)
유동적 참여자	시간적 제약으로 참여자들이 유동적임
불명확한 인과관계	목표와 수단 사이의 인과관계에 관한 불분명한 지식과 기술

연계학습 2025 신용한 행정학 p.265

21 상 중 하 🔍 ②

출제유형 출제영역 말바꾸기+개념 / 내용이론 & 과정이론(종합)

① ⭕ 허즈버그(F. Herzberg)는 욕구충족요인이원론에서 조직구성원에게 불만을 주는 요인과(위생요인) 만족을 주는 요인(만족요인)은 상호 독립이 되어있으며, 만족의 반대는 불만족이 아닌 만족이 없는 상태이며, 불만족의 반대는 만족이 아닌 불만족이 없는 상태임을 설명하였다.

② ❌ 맥클리랜드(McClelland)의 성취동기이론은 학습된 욕구들을 성취욕구, 권력욕구, 친교욕구로 분류하고 **조직 내 성취욕구의 중요성에 중점**을 둔 성취동기이론을 제시하였다. 특히 **성취욕구가 높을수록 생산성이 높아진다는 점을 입증하고자 한 이론**이다.

③ ⭕ 로크(Locke)의 목표설정이론에 따르면, 목표가 도전적이고 명확할 때 인간은 더욱 노력하게 된다고 본다.

④ ⭕ 브룸(Vroom)은 유의성(V) – 보상에 대한 매력성(주관적 선호의 강도), 기대감(E) – 결과발생에 대한 기대감, 수단성(I) – 결과에 따른 보상에 따라 동기유발의 강도가 좌우된다고 보았다.

올바른 지문 ② 맥클리랜드(McClelland)의 성취동기이론에 의하면 세 가지 욕구 중에서 조직의 생산성에 가장 중요한 영향을 미칠 수 있는 욕구는 성취욕구이다.

연계학습 2025 신용한 행정학 p.395~397, 400~402

22 상 중 하 🔍 ①

출제유형 출제영역 말바꾸기+개념 / 경쟁가치모형(조직문화 유형)

① ❌ 경쟁가치모형은 조직이 **내부·외부 중 어디에 초점**을 두고 있는가, 조직구조가 **통제(안정)를 강조하는가 아니면 변화와 융통성을 강조하는가를 기준**으로 조직문화의 관점에서 조직구성원이 집단적으로 공유하고 있는 조직 형태를 분석하였다.

② ⭕ 과업지향문화(합리문화)에서 조직의 업무구조는 통제를 강조하고 조직은 외부를 지향하며, 조직이 외부환경 변화에 적극적으로 대응하고 생산성 증진을 위해 경쟁력을 향상시키는 전략을 취한다.

③ ⭕ 관계지향문화(집단문화)는 내부지향적이며 조직의 유연성을 우선적으로 고려하며 참여, 권한위임, 의사소통 등을 바탕으로 인적자원의 개발에 많은 관심을 쏟는다.

④ ⭕ 혁신지향문화(발전문화)는 외부지향적이며 조직의 유연성을 강조하며, 구성원들의 도전과 창의성을 강조한다.

올바른 지문 ① 내부지향 – 외부지향 차원과 통제(안정) – 유연성 차원을 기준으로 조직문화를 구분하였다.

SUMMARY 경쟁가치모형(조직문화)

구 분		조 직(외부)	인 간(내부)
통제		• 합리적 목표모형 : 조직 구성원보다 조직 그 자체를 중시하고, 안정을 강조 • 목표 : 생산성, 능률성 • 수단 : 기획, 목표 설정 • 효과성 기준 : 조직의 생산성, 이윤 **과업지향문화(합리문화)**	• 내부과정모형 : 조직 그 자체보다는 구성원을 중시하고, 조직의 안정을 강조 • 목표 : 안정성, 균형 • 수단 : 정보관리 • 효과성 기준 : 조직의 안정성과 균형유지 **위계지향문화(위계문화)**
유연성 (융통성)		• 개방체제모형 : 조직 구성원보다 조직 자체를 중시하고, 구조의 유연성을 중시 • 목표 : 성장, 자원확보 • 수단 : 융통성, 외적 평가 • 효과성 기준 : 환경과의 바람직한 관계정립을 통한 조직성장여부가 효과성 기준 **혁신지향문화(발전문화)**	• 인간관계모형 : 조직 그 자체보다 조직 구성원을 중시하고, 유연한 구조를 중시 • 목표 : 인적자원 개발 • 수단 : 응집력, 사기 • 효과성 기준 : 조직 내 인적 자원 가치의 개발 **관계지향문화(집단문화)**

연계학습 2025 신용한 행정학 p.425

23 상 중 하 🔍 ②

출제유형 출제영역 말바꾸기+개념 / 갈등관리

① ⭕ 경쟁(competing)은 상대방의 이익을 희생하여 자신의 이익을 추구하려는 행태로 신속하고 결단력이 필요한 경우에 사용된다.

② ❌ **순응(accommodating)에 대한 설명**이다. 회피(avoiding)는 자신의 이익과 상대방의 이익 모두에 무관심한 행태이다.

③ ⭕ 협동(collaborating)은 자신과 상대방의 이익을 모두 만족시키려는 행태로 타협이 안되거나 양쪽 관심사가 중요한 경우, 양쪽의 협력이 필요한 경우에 사용된다.

2024년 경찰간부후보생 해설 **217**

④ ◯ 타협(compromising)은 자신과 상대방의 이익의 중간정도를 만족시키려는 행태이다.

올바른 지문 ② 순응(accommodating)은 자신이 원하는 것을 포기하고 상대방이 원하는 것이 충족되는 경우를 말한다.

SUMMARY 토마스(Thomas)의 갈등 대처 전략

유형	내용	사용전략
회피전략	• 자신의 이익과 상대방의 이익 모두에 무관심한 행태 • 갈등을 연기시키거나 문제들을 피함으로써 갈등을 무시하는 방식	• 한 문제는 사소, 다른 문제는 중요한 경우 • 사람들의 생각을 가다듬게 할 필요가 있는 경우
경쟁전략	• 상대방의 이익을 희생하여 자신의 이익을 추구하려는 행태 • 다른 당사자를 희생시킴으로써 목표를 달성하려는 방식	• 신속하고 결단력이 필요한 경우 • 인기 없는 조치를 실행할 경우(비용절감)
순응전략	• 자신의 이익은 희생하면서, 상대방의 이익을 만족시키려는 행태	• 논제가 타인에게 중요한 의미를 지닌 경우 • 다음 논제에 대한 사회적 신용 획득을 위한 경우
타협전략	• 자신과 상대방의 이익의 중간정도를 만족시키려는 행태 • 상호 희생을 반영	• 복잡한 문제에 대한 잠정적 해결안 • 임기응변적 해결이 요구될 경우
협동전략	• 자신과 상대방의 이익을 모두 만족시키려는 행태	• 타협이 안 될 때 – 양쪽 관심사가 중요한 경우 • 양쪽의 협력이 필요한 경우

연계학습 2025 신용한 행정학 p.420

24 상 **중** 하 ③

출제유형 출제영역 말바꾸기+개념 / 리더십이론(종합)

가 ◯ 블레이크와 머튼(Blake & Mouton)의 관리그리드 리더십모형은 인간에 대한 관심과 생산에 대한 관심이 함께 높은 단합형(team)이 가장 이상적 리더십임을 설명한다.

나 ◯ 피들러(Fiedler)의 상황적합이론에서는 리더가 처한 상황에 따라 효과적인 리더십은 달라질 수 있으며, 상황이 유리하거나 불리할 때는 과업지향적 리더십이, 중간정도의 상황에서는 인간관계형이 적합하다.

다 ✗ 허시(Hersey)와 블랜차드(Blanchard)의 상황적 리더십이론에 따르면 부하의 성숙도(maturity)가 매우 높은 상황에는 **위임형(지시형 ✗) 리더십**이 가장 효과적이다.

라 ◯ 하우스(House)의 경로－목표이론은 리더가 추종자들이 바라는 보상(목표)을 받게 해 줄 수 있는 행동(통로)을 명확하게 해주어야 부하의 성과를 높일 수 있다고 설명한다.

올바른 지문 다. 허시(Hersey)와 블랜차드(Blanchard)의 상황적 리더십이론에 따르면 부하의 성숙도(maturity)가 매우 높은 상황에는 <u>위임형 리더십</u>이 가장 효과적이다.

연계학습 2025 신용한 행정학 p.409~413

25 상 **중** 하 ①

출제유형 출제영역 말바꾸기+개념 / 조직의 기본변수

① ✗ **수직적 분화에 대한 설명**이다. 공간적 분화란 조직의 물리적인 시설(사무실, 공장, 창고 등)과 구성원이 지역적으로 분산되어 있는 정도를 말한다.

② ◯ 공식화는 조직 내의 직무가 표준화되어 있는 정도를 의미하는 것으로 규칙, 절차, 지시 및 의사전달이 표준화된 정도를 말한다. 공식화의 수준이 높을수록 업무는 표준화되고 조직구성원들의 재량은 감소한다.

③ ◯ 수평적 분화란 조직이 수행하는 업무의 세분화를 의미하며, 업무의 세분화 정도가 높을수록 수평적 분화의 정도가 높은 조직을 의미한다.

④ ◯ 집권성은 조직계층 상하 간의 권한 분배의 정도를 의미하며, 집권은 의사결정 권한이 중앙이나 상위기관에 유보되어 있는 것을 의미하고, 분권이란 지방 또는 하급기관에 위임되어 있는 것을 의미한다.

올바른 지문 ① 수직적 분화는 조직의 종적인 분화로서 책임과 권한의 계층적 분화를 말한다.

SUMMARY 조직구조의 '기본변수'와 '상황변수'

분류	변수	내용
기본변수 (조직의 구조 형성)	복잡성	횡적 분화인 수평적 분화 & 계층화 정도인 수직적 분화
	공식성	조직의 업무수행 방식이나 절차의 표준화 정도
	집권성	권력의 배분양태, 권력이 위임되는 수준(집권 or 분권)
상황변수 (기본변수에 영향)	규모	조직의 크기(구성원의 수, 물적 수용능력, 재정적 자원 등)
	기술	일하는 방법(일상적 or 비일상적 기술)
	환경	조직의 경계 밖에서 조직에 영향을 미칠 가능성이 있는 것(안정 or 동태)

연계학습 2025 신용한 행정학 p.334~336

26 상 **중** 하

출제유형 출제영역 말바꾸기+개념 / 거래비용이론

① ◯ 거래비용이론은 조직이 시장보다 효율적인 이유와 어떤 거래가 조직을 통해 더욱 효율적으로 조직화 될 수 있는가에 관심을 갖는 이론이다.

② ✗ 환경이 복잡해지고, **불확실성이 높을수록 거래비용이 증가**하며, **자산 전속성(특정성)이 높을수록 거래비용이 증가**한다.

③ ◯ 내부의 조정비용이 오히려 시장에서의 거래비용보다 많이 발생한다면 시장거래가 효율적이고, 외부 시장과의 거래비용이 많이 발생한다면, 조직으로 거래비용을 내부화시켜야 한다.

올바른 지문 ② 거래에 수반되는 불확실성이 높고, 거래 대상의 자산 전속성(asset specificity)이 <u>높을수록 거래비용이 커진다</u>.

연계학습 2025 신용한 행정학 p.148~150

27 ①

출제유형 출제영역 개념 / 거시조직이론

① ✗ **자원의존이론**은 환경에 대한 **임의론적 인식론에 입각한 전략적 선택이론**이다. 자원의존이론은 조직을 환경적 결정에 피동적인 존재로 보지 않고 스스로의 이익을 위해 주도적·능동적으로 환경에 대처하는 것으로 본다.
② ○ 과학적 관리론은 과학적 분석을 통해 조직 구성원 모두에게 적용될 수 있는 유일 최선의 방법(one best way)을 찾고자 하는 이론이다.
③ ○ 조직군 생태학이론은 조직의 변화가 외부환경의 선택에 따라 좌우된다고 주장하는 극단적인 환경결정론적 관점의 이론이다.
④ ○ 인간관계론은 개인의 생산성 향상을 위해서는 물리적 작업환경보다는 인간관계의 사회심리적 요인이 중요하다는 것으로 비공식집단의 중요성을 주장하였다.

올바른 지문 ① 자원의존이론은 환경에 대한 임의론적 인식론에 입각한 전략적 선택이론의 일종이다.

SUMMARY 거시조직이론의 분류

환경인식 분석수준	결정론 : 조직은 환경에 대한 종속변수	임의론 : 조직은 환경에 대한 독립변수
개별조직	체제구조적 관점 ① 구조적 상황론	전략적 선택 관점 ① 전략적 선택이론 ② 자원의존이론
조직군	자연적 선택 관점 ① 조직군생태학 이론 ② 조직경제학(주인-대리인이론, 거래비용이론)	집단적 행동 관점 ① 공동체 생태학 이론

연계학습 2025 신용한 행정학 p.364~367

28 ③

출제유형 출제영역 말바꾸기+법령 / 시민예산참여

① ○ 주민참여예산제도는 예산편성과정에서 주민이 참여하는 제도로서 지방 재정 운영의 투명성, 공정성을 제고하여 재정 민주주의에 기여할 수 있다.
② ○ 주민참여예산제도는 예산편성단계에 주민이 참여하는 제도로 결과적 측면보다는 과정적 측면의 이념을 강조한다.
③ ✗ 2011년 9월 「지방재정법」 개정으로 주민참여예산제도는 **의무화**되었다.

지방재정법 제39조【지방예산 편성 등 예산과정의 주민 참여】 ① 지방자치단체의 장은 대통령령으로 정하는 바에 따라 지방예산 편성 등 예산과정(「지방자치법」 제39조에 따른 지방의회의 의결사항은 제외한다. 이하 이 조에서 같다)에 주민이 참여할 수 있는 제도(이하 이 조에서 "주민참여예산제도"라 한다)를 마련하여 시행하여야 한다.

④ ○ 주민참여예산기구의 구성·운영과 그 밖에 필요한 사항은 해당 지방자치단체의 조례로 정한다.

동법 제39조【지방예산 편성 등 예산과정의 주민 참여】 ⑤ 주민참여예산기구의 구성·운영과 그 밖에 필요한 사항은 해당 지방자치단체의 조례로 정한다.

올바른 지문 ③ 「지방재정법」에 당연규정으로 근거조항이 마련되어 있다.

연계학습 2025 신용한 행정학 p.724, 725

29 ④

출제유형 출제영역 이론 비교 / 예산의 형식

① ○ 우리나라의 법률은 대통령이 거부권이나 재의요구권을 갖지만 예산의 형식은 예산주의(의결주의)이므로 대통령은 의회가 의결하여 확정한 예산을 거부하거나 재의를 요구할 수 없다.
② ○ 우리나라의 경우 행정부 제출예산제도를 택하고 있다.
③ ○ 국회는 발의·제출된 법률안을 자유롭게 수정할 수 있다. 또한 예산안을 심의할 때 국회는 정부가 제출한 예산안의 범위 내에서 삭감할 수 있으나, 정부의 동의 없이 지출예산 각 항의 금액을 증가하거나 새 비목을 설치할 수 없다.
④ ✗ 예산은 **공포는 불필요하며 의결로서 확정**된다. 반면, 법률은 공포로서 효력이 발생된다.

SUMMARY 예산과 법률의 차이

	예산	법률
제출권자	정부	국회, 정부
제출기간	회계연도 개시 120일전	제한 없음
국회심의권	정부 동의 없이 예산 증액 및 새비목 설치 불가, 삭감은 가능	자유로운 수정가능
대통령거부권	거부권 행사 불가	거부권 행사 가능
대인적 효력	국가기관을 구속	국가기관·국민 모두를 구속
시간적 효력	회계연도에 국한	폐지 시까지 계속적 효력

연계학습 2025 신용한 행정학 p.602, 603

30 ②

출제유형 출제영역 말바꾸기+개념 / 예산집행의 신축성 유지방안

① ○ 예산의 이용과 전용은 예산집행의 신축성을 확보하기 위한 장치로 한정성 원칙(목적 외 사용금지 원칙)의 예외이다.
② ✗ 국고채무부담행위는 국가가 예산확보 없이 먼저 채무를 부담하는 행위로, 국회는 채무부담의 권한을 부여한 것이다. **지출 시에는 국회의 결을 거쳐 예산이 성립해야 한다.**

국가재정법 제25조【국고채무부담행위】 ① 국가는 법률에 따른 것과 세출예산금액 또는 계속비의 총액의 범위 안의 것 외에 채무를 부담하는 행위를 하는 때에는 미리 예산으로써 국회의 의결을 얻어야 한다.

③ ⭕ 국가재정법 제22조 제1항

> **동법 제22조【예비비】** ① 정부는 예측할 수 없는 예산 외의 지출 또는 예산초과지출에 충당하기 위하여 일반회계 예산총액의 100분의 1 이내의 금액을 예비비로 세입세출예산에 계상할 수 있다. 다만, 예산총칙 등에 따라 미리 사용목적을 지정해 놓은 예비비는 본문에도 불구하고 별도로 세입세출예산에 계상할 수 있다.

④ ⭕ 국가재정법 제47조 제2항

> **동법 제47조【예산의 이용·이체】** ② 기획재정부장관은 정부조직 등에 관한 법령의 제정·개정 또는 폐지로 인하여 중앙관서의 직무와 권한에 변동이 있는 때에는 그 중앙관서의 장의 요구에 따라 그 예산을 상호 이용하거나 이체(移替)할 수 있다.

연계학습 2025 신용한 행정학 p.676~681

---

31 상 중 하   ④

출제유형 출제영역 말바꾸기+개념 / 점증주의 예산결정

① ⭕ 점증주의는 합리주의의 기본전제를 완화해 결정자의 의사능력의 한계를 전제로 하는 결정모형으로 정치적 합리성에 입각한 방식이다.

② ⭕ 점증주의는 이해당사자들의 갈등을 완화·해결하려는 정치적 협상·상호적응 등을 중시하는 모형이다.

③ ⭕ 점증주의는 사회가 안정되고 다원화되어 있는 선진사회에 적용이 용이하다.

④ ❌ **합리주의에 대한 설명**이다. 점증주의는 기존의 정책을 존중하고 근본적인 변혁을 하지 않음으로써 정치적 갈등을 줄이고 실현가능성을 확보한다.

SUMMARY 점증주의 vs 합리주의(총체주의)

구 분	점증주의	합리주의
의 의	• 예산과정을 정치과정의 일부로 보는 관점 • 다원주의적 정치이론과 밀접한 관련	포괄적이고 철저한 분석을 지향하는 관점
결정기준	• 균형화원리 • 공정한 몫의 배분	• 파레토최적 • 사회후생의 극대화
합리성	정치적 합리성	경제적 합리성
결정방식	미시적·상향적	거시적·하향적 (단, ZBB : 미시적·상향적)
결정방법	• 반복적인 교섭과 협상 • 상호적응 중시, 참여적 결정	계량적 분석기법 사용 : 비용편익분석, 체제분석, OR 등의 분석적 결정
제 도	LIBS, PBS	PPBS, ZBB
목 표	재정민주주의	예산배분의 효율성
특 징	• 현상유지적, 보수적, 현실적 • 예산과정을 행정부와 의회의 선형적 함수관계로 파악 • 목표와 수단의 상호유기적 관계 인정 • 예산결정에 있어 관련된 이론이 없거나, 불신이 클 때 사용 • 결정자의 인식능력의 한계를 전제	• 이상적, 혁신적, 총체적 • 목표와 수단의 분리(목표를 주어진 것으로 인정) • 이론과 모형을 강조 • 체계적인 탐색

연계학습 2025 신용한 행정학 p.649~652

---

32 상 중 하   ④

출제유형 출제영역 말바꾸기+개념 / 다양한 형태의 예산

① ⭕ 본예산은 정기국회에서 다음 회계연도 예산에 대해 의결·확정한 예산을 의미하며, 당초예산이라고 한다.

② ⭕ 수정예산은 정부가 국회에 예산안을 제출한 이후 예산이 아직 최종 의결되기 전에 예산안의 내용 중 일부를 변경할 필요성이 있을 때 편성하는 예산이다.

③ ⭕ 추가경정예산은 예산이 성립된 이후 생긴 사유로 인해 이미 성립한 예산에 변경을 가할 필요가 있을 때 편성하는 예산이다.

④ ❌ 정부는 국회에서 추가경정예산안이 확정되기 전에 이를 **미리 배정하거나 집행할 수 없다.**

> **국가재정법 제89조【추가경정예산안의 편성】** ② 정부는 국회에서 추가경정예산안이 확정되기 전에 이를 미리 배정하거나 집행할 수 없다.

올바른 지문 ④ 정부는 추가경정예산안이 국회에서 확정되기 전에 이를 미리 배정하거나 집행할 수 없다.

SUMMARY 예산의 유형(성립시기에 따른 구분)

본예산	정기국회의 심의를 거쳐 확정된 예산
수정예산	예산이 확정되기 전(국회의결 이전) 변경
추가경정예산	예산이 확정된 후(국회의결 이후) 변경

연계학습 2025 신용한 행정학 p.631, 632

---

33 상 중 하   ②

출제유형 출제영역 말바꾸기+개념 / 우리나라의 예산

① ⭕ 우리나라는 조세법률주의를 채택하고 있다.

> **헌법 제59조** 조세의 종목과 세율은 법률로 정한다.

② ❌ 예산안 의결 시한은 「**헌법**」에 **규정**되어 있다.

> **헌법 제54조** ② 정부는 회계연도마다 예산안을 편성하여 회계연도 개시 90일 전까지 국회에 제출하고, 국회는 회계연도 개시 30일 전까지 이를 의결하여야 한다.

③ ⭕ 국가재정법 제41조

> **국가재정법 제41조【감사원의 예산】** 정부는 감사원의 세출예산요구액을 감액하고자 할 때에는 국무회의에서 감사원장의 의견을 들어야 한다.

④ ⭕ 우리나라는 미국과 달리 예산이라는 별도의 형식으로 행정부가 제출하고 국회가 심의·확정한다.

연계학습 2025 신용한 행정학 p.656, 657

34 상㊥하　🔑 ①

출제유형 **출제영역** 말바꾸기+개념 / 계획예산제도 등

① ❌ PPBS는 **합리주의적**(점증주의 ×) 예산편성 방식을 반영해 계획과 예산을 통합적 개념으로 이해하려는 예산제도이다.
② ⭕ ZBB는 모든 지출제안서에 대해 매년 '0'의 기준 상태에서 근본적인 재평가를 바탕으로 검토하게 된다.
④ ⭕ ZBB는 분권적·상향적 의사결정 방식을 취하는 반면, PPBS는 집권적·하향적 의사결정 방식을 취한다.

올바른 지문 ① PPBS는 합리주의적 예산편성 방식을 반영해 계획과 예산을 통합적 개념으로 이해하려는 예산제도이다.

SUMMARY 예산제도의 특징

예산제도	중점	기획책임	장점	단점
품목별 예산 (LIBS)	통제지향	분산적	• 회계책임 명확 • 재정통제 용이	• 융통성 저해 • 지출 목표의식 결여
성과주의 예산 (PBS)	관리지향	분산적	• 사업목적과 내용의 이해 • 집행의 신축성	• 회계책임 불분명 • 총괄계정에 부적합
계획예산 (PPBS)	기획지향	집권적	• 자원배분의 합리화 • 부서 간 장벽 타파 • 목표와 수단의 연계	• 사업구조작성 어려움. • 의사결정의 집권화 • 공무원과 의회의 이해 부족
목표관리 예산 (MBO)	관리기능	분산적	민주화, 창의적 참여	• 단기목표에 치중 • 평가기준개발의 어려움.
영기준 예산 (ZBB)	감축지향	분산적	• 예산절감 • 관리자의 참여 확대	• 사업축소 및 폐지 곤란 • 분석기법의 적용 한계

연계학습 2025 신용한 행정학 p.704~711

35 상㊥하　🔑 ①

출제유형 **출제영역** 말바꾸기+개념 / 티부(Tiebout)가설

① ❌ **규모의 경제가 존재하지 않으며** 또한, 주민의 완전한 이동성과 완전한 정보를 가정한다.
② ⭕ 공공서비스로 인한 외부효과는 존재하지 않는 것으로 가정한다. 즉, 한 지방정부가 제공하는 서비스는 그 지역 주민에게만 영향을 미치는 것으로 본다.
③ ⭕ 거주지를 선택함에 있어 고용기회의 제약으로 인한 영향은 없어야 하므로 모든 주민은 배당소득으로 생활하고 있다고 가정한다.
④ ⭕ 자신의 선호에 맞는 지방정부로의 자유로운 이동이 언제나 가능한 것으로 가정한다.

올바른 지문 ① 규모의 경제효과가 존재하지 않으며, 주민들은 지방정부 간 공공재 생산에 소요되는 단위당 비용 차이를 완전히 알고 있다.

SUMMARY 티부가설의 기본가정 및 전제

1. 완전한 정보와 시민의 완전한 이동성 : 지방정부가 제공하는 서비스의 정보가 공개되고, 시민은 자신의 선호에 맞는 지방정부로 자유로운 이동이 가능. 거주지를 선택함에 있어 고용기회의 제약으로 인한 영향은 없어야 하므로 모든 주민은 배당소득으로 생활하고 있다고 가정함.
2. 다수의 지방정부 : 상이한 정책을 추진하는 많은 수의 지방정부가 존재
3. 공공서비스로 인한 외부효과의 부존재 : 한 지방정부가 제공하는 서비스는 그 지역주민에게만 영향을 미침.
4. 단위당 평균비용의 동일(규모수익 불변) : 규모의 경제가 존재하지 않음.
5. 각 지방별 고정적 생산요소의 존재 : 최소한 한 가지 이상의 고정적 생산요소를 가짐.
6. 각 지방정부는 인구의 최적 규모 추구 : 최적 규모는 최저평균비용으로 공공재를 생산할 수 있는 규모. 주민의 수가 최적 규모보다 적을 때는 유입을 시도하고, 많을 때는 유출을 위해 노력함.
7. 재원은 당해지역 주민들의 재산세(property tax)로 충당 : 국고보조금 등은 존재하지 않음.

연계학습 2025 신용한 행정학 p.133, 134

36 상㊥하　🔑 ③

출제유형 **출제영역** 말바꾸기+개념 / 사회자본

가 ⭕ 사회자본(social capital)은 상호신뢰, 호혜주의, 친사회적 규범, 협력적 네트워크, 적극적 참여 등의 특성을 가지며, 이러한 특성이 사회자본의 핵심 구성요소가 된다.
나 ⭕ 사회자본(social capital)은 사회적 관계에서 거래비용을 감소시켜 주는 기능을 수행한다.
다 ❌ 사회자본(social capital)의 형성은 **단기간에 걸쳐 이루어지기 어렵다.**
라 ⭕ 사회자본(social capital)은 신뢰와 네트워크를 통한 폐쇄적 집단결속력을 조성할 수 있다는 점에서 오히려 비판을 받고 있다. 특히 폐쇄적인 연고네트워크는 다른 집단과의 관계에서 부정적 효과를 나타낼 수 있다.

올바른 지문 다. 상호 호혜적 행동을 통해 집단 내 사회자본 수준을 단기간에 증대시키기 어렵다.

SUMMARY 사회적 자본 vs 인적·물적 자본

사회적 자본	인적·물적 자본
행위자들의 관계 속에 내재	개인이 개별적 소유
등가물의 교환 ×	등가물의 교환 ○
공공재	사적재
시간적 동시성 전제 ×	시간적 동시성 전제 ○
자본의 유지 위한 지속적 노력	자본 획득 → 보유
사용할수록 증가	사용할수록 감소

연계학습 2025 신용한 행정학 p.70~72

37 ④

출제유형 / 출제영역: 개념 / 지방교부세 등

① ⭕ 지방재정조정제도는 국가나 상급자치단체와 하급자치단체 간의 재정력 격차의 불균형을 조정하는 목적(수직적 불균형의 조정), 동일한 계층에 속하는 자치단체 간 재정력 격차의 불균형을 조정하는 목적(수평적 불균형의 조정)이 있다.

② ⭕ 지방교부세와 국고보조금은 국가에 의해 재정조정을 받는 의존재원이다.

③ ⭕ 보통교부세는 중앙정부가 각 지방자치단체의 재정력 균형을 위해 각 자치단체의 재정 부족액을 산정해 용도에 제한을 두지 않고 교부하는 재원이다.

④ ❌ 지방교부세 대비 국고보조금의 비중 증가는 중앙에 대한 지방재정의 의존도를 강화시킴으로써 **지방재정의 자율성을 약화**시킬 수 있다.

올바른 지문 ④ 지방교부세 대비 국고보조금의 비중 증가는 지방재정의 자율성을 약화시킬 수 있다.

(연계학습) 2025 신용한 행정학 p.915~921

38 ②

출제유형 / 출제영역: 법령 / 특별지방자치단체

가 ⭕ 지방자치법 제199조 제1항

지방자치법 제199조 【설치】 ① 2개 이상의 지방자치단체가 공동으로 특정한 목적을 위하여 광역적으로 사무를 처리할 필요가 있을 때에는 특별지방자치단체를 설치할 수 있다. 이 경우 특별지방자치단체를 구성하는 지방자치단체(이하 "구성 지방자치단체"라 한다)는 상호 협의에 따른 규약을 정하여 구성 지방자치단체의 지방의회 의결을 거쳐 행정안전부장관의 승인을 받아야 한다.

나 ❌ 특별지방자치단체를 구성하는 지방의회의원은 **특별지방자치단체의 의회 의원을 겸할 수 있다.**

동법 제204조 【의회의 조직 등】 ① 특별지방자치단체의 의회는 규약으로 정하는 바에 따라 구성 지방자치단체의 의회 의원으로 구성한다.
② 제1항의 지방의회의원은 제43조제1항에도 불구하고 특별지방자치단체의 의회 의원을 겸할 수 있다.

다 ⭕ 지방자치법 제205조 제1항

동법 제205조 【집행기관의 조직 등】 ① 특별지방자치단체의 장은 규약으로 정하는 바에 따라 특별지방자치단체의 의회에서 선출한다.

올바른 지문 나. 특별지방자치단체를 구성하는 지방의회의원은 특별지방자치단체의 의회 의원을 겸할 수 있다.

(연계학습) 2025 신용한 행정학 p.837, 838

39 ①

출제유형 / 출제영역: 말바꾸기+개념 / 기관위임사무

① ❌ 기관위임사무는 지방자치단체에 위임된 것이 아니라 그 **집행기관에게 위임된 사무**이며, 전국적이고 국가적 이해관계가 크게 걸려있는 사무이다.

② ⭕ 기관위임사무의 소요경비는 위임기관이 전액 부담하는 것이 원칙이다.

③ ⭕ 지방자치법 제49조 제3항

지방자치법 제49조 【행정사무 감사권 및 조사권】 ③ 지방자치단체 및 그 장이 위임받아 처리하는 국가사무와 시·도의 사무에 대하여 국회와 시·도의회가 직접 감사하기로 한 사무 외에는 그 감사를 각각 해당 시·도의회와 시·군 및 자치구의회가 할 수 있다. 이 경우 국회와 시·도의회는 그 감사 결과에 대하여 그 지방의회에 필요한 자료를 요구할 수 있다.

④ ⭕ 기관위임사무는 지방자치단체에 위임된 것이 아니라 그 집행기관에게 위임된 사무이므로 위임기관은 전면적인 직무감독권을 가진다. 반면 단체위임사무에서 위임기관은 합법성과 합목적성의 사후 교정적 감독에 한하고 예방적 감독은 배제된다.

올바른 지문 ① 법령에 의해 해당 지방자치단체의 집행기관에 위임된 사무로서 전국적 이해관계를 가지는 통일적 사무들이다.

SUMMARY 자치사무, 단체위임사무, 기관위임사무

구 분	자치사무	단체위임사무	기관위임사무
개 념	지방자치단체가 자기의 책임과 부담으로 처리하는 지방적 공공사무	법령에 의하여 국가 또는 상급 지방자치단체로부터 그 지방자치단체에 위임된 사무	법령에 의하여 국가 또는 상급 지방자치단체로부터 지방자치단체의 집행기관에게 위임된 사무
결정주체	지방의회(본래의 사무)	지방의회(지방자치단체에 위임)	국가(지방자치단체 개입 불가)
사무처리 주체	지방자치단체	지방자치단체	지방자치단체장(일선 행정기관의 성격)
조례 제정권	○	○	×
국가의 감독	합법성 중심의 교정적 (사후)감독	합법성과 합목적성의 교정적 감독	교정적 감독 + 예방적 감독
경비의 부담	자치단체 보조금 = 장려적 보조금	공동부담 보조금 = 부담금	국가 부담 보조금 = 교부금
사무예시	자치단체의 존립, 유지사무, 주민복지사무(상하수도, 지역민 위, 지역소방, 도서관, 주민등록, 학교, 병원, 도로, 도시계획, 쓰레기 처리 등)	보건소, 생활보호, 의료보호, 재해구호, 도세징수, 공과금 징수, 직업안정, 하천유지보수, 국도유지보수 등	대통령·국회의원 선거, 근로기준설정, 가족관계등록, 의약사면허, 도량형, 외국인등록, 여권발급 등

(연계학습) 2025 신용한 행정학 p.848~850

40 상 중 하 ③

출제유형 **출제영역** 말바꾸기+개념 / 주민참여 단계

① ⭕ 아른스타인은 참여의 실질적 의미 내지는 영향력 정도를 기준으로 주민참여의 유형을 8개로 나누어 유형화 한 후 3개 수준으로 통합하여 비참여, 형식적 참여, 주민권력적 참여의 수준으로 대별하였다.

③ ❌ 정보제공단계(informing)는 정보회로가 쌍방적이 아니라 행정기관으로부터 주민으로 통하는 일방적인 것이어서 환류를 통한 협상과 타협에 연결되지 못하는 수준으로 **형식적 참여에 해당**한다.

④ ⭕ 주민통제단계(citizen control)는 주민이 위원회 등에서 행정을 지배하고 있는 경우로서, 주민에 의한 완전자치를 실현하는 수준이다.

올바른 지문 ③ 정보제공단계(informing)는 지방정부가 지역주민에게 정보를 일방적으로 제공하는 단계로서, 형식적 참여의 범주에 속한다.

SUMMARY 주민참여의 유형(Arnstein)

조작	임시치료	정보제공	상담	회유	대등협력	권한위양	자주관리
비참여		형식 참여			주민권력적 참여		

연계학습 2025 신용한 행정학 p.882

2023년 경찰간부후보생

문제편 p.203~210

정답

01	①	02	③	03	②	04	②	05	①
06	②	07	④	08	②	09	③	10	②
11	②	12	③	13	④	14	③	15	④
16	①	17	②	18	①	19	④	20	②
21	③	22	②	23	③	24	①	25	④
26	①	27	②	28	④	29	②	30	②
31	④	32	①	33	③	34	④	35	①
36	②	37	③	38	③	39	③	40	③

출제영역 분석

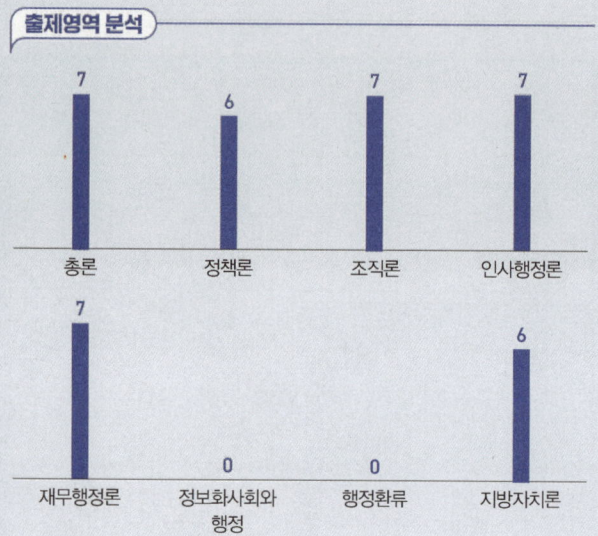

출제경향 분석

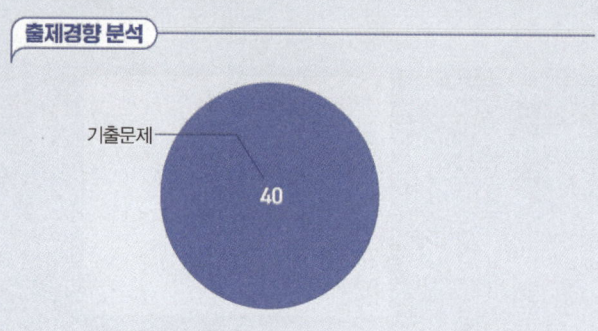

출제문제 유형분석

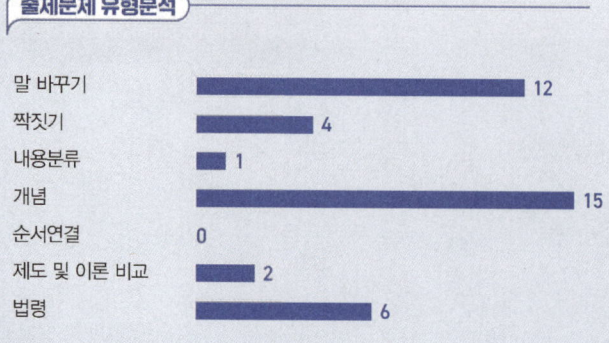

---

01 상 중 하 ①

출제유형 출제영역 말 바꾸기＋개념 / 행정과 정치

① ○ 넓은 의미의 행정은 조직 일반에 적용할 수 있는 인간 협동의 측면에 초점을 맞춘 포괄적 성격의 개념으로, 공공단체, 기업단체, 민간단체를 포함한 대규모 조직에서 보편적으로 나타나는 포괄적인 성격을 의미한다.
② ✕ **공·사행정일원론**(공·사행정이원론 ✕)에서는 행정과 경영의 유사점과 함께 효율적 관리를 강조한다.
③ ✕ 윌슨(W. Wilson)은 행정의 연구(1887)에서 **정치와 행정의 분리**(통합 ✕)를 주장하고 행정의 능률성을 강조하였다.
④ ✕ **정치·행정 일원론**(이원론 ✕)은 행정에 내포되어 있는 정치적인 기능을 강조한다.

연계학습 2025 신용한 행정학 p.5, 9

02 상 중 하 ③

출제유형 출제영역 말 바꾸기＋개념/ 행정가치(종합)

① ✕ **실체설에 대한 설명**이다. 과정설에서 공익은 사익의 총합이거나 사익 간 타협 또는 집단 간 상호작용의 산물로 본다.
② ✕ **롤즈의 최소최대**(minimax)원칙이 아니라 **최소극대화**(최대최소, maximin)**원칙**이다. 최소극대화 원리란 사회적으로 불리한 조건에 있는 사람들에게 혜택이 돌아가도록 행정이 이뤄져야 한다는 것을 의미한다.
③ ○ 사회적 효율성은 디목(Dimock)이 강조한 가치 개념으로 과학적 관리론에 입각한 기계적 효율관을 비판하고 행정의 사회 목적 실현과 다원적인 이익들 간의 통합 조정 및 행정조직 내부에서 구성원의 인간적 가치의 실현 등을 내용으로 하는 효율관을 의미한다.
④ ✕ **효율성**(efficiency)**에 대한 설명**이다. 효과성(effectiveness)는 목표달성도를 의미한다.

연계학습 2025 신용한 행정학 p.87, 88, 91, 99, 100

03 상 중 하 ②

출제유형 출제영역 짝 찾기＋개념 / 행정학의 다양한 이론

① ○ 굿노는 정치와 행정을 분리하고「정치와 행정」에서 정치는 국가의 지의 표현이며, 행정은 이를 실천하는 것이라고 주장하였다.
② ✕ 최고관리자의 기능으로 POSDCoRB를 제시한 것은 **귤릭**(Gulick)이다.
③ ○ 애플비(Appleby)는「정책과 행정」에서 정치와 행정의 관계는 정합적·연속적·순환적이어서 양자를 구별하는 것은 부적합함을 설명하였다.
④ ○ 메이요(Mayo)의 호손 실험은 인간을 사회적 존재로 인식하고, 사회적 관계의 중요성을 확인하였다.

연계학습 2025 신용한 행정학 p.9, 10, 120

04 ②

출제유형 출제영역: 개념 / 시장실패

② ✗ **외부불경제**(부정적 외부효과)의 경우 정부의 개입없이 과다공급(과소공급 ✗)되므로 나타나는 문제에 대응하기 위해 정부는 **처벌이나 벌금(정부규제) 등을 통해 대응하는 것이 타당**하다. 외부경제(긍정적 외부효과)가 나타나는 경우 정부는 보조금을 지원하여 대응하는 것이 타당하다.

SUMMARY 시장실패의 원인과 정부대응

	공적공급 (행정조직)	공적유도 (보조금)	정부규제 (권위)
공공재의 존재	○		
외부효과의 발생		○	○
자연독점	○		○
불완전 경쟁			○
정보의 비대칭성		○	○

연계학습 2025 신용한 행정학 p.61, 62

05 ①

출제유형 출제영역: 내용분류 / 정책과정의 참여자

① ○ 정당, 이익집단, 언론, 전문가집단은 비공식적 참여자에 해당한다. 국회, 지방정부, 사법부, 대통령은 공식적 참여자이다.

공식적 참여자	비공식적 참여자
대통령, 입법부, 행정기관과 관료 사법부, 지방정부	정당, 이익집단, 전문가집단, 시민단체

연계학습 2025 신용한 행정학 p.198

06 ②

출제유형 출제영역: 개념 / 정부규제

가 ✗ 규제로 인한 비용은 분산되고 편익이 집중되는 상황은 **고객정치**(이익집단정치 ✗)이다.

나 ○ 포지티브 규제란 명시적으로 허용하는 것 이외에는 원칙적으로 모든 행위가 금지되는 규제방식을 말한다(원칙 금지, 예외 허용).

다 ✗ **목표 달성 수준을 정하는 것은 성과규제에 대한 설명**이다. 관리규제는 수단과 성과가 아닌 과정을 규제하는 것으로 정부는 피규제자가 만든 규제 목표 달성 계획의 타당성을 평가하고 그 이행을 요구하는 것이며, 수단규제에 비해 자율성이 높다.

라 ○ 행정규제기본법 제23조

> 행정규제기본법 제23조【설치】정부의 규제정책을 심의·조정하고 규제의 심사·정비 등에 관한 사항을 종합적으로 추진하기 위하여 대통령 소속으로 규제개혁위원회를 둔다.

마 ✗ 행정규제기본법 제8조 제2항

> 동법 제8조【규제의 존속기한 및 재검토기한 명시】② 규제의 존속기한 또는 재검토기한은 규제의 목적을 달성하기 위하여 필요한 최소한의 기간내에서 설정되어야 하며, 그 기간은 원칙적으로 5년을 초과할 수 없다.

연계학습 2025 신용한 행정학 p.27~36

07 ④

출제유형 출제영역: 개념 / 공공선택론의 주요 이론

① ✗ 뷰캐넌과 털럭(Buchanan & Tullock)은 정책결정 시 **참여자 수가 많으면 의사결정비용(IC)이 늘어나고, 외부비용(EC)이 감소하고** 반대로 참여자 수가 적으면 의사결정비용이 감소하는 반면, 외부비용이 증가함을 설명하였다.

② ✗ 티부(Tiebout)는 발에 의한 투표로 인해 다수의 지방정부가 다양한 정책을 제시하고 주민들의 지방 간 이동이 자유로운 경우 지방정부 간 경쟁의 발생과 주민들의 선호가 주민의 이동을 통해 나타나게(발로 하는 투표)되면 **지방공공재 공급의 적정규모가 결정될 수 있음**을 설명하였다.

③ ✗ 니스카넨에 따르면 **관료**는 자신의 효용극대화를 추구하며, 관료의 효용은 부처예산이 증가할수록 상승하므로 부처의 예산극대화를 추구한다. 따라서 **총편익곡선과 총비용곡선이 교차하는(TB = TC) 지점**에서 공공서비스를 공급하려 한다. 반면 **정치인**은 사회후생의 극대화를 추구하여, **총편익과 총비용의 차이인 순편익이 최대가 되는 수준**(한계편익 = 한계비용)에서 공공서비스를 공급하려고 한다.

④ ○ 던리비는 니스카넨의 예산극대화 이론에서 관료가 일률적으로 예산극대화 동기를 갖는다는 것을 비판하고, 예산의 성격과 기관유형 등에 따라 고위관료들이 예산극대화 행동에 소극적일 수 있다고 주장하였다.

연계학습 2025 신용한 행정학 p.132~138

08 ②

출제유형 출제영역: 말 바꾸기 + 개념 / 신공공관리론 vs 뉴거버넌스론

① ✗ **신공공관리론과 뉴거버넌스론에서는** 정부의 역할에 대해 기존의 행정국가체제와는 달리 **노젓기보다는 방향잡기를 강조**한다.

② ○ 신공공관리론은 부문 간 경쟁을 강조하는데 비해, 뉴거버넌스론에서는 부문 간 협력을 강조한다.

③ ✗ 신공공관리론은 결과에 초점을 맞추는 반면, 뉴거버넌스론은 과정을 강조한다.

④ ✗ **신공공관리론**에서 관료의 역할은 **공공기업가**이며, 뉴거버넌스론에서 관료의 역할은 조정자이다.

연계학습 2025 신용한 행정학 p.163, 164

09 ③

출제유형 출제영역 개념 / 정책 유형별 특징

가 ○ 분배정책은 정부가 가지고 있는 한정된 자원을 여러 대상들에게 배분하는 것이므로, 분배정책의 수혜자들은 서비스와 편익을 더 많이 배분받으려고 다투게 되는 포크배럴이나 로그롤링 등의 현상이 발생한다.

나 ✕ 리플리와 플랭클린(Ripley & Franklin)의 **보호적 규제정책은 재분배정책과 규제정책의 성격**을 동시에 지니고 있으며, **진입규제는 경쟁적 규제정책에 해당**한다. 보호적 규제정책은 소비자나 일반 대중을 보호하기 위하여 개인이나 집단의 권리행사 또는 행동의 자유를 구속·통제하는 정책으로, 최저임금제, 독점규제 등이 해당한다.

다 ✕ **조세·징병정책은 추출정책**에 해당한다. 상징정책은 정치체제에 대한 정당성과 신뢰성 및 국민통합성을 증진시키기 위하여 국내외 환경에 산출시키는 이미지나 상징과 관련된 정책으로, 남대문 복원, 88 서울올림픽, 2002 한·일 월드컵 등이 해당한다.

라 ○ 재분배정책은 고소득층으로부터 많은 조세를 징수하여 저소득층에게 사회보장지출을 하여 소득의 재분배를 도모하는 정책으로 안정적 정책집행을 위한 루틴화의 가능성이 낮고, 집행을 둘러싼 논란이 있어 이데올로기의 논쟁강도가 높다.

연계학습 2025 신용한 행정학 p.190~194

10 ②

출제유형 출제영역 짝 찾기 / 추측

② ○ 가-교차영향분석, 나-브레인스토밍, 다-델파이기법에 대한 설명이다.

가 – 교차영향분석 : 관련된 사건의 발생 여부에 기초하여 미래 특정사건의 발생 가능성에 대한 식견 있는 판단을 이끌어내는 주관적·질적 분석기법으로, 어떠한 사건에 영향을 미치는 선행사건을 규명함으로써 현재의 상황을 기반으로 미래를 예측한다.

나 – 브레인스토밍 : 창안된 집단토의 기법으로서 직접적·대면적 접촉을 유지하되, 즉흥적이고 자유스러운 분위기하에서 조직구성원 및 전문가의 창의적 의견이나 독창적인 사람들의 기발한 아이디어를 직접적인 대면접촉 토의를 통하여 창안하는 주관적·질적 분석기법이다.

다 – 델파이기법 : 관련분야의 전문지식을 가진 전문가들에게 토론 없이 서면으로 자문을 의뢰(완전한 익명성)하고 이를 반복·종합하여 예측 결과를 도출하는 기법이다.

연계학습 2025 신용한 행정학 p.239~241

11 ②

출제유형 출제영역 말 바꾸기+개념 / 집단적 의사결정

가 ○ 실제의 의사결정자는 모든 대안을 탐색하지 않고 몇개의 대안만을 탐색하며, 대안의 탐색은 무작위적이고 순차적으로 이루어진다.

나 ✕ 혼합주사모형은 합리모형과 점증모형의 두 요소를 절충한 것으로 근본적 **정책결정은 합리모형**(점증모형 ✕)을, **부분적 정책결정은 점증모형**(합리모형 ✕)을 따른다.

다 ○ 쓰레기통모형은 조직의 구성단위나 구성원 사이의 응집성이 아주 약한 혼란상태[조직화된 혼란(무정부) 상태]에서 이루어지는 의사결정의 특징을 강조한 모형으로 의사결정에 필요한 네 가지 요소(문제, 해결책, 선택 기회, 참여자)가 독자적으로 흘러 다니다가(상호의존적 흐름 ✕) 어떤 계기로 교차하여 만나게 될 때 결정이 이루어짐을 설명한다.

라 ✕ 앨리슨(Allison)의 관료정치모형은 조직 **상위**(하위 ✕) **계층**에 적용가능성이 높고, 앨리슨의 세 가지 모형은 실제 정책결정을 설명하는데 모두 부분적으로 적용될 수 있다.

마 ✕ 정책딜레마모형은 갈등집단들의 **내부응집력이 강하고**(약하고 ✕) 집단 간 **권력이 균형적**(불균형적 ✕)일 때 딜레마가 증폭된다고 본다.

연계학습 2025 신용한 행정학 p.259, 260, 265, 267, 270

12 ③

출제유형 출제영역 짝 찾기 / Nakamura & Smallwood의 집행유형

① ✕ **관료적 기업가형**에 대한 설명이다.
② ✕ **협상형**에 대한 설명이다.
③ ○ **재량적 실험가형**에 대한 설명이다.
④ ✕ **지시적 위임가형**에 대한 설명이다.

SUMMARY Nakamura와 Smallwood의 정책집행 유형 분류

고전적 기술자형	① 정책결정자 : 구체적인 정책목표와 세부 정책내용까지 결정 ② 정책집행자 : 세세한 기술적 문제 정도에서만 미약한 재량권 행사
지시적 위임형	① 정책결정자 : 정책목표와 대체적인 방침수립 ② 정책집행자 : 구체적인 집행에 필요한 충분한 재량권을 부여 받음
협상형	① 정책결정자 : 정책의 목표를 설정 ② 정책집행자 : 정책목표와 수단에 대해 결정자와 협상을 벌임 ③ 집단의 힘과 협상력의 정도에 따라 주도권이 결정
재량적 실험형	① 정책결정자 : 구체적인 목표를 설정하지 못하고 추상적 수준에 머물. 정책집행자에게 광범위한 재량권을 부여 ② 정책집행자 : 정책목표의 구체화, 수단 선택을 자기 책임하에 관장
관료적 기업가형	① 정책결정자 : 형식상 결정권을 소유 ② 정책집행자 : 정책과정 전체를 좌지우지하는 형태로서 결정권까지도 행사. 자신의 정책목표달성에 필요한 능력을 보유

연계학습 2025 신용한 행정학 p.287~289

13 ④

출제유형 출제영역 개념 / 타당성과 신뢰성

① ✕ **내적타당성에 대한 설명**이다. 구성타당성은 처리, 결과, 모집단 및 상황들에 대한 이론적 구성요소들이 성공적으로 조작화된 정도를 의미한다.

② ✕ 외적타당성은 실험결과의 일반화 수준으로 **표본의 대표성이 높을 때 제고**(저해 ✕)된다.

③ ❌ 실험 직전 극단적인 점수를 얻은 사람이 실험 진행과정에서 원래 성향으로 돌아가는 현상은 **회귀효과**(회귀인공요소)이다.
④ ⭕ 신뢰성은 동일한 측정도구를 반복 사용할 때 동일한 결과를 얻을 가능성으로 어떤 측정에서 타당성이 높다면, 그 측정의 신뢰성은 높지만, 신뢰성이 높더라도 그 측정이 반드시 타당하다고는 할 수 없다.

(연계학습) 2025 신용한 행정학 p.302~304

14 상 중 하 ③

출제유형 출제영역) 말 바꾸기+개념 / 조직몰입

조직몰입은 조직구성원이 특정 조직 및 그 조직의 목적과 자신을 동일시하는 수준으로서 조직의 구성원으로 남고자 하는 의사를 말한다.
③ ❌ **규범적 조직몰입에 대한 설명**이다. 행위적 조직몰입은 행위로 표시된 행태적 특성의 분명성, 대체 불가능성, 공공성, 번복 불가능성 등의 결과로 존재한다고 인식한다.

SUMMARY 조직몰입 구성요소와 정의

정서적 몰입	조직에 대한 정체성과 관련된 감정으로 조직구성원들의 조직에 대한 애착과 조직을 위해 헌신하겠다는 심리적인 상태를 의미
지속적 몰입	조직에 머무름으로써 얻게 되는 이익과 조직을 떠남으로써 얻게 되는 손실을 고려하여 조직과의 연대를 지속하는 것
규범적 몰입	도덕적인 또는 윤리적인 이유로 조직에 남는 행동을 의무라고 생각하는 태도
타산적 조직몰입	조직몰입이 고용조직에 관련된 보상과 비용의 함수 관계로 존재한다고 인식
행위적 조직몰입	조직몰입은 행위로 표시된 행태적 특성의 분명성, 대체 불가능성, 공공성, 번복 불가능성 등의 결과로 존재한다고 인식
태도적 조직몰입	조직몰입은 조직구성원이 조직의 목표와 가치를 판별하고 그들을 동일화 시켜 내재화하여 발생하는 것으로 인식

15 상 중 하 ④

출제유형 출제영역) 내용분류 / 조직진단

④ ❌ 비용편익분석은 정책대안을 선택하는 데 있어 정책대안들의 편익과 이에 소요되는 비용을 계량적 비교를 통해 평가하는 체계적 분석수단을 의미하는 것으로 조직진단을 위한 환경분석에는 해당하지 않는다.

(연계학습) 2025 신용한 행정학 p.246

16 상 중 하 ①

출제유형 출제영역) 말 바꾸기+개념 / 네트워크 조직

① ❌ 네트워크 구성단위 간 업무과정 의존도가 높기 때문에 한 곳의 지연 또는 실패는 네트워크 체제 전체에 연쇄작용을 일으켜 업무지연을 발생시키거나 품질관리를 어렵게 하며, **서비스의 안정적 공급이 어려워질 수 있다.**

② ⭕ 네트워크 조직은 정보통신기술을 활용하여 시간·장소의 제약 없이 업무를 수행할 수 있다.
③ ⭕ 네트워크 조직은 느슨한 연계로 구성단위 간 신뢰관계를 기대할 수 없을 경우, 대리인 문제(기회주의 행위)의 발생가능성이 높으며, 이를 방지하기 위한 감시비용이 발생하게 된다.
④ ⭕ 네트워크 조직은 중심조직의 공동화로 인한 조직정체성의 혼란이 초래될 수 있고, 응집력 있는 조직문화를 갖기 어렵다.

(연계학습) 2025 신용한 행정학 p.357, 358

17 상 중 하 ②

출제유형 출제영역) 법령 / 책임운영기관

① ⭕ 우리나라에서는 1999년 「책임운영기관의 설치·운영에 관한 법률」을 제정하고 국립의료원, 운전면허시험관리단 등이 시범기관으로 선정된 이후 현재 40여개 기관이 지정되어 운영되고 있다
② ❌ 책임운영기관에 대한 종합평가는 **행정안전부장관**이 한다.

> 책임운영기관의 설치·운영에 관한 법률 제49조【책임운영기관운영위원회의 설치 및 기능 등】① 책임운영기관의 존속 여부 및 제도의 개선 등에 관한 중요 사항을 심의하기 위하여 **행정안전부장관 소속으로 책임운영기관운영위원회**를 둔다.
>
> 동법 제51조【책임운영기관의 종합평가】① (책임운영기관운영)위원회는 책임운영기관제도의 운영과 개선, 기관의 존속 여부 판단 등을 위하여 책임운영기관에 대한 종합평가를 한다.

③ ⭕ 책임운영기관은 기관의 지위에 따라 소속책임운영기관과 중앙책임운영기관으로 구분되며 중앙책임운영기관에는 특허청만이 존재한다.
④ ⭕ 소속중앙행정기관의 장은 공개모집 절차에 따라 행정이나 경영에 관한 지식·능력 또는 관련 분야의 경험이 풍부한 사람 중에서 기관장을 선발하여 임기제 공무원으로 임용한다. 특별한 사유가 없으면 2년 이상 5년의 범위 내에서 채용한다.

> 동법 제7조【기관장의 임용】③ 기관장의 근무기간은 5년의 범위에서 소속중앙행정기관의 장이 정하되, 최소한 2년 이상으로 하여야 한다.

(연계학습) 2025 신용한 행정학 p.384~387

18 상 중 하 ①

출제유형 출제영역) 개념 / 학습조직

① ❌ 셍게(Senge)는 학습조직 탄생을 위한 5가지 수련으로 **자기완성, 사고의 틀(사고모형), 공동의 비전, 집단적 학습, 시스템 중심의 사고**(집단적 사고 ×)를 강조하였다.

SUMMARY 셍게(Senge)의 학습조직 탄생을 위한 5가지 수련(disciplines)

자기완성 (personal mastery)	• 생애와 일에 관한 개인의 접근방법을 성숙시키는 것 • 각 개인은 원하는 결과를 얻을 수 있는 자기역량의 확대방법을 학습해야 함.
사고의 틀 (사고모형) (mental models)	• 뇌리에 깊이 박힌 정신적 이미지를 성찰하고 새롭게 하는 것 • 생각과 관점에 대한 끊임없는 성찰과 쇄신이 필요함.
공동의 비전 (shared vision)	• 조직 구성원들이 공동으로 추구하는 목표와 원칙에 대한 공감대 형성하는 것
집단적 학습 (team learning)	• 구성원 간 진정한 대화와 집단적 사고의 과정을 통해 개인적 능력의 합계를 능가하는 지혜와 능력을 구축하게 하는 것 • 대화와 토론을 통한 지속적인 협력적 학습과 팀워크 개발·구축이 중요
시스템 중심의 사고 (systems thinking)	• 체제를 구성하는 여러 관련요인들을 통합적인 이론체계(실전체계)로 융합시키는 능력을 키우는 통합적 훈련

연계학습 2025 신용한 행정학 p.356

---

19 상 중 하 ④

출제유형 출제영역 말 바꾸기 / 강화이론

① ○ 스키너(Skinner)의 강화이론은 심리학에서부터 발전된 동기부여의 과정이론에 속하며, 외적인 행태변화에 초점을 둔 행태론적 동기이론이다.

② ○ 적극적 강화란 바람직한 행동 시 행동자가 원하는 상황을 제공하는 것을 말한다.

③ ○ 회피(소극적 강화)는 회피는 바람직한 행동을 하게 될 경우 바람직하지 않은 결과를 제거하는 것을 의미한다.

④ ✕ **고정간격강화에 대한 설명**이다. 연속적 강화는 성과(바람직한 행동)가 나올 때마다 강화하는 것으로 초기단계 학습에서 바람직한 행동의 빈도를 늘리는 데 효과적이다. 다만, 강화효과가 빨리 소멸한다.

연계학습 2025 신용한 행정학 p.402, 403

---

20 상 중 하 ②

출제유형 출제영역 개념 / TQM(총체적 품질관리)

② ✕ **TQM의 관심은 외부적**이므로 고객에 의한 목표설정 및 평가를 강조한다. 반면 **MBO의 경우 내부적**이므로 상하급자 간 합의로 목표를 설정한다.

③ ○ TQM은 고객에 대한 서비스 품질향상을 목표로 조직 내 모든 사람이 참여하는 지속적 업무 개선을 통해 공무원들의 행태를 고객중심적으로 전환할 수 있다.

④ ○ TQM의 문제해결의 주된 방법은 조직 내 모든 사람의 모든 업무에 적용하며, 업무수행의 초점이 개인에서 집단적 노력으로 이동한다.

연계학습 2025 신용한 행정학 p.432~434

---

21 상 중 하 ③

출제유형 출제영역 법령 / 공무원직장협의회의 설립·운영에 관한 법률

① ○ 공무원직장협의회의 설립·운영에 관한 법률 시행령 제1조 제1항

> **공무원직장협의회의 설립·운영에 관한 법률 시행령 제1조【설립기관의 범위】**① 공무원직장협의회의 설립·운영에 관한 법률(이하 "법"이라 한다) 제2조제2항의 규정에 의하여 직장협의회(이하 "협의회"라 한다)를 설립할 수 있는 기관단위는 기관장이 4급 이상 공무원(고위공무원단에 속하는 일반직공무원을 포함한다) 또는 이에 상당하는 공무원인 기관이 된다. 다만, 기관장이 5급 이하 공무원 또는 이에 상당하는 공무원인 기관의 경우에는 소속공무원의 수, 지리적 특성 등을 고려하여 중앙행정기관의 장이 정하는 바에 따라 기관장이 5급 이상 공무원(고위공무원단에 속하는 일반직공무원을 포함한다) 또는 이에 상당하는 공무원인 상급기관에 통합하여 설립한다.

② ○ 공무원직장협의회의 설립·운영에 관한 법률 제2조 제1항

> **동법 제2조【설립】**① 국가기관, 지방자치단체 및 그 하부기관에 근무하는 공무원은 직장협의회(이하 "협의회"라 한다)를 설립할 수 있다.

③ ✕ 공무원직장협의회는 기관 단위로 설립하되, **하나의 기관에는 하나의 협의회만을 설립**할 수 있다.

> **동법 제2조【설립】**② 협의회는 기관 단위로 설립하되, 하나의 기관에는 하나의 협의회만을 설립할 수 있다.

④ ○ 공무원직장협의회의 설립·운영에 관한 법률 시행령 제1조 제2항

> **동법 시행령 제1조【설립기관의 범위】**② 제1항의 규정에 의한 2 이상의 기관단위에 걸쳐 하나의 협의회를 설립하거나, 협의회간 연합협의회를 설립할 수 없다.

올바른 지문 ③ 기관 단위로 설립하는 것을 원칙으로 하며, 하나의 기관에는 하나의 협의회만을 설립할 수 있다.

연계학습 2025 신용한 행정학 p.548

---

22 상 중 하 ②

출제유형 출제영역 말 바꾸기+개념 / 중앙인사기관의 유형과 특징

① ○ 인사혁신처는 세월호 침몰사고를 계기로 공직사회의 개방성과 전문성을 강화하고 공직개혁을 추구하기 위한 목적으로 설립되었다.

② ✕ 인사혁신처는 비독립단독형의 형태를 가지며, **행정부**(입법부·사법부 ✕)**의 인사업무를 총괄**한다.

> **국가공무원법 제6조【중앙인사관장기관】**① 인사행정에 관한 기본 정책의 수립과 이 법의 시행·운영에 관한 사무는 다음 각 호의 구분에 따라 관장(管掌)한다.
> 1. 국회는 국회사무총장
> 2. 법원은 법원행정처장

3. 헌법재판소는 헌법재판소사무처장
4. 선거관리위원회는 중앙선거관리위원회사무총장
5. 행정부는 인사혁신처장

④ ⭕ 인사혁신처는 국무총리소속의 행정기관이며 인사혁신처장은 인사청문회 대상에 해당되지 않는다.

올바른 지문 ② 인사혁신처는 비독립단독형 기관으로 행정부의 인사업무를 총괄한다.

SUMMARY 중앙인사기관의 유형구분

독립성 \ 합의성	합의형	단독형
독립형	독립합의형	독립단독형
비독립형	비독립합의형	비독립단독형

(연계학습) 2025 신용한 행정학 p.468~470

---

23 상 중 하   🔍 ③

출제유형 **출제영역** 말 바꾸기+개념 / 실적주의

① ⭕ 실적주의의 주요 구성요소에는 공직에의 기회균등, 실적에 의한 임용, 정치적 중립, 정치적 해고로부터 신분보장 등이 있다.
② ⭕ 미국은 1883년 연방공무원법인 펜들턴법(Pendleton Civil Service Act)의 제정을 통해 독립적 인사위원회의 설치와 공개경쟁채용시험의 원칙을 포함한 실적주의 인사제도를 확립하였다.
③ ❌ 초기의 실적제는 반엽관제에 지나치게 집착함으로써 인사행정을 소극적, 경직적, 비능률적으로 만들었다. 인사 기능이 집권화·법제화됨에 따라 인사행정은 자연히 **신축성을 결여한 채 경직적으로 운영**되었으며, 상대적으로 유능한 인재의 유치라는 적극적인 측면보다는 부적격자의 제거라는 **소극적인 측면에 중점**을 두게 되었다.
④ ⭕ 실적주의는 공직임용기준을 실적(개인의 능력·자격·적성)에 두는 제도이다.

SUMMARY 실적주의의 장·단점

장점 및 공헌	단점 및 폐단
① 공직취임에 대한 기회균등 보장	① 소극적·경직적 인사제도
② 공개경쟁시험으로 유능한 인재 임용	② 채용시험 내용과 직무 수행 능력과의 직접적 연계성 부족
③ 정치적 중립 ⇨ 행정의 공정성 확보	③ 정치적 중립 ⇨ 행정의 대응성 & 책임성 부재
④ 신분보장 ⇨ 행정의 안정성 & 계속성 확보	④ 신분보장으로 정치지도자의 공무원에 대한 통제력 확보가 어려움
⑤ 공직의 상품화 봉쇄 ⇨ 부패 감소	⑤ 공무원의 정치적 자유를 지나치게 제약

(연계학습) 2025 신용한 행정학 p.449, 450

---

24 상 중 하   🔍 ①

출제유형 **출제영역** 말 바꾸기+개념 / 직무평가방법

① ❌ **분류법에 대한 설명**이다. 서열법은 직무와 직무를 비교하여 평가하는 비계량적 방법이다.
② ⭕ 점수법은 직무평가기준표에 따라 평가대상직무의 구성요소별로 점수를 매기고 총합을 구하는 방식이다.
③ ⭕ 요소비교법은 점수법처럼 먼저 평가할 직위에 공통되는 평가 요소를 선정한다. 그리고 조직에서 가장 중심이 되는 직위, 즉 대표 직위(Key position)를 선정해 대표 직위의 평가 요소별 서열을 정한다.
④ ⭕ 분류법은 등급별로 책임도, 곤란성, 필요한 지식과 기술 등에 관한 기준을 고려하여 직무를 해당되는 등급에 배치하는 방법이다.

올바른 지문 ① 분류법은 직위의 등급 수를 미리 정하고 등급기준표를 활용한다.

SUMMARY 직무평가의 방법

비계량	서열법	쌍쌍비교법 등을 활용하여 직무를 구성요소별로 나누지 않고 전체적·종합적으로 평가하여 상대적 중요도에 의해 직위를 서열화
	분류법	서열법과 같이 직무요소에 대한 분석없이 직무전체를 종합적으로 평가하지만, 등급분류기준을 정한 등급기준표에 따라 등급을 정하는 방법. 서열법보다 세련된 방법으로 정부기관에서 많이 활용
계량	점수법	각 직위의 직무요소에 대해 점수를 부여하고, 총점을 구한 후 직무평가기준표에 따라 배치하는 방법. 가장 많이 사용하는 방법
	요소 비교	직무를 평가요소별로 계량적으로 평가하되 점수법의 임의성 보완을 위해 조직내 가장 핵심직위(기준직위)를 선정하여 이와 대비시키는 방법(가장 늦게 고안된 방식). 관찰가능한 직무와 (기준)직무를 비교함으로써 점수부여의 임의성을 극복
직무 vs 직무	(상대평가)서열법, 요소비교법	
직무 vs 등급기준표	(절대평가)분류법, 점수법	

(연계학습) 2025 신용한 행정학 p.480, 481

---

25 상 중 하   🔍 ④

출제유형 **출제영역** 말 바꾸기+개념 / 근무성적평정의 오류

① ⭕ 중심화 경향(집중화 경향, central tendency)는 피평정자들에게 대부분 중간 수준의 점수를 주는 심리적 경향이다.
② ⭕ 후광효과(halo effect)는 한 평정요소에 대한 평정자의 판단이 연쇄적으로 다른 요소의 평정에도 영향을 주는 오류이다. 즉, 사람을 판단하거나 평가할 때 그 사람의 긍정적, 부정적 특성에 주목하여 다른 평가요소까지 영향을 주게 되는 현상이다.
③ ⭕ 관대화 경향(leniency tendency)은 피평정자를 실제 수준보다 관대하게 평가하는 경향이다.
④ ❌ **막바지효과(recency effect, 근접효과)에 대한 설명**이다. 초두효과(첫머리 효과, primacy effect)는 전체 기간의 근무성적을 평가하기보다는 초기의 업적에 영향을 크게 받는 효과이다.

올바른 지문 ④ 막바지 효과(recency effect, 근접효과)는 피평정자의 근무성적평정기간에 가장 근접한 기간의 업무수행 실적일수록 평정에 더 크게 반영하는 오류를 말한다.

SUMMARY 근무성적평정의 오류

연쇄 효과	한 평정 요소에 대한 판단이 연쇄적으로 다른 요소 평정에도 영향을 주는 오류(=현혹효과, 후광효과) 예 성실도를 높게 평가하면 추진력도 높게 평가
분포상의 착오	① 집중화 경향 : 피평정자들에게 대부분 중간 수준의 점수를 주는 심리적 경향 ② 관대화 경향 : 평정 결과의 분포가 우수한 쪽에 집중되는 경향 ③ 엄격화 경향 : 평정 결과의 분포가 열등한 쪽에 집중되는 경향 ④ 방지대책 : 강제배분법을 활용
규칙적 (체계적) 오류	어떤 평정자가 항상 관대화나 엄격화 경향을 보이는 것으로 평정 기준이 높거나 낮은데서 오는 규칙적·일관적 착오 → 표준점수를 통한 사후조정이 가능
총계적 오류	평정자의 평정 기준이 일정치 않아 관대화 및 엄격화 경향이 불규칙하게 나타나는 오류. 규칙 오류와 달리 총계적 오류발생시 사후적 조정이 불가함.
시간적 오류	① 첫머리 효과(최초효과) : 전체 기간의 근무성적을 평가하기 보다는 초기의 업적에 영향을 크게 받는 효과 ② 막바지 효과(근접효과) : 최근의 실적이나 능력을 중심으로 평가하는 효과 ③ 방지대책 : ㉠ 독립된 평가센터, ㉡ MBO평정, ㉢ 중요사건기록법
유사성 오차	평정자가 자기자신과 성향이 유사한 부하에게 후한 점수를 주는 오차
논리적 오차 (logical error)	평정요소간 존재하는 논리적 상관관계에 의하여 생기는 오류 어떤 평정요소가 특별히 좋거나 혹은 아주 낮은 점수를 받은 경우에 일반적인 상관관계에 있는 다른 요소도 높게 혹은 낮게 평정하는 경향
상동적 오차 (streotyping error)	유형화(정형화·집단화)의 착오로 편견이나 선입견 또는 고정관념에 의한 오차 피평가자가 속한 사회적 집단의 유형에 대한 지각이나 어떤 인식을 오랫동안 같은 상태로 일관되게 유지하려는 심리상태에서 기인하는 오차
귀인적 편견	드러나는 행위를 기초로 해서 관찰자가 자신이나 피평가자의 내적 상태를 추론함으로써 발생하는 오류
선택적 지각	자기 기준 체계에 유리한 것만을 일관성 있게 추론함으로써 발생하는 오류
피그말리온 효과	자기충족적 예언효과를 의미하는 것으로 예언대로 행동하고 판단하게 되는 현상(=로젠탈 효과)
평정오류시정	① 사전교육 철저, ② 강제배분법 사용, ③ 사후적 표준값으로 환산 등

(연계학습) 2025 신용한 행정학 p.514~516

---

26 상 중 하 🔑 ①

출제유형 출제영역 말 바꾸기+개념 / 공무원 보수

① ✗ **6급 이하의 공무원은 성과상여금제의 적용 대상**이지만 임기제공무원(한시임기제 공무원 제외)은 성과급적 연봉제의 적용 대상이다.
② ○ 5급(상당) 이상과 국립대학의 교원(국립대학의 장은 제외)은 성과급적 연봉제 적용 대상이다.
③ ○ 대통령과 국무총리는 정무직 공무원으로 고정급적 연봉제 적용 대상이다.
④ ○ 고위공무원단에 속하는 공무원은 직무성과급적 연봉제 적용 대상이다.

올바른 지문 ① 국가공무원 6급(상당) 이하는 성과상여금제 적용 대상이다.

SUMMARY 공무원 보수제도 - 연봉제

보수제도		적용 대상	보수구조				
			기본 급여	성과급여 (지급기준)			
연 봉 제	고정급적 연봉제	정무직	기본 연봉	—			
	직무 성과급적 연봉제	고위 공무원단	기본 연봉 (기준급 + 직무급)	성과 연봉	매우 우수	우수	보통	미흡· 매우미흡
					18%	12%	8%	0%
					최상 20%	상위 30%	하위 40%	최하 10%
	성과급적 연봉제	5급(상당) 이상	기본 연봉	성과 연봉	8%	6%	4%	0%

(연계학습) 2025 신용한 행정학 p.539

---

27 상 중 하 🔑 ②

출제유형 출제영역 말 바꾸기+개념 / 공무원 연금제도

가 ✗ 법령에 특별한 사유가 없는 한 **재직 기간 10년**(20년 ✗) **이상** 공무원의 경우에 **만 65세**가 되는 때부터 퇴직연금 수급이 가능하다.
나 ○ 공무원 기여금은 기준소득월액의 9%이다.
다 ✗ 고액연금 수급 방지를 위한 기준소득월액 상한은 전체 공무원 **기준소득월액 평균액의 160%**(180% ✗)이다.
라 ○ 우리나라의 공무원연금 재정 확보방식은 기금제와 기여제를 택하고 있다.
마 ○ 유족연금 지급률은 60%이다.
바 ✗ 연금지급률은 재직기간 1년당 평균기준소득월액의 1.9%에서 2035년 **1.7%**로 단계적으로 인하한다.

올바른 지문
가. 법령에 특별한 사유가 없는 한 재직 기간 10년 이상 공무원의 경우에만 65세가 되는 때부터 퇴직연금 수급이 가능하다.
다. 고액연금 수급 방지를 위한 기준소득월액 상한은 전체 공무원 기준소득월액 평균액의 160%(1.6배)이다.
바. 연금지급률은 재직기간 1년당 평균기준소득월액의 1.7%이다.

SUMMARY 우리나라 연금제도의 개혁방향(2016. 1. 27 시행)

	종 전	('16. 1. 1 시행)
1. 연금지급률 인하	전 재직기간 평균기준소득월액×재직기간×1.9%	전 재직기간 평균기준소득월액×재직기간×1.7% • 2035년까지 단계적 인하 • 1%에 소득재분배 요소 도입
2. 공무원 기여금 인상	기준소득월액의 7%	기준소득월액의 9% • 2020년까지 단계적 인상
3. 연금산정 시 소득상한 인하	전체공무원 기준소득월액 평균액의 1.8배를 소득상한으로 설정	전체공무원 기준소득월액 평균액의 1.6배를 소득상한으로 설정
4. 연금지급개시 연령 연장	• 2009년 이전 : 60세부터 • 2010년 이후 : 65세부터	임용시기 구분 없이 65세부터 • 퇴직연도별 단계적 연장
5. 기여금 납부기간 (재직기간 상한 연장)	최대 33년까지 인정	최대 36년까지 인정 • 재직기간 21년 미만부터 단계적 연장
6. 유족연금지급률 하향 조정	• 2009년 이전 : 70% • 2010년 이후 : 60%	전·현직 공무원 모두 60% 적용 • 개정법 시행 이후 유족연금 사유 발생자부터
7. 최저복무기간	20년	10년

연계학습 2025 신용한 행정학 p.540~543

28 상 중 하 ④

출제유형 출제영역 말 바꾸기+개념 / 우리나라의 예산과정(종합)

① ○ 우리나라의 예산주기는 3년으로 예산편성·심의는 전년도(FY-1), 예산집행은 당해 연도(FY), 결산 및 회계검사는 다음 연도(FY+1)에 수행된다. 즉, 2022년에는 2021년도 예산의 결산, 2022년도 예산의 집행, 2023년도 예산의 편성이 중첩되어 집행된다.

② ○ 예산결산특별위원회의 종합심사가 완료된 예산안은 국회 본회의에 상정되어 정책질의와 찬반투표를 거쳐 회계연도 개시 30일 전에 심의·의결해야 한다.

헌법 제54조 ② 정부는 회계연도마다 예산안을 편성하여 회계연도 개시 90일 전까지 국회에 제출하고, 국회는 회계연도 개시 30일 전까지 이를 의결하여야 한다.

④ ✕ **회계기록에 대한 회계검사는 감사원의 기능**이다.

올바른 지문 ④ 국회는 결산보고서의 심의·의결을 통해 행정부의 예산집행이 예산안에 반영된 입법부의 의도를 충실히 따랐는지를 확인한다.

연계학습 2025 신용한 행정학 p.656, 657

29 상 중 하 ②

출제유형 출제영역 짝 찾기+개념 / 전통적 예산 원칙과 그 예외

① ○ 단일성의 원칙의 예외에는 추가경정예산, 특별회계, 기금 등이 있다.

② ✕ 사전의결의 원칙의 예외에는 **준예산, 전용, 사고이월, 재정상의 긴급명령, 선결처분, 예비비의 지출 등**이 있다.

③ ○ 한정성의 원칙의 예외에는 이용과 전용(목적 외 사용금지 원칙의 예외), 예비비와 추가경정예산의 편성(초과지출금지 원칙의 예외), 이월과 계속비(회계연도 독립 원칙의 예외) 등이 있다.

④ ○ 완전성의 원칙의 예외에는 수입대체경비의 초과수입, 현물출자, 전대차관(轉貸借款), 순계예산, 기금 등이 있다.

올바른 지문 ② 사전의결의 원칙 – 예산, 전용, 사고이월, 재정상의 긴급명령, 선결처분, 예비비의 지출

SUMMARY 전통적 예산원칙(Neumark) : 통제중심, 입법부 우위

원칙	내용	예외
공개성의 원칙	국민들에게 공개!	국가정보원 예산 등
명확성의 원칙	이해하기 쉽고 단순·명확해야!	총액계상예산
사전의결의 원칙	미리 국회가 의결!	전용, 사고이월, 준예산, 긴급명령, 선결처분
정확성의 원칙	예산과 결산이 일치!	적자 or 불용액의 발생
한정성의 원칙	① 목적 외 사용금지	이용과 전용
	② 계산된 금액 내 집행	예비비, 추가경정예산
	③ 회계연도 독립	이월, 계속비
통일성의 원칙	특정수입과 지출이 연계금지!	목적세, 수입대체경비, 특별회계, 기금
단일성의 원칙	가급적 단일회계내에 정리!	추가경정예산, 특별회계, 기금
완전성의 원칙	모든 세입·세출이 나열되어야!	전대차관, 순계예산, 수입대체경비, 기금

연계학습 2025 신용한 행정학 p.606~612

30 상 중 하 ②

출제유형 출제영역 말 바꾸기+개념 / 예산제도(종합)

① ○ 품목별 예산제도(Line Item Budgeting)는 지출대상별로 예산액을 명확히 배정함으로써 관료의 권한과 재량을 제한하는 투입지향적·통제지향적 예산제도이다.

② ✕ 성과 예산제도(Performance Budgeting)는 예산을 **사업별·활동별로 분류해 편성하고, 업무단위의 원가와 양을 계산**해 편성하는 제도이다. 성과 예산제도(Performance Budgeting)는 투입되는 예산의 성과를 파악할 수 있으며 정부가 무슨 사업을 추진하는지 **국민들이 쉽게 이해할 수 있다**.

③ ○ 계획 예산제도(Planning Programming Budgeting)는 정보와 의사결정 권한이 과도하게 중앙집권화되는 경향이 있어, 외부통제가 어렵고, 재정민주주의를 저해할 수 있다.

④ ○ 영기준 예산제도(Zero Based Budgeting)는 의사결정 패키지의 작성과 우선순위 결정 과정에 조직구성원의 참여가 이루어진다.

올바른 지문 ② 성과주의 예산제도(Performance Budgeting)는 사업성과가 좋은지 나쁜지의 결과에 초점을 두며 예산을 들여 사업과 활동별로 무엇을 하는지에 대한 정보는 알기 용이하다.

SUMMARY 예산제도의 특징

예산제도	중점	기획책임	장점	단점
품목별 예산(LIBS)	통제지향	분산적	• 회계책임 명확 • 재정통제 용이	• 융통성 저해 • 지출 목표의식 결여
성과주의 예산(PBS)	관리지향	분산적	• 사업목적과 내용의 이해 • 집행의 신축성	• 회계책임 불분명 • 총괄계정에 부적합
계획 예산(PPBS)	기획지향	집권적	• 자원배분의 합리화 • 부서 간 장벽 타파 • 목표와 수단의 연계	• 사업구조작성 어려움. • 의사결정의 집권화 • 공무원과 의회의 이해부족
목표관리 예산(MBO)	관리기능	분산적	민주화, 창의적 참여	• 단기목표에 치중 • 평가기준개발의 어려움.
영기준 예산(ZBB)	감축지향	분산적	• 예산절감 • 관리자의 참여 확대	• 사업축소 및 폐지 곤란 • 분석기법의 적용 한계

연계학습 2025 신용한 행정학 p.701~711

31 상 중 하 ④

출제유형 출제영역 법령 / 성인지예산제도

①, ② ○ 국가재정법 제26조 제1항, 제2항

국가재정법 제26조【성인지 예산서의 작성】① 정부는 예산이 여성과 남성에게 미칠 영향을 미리 분석한 보고서[이하 "성인지(性認知)예산서"라 한다]를 작성하여야 한다.
② 성인지 예산서에는 성평등 기대효과, 성과목표, 성별 수혜분석 등을 포함하여야 한다.

③ ○ 우리나라에서는 「국가재정법」 및 「지방재정법」에 성인지 예산서와 결산서(성인지 기금운용계획서와 기금결산서 포함)의 작성을 의무화하였다.

국가재정법 제26조【성인지 예산서의 작성】① 정부는 예산이 여성과 남성에게 미칠 영향을 미리 분석한 보고서[이하 "성인지(性認知)예산서"라 한다]를 작성하여야 한다.
국가재정법 제57조【성인지 결산서의 작성】① 정부는 여성과 남성이 동등하게 예산의 수혜를 받고 예산이 성차별을 개선하는 방향으로 집행되었는지를 평가하는 보고서("성인지 결산서")를 작성하여야 한다.
지방재정법 제36조의2【성인지 예산서의 작성·제출】① 지방자치단체의 장은 예산이 여성과 남성에게 미칠 영향을 미리 분석한 보고서[이하 "성인지 예산서"(性認知 豫算書)라 한다]를 작성하여야 한다.

지방회계법 제18조【성인지 결산서의 작성·제출】① 지방자치단체의 장은 여성과 남성이 동등하게 예산의 혜택을 받고 예산이 성차별을 개선하는 방향으로 집행되었는지를 평가하는 보고서(이하 "성인지 결산서"라 한다)를 작성하여야 한다.

④ ✗ 성인지예산제도는 **예산사업과 기금사업**을 대상으로 한다.

올바른 지문 ④ 예산사업과 기금사업을 대상으로 한다.

연계학습 2025 신용한 행정학 p.636, 637

32 상 중 하 ①

출제유형 출제영역 말 바꾸기+개념 / 예산결정이론

① ✗ **점증주의에 대한 설명**이다. 총체주의는 인간의 완전한 합리성을 가정하는 경제적 합리성에 입각한 예산결정으로, 계량모형을 통해 최적의 해결방안을 모색하려는 접근방식이다.
② ○ 점증주의는 이해당사자들의 갈등을 완화·해결하려는 정치적 협상·상호적응 등을 중시하는 정치적 합리성에 입각한 접근방식이다.
③ ○ 단절균형모형은 예산재원의 배분 형태가 항상 일정하게 유지되는 것이 아니라 특정 사건이나 상황에 따라 균형 상태에서 급격한 변화가 발생하는 단절 현상이 발생하고 이후 다시 균형을 지속한다는 예산이론이다.
④ ○ 다중합리성 모형(Thurmaier & Willoughby)은 예산과정이 하나의 관점에서 일관성 있게 전개된다는 예산이론은 현대 예산의 복잡성을 고려하면 현실성이 약하다는 점을 지적하며, 예산과정의 합리성은 경제적 측면뿐 아니라 정치·사회·법적 측면에서 다양한 형태로 존재하고, 따라서 관료들의 의사결정은 예산주의의 다양한 시점에서 단계별로 작용하는 합리적 기준에 따라 서로 다른 형태의 다중적 결정으로 구성된다고 보았다.

올바른 지문 ① 점증주의는 기존의 예산을 토대로 수정하여, 현실적으로 적용 가능한 예산결정을 추구한다.

연계학습 2025 신용한 행정학 p.649~654

33 상 중 하 ③

출제유형 출제영역 이론 비교 / 현금주의 vs 발생주의

① ○ 복식부기에서 자산의 증가, 부채의 감소, 자본의 감소, 비용의 발생 등은 차변에 기입한다.
② ○ 현금주의는 현금변동시점(현금을 수취하거나 지급한 시점)에 거래를 인식하는 방식으로 재정정보를 왜곡할 요인이 많아 성과관리에는 용이하지 않다. 경영성과 파악이 용이한 것은 발생주의의 장점이다.
③ ✗ **현금주의에 대한 설명**이다. 자의적인 회계처리는 발생주의 회계방식의 부정적 효과에 해당한다. 발생주의는 채권채무의 자의적 추정이 불가피하며, 자산평가나 감가상각의 주관성이 개입될 수 있다.
④ ○ 가시적 치적 쌓기에 관심 있는 정치인들의 목적은 일차적 결과물을 보여 주는 것이기 때문에 이 과정에서 기록하기 간단하고 외형적으로 쉽게 드러나는 현금주의를 더 선호하게 된다.

올바른 지문 ③ 현금주의 회계방식은 자의적인 회계처리가 불가능하여 통제에 유리하다.

SUMMARY 현금주의 vs 발생주의의 장·단점

구분	장점	단점
현금주의	• 절차가 간편하고 이해와 통제가 용이 • 회계제도 운영상 경비 절감 • 회계처리의 객관성, 외형상 수지균형 확보가 용이	• 거래의 실질 및 원가 미반영 • 비용편익분석 등 재정성과측정 곤란
발생주의	• 재정의 실질적 객관성 확보(감가상각비, 유동부채나 자산의 변동 등의 인식) • 경영성과 파악 용이(총량정보의 제공) • 복식부기와 결합, 자기검증기능으로 회계오류 시정 • 정보의 적시성 확보 • 자동 이월기능	• 채권채무의 자의적 추정이 불가피함. • 자산평가나 감가상각의 주관성 • 회수불가능한 부실채권 파악이 어려움. • 절차가 복잡하고, 숙련된 회계직 공무원 필요

연계학습 2025 신용한 행정학 p.689, 690

---

34 상 중 하 ④

출제유형 출제영역 말 바꾸기 + 개념 / 총액배분자율편성 예산제도

가 ✗ 총액배분·자율편성제도는 중기적 시각에서 정부전체의 재정규모를 검토하기 때문에 전략적 계획의 발전을 촉진하고 재정의 경기조절기능을 강화할 수 있다.

나, 다 ○ 총액배분·자율편성제도는 재정당국이 국가재정운용계획에 근거하여 분야별·부처별·부문별 지출한도를 제시하면, 각 부처는 소관정책과 우선순위에 입각하여 자율적으로 지출한도 내에서 사업의 재원을 배분하는 하향적(Top-down) 예산편성제도이다.

라 ○ 총액배분·자율편성제도는 한도액의 설정으로 부처별 과다요구 및 정치적 행태를 축소시킬 수 있다.

마 ○ 총액배분·자율편성제도는 지출한도가 사전에 제시됨에 따라 부처의 전문성을 활용하여 사업별 예산규모를 결정할 수 있고, 책임성과 권한을 강화할 수 있다.

올바른 지문 가. 개별 사업 위주의 단년도 예산편성보다는 중기적 재정운영에 적합하다.

SUMMARY 기존 예산제도 vs 총액배분자율편성 예산제도

구분	기존예산제도	총액배분자율편성 예산제도
시계	단년도 예산편성	국가재정운용계획과 연계 편성
흐름	상향식(Bottom-up)	하향식(Top-Down)
초점	투입지향	성과지향(성과관리체계와 연계)
행태	• 부처별 과다요구 • 중앙예산기관의 대패식 삭감 • 단년도 예산편성으로 중기적 시각의 재정운영이 어려움. • 투입중심으로 재정지출의 사후 성과관리를 제대로 할 수 없음.	• 한도액의 설정으로 부처별 과다요구 및 정치적 행태가 축소(다만, 국회심의과정에서의 증액은 부처별 한도액의 적용을 받지 않으므로 국회심의 과정에서의 예산전략이 더욱 적극적이 됨.)

연계학습 2025 신용한 행정학 p.718, 719

---

35 상 중 하 ①

출제유형 출제영역 개념 / 우리나라 사무배분 기준

① ○ (가) – 보충성의 원칙, (나) – 포괄성의 원칙

(가) 보충성 원칙은 중앙과 지방의 기능배분에 있어 지방사무는 원칙적으로 지방정부의 관할권으로 인정하고, 지방정부가 처리하기 어려운 일에 대하여 중앙정부가 관여한다는 원칙을 말한다.

(나) 포괄성의 원칙은 지방자치단체가 그 사무를 자기의 책임 하에 종합적으로 처리할 수 있도록 포괄적으로 배분해야 한다는 것이다.

연계학습 2025 신용한 행정학 p.819, 853

---

36 상 중 하 ②

출제유형 출제영역 이론 비교 / 중층제 vs 단층제

① ○ 단층제는 중간계층을 두지 않음으로써 책임의 소재를 불명확하게 만든다는 문제를 방지할 수 있다.

② ✗ 단층제에 대한 설명이다. 중층제는 기초자치단체와 광역자치단체 간 행정기능이 중첩됨으로써 이중행정으로 인한 불필요한 낭비와 지연이 발생할 수 있다는 단점이 있다.

③ ○ 단층제에서는 중앙정부가 지방자치단체를 직접 감독, 통제할 수 있고 따라서 중앙집권화로 흐를 수 있다. 또한 중앙정부의 통솔범위가 넓어져서 중앙정부의 비대화로 이어질 수 있다.

④ ○ 세종특별자치시와 제주특별자치도는 단층제로 운영되고 있다.

세종특별자치시 등에 관한 특별법 제6조【설치 등】② 세종특별자치시의 관할구역에는 「지방자치법」 제2조제1항제2호의 지방자치단체를 두지 아니한다.

제주특별자치도 설치 및 국제자유도시 조성을 위한 특별법 제10조【행정시의 폐지·설치·분리·합병 등】① 제주자치도는 「지방자치법」 제2조제1항 및 제3조제2항에도 불구하고 그 관할구역에 지방자치단체인 시와 군을 두지 아니한다.

올바른 지문 ② 단층제는 지역 특수성에 맞는 신속한 행정을 도모할 수 있다.

SUMMARY 중층제와 단층제의 장·단점

구분	중층제	단층제
장점	• 공공기능의 분업적 수행을 가능케 함 • 국가의 감독기능 유지 (중간단체에 감독기능 부여) • 민주주의 원리의 확산 (국가의 직접 개입 차단) • 기초자치단체의 기능 보완	• 신속한 행정을 도모 • 이중행정과 감독의 폐해 방지 • 행정낭비 제거와 효율성 도모 • 지방의 특수성·개별성 고려에 유리 • 행정책임의 명확화
단점	• 이중행정의 폐단 • 행정책임의 모호성 • 행정지체와 낭비로 인한 불합리성 • 지역적 특성을 도외시할 가능성 • 주민의 의사전달과 중앙행정의 침투가 왜곡 저해될 우려	• 넓은 국토, 많은 인구에 적용이 불리함. • 중앙집권화로 흐를 가능성 • 중앙정부의 비대화로 이어질 가능성 • 광역행정사무 처리의 어려움.

연계학습 2025 신용한 행정학 p.829, 830

37 ③

출제유형 출제영역 법령+개념 / 자치경찰제

가 ✗ 제주특별자치도 설치 및 국제자유도시 조성을 위한 특별법 제89조 제1항

> **제주특별자치도 설치 및 국제자유도시 조성을 위한 특별법 제89조 【자치경찰단장의 임명】** ① <u>자치경찰단장은 도지사가 임명</u>하며, <u>자치경찰위원회의 지휘·감독을 받는다.</u>

나 ✗ 공공안녕에 대한 위험의 예방과 대응을 위한 정보의 수집·작성 및 배포 사무의 경우「국가경찰과 자치경찰의 조직 및 운영에 관한 법률」에 따른 **국가경찰사무에 해당**한다.

> **국가경찰과 자치경찰의 조직 및 운영에 관한 법률 제3조 【경찰의 임무】** 경찰의 임무는 다음 각 호와 같다.
> 5. 공공안녕에 대한 위험의 예방과 대응을 위한 정보의 수집·작성 및 배포
> **제4조 【경찰의 사무】** ① 경찰의 사무는 다음 각 호와 같이 구분한다.
> 1. 국가경찰사무 : 제3조에서 정한 경찰의 임무를 수행하기 위한 사무. 다만, 제2호의 자치경찰사무는 제외한다.

다 ○ 자치경찰제는 지역 간 치안 격차의 발생 가능성, 광역사건 처리의 비능률성 등의 단점이 발생할 수 있다.

라 ○ 국가경찰과 자치경찰의 조직 및 운영에 관한 법률 제18조 제2항

> **국가경찰과 자치경찰의 조직 및 운영에 관한 법률 제18조 【시·도자치경찰위원회의 설치】** ② 시·도자치경찰위원회는 합의제 행정기관으로서 그 권한에 속하는 업무를 독립적으로 수행한다.

> **올바른 지문** 나. 공공안녕에 대한 위험의 예방과 대응을 위한 정보의 수집작성 및 배포는 <u>국가경찰사무에 해당</u>한다.

연계학습 2025 신용한 행정학 p.857~860

38 ③

출제유형 출제영역 말 바꾸기+개념 / 지방자치단체의 기관구성

① ○ 기관통합형은 주민에 의해 선출된 대표기구가 의결기능과 집행기능을 함께 수행하는 형태이다. 주민에 의해 선출된 위원들이 직접 행정을 담당하기 때문에 행정에 주민의 의사를 보다 정확히 반영될 수 있다.

② ○ 기관대립형은 의결기능과 집행기능을 각각 다른 기관에 분담시켜 상호 견제와 균형을 통해 지방자치를 운용해 나가는 방식이다.

③ ✗ 우리나라 지방자치단체의 기관구성 형태는 **기본적으로 기관대립형**(기관통합형 ✗)이며, 집행권을 가진 집행기관의 수장이 집행업무에 관한 실질적 책임자일 뿐 아니라, 의회와의 관계에서 지도자적 지위에 있는 **강수장–의회형**을 채택하고 있다.

④ ○ 지방자치법 제4조 제1항

> **지방자치법 제4조 【지방자치단체의 기관구성 형태의 특례】** ① 지방자치단체의 의회(이하 "지방의회"라 한다)와 집행기관에 관한 이 법의 규정에도 불구하고 따로 법률로 정하는 바에 따라 지방자치단체의 장의 선임방법을 포함한 지방자치단체의 기관구성 형태를 달리 할 수 있다.
> ② 제1항에 따라 지방의회와 집행기관의 구성을 달리하려는 경우에는 「주민투표법」에 따른 주민투표를 거쳐야 한다.

> **올바른 지문** ③ 우리나라는 기본적으로 <u>기관대립형</u>이며 중앙통제형 강시장–약의회의 구도를 취하고 있다.

SUMMARY 지방자치단체의 기관구성 : 기관통합형 vs 기관대립(분리)형

(1) 기관통합형 장단점

장 점	단 점
① 권한이 집중되어 책임정치 실현에 용이	① 견제와 균형이 결여되어 권력 남용 우려
② 의결·집행기관 사이의 알력을 피할 수 있음	② 행정의 전문성 저해
③ 신중하고 공정한 통치 가능	③ 단일의 지도자가 없어 책임소재가 모호함

(2) 기관대립형 장단점

장 점	단 점
① 견제와 균형을 통한 권력남용의 방지	① 기관 간 대립알력의 심화
② 집행기관 전담을 통한 행정의 전문화	② 주민대표기관에게 책임귀일의 약화
③ 단일 지도자를 통한 행정책임의 명백화	③ 단일지도자에 의한 편견적 결정 가능성

연계학습 2025 신용한 행정학 p.862~865

39 ③

출제유형 출제영역 법령 / 지방의회의 권한 등

① ○ 지방자치법 제49조 제1항

> **지방자치법 제49조 【행정사무 감사권 및 조사권】** ① 지방의회는 매년 1회 그 지방자치단체의 사무에 대하여 시·도에서는 14일의 범위에서, 시·군 및 자치구에서는 9일의 범위에서 감사를 실시하고, 지방자치단체의 사무 중 특정 사안에 관하여 본회의 의결로 본회의나 위원회에서 조사하게 할 수 있다.

② ○ 지방자치법 제80조

> **동법 제80조 【일사부재의의 원칙】** 지방의회에서 부결된 의안은 같은 회기 중에 다시 발의하거나 제출할 수 없다.

③ ✗ 의회 의원의 자격상실 결정은 **재적의원 3분의 2 이상 찬성**이 필요하다.

> **동법 제92조 【자격상실 의결】** ① 제91조제1항의 심사 대상인 지방의회의원에 대한 자격상실 의결은 <u>재적의원 3분의 2 이상의 찬성</u>이 있어야 한다.

④ ⭕ 지방자치법 제103조 제2항

> **동법 제103조【사무직원의 정원과 임면 등】** ① 지방의회에 두는 사무직원의 수는 인건비 등 대통령령으로 정하는 기준에 따라 조례로 정한다.
> ② 지방의회의 의장은 지방의회 사무직원을 지휘·감독하고 법령과 조례·의회규칙으로 정하는 바에 따라 그 임면·교육·훈련·복무·징계 등에 관한 사항을 처리한다.

올바른 지문 ③ 의회 의원의 자격상실 결정은 <u>재적의원 3분의 2 이상 찬성</u>이 필요하다.

연계학습 2025 신용한 행정학 p.867~872

40 상㊥하 🔑 ③

출제유형 출제영역 법령 / 우리나라 주민참여제도

가 ⭕ 지방자치법 제19조 제1항

> **지방자치법 제19조【조례의 제정과 개정·폐지 청구】** ① 주민은 지방자치단체의 조례를 제정하거나 개정하거나 폐지할 것을 청구할 수 있다.

나 ⭕ 주민투표법 제24조 제1항

> **주민투표법 제24조【주민투표결과의 확정】** ① 주민투표에 부쳐진 사항은 주민투표권자 총수의 4분의 1 이상의 투표와 유효투표수 과반수의 득표로 확정된다. 다만, 다음 각 호의 어느 하나에 해당하는 경우에는 찬성과 반대 양자를 모두 수용하지 아니하거나, 양자택일의 대상이 되는 사항 모두를 선택하지 아니하기로 확정된 것으로 본다.
> 1. 전체 투표수가 주민투표권자 총수의 4분의 1에 미달되는 경우
> 2. 주민투표에 부쳐진 사항에 관한 유효득표수가 동수인 경우

다 ⭕ 지방자치법 제21조 제3항

> **지방자치법 제21조【주민의 감사 청구】** ③ 제1항에 따른 청구는 사무처리가 있었던 날이나 끝난 날부터 3년이 지나면 제기할 수 없다.

라 ❌ 주민소환은 선출직인 지방자치단체장과 지방의원이 해당되지만, **비례대표의원은 제외**된다.

> **지방자치법 제25조【주민소환】** ① 주민은 그 지방자치단체의 장 및 지방의회의원(비례대표 지방의회의원은 제외한다)을 소환할 권리를 가진다.

올바른 지문 라. 주민은 그 지방자치단체의 장을 포함한 지방의회의원(<u>비례대표 지방의회의원을 제외</u>)을 소환할 권리를 가진다.

연계학습 2025 신용한 행정학 p.883~895

2022년 경찰간부후보생

문제편 p.211~218

정답

01	②	02	④	03	③	04	①	05	③
06	④	07	③	08	③	09	③	10	③
11	④	12	①	13	②	14	②	15	②
16	③	17	①	18	④	19	③	20	①
21	②	22	②	23	②	24	④	25	④
26	②	27	③	28	③	29	②	30	①
31	①	32	②	33	③	34	①	35	④
36	②	37	②	38	①	39	②	40	④

출제영역 분석

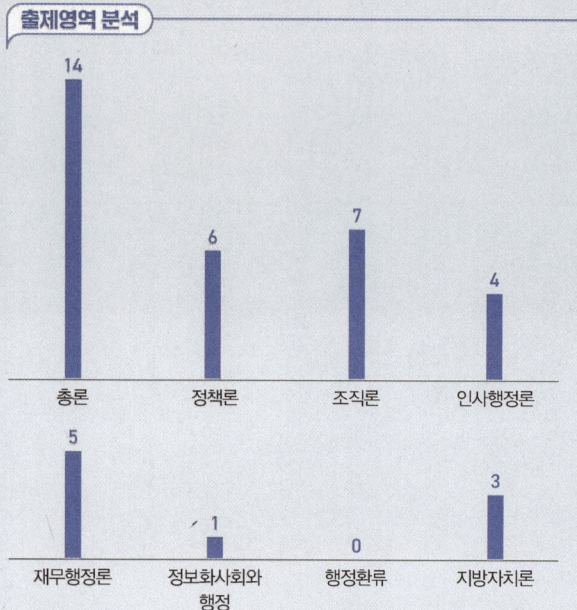

출제경향 분석

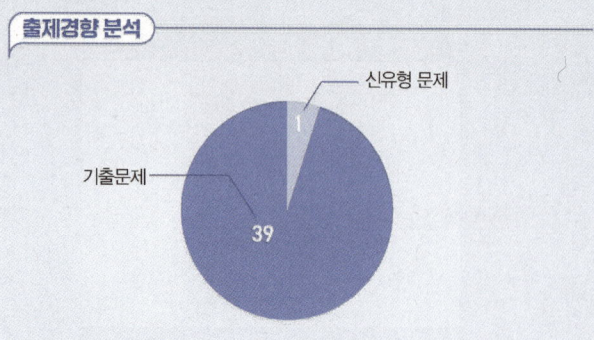

출제문제 유형분석

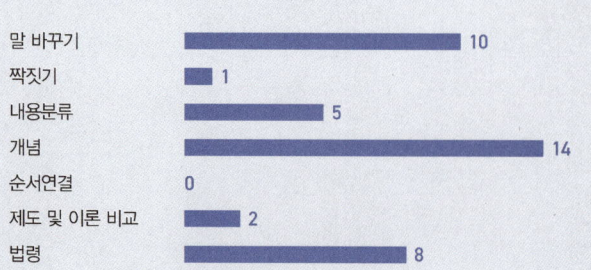

---

01 상 중 하 ②

출제유형 | 출제영역 개념 / 관료제

① ○ 관료제의 채용의 기준은 전문적 능력(실적)이며, 관료로서의 직업은 전임직업이다.
② ✗ 성과급 제도와 부합하는 것은 과학적 관리론이다. 베버의 이념형 관료제에서 관료는 **'성과급'이 아니라 계급과 근무연한에 따라 정해진 금전적 보수와 연금을 받는다.**
③ ○ 모든 직위의 권한과 임무는 문서화된 법규에 의해 규정되고, 임무수행은 문서에 의한다. 문서주의는 업무처리의 객관성과 정확성, 책임성을 제고시킨다.
④ ○ 근대적 관료제의 특징은 법규에 의한 지배이다. 모든 직위의 권한과 관할범위는 법규에 의하여 규정되며, 법규에 의한 지배와 법 앞의 평등을 강조한다.

연계학습 2025 신용한 행정학 p.348~350

02 상 중 하 ④

출제유형 | 출제영역 말 바꾸기+개념 / 조직구조모형(종합)

① ○ 기계적 구조는 계층제, 좁은 직무 범위, 표준운영절차, 분명한 책임관계 등의 특징을 갖는다.
② ○ 매트릭스 조직은 기능구조와 사업구조의 화학적 결합을 시도한 구조로 기능부서의 기술적 전문성과 사업부서의 신속한 대응성에 대한 동시적 필요가 요청되면서 등장한 조직형태이다.
③ ○ 네트워크 구조는 조직의 자체기능은 핵심역량 위주로 합리화하고 여타 기능은 외부와 계약관계를 통해 수행하는 구조로, 상호독립적인 조직들이 수직적, 수평적 통합을 통하여 업무를 수행한다.
④ ✗ 사업구조는 산출물에 기반을 둔 사업부서화 방식으로 사업구조의 부서 내 조정은 용이하지만 **부서 간의 조정은 어려워질 수 있다.**

연계학습 2025 신용한 행정학 p.326~332

03 상 중 하 ③

출제유형 | 출제영역 말 바꾸기+개념 / 리더십이론(종합)

① ○ 리더십 이론은 자질(속성), 행태, 상황 순으로 발달하였으며, 다양한 요소를 바탕으로 설명할 수 있다.
② ○ 번스(Burns)의 변혁적 리더십은 카리스마적 리더십을 기반으로 하므로 카리스마적 리더십과 중첩되는 측면이 있다.
③ ✗ 피들러(F. Fiedler)의 **상황조건론에서는 리더에게 상황이 유리하거나 불리할 때에는 과업지향형 리더십이 효과적**이라 주장한다. 인간관계 중심형 리더십이 효과적인 상황은 중간정도의 상황이다.
④ ○ 리더십이란 일정한 상황에서 개인이나 집단에 영향을 미쳐 그 활동을 이끌어가는 과정으로, 조직의 공식적 구조와 설계의 불완전성을 보완해줄 수 있다.

연계학습 2025 신용한 행정학 p.407, 410, 414

04 ①
출제유형 출제영역: 내용분류+개념 / 조직발전(OD)

① ○ 조직발전은 조직 구성원의 행태변화를 통한 조직의 생산성과 환경적응능력 향상을 목표로 변동 담당자에 의해 조직전반에 걸쳐 진행되는 계획적이고 의도적인 관리전략이다.
②, ③ ✕ 조직 발전은 **외부 변동담당자의 개입과 하향적 변화**(단, 강압적·일방적 ✕)기법이다.
④ ✕ 조직발전은 조직의 구조나, 기능을 변화하는 것이 아닌 **행태의 변화를 목표**로 한다.

연계학습 2025 신용한 행정학 p.435, 436

05 ③
출제유형 출제영역: 말 바꾸기+개념 / 동기부여 이론(종합)

① ✕ 매슬로우(A. H Maslow)의 욕구단계이론은 **한 단계의 욕구가 완전히 또는 절대적으로 충족되어야 다음 단계의 욕구가 발로되는 것이 아니라 하위계층의 욕구가 어느 정도 충족되면 다음 단계의 욕구가 발로**된다.
② ✕ 맥그리거(D. McGregor)의 **Y이론은** 근로자들의 자율행동과 자기규제를 중시한다.
③ ○ 아담스(J. S. Adams)의 형평성(공정성)이론은 개인이 지각하는 산출(보상)-투입 비율이 다른 사람의 산출(보상)-투입 비율과 대등한 경우 개인은 공정하다고 느끼게 되고 동기는 유발되지 않는다. 그러나 양쪽의 비율이 불균형하다고 생각되면 불공정성을 느끼고 심리적 불균형과 불안감이 뒤따르며, 이러한 불공정성을 해소시키는 과정에서 개인의 동기가 형성된다.
④ ✕ 브룸은 유의성(V)-보상에 대한 매력성(주관적 선호의 강도), 기대감(E)-결과발생에 대한 기대감, 수단성(I)-결과에 따른 보상에 따라 동기유발의 강도가 좌우된다고 보았다. **만족감은 해당되지 않는다.**

연계학습 2025 신용한 행정학 p.392, 394, 399, 400

06 ④
출제유형 출제영역: 말 바꾸기+개념 / 대표관료제

①, ③ ○ 대표관료제는 사회집단의 구성비와 관료제 내의 구성비 일치를 통해 관료제 내에 민주적 가치를 주입하며, 국민의 다양한 요구에 대한 정부의 대응성 및 대표성을 향상시키고, 정부정책에 대한 관료의 책임성을 제고시킨다.
② ○ 양성평등채용목표제, 여성관리자 임용확대, 장애인 의무고용제 등은 우리나라 대표관료제의 대표적 사례이다.
④ ✕ **실적주의에 대한 설명이다.** 대표관료제는 실적주의의 형식적 기회균등을 보완하기 위해 등장하였다.

연계학습 2025 신용한 행정학 p.457~460

07 ③
출제유형 출제영역: 말 바꾸기+개념 / 직위분류제

① ○ 직위분류제는 공직을 직무중심으로 하여, 난이도와 책임의 경중도를 기준으로 등급을 분류하여 인사행정을 수행한다.
② ○ 직위분류제는 동일 직렬에 장기간 근무하는 것을 원칙으로 하므로 행정의 전문화와 직무 중심적 동기유발을 지지한다.
③ ✕ **직무 간 인사이동이 용이한 방식은 계급제이다.** 직위분류제는 지나친 직무구조의 편협성과 비탄력적 분류체계 때문에 직무의 변화(잠정적·비정형적 업무)에 적절한 대응이 미흡하여 인사관리의 탄력성과 신축성 확보가 곤란하다.
④ ○ 직위분류제는 동일직무에 대한 동일보수의 원칙에 입각한 직무급 수립이 용이하여 높은 보수 형평성을 갖는다.

연계학습 2025 신용한 행정학 p.477~483

08 ③
출제유형 출제영역: 개념 / 공공서비스 동기이론

③ ✕ 페리(Perry)의 공공서비스동기(Public Service Motivation)는 동기유발요인으로 금전적·물질적 보상보다 지역공동체나 국가, 인류를 위해 봉사하려는 이타심에 주목한 이론으로, **공공부문의 종사자들은 봉사 의식이 투철하고 공공문제에 더 큰 관심을 가지며 공공의 문제에 영향을 미칠 수 있다는 것에 큰 가치를 부여하고 있는 사람들**이라고 가정한다.

연계학습 2025 신용한 행정학 p.405

09 ③
출제유형 출제영역: 말 바꾸기 / 계급제

① ○ 계급제는 공직분류를 인간 중심으로 하는 것으로, 공무원 개개인의 자격과 능력을 기준으로 계급을 분류하고, 개인에게 부여된 계급에 따라 직무가 부여되는 제도이다.
② ○ 계급제는 직무의 상세한 규정이 없고, 동일 계급이면 직무의 종류나 성격에 관계없이 넓게 이동할 수 있으므로 인사관리의 수평적 융통성을 가져다준다(탄력적 인사관리).
③ ✕ **직위분류제에 대한 설명이다.** 계급제는 동일한 계급이면 일의 양이나 성격에 관계없이 동일한 보수를 받으므로 직무급 체계 확립이 곤란하여, 낮은 보수 형평성을 갖는다.

연계학습 2025 신용한 행정학 p.477~483

10 ③
출제유형 출제영역: 이론 비교 / 예산의 형식 등

① ○ 대통령은 국회가 의결한 법률안에 대해서는 거부권을 갖지만, 국회에서 의결된 예산에 대해서는 거부권을 행사할 수 없다.
② ○ 예산 제안권은 정부의 전속적 권한이며, 국회는 정부가 제출한 예산안을 심의·의결한다.

③ ✗, ④ ◯ 예산안을 심의할 때 국회는 정부가 제출한 예산안의 범위 내에서 삭감할 수 있지만, **정부의 동의 없이 정부가 제출한 지출예산 각 항의 금액을 증가시키거나 새 비목을 설치할 수 없다.**

> **헌법 제57조** 국회는 정부의 동의없이 정부가 제출한 지출예산 각항의 금액을 증가하거나 새 비목을 설치할 수 없다.

연계학습 2025 신용한 행정학 p.602, 603

11 상 중 하 ■■■ ④

출제유형 출제영역 이론 비교 / 예산결정이론(종합)

① ◯ 계획예산(PPBS)와 영기준예산(ZBB)는 대표적인 총체주의 예산제도로, 자원의 합리적 배분을 중시한다.
② ◯ 점증주의 예산은 정치적 합리성에 입각한 접근 방식으로, 이해당사자들의 갈등을 완화·해결하려는 정치적 협상·상호적응 등을 중시한다.
③ ◯ 예산 결정의 합리성을 높이기 위해 체제분석 또는 비용편익분석기법 등을 활용하여 여러 대안을 체계적으로 분석 및 검토한다.
④ ✗ **단절균형 예산이론**은 예산이 전년 대비 일정 정도의 변화에만 그친다는 **점증주의 이론의 한계를 비판한 이론**이다. 또한, 단절균형이 발생할 수 있는 시점을 예측하지 못하기 때문에 사후적 분석으로는 적절하지만, **급격한 단절적인 예산변화를 예측하기 힘들다는 단점**이 있다.

연계학습 2025 신용한 행정학 p.649~654

12 상 중 하 ■■■ ①

출제유형 출제영역 내용 분류+법령 / 공무원의 법령상 의무

① ✗ **이해충돌 방지의 의무는 「공직자 윤리법」에 규정**이 되어있다.

SUMMARY

국가공무원법 (13대 의무)	① 성실의 의무
	② 복종의 의무
	③ 직장이탈 금지의 의무
	④ 친절·공정의 의무
	⑤ 비밀엄수의 의무
	⑥ 청렴의 의무
	⑦ 외국정부의 영예 등 수령 규제
	⑧ 품위유지의 의무
	⑨ 영리 업무 및 겸직 금지
	⑩ 정치 운동의 금지
	⑪ 집단 행위의 금지
	⑫ 선서의 의무
	⑬ 종교중립의 의무(2009. 2월 신설)

연계학습 2025 신용한 행정학 p.557, 558

13 상 중 하 ■■■ ②

출제유형 출제영역 개념 / 총액배분 자율편성 예산제도

①, ④ ◯ 총액배분 자율편성 예산제도는 재정당국이 국가재정운용계획에 근거하여 분야별·부처별·부문별 지출한도를 제시하면, 각 부처는 소관 정책과 우선순위에 입각하여 자율적으로 지출한도 내에서 사업의 재원을 배분하는 하향적 예산편성제도이다.
② ✗ 총액배분 자율편성 예산제도는 통제를 위한 예산제도가 아니라, 전략적 재원배분(기획)과 **부처 자율(분권의 접근)**을 결합하여 재정운용의 효율성을 제고한다.

연계학습 2025 신용한 행정학 p.718, 719

14 상 중 하 ■■■

출제유형 출제영역 내용 분류 / 국세

② ◯ 가. 소득세, 나. 종합부동산세, 다. 법인세는 우리나라의 국세 중 직접세에 해당한다.
라, 마 ✗ 부가가치세, 주세는 **우리나라의 국세 중 간접세**에 해당한다.
바 ✗ **자동차세**는 우리나라의 **지방세**에 해당한다.

SUMMARY 조세의 종류

국세	내국세 (직접세)	소득세, 법인세, 상속·증여세, 종합부동산세
	내국세 (간접세)	주세, 부가가치세, 개별소비세, 인지세, 증권거래세
	목적세	교육세, 농어촌특별세, 교통·에너지·환경세
	관세	
지방세	보통세	취득세, 주민세, 자동차세, 레저세, 담배소비세, 등록면허세, 지방소비세, 지방소득세, 재산세
	목적세	지역교육세, 지역자원시설세

연계학습 2025 신용한 행정학 p.624, 907

15 상 중 하 ■■■ ②

출제유형 출제영역 말 바꾸기+개념 / 과학적 관리론 vs 인간관계론

① ✗ 과학적 관리론은 과학적 분석을 통해 **조직 구성원 모두에게 적용될 수 있는 유일 최선의 방법(one best way)**을 찾고자 하는 이론이다.
③ ✗ 인간관계론(과학적 관리방법 ✗)은 메이요(Mayo)의 호손공장 연구에 의해 이론적 기반이 마련되었다.
④ ✗ 과학적 관리론이 바라보는 인간은 **맥그리거(D. McGregor)의 X이론**(Y이론 ✗)이 제시하는 인간형과 일맥상통한다.

> **올바른 지문**
> ① 과학적 관리론은 과학적 분석을 통해 작업의 표준화를 추구한다.
> ③ 호손실험(Hawthorne experiment)는 인간관계론의 실증적 근거가 되었다.
> ④ 과학적 관리론이 바라보는 인간은 맥그리거(D. McGregor)의 X이론이 제시하는 인간형과 일맥상통한다.

SUMMARY 과학적 관리론 vs 인간관계론

	과학적 관리론 (Taylorism, Fordism)	인간관계론 (Mayo의 호손실험)
연구	시간 및 동작 연구(Taylor)	호손실험(Mayo)
인간관	경제적 인간관(X론적 인간관)	사회적 인간관
초점	공식구조의 설계	비공식구조의 사회적 규범 중시
관리방식	명확한 목표, 반복적 훈련	일체감, 대인관계, 집단사기의 관리
동기부여	경제적 보상	사회적 욕구의 충족 등 비경제적 보상
중요가치	기계적 능률성	사회적 능률성
학문적 기여	고전적 행정학의 기틀마련	신고전적 행정학 형성
한계	• 폐쇄적 환경관 • 공식구조만 중시, 경제적 욕구에 의해서만 지배되는 편향된 인간관 • 조직의 기계화·비인간화를 조장	• 폐쇄적 환경관 • 하향적 통제 방식의 유지 • 보다 세련된 착취방법에 불과 • 이원론적 인식의 한계(인간의 복잡한 측면을 보지 못함).

공통점 : 폐쇄적 환경관, 생산성 향상을 위한 관리기술

(연계학습) 2025 신용한 행정학 p.119~121

---

16 상중하 ③

출제유형 출제영역 말 바꾸기+개념 / 행정의 개념

①, ② ○ 거버넌스는 복잡하고 불확실한 사회문제 해결에 관료제 단독으로 대응하거나 시장에 방임하는 것보다 다양한 주체가 공동으로 유연하게 대응하는 것이 더 효과적일 것이라는 기대가 담겨있다. 즉, 관료제의 대응력 부족과 시장의 무책임성 모두를 부정하고 정부 - 시민사회 - 시장이 상호의존적이고 자율적으로 연결 된 협력기제로 이해할 수 있다.

③ ✗ 거버넌스는 기본적으로 권위·집권·주도와 같은 불평등한 힘의 관계가 아니라 **평등한 관계에서 함께(co-) 하기를 추구**하는 것이지, 정부가 가지는 고유한 권한과 역할을 포기해야 한다는 것은 아니다.

④ ○ 거버넌스에서 서비스 연계망은 서비스 공급을 여러 조직과 기관들이 관여하여 추진하기 때문에 이로 인해 나타나는 분절화(fragmentation)가 집행에 대한 통제를 상실하게 할 수 있다.

올바른 지문 ③ 거버넌스 체제에서의 정부는 정부가 가지는 고유한 권한과 역할을 포기해야 한다고 <u>주장하는 것은 아니다.</u>

(연계학습) 2025 신용한 행정학 p.162~164

---

17 상중하 ①

출제유형 출제영역 말 바꾸기+개념 / 정책의제 설정 유형

② ✗ 체제의제는 일반 대중의 관심과 주목을 받으며 정부가 개입하여 문제를 해결하는 것이 정당한 것으로 인정되지만, 정부가 문제 해결을 고려하기로 공식적으로 밝히지 않은 단계의 의제이다. 정책담당자가 공식적으로 논의하기로 결정한 정책문제를 의미하는 것은 제도의제이다.

③ ✗ 외부주도형은 **외부집단의 주도에 의해 정책의제화가 진행**되는 유형이다. 최고통치자나 고위정책결정자가 의제형성을 주도하는 것은 동원형이다.

④ ✗ **정부의 힘이 강하고 민간부문의 힘이 취약한 후진국에서 나타나는 것은 동원형이다.** 내부접근형은 주로 국민이 사전에 알면 곤란한 문제를 다룰 때, 시간이 급박할 때, 의도적으로 국민을 무시하는 정부, 부와 권력이 집중된 국가(불평등사회) 등에서 발생한다.

올바른 지문
② <u>제도의제</u>는 정책담당자가 공식적으로 논의하기로 결정한 정책문제를 의미한다.
③ 동원형 정책의제설정은 주로 정부 내 최고 통치자나 고위정책결정자가 주도적으로 정부의제를 만드는 것을 의미한다.
④ 정부의 힘이 강하고 민간부문의 힘이 취약한 권위적인 계층주의 사회에서는 <u>동원형</u> 정책의제설정이 나타나기 쉽다.

SUMMARY 주도집단별 분류(Cobb & Ross)

	외부주도형	동원형	내부접근형 (= 내부주도형, 음모형)
전개 방향	① 사회문제 ⇨ ② 사회적 이슈 ⇨ ③ 공중의제 ⇨ ④ 정부의제	① 사회문제 ⇨ ② 정부의제 ⇨ ③ 공중의제	① 사회문제 ⇨ ② 정부의제
주도 세력	외부사람들의 주도에 의해 의제화가 진행	정부 내의 정책담당자들에 의해 정책의제화가 진행되는 유형(최고 통치자나 고위정책결정자가 주도)	동원형과 같이 정책담당자들에 의해 정책의제화가 진행되는 유형(최고 통치자보다 낮은 지위의 고위관료가 주도)
특징	• Hirshman ⇨ 강요된 정책문제라고 함.	• 정부가 민간을 동원하여 의제를 설정. 의제설정이 비교적 용이함 • 전문가의 영향력이 큼.	• 정부관료제 내부에서만 정책의제화의 움직임이 있음. 공중의제화가 생략(행정PR ×)
사회· 문화적 배경	• 다원화된 정치체제에서 발생	• 정부부문의 힘이 강하고, 민간부문의 힘이 취약한 후진국에서 발생	• 권력집중형 국가(불평등 사회), 의도적으로 국민을 무시하는 정부, 시간이 급박한 경우, 국민이 사전에 알면 곤란한 경우에 발생

(연계학습) 2025 신용한 행정학 p.215~218

---

18 상중하 ④

출제유형 출제영역 말 바꾸기+개념 / 우리나라 예산의 분류

① ○ 장·관·항은 입법과목이며, 세항·목은 행정과목이다.

② ○ 국가재정법 제21조 제4항

국가재정법 제21조【세입세출예산의 구분】 ④ 예산의 구체적인 분류 기준 및 세항과 각 경비의 성질에 따른 목의 구분은 기획재정부장관이 정한다.

③ ⭕ 소관별 분류는 소관 조직단위를 기준으로 예산을 분류하는 것으로 중앙정부의 부·처·청, 국무총리실, 감사원, 기타 행정기관과 국회, 대법원 등을 예산의 소관단위로 설정한다.
④ ❌ 세입예산 과목은 관(款)·항(項)·목(目)으로 세출예산 과목은 장(章)·관(款)·항(項)·세항(細項)·목(目)으로 구분된다.

> 동법 제21조 【세입세출예산의 구분】 ③ 세입예산은 제2항의 규정에 따른 구분에 따라 그 내용을 성질별로 관·항으로 구분하고, 세출예산은 제2항의 규정에 따른 구분에 따라 그 내용을 기능별·성질별 또는 기관별로 장·관·항으로 구분한다.

올바른 지문 ④ 세입예산 과목은 관(款)·항(項)·목(目)으로 세출예산 과목은 장(章)·관(款)·항(項)·세항(細項)·목(目)으로 구분된다.

연계학습 2025 신용한 행정학 p.646

19 상 중 하 🔑 ③

출제유형 출제영역 말 바꾸기+개념 / 정책 유형별 특징

① ⭕ 분배정책은 정부가 가지고 있는 한정된 자원을 여러 대상들에게 배분하는 것이므로, 분배정책의 수혜자들은 서비스와 편익을 더 많이 배분 받으려고 다투게 되는 포크배럴(pork barrel)이나 로그롤링(log-rolling) 등의 현상이 발생한다.
② ⭕ 규제정책은 정책결정 시 정책 수혜자와 피해자가 명백하게 구분되며, 이해당사자 간 제로섬(zero-sum)게임이 벌어진다.
③ ❌ **재분배정책에 대한 설명**이다. 분배정책은 특정한 개인, 기업체, 조직, 지역사회 등에 권리나 이익, 또는 재화나 공공서비스를 배분하는 정책이다.
④ ⭕ 재분배정책은 저소득층을 위한 근로장려금 제도 등 각종 사회보장책의 마련, 누진소득세 제도, 연방은행의 신용통제, 영세민 취로사업, 임대주택의 건설, 저소득층에 대한 세액 공제나 감면 등이 해당한다.

올바른 지문 ③ 재분배정책이란 부나 권리의 편중을 해소하기 위하여 정부가 가진자와 못가진자의분포를 인위적으로 변화시키려고 하는 정책이다.

SUMMARY 정책의 유형

분배정책	권리나 이익, 또는 서비스의 배분 / 포크배럴, 로그롤링 현상이 발생 / 정책내용이 소규모 단위로 구분가능 예 수출 특혜 금융, 지방자치단체에 대한 국가보조금 지급, 주택자금 대출, 국유지 불하, 농민을 위한 영농정보 제공, 사회간접자본제공, 기업에 대한 보조금 지급 등
재분배정책	고소득층으로부터 저소득층으로 소득이전 / 계급 대립적 성격으로 치열한 갈등 / 중앙정부 수준의 정책결정이 필요 예 누진소득세 제도, 영세민 취로사업, 임대주택의 건설, 연방은행의 신용통제, 사회보장제도 등
규제정책	개인이나 일부집단에 대한 권리행사의 제한이나 의무부과 / 정책 수혜자와 피해자가 구분됨. ① 경쟁적 규제 : 다수 경쟁자 중 특정 개인이나 집단에게 특정권리나 서비스를 제공하는 것과 관련된 정책 예 방송국 설립인가, 항공노선 허가 등 ② 보호적 규제 : 일반 대중보호를 목적으로 하는 규제정책 예 최저임금제, 독점규제 및 공정거래에 관한 법률 등
구성정책	체제의 구조와 운영에 관련된 정책 / 대외적 가치배분에는 영향이 없지만, 대내적으로 게임의 법칙 발생 / 총체적 기능과 권위적 성격을 나타냄. 예 정부기관 신설, 선거구 조정, 공직자의 보수 결정 등
추출정책	정책적 목표에 의해 국민들에게 인적·물적 자원을 부담시키는 정책 예 조세, 병역, 물자수송, 노력동원 등과 관련된 정책 등
상징정책	정치체제에 대한 정당성과 신뢰성 및 국민통합성을 증진시키기 위하여 국내외 환경에 산출시키는 이미지나 상징과 관련된 정책 예 88 서울올림픽경기, 2002 한·일 월드컵경기, 남대문복원 등

연계학습 2025 신용한 행정학 p.190~192

20 상 중 하 🔑 ①

출제유형 출제영역 말 바꾸기+개념 / 정책네트워크 모형

① ❌ 정책네트워크는 참여자의 상호작용을 규정하는 **공식적·비공식적 규칙의 총체**라고 하는 제도적 특성을 지닌다.
② ⭕ 정책네트워크는 사회학에서 많이 사용되고 있는 사회연결망의 분석방법을 응용한다.
③ ⭕ 정책네트워크 모형은 기존의 권력모형이 갖는 국가중심 혹은 사회중심접근이라는 이분법적 논리를 극복하고, 정책과정을 다양한 참여자들 간 상호작용과 관계를 중심으로 정책과정을 분석하는 것이다.
④ ⭕ 정책네트워크는 행위자들은 교호작용 과정을 통해 연계를 형성하며, 이 연계는 의사소통과 전문지식, 신뢰 등을 교환하는 통로로 작용한다.

올바른 지문 ① 정책네트워크에는 참여자들의 상호작용을 규정하는 공식적 규칙이 존재한다.

연계학습 2025 신용한 행정학 p.207~211

21 상 중 하 🔑 ④

출제유형 출제영역 말 바꾸기+개념 / 정책분석

① ⭕ 정책분석은 앞으로 만들어질 정책에 대한 사전적인 분석이다.
② ⭕ 정책델파이는 창의적 문제해결을 위해 갈등은 불가피한 것이라는 전제하에 의견대립을 활용한다.
③ ⭕ 던(W. N. Dunn)은 정책대안의 결과를 예측하는 양적방법으로 연장적 예측과 이론적 예측방법을 제시하였다.
④ ❌ 정책분석(PA)은 당위적 차원의 분석으로 정책의 기본방향을 결정하며, **가치, 비합리성, 정치적 합리성을 고려한 분석**이다.

올바른 지문 ④ 정책분석은 합리적인 대안 도출을 위한 활동으로 정치적 요인을 고려한다.

연계학습 2025 신용한 행정학 p.224

22 ②

출제유형 출제영역 개념 / 정책수단

①, ③, ④ ⭕ 공공정보, 공기업, 경제적 규제 등은 정부가 직접 제공하는 직접성이 높은 수단이다.

② ❌ 바우처(voucher)는 **공공서비스의 생산을 민간부문에 위탁하면서 시민들의 서비스 구입부담을 완화시키기 위해 소비자에게 금전적 가치가 있는 쿠폰을 제공**하는 방식이다. 서비스 생산자에게 지원금을 지원하는 제도는 보조금이다.

올바른 지문 ② 바우처(voucher)는 공공서비스의 생산을 민간부문에 위탁하면서 시민들의 서비스 구입부담을 완화시키기 위해 소비자에게 금전적 가치가 있는 쿠폰을 제공하는 방식이다.

SUMMARY 직접성의 정도에 따른 행정수단과 효과

직접성	행정수단	효과성	효율성	형평성	관리 가능성	정당성
낮음	손해책임법, 보조금, 대출보증, 정부출자기업, 바우처	낮음	높음	낮음	낮음	높음
중간	조세지출, 계약, 사회적 규제, 벌금	낮음/중간	중간	낮음	낮음	높음
높음	보험, 직접 대출, 경제적 규제, 정보 제공, 공기업, 정부 소비	높음	중간	높음	높음	낮음

연계학습 2025 신용한 행정학 p.58, 59

23 ③

출제유형 출제영역 법령 문제 / 정부업무평가 기본법

① ⭕ 정부업무평가 기본법 제18조 제3항

정부업무평가 기본법 제18조 【지방자치단체의 자체평가】 ③ 지방자치단체의 장은 정부업무평가시행계획에 기초하여 소관 정책등의 성과를 높일 수 있도록 제15조 각 호의 사항이 포함된 자체평가계획을 매년 수립하여야 한다.

② ⭕ 정부업무평가 기본법 제10조 제3항

동법 제10조 【위원회의 구성 및 운영】 ③ 위원은 다음 각 호의 자가 된다.
1. 기획재정부장관, 행정안전부장관, 국무조정실장
2. 다음 각 목의 어느 하나에 해당하는 자로서 대통령이 위촉하는 자
  가. 평가관련 분야를 전공한 자로서 대학이나 공인된 연구기관에서 부교수 이상 또는 이에 상당하는 직에 있거나 있었던 자
  나. 1급 이상 또는 이에 상당하는 공무원의 직에 있었던 자
  다. 그 밖에 평가 또는 행정에 관하여 가목 또는 나목의 자와 동등한 정도로 학식과 경험이 풍부하다고 인정되는 자

③ ❌ 정부업무평가의 실시와 평가기반의 구축을 체계적·효율적으로 추진하기 위하여 **국무총리**(대통령 ×) **소속 하에 정부업무평가위원회를 둔다.**

동법 제9조 【정부업무평가위원회의 설치 및 임무】 ① 정부업무평가의 실시와 평가기반의 구축을 체계적·효율적으로 추진하기 위하여 국무총리 소속하에 정부업무평가위원회를 둔다.

④ ⭕ 정부업무평가 기본법 제22조 제1항

동법 제22조 【공공기관에 대한 평가】 ① 공공기관에 대한 평가(이하 "공공기관평가"라 한다)는 공공기관의 특수성·전문성을 고려하고 평가의 객관성 및 공정성을 확보하기 위하여 공공기관 외부의 기관이 실시하여야 한다.

올바른 지문 ③ 정부업무평가의 실시와 평가기반의 구축을 체계적·효율적으로 추진하기 위하여 국무총리 소속 하에 정부업무평가위원회를 둔다.

연계학습 2025 신용한 행정학 p.310~313

24 ④

출제유형 출제영역 법령 문제 / 우리나라 지방자치권

① ⭕ 지방의회는 자치단체의 내부구조, 운영, 사무처리 등을 규정하는 조례를 제정할 수 있다.

지방자치법 제28조 【조례】 ① 지방자치단체는 법령의 범위에서 그 사무에 관하여 조례를 제정할 수 있다. 다만, 주민의 권리 제한 또는 의무 부과에 관한 사항이나 벌칙을 정할 때에는 법률의 위임이 있어야 한다.
② 법령에서 조례로 정하도록 위임한 사항은 그 법령의 하위 법령에서 그 위임의 내용과 범위를 제한하거나 직접 규정할 수 없다.

② ⭕ 지방자치법 제29조

지방자치법 제29조 【규칙】 지방자치단체의 장은 법령 또는 조례의 범위에서 그 권한에 속하는 사무에 관하여 규칙을 제정할 수 있다.

③ ⭕ 지방자치법 제34조 제1항

지방자치법 제34조 【조례 위반에 대한 과태료】 ① 지방자치단체는 조례를 위반한 행위에 대하여 조례로써 1천만원 이하의 과태료를 정할 수 있다.

④ ❌ 지방세 탄력세율, 재산과세의 과표 등과 같은 자치재정권은 인정되는 반면 **조세법률주의에 따라 조례를 통한 독립적인 지방 세목은 설치할 수 없다.**

헌법 제59조 조세의 종목과 세율은 법률로 정한다.

올바른 지문 ④ 지방의회는 조례를 통하여 지방세의 종목을 자체적으로 결정할 수 없다.

연계학습 2025 신용한 행정학 p.842~847

25 ④

출제유형 출제영역 말 바꾸기+개념 / 지방재정

④ ❌ **지방재정의 주요 기능은 사회복지 및 경제 개발**이다. 머스그레이브는 재정의 3대 기능을 소득 재분배, 경제의 안정화, 자원 배분의 조정 기능으로 구분하고 있는데, 이러한 기능은 중앙정부 차원의 재정 기능이다.

올바른 지문 ④ 중앙재정은 지방재정에 비해 자원배분 기능, 소득재분배 기능, 지역경제 안정화 기능 등 더 포괄적인 기능을 수행한다.

연계학습 2025 신용한 행정학 p.900~902

26 ②

출제유형 출제영역 법령 / 우리나라 공기업

① ⭕ 공공기관의 운영에 관한 법률 제8조

공공기관의 운영에 관한 법률 제8조【공공기관운영위원회의 설치】 공공기관의 운영에 관하여 다음 각 호에 관한 사항을 심의·의결하기 위하여 기획재정부장관 소속하에 공공기관운영위원회(이하 "운영위원회"라 한다)를 둔다.
1. 제4조부터 제6조까지의 규정에 따른 공기업·준정부기관과 기타공공기관의 지정, 지정해제와 변경지정

② ❌ 직원 정원이 500명 미만인 공기업의 장은 임원추천위원회가 복수로 추천하여 운영위원회의 심의·의결을 거친 사람 중에서 **주무기관의 장**(국무총리 ×)이 **임명**한다.

동법 제25조【공기업 임원의 임면】 ① 공기업의 장은 제29조의 규정에 따른 임원추천위원회(이하 "임원추천위원회"라 한다)가 복수로 추천하여 운영위원회의 심의·의결을 거친 사람 중에서 주무기관의 장의 제청으로 대통령이 임명한다. 다만, 기관 규모가 대통령령으로 정하는 기준 이하인 공기업의 장은 임원추천위원회가 복수로 추천하여 운영위원회의 심의·의결을 거친 사람 중에서 <u>주무기관의 장이 임명</u>한다.

동법 시행령 제25조【공기업 임원의 임면】 법 제25조제1항 단서 및 제4항 단서에서 "대통령령이 정하는 기준 이하인 공기업"이란 제2조에 따른 총수입액이 1천억 원 미만이거나 직원 정원이 500명 미만인 공기업을 말한다.

③ ⭕ 공공기관의 운영에 관한 법률 제5조 제4항

동법 제5조【공공기관의 구분】 ④ 기획재정부장관은 제1항 및 제3항의 규정에 따른 공기업과 준정부기관을 다음 각 호의 구분에 따라 세분하여 지정한다.
1. 공기업
  가. 시장형 공기업 : 자산규모와 총수입액 중 자체수입액이 대통령령으로 정하는 기준 이상인 공기업
  나. 준시장형 공기업 : 시장형 공기업이 아닌 공기업
2. 준정부기관
  가. 기금관리형 준정부기관 : 「국가재정법」에 따라 기금을 관리하거나 기금의 관리를 위탁받은 준정부기관
  나. 위탁집행형 준정부기관 : 기금관리형 준정부기관이 아닌 준정부기관

④ ⭕ 공공기관의 운영에 관한 법률 제3조

동법 제3조【자율적 운영의 보장】 정부는 공공기관의 책임경영체제를 확립하기 위하여 공공기관의 자율적 운영을 보장하여야 한다.

올바른 지문 ② 직원 정원이 500명 미만인 공기업의 장은 임원추천위원회가 복수로 추천하여 운영위원회의 심의·의결을 거친 사람 중에서 <u>주무기관의 장이 임명</u>한다.

연계학습 2025 신용한 행정학 p.379~383

27 ③

출제유형 출제영역 말 바꾸기+개념 / 시민 참여 예산

①, ② ⭕ 지방재정법 제39조 제1항

지방재정법 제39조【지방예산 편성 등 예산과정의 주민 참여】 ① 지방자치단체의 장은 대통령령으로 정하는 바에 따라 지방예산 편성 등 예산과정(「지방자치법」 제39조에 따른 지방의회의 의결사항은 제외한다. 이하 이 조에서 같다)에 주민이 참여할 수 있는 제도(이하 이 조에서 "주민참여예산제도"라 한다)를 마련하여 시행하여야 한다.

③ ❌ 참여예산제도는 시민들의 참여로 **예산과정의 효율성이 떨어질 수 있다.**

④ ⭕ 주민참여예산제도는 지방자치단체의 예산편성단계에 주민이 참여하여 재정운영의 투명성과 책임성을 제고할 수 있도록 하는 것이다.

연계학습 2025 신용한 행정학 p.723~726

28 ③

출제유형 출제영역 개념 / 작은 정부 vs 큰 정부

①, ②, ④ ⭕ 작은 정부론은 보수주의의 관점으로, 시장을 통한 문제 해결을 강조하며 자유주의자(하이에크)들의 정부실패론을 배경으로 한다. 신자유주의와 신자유주의를 기반으로 등장한 신공공관리론은 작은 정부를 적극적으로 옹호하며, 그에 따라 규제완화와 민영화 등을 강조한다.

③ ❌ 케인즈는 **수요 중시**(공급 중시 ×) **경제정책을 강조**한다. 케인즈는 불황기에는 공공사업 등을 통해 정부지출을 증대시키고, 유효 수요를 확대시켜야 하며, 반대로 호황기에는 정부지출을 억제하고 유효수요를 감소시킴으로써 경기과열과 인플레이션을 방지해야 한다고 주장하였다.

올바른 지문 ③ 큰 정부를 지지하는 케인즈 경제학은 <u>수요</u> 중시 거시 경제정책을 강조한다.

연계학습 2025 신용한 행정학 p.19, 20

29 상 중 하 ②

출제유형 **출제영역** 개념 / 시장 실패와 정부대응 등

① ⭕ 부정적 외부효과는 내부화시킴으로써 해결이 가능하다.
② ❌ **코오즈(R. Coase)**는 정부의 규제정책이 아니라, **소유권의 명확한 확립**이 부정적 외부효과를 줄일 수 있다고 설명하였다.
③ ⭕ 외부불경제란, 경제주체의 행동이 대가 없이 다른 주체에게 손해를 가져다 주는 효과를 말한다. 따라서 생산활동을 함에 있어서 함께 유발되는 공해는 외부불경제의 사례에 해당한다.
④ ⭕ 긍정적 외부효과는 사회적으로 바람직한 수준보다 과소공급이 이루어진다. 과소공급을 막기 위해서는 보조금(공적 유인) 등을 통해 공급을 지원해야 한다.

올바른 지문 ② 코오즈(R. Coase) 정리에서는 부정적 외부효과의 해결을 위해 소유권 명확화를 강조한다.

SUMMARY 외부경제 vs 외부불경제

외부경제(편익)	외부불경제(비용)
긍정적 효과	부정적 효과
과소공급	과다공급
보조금	규제
대중교통	대기오염, 소음

연계학습 2025 신용한 행정학 p.61

---

30 상 중 하 ①

출제유형 **출제영역** 말 바꾸기+개념 / 윌슨의 규제정치 모형

① ❌ 고객 정치 상황에서는 편익이 집중되고 비용이 분산되어 **소수**(다수 ×)**의 논리가 투영될 가능성이 높다.**
② ⭕ 기업가적 정치는 편익이 분산되고, 비용이 집중되어 느슨한 정책집행이 발생한다. 기업가 정치의 예로는 식품위생규제, 산업안전규제, 환경오염규제, 수입규제완화 등이 있다.
③ ⭕ 비용과 편익이 분산되는 경우 수혜자와 비용부담자 모두 집단행동의 딜레마가 발생할 수 있다. 따라서 비용과 편익이 분산되는 경우보다 비용과 편익이 집중되는 경우 정치 활동이 더욱 활발해진다.
④ ⭕ 대중정치(다수결정치)는 규제의 편익과 비용이 모두 불특정 다수에게 분산된다.

올바른 지문 ① '고객 정치' 상황에서는 수혜자의 논리가 투영될 가능성이 높다.

SUMMARY Wilson의 규제정치의 유형

구 분		규제의 편익	
		넓게 분산	좁게 집중
규제의 비용	넓게 분산	• 대중정치 : 편익, 비용 모두 분산 • 수혜자 : 집단행동의 딜레마 • 비용부담자 : 집단행동의 딜레마 ⇒ 규제에 대한 정치적 위험과 논란이 적음 **예** 음란물 규제, 낙태규제, 윤리규제, 차량 10부제 등	• 고객정치 : 편익은 집중, 비용은 분산 • 수혜자 : 규제의 집행을 촉구 • 비용부담자 : 집단행동의 딜레마 발생 ⇒ 규제의 강력한 이행 **예** 수입규제, 직업면허, 항공산업허가, 환경규제 완화, 농산물 최저가격제 등
	좁게 집중	• 기업가 정치 : 편익은 분산, 비용은 소수 집중 • 정책선도자들이 시민의사를 결집하여 추진 • 수혜자 : 집단행동의 딜레마 발생 • 비용부담자 : 규제의 집행에 강력히 저항 ⇒ 규제의 느슨한 집행 **예** 환경오염규제, 퇴폐업소 단속, 외제차에 대한 수입규제완화 등	• 이익집단정치 : 편익 집중, 비용 집중 • 수혜자 : 규제의 집행을 촉구 • 비용부담자 : 규제의 집행에 강력히 저항 ⇒ 서로의 이익확보를 위해 대립. 규제정책의 가시성이 높음. **예** 한·약분쟁, 의약분업규제 등

연계학습 2025 신용한 행정학 p.28, 29

---

31 상 중 하 ①

출제유형 **출제영역** 법령 / 행정규제기본법

① ❌ 규제를 **신설·강화**(완화 ×)할 경우 규제영향분석을 하고 규제영향분석서를 작성하여야 한다.

행정규제기본법 제7조【규제영향분석 및 자체심사】 ① 중앙행정기관의 장은 규제를 신설하거나 강화(규제의 존속기한 연장을 포함한다. 이하 같다)하려면 다음 각 호의 사항을 종합적으로 고려하여 규제영향분석을 하고 규제영향분석서를 작성하여야 한다.

② ⭕ 행정규제기본법 제4조 제1항

동법 제4조【규제법정주의】 ① 규제는 법률에 근거하여야 하며, 그 내용은 알기 쉬운 용어로 구체적이고 명확하게 규정되어야 한다.

③ ⭕ 행정규제기본법 제23조

동법 제23조【설치】 정부의 규제정책을 심의·조정하고 규제의 심사·정비 등에 관한 사항을 종합적으로 추진하기 위하여 대통령 소속으로 규제개혁위원회를 둔다.

④ ⭕ 행정규제기본법 제6조 제1항

동법 제6조【규제의 등록 및 공표】 ① 중앙행정기관의 장은 소관 규제의 명칭·내용·근거·처리기관 등을 제23조에 따른 규제개혁위원회(이하 "위원회"라 한다)에 등록하여야 한다.

올바른지문 ① 중앙행정기관의 장은 규제를 신설·강화하려면 규제영향분석을 하고 규제영향분석서를 작성하여야 한다.

연계학습 2025 신용한 행정학 p.32~36

32 상 중 하 ②

출제유형 출제영역 개념 / 정부실패와 정부대응

① ○ 지대추구란 경제 주체들이 자신의 독과점적 지위의 유지를 위해 비생산적인 활동에 자원을 낭비하는 행위를 말한다. 지대추구이론에서는 정부의 시장개입(규제, 개발계획)이 클수록 로비와 같은 지대추구 행위가 증가하고 사회적 손실도 증가한다고 주장한다.
② ✗ X-비효율성이란 **정부의 독점적 지위나 특정 민간기업에 정부가 독점적 지위를 허용함으로써 발생하는 현상**을 말한다. 관료제 안에서 공익보다 개인과 조직의 이익을 우선시하는 현상은 내부성에 대한 설명이다.
③ ○ 비용과 편익의 절연은 정부활동의 특성상 수혜자와 비용부담자의 분리(절연)로 인해 비용에 대해 둔감해지고 자원이 효율적으로 활용되지 못하는 것으로, 정부실패의 원인에 해당한다.
④ ○ X-비효율성에 의한 정부 실패가 발생할 경우, 민영화, 정부 보조 삭감, 규제완화의 방식으로 대응할 수 있다.

올바른지문 ② 내부성이란, 관료제 안에서 공익보다는 개인과 조직의 이익을 우선하는 현상을 의미한다.

SUMMARY 정부실패 원인

내부성 (사적목표)	• 관료제 내에서 공익보다는 개인과 조직의 이익(사적목표)을 우선시 하는 현상 예 Niskanen의 관료예산극대화모형, Parkinson의 법칙
X-비효율성	• 경제주체가 독점적 지위를 가지는 경우 관리효율성을 극대화하려는 유인이 부족해 생산의 평균비용이 증가하는 현상. 관리상의 비효율(기술적 비효율)을 의미. 정부의 독점적 지위로 발생
파생적 외부효과	• 정부의 개입으로 발생하는 잠재적·비의도적 확산효과나 부작용 예 경기회복정책이 경기과열을 초래, 주택안정화정책이 부동산 투기 조장 등
권력의 편재	• 권력의 특혜나 남용 등 정부에 의해서 오히려 분배적 불평등이 야기되는 현상 예 특혜적 기업면허, 진입장벽의 유지 등
비용과 편익의 절연	• 공공재의 특성상 수혜자와 비용부담자의 분리로 인해 비용에 대해 둔감해지고 자원이 효율적으로 활용되지 못하는 현상. 거시적 절연과 미시적 절연이 발생 • 미시적 절연 : 조직화된 소수의 수혜집단이 다수의 비용부담을 요구. 포획을 활용 • 거시적 절연 : 다수의 수혜집단이 소수의 비용부담을 요구. 투표나 선거를 활용

연계학습 2025 신용한 행정학 p.24, 63, 64

33 상 중 하 ③

출제유형 출제영역 개념 / 정부규제이론(스티글러)

①, ② ○ 스티글러의 정부규제이론은 공공선택론적 시각을 반영한 정부규제론으로, 정부규제의 수요자는 정부규제로부터 모종의 편익을 얻을 것으로 기대하는 피규제산업 또는 피규제직종으로 대표되는 이익집단이다. 이에 비해 정부규제의 공급자는 강제력을 지니고 있는 규제자이다.
③ ✗, ④ ○ 스티글러는 정치가와 관료 또한 **합리적인 행위자이므로 자신의 효용 극대화를 추구**하게 되고, 정치가나 관료는 겉으로는 중립적 입장을 취하는 척하면서 실은 보다 많은 보상을 제공하거나 약속하는 이익집단에 유리한 정부규제를 공급한다고 주장한다.

올바른지문 ③ 관료는 소규모의 특수이익집단을 위해 필요한 규제를 실시한다.

연계학습 2025 신용한 행정학 p.137, 138

34 상 중 하 ①

출제유형 출제영역 말 바꾸기+개념 / 프리즘적 사회

① ✗ 리그스는 **생태론적 접근방법**에 기반을 둔다.
②, ③, ④ ○ 리그스는 발전도상국을 분화되지 않은 '융합사회'가 '분화사회'로 전환되어가는 과도기 사회로 보고, '농업사회'에서 '산업사회'로 이행해가는 발전도상국 모델로 '프리즘적 사회'를 설정하였다. 프리즘적 사회는 이질혼합성, 가치규범의 이중화, 다분파성 등을 특징으로 하며, 프리즘적 사회의 지배적인 모형은 공사구분과 미구분이 혼재하는 사랑방 모형이다.

올바른지문 ① 생태론적 접근방법에 기반을 둔다.

SUMMARY 리그스(Riggs)의 사회삼원론

구 분	융합된 (fused)사회	프리즘적 (prismatic)사회	분화된 (refracted)사회
사회 구조	농업사회	과도기 사회	산업사회
관료제 모형	안방(Chamber) 모델 : 공사의 구분 ✗	사랑방(Sala) 모델 : 공사 분화와 미분화의 혼재	사무실(Office) 모델 : 공사의 엄격한 구분

연계학습 2025 신용한 행정학 p.125, 126

35 상 중 하 ■■■ 🔑 ④

출제유형 말 바꾸기+개념 / **출제영역** 공공선택론

가, 나, 다, 마 ⭕ 공공선택론은 공공재의 공급에서 시민의 선택을 중시하는 접근방법으로, 경제학적 분석도구를 비시장적 의사결정부분에 활용한다. 개인을 분석의 기초단위로 삼고, 인간을 합리적 경제인이자 개인의 효용극대화를 추구하는 존재로 가정한다. 공공선택론은 경쟁을 통한 생산공급을 통해 행정의 대응성 향상과 공공재 배분결정의 합리성 제고를 추구한다.

라, 바 ❌ 공공선택론은 **정부실패**를 지적하며, 전통적 정부관료제는 조직화된 압력 단체들의 영향 하에 공공서비스를 독점 공급하고 소비자의 선택을 억압하여 시민의 요구에 민감한 반응을 보일 수 없는 제도적 장치라고 비판한다.

SUMMARY 공공선택론의 특징

① 경제학자들과 수학자들에 의한 창시 : Ostrom은 '미국행정학의 지적위기'(1973)의 출간을 통해 공공선택론의 관점을 행정학에 접목
② 경제학적 접근방법을 통한 비시장적 의사결정 분야의 연구
③ 방법론적 개체주의와 연역적 접근
④ 시민 개개인의 선호와 선택의 존중
⑤ 전통적 정부관료제의 실패(정부실패)를 지적
⑥ 정부는 공공재의 생산자, 시민들은 공공재의 소비자로 규정
⑦ 비관료제적 조직, 공공부문의 시장경제화를 처방

연계학습 2025 신용한 행정학 p.131, 132

36 상 중 하 ■■■ 🔑 ②

출제유형 말 바꾸기+개념 / **출제영역** 신제도주의

① ⭕ 역사적 신제도주의에서 형성된 제도는 지속성과 경로의존성을 갖는다고 본다.
② ❌ 구제도주의에서는 '제도'를 공식적 통치체제, 법구조, 행정조직에 한정한 것에 반해, 신제도주의에서는 **비공식적 규범이나 제도, 정책구조 등 넓은 의미로 제도를 규정**한다.
③ ⭕ 사회학적 제도주의는 제도 자체에 이미 인간의 표준화된 행동 코드가 내재(배태)되어 있어 그 틀을 벗어나기 힘들기 때문에 제도의 변화에서 개인의 역할을 인정하지 않는다. 개인은 자신의 의도에 따라 제도를 만들거나 변화시킬 수 없으며 제도에 종속될 뿐이라고 본다.
④ ⭕ 합리적 선택 신제도주의는 개인을 합리적 행위자로 전제하고, 제도는 개인들 간의 전략적 상호작용의 결과로 형성된 균형으로 인식한다.

올바른 지문 ② 신제도주의에서는 법률, 규칙뿐 아니라 비공식적인 제도나 규범까지 제도로 간주한다.

SUMMARY 신제도론의 분파

구분	역사적 신제도주의	사회학적 신제도주의	합리적 선택의 신제도주의
제도	장기간 역사적 과정(맥락)에서 형성(경로의존성)	사회적 정당성을 획득한 상징, 도덕적 기초, 문화	개인들 간의 합리적 선택의 결과로 형성된 게임의 균형
제도의 변화	역사적 변환점에서의 급격한 변화(종단면적 측면)	동형화의 진행과 정당성의 획득(횡단면적 측면)	비용/편익의 변화와 전략적 선택
중점	제도의 지속성과 제도형성의 과정을 중시(정치적 영역의 자율성)	제도의 형성과 변화 과정에서의 사회적 동형화 중시(문화 자율성)	개인들 간의 전략적 선택 중시(개인의 자율성)
선호의 형성	내생적 : 정치체제가 개인선호를 형성하고 제약함.	내생적 : 사회문화와 상징이 개인선호를 형성하고 제약함.	외생적 : 개인선호는 선험적으로 결정됨.
학문적 기초	정치학, 역사학	사회학	경제학
접근법	방법론적 전체주의, 귀납적 접근(사례연구)	방법론적 전체주의, 귀납적 접근	방법론적 개체주의, 연역적 접근

연계학습 2025 신용한 행정학 p.139~145

37 상 중 하 ■■■ 🔑 ②

출제유형 말 바꾸기+개념 / **출제영역** 신공공관리론의 한계 등

①, ③, ④ ⭕ 신공공관리론은 내부적으로 신관리주의를 통해 성과중심의 행정을 구현하고, 외부적으로 시장주의를 통해 정부역할의 감소와 공공서비스 공급에서의 경쟁구조, 고객지향의 행정을 추구하는 정부 운영 및 개혁에 관한 이론이다.

② ❌ 신공공관리론은 정부기능의 재조정에 있어 **정책기능과 집행기능을 분리**(통합×)하고 집행기능의 운영에 있어 **자율성을 확대**하고, **성과를 통해 책임성을 담보**하는 책임행정체제를 확립하고자 하였다.

올바른 지문 ② 정책기능과 집행기능의 분리에 의한 책임행정체제를 확립해야 한다.

SUMMARY 신공공관리론의 핵심모형

구분		전통적 관료제	신공공관리론(기업가적 정부)
정부의 역할		노젓기(rowing) 역할	방향(steering)잡기 ⇨ 촉진(촉매)적 정부
정부의 활동		직접적 서비스 제공	할 수 있는 권한 부여 ⇨ 시민(주민)소유정부
행정의 가치		형평성과 민주성	경제성, 효율성, 효과성
서비스		독점적 공급	경쟁도입 ⇨ 경쟁적 정부
공급방식		행정메커니즘	시장메커니즘 ⇨ 시장지향적 정부
관리기제		법령, 규칙중심의 관리	임무중심의 관리, 결과 중시 ⇨ 사명지향적 정부
행정관리 방식	투입 중심 예산		성과 연계 예산(VFM의 강조) ⇨ 성과지향적 정부
	지출지향		수익창출 ⇨ 기업형 정부
	사후대처		사전예방 ⇨ 미래지향적 정부
	명령과 통제		참여와 팀워크 및 네트워크 관리 ⇨ 분권적 정부
행정 주도주체		관료 및 행정기관 중심(계층제적 책임 확보)	고객중심 ⇨ 고객지향적 정부(참여적 대응성 확보)

연계학습 2025 신용한 행정학 p.151~154

38 ①

출제유형 출제영역) 이론 비교 / 정책 참여자 간 관계모형(종합)

① ✗ 다원주의에 따르면, 사회의 각종 이익집단은 정부의 **정책과정에 동등한 접근기회를 가지고 있으나 이익집단들 간에 영향력의 차이**가 있다. 다만, 잠재집단에 대한 고려나 중복가입 등을 통해 전체적으로 균형을 유지하고 있다고 본다.
② ○ 다원주의론에서는 이익집단들 간에 상호 경쟁적이지만 기본적으로는 게임의 규칙을 준수해야 한다는 데 합의를 하고 있다고 본다. 그리고 이를 통해서 집단들 간의 경쟁의 강도는 순화될 수 있으므로 경쟁은 정치체제의 유지에 오히려 순기능적이라고 본다.
③ ○ 신다원주의론은 사회에 존재하는 이익집단들 간에 정치적 이익의 균형과 조정이 민주주의의 핵심동력으로 작용한다고 본다.
④ ○ 다원주의론은 정책은 여러 경쟁이익집단 간의 협상과 타협을 반영한 결과물로 보고, 이익집단들이나 일반 대중이 정책의제설정에 상당한 영향을 행사한다고 본다.

올바른 지문 ① 이익집단 간의 동등한 접근기회를 가지고 있으나 이익집단들 간에 영향력의 차이가 있다고 본다.

연계학습 2025 신용한 행정학 p.201~204

39 ②

출제유형 출제영역) 말 바꾸기+개념 / 조합주의

② ✗, ③ ○ 조합주의는 정책과정에서 **정부의 보다 적극적인 역할**을 인정하고, 이익집단과의 상호협력을 중시한다.
④ ○ 국가조합주의란 제3세계 및 후진자본주의에서 나타나는 형태로, 국가주도의 강제적 조합주의를 말한다.

올바른 지문 ② 정책과정에서 국가의 역할은 적극적이라고 본다.

SUMMARY 다원주의 vs 조합주의

	다원주의	조합주의
구조	• 복수의 이익집단 간 상호경쟁	• 특정영역에서 독점적 이익집단의 형태로 조직 • 비경쟁적, 위계적 구조
이익집단의 역할	• 개별 집단의 이익 추구	• 사회적 책임, 협의, 조화의 가치 중시
정부역할	• 중립적, 소극적 심판관	• 국가의 비중립성
정책	• 이익집단 간 경쟁과 타협의 결과	• 국가와 이익집단 간 제도화된 합의

연계학습 2025 신용한 행정학 p.205, 206

40 ④

출제유형 출제영역) 법령 / 데이터기반 행정

①, ② ○ 데이터기반행정 활성화에 관한 법률 제2조

> **데이터기반행정 활성화에 관현 법률 제2조【정의】** 이 법에서 사용하는 용어의 뜻은 다음과 같다.
> 1. "데이터"란 정보처리능력을 갖춘 장치를 통하여 생성 또는 처리되어 기계에 의한 판독이 가능한 형태로 존재하는 정형 또는 비정형의 정보를 말한다.
> 2. "데이터기반행정"이란 공공기관이 생성하거나 다른 공공기관 및 법인·단체 등으로부터 취득하여 관리하고 있는 데이터를 수집·저장·가공·분석·표현하는 등(이하 "분석등"이라 한다)의 방법으로 정책 수립 및 의사결정에 활용함으로써 객관적이고 과학적으로 수행하는 행정을 말한다.

③ ○ 데이터기반 행정의 개념적 원조는 증거기반행정(Evidence-Based Policymaking)이다. 미국은 2018년 증거기반행정기초법(Foundations for Evidence-Based Policymaking Act of 2018)을 통해 범정부적 데이터기반행정을 매해 더욱 혁신적으로 추진하고 있다.
④ ✗ 데이터 기반행정은 **행정의 책임성, 대응성 및 신뢰성 향상**이 목적이다.

> **데이터기반행정 활성화에 관현 법률 제1조【목적】** 이 법은 데이터를 기반으로 한 행정의 활성화에 필요한 사항을 정함으로써 객관적이고 과학적인 행정을 통하여 공공기관의 책임성, 대응성 및 신뢰성을 높이고 국민의 삶의 질을 향상시키는 것을 목적으로 한다.

올바른 지문 ④ 데이터기반 행정은 공공기관의 책임성, 대응성 및 신뢰성을 높이고 국민의 삶의 질을 향상시키는 것을 목적으로 한다.

2021년 경찰간부후보생

문제편 p.219~225

정답

01	④	02	①	03	③	04	④	05	④
06	②	07	③	08	③	09	①	10	①
11	②	12	④	13	④	14	②	15	③
16	④	17	③	18	③	19	②	20	④
21	④	22	③	23	②	24	③	25	③
26	④	27	③	28	②	29	③	30	①
31	①	32	①	33	②	34	④	35	④
36	②	37	④	38	①	39	①	40	②

출제영역 분석

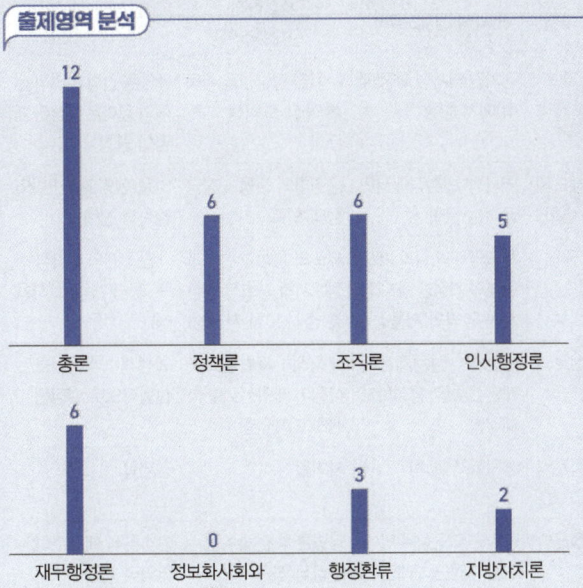

출제경향 분석

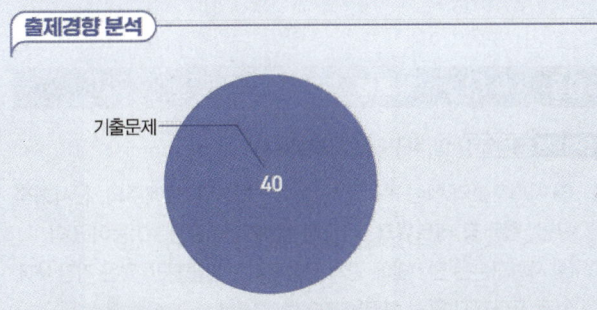

출제문제 유형분석

- 말 바꾸기: 14
- 짝짓기: 0
- 내용분류: 7
- 개념: 14
- 순서연결: 0
- 제도 및 이론 비교: 2
- 법령: 4

---

01 상 중 하 ④

출제유형 / 출제영역: 내용분류 / 행정학의 접근 방법

① ✗ 행정행태론의 주요 학자는 사이먼(Simon) 등이며, **정치행정새이원론**의 입장에서 **의사결정의 합리성**을 강조하였다.
② ✗ 행정관리론의 주요 학자는 어윅(Urwick) 등이며, **정치행정이원론**의 입장에서 **능률성**을 강조하였다.
③ ✗ 비교행정론의 주요학자는 **리그스(Riggss)** 등이며, **정치행정이원론**의 입장이다.

올바른 지문
① 행정행태론 – 사이먼(Simon), 정치행정새이원론, 의사결정의 합리성 강조
② 행정관리론 – 어윅(Urwick), 정치행정이원론, 능률성 강조
③ 비교행정론 – 리그스(Riggs), 정치행정이원론

SUMMARY 정치와 행정관계의 변천

정치와 행정의 관계	시대	이론	행정의 가치	주요학자
정치행정이원론	19C 말	행정관리론	기계적 능률성	Wilson, White, Gulick, Urwick
정치행정일원론	1930년대	통치기능론	사회적 능률성	Dimock, Appleby
새이원론	1940년대	행정행태론	의사결정의 합리성	Barnard, Simon
새일원론	1960년대	발전행정론	효과성	Esman, Weidner
	1970년대	신행정론	형평성	Waldo, Fredrickson
탈정치화	1980년대	신공공관리론	생산성	Peters, Osborne
재정치화	1990년대	뉴거버넌스	신뢰, 협력	Rhodes

연계학습 2025 신용한 행정학 p.14

---

02 상 중 하 ①

출제유형 / 출제영역: 말 바꾸기 / 행정학의 접근방법

① ✗ 굿노(F. Goodnow)는 **정치를 국가의지의 표명으로, 행정을 국가의지의 집행**으로 정의하였다.
② ○ 윌슨(W. Wilson)은 행정의 연구(1887)에서 정치와 행정의 분리를 주장하고 행정의 능률성을 강조하였다.
③ ○ 사이먼(H. Simon)은 귤릭(Gulick)이나 어윅(Urwick)이 제시한 고전적 조직 원리들은 검증되지 않은 속담이나 격언(Proverb)에 불과하다고 비판하였다.
④ ○ 테일러(F. Taylor)는 시간 및 동작연구(time & motion study) 등을 통해 생산의 극대화를 가져올 수 있는 최선의 길(one best way)을 찾고자 하였다.

올바른 지문 ① 굿노(F. Goodnow)는 행정은 국가의지의 집행이라고 주장하였다.

연계학습 2025 신용한 행정학 p.9, 11, 119

03 　③

출제유형 / 출제영역 말 바꾸기 / 과학적 관리론

① ⭕ 과학적 관리법(scientific management)은 유일 최선의 방법(one best way)이 존재한다고 가정한다.
② ⭕ 과학적 관리법(scientific management)은 과학적 방법에 의한 생산성 향상은 근로자와 사용자의 공동이익을 증진할 수 있음을 주장한다.
③ ❌ 과학적 관리법(scientific management)은 인간은 경제적 유인에 의해 동기가 유발되는 **기계적·타산적 존재(X론적 인간관)**로 가정한다.
④ ⭕ 과학적 관리법(scientific management)은 명확한 목표를 세우고, 직무를 분석하여 각 직무마다 표준화된 작업방법을 개발(작업의 표준화), 반복적 훈련 등을 중시한다.

올바른 지문 ③ 인간은 경제적 유인과 같은 외재적 보상에 의해 동기가 유발된다.

SUMMARY 과학적 관리론 vs 인간관계론

	과학적 관리론 (Taylorism, Fordism)	인간관계론 (Mayo의 호손실험)
연구	시간 및 동작 연구(Taylor)	호손실험(Mayo)
인간관	경제적 인간관(X론적 인간관)	사회적 인간관
초점	공식구조의 설계	비공식구조의 사회적 규범 중시
관리방식	명확한 목표, 반복적 훈련	일체감, 대인관계, 집단사기의 관리
동기부여	경제적 보상	사회적 욕구의 충족 등 비경제적 보상
중요가치	기계적 능률성	사회적 능률성
학문적 기여	고전적 행정학의 기틀마련	신고전적 행정학 형성
한계	• 폐쇄적 환경관 • 공식구조만 중시, 경제적 욕구에 의해서만 지배되는 편향된 인간관 • 조직의 기계화·비인간화를 조장	• 폐쇄적 환경관 • 하향적 통제 방식의 유지 • 보다 세련된 착취방법에 불과 • 이원론적 인식의 한계(인간의 복잡한 측면을 보지 못함).

공통점: 폐쇄적 환경관, 생산성 향상을 위한 관리기술

연계학습 2025 신용한 행정학 p.119~121

04 　④

출제유형 / 출제영역 말 바꾸기 / 인간관계론

①, ②, ③ ⭕, ④ ❌ 호손공장 연구는 당초 과학적 관리론의 바탕 위에서 작업장의 조명, 휴식시간 등 물리적·육체적 작업조건과 물질적 보상 방법의 변화가 근로자의 동기유발과 노동생산성에 미치는 영향을 분석하려고 설계되었으나 연구의 결과 생산성은 누구와 같이 일하고, 인간적 대우를 받고 있으며, 자기의 능력을 인정받고 있는가의 **인간적이고 사회심리적 요소에 의해서 결정된다는 사실을 발견**하게 되었다.

올바른 지문 ④ 이 실험은 애초에 근로자들에 대한 인간적 대우가 중요하다는 것을 증명하기보다는 생산성 향상을 위해서 설계되었다.

연계학습 2025 신용한 행정학 p.119~121

05 　④

출제유형 / 출제영역 이론 비교 / 사회학적 신제도주의

① ❌ 사회학적 신제도론은 현대 조직의 많은 제도와 절차는 효율적이기 때문이라기보다는 **문화적 관행이 확산되는 과정에서 발생한 결과**로 설명한다.
② ❌ **합리적 조직행태**를 설명하는데 적합한 것은 **합리적 선택 신제도론**이다.
③ ❌ 사회학적 신제도론은 **제도의 개념을 가장 넓게 해석하는 입장**으로 제도를 규칙이나 절차뿐만 아니라 전통과 관습, 그리고 문화를 포함해서 사람의 표준화된 행동을 낳는 것이라고 이해한다.
④ ⭕ 사회학적 신제도론은 조직이나 제도의 변화는 효율성과 합리성 추구로 발생하는 것이 아니라 사회적으로 정당하다고 인정받는 구조와 기능을 닮아가는 제도적 동형화 과정의 결과물로 설명하며, 이러한 변화가 사회적 정당성을 확보할 때 새로운 제도로 정착된다고 본다.

SUMMARY 신제도론의 유파별 비교

구분	역사적 신제도주의	사회학적 신제도주의	합리적 선택의 신제도주의
제도	장기간 역사적 과정(맥락)에서 형성	사회적 정당성을 획득한 상징, 도덕적 기초, 문화	개인들 간의 합리적 선택의 결과로 형성된 게임의 균형
제도의 변화	역사적 변환점에서의 급격한 변화	동형화의 진행과 정당성의 획득	비용/편익의 변화와 전략적 선택
중점	제도의 지속성과 제도 형성의 과정을 중시(정치적 영역의 자율성)	제도의 형성과 변화 과정에서의 사회적 동형화 중시(문화 자율성)	개인들 간의 전략적 선택 중시(개인의 자율성)
선호의 형성	내생적: 정치체제가 개인선호를 형성하고 제약함.	내생적: 사회문화와 상징이 개인선호를 형성하고 제약함.	외생적: 개인선호는 선험적으로 결정됨.
학문적 기초	정치학, 역사학	사회학	경제학
접근법	방법론적 전체주의, 귀납적 접근(사례연구)	방법론적 전체주의, 귀납적 접근	방법론적 개체주의, 연역적 접근

연계학습 2025 신용한 행정학 p.142, 143

06 　②

출제유형 / 출제영역 말 바꾸기 / 사회자본론

② ❌ 사회자본의 핵심 구성요소로는 **상호 신뢰, 호혜주의, 친사회적 규범, 협력적 네트워크, 적극적 참여**(지역 금융 ×) 등이 있다.
③ ⭕ 사회자본은 단기간에 걸쳐 생성되기는 힘들지만, 짧은 기간 내에 쉽게 사라지지 않는 성격을 지닌다.
④ ⭕ 사회자본은 네트워크 내에서 개인의 행동을 촉진하는 역할을 수행하며, 가외의 비용을 지불해야 얻을 수 있는 목적을 달성할 수 있게 한다. 즉, 사회자본은 사회적 관계에서 거래비용을 감소시켜주는 기능을 수행한다.

올바른 지문 ② 사회자본의 핵심 구성요소로는 상호 신뢰, 호혜주의, 친사회적 규범, 협력적 네트워크, 적극적 참여(지역 금융 ×) 등이 있다.

SUMMARY 사회적 자본 vs 인적·물적 자본

사회적 자본	물적 자본
행위자들의 관계 속에 내재	개인이 개별적 소유
등가물의 교환 ×	등가물의 교환 ○
공공재	사적재
시간적 동시성 전제 ×	시간적 동시성 전제 ○
자본의 유지 위한 지속적 노력	자본 획득 → 보유

연계학습 2025 신용한 행정학 p.70~72

07 상중하 ③

출제유형 출제영역 개념 / 민영화 방식

③ ✕ **바우처(voucher)는 서비스 제공자들 사이에 경쟁이 미약하면 이용자의 선택권이 제약**된다. 따라서 다수의 공급자가 있는 경우에 더욱 유용하게 활용될 수 있다.

올바른 지문 ③ 다수의 공급자가 있는 경우에 유용하게 활용될 수 있다.

연계학습 2025 신용한 행정학 p.50

08 상중하 ③

출제유형 출제영역 개념 / 이념에 따른 정부관

① ○ 정부의 선별적 허가나 정책에 의해 인위적으로 만들어낸 독점 또는 배타적 이익을 지대(rent)라고 한다.
② ○ 파킨슨 법칙(Parkinson's Law)은 공무원 수가 실제 행정의 업무량과 직접적 관계없이 증가하는 현상을 설명하는 것으로 행정수요의 팽창과 관계없이 제1공리와 제2공리의 순환과정을 통해 발생하는 정부팽창을 설명한다.
③ ✕ 신자유주의는 근대국가의 사상적 토대였던 고전적 자유주의와 마찬가지로 정치, 경제, 사회 모든 분야에서 **개인의 자유를 최대한 보장**하는 것이다.
④ ○ 공유재의 비극(tragedy of common)은 자신의 이익을 극대화시키려는 개인적 차원의 합리적 선택에도 불구하고, 그 개인들은 하나의 집단으로서의 전체의 이익을 파괴함으로써 사회전체의 합리성을 담보하지 못하는 상태를 말한다.

올바른 지문 ③ 신자유주의는 근대국가의 사상적 토대였던 고전적 자유주의와 마찬가지로 정치, 경제, 사회 모든 분야에서 개인의 자유를 최대한 보장하는 것이다.

연계학습 2025 신용한 행정학 p.24, 40, 65

09 상중하 ①

출제유형 출제영역 법령 / 사회적 기업

① ○ 사회적 기업은 취약계층에게 사회서비스 또는 일자리를 제공하거나 지역사회에 공헌함으로써 지역주민의 삶의 질을 높이는 등의 사회적 목적을 추구하면서 재화 및 서비스의 생산·판매 등 영업활동을 하는 기업으로서 고용노동부 장관의 인증을 받은 기업이다.
②, ③ ✕ 사회적기업 육성법 제8조 제1항

사회적기업 육성법 제8조【사회적기업의 인증 요건 및 인증 절차】
① 사회적기업으로 인증받으려는 자는 다음 각 호의 요건을 모두 갖추어야 한다.
1. 「민법」에 따른 법인·조합, 「상법」에 따른 회사·합자조합, 특별법에 따라 설립된 법인 또는 비영리민간단체 등 대통령령으로 정하는 조직 형태를 갖출 것
2. 유급근로자를 고용하여 재화와 서비스의 생산·판매 등 영업활동을 할 것
3. 취약계층에게 사회서비스 또는 일자리를 제공하거나 지역사회에 공헌함으로써 지역주민의 삶의 질을 높이는 등 사회적 목적의 실현을 조직의 주된 목적으로 할 것. 이 경우 그 구체적인 판단기준은 대통령령으로 정한다.
4. 서비스 수혜자, 근로자 등 이해관계자가 참여하는 의사결정 구조를 갖출 것
5. 영업활동을 통하여 얻는 수입이 대통령령으로 정하는 기준 이상일 것
6. 제9조에 따른 정관이나 규약 등을 갖출 것
7. 회계연도별로 배분 가능한 이윤이 발생한 경우에는 이윤의 3분의 2 이상을 사회적 목적을 위하여 사용할 것(「상법」에 따른 회사·합자조합인 경우만 해당한다)
8. 그 밖에 운영기준에 관하여 대통령령으로 정하는 사항을 갖출 것

④ ✕ **고용노동부장관**은 사회적기업의 활동실태를 **5년**(매년 ×)마다 조사하고, 그 결과를 고용정책심의회에 통보하여야 한다.

동법 제6조【실태조사】 고용노동부장관은 사회적기업의 활동실태를 5년마다 조사하고, 그 결과를 고용정책심의회에 통보하여야 한다.

올바른 지문
② 비영리단체 형태의 조직뿐만 아니라 「민법」에 따른 법인·조합 「상법」에 따른 회사·합자조합 등 대통령령으로 정하는 조직형태를 갖춘 경우 사회적 기업으로 인증받을 수 있다.
③ 무급근로자로만 구성된 비영리단체는 사회적 기업으로 인증받을 수 없다.
④ 고용노동부는 5년마다 사회적 기업의 활동실태를 조사하고 고용정책심의회에 통보하여야 한다.

연계학습 2025 신용한 행정학 p.54, 55

10 상 중 하 ■■■ 🔑 ①

출제유형 **출제영역** 말 바꾸기 / 하향적 접근

① ❌ 엘모어(Elmore)는 **하향적 집행을 전방향적 접근(forward mapping), 상향적 집행을 후방향적 접근(backward mapping)**이라고 표현하였다.
② ⭕ 하향식 접근법은 정책집행을 정책목표 달성을 위해 채택된 정책결정 내용을 충실히 이행하는 과정으로 인식하므로 명확하고 일관된 정책목표와 그 실현을 위한 정책수단을 가지고 있는 것으로 가정한다.
③ ⭕ 하향식 접근법은 모든 구조적 변수를 포괄하는 거시적 접근이며, 집행에 대한 일반원칙을 도출한 후 현실에 적용하는 연역적 접근이다.
④ ⭕ 하향식 접근법은 정치행정이원론의 입장으로 정책결정과 집행을 분리한다.

올바른 지문 ① 엘모어(Elmore)는 하향식 접근법을 전방향적 접근(forward mapping)이라고 표현하였다.

SUMMARY 하향적 집행 vs 상향적 집행

구 분	하향적 집행	상향적 집행
버만(Berman)	거시적·정형적 집행	미시적·적응적 집행
엘모어(Elmore)	전방향적 집행	후방향적 집행, 강조

연계학습 2025 신용한 행정학 p.279~284

11 상 중 하 ■■■ 🔑 ②

출제유형 **출제영역** 개념 / 집단사고

② ⭕ 집단사고(group think)에 대한 설명이다. 집단사고란 집단응집성과 합의에 대한 압력으로 인해 비판적인 사고가 억제되고 대안들에 대한 찬성과 반대가 충분히 검토되지 못한 채 의사결정이 이루어짐으로써 결국 잘못된 의사결정에 도달하게 되는 현상을 말한다.

연계학습 2025 신용한 행정학 p.273

12 상 중 하 ■■■

출제유형 **출제영역** 말 바꾸기 / 비용편익분석

① ⭕ 비용편익분석에서는 경제적 효율성에만 초점을 두어 총비용에 대해 총편익이 큰(NPV > 0, B/C ratio > 1) 정책이 바람직한 정책이라고 가정한다.
② ⭕ 비용편익분석은 정책대안의 타당성을 평가하기 위해 정책대안에 관련된 모든 비용들과 편익들을 화폐가치로 환산하여 비교한다.
③ ⭕ 할인율이란 미래가치에 대한 현재가치의 교환비율이다. 공공사업을 평가하고 순위를 결정할 때 어떤 할인율을 적용하느냐에 따라 결과가 크게 달라질 수 있으므로 적절한 할인율을 설정하기가 쉽지 않다.
④ ❌ 현재가치와 할인율은 반비례하므로 투자한 비용에 대해 효과가 장기적으로 발생한다면, **할인율이 높을수록 현재가치는 낮게 평가**되어 경제적 타당성은 낮게 나타난다.

올바른 지문 ④ 투자한 비용에 대해 효과가 장기적으로 발생한다면, 할인율이 높을수록 현재가치가 낮게 평가되어 경제적 타당성이 낮게 나타난다.

연계학습 2025 신용한 행정학 p.246~250

13 상 중 하 ■■■

출제유형 **출제영역** 내용분류 / 정책유형과 사례

④ ❌ **코로나 사태에 따른 자영업자 금융 지원 정책은 분배정책**에 해당한다. 구성정책은 정치체제의 구조와 운영에 관련된 정책으로 선거구 조정, 공직자의 보수결정 등이 구성정책에 해당한다.

올바른 지문 ④ 분배정책 : 코로나 사태에 따른 자영업자 금융 지원 정책

SUMMARY 로위(Lowi)의 정책유형 분류

분배정책	권리나 이익, 또는 서비스의 배분 / 포크배럴, 로그롤링 현상이 발생 / 정책내용이 소규모 단위로 구분가능 예 수출 특혜 금융, 지방자치단체에 대한 국가보조금 지급, 주택자금 대출, 국유지 불하, 농민을 위한 영농정보 제공, 사회간접자본제공, 기업에 대한 보조금 지급 등
재분배정책	고소득층으로부터 저소득층으로 소득이전 / 계급 대립적 성격으로 치열한 갈등 / 중앙정부 수준의 정책결정이 필요 예 누진소득세 제도, 영세민 취로사업, 임대주택의 건설, 연방은행의 신용통제, 사회보장제도 등
규제정책	개인이나 일부집단에 대한 권리행사의 제한이나 의무부과 / 정책수혜자와 피해자가 구분됨. ① 경쟁적 규제 : 다수 경쟁자 중 특정 개인이나 집단에게 특정권리나 서비스를 제공하는 것과 관련된 정책 예 방송국 설립인가, 항공노선 허가 등 ② 보호적 규제 : 일반 대중보호를 목적으로 하는 규제정책 예 최저임금제, 독점규제 및 공정거래에 관한 법률 등
구성정책	체제의 구조와 운영에 관련된 정책 / 대외적 가치배분에는 영향이 없지만, 대내적으로 게임의 법칙발생 / 총체적 기능과 권위적 성격을 나타냄. 예 정부기관 신설, 선거구 조정, 공직자의 보수 결정 등
추출정책	정책적 목표에 의해 국민들에게 인적·물적 자원을 부담시키는 정책 예 조세, 병역, 물자수송, 노력동원 등과 관련된 정책 등
상징정책	정치체제에 대한 정당성과 신뢰성 및 국민통합성을 증진시키기 위하여 국내외 환경에 산출시키는 이미지나 상징과 관련된 정책 예 88 서울올림픽경기, 2002 한·일 월드컵경기, 남대문복원 등

연계학습 2025 신용한 행정학 p.190~192

14 　상 **중** 하　　②

출제유형 **출제영역** 말 바꾸기+제도 및 이론 비교 / 정책결정모형

가 ✗ 사이먼(Simon)에 따르면 인간은 완전한 합리성을 추구하는 '경제인'이 아니라 **만족할 만한 대안을 선택하려는 '행정인'**으로 절차적 합리성을 추구하게 됨을 설명하였다.

나 ○ 윌다브스키(Wildavsky)는 대표적인 점증주의 학자이다. 점증주의적 결정이란 기존 정책을 토대로 하여 그보다 약간 수정된 내용의 정책을 추구하는 방식의 의사결정 모형을 말한다.

다 ○ 쓰레기통 모형(Garbage can model)에 따르면, 조직의 의사결정은 구성원 사이의 응집성이 아주 약한 상태, 즉 조직화된 혼란상태에서 의사결정에 필요한 네 가지 요소(문제, 해결책, 선택기회, 참여자)가 독자적으로 흘러다니다가 어떤 계기로 교차하여 만나게 될 때 결정이 이루어진다고 설명한다.

라 ✗ 드로(Dror)는 기존의 합리모형이 계량적 요인만을 대상으로 하여 질적 측면을 간과하고 있음을 비판하고 **영감, 직관, 통찰력, 판단력 등과 같은 요인을 중심으로 한 초합리적 요소를 고려**한 최적모형을 제시하였다.

마 ○ 사이버네틱 정책결정과정은 미리 정해진 대안의 레퍼토리 중에서 하나를 선택하여 환경에 적응하고자 하는 과정으로 의사결정의 질은 사전에 설정된 표준운영절차가 얼마나 정교한지에 의해 결정된다.

올바른 지문
가. 사이먼(Simon)에 따르면, 인간의 합리성은 제한적이므로, 정책결정자는 <u>만족할만한 대안을 추구</u>한다.
라. 드로(Dror)에 최적모형에 따르면, 영감, 직관, 통찰력과 같은 <u>초합리적 요소를 포함하여 정책결정을</u> 해야 한다.

연계학습 2025 신용한 행정학 p.257~259, 261, 262, 265, 266, 269

15 　상 **중** 하　　③

출제유형 **출제영역** 개념 / 조합주의

③ ○ 조합주의(corporatism)에 대한 설명이다. 조합주의란 정책결정에서 정부의 보다 적극적인 역할을 인정하고, 이익집단과의 상호협력을 중시하는 이론으로, 정부는 다원주의에서 상정하는 중립적 심판관을 넘어 국가이익이나 사회의 공동성을 달성하기 위해 주도적 역할을 담당한다.

연계학습 2025 신용한 행정학 p.205, 206

16 　상 **중** 하　　④

출제유형 **출제영역** 내용분류 / 허즈버그의 욕구충족요인이원론

④ ✗ **책임감은 동기요인**에 해당한다. 위생요인은 직무 외적 또는 근무 환경적 요인을 말하며, 임금, 대인관계, 작업조건 등이 해당한다. 허즈버그(F. Herzberg)는 욕구충족요인이원론에서 조직구성원에게 불만을 주는 요인과(위생요인) 만족을 주는 요인(만족요인)은 상호독립이 되어있으며, 만족의 반대는 불만족이 아닌 만족이 없는 상태이며, 불만족의 반대는 만족이 아닌 불만족이 없는 상태임을 설명하였다.

SUMMARY 허즈버그의 위생요인 vs 동기요인

구분	위생요인(불만요인)	동기요인(만족요인)
성격	직무외적 또는 근무환경 요인	직무자체 요인(직무내용)
예시	조직 정책과 관리, 감독, 보수, 대인관계, 작업조건	직무, 인정감, 보람, 책임감, 성취감, 성장감

연계학습 2025 신용한 행정학 p.395, 396

17 　상 **중** 하　　③

출제유형 **출제영역** 개념 / 민츠버그의 조직유형

① ○ 전략부문(strategic apex)은 조직의 최고관리층으로, 조직의 목표를 효과적으로 달성할 수 있도록 하고, 조직에 관한 전반적 책임을 지는 부분을 말한다.

② ○ 핵심운영부문(operating core)은 생산업무에 직접 종사하는 기능을 담당한다.

③ ✗ **기술구조(technostructure)에 대한 설명**이다. 중간부문은 최고관리층과 작업계층을 연결하는 관리자로 특정 부서의 감독과 같은 별도의 관리적 임무를 수행한다.

④ ○ 기술구조부문(technostructure)은 작업의 설계와 변경, 그에 관한 직원훈련을 담당하는 전문가들이 있는 곳이다.

올바른 지문 ③ <u>기술구조부문(technostructure)은 업무의 표준화를 추구</u>한다.

연계학습 2025 신용한 행정학 p.361~363

18 　상 **중** 하　　③

출제유형 **출제영역** 개념 / 관료제

③ ✗ **카리스마적 권위는 카리스마적 관료제의 특성**에 해당한다. 베버는 근대적 관료제의 특성으로 상명하복의 질서정연한 체제, 전문적 능력, 업무처리의 객관성 및 정확성, 책임성 제고를 위한 문서주의를 강조하였다.

SUMMARY 베버의 이념형 관료제

권위	관료제	지배형태	특징
전통적 권위	가산관료제	전통적 지배	권력을 장악한 자의 신분에 의해 유지
카리스마적 권위	카리스마적 관료제	카리스마적 지배	지배자의 특성·자질에 의존
법적·합리적 권위	근대적 관료제	합법적·합리적 지배	법규에 의한 지배, 계층제적 구조, 비개인성 등

연계학습 2025 신용한 행정학 p.348~350

19 ②

출제유형 출제영역 말 바꾸기 / 조직구조모형(종합)

① ✕ 팀제 구조는 조직구성원을 **핵심업무과정 중심**으로 조직하는 방식으로 의사결정의 권한과 책임이 분산되어 있어, 책임 및 권한의 소재가 불분명하다.
② ○ 기능구조는 같은 기능적 업무를 묶어 시설과 자원을 공유함으로써 중복과 낭비를 막을 수 있으므로 기능 내에서 규모의 경제를 제고할 수 있다.
③ ✕ 사업구조는 자기완결적 단위로 인해 **환경변화에 대해 탄력적 대응력이 가능**하다는 장점이 있다.
④ ✕ 매트릭스 조직은 **이원적 조직구조**로 인한 갈등으로 갈등해결에 요구되는 시간과 노력의 낭비가 발생하는 단점이 있다.

> 올바른 지문
> ① 팀제 구조는 책임 및 권한의 소재가 불분명 하다는 단점이 있다.
> ③ 사업구조는 환경변화에 대한 탄력적 대응력이 기능구조에 비해 높다.
> ④ 매트릭스 구조의 단점으로 (이원적 조직구조의 갈등으로 인한) 의사결정의 지연이 있다.

연계학습 2025 신용한 행정학 p.326~332

20 ④

출제유형 출제영역 개념 / 리더십 이론(종합)

① ○ 피들러의 상황적응적모형의 상황변수에는 리더와 부하와의 관계, 리더의 공식적 권한, 과업구조하고 상황별 유·불리한 리더십 모형을 제시하였다.
② ○ 거래적 리더십이 관리자와 부하 간의 상호교환에 초점을 둔다면, 거래적 리더십은 고차원의 비전 및 새로운 비전을 창출하고 이를 현실화하기 위한 지지를 이끌어 내는 리더십이다.
③ ○ 행태이론은 리더의 행태적 특성이 조직성과에 직접적인 영향을 미친다고 가정하고, 어떤 사람이든지 리더가 될 수 있으며, 모든 상황에 효과적인 리더의 행태가 존재한다고 보았다.
④ ✕ 블레이크와 모튼(Blake and Mouton)의 관리망(managerial grid) 연구에서는 인간에 대한 관심과 생산에 대한 관심이 함께 높은 **단합형(team)이 가장 이상적 리더십**임을 설명하였다.

> 올바른 지문 ④ 블레이크와 모튼(Blake and Mouton)의 관리망(managerial grid) 연구에서는 단합형(team)이 가장 효과적인 리더십 행태로 나타났다.

연계학습 2025 신용한 행정학 p.407~409, 414

21 ④

출제유형 출제영역 개념+법령 / 책임운영기관

① ○ 우리나라는 1999년「책임운영기관의 설치·운영에 관한 법률」을 제정하고 국립의료원, 운전면허시험관리단 등이 시범기관으로 선정된 이후 현재 48여개 기관이 지정되어 운영되고 있다.
② ○ 책임운영기관은 정부가 수행하는 집행적 사무 중 공공성을 유지하면서도 경쟁원리에 따라 운영하는 것이 바람직하거나 전문성이 있어 성과관리를 강화할 필요가 있는 사무에 대해 인사·예산 등 운영상의 자율성을 부여하고 성과에 대하여 책임을 지도록 설치된 기관이다.
③ ○ 책임운영기관은 신공공관리론의 원리에 의해 등장한 새로운 형태의 정부조직이다.
④ ✕ 기관장은 공개모집 절차에 따라 **2~5년 범위 내에서 임기제 공무원으로 채용**된다.

> 책임운영기관의 설치·운영에 관한 법률 제7조【기관장의 임용】
> ① 소속중앙행정기관의 장은 공개모집 절차에 따라 행정이나 경영에 관한 지식·능력 또는 관련 분야의 경험이 풍부한 사람 중에서 기관장을 선발하여「국가공무원법」제26조의5에 따른 임기제공무원으로 임용한다. 이 경우 대통령령으로 정하는 바에 따라 기관장으로 임용하려는 사람의 능력과 자질을 평가하여 임용 여부에 활용하여야 한다.
> ③ 기관장의 근무기간은 5년의 범위에서 소속중앙행정기관의 장이 정하되, 최소한 2년 이상으로 하여야 한다.

> 올바른 지문 ④ 책임운영기관의 기관장은 공개모집을 통해 2년에서 5년의 범위에서 임기제 공무원으로 채용된다.

연계학습 2025 신용한 행정학 p.384~387

22 ③

출제유형 출제영역 내용분류 / 정부의 개념

①, ②, ④ ✕ 공정거래위원회, 국민권익위원회, 금융위원회는 **국무총리 소속**의 행정위원회에 해당한다.
③ ○ 대통령 직속 위원회에는 방송통신위원회가 있다.

SUMMARY 대통령 소속 vs 국무총리 소속

대통령 소속	대통령비서실, 대통령경호처, 국가안보실, 국가정보원, 감사원, 방송통신위원회 등
국무총리 소속	국무조정실, 국무총리비서실, 인사혁신처, 법제처, 국가보훈처, 식품의약품안전처, 공정거래위원회, 금융위원회, 국민권익위원회, 원자력안전위원회 등

연계학습 2025 신용한 행정학 p.370

23 ②

출제유형 출제영역 법령 / 정보공개청구제도

① ○ 정보공개청구 제도는 공공기관이 보유·관리하는 정보를 국민이나 주민의 청구에 의하여 의무적으로 공개하는 제도이다.
② ✕ **예산 사용에 관한 정보는 「공공기관의 정보공개에 관한 법률」상 비공개정보에 해당되지 않는다.** 따라서 예산 사용에 관한 정보는 정보공개청구제도를 통해 청구할 수 있으며, 국가의 시책으로 시행하는 공사 등 대규모 예산이 투입되는 사업에 관한 정보, 예산집행의 내용과 사업평가 결과 등 행정감시를 위하여 필요한 정보는 오히려 정기적으로 공개해야 한다.
③ ○ 우리나라는 「공공기관의 정보공개에 관한 법률」에 근거하여 정보공개제도를 운영하고 있다.
④ ○ 중앙정부 및 지방자치단체, 각 부처 소속 위원회, 한국수자원공사 등과 같은 공공기관, 각급 학교, 지방공사 및 지방공단 등 공공기관에 대해 정보공개를 청구할 수 있다.

올바른 지문 ② 예산 사용에 관한 정보는 이 제도를 통해 청구할 수 있다.

연계학습 2025 신용한 행정학 p.74~82

24 ③

출제유형 출제영역 개념 / 대리인 이론

A는 정보의 비대칭성, B는 도덕적 해이이다.

③ ○ 주인과 대리인 간에는 정보격차 즉, 불완전정보와 비대칭적 정보의 상황이 존재하기 마련이다. 여기서 비대칭적 정보란 단순히 서로 다른 정보를 보유하고 있는데 그치지 않고 한 사람(대리인)이 다른 사람(주인)보다 우월한 정보를 가지고 있는 경우를 말한다. 더 많은 정보를 보유한 대리인과 주인 사이의 이해관계의 상충은 대리인의 기회주의적 속성을 갖게 하며, 기회주의적 행태로 인한 대리손실인 역선택과 도덕적 해이가 나타나게 된다. 여기서 도덕적 해이란 계약 이후 대리인이 권력 남용으로 주인의 이익이 아닌 자신의 이익을 추구함으로써 발생하는 사후손실을 말한다.

연계학습 2025 신용한 행정학 p.146, 147

25 ①

출제유형 출제영역 말 바꾸기+법령 / 우리나라 감사원

① ✕ 감사원은 회계검사의 결과에 따라 국가의 세입·세출의 결산을 확인하는 것이지 **위법 또는 부당한 내용을 무효로 하거나 취소할 수 있는 권한을 갖는 것이 아니다.** 감사원은 감사결과 위법·부당 사항에 관해서는 감사위원회의의 의결을 거쳐 관계 기관에 필요한 조치를 취하도록 처분 요구(변상책임의 판정, 징계·문책·해임의 요구, 시정·주의 요구, 개선 요구, 권고, 고발 등)를 할 수 있다.
② ○ 국가 또는 지방자치단체가 자본금의 50% 이상을 출자한 법인의 회계에 대해서는 회계검사를 할 수 있다.

감사원법 제22조【필요적 검사사항】① 감사원은 다음 각 호의 사항을 검사한다.
1. 국가의 회계
2. 지방자치단체의 회계
3. 한국은행의 회계와 국가 또는 지방자치단체가 자본금의 2분의 1 이상을 출자한 법인의 회계
4. 다른 법률에 따라 감사원의 회계검사를 받도록 규정된 단체 등의 회계

③ ○ 감사원법 제24조 제1항 각 호

동법 제24조【감찰 사항】① 감사원은 다음 각 호의 사항을 감찰한다.
1. 「정부조직법」 및 그 밖의 법률에 따라 설치된 행정기관의 사무와 그에 소속한 공무원의 직무
2. 지방자치단체의 사무와 그에 소속한 지방공무원의 직무
3. 제22조제1항제3호 및 제23조제7호에 규정된 자의 사무와 그에 소속한 임원 및 감사원의 검사대상이 되는 회계사무와 직접 또는 간접으로 관련이 있는 직원의 직무
4. 법령에 따라 국가 또는 지방자치단체가 위탁하거나 대행하게 한 사무와 그 밖의 법령에 따라 공무원의 신분을 가지거나 공무원에 준하는 자의 직무

④ ○ 감사원법 제43조 제1항

동법 제43조【심사의 청구】① 감사원의 감사를 받는 자의 직무에 관한 처분이나 그 밖의 행위에 관하여 이해관계가 있는 자는 감사원에 그 심사의 청구를 할 수 있다.

올바른 지문 ① 감사원이 국가결산보고서의 위법 또는 부당한 내용을 발견하더라도 이를 무효로 하거나 취소할 수 없다.

연계학습 2025 신용한 행정학 p.695~697

26 ④

출제유형 출제영역 짝 짓기+개념 / 직위분류제 용어

① ○ 직렬이란 직무의 종류가 유사하나 난이도와 책임도가 다른 직급의 군을 말한다.
② ○ 직급이란 직무의 종류, 곤란성과 책임도가 상당히 유사한 직위의 군을 말한다.
③ ○ 직위란 한 사람의 근무를 요하는 직무와 책임이다.
④ ✕ **직류에 대한 설명**이다. 직군이란 직무 성질이 유사한 직렬의 군이다.

올바른 지문 ④ 직류 : 동일한 직렬 내에서 담당 분야가 같은 직무의 군

SUMMARY 직위분류제의 구조

구분		내용
	직위(position)	한 사람의 근무를 요하는 직무와 책임 예 ○○ 담당
직무분석	직류(sub-series)	동일 직렬 내에서 담당 분야가 같은 직무의 군 예 행정직렬 내 일반행정직류와 재경직류
	직렬(series)	직무 종류가 유사하나 난이도와 책임도가 다른 직급의 군 예 행정직군 내 행정직렬과 세무직렬
	직군(group)	직무 성질이 유사한 직렬의 군 예 행정직군, 기술직군
직무평가	직급(class)	직무의 종류·곤란성과 책임도가 상당히 유사한 직위의 군 직위가 내포하는 직무의 성질·난이도·책임의 정도가 유사해 채용·보수 등에서 동일하게 다룰 수 있는 직위의 집단 예 행정 9급, 세무 9급
	직무등급(grade)	직무의 곤란성과 책임도가 상당히 유사한 직위의 군. 직무의 종류는 다르나, 직무 수행의 책임도와 자격 요건이 유사해 동일한 보수를 지급할 수 있는 직위의 횡적 군 예 9급

연계학습 2025 신용한 행정학 p.479

---

27 상 중 하 🔑 ③

출제유형 출제영역 말 바꾸기+개념 / 대표관료제

① ❌ 대표관료제는 관료들이 출신집단의 가치와 이익을 정책에 반영할 것이라는 가정에 기반하여, 관료제에 대한 외부통제의 약화를 보완하고, 관료제의 민주적 대응성을 제고하기 위한 **내부통제 강화장치**로 도입하게 되었다.
② ❌ 대표관료제는 능력과 업적에 따른 인사관리를 강조하는 **실적주의와의 마찰 가능성이 높은 제도**이다.
③ ⭕ 대표관료제는 공직의 전문성과 능률성, 생산성을 저하시킬 수 있다는 단점이 있다.
④ ❌ 대표관료제는 공직에의 임용기준을 개인의 능력이 아니라 그가 속한 집단에 두는 **할당제를 강요**하게 되며, **역차별의 우려**가 있다.

올바른 지문
① 관료들이 그들의 출신, 배경집단의 가치와 이익을 반영할 것이라는 가정에 기반하고 있다.
② 대표관료제를 실현하기 위해 실적주의 원칙을 <u>제한한다</u>.
④ 대표관료제는 <u>역차별의 우려가 있다</u>.

연계학습 2025 신용한 행정학 p.457~460

---

28 상 중 하 🔑 ②

출제유형 출제영역 개념 / 근무성적평정의 오류

② ⭕ 후광효과(연쇄효과, halo effect)에 대한 설명이다. 후광효과는 한 평정요소에 대한 평정자의 판단이 연쇄적으로 다른 요소의 평정에도 영향을 주는 오류이다. 즉, 사람을 판단하거나 평가할 때 그 사람의 긍정적, 부정적 특성에 주목하여 다른 평가요소까지 영향을 주게 되는 현상이다. 사례에서는 피평가자의 단정한 옷차림과 예의 바름을 확대 해석하여 범죄를 저지를 가능성까지 없다고 판단하는 오류를 범한 것이다.

SUMMARY 근무성적평정의 오류

구분	내용
연쇄 효과 (Halo effect)	한 평정 요소에 대한 판단이 연쇄적으로 다른 요소 평정에도 영향을 주는 오류(= 현혹효과, 후광효과) 예 성실도를 높게 평가하면 추진력도 높게 평가
분포상의 착오	① 집중화 경향: 피평정자들에게 대부분 중간 수준의 점수를 주는 심리적 경향 ② 관대화 경향: 평정 결과의 분포가 우수한 쪽에 집중되는 경향 ③ 엄격화 경향: 평정 결과의 분포가 열등한 쪽에 집중되는 경향 방지대책: 강제배분법을 활용
규칙(체계)적 오류	어떤 평정자가 항상 관대화와 엄격화 경향을 보이는 것으로 평정기준이 높거나 낮은 데서 오는 규칙적·일관적 착오 ⇨ 표준점수를 통한 사후조정이 가능
총계적 오류	• 평정자의 평정 기준이 일정치 않아 관대화 및 엄격화 경향이 불규칙하게 나타나는 오류 • 규칙적 오류와 달리 총계적 오류발생시 사후적 조정이 불가능함.
시간적 오류	① 첫머리효과(최초효과): 전체 기간의 근무성적을 평가하기보다는 초기의 업적에 영향을 크게 받는 효과 ② 막바지효과(근접효과): 최근의 실적이나 능력을 중심으로 평가하는 효과 방지대책: ㉠ 독립된 평가센터, ㉡ MBO평정, ㉢ 중요사건기록법
유사성 오차	평정자가 자기 자신과 성향이 유사한 부하에게 후한 점수를 주는 오차
논리적 오차 (logical error)	• 평정요소 간 존재하는 논리적 상관관계에 의하여 생기는 오류 • 어떤 평정요소가 특별히 좋거나 혹은 아주 낮은 점수를 받은 경우에 일반적인 상관관계에 있는 다른 요소도 높게 혹은 낮게 평정하는 경향
상동적 오차 (stereotyping error)	• 유형화(정형화·집단화)의 착오로 편견이나 선입견 또는 고정관념에 의한 오차 • 피평가자가 속한 사회적 집단의 유형에 대한 지각이나 어떤 인식을 오랫동안 같은 상태로 일관되게 유지하려는 심리상태에서 기인하는 오차
귀인적 편견	드러나는 행위를 기초로 해서 관찰자가 자신이나 피평가자의 내적 상태를 추론함으로써 발생하는 오류
선택적 지각	자기 기준 체계에 유리한 것만을 일관성 있게 추론함으로써 발생하는 오류
피그말리온 효과	자기 충족적 예언효과를 의미하는 것으로 예언대로 행동하고 판단하게 되는 현상(= 로젠탈효과)
근본적 귀속의 착오	타인의 실패를 평가할 때에는 상황적 요인을 과소평가하고 개인적 요인을 과대평가하는 반면, 성공에 있어서는 상황적 요인을 과대평가하고, 개인적 요인을 과소평가하는 경향

연계학습 2025 신용한 행정학 p.514~516

29 상 중 하 ③

출제유형 출제영역 이론 비교 / 엽관주의 vs 실적주의

가 ○ 실적주의는 객관적인 채용기준을 설정하고, 시험에 합격하면 누구나 공무원이 될 수 있도록 하기 때문에 공직취임에 대한 기회균등을 보장한다.

나 ✕ **실적주의는 정치적 중립을 주요 요소로서 포함**하고 있으나, **직업공무원제도**는 독일이나 프랑스의 경우에서 보듯이 **반드시 정치적 중립을 요구하지 않는다**. 오히려 초기 직업공무원제는 임용권자인 왕이나 귀족, 의회 의원에게 충성을 요구하는 등 정치적 편향성을 당연시했다.

다 ○ 엽관주의는 선거를 통하여 집권한 정당에 정부관료제를 예속시킴으로써 국민의 요구에 대한 관료적 대응성을 향상시킨다.

올바른 지문 나. 실적주의는 공무원의 정치적 중립을 요구하고 있으나, 직업공무원제는 공무원의 정치적 중립을 반드시 요구하는 것은 아니다.

연계학습 2025 신용한 행정학 p.449, 450

30 상 중 하 ①

출제유형 출제영역 말 바꾸기+개념 / 공무원 보수

① ✕ **직능급에 대한 설명**이다. 실적급(performance based pay)은 개인이 실제 근무실적과 보수를 연결시킨 것이다.

② ○ 직무급은 직무가 지니는 상대적 가치를 분석평가하고 그에 상응토록 보수를 결정하는 방식(job based pay)이다. 직무급을 도입하기 위해서는 각 직무의 상대적 가치를 결정하기 위한 직무평가가 선행되어야 한다.

③ ○ 연공급은 근속연수와 경력과 같은 인적 요소를 기준으로 하는 보수체계이다.

④ ○ 생활급은 생계비를 결정기준으로 하는 보수로서 공무원과 그 가족의 생활을 보장하기 위한 보수체계이다.

올바른 지문 ① 직능급은 공무원의 직무수행능력을 측정하여 그 능력이 우수할수록 보수를 우대하는 보수체계이다.

연계학습 2025 신용한 행정학 p.534, 535

31 상 중 하 ①

출제유형 출제영역 말 바꾸기+개념 / 계획 예산제도

① ✕ 계획예산제도(PPBS)는 정보와 의사결정 권한이 과도하게 **집권화되는 경향이 있는 하향식 예산편성 방식**이다.

② ○ 계획예산제도(PPBS)는 사업계획 작성 시 체제분석 또는 비용-편익(효용)분석기법 등을 사용하여 여러 대안을 체계적으로 분석 및 검토한다.

③ ○ 계획예산제도(PPBS)는 정치적 이해관계가 배제됨에 따라 의회의 심의기능 약화를 초래하여 의회는 처음부터 PPBS를 반대하였다.

④ ○ 계획예산제도(PPBS)는 정책의 목표를 명확하게 하고, 수단을 목표에 연결하는 데 유용한 제도이다.

올바른 지문 ① 하향식 예산 편성으로 하위 구성원의 참여가 보장되지 않는다.

연계학습 2025 신용한 행정학 p.704~706

32 상 중 하 ①

출제유형 출제영역 말 바꾸기+개념 / 우리나라 예산의 분류 등

① ✕ 세출예산 과목은 **장·관·항·세항·목**으로 구분되는데, **입법과목은 장-관-항**이며, **세항-목은 행정과목**이다.

② ○ 계속비는 완성에 수년도를 요하는 공사나 제조 및 연구개발사업을 위하여 총액과 연부액을 정해 미리 국회의 의결을 얻어 수년에 걸쳐 지출하는 경비로, 장기간에 걸쳐 사업이 지속되어야 효과가 나타나는 경우 회계연도를 탄력적으로 적용할 필요가 있을 때 허용된다.

③ ○ 긴급배정에 관한 설명이다.

> **국가재정법 시행령 제16조【예산의 배정】** ⑤ 법 제43조제3항에 따라 회계연도 개시 전에 예산을 배정할 수 있는 경비는 다음 각 호와 같다.
> 1. 외국에서 지급하는 경비
> 2. 선박의 운영·수리 등에 소요되는 경비
> 3. 교통이나 통신이 불편한 지역에서 지급하는 경비
> 4. 각 관서에서 필요한 부식물의 매입경비
> 5. 범죄수사 등 특수활동에 소요되는 경비
> 6. 여비
> 7. 경제정책상 조기집행을 필요로 하는 공공사업비
> 8. 재해복구사업에 소요되는 경비

④ ○ 국고채무부담행위는 국가가 예산확보 없이 먼저 채무를 부담하는 행위로, 국회는 채무부담의 권한을 부여한 것이다. 지출 시에는 국회의 결을 거쳐 예산이 성립해야 한다.

> **국가재정법 제25조【국고채무부담행위】** ① 국가는 법률에 따른 것과 세출예산금액 또는 계속비의 총액의 범위 안의 것 외에 채무를 부담하는 행위를 하는 때에는 미리 예산으로써 국회의 의결을 얻어야 한다.

올바른 지문 ① 우리나라 세출예산은 장, 관, 항, 세항, 목 등의 예산으로 분류되는데 항 이상을 입법과목이라고 한다.

연계학습 2025 신용한 행정학 p.646, 672, 679

33 ②

출제유형 말 바꾸기+법령 / **출제영역** 일반회계 vs 특별회계 vs 기금

① ⭕ 기금은 국가가 특정목적을 위해 특정 자금을 신축적으로 운용하는 것이라 할 수 있다. 기금은 출연금, 부담금 등 다양한 수입원을 토대로 한다. 다만 특정사업을위해 운용할 수 있는 특별회계와 비교하여 '특정 목적 사업'보다는 '특정목적'이라고 표현하는 것이 더 정확한 표현으로 보인다.
② ❌ 기금은 특정 세입과 특정 세출을 직접 연계시켜서는 안 된다는 **'통일성의 원칙'의 예외사항으로, 특정수입과 지출의 연계를 허용**한다.
③ ⭕ 일반회계예산은 가장 기본적이고 주된 재정활동이 편성된 예산이므로 합법성에 입각하여 엄격하게 통제된다.
④ ⭕ 일반회계예산은 국가가 재정권(징세권)에 기초한 조세수입을 주요 세입으로 하며, 특정 목적을 위해 대가를 지불한 것이 아닌 무상 급부를 원칙으로 한다.

> **동법 제4조【회계구분】** ② 일반회계는 <u>조세수입 등을 주요 세입으로</u> 하여 국가의 일반적인 세출에 충당하기 위하여 설치한다.

올바른 지문 ② 기금은 특정수입과 지출의 연계를 허용한다.

SUMMARY 일반회계 vs 특별회계 vs 기금

구 분	예산		기 금
	일반회계	특별회계	
설치	일반적 재정활동	① 특정사업 운영 ② 특정자금 운용 ③ 특정세입으로 특정 세출 충당	특정 목적을 위해 특정 자금을 신축적으로 운용
운용	조세수입이 주요재원	일반회계와 기금 운용 형태 혼재	출연금, 부담금 등 다양한 재원
예산	① 행정부 : 회계연도 120일 전까지 예산안 제출 ② 국회 : 회계연도 30일 전까지 심의·의결	① 행정부 : 회계연도 120일 전까지 예산안 제출 ② 국회 : 회계연도 30일 전까지 심의·의결	① 행정부 : 회계연도 120일 전까지 기금운용계획안 제출 ② 국회 : 회계연도 30일 전까지 심의·의결
집행	엄격한 통제, 목적 외 사용금지 원칙	엄격한 통제, 목적 외 사용금지 원칙	합목적성 차원에서 상대적으로 자율성과 탄력성 보장
수입지출	특정수입과 지출의 연계 배제	특정수입과 지출의 연계	특정수입과 지출의 연계
변경	이용, 전용, 추경예산편성	이용, 전용, 추경예산편성	① 비금융성 기금 : 20% 내 자율 ② 금융성 기금 : 30% 내 자율
결산	① 행정부 : 익년도 5월 31일까지 결산서 제출 ② 국회 : 정기국회 개회 전까지 승인	① 행정부 : 익년도 5월 31일까지 결산서 제출 ② 국회 : 정기국회 개회 전까지 승인	① 행정부 : 익년도 5월 31일까지 기금결산보고서 제출 ② 국회 : 정기국회 개회 전까지 승인

연계학습 2025 신용한 행정학 p.626~630

34 ④

출제유형 개념 / **출제영역** 신성과주의 예산제도

성과주의 예산제도라고 표현되어 있지만, 해당 문제는 실제 1990년대 이후 예산의 최종 결과를 강조하는 신성과주의 예산제도에 대한 문제이다.

① ⭕ 신성과주의 예산제도는 결과 중심의 성과를 강조하기 때문에 국민의 요구에 대한 대응성이나 책임성을 높일 수 있다. 중간목표가 아니라 사업이나 서비스의 최종 수요자인 국민(시민, 주민, 고객)을 중심으로 성과를 접근하기 때문이다.
② ⭕ 신성과주의 예산제도에서는 예산 집행의 자율권을 부여함으로써 사업집행이나 서비스 전달의 구체적인 수단을 탄력적으로 동원할 수 있어 효율성을 높일 수 있다.
③ ⭕ 신성과주의 예산제도는 예산편성 과정에서 PPBS나 ZBB처럼 독자적인 사업선정의 기준과 과정을 제시하지 않고 있어 기관 간 비교가 곤란하고 그 결과 국가 전체 차원에서 자원 배분의 효율성을 확보하기가 곤란하다.
④ ❌ 성과지표로서의 **계량적인 지표를 중심으로 평가하기 때문에 전략목표 및 성과목표와의 정합성이 떨어지는 지표가 포함될 가능성**을 배제할 수 없다. 성과지표와 목표의 논리적 연계성은 높지만 측정이 어려워 지표에 포함되지 않는 경우 성과에 기반한 예산의 증감은 왜곡을 야기하게 된다.

올바른 지문 ④ 성과측정을 위해 계량화가 가능한 지표 중심으로 평가가 이루어지기 때문에 전략목표 및 성과목표와 정합성이 떨어지는 지표가 포함될 가능성을 <u>배제할 수 없다</u>.

연계학습 2025 신용한 행정학 p.712~714

35 ④

출제유형 개념 / **출제영역** 다양한 형태의 예산

① ❌ 수정예산은 정부가 국회에 예산안을 제출한 이후 예산이 아직 최종 의결되기 전에 예산안의 내용 중 일부를 변경할 필요성이 있을 때 편성하는 예산이다(예산의 성립 전 변경).
②, ③ ❌ 준예산과 가예산은 **예산 불성립 시 예산집행을 위한 장치**이다.
④ ⭕ 예산이 성립된 후에 예산집행과정에서 발생한 사유로 다시 편성하여 제출되는 예산은 추가경정예산이다.

SUMMARY 준예산 vs 가예산 vs 잠정예산

구분	기간	국회의결	지출항목	채택국가
준예산	무제한	불필요	한정적	현재 우리나라, 독일
가예산	1개월	필요	전반적	우리나라 제1공화국, 프랑스
잠정예산	무제한	필요	전반적	미국, 일본, 영국, 캐나다

연계학습 2025 신용한 행정학 p.631~633

36 상 중 하 ②

출제유형 출제영역 내용 분류 / 행정책임의 접근법(Dubnick & Romzek)

① ❌ 정치적 책임성은 **조직의 자율성 정도가 높고, 관료조직 통제의 소재가 외부**에 있는 경우로, 대통령, 국회의원, 이익단체 등 주요 이해관계자들의 필요와 요구를 충족시키는가를 중요한 요소로 보는 유형이다.
② ⭕ 법적 책임성은 조직의 통제 강도가 높고, 관료조직 통제의 소재가 외부에 있는 경우로, 주어진 법적 의무 사항에 대한 준수 여부를 감독하고 평가하는 합법성에 대한 관리가 법적 책임성을 중요한 요소로 보는 유형이다.
③ ❌ 전문가적 책임성은 **조직의 자율성 정도가 높고, 관료조직 통제의 소재가 내부**에 있는 경우로, 정부조직 내에서 관료의 전문성과 자율성을 조직 운영의 중요한 요소로 보는 유형이다.
④ ❌ 관료적 책임성은 **조직의 통제 강도가 높고, 관료조직 통제의 소재가 내부**에 있는 경우로, 자율성이 적은 개별 관료에 대한 통제와 감독이 중요한 요소로 보는 유형이다.

SUMMARY Dubnick & Romzek의 행정책임성 유형

구 분		관료조직 통제의 소재	
		내 부	외 부
조직의 자율성 (통제의 정도)	낮음(높음)	관료적(위계적) 책임성	법률적 책임성
	높음(낮음)	전문적 책임성	정치적 책임성

연계학습 2025 신용한 행정학 p.769, 770

37 상 중 하 ④

출제유형 출제영역 말 바꾸기+개념 / 미국의 행정개혁

①, ②, ③ ⭕ 고어(Gore) 부통령 주도 아래 직업관료 250인으로 구성된 NPR팀은 번문욕례의 제거, 고객우선주의, 분권화와 결과중심의 관리, 기본원칙으로의 복귀 및 감축관리를 제시하였다.
④ ❌ NPR은 내부관리에 대한 통제를 강화하기보다 **분권화를 통해 공무원의 재량을 확대**하고 **성과책임(결과중심의 관리)을 강조**하였다.

연계학습 2025 신용한 행정학 p.793

38 상 중 하 ①

출제유형 출제영역 개념+이론 비교 / 외재적 책임 vs 내재적 책임

① ❌ **제도적 책임성(Accountability)에 대한 설명**이다.
② ⭕ 자율적 책임성(Responsibility)은 수임자 및 공복으로서의 직업윤리와 책임감에 기반한 광범위한 도덕적·자율적 책임이다.
③, ④ ⭕ 제도적 책임성(Accountability)은 공식적인 각종 제도적 통제를 통해 국민에 의해 표출된 국민의 요구를 충족시켜주기 위해 정부와 공무원들이 임무를 수행하게 하는 타율적이고 수동적인 행정책임을 의미한다.

SUMMARY 다양한 책임 개념(이종수 외)

구분	내용
Responsibility (도의적 책임)	수임자 및 공복으로서의 광범위한 도의적·자율적 책임
Accountability (법적 책임)	변명적(설명적)·법률적·제도적 책임
Responsiveness (대응적 책임)	민의에 대한 반응, 대응, 응답

연계학습 2025 신용한 행정학 p.768

39 상 중 하 ①

출제유형 출제영역 개념 / 특별지방행정기관

① ⭕ 특별지방행정기관은 관할지역 주민들의 직접적인 통제와 참여가 어렵기 때문에 책임행정을 실현하기 어렵다.
② ❌ 특별지방행정기관의 범위가 넓을수록 **지방행정의 종합성이 상실**되고, **행정의 할거성이 강화될 우려**가 있다.
③ ❌ 지방행정기관의 이원화로 **고객의 혼란과 불편을 초래**할 수 있다.
④ ❌ 특별지방행정기관은 **국가의 특정한 중앙행정기관에 소속**되어, 당해 관할구역 내에서 소속 중앙행정기관의 사무에 속하는 **특수한 전문분야의 행정사무를 처리**하는 지방행정기관이다.

올바른 지문
② 특별지방행정기관의 관할 범위가 넓을수록 이용자인 국민의 편의가 감소된다.
③ 특별지방행정기관과 지방자치단체 간 기능의 중복으로 효율성을 저해할 수 있다는 단점이 있다.
④ 특별지방행정기관은 중앙행정기관의 소속기관으로 설치된 일선 집행기관이다.

연계학습 2025 신용한 행정학 p.945, 946

40 상 중 하 ②

출제유형 출제영역 내용 분류+개념 / 지방세

①, ③, ④ ❌ **취득세, 재산세, 레저세는 보통세**이다.
② ⭕ 지방교육세와 지역자원시설세는 목적세이다.

SUMMARY 우리나라의 지방세 세목체계

구분		특별시·광역시세	자치구세	도세	시·군세
지방세	보통세	취득세, 주민세 자동차세, 레저세 담배소비세 지방소비세 지방소득세	등록면허세 재산세	취득세 레저세 등록면허세 지방소비세	담배소비세 지방소득세 자동차세 주민세 재산세
	목적세	지방교육세, 지역자원시설세		지방교육세, 지역자원시설세	
국세	내국세	직접세	소득세, 법인세, 상속·증여세, 종합부동산세		
		간접세	부가가치세, 개별소비세, 주세, 인지세, 증권거래세		
	목적세	교육세, 농어촌특별세, 교통·에너지·환경세			
	관세				

연계학습 2025 신용한 행정학 p.907

신용한
행정학

합격으로 증명하는 1등 행정학

2025년도 국가공무원 9급 공개경쟁채용 필기시험 답안지

컴퓨터용 흑색사인펜만 사용

2025년도 국가공무원 9급 공개경쟁채용 필기시험 답안지

2025년도 국가공무원 9급 공개경쟁채용 필기시험 답안지

2025년도 국가공무원 9급 공개경쟁채용 필기시험 답안지

2025년도 국가공무원 9급 공개경쟁채용 필기시험 답안지

컴퓨터용 흑색사인펜만 사용

[필적감정용 기재]
* 아래 예시문을 옮겨 기재하시기 바랍니다.
예시: 본 인은 ○○○ (응시자성명)을 확인함

책형 / 성명 / 자필성명 / 응시직렬 / 응시지역 / 시험장소 / 응시번호 / 생년월일

※ 시험감독관 서명
(서명을 정자로 기재하시기 바랍니다.)
적색 볼펜만 사용

제1과목 / 제2과목 / 제3과목 / 제4과목 / 제5과목 (문번 1~20, ①②③④)

메가 공무원

2025년도 국가공무원 9급 공개경쟁채용 필기시험 답안지

2025학년도 국가공무원 9급 공개경쟁채용 필기시험 답안지

2025년도 국가공무원 9급 공개경쟁채용 필기시험 답안지

2025년도 국가공무원 9급 공개경쟁채용 필기시험 답안지

메가 공무원

컴퓨터용 흑색사인펜만 사용

책 형
㉮ ㉯ ㉰ ㉱ ㉲

【필적감정용 기재】
*아래 예시문을 옮겨 기재하시기 바랍니다.
예시 : 본 인은 ○○○ (응시자성명)임을 확인함

기 재 란

성 명	
자필성명	본인 성명 기재
응시직렬	
응시지역	
시험장소	

응 시 번 호						
	⓪	⓪	⓪	⓪	⓪	⓪
	①	①	①	①	①	①
	②	②	②	②	②	②
	③	③	③	③	③	③
	④	④	④	④	④	④
	⑤	⑤	⑤	⑤	⑤	⑤
⑥	⑥	⑥	⑥	⑥	⑥	⑥
⑦	⑦	⑦	⑦	⑦	⑦	⑦
	⑧	⑧	⑧	⑧	⑧	⑧
	⑨	⑨	⑨	⑨	⑨	⑨

생 년 월 일					
⓪	⓪		⓪	⓪	⓪
	①	①	①	①	①
	②		②	②	②
	③		③	③	③
	④		④		④
⑤	⑤		⑤		⑤
⑥	⑥		⑥		⑥
⑦	⑦		⑦		⑦
⑧	⑧		⑧		⑧
⑨	⑨		⑨		⑨

※ 시험감독관 서명
(서명을 정자로 기재하시기 바랍니다.)

적색 볼펜만 사용

문번	제 1 과목	제 2 과목	제 3 과목	제 4 과목	제 5 과목
1	① ② ③ ④	① ② ③ ④	① ② ③ ④	① ② ③ ④	① ② ③ ④
2	① ② ③ ④	① ② ③ ④	① ② ③ ④	① ② ③ ④	① ② ③ ④
3	① ② ③ ④	① ② ③ ④	① ② ③ ④	① ② ③ ④	① ② ③ ④
4	① ② ③ ④	① ② ③ ④	① ② ③ ④	① ② ③ ④	① ② ③ ④
5	① ② ③ ④	① ② ③ ④	① ② ③ ④	① ② ③ ④	① ② ③ ④
6	① ② ③ ④	① ② ③ ④	① ② ③ ④	① ② ③ ④	① ② ③ ④
7	① ② ③ ④	① ② ③ ④	① ② ③ ④	① ② ③ ④	① ② ③ ④
8	① ② ③ ④	① ② ③ ④	① ② ③ ④	① ② ③ ④	① ② ③ ④
9	① ② ③ ④	① ② ③ ④	① ② ③ ④	① ② ③ ④	① ② ③ ④
10	① ② ③ ④	① ② ③ ④	① ② ③ ④	① ② ③ ④	① ② ③ ④
11	① ② ③ ④	① ② ③ ④	① ② ③ ④	① ② ③ ④	① ② ③ ④
12	① ② ③ ④	① ② ③ ④	① ② ③ ④	① ② ③ ④	① ② ③ ④
13	① ② ③ ④	① ② ③ ④	① ② ③ ④	① ② ③ ④	① ② ③ ④
14	① ② ③ ④	① ② ③ ④	① ② ③ ④	① ② ③ ④	① ② ③ ④
15	① ② ③ ④	① ② ③ ④	① ② ③ ④	① ② ③ ④	① ② ③ ④
16	① ② ③ ④	① ② ③ ④	① ② ③ ④	① ② ③ ④	① ② ③ ④
17	① ② ③ ④	① ② ③ ④	① ② ③ ④	① ② ③ ④	① ② ③ ④
18	① ② ③ ④	① ② ③ ④	① ② ③ ④	① ② ③ ④	① ② ③ ④
19	① ② ③ ④	① ② ③ ④	① ② ③ ④	① ② ③ ④	① ② ③ ④
20	① ② ③ ④	① ② ③ ④	① ② ③ ④	① ② ③ ④	① ② ③ ④

2025년도 국가공무원 9급 공개경쟁채용 필기시험 답안지

2025년도 국가공무원 9급 공개경쟁채용 필기시험 답안지

2025년도 국가공무원 9급 공개경쟁채용 필기시험 답안지

컴퓨터용 흑색사인펜만 사용

2025년도 국가공무원 9급 공개경쟁채용 필기시험 답안지

2025년도 국가공무원 9급 공개경쟁채용 필기시험 답안지

컴퓨터용 흑색사인펜만 사용

2025년도 국가공무원 9급 공개경쟁채용 필기시험 답안지

2025년도 국가공무원 9급 공개경쟁채용 필기시험 답안지

2025년도 국가공무원 9급 공개경쟁채용 필기시험 답안지

2025년도 국가공무원 9급 공개경쟁채용 필기시험 답안지

컴퓨터용 흑색사인펜만 사용

2025년도 국가공무원 9급 공개경쟁채용 필기시험 답안지

신용한 행정학

시행처별 기출문제집

문제편

PREFACE

들어가면서

"공무원 시험은 충분한 시간을 주는 시험이 아닙니다."

공공무원 시험문제를 1분에 한 문제씩 풀어야 하는 것으로 알고 있지만, 마킹 시간 등을 고려하면 실제로 한 문제에 투자할 수 있는 시간은 1분이 채 되지 않습니다.

이 짧은 시간 안에 실수 없이 문제를 풀어내려면 내용에 대한 이해도 물론 중요하지만, 그것만으로는 충분하지 않습니다.

객관식 시험은 수험생에게 원리적 이해를 묻는 것과 동시에 순발력과 빠르게 답을 결정할 수 있는 담대함까지 요구하기 때문입니다. 이러한 순발력과 담대함은 그저 책상 앞에 앉아 열심히 강의를 듣는다고 저절로 키워지는 역량은 결코 아닙니다. 실전과 같은 연습만이 이러한 능력들을 키워줄 수 있습니다.

책의 특징

"지금 이 순간, 늘 실전처럼 연습하자"

기출문제는 시험 당일 고사장에서 마주하게 될 실제 문제와 가장 유사합니다.

그렇기에 실전 연습에 가장 효과적인 도구입니다. 늘 실전처럼, 시험 당일을 떠올리며 꾸준히 훈련을 한 사람과 그렇지 않은 사람 간에는 격차가 생길 수밖에 없습니다. 여러분들이 실전 감각을 충분히 키울 수 있도록 기출문제를 재구성하여 실제 시험과 동일하게 이 책을 만들었습니다. 시험지의 표지부터 각 시험이 가지고 있는 고유한 글씨체, 문제 배열, 책형 등 최대한 똑같이 만들기 위해 노력했습니다.

"시행처별 기출문제집은 마지막 마무리와 실전연습을 위한 교재입니다."

이 책은 목표한 시험을 앞에 두고 방대한 양의 기출문제를 정리할 때 도움을 주는 교재입니다. 기존의 단원별 기출문제집은 학습한 내용을 바로 확인하고, 공부할 범위를 정하는 것이 주된 목적이었다면, 시행처별 기출문제집은 마지막 마무리와 실전 연습을 위한 교재입니다.

마치면서

"수험생 여러분 매 순간 최선을 다하세요."

실패하여 겪는 고통보다 최선을 다하지 못했음을 깨달았을 때의 고통이 더 큽니다.

인생에서 실패는 누구나 겪게 되는 경험입니다. 하지만 최선을 다한다면, 그 실패는 성공의 소중한 자산이 되어 여러분에게 돌아올 것입니다.

수험생 여러분 매 순간 최선을 다하세요. 그 끝에는 분명 합격의 선물이 주어질 것입니다. 실패를 두려워하지 않고, 최선을 다하는 수험생 여러분에게 이 교재가 큰 도움이 되었으면 하는 바람입니다.

여러분의 합격을 진심으로 응원합니다.

신용한 행정학

시행처별 기출문제집 활용법

수험생들은 일 년 동안 여러 번의 공무원 시험을 보게 된다. 그러나 그 시험을 주관하는 주체는 모두 다르다. 인사혁신처 / 국회 / 경찰 등 각기 다른 곳에서 시험을 주관하다 보니 출제유형과 스타일, 시험을 보는 시간(국회는 오후에 진행)까지 다르기 마련이다. 따라서 목표로 한 시험이 다가올수록 해당 시험 유형에 익숙해져야 한다.

한 달 전

시험장과 동일한 분위기로 문제를 한 번 풀어보되, 특정 영역이나 파트에 매몰되지 말자. 예를 들어 최근 3개년 동안 지속적으로 빈출되었다고 그 영역을 집중적으로 보는 것은 좋지 않다. 이 시점에서 중요한 것은 지금까지 공부했던 대로 하되, 시험시간, 분위기 등을 익숙하게 만드는 것과 기출문제 중에서 중요한 내용을 놓치고 있지 않은지 체크하는 것이다.

일주일 전

시험 모의연습을 해야 한다. 이때는 단순히 문제 푸는 것에만 신경 쓰는 것이 아니라 일어나서 시험을 볼 때까지의 과정을 연습하는 것이다. 예를 들어 시험 전 아침에 공부할 과목의 순서, 시험장까지 가는 동선, 시험장에 입실하여 어떻게 시간을 보낼 것인지 등을 생각하고, 시험이 시작되는 오전 10시에 문제풀이를 시작해야 한다. 모의연습 안에는 사소한 상황까지 포함되어야 한다. 생소한 문제에 접근하는 나만의 방식을 만들어 놓거나, OMR 카드가 틀려 다시 작성할 때 시간을 아끼는 방법도 생각하고, 다른 수험생이 볼펜이나 옷 등으로 신경 쓰이는 행동을 할 때 대처하는 방법 등을 미리 연습해야 한다.

하루 전

시험장과 동일한 환경이라고 생각하고 문제를 풀되, 자신감과 담대함을 갖자! 하루 전날 중요한 것은 그동안 노력했던 자신을 믿는 것이다. 적당한 긴장감을 유지하고, 지금까지 연습했던 것을 최종적으로 점검하는 시간을 갖는다.

2024년 11월
신용한 씀

이 책의 구성

1 출제영역 분석하기

공무원 시험 과목의 광범위한 내용은 기출문제 풀이를 통해 출제패턴과 빈출 주제를 예측할 수 있으며, 이는 수험 계획을 효율적으로 체계화하는 방법입니다.

빈출주제를 세부적으로 확인해 보세요. 시행처마다 단원별·연도별로 출제 비율이 기재되어 있어 출제 경향의 흐름을 한눈에 파악할 수 있습니다.

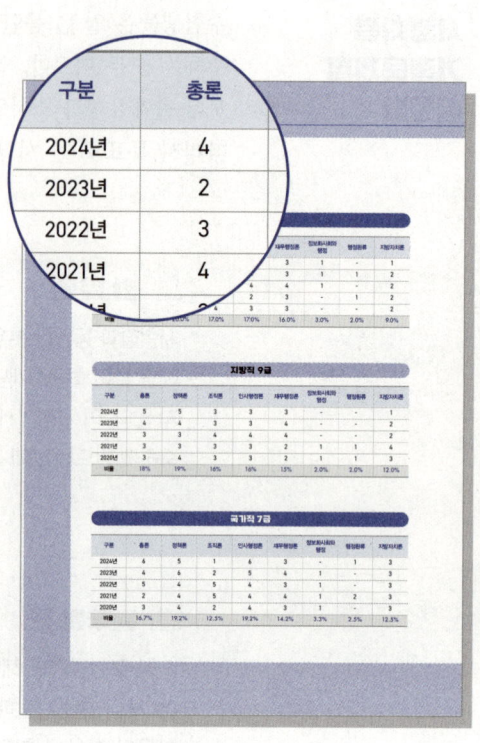

2 실전처럼 연습하기

공무원 시험 과목의 광범위한 내용은 기출문제 풀이를 통해 출제패턴과 빈출 주제를 예측할 수 있으며, 이는 수험 계획을 효율적으로 체계화하는 방법입니다.

빈출주제를 세부적으로 확인해 보세요. 시행처마다 단원별·연도별로 출제 비율이 기재되어 있어 출제 경향의 흐름을 한눈에 파악할 수 있습니다.

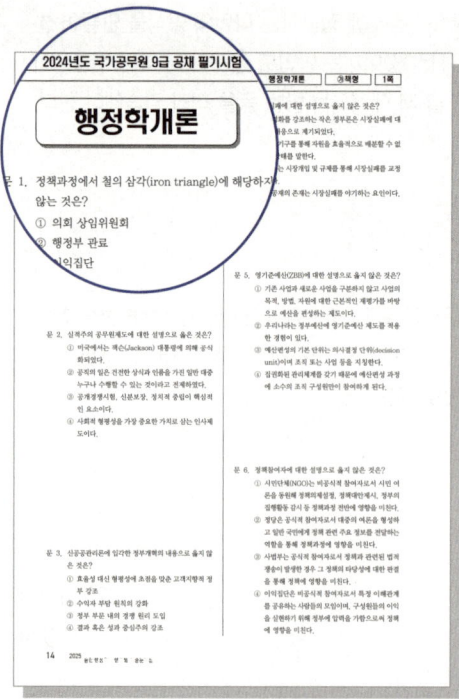

3 자세한 해설로 기출 정리하기

공무원 시험 과목의 광범위한 내용은 기출문제 풀이를 통해 출제패턴과 빈출 주제를 예측할 수 있으며, 이는 수험 계획을 효율적으로 체계화하는 방법입니다.

빈출주제를 세부적으로 확인해 보세요. 시행처마다 단원별·연도별로 출제 비율이 기재되어 있어 출제 경향의 흐름을 한눈에 파악할 수 있습니다.

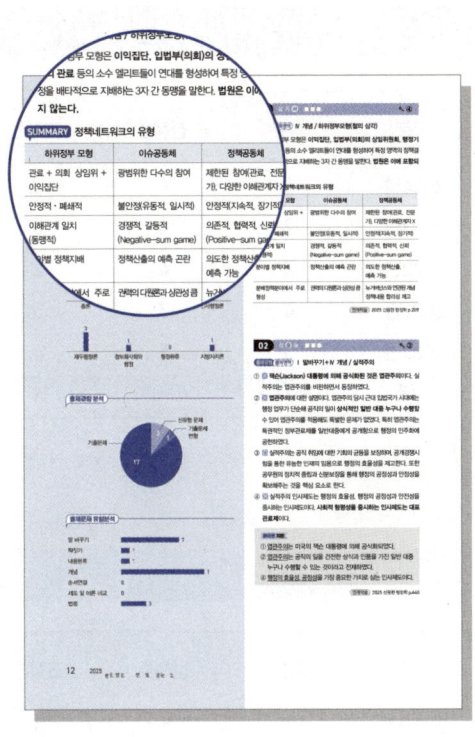

4 취약 부분 마스터하기

공무원 시험 과목의 광범위한 내용은 기출문제 풀이를 통해 출제패턴과 빈출 주제를 예측할 수 있으며, 이는 수험 계획을 효율적으로 체계화하는 방법입니다.

빈출주제를 세부적으로 확인해 보세요. 시행처마다 단원별·연도별로 출제 비율이 기재되어 있어 출제 경향의 흐름을 한눈에 파악할 수 있습니다.

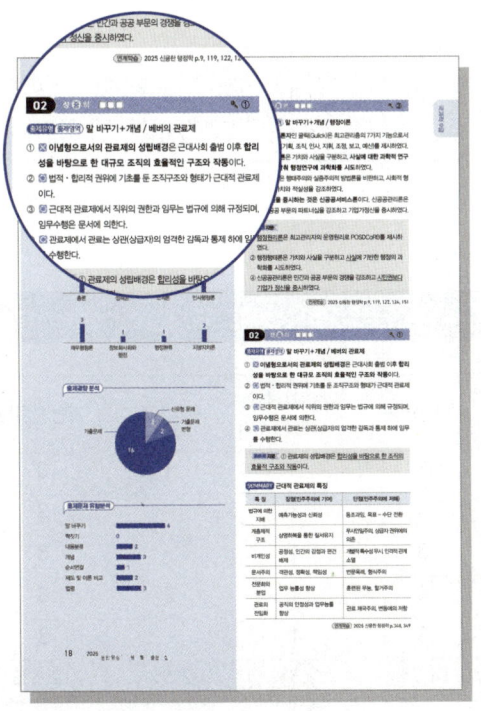

출제영역 분석

국가직 9급

구분	총론	정책론	조직론	인사행정론	재무행정론	정보화사회와 행정	행정환류	지방자치론
2024년	4	4	3	4	3	1	-	1
2023년	2	4	3	4	3	1	1	2
2022년	3	4	2	4	4	1	-	2
2021년	4	3	5	2	3	-	1	2
2020년	3	5	4	3	3	-	-	2
비율	16.0%	20.0%	17.0%	17.0%	16.0%	3.0%	2.0%	9.0%

지방직 9급

구분	총론	정책론	조직론	인사행정론	재무행정론	정보화사회와 행정	행정환류	지방자치론
2024년	5	5	3	3	3	-	-	1
2023년	4	4	3	3	4	-	-	2
2022년	3	3	4	4	4	-	-	2
2021년	3	3	3	3	2	1	1	4
2020년	3	4	3	3	2	1	1	3
비율	18.0%	19.0%	16.0%	16.0%	15.0%	2.0%	2.0%	12.0%

국가직 7급

구분	총론	정책론	조직론	인사행정론	재무행정론	정보화사회와 행정	행정환류	지방자치론
2024년	6	5	1	6	3	-	1	3
2023년	4	6	2	5	4	1	-	3
2022년	5	4	5	4	3	1	-	3
2021년	2	4	5	4	4	1	2	3
2020년	3	4	2	4	3	1	-	3
비율	16.7%	19.2%	12.5%	19.2%	14.2%	3.3%	2.5%	12.5%

지방직 7급

구분	총론	정책론	조직론	인사행정론	재무행정론	정보화사회와 행정	행정환류	지방자치론
2024년								
2023년	3	4	5	3	2	-	-	3
2022년	4	4	3	3	3	-	1	2
2021년	2	4	4	3	3	1	1	2
2020년	5	4	1	4	3	-	1	2
비율	18.0%	19.0%	17.0%	17.0%	13.0%	1.0%	3.0%	12.0%

국회 8급

구분	총론	정책론	조직론	인사행정론	재무행정론	정보화사회와 행정	행정환류	지방자치론
2024년								
2023년	5	2	5	5	4	1	-	3
2022년	8	3	5	3	4	-	-	2
2021년	6	4	4	2	4	1	1	3
2020년	2	2	6	5	5	1	-	4
비율	18.4%	14.4%	19.2%	15.2%	16.8%	2.4%	1.6%	12.0%

경찰간부후보생

구분	총론	정책론	조직론	인사행정론	재무행정론	정보화사회와 행정	행정환류	지방자치론
2025년								
2024년	9	7	6	6	7	-	1	4
2023년	7	6	7	7	7	-	-	6
2022년	14	6	7	4	5	1	-	3
2021년	12	7	6	5	6	-	3	2
비율	24.5%	16.5%	16.0%	14.5%	15.5%	0.5%	2.5%	10.0%

CONTENTS

문제편

국가직 9급

2024년 국가직 9급 행정학개론 … 13
2023년 국가직 9급 행정학개론 … 19
2022년 국가직 9급 행정학개론 … 25
2021년 국가직 9급 행정학개론 … 31
2020년 국가직 9급 행정학개론 … 37

지방직 9급

2024년 지방직 9급 행정학개론 … 45
2023년 지방직 9급 행정학개론 … 51
2022년 지방직 9급 행정학개론 … 57
2021년 지방직 9급 행정학개론 … 63
2020년 지방직 9급 행정학개론 … 69

국가직 7급

2024년 국가직 7급 행정학 … 77
2023년 국가직 7급 행정학 … 83
2022년 국가직 7급 행정학 … 89
2021년 국가직 7급 행정학 … 97
2020년 국가직 7급 행정학 … 103

지방직 7급

2024년 지방직 7급 행정학 … 111
2023년 지방직 7급 행정학 … 117
2022년 지방직 7급 행정학 … 123
2021년 지방직 7급 행정학 … 129
2020년 지방직 7급 행정학 … 135

국회 8급

2024년 국회 8급 행정학 … 143
2023년 국회 8급 행정학 … 153
2022년 국회 8급 행정학 … 159
2021년 국회 8급 행정학 … 165
2020년 국회 8급 행정학 … 173

경찰간부후보생

2025년 경찰간부후보생 행정학 … 183
2024년 경찰간부후보생 행정학 … 193
2023년 경찰간부후보생 행정학 … 203
2022년 경찰간부후보생 행정학 … 211
2021년 경찰간부후보생 행정학 … 219

해설편

국가직 9급

2024년 국가직 9급 행정학개론 ··· 12
2023년 국가직 9급 행정학개론 ··· 18
2022년 국가직 9급 행정학개론 ··· 24
2021년 국가직 9급 행정학개론 ··· 31
2020년 국가직 9급 행정학개론 ··· 37

지방직 9급

2024년 지방직 9급 행정학개론 ··· 46
2023년 지방직 9급 행정학개론 ··· 52
2022년 지방직 9급 행정학개론 ··· 58
2021년 지방직 9급 행정학개론 ··· 64
2020년 지방직 9급 행정학개론 ··· 71

국가직 7급

2024년 국가직 7급 행정학 ··· 80
2023년 국가직 7급 행정학 ··· 88
2022년 국가직 7급 행정학 ··· 96
2021년 국가직 7급 행정학 ··· 103
2020년 국가직 7급 행정학 ··· 111

지방직 7급

2024년 지방직 7급 행정학 ··· 120
2023년 지방직 7급 행정학 ··· 126
2022년 지방직 7급 행정학 ··· 133
2021년 지방직 7급 행정학 ··· 139
2020년 지방직 7급 행정학 ··· 145

국회 8급

2024년 국회 8급 행정학 ··· 154
2023년 국회 8급 행정학 ··· 161
2022년 국회 8급 행정학 ··· 168
2021년 국회 8급 행정학 ··· 177
2020년 국회 8급 행정학 ··· 187

경찰간부후보생

2025년 경찰간부후보생 행정학 ··· 200
2024년 경찰간부후보생 행정학 ··· 211
2023년 경찰간부후보생 행정학 ··· 224
2022년 경찰간부후보생 행정학 ··· 236
2021년 경찰간부후보생 행정학 ··· 247

국가직 9급

2024년 국가직 9급 ······ 13

2023년 국가직 9급 ······ 19

2022년 국가직 9급 ······ 25

2021년 국가직 9급 ······ 31

2020년 국가직 9급 ······ 37

합격으로 증명하는 1등 행정학

신용한 행정학

합격으로 증명하는 1등 행정학

2024년 3월 23일 시행

국가공무원 9급 공개경쟁채용 필기시험

| 일반행정 |

응시번호

성명

문제책형

가

제1과목	국어	제2과목	영어	제3과목	한국사
제4·5과목	선택[2]: 행정법총론, 행정학개론, 사회, 과학, 수학				

응시자 주의사항

1. **시험시작 전 시험문제를 열람하는 행위나 시험종료 후 답안을 작성하는 행위를 한 사람은**「공무원임용시험령」 제51조에 의거 **부정행위자**로 처리됩니다.
2. **답안지 책형 표기는 시험시작 전** 감독관의 지시에 따라 **문제책 앞면에 인쇄된 문제책형을 확인**한 후, **답안지 책형란에 해당 책형(1개)을 '●'로 표기**하여야 합니다.
3. **답안은 문제책 표지의 과목 순서에 따라 답안지에 인쇄된 순서(제1·2·3·4·5과목)에 맞추어 표기**해야 하며, 과목 순서를 바꾸어 표기한 경우에도 **문제책 표지의 과목 순서대로 채점**되므로 유의하시기 바랍니다.
4. 시험이 시작되면 문제를 주의 깊게 읽은 후, **문항의 취지에 가장 적합한 하나의 정답만을 고르며**, 문제내용에 관한 질문은 할 수 없습니다.
5. **답안을 잘못 표기하였을 경우에는 답안지를 교체하여 작성하거나 수정할 수 있으며**, 표기한 답안을 수정할 때는 **응시자 본인이 가져온 수정테이프만을 사용**하여 해당 부분을 완전히 지우고 부착된 수정테이프가 떨어지지 않도록 손으로 눌러주어야 합니다. **(수정액 또는 수정스티커 등은 사용 불가)**
   - **불량한 수정테이프의 사용과 불완전한 수정처리로 발생하는 모든 문제는 응시자 본인에게 책임이 있습니다.**
6. **시험시간 관리의 책임은 응시자 본인에게 있습니다.**
   ※ 문제책은 시험종료 후 가지고 갈 수 있습니다.

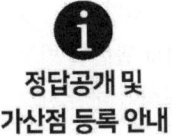
정답공개 및 가산점 등록 안내

1. 정답공개: 정답가안 0.00.(0) 00:00, 최종정답 0.00.(0) 00:00 / 사이버국가고시센터
2. 이의제기: 0.00.(0) 00:00 ~ 0.00.(0) 00:00 / 사이버국가고시센터(www.gosi.kr)
   - 구체적인 이의제기 방법은 정답가안 공개 시 공지 예정
3. 가산점 등록기간: 0.00.(0) 00:00 ~ 0.00.(0) 00:00
4. 가산점 등록방법: 사이버국가고시센터 ➡ [원서접수 → 가산점 등록 / 확인]

일반행정: 가

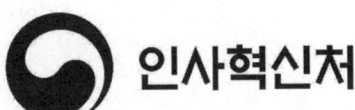

행정학개론

문 1. 정책과정에서 철의 삼각(iron triangle)에 해당하지 않는 것은?
① 의회 상임위원회
② 행정부 관료
③ 이익집단
④ 법원

문 2. 실적주의 공무원제도에 대한 설명으로 옳은 것은?
① 미국에서는 잭슨(Jackson) 대통령에 의해 공식화되었다.
② 공직의 일은 건전한 상식과 인품을 가진 일반 대중 누구나 수행할 수 있는 것이라고 전제하였다.
③ 공개경쟁시험, 신분보장, 정치적 중립이 핵심적인 요소이다.
④ 사회적 형평성을 가장 중요한 가치로 삼는 인사제도이다.

문 3. 신공공관리론에 입각한 정부개혁의 내용으로 옳지 않은 것은?
① 효율성 대신 형평성에 초점을 맞춘 고객지향적 정부 강조
② 수익자 부담 원칙의 강화
③ 정부 부문 내의 경쟁 원리 도입
④ 결과 혹은 성과 중심주의 강조

문 4. 시장실패에 대한 설명으로 옳지 않은 것은?
① 민영화를 강조하는 작은 정부론은 시장실패에 대한 대응으로 제기되었다.
② 시장기구를 통해 자원을 효율적으로 배분할 수 없는 상태를 말한다.
③ 정부는 시장개입 및 규제를 통해 시장실패를 교정한다.
④ 공공재의 존재는 시장실패를 야기하는 요인이다.

문 5. 영기준예산(ZBB)에 대한 설명으로 옳지 않은 것은?
① 기존 사업과 새로운 사업을 구분하지 않고 사업의 목적, 방법, 자원에 대한 근본적인 재평가를 바탕으로 예산을 편성하는 제도이다.
② 우리나라는 정부예산에 영기준예산 제도를 적용한 경험이 있다.
③ 예산편성의 기본 단위는 의사결정 단위(decision unit)이며 조직 또는 사업 등을 지칭한다.
④ 집권화된 관리체계를 갖기 때문에 예산편성 과정에 소수의 조직 구성원만이 참여하게 된다.

문 6. 정책참여자에 대한 설명으로 옳지 않은 것은?
① 시민단체(NGO)는 비공식적 참여자로서 시민 여론을 동원해 정책의제설정, 정책대안제시, 정부의 집행활동 감시 등 정책과정 전반에 영향을 미친다.
② 정당은 공식적 참여자로서 대중의 여론을 형성하고 일반 국민에게 정책 관련 주요 정보를 전달하는 역할을 통해 정책과정에 영향을 미친다.
③ 사법부는 공식적 참여자로서 정책과 관련된 법적 쟁송이 발생한 경우 그 정책의 타당성에 대한 판결을 통해 정책에 영향을 미친다.
④ 이익집단은 비공식적 참여자로서 특정 이해관계를 공유하는 사람들의 모임이며, 구성원들의 이익을 실현하기 위해 정부에 압력을 가함으로써 정책에 영향을 미친다.

문 7. 국고채무부담행위에 대한 설명으로 옳은 것만을 모두 고르면?

　ㄱ. 사항마다 필요한 이유를 명백히 하고 그 행위를 할 연도와 상환연도, 채무부담의 금액을 표시해야 한다.
　ㄴ. 국가가 금전 급부 의무를 부담하는 행위로서 그 채무 이행의 책임은 다음 연도 이후에 부담됨을 원칙으로 한다.
　ㄷ. 국가가 채무를 부담할 권한과 채무의 지출권한을 부여받은 것으로, 지출을 위한 국회 의결 대상에서 제외된다.
　ㄹ. 단년도 예산 원칙의 예외라는 점에서 계속비와 동일하지만, 공사나 제조 및 연구개발 사업 등 대상이 한정되어 있다는 점에서 대상이 한정되지 않는 계속비와 차이가 있다.

① ㄱ, ㄴ
② ㄱ, ㄹ
③ ㄴ, ㄷ
④ ㄷ, ㄹ

문 8. 정책평가의 논리모형에 대한 설명으로 옳지 않은 것은?
① 정책프로그램의 요소들과 해결하려는 문제들 사이의 논리적 인과관계를 투입(input) – 활동(activity) – 산출(output) – 결과(outcome)로 도식화한다.
② 산출은 정책집행이 종료된 직후의 직접적인 결과물을 의미하며, 결과는 산출로 인해 나타나는 변화를 의미한다.
③ 과정평가이기 때문에 정책프로그램의 목표달성 여부를 보여주지 못한다는 한계가 있다.
④ 정책프로그램과 관련된 다양한 이해관계자의 이해도를 높일 수 있다.

문 9. 로위(Lowi)의 정책 유형에 대한 설명으로 옳지 않은 것은?
① 정부 혹은 정치체제의 정통성과 정당성을 확보하고, 국민의 단결력이나 자부심을 높여 줌으로써 정부의 정책활동을 원활하게 하기 위한 정책은 구성정책에 해당한다.
② 기초생활보장 대상자에 대한 생활 보조금 지급 등과 같이 소득이전과 관련된 정책은 재분배정책에 해당한다.
③ 도로 건설, 하천·항만 사업과 같이 국민에게 공공서비스나 혜택을 제공하기 위한 정책은 분배정책에 해당한다.
④ 사회구성원이나 집단의 활동을 통제해 다른 사람이나 집단을 보호하려는 목적을 가진 정책은 규제정책에 해당한다.

문 10. 「비영리민간단체 지원법」상 정부의 비영리민간단체 지원에 대한 설명으로 옳지 않은 것은?
① 비영리민간단체는 영리가 아닌 공익활동을 수행하는 것을 주된 목적으로 하는 민간단체이어야 한다.
② 등록비영리민간단체는 공익사업의 소요경비를 지원받을 수 있으며 소요경비의 범위는 사업비를 원칙으로 한다.
③ 등록비영리민간단체가 공익사업 추진의 보조금을 교부받고자 할 때에는 사업의 목적과 내용, 소요경비, 기타 필요한 사항을 기재한 사업계획서를 제출해야 한다.
④ 등록비영리민간단체는 보조금을 받아 수행한 공익사업을 완료한 때에는 사업보고서를 대통령에게 제출해야 하며 사업평가, 사업보고서 및 평가결과의 공개 등에 필요한 사항은 대통령령으로 정한다.

문 11. 고전적 조직이론인 인간관계론이 강조한 내용으로 옳은 것은?
① 기계적 능률성
② 공식적 조직구조
③ 합리적·경제적 인간관
④ 인간의 사회·심리적 요인

문 12. 갈등관리 유형에 대한 설명으로 옳지 않은 것은?

① 회피(avoiding)는 갈등이 존재함을 알면서도 표면상으로는 그것을 무시하거나 인정하지 않음으로써 갈등 상황에 소극적으로 대응한다.
② 수용(accommodating)은 자신의 이익을 양보하고 상대방의 이익을 배려해 협조한다.
③ 타협(compromising)은 갈등 당사자 간 서로 존중하고 자신과 상대방 모두의 이익을 극대화하려는 유형으로 'win-win' 전략을 취한다.
④ 경쟁(competing)은 갈등 당사자가 자기 이익은 극대화하고 상대방의 이익은 최소화한다.

문 13. 다음 내용에 해당하는 조직유형에 대한 설명으로 옳지 않은 것은?

A회사는 장기적인 제품개발 프로젝트 수행을 위해 각 부서에서 총 10명을 차출하여 팀을 운영하려고 한다. 이 팀에 소속된 팀원들은 원부서에서 주어진 고유 기능을 수행하면서 제품개발을 위한 별도 직무가 부여된다. 따라서 프로젝트 수행 기간 중 팀원들은 프로젝트팀장과 원소속 부서장의 지휘를 동시에 받게 된다.

① 기능구조와 사업구조를 결합한 혼합형 구조이다.
② 동태적 환경 및 부서 간 상호 의존성이 높은 상황에서 효과적이다.
③ 조직 내부의 갈등 가능성이 커질 우려가 있다.
④ 명령 계통의 다원화로 유연한 인적자원 활용이 어렵다.

문 14. 「공직자의 이해충돌 방지법」상 '사적이해관계자'로 규정하고 있는 대상이 아닌 것은?

① 공직자 자신 또는 그 가족
② 공직자의 직무수행과 관련하여 이익 또는 불이익을 직접적으로 받는 다른 공직자
③ 공직자로 채용·임용되기 전 2년 이내에 공직자 자신이 재직하였던 법인 또는 단체
④ 공직자 자신 또는 그 가족이 임원·대표자·관리자 또는 사외 이사로 재직하고 있는 법인 또는 단체

문 15. 다음 설명에 해당하는 공무원 교육훈련 방법은?

교육 참가자들을 소그룹 규모의 팀으로 구성해 개인, 그룹 또는 조직에 중요한 의미가 있는 실제 현안 문제를 해결하면서 동시에 문제 해결 과정에 대한 성찰을 통해 학습하도록 지원하는 교육방식이다. 우리나라 정부 부문에는 2005년부터 고위공직자에 대한 교육훈련 방법으로 도입되었다.

① 액션러닝
② 역할연기
③ 감수성훈련
④ 서류함기법

문 16. 공무원과 관할 소청심사기관의 연결로 옳지 않은 것은?

① 경기도청 소속의 지방공무원 甲 - 경기도 소청심사위원회
② 지방검찰청 소속의 검사 乙 - 법무부 소청심사위원회
③ 소방청 소속의 소방위 丙 - 인사혁신처 소청심사위원회
④ 국립대학교 소속의 교수 丁 - 교육부 교원소청심사위원회

문 17. 지방행정제도에 대한 설명으로 옳지 않은 것은?

① 일정 조건을 충족한 주민은 해당 지방의회에 조례를 제정하거나 개정 또는 폐지할 것을 청구할 수 있다.
② 지방자치단체 각 관할 구역의 경계변경 조정 시 일정기간 이내에 경계변경자율협의체를 구성하지 못 한 경우 행정안전부장관은 지방자치단체중앙분쟁조정위원회의 심의·의결을 거쳐 조정할 수 있다.
③ 정책지원 전문인력인 정책지원관 제도는 지방자치단체장의 정책 기능을 강화하기 위해 도입되었다.
④ 자치경찰사무는 합의제 행정기관인 시·도지사 소속 시·도자치경찰위원회가 관장하며 업무는 독립적으로 수행한다.

문 18. 규제유형에 대한 설명으로 옳지 않은 것은?
① 오염배출부과금제도, 이산화탄소 배출권거래제도는 시장유인적 규제유형에 속한다.
② 포지티브 규제방식은 네거티브 규제방식에 비해 피규제자의 자율성을 더 보장한다.
③ 명령지시적 규제는 시장유인적 규제에 비해 일반 국민이 이해하기 쉽고 직관적 설득력이 높다는 장점이 있다.
④ 사회규제는 주로 사회적 영향을 야기하는 기업행동에 대한 규제를 말하며 작업장 안전 규제, 소비자 보호 규제 등이 있다.

문 19. 「국가재정법」상 온실가스감축인지 예산제도에 대한 설명으로 옳지 않은 것은?
① 온실가스감축인지 예산제도는 정부예산의 원칙 중 하나이다.
② 온실가스감축인지 예산서에는 온실가스 감축에 대한 기대효과, 성과목표, 효과분석 등을 포함해야 한다.
③ 정부의 기금은 온실가스감축인지 예산제도의 대상에 포함되지 않는다.
④ 정부는 예산이 온실가스를 감축하는 방향으로 집행되었는지를 평가하는 보고서를 작성하여야 한다.

문 20. 다음은 4차 산업혁명 시대의 주요 정보기술을 설명하고 있다. 이에 해당하는 것은?

> 거래정보의 기록을 중앙집중화된 서버나 관리 기능에 의존하지 않고 분산원장(distributed ledger)을 기반으로 모든 참여자에게 분산된 형태로 배분함으로써, 데이터 관리의 탈집중화된 환경을 제공하는 기술이다.

① 인공지능(AI)
② 블록체인(block chain)
③ 빅데이터(big data)
④ 사물인터넷(IoT)

신용한
행정학

합격으로 증명하는 1등 행정학

2023년 4월 8일 시행

국가공무원 9급 공개경쟁채용 필기시험

| 일반행정 |

응시번호

성명

문제책형

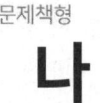

제1과목	국어	제2과목	영어	제3과목	한국사
제4·5과목	선택[2]: 행정법총론, 행정학개론, 사회, 과학, 수학				

응시자 주의사항

1. **시험시작 전 시험문제를 열람하는 행위나 시험종료 후 답안을 작성하는 행위를 한 사람은** 「공무원임용시험령」 제51조에 의거 **부정행위자**로 처리됩니다.
2. **답안지 책형 표기는 시험시작 전** 감독관의 지시에 따라 **문제책 앞면에 인쇄된 문제책형을 확인**한 후, **답안지 책형란에 해당 책형(1개)**을 '●'로 **표기**하여야 합니다.
3. **답안은 문제책 표지의 과목 순서에 따라 답안지에 인쇄된 순서(제1·2·3·4·5과목)에 맞추어 표기**해야 하며, 과목 순서를 바꾸어 표기한 경우에도 **문제책 표지의 과목 순서대로 채점**되므로 유의하시기 바랍니다.
4. 시험이 시작되면 문제를 주의 깊게 읽은 후, **문항의 취지에 가장 적합한 하나의 정답만을 고르며,** 문제내용에 관한 질문은 할 수 없습니다.
5. **답안을 잘못 표기하였을 경우에는 답안지를 교체하여 작성**하거나 **수정할 수 있으며,** 표기한 답안을 수정할 때는 **응시자 본인이 가져온 수정테이프만을 사용**하여 해당 부분을 완전히 지우고 부착된 수정테이프가 떨어지지 않도록 손으로 눌러주어야 합니다. **(수정액 또는 수정스티커 등은 사용 불가)**
    - 불량한 수정테이프의 사용과 불완전한 수정처리로 발생하는 **모든 문제는 응시자 본인에게 책임이 있습니다.**
6. 시험시간 관리의 책임은 응시자 본인에게 있습니다.
    ※ 문제책은 시험종료 후 가지고 갈 수 있습니다.

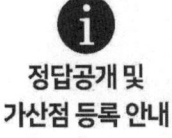

정답공개 및 가산점 등록 안내

1. 정답공개: 정답가안 0.00.(0) 00:00, 최종정답 0.00.(0) 00:00 / 사이버국가고시센터
2. 이의제기: 0.00.(0) 00:00 ~ 0.00.(0) 00:00 / 사이버국가고시센터(www.gosi.kr)
    - 구체적인 이의제기 방법은 정답가안 공개 시 공지 예정
3. 가산점 등록기간: 0.00(0) 00:00 ~ 0.00(0) 00:00
4. 가산점 등록방법: 사이버국가고시센터 ➡ [원서접수 → 가산점 등록 / 확인]

일반행정: 나

행정학개론

문 1. 행정이론에 대한 설명으로 옳은 것은?
① 과학적관리론은 최고관리자의 운영원리로 POSDCoRB를 제시하였다.
② 행정행태론은 가치와 사실을 구분하고 가치에 기반한 행정의 과학화를 시도하였다.
③ 신행정론은 실증주의적 방법론을 비판하고 사회적 형평성과 적실성을 강조하였다.
④ 신공공관리론은 민간과 공공 부문의 파트너십을 강조하고 기업가 정신보다 시민권을 중시하였다.

문 2. 베버(Weber)의 이념형(Ideal type) 관료제에 대한 설명으로 옳지 않은 것은?
① 관료제 성립의 배경은 봉건적 지배체제의 확립이다.
② 법적·합리적 권위에 기초를 둔 조직구조와 형태이다.
③ 직위의 권한과 임무는 문서화된 법규로 규정된다.
④ 관료는 원칙적으로 상관이 임명한다.

문 3. 예산이론에 대한 설명으로 옳지 않은 것은?
① 총체주의는 계획예산(PPBS), 영기준예산(ZBB)과 같은 예산제도 개혁을 설명하기에 적합한 이론이다.
② 점증주의는 거시적 예산결정과 예산삭감을 설명하기에 적합한 이론이다.
③ 총체주의는 합리적·분석적 의사결정과 최적의 자원배분을 전제로 한다.
④ 점증주의는 예산을 결정할 때 대안을 모두 고려하지는 못한다는 것을 전제로 한다.

문 4. 바흐라흐(Bachrach)와 바라츠(Baratz)의 무의사결정론에 대한 설명으로 옳지 않은 것은?
① 무의사결정의 행태는 정책과정 중 정책문제 채택단계 이외에서도 일어난다.
② 기존 정치체제 내의 규범이나 절차를 동원하여 변화 요구를 봉쇄한다.
③ 정책문제화를 막기 위해 폭력과 같은 강제력을 사용하기도 한다.
④ 엘리트의 두 얼굴 중 권력행사의 어두운 측면을 고려하지 못한다고 비판했기 때문에 신다원주의로 불린다.

문 5. 우리나라의 통합재정에 대한 설명으로 옳지 않은 것은?
① 세입과 세출은 경상거래와 자본거래로 구분하여 작성한다.
② 통합재정의 범위에는 일반정부와 공기업 등 공공부문 전체가 포함된다.
③ 정부의 재정이 국민 경제에 미치는 효과를 파악하고자 하는 예산의 분류체계이다.
④ 통합재정 산출 시 내부거래와 보전거래를 제외함으로써 세입·세출을 순계 개념으로 파악한다.

문 6. 정책분석 및 평가연구에 적용되는 기준 중 내적 타당성에 대한 설명으로 옳은 것은?
① 분석 및 평가 결과를 다른 상황에서도 적용할 수 있는 정도를 의미한다.
② 이론적 구성요소들의 추상적 개념을 성공적으로 조작화한 정도를 의미한다.
③ 집행된 정책내용과 발생한 정책효과 간의 관계에 대한 인과적 추론의 정확성 정도를 의미한다.
④ 반복해서 측정했을 때 일관성 있는 결과를 얻는 정도를 의미한다.

문 7. 「지방공무원법」상 인사위원회의 위원으로 임명되거나 위촉될 수 없는 사람은?
① 지방의회의원
② 법관·검사 또는 변호사 자격이 있는 사람
③ 공무원으로서 20년 이상 근속하고 퇴직한 사람
④ 초등학교·중학교·고등학교 교장 또는 교감으로 재직하는 사람

문 8. 조직구조의 유형에 대한 설명으로 옳지 않은 것은?
① 사업(부)구조는 조직의 산출물에 기반을 둔 구조화 방식으로 사업(부) 간 기능 조정이 용이하다.
② 매트릭스구조는 수직적 기능구조에 수평적 사업구조를 결합시켜 조직운영상의 신축성을 확보한다.
③ 네트워크구조는 복수의 조직이 각자의 경계를 넘어 연결고리를 통해 결합 관계를 이루어 환경 변화에 대처한다.
④ 수평(팀제)구조는 핵심업무 과정 중심의 구조화 방식으로 부서 사이의 경계를 제거하여 의사소통을 원활하게 한다.

문 9. 연공주의(seniority system)에 대한 설명으로 옳은 것만을 모두 고르면?

ㄱ. 장기근속으로 조직에 대한 공헌도를 높인다.
ㄴ. 개인의 성과에 따른 적절한 보상을 통해 사기를 높인다.
ㄷ. 계층적 서열구조 확립으로 조직 내 안정감을 높인다.
ㄹ. 조직 내 경쟁을 통해서 개인의 역량 개발에 기여한다.

① ㄱ, ㄴ
② ㄱ, ㄷ
③ ㄴ, ㄹ
④ ㄷ, ㄹ

문 10. 앨리슨(Allison)의 관료정치모형(모형 Ⅲ)에 대한 설명으로 옳은 것은?
① 정책결정은 준해결(quasi-resolution)적 상태에 머무르는 경우가 많다.
② 정책결정자들은 국가 전체의 이익이나 전략적 목표를 극대화하기 위한 결정을 한다.
③ 정책결정에 참여하는 구성원들 간의 목표 공유 정도와 정책결정의 일관성이 모두 매우 낮다.
④ 정부는 단일한 결정주체가 아니며 반독립적(semi-autonomous)하위조직들이 느슨하게 연결된 집합체이다.

문 11. 제니스(Janis)의 집단사고(groupthink)의 특성에 해당하지 않는 것은?
① 토론을 바탕으로 한 집단지성의 활용
② 침묵을 합의로 간주하는 만장일치의 환상
③ 집단적 합의에 대한 이의 제기에 대한 자기 검열
④ 집단에 대한 과대평가로 집단이 실패할 리 없다는 환상

문 12. 조직이론과 그 내용에 대한 설명으로 옳지 않은 것은?
① 구조적 상황이론 - 불안정한 환경 속에 있는 조직은 유기적인 조직구조를 선택하는 것이 효과적이다.
② 전략적 선택이론 - 동일한 환경에 처한 조직도 환경에 대한 관리자의 지각 차이로 상이한 선택을 할 수 있다.
③ 거래비용이론 - 시장에서의 거래비용이 조직의 내부 거래비용보다 클 경우 내부 조직화를 선택한다.
④ 조직군 생태학이론 - 조직군의 변화를 이끄는 변이는 우연적 변화(돌연변이)로 한정되며, 계획적이고 의도적인 변화는 배제된다.

문 13. 직무평가 방법에 대한 설명으로 옳지 않은 것은?
① 점수법은 직무를 구성하는 하위요소별 점수를 합산하여 평가하는 방법이다.
② 분류법은 미리 정한 등급기준표와 직무 전체를 비교하여 등급을 결정하는 비계량적 방법이다.
③ 서열법은 직무의 구성요소를 구별하지 않고 직무 전체의 중요도를 종합적으로 평가하는 방법이다.
④ 요소비교법은 기준직무(Key job)와 평가할 직무를 상호 비교해 가며 평가하는 비계량적 방법이다.

문 14. 우리나라의 전자정부에 대한 설명으로 옳지 않은 것은?
① 정부는 '지능정보사회 종합계획'을 3년 단위로 수립하여야 한다.
② 과학기술정보통신부장관은 5년마다 행정기관등의 기관별 계획을 종합하여 '전자정부기본계획'을 수립하여야 한다.
③ 「전자정부법」상 '전자화문서'는 종이문서와 그 밖에 전자적 형태로 작성되지 아니한 문서를 정보시스템이 처리할 수 있는 형태로 변환한 문서를 말한다.
④ 중앙행정기관의 장과 지방자치단체의 장은 해당 기관의 지능정보사회시책의 효율적 수립·시행과 대통령령이 정하는 업무를 총괄하는 '지능정보화책임관'을 임명하여야 한다.

문 15. 롬젝(Romzeck)의 행정책임 유형에 대한 설명으로 옳지 않은 것은?
① 계층적 책임 - 조직 내 상명하복의 원칙에 따라 통제된다.
② 법적 책임 - 표준운영절차(SOP)나 내부 규칙(규정)에 따라 통제된다.
③ 전문가적 책임 - 전문직업적 규범과 전문가집단의 관행을 중시한다.
④ 정치적 책임 - 민간 고객, 이익집단 등 외부 이해관계자의 기대에 부응하는가를 중시한다.

문 16. 우리나라의 재정사업 성과관리에 대한 설명으로 옳지 않은 것은?
① 재정사업 성과관리의 내용은 성과목표관리와 성과평가로 구성된다.
② 재정사업 성과평가 결과는 지출 구조조정 등의 방법으로 재정운용에 반영될 수 있다.
③ 재정사업 심층평가 결과 기획재정부장관이 필요하다고 판단하면 재정사업 자율평가를 실시할 수 있다.
④ 재정사업 자율평가는 미국 관리예산처(OMB)의 PART(Program Assessment Rating Tool)를 우리나라 실정에 맞게 도입한 제도이다.

문 17. 공직자의 이해충돌에 대한 설명으로 옳지 않은 것은?
① 우리나라는 2021년 5월「공직자의 이해충돌 방지법」을 제정하였다.
② 이해충돌은 그 특성에 따라 실제적, 외견적, 잠재적 형태로 분류할 수 있다.
③ 이해충돌 회피에 있어서는 '어느 누구도 자신이 연루된 사건의 재판관이 되어서는 안 된다'라는 원칙이 적용된다.
④ 「공직자의 이해충돌 방지법」의 위반행위는 감사원, 수사기관, 국민권익위원회 등에 신고할 수 있으나 위반행위가 발생한 기관은 제외된다.

문 18. 공무원의 직위해제에 대한 설명으로 옳은 것은?
① 직위해제는 공무원 징계의 한 종류이다.
② 직위해제 처분을 받은 공무원은 잠정적으로 공무원 신분이 상실된다.
③ 직무수행 능력이 부족하거나 근무성적이 극히 나쁜 자에 대해서도 직위해제가 가능하다.
④ 직위해제의 사유가 소멸된 경우 임용권자는 인사위원회의 심의를 거쳐 3개월 이내에 직위를 부여하여야 한다.

문 19. 2021년 1월 전부개정된 「지방자치법」에서 처음으로 도입된 주민참여 제도는?
① 주민소환
② 주민의 감사청구
③ 조례의 제정과 개정·폐지 청구
④ 규칙의 제정과 개정·폐지 관련 의견 제출

문 20. 정책평가를 위한 사회실험에 대한 설명으로 옳지 않은 것은?
① 통제집단 사전·사후 설계는 검사효과를 통제할 수 있다.
② 준실험은 진실험에 비해 실행 가능성이 높다는 장점이 있다.
③ 회귀불연속 설계는 구분점(구간)에서 회귀직선의 불연속적인 단절을 이용한다.
④ 솔로몬 4집단 설계는 통제집단 사전·사후 설계와 통제집단 사후 설계의 장점을 갖는다.

합격으로 증명하는 1등 행정학

신용한
행정학

2022년 4월 2일 시행

국가공무원 9급 공개경쟁채용 필기시험

| 일반행정 |

응시번호				문제책형
성명				가

제1과목	국어	제2과목	영어	제3과목	한국사
제4·5과목	선택(2): 행정법총론, 행정학개론, 사회, 과학, 수학				

응시자 주의사항

1. **시험시작 전 시험문제를 열람하는 행위나 시험종료 후 답안을 작성하는 행위를 한 사람**은 「공무원임용시험령」 제51조에 의거 **부정행위자**로 처리됩니다.
2. **답안지 책형 표기는 시험시작 전 감독관의 지시에 따라 문제책 앞면에 인쇄된 문제책형을 확인**한 후, **답안지 책형란에 해당 책형(1개)**을 '●'로 **표기**하여야 합니다.
3. **답안은 문제책 표지의 과목 순서에 따라 답안지에 인쇄된 순서(제1·2·3·4·5과목)에 맞추어 표기**해야 하며, 과목 순서를 바꾸어 표기한 경우에도 **문제책 표지의 과목 순서대로 채점**되므로 유의하시기 바랍니다.
4. 시험이 시작되면 문제를 주의 깊게 읽은 후, **문항의 취지에 가장 적합한 하나의 정답만을 고르며**, 문제내용에 관한 질문은 할 수 없습니다.
5. **답안을 잘못 표기하였을 경우에는 답안지를 교체하여 작성하거나 수정할 수 있으며**, 표기한 답안을 수정할 때는 **응시자 본인이 가져온 수정테이프만을 사용**하여 해당 부분을 완전히 지우고 부착된 수정테이프가 떨어지지 않도록 손으로 눌러주어야 합니다. (수정액 또는 수정스티커 등은 사용 불가)
   - 불량한 수정테이프의 사용과 불완전한 수정처리로 발생하는 **모든 문제는 응시자 본인에게 책임이 있습니다.**
6. **시험시간 관리의 책임은 응시자 본인에게 있습니다.**
   ※ 문제책은 시험종료 후 가지고 갈 수 있습니다.

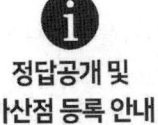
정답공개 및 가산점 등록 안내

1. 정답공개: 정답가안 0.00.(0) 00:00, 최종정답 0.00.(0) 00:00 / 사이버국가고시센터
2. 이의제기: 0.00.(0) 00:00 ~ 0.00.(0) 00:00 / 사이버국가고시센터(www.gosi.kr)
   - 구체적인 이의제기 방법은 정답가안 공개 시 공지 예정
3. 가산점 등록기간: 0.00(0) 00:00 ~ 0.00(0) 00:00
4. 가산점 등록방법: 사이버국가고시센터 ➡ [원서접수 → 가산점 등록 / 확인]

일반행정: 가

행정학개론

문 1. 직업공무원제의 특징으로 옳지 않은 것은?
① 직무급 중심 보수체계
② 능력발전의 기회 부여
③ 폐쇄형 충원방식
④ 신분의 보장

문 2. 정책의 유형 중에서 정책목표에 의해 일반 국민에게 인적·물적 자원을 부담시키는 정책은?
① 추출정책
② 구성정책
③ 분배정책
④ 상징정책

문 3. 직위분류제의 주요 개념에 대한 설명으로 옳지 않은 것은?
① '직위'는 한 사람의 공무원에게 부여할 수 있는 직무와 책임을 의미한다.
② '직급'은 직무의 종류가 유사하고 곤란도·책임도가 서로 다른 군(群)을 의미한다.
③ '직류'는 동일 직렬 내에서 담당분야가 동일한 직무의 군(群)을 의미한다.
④ '직무등급'은 직무의 곤란도·책임도가 유사해 동일 보수를 줄 수 있는 직위의 군(群)을 의미한다.

문 4. 윌슨(Wilson)의 규제정치 유형 중 다음 설명에 해당하는 것은?

> 정부규제로 발생하게 될 비용은 상대적으로 작고 이질적인 불특정 다수에게 부담된다. 그러나 편익은 크고 동질적인 소수에 귀속된다. 이런 상황에서 상당한 이익을 얻을 수 있는 소수집단은 정치조직화하여 편익이 자신들에게 제도적으로 보장될 수 있도록 정치적 압력을 행사한다.

① 대중정치
② 고객정치
③ 기업가정치
④ 이익집단정치

문 5. 동기유발의 과정을 설명하는 '과정이론'에 해당하는 것만을 모두 고르면?

> ㄱ. 브룸(Vroom)의 기대이론
> ㄴ. 애덤스(Adams)의 공정성이론
> ㄷ. 로크(Locke)의 목표설정이론
> ㄹ. 앨더퍼(Alderfer)의 ERG이론
> ㅁ. 맥그리거(McGregor)의 X이론·Y이론

① ㄱ, ㄴ, ㄷ
② ㄱ, ㄴ, ㄹ
③ ㄴ, ㄷ, ㅁ
④ ㄷ, ㄹ, ㅁ

문 6. 특별지방자치단체에 대한 설명으로 옳지 않은 것은?
① 2개 이상의 지방자치단체가 공동으로 특정한 목적을 위하여 광역적으로 사무를 처리할 필요가 있을 때에는 특별지방자치단체를 설치할 수 있다.
② 보통의 지방자치단체와 같이 법인격을 갖는다.
③ 특별지방자치단체의 의회는 규약으로 정하는 바에 따라 구성 지방자치단체의 의회 의원으로 구성한다.
④ 구성 지방자치단체의 장은 「지방자치법」상 겸임 제한 규정에 의해 특별지방자치단체의 장을 겸할 수 없다.

문 7. 나카무라(Nakamura)와 스몰우드(Smallwood)의 정책결정자와 정책집행자의 관계에 따른 정책집행의 유형에 대한 설명으로 옳지 않은 것은?
① '고전적 기술자형'은 정책결정자가 구체적인 목표를 설정하면 정책집행자는 그 목표를 지지하고 목표달성을 위한 기술적인 수단을 강구하는 역할을 담당한다고 본다.
② '재량적 실험형'은 정책결정자가 추상적인 목표를 설정하면 정책집행자는 정책결정자를 위해 목표와 수단을 명확하게 하는 역할을 담당한다고 본다.
③ '관료적 기업가형'은 정책집행자가 목표와 수단을 강구한 다음 정책결정자를 설득하고, 정책결정자는 정책집행자가 수립한 목표와 수단을 기술하는 역할을 담당한다고 본다.
④ '지시적 위임형'은 정책결정자가 구체적인 목표와 수단을 설정하면, 정책집행자는 정책결정자의 지시와 위임을 받아 정책대상집단과 협상하는 역할을 담당한다고 본다.

문 8. 목표관리제(MBO)에 대한 설명으로 옳은 것만을 모두 고르면?

ㄱ. 부하와 상사의 참여를 통해 목표를 설정한다.
ㄴ. 중·장기목표를 단기목표보다 강조한다.
ㄷ. 조직 내·외의 상황이 안정적이고 예측가능한 조직에서 성공확률이 높다.
ㄹ. 개별 구성원의 직무 특수성을 반영하기 위하여 목표의 정성적, 주관적 성격이 강조된다.

① ㄱ, ㄴ
② ㄱ, ㄷ
③ ㄴ, ㄹ
④ ㄷ, ㄹ

문 9. 동일 회계연도 예산의 성립을 기준으로 볼 때 시기적으로 빠른 것부터 순서대로 바르게 나열한 것은?
① 본예산, 수정예산, 준예산
② 준예산, 추가경정예산, 본예산
③ 수정예산, 본예산, 추가경정예산
④ 잠정예산, 본예산, 준예산

문 10. (가)~(라)의 행정이론이 등장한 시기를 순서대로 바르게 나열한 것은?

(가) 정부와 공공부문에 참여하는 다양한 참여자들의 네트워크를 중시하고, 정부는 전체 네트워크를 관리하는 조정자의 입장에 있다고 하였다.
(나) 미국 행정학의 '지적 위기'를 지적하면서 인간을 이기적·합리적 존재로 전개하고, 공공재의 공급이 서비스 기관 간 경쟁과 고객의 선택에 의해 이루어지는 시스템을 제안하였다.
(다) 정치는 국가의 의지를 표명하고 정책을 구현하는 것이며, 행정은 이를 실천하는 관리활동으로서 정치와 행정의 차이를 분명히 하였다.
(라) 왈도(Waldo)를 중심으로 가치와 형평성을 중시하면서 사회의 문제해결에 대한 현실 적합성을 갖는 새로운 행정학의 정립을 시도하였다.

① (다) → (라) → (가) → (나)
② (다) → (라) → (나) → (가)
③ (라) → (다) → (가) → (나)
④ (라) → (다) → (나) → (가)

문 11. 예산집행의 신축성을 유지하기 위한 제도로 옳지 않은 것은?
① 계속비
② 수입대체경비
③ 예산의 재배정
④ 예산의 이체

문 12. 정부관의 변천에 대한 설명으로 옳지 않은 것은?
① 19세기 근대 자유주의 국가는 '야경국가'를 지향하였다.
② 대공황 이후 케인스주의, 루스벨트 대통령의 뉴딜 정책은 큰 정부관을 강조하였다.
③ 영국의 대처리즘, 미국의 레이거노믹스는 작은 정부를 지향하였다.
④ 하이에크(hayek)는 「노예의 길」에서 시장실패를 비판하고 큰 정부를 강조하였다.

문 13. 공무원 신분과 변경과 소멸에 대한 설명으로 옳지 않은 것은?
① 직권면직은 법률상 징계의 종류로 규정되어 있지 않다.
② 정직은 징계처분의 일종으로, 정직 기간 중에는 보수의 1/2을 감하도록 되어 있다.
③ 임용권자는 사정에 따라서는 공무원 본인의 의사에도 불구하고 휴직을 명해야 한다.
④ 임용권자는 직무수행 능력 부족을 이유로 직위해제를 받은 공무원이 직위해제 기간에 능력의 향상을 기대하기 어렵다고 인정된 때에 직권면직을 통해 공무원의 신분을 박탈할 수 있다.

문 14. 립스키(Lipsky)의 '일선관료제'에서 일선관료들이 처하는 업무환경의 특징으로 옳지 않은 것은?
① 자원의 부족
② 일선관료 권위에 대한 도전
③ 모호하고 대립되는 기대
④ 단순하고 정형화된 정책대상집단

문 15. 의사결정 모형에 대한 설명으로 옳지 않은 것은?
① '최적모형'은 정책결정자의 합리성뿐 아니라 직관·판단·통찰 등과 같은 초합리성을 아울러 고려한다.
② '쓰레기통 모형'은 대학조직과 같이 조직구성원 사이의 응집력이 아주 약한 상태, 즉 조직화된 무정부 상태(organized anarchy)에서 의사결정이 이루어지는 과정을 설명하려고 시도한다.
③ '점증모형'은 실제 정책의 결정이 점증적인 방식으로 이루어질뿐 아니라 정책을 점증적으로 결정하는 것이 바람직하다는 입장을 견지한다.
④ '회사모형'은 조직의 불확실한 환경을 회피하고 조직 내 갈등을 극복하기 위하여 장기적인 전략과 기획의 중요성을 강조한다.

문 16. 공무원의 정치적 중립의 정당화 근거로 옳지 않은 것은?
① 엽관주의의 폐해를 극복하여 행정의 안정성과 전문성을 제고할 수 있다.
② 공무원은 국민 전체의 이익을 위해 공평무사하게 봉사해야 하는 신분이다.
③ 공무원의 정치적 기본권을 강화하여 공직의 계속성을 제고할 수 있다.
④ 공명선거를 통해 민주적 기본질서를 제고할 수 있다.

문 17. 지방교부세에 대한 설명으로 옳지 않은 것은?
① 지역 간 재정력 격차를 완화시키는 재정 균등화 기능을 수행한다.
② 보통교부세, 특별교부세, 부동산교부세, 소방안전교부세로 구분한다.
③ 신청주의를 원칙으로 하며 각 중앙관서의 예산에 반영되어야 한다.
④ 부동산교부세는 종합부동산세를 재원으로 하며 전액을 지방자치단체에 교부한다.

문 18. 「정부업무평가 기본법」상 우리나라 정부업무평가제도에 대한 설명으로 옳지 않은 것은?

① 특정평가는 국무총리가 중앙행정기관과 공공기관을 대상으로 국정을 통합적으로 관리하기 위한 목적을 갖는다.
② 국무총리 소속하에 심의·의결기구로서 정부업무평가위원회를 둔다.
③ 지방자치단체의 자체평가에 있어서 행정안전부장관은 평가관련 사항에 대하여 지방자치단체를 지원할 수 있다.
④ 자체평가는 중앙행정기관 또는 지방자치단체가 소관 정책 등을 스스로 평가하는 것을 말한다.

문 19. 중앙정부 결산보고서상의 재무제표로 옳은 것은?

① 손익계산서, 순자산변동표, 현금흐름표
② 대차대조표, 재정운영보고서, 이익잉여금처분계산서
③ 재정상태표, 재정운영표, 순자산변동표
④ 재정상태보고서, 순자산변동표, 현금흐름보고서

문 20. 「전자정부법」에서 정의하고 있는 다음 개념은?

> 일정한 기준과 절차에 따라 업무, 응용, 데이터, 기술, 보안 등 조직 전체의 구성요소들을 통합적으로 분석한 뒤 이들 간의 관계를 구조적으로 정리한 체제 및 이를 바탕으로 정보화 등을 통하여 구성요소들을 최적화하기 위한 방법

① 전자문서
② 정보기술아키텍처
③ 정보시스템
④ 정보자원

합격으로 증명하는 1등 행정학

신용한 행정학

2021년 4월 17일 시행

국가공무원 9급 공개경쟁채용 필기시험

| 일반행정 |

응시번호

성명

문제책형

나

제1과목	국어	제2과목	영어	제3과목	한국사
제4·5과목	선택[2]: 행정법총론, 행정학개론, 사회, 과학, 수학				

응시자 주의사항

1. **시험시작 전 시험문제를 열람하는 행위나 시험종료 후 답안을 작성하는 행위를 한 사람**은 「공무원임용시험령」제51조에 의거 **부정행위자**로 처리됩니다.
2. **답안지 책형 표기는 시험시작 전 감독관의 지시에 따라 문제책 앞면에 인쇄된 문제책형을 확인**한 후, 답안지 책형란에 해당 책형(1개)을 '●'로 **표기**하여야 합니다.
3. **답안은 문제책 표지의 과목 순서에 따라 답안지에 인쇄된 순서(제1·2·3·4·5과목)에 맞추어 표기**해야 하며, 과목 순서를 바꾸어 표기한 경우에도 **문제책 표지의 과목 순서대로 채점**되므로 유의하시기 바랍니다.
4. 시험이 시작되면 문제를 주의 깊게 읽은 후, **문항의 취지에 가장 적합한 하나의 정답만을 고르며**, 문제내용에 관한 질문은 할 수 없습니다.
5. **답안을 잘못 표기하였을 경우에는 답안지를 교체하여 작성**하거나 **수정할 수 있으며**, 표기한 답안을 수정할 때는 **응시자 본인이 가져온 수정테이프만을 사용**하여 해당 부분을 완전히 지우고 부착된 수정테이프가 떨어지지 않도록 손으로 눌러주어야 합니다. **(수정액 또는 수정스티커 등은 사용 불가)**
   - 불량한 수정테이프의 사용과 불완전한 수정처리로 발생하는 **모든 문제는 응시자 본인에게 책임이 있습니다.**
6. **시험시간 관리의 책임은 응시자 본인에게 있습니다.**
   ※ 문제책은 시험종료 후 가지고 갈 수 있습니다.

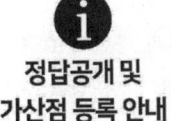
정답공개 및
가산점 등록 안내

1. 정답공개: 정답가안 0.00.(0) 00:00, 최종정답 0.00.(0) 00:00 / 사이버국가고시센터
2. 이의제기: 0.00.(0) 00:00 ~ 0.00.(0) 00:00 / 사이버국가고시센터(www.gosi.kr)
   - 구체적인 이의제기 방법은 정답가안 공개 시 공지 예정
3. 가산점 등록기간: 0.00(0) 00:00 ~ 0.00(0) 00:00
4. 가산점 등록방법: 사이버국가고시센터 ➡ [원서접수 → 가산점 등록 / 확인]

일반행정: 나

행정학개론

문 1. 정부개입의 근거가 되는 시장실패의 원인으로 옳지 않은 것은?
① 외부효과 발생
② 시장의 독점 상태
③ X-비효율성 발생
④ 시장이 담당하기 어려운 공공재의 존재

문 2. 조직목표의 기능에 대한 설명으로 옳지 않은 것은?
① 조직구성원들이 목표로 인해 일체감을 느끼기 때문에 구성원들의 동기를 유발해준다.
② 조직의 구조와 과정을 설계하는 준거를 제공하고 성과를 평가하는 기준이 되기도 한다.
③ 미래의 바람직한 상태를 밝혀 조직활동의 방향을 제시한다.
④ 조직이 존재하는 정당성의 근거가 될 수는 없다.

문 3. 결정과 기획 같은 핵심기능만 수행하는 조직을 중심에 놓고 다수의 독립된 조직들을 협력 관계로 묶어 일을 수행하는 조직형태는?
① 태스크 포스
② 프로젝트 팀
③ 네트워크 조직
④ 매트릭스 조직

문 4. 행정부에 대한 외부통제에 해당하는 것만을 모두 고르면?

ㄱ. 행정안전부의 각 중앙행정기관 조직과 정원 통제
ㄴ. 국회의 국정조사
ㄷ. 기획재정부의 각 부처 예산안 검토 및 조정
ㄹ. 국민들의 조세부과 처분에 대한 취소소송
ㅁ. 국무총리의 중앙행정기관에 대한 기관평가
ㅂ. 환경운동연합의 정부정책에 대한 반대
ㅅ. 중앙행정기관장의 당해 기관에 대한 자체평가
ㅇ. 언론의 공무원 부패 보도

① ㄱ, ㄷ, ㅁ, ㅅ
② ㄴ, ㄷ, ㄹ, ㅁ
③ ㄴ, ㄹ, ㅁ, ㅇ
④ ㄴ, ㄹ, ㅂ, ㅇ

문 5. 우리나라 지방자치단체의 권한(자치권)으로 옳지 않은 것은?
① 지방자치단체는 법률의 위임이 있어야 주민의 권리를 제한하는 조례를 제정할 수 있다.
② 지방자치단체는 주민의 복지증진과 사업의 효율적 수행을 위하여 지방공기업을 설치·운영할 수 있다.
③ 지방자치단체는 조례를 위반한 행위에 대하여 조례로써 1,500만원 이하의 과태료를 정할 수 있다.
④ 지방자치단체조합도 따로 법률로 정하는 바에 따라 지방채를 발행할 수 있다.

문 6. 근무성적평정 과정상의 오류와 완화방법에 대한 설명으로 옳지 않은 것은?
① 일관적 오류는 평정자의 기준이 다른 사람보다 높거나 낮은 데서 비롯되며 강제배분법을 완화방법으로 고려할 수 있다.
② 근접효과는 전체 기간의 실적을 같은 비중으로 평가하지 못할 때 발생하며 중요사건기록법을 완화방법으로 고려할 수 있다.
③ 관대화 경향은 비공식집단적 유대 때문에 발생하며 평정결과의 공개를 완화방법으로 고려할 수 있다.
④ 연쇄효과는 도표식 평정척도법에서 자주 발생하며 피평가자별이 아닌 평정요소별 평정을 완화방법으로 고려할 수 있다.

문 7. 테일러(Taylor)의 과학적관리론에 대한 설명으로 옳지 않은 것은?
① 관리자는 생산증진을 통해서 노·사 모두를 이롭게 해야 한다.
② 조직 내의 인간은 사회적 욕구에 의해 동기가 유발된다고 전제한다.
③ 업무와 인력의 적정한 결합은 노동자가 아닌 관리자에 의해 결정되어야 한다.
④ 업무수행에 관한 유일 최선의 방법을 찾기 위해 동작연구와 시간연구를 사용한다.

문 8. 신공공관리와 뉴거버넌스에 대한 설명으로 옳은 것은?
① 뉴거버넌스가 상정하는 정부의 역할은 방향잡기(steering)이다.
② 신공공관리의 인식론적 기초는 공동체주의이다.
③ 신공공관리가 중시하는 관리 가치는 신뢰(trust)이다.
④ 뉴거버넌스의 관리 기구는 시장(market)이다.

문 9. 로위(Lowi)의 정책유형과 그에 대한 설명으로 옳은 것만을 모두 고르면?

ㄱ. 규제정책은 특정 개인이나 집단에 대한 선택의 자유를 제한하는 유형의 정책으로 강제력이 특징이다.
ㄴ. 분배정책의 사례에는 FTA협정에 따른 농민피해 지원, 중소기업을 위한 정책자금지원, 사회보장 및 의료보장정책 등이 있다.
ㄷ. 재분배정책은 고소득층으로부터 저소득층으로 소득이전을 목적으로 하기 때문에 계급대립적 성격을 지닌다.
ㄹ. 재분배정책의 사례로는 저소득층을 위한 근로장려금 제도, 영세민을 위한 임대주택 건설, 대덕 연구개발 특구 지원 등이 있다.
ㅁ. 구성정책은 정부기관의 신설과 선거구 조정 등과 같이 정부기구의 구성 및 조정과 관련된 정책이다.

① ㄱ, ㄴ, ㄷ
② ㄱ, ㄷ, ㅁ
③ ㄴ, ㄹ, ㅁ
④ ㄷ, ㄹ, ㅁ

문 10. 우리나라 예산제도에 대한 설명으로 옳지 않은 것은?
① 국회는 정부의 동의 없이 정부가 제출한 지출예산 각 항의 금액을 증가시킬 수 없다.
② 정부가 예산안 편성 시 감사원의 세출예산요구액을 감액하고자 할 때에는 국무회의에서 감사원장의 의견을 구하여야 한다.
③ 정부는 회계연도 개시 전까지 예산안이 의결되지 못한 때에는 전년도 예산에 준해 모든 예산을 편성해 운영할 수 있다.
④ 국회는 감사원이 검사를 완료한 국가결산보고서를 정기회 개회 전까지 심의·의결을 완료해야 한다.

문 11. 「국가공무원법」에 명시된 공무원의 의무에 해당하지 않는 것은?
① 부패행위 신고의무
② 품위 유지의 의무
③ 복종의 의무
④ 성실 의무

문 12. 예산주기에 비추어 볼 때 2021년도에 볼 수 없는 예산과정은?
① 국방부의 2022년도 예산에 대한 예산요구서 작성
② 기획재정부의 2021년도 예산에 대한 예산배정
③ 대통령의 2022년도 예산안에 대한 국회 시정연설
④ 감사원의 2021년도 예산에 대한 결산검사보고서의 작성

문 13. 「국가재정법」상 추가경정예산안 편성이 가능한 사유에 해당하지 않는 것은?
① 전쟁이나 대규모 재해가 발생한 경우
② 남북관계의 변화와 같은 중대한 변화가 발생한 경우
③ 경기침체, 대량실업 같은 중대한 변화가 발생할 우려가 있는 경우
④ 경제협력, 해외원조를 위한 지출을 예비비로 충당해야 할 우려가 있는 경우

문 14. 공기업에 대한 설명으로 옳지 않은 것은?
① 공공수요가 있으나 민간부문의 자본이 부족한 경우 공기업 설립이 정당화된다.
② 시장에서 독점성이 나타나는 경우 공기업 설립이 정당화된다.
③ 전통적인 자본주의적 사기업 질서에 반하여 사회주의적 간섭을 하는 것으로 볼 수 있다.
④ 주식회사형 공기업은 특별법 혹은 상법에 의해 설립되지만 일반행정기관에 적용되는 조직·인사 원칙이 적용된다.

문 15. 동기요인 이론에 대한 설명으로 옳지 않은 것은?
① 아담스(Adams)의 공정성 이론에 따르면 공정하다고 인식할 때 동기가 유발된다.
② 매클리랜드(McClelland)의 성취동기이론에 따르면 개인들의 욕구가 학습을 통해 개발될 수 있다.
③ 브룸(Vroom)의 기대이론에서 기대감은 특정 결과는 특정한 노력으로 인해 나타날 수 있다는 가능성에 대한 개인의 신념으로 통상 주관적 확률로 표시된다.
④ 앨더퍼(Alderfer)의 ERG이론에 따르면 상위욕구 충족이 좌절되면 하위욕구를 충족시키고자 할 수 있다.

문 16. 정책평가와 관련하여 실험결과의 외적 타당성을 저해하는 요인으로 옳지 않은 것은?
① 연구자의 측정기준이나 측정도구가 변화되는 경우
② 표본으로 선택된 집단의 대표성이 약할 경우
③ 실험집단 구성원 자신이 실험대상임을 인지하고 평소와 다른 특별한 반응을 보인 경우
④ 실험의 효과가 크게 나타날 것으로 예상되는 집단만을 의도적으로 실험집단에 배정하는 경우

문 17. 우리나라의 주민소환제도에 대한 설명으로 옳지 않은 것은?
① 가장 유력한 직접민주주의 제도이다.
② 비례대표 지방의회의원은 주민소환 대상이 아니다.
③ 심리적 통제 효과가 크다.
④ 군수를 소환하려고 할 경우에는 해당 군의 주민소환투표청구권자 총수의 100분의 10 이상의 서명을 받아 청구해야 한다.

문 18. 신공공서비스론의 특성에 대한 설명으로 옳지 않은 것은?
① 정부의 역할은 시민에 대한 봉사여야 한다.
② 공익은 개인적 이익의 집합체이기 때문에 시민들과 신뢰와 협력의 관계를 확립해야 한다.
③ 책임성이란 단순하지 않기 때문에 관료들은 헌법, 법률, 정치적 규범, 공동체의 가치 등 다양한 측면에 관심을 기울여야 한다.
④ 생산성보다는 사람에게 가치를 부여하기 때문에 공공조직은 공유된 리더십과 협력의 과정을 통해 작동되어야 한다.

문 19. 공공사업의 경제성분석에 대한 설명으로 옳은 것만을 모두 고르면?

ㄱ. 할인율이 높을 때는 편익이 장기간에 실현되는 장기투자사업보다 단기간에 실현되는 단기투자사업이 유리하다.
ㄴ. 직접적이고 유형적인 비용과 편익은 반영하고, 간접적이고 무형적인 비용과 편익은 포함하지 않는다.
ㄷ. 순현재가치(NPV)는 비용의 총현재가치에서 편익의 총현재가치를 뺀 것이며 0보다 클 경우 사업의 타당성을 인정할 수 있다.
ㄹ. 내부수익률은 할인율을 알지 못해도 사업평가가 가능하도록 하는 분석기법이다.

① ㄱ, ㄴ ② ㄱ, ㄹ
③ ㄴ, ㄷ ④ ㄱ, ㄷ, ㄹ

문 20. 공공봉사동기이론(public service motivation)에 대한 설명으로 옳지 않은 것은?
① 공사부문 간 업무성격이 다르듯이, 공공부문의 조직원들은 동기구조 자체도 다르다는 입장에 있다.
② 정책에 대한 호감, 공공에 대한 봉사, 동정심(compassion) 등의 개념으로 구성되어 있다.
③ 공공봉사동기가 높은 사람을 공직에 충원해야 한다는 주장의 근거가 될 수 있다.
④ 페리와 아이스(Perry&Wise)는 제도적 차원, 금전적 차원, 감성적 차원을 제시하였다.

합격으로 증명하는 1등 행정학

신용한 행정학

합격으로 증명하는 1등 행정학

2020년 7월 11일 시행

국가공무원 9급 공개경쟁채용 필기시험

| 일반행정 |

응시번호

성명

문제책형

가

제1과목	국어	제2과목	영어	제3과목	한국사
제4·5과목	선택[2]: 행정법총론, 행정학개론, 사회, 과학, 수학				

응시자 주의사항

1. **시험시작 전 시험문제를 열람하는 행위나 시험종료 후 답안을 작성하는 행위를 한 사람**은 「공무원임용시험령」 제51조에 의거 **부정행위자**로 처리됩니다.
2. **답안지 책형 표기는 시험시작 전 감독관의 지시에 따라 문제책 앞면에 인쇄된 문제책형을 확인**한 후, 답안지 책형란에 해당 책형(1개)을 '●'로 **표기**하여야 합니다.
3. **답안은 문제책 표지의 과목 순서에 따라 답안지에 인쇄된 순서(제1·2·3·4·5과목)에 맞추어 표기**해야 하며, 과목 순서를 바꾸어 표기한 경우에도 **문제책 표지의 과목 순서대로 채점**되므로 유의하시기 바랍니다.
4. 시험이 시작되면 문제를 주의 깊게 읽은 후, **문항의 취지에 가장 적합한 하나의 정답만을 고르며**, 문제내용에 관한 질문은 할 수 없습니다.
5. **답안을 잘못 표기하였을 경우에는 답안지를 교체하여 작성하거나 수정할 수 있으며**, 표기한 답안을 수정할 때는 **응시자 본인이 가져온 수정테이프만을 사용**하여 해당 부분을 완전히 지우고 부착된 수정테이프가 떨어지지 않도록 손으로 눌러주어야 합니다. (수정액 또는 수정스티커 등은 사용 불가)
   - 불량한 수정테이프의 사용과 불완전한 수정처리로 발생하는 **모든 문제는 응시자 본인에게 책임이 있습니다.**
6. **시험시간 관리의 책임은 응시자 본인에게 있습니다.**
   ※ 문제책은 시험종료 후 가지고 갈 수 있습니다.

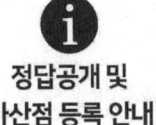
정답공개 및 가산점 등록 안내

1. 정답공개: 정답가안 0.00.(0) 00:00, 최종정답 0.00.(0) 00:00 / 사이버국가고시센터
2. 이의제기: 0.00.(0) 00:00 ~ 0.00(0) 00:00 / 사이버국가고시센터(www.gosi.kr)
   - 구체적인 이의제기 방법은 정답가안 공개 시 공지 예정
3. 가산점 등록기간: 0.00(0) 00:00 ~ 0.00(0) 00:00
4. 가산점 등록방법: 사이버국가고시센터 ➡ [원서접수 → 가산점 등록 / 확인]

일반행정: 가

행정학개론

문 1. 정치·행정 이원론에 대한 설명으로 옳은 것은?
① 정당정치의 개입으로부터 자유로운 행정 영역을 강조하였다.
② 1930년대 뉴딜정책은 정치·행정 이원론이 등장하게 된 중요 배경이다.
③ 과학적 관리론과 행정개혁운동은 정치·행정 이원론의 한계를 지적하였다.
④ 정치·행정 이원론을 대표하는 애플비(Appleby)는 정치와 행정이 단절적이라고 보았다.

문 2. 무의사결정론에 대한 설명으로 옳지 않은 것은?
① 정치체제 내의 지배적 규범이나 절차가 강조되어 변화를 위한 주장은 통제된다고 본다.
② 엘리트들에게 안전한 이슈만이 논의되고 불리한 이슈는 거론조차 못하게 봉쇄된다고 한다.
③ 위협과 같은 폭력적 방법을 통해 특정한 이슈의 등장이 방해받기도 한다고 주장한다.
④ 조직의 주의집중력과 가용자원은 한계가 있어 일부 사회문제만이 정책의제로 선택된다고 주장한다.

문 3. 우리나라 지방자치에 대한 설명으로 옳은 것은?
① 자치사법권은 인정되고 있다.
② 지방자치단체의 예산안 편성권은 지방자치단체장에 속한다.
③ 자치입법권은 지방의회만이 행사할 수 있는 전속적 권한이다.
④ '세종특별자치시'와 제주특별자치도의 '제주시'는 기초자치단체로서 자치권을 가지고 있다.

문 4. 총체적 품질관리(Total Quality Management)에 대한 설명으로 옳은 것만을 모두 고르면?

ㄱ. 고객의 요구를 존중한다.
ㄴ. 무결점을 향한 지속적 개선을 중시한다.
ㄷ. 집권화된 기획과 사후적 통제를 강조한다.
ㄹ. 문제해결의 주된 방법은 집단적 노력에서 개인적 노력으로 옮아간다.

① ㄱ, ㄴ
② ㄱ, ㄷ
③ ㄴ, ㄹ
④ ㄷ, ㄹ

문 5. 프렌치와 레이븐(French & Raven)이 주장하는 권력의 원천에 대한 설명으로 옳지 않은 것은?
① 합법적 권력은 권한과 유사하며 상사가 보유한 직위에 기반한다.
② 강압적 권력은 카리스마 개념과 유사하며 인간의 공포에 기반한다.
③ 전문적 권력은 조직 내 공식적 직위와 항상 일치하는 것은 아니다.
④ 준거적 권력은 자신보다 뛰어나다고 생각하는 사람을 닮고자 할 때 발생한다.

문 6. 직위분류제와 관련하여 다음 설명에 해당하는 것은?

○ 직무의 곤란성과 책임성을 기준으로 상대적 가치를 결정하는 것이다.
○ 서열법, 분류법, 점수법 등을 활용한다.
○ 개인에게 공정한 보수를 제공하는 데 필요한 작업이다.

① 직무조사
② 직무분석
③ 직무평가
④ 정급

문 7. 다음 설명에 해당하는 정책결정모형은?

> 지난 30년간 자료를 중심으로 전국의 자연재난 발생현황을 개략적으로 파악한 다음, 홍수와 지진 등 두 가지 이상의 재난이 한 해에 동시에 발생한 지역을 중심으로 다시 면밀하게 관찰하여 정책을 결정한다.

① 만족모형
② 점증모형
③ 최적모형
④ 혼합탐사모형

문 8. 예산의 집행에 대한 설명으로 옳은 것은?
① 기획재정부장관은 각 중앙관서의 장에게 예산을 배정한 때에는 감사원에 통지하여야 한다.
② 기획재정부장관은 반기별 예산배정계획을 작성하여 국회의 심의를 받은 뒤에 예산을 배정한다.
③ 중앙관서의 장에게 자금을 사용할 수 있는 권한을 부여하는 것을 예산 재배정이라고 한다.
④ 기획재정부장관은 매년 2월 말까지 예산집행지침을 각 중앙관서의 장과 국회예산정책처에 통보하여야 한다.

문 9. 정책평가를 위한 측정도구의 타당성과 신뢰성에 대한 설명으로 옳지 않은 것은?
① 타당성은 없지만 신뢰성이 높은 측정도구가 있을 수 있다.
② 신뢰성이 없지만 타당성이 높은 측정도구는 있을 수 없다.
③ 신뢰성은 측정도구의 타당성을 담보할 수 있는 충분조건이다.
④ 타당성이 없는 측정도구는 제1종 오류를 범하는 원인이 될 수 있다.

문 10. 공무원의 인사이동에 대한 설명으로 옳은 것은?
① 겸임은 한 사람에게 둘 이상의 직위를 부여하는 것으로 그 대상은 특정직 공무원이며, 겸임 기간은 3년 이내로 한다.
② 전직은 인사 관할을 달리하는 기관 사이의 수평적 인사이동에 해당하며, 예외적인 경우에만 전직시험을 거치도록 하고 있다.
③ 같은 직급 내에서 직위 등을 변경하는 전보는 수평적 인사이동에 해당하며, 전보의 오용과 남용을 방지하기 위해 전보가 제한되는 기간이나 범위를 두고 있다.
④ 예산 감소 등으로 직위가 폐지되어 하위 계급의 직위에 임용하려면 별도의 심사 절차를 거쳐야 하고, 강임된 공무원에게는 강임된 계급의 봉급이 지급한다.

문 11. 조직 내 갈등에 대한 설명으로 옳지 않은 것은?
① 과업의 상호의존성이 높은 경우 잠재적 갈등이 야기될 수 있다.
② 고전적 관점에서 갈등은 조직 효과성에 부정적인 영향을 끼친다고 가정한다.
③ 의사소통 과정에서 충분한 양의 정보도 갈등을 유발하는 경우가 있다.
④ 진행단계별로 분류할 때 지각된 갈등은 갈등이 야기될 수 있는 상황 또는 조건을 의미한다.

문 12. 예산제도에 대한 설명으로 옳지 않은 것은?
① 품목별 예산제도는 일에 대한 정보를 제공하며, 세입과 세출의 유기적 연계를 고려한다.
② 성과주의 예산제도는 업무량과 단위당 원가를 곱하여 예산액을 산정한다.
③ 계획예산제도는 비용편익분석 등을 활용함으로써 자원 배분의 합리화를 추구한다.
④ 영기준 예산제도는 예산 편성에서 의사결정단위(decision unit)설정, 의사결정 패키지 작성 등이 필요하다.

문 13. 단체위임사무와 기관위임사무에 대한 설명으로 옳지 않은 것은?
① 지방의회는 기관위임사무에 대해 조례제정권을 행사할 수 없다.
② 보건소의 운영업무와 병역자원의 관리업무는 대표적인 기관위임사무이다.
③ 중앙정부는 단체위임사무에 대해 사전적 통제보다 사후적 통제를 주로 한다.
④ 기관위임사무의 처리를 위한 비용은 국가가 부담한다.

문 14. 행정학의 접근 방법에 대한 설명으로 옳은 것은?
① 법적·제도적 접근 방법은 개인이나 집단의 속성과 행태를 행정 현상의 설명변수로 규정한다.
② 신제도주의 접근 방법에서는 제도를 공식적인 구조나 조직 등에 한정하지 않고, 비공식적인 규범 등도 포함한다.
③ 후기 행태주의 접근 방법은 행정을 자연·문화적 환경과 관련하여 이해하면서 행정체제의 개방성을 강조한다.
④ 툴민(Toolmin)의 논변적 접근 방법은 환경을 포함하여 거시적인 관점에서 행정 현상을 분석하고, 확실성을 지닌 법칙 발견을 강조한다.

문 15. 공리주의적 관점에서 공익을 설명한 것으로 옳은 것만을 모두 고르면?

ㄱ. 사회 전체의 효용이 증가하면 공익이 향상된다.
ㄴ. 목적론적 윤리론을 따르고 있다.
ㄷ. 효율성(efficiency)보다는 합법성(legitimacy)이 윤리적 행정의 판단기준이다.

① ㄱ
② ㄷ
③ ㄱ, ㄴ
④ ㄴ, ㄷ

문 16. 책임운영기관에 대한 설명으로 옳지 않은 것은?
① 기관장에게 기관 운영의 자율성을 보장하고, 기관 운영 성과에 대해 책임을 지도록 한다.
② 공공성이 크기 때문에 민영화하기 어려운 업무를 정부가 직접 수행하기 위해 고안된 것이다.
③ 객관적이고 신뢰할 수 있는 성과평가 시스템 구축은 책임운영기관의 성공 여부를 결정짓는 요건 중의 하나이다.
④ 1970년대 영국에서 집행기관(executive agency)이라는 이름으로 처음 도입되었고, 우리나라는 1990년부터 운영하고 있다.

문 17. 정책변동에 대한 설명으로 옳지 않은 것은?
① 킹던(Kingdon)의 정책흐름이론에 따르면 정책변동은 정책문제의 흐름, 정치의 흐름, 정책대안의 흐름이 결합하여 이루어진다.
② 무치아로니(Mucciaroni)의 이익집단 위상변동 모형에서 이슈맥락은 환경적 요인과 같이 정책의 유지 혹은 변동에 영향을 미치는 정책요인을 말한다.
③ 실질적인 정책내용이 변하더라도 정책목표가 변하지 않는다면 이를 정책유지라 한다.
④ 정책목표를 달성하기 위한 전반적인 정책수단을 소멸시키고 이를 대체할 다른 정책을 마련하지 않는 것을 정책종결이라 한다.

문 18. 우리나라 인사제도에 대한 설명으로 옳지 않은 것은?
① 인사혁신처는 비독립형 단독제 형태의 중앙인사기관이다.
② 전문경력관이란 직무 분야가 특수한 직위에 임용되는 일반직 공무원을 말한다.
③ 별정직 공무원의 근무상한연령은 65세이며, 일반임기제 공무원으로 채용할 수 있다.
④ 각 부처의 고위공무원을 범정부적 차원에서 효율적으로 관리하고자 고위공무원단 제도를 운영하고 있다.

문 19. 정책변수에 대한 설명으로 옳은 것만을 모두 고르면?

ㄱ. 매개변수 – 독립변수의 원인인 동시에 종속변수의 원인이 되는 제3의 변수
ㄴ. 조절변수 – 독립변수와 종속변수 간에 상호작용 효과를 나타나게 하는 제3의 변수
ㄷ. 억제변수 – 독립변수와 종속변수 간에 상관관계가 없는데도 있는 것으로 나타나게 하는 제3의 변수
ㄹ. 허위변수 – 독립변수와 종속변수 모두에게 영향을 미치며 이들 사이의 공동변화를 설명하는 제3의 변수

① ㄱ, ㄷ   ② ㄱ, ㄹ
③ ㄴ, ㄷ   ④ ㄴ, ㄹ

문 20. 세계잉여금에 대한 설명으로 옳은 것만을 모두 고르면?

ㄱ. 일반회계, 특별회계가 포함되고 기금은 제외된다.
ㄴ. 적자 국채 발행 규모와 부(−)의 관계이며, 국가의 재정 건전성을 파악하는데 효과적이다.
ㄷ. 결산의 결과 발생한 세계잉여금은 전액 추가경정예산에 편성하여야 한다.

① ㄱ   ② ㄷ
③ ㄱ, ㄴ   ④ ㄴ, ㄷ

지방직 9급

2024년 지방직 9급	······ 45
2023년 지방직 9급	······ 51
2022년 지방직 9급	······ 57
2021년 지방직 9급	······ 63
2020년 지방직 9급	······ 69

합격으로 증명하는 1등 행정학

신용한 행정학

합격으로 증명하는 1등 행정학

2024년 6월 22일 시행

지방공무원 9급 등 공개경쟁채용 필기시험

| 일반행정 · 속기 |

응시번호

성명

문제책형

가

제1과목	국어	제2과목	영어	제3과목	한국사
제4 · 5과목	선택(2): 행정법총론, 행정학개론(지방행정 포함), 사회, 과학, 수학				

※ 반드시 본인의 **응시표**에 인쇄된 **선택과목 순서**에 따라 제4과목과 제5과목의 **답안을 표기**해야 합니다.

응시자 주의사항

1. **시험시작 전 시험문제를 열람하는 행위나 시험종료 후 답안을 작성하는 행위를 한 사람**은 「지방공무원 임용령」제65조 등 관련법령에 의거 **부정행위자**로 처리됩니다.
2. 시험이 시작되면 문제를 주의 깊게 읽은 후, **문항의 취지에 가장 적합한 하나의 정답만을 고르며**, 문제내용에 관한 질문은 할 수 없습니다.
3. **답안은 문제책 표지의 과목 순서에 따라 답안지에 인쇄된 순서에 맞추어 표기**해야 하며, 과목 순서를 바꾸어 표기한 경우에도 **문제책 표지의 과목 순서대로 채점**되므로 유의하시기 바랍니다.
4. **시험시간 관리의 책임은 응시자 본인에게 있습니다.**

　※ 문제책은 시험종료 후 가지고 갈 수 있습니다.

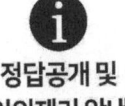
정답공개 및 이의제기 안내

1. 정답공개 일시: 정답 가안 0.00.(0) 00:00 / 최종 정답 0.00.(0) 00:00
2. 정답공개 방법: 사이버국가고시센터(www.gosi.kr) ➡ [시험문제/정답 → 문제 / 정답 안내]
3. 이의제기 기간: 0.00.(0) 00:00 ~ 0.00.(0) 00:00
4. 이의제기 방법
   - 사이버국가고시센터(www.gosi.kr) ➡ [시험문제/정답 →정답 이의제기]
   - 구체적인 이의제기 방법은 정답 가안 공개 시 공지 예정

시 · 도 인사위원회

행정학개론
[지방행정 포함]

문 1. 애덤스(Adams)의 공정성 이론에 대한 설명으로 옳지 않은 것은?
① 투입과 산출의 비율을 준거인과 비교하여 공정성을 지각한다.
② 불공정성을 느낄 때 자신의 지각을 의도적으로 왜곡하기도 한다.
③ 노력과 기술은 투입에 해당하며, 보수와 인정은 산출에 해당한다.
④ 준거인과 비교하여 과소보상자는 불공정하다고 생각하고, 과대보상자는 공정하다고 생각한다.

문 2. 공공선택이론에 대한 설명으로 옳지 않은 것은?
① 인간을 이기적이고 합리적인 경제인으로 본다.
② 비시장적 의사결정을 경제학적 관점에서 연구한다.
③ 뷰캐넌(Buchanan), 털럭(Tullock), 오스트롬(Ostrom) 등이 대표적인 학자이다.
④ 경제주체의 집단적 선택행위를 중시하는 방법론적 집단주의 입장이다.

문 3. 피터스(Peters)가 「미래의 국정관리(The Future of Governing)」에서 제시한 정부개혁 모형에 해당하지 않는 것은?
① 시장 모형
② 자유민주주의 모형
③ 참여 모형
④ 탈규제 모형

문 4. 「지방공무원법」상 공무원 인사이동에 대한 설명으로 옳지 않은 것은?
① 전직은 직렬을 달리하는 임명을 말한다.
② 전보는 같은 직급내에서 보직변경을 말한다.
③ 강임의 경우, 같은 직렬의 하위 직급이 없는 경우 다른 직렬의 하위 직급으로는 이동할 수 없다.
④ 지방자치단체의 장 또는 지방의회의 의장은 공무원을 전입시키려고 할 때에는 해당 공무원이 소속된 지방자치단체의 장 또는 지방의회의 의장의 동의를 받아야 한다.

문 5. 프로그램 예산제도에 대한 설명으로 옳지 않은 것은?
① 우리나라 중앙정부는 2007년부터 프로그램 예산제도를 도입 하였다.
② 예산 전과정을 프로그램 중심으로 구조화하고 성과평가체계와 연계시킨다.
③ 세부 업무와 단가를 통해 예산 금액을 산정하는 상향식(bottom up)방식을 사용한다.
④ 일반회계, 특별회계, 기금이 포괄적으로 표시되어 총체적 재정배분 파악이 가능하다.

문 6. 사회적 형평성(social equity)에 대한 설명으로 옳지 않은 것은?
① 1968년 개최된 미노부룩 회의(Minnowbrook Conference)에서 태동한 신행정론에서 강조하였다.
② 롤스(Rawls)의 「정의론」은 사회적 형평성 논의에 영향을 주었다.
③ 수직적 형평성(vertical equity)은 '동등한 여건에 있지 않은 사람을 동등하게 취급'함을 의미하며 누진세가 그 예이다.
④ 수평적 형평성(horizontal equity)은 '동등한 여건에 있는 사람을 동등하게 취급'함을 의미하며, 동일노동 동일임금이 그 예이다.

문 7. 다음 설명에 해당하는 정책분석기법은?

> 관련 사건이 일어났느냐 일어나지 않았느냐에 기초하여 미래에 어떤 사건이 일어날 확률에 대해서 식견 있는 판단(informed judgments)을 끌어내는 방법이다.

① 브레인스토밍
② 교차영향분석
③ 델파이 기법
④ 선형경향추정

문 8. 예산 과정에 대한 설명으로 옳지 않은 것은?

① 「국가재정법」에서는 대통령의 승인을 얻은 정부 예산안이 회계연도 개시 90일 전까지 국회에 제출되어야 한다고 규정하고 있다.
② 기획재정부장관은 국무회의의 심의를 거쳐 대통령의 승인을 얻은 다음 연도의 예산안편성지침을 매년 3월 31일까지 중앙관서의 장에게 통보해야 한다.
③ 국회 예산결산특별위원회는 소관 상임위원회에서 삭감한 세출예산 각 항의 금액을 증가하게 하거나 새 비목을 설치할 경우 소관상임위원회의 동의를 받아야 한다.
④ 정부는 국회에 예산안을 제출한 후 부득이한 사유로 인하여 그 내용의 일부를 수정하고자 하는 때에는 국무회의의 심의를 거쳐 대통령의 승인을 얻은 수정예산안을 국회에 제출할 수 있다.

문 9. 신공공서비스론에 대한 설명으로 옳지 않은 것은?

① 신공공관리론을 극복하기 위해 등장하였으며, 비판이론과 포스트 모더니즘을 활용한다.
② 공익은 시민의 공유된 가치에 대한 담론의 결과이다.
③ 정부는 '노젓기'보다 '방향잡기'에 집중하면서 시민에게 더 많은 권력을 부여해야 한다.
④ 정부관료는 헌법과 법률, 정치 규범, 시민에 대한 대응성을 중요시해야 한다.

문 10. 팀제 조직에 대한 설명으로 옳은 것만을 모두 고르면?

> ㄱ. 결정과 기획의 핵심 기능만 남기고 사업집행 기능은 전문업체에 위탁한다.
> ㄴ. 역동적 환경변화에 유연하게 적응하고 신속한 문제해결이 가능하다.
> ㄷ. 기술구조 부문이 중심이 되고 작업 과정의 표준화가 주요 조정수단이다.
> ㄹ. 관료제의 병리를 타파하고 업무수행에 새로운 의식과 행태의 변화 필요성으로 등장하였다.

① ㄱ, ㄴ
② ㄱ, ㄷ
③ ㄴ, ㄹ
④ ㄷ, ㄹ

문 11. 옹호연합모형(Advocacy Coalition Framework)에 대한 설명으로 옳은 것만을 모두 고르면?

> ㄱ. 정책하위체제에 초점을 두어 정책변화를 이해한다.
> ㄴ. 정책지향학습은 옹호연합 내부만 아니라 옹호연합 사이에서도 발생한다.
> ㄷ. 행정규칙, 예산배분, 규정의 해석에 대한 결정은 정책 핵심 신념과 관련된다.
> ㄹ. 신념 체계 구조에서 규범적 핵심 신념은 관심 있는 특정 정책 규범에 적용되며, 이차적 측면(secondary aspects)보다 변화 가능성이 작다.

① ㄱ, ㄴ
② ㄱ, ㄹ
③ ㄴ, ㄷ
④ ㄷ, ㄹ

문 12. 「공직자윤리법」에서 규정하고 있는 것만을 모두 고르면?

> ㄱ. 이해충돌 방지 의무
> ㄴ. 등록재산의 공개
> ㄷ. 종교 중립의 의무
> ㄹ. 품위 유지의 의무

① ㄱ, ㄴ
② ㄱ, ㄹ
③ ㄴ, ㄷ
④ ㄷ, ㄹ

문 13. 밑줄 친 연구에 해당하는 것은?

> 이 연구에서는 정책과 성과를 연결하는 모형에 정책 기준과 목표, 집행에 필요한 자원, 조직 간 의사 소통과 집행 활동(enforcement activities), 집행기관의 특성, 경제·사회·정치적 조건, 정책집행자의 성향(disposition)이라는 변수를 제시하였다.

① 립스키(Lipsky)의 일선관료제 연구
② 오스트롬(Ostrom)의 제도분석 연구
③ 사바티어와 마즈마니언(Sabatier & Mazmanian)의 집행과정 연구
④ 반 미터와 반 혼(Van Meter & Van Horn)의 정책집행과정 연구

문 14. 예산집행의 신축성 유지 방안에 대한 설명으로 옳지 않은 것은?

① 추가경정예산의 경우, 정부는 국회에서 추가경정예산안이 확정되기 전에 이를 미리 배정하거나 집행할 수 없다.
② 예비비의 경우, 정부는 예측할 수 없는 예산 외의 지출 또는 예산초과지출에 충당하기 위하여 일반회계 예산총액의 100분의 5 이내의 금액으로 세입세출예산에 계상할 수 있다.
③ 계속비의 경우, 국가가 지출할 수 있는 연한은 그 회계연도로부터 5년 이내이나, 사업규모 및 국가재원 여건을 고려하여 필요한 경우에는 예외적으로 10년 이내로 할 수 있다.
④ 각 중앙관서의 장은 예산의 목적범위 안에서 재원의 효율적 활용을 위하여 대통령령으로 정하는 바에 따라 기획재정부장관의 승인을 얻어 각 세항 또는 목의 금액을 전용(轉用)할 수 있다.

문 15. 「지방공기업법」상 지방공기업에 대한 설명으로 옳지 않은 것은?

① 지방직영기업의 관리자는 해당 지방자치단체의 공무원으로서 지방직영기업의 경영에 관하여 지식과 경험이 풍부한 사람 중에서 지방자치단체의 장이 임명한다.
② 지방공사를 설립하고자 하는 시장·군수·구청장은 설립 전에 행정안전부장관과 협의하여야 한다.
③ 지방자치단체는 상호 규약을 정하여 다른 지방자치단체와 공동으로 지방공사를 설립할 수 있다.
④ 지방자치단체는 지방직영기업을 설치·경영하려는 경우에는 그 설치·운영의 기본사항을 조례로 정하여야 한다.

문 16. 정책문제의 구조화기법에 대한 설명으로 옳은 것만을 모두 고르면?

> ㄱ. 가정분석 : 문제상황의 가능성 있는 원인, 개연성(plausible)있는 원인, 행동가능한 원인을 식별하기 위한 기법
> ㄴ. 계층분석 : 정책문제에 관해 서로 대립되는 가정의 창조적 종합을 목표로 하는 기법
> ㄷ. 시네틱스(유추분석) : 문제들 사이에 유사한 관계를 인지하는 것이 분석가의 문제해결 능력을 크게 증가시킬 것이라는 가정에 기초한 기법
> ㄹ. 분류분석 : 문제상황을 정의하고 분류하기 위해 사용되는 개념을 명확하게 하기 위한 기법

① ㄱ, ㄴ
② ㄱ, ㄹ
③ ㄴ, ㄷ
④ ㄷ, ㄹ

문 17. 직무평가 방법에 대한 설명으로 옳지 않은 것은?
① 분류법은 미리 정해진 등급기준표를 이용하는 비계량적 방법이다.
② 서열법은 비계량적 방법으로, 직무의 수가 적은 소규모 조직에 적절하다.
③ 점수법은 직무와 관련된 평가요소를 선정하고 각 요소별로 중요도를 부여하는 과정에서 계량화를 통해 명확하고 객관적인 이론적 증명이 가능하다.
④ 요소비교법은 조직 내 기준직무(key job)를 선정하여 평가하려는 직무와 기준직무의 평가요소를 상호비교하여 상대적 가치를 판단하는 방법이다.

문 18. 리더-구성원교환이론에 대한 설명으로 옳은 것만을 모두 고르면?

ㄱ. 내집단(in-group)에 속한 구성원이 많을수록 집단의 성과가 높아진다고 본다.
ㄴ. 리더와 구성원이 파트너십 관계로 발전하는 과정을 '리더십 만들기'라 한다.
ㄷ. 리더가 모든 구성원을 차별 없이 대우하는 공정성을 중시한다.
ㄹ. 리더와 구성원이 점점 높은 도덕성과 동기 수준으로 서로를 이끌어 가는 상호 관계를 중시한다.

① ㄱ, ㄴ
② ㄱ, ㄹ
③ ㄴ, ㄷ
④ ㄷ, ㄹ

문 19. 정책학의 발달에 대한 설명으로 옳지 않은 것은?
① 1951년 「정책지향(Policy Orientation)」이라는 논문은 정책학의 정체성 확립에 기여하였다.
② 라스웰(Laswell)은 1971년 「정책학 소개(A Pre-View of Policy Sciences)」에서 맥락지향성, 이론지향성, 연합학문지향성을 제시하였다.
③ 1980년대 정책학의 연구는 정책형성, 집행, 평가, 변동 등 다양한 분야로 확대되었다.
④ 드로(Dror)는 정책결정 단계를 상위정책결정(meta-policymaking), 정책결정(policymaking), 정책결정 이후(post-policymaking)로 나누는 최적모형을 제시하였다.

문 20. 공공가치론에 대한 설명으로 옳은 것만을 모두 고르면?

ㄱ. 무어(Moore)는 공공가치 실패를 진단하는 도구로 '공공가치 지도그리기(mapping)'을 제안한다.
ㄴ. 보즈만(Bozeman)은 공공기관에 의해 생산된 순(純) 공공가치를 추정하는 '공공가치 회계'를 제시했다.
ㄷ. '전략적 삼각형'모델은 정당성과 지지, 운영역량, 공공가치로 구성된다.
ㄹ. 시장과 공공부문이 공공가치 실현에 필수적으로 요구되는 재화와 서비스를 제공하지 못할 때 '공공가치 실패'가 일어난다.

① ㄱ, ㄴ
② ㄱ, ㄹ
③ ㄴ, ㄷ
④ ㄷ, ㄹ

합격으로 증명하는 1등 행정학

신용한
행정학

합격으로 증명하는 1등 행정학

2023년 6월 10일 시행

지방공무원 9급 등 공개경쟁채용 필기시험

| 일반행정 · 속기 |

응시번호

성명

문제책형

B

제1과목	국어	제2과목	영어	제3과목	한국사
제4 · 5과목	선택(2): 행정법총론, 행정학개론(지방행정 포함), 사회, 과학, 수학				

※ 반드시 본인의 **응시표에 인쇄된 선택과목 순서에 따라** 제4과목과 제5과목의 **답안을 표기**해야 합니다.

응시자 주의사항

1. **시험시작 전 시험문제를 열람하는 행위나 시험종료 후 답안을 작성하는 행위를 한 사람**은 「지방공무원 임용령」제65조 등 관련법령에 의거 **부정행위자**로 처리됩니다.
2. 시험이 시작되면 문제를 주의 깊게 읽은 후, **문항의 취지에 가장 적합한 하나의 정답만을 고르며**, 문제내용에 관한 질문은 할 수 없습니다.
3. **답안은 문제책 표지의 과목 순서에 따라 답안지에 인쇄된 순서에 맞추어 표기**해야 하며, 과목 순서를 바꾸어 표기한 경우에도 **문제책 표지의 과목 순서대로 채점**되므로 유의하시기 바랍니다.
4. **시험시간 관리의 책임은 응시자 본인에게 있습니다.**

   ※ 문제책은 시험종료 후 가지고 갈 수 있습니다.

정답공개 및 이의제기 안내

1. 정답공개 일시: 정답 가안 0.00(0) 00:00 / 최종 정답 0.00(0) 00:00
2. 정답공개 방법: 사이버국가고시센터(www.gosi.kr) ➡ [시험문제/정답 → 문제 / 정답 안내]
3. 이의제기 기간: 0.00.(0) 00:00 ~ 0.00.(0) 00:00
4. 이의제기 방법
   - 사이버국가고시센터(www.gosi.kr) ➡ [시험문제/정답 →정답 이의제기]
   - 구체적인 이의제기 방법은 정답 가안 공개 시 공지 예정

시 · 도 인사위원회

행정학개론
[지방행정 포함]

문 1. 계급제에 대한 설명으로 옳지 않은 것은?
① 직무의 속성을 중심으로 공직을 분류하는 제도이다.
② 폐쇄형 충원방식을 원칙으로 한다.
③ 일반행정가 양성을 지향한다.
④ 탄력적 인사관리에 용이하다.

문 2. 민츠버그(Minzberg)가 제시한 조직유형이 아닌 것은?
① 기계적 관료제
② 애드호크라시(Adhocracy)
③ 사업부제 구조
④ 홀라크라시(holacracy)

문 3. 정책결정모형에 대한 설명으로 옳은 것은?
① 혼합주사모형(mixed scanning approach)은 1960년대 미국의 쿠바 미사일 위기사건을 설명하기 위해 연구된 모형이다.
② 사이버네틱스모형을 설명하는 예시로 자동온도 조절장치를 들 수 있다.
③ 쓰레기통모형은 갈등의 준해결, 문제중심의 탐색, 불확실성 회피, 표준운영절차의 활용을 설명하는 모형이다.
④ 합리모형은 만족할 만한 수준에서 의사결정이 이루어진다고 설명하는 모형이다.

문 4. 행정이론의 발달을 오래된 순서대로 바르게 나열한 것은?

(가) 과학적 관리론 - 테일러(Taylor)
(나) 신공공관리론 - 오스본과 게블러(Osborne & Gaebler)
(다) 신행정론 - 왈도(Waldo)
(라) 행정행태론 - 사이먼(Simon)

① (가) - (다) - (라) - (나)
② (가) - (라) - (다) - (나)
③ (라) - (가) - (나) - (다)
④ (라) - (다) - (나) - (가)

문 5. 엘리트이론과 다원주의이론에 대한 설명으로 옳지 않은 것은?
① 고전적 엘리트이론에서 엘리트들은 다른 계층에 대해 책임을 지지 않는다.
② 밀즈(Mills)는 명성접근법을 사용하여 엘리트들을 분석한다.
③ 달(Dahl)은 권력이 분산되어 있음을 전제로 다원주의론을 전개한다.
④ 바흐라흐와 바라츠(Bachrach & Baratz)는 무의사결정이 의제설정과정뿐만 아니라 정책결정과정에서도 발생할 수 있다고 주장한다.

문 6. 예산불성립에 따른 예산 종류에 대한 설명으로 옳지 않은 것은?
① 준예산은 전년도 예산을 편성해 운영하는 제도이다.
② 현재 우리나라는 준예산제도를 채택하고 있다.
③ 가예산은 1개월분의 예산을 국회의 의결을 거쳐 집행하는 것으로 우리나라가 운영한 경험이 있다.
④ 잠정예산은 수개월 단위로 임시예산을 편성해 운영하는 것으로 가예산과 달리 국회의 의결이 불필요하다.

문 7. 동기부여 이론에 대한 설명으로 옳은 것은?
① 로크(Locke)의 목표설정이론에서는 목표의 도전성(난이도)과 명확성(구체성)을 강조했다.
② 매슬로우(Maslow)의 욕구 5단계설에서는 욕구의 좌절과 퇴행을 강조했다.
③ 해크만과 올드햄(Hackman & Oldham)의 직무특성이론에서는 유의성, 수단성, 기대감을 동기부여의 핵심으로 보았다.
④ 앨더퍼(Alderfer)의 ERG이론에서는 위생요인이 충족되었다고 하더라도 동기부여가 되는 것은 아니라고 주장했다.

문 8. 품목별예산제도(line-item budget system)에 대한 설명으로 옳지 않은 것은?
① 미국에서 공무원의 부정부패를 막고 행정의 능률을 향상시키기 위해 도입되었다.
② 정부 활동에 대한 총체적인 사업계획과 우선순위 결정에 유리하다.
③ 예산 집행의 책임성을 확보할 수 있는 통제지향 예산제도이다.
④ 특정 사업의 지출 성과에 대해서는 파악하기 어렵다.

문 9. 블랙스버그 선언(Blacksburg Manifesto)과 행정재정립운동(refounding movement)에 대한 설명으로 옳지 않은 것은?
① 블랙스버그 선언은 행정의 정당성을 침해하는 정치·사회적 상황을 비판했다.
② 행정재정립운동은 직업공무원제를 옹호했다.
③ 행정재정립운동은 정부를 재창조하기보다는 재발견해야 한다고 주장했다.
④ 블랙스버그 선언은 신행정학의 태동을 가져왔다.

문 10. 정부예산의 종류에 대한 설명으로 옳지 않은 것은?
① 기금은 예산원칙의 일반적 제약으로부터 벗어나 탄력적으로 운용된다.
② 특별회계예산은 국가의 회계 중 특정한 세입으로 특정한 세출을 충당하기 위한 예산이다.
③ 특별회계예산은 일반회계예산과 달리 예산편성에 있어 국회의 심의 및 의결을 받지 않는다.
④ 기금은 예산 통일성 원칙의 예외가 된다.

문 11. 지방정부의 사무에 대한 설명으로 옳지 않은 것은?
① 기관위임사무의 처리에 드는 경비는 중앙정부와 지방정부가 공동 부담하는 것이 원칙이다.
② 단체위임사무는 집행기관장이 아닌 지방정부 그 자체에 위임된 사무이다.
③ 지방의회는 단체위임사무의 처리 과정에 관한 조례를 제정할 수 있다.
④ 중앙정부는 자치사무에 대해 합법성 위주의 통제를 주로 한다.

문 12. 대표관료제에 대한 설명으로 옳지 않은 것은?
① 우리나라는 양성채용목표제, 장애인 의무고용제 등 다양한 균형인사제도를 통해 대표관료제의 논리를 반영하고 있다.
② 다양한 집단의 이익을 반영하는 실적주의 이념에 부합하는 인사제도이다.
③ 할당제를 강요하는 결과를 초래하고, 특정 집단에 대한 역차별 문제를 야기할 수 있다.
④ 임용 전 사회화가 임용 후 행태를 자동적으로 보장한다는 가정하에 전개되어 왔다.

문 13. 킹던(Kingdon)이 제시한 정책흐름모형에 대한 설명으로 옳은 것만을 모두 고르면?

> ㄱ. 경쟁하는 연합의 자원과 신념 체계(belief system)를 강조한다.
> ㄴ. 쓰레기통모형을 발전시킨 것이다.
> ㄷ. 정책 과정의 세 흐름은 문제흐름, 정책흐름, 정치흐름이 있다.

① ㄱ
② ㄷ
③ ㄱ, ㄴ
④ ㄴ, ㄷ

문 14. 행정가치에 대한 설명으로 옳지 않은 것은?
① 합리성은 어떤 행위가 궁극적 목표 달성의 최적 수단이 되느냐의 여부를 가리는 개념이다.
② 효율성은 목표의 달성도를 나타내고, 효과성은 투입 대비 산출의 비율을 의미한다.
③ 자율적 책임성은 공무원이 직업윤리와 책임감에 기초해 전문가로서 자발적인 재량을 발휘할 때 확보된다.
④ 행정의 민주성은 국민과의 관계뿐만 아니라 관료조직의 내부 의사결정 과정의 측면에서도 고려된다.

문 15. 근무성적평정상의 오류에 대한 설명으로 옳지 않은 것은?
① 평정자가 피평정자를 잘 모르는 경우 집중화 경향이 발생할 수 있다.
② 평정자의 평정기준이 일정하지 않은 경우 총계적 오류(total error)가 발생할 수 있다.
③ 연쇄효과(halo effect)는 초기 실적이나 최근의 실적을 중심으로 평가함으로써 발생하는 시간적 오류를 의미한다.
④ 관대화 경향의 폐단을 막기 위해 강제배분법을 활용할 수 있다.

문 16. 라이트(Wright)의 정부간관계(Inter-Governmental Relations : IGR) 모형에 대한 설명으로 옳지 않은 것은?
① 정부 간 상호권력관계와 기능적 상호의존관계를 기준으로 정부간 관계(IGR)를 3가지 모델로 구분한다.
② 대등권위모형(조정권위모형, coordinate-authority model)은 연방정부, 주정부, 지방정부가 모두 동등한 권한을 가지고 있다고 설명한다.
③ 내포권위모형(inclusive-authority model)은 연방정부, 주정부, 지방정부를 수직적 포함관계로 본다.
④ 중첩권위모형(overlapping-authority model)은 연방정부, 주정부, 지방정부가 상호 독립적인 실체로 존재하며 협력적 관계라고 본다.

문 17. 변혁적 리더십에 대한 설명으로 옳지 않은 것은?
① 도전적 목표와 임무, 미래에 대한 비전을 추구하도록 격려한다.
② 구성원 개개개인에게 관심을 가지고 배려한다.
③ 상황적 보상과 예외관리를 특징으로 한다.
④ 새로운 관점에서 문제를 재구성하고 해결책을 찾도록 자극한다.

문 18. 무어(Moore)의 공공가치창출론(creating public value)적 시각에 대한 설명으로 옳지 않은 것은?
① 행정의 정당성 위기를 극복하기 위한 대안적 접근이다.
② 전략적 삼각형 개념을 제시한다.
③ 신공공관리론을 계승하여 행정의 수단성을 강조한다.
④ 정부의 관리자들은 공공가치 실현에 힘써야 한다고 주장한다.

문 19. 로위(Lowi)의 정책 유형과 리플리와 프랭클린(Ripley & Franklin)의 정책 유형에 없지만, 앨먼드와 파월(Almond & Powell)의 정책 유형이 있는 것은?

① 상징정책
② 재분배정책
③ 규제정책
④ 분배정책

문 20. 정부 예산팽창이론에 대한 설명으로 옳지 않은 것은?

① 바그너(Wagner)는 경제 발전에 따라 국민의 욕구 부응을 위한 공공재 증가로 인해 정부 예산이 증가한다고 주장한다.
② 피코크(Peacock)와 와이즈맨(Wiseman)은 전쟁과 같은 사회적 변동이 끝난 후에도 공공지출이 그 이전 수준으로 되돌아가지 않는 데에서 예산팽창의 원인을 찾고 있다.
③ 보몰(Baumol)은 정부 부문과 민간 부문 간의 생산성 격차를 통해 정부 예산의 팽창 원인을 설명하고 있다.
④ 파킨슨(Parkinson)은 관료들이 자신들의 권력 극대화를 위해 필요 이상으로 자기 부서의 예산을 추구함에 따라 정부 예산이 지속적으로 증가한다고 주장한다.

합격으로 증명하는 1등 행정학

신용한
행정학

합격으로 증명하는 1등 행정학

2022년 6월 18일 시행

지방공무원 9급 등 공개경쟁채용 필기시험

| 일반행정 · 속기 |

응시번호

성명

문제책형

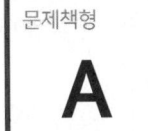

제1과목	국어	제2과목	영어	제3과목	한국사
제4·5과목	선택(2): 행정법총론, 행정학개론(지방행정 포함), 사회, 과학, 수학				

※ 반드시 본인의 **응시표**에 인쇄된 선택과목 순서에 따라 제4과목과 제5과목의 **답안**을 표기해야 합니다.

응시자 주의사항

1. **시험시작 전 시험문제를 열람하는 행위나 시험종료 후 답안을 작성하는 행위를 한 사람**은 「지방공무원 임용령」 제65조 등 관련법령에 의거 **부정행위자**로 처리됩니다.
2. 시험이 시작되면 문제를 주의 깊게 읽은 후, **문항의 취지에 가장 적합한 하나의 정답만을 고르며,** 문제내용에 관한 질문은 할 수 없습니다.
3. **답안은 문제책 표지의 과목 순서에 따라 답안지에 인쇄된 순서에 맞추어 표기**해야 하며, 과목 순서를 바꾸어 표기한 경우에도 **문제책 표지의 과목 순서대로 채점**되므로 유의하시기 바랍니다.
4. **시험시간 관리의 책임은 응시자 본인에게 있습니다.**
   ※ 문제책은 시험종료 후 가지고 갈 수 있습니다.

정답공개 및 이의제기 안내

1. 정답공개 일시: 정답 가안 0.00.(0) 00:00 / 최종 정답 0.00.(0) 00:00
2. 정답공개 방법: 사이버국가고시센터(www.gosi.kr) ➡ [시험문제/정답 → 문제 / 정답 안내]
3. 이의제기 기간: 0.00.(0) 00:00 ~ 0.00.(0) 00:00
4. 이의제기 방법
   ■ 사이버국가고시센터(www.gosi.kr) ➡ [시험문제/정답 →정답 이의제기]
   ■ 구체적인 이의제기 방법은 정답 가안 공개 시 공지 예정

시 · 도 인사위원회

행정학개론
[지방행정 포함]

문 1. 공익에 대한 설명으로 옳은 것만을 모두 고르면?

> ㄱ. 실체설에 의하면 공익은 사익을 초월한 것이다.
> ㄴ. 과정설에 의하면 공익은 사익 간 갈등을 조정·타협하는 과정에서 산출되는 것이다.
> ㄷ. 실체설은 다원적 민주주의에 도움을 준다.
> ㄹ. 플라톤(Plato)과 루소(Rousseau) 모두 공익 실체설을 주장하였다.

① ㄱ, ㄴ ② ㄴ, ㄷ
③ ㄱ, ㄴ, ㄹ ④ ㄱ, ㄷ, ㄹ

문 2. 허즈버그(Herzberg)의 욕구충족요인 이원론에서 위생요인에 해당하지 않는 것은?
① 감독 ② 대인관계
③ 보수 ④ 성취감

문 3. 서번트(Servant) 리더십에 대한 설명으로 옳은 것만을 모두 고르면?

> ㄱ. 구성원들이 공동의 목표를 이뤄 나갈 수 있도록 환경을 조성하고 도와준다.
> ㄴ. 보상과 처벌을 핵심 관리수단으로 한다.
> ㄷ. 그린리프(Greenleaf)는 존중, 봉사, 정의, 정직, 공동체 윤리를 강조했다.
> ㄹ. 리더의 최우선적인 역할은 업무를 명확하게 지시하는 것이다.

① ㄱ, ㄷ ② ㄱ, ㄹ
③ ㄴ, ㄷ ④ ㄴ, ㄹ

문 4. 행정학의 주요 접근법, 학자, 특성을 바르게 연결한 것은?
① 행정생태론 - 오스본(Osborne)과 게블러(Gaebler) - 환경 요인 중시
② 후기행태주의 - 이스턴(Easton) - 가치중립적·과학적 연구 강조
③ 신공공관리론 - 리그스(Riggs) - 시장원리인 경쟁을 도입
④ 뉴거버넌스론 - 로즈(Rhodes) - 정부·시장·시민사회 간 네트워크

문 5. 티부(Tiebout) 모형의 전제조건으로 옳지 않은 것은?
① 시민의 이동성
② 외부효과의 배제
③ 고정적 생산요소의 부존재
④ 지방정부 재정패키지에 대한 완전한 정보

문 6. 관료제 병리현상과 그 특징을 짝지은 것으로 옳지 않은 것은?
① 할거주의 - 조정과 협조 곤란
② 형식주의 - 번거로운 문서 처리
③ 피터(Peter)의 원리 - 관료들의 세력 팽창 욕구로 인한 기구와 인력의 증대
④ 전문화로 인한 무능 - 한정된 분야의 전문성 강조로 타 분야에 대한 이해력 부족

문 7. 정책집행 연구 중 상향적 접근방법(bottom-up approach)으로 옳은 것만을 모두 고르면?

> ㄱ. 엘모어(Elmore)의 후방향적 집행연구
> ㄴ. 사바티어(Sabatier)와 매즈매니언(Mazmanian)의 집행과정 모형
> ㄷ. 립스키(Lipsky)의 일선관료제
> ㄹ. 반 미터(Van Meter)와 반 호른(Van Horn)의 집행연구

① ㄱ, ㄷ
② ㄱ, ㄹ
③ ㄴ, ㄷ
④ ㄴ, ㄹ

문 8. 호그우드(Hogwood)와 피터스(Peters)가 제시한 정책변동의 유형에 대한 설명으로 옳지 않은 것은?
① 정책혁신은 기존의 조직이나 예산을 기반으로 새로운 형태의 개입을 결정하는 것이다.
② 정책승계는 정책의 기본 목표는 유지하되, 정책을 대체 혹은 수정하거나 일부 종결하는 것이다.
③ 정책유지는 기존 정책의 기본 골격을 유지하면서 정책수단의 부분적인 변화만 이루어지는 것이다.
④ 정책종결은 다른 정책으로의 대체 없이 기존 정책을 완전히 중단하는 것이다.

문 9. 조직문화의 경쟁가치모형에 대한 설명으로 옳지 않은 것은?
① 위계 문화는 응집성을 강조한다.
② 혁신지향 문화는 창의성을 강조한다.
③ 과업지향 문화는 생산성을 강조한다.
④ 관계지향 문화는 사기 유지를 강조한다.

문 10. 2015년 공무원 연금 개혁에 대한 설명으로 옳지 않은 것은?
① 퇴직연금 지급률을 1.7%로 단계적 인하
② 퇴직연금 수급 재직요건을 20년에서 10년으로 완화
③ 퇴직연금 기여율을 기준소득월액의 9%로 단계적 인상
④ 퇴직급여 산정 기준은 퇴직 전 3년 평균보수월액으로 변경

문 11. 특별시·광역시의 보통세와 도의 보통세에 공통적으로 속하는 세목만을 모두 고르면?

> ㄱ. 지방소득세 ㄴ. 지방소비세
> ㄷ. 주민세   ㄹ. 레저세
> ㅁ. 재산세   ㅂ. 취득세

① ㄱ, ㄴ, ㄹ
② ㄱ, ㄷ, ㅁ
③ ㄴ, ㄹ, ㅂ
④ ㄷ, ㅁ, ㅂ

문 12. 정부회계에 대한 설명으로 옳지 않은 것은?
① 국가회계는 디브레인(dBrain) 시스템을 통해, 지방자치단체 회계는 e-호조 시스템을 통해 처리된다.
② 재무회계는 현금주의 단식부기 회계방식이, 예산회계는 발생주의 복식부기 방식이 적용된다.
③ 발생주의에서는 미수수익이나 미지급금을 자산과 부채로 표시할 수 있다.
④ 재무제표는 거래가 발생하면 차변과 대변 양쪽에 동일한 금액으로 이중기입하는 복식부기 방식을 채택하고 있다.

문 13. 정부위원회에 대한 설명으로 옳은 것만을 모두 고르면?

ㄱ. 책임성이 결여될 수 있다.
ㄴ. 자문위원회는 업무가 계속성·상시성이 있어야 한다.
ㄷ. 민주성을 제고하는 장점이 있다.
ㄹ. 방송통신위원회, 공정거래위원회, 국민권익위원회, 금융위원회, 개인정보 보호위원회, 원자력안전위원회는 중앙행정기관이다.

① ㄱ, ㄷ
② ㄴ, ㄷ
③ ㄴ, ㄹ
④ ㄱ, ㄷ, ㄹ

문 14. 공무원 보수의 유형에 대한 설명으로 옳지 않은 것은?
① 직능급은 자격증을 갖춘 유능한 인재의 확보에 유리하다.
② 연공급은 근속연수를 기준으로 하기 때문에 전문기술인력 확보에 유리하다.
③ 직무급은 동일노동에 대한 동일임금이라는 합리적인 보수 책정이 가능하다.
④ 성과급은 결과를 중시하며 변동급의 성격을 가진다.

문 15. 다음은 「국가재정법」상 예비타당성조사에 대한 내용이다. (가)와 (나)에 들어갈 숫자로 옳은 것은?

기획재정부장관은 총사업비가 (가) 억원 이상이고 국가의 재정규모가 (나) 억원 이상인 신규 사업으로서 건설공사가 포함된 사업 등에 대한 예산을 편성하기 위하여 미리 예비타당성조사를 실시하고, 그 결과를 요약하여 국회 소관 상임위원회와 예산결산특별위원회에 제출하여야 한다.

	(가)	(나)
①	300	100
②	300	200
③	500	250
④	500	300

문 16. 「공직자윤리법」상 재산등록의무자로 옳지 않은 것은?
① 법관 및 검사
② 소령 이상의 장교 및 이에 상당하는 군무원
③ 총경 이상의 경찰공무원과 소방정 이상의 소방공무원
④ 4급 이상의 일반직 공무원에 상당하는 보수를 받는 별정직 공무원

문 17. 살라몬(Salamon)의 정책도구 분류에서 강제성이 가장 높은 것은?
① 경제적 규제
② 바우처
③ 조세지출
④ 직접대출

문 18. 일반회계, 특별회계, 기금에 대한 설명으로 옳지 않은 것은?
① 일반회계는 조세수입 등을 주요 세입으로 하여 국가의 일반적인 세출에 충당하기 위하여 설치한다.
② 특별회계와 기금은 예산총계주의 원칙의 예외이다.
③ 일반회계, 특별회계, 기금 모두 국회로부터 결산의 심의 및 의결을 받아야 한다.
④ 일반회계와 특별회계는 전쟁이나 대규모 재해가 발생한 경우 추가경정예산을 편성할 수 있다.

문 19. 다음 설명에 해당하는 유연근무제의 유형은?

○ 탄력근무제의 한 유형
○ 1일 8시간에 구애받지 않음
○ 주 3.5~4일 근무

① 재택근무형
② 집약근무형
③ 시차출퇴근형
④ 근무시간선택형

문 20. 홀릿(Howlett)과 라메쉬(Ramesh)의 모형에 따라 정책의제설정유형을 분류할 때, (가)~(라)에 대한 설명으로 옳지 않은 것은?

의제설정주도자 \ 공중의 지지	높음	낮음
사회 행위자(societal actors)	(가)	(나)
국가(state)	(다)	(라)

① (가) - 시민사회단체 등이 이슈를 제기하여 정책의제에 이른다.
② (나) - 특별히 의사결정자들에게 접근할 수 있는 영향력 있는 집단이 정책을 주도한다.
③ (다) - 이미 공중의 지지가 높기 때문에 정책이 결정된 후 집행이 용이하다.
④ (라) - 정책결정자가 이슈를 제기하면 자동적으로 정책의제화 되기 때문에 성공적인 집행을 위한 공중의 지지는 필요없다.

합격으로 증명하는 1등 행정학

신용한 행정학

2021년 6월 5일 시행

지방공무원 9급 등 공개경쟁채용 필기시험

| 일반행정 · 속기 |

응시번호

성명

문제책형

A

제1과목	국어	제2과목	영어	제3과목	한국사
제4·5과목	선택[2]: 행정법총론, 행정학개론[지방행정 포함], 사회, 과학, 수학				

※ 반드시 본인의 **응시표에 인쇄된 선택과목 순서**에 따라 제4과목과 제5과목의 **답안을 표기**해야 합니다.

응시자 주의사항

1. **시험시작 전 시험문제를 열람하는 행위나 시험종료 후 답안을 작성하는 행위를 한 사람**은 「지방공무원 임용령」 제65조 등 관련법령에 의거 **부정행위자**로 처리됩니다.
2. 시험이 시작되면 문제를 주의 깊게 읽은 후, **문항의 취지에 가장 적합한 하나의 정답만을 고르며,** 문제내용에 관한 질문은 할 수 없습니다.
3. **답안은 문제책 표지의 과목 순서에 따라 답안지에 인쇄된 순서에 맞추어 표기**해야 하며, 과목 순서를 바꾸어 표기한 경우에도 **문제책 표지의 과목 순서대로 채점**되므로 유의하시기 바랍니다.
4. **시험시간 관리의 책임은 응시자 본인에게 있습니다.**
   ※ 문제책은 시험종료 후 가지고 갈 수 있습니다.

정답공개 및 이의제기 안내

1. 정답공개 일시: 정답 가안 0.00(0) 00:00 / 최종 정답 0.00(0) 00:00
2. 정답공개 방법: 사이버국가고시센터(www.gosi.kr) ➡ [시험문제/정답 → 문제 / 정답 안내]
3. 이의제기 기간: 0.00.(0) 00:00 ~ 0.00.(0) 00:00
4. 이의제기 방법
   ■ 사이버국가고시센터(www.gosi.kr) ➡ [시험문제/정답 →정답 이의제기]
   ■ 구체적인 이의제기 방법은 정답 가안 공개 시 공지 예정

시 · 도 인사위원회

일반행정 · 속기: A

행정학개론
[지방행정 포함]

문 1. 정치·행정 일원론에 대한 설명으로 옳은 것은?
① 행정국가의 등장과 연관성이 깊다.
② 윌슨(Wilson)의 「행정연구」가 공헌하였다.
③ 정치는 의사결정의 영역이고, 행정은 결정된 내용을 집행한다고 보았다.
④ 행정은 경영과 비슷해야 하며, 행정이 지향하는 가치로 절약과 능률을 강조하였다.

문 2. 신공공관리론에서 지향하는 '기업가적 정부'의 특성에 해당하지 않는 것은?
① 경쟁적 정부
② 노젓기 정부
③ 성과 지향적 정부
④ 미래 대비형 정부

문 3. 공직 분류 체계에 대한 설명으로 옳은 것은?
① 소방 공무원은 특수경력직 공무원에 해당한다.
② 국회 수석전문위원은 일반직 공무원에 해당한다.
③ 차관에서 3급 공무원까지는 특정직 공무원에 해당한다.
④ 경력직 공무원은 실적과 자격에 의해 임용되고 신분이 보장된다.

문 4. 예산제도에 대한 설명으로 옳지 않은 것은?
① 품목별 예산제도는 행정부의 재량권을 확대하기 위해 도입되었다.
② 성과주의 예산제도에서는 사업의 단위원가를 기초로 예산을 편성한다.
③ 계획예산제도에서는 장기적인 기획과 단기적인 예산편성을 연계하여 합리적 예산 배분을 시도한다.
④ 영기준 예산제도는 예산을 편성할 때 전년도 예산에 구애받지 않는다.

문 5. 특별회계 예산과 기금에 대한 설명으로 옳지 않은 것은?
① 기금은 특정 수입과 지출의 연계가 강하다.
② 특별회계 예산은 세입과 세출이라는 운영 체계를 지닌다.
③ 특별회계 예산은 합목적성 차원에서 기금보다 자율성과 탄력성이 강하다.
④ 특별회계 예산과 기금은 모두 결산서를 국회에 제출하여야 한다.

문 6. 지방재정에 대한 설명으로 옳지 않은 것은?
① 재정자립도는 일반회계 세입 중 지방세와 세외수입이 차지하는 비중을 말한다.
② 국고보조금은 지방재정운영의 자율성을 제고한다.
③ 지방교부세는 지역 간의 재정 불균형을 시정하기 위한 제도이다.
④ 지방자치단체는 재해예방 및 복구사업에 경비를 조달하기 위해서 지방채를 발행할 수 있다.

문 7. 변혁적(transformational) 리더십에 대한 설명으로 옳은 것은?
① 적응보다 조직의 안정을 강조한다.
② 기계적 조직체계에 적합하며, 개인적 배려는 하지 않는다.
③ 부하에게 새로운 비전을 제시하며, 지적 자극을 통한 동기부여를 강조한다.
④ 리더와 부하의 관계를 경제적 교환관계로 인식하고, 보상에 관심을 둔다.

문 8. 조직이론에 대한 설명으로 옳은 것은?
① 인간관계론은 동기 유발 기제로 사회심리적 측면을 강조한다.
② 귤릭(Gulick)은 시간 - 동작 연구를 통해 과학적 관리론을 주장하였다.
③ 고전적 조직이론은 조직 내 사회적 능률을 강조하고, 조직 속의 인간을 자아실현인으로 간주한다.
④ 상황이론(contingency theory)은 모든 상황에서 적용되는 유일·최선의 조직구조를 찾는다.

문 9. 균형성과표(BSC)에 대한 설명으로 옳지 않은 것은?
① 조직의 장기적 전략 목표와 단기적 활동을 연결할 수 있게 한다.
② 재무적 성과지표와 비재무적 성과지표를 통한 균형적인 성과관리 도구라고 할 수 있다.
③ 재무적 정보 외에 고객, 내부 절차, 학습과 성장 등 조직 운영에 필요한 관점을 추가한 것이다.
④ 고객 관점에서의 성과지표는 시민참여, 적법절차, 내부 직원의 만족도, 정책 순응도, 공개 등이 있다.

문 10. 정책옹호연합모형(advocacy coalition framework)에 대한 설명으로 옳지 않은 것은?
① 외적인 환경변수를 정책 과정과 연계함으로써 정책변동을 설명한다.
② 정책학습을 통해 행위자들의 기저 핵심 신념(deep core beliefs)을 쉽게 변화시킬 수 있다.
③ 옹호연합 사이에서 정치적 갈등 발생 시 중책중개자가 이를 조정할 수 있다.
④ 옹호연합은 그들의 신념 체계가 정부 정책에 관철되도록 여론, 정보, 인적자원 등을 동원한다.

문 11. 엽관주의와 실적주의에 대한 설명으로 옳은 것은?
① 엽관주의는 개인의 능력, 적성, 기술을 공직 임용 기준으로 한다.
② 엽관주의는 정치지도자의 국정 지도력을 약화한다.
③ 실적주의는 국민에 대한 관료의 대응성을 높인다.
④ 실적주의는 공직 임용에 대한 기회의 균등을 보장한다.

문 12. 고위공무원단제도에 대한 설명으로 옳지 않은 것은?
① 역량 중심의 인사관리
② 계급 중심의 인사관리
③ 성과와 책임 중심의 인사관리
④ 개방과 경쟁 중심의 인사관리

문 13. 4차 산업혁명에 관한 설명으로 옳지 않은 것은?
① 초연결성, 초지능성 등의 특징이 있다.
② 대량 생산 및 규모의 경제 확산이 핵심이다.
③ 사물인터넷은 스마트 도시 구현에 도움이 된다.
④ 빅데이터를 활용한 맞춤형 공공 서비스 제공이 가능하다.

문 14. 행정통제와 행정책임에 대한 설명으로 옳은 것만을 모두 고르면?

> ㄱ. 파이너(Finer)는 법적·제도적 외부통제를 강조한다.
> ㄴ. 감사원의 직무감찰과 회계감사는 외부통제에 해당한다.
> ㄷ. 프리드리히(Friedrich)는 내재적 통제보다 객관적·외재적 책임을 강조한다.

① ㄱ
② ㄴ
③ ㄱ, ㄷ
④ ㄴ, ㄷ

문 15. 자치경찰제도에 대한 설명으로 옳지 않은 것은?
① 지역 실정에 맞는 치안 행정을 펼칠 수 있다.
② 경찰 업무의 통일성과 효율성을 높일 수 있다.
③ 제주자치경찰단은 주민의 생활안전 활동에 관한 사무를 수행한다.
④ 자치경찰 사무를 관장하기 위하여 광역자치단체에 시·도자치경찰위원회를 둔다.

문 16. 지방자치단체의 예비비에 대한 설명으로 옳지 않은 것은?
① 예측할 수 없는 예산 외의 지출에 충당하기 위하여 예산에 계상한다.
② 일반회계의 경우 예산총액의 100분의 1 이내의 금액을 예비비로 계상하여야 한다.
③ 지방의회의 예산안 심의 결과 감액된 지출항목에 대해 예비비를 사용할 수 있다.
④ 재해·재난 관련 목적 예비비는 별도로 예산에 계상할 수 있다.

문 17. 엘리슨(Allison)모형 중 다음 내용에 초점을 두고 정책결정을 설명하는 것은?

> 1960년대 쿠바 미사일 사태에서 미국은 해안봉쇄로 위기를 극복하였다. 정부의 각 부처를 대표하는 사람들은 위기 상황에서 각자가 선호하는 대안을 제시하였다. 대표자들은 여러 대안에 대하여 갈등과 타협의 과정을 거쳤고, 결국 해안봉쇄 결정이 내려졌다. 이는 대통령이 사태 초기에 선호했던 국지적 공습과는 다른 결정이었다. 물론 해안봉쇄가 위기를 해소하는 최선의 대안이라는 보장은 없었고, 부처에 따라서는 불만을 가진 대표자도 있었다.

① 합리적 행위자 모형
② 쓰레기통 모형
③ 조직과정 모형
④ 관료정치 모형

문 18. 신제도주의에 대한 설명으로 옳지 않은 것은?
① 제도는 법률, 규범, 관습 등을 포함한다.
② 역사적 제도주의는 제도가 경로의존성을 따른다고 본다.
③ 사회학적 제도주의는 적절성의 논리보다 결과성의 논리를 중시한다.
④ 합리적 선택 제도주의는 제도가 합리적 행위자의 이기적 행태를 제약한다고 본다.

문 19. 정책실험에서 내적타당성을 위협하는 요인 중 다음 설명에 해당하는 것은?

> 사전측정을 경험한 실험 대상자들이 측정 내용에 대해 친숙해지거나 학습 효과를 얻음으로써 사후측정 때 실험집단의 측정값에 영향을 주는 효과이며, '눈에 띄지 않는 관찰' 방법 등으로 통제할 수 있다.

① 검사요인　　② 선발요인
③ 상실요인　　④ 역사요인

문 20. 지방정부의 기관구성 형태에 대한 설명으로 옳지 않은 것은?

① 강시장-의회(strong mayor-council) 형태에서는 시장이 강력한 정치적 리더십을 행사한다.
② 위원회(commision) 형태에서는 주민 직선으로 선출된 의원들이 집행부서의 장을 맡는다.
③ 약시장-의회(weak mayor-council) 형태에서는 일반적으로 의회가 예산을 편성한다.
④ 의회-시지배인(council-manager) 형태에서는 시지배인이 의례적이고 명목적인 기능을 수행한다.

합격으로 증명하는 1등 행정학

신용한
행정학

합격으로 증명하는 1등 행정학

2020년 6월 13일 시행

지방공무원 9급 등 공개경쟁채용 필기시험

| 일반행정 · 속기 |

| 응시번호 | | 문제책형 |
| 성명 | | B |

| 제1과목 | 국어 | 제2과목 | 영어 | 제3과목 | 한국사 |
| 제4 · 5과목 | 선택(2): 행정법총론, 행정학개론(지방행정 포함), 사회, 과학, 수학 | | | | |

※ 반드시 본인의 **응시표에 인쇄된 선택과목 순서**에 따라 제4과목과 제5과목의 **답안을 표기**해야 합니다.

응시자 주의사항

1. **시험시작 전 시험문제를 열람하는 행위나 시험종료 후 답안을 작성하는 행위를 한 사람**은 「지방공무원 임용령」제65조 등 관련법령에 의거 **부정행위자**로 처리됩니다.
2. 시험이 시작되면 문제를 주의 깊게 읽은 후, **문항의 취지에 가장 적합한 하나의 정답만을 고르며,** 문제내용에 관한 질문은 할 수 없습니다.
3. **답안은 문제책 표지의 과목 순서에 따라 답안지에 인쇄된 순서에 맞추어 표기**해야 하며, 과목 순서를 바꾸어 표기한 경우에도 **문제책 표지의 과목 순서대로 채점**되므로 유의하시기 바랍니다.
4. **시험시간 관리의 책임은 응시자 본인에게 있습니다.**
   ※ 문제책은 시험종료 후 가지고 갈 수 있습니다.

정답공개 및 이의제기 안내

1. 정답공개 일시: 정답 가안 0.00.(0) 00:00 / 최종 정답 0.00.(0) 00:00
2. 정답공개 방법: 사이버국가고시센터(www.gosi.kr) ➡ [시험문제/정답 → 문제 / 정답 안내]
3. 이의제기 기간: 0.00.(0) 00:00 ~ 0.00.(0) 00:00
4. 이의제기 방법
   - 사이버국가고시센터(www.gosi.kr) ➡ [시험문제/정답 →정답 이의제기]
   - 구체적인 이의제기 방법은 정답 가안 공개 시 공지 예정

시 · 도 인사위원회

행정학개론
[지방행정 포함]

문 1. 작은정부를 적극적으로 옹호하는 것은?
① 행정권 우월화를 인정하는 정치·행정 일원론
② 경제공황 극복을 위한 뉴딜정책
③ 사회복지 프로그램의 확대
④ 신공공관리론

문 2. 기능(functional) 구조와 사업(project) 구조의 통합을 시도하는 조직 형태는?
① 팀제 조직
② 위원회 조직
③ 매트릭스 조직
④ 네트워크 조직

문 3. 지방재정의 세입항목 중 자주재원에 해당하는 것은?
① 지방교부세
② 재산임대수입
③ 조정교부금
④ 국고보조금

문 4. 국내 최고 대학을 졸업했기 때문에 일을 잘했을 것이라고 생각하여 피평정자에게 높은 근무성적평정 등급을 부여할 경우 평정자가 범하는 오류는?
① 선입견에 의한 오류
② 집중화 경향으로 인한 오류
③ 엄격화 경향으로 인한 오류
④ 첫머리 효과에 의한 오류

문 5. 행정 가치에 대한 설명으로 옳지 않은 것은?
① 공익 과정설에 따르면 사익을 초월한 별도의 공익이란 존재할 수 없다.
② 롤스(Rawls)는 사회정의의 제1원리와 제2원리가 충돌한 경우 제1원리가 우선이라고 주장한다.
③ 파레토 최적 상태는 형평성 가치를 뒷받침하는 기준이다.
④ 근대 이후 합리성은 목표를 달성하는 수단과 관련된 개념이다.

문 6. 기술과 조직구조의 관계에 대한 페로(Perrow)의 설명으로 옳지 않은 것은?
① 정형화된(routine) 기술은 공식성 및 집권성이 높은 조직구조와 부합한다.
② 비정형화된(non-routine) 기술은 부하들에 대한 상사의 통솔범위를 넓힐 수밖에 없을 것이다.
③ 공학적(engineering) 기술은 문제의 분석가능성이 높다.
④ 기예적(craft) 기술은 대체로 유기적 조직구조와 부합한다.

문 7. 지방분권 추진 원칙 중 다음 설명에 해당하는 것은?

○ 기능 배분에 있어 가까운 정부에게 우선적 관할권을 부여한다.
○ 민간이 처리할 수 있다면 정부가 관여해서는 안 된다.
○ 가까운 지방정부가 처리할 수 있는 업무에 상급 지방정부나 중앙정부가 관여해서는 안 된다.

① 보충성의 원칙 ② 포괄성의 원칙
③ 형평성의 원칙 ④ 경제성의 원칙

문 8. 정책집행의 하향식 접근(top-down approach)에 대한 설명으로 옳은 것만을 모두 고르면?

ㄱ. 집행이 일어나는 현장에 초점을 맞춘다.
ㄴ. 일선공무원의 전문지식과 문제해결능력을 중시한다.
ㄷ. 하위직보다는 고위직이 주도한다.
ㄹ. 정책결정자는 정책집행에 영향을 미치는 정치적·조직적·기술적 과정을 충분히 통제할 수 있다.

① ㄱ, ㄴ ② ㄱ, ㄷ
③ ㄴ, ㄹ ④ ㄷ, ㄹ

문 9. 조직구성 원리에 대한 설명으로 옳지 않은 것은?

① 분업의 원리 – 일은 가능한 한 세분해야 한다.
② 통솔범위의 원리 – 한 명의 상관이 감독하는 부하의 수는 상관의 통제능력 범위 내로 한정해야 한다.
③ 명령통일의 원리 – 여러 상관이 지시한 명령이 서로 다를 경우 내용이 통일될 때까지 명령을 따르지 않아야 한다.
④ 조정의 원리 – 권한 배분의 구조를 통해 분화된 활동들을 통합해야 한다.

문 10. 직업공무원제의 단점을 보완하는 것으로 옳지 않은 것은?
① 개방형 인사제도
② 계약제 임용제도
③ 계급정년제의 도입
④ 정치적 중립의 강화

문 11. A 예산제도에서 강조하는 기능은?

A 예산제도는 당시 미국의 국방장관이었던 맥나마라(McNamara)에 의해 국방부에 처음 도입되었고, 국방부의 성공적인 예산개혁에 공감한 존슨(Johnson) 대통령이 1965년에 전 연방정부에 도입하였다.

① 통제 ② 관리
③ 기획 ④ 감축

문 12. 직위분류제의 단점은?
① 행정의 전문성 결여
② 조직 내 인력배치의 신축성 부족
③ 계급 간 차별 심화
④ 직무경계의 불명확성

문 13. 행정통제의 유형 중 외부통제가 아닌 것은?
① 감사원의 직무감찰
② 의회의 국정감사
③ 법원의 행정명령 위법 여부 심사
④ 헌법재판소의 권한쟁의심판

문 14. 민간투자사업자가 사회기반시설 준공과 동시에 해당 시설 소유권을 정부로 이전하는 대신 시설관리운영권을 획득하고, 정부는 해당 시설을 임차 사용하여 약정기간 임대료를 민간에게 지급하는 방식은?
① BTO(Build – Transfer – Operate)
② BTL(Build – Transfer – Lease)
③ BOT(Build – Own – Transfer)
④ BOO(Build – Own – Operate)

문 15. 정책평가의 논리에서 수단과 목표 간의 인과 관계에 대한 설명으로 옳은 것만을 모두 고르면?

ㄱ. 정책목표의 달성이 정책수단의 실현에 선행해서 존재해야 한다.
ㄴ. 특정 정책수단 실현과 정책목표 달성 간 관계를 설명하는 다른 요인이 배제되어야 한다.
ㄷ. 정책수단의 변화 정도에 따라 정책목표의 달성 정도도 변해야 한다.

① ㄱ
② ㄷ
③ ㄱ, ㄴ
④ ㄴ, ㄷ

문 16. 비용·편익분석에 대한 설명으로 옳지 않은 것은?
① 분야가 다른 정책이나 프로그램은 비교할 수 없다.
② 정책대안의 비용과 편익을 모두 가시적인 화폐 가치로 바꾸어 측정한다.
③ 미래의 비용과 편익의 가치를 현재가치로 환산하는데 할인율(discount rate)을 적용한다.
④ 편익의 현재가치가 비용의 현재가치를 초과하면 순현재가치(NPV)는 0보다 크다.

문 17. 정책결정 모형에 대한 설명으로 옳은 것만을 모두 고르면?

ㄱ. 만족 모형에서는 정책결정을 근본적 결정과 세부적 결정으로 구분한다.
ㄴ. 점증주의 모형은 현상유지를 옹호하므로 보수적이라는 비판을 받고 있다.
ㄷ. 쓰레기통 모형에서 의사결정의 4가지 요소는 문제, 해결책, 선택기회, 참여자이다.
ㄹ. 갈등의 준해결과 표준운영절차(SOP)의 활용은 최적모형의 특징이다.

① ㄱ, ㄴ
② ㄱ, ㄹ
③ ㄴ, ㄷ
④ ㄷ, ㄹ

문 18. 조세지출 예산제도에 대한 설명으로 옳지 않은 것은?
① 세제 지원을 통해 제공한 혜택을 예산지출로 인정하는 것이다.
② 예산지출이 직접적 예산 집행이라면 조세지출은 세제상의 혜택을 통한 간접지출의 성격을 띤다.
③ 직접 보조금과 대비해 눈에 보이지 않는 숨겨진 보조금이라고 이해할 수 있다.
④ 세금 자체를 부과하지 않는 비과세는 조세지출의 방법으로 볼 수 없다.

문 19. 유비쿼터스 전자정부에 대한 설명으로 옳은 것만을 모두 고르면?

> ㄱ. 기술적으로 브로드밴드와 무선, 모바일 네트워크, 센싱, 칩 등을 기반으로 한다.
> ㄴ. 서비스 전달 측면에서 지능적인 업무수행과 개개인의 수요에 맞는 맞춤형 서비스를 제공한다.
> ㄷ. Any-time, Any-where, Any-device, Any-network, Any-service 환경에서 실현되는 정부를 지향한다.

① ㄱ, ㄴ
② ㄱ, ㄷ
③ ㄴ, ㄷ
④ ㄱ, ㄴ, ㄷ

문 20. 민원행정의 성격에 대한 설명으로 옳은 것만을 모두 고르면?

> ㄱ. 규정에 따라 서비스를 제공하는 전달적 행정이다.
> ㄴ. 행정기관도 민원을 제기하는 주체가 될 수 있다.
> ㄷ. 행정구제수단으로 볼 수 없다.

① ㄱ
② ㄷ
③ ㄱ, ㄴ
④ ㄴ, ㄷ

국가직 7급

2024년 국가직 7급	……	77
2023년 국가직 7급	……	83
2022년 국가직 7급	……	89
2021년 국가직 7급	……	97
2020년 국가직 7급	……	103

합격으로 증명하는 1등 행정학

신용한
행정학

합격으로 증명하는 1등 행정학

2024년 10월 12일 시행

국가공무원 7급 공개경쟁채용 필기시험

| 일반행정 |

응시번호		문제책형
성명		나

제1과목	국어(한문 포함)	제2과목	한국사	제3과목	헌법
제4과목	행정법	제5과목	행정학	제6과목	경제학

응시자 주의사항

1. **시험시작 전 시험문제를 열람하는 행위나 시험종료 후 답안을 작성하는 행위를 한 사람**은 「공무원임용시험령」 제51조에 의거 **부정행위자**로 처리됩니다.
2. **답안지 책형 표기는 시험시작 전 감독관의 지시에 따라 문제책 앞면에 인쇄된 문제책형**을 확인한 후, **답안지 책형란에 해당 책형(1개)을 '●'로 표기**하여야 합니다.
3. **답안은 문제책 표지의 과목 순서에 따라 답안지에 인쇄된 순서(제1·2·3·4·5·6과목)에 맞추어 표기**해야 하며, 과목 순서를 바꾸어 표기한 경우에도 **문제책 표지의 과목 순서대로 채점**되므로 유의하시기 바랍니다.
4. 시험이 시작되면 문제를 주의 깊게 읽은 후, **문항의 취지에 가장 적합한 하나의 정답만을 고르며**, 문제내용에 관한 질문은 할 수 없습니다.
5. **답안을 잘못 표기하였을 경우에는 답안지를 교체하여 작성하거나 수정할 수 있으며**, 표기한 답안을 수정할 때는 **응시자 본인이 가져온 수정테이프만을 사용**하여 해당 부분을 완전히 지우고 부착된 수정테이프가 떨어지지 않도록 손으로 눌러주어야 합니다. **(수정액 또는 수정스티커 등은 사용 불가)**
    - **불량한 수정테이프의 사용과 불완전한 수정처리로 발생하는 모든 문제는 응시자 본인에게 책임이 있습니다.**
6. **시험시간 관리의 책임은 응시자 본인에게 있습니다.**
    ※ 문제책은 시험종료 후 가지고 갈 수 있습니다.

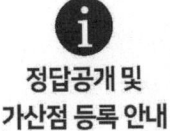
정답공개 및
가산점 등록 안내

1. 정답공개: 정답가안 0.00.(0) 00:00, 최종정답 0.00.(0) 00:00 / 사이버국가고시센터
2. 이의제기: 0.00.(0) 00:00 ~ 0.00.(0) 00:00 / 사이버국가고시센터(www.gosi.kr)
    - 구체적인 이의제기 방법은 정답가안 공개 시 공지 예정
3. 가산점 등록기간: 0.00.(0) 00:00 ~ 0.00.(0) 00:00
4. 가산점 등록방법: 사이버국가고시센터 ➡ [원서접수 → 가산점 등록 / 확인]

일반행정: 나

행 정 학

문 1. 윌슨(J. Wilson)의 규제정치이론에서 수입규제가 유발하는 정치경제적 상황은?
① 대중정치
② 기업가정치
③ 고객정치
④ 이익집단정치

문 2. 행정이념 중에서 수단적 가치로만 묶인 것은?
① 효과성, 형평성, 합법성, 공익성
② 합법성, 평등성, 효과성, 공익성
③ 형평성, 합법성 가외성, 능률성
④ 가외성, 능률성, 효과성, 합법성

문 3. 예산의 원칙과 그 예외가 바르게 짝지어지지 않은 것은?
① 통일성의 원칙 - 목적세
② 단일성의 원칙 - 특별회계
③ 완전성의 원칙 - 전대차관
④ 사전의결의 원칙 - 예산의 이용

문 4. 다음과 같은 특징이 나타나는 정책네트워크의 유형은?

○ 의회의 상임위원회 또는 분과위원회, 행정부처, 이익집단이 형성하는 정책네트워크를 의미한다.
○ 네트워크의 자율성과 안정성이 비교적 높다.
○ '철의 삼각' 개념과 거의 동일한 의미를 지닌다.

① 정책공동체 모형
② 하위정부 모형
③ 이슈네트워크 모형
④ 협력적 거버넌스 모형

문 5. 우리나라 행정통제 방법 중 내부통제에 해당하는 것은?
① 감사원의 회계감사
② 헌법재판소의 위헌법률심판
③ 국회의 국무위원에 대한 탄핵소추
④ 지방자치단체의 주민참여예산제도

문 6. 정치·행정이원론에 대한 설명으로 옳지 않은 것은?
① 엽관주의 극복을 위한 반엽관주의(anti-spoils system) 움직임에 따라 대두되었다.
② 부패한 정치로부터 행정의 분리를 주장했다.
③ 행정의 정책형성기능 강화로 인한 기능적 행정학을 추구했다.
④ 윌슨(W. Wilson)은 행정을 관리와 경영의 영역으로 규정했다.

문 7. 다음의 상황에 해당하는 지각오류는?

○ 공격적인 성격의 소유자는 다른 사람도 공격적으로 보기 쉽다.
○ 노조 대표와 관리층의 대표는 자신의 불신 감정을 다른 집단에게로 전가한다.

① 대조효과(contrast effect)
② 투사(projection)
③ 후광효과(halo effect)
④ 기대성 착오(expectancy error)

문 8. 신공공관리론의 특징으로 옳지 않은 것은?
① 성과에 의한 관리를 중요시한다.
② 신관리주의와 시장주의가 결합된 개념이다.
③ 수익자부담원칙을 강조한다.
④ 분절화의 축소와 조직구조의 통합, 조정을 강조한다.

문 9. 정책평가에 대한 설명으로 옳지 않은 것은?
① 내부평가는 기관 내부에서 평가를 주도하며, 외부평가와 비교하면 평가 결과의 활용성이 높다.
② 비용편익분석은 정책 실행이 가져올 모든 비용과 편익을 화폐 단위로 계량화하여 비교하는 방법으로서, 정책의 능률성과 대응성을 측정하기에 효과적이다.
③ 총괄평가는 정책이 종료한 시점에서 효과성이나 능률성 등 다각적 관점에서 결과를 살펴보는 것이다.
④ 평가성검토는 본평가를 실시하기 전에 평가의 소망성과 실행 가능성을 개괄적으로 검토하는 예비평가이다.

문 10. 정책집행에 대한 설명으로 옳은 것은?
① 하향식 접근방법은 후방접근법이라고 불리며, 정책집행 현장에서 집행조직과 정책사업 간 상호작용의 중요성을 강조한다.
② 상향식 접근방법은 정책결정의 결과물인 정책 목표를 달성해 가는 과정을 정책집행으로 이해한다.
③ 매틀랜드(Matland)는 정책목표의 모호성과 갈등 개념을 활용하여 특정 집행상황을 네 가지로 구조화하였다.
④ 나카무라와 스몰우드(Nakamura & Smallwood)에 따르면, 관료적 기업가형은 정책결정자들이 개괄적인 정책을 결정하고, 집행과정에서 정책의 집행자와 협상한다.

문 11. 체제이론에서 제시하는 개방체제의 특징으로 옳지 않은 것은?
① 목적 달성을 위한 유일 최선의 방법은 없으며, 다양한 방법이 존재한다.
② 환경의 변화에 맞도록 구조와 기능이 다양하게 분화될 것을 요구한다.
③ 체제의 에너지 소모로 인한 소멸 가능성을 강조한다.
④ 환경과 끊임없는 상호작용을 강조한다.

문 12. 정책결정모형에 대한 설명으로 옳은 것은?
① 사이버네틱스모형은 비목적적 적응(non-purposive adaption)을 특징으로 한다.
② 회사모형은 합리적 분석과 함께 정책결정자의 직관적 판단도 정책결정의 중요 요인으로 수용한다.
③ 앨리슨(Allison)이 제시한 조직과정모형은 의사결정이 분산되어 있는 상황에서 합의된 정책결정을 위해 타협을 시도하는 상황을 설명하기 쉽다.
④ 혼합주사모형은 정책결정을 하나의 우연한 현상으로 설명한다.

문 13. 예산제도에 대한 설명으로 옳은 것만을 모두 고르면?

ㄱ. 영기준예산제도에서는 사업을 원점에서 재검토하여 예산을 편성하기 때문에 사업담당자들이 자신의 사업평가 과정에서 위협을 느끼게 된다.
ㄴ. 성과주의예산제도는 업무단위 선정이 곤란하지만 단위원가 계산은 용이하다.
ㄷ. 계획예산제도는 의사결정 집권화를 완화할 수 있고, 목표 설정의 계량화를 용이하게 할 수 있다.
ㄹ. 품목별예산제도는 행정부의 예산집행 과정에서 유용이나 남용을 방지할 수 있고, 예산심의가 용이하여 행정부에 대한 의회의 권한을 강화할 수 있다.

① ㄱ, ㄴ
② ㄱ, ㄹ
③ ㄴ, ㄷ
④ ㄷ, ㄹ

문 14. 예산 집행 과정의 신축성 유지 방안에 대한 설명으로 옳은 것만을 모두 고르면?

> ㄱ. 예산의 전용이란 각 기관·장·관·항 간에 상호 융통하는 것을 말한다.
> ㄴ. 예산의 명시이월이란 예산 성립 후 연도 내 지출원인행위를 하고 불가피한 사유로 지출하지 못한 경비와 지출원인행위를 하지 아니한 그 부대경비의 금액에 대한 이월을 말한다.
> ㄷ. 예비비란 예측할 수 없는 예산 외의 지출 또는 예산초과 지출에 충당하기 위해 세입·세출예산에 계상한 금액을 말한다.
> ㄹ. 예산의 이체란 정부조직 등에 관한 법령의 제정, 개정 또는 폐지로 인해 그 직무와 권한에 변동이 있을 때에 예산도 이에 따라 변경하는 것을 말한다.

① ㄱ, ㄴ
② ㄱ, ㄷ
③ ㄴ, ㄹ
④ ㄷ, ㄹ

문 15. 국가와 지방자치단체 간의 사무배분에 대한 설명으로 옳지 않은 것은?

① 기관위임사무는 주로 지방적 이해관계보다 국가적 차원의 이해 관계가 크게 걸려 있는 사업이 대상이며, 지방자치단체 그 자체에 위임한 사무이다.
② 효율성의 원칙은 보충성의 원칙을 받아들인다 해도 사무에 따라서는 보다 넓은 지역을 담당하는 광역지방자치단체나 중앙 정부가 일차적인 책임을 지고 처리하는 것이 훨씬 효율적일 수 있다는 것이다.
③ 포괄성의 원칙은 지방자치단체가 배분받은 사무에 대해 배타적인 권한을 행사할 수 있도록 해야 한다는 내용도 포함한다.
④ 자치사무는 지방자치단체의 고유사무이므로 스스로의 책임과 부담으로 처리하는 것이 원칙이며, 중앙정부는 사후 감독과 합법성 감독을 수행한다.

문 16. 공무원의 신분보장 및 징계에 대한 설명으로 옳지 않은 것은?

① 임용권자는 정직에 해당하는 징계 의결이 요구 중인 공무원에게 직위를 부여하지 아니할 수 있다.
② 정직은 중징계 처분 중의 하나로 사유에 따라 1개월 이상 3개월 이하의 기간이 적용되며, 정직기간 중 감봉조치는 별도로 없다.
③ 임용권자는 직제 또는 정원의 변경이나 예산의 감소 등으로 직위가 폐직되거나 하위의 직위로 변경되어 과원이 된 경우 또는 본인이 동의한 경우에는 소속 공무원을 강임할 수 있다.
④ 해임은 강제퇴직 처분으로 3년간 공무원 임용이 제한되며, 금품·향응수수·공금횡령·유용 등으로 해임된 경우를 제외하고 퇴직 급여 감액의 불이익이 없다.

문 17. 규제유형에 대한 설명으로 옳지 않은 것은?

① 투입규제(수단규제)는 관리규제에 비해 피규제자에게 더욱 많은 자율성을 부여한다.
② 성과규제는 사회문제 해결목표(규제목표)에 대한 달성 수준을 정하고 피규제자에게 이를 달성하도록 요구하는 것이다.
③ 직접규제는 정부가 규제주체인 반면 자율규제는 민간이 규제주체가 된다.
④ 네거티브 규제는 포지티브 규제보다 피규제자의 자율성을 더욱 보장해 준다.

문 18. 「공직자윤리법」상 공직자 윤리 확보에 대한 설명으로 옳지 않은 것은?
① 「공직자윤리법」의 목적은 공익과 사익의 이해충돌을 방지하고, 국민 전체의 봉사자로서 행정의 민주성과 능률성을 확립하는 것이다.
② 국가는 공직자가 공직에 헌실할 수 있도록 공직자의 생활을 보장하고 공직윤리 확립에 노력하여야 한다.
③ 퇴직공직자는 재직 중인 공직자의 공정한 직무수행을 해치는 상황이 일어나지 않도록 노력하여야 한다.
④ 공직자는 자신이 수행하는 직무가 자신의 재산상 이해와 관련되어 공정한 직무수행이 어려운 상황이 일어나지 않도록 직무수행의 적정성을 확보하여야 한다.

문 19. 「국가공무원법」상 공무원의 복무에 대한 설명으로 옳지 않은 것은?
① 공무원은 국민 전체의 봉사자로서 친절하고 공정하게 직무를 수행하여야 한다.
② 사실상 노무에 종사하는 공무원은 노동운동이나 그 밖에 공무 외의 일을 위한 집단 행위를 하여서는 아니된다.
③ 공무원이 외국 정부로부터 영예나 증여를 받을 경우에는 대통령의 허가를 받아야 한다.
④ 공무원은 직무와 관련하여 직접적이든 간접적이든 사례·증여 또는 향응을 주거나 받을 수 없다.

문 20. 정책의제에 대한 설명으로 옳지 않은 것은?
① 호그우드와 건(Hogwood & Gunn)은 정책문제의 성격이 인간의 감정보다 이성적 측면에 호소하는 문제일수록 정책의제화가 쉽다고 하였다.
② 외부주도형 정책의제설정모형은 다원화되고 민주화된 선진국에서 많이 나타난다.
③ 정부의제는 정부의 공식적인 의사결정에 의해 해결을 심각하게 고려하기로 명백히 밝힌 문제를 말한다.
④ 바흐라크와 바라츠(Bachrach & Baratz)는 기존 질서의 변화를 주장하는 요구가 정치적 이슈가 되지 못하도록 하는 가장 직접적인 수단으로 폭력을 제시하였다.

문 21. 실적주의의 정당화 근거로 옳지 않은 것은?
① 공직 취임에 대한 기회의 균등 보장
② 행정의 능률성 제고
③ 행정의 공정성과 안정성 확보
④ 행정에 대한 민주적 통제 강화

문 22. 직업공무원제에 대한 설명으로 옳지 않은 것은?
① 공무원의 직업의식을 고무시키는 시스템이며, 공직에 대한 자부심과 일체감을 제고한다.
② 젊은 인재를 공직에 임용하여 장기간 근무하게 만드는 제도이다.
③ 외부환경에 대한 적극적 대응과 새로운 지식 및 기술 도입이 활성화되어 행정의 전문성을 강화한다.
④ 계급제를 근간으로 하며, 정부 업무의 안정성과 계속성을 확보할 수 있다는 장점이 있다.

문 23. 정부간 관계이론에 대한 설명으로 옳지 않은 것은?
① 앤더슨(Anderson)에 따르면 정부간 관계는 연방체계 내에서 모든 계층과 모든 형태의 정부단위들 간에 일어나는 상호작용과 행위의 총체이다.
② 라이트(Wright)의 중첩권위모형에서는 연방정부, 주정부, 지방정부가 때로는 경쟁하고 때로는 협력하는 관계를 맺으며, 그 과정에서 합의를 이루고 협력체제를 구축하기 위한 협상과 협의가 계속된다.
③ 로즈(Rhodes)의 지배인 모형에 따르면 지방정부는 중앙정부로부터 어느 정도의 자율성을 가지고 지방을 관리한다.
④ 엘코크(Elcock)의 동반자모형에 따르면 중앙정부와 지방정부간 관계는 상호협력적이며 대등한 국정의 파트너이다.

문 24. 우드워드(Woodward)의 기술 유형과 조직의 구조적 특성에 대한 설명으로 옳지 않은 것은?
① 대량생산기술의 경우 공식적인 절차나 규칙에 따라 관리한다.
② 단위소량생산기술의 경우 문서에 의한 의사소통이 낮게 나타나고, 작업자 간 구두에 의한 의사소통이 많이 이루어진다.
③ 단위소량생산기술 조직은 대량생산기술 조직에 비해 느슨한 조직 구조와 낮은 수직적 분화의 특징을 갖는다.
④ 단위소량생산기술에서 연속공정생산기술로 기술의 복잡성이 증가함에 따라 전체 구성원 중에서 관리자가 차지하는 비율이 감소한다.

문 25. 딜런(Dillon)의 원칙에 대한 설명으로 옳은 것은?
① 지방정부의 절대적 권리를 인정하고, 주정부가 이를 폐지할 수 없다는 것을 강조한다.
② 지방정부는 연방헌법이 부여한 권한만을 행사할 수 있다.
③ 엽관주의로 인해 나타난 지방정부의 부패와 무능을 해결하려는 의도를 담고 있다.
④ 지역사회에서 만든 헌장 안을 주민투표 등을 통하여 결정하는 방식을 지지한다.

2023년 9월 23일 시행

국가공무원 7급 공개경쟁채용 필기시험

| 일반행정 |

응시번호

성명

문제책형

가

제1과목	국어(한문 포함)	제2과목	한국사	제3과목	헌법
제4과목	행정법	제5과목	행정학	제6과목	경제학

응시자 주의사항

1. **시험시작 전 시험문제를 열람하는 행위나 시험종료 후 답안을 작성하는 행위를 한 사람**은 「공무원임용시험령」 제51조에 의거 **부정행위자**로 처리됩니다.
2. **답안지 책형 표기는 시험시작 전** 감독관의 지시에 따라 **문제책 앞면에 인쇄된 문제책형을 확인한 후, 답안지 책형란에 해당 책형(1개)**을 '●'로 **표기하여야 합니다.**
3. **답안은 문제책 표지의 과목 순서에 따라 답안지에 인쇄된 순서(제1·2·3·4·5·6과목)에 맞추어 표기**해야 하며, 과목 순서를 바꾸어 표기한 경우에도 **문제책 표지의 과목 순서대로 채점**되므로 유의하시기 바랍니다.
4. 시험이 시작되면 문제를 주의 깊게 읽은 후, **문항의 취지에 가장 적합한 하나의 정답만을 고르며,** 문제내용에 관한 질문은 할 수 없습니다.
5. **답안을 잘못 표기하였을 경우에는 답안지를 교체하여 작성하거나 수정할 수 있으며,** 표기한 답안을 수정할 때는 **응시자 본인이 가져온 수정테이프만을 사용**하여 해당 부분을 완전히 지우고 부착된 수정테이프가 떨어지지 않도록 손으로 눌러주어야 합니다. **(수정액 또는 수정스티커 등은 사용 불가)**
    - 불량한 수정테이프의 사용과 불완전한 수정처리로 발생하는 **모든 문제는 응시자 본인에게 책임이 있습니다.**
6. **시험시간 관리의 책임은 응시자 본인에게 있습니다.**
    ※ 문제책은 시험종료 후 가지고 갈 수 있습니다.

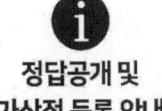
정답공개 및
가산점 등록 안내

1. 정답공개: 정답가안 0.00.(0) 00:00, 최종정답 0.00.(0) 00:00 / 사이버국가고시센터
2. 이의제기: 0.00.(0) 00:00 ~ 0.00(0) 00:00 / 사이버국가고시센터(www.gosi.kr)
    - 구체적인 이의제기 방법은 정답가안 공개 시 공지 예정
3. 가산점 등록기간: 0.00(0) 00:00 ~ 0.00(0) 00:00
4. 가산점 등록방법: 사이버국가고시센터 ➡ [원서접수 → 가산점 등록 / 확인]

일반행정: 가

행정학

문 1. 주인-대리인이론(principal-agent theory)에 대한 설명으로 옳지 않은 것은?
① 경제적 능률을 중시하는 인간관에 기반한 이론으로, 행위자들이 이기적 존재임을 전제한다.
② 주인과 대리인의 목표 상충으로 인해 X-비효율성이 나타난다.
③ 인간의 인지적 한계와 정보 부족 등 상황적 제약으로 인해 합리성은 제약된다고 본다.
④ 주인과 대리인 사이에 정보비대칭성이 존재하고, 대리인이 기회주의적으로 행동하는 경우 역선택이나 도덕적 해이가 발생할 수 있다.

문 2. 정책평가의 유형에 대한 설명으로 옳지 않은 것은?
① 평가성 사정(evaluability assessment)은 평가의 실행가능성을 검토하는 일종의 예비평가이다.
② 정책영향평가는 사후평가이며 동시에 효과성 평가로 볼 수 있다.
③ 모니터링은 과정평가에 속하지만 집행의 능률성과 효과성을 확보하기 위한 평가이다.
④ 형성평가는 집행이 종료된 후 정책이 의도했던 목적을 달성했는지에 초점을 맞춘다.

문 3. 근무성적평정 방법 중 강제배분법에 대한 설명으로 옳지 않은 것은?
① 역산식 평정이 불가능하며 관대화 경향을 초래한다.
② 평가의 집중화 경향을 억제하는 효과가 있다.
③ 평정대상 다수가 우수한 경우에도 일정한 비율의 인원은 하위 등급을 받을 수 있다는 단점이 있다.
④ 등급별 할당 비율에 따라 피평가자들을 배정하는 것이다.

문 4. 정책네트워크의 개념과 유형에 대한 설명으로 옳지 않은 것은?
① 수많은 공식·비공식적 참여자가 존재하는 정책네트워크는 정책과정의 참여자들 간 상호작용을 구조적인 차원으로 설명하는 틀이다.
② 정책네트워크의 경계는 구조적인 틀에 따라 달라지는 상호인지의 과정에 의하기보다는 공식기관들에 의해 결정된다.
③ 하위정부 모형은 이익집단, 의회의 상임위원회, 주요 행정부처로 구성되는 네트워크를 말하며, 안정성이 높은 것이 특징이다.
④ 정책공동체 모형은 하위정부 모형에 대한 대안으로 대두되었으나 전문화된 정책영역에서 정책결정이 이루어진다는 측면에서 서로 유사한 점이 있다.

문 5. 다음 대화에서 옳지 않은 말을 한 사람은?

A: 신공공관리론의 학문적 토대는 신고전학파 경제학인데, 넛지이론은 공공선택론이야.
B: 신공공관리론은 효율성을 증대하여 고객 대응성을 높이자는 목표를 가지는데, 넛지이론은 행동변화를 통해서 삶의 질을 높이는 것이 목표야.
C: 신공공관리론에서는 경제적 합리성을 가정하지만, 넛지이론에서는 제한된 합리성을 가정하지.
D: 신공공관리론에서는 공무원이 정치적 기업가가 되길 원하지만 넛지이론에서는 선택설계자가 되길 바라지.

① A
② B
③ C
④ D

문 6. 립스키(Lipsky)의 일선관료제(street level bureaucracy)에 대한 설명으로 옳지 않은 것은?
① 일선관료에 대한 재량권 강화는 집행현장의 특수성 및 예상치 못한 사태에 대비하게 할 수 있다.
② 일선관료는 만성적으로 부족한 자원, 모호한 역할 기대, 그들의 권위에 대한 위협과 도전이라는 업무환경에 처해 있다.
③ 일선관료는 일반시민을 분류하지 않고, 모든 계층을 공평하게 대우한다.
④ 일선관료는 정부를 대신하여 시민에게 정책을 직접 전달하는 존재로, 특히 사회경제적 취약계층의 삶에 큰 영향력을 미친다.

문 7. 집권화와 분권화에 대한 설명으로 옳지 않은 것은?
① 집권화는 조직의 규모가 작고 신설 조직일 때 유리하다.
② 집권화의 장점으로는 전문적 기술의 활용가능성 향상과 경비절감을 들 수 있다.
③ 탄력적 업무수행은 분권화의 장점이다.
④ 분권화는 행정기능의 중복과 혼란을 회피할 수 있고 분열을 억제할 수 있다.

문 8. 만족모형에 대한 비판으로 옳은 것만을 모두 고르면?

ㄱ. 책임회피의식과 보수적 사고가 지배적인 상황에서 혁신을 이끄는 데 한계가 있다.
ㄴ. 만족에 대한 기대수준을 지나치게 명확히 규정하여 획일적인 의사결정 구조가 나타난다.
ㄷ. 조직 내 상하관계 등에서 나타나는 권력적 측면이 의사결정에 미치는 영향을 간과한다.
ㄹ. 일반적이고 가벼운 의사결정과 달리 중대한 의사결정에 적용하기 어려울 수 있다.

① ㄱ, ㄴ
② ㄱ, ㄹ
③ ㄴ, ㄷ
④ ㄷ, ㄹ

문 9. 정책대안의 미래예측 방법인 추세연장(extrapolation) 예측기법에 대한 설명으로 옳지 않은 것은?
① 과거부터 현재까지의 자료를 토대로 미래 사회의 상태를 예상하는 방법이다.
② 추세연장의 주요 방법에는 이동평균법(moving average), 지수평활법(exponential smoothing), 교차영향행렬(cross-impact matrix) 분석이 있다.
③ 지속성(persistence), 규칙성(regularity), 자료의 신뢰성(reliability) 및 타당성(validity)의 가정이 충족되는 것을 전제로 한다.
④ 추세연장 예측 분석을 위해서는 시계열 자료가 주로 사용되며, 인구감소, 경제성장, 기관의 업무량 등을 예측하는 데 이용된다.

문 10. 리더십과 팔로워십 이론에 대한 설명으로 옳은 것만을 모두 고르면?

ㄱ. 켈리(Kelley)는 소외적 추종자(alienated followers), 순응적 추종자(sheep), 수동적 추종자(yes people), 효과적 추종자(effec-tive followers) 등 네 가지 추종자 유형을 제시하였고, 그 중 소외적 추종자가 가장 위험하다고 주장하였다.
ㄴ. 블레이크(Blake)와 머튼(Mouton)은 생산에 대한 관심과 사람에 대한 관심이 모두 높은 단합형(team management) 리더십 유형을 최선의 관리방식으로 제안하였다.
ㄷ. 상황적응적 리더십 모형의 주창자 중 하나인 피들러(Fiedler)는 리더-구성원 관계, 직무구조, 직위권력 등 3가지 변수를 중요한 상황요소로 설정하였다.
ㄹ. 오하이오 주립대 리더십 연구자들은 리더의 행동을 구조주도(initiating structure)와 배려로 설명하며 가장 훌륭한 리더유형을 중간 수준의 구조주도와 배려를 갖춘 균형잡힌 리더형태로 보았다.

① ㄱ, ㄴ
② ㄱ, ㄹ
③ ㄴ, ㄷ
④ ㄷ, ㄹ

문 11. 예산과 법률의 차이점에 대한 설명으로 옳지 않은 것은?
① 법률안은 국회의원과 정부가 제출할 수 있지만, 예산안은 정부만이 제출할 수 있다.
② 발의·제출된 법률안에 대해 국회는 수정할 수 있지만, 예산안의 경우 국회는 정부의 동의 없이 제출된 지출예산 각항의 금액을 증가하거나 새 비목을 설치할 수 없다.
③ 법률안은 대외적 효력을 인정받기 위해 공포 절차를 거쳐야 하지만 예산안은 국회에서 의결되면 효력을 갖는다.
④ 대통령은 국회가 의결한 법률안에 대해 재의 요구를 할 수 있으나, 국회는 정부가 제출한 예산안에 대한 심의·의결 자체를 거부할 수 있다.

문 12. 행정 PR(public relations)에 대한 설명으로 옳지 않은 것은?
① 행정민주화의 요청에 따라 그 필요성이 제기되고 있다.
② 정부가 잘못된 정보를 국민에게 투입하는 것은 행정 PR의 객관성에 반하는 것이다.
③ 개발도상국가에서는 국민들에 대한 계몽적·교육적 성격을 갖는다.
④ 국민의 알 권리에 대한 정부의 도덕적·법적 의무로 이해되기 때문에 일방적·명령적이어야 한다.

문 13. 우리나라의 공무원 복무와 징계에 대한 설명으로 옳은 것은?
① 공무원은 직무상의 관계가 있든 없든 그 소속 상관에게 증여하거나 소속 공무원으로부터 증여를 받아서는 아니 된다.
② 중징계의 일종인 파면의 경우 5년간 공무원으로 재임용될 수 없으나, 연금급여의 불이익은 없다.
③ 공무원은 어떠한 경우에도 자신의 직무권한을 행사하여 직무관련자로부터 사적 노무를 제공받아서는 아니 된다.
④ 감봉은 경징계에 해당하며 1개월 이상 3개월 이하 기간 동안 직무에 종사하지 못하고, 보수의 1/3을 삭감하는 처분이다.

문 14. 정부 간 관계와 지방자치권에 대한 설명으로 옳지 않은 것은?
① 라이트(Wright)는 미국의 연방정부, 주정부, 지방정부 간 관계에 주목하면서 중앙·지방정부 간 관계를 3가지 형태로 구분하였다.
② 엘코크(Elcock)가 제시한 대리인모형은 지방정부의 자율성이 제약되는 상황을 특징으로 한다.
③ 우리나라 지방자치단체의 자치조직권은 「지방자치법」의 위임에 따라 제정된 대통령령의 제약을 받는다.
④ 우리나라 지방자치단체의 단체위임사무는 의결기관인 지방의회가 그 사무의 처리에 관여할 수 없다.

문 15. 「국가재정법」에 규정되지 않은 재정제도는?
① 재정준칙
② 총액계상
③ 총사업비관리
④ 국가재정운용계획

문 16. 정책집행을 주어진 정책목표의 달성을 위한 수단적 행위로 파악하는 접근방법에 대한 설명으로 옳지 않은 것은?
① 타당한 인과이론에 바탕을 둔 정책결정의 내용은 이러한 접근에서 제시하는 규범적 처방이 된다.
② 효과적인 정책집행을 위해서는 정책내용으로서 명확한 법령과 구체적인 정책지침을 갖고 있어야 한다.
③ 정부 및 민간 프로그램에서의 의도하지 않은 효과까지도 분석할 수 있다는 장점이 있다.
④ 정책에 반대하는 정책행위자들의 입장이나 전략적 행동을 쉽게 파악할 수 없다는 단점이 있다.

문 17. 우리나라 공무원제도에 대한 설명으로 옳은 것만을 모두 고르면?

> ㄱ. 중앙정부・지방자치단체 및 그 하부기관에 근무하는 공무원은 직장협의회를 설립할 수 있으며, 하나의 기관에 복수의 협의회 설립이 가능하다.
> ㄴ. 휴직은 공무원으로서의 신분을 보유하게 하면서 직무담임을 일시적으로 해제하는 것으로서 임용권자가 직권으로 휴직을 명하는 직권휴직과 본인의 원에 따라 휴직을 명하는 청원휴직이 있다.
> ㄷ. 공무원은 소청심사위원회를 통해 부당하다고 여겨지는 징계에 대한 구제를 신청할 수 있으며, 소청심사위원회의 결정은 처분청과 소청인 모두를 기속한다.
> ㄹ. 시보 임용기간 중에 있는 공무원이 근무성적・교육훈련성적이 나빠서 공무원으로서의 자질이 부족하다고 판단되는 경우에는 면직시킬 수 있다.

① ㄱ, ㄴ
② ㄱ, ㄷ
③ ㄴ, ㄹ
④ ㄷ, ㄹ

문 18. 국가채무에 대한 설명으로 옳지 않은 것은?
① 「국가재정법」에 따른 국가채무는 국가의 회계가 발행한 채권을 포함하며, 모든 기금이 발행한 채권은 제외된다.
② 우리나라 중앙정부가 발행하는 국채에는 국고채권, 국민주택채권, 외화표시 외국환평형기금채권 등이 있다.
③ 국가채무는 크게 금융성 채무와 적자성 채무로 구분한다.
④ 채권의 발행 주체가 중앙정부일 때는 국채, 지방자치단체일 때는 지방채라고 할 수 있다.

문 19. 백지신탁 제도에 대한 설명으로 옳지 않은 것은?
① 주식백지신탁의 수탁기관은 신탁재산을 관리・운용처분한 내용을 관할 공직자윤리위원회에 보고하여야 한다.
② 우리나라의 「공직자의 이해충돌 방지법」에는 백지신탁 제도가 규정되어 있지 않다.
③ 공개대상자 및 그 이해관계인이 보유하고 있는 주식의 직무관련성을 심사・결정하기 위하여 인사혁신처에 주식백지신탁 심사위원회를 둔다.
④ 백지신탁은 이해충돌이 존재하는 주식을 신탁회사에서 해당 공직자의 의견을 반영해 이해충돌이 없는 주식으로 변경하는 제도이다.

문 20. 「공직자윤리법」상 재산 등록에 대한 내용으로 옳은 것은?
① 등록하여야 할 재산이 국채, 공채, 회사채인 경우는 액면가로 등록하여야 한다.
② 혼인한 직계비속인 여성이 소유한 재산은 재산등록 의무자가 등록할 재산에 포함된다.
③ 공직자는 등록의무자가 된 날부터 3개월이 되는 날이 속하는 달의 말일까지 재산등록을 해야 한다.
④ 교육공무원 중 대학교 학장은 재산등록 의무자가 아니다.

문 21. 「지방자치법」상 지방의회에 대한 설명으로 옳지 않은 것은?
① 지방의회의원의 의정활동을 지원하기 위하여 정책지원 전문인력을 둘 수 있다.
② 지방의회의 의장은 지방의회의 사무직원을 지휘・감독한다.
③ 지방의회는 매년 4회 정례회를 개최한다.
④ 지방의회의원은 각급 선거관리위원회 위원을 겸직할 수 없다.

문 22. 재정투명성에 대한 설명으로 옳지 않은 것은?
① 재정투명성이란 재정에 관한 정보를 체계적으로 적시에 공개하는 것을 의미한다.
② 2007년의 IMF「재정투명성 규약」에는 '예산과정의 공개', '재정정보의 완전성 보장', '정부의 역할과 책임에 대한 명확성' 등이 규정되어 있다.
③ 「국가재정법」에서는 공공부문을 제외한 일반정부의 재정통계를 매년 1회 이상 투명하게 공표하도록 규정하고 있다.
④ 「국가재정법」은 예산·기금의 불법 지출에 대한 국민감시 규정을 두고 있다.

문 23. 정부신뢰 및 시민참여에 대한 설명으로 옳은 것만을 모두 고르면?

ㄱ. 도덕성 확보, 정책 내용의 일관성 유지, 정부 역량은 모두 정부신뢰의 구성인자이다.
ㄴ. 정부와 시민 간의 신뢰 유형 중 신탁적 신뢰는 대칭적 관계에서 형성된다.
ㄷ. 시민들이 기피하는 시설의 건설 추진 여부에 대한 공론조사에서 시민대표단을 구성하여 토론하는 것은 숙의민주주의의 사례이다.

① ㄱ
② ㄱ, ㄷ
③ ㄴ, ㄷ
④ ㄱ, ㄴ, ㄷ

문 24. 지방재정에 대한 설명으로 옳지 않은 것은?
① 부동산교부세는 일반재원이다.
② 내국세 및 교육세의 일부는 지방교육재정교부금의 재원이다.
③ 지역균형발전특별회계는 노무현 정부의 국가균형발전특별회계의 신설에서 비롯되었다.
④ 지역상생발전기금은 지방소비세 도입 과정에서의 광역지자체와 기초지자체 간 세수입 배분의 불균형을 해소하기 위한 것이다.

문 25. 정보기술의 활용을 통해 업무처리의 절차를 근본적으로 개선하는 데 초점을 맞추고, ICT 기반 행정혁신을 촉진하는 것은?
① 혼합현실(mixed reality)
② 업무재설계(business process reengineering)
③ 정보자원관리(information resource management)
④ 제3의 플랫폼(the 3rd platform)

2022년 10월 15일 시행

국가공무원 7급 공개경쟁채용 필기시험

| 일반행정 |

응시번호

성명

문제책형

제1과목	국어(한문 포함)	제2과목	한국사	제3과목	헌법
제4과목	행정법	제5과목	행정학	제6과목	경제학

응시자 주의사항

1. **시험시작 전 시험문제를 열람하는 행위나 시험종료 후 답안을 작성하는 행위를 한 사람**은 「공무원임용시험령」 제51조에 의거 **부정행위자**로 처리됩니다.
2. **답안지 책형 표기**는 시험시작 전 감독관의 지시에 따라 문제책 앞면에 인쇄된 문제책형을 **확인**한 후, **답안지 책형란에 해당 책형(1개)을 '●'로 표기**하여야 합니다.
3. **답안은 문제책 표지의 과목 순서에 따라 답안지에 인쇄된 순서(제1·2·3·4·5·6과목)에 맞추어 표기**해야 하며, 과목 순서를 바꾸어 표기한 경우에도 **문제책 표지의 과목 순서대로 채점**되므로 유의하시기 바랍니다.
4. 시험이 시작되면 문제를 주의 깊게 읽은 후, **문항의 취지에 가장 적합한 하나의 정답만을 고르며**, 문제내용에 관한 질문은 할 수 없습니다.
5. **답안을 잘못 표기하였을 경우**에는 답안지를 교체하여 **작성**하거나 **수정할 수 있으며**, 표기한 답안을 수정할 때는 **응시자 본인이 가져온 수정테이프만을 사용**하여 해당 부분을 완전히 지우고 부착된 수정테이프가 떨어지지 않도록 손으로 눌러주어야 합니다. (수정액 또는 수정스티커 등은 사용 불가)
    - 불량한 수정테이프의 사용과 불완전한 수정처리로 발생하는 **모든 문제는 응시자 본인에게 책임이 있습니다.**
6. **시험시간 관리의 책임은 응시자 본인에게 있습니다.**
    ※ 문제책은 시험종료 후 가지고 갈 수 있습니다.

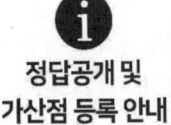

정답공개 및 가산점 등록 안내

1. 정답공개: 정답가안 0.00.(0) 00:00, 최종정답 0.00.(0) 00:00 / 사이버국가고시센터
2. 이의제기: 0.00.(0) 00:00 ~ 0.00(0) 00:00 / 사이버국가고시센터(www.gosi.kr)
    - 구체적인 이의제기 방법은 정답가안 공개 시 공지 예정
3. 가산점 등록기간: 0.00(0) 00:00 ~ 0.00(0) 00:00
4. 가산점 등록방법: 사이버국가고시센터 ➡ [원서접수 → 가산점 등록 / 확인]

일반행정: 나

행 정 학

문 1. 조직구조에 대한 설명으로 옳지 않은 것은?
① 일상적 기술을 가진 조직의 경우 높은 공식화 구조를 가진다.
② 조직구조의 형태를 기계적 구조와 유기적 구조로 구분할 수 있다.
③ 환경이 복잡하고 불안정한 경우 유기적 구조가 적합하다.
④ 조직구조는 조직 내 여러 부문 간 결합의 형태로 구성원 간 상호작용과는 관련성이 없다.

문 2. 다음 동기부여에 대한 이론 중 성격이 다른 하나는?
① 앨더퍼(Alderfer)의 욕구내용 중 관계욕구는 머슬로(Maslow)의 생리적 욕구와 안전욕구에 해당한다.
② 브룸(Vroom)의 기대이론은 과정이론에 해당한다.
③ 허즈버그(Herzberg)는 위생요인이 충족되었다고 하더라도 동기부여가 되는 것은 아니라고 하였다.
④ 애덤스(Adams)는 투입한 노력 대비 얻은 보상에 대해서 준거인과 비교해 상대적으로 느끼는 공평함의 정도가 동기부여에 영향을 미친다고 하였다.

문 3. 2022년 10월 14일 기준, 「국가공무원법」상 공무원으로 임용될 수 없는 사람은? (단, 다른 상황은 고려하지 않음)
① 2021년 10월 13일에 성년후견이 종료된 甲
② 파산선고를 받고 2021년 10월 13일에 복권된 乙
③ 2019년 10월 13일에 공무원으로서 징계로 파면처분을 받은 丙
④ 2017년 금고형을 선고받고 그 집행유예기간이 2019년 10월 13일에 끝난 丁

문 4. 정실주의와 엽관제에 대한 설명으로 옳지 않은 것은?
① 실적제로 전환을 위한 영국의 추밀원령은 미국의 펜들턴법보다 시기적으로 앞섰다.
② 엽관제는 전문성을 통한 행정의 효율성 제고와 정부관료의 역량 강화에 기여한 것으로 평가된다.
③ 미국의 잭슨 대통령은 엽관제를 민주주의의 실천적 정치원리로 인식하고 인사행정의 기본 원칙으로 채택하였다.
④ 엽관제는 관료제의 특권화를 방지하고 국민에 대한 대응성을 높인다는 점에서 현재도 일부 정무직에 적용되고 있다.

문 5. 관료제에 대한 설명으로 옳지 않은 것은?
① 계층제의 원리에 의해 체계가 확립된다.
② 업무에 대한 훈련을 받고 지식을 갖춘 전문적인 관료가 업무를 담당할 것을 요구한다.
③ 훈련된 무능은 관료가 제한된 분야에서 전문성은 있으나 새로운 상황에서 적응력과 업무능력이 떨어지는 현상이다.
④ 동조과잉은 적극적으로 새로운 과업을 찾아서 실행하기보다 현재의 주어진 업무만을 소극적으로 수행하는 것이다.

문 6. 전문경력관제도에 대한 설명으로 옳지 않은 것은?
① 계급 구분과 직군 및 직렬의 분류를 적용하지 않는다.
② 직무의 특성, 난이도 및 직무에 요구되는 숙련도 등에 따라 가군, 나군, 다군으로 구분한다.
③ 전직시험을 거쳐 다른 일반직공무원을 전문경력관으로 전직시킬 수 있으나, 전문경력관을 다른 일반직공무원으로 전직시킬 수는 없다.
④ 소속 장관은 해당 기관의 일반직공무원 직위 중 순환보직이 곤란하거나 장기 재직 등이 필요한 특수 업무 분야의 직위를 인사혁신처장과 협의하여 전문경력관직위로 지정할 수 있다.

문 7. 다음은 동기부여 실험에 대한 설명이다. (가)~(다)에 들어갈 말을 바르게 연결한 것은?

> 유치원 어린이들을 세 집단으로 나누고 그림 그리기 놀이를 하였다. 첫 번째 집단에는 그림을 완성하면 선물을 준다고 약속하였고 그림을 완성한 어린이들에게는 약속한 선물을 주었다. 두 번째 집단에는 선물을 준다는 약속은 없었지만 그림을 완성한 어린이들에게는 깜짝 선물을 주었다. 세 번째 집단에는 어떤 약속도 선물도 없이 평소처럼 그림 그리기를 하였다. 그 이후, 그림 그리기 놀이를 계속하는지에 대한 집단 간 차이를 관찰하였다. 관찰 결과, 두 번째와 세 번째 집단은 그림 그리기 놀이를 계속하였지만 첫 번째 집단은 상대적으로 적은 수만이 그림 그리기 놀이를 계속하였다. 이러한 현상을 통해 학자들은 (가) 동기가 (나) 동기를 밀어내는 구축효과가 있다는 점을 제시하였으며 (나) 동기의 예시로는 (다) 을/를 들 수 있다.

	(가)	(나)	(다)
①	내재적	외재적	성과급
②	내재적	외재적	가치관 일치
③	외재적	내재적	처벌
④	외재적	내재적	일에 대한 즐거움

문 8. 정책의 효과를 확인하기 위한 평가설계에 대한 설명으로 옳은 것만을 모두 고르면?

> ㄱ. 동일 정책대상집단에 대해 정책집행을 기준으로 여러 번의 사전, 사후측정을 하여 정책효과를 추정하는 '단절적시계열설계'는 준실험설계 유형 중 하나이다.
> ㄴ. 내적 타당성을 위협하는 역사요인은 정책집행 기간이 상대적으로 길고 정책대상이 사람일 때 주로 나타나며 시간의 경과 때문에 발생하는 조사대상 집단의 특성변화가 정책의 효과에 혼재되어 나타나는 경우를 말한다.
> ㄷ. 정책실험을 할 수 없는 경우, 통계분석 기법을 이용해서 정책효과의 인과관계를 추론하는 것을 비실험적 정책 평가설계라고 하며 회귀분석이나 경로분석 등이 있다.

① ㄱ
② ㄱ, ㄷ
③ ㄴ, ㄷ
④ ㄱ, ㄴ, ㄷ

문 9. 중앙정부의 지출 성격상 의무지출에 해당하는 것만을 모두 고르면?

> ㄱ. 지방교부세
> ㄴ. 유엔 평화유지활동(PKO) 예산 분담금
> ㄷ. 정부부처 운영비
> ㄹ. 지방교육재정교부금
> ㅁ. 국채에 대한 이자지출

① ㄱ, ㄴ, ㅁ
② ㄴ, ㄷ, ㄹ
③ ㄱ, ㄴ, ㄹ, ㅁ
④ ㄱ, ㄷ, ㄹ, ㅁ

문 10. 예산제도에 대한 설명으로 옳지 않은 것은?
① 영기준예산제도는 예산배분의 관행을 인정하지 않는 제도로서 미국의 민간기업 Texas Instruments에서 처음 시작되었고, 1970년대 미국 연방정부에 도입되었다.
② 계획예산제도는 장기적 계획, 사업, 예산을 연결시키는 제도로서 미국에서 베트남 전쟁, 위대한 사회 프로그램 등 정부예산이 팽창하던 1960년대에 도입·운영되었다.
③ 성과주의 예산제도는 산출 이후의 성과에 관심을 가지며 예산집행의 재량과 결과에 대한 책임을 강조하는 제도로서 1950년대 연방정부를 비롯해 지방정부에 확산되었다.
④ 품목별예산제도는 예산을 지출대상별로 분류해 편성하는 통제지향적 제도로서 1920년대 대부분 미국 연방 부처가 도입하였다.

문 11. 정치행정이원론에 대한 설명으로 옳지 않은 것은?
① 행정과 경영이 차이가 없음을 강조하는 공사행정일원론의 입장을 취한다.
② 의사결정 역할을 하는 정치와 결정된 의사를 집행하는 행정의 역할을 엄격하게 구분할 것을 주장하였다.
③ 윌슨(Wilson)은 행정을 전문적·기술적 영역으로 규정하고, 정부는 효율성과 전문성을 갖추어야 한다고 주장하였다.
④ 대공황 이후 각종 사회문제를 해결하기 위해서 행정의 정책 결정·형성 및 준입법적 기능수행을 정당화하였다.

문 12. 정부실패의 요인에 대한 설명으로 옳지 않은 것은?
① 'X-비효율성'은 정부가 가진 권력을 통해 불평등한 분배가 이루어지는 현상이다.
② '지대추구'는 정부개입에 따라 발생하는 인위적 지대를 획득하기 위해 자원을 낭비하는 활동이다.
③ '파생적 외부효과'는 시장실패를 해결하기 위해 정부가 개입하지만 의도하지 않은 부작용을 초래하는 것이다.
④ '내부성(internalities)'은 공공조직이 공익적 목표보다는 관료 개인이나 소속기관의 이익을 우선적으로 고려하는 것이다.

문 13. 리플리(Ripley)와 프랭클린(Franklin)의 경쟁적 규제정책에 대한 설명으로 옳지 않은 것은?
① 국가가 소유한 희소한 자원에 대해 다수의 경쟁자 중에서 지정된 소수에게만 서비스나 재화를 공급하도록 규제한다.
② 선정된 승리자에게 공급권을 부여하는 대신에 이들에게 규제적인 조치를 하여 공익을 도모할 수 있다.
③ 경쟁적 규제정책의 예로는 주파수 할당, 항공노선 허가 등이 있다.
④ 정책집행 단계에서 규제받는 자들은 규제기관에 강하게 반발하거나 저항하기도 한다.

문 14. 지방자치단체의 기관구성형태에 대한 설명으로 옳지 않은 것은?
① 기관통합형은 행정에 주민들의 의사를 보다 정확하게 반영할 수 있다는 장점이 있다.
② 기관통합형은 지방의회에서 의결기능과 집행기능을 모두 수행하는 형태로, 영국의 의회형이 대표적이다.
③ 기관대립형 중 약시장-의회형은 시장의 고위직 지방공무원 인사에 대해서 의회의 동의를 요하는 반면, 시장은 지방의회 의결에 대한 거부권을 가진다.
④ 기관대립형은 견제와 균형을 통해 권력남용을 방지하는 장점이 있지만, 의결기관과 집행기관 간의 대립 및 마찰 가능성이 있다는 단점이 있다.

문 15. 전자정부 구현사례에 대한 설명으로 옳지 않은 것은?
① 'G2B'의 대표적 사례는 '나라장터'이다.
② 'G2C'는 조달 관련 온라인 서비스를 통합적으로 제공하는 것이다.
③ 'G4C'는 단일창구를 통한 민원업무혁신사업으로 데이터베이스 공동활용시스템 구축을 내용으로 한다.
④ 'G2G'는 정부 내 업무처리의 전자화를 내용으로 하고 있으며 대표적 사례로는 '온-나라시스템'이 있다.

문 16. 우리나라 중앙예산기관의 변천에 대한 설명으로 옳지 않은 것은?
① 국무총리 직속 기획처 예산국이 우리나라에서 처음으로 중앙 예산기관의 역할을 담당하였다.
② 1961년 설립된 경제기획원은 수입·지출의 총괄 기능을 담당하였으며, 재무부는 중앙예산기관의 역할을 담당하였다.
③ 김영삼 정부는 1994년 정부조직개편을 통해 경제기획원과 재무부를 재정경제원으로 통합하여 세제, 예산, 국고 기능을 일원화하였다.
④ 현재는 기획재정부 예산실이 중앙예산기관의 역할을 담당하고 있다.

문 17. 다음의 역사적 배경을 바탕으로 태동한 행정학 연구에 대한 설명으로 옳지 않은 것은?

○ 월남전 패배, 흑인 폭동, 소수민족 문제 등 미국사회의 혼란을 해결하지 못하는 학문의 무력함에 대한 반성으로 나타났다.
○ 1968년 미국 미노브룩회의에서 왈도의 주도 하에 새로운행정학의 방향모색으로 태동하였다.

① 고객중심의 행정, 시민의 참여, 가치문제 등을 중시했다.
② 행정학의 실천적 성격과 적실성을 회복하기 위한 정책 지향적 행정학을 요구하였다.
③ 행정의 능률성을 강조했으며, 논리실증주의 및 행태주의의 주장을 지지하였다.
④ 소외계층을 위한 복지서비스를 확대해 사회적 형평을 실현해야 한다는 행정의 적극적 역할을 강조했다.

문 18. 정책결정요인론에 대한 설명으로 옳은 것은?
① 정책의 내용에 영향을 미치는 요인이 무엇인가를 밝히는 이론으로, 사회경제적 요인의 중요성을 과소평가했다는 비판을 받고 있다.
② 도슨-로빈슨(Dawson-Robinson) 모형은 사회경제적 변수가 정치체제와 정책 모두에 영향을 미친다는 모형으로, 사회경제적 변수로 인해 정치체제와 정책의 상관관계가 유발된다고 설명한다.
③ 키-로커트(Key-Lockard) 모형은 사회경제적 변수가 정책에 직접적으로 영향을 미친다는 모형으로, 예를 들면 경제발전이 복지지출 수준에 직접 영향을 준다고 본다.
④ 루이스-벡(Lewis-Beck) 모형은 사회경제적 변수가 정책에 영향을 주는 직접효과가 있고, 정치체제가 정책에 독립적 영향을 주지 않는다고 설명한다.

문 19. 공직부패의 유형에 대한 설명으로 옳지 않은 것은?
① 인·허가 업무처리 시 소위 '급행료'를 당연하게 요구하는 행위를 일탈형 부패라고 한다.
② 정치인이나 고위공무원이 자신의 권력을 남용해 사적 이익을 추구하는 것을 권력형 부패라고 한다.
③ 공금 횡령, 회계 부정 등 거래 당사자 없이 공무원에 의해 일방적으로 발생하는 부패를 사기형 부패라고 한다.
④ 사회체제에 파괴적 영향을 미칠 잠재성이 있음에도 불구하고, 일부 집단은 처벌을 원하는 반면, 다른 집단은 처벌을 원하지 않는 경우를 회색부패라고 한다.

문 20. 다음 설명에 해당하는 정책집행 모형을 제시한 학자는?

○ 효과적인 정책집행을 위해 갖추어야 할 조건으로서 정책결정의 내용은 타당한 인과이론에 바탕을 두어야 하며 정책내용으로서 법령은 명확한 정책지침을 가지고 있어야 한다.
○ 집행과정에서 발생할 수 있는 변수들을 미리 예견할 수 있도록 해 주는 체크리스트로서의 기능을 한다는 장점이 있다.
○ 정책집행 현장의 일선관료들이나 대상집단의 전략 등을 과소평가하거나 쉽게 파악할 수 없다는 단점이 있다.

① 사바티어(Sabatier)와 마즈매니언(Mazmanian)
② 린드블롬(Lindblom)
③ 프레스만(Pressman)과 윌다브스키(Wildavsky)
④ 레인(Rein)과 라비노비츠(Rabinovitz)

문 21. 우리나라 공공기관의 정보공개제도에 대한 설명으로 옳지 않은 것은?
① 당시 법률의 구체적 위임은 없었으나 청주시에서 우리나라 최초로 행정정보공개조례가 제정되었다.
② 청구에 의한 공개도 가능하지만 특정 정보는 별도의 청구 없이도 사전에 공개해야 한다.
③ 비공개 대상 정보를 제외한 모든 정보를 공개 대상으로 하는 네거티브 방식을 취하고 있다.
④ 정보목록은 비공개 대상 정보가 포함된 경우라도 공공기관이 작성, 공개하여야 한다.

문 22. 신고전 조직이론에 대한 설명으로 옳은 것은?
① 조직군생태론, 자원의존이론 등이 대표적이다.
② 인간을 복잡한 내면구조를 가진 복잡인으로 간주한다.
③ 환경과 상호작용하는 개방적·동태적·유기적 조직을 강조한다.
④ 조직 내 사회적 능률을 강조하고, 조직의 비공식적 구조나 요인에 초점을 둔다.

문 23. 「지방자치법」상 지방자치단체 종류별 사무배분의 기준에 대한 설명으로 옳지 않은 것은?
① 인구 30만 이상의 시에 대해서는 도가 처리하는 사무의 일부를 직접 처리하게 할 수 있다.
② 시·군 및 자치구가 독자적으로 처리하기 어려운 사무는 시·도의 사무이다.
③ 지방자치단체의 구역, 조직, 행정관리 등은 시·도와 시·군 및 자치구에 공통된 사무이다.
④ 국가와 시·군 및 자치구 사이의 연락·조정 등의 사무는 시·도의 사무이다.

문 24. 우리나라 지방자치의 역사에 대한 설명으로 옳은 것은?
① 제헌의회가 성립하면서 1949년 전국에서 도의회 의원 선거가 실시되었다.
② 1991년 지방선거에서 지방의회의원을 선출하였으나, 지방자치단체장 선거는 실시되지 않았다.
③ 1995년부터 주민직선제에 의한 시·도교육감 선거가 실시되면서 실질적 의미의 교육자치가 시작되었다.
④ 1960년 지방선거에서는 서울특별시장·도지사 선거는 실시되었으나, 시·읍·면장 선거는 실시되지 않았다.

문 25. 다음은 정책순응을 확보하기 위한 수단과 그 특징에 대한 설명이다. (가)~(다)에 들어갈 말을 바르게 연결한 것은?

> ○ (가) : 일선 집행관료는 큰 저항을 하지 않으나 정책에 의해 피해를 입는 대상집단은 의도적으로 불응의 핑계를 찾으려 한다.
> ○ (나) : 도덕적 자각이나 이타주의적 고려에 의해 자발적으로 순응하는 사람들의 명예나 체면을 손상시키고 사람의 타락을 유발할 수 있다.
> ○ (다) : 불응의 형태를 정확하게 점검 및 파악하기 어려운 경우가 많다는 약점이 있다.

	(가)	(나)	(다)
①	도덕적 설득	유인	처벌
②	도덕적 설득	처벌	유인
③	유인	도덕적 설득	처벌
④	처벌	유인	도덕적 설득

신용한
행정학

합격으로 증명하는 1등 행정학

2021년 9월 11일 시행

국가공무원 7급 공개경쟁채용 필기시험

| 일반행정 |

응시번호

성명

문제책형

가

제1과목	국어(한문 포함)	제2과목	한국사	제3과목	헌법
제4과목	행정법	제5과목	행정학	제6과목	경제학

응시자 주의사항

1. **시험시작 전 시험문제를 열람하는 행위나 시험종료 후 답안을 작성하는 행위를 한 사람**은 「공무원임용시험령」 제51조에 의거 **부정행위자**로 처리됩니다.
2. **답안지 책형 표기는 시험시작 전** 감독관의 지시에 따라 **문제책 앞면에 인쇄된 문제책형을 확인**한 후, **답안지 책형란에 해당 책형(1개)을 '●'로 표기**하여야 합니다.
3. 답안은 문제책 표지의 과목 순서에 따라 답안지에 인쇄된 순서(제1·2·3·4·5·6과목)에 **맞추어 표기**해야 하며, 과목 순서를 바꾸어 표기한 경우에도 **문제책 표지의 과목 순서대로 채점**되므로 유의하시기 바랍니다.
4. 시험이 시작되면 문제를 주의 깊게 읽은 후, **문항의 취지에 가장 적합한 하나의 정답만을 고르며**, 문제내용에 관한 질문은 할 수 없습니다.
5. **답안을 잘못 표기하였을 경우에는 답안지를 교체하여 작성하거나 수정할 수 있으며**, 표기한 답안을 수정할 때는 **응시자 본인이 가져온 수정테이프만을 사용**하여 해당 부분을 완전히 지우고 부착된 수정테이프가 떨어지지 않도록 손으로 눌러주어야 합니다. **(수정액 또는 수정스티커 등은 사용 불가)**
    - 불량한 수정테이프의 사용과 불완전한 수정처리로 발생하는 **모든 문제는 응시자 본인에게 책임이 있습니다.**
6. 시험시간 관리의 책임은 응시자 본인에게 있습니다.
    ※ 문제책은 시험종료 후 가지고 갈 수 있습니다.

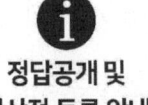
정답공개 및
가산점 등록 안내

1. 정답공개: 정답가안 0.00.(0) 00:00, 최종정답 0.00.(0) 00:00 / 사이버국가고시센터
2. 이의제기: 0.00.(0) 00:00 ~ 0.00.(0) 00:00 / 사이버국가고시센터(www.gosi.kr)
    - 구체적인 이의제기 방법은 정답가안 공개 시 공지 예정
3. 가산점 등록기간: 0.00.(0) 00:00 ~ 0.00.(0) 00:00
4. 가산점 등록방법: 사이버국가고시센터 ➡ [원서접수 → 가산점 등록 / 확인]

일반행정: 가

행 정 학

문 1. 다음의 단점 혹은 한계로 인하여 정착이 어려운 예산제도는?

> ○ 사업구조를 작성하는 것이 어렵다.
> ○ 결정구조가 집권화되는 문제가 있다.
> ○ 행정부처의 직원들이 복잡한 분석 기법을 이해하기 어렵다.

① 품목별 예산제도
② 성과주의 예산제도
③ 계획예산제도
④ 영기준 예산제도

문 2. 준예산에 대한 설명으로 옳지 않은 것은?
① 예산안이 회계연도 개시일까지 국회에서 의결되지 못한 경우에 활용된다.
② 국회의 의결을 필요로 한다.
③ 법률상 지출 의무를 이행하기 위한 경우에 집행할 수 있다.
④ 이미 예산으로 승인된 사업의 계속을 위해 집행할 수 있다.

문 3. 우리나라 주민참여예산제도에 대한 설명으로 옳지 않은 것은?
① 주민이 참여할 수 있는 예산의 범위는 「지방재정법」에 규정되어 있다.
② 지방자치단체의 장은 주민참여예산제도를 마련하여 시행해야 할 법적 의무가 있다.
③ 지방자치단체 중 최초로 주민참여예산조례를 제정한 곳은 광주광역시 북구이다.
④ 지방의회 예산심의권 침해 논란이 있다.

문 4. 거래비용이론에 대한 설명으로 옳지 않은 것은?
① 기회주의적 행동을 제어하는 데에는 시장이 계층제보다 효율적인 수단이다.
② 거래비용은 탐색비용, 거래의 이행 및 감시비용 등을 포함한다.
③ 시장의 자발적 교환행위에서 발생하는 거래비용이 계층제의 조정비용보다 크면 내부화하는 것이 효율적이다.
④ 거래비용이론은 조직이 생겨나고 일정한 구조를 가지는 이유를 조직경제학적으로 설명하는 접근방법이다.

문 5. 행정개혁에 대한 저항을 극복하는 전략 및 방법에 관한 설명으로 옳은 것은?
① 경제적 손실 보상, 임용상 불이익 방지는 규범적·사회적 전략이다.
② 개혁지도자의 신망 개선, 의사전달과 참여의 원활화, 사명감 고취는 공리적·기술적 전략이다.
③ 교육훈련과 자기계발 기회 제공은 규범적·사회적 전략이다.
④ 개혁 시기 조정은 강제적 전략이다.

문 6. 중앙정부의 지방자치단체 사무배분 원칙에 대한 설명으로 옳은 것만을 모두 고르면?

> ㄱ. 지역주민생활과 밀접한 관련이 있는 사무는 원칙적으로 시·군 및 자치구의 사무로 배분하여야 한다.
> ㄴ. 서로 관련된 사무들을 배분할 때는 포괄적으로 배분하여야 한다.
> ㄷ. 시·군 및 자치구가 처리하기 어려운 사무는 국가보다는 시·도에 우선적으로 배분하여야 한다.
> ㄹ. 시·군 및 자치구가 해당 사무를 원활히 처리할 수 있도록 행정적·재정적 지원을 병행하여야 한다.
> ㅁ. 주민의 편익증진과 집행의 효과 등을 고려하여 지방자치단체 상호 간 중복되지 않도록 해야 한다.

① ㄱ, ㄷ, ㅁ
② ㄴ, ㄷ, ㄹ
③ ㄱ, ㄴ, ㄹ, ㅁ
④ ㄱ, ㄴ, ㄷ, ㄹ, ㅁ

문 7. 사회적 자본에 대한 설명으로 옳은 것은?
① 사회적 자본이 증가하면 제재력이 약화되는 역기능이 있다.
② 타인에 대한 신뢰는 사회적 자본의 구성요소가 아니다.
③ 호혜주의는 사회적 자본에 영향을 미치지 않는다.
④ 사회적 자본은 거래비용을 감소시키는 순기능이 있다.

문 8. 일반적인 조직구조 설계원리에 대한 설명으로 옳은 것만을 모두 고르면?

> ㄱ. 계선은 부하에게 업무를 지시하고, 참모는 정보제공, 자료분석, 기획 등의 전문지식을 제공한다.
> ㄴ. 부문화의 원리는 일정한 기준에 따라 서로 기능이 같거나 유사한 업무를 조직단위로 묶는 것을 의미한다.
> ㄷ. 통솔범위가 넓을수록 고도의 수직적 분화가 일어나 고층구조가 형성되고, 좁을수록 평면구조가 이뤄진다.
> ㄹ. 명령통일의 원리는 부하가 한 사람의 상관으로부터 명령을 받게 해야 함을 의미한다.

① ㄱ, ㄴ, ㄷ
② ㄱ, ㄴ, ㄹ
③ ㄱ, ㄷ, ㄹ
④ ㄴ, ㄷ, ㄹ

문 9. 홉스테드(Hofstede)의 문화 차원에 대한 설명으로 옳지 않은 것은?
① 불확실성 회피 정도가 강한 경우 공식적 규정을 많이 만들어 불확실한 요소를 최대한 통제하려 한다.
② 집단주의가 강한 문화는 개인주의가 강한 문화보다 상대적으로 느슨한 개인 간 관계를 더 중요시한다.
③ 권력거리가 큰 경우 제도나 조직 내에 내재되어 있는 상당한 권력의 차이를 자연스럽게 인정한다.
④ 남성성이 강한 문화는 여성성이 강한 문화보다 상대적으로 남성과 여성의 역할에 대한 분명한 차이를 인정하려고 한다.

문 10. 피들러(Fiedler)의 상황적합적 리더십 이론에 대한 설명으로 옳지 않은 것은?
① 리더와 부하의 관계, 부하의 성숙도, 과업구조의 조합에 따라 리더의 상황적 유리성(situational favorableness)을 설명한다.
② 리더에게 매우 유리한 상황인 경우 과업 지향적 리더십이 효과적이다.
③ LPC(Least Preferred Coworker) 점수를 사용하여 리더를 과업 지향적 리더와 관계 지향적 리더로 분류했다.
④ 리더가 처한 상황에 따라서 리더십의 효과성이 달라질 수 있다.

문 11. 엽관주의의 정당화 근거로 옳지 않은 것은?
① 행정 민주화에 기여
② 정치지도자의 행정 통솔력 강화
③ 정당정치 발달에 공헌
④ 행정의 안정성과 지속성 확보

문 12. 직업공무원제에 대한 설명으로 옳지 않은 것은?
① 공무원의 신분을 보장해 행정의 연속성과 일관성을 유지하는 데 긍정적인 제도이다.
② 젊고 유능한 인재들이 공직을 보람있는 직업으로 선택하여 일생을 바쳐 성실히 근무하도록 유도하는 인사제도이다.
③ 공무원이 환경적 요청에 민감하지 못하고 특권집단화할 염려가 있다.
④ 공무원의 일체감과 단결심 및 공직에 헌신하려는 정신을 강화하는 데 불리한 제도이다.

문 13. 살라몬(Salamon)의 정책수단 유형 중 직접 수단에 해당하는 것은?
① 사회적 규제
② 보조금
③ 조세지출
④ 공기업

문 14. 정책평가의 일반적인 절차를 순서대로 바르게 나열한 것은?

> ㄱ. 정책평가 대상 확정
> ㄴ. 평가 결과 제시
> ㄷ. 인과모형 설정
> ㄹ. 자료 수집 및 분석
> ㅁ. 정책목표 확인

① ㄱ → ㅁ → ㄷ → ㄹ → ㄴ
② ㅁ → ㄱ → ㄷ → ㄴ → ㄹ
③ ㅁ → ㄱ → ㄷ → ㄹ → ㄴ
④ ㅁ → ㄷ → ㄱ → ㄹ → ㄴ

문 15. 개방형 또는 폐쇄형 인사제도에 대한 설명으로 옳은 것은?
① 개방형 인사제도는 외부전문가나 경력자에게 공직을 개방하여 새로운 지식과 기술, 아이디어를 수용해 공직사회의 침체를 막고 행정의 효율성을 높이는 데 유리하다.
② 일반적으로 폐쇄형 인사제도는 직위분류제에 바탕을 두고 있으며, 일반행정가보다 전문가 중심의 인력구조를 선호한다.
③ 개방형 인사제도는 폐쇄형 인사제도에 비해 안정적인 공직사회를 형성함으로써 공무원의 사기를 높이고 장기근무를 장려한다.
④ 폐쇄형 인사제도는 개방형 인사제도에 비해 내부승진과 경력 발전을 위한 교육훈련의 기회가 적다.

문 16. 다양성 관리(diversity management)에 대한 설명으로 옳지 않은 것은?
① 오늘날 개인의 성격, 가치관의 차이와 같은 내면적 다양성의 중요성이 커지고 있다.
② 다양성 관리란 내적·외적 차이를 가진 다양한 조직구성원을 공평하고 효율적으로 활용하기 위한 체계적인 인적자원관리 과정이다.
③ 균형인사정책, 일과 삶 균형정책은 다양성 관리의 방안으로 볼 수 없다.
④ 대표관료제를 통한 조직 내 다양성 증대는 실적주의와 충돌할 가능성이 있다.

문 17. 쓰레기통 모형에 대한 설명으로 옳은 것은?
① 조직구성원의 응집성이 아주 강한 혼란상태에 있는 조직에서 의사결정이 어떻게 이루어지는가를 기술하고 설명한다.
② 불명확한 기술(unclear technology)은 조직에서 의사결정 참여자의 범위와 그들이 투입하는 에너지가 유동적임을 의미한다.
③ 쓰레기통 모형의 의사결정 방식에는 끼워넣기(by oversight)와 미뤄두기(by flight)가 포함된다.
④ 문제성 있는 선호(problematic preferences)는 목표와 수단 사이의 인과관계가 명확하지 않음을 의미한다.

문 18. 정책 델파이(policy delphi) 기법에 대한 설명으로 옳지 않은 것은?
① 대립되는 입장에 내재된 가정과 논증을 표면화시키고 명백하게 하기 위하여 노력한다.
② 개인의 판단을 집약할 때, 불일치와 갈등을 의도적으로 강조하는 수치를 사용한다.
③ 정책대안에 대한 주장들이 표면화된 후에는 참가자들로 하여금 비공개적으로 토론을 벌이게 한다.
④ 참가자를 선발하는 과정은 '전문성' 자체보다는 이해관계와 식견이라는 기준에 바탕을 둔다.

문 19. 통계적 가설검정의 오류에 대한 설명으로 옳지 않은 것은?
① 제1종 오류는 실제로는 모집단의 특성이 영가설과 같은 것인데 영가설을 기각하는 경우 발생한다.
② 제2종 오류는 모집단의 특성이 영가설과 같지 않은데 영가설을 기각하지 않는 경우에 발생한다.
③ 제1종 오류는 α로 표시하고, 제2종 오류는 β로 표시한다.
④ 확률 $1-\alpha$는 검정력을 나타내며, 확률 $1-\beta$는 신뢰수준을 나타낸다.

문 20. 브룸(vroom)의 기대이론에 대한 설명으로 옳지 않은 것은?
① 동기부여의 과정이론(process theory) 중 하나이다.
② 기대감(expectancy)은 개인의 노력(effort)이 공정한 보상(reward)으로 이어질 것이라는 주관적 믿음을 의미한다.
③ 수단성(instrumentality)은 개인의 성과(performance)와 보상(reward) 간의 관계에 대한 인식이다.
④ 유인가(valence)는 개인이 특정 보상(reward)에 대해 갖는 선호의 강도를 의미한다.

문 21. 성인지예산제도에 대한 설명으로 옳은 것은?
① 2010회계연도 성인지예산서가 처음으로 국회에 제출되었다.
② 성인지예산제도의 목적은 여성성을 지원하는 것이다.
③ 1984년 독일에서 처음 도입되었다.
④ 우리나라 성인지예산제도는 예산사업만을 대상으로 하고 기금사업을 제외한다.

문 22. 오츠(Oates)의 분권화정리가 성립하기 위한 조건에 대한 설명으로 옳은 것만을 모두 고르면?

ㄱ. 중앙정부의 공공재 공급 비용이 지방정부의 공공재 공급 비용보다 더 적게 든다.
ㄴ. 공공재의 지역 간 외부효과가 없다.
ㄷ. 지방정부가 해당 지역에서 파레토 효율적 수준으로 공공재를 공급한다.

① ㄱ
② ㄷ
③ ㄱ, ㄴ
④ ㄴ, ㄷ

문 23. 예산의 이용과 전용에 대한 설명으로 옳은 것은?
① 이용은 입법과목 사이의 상호융통으로 국회의 의결을 얻으면 기획재정부 장관의 승인이나 위임 없이도 할 수 있다.
② 기관(機關) 간 이용도 가능하다.
③ 세출예산의 항(項)간 전용은 국회 의결 없이 기획재정부 장관의 승인을 얻어서 할 수 있다.
④ 이용과 전용은 예산 한정성 원칙의 예외로 볼 수 없다.

문 24. 옴부즈만 제도에 대한 설명으로 옳은 것은?
① 시민의 요구가 없다면 직권으로 조사활동을 할 수 없다.
② 부족한 인력과 예산으로 국민의 권익을 구제하는 데 한계가 있다.
③ 사법부가 임명한다.
④ 시정조치를 법적으로 강제할 수 있는 권한이 있다.

문 25. 빅데이터에 대한 설명으로 옳지 않은 것은?
① 사진은 빅데이터에 포함되지 않는다.
② 정형 데이터도 포함하는 개념이다.
③ 각종 센서장비의 발달로 데이터가 늘어나면서 나타났다.
④ 데이터를 실시간으로 처리하기도 한다.

신용한 행정학

합격으로 증명하는 1등 행정학

2020년 9월 26일 시행

국가공무원 7급 공개경쟁채용 필기시험

| 일반행정 |

응시번호

성명

문제책형

제1과목	국어(한문 포함)	제2과목	한국사	제3과목	헌법
제4과목	행정법	제5과목	행정학	제6과목	경제학

응시자 주의사항

1. **시험시작 전 시험문제를 열람하는 행위나 시험종료 후 답안을 작성하는 행위를 한 사람**은 「공무원임용시험령」제51조에 의거 **부정행위자**로 처리됩니다.
2. **답안지 책형 표기는** 시험시작 전 감독관의 지시에 따라 **문제책 앞면에 인쇄된 문제책형을 확인**한 후, 답안지 책형란에 해당 책형(1개)을 '●'로 **표기**하여야 합니다.
3. **답안은 문제책 표지의 과목 순서에 따라 답안지에 인쇄된 순서(제1·2·3·4·5·6과목)에 맞추어 표기**해야 하며, 과목 순서를 바꾸어 표기한 경우에도 **문제책 표지의 과목 순서대로 채점**되므로 유의하시기 바랍니다.
4. 시험이 시작되면 문제를 주의 깊게 읽은 후, **문항의 취지에 가장 적합한 하나의 정답만을 고르며,** 문제내용에 관한 질문은 할 수 없습니다.
5. **답안을 잘못 표기하였을 경우에는 답안지를 교체하여 작성하거나 수정할 수 있으며,** 표기한 답안을 수정할 때는 **응시자 본인이 가져온 수정테이프만을 사용**하여 해당 부분을 완전히 지우고 부착된 수정테이프가 떨어지지 않도록 손으로 눌러주어야 합니다. **(수정액 또는 수정스티커 등은 사용 불가)**
   - 불량한 수정테이프의 사용과 불완전한 수정처리로 발생하는 **모든 문제는 응시자 본인에게 책임이 있습니다.**
6. **시험시간 관리의 책임은 응시자 본인에게 있습니다.**
   ※ 문제책은 시험종료 후 가지고 갈 수 있습니다.

정답공개 및 가산점 등록 안내

1. 정답공개: 정답가안 0.00.(0) 00:00, 최종정답 0.00.(0) 00:00 / 사이버국가고시센터
2. 이의제기: 0.00.(0) 00:00 ~ 0.00.(0) 00:00 / 사이버국가고시센터(www.gosi.kr)
   - 구체적인 이의제기 방법은 정답가안 공개 시 공지 예정
3. 가산점 등록기간: 0.00.(0) 00:00 ~ 0.00.(0) 00:00
4. 가산점 등록방법: 사이버국가고시센터 ➡ [원서접수 → 가산점 등록 / 확인]

일반행정: 나

행 정 학

문 1. 다음 상황과 관련 있는 이론은?

> ○ A 보험회사는 보험 가입 대상자의 건강 상태 및 사고 확률에 대한 특수정보를 가지고 있지 않다.
> ○ A 보험회사는 질병 확률 및 사고 확률이 높은 B를 보험에 가입시켜 회사의 보험재정이 악화되었다.

① 카오스 이론
② 상황조건적합 이론
③ 자원의존 이론
④ 대리인 이론

문 2. 로위(Lowi)의 정책 유형에 대한 설명 중 분배정책에 해당하는 것만을 모두 고르면?

> ㄱ. 정책 과정에서 이해당사자들 간의 협상을 통해 비교적 안정적인 연합을 형성한다.
> ㄴ. 누진소득세와 같이 이데올로기적인 기반에서 정책결정이 이루어진다.
> ㄷ. 로그롤링(log-rolling)이나 포크 배럴(pork barrel)과 같은 정치적 현상이 나타난다.
> ㄹ. 집단 사이의 갈등 수준이 상당히 높은 편이며, 개인이나 집단의 행위를 통제하기 위하여 정부의 강제력이 직접적으로 동원된다.

① ㄱ, ㄴ
② ㄱ, ㄷ
③ ㄴ, ㄷ
④ ㄷ, ㄹ

문 3. 정책의제설정 모형에 대한 설명으로 옳지 않은 것은?

① 내부접근형(inside access model)에서 정부기관 내부의 집단 혹은 정책결정자와 빈번히 접촉하는 집단은 공중의제화하는 것을 꺼린다.
② 동원형(mobilization model)에서는 주로 정부 내 최고 통치자나 고위정책결정자가 주도적으로 정부의제를 만든다.
③ 외부주도형(outside initiative model) 정책의제설정은 다원화된 정치체제에서 많이 나타난다.
④ 공고화형(consolidation model)은 대중의 지지가 낮은 정책문제에 대한 정부의 주도적 해결을 설명한다.

문 4. 조직이론에 관한 설명으로 옳지 않은 것은?

① 전략적 선택론은 조직 설계의 문제를 단순히 상황 적응의 차원이 아니라 설계자의 자유재량에 의한 의사결정 산물로 파악한다.
② 번스(Burns)와 스토커(Stalker)는 조직을 둘러싼 환경의 성격 및 특성이 조직구조와 어떻게 관련되는지를 설명한다.
③ 조직군 생태학은 조직을 외부환경의 선택에 영향을 받을 뿐만 아니라 적극적으로 영향을 끼치는 능동적인 존재로 이해한다.
④ 버나드(Barnard)는 조직 내 인간적·사회적 측면을 강조한다.

문 5. 직무분석과 직무평가에 대한 설명으로 옳은 것은?

① 직무분석은 직무들의 상대적인 가치를 체계적으로 분류하여 등급화하는 것이다.
② 직무자료 수집방법에는 관찰, 면접, 설문지, 일지기록법 등이 활용된다.
③ 일반적으로 직무평가 이후에 직무 분류를 위한 직무분석이 이루어진다.
④ 직무평가 방법으로 서열법, 요소비교법 등 비계량적 방법과 점수법, 분류법 등 계량적 방법을 사용한다.

문 6. 우리나라의 행정윤리에 대한 설명으로 옳은 것만을 모두 고르면?

ㄱ. 「공직자윤리법」상 지방의회 의원은 외국 정부 등으로부터 받은 선물의 신고 의무가 없다.
ㄴ. 우리나라에서는 내부고발자보호제도를 법률로 규정하고 있다.
ㄷ. 「공직자윤리법」에 따르면 총경 이상의 경찰공무원과 소방정 이상의 소방공무원은 재산을 등록해야 한다.
ㄹ. 공무원의 주식백지신탁 의무는 「부패방지 및 국민권익위원회의 설치와 운영에 관한 법률」에 규정되어 있다.

① ㄱ, ㄴ ② ㄱ, ㄷ
③ ㄴ, ㄷ ④ ㄷ, ㄹ

문 7. 신제도주의 유형과 그 특징을 바르게 연결한 것은?

	합리적 선택 제도주의	역사적 제도주의	사회학적 제도주의
①	중범위 수준 제도분석	제도동형성	경로의존성
②	거래비용	경로의존성	제도동형성
③	전략적 상호작용	중범위 수준 제도분석	거래비용
④	경로의존성	전략적 상호작용	중범위 수준 제도분석

문 8. 정책집행의 접근방법에 대한 설명으로 옳은 것은?
① 하향식 접근방법에서는 정책목표의 신축적 조정이 효과적인 정책집행을 가져온다고 하였다.
② 사바티어(Sabatier)와 매즈매니언(Mazmanian)은 상향식 접근방법의 대표적인 모형을 제시하였다.
③ 엘모어(Elmore)가 제안한 전방향적 연구(forward mapping)는 상향식 접근방법과 유사하다.
④ 고긴(Goggin)은 통계적 연구설계의 바탕 위에서 이론의 검증을 시도하는 제3세대 집행 연구를 주장하였다.

문 9. 학습조직에 대한 설명으로 옳지 않은 것은?
① 개방체제와 자아실현적 인간관을 바탕으로 새로운 지식을 창출하고자 한다.
② 연결된 체계 간의 상호작용을 이해하고, 이를 효과적으로 활용하기 위한 체계적 사고(systems thinking)를 강조한다.
③ 조직구성원들의 비전 공유를 중시한다.
④ 조직구성원의 합이 조직이 된다는 점에서, 조직 내 구성원 각자의 개인적 학습을 강조한다.

문 10. 리더십에 대한 설명으로 옳지 않은 것은?
① 변혁적(transformational) 리더십의 특성에는 영감적 동기부여, 자유방임, 지적 자극, 개별적 배려 등이 있다.
② 진성(authentic) 리더십의 특성은 리더가 정직성, 가치의식, 도덕성을 바탕으로 팔로워들의 믿음을 이끌고, 팔로워들이 리더의 윤리성과 투명성을 믿으며 긍정적 감정을 느낀다는 것이다.
③ 서번트(servant) 리더십은 자기 자신보다는 다른 사람에게 초점을 두고, 부하들의 창의성과 잠재력을 발휘할 수 있도록 봉사하는 리더십이다.
④ 거래적(transactional) 리더십은 적극적 보상이나 소극적 보상을 통해 영향력을 행사한다.

문 11. 다음 설명을 특징으로 하는 정책분석기법의 기본 원칙이 아닌 것은?

그리스 현인들이 미래를 예견하던 아폴로 신전이 위치한 도시의 이름을 따서 붙여졌다. 1948년 미국 랜드(RAND) 연구소의 연구진에 의해 개발되어 공공부문이나 민간부문의 예측 활동에서 활용된다.

① 조건부확률과 교차영향행렬의 적용
② 익명성 보장과 반복
③ 통제된 환류와 응답의 통계처리
④ 전문가 합의

문 12. 다음 제도에 대한 설명으로 옳지 않은 것은?

> 킹슬리(Kingsley)가 처음 사용한 용어로, 그 사회의 주요 인적 구성에 기반하여 정부관료제를 구성함으로써, 정부관료제 내에 민주적 가치를 주입하려는 의도에서 발달되었다.

① 관료들은 누구나 자신의 사회적 배경의 가치나 이익을 정책 과정에 반영시키려고 노력한다는 점을 전제로 한다.
② 크랜츠(Kranz)는 이 제도의 개념을 비례대표(proportional representation)로까지 확대하는 것에 반대한다.
③ 라이퍼(Riper)는 이 제도의 개념을 확대해 사회적 특성 외에 사회적 가치까지도 포함시키고 있다.
④ 현대 인사행정의 기본 원칙인 실적제를 훼손할 뿐만 아니라 역차별을 야기할 수 있다는 비판을 받는다.

문 13. 「지방자치법」상 지방의회 의원이 받을 수 있는 징계의 사례가 아닌 것은?
① A 의원은 45일간 출석정지를 내용으로 하는 징계를 받았다.
② B 의원은 공개회의에서 사과를 하는 징계를 받았다.
③ C 의원은 재적의원 3분의 2 이상 찬성에 따라 제명되는 징계를 받았다.
④ D 의원은 공개회의에서 경고를 받는 징계를 받았다.

문 14. 지역사회 권력구조에 관한 이론에 대한 설명으로 옳은 것은?
① 레짐이론은 기업을 비롯한 민간부문 주요 주체들과의 연합이나 연대를 배제하는 특성을 갖는다.
② 성장기구론에서 성장연합은 비성장연합에 비해 부동산의 사용가치(use value), 즉 일상적 사용으로부터 오는 편익을 중시한다.
③ 지식경제 사회에서 엘리트 계층과 일반 대중 사이의 정보비대칭성(asymmetry)이 심화되면 엘리트 이론의 설명력은 더 높아진다.
④ 신다원론에서는 정책과정이 지역사회의 모든 구성원들에게 공정하게 개방되어 있으며, 엘리트 집단의 영향력은 의도적 노력의 결과이다.

문 15. 총액인건비제도에 대한 설명으로 옳지 않은 것은?
① 정원관리에 대한 각 부처의 자율성 확대를 목표로 한다.
② 김대중 정부에서 중앙행정기관 및 지방자치단체에 처음 도입되었으며, 공공기관으로 확대되었다.
③ 보수관리에 대한 각 부처의 자율성이 확대되었다.
④ 시행기관은 성과중심의 조직운영을 위하여 총액인건비제도를 활용할 수 있다.

문 16. 전자정부에 대한 설명으로 옳지 않은 것은?
① 온라인 참여포털 국민신문고는 국민의 고충 민원과 제안을 원스톱으로 접수 및 처리하는 것을 목적으로 한다.
② 디지털예산회계시스템(D-Brain)은 재정업무의 전 과정을 온라인으로 수행하고 재정사업의 현황을 실시간으로 파악할 수 있는 통합재정정보시스템이다.
③ 스마트워크(smart work)란 통신, 방송, 인터넷 등을 통합한 멀티미디어 서비스를 안전하게 제공하는 통합네트워크를 의미한다.
④ 전자정부 2020 기본계획은 「전자정부법」에 따라 2016년부터 2020년까지 5개년 계획으로 수립되었다.

문 17. 니스카넨(Niskanen)의 예산극대화 이론과 던리비(Dunleavy)의 관청형성 이론에 대한 설명으로 옳지 않은 것은?
① 니스카넨(Niskanen)에 따르면 최적의 서비스 공급 수준은 한계편익(marginal benefit)과 한계비용(marginal cost)이 일치하는 수준에서 결정된다.
② 두 이론 모두 관료를 자신의 이익과 효용을 추구하는 인간으로 가정한다.
③ 던리비(Dunleavy)에 따르면 관청형성의 전략 중 하나는 내부 조직 개편을 통해 정책결정 기능과 수준을 강화하되 일상적이고 번잡스러운 업무는 분리하고 이전하는 것이다.
④ 니스카넨(Niskanen)에 따르면 예산극대화 행동은 예산유형과 직위의 관계, 기관유형, 시대적 상황 등의 측면에서 다양하게 나타날 수 있다.

문 18. 실험설계에 대한 설명으로 옳지 않은 것은?
① 특정 정책의 효과성 판단을 위한 인과관계 입증에 활용될 수 있다.
② 진실험(true experiment)과 준실험(quasi-experiment)의 차이는 실험집단과 통제집단의 무작위배정에 의한 동질성 확보 여부이다.
③ 회귀 – 불연속 설계나 단절적 시계열 설계는 과거지향적(retrospective)인 성격을 갖는 진실험설계(true experiment)에 해당된다.
④ 짝짓기(matching)를 통하여 제3의 요인에 관하여 실험집단과 통제집단을 동등화시킬 수 있다.

문 19. 다중합리성 예산모형(multiple rationalities model of budgeting)의 근간이 되는 두 모형에 대한 설명으로 옳지 않은 것은?
① 루빈(Rubin)의 실시간 예산운영(real-time budgeting) 모형은 세입, 세출, 균형, 집행, 과정 등과 관련한 의사결정 흐름 개념을 활용하고 있다.
② 킹던(Kingdon)의 의제설정 모형은 정책과정의 복잡하고 불확실한 역동성을 부각시킨다는 점에서 다중합리성 모형의 중요한 모태라고 할 수 있다.
③ 루빈(Rubin)의 실시간 예산운영(real-time budgeting) 모형에서 다섯 가지의 의사결정 흐름은 느슨하게 연계된 상호의존성을 가지고 있다.
④ 루빈(Rubin)의 실시간 예산운영(real-time budgeting) 모형에서 예산균형 흐름에서의 의사결정은 기술적 성격이 강하며, 책임성(accountability)의 정치적 특징을 갖는다.

문 20. 부담금에 대한 설명으로 옳지 않은 것은?
① 특정의 공공서비스를 창출하거나 바람직한 행위를 유도하기 위해 사용된다.
② 수익자 부담의 원칙이 적용된다.
③ 「지방세법」상 지방세 수입의 재원 중 하나이다.
④ 부담금에 관한 주요 정책과 그 운용방향 등을 심의하기 위하여 기획재정부장관 소속으로 부담금심의위원회를 둔다.

지방직 7급

2024년 **지방직 7급** ······ 111

2023년 **지방직 7급** ······ 117

2022년 **지방직 7급** ······ 123

2021년 **지방직 7급** ······ 129

2020년 **지방직 7급** ······ 135

신용한 행정학

합격으로 증명하는 1등 행정학

2024년 11월 2일 시행

지방공무원 7급 등 공개경쟁채용 필기시험

| 7급 일반행정 |

응시번호

성명

문제책형 **B**

제1과목	국어(한문 포함)	제2과목	영어	제3과목	한국사
제4과목	헌법	제5과목	행정법	제6과목	행정학
제7과목	선택[1]: 경제학원론, 지방자치론, 지역개발론				

※ 반드시 본인의 **응시표에 인쇄된 제7과목(선택과목)**의 답안을 표기해야 합니다.

응시자 주의사항

1. **시험시작 전 시험문제를 열람하는 행위나 시험종료 후 답안을 작성하는 행위를 한 사람**은 「지방공무원 임용령」 제65조 등 관련법령에 의거 **부정행위자**로 처리됩니다.
2. 시험시작 즉시 **과목편철 순서, 문제누락 여부, 인쇄상태 이상 유무 및 표지와 개별과목의 문제책형 일치여부 등을 확인**한 후 문제책 표지에 응시번호, 성명을 기재합니다.
3. 시험이 시작되면 문제를 주의 깊게 읽은 후, **문항의 취지에 가장 적합한 하나의 정답만을 고르며,** 문제내용에 관한 질문은 할 수 없습니다.
4. **답안은 문제책 표지의 과목 순서에 따라 답안지에 인쇄된 순서에 맞추어 표기**해야 하며, 과목 순서를 바꾸어 표기한 경우에도 **문제책 표지의 과목 순서대로 채점**되므로 유의하시기 바랍니다.
5. **시험시간 관리의 책임은 응시자 본인에게 있습니다.**
   ※ 문제책은 시험종료 후 가지고 갈 수 있습니다.

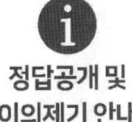
정답공개 및 이의제기 안내

1. 정답공개 일시: 정답 가안 0.00.(0) 00:00 / 최종 정답 0.00.(0) 00:00
2. 정답공개 방법: 사이버국가고시센터(www.gosi.kr) ➡ [시험문제/정답 → 문제 / 정답 안내]
3. 이의제기 기간: 0.00.(0) 00:00 ~ 0.00.(0) 00:00
4. 이의제기 방법
   - 사이버국가고시센터 ➡ [시험문제/정답 →정답 이의제기]
   - 구체적인 이의제기 방법은 정답가안 공개 시 공지 예정

서울특별시·부산광역시·대구광역시·인천광역시·광주광역시·대전광역시·울산광역시·세종특별자치시·경기도·강원도·충청북도·충청남도·전라북도·전라남도·경상북도·경상남도·제주특별자치도 인사위원회

행 정 학

문 1. 신공공관리론과 뉴거버넌스에 대한 설명으로 옳은 것은?
① 신공공관리론은 신뢰를 기반으로 조정의 원리를 강조하고, 뉴거버넌스 시장지향적 경쟁원리를 강조한다.
② 신공공관리론은 국민을 덕성을 지닌 시민으로 보고, 뉴거버넌스는 국정의 대상인 고객으로 본다.
③ 신공공관리론은 정부의 역할로 방향잡기(steering)를 중시하고, 뉴거버넌스는 방향잡기보다, 노젓기를 중시한다.
④ 신공공관리론은 행정의 효율성을 보다 중시하고, 뉴거버넌스는 행정의 민주성에 더 초점을 둔다.

문 2. 동기부여 이론에 대한 설명으로 옳은 것은?
① 아지리스(Argyris)의 성숙·미성숙이론은 사회문화적으로 학습된 욕구를 성취욕구, 권력욕구, 친교욕구로 구분한다.
② 해크만(Hackman)과 올드햄(Oldham)의 직무특성이론은 핵심적인 직무특성을 기술 다양성, 과업 정체성, 과업 중요성, 자율성, 피드백으로 구분한다.
③ 애덤스(Adams)의 공정성 이론은 타인과 비교하지 않고 자신의 노력 대비 보상 정도가 동기부여에 영향을 미친다고 본다.
④ 포터(Porter)와 롤러(Lawler)의 업적·만족이론은 목표의 난이도와 구체성에 의해 개인의 동기부여가 결정된다고 주장한다.

문 3. 사바티어(Sabatier)의 옹호연합모형(Advocacy Coalition Framework)에 대한 설명으로 옳지 않은 것은?
① 정책 변화를 이해하기 위한 분석 단위로서 정책하위체제(policy subsystem)에 중점을 두고 있다.
② 정책 변화과정을 이해하기 위해 1년 이내 단기간에 초점을 둔다.
③ 옹호연합들 간의 대립과 갈등을 정책 중재자(policy broker)가 중재한다.
④ 정책하위체제에 영향을 미치는 외생변수는 안정적 변수와 역동적 변수로 구분된다.

문 4. 공익에 대한 설명으로 옳은 것은?
① 실체설은 사익들의 타협과 조정의 산물로서 실체를 드러내는 가치를 공익이라고 본다.
② 과정설은 정부 또는 행정관료가 공익결정 과정에서 주체로서 적극적인 역할을 수행한다고 본다.
③ 공익은 정책의 비용과 편익 등 자원 배분원칙의 가치기준을 제공한다.
④ 공익은 자유, 형평, 평등과 같이 수단적 행정가치에 해당한다.

문 5. 정책결정모형에 대한 설명으로 옳은 것은?
① 혼합주사모형에서 '문제성 있는 선호(problematic preferences)'란 의사결정 참여자들이 무엇이 바람직한지에 관한 선호가 분명하지 않은 상태에서 결정에 참여하는 것이다.
② 최적모형에서 '불명확한 기술'이란 목표와 수단 사이의 인과관계가 명확하지 않은 것이다.
③ 쓰레기통모형에서 '문제중심의 탐색'이란 정책결정 능력의 한계로 관심 있는 문제 중심으로 대안을 탐색하는 것이다.
④ 앨리슨 모형(Allison Model)의 '합리적 행위자모형(모형 Ⅰ)'에 따르면 국가 또는 정부에 의해서 채택된 정책은 그 국가의 전략적 목표나 목적을 극대화하도록 의도된다.

문 6. 「국가재정법」상 (가)에 들어갈 말로 옳은 것은?

> 제53조 ((가) 원칙의 예외) ① 각 중앙관서의 장은 용역 또는 시설을 제공하여 발생하는 수입과 관련되는 경비로서 대통령령으로 정하는 경비(이하 "수입대체경비"라 한다)의 경우 수입이 예산을 초과하거나 초과할 것이 예상되는 때에는 그 초과수입을 대통령령으로 정하는 바에 따라 그 초과수입에 직접 관련되는 경비 및 이에 수반되는 경비에 초과지출할 수 있다.

① 예산총계주의
② 예산사전의결
③ 예산공개성
④ 예산기구 상호성

문 7. 사바스(Savas)의 공공서비스 유형에 대한 설명으로 옳지 않은 것은?

① 요금재는 자연독점 등으로 인한 시장실패에 대응하기 위하여 정부가 직접 공급하거나 공기업이 공급하는 경우가 많다.
② 집합재는 비용 부담에 따라 서비스 혜택을 차별화하거나 서비스에서 배제할 수 없어 무임승차 문제가 일어날 수 있다.
③ 시장재는 주로 시장에서 제공되어 공공부문의 개입이 최소화되는 서비스이다.
④ 공유재는 비경합성과 비배제성을 특징으로 하며 국방, 외교 등이 여기에 속한다.

문 8. 우리나라의 책임운영기관 제도에 대한 설명으로 옳지 않은 것은?

① 행정안전부장관은 기획재정부 및 해당 중앙행정기관의 장과 협의하여 책임운영기관을 설치하거나 해제할 수 있다.
② 기관의 지위에 따라 중앙책임운영기관과 소속책임운영기관으로 구분된다.
③ 소속책임운영기관의 장은 공개모집 절차에 따라 「국가공무원법」상 임기제 공무원으로 임용된다.
④ 책임운영기관은 「공공기관의 운영에 관한 법률」상 종합평가의 대상이다.

문 9. 「지방재정법」상 지방재정에 대한 설명으로 옳지 않은 것은?

① 특정한 재정수요에 충당하기 위한 특별조정교부금은 민간에 지원하는 보조사업의 재원으로 사용할 수 있다.
② 지방자치단체나 그 기관이 법령에 따라 처리하여야 할 사무로서 국가와 지방자치단체 간에 이해관계가 있는 경우에는 원활한 사무처리를 위하여 국가에서 부담하지 아니하면 아니 되는 경비는 국가가 그 전부 또는 일부를 부담한다.
③ 국가가 스스로 하여야 할 사무를 지방자치단체나 그 기관에 위임하여 수행하는 경우 그 경비는 국가가 전부를 그 지방자치단체에 교부하여야 한다.
④ 국가는 정책상 필요하다고 인정할 때 또는 지방자치단체의 재정사정상 특히 필요하다고 인정할 때에는 예산의 범위에서 지방자치단체에 보조금을 교부할 수 있다.

문 10. 「지방자치법」상 지방자치단체의 관할구역에 대한 설명으로 옳은 것은?

① 지방자치단체의 명칭과 구역을 바꾸거나 지방자치단체를 폐지하거나 설치하거나 나누거나 합칠 때에는 조례로 정한다.
② 지방자치단체를 폐지하거나 설치하거나 나누거나 합칠 때는 반드시 관계 지방의회의 의견을 들어야 한다.
③ 지방자치단체의 장은 지방의회 재적의원 과반수 출석과 출석의원 과반수의 동의를 받아 행정안전부장관에게 지방자치단체의 관할구역 경계변경에 대한 조정을 신청할 수 있다.
④ 지방자치단체의 구역을 변경하거나 지방자치단체를 폐지하거나 설치하거나 나누거나 합칠 때에는 새로 그 지역을 관할하게 된 지방자치단체가 그 사무와 재산을 승계한다.

문 11. 넛지(Nudge) 이론에 대한 설명으로 옳은 것은?
① 자유주의적 개입주의 원리에 따라 시장기반의 경제적 인센티브 수단을 선호한다.
② 행동경제학에 기반하여 실험을 통한 귀납적 분석보다는 가정에 기초한 연역적 분석을 지향한다.
③ 정부의 역할 및 정책수단으로서 선택설계의 개념을 도입한다.
④ 인간의 휴리스틱은 인지적 오류와 행동편향을 방지한다.

문 12. 총액인건비제에 대한 설명으로 옳은 것만을 모두 고르면?

> ㄱ. 총액인건비제의 시행으로 보수관리에 대한 각 부처의 자율성이 확대되었다.
> ㄴ. 책임운영기관의 설치·운영에 관한 법령에 따른 책임운영기관은 총액인건비제 시행의 대상에 해당하지 않는다.
> ㄷ. 총액인건비제를 시행하는 기관은 의도적 절감노력으로 확보한 재원을 성과상여금 및 성과연봉 등에 활용할 수 있다.

① ㄱ
② ㄱ, ㄷ
③ ㄴ, ㄷ
④ ㄱ, ㄴ, ㄷ

문 13. 「정부업무평가 기본법」상 정부업무평가에 대한 설명으로 옳은 것만을 모두 고르면?

> ㄱ. 정부업무평가의 실시와 평가기반의 구축을 체계적·효율적으로 추진하기 위하여 행정안전부장관 소속하에 정부업무평가위원회를 둔다.
> ㄴ. 정부업무평가위원회는 위원장 2인을 포함한 15인 이내의 위원으로 구성한다.
> ㄷ. 행정안전부장관은 매년 각종 평가결과보고서를 종합하여 이를 국무회의에 보고하거나 평가보고회를 개최하여야 한다.
> ㄹ. 정부업무평가의 대상에는 중앙행정기관 또는 지방자치단체의 소속기관이 포함된다.

① ㄱ, ㄷ
② ㄱ, ㄹ
③ ㄴ, ㄷ
④ ㄴ, ㄹ

문 14. 「국가공무원법」상 공무원 임용 결격사유에 해당하지 않는 사람은?
① 공무원 재직 중 징계로 해임처분을 받은 때부터 3년이 지나지 아니한 자
② 파산선고를 받고 복권된 때부터 5년이 지나지 아니한 자
③ 금고 이상의 형의 집행유예를 선고받고 그 유예기간이 끝난 날부터 2년이 지나지 아니한 자
④ 공무원 재직 중 징계로 파면처분을 받은 때부터 5년이 지나지 아니한 자

문 15. 직무급 보수체계에 대한 설명으로 옳은 것은?
① 직무급이란 공무원의 직무수행능력을 측정하여 그 능력이 우수할수록 보수를 우대하는 보수체계이다.
② 직무성과에 따른 차등보수의 원칙을 적용한다.
③ 직무급 산정 시 근속이나 연령을 반영한다.
④ 직무급을 도입하기 위해서는 직무분석과 직무평가를 통한 직무별 상대가치 평가가 선행되어야 한다.

문 16. 발생주의 회계에 대한 설명으로 옳지 않은 것은?
① 고정자산 등 경제적 자원을 회계과정에서 인식하기 어렵다.
② 미지급비용을 부채로 인식한다.
③ 감가상각을 비용으로 인식한다.
④ 현금의 유입, 유출과 관계없이 수익과 비용이 발생된 시점에 거래를 인식한다.

문 17. 공공기관과 지방공기업에 대한 설명으로 옳은 것은?
① 「공공기관의 운영에 관한 법률」상 기획재정부장관은 경영실적 평가 결과 경영실적이 부진한 공기업·준정부기관에 대하여 공공기관운영위원회의 심의·의결을 거쳐 기관장·상임이사의 임명권자에게 그 해임을 건의하거나 요구할 수 있다.
② 지방자치단체는 다른 지방자치단체와 공동으로 「지방공기업법」상 지방공사를 설립할 수 없다.
③ 공공기관의 운영에 관한 법령상 시장형 공기업은 자산규모가 2조 원 이상이거나 총수입액 중 자체수입액이 차지하는 비중이 50 % 이상인 공기업이다.
④ 「지방공기업법」상 지방공사의 자본금은 그 전액을 지방자치단체가 출자하며, 민간출자를 허용하지 않는다.

문 18. 지방채에 대한 설명으로 옳지 않은 것은?
① 「지방재정법 시행령」상 지방채의 종류는 지방채증권과 차입금으로 구분된다.
② 「지방재정법」상 외채를 발행하려면 지방의회의 의결을 거친 이후 행정안전부장관의 승인을 받아야 한다.
③ 「지방재정법」상 지방채의 차환을 위해 자금조달이 필요할 때 발행할 수 있다.
④ 「지방재정법」상 지방채의 발행, 원금의 상환, 이자의 지급, 증권에 관한 사무절차 및 사무 취급기관은 대통령령으로 정한다.

문 19. 조직이론 중 '조직군 생태학(population ecology)'에 대한 설명으로 옳지 않은 것은?
① 조직의 성공은 환경적 상황에 대한 적합성 여부에 달려 있다고 본다.
② 환경 변화에 대한 조직의 적응능력을 둔감하게 하는 구조적 타성 개념을 제시한다.
③ 생태적 환경 변화에 적응하기 위한 조직의 전략적 선택을 주요 분석 대상으로 본다.
④ 조직의 분석 수준은 하나의 조직보다 일정한 경계 내의 조직군이다.

문 20. 「공무원 행동강령」에 대한 설명으로 옳지 않은 것은?
① 대통령령으로 제정되었다.
② 법원, 헌법재판소, 선거관리위원회 소속 공무원에게도 적용된다.
③ 외부강의등의 사례금 수수 제한 규정을 담고 있다.
④ 「부패방지 및 국민권익위원회의 설치와 운영에 관한 법률」 제8조에 따라 공무원이 준수하여야 할 행동기준을 규정하는 것을 목적으로 한다.

합격으로 증명하는 1등 행정학

신용한 행정학

합격으로 증명하는 1등 행정학

2023년 10월 28일 시행

지방공무원 7급 등 공개경쟁채용 필기시험

| 7급 일반행정 |

응시번호

성명

문제책형

B

제1과목	국어(한문 포함)	제2과목	영어	제3과목	한국사
제4과목	헌법	제5과목	행정법	제6과목	행정학
제7과목	선택[1]: 경제학원론, 지방자치론, 지역개발론				

※ 반드시 본인의 **응시표에 인쇄된 제7과목(선택과목)**의 답안을 **표기**해야 합니다.

응시자 주의사항

1. **시험시작 전 시험문제를 열람하는 행위나 시험종료 후 답안을 작성하는 행위를 한 사람**은 「지방공무원 임용령」 제65조 등 관련법령에 의거 **부정행위자**로 처리됩니다.
2. 시험시작 즉시 **과목편철 순서, 문제누락 여부, 인쇄상태 이상 유무 및 표지와 개별과목의 문제책형 일치여부 등을 확인**한 후 문제책 표지에 응시번호, 성명을 기재합니다.
3. 시험이 시작되면 문제를 주의 깊게 읽은 후, **문항의 취지에 가장 적합한 하나의 정답만을 고르며,** 문제내용에 관한 질문은 할 수 없습니다.
4. **답안은 문제책 표지의 과목 순서에 따라 답안지에 인쇄된 순서에 맞추어 표기**해야 하며, 과목 순서를 바꾸어 표기한 경우에도 **문제책 표지의 과목 순서대로 채점**되므로 유의하시기 바랍니다.
5. **시험시간 관리의 책임은 응시자 본인에게 있습니다.**
   ※ 문제책은 시험종료 후 가지고 갈 수 있습니다.

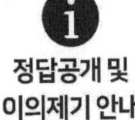
정답공개 및
이의제기 안내

1. 정답공개 일시: 정답 가안 0.00.(0) 00:00 / 최종 정답 0.00.(0) 00:00
2. 정답공개 방법: 사이버국가고시센터(www.gosi.kr) ➡ [시험문제/정답 → 문제 / 정답 안내]
3. 이의제기 기간: 0.00.(0) 00:00 ~ 0.00.(0) 00:00
4. 이의제기 방법
   ■ 사이버국가고시센터 ➡ [시험문제/정답 →정답 이의제기]
   ■ 구체적인 이의제기 방법은 정답가안 공개 시 공지 예정

서울특별시·부산광역시·대구광역시·인천광역시·광주광역시·대전광역시·
울산광역시·세종특별자치시·경기도·강원도·충청북도·충청남도·전라북도·
전라남도·경상북도·경상남도·제주특별자치도 인사위원회

행정학

문 1. 직위분류제의 특징이 아닌 것은?
① 특정 직무에 대한 능력과 전문성을 갖춘 사람을 임용대상으로 한다.
② 동일직무에 대한 동일보수의 원칙을 반영한 직무급체계가 확립될 수 있다.
③ 개방형 인사제도를 기반으로 운영되며, 공직 내부에서 수평적 이동 시 인사배치의 유연함과 신축성이 있다.
④ 조직개편이나 직무의 불필요성 등으로 직무 자체가 없어진 경우 그 직무 담당자는 원칙적으로 퇴직의 대상이 된다.

문 2. 사바스(Savas)의 재화 및 서비스 유형에 대한 설명으로 옳지 않은 것은?
① 시장재(private goods)는 소비자 보호와 서비스 안전을 위해 행정의 개입도 가능하다.
② 공유재(common pool goods)는 과다 소비와 공급 비용 귀착문제가 발생한다.
③ 요금재(toll goods)는 X-비효율성으로 인해 발생할 수 있는 문제 때문에 대부분 정부가 공급한다.
④ 집합재(collective goods)는 비용 부담에 따라 서비스 혜택을 차별화하거나 배제할 수 없기 때문에 무임승차 문제가 발생한다.

문 3. 행정가치에 대한 설명으로 옳은 것은?
① 가외성은 예측하지 못한 행정수요에 대응이 가능하게 함으로써 행정에 대한 신뢰성을 제고한다.
② 공익 실체설은 공익을 사익의 총합이거나 사익 간 타협 또는 집단 간 상호작용의 산물로 본다.
③ 기계적 효율성은 행정의 사회목적 실현과 다차원적 이익들 간의 통합 조정 등을 내용으로 한다.
④ 수평적 형평성은 '다른 사람은 다르게 취급한다'는 원칙으로, 실적과 능력의 차이로 인한 상이한 배분을 용인한다.

문 4. 다음 글의 저자와 그의 주장으로 옳은 것은?

> 격언에 대한 일반적인 사실의 하나는, 예를 들어 "뛰기 전에 살펴라"라는 격언과 "지체하는 자는 진다"라는 격언에서 볼 수 있듯이, 상호모순적인 경우가 많다는 것이다. 이러한 격언과 같이 기존 행정학의 내용을 구성하고 있는 수많은 원리는 상호모순성이 많다.

① 윌슨(Wilson)은 행정의 탈정치화를 통해 자유로운 행정 영역을 확립하려고 했다.
② 애플비(Appleby)는 정치와 행정의 관계는 연속·순환적이기 때문에 양자를 구별하는 것은 적절하지 않다고 했다.
③ 굿노(Goodnow)는 정치를 국가의지의 표명으로, 행정을 국가의지의 집행으로 정의했다.
④ 사이먼(Simon)은 사실과 가치를 구분해 사실만을 다루는 과학으로서의 행정학을 주장했다.

문 5. 「국가재정법」상 (가)에 해당하는 기관만을 모두 고르면?

> 정부는 협의에도 불구하고 (가) 의 세출예산요구액을 감액하고자 할 때에는 국무회의에서 해당 (가) 의 장의 의견을 들어야 하며, 정부가 (가) 의 세출예산요구액을 감액한 때에는 그 규모 및 이유, 감액에 대한 (가) 의 장의 의견을 국회에 제출하여야 한다.

ㄱ. 헌법재판소
ㄴ. 중앙선거관리위원회
ㄷ. 국민권익위원회
ㄹ. 국가인권위원회

① ㄱ, ㄴ
② ㄱ, ㄹ
③ ㄴ, ㄷ
④ ㄷ, ㄹ

문 6. 공공기관 기업지배구조의 이념형적 모델인 주주(shareholder) 자본주의 모델과 이해관계자(stakeholder) 자본주의 모델에 대한 설명으로 옳지 않은 것은?
① 주주 자본주의 모델은 주주가 기업의 주인이라고 보며, 주주의 이익 극대화가 경영목표이다.
② 주주 자본주의 모델의 기업규율방식에는 이사회의 경영감시, 시장에 의한 규율 등이 있다.
③ 이해관계자 자본주의 모델은 기업을 하나의 공동체로 보며, 이해관계자의 이익 극대화가 경영목표이다.
④ 이해관계자 자본주의 모델에서 근로자의 경영 참여는 종업원 지주제도 등을 통해서 이루어지며 단기 업적주의를 추구한다.

문 7. 주민참여제도에 대한 설명으로 옳은 것은?
① 주민투표의 대상·발의자·발의요건, 그 밖에 투표절차 등에 관한 사항은 따로 「주민투표법」으로 정하고 있다.
② 주민은 지방자치단체의 권한에 속하는 사무의 처리가 법령에 위반되거나 공익을 현저히 해친다고 판단될 때 해당 지방자치단체장에게 감사를 청구할 수 있다.
③ 주민은 지방자치단체의 공금지출에 관한 위법한 행위에 대하여 해당 지방자치단체의 장을 상대방으로 주민소송이 가능하며, 이 제도는 2021년 「지방자치법」 전부개정을 통해 처음 도입되었다.
④ 주민은 지방의회의원과 지방자치단체장에 대해 소환할 권리를 가지며 비례대표 지방의회의원도 소환 대상에 포함된다.

문 8. 동기부여이론에 대한 설명으로 옳지 않은 것은?
① 앨더퍼(Alderfer)의 ERG이론은 하위단계에서 상위단계로의 욕구단계 이동뿐만 아니라 욕구 좌절 시 회귀적이고 하향적인 욕구단계로의 이동도 가능하다고 본다.
② 허츠버그(Herzberg)의 2요인이론은 종업원의 직무환경 개선과 창의적 업무 할당을 통한 직무성취감 증대가 동기부여에 미치는 영향이 다르다고 본다.
③ 아담스(Adams)의 공정성이론은 인식된 불공정성이 중요한 동기요인으로 작동한다고 본다.
④ 브룸(Vroom)의 기대이론은 노력, 성과, 보상, 만족, 환류로 이어지는 동기부여 과정을 제시하면서 노력-성과 간 관계에 있어 개인의 능력과 자질, 그리고 역할인지를 강조했다.

문 9. 「지방자치법」상 지방자치단체 상호 간 분쟁 발생 시 조정에 대한 설명으로 옳지 않은 것은?
① 지방자치단체 상호 간 사무를 처리할 때 의견이 달라 생긴 분쟁이 공익을 현저히 해쳐 조속한 조정이 필요하다고 인정되면 당사자의 신청이 없어도 행정안전부장관이나 시·도지사가 직권으로 조정할 수 있다.
② 행정안전부장관이나 시·도지사는 조정 결정 사항이 성실히 이행되지 아니할 경우 그 지방자치단체에 대하여 직무이행명령을 통해 이행하게 할 수 있다.
③ 지방분쟁조정위원회는 시·도에 설치하며 시·도와 시·군 및 자치구 간 또는 그 장 간의 분쟁을 심의·의결한다.
④ 중앙분쟁조정위원회는 행정안전부에 설치하며 시·도 간 또는 그 장 간의 분쟁을 심의·의결한다.

문 10. 조직문화 및 변동의 이론에 대한 설명으로 옳은 것만을 모두 고르면?

> ㄱ. 퀸(Quinn)은 경쟁가치모형을 활용해 '내부지향-외부지향'과 '유연성-통제(안정성)'라는 두 가지 차원에서 4가지 조직문화 유형을 도출하였다.
> ㄴ. 홉스테드(Hofstede)는 '권력거리'의 크기가 큰 문화에서는 평등한 관계를 중시하기 때문에 조직 내 의사소통이 활발하고 분권화된 경우가 많다고 본다.
> ㄷ. 레빈(Lewin)은 조직 변화의 과정을 현재 상태에 대한 해빙(unfreezing), 원하는 상태로의 변화(moving), 새로운 변화가 지속될 수 있도록 재동결(refreezing)하는 3단계로 제시하였다.

① ㄱ
② ㄱ, ㄷ
③ ㄴ, ㄷ
④ ㄱ, ㄴ, ㄷ

문 11. 현대조직이론에 대한 설명으로 옳지 않은 것은?

> ○ 다수의 평정요소와 평정요소별 수준을 나타내는 등급으로 구성
> ○ 평정요소별 해당 등급에 표시하는 방법으로 평정대상자 평가
> ○ 평정요소와 평정등급에 대한 평정자의 자의적 해석 가능

① 도표식 평정척도법
② 가감점수법
③ 서열법
④ 체크리스트 평정법

문 12. 현대조직이론에 대한 설명으로 옳지 않은 것은?

① 자원의존이론은 조직을 환경적 결정에 피동적인 존재로 보지 않고 스스로의 이익을 위해 주도적·능동적으로 환경에 대처하며, 환경을 조직에 유리하도록 관리하려는 존재로 본다.
② 조직군생태론은 조직을 외부 환경의 선택에 따라 좌우되는 피동적인 존재로 보고, 조직의 발전이나 소멸의 원인을 환경에 대한 조직 적합도에서 찾는다.
③ 혼돈이론은 조직이라는 복잡한 체제의 총체적 이해를 도울 수 있다는 장점이 있으나, 복잡한 현상에 대한 통합적 연구를 지향한다는 점에서 현실세계에 적용하기 어렵다는 한계를 보인다.
④ 상황론적 조직이론은 기술, 규모 환경 등의 다양한 상황요인에 대한 조직적합성을 발견함으로써, 모든 상황에 적합하고 유일한 최선의 조직설계와 관리방법을 찾을 수 있다고 본다.

문 13. 공무원의 임용에 대한 설명으로 옳지 않은 것은?

① 국가기관의 장은 국가안보 및 보안·기밀에 관계되는 분야를 제외하고 대통령령등으로 정하는 바에 따라 외국인을 공무원으로 임용할 수 있다.
② 임용시험 성적과 임용 후 근무성적 간의 연관성이 높다면 임용 시험의 기준 타당성이 높다고 할 수 있다.
③ 국가기관의 장은 업무의 특성이나 기관의 사정 등을 고려하여 소속 공무원을 대통령령 등으로 정하는 바에 따라 통상적인 근무시간보다 짧게 근무하는 공무원으로 임용할 수 있다.
④ 신규 채용되는 공무원의 경우 시보 임용을 면제하거나 그 기간을 단축할 수 없다.

문 14. 공직윤리 관련 제도에 대한 설명으로 옳지 않은 것은?
① 공익신고자의 동의 없이 공익신고자의 인적사항 등을 다른 사람에게 알려주거나 공개할 경우, 징역 또는 벌금 등 법적 제재 대상이 된다.
② 지방공무원이 외국 정부로부터 영예나 증여를 받을 경우에는 소속 지방자치단체장의 허가를 받아야 한다.
③ 「공직자윤리법」을 통해 이해 충돌 방지 의무를 규정하고 주식백지신탁 제도를 도입하였다.
④ 「공직자윤리법」상 재산 등록의무자 모두가 등록재산 공개대상은 아니다.

문 15. 지방재정에 대한 설명으로 옳지 않은 것은?
① 재정자립도는 일반회계 예산규모에서 지방세와 세외수입 합계약의 비(比)를 의미하며 지방자치단체의 실제 재정력과 차이가 있다는 비판이 있다.
② 재정자주도는 일반회계 예산규모에서 자체수입과 자주재원 합계액의 비를 의미하며 보통교부세 교부 여부의 적용기준으로 활용된다.
③ 재정력지수는 기준재정수요액에서 기준재정수입액의 비를 의미하며 기본적 행정 수행을 위한 재정수요의 실질적 확보 능력을 판단하는 기준이 된다.
④ 주민 1인당 지방세 부담액은 지방세액을 해당 지방자치단체 주민 수로 나눈 것으로 세입구조 안정성을 판단하는 기준이 된다.

문 16. 예산과정에 대한 설명으로 옳지 않은 것은?
① 각 중앙관서의 장은 그 소관에 속하는 다음 연도의 세입세출예산·계속비·명시이월비 및 국고채무부담행위 요구서를 작성하여 매년 5월 31일까지 기획재정부장관에게 제출하여야 한다.
② 정부는 예산안을 국회에 제출한 후 부득이한 사유로 그 내용의 일부를 수정하고 할 때에는 국무회의의 심의를 거쳐 대통령의 승인을 얻은 수정예산안을 국회에 제출할 수 있다.
③ 국회에 제출된 예산안은 예산결산특별위원회에서 예비심사를 하여 그 결과를 의장에게 보고하고, 의장은 소관 상임위에 회부하여 심사가 끝난 후 본회의에 부의된다.
④ 기획재정부장관은 회계연도마다 작성하여 대통령의 승인을 받은 국가결산보고서를 다음 연도 4월 10일까지 감사원에 제출하여야 한다.

문 17. 정책대안의 탐색에 대한 설명으로 옳지 않은 것은?
① 과거 또는 현재의 정책을 참고로 하거나 외국 또는 다른 지방자치단체에서 활용한 정책들을 대안으로 고려하는 것은 점증주의적 접근에 해당한다.
② 다른 정부의 정책을 대안으로 고려할 때는 가급적 사회문화적 배경이 이질적인 지역을 선택하는 것이 바람직하다.
③ 주관적·직관적 판단을 이용하는 방법으로 브레인스토밍과 델파이가 있으며 이들은 대안의 개발뿐만 아니라 대안의 결과예측에서도 활용된다.
④ 브레인스토밍은 기발하고 다양한 아이디어를 자유분방하게 제안하도록 함으로써 많은 아이디어를 얻기 위한 활동이다.

문 18. 정책의 유형에 대한 설명으로 옳은 것은?
① 로위(Lowi)의 분배정책은 돈이나 권력 등을 많이 소유하고 있는 집단으로부터 그렇지 못한 집단으로 이전시키는 정책이다.
② 리플리(Ripley)와 플랭클린(Franklin)의 보호적 규제정책은 국민을 보호하기 위해 개인이나 집단의 행동을 통제하는 정책이다.
③ 아몬드(Almond)와 파월(Powell)의 상징정책은 정책목표를 달성하기 위해 인적·물적 자원을 부담시키는 정책이다.
④ 로위(Lowi)가 제시한 정책유형론은 포괄성과 상호배타성을 확보하고 있다.

문 19. 정책평가의 설계에 대한 설명으로 옳지 않은 것은?
① 사후적 비교집단 구성(비동질적집단 사후측정설계)은 선정효과로 인해 내적 타당성이 훼손될 수 있다.
② 진실험은 모방효과로 인해 내적 타당성이 훼손될 수 있다.
③ 비동질적 통제집단설계는 진실험과 같은 수준의 내적 타당성을 확보할 수 있다.
④ 진실험과 준실험을 비교하면 실행가능성 측면에서는 준실험이, 내적 타당성 측면에서는 진실험이 더 우수하다.

문 20. 「정부업무평가 기본법」상 정부업무평가제도에 대한 설명으로 옳은 것은?
① 기획재정부장관은 중앙행정기관의 자체평가결과를 확인·점검 후 평가의 객관성과 신뢰성에 문제가 있어 다시 평가가 필요하다고 판단되는 경우, 위원회의 심의·의결을 거쳐 재평가를 실시할 수 있다.
② 중앙행정기관의 장은 자체평가조직 및 자체평가위원회를 구성·운영하여야 하며, 이 경우 평가의 공정성과 객관성을 확보하기 위하여 자체평가위원의 3분의 2 이상의 민간위원으로 하여야 한다.
③ 행정안전부장관은 둘 이상의 중앙행정기관 관련 시책, 주요 현안 시책, 혁신관리 및 대통령령이 정하는 부문에 대하여 특정평가를 실시하고 그 결과를 공개하여야 한다.
④ 지방자치단체 또는 그 장이 위임받아 처리하는 국가사무, 국고보조사업 그리고 국가의 주요 시책사업 등에 대해 국무총리는 관계중앙행정기관의 장과 합동으로 평가를 실시할 수 있다.

2022년 10월 29일 시행

지방공무원 7급 등 공개경쟁채용 필기시험

| 7급 일반행정 |

응시번호

성명

문제책형

제1과목	국어(한문 포함)	제2과목	영어	제3과목	한국사
제4과목	헌법	제5과목	행정법	제6과목	행정학
제7과목	선택[1]: 경제학원론, 지방자치론, 지역개발론				

※ 반드시 본인의 **응시표에 인쇄된 제7과목(선택과목)**의 답안을 표기해야 합니다.

응시자 주의사항

1. **시험시작 전 시험문제를 열람하는 행위나 시험종료 후 답안을 작성하는 행위를 한 사람**은 「지방공무원 임용령」 제65조 등 관련법령에 의거 **부정행위자**로 처리됩니다.
2. 시험시작 즉시 **과목편철 순서, 문제누락 여부, 인쇄상태 이상 유무 및 표지와 개별과목의 문제책형 일치여부 등을 확인**한 후 문제책 표지에 응시번호, 성명을 기재합니다.
3. 시험이 시작되면 문제를 주의 깊게 읽은 후, **문항의 취지에 가장 적합한 하나의 정답만을 고르며**, 문제내용에 관한 질문은 할 수 없습니다.
4. **답안은 문제책 표지의 과목 순서에 따라 답안지에 인쇄된 순서에 맞추어 표기**해야 하며, 과목 순서를 바꾸어 표기한 경우에도 **문제책 표지의 과목 순서대로 채점**되므로 유의하시기 바랍니다.
5. **시험시간 관리의 책임은 응시자 본인에게 있습니다.**
   ※ 문제책은 시험종료 후 가지고 갈 수 있습니다.

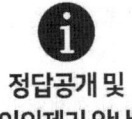

정답공개 및 이의제기 안내

1. 정답공개 일시: 정답 가안 0.00.(0) 00:00 / 최종 정답 0.00.(0) 00:00
2. 정답공개 방법: 사이버국가고시센터(www.gosi.kr) ➡ [시험문제/정답 → 문제 / 정답 안내]
3. 이의제기 기간: 0.00.(0) 00:00 ~ 0.00.(0) 00:00
4. 이의제기 방법
   ■ 사이버국가고시센터 ➡ [시험문제/정답 →정답 이의제기]
   ■ 구체적인 이의제기 방법은 정답가안 공개 시 공지 예정

서울특별시·부산광역시·대구광역시·인천광역시·광주광역시·대전광역시· 울산광역시·세종특별자치시·경기도·강원도·충청북도·충청남도·전라북도· 전라남도·경상북도·경상남도·제주특별자치도 인사위원회

행정학

문 1. 애플비(Appleby)가 주장한 정치행정일원론의 내용에 해당하는 것은?
① 행정은 효율성을 추구하는 관리를 핵심으로 한다.
② 행정은 민의를 중시해야 하며 정책결정과 집행의 혼합작용이다.
③ 시간과 동작연구를 통한 직무의 전문화는 행정조직의 생산성을 극대화할 수 있다.
④ 고위 관료가 능률적으로 관리해야 할 행정원리는 기획, 조직 인사, 지휘, 조정, 보고, 예산 등이 있다.

문 2. 행정이론에 대한 설명으로 옳지 않은 것은?
① 신행정학은 행정의 적실성 회복을 강조한다.
② 발전행정론은 환경이 행정에 미치는 영향을 주목한다.
③ 공공선택론은 시민들의 다양한 요구와 선호에 민감하게 부응할 수 있는 제도적 장치 마련을 강조한다.
④ 신공공관리론은 지역사회 문제를 해결하는 과정에서 시민들의 공유된 가치를 관료가 협상하고 중재해야 한다고 주장한다.

문 3. 민간위탁(contracting out)에 대한 설명으로 옳지 않은 것은?
① 정부가 제공하는 서비스를 민간부문에 맡기고 비용을 지불하는 방식이다.
② 비영리단체는 민간위탁의 대상이 되지 않는다.
③ 정부가 직접공급에 비해 고용과 인건비의 유연성 확보가 용이하다.
④ 대표적인 예로는 쓰레기수거업무나 도로건설업무가 있다.

문 4. 비용효과(cost-effectiveness)분석에 대한 설명으로 옳은 것은?
① 정책대안의 비용과 효과는 모두 화폐단위로 측정된다.
② 분석결과는 사회적 후생의 문제와 쉽게 연계시킬 수 있다.
③ 시장가격의 메커니즘에 전적으로 의존한다.
④ 국방, 치안, 보건 등의 영역에 적용할 수 있다.

문 5. 예산의 분류 방법과 분류 기준을 바르게 연결한 것은?

	분류 방법	분류 기준
①	기능별 분류	정부가 무슨 일을 하는 데 얼마를 쓰느냐
②	조직별 분류	정부가 무엇을 구입하는 데 얼마를 쓰느냐
③	경제 성질별 분류	누가 얼마를 쓰느냐
④	시민을 위한 분류	국민경제에 미치는 총체적인 효과가 어떠한가

문 6. 정책결정모형 중 점증모형에 대한 설명으로 옳지 않은 것은?
① 정책대안을 모두 분석하기보다 한정된 정책대안에 주목한다.
② 시행착오를 반복하면서도 문제를 해결하려는 특성이 있다.
③ 인간의 인지적 한계를 인정하므로 급격한 개혁과 새로운 환경을 반영하는 혁신적 정책결정을 설명하기 용이하다.
④ 정책결정에서 집단 참여의 합의 과정이 중시되고 목표와 수단이 탄력적으로 상호 조정된다.

문 7. 정부 예산 편성에 대한 설명으로 옳지 않은 것은?
① 국가재정운용계획은 중·장기적 국가비전과 정책 우선순위를 고려한 계획으로 단년도 예산편성의 기본틀이 된다.
② 기획재정부는 예산안 편성 시 사전에 지출한도를 설정하고 각 중앙부처는 그 한도 내에서 예산을 자율적으로 편성한다.
③ 기획재정부는 예비타당성조사를 실시하여 정치·경제적 이해 관계가 배제될 수 있도록 예산배분의 타당성을 검토한다.
④ 각 중앙관서의 장은 완성에 2년 이상이 소요되는 사업으로서 대통령령으로 정하는 대규모사업에 대하여는 그 사업규모·총사업비 및 사업기간을 정하여 미리 기획재정부장관과 협의해야 한다.

문 8. 현대조직이론에 대한 설명으로 옳은 것은?
① 조직군생태론은 단일조직을 기본 분석단위로 하며, 환경에 대한 조직 적합도에 초점을 둔다.
② 거래비용이론은 자원의존이론의 한 접근법으로, 조직 간 거래비용보다는 조직 내 거래비용에 더 많은 관심을 둔다.
③ 상황론적 조직이론은 독립변수를 한정하고 상황적 조건들을 유형화해 중범위라는 제한된 수준 내의 일반성과 규칙성을 발견하려고 한다.
④ 대리인이론에 따르면 정보의 대칭성과 자산 불특정성이 합리적 선택을 제약하며, 주인-대리인 관계는 조직 내에서 나타나지 않는다.

문 9. 정책의제 설정과정의 유형에 대한 설명으로 옳지 않은 것은?
① 내부접근모형에서는 일반 시민의 지지를 얻기 위해 관료집단이 주도한 의제가 정부의 홍보활동을 통해 공중의제로 확산된다.
② 동원모형은 정치지도자의 지시에 따라 사회문제가 바로 정부의제로 채택되며 정부의 힘이 강하고 민간부문이 취약한 후진국에서 자주 볼 수 있다.
③ 외부주도형은 이익집단들에 의해 제기된 문제가 여론을 형성해 공중의제로 전환되며 정부가 외부의 요구에 민감하게 반응하는 정치체제에서 자주 볼 수 있다.
④ 공고화모형에서는 이미 광범위한 일반 대중의 지지가 있는 경우에, 정부는 동원 노력보다는 이미 존재하는 지지를 그대로 공고화해 의제를 설정한다.

문 10. 재정준칙에 대한 설명으로 옳지 않은 것은?
① 국가채무준칙은 재정 건전성을 확보하기 위해 국가채무 규모에 상한선을 설정한다.
② 재정수지준칙은 경기변동과 무관하게 설정되므로 경제 안정화를 오히려 저해할 수 있다.
③ 재정지출준칙은 경제성장률이나 재정적자 규모의 예측에 의존하지 않는다.
④ 재정수입준칙은 조세지출을 우회적으로 활용함으로써 재정건전성이 훼손될 가능성이 있다.

문 11. 계급제와 직위분류제에 대한 설명으로 옳지 않은 것은?
① 계급제는 보직 관리 범위를 제한하여 공무원의 시야를 좁게 만드는 측면이 있다.
② 직위분류제는 공무원의 전문성을 강화하고 직무 중심의 동기유발이 가능하다.
③ 계급제는 공무원의 장기 근무를 유도하고 직업공무원제도 확립에 유리하다.
④ 직위분류제는 직무 한계와 책임 소재가 명확하다.

문 12. 선발시험의 신뢰성을 검증하는 방법에 해당하지 않는 것은?
① 하나의 시험유형 내에서 각 문항 간의 상관관계를 종합하여 시험의 일관성을 검증한다.
② 시험성적과 본래 시험으로 예측하고자 했던 기준 사이에 얼마나 밀접한 상관관계가 있는가를 검증한다.
③ 시험을 본 수험자에게 일정한 시간이 지난 뒤, 다시 같은 문제로 시험을 보게 하여 두 점수 간의 일관성을 확인한다.
④ 문제 수준이 비슷한 두 개의 시험유형을 개발하여 동일 통제 집단을 대상으로 시험을 보게 한 후 두 집단의 성적 간 상관관계를 분석한다.

문 13. 애드호크라시(adhocracy)에 대한 설명으로 옳지 않은 것은?
① 업무가 비정형적일 때 유용하다.
② 변화에 신속하게 대응할 수 있는 장점이 있다.
③ 책임소재가 명확하여 갈등이 생길 가능성이 작다.
④ 조직 목표 달성을 위해 조직 내 전문 능력이 있는 구성원들을 연결하는 구조이다.

문 14. 근무성적평정에 대한 설명으로 옳지 않은 것은?
① 다면평정법은 상급자, 동료, 부하, 고객 등 다양한 구성원에게 평정에 참여할 기회를 준다.
② 목표관리제 평정법은 참여를 통한 명확한 목표의 설정과 개인과 조직 간 목표의 통합을 추구한다.
③ 강제배분법은 평정치의 편중과 관대화 경향을 막기 위해 등급별로 비율을 미리 정해 놓는다.
④ 도표식 평정척도법은 근무성적을 객관적 사실에 기초하여 평가하므로 평정자의 편견이 개입할 가능성이 작다.

문 15. 행정책임 확보 방안 중 내부통제에 해당하는 것은?
① 공정한 감시와 견제기능을 하는 시민단체 활동
② 부정청탁금지법 제정과 같은 국회의 입법 활동
③ 부당한 행정에 대한 언론의 감시 활동
④ 중앙부처의 예산 편성과 집행에 대한 기획재정부의 관리 활동

문 16. 넛지(nudge)의 특성으로 옳은 것만을 모두 고르면?

ㄱ. 넛지 방식으로 정책을 설계하는 것을 선택설계라고 한다.
ㄴ. 정책대상집단의 행동에 개입하지만 개인의 자유로운 선택을 허용한다.
ㄷ. 넛지는 디폴트 옵션 설정 방식처럼 사람들의 인지적 편향을 전략적으로 활용하는 수단이다.

① ㄱ, ㄴ ② ㄱ, ㄷ
③ ㄴ, ㄷ ④ ㄱ, ㄴ, ㄷ

문 17. 동기부여이론에 대한 설명으로 옳은 것은?
① 스키너(Skinner)의 강화이론은 인간의 내면적 과정에 초점을 맞추며, 행동의 결과보다 원인을 더 강조한다.
② 로크(Locke)의 목표설정이론에 따르면, 개인의 강력한 동기유발을 위해서는 추상적인 목표를 채택해야 한다.
③ 포터(Poter)와 롤러(Lawler)의 업적·만족이론은 직무성취수준이 직무 만족의 요인이 될 수 있다고 주장한다.
④ 공공봉사동기(public service motivation)이론은 공공부문 종사자와 민간부문 종사자의 가치체계는 차이가 없고, 개인이 공공부문에 근무하면서 공공봉사 동기를 처음으로 획득하므로, 조직문화와 외재적 보상을 강조한다.

문 18. 지방자치에 관한 이론에 대한 설명으로 옳은 것은?

① 피터슨(Peterson)의 저서 「도시한계(City Limits)」에 따르면, 개방체제로서의 지방정부는 재분배정책보다 개발정책을 추구하는 경향이 있다.
② 라이트(Wright)는 정부 간 관계를 분쟁형, 창조형, 교환형으로 분류하고, 연방정부와 주정부 간 사회적·문화적 측면의 동태적 관계를 기술하였다.
③ 로즈(Rhodes)의 정부 간 관계론은 지방정부가 조직자원과 재정자원 측면에서 중앙정부보다 우월한 지위에 있다고 본다.
④ 티부(Tiebout)의 발에 의한 투표(voting with feet)가 가능하기 위해서는 주민의 자유로운 이동성, 공공서비스 제공에서 외부효과 존재 등의 전제조건이 충족되어야 한다.

문 19. 정책학의 발전과정에 대한 설명으로 옳은 것은?

① 드로어(Dror)는 정책결정의 방법, 지식, 체제에 관심을 두어야 한다고 주장하고, 정책결정체제에 대한 이해와 정책결정의 개선을 강조하였다.
② 정책의제 설정이론은 정책의제의 해결방안 탐색을 강조하며, 문제가 의제로 설정되지 않는 비결정(nondecision making)상황에 관하여는 관심이 적다.
③ 라스웰(Lasswell)은 정책과정에 관한 지식보다 정책에 필요한 지식이 더 중요하며, 사회적 가치는 분석 대상에서 제외해야 함을 강조하였다.
④ 1950년대에는 담론과 프레임을 통한 문제구조화에 관심이 높아 OR(operation research)과 후생경제학의 기법 활용에는 소홀하였다.

문 20. 현행 지방세의 탄력세율 제도에 대한 설명으로 옳은 것만을 모두 고르면?

ㄱ. 지방세 일부 세목의 세율에 대해 일정 범위 내에서 지방자치단체가 자율적으로 결정할 수 있다.
ㄴ. 레저세, 지방소비세는 탄력세율이 적용되지 않는다.
ㄷ. 조례로 담배소비세, 주행분 자동차세에 대해 표준세율의 50%를 가감하는 방식과 같이 일정 비율을 가감하는 방식이 주로 활용된다.

① ㄱ
② ㄱ, ㄴ
③ ㄴ, ㄷ
④ ㄱ, ㄴ, ㄷ

신용한 행정학

합격으로 증명하는 1등 행정학

2021년 10월 16일 시행

지방공무원 7급 등 공개경쟁채용 필기시험

| 7급 일반행정 |

응시번호

성명

문제책형: **B**

제1과목	국어(한문 포함)	제2과목	영어	제3과목	한국사
제4과목	헌법	제5과목	행정법	제6과목	행정학
제7과목	선택(1): 경제학원론, 지방자치론, 지역개발론				

※ 반드시 본인의 **응시표에 인쇄된 제7과목(선택과목)**의 답안을 표기해야 합니다.

응시자 주의사항

1. **시험시작 전 시험문제를 열람하는 행위나 시험종료 후 답안을 작성하는 행위를 한 사람**은 「지방공무원 임용령」 제65조 등 관련법령에 의거 **부정행위자**로 처리됩니다.
2. 시험시작 즉시 **과목편철 순서, 문제누락 여부, 인쇄상태 이상 유무 및 표지와 개별과목의 문제책형 일치여부** 등을 확인한 후 문제책 표지에 응시번호, 성명을 기재합니다.
3. 시험이 시작되면 문제를 주의 깊게 읽은 후, **문항의 취지에 가장 적합한 하나의 정답만을 고르며**, 문제내용에 관한 질문은 할 수 없습니다.
4. **답안은 문제책 표지의 과목 순서에 따라 답안지에 인쇄된 순서에 맞추어 표기**해야 하며, 과목 순서를 바꾸어 표기한 경우에도 **문제책 표지의 과목 순서대로 채점**되므로 유의하시기 바랍니다.
5. **시험시간 관리의 책임은 응시자 본인에게 있습니다.**
   ※ 문제책은 시험종료 후 가지고 갈 수 있습니다.

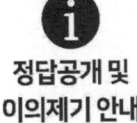
정답공개 및 이의제기 안내

1. 정답공개 일시: 정답 가안 0.00.(0) 00:00 / 최종 정답 0.00.(0) 00:00
2. 정답공개 방법: 사이버국가고시센터(www.gosi.kr) ➡ [시험문제/정답 → 문제 / 정답 안내]
3. 이의제기 기간: 0.00.(0) 00:00 ~ 0.00.(0) 00:00
4. 이의제기 방법
   ■ 사이버국가고시센터 ➡ [시험문제/정답 →정답 이의제기]
   ■ 구체적인 이의제기 방법은 정답가안 공개 시 공지 예정

서울특별시·부산광역시·대구광역시·인천광역시·광주광역시·대전광역시·
울산광역시·세종특별자치시·경기도·강원도·충청북도·충청남도·전라북도·
전라남도·경상북도·경상남도·제주특별자치도 인사위원회

행정학

문 1. 관료제 모형에서 베버(Weber)가 강조한 행정가치는?
① 민주성
② 형평성
③ 능률성
④ 대응성

문 2. 다음은 콥과 로스(Cobb & Ross)가 제시한 의제 설정 과정이다. (가)~(다)에 들어갈 유형을 바르게 연결한 것은?

- (가) : 사회문제 → 정부의제
- (나) : 사회문제 → 공중의제 → 정부의제
- (다) : 사회문제 → 정부의제 → 공중의제

	(가)	(나)	(다)
①	동원형	외부주도형	내부접근형
②	내부접근형	동원형	외부주도형
③	외부주도형	내부접근형	동원형
④	내부접근형	외부주도형	동원형

문 3. 공무원 인사제도에 대한 설명으로 옳지 않은 것은?
① 실적주의는 공무원의 인적 구성이 사회의 인구학적 특성과 비례가 되도록 해야 한다는 대표관료제를 비판하면서 등장하였다.
② 엽관주의는 정당제도 유지에 기여하고 공무원의 정치적 책임성을 확보할 수 있다는 장점이 있어 오늘날에도 부분적으로 남아 있다.
③ 실적주의는 엽관주의의 폐해와 급격한 경제발전으로 행정기능이 양적으로 확대되고 질적으로 복잡해짐에 따라 공무원들의 전문적 지식과 기술이 필요해지면서 정당성이 강화되었다.
④ 엽관주의에 따른 인사는 관료기구와 집권 정당의 동질성을 확보할 수 있으며, 정부가 공무원의 충성심을 확보하고 공무원을 효과적으로 통솔할 수 있다.

문 4. 예산 분류별 장단점에 대한 설명으로 옳지 않은 것은?
① 예산의 기능별 분류의 단점은 회계 책임이 불명확하다는 점이다.
② 예산의 조직별 분류의 장점은 예산지출의 목적(대상)을 파악하기 쉽다는 점이다.
③ 예산의 기능별 분류의 장점은 국민이 정부 예산을 이해하기 쉽다는 점이다.
④ 예산의 품목별 분류의 단점은 예산집행의 신축성을 저해한다는 점이다.

문 5. 다음에서 제시하는 정책결정모형에 대한 설명으로 옳은 것은?

- 정책의 본질이 미래지향적 문제 해결에 있고, 정책결정에서 가치비판적 발전관에 기초한 가치지향적 행동 추구의 중요성을 고려할 때 매우 중요한 의의가 있다.
- 대안을 선택할 수 있는 기준이 명확해야 한다.
- 기존 정책이나 사업의 매몰 비용으로 인해 현실 적합성이 떨어지는 한계가 있다.

① 시간의 흐름에 따라 환류되는 정보를 분석하여 잘못된 점이 있으면 수정·보완하는 방식이다.
② 문제성 있는 선호(problematic preferences), 불명확한 기술(unclear technology), 일시적 참여자(part-time participants)가 전제조건이다.
③ 갈등을 완전히 해결하지 못하고, 타협을 통한 통합을 모색한다.
④ 같은 비용으로 최대의 목표산출을 얻을 수 있는 대안을 선택하는 행위를 의미한다.

문 6. 정부규제에 대한 설명으로 옳지 않은 것은?
① 종합편성 채널의 운영권을 부여하고, 이를 확보한 방송사에 대한 규제는 리플리와 프랭클린(Ripley & Franklin)의 보호적 규제 정책을 시행한 것으로 볼 수 있다.
② 네거티브 규제(negative regulation)는 포지티브 규제(positive regulation)보다 자율성을 적극적으로 부여한다는 측면에서 피규제자가 선호하는 방식이다.
③ 우리나라는 신기술과 신산업을 육성하기 위하여 규제샌드박스 제도를 도입하였다.
④ 윌슨(Wilson)의 규제정치 이론에 따르면, 대체로 경제적 규제는 고객정치의 상황으로 분류되며 사회적 규제는 기업가정치의 상황으로 분류된다.

문 7. 행정학의 접근방법에 대한 설명으로 옳지 않은 것은?
① 생태론적 접근방법은 외부 환경이 행정 체제에 영향을 미친다는 시각으로 환경에 대한 행정의 주체적인 역할을 경시했다는 비판을 받는다.
② 후기행태주의는 적실성(relevance)과 실천(action)을 강조하고, 가치중립적인 과학적 연구보다는 가치평가적인 정책연구를 지향하였다.
③ 공공선택이론은 권한이 분산된 여러 작은 조직들에 의해 공공서비스가 공급되는 것보다 단일의 대규모 조직에 의해 독점적으로 공급되는 것을 선호한다.
④ 역사적 제도주의에서 제도는 경로의존성과 관성적인 성향으로 인해 새로운 환경의 변화에 적절히 대응하지 못할 수도 있다.

문 8. 톰슨(Thompson)의 기술 분류에 따른 상호의존성과 조정 형태를 바르게 연결한 것은?
① 집약형 기술(intensive technology) - 연속적 상호의존성(sequential interdependence) - 정기적 회의, 수직적 의사전달
② 공학형 기술(engineering technology) - 연속적 상호의존성(sequential interdependence) - 사전계획, 예정표
③ 연속형 기술(long-linked technology) - 교호적 상호의존성(reciprocal interdependence) - 상호 조정, 수평적 의사전달
④ 중개형 기술(mediating technology) - 집합적 상호의존성(pooled interdependence) - 규칙, 표준화

문 9. 공무원고충처리에 대한 설명으로 옳지 않은 것은?
① 5급 이상 공무원 및 고위공무원단에 속하는 일반직공무원의 고충을 다루는 중앙고충심사위원회의 기능은 소청심사위원회가 관장한다.
② 고충처리대상은 인사·조직·처우 등의 직무조건과 성폭력범죄, 성희롱 등으로 인한 신상문제에 대하여 광범위하게 인정된다.
③ 소청심사위원회의 결정은 처분청에 대한 법적 기속력이 있지만, 고충심사위원회의 결정은 처분청에 대한 법적 기속력이 없다.
④ 고충심사위원회가 청구서를 접수한 때에는 30일 이내에 고충심사에 대한 결정을 해야 하고 그 결정은 위원 과반수의 출석과 과반수의 합의에 의한다.

문 10. 프레스먼(Pressman)과 윌다브스키(Wildavsky)의 성공적인 정책집행에 관한 오클랜드 사례분석의 내용으로 옳지 않은 것은?
① 정책집행에 개입하는 참여자의 수가 적어야 한다.
② 정책집행은 정책결정과 분리되어 독립적으로 수행해야 한다.
③ 정책집행을 위한 프로그램 설계가 단순해야 한다.
④ 최초 정책집행 추진자 또는 의사결정자가 지속해서 집행을 이끌어야 한다.

문 11. 다음 중앙인사기관의 유형에 대한 설명으로 옳은 것은?

> ○ 행정수반이 인사관리에 직접적인 책임을 지며, 인사기관의 장은 행정수반을 보좌하여 집행업무를 담당한다.
> ○ 인적자원 확보, 능력발전, 유지, 보상 등 인사관리에 대한 기능을 부처의 협조 하에 통합적으로 수행한다.
> ○ 인사기관의 결정과 집행의 행위는 행정수반의 승인과 검토의 대상이 된다.

① 정치권력의 부당한 개입을 막아 정치적 중립성과 공직의 안정성을 확보할 수 있다.
② 인사기관의 구성방식을 통해서 인사 정책의 일관성을 확보할 수 있다.
③ 합의에 따른 결정방식으로 인사의 공정성을 유지하는 것이 중요하다.
④ 한 명의 인사기관의 장이 조직을 관장하고 행정수반의 지휘 아래 놓이게 된다.

문 12. 조직이론에 대한 설명으로 옳지 않은 것은?
① 카플란(Kaplan)과 노턴(Norton)은 균형성과표(BSC)의 네 가지 관점으로 고객관점, 내부 프로세스 관점, 재무적 관점, 학습과 성장 관점을 제시하였다.
② 민츠버그(Minzberg)는 조직의 5개 구성 요소로 전략적 최고관리층, 중간계선관리층, 작업층, 기술구조, 지원 막료를 제시하였다.
③ 허시(Hersey)와 블랜차드(Blanchard)는 부하의 성숙도가 높은 경우 지시적 리더십이 효과적이라고 보았다.
④ 베버(Weber)는 법적·합리적 권한에 기초를 둔 이념형(ideal type) 관료제의 특징으로 법과 규칙의 지배, 계층제, 문서에 의한 직무수행, 비개인성(impersonality), 분업과 전문화 등을 제시하였다.

문 13. 지방분권화가 확대되는 이유로 옳지 않은 것은?
① 내생적 발전전략에 기반한 도시경쟁력 확보가 중요해지고 있다.
② 중앙집권 체제가 초래하는 낮은 대응성과 구조적 부패 등은 국가 성장의 장애 요인으로 작용하고 있다.
③ 사회적 인프라가 어느 정도 갖춰진 국가에서는 지역 간 평등한 공공서비스의 수요가 증가하고 있다.
④ 신공공관리론에 근거한 정부혁신이 강조되고 있다.

문 14. 모건(Morgan)이 제시한 조직의 8가지 이미지에 해당하지 않는 것은?
① 문화로서의 조직(Organizations as Culture)
② 적응적 사회구조로서의 조직(Organizations as Adaptive Social Structure)
③ 심리적 감옥으로서의 조직(Organizations as Prison Metaphor)
④ 흐름과 변환과정으로서의 조직(Organizations as Flux and Transformation)

문 15. (가)~(라)에 들어갈 숫자를 바르게 연결한 것은?

> ○ 정부는 재정운용의 효율화와 건전화를 위하여 매년 해당 회계연도부터 (가) 회계연도 이상의 기간에 대한 재정운용계획을 수립하여야 한다.
> ○ 기획재정부장관은 대통령의 승인을 얻은 다음연도의 예산안편성지침을 매년 (나) 월 31일까지 각 중앙관서의 장에게 통보해야 한다.
> ○ 기획재정부장관은 「국가회계법」에 따라 회계연도마다 국가결산보고서를 작성하여 대통령의 승인을 얻어 다음 연도 4월 (다) 일까지 감사원에 제출하여야 한다.
> ○ 예산의 편성 및 의결, 집행, 그리고 결산 및 회계검사의 단계가 일정한 주기로 반복되는 것을 예산주기 또는 예산순기라고 하는데 우리나라의 경우 통상 (라) 년이다.

	(가)	(나)	(다)	(라)
①	10	3	10	1
②	5	3	10	3
③	5	5	20	1
④	10	5	20	3

문 16. 공직윤리 확보를 위한 제도에 대한 설명으로 옳지 않은 것은?

① 국민권익위원회는 공익신고자등으로부터 보호조치를 신청 받은 때에는 바로 공익신고자등이 공익신고등을 이유로 불이익조치를 받았는지에 대한 조사를 시작하여야 한다.
② 취업심사대상자는 퇴직 전 3년 동안 소속하였던 부서의 업무와 밀접한 관련이 있는 기관에 퇴직일로부터 5년간 취업할 수 없다. 단, 관할 공직자윤리위원회로부터 취업 승인을 받은 경우는 예외로 한다.
③ 재직자는 퇴직공직자로부터 직무와 관련한 청탁 또는 알선을 받은 경우 이를 소속 기관의 장에게 신고하여야 한다.
④ 국민권익위원회는 접수된 부패행위 신고사항을 그 접수일부터 60일 이내에 처리하여야 한다. 단, 신고내용의 특정에 필요한 사항을 확인하기 위한 보완 등이 필요하다고 인정되는 경우에는 그 기간을 30일 이내에서 연장할 수 있다.

문 17. 우리나라 지방재정조정제도에 대한 설명으로 옳은 것은?

① 「지방교부세법」상 지방교부세는 보통교부세, 특별교부세, 부동산교부세 및 소방안전 교부세로 구분된다.
② 지방교부세는 중앙정부가 국가 사무를 지방정부에 위임하거나 지방정부가 추진하는 사업 경비의 전부 또는 일부를 보조하거나 지원하기 위한 제도이다.
③ 조정교부금은 전국적 최소한 동일 행정서비스 수준 보장을 위해 중앙정부가 내국세의 일정 비율을 자치단체에 배분하는 것이다.
④ 지방교부세 대비 국고보조금의 비중 증가는 지방재정의 자율성을 강화한다.

문 18. 「전자정부법」상 전자정부 추진에 대한 설명으로 옳지 않은 것은?
① 「고등교육법」상 사립대학은 적용받지 않는다.
② 행정기관등의 장은 해당기관의 전자정부의 구현·운영 및 발전을 위한 기본계획을 5년마다 수립하여야 한다.
③ 전자정부의 날이 지정되었다.
④ 필요한 경우 둘 이상의 지방자치단체가 공동으로 지역정보통합센터를 설립·운영할 수 있다.

문 19. 예산제도에 대한 설명으로 옳은 것은?
① 주민참여예산제도는 정부가 지역주민에 대해 비과세, 감면, 공제 등 세제상 각종 유인장치를 통해 간접적 지원을 해주는 제도이다.
② 예비타당성조사는 총사업비와 국가의 재정지원 규모가 일정 금액 이상인 신규사업 중 특정 요건에 해당하는 경우에 실시하며, 국회가 의결로 요구하는 사업에 대해서도 실시하여야 한다.
③ 예산성과금은 수익이 증대되거나 지출이 절약된 때에 이에 기여한 자에게 지급할 수 있으며 절약된 예산은 다른 사업에 사용할 수 없다.
④ 총사업비관리제도는 소요 기간에 관계없이 고속도로, 국도 등 일정 규모 이상의 대규모 사업의 경우, 사업 규모·총사업비 및 사업기간 등을 정하여 미리 기획재정부장관과 사전협의할 것을 요구한다.

문 20. 사회실험에 대한 설명으로 옳은 것만을 모두 고르면?

ㄱ. 자연과학의 실험실 실험과는 달리 상황에 따라 통제집단(control group) 또는 비교집단(comparison group) 없이 진행할 수 있다.
ㄴ. 진실험 방법을 활용하여 사회실험을 진행하면 호손 효과(Hawthorne Effect)를 방지할 수 있다는 점이 가장 큰 장점이다.
ㄷ. 아직 검증되지 않은 정책 프로그램에 대규모 투자를 하기 전에 그 결과를 미리 평가해 보는 것이 중요한 목적 중 하나이다.
ㄹ. 실험 집단과 비교집단을 무작위 배정(random assignment)할 수 없어 집단 간 동질성 확보가 불가능하면, 준실험(quasi-experiment) 방법을 채택하여 진행할 수 있다.

① ㄱ, ㄴ
② ㄱ, ㄹ
③ ㄴ, ㄷ
④ ㄷ, ㄹ

2020년 10월 17일 시행

지방공무원 7급 등 공개경쟁채용 필기시험

| 7급 일반행정 |

응시번호

성명

문제책형

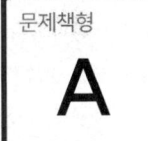

A

제1과목	국어(한문 포함)	제2과목	영어	제3과목	한국사
제4과목	헌법	제5과목	행정법	제6과목	행정학
제7과목	선택[1]: 경제학원론, 지방자치론, 지역개발론				

※ 반드시 본인의 **응시표**에 인쇄된 **제7과목(선택과목)**의 답안을 **표기**해야 합니다.

응시자 주의사항

1. **시험시작 전 시험문제를 열람하는 행위나 시험종료 후 답안을 작성하는 행위를 한 사람은** 「지방공무원 임용령」 제65조 등 관련법령에 의거 **부정행위자**로 처리됩니다.
2. 시험시작 즉시 **과목편철 순서, 문제누락 여부, 인쇄상태 이상 유무 및 표지와 개별과목의 문제책형 일치여부 등을 확인**한 후 문제책 표지에 응시번호, 성명을 기재합니다.
3. 시험이 시작되면 문제를 주의 깊게 읽은 후, **문항의 취지에 가장 적합한 하나의 정답만을 고르며**, 문제내용에 관한 질문은 할 수 없습니다.
4. **답안은 문제책 표지의 과목 순서에 따라 답안지에 인쇄된 순서에 맞추어 표기**해야 하며, 과목 순서를 바꾸어 표기한 경우에도 **문제책 표지의 과목 순서대로 채점**되므로 유의하시기 바랍니다.
5. **시험시간 관리의 책임은 응시자 본인에게 있습니다.**
    ※ 문제책은 시험종료 후 가지고 갈 수 있습니다.

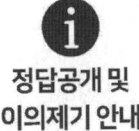

정답공개 및 이의제기 안내

1. 정답공개 일시: 정답 가안 0.00.(0) 00:00 / 최종 정답 0.00.(0) 00:00
2. 정답공개 방법: 사이버국가고시센터(www.gosi.kr) ➡ [시험문제/정답 → 문제 / 정답 안내]
3. 이의제기 기간: 0.00.(0) 00:00 ~ 0.00.(0) 00:00
4. 이의제기 방법
    - 사이버국가고시센터 ➡ [시험문제/정답 →정답 이의제기]
    - 구체적인 이의제기 방법은 정답가안 공개 시 공지 예정

서울특별시·부산광역시·대구광역시·인천광역시·광주광역시·대전광역시·울산광역시·세종특별자치시·경기도·강원도·충청북도·충청남도·전라북도·전라남도·경상북도·경상남도·제주특별자치도 인사위원회

행정학

문 1. 탈신공공관리(Post NPM)에 대한 설명으로 옳지 않은 것은?
① 성과보다는 공공책임성을 중시하는 인사관리 강조
② 탈관료제 모형에 기반을 둔 경쟁과 분권화 강조
③ 구조적 통합을 통한 분절화의 축소와 조정의 증대
④ '통(通) 정부(whole of government)'적 접근

문 2. 다음 상황을 설명하는 데 가장 적합한 용어는?

> 정부는 특정 지역의 주택가격이 과도하게 상승하자 이를 해결하기 위해 투기과열지구로 지정하였다. 그러나 투기과열지구로 지정된 이후 주택가격은 오히려 급등하였다. 이는 주택 수요자들이 정부의 의도와 달리 투기과열지구의 지정으로 인해 그 지역의 주택가격이 더 오를 것이라고 예상하였기 때문이었다.

① X-비효율성
② 공공조직의 내부성
③ 비경합성
④ 파생적 외부효과

문 3. 현행 법령상 공무원의 보수 및 연금제도에 대한 설명으로 옳지 않은 것은?
① 호봉 간 승급에 필요한 기간은 1년이며, 직종별 구분 없이 하나의 봉급표가 적용된다.
② 고위공무원단에 속하는 공무원에 대해서는 대통령경호처 직원 중 별정직공무원을 제외하고 직무성과급적 연봉제를 적용한다.
③ 「공무원연금법」상 퇴직급여에는 퇴직연금, 퇴직연금일시금, 퇴직연금공제일시금, 퇴직일시금이 있다.
④ 군인과 선거에 의하여 취임하는 공무원은 「공무원연금법」상의 공무원에서 제외된다.

문 4. 우리나라의 특별회계에 대한 설명으로 옳지 않은 것은?
① 설치근거가 되는 법률을 별도로 정하고 있다.
② 세출예산뿐 아니라 세입예산도 일반회계와 특별회계로 구분한다.
③ 특별회계의 설치요건 중에는 특정한 세입으로 특정한 세출에 충당함으로써 일반회계와 구분하여 회계처리할 필요가 있을 경우도 포함된다.
④ 예산의 이용 및 전용과 마찬가지로 예산 한정성의 원칙이 적용되지 않는다.

문 5. 정책평가를 위한 조사설계의 유형 중 진실험설계(true experimental design)에 해당하는 것은?
① 단절적 시계열설계(interrupted time-series design)
② 통제집단 사전사후측정설계(pretest-posttest control group design)
③ 비동질적 통제집단설계(non-equivalent control group design)
④ 단일집단 사전사후측정설계(one group pretest-posttest design)

문 6. 정책참여자의 권력관계 모형에 대한 설명으로 옳지 않은 것은?
① 국가조합주의는 국가가 민간부문의 집단들에 대하여 강력한 주도권을 행사한다고 보는 모형이다.
② 다원주의는 주로 개발도상국가에서 경제개발과정에서의 이익집단에 대한 통제를 설명하기 위한 이론으로 활용되었다.
③ 사회조합주의는 사회경제체제의 변화에 순응하려는 이익집단의 자발적 시도로부터 생성되었다.
④ 다원주의는 이익집단 간의 영향력 차이를 인정하지만 전반적으로 균형이 유지되고 있다는 입장을 지닌다.

문 7. 정책네트워크의 유형별 특징에 대한 설명으로 옳지 않은 것은?
① 철의 삼각(iron triangle) 모형에서는 이익집단, 관련 행정부처(관료조직), 그리고 의회 위원회가 연합하여 실질적인 정책결정이 이루어진다고 본다.
② 하위정부(subgovernment) 모형은 철의 삼각 모형의 경험적 타당성에 대해 의문을 제기하면서 참여자의 범위를 대폭 확대하였다.
③ 정책공동체(policy community)의 주요구성원에는 하위정부 모형의 참여자 외에 전문가집단이 포함된다.
④ 이슈네트워크(issue network)는 정책공동체와 비교할 때 네트워크의 경계가 불분명하여 참여자들의 진입과 퇴장이 쉬운 편이다.

문 8. 「국가공무원법」상 공직윤리에 위배되는 행위는?
① 공무원 甲은 소속 상관에게 직무상 관계가 없는 증여를 하였다.
② 공무원 乙은 소속 기관장의 허가를 받아 다른 직무를 겸하였다.
③ 수사기관이 현행범인 공무원 丙을 소속 기관의 장에게 미리 통보하지 않고 구속하였다.
④ 공무원 丁은 대통령의 허가를 받고 외국 정부로부터 증여를 받았다.

문 9. 「국가재정법」상 추가경정예산에 대한 설명으로 옳은 것은?
① 정부는 국회에서 추가경정예산안이 확정되기 전에 이를 미리 배정하거나 집행할 수 있다.
② 새로운 회계연도가 개시될 때까지 국회에서 예산안이 의결되지 못한 때에 편성된다.
③ 법령에 따라 국가가 지급하여야 하는 지출이 발생하거나 증가하여 이미 확정된 예산에 변경을 가할 필요가 있는 경우에 편성할 수 있다.
④ 경기침체 등과 같은 대내외 여건에 중대한 변화가 발생할 우려가 있어 이미 확정된 예산에 변경을 가할 필요가 있는 경우라도 편성할 수 없다.

문 10. 다음의 설명과 근무성적평정방법을 바르게 연결한 것은?

ㄱ. 피평정자들의 성적분포가 과도하게 집중되는 것을 방지하기 위해 등급별로 비율을 정하여 준수하도록 하는 방법
ㄴ. 시간당 수행한 공무원의 업무량을 전체 평정기간동안 계속적으로 조사해 평균치를 측정하거나, 일정한 업무량을 달성하는 데 소요된 시간을 계산해 그 성적을 평정하는 방법
ㄷ. 선정된 중요 과업 분야에 대해서 가장 이상적인 과업수행 행태에서부터 가장 바람직하지 못한 과업수행 행태까지를 몇 개의 등급으로 구분하고, 등급마다 중요 행태를 명확하게 기술하고 점수를 할당하는 방법

	ㄱ	ㄴ	ㄷ
①	강제배분법	산출기록법	행태기준평정척도법
②	강제선택법	주기적 검사법	행태기준평정척도법
③	강제선택법	산출기록법	행태관찰척도법
④	강제배분법	주기적 검사법	행태관찰척도법

문 11. 다음 사례에서 제시된 '경쟁가설'과 관련한 정책평가의 내적 타당성 위협요인은?

정부는 ○○하천의 수질오염을 방지하기 위해 주변 모든 공장에 폐수정화시설을 의무적으로 갖추도록 하는 정책을 시행했다. 1년 후 정부는 정책평가를 통해 ○○하천의 오염 정도가 정책실시 이전보다 훨씬 낮게 나타났다는 결과를 발표했다. ○○하천의 수질개선은 정책의 효과라는 정부의 입장에 대해, A교수는 "○○하천이 깨끗해진 것은 정책 시행 기간 중 불경기가 극심하여 많은 공장들이 문을 닫았고, 정책평가를 위한 오염수준 측정 직전에 갑자기 비가 많이 왔기 때문"이라는 경쟁가설을 제기했다.

① 역사요인 ② 검사요인
③ 선발요인 ④ 상실요인

문 12. 부패의 원인에 관한 도덕적 접근방법의 입장과 가장 가까운 것은?
① 부패는 관료 개인의 윤리의식과 자질로 인하여 발생한다.
② 부패는 관료 개인의 속성, 제도, 사회문화적 환경 등의 여러 요인이 복합적으로 상호작용한 결과이다.
③ 부패는 현실과 괴리된 법령의 이중적인 규제 기준과 모호한 법규정, 적절한 통제장치의 미비 등에 의해 발생한다.
④ 부패는 공식적 법규나 규범보다는 관습과 같은 사회문화적 환경에 의해 유발된다.

문 13. 행정책임과 행정통제에 대한 설명으로 옳은 것은?
① 파이너(Finer)는 행정의 적극적 이미지를 전제로 전문가로서의 관료의 기능적 책임을 강조하는 책임론을 제시하였다.
② 프리드리히(Friedrich)는 개인적인 도덕적 의무감에 호소하는 책임보다 외재적·민주적 책임의 중요성을 강조하였다.
③ 행정통제를 내부통제와 외부통제로 구분할 경우, 윤리적 책임의식의 내재화를 통한 통제는 전자에 속한다.
④ 옴부즈만제도를 의회형과 행정부형으로 구분할 경우, 국민권익위원회의 고충민원처리제도는 전자에 속한다.

문 14. 대리인이론에서 주인-대리인 관계의 효율성을 제약하는 요인이 아닌 것은?
① 인간의 인지적 한계와 정보 부족 등으로 인한 합리성 제약
② 정보 비대칭성 혹은 정보 불균형
③ 대리인의 기회주의적 행동 성향
④ 대리인 관계를 설정할 수 있는 다수의 잠재적 당사자(대리인) 존재

문 15. 조직유형에 대한 설명으로 옳지 않은 것은?
① 매트릭스 조직은 기능 중심의 수직적 계층구조에 수평적 조직구조를 결합한 조직으로 명령통일의 원리에 부합한다.
② 태스크 포스는 특수한 과업 완수를 목표로 기존의 다른 부서나 외부업체 등에서 사람들을 선발하여 구성한 조직이며, 본래 목적을 달성하면 해체되는 임시조직이다.
③ 프로젝트팀은 전략적으로 중요하거나 창의성이 요구되는 프로젝트를 진행하기 위해 여러 부서에서 프로젝트 목적에 적합한 사람들을 선발해 구성한 조직이다.
④ 네트워크 조직은 각기 높은 독자성을 지닌 조직단위나 조직들 간에 협력적 연계를 통해 구성된 조직이며, 환경변화에 신속하게 적응할 수 있다.

문 16. 「지방자치법」상 지방자치단체조합에 대한 설명으로 옳지 않은 것은?
① 2개 이상의 지방자치단체가 하나 또는 둘 이상의 사무를 공동으로 처리할 필요가 있을 때에 소정의 절차를 거쳐 설립할 수 있는 법인이다.
② 설립뿐 아니라 규약변경이나 해산의 경우에도 지방의회의 의결을 거쳐야 한다.
③ 해산한 경우에 그 재산의 처분은 행정안전부장관의 승인을 받아야 한다.
④ 구성원인 시·군 및 자치구가 2개 이상의 시·도에 걸치는 지방자치단체조합은 행정안전부장관의 지도·감독을 받는다.

문 17. 파머(Farmer)가 주장한 포스트모더니티 행정이론의 내용으로 옳지 않은 것은?
① 나 아닌 다른 사람을 인식적 객체가 아닌 도덕적인 타자(他者)로 인정한다.
② 관점에 따라 다양한 가능성이 허용되는 상상(imagination)보다는 과학적 합리성(rationality)이 더 중요하다.
③ 행정에서도 지식과 학문의 영역 간 경계가 사라지는 탈영역화(deterritorialization)가 나타난다.
④ '행정은 객관적으로 연구될 수 있다'는 설화는 해체(deconstruction)를 통해 더 잘 이해할 수 있다.

문 18. 우리나라의 예산결산특별위원회에 대한 설명으로 옳지 않은 것은?

① 예산안 및 결산 심사는 제안설명과 전문위원의 검토보고를 듣고, 종합정책질의, 부별 심사 또는 분과위원회 심사 및 찬반토론을 거쳐 표결한다.
② 국회의장이 기간을 정하여 회부한 예산안과 결산에 대하여 상임위원회가 이유 없이 그 기간 내에 심사를 마치지 아니한 때에는 이를 바로 예산결산특별위원회에 회부할 수 있다.
③ 예산안과 결산뿐 아니라 관계 법령에 따라 제출·회부된 기금운용계획안도 심사한다.
④ 소관 상임위원회에서 삭감한 세출예산 각 항의 금액을 증가하게 할 경우에 소관 상임위원회의 동의를 받지 않아도 된다.

문 19. 사회학적 신제도주의에 대한 설명으로 옳지 않은 것은?

① 개인의 행위는 고립된 상태에서 선택되는 것이 아니라 사회관계에 의하여 영향을 받는다는 의미에서 '배태성(embeddedness)'이라는 개념을 사용한다.
② 조직들이 시장의 압력 속에서 생존하기 위해 경쟁력 있는 조직형태나 조직관리기법을 합리적으로 선택하는 것은 규범적 동형화(normative isomorphism)의 예이다.
③ 정부의 규제정책에 따라 기업들이 오염방지장치를 도입하거나 장애인 고용을 확대하는 것은 강압적 동형화(coercive isomorphism)의 예이다.
④ 정부의 제도개혁에 선진국의 제도를 도입하여 적용하는 것은 모방적 동형화(mimetic isomorphism)의 예이다.

문 20. 다음 사례에 대한 설명으로 옳은 것은?

> 2013년 환경부는 상수도 낙후지역에 사는 국민이 안심하고 마실 수 있는 수돗물을 공급하기 위해 총사업비 8,833억 원(국비 30%, 지방비 70%)을 들여 '상수관망 최적관리시스템 구축사업'을 추진한다고 발표하였다. 그러나 A시는 상수도 사업을 자체관리하기로 결정하고, 당초 요청하기로 계획했던 국고보조금 56억 원을 신청하지 않았다.

① 만약 A시가 이 사업에 참여하여 당초 요청하기로 계획했던 보조금이 그대로 배정된다면, A시가 부담해야 하는 비용은 총 56억 원이다.
② 상수관망을 통해 공급되는 수돗물과 민간재인 생수가 모두 정상재(normal goods)라고 가정하면, 환경부의 사업 보조금은 수돗물과 생수의 공급수준을 모두 증가시키는 소득효과만을 유발시킨다.
③ 이 사례에서와 같은 보조금은 지역 간에 발생하는 외부효과를 시정하거나 중앙정부의 특정 목적을 달성하기 위해 운영된다.
④ A시가 신청하지 않은 보조금은 일반정액보조금에 해당한다.

국회 8급

2024년 국회 8급	⋯⋯ 143
2023년 국회 8급	⋯⋯ 153
2022년 국회 8급	⋯⋯ 159
2021년 국회 8급	⋯⋯ 165
2020년 국회 8급	⋯⋯ 173

합격으로 증명하는 1등 행정학

신용한 행정학

합격으로 증명하는 1등 행정학

2024년도 제23회 8급 공개경쟁채용시험 문제

2교시

영어·행정법·행정학

○ 응시번호 :
○ 성 명 :

시험기간 및 향후일정 안내

- 시험 시간 : 16:20 ~ 17:45
- 정답 가안 발표 : 0000.00.00.(0) 00:00
- 정답 이의 제기 : 0000.00.00.(0) 00:00 ~ 00.(0) 00:00
- 필기시험 합격자 발표 : 0000.00.00.(0)

국 회 사 무 처

국회채용시스템 : http://gosi.assembly.go.kr

행 정 학

1. 조직구조의 유형에 대한 설명으로 옳은 것만을 〈보기〉에서 모두 고르면?

   ㄱ. 기계적 조직구조의 특징은 기능구조에서 나타난다.
   ㄴ. 기계적 조직구조는 규칙과 절차의 고수, 업무의 명확한 구분을 특징으로 한다.
   ㄷ. 조직의 외부환경이 안정적인 경우에는 유기적 조직구조가 적합하다.
   ㄹ. 기계적 조직구조에서는 수평적 조정을 강조한다.
   ㅁ. 유기적 조직구조의 대표적인 예는 학습조직이다.
   ㅂ. 성과측정이 어려운 상황에서는 유기적 조직보다 기계적 조직이 적합하다.

   ① ㄱ, ㄴ, ㄷ
   ② ㄱ, ㄴ, ㅁ
   ③ ㄱ, ㄹ, ㅂ
   ④ ㄴ, ㄷ, ㅁ
   ⑤ ㄷ, ㄹ, ㅂ

2. 엘리트이론과 다원주의론에 대한 설명으로 옳지 않은 것은?

   ① 고전적 엘리트이론은 집단이 형성되면 소수의 엘리트에 의한 지배체제가 구성된다고 주장한다.
   ② 무의사결정론은 엘리트들에게 안전한 문제만 논의하고 불리한 문제는 거론조차 되지 못하게 방해하는 결정이 이루어진다고 주장한다.
   ③ 무의사결정론은 무의사결정이 정책의제설정 단계뿐만 아니라 정책 집행과정에서도 일어난다고 주장한다.
   ④ 다원주의론은 정책 영역별로 영향력을 행사하는 엘리트들이 각기 다르다고 주장한다.
   ⑤ 다원주의론은 이익집단이 정부 정책과정에 대한 동등한 접근 기회를 가지고 있다고 주장하며, 이를 조정하기 위한 정부의 적극적이고 능동적인 역할 수행을 강조한다.

3. 다음 글의 (ㄱ)에 해당하는 개념으로 옳은 것은?

   시험을 통해 측정하는 행동이나 질문 주제의 내용이 직무 수행의 중요한 국면을 대표할 수 있는지에 대한 판단과 관련된다. 예를 들어, 워드프로세서 시험에서 실제 근무상황에 사용되는 것과 똑같은 서류 양식을 시험문제로 출제하는 경우나 취재기자 선발시험에서 일반적인 논술 주제가 아닌 구체적인 기사 작성을 시험 문제로 출제할 경우, (ㄱ)를 확보할 수 있다.

   ① 신뢰도
   ② 기준타당도
   ③ 내용타당도
   ④ 구성타당도
   ⑤ 실용도

4. 예산제도에 대한 설명으로 옳은 것은?

   ① 계획예산제도(PPBS)는 예산 과목을 사업계획과 활동별로 분류한 다음 각 세부 사업별로 '단위원가×업무량=예산액'으로 편성하는 예산제도이다.
   ② 계획예산제도(PPBS)는 정부가 경제 불황기에 적응하기 위해 시행되었으며, 감축관리의 일환으로 제시되었다.
   ③ 성과관리예산제도(PBS)는 부처의 사명, 목적, 세부 목적 등을 고려하여 목적 달성에 기여하는 정책과 사업을 구상하고, 사업별 성과 및 목표치와 그것을 달성하는 데에 소요되는 원가를 연계하는 계량적 자료를 제공하여 성과관리와 예산 운영을 통합하려는 제도이다.
   ④ 품목별예산제도(LIBS)는 최종적으로 투입되는 산출물별로 예산을 할당하고 분류하여 편성하는 예산제도로 하향식 예산 과정을 수반한다.
   ⑤ 영기준예산제도(ZBB)는 계량모형에 근거한 객관적인 기준을 사용하고, 기대되는 계획과 목적을 달성하는 데에 필요한 정책대안과 지출을 묶어 재정사업을 평가한다.

5. 특수경력직 공무원이 아닌 것은?
   ① 국회사무총장
   ② 서울특별시 행정2부시장
   ③ 헌법재판소 사무차장
   ④ 고위공직자범죄수사처 차장
   ⑤ 국회 수석전문위원

6. 「지방자치법」에 대한 설명으로 옳지 않은 것은?
   ① 지방의회 의장의 지방의회 소속 사무직원 임용
   ② 지방의회 의원 정수의 3분의 2 범위에서 정책지원 전문인력 충원
   ③ 주민투표를 통해 지방의회와 집행기관의 구성 형태 변경 가능
   ④ 주민은 권리·의무와 직접 관련되는 규칙에 대한 제정·개정 및 폐지 의견을 지방자치단체장에게 제출 가능
   ⑤ 국가와 지방자치단체 간의 협력을 도모하고 지방자치 발전과 지역 간 균형발전에 관련되는 중요 정책을 심의하기 위한 중앙지방협력회의 도입

7. 다음 글의 (ㄱ)과 (ㄴ)에 해당하는 이론으로 옳은 것은?

   > (ㄱ)이론은 인간이 행위를 하게 만드는 욕구를 확인하고 이를 설명하는 데에 그 초점이 집중되어 왔다. 그러나 인간의 행위에 관한 동기는 욕구만으로는 설명할 수 없으며 욕구가 충족되는 과정에 대한 설명이 수반되어야 한다. 그래서 (ㄴ)이론에서는 동기를 부여하는 요소를 규명하고, 동기를 부여하는 변수 상호 간의 관계를 설명하고 있다.

	(ㄱ)	(ㄴ)
①	맥클랜드의 성취동기이론	브룸의 기대이론
②	로크의 목표설정이론	포터와 롤러의 업적만족이론
③	브룸의 기대이론	애덤스의 공정성 이론
④	허즈버그의 2요인이론	앨더퍼의 ERG이론
⑤	애덤스의 공정성 이론	맥클랜드의 성취동기 이론

8. 정책분석에 대한 설명으로 옳지 않은 것만을 〈보기〉에서 모두 고르면?

   > ㄱ. 정책문제를 정확하게 인식해야 바람직한 정책목표와 정책 대안 분석이 가능하다.
   > ㄴ. 비용효과분석은 비용과 편익 모두 화폐가치로 측정하기 때문에 대안 간 비교에 용이하다.
   > ㄷ. 정책의 대상이 되는 문제 자체에 대한 정의를 잘못 내리는 경우에 발생하는 오류를 1종 오류라고 한다.
   > ㄹ. 정책문제를 구조화하기 위해 경계분석, 계층분석, 브레인스토밍 등이 활용된다.
   > ㅁ. 정책대안을 평가하는 기준으로 효율성, 효과성, 형평성, 실현가능성 등이 활용되고 있다.

   ① ㄱ, ㄴ
   ② ㄴ, ㄷ
   ③ ㄴ, ㅁ
   ④ ㄷ, ㄹ
   ⑤ ㄹ, ㅁ

9. 정책결정모형에 대한 설명으로 옳지 않은 것은?
   ① 합리모형은 완전한 합리성에 기초하고 있기 때문에 현실적인 정책 결정을 설명하기보다는 이상적 모형이라 할 수 있다.
   ② 린드블룸(Lindblom)의 점증모형은 사이먼(Simon)의 제한적 합리성에 바탕을 두고 있는 이론으로 주로 정책결정자에게 적용된다.
   ③ 회사모형은 조직의 의사결정 행태와 관련하여 갈등의 준해결, 표준운영절차(SOP), 문제중심의 탐색, 조직체의 학습 등을 기본개념으로 하고 있다.
   ④ 쓰레기통 모형에서는 불확정적 선호, 불명확한 기술, 상시적 참여자를 기본 전제로 의사결정의 기회, 해결을 요하는 문제, 문제의 해결책, 의사결정의 참여자 등이 서로 다른 시간에 통 안에 들어와 우연히 한 곳에서 만날 때 비로소 결정이 이루어진다고 본다.
   ⑤ 드로어(Dror)의 최적모형은 양적인 측면과 질적인 측면, 그리고 합리적 요소와 초합리적 요소를 동시에 고려한다.

10. 레짐이론에 대한 설명으로 옳은 것은?
   ① 레짐이론은 경제적·사회적 도전을 극복하는 과정에서 조성되는 정부기관과 비정부기관의 상호의존 관계를 강조함으로써, 정부와 비정부기관의 행위자가 협력하고 조정하는 활동에 초점을 맞춘다.
   ② 레짐이론은 지방정부의 의사결정에 영향을 주는 외생변수의 중요성에 주목하고 있으며, 지방정부의 정책은 정치행위자들의 요구나 협상력보다는 사회경제적 제약에 의해 영향을 받는다는 견해이다.
   ③ 레짐이론은 초기 다원주의론과 달리 정치과정이 모든 집단이나 개인에게 똑같이 개방되어 있지 않고, 정부 또한 이들을 동등하게 대우하지 않는다는 전제하에서 출발한다.
   ④ 레짐이론은 정부의 결정 및 집행에 있어서 비공식적 민관협력이 아닌 공식적 장치를 강조한다.
   ⑤ 레짐이론은 지방 권력이 소수의 엘리트에 집중되어 있고, 이들 대부분이 정책 영역에서 지방정부의 정책 결정에 지배적인 영향력을 행사한다고 주장한다.

11. 공직윤리에 대한 설명으로 옳지 않은 것은?
   ① 「공직자의 이해충돌 방지법」은 국회, 법원, 중앙행정기관, 지방자치단체 등 공공기관에 소속된 공무원과 공직유관단체·공공기관임직원, 사립학교 교직원과 언론인에게 적용된다.
   ② 총경 이상의 경찰공무원과 대령 이상의 군인은 「공직자윤리법」상 재산등록의무가 있다.
   ③ 「공직자윤리법」에 따르면 재산등록의무자로 퇴직한 공직자는 퇴직 전 5년 이내 담당한 업무와 연관된 기업체에 퇴직일로부터 3년간 취업할 수 없다.
   ④ 「공무원 행동강령」은 공무원 청렴유지와 관련된 구체적 행동기준을 제시하고 있는 대통령령이다.
   ⑤ 「공직자윤리법」은 주식백지신탁의무와 이해충돌방지의무를 규정하고 있다.

12. 우리나라의 행정통제 제도에 대한 설명으로 옳은 것은?
   ① 국민권익위원회는 행정부와 독립된 옴부즈만 기능을 수행하는 헌법상 기관으로서, 독립적인 직권조사권과 시찰권은 갖고 있지만 소추권은 갖고 있지 않다.
   ② 국회는 대통령을 비롯하여 국무총리, 국무위원, 행정각부의 장, 감사원장 등이 직무를 집행함에 있어 법률을 위반할 때 탄핵소추를 의결할 수 있다.
   ③ 감사원은 헌법적 지위를 갖는 대통령 직속기구로서 회계검사와 직무감찰을 수행하는데, 직무감찰은 행정부, 입법부 사법부에 소속된 공무원들을 대상으로 한다.
   ④ 헌법재판소는 9명의 재판관으로 구성되며, 위헌법률심판, 탄핵심판, 정당해산심판, 행정심판, 행정소송 등을 담당한다.
   ⑤ 국무총리실은 2006년 시행된 「정부업무평가 기본법」에 의해 각 부처의 자체평가를 폐지하고 매년 각 부처를 대상으로 직접 업무평가를 실시하고 있다.

13. 조직문화에 대한 설명으로 옳은 것은?
   ① 조직문화는 조직의 초기 형성 단계에서 조직을 묶어주는 접착제 역할을 하며, 조직이 성숙 및 쇠퇴 단계에 이르면 혁신을 촉진하는 요인이 된다.
   ② 조직문화에 관한 기존 연구들은 주로 조직 내부 구성원 간의 거래 관계나 조직 내부 환경과의 대응 관계라는 두 가지 범주에서 조직 문화의 유형화 기준을 도출하고 있다.
   ③ 조직문화에 대한 관심이 높은 것은 관리자의 입장에서 조직문화가 조직효과성에 영향을 미치는 중요한 요인으로 이해되기 때문인데, 특히 조직효과성의 여러 측면 중 조직몰입은 조직문화와 직결된다.
   ④ 퀸(Quinn)과 킴벌리(Kimberly)의 조직문화 유형에 따르면, 합리문화는 조직의 생산성을 강조하고, 구성원들의 신뢰, 팀워크를 통한 참여, 안정지향성에 비중을 둔다.
   ⑤ 홉스테드(Hofstede)는 권력거리, 개인 대 집단, 불확실성 회피, 남성 대 여성, 장기 대 단기의 다섯 가지 유형으로 문화차원을 구분하였는데, 집단주의가 강한 문화는 개인주의가 강한 문화보다 상대적으로는 느슨한 개인 간 관계를 더 중요시한다.

14. 정책대안 탐색 및 집단 의사결정 기법에 대한 설명으로 옳은 것만을 <보기>에서 모두 고르면?

> ㄱ. 델파이기법(Delphi method)은 전문가집단을 대상으로 대면의 토론을 반복해서 소통이 이루어지고 의견의 일치를 유도하는 기법이다.
> ㄴ. 브레인스토밍(Brainstorming)은 즉흥적이고 자유분방하게 다양하고 창의적인 아이디어를 얻기 위한 방법으로서, 집단 토의 과정에서 아이디어들에 대한 자유로운 비판과 평가를 거쳐 실현가능성이 있는 대안을 선택하는 방법이다.
> ㄷ. 표적집단면접기법(Focus group interview)은 훈련된 조사자가 소수의 응답자를 한 곳에 모아 관련된 주제에 대해 대화와 토론을 통해 정보를 수집하는 방법으로서, 일반화 가능성이 낮다는 단점이 있다.
> ㄹ. 지명반론자기법(Devil's advocate method)은 반론을 제기하는 집단을 지정해 이들이 고의적으로 본래 대안의 단점과 약점을 최대한 적극적으로 지적하게 함으로써 최종 대안의 효과성과 현실적 응성을 높일 수 있다.
> ㅁ. 명목집단기법(Nominal group technique)은 관련자들이 의사 결정에 대면으로 참여하여 아이디어를 제시하고, 모든 아이디어가 제시된 후 토론을 거치지 않고 바로 투표로 의사를 결정하는 기법이다.

① ㄱ, ㄴ
② ㄱ, ㅁ
③ ㄴ, ㄹ
④ ㄷ, ㄹ
⑤ ㄷ, ㅁ

15. 예산결정이론에 대한 설명으로 옳은 것은?

① 예산결정이론은 예산 배분의 경제적 측면을 강조하는 이론과 정치적 측면을 강조하는 이론으로 구분할 수 있는데, 전자는 점증적·단편적 접근이며 후자는 포괄적·분석적 접근이다.
② 총체주의 예산은 목표에 대한 사회적 합의가 도출되지 않은 경우에도 적용할 수 있다는 장점이 있다.
③ 점증주의 예산은 예산을 탄력적으로 활용하여 경기변동에 대응하는 재정정책적 기능을 수행할 수 있다.
④ 점증주의에 기반한 단절균형 모형은 급격한 변화나 단절을 겪은 이후 다시 균형을 지속한다는 예산모형으로 단절의 크기와 시점을 사전에 예측할 수 있다는 장점이 있다.
⑤ 루빈(Rubin)의 실시간 예산운영 모형에서 세입, 세출, 예산균형, 예산집행, 예산과정의 다섯 가지 의사결정 흐름은 서로 느슨하게 연계된 상호의존성을 가지고 있다.

16. 특별지방자치단체에 대한 설명으로 옳지 않은 것은?

① 2개 이상의 지방자치단체가 공동으로 특정한 목적을 위하여 광역적으로 사무를 처리할 필요가 있을 때 설치할 수 있다.
② 특별지방자치단체는 법인으로 한다.
③ 지방의회 의원은 특별지방자치단체의 의회 의원을 겸직할 수 없다.
④ 특별지방자치단체를 구성하는 지방자치단체(이하 '구성 지방자치단체'라고 함)는 상호 협의에 따른 규약을 정하여 구성 지방자치단체의 지방의회 의결을 거쳐 행정안전부장관의 승인을 받아야 한다.
⑤ 특별지방자치단체의 사무가 구성 지방자치단체 구역의 일부에만 관계되는 등 특별한 사정이 있을 때에는 해당 지방자치단체 구역의 일부만을 구역으로 할 수 있다.

17. 다음의 이론과 그 핵심적 특징의 연결이 옳은 것은 〈보기〉에서 모두 몇 개인가?

> ㄱ. 공공선택론 - 집권화, 민영화, 유연조직
> ㄴ. 신공공관리론 - 시장주의, 고객지향, 규제완화
> ㄷ. 뉴거버넌스론 - 공동체주의, 협력체제, 공동공급
> ㄹ. 사회자본론 - 형평성, 사회보장, 복지국가
> ㅁ. 신공공서비스론 - 사회봉사, 효율성, 방향잡기

① 1개 ② 2개
③ 3개 ④ 4개
⑤ 5개

18. 정책평가의 준실험 설계에 대한 설명으로 옳은 것은?

① 준실험 설계는 무작위에 의한 실험집단과 통제집단을 구성한다.
② 진실험 설계와 비교하여, 인위적 요소가 많지 않아 내적타당성이 높고 실험의 실현 가능성이 높은 편이다.
③ 실험집단을 다른 집단과 비교하거나, 시계열적인 방법으로 정책영향을 평가한다.
④ 준실험적 방법은 진실험적 방법의 약점인 선발효과와 성숙효과를 어느정도 해결할 수 있다.
⑤ 회귀불연속 설계는 정책의 시행 시점인 구분점에서 기울기와 절편이 모두 변화해야 장기적인 효과가 있다.

19. 정책의제 형성에 대한 설명으로 옳지 않은 것은?

① 동원형은 정책의제 형성의 주도자가 주로 정부 내부에 존재한다.
② 외부주도형은 주로 정부 외부에서 문제가 제기되어 확산되고 공중의제화 단계를 거쳐 정책의제가 형성된다.
③ 내부접근형은 정부 내 정책결정과정에 접근가능한 외부집단의 이익이 과도하게 대변될 수 있다.
④ 내부접근형과 동원형은 대중의 지지를 획득하기 위한 공중의제화 단계가 없다.
⑤ 외부주도형은 허쉬만(Hirschman)이 말하는 '강요된 정책문제'에 해당한다.

20. 우리나라의 예산에 대한 설명으로 옳은 것은?

① 국회는 예산안을 회계연도 개시 30일 전까지 의결해야 하며, 만일 새로운 회계연도 개시 전까지 의결하지 못할 경우 정부는 1개월 이내의 잠정예산을 집행하도록 되어 있다.
② 예산의 입법과목(장·관·항) 간 전용은 원칙적으로 허용되지 않지만, 미리 국회의 의결을 얻었을 때에는 기획재정부 장관의 승인을 얻어 전용할 수 있다.
③ 명시이월은 예산 성립 후 연도 내에 지출원인행위를 하고 불가피한 사유로 지출하지 못한 경비와 지출원인행위를 하지 아니한 그 부대 경비의 금액에 대한 이월을 말한다.
④ 추가경정예산은 정부가 예산안을 국회에 제출한 후 예산이 최종 의결되기 전 예산안의 일부를 변경하거나 증액하고자 할 때 편성하는 예산이다.
⑤ 조세지출이란 조세감면·비과세·세액공제·우대세율 적용 또는 과세 이연 등 조세특례에 따른 재정 지원을 의미하는 것으로서, 세제상의 특혜를 준 만큼의 합법적 세수 손실을 지칭한다.

21. 공무원 보수에 대한 설명으로 옳은 것은?

① 공무원의 보수는 기본급과 부가급을 포함하는 개념인데, 이 중 부가급은 보수체계의 유연성을 제고할 수 있으나 보수체계를 복잡하게 만드는 등 부정적인 측면이 있다.
② 생활급은 공무원과 그 가족의 생활을 보장하려는 목적을 지닌 속인적 급여이며, 경우에 따라서 직무급과 직능급을 포함하기도 한다.
③ 실적급은 직무의 상대적 가치를 기준으로 기본급을 결정하는 보수체계로, '동일직무에 대한 동일보수'의 원칙에 충실하여 보수의 공정성을 높일 수 있다.
④ 연공급은 공무원 개인의 연공을 기준으로 기본급을 결정하는 보수체계로, 주로 직위분류제를 채택하고 있는 국가에서 보수체계의 기초로 활용되고 있다.
⑤ 직능급은 직무수행능력을 기준으로 기본급을 결정하는 보수체계로, 주로 계급제를 채택하고 있는 국가에서 보수체계의 기초로 활용되고 있다.

22. 행정현상의 접근방법에 대한 설명으로 옳은 것은?
   ① 생태론적 접근방법의 대표적 학자인 리그스(Riggs)는 행정에 영향을 미치는 환경적 요인으로 정치체제의 환경이 가장 중요하다고 보면서 선진국의 행정이 민주적 정치체제의 환경에 의해 발전되어 온 현상을 분석하는 데에 크게 기여했다.
   ② 행태론적 접근방법의 대표적 학자인 사이먼(Simon)은 행정인의 행태를 연구하는 데 있어서 객관적인 자연현상과 다르게 인간의 주관적 의식과 가치판단 현상을 분석 대상으로 삼아야 한다고 하였다.
   ③ 제도론적 접근방법은 전통적 제도주의와 신제도주의로 구분되는데, 전통적 제도주의는 행태주의에 대한 반발로서 사회적으로 형성된 제도가 개인의 행위를 지배한다고 보는데 반해, 신제도주의는 공식적 제도가 형성되는 과정에 분석의 초점을 맞춘다.
   ④ 현상학적 접근방법은 실증주의와 행태주의를 비판하는 입장으로서 인간의 주관적 관념, 의식 및 동기의 의미를 해석하고 가치평가적 연구를 할 수 있게 한다.
   ⑤ 포스트모더니티 접근방법은 인간의 주체성과 합리성, 진리기준의 절대성을 전제로 상상, 해체, 탈영역화, 타자성을 통해 전통적 관료제의 폐쇄성과 경직성을 극복하는 데에 기여하고 있다.

23. 조직이론에 대한 설명으로 옳은 것은?
   ① 고전적 조직이론은 인간관계론을 배경으로 성립된 조직관으로, 1930년대 완성된 정치·행정이원론과 행정관리론의 입장에서 행정을 규명하던 시기의 조직이론이다.
   ② 신고전적 조직이론은 조직 내의 기계적 능률을 강조하고 개방체제 또는 환경에 관심이 있는 환경유관론을 특징으로 한다.
   ③ 대리인이론에서는 주인과 대리인 모두 이기적인 존재라는 점과 주인과 대리인 간에는 정보의 대칭성이 있다는 점을 전제로 한다.
   ④ 상황론적 조직이론은 모든 상황에서 적용되는 유일 최선의 조직 구조나 관리 방법이 있다는 전제하에, 효과적인 조직구조나 관리 방법은 조직설계 등의 상황에 따라 달라지기 때문에 상황에 적합한 조직구조의 설계나 관리 방법을 찾아내고자 한다.
   ⑤ 자원의존이론은 조직과 환경의 관계에서 중요한 것은 조직에 의한 전략적 선택이며, 조직은 능동적으로 환경에 영향을 미치려고 한다는 것을 전제로 한다.

24. 예비타당성조사에 대한 설명으로 옳은 것은 〈보기〉에서 모두 몇 개인가?

   ㄱ. 예비타당성조사제도는 재정운영의 효율성을 제고하기 위해 1999년 김대중정부 때 도입된 제도로서, 건설공사가 포함된 사업만 대상으로 한다.
   ㄴ. 예비타당성조사는 총사업비가 500억 원 이상인 대규모 신규사업을 대상으로 국토교통부가 실시하고, 조사 결과를 토대로 기획재정부가 사업추진 여부를 결정한다.
   ㄷ. 예비타당성조사를 실시하는 경우 경제성 분석, 정책성 분석, 지역균형발전 분석을 반드시 실시해야 하고, 종합평가는 비용효과분석에 의해 이루어진다.
   ㄹ. 편익비용비율이 1보다 작아 경제성이 낮은 경우라도 정책성 분석이나 지역균형발전 분석 등을 통한 종합평가 결과에 의해 예비타당성조사를 통과할 수 있다.
   ㅁ. 「국가재정법」은 공공청사 신축 및 증축, 재난복구 지원사업, 지역균형발전사업 등 다양한 사업에 대해 예비타당성조사를 면제할 수 있도록 규정하고 있다.

① 1개　② 2개
③ 3개　④ 4개
⑤ 5개

25. 공공부문의 관료조직에 있어서 조직이 추구하는 실질적 목표가 하위단계의 수단적 목표로 대체되는 현상, 즉 목표의 대치가 발생하는 원인으로 옳지 않은 것만을 <보기>에서 모두 고르면?

> ㄱ. 공공부문이 갖고 있는 외부성의 문제로서, 외부의 정치적 환경에 의해 목표가 결정되는 현상이 나타나기 때문이다.
> ㄴ. 소수 간부에 대한 권력 집중과 지위 강화의 요구로 설명되는 '과두제의 철칙' 현상이 나타나기 때문이다.
> ㄷ. 공공성과 같은 추상적이고 무형적인 목표를 강조함으로써 측정가능성이 낮은 목표에 몰입되기 때문이다.
> ㄹ. 법령 자체에 대한 준수 여부를 중요시하여 규칙이나 절차에 집착하는 형식주의 현상이 나타나기 때문이다.
> ㅁ. 조직의 사회적 정당성을 확보하기 위해 기존 조직목표의 내용을 변화시키거나 다른 조직목표로 교체함으로써 조직의 존립 기반을 강화시키고자 하기 때문이다.

① ㄱ, ㄴ
② ㄱ, ㅁ
③ ㄴ, ㅁ
④ ㄱ, ㄷ, ㅁ
⑤ ㄴ, ㄷ, ㄹ

MEMO

신용한
행정학

합격으로 증명하는 1등 행정학

2023년도 제21회 8급 공개경쟁채용시험 문제

2교시

영어·행정법·행정학

o 응시번호 :

o 성　명 :

시험기간 및 향후일정 안내

- 시험 시간 : 16:20 ~ 17:45
- 정답 가안 발표 : 0000.00.00.(0) 00:00
- 정답 이의 제기 : 0000.00.00.(0) 00:00 ~ 00.(0) 00:00
- 필기시험 합격자 발표 : 0000.00.00.(0)

국회사무처

국회채용시스템 : http://gosi.assembly.go.kr

행정학

1. 엽관주의에 대한 설명으로 옳지 않은 것은?
   ① 선거에서 승리한 정당이 관직을 차지한다.
   ② 혈연, 학원, 지연 등 사적 인간관계를 반영하여 공무원을 선발한다.
   ③ 정당정치의 발달은 물론 행정의 민주화에 기여할 수 있다.
   ④ 행정의 전문성을 저하시킬 수 있다.
   ⑤ 펜들턴법(Pendleton Act)이 제정되면서 엽관주의에서 실적주의로 미국정부의 인사제도가 변하였다.

2. 다음 〈보기〉 중 부패의 접근법에 대한 설명으로 옳지 않은 것만을 모두 고르면?

   > ㄱ. 개인의 성격 및 독특한 습성과 윤리 문제가 부패와 밀접한 관련이 있다고 보는 입장은 도덕적 접근법에 따른 것이다.
   > ㄴ. 특정한 관습이나 경험적 습성과 같은 것이 부패를 조장한다고 보는 입장은 제도적 접근법에 따른 것이다.
   > ㄷ. 사회의 법과 제도상의 결함이나 이러한 것들에 대한 관리기구와 운영상의 문제들이 부패의 원인으로 작용한다고 보는 입장은 사회문화적 접근법에 따른 것이다.
   > ㄹ. 부패란 어느 하나의 변수에 의해 설명되는 것이 아니라 문화적 특성, 제도적 결함, 구조적 모순, 공무원의 부정적 행태 등 다양한 요인에 의해 복합적으로 나타난다는 입장은 체제론적 접근법에 따른 것이다.

   ① ㄱ, ㄴ
   ② ㄱ, ㄷ
   ③ ㄴ, ㄷ
   ④ ㄴ, ㄹ
   ⑤ ㄷ, ㄹ

3. 우리나라 고향사랑 기부금에 대한 설명으로 옳지 않은 것은?
   ① 지방자치단체는 해당 지방자치단체의 주민이 아닌 사람 또는 법인에 대해서만 고향사랑 기부금을 모금·접수할 수 있다.
   ② 지방자치단체는 고향사랑 기부금의 효율적인 관리·운용을 위하여 기금을 설치하여야 한다.
   ③ 고향사랑 기부금은 지방자치단체가 주민복리 증진 등의 용도로 사용하기 위한 재원을 마련하기 위한 것이다.
   ④ 지방자치단체는 현금, 고가의 귀금속 및 보석류를 답례품으로 제공하여서는 아니 된다.
   ⑤ 「고향사랑 기부금에 관한 법률」에 따른 고향사랑 기부금의 모금·접수 및 사용 등에 관하여는 「기부금품의 모집 및 사용에 관한 법률」을 적용하지 아니한다.

4. 다음 〈보기〉 중 시험의 요건에 대한 설명으로 옳지 않은 것만을 모두 고르면?

   > ㄱ. 구성타당성이란 결과의 측정을 위한 도구가 반복적인 측정에서 얼마나 일관성 있는 결과를 얻을 수 있는가에 대한 타당성이다.
   > ㄴ. 기준타당성이란 직무수행능력의 예측이 얼마나 정확한가에 대한 타당성이다.
   > ㄷ. 내용타당성이란 직무수행에 필요한 지식, 기술, 태도에 관한 요소를 제대로 측정할 수 있는가에 대한 타당성이다.
   > ㄹ. 종적 일관성이란 서로 다른 시점에서의 측정결과가 안정된 값을 가지는 것을 의미한다.
   > ㅁ. 시험의 신뢰성을 검증하는 방법으로 재시험법, 동질이형법, 이분법 등이 있다.

   ① ㄱ
   ② ㄱ, ㄴ
   ③ ㄱ, ㄹ
   ④ ㄴ, ㄷ, ㅁ
   ⑤ ㄷ, ㄹ, ㅁ

5. 목표관리(Management by Objective, MBO)에 대한 설명으로 옳지 않은 것은?
   ① 상급자와 하급자 간 상호협의를 통해 일정 기간 달성해야 할 구체적인 업무목표를 설정한다.
   ② 결과지향적 관리전략으로, X이론적 인간관에 기초한다.
   ③ 계급과 서열을 근거로 위계적으로 운영되는 조직문화에서는 제도 도입의 효과가 크지 않다.
   ④ 목표달성과정의 자율성과 성과에 따른 보상과 환류를 특징으로 한다.
   ⑤ 양적 평가는 가능하나 질적 평가에는 한계가 있다.

6. 조직유형에 대한 설명으로 옳지 않은 것은?
   ① 동태적인 조직은 경직된 계층적 관계보다 자율성을 높일 수 있는 유기적인 관계를 강조한다.
   ② 프로젝트팀은 특별한 임무를 수행하기 위해 일시적으로 구성된 조직 형태이다.
   ③ 매트릭스 조직은 기능구조와 생산구조를 조합한 것으로, 생산부서의 특정기능을 담당하는 구성원은 생산부서의 상관과 기능부서의 상관으로부터 동시에 지시를 받는다.
   ④ 태스크포스는 관련 부서들을 종적으로 연결시켜 여러 부서가 관련된 현안 문제를 해결하는 데 효과적인 조직 유형이다.
   ⑤ 애드호크라시 조직은 수평적 분화가 강한 반면 수직적 분화는 약하다.

7. 특별지방행정기관에 대한 설명으로 옳지 않은 것은?
   ① 특별지방행정기관의 소속 공무원은 지방공무원이기 때문에 상급기관과의 인사이동에 장벽이 있다.
   ② 특별지방행정기관은 광역 단위 지방청 아래 소속기관들을 두는 중층 구조를 가진 경우가 많다.
   ③ 특별지방행정기관은 중앙의 통제를 받다 보니 지방자치단체에 비해 주민의 요구에 대한 대응이 둔감하다.
   ④ 행정서비스의 특성에 따른 적정수준의 광역행정을 실현하기 위하여 특별지방행정기관의 설치가 필요하다.
   ⑤ 「지방자치분권 및 지역균형발전에 관한 특별법」에 따르면 국가는 특별지방행정기관이 수행하고 있는 사무 중 지방자치단체가 수행하는 것이 더 효율적인 사무는 지방자치단체가 담당하도록 하여야 한다.

8. 다음 〈보기〉의 설명과 행정이론을 바르게 연결한 것은?

   ㄱ. 정치행정일원론적 성격을 지닌다.
   ㄴ. 행정관료를 다양한 이해관계의 조정자로 생각한다.
   ㄷ. 민주적 참여를 통해 정부에 대한 신뢰를 높일 수 있다.
   ㄹ. 성과에 대한 책임성을 통해 시민에 대한 대응성을 강조한다.
   ㅁ. 공공부문의 효율성 제고를 위해 시장원리인 경쟁을 적극 활용한다.

   ① 신공공관리론 - ㄱ, ㄴ
   ② 신공공관리론 - ㄴ, ㅁ
   ③ 신공공관리론 - ㄷ, ㄹ
   ④ 뉴거버넌스론 - ㄱ, ㄹ
   ⑤ 뉴거버넌스론 - ㄴ, ㄷ

9. 동기이론에 대한 설명으로 옳지 않은 것은?
   ① 브룸(V. Vroom)은 욕구충족과 직무수행 간의 직접적인 관련성에 대해 의문을 제기하였다.
   ② 앨더퍼(C. Alderfer)는 매슬로우(A. Maslow)와 달리 상위 욕구가 좌절될 경우 하위 욕구를 강조하게 되는 하향적 접근의 가능성을 제시하였다.
   ③ 로크(E. Locke)는 달성하기 쉽고 단순한 목표, 적절한 환류와 보상, 경쟁 등의 상황이 동기부여에 효과적이라고 보았다.
   ④ 맥그리거(D. McGregor)는 매슬로우(A. Maslow)의 욕구계층 이론을 토대로 인간의 본질에 관한 기본 가정을 두 가지로 구분하였다.
   ⑤ 애덤스(J. Adams)는 개인의 행위는 타인과의 비교를 통하여 공정성을 실현하는 방향으로 동기가 부여된다고 주장하였다.

10. 행정이론에 대한 설명으로 옳지 않은 것은?
   ① 제퍼슨(T. Jefferson)은 엄격한 법적 및 헌법적 제한을 통해 최고관리자와 관료의 책임성을 확보해야 한다고 주장하였다.
   ② 비담(D. Beetham)은 관료제 모형을 정의적, 규범적, 설명적인 것으로 분류하고, 베버(M. Weber)의 관료제 이론을 정의적 모형에 포함시켰다.
   ③ 윌슨(W. Wilson)은 「행정연구(The Study of Administration)」라는 논문을 통해 행정의 탈정치화를 제안하였다.
   ④ 테일러(F. Taylor)는 관리의 지도원리로 계획, 표준화, 능률화 등을 제시하였다.
   ⑤ 오스본(D. Osborne)과 게블러(T. Gaebler)의 「정부재창조론」은 레이건(R. Reagan) 행정부 '정부재창조운동'의 이론적 기초가 되었다.

11. 공식조직과 비공식조직에 대한 설명으로 옳지 않은 것은?
   ① 비공식조직은 공식조직을 전제하지 않고 독립적으로 구성된다.
   ② 비공식조직은 사적인 인간관계를 토대로 형성되는 조직이다.
   ③ 공식조직은 조직 자체의 목표달성을 우선시하는 반면, 비공식 조직은 조직구성원의 욕구충족을 우선시한다.
   ④ 비공식조직은 공식조직의 경직성 완화, 업무 능률성 증대 등에 기여할 수 있다.
   ⑤ 비공식조직 간 적대감정이 생기면 조직 내 기능마비 현상이 나타날 수 있다.

12. 다음 〈보기〉 중 성과주의 예산제도의 장점으로 옳은 것만을 모두 고르면?

   ㄱ. 예산심의가 용이하다.
   ㄴ. 정책목표의 설정이 용이하다.
   ㄷ. 예산과 사업의 연계가 용이하다.
   ㄹ. 업무측정단위를 선정하기 용이하다.
   ㅁ. 품목별 예산제도에 비해 사업 관리가 용이하다.
   ㅂ. 현금주의를 택하고 있는 조직에서 운영하기 용이하다.

   ① ㄱ, ㄴ, ㄷ
   ② ㄱ, ㄷ, ㅁ
   ③ ㄴ, ㄹ, ㅁ
   ④ ㄷ, ㅁ, ㅂ
   ⑤ ㄹ, ㅁ, ㅂ

13. 다음 〈보기〉에서 설명하는 정책결정모형으로 가장 적절한 것은?

   이 모형은 수요와 공급의 관점에서 정부정책을 검토하는데, 정부가 공공재의 공급자이고 시민들은 수요자가 된다. 시민의 편익을 극대화할 수 있는 서비스의 공급과 생산은 공공 부문의 시장 경제화를 통해 가능하다는 것이다. 독점적 정부관료제는 정부실패를 가져오기 때문에 시민 개개인의 선호와 선택을 존중하고 경쟁을 통해 서비스를 생산하고 공급하게 함으로써 행정의 대응성을 높일 수 있다는 것이다. 관료이기주의를 방지하기 위해 외부계약(contracting-out), 민영화, 정부부처 간 경쟁 등과 같은 시장 원리를 관료제에 적용시켜야 한다는 것도 이러한 맥락에서 나오는 것이다.

   ① 혼합주사모형
   ② 만족모형
   ③ 회사모형
   ④ 공공선택모형
   ⑤ 합리모형

14. 다음 〈보기〉 중 우리나라 전자정부에 대한 설명으로 옳지 않은 것만을 모두 고르면?

   ㄱ. 전자정부란 정보기술을 활용하여 행정기관 상호 간 행정업무 및 국민에 대한 행정업무를 효율적으로 수행하는 정부이다.
   ㄴ. 전자정부는 행정이념 중에서 효율성과 민주성을 중요시한다.
   ㄷ. 행정기관등의 장은 전자정부의 구현·운영 및 발전을 위하여 5년마다 전자정부기본계획을 수립하여야 한다.
   ㄹ. 디지털예산회계시스템(dBrain)과 전자조달시스템(나라장터)은 업무재설계(Business Process Reengineering)를 통해 프로세스 중심으로 업무를 재설계하고 정보시스템화한 것으로 평가할 수 있다.
   ㅁ. 전자정부의 경계는 국가기관, 지방자치단체, 공공기관으로 한정된다.

   ① ㄱ, ㄷ
   ② ㄴ, ㄷ
   ③ ㄷ, ㅁ
   ④ ㄹ, ㅁ
   ⑤ ㄷ, ㄹ, ㅁ

15. 우리나라 주민참여예산제도에 대한 설명으로 옳지 않은 것은?
   ① 주민참여예산은 재정민주주의를 강화하는 방안 중 하나이다.
   ②「지방재정법」은 예산과정의 주민 참여 범위를 예산편성으로 제한하고 있다.
   ③ 주민참여예산제도의 구체적인 내용은 각 지방자치단체의 조례로 정하도록 하고 있다.
   ④ 예산의 심의, 결산의 승인 등 지방의회의 의결사항은 주민참여 예산의 관여 범위가 아니다.
   ⑤ 주민참여예산제도의 운영을 위하여 지방자치단체장의 소속으로 주민참여예산기구를 들 수 있다.

16. 화이트(R. White)와 리피트(R. Lippitt)의 리더십 유형에 대한 설명으로 옳지 않은 것은?
   ① 행태론적 접근방식에 기반하여 리더십 유형을 분류한다.
   ② 권위형은 의사결정권이 리더에게 집중되어 있으며, 직무수행에 중심을 두는 유형이다.
   ③ 자유방임형은 구성원들에게 자유재량을 최대한도로 인정하는 유형이다.
   ④ 화이트(R. White)와 리피트(R. Lippitt)의 실험결과에 따르면 민주형, 자유방임형, 권위형 순으로 피험자들이 선호했다.
   ⑤ 민주형 참여와 토의를 강조하는 유형으로서, 정책문제와 절차는 집단적으로 결정된다.

17. 다음 〈보기〉 중「지방자치법」에서 규정하는 지방자치단체의 사무에 해당하는 것만을 모두 고르면?

   > ㄱ. 국제교류 및 협력에 관한 사무
   > ㄴ. 교육·체육·문화·예술의 진흥에 관한 사무
   > ㄷ. 농산물·임산물·축산물·수산물 및 양곡의 수급조절에 관한 사무
   > ㄹ. 지역개발과 자연환경보전 및 생활환경시설의 설치·관리에 관한 사무
   > ㅁ. 지역민방위 및 지방소방에 관한 사무

   ① ㅁ
   ② ㄹ, ㅁ
   ③ ㄱ, ㄴ, ㄷ
   ④ ㄱ, ㄷ, ㄹ
   ⑤ ㄱ, ㄴ, ㄹ, ㅁ

18. 정책현상에 대한 설명으로 옳지 않은 것은?
   ① 규제정책은 국가 공권력을 통해 관계 당사자의 순응을 확보하기 때문에 행정권의 남용의 가능성이 높다.
   ② 다원주의 정치와 조합주의 정치보다 엘리트 중심의 정치에서 편견의 동원(mobilization of bias)이 나타날 가능성이 더 크다.
   ③ 정책결정과정에서 규제정책의 경우 분배정책보다 나눠먹기(pork-barrel)나 담합(log-rolling) 현상이 발생하기 쉽다.
   ④ 합리모형은 분석적 접근방법에 가깝고, 점증모형은 경험적 접근방법에 가깝다.
   ⑤ 무의사결정(non-decision making)은 정책집행과정에서도 발생할 수 있다.

19. 정부개입을 정당화하는 근거에 대한 설명으로 옳지 않은 것은?
   ① 정부규제는 수행과정에서 경제주체들 간의 이해관계를 변화시키는 경우가 많아 소득재분배 효과를 낳을 수 있다.
   ② 외부성이 존재하는 경우 자원이 효율적으로 배분될 수 있도록 사회적 비용 혹은 사회적 편익을 내부화할 필요성이 있다.
   ③ 자유시장이 자원배분에 효율적이더라도 국가의 윤리적·도덕적 판단을 강조하는 비가치재(demerit goods) 관점에서 정부규제가 정당화 될 수 있다.
   ④ 코즈의 정리(Coase's Theorem)가 내세운 전제조건과는 달리 자발적 거래에 필요한 완벽한 정보는 존재하기 어려우며, 거래비용 역시 발생할 수 있다.
   ⑤ 정부는 개인이나 기업에게 제한된 공공재화를 배분하거나 경제행위를 할 수 있는 인허가 권한을 내줌으로써 지대추구행위를 막을 수 있다.

20. 비용편익분석에 대한 설명으로 옳지 않은 것은?
   ① 총체적 예산결정 시 대안 탐색에 사용된다.
   ② 내부수익률은 편익-비용비율을 1로 만드는 할인율이다.
   ③ 공공사업의 분배적 효과를 감안한 타당성 평가를 하기 위해 소득계층별로 다른 분배가중치(distributional weight)를 적용해 계층별 순편익을 조정할 수 있다.
   ④ 사업의 기간이 길어질수록 현재가치는 커진다.
   ⑤ 현실에서는 비용편익분석을 하는 과정에서 의도적인 왜곡평가를 하려는 유인이 강하게 존재하기 때문에 객관적으로 타당한 결과를 얻기 어려울 수 있다.

21. 영기준 예산제도(Zero Based Budget, ZBB)에 대한 설명으로 옳지 않은 것은?
   ① 사업의 우선순위를 설정할 때 의사결정자들의 주관적 판단이 개입될 여지가 있다.
   ② 과거연도의 예산지출을 고려하지 않는다.
   ③ 동일 사업에 대해 예산배분 수준별로 예산이 편성된다.
   ④ 계속사업의 예산이 점증적으로 증가하는 과정에서 발생하는 비효율을 개선한다.
   ⑤ 인건비나 임대료 등 경직성 경비의 비중이 높은 사업에 특히 효과적이다.

22. 공익에 대한 설명으로 옳지 않은 것은?
   ① 공익 실체설은 공익 과정설의 주장을 행정의 정당성과 통합성을 확보하기 위한 상징적 수사로 간주한다.
   ② 적법절차의 준수에 의한 공익의 보장은 공익 과정설에 가깝다.
   ③ 기초주의(foundationalism) 인식론은 공익 실체설에 가깝다.
   ④ 공공재의 존재와 공유지 비극의 문제는 공익 실체설의 근거가 될 수 있다.
   ⑤ 다원적 민주주의에 나타나는 이익집단 사이의 상호조정 과정에 의한 정책결정은 공익 과정설에 가깝다.

23. 공무원 교육훈련제도의 발전 방향에 대한 설명으로 옳지 않은 것은?
   ① 공직 역량 계발을 촉진하는 자발적인 학습조직으로 전환해야 한다.
   ② 교수(teaching) 중심 체제로의 전환과 함께 현장 체험식 교육 훈련을 추가해야 한다.
   ③ 직무수행의 전문성을 높이기 위해서 분야별 전문교육을 강화해야 한다.
   ④ 교육훈련에 대한 다면적 평가를 통해 교육효과성 평가와 환류 체제를 확립해야 한다.
   ⑤ 교육훈련에 대한 저항을 줄이기 위해 교육훈련계획 수립 시 피훈련자, 관리자, 감독자 등의 의견을 충분히 반영해야 한다.

24. 우리나라 예산제도에 대한 설명으로 옳지 않은 것은?
   ① 「국회법」에 따르면 예산결산특별위원회는 소관 상임위원회의 예비심사 내용을 존중하여야 하며, 소관 상임위원회에서 삭감한 세출예산 각 항의 금액을 증가하게 하거나 새 비목을 설치할 경우에는 소관 상임위원회의 동의를 받아야 한다.
   ② 「국가재정법」에 따르면 기획재정부장관은 예산배정요구서에 따라 분기별 예산배정계획을 작성하여 국무회의의 심의를 거친 후 대통령의 승인을 얻어야 한다.
   ③ 예산편성-예산심의·의결-예산집행-예산결산으로 이루어진 예산주기는 1년이다.
   ④ 국가재정운용계획은 다년간의 재정수요와 가용재원을 예측하여 거시적 관점에서 기획과 예산을 연계함으로써 합리적으로 자원을 배분하기 위한 제도로서 연동계획(rolling plan)으로 작성된다.
   ⑤ 예산이 효력을 갖는 일정기간을 회계연도(fiscal year)라 한다.

25. 대표관료제(Representative Bureaucracy)에 대한 설명으로 옳지 않은 것은?
   ① 개인의 출신 및 성장배경, 사회화 과정 등에 의해 개인의 주관적 책무성이 형성된다고 본다.
   ② 대표관료제는 현대사회의 구조적 문제로 인한 기회의 불평등을 해소하고자 하는 노력이다.
   ③ 대표관료제는 소극적 대표가 자동적으로 적극적 대표를 보장한다는 가정에서 출발한다.
   ④ 대표관료제는 실적주의 원칙에 기반하여 행정능률성을 제고한다.
   ⑤ 정부 관료의 증원에 있어서 다양한 집단을 참여시킴으로써 정부 관료제의 민주화에 기여할 수 있다.

2022년도 제20회 8급 공개경쟁채용시험 문제

2교시

영어·행정법·행정학

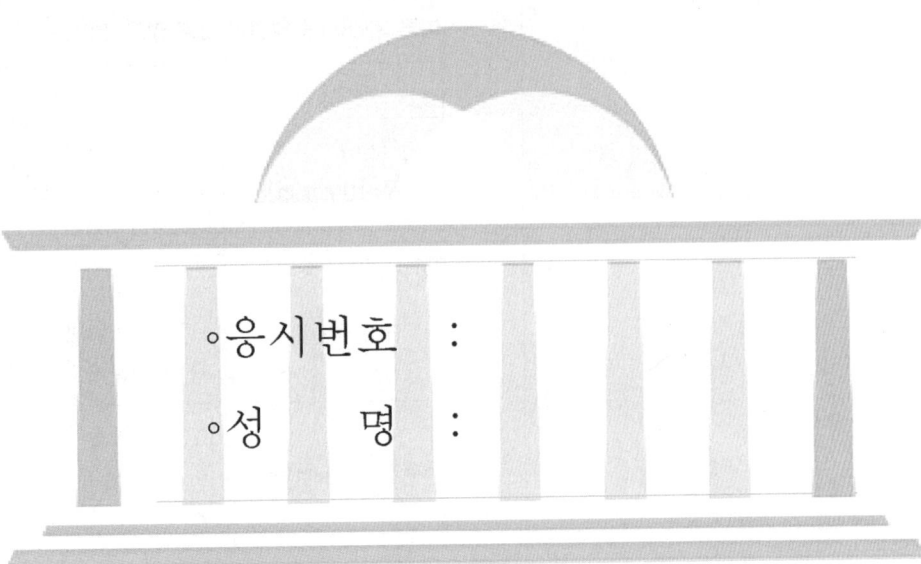

○응시번호 :

○성 명 :

시험기간 및 향후일정 안내

❖ 시험 시간 : 16:20 ~ 17:45
❖ 정답 가안 발표 : 0000.00.00.(0) 00:00
❖ 정답 이의 제기 : 0000.00.00.(0) 00:00 ~ 00.(0) 00:00
❖ 필기시험 합격자 발표 : 0000.00.00.(0)

국 회 사 무 처

국회채용시스템 : http://gosi.assembly.go.kr

행정학

1. 행정가치에 대한 설명으로 옳은 것만을 〈보기〉에서 모두 고르면?

   ㄱ. 공익의 과정설은 집단이기주의의 폐단이 발생할 수 있다는 한계가 있다.
   ㄴ. 롤스(J. Rawls)의 사회정의 원칙에 따르면, 기회균등의 원리와 차등의 원리가 충돌할 때 기회균등의 원리가 차등의 원리에 우선한다.
   ㄷ. 공익의 실체설은 현실주의 혹은 개인주의적으로 공익 개념을 주장한다.
   ㄹ. 롤스(J. Rawls)의 정의관은 자유방임주의에 의거한 전통적 자유주의와 생산수단의 사회적 소유를 주장하는 사회주의의 양극단을 지향한다.

   ① ㄱ, ㄴ
   ② ㄱ, ㄷ
   ③ ㄴ, ㄷ
   ④ ㄱ, ㄴ, ㄹ
   ⑤ ㄱ, ㄷ, ㄹ

2. 셍게(P. Senge)가 제시한 학습조직(Learning Organization) 구축을 위한 다섯 가지 방법에 해당하지 않는 것은?
   ① 조직이 달성하고자 하는 목표, 가치 등에 관한 비전 공유가 필요하다
   ② 공동학습을 통해 지식을 공유하고 토론을 활성화하는 집단학습이 필요하다.
   ③ 개인의 전문지식 습득 노력을 통한 자기완성이 필요하다.
   ④ 조직에 대한 종합적·동태적 이해를 위해 시스템적 사고가 필요하다.
   ⑤ 학습효과를 극대화하기 위해 관리자의 리더십이 필요하다.

3. 현금주의 회계방식과 발생주의 회계방식에 대한 설명으로 옳은 것은?
   ① 현금주의 회계방식은 재정상태표에 해당하며, 발생주의 회계방식은 재정운영표에 해당한다.
   ② 현금주의 회계방식은 정보의 적시성을 확보할 수 있으며, 발생주의 회계방식은 회계처리의 객관성 확보에 용이하다.
   ③ 현금주의 회계방식은 재정 건전성 확보가 가능하며, 발생주의 회계방식은 이해와 통제가 용이하다.
   ④ 현금주의 회계방식은 의회통제를 회피하기 위해 악용될 가능성이 있으며, 발생주의 회계방식 또한 의회통제와는 거리가 있다.
   ⑤ 현금주의 회계방식은 화폐자산과 차입금을 측정대상으로 하며, 발생주의 회계방식은 재무자원, 비재무자원을 포함한 모든 경제자원을 측정대상으로 한다.

4. 다음 표는 던(W. Dunn)이 분류한 정책대안 예측유형과 그에 따른 기법이다. 분류가 옳지 않은 것만을 모두 고르면?

예측유형	기법
투사(Project)	ㄱ. 시계열 분석 ㄴ. 최소자승 경향 추정 ㄷ. 경로분석
예견(Predict)	ㄹ. 선형기획법 ㅁ. 자료전환법 ㅂ. 회귀분석
추정(Conjecture)	ㅅ. 격변예측기법 ㅇ. 정책 델파이 ㅈ. 교차영향분석

   ① ㄱ, ㄹ, ㅁ
   ② ㄴ, ㄷ, ㅈ
   ③ ㄴ, ㄹ, ㅇ
   ④ ㄷ, ㅁ, ㅅ
   ⑤ ㄷ, ㅂ, ㅇ

5. 공무원 노동조합에 대한 설명으로 옳은 것은?
   ① 노동조합과 그 조합원은 정치활동이 허용된다.
   ② 6급 이하의 일반직 공무원만 노동조합에 가입할 수 있다.
   ③ 퇴직공무원도 노동조합에 가입할 수 있다.
   ④ 소방공무원과 교원은 노동조합 가입이 허용되지 않는다.
   ⑤ 교정·수사 등에 관한 업무에 종사하는 공무원은 노동조합에 가입할 수 있다.

6. 비용효과분석에 대한 설명으로 옳은 것은?
   ① 모든 관련 요소를 공통의 가치 단위로 측정한다.
   ② 경제적 합리성과 정책대안의 효과성을 강조한다.
   ③ 시장가격에 대한 의존도가 낮으므로 민간부문의 사업 대안 분석에 적용가능성이 낮다.
   ④ 외부효과의 무형적 가치 분석에 적합하지 않다.
   ⑤ 변동하는 비용과 효과의 문제 분석에 활용한다.

7. 오스본(D. Osborne)과 개블러(T. Gaebler)의 저서「정부재창조론」에서 제시된 정부 운영의 원리에 대한 설명으로 옳은 것은?
   ① 정부의 새로운 역할로 종래의 방향잡기보다는 노젓기를 강조한다.
   ② 규칙 및 역할 중심 관리방식에서 사명 지향적 관리방식으로 전환되어야 함을 강조한다.
   ③ 예방적 정부보다는 치료 중심적 정부로 바뀌어야 함을 강조한다.
   ④ 행정서비스 제공에 경쟁 개념을 도입하기보다는 독점적 공급을 강조한다.
   ⑤ 주민에게 권한을 부여하기보다는 서비스를 제공하는 방향으로 전환되어야 함을 강조한다.

8. 정책지지연합모형(Advocacy Coalition Framework)에 대한 설명으로 옳은 것은?
   ① 신념체계와 정책변화는 정책지향적 학습에 의해서만 가능하다고 가정한다.
   ② 정책변화의 과정과 정책지향적 학습의 역할을 이해하려면 단기보다는 5년 정도의 중기 기간이 필요하다고 전제한다.
   ③ 정책변화를 분석하기 위한 분석단위로 정책하위체제를 설정한다.
   ④ 하향식 접근법의 분석단위를 채택하여 공공 및 민간 분야까지 확장하면서 행위자들의 전략적 행위를 검토한다.
   ⑤ 정책행위자가 강한 정책신념을 가지고 있다고 간주하므로 정책행위자의 신념을 변경시키는 데에 있어 과학적, 기술적인 정보는 중요한 역할을 담당하지 못한다고 가정한다.

9. 〈보기〉의 내용을 미국 행정학의 발달과정 순서대로 나열한 것은?

   (가) 행정조직의 공식적 측면을 강조한 행정관리학파의 원리 제시
   (나) 신공공관리론의 등장
   (다) 행정과학의 적실성에 대한 논쟁
   (라) 거버넌스 이론의 유행
   (마) 가치문제를 중시하는 신행정론의 등장
   (바) 비교행정론과 발전행정론의 등장

   ① (가) - (다) - (바) - (마) - (나) - (라)
   ② (가) - (마) - (바) - (라) - (다) - (나)
   ③ (가) - (바) - (마) - (다) - (나) - (라)
   ④ (마) - (가) - (바) - (나) - (다) - (라)
   ⑤ (마) - (라) - (바) - (가) - (다) - (나)

10. 균형성과표(Balanced Score Card)를 활용한 성과관리에 대한 설명으로 옳지 않은 것은?
    ① 결과에 초점을 둔 재무지표 방식의 성과관리에 대한 대안으로 개발되었다.
    ② 성과관리를 위한 단기적 관점과 장기적 관점의 균형을 중시한다.
    ③ 고객관점의 성과지표로 고객만족도, 민원인의 불만율 등을 제시한다.
    ④ 재무적 관점은 전통적인 선행 성과지표이다.
    ⑤ 성과에 대한 조직구성원 간의 커뮤니케이션 도구로 사용할 수 있다.

11. 계급제의 특징에 대한 설명으로 옳은 것은?
    ① 업무 분담과 직무분석으로 합리적인 정원관리 및 사무관리에 유리하다.
    ② 계급에 따른 권한과 책임의 명확화를 통해 전문화되고 체계적인 조직관리가 가능하다.
    ③ 동일 직무에 대한 동일 보수의 원칙에 따르는 직무급 제도를 통해 합리적인 보수체계를 확립할 수 있다.
    ④ 직무의 종류·책임도·곤란도에 따라 공직을 분류하므로 시험·임용·승진·전직을 위한 기준을 제공해 줄 수 있다.
    ⑤ 담당할 직무와 관계없이 인사배치를 할 수 있어 인사배치의 신축성·융통성을 기할 수 있다.

12. 현행 「지방자치법」에 근거하는 제도에 해당하지 않는 것은?
    ① 주민참여예산제   ② 주민투표제
    ③ 주민감사청구제   ④ 주민소송제
    ⑤ 주민소환제

13. 조직이론의 주요 학자와 주장을 바르게 연결한 것은?
    ① 테일러(F. Taylor)는 조직의 생산성과 능률성을 향상시키기 위해 관리자의 직관에 따를 것을 강조하였다.
    ② 페이욜(H. Fayol)은 최고관리자의 관점에서 14가지 조직 관리의 원칙을 제시하였다.
    ③ 귤릭(L. Gulick)이 제시한 최고관리자의 기능 중에는 협력(coopreration)이 포함된다.
    ④ 베버(M. Weber)는 근대관료제가 카리스마적 지배를 받는다고 주장하였다.
    ⑤ 메이요(E. Mayo)의 호손(Hawthorne)실험은 공식조직의 중요성을 강조하였다.

14. 피터스(B. Guy Peters)가 제시한 시장 모형의 구조 개혁 방안으로 옳은 것은?
    ① 계층제
    ② 분권화
    ③ 평면조직
    ④ 가상조직
    ⑤ 기업가적 정부

15. 윌슨(James Q. Wilson)의 규제정치이론에 따를 때, 규제의 감지된 편익은 소수에게 집중되는 반면, 감지된 비용은 다수에게 분산되는 유형에 해당하는 것은?
    ① 대중정치
    ② 이익집단정치
    ③ 과두정치
    ④ 고객정치
    ⑤ 기업가적정치

16. 동기부여 이론가와 주장을 바르게 연결한 것은?
    ① 맥클랜드(D. McCelland) - 동기의 강도는 행동이 일정한 결과로 이어진다는 기대감과 결과에 대한 선호의 정도에 달려 있다.
    ② 맥그리거(D. McGregor) - X이론은 주로 상위욕구를, Y이론은 주로 하위욕구를 중요시하는 것이다.
    ③ 매슬로우(A. Maslow) - 인간의 욕구는 생리적 욕구, 소속의 욕구, 안전의 욕구, 존경에 대한 욕구, 자아실현의 욕구의 순서에 따라 유발된다.
    ④ 허즈버그(F. Herzberg) - 조직구성원에게 불만족을 주는 동기요인과 만족을 주는 위생요인이 각각 별개로 존재한다.
    ⑤ 앨더퍼(C. Alderfer) - 매슬로우의 욕구계층이론을 수정하여 인간의 욕구를 생존(존재), 관계, 성장의 3단계로 구분한다.

17. 우리나라 예산에 대한 설명으로 옳은 것은?
    ① 세입세출예산은 일반회계와 특별회계 및 기금으로 구분한다.
    ② 국회의 예산에 예비금을 두며 국회의장이 이를 관리한다.
    ③ 세입예산은 관·항·목으로 구분한다.
    ④ 특별회계는 국가가 특정한 목적을 위해 특정한 자금을 신축적으로 운영하기 위해 법률로써 설치한다.
    ⑤ 국회에 예산안이 제출되면 상임위원회 회의에서 정부의 시정연설이 이루어진다.

18. 국세에 해당하는 것만을 〈보기〉에서 모두 고르면?

    | ㄱ. 증여세 | ㄴ. 취득세 |
    | ㄷ. 담배소비세 | ㄹ. 농어촌특별세 |
    | ㅁ. 레저세 | ㅂ. 재산세 |
    | ㅅ. 등록면허세 | ㅇ. 종합부동산세 |

    ① ㄱ, ㄷ, ㅂ   ② ㄱ, ㄹ, ㅇ
    ③ ㄴ, ㄹ, ㅁ   ④ ㄴ, ㅁ, ㅂ
    ⑤ ㄷ, ㅅ, ㅇ

19. 지방자치단체장의 권한 및 기능에 해당하지 않는 것은?
① 지방의회에 조례안을 제출할 수 있다.
② 교육기관을 설치 이전 및 폐지할 수 있다.
③ 조례나 규칙으로 정하는 바에 따라 그 권한에 속하는 사무의 일부를 보조기관 등에 위임할 수 있다.
④ 법령 또는 조례의 범위에서 그 권한에 속하는 사무에 관하여 규칙을 제정할 수 있다.
⑤ 주민에게 과도한 부담을 주거나 중대한 영향을 미치는 지방자치단체의 주요 결정사항 등에 대하여 주민투표에 부칠 수 있다.

20. 티부(C. Tiebout)모형의 가정으로 옳지 않은 것은?
① 지방정부의 재원에 국고보조금은 포함되지 않아야 한다.
② 지방정부의 공공서비스에 외부효과가 발생하지 않아야 한다.
③ 고용기회와 관련된 제약조건은 거주지 의사결정에 왜곡을 초래 할 수 있으므로 고려하지 않아야 한다.
④ 개인은 자신의 선호에 따라 다른 지방정부의 지역으로 자유롭게 이주할 수 있어야 한다.
⑤ 소수의 대규모 지방자치단체가 존재해야 한다.

21. 「책임운영기관의 설치·운영에 관한 법률」의 내용으로 옳지 않은 것은?
① 행정안전부장관은 5년 단위로 책임운영기관의 관리 및 운영 전반에 관한 중기관리계획을 수립한다.
② 중앙책임운영기관의 장의 임기는 2년으로 하되, 한 차례만 연임할 수 있다.
③ 소속책임운영기관에는 소속 기관을 둘 수 없다.
④ 중앙책임운영기관의 장은 고위공무원단에 속하는 공무원을 제외한 소속 공무원에 대한 일체의 임용권을 가진다.
⑤ 책임운영기관운영위원회는 위원장 및 부위원장 각 1명을 포함한 15명 이내의 위원으로 구성한다.

22. 다음 사례에서 최대최솟값(Maximin) 기준에 의한 대안과 그에 따른 이득의 크기는?

K시는 복합시민센터의 이용수요를 향상시킬 목적으로 리모델링을 진행하고자 한다. 시민의 이용수요 상황에 따른 각 대안의 이득에 대한 표는 다음과 같다.

대안\상황	S1 (수요 낮음)	S2 (수요 보통)	S3 (수요 높음)
A1(소규모)	15	20	50
A2(중규모)	20	40	80
A3(대규모)	10	70	100

	대안	이득의 크기
①	A1	15
②	A1	50
③	A2	20
④	A2	80
⑤	A3	100

23. 교육훈련 방식에 대한 설명으로 옳은 것만을 <보기>에서 모두 고르면?

ㄱ. 멘토링은 조직 내 핵심 인재의 육성과 지식 이전, 구성원들 간의 학습활동을 촉진할 수 있는 방법으로, 조직 내 업무 역량을 조기에 배양할 수 있다.
ㄴ. 학습조직은 암묵적 지식으로 관리되던 조직의 내부 역량을 체계적으로 관리하는 방법으로, 조직설계 기준 제시가 용이하다.
ㄷ. 액션러닝은 참여와 성과 중심의 교육훈련을 지향하는 방법으로, 현장에서 발생하는 현안 문제를 가지고 자율적 학습 또는 전문가의 지원을 받아 구체적인 문제 해결 방안을 모색한다.
ㄹ. 워크아웃 프로그램은 전 구성원의 자발적 참여에 의한 행정혁신을 추진하는 방법으로, 관리자의 의사결정과 문제 해결이 지연되는 한계가 있다.

① ㄱ, ㄴ
② ㄱ, ㄷ
③ ㄱ, ㄹ
④ ㄴ, ㄷ
⑤ ㄴ, ㄹ

24. 시장실패와 정부실패에 대한 설명으로 옳지 않은 것은?
   ① 시장은 배타성과 경쟁성을 모두 갖지 않는 재화를 충분히 공급하기 어렵다.
   ② 정부는 시장 활동이 초래하는 환경오염과 같은 부정적 외부효과를 막기 위해 규제 등의 수단을 가지고 시장에 개입한다.
   ③ 공유지의 비극은 개인의 합리적인 행동으로 인해 공동자원이 훼손되는 현상을 설명하는 용어이다.
   ④ 관료의 외부성은 관료가 부서의 확장에만 집착하는 것을 의미한다.
   ⑤ 정부의 독점적인 공공서비스 공급은 경쟁의 부재로 인해 생산성이 낮아져 정부실패를 초래할 수 있다.

25. 예산과 재정운영제도에 대한 설명으로 옳지 않은 것은?
   ① 국회는 국가재정운용계획과 예산안을 함께 심의하여 확정한다.
   ② 총액배분·자율편성제도는 정부가 사전에 설정한 지출한도에 맞추어 각 중앙부처가 예산을 편성하는 것을 의미한다.
   ③ 프로그램예산제도는 유사 정책을 시행하는 사업의 묶음인 프로그램별로 예산을 편성하는 제도로 우리나라의 경우 중앙정부와 지방정부 모두 도입하고 있다.
   ④ 기획재정부장관은 예비타당성조사의 결과를 국회 소관 상임위원회와 예산결산특별위원회에 제출하여야 한다.
   ⑤ 정부는 예산이 온실가스 감축에 미칠 영향을 미리 분석한 보고서를 작성하여야 한다.

2021년도 제19회 8급 공개경쟁채용시험 문제

2교시

영어·행정법·행정학

○ 응시번호 :
○ 성   명 :

시험기간 및 향후일정 안내
❖ 시험 시간 : 16:20 ~ 17:45
❖ 정답 가안 발표 : 0000.00.00.(0) 00:00
❖ 정답 이의 제기 : 0000.00.00.(0) 00:00 ~ 00.(0) 00:00
❖ 필기시험 합격자 발표 : 0000.00.00.(0)

국회사무처

국회채용시스템 : http://gosi.assembly.go.kr

행 정 학

1. 우리나라의 공무원 징계에 대한 설명으로 옳지 않은 것은?
   ① 견책은 잘못된 행동에 대하여 훈계하고 회개토록 하는 것으로 6개월간 승진과 승급이 제한되는 효력을 가진다.
   ② 감봉은 보수의 불이익을 받는 것으로 1개월 이상 3개월 이하의 기간 동안 보수액의 2/3을 감한다.
   ③ 강등은 직급을 내리고 공무원신분은 보유하나 3개월간 직무에 종사하지 못하며 그 기간 중 보수의 전액을 감한다.
   ④ 해임은 강제퇴직의 한 종류로서 3년간 재임용자격이 제한된다.
   ⑤ 파면은 공무원신분을 완전히 잃는 것으로 5년간 재임용자격이 제한된다.

2. 지방재정조정제도에 대한 설명으로 옳은 것은?
   ① 교부세의 재원에는 내국세 총액의 19.24%, 종합부동산세 총액, 담배에 부과하는 개별소비세 총액의 45%가 포함된다.
   ② 부동산교부세는 지방교부세 중 가장 최근에 신설되었다.
   ③ 소방안전교부세는 담배소비세 총액의 100분의 20을 재원으로 하였으나 2020년 100분의 40으로 상향조정되었다.
   ④ 특별교부세는 그 교부 주체가 기획재정부장관으로 통합·일원화되었다.
   ⑤ 국고보조금은 지정된 사업목적 이외의 용도로 사용할 수 있는 재원이다.

3. 다음 사례에서 정책평가의 내적 타당도를 위협하는 요인은?

   지방정부 A시는 최근 일정 나이의 청년들에게 월마다 일정 금액을 지급하는 청년소득 정책을 실시하였다. 청년소득 지급이 청년들의 고용에 어떤 영향을 미치는지 알아보기 위해 청년소득 정책 실시 전후 대상자들의 고용현황을 측정하고 비교해서 그 차이를 청년소득의 효과라고 해석하려고 한다. 그런데 두 측정시점 사이에 경기불황이라는 상황이 발생하였다.

   ① 호손효과
   ② 검사요인
   ③ 역사적 요인
   ④ 회귀인공요인
   ⑤ 오염효과

4. 정부 예산에 대한 이론 중 다중합리성 모형을 설명하고 있는 것은?
   ① 예산 혹은 정책과정의 각 단계에 영향을 미치는 합리성은 경제적 측면뿐 아니라 정치·사회·법적 측면에서 다양한 형태로 존재한다. 따라서 관료들은 예산주기의 다양한 시점에서 단계별로 적용하는 합리적 기준에 따라 서로 다른 형태의 의사결정을 한다.
   ② 예산재원의 배분 형태가 항상 일정하게 유지되는 것이 아니라 특정 사건이나 상황에 따라 균형 상태에서 급격한 변화를 경험한 이후 다시 합리적 균형을 지속하게 된다.
   ③ 예산 배분 문제를 해결하기 위한 모형을 구성하고 이에 기초해서 최적의 해결방안을 모색한다. 이를 위해 우선 문제를 확인하고 목표를 설정하며 가능한 모든 대안을 탐색한다.
   ④ 예산 결정은 전체적인 혹은 종합적인 관점이 아니라 전년도 대비 일정 규모의 증가에 그치는 부분에 대한 분석이 중요하다고 본다.
   ⑤ 관료를 공익을 대변하는 합리적 대리인이 아니라 자신의 효용을 극대화하는 이기적 합리성을 따르는 경제적 주체로 본다.

5. 4차 산업혁명으로 인한 행정 변화로 옳지 않은 것은?
① ICT기술의 발달로 투명하고 효율적인 정부가 운영된다.
② 대규모 정보에 대한 분석으로 정책의 예측가능성이 높아지게 된다.
③ 정보 및 분석기술의 발달로 의사결정의 분권화가 촉진될 수 있다.
④ 정보의 공개와 유통으로 간접민주주의가 활성화되고 시민중심의 서비스가 제공된다.
⑤ 행정서비스의 종합적 제공을 위한 플랫폼 중심의 서비스가 발달한다.

6. 공직윤리에 대한 설명으로 옳은 것은?
① 품위 유지의 의무와 영리업무 및 겸직금지는 「공직자윤리법」에 규정되어 있다.
② 재산등록의무자였던 퇴직공직자는 퇴직 전 5년 동안 소속하였던 부서 또는 기관의 업무와 밀접한 관련성이 있는 기관에 퇴직일로부터 5년간 취업이 제한된다.
③ 육군 소장과 강원도 소방정감은 「공직자윤리법」상 재산공개의무가 있다.
④ 「부정청탁 및 금품 등 수수의 금지에 관한 법률 시행령」상 사립학교 교직원의 외부강의 사례금 상한액은 시간당 50만원이다.
⑤ 총경 이상의 경찰공무원과 경기도의 교육장은 「공직자윤리법」상 재산등록의무가 있다.

7. 공공기관 경영평가제도에 대한 설명으로 옳지 않은 것은?
① 「공공기관의 운영에 관한 법률」에 근거하여 공공기관 경영평가를 실시한다.
② 공공기관심의위원회가 공공기관 경영평가에 관한 심의·의결기구의 역할을 수행한다.
③ 공공기관 경영평가는 기획재정부장관이 실시하고, 지방공기업 경영평가는 행정안전부장관이 실시한다.
④ 공공기관 경영평가결과에 따라 민영화 대상 공기업이 결정되지 아니한다.
⑤ 공공기관 경영평가의 주요지표로서 경영전략 및 리더십, 사회적 가치 구현, 조직·인사·재무관리, 혁신과 소통 등이 포함된다.

8. 행정학의 접근 방법에 대한 설명으로 옳지 않은 것은?
① 공공선택론은 국가의 역할을 지나치게 경시하고, 개인의 기득권을 유지하기 위한 보수주의적 접근에 불과하다는 비판이 있다.
② 후기행태주의 접근 방법은 가치중립적인 과학적 연구보다는 가치평가적인 정책연구를 지향한다.
③ 비교행정 연구모형을 제시한 리그스(Riggs)의 연구는 행정 현상을 자연, 사회, 문화적 환경과 관련지어 이해하는 생태론적 접근으로 볼 수 있다.
④ 신제도론은 외생변수로 다루어져 오던 정책 혹은 행정 환경을 내생변수와 같이 직접적인 분석 대상에 포함시켰다.
⑤ 체제론적 접근 방법은 권력, 의사전달, 정책결정의 문제와 행정의 가치문제를 중시한다.

9. 광역행정의 방식 중에서 법인격을 갖춘 새 기관을 설립하는 방식만을 〈보기〉에서 모두 고르면?

〈보 기〉
ㄱ. 사무위탁
ㄴ. 행정협의회
ㄷ. 지방자치단체 조합
ㄹ. 연합
ㅁ. 합병

① ㄱ, ㄷ
② ㄴ, ㄹ
③ ㄷ, ㄹ
④ ㄷ, ㅁ
⑤ ㄹ, ㅁ

10. 공공서비스 공급주체와 그 사례의 연결로 옳은 것만을 〈보기〉에서 모두 고르면?

〈보 기〉
ㄱ. 책임운영기관 – 국립의료원
ㄴ. 준시장형 공기업 – 한국관광공사
ㄷ. 위탁집행형 준정부기관 – 근로복지공단
ㄹ. 시장형 공기업 – 한국철도공사
ㅁ. 정부기업 – 우정사업본부

① ㄱ, ㅁ
② ㄴ, ㄹ
③ ㄱ, ㄴ, ㅁ
④ ㄴ, ㄷ, ㄹ
⑤ ㄷ, ㄹ, ㅁ

11. 립스키(Lipsky)의 일선관료제론에 대한 설명으로 옳지 않은 것은?
   ① 일선관료의 업무환경에서 모호하고 대립된 기대는 일선관료들의 집행성과에 대한 기대 중 비현실적이거나 상호갈등을 일으키는 것이다.
   ② 일선관료는 일반 시민들과 끊임없이 상호작용하는 업무를 담당하고 있으며 상당한 자율성과 재량권을 가지고 있다.
   ③ 육체적·신체적 위협에 대처하기 위한 메커니즘으로는 '잠재적 공격자'의 특징을 사전에 정의함으로써 집행현장의 의사결정을 단순화하는 방법이 있다.
   ④ 일선관료는 시간과 정보·기술적인 지원 등 업무수행에 필요한 자원이 불충분하기 때문에 체계적이고 계획적인 집행을 하게 된다.
   ⑤ 부족한 자원에 대처하는 가장 쉬운 방법은 '지름길'을 택함으로써 시간을 절약하고 정책대상집단과의 갈등이나 결정에 대한 심리적 불안을 피하는 것이다.

12. 다음 글의 (㉠)에 해당하는 것은?

   > 톰슨(Thomson)의 이론에 따르면, (㉠)의 경우 단위부서들 사이의 과업은 관련성이 거의 없으며 각 부서는 조직의 공동목표에 독립적으로 공헌하게 된다. 이러한 (㉠)은 주로 중개형 기술을 활용하는 조직에서 나타나는데 부서들이 과업을 독자적으로 수행하면서 서비스를 제공하므로 단위작업간의 조정 필요성이 크지 않다. (㉠)이 있는 경우 부서간 의사소통의 빈도가 상대적으로 낮아 관리자들은 부서간 조정을 위해 표준화된 절차와 규칙 등을 많이 사용하게 된다.

   ① 교호적 상호의존성(reciprocal interdependence)
   ② 연속적 상호의존성(sequential interdependence)
   ③ 집합적 상호의존성(pooled interdependence)
   ④ 과업의 상호의존성(task interdependence)
   ⑤ 공동의 상호의존성(common interdependence)

13. 애드호크라시(adhocracy)에 대한 설명으로 옳지 않은 것은?
   ① 업무수행자가 복잡한 환경에 탄력적으로 대응하도록 하기 위해서 업무수행방식을 법규나 지침으로 경직화시키지 않는다.
   ② 전문성이 강한 전문인들로 구성되기 때문에 업무의 동질성이 높다.
   ③ 수평적 분화의 정도는 높은 반면, 수직적 분화의 정도는 낮다.
   ④ 태스크포스는 특수한 과업완수를 목표로 기존의 서로 다른 부서에서 사람들을 선발하여 구성한 팀으로 본래 목적이 달성되면 해체되는 임시조직이다.
   ⑤ 네트워크 조직은 핵심 기능을 수행하는 소규모의 조직을 중심에 놓고 다수의 협력업체들을 네트워크로 묶어 일을 수행하는 조직으로 협력업체들은 하위조직이 아니며 별도의 독립된 조직들이다.

14. 우리나라에서 채택하고 있는 주민참여제도에 대한 설명으로 옳지 않은 것은?
   ① 주민발안제도를 통해 주민들이 지방자치단체의 조례의 제정 및 개·폐를 지방자치단체의 의회에게 청구할 수 있다.
   ② 지방자치단체장, 지방의회의원에 대한 주민소환제도는 임기 만료 1년 미만일 때는 청구할 수 없다.
   ③ 주민들이 지방자치단체의 주요 현안을 직접 결정하기 위해서 주민투표의 실시를 청구할 수 있다.
   ④ 지방자치단체의 재무행위가 위법하다고 인정되는 경우에 주민들은 자신의 권익에 침해가 없는 경우에도 주민소송을 청구할 수 있다.
   ⑤ 주민참여예산제도는 「지방재정법」상 지방자치단체의 의무이므로, 주민참여예산제도를 통해 수렴된 주민의 의견은 예산에 반영되어야만 한다.

15. 다음 상황을 설명하는 정책의제설정모형은?

> 새마을운동은 우리나라의 발전에 크게 기여한 사회정책으로 평가 받는다. 새마을운동은 국가의 주도로 진행되었다는 점에서 비판을 받기도 하지만, 국민들이 가난에서 벗어날 수 있다는 의식을 갖게 하고, 노력하도록 자극을 줬다는 점에서는 긍정적인 평가를 받는다.

① 동원형 정책의제 설정
② 내부접근형 정책의제 설정
③ 외부주도형 정책의제 설정
④ 굳히기형 정책의제 설정
⑤ 대중인식형 정책의제 설정

16. 결산에 대한 설명으로 옳지 않은 것은?

① 정부는 집행실적, 성평등 효과분석 및 평가 등을 포함한 성인지 결산서를 작성하여야 한다.
② 각 중앙관서의 장은 회계연도마다 작성한 결산보고서를 다음 연도 2월 말일까지 기획재정부장관에게 제출하여야 한다.
③ 국회의 사무총장은 회계연도마다 예비금사용명세서를 작성하여 다음 연도 2월말까지 기획재정부장관에게 제출하여야 한다.
④ 기획재정부장관은 회계연도마다 작성하여 대통령의 승인을 받은 국가결산보고서를 다음 연도 4월 20일까지 감사원에 제출하여야 한다.
⑤ 감사원은 제출된 국가결산보고서를 검사하고 그 보고서를 다음연도 5월 20일까지 기획재정부장관에게 송부하여야 한다.

17. 신공공서비스론에 대한 설명으로 옳지 않은 것만을 <보기>에서 모두 고르면?

<보기>

ㄱ. 공무원이 반응해야 하는 대상을 고객과 유권자 집단으로 본다.
ㄴ. 책임성 확보의 방법으로 개인이익의 총합을 통해 시민 또는 고객집단에게 바람직한 결과를 창출하는 방법을 추구한다.
ㄷ. 행정재량의 필요성을 인정하지만 제약과 책임이 수반되어야 한다고 본다.
ㄹ. 공익의 개념은 공유 가치에 대한 담론의 결과이다.
ㅁ. 공무원의 동기를 유발하는 수단은 정부규모를 축소하려는 이데올로기적 욕구와 사회봉사이다.

① ㄱ, ㄴ, ㄹ
② ㄱ, ㄴ, ㅁ
③ ㄴ, ㄷ, ㄹ
④ ㄴ, ㄹ, ㅁ
⑤ ㄷ, ㄹ, ㅁ

18. 우리나라 국회의 입법과정에 대한 설명으로 옳지 않은 것은?

① 각 중앙행정기관의 장은 해당 연도의 입법수요를 파악하여 입법의 필요성, 내용 요지, 추진일정 등을 포함한 입법계획을 수립하여 전년도 11월 30일까지 법제처장에게 제출하여야 한다.
② 국회의원이 정부예산 지출을 수반하는 법안을 발의할 때 재원 확보 방안을 함께 제출하도록 의무화하는 '페이고(pay-go)' 법안이 발의되기도 한다.
③ 위원회의 심사를 거치거나 위원회가 제안하는 의안 중 정부조직에 관한 법률안, 조세 또는 국민에게 부담을 주는 법률안 등 주요의안에 대해서는 재적의원 4분의 1 이상의 요구가 있으면 의원 전원으로 구성되는 전원위원회를 개회할 수 있다.
④ 법률안 내용의 위헌 여부, 관련 법률과의 저촉 여부, 같은 법률 내의 조항 간 모순·충돌 유무는 법제사법위원회에서 심사하고, 법률의 형식을 정비하는 체계심사는 표결을 통과한 후 소관 위원회에서 심사한다.
⑤ 국회에서 의결된 법률안은 정부에 이송되어 15일 이내에 대통령이 공포하며, 법률안에 이의가 있을 때에는 대통령은 정부이송 후 15일 이내에 이의서를 붙여 국회로 환부하고, 그 재의를 요구할 수 있다.

19. 〈보기〉에서 우리나라의 공무원 임용제도에 대한 설명으로 옳지 않은 것은 모두 몇 개인가?

〈보 기〉

ㄱ. 공모직위는 공무원에게만 개방하며 민간인은 지원할 수 없다.
ㄴ. 개방형직위는 일반직을 대상으로 하며 특정직 및 별정직은 제외된다.
ㄷ. 중앙정부부처나 지방자치단체의 장은 소속기관의 개방형직위 지정범위에 관해 중앙인사기관의 장과 협의해야 한다.
ㄹ. 우리나라의 공무원 임용제도는 계급제를 기반으로 하며 부분적으로 직위분류제적 요소를 도입하고 있다.
ㅁ. 개방형직위에 임용되는 공무원의 임용기간은 다른 법령에 특별한 규정이 있는 경우를 제외하고는 최소한 3년 이상으로 하여야 한다.

① 1개 ② 2개
③ 3개 ④ 4개
⑤ 5개

20. 나카무라와 스몰우드(Nakamura & Smallwood)의 정책집행모형에 대한 설명으로 옳지 않은 것은?

① 고전적 기술관료형의 경우, 정책집행자가 정책을 집행하는 데 필요한 기술이 부족하거나 정책집행자가 정책목표를 지지하지 않을 때, 집행과정에서 문제가 발생한다.
② 지시적 위임형의 경우, 정책결정자가 정책목표를 달성하는 데 필요한 관리적 행위에 관한 권한들을 정책집행자에게 위임하기 때문에 정책집행자는 행정적 권한을 소유하고 있다.
③ 지시적 위임형의 경우, 정책집행자들을 정책수단을 결정할 수 있는 재량권을 가지고 있는데, 다수의 집행자가 참여하는 경우에는 어떠한 수단을 선택할 것인가에 대한 합의가 이루어져야 한다.
④ 협상형의 경우, 정책집행자들이 정책목표와 정책수단에 대해서 정책결정자와 협상을 하게 되고, 만약 정책결정집행자들이 정책결정자가 제시한 정책목표에 동의하지 않는다면, 불응 또는 불집행을 통하여 영향력을 행사할 수 있다.
⑤ 관료적 기업가형의 경우, 정책결정자가 정책의 구체적인 내용을 수립할 수 없기 때문에 정책집행자에게 광범위한 재량을 위임한다.

21. 우리나라 중앙예산부서의 재정관리 혁신에 대한 설명으로 옳지 않은 것은?

① 총사업비가 500억원 이상이고 국가재정 지원 규모가 300억원 이상인 신규사업 중 지능정보화사업은 예비타당성조사의 대상사업이 될 수 있다.
② 사회간접자본(SOC)에 대한 대규모 민간투자사업은 기획재정부가 결정한다.
③ 예산 절감이나 국가 수입 증대에 기여한 자에게 제공하는 예산성과금은 공무원뿐만 아니라 일반국민에게도 지급될 수 있다.
④ 총사업비가 500억원 이상인 토목사업과 총사업비가 200억원 이상인 건축사업은 총사업비 관리제도의 대상사업이 될 수 있다.
⑤ 기획재정부는 정부예산 및 기금의 불법지출에 대한 국민감시를 위한 예산낭비신고센터를 운영하고 있다.

22. 혼돈이론에 대한 설명으로 옳은 것만을 〈보기〉에서 모두 고르면?

〈보 기〉

ㄱ. 혼돈이론은 안정된 운동상태를 보이는 계(系)가 어떻게 혼돈상태로 바뀌는가를 설명하고, 또 혼돈상태에서 숨겨진 질서를 찾으려는 시도이다.
ㄴ. 혼돈이론에 의하면, 혼돈은 스스로 불규칙하게 변화할 뿐 아니라 미세한 초기조건의 차이가 점차 증폭되어 시간이 얼마간 지나면 완전히 다른 결과를 나타낸다.
ㄷ. 혼돈이론은 선형적 변화를 가정하며, 이는 뉴턴(Newton)의 운동법칙을 계승한 것이다.
ㄹ. 혼돈이론에서 설명하는 혼돈 속에서 질서를 찾는 과정은 자기 조직화(self-organizing)와 공진화(coevolution)이다.

① ㄱ, ㄴ ② ㄴ, ㄷ
③ ㄱ, ㄴ, ㄹ ④ ㄱ, ㄷ, ㄹ
⑤ ㄱ, ㄴ, ㄷ, ㄹ

23. 신제도주의에 대한 설명으로 옳은 것만을 〈보기〉에서 모두 고르면?

〈보 기〉

ㄱ. 사회학적 제도주의가 제도의 종단면적 측면을 중시하면서 국가 간의 차이를 강조한다면, 역사적 제도주의는 횡단면적으로 서로 다른 국가나 조직에서 어떻게 유사한 제도가 나타나는지에 관심을 갖는다.
ㄴ. 역사적 제도주의에 의하면, 제도는 환경의 변화가 크지 않으면 안정적인 균형상태를 유지하다가 외부의 충격을 겪으면서 근본적 변화를 경험하고 새로운 경로에서 다시 균형상태를 이루는 단절적 균형의 특성을 보인다.
ㄷ. 사회학적 제도주의에서는 개인이나 조직의 제도적 환경에 대한 적응력이 강조되고, 사회적으로 표준화된 규칙 또는 규범에 적절하게 순응하는 개인이나 조직은 사회로부터 정당성을 부여받는다.
ㄹ. 사회학적 제도주의 제도의 변화에서 개인의 역할을 인정하지 않고, 개인은 자신의 의도에 따라 제도를 만들거나 변화시킬 수 없으며 제도에 종속될 뿐이라고 본다.

① ㄱ, ㄴ
② ㄴ, ㄷ
③ ㄷ, ㄹ
④ ㄴ, ㄷ, ㄹ
⑤ ㄱ, ㄴ, ㄷ, ㄹ

24. 우리나라 예산집행 제도에 대한 설명으로 옳은 것만을 〈보기〉에서 모두 고르면?

〈보 기〉

ㄱ. 총괄예산제도는 예산집행의 신축성을 위한 제도이다.
ㄴ. 계속비는 사전승인의 원칙에 대한 예외로, 국가가 지출할 수 있는 연한은 원칙적으로 그 회계연도로부터 5년 이내이다.
ㄷ. 예비비는 일반회계 예산총액의 1/100 이내에서 계상할 수 있다.
ㄹ. 국고채무부담행위에는 차관, 국공채 등이 포함된다.

① ㄱ, ㄴ
② ㄱ, ㄷ
③ ㄱ, ㄷ, ㄹ
④ ㄴ, ㄷ, ㄹ
⑤ ㄱ, ㄴ, ㄷ, ㄹ

25. 정부 규제의 유형에 대한 설명으로 옳지 않은 것은?

① 관리규제에서는 정부가 제시한 성과 기준만 충족하면 되기 때문에 이를 달성하는 수단과 방법의 선택은 피규제자가 자유롭게 선택할 수 있으며, 수단규제에 비해 피규제자가 많은 자율성을 갖는다.
② 수단규제는 정부의 목표를 달성하기 위해 필요한 기술이나 행위에 대해 사전적으로 규제하는 것으로 투입규제라고도 한다.
③ 공동규제는 정부로부터 위임을 받은 민간잡단에 의해 이뤄지는 규제로 자율규제와 직접규제의 중간 성격을 띤다.
④ 자율규제는 개인과 기업 등 피규제자가 스스로 합의된 규범을 만들고 이를 구성원들에게 적용하는 형태의 규제이다.
⑤ 네거티브 규제 방식에서는 명시적으로 금지하는 것 이외의 모든 것을 자유로이 할 수 있다.

신용한 행정학

합격으로 증명하는 1등 행정학

2020년도 제18회 8급 공개경쟁채용시험 문제

2교시

영어·행정법·행정학

○응시번호 :
○성 명 :

시험기간 및 향후일정 안내

- 시험 시간 : 16:20 ~ 17:45
- 정답 가안 발표 : 0000.00.00.(0) 00:00
- 정답 이의 제기 : 0000.00.00.(0) 00:00 ~ 00.(0) 00:00
- 필기시험 합격자 발표 : 0000.00.00.(0)

국회사무처

국회채용시스템 : http://gosi.assembly.go.kr

행 정 학

1. 정부실패의 요인 중, 관료들이 자기 부서의 이익 혹은 자신의 사적 이익에 집착함으로써 공익을 훼손하게 되는 경우를 설명하는 개념은?
   ① 비용과 수입의 분리
   ② 내부성
   ③ X-비효율
   ④ 파생적 외부효과
   ⑤ 분배적 불공평

2. 조직구조에 대한 설명으로 옳지 않은 것은?
   ① 일반적으로 단순하고 반복적 직무일수록, 조직의 규모가 클수록 그리고 안정적인 조직환경일수록 공식화가 높아진다.
   ② 조직구조의 구성요소 중 집권화란 조직 내에 존재하는 활동이 분화되어 있는 정도를 말한다.
   ③ 지나친 전문화는 조직구성원을 기계화하고 비인간화시키며, 조직구성원 간의 조정을 어렵게 하는 단점이 있다.
   ④ 공식화의 정도가 높을수록 조직적응력은 떨어진다.
   ⑤ 유기적인 조직일수록 책임관계가 모호할 가능성이 크다.

3. 우리나라의 중앙행정기관 소속 책임운영기관에 대한 설명으로 옳은 것은?
   ① 「정부조직법」에 근거하여 설치 및 운영된다.
   ② 소속중앙행정기관의 장은 소속책임운영기관의 조직 및 운영에 관한 기본운영규정을 제정하여야 한다.
   ③ 기관장은 공개모집절차에 따라 5년 범위 내에서 임기제공무원으로 채용한다.
   ④ 기관장은 전 직원에 대한 임용권을 갖는다.
   ⑤ 계급별 정원은 4급 이상 공무원의 경우 대통령령으로, 5급 이하 공무원의 경우 부령으로 정한다.

4. 평정상의 착오에 대한 설명으로 옳은 것은?
   ① 연쇄적 착오(halo error)란 모호한 상황에 관해 부분적인 정보만을 받아들여 판단을 내리게 되는 데서 범하는 착오이다.
   ② 일관적 착오(systematic error)란 평정자의 평정기준이 다른 평정자보다 높거나 낮아 다른 평정자들보다 항상 박한 점수를 주거나, 후한 점수를 줄 때 발생하는 착오이다.
   ③ 유사성의 착오(stereotyping)란 평정자가 자신의 고정관념에 어긋나는 정보를 회피하거나, 정보를 고정관념에 부합되도록 왜곡시킬 때 발생하는 착오이다.
   ④ 근본적 귀속의 착오(fundamental attribution error)란 평정자가 어떤 사람이나 사물을 볼 때 그들이 속한 집단 또는 범주에 대한 고정관념에 비추어 지각함으로써 발생하는 착오이다.
   ⑤ 이기적 착오(self-servicing bias)란 타인의 실패·성공을 평가할 때 상황적 요인은 과소평가하고 개인적 요인은 과대평가하거나 그 반대인 경우 발생하는 착오이다.

5. 〈보기〉에서 설명하는 모형으로 옳은 것은?

   〈보 기〉
   이 모형은 한 조직, 특히 공공조직은 다양한 가치를 공유할 수밖에 없음에도 불구하고 기존 연구들이 조직문화를 단일 차원적으로 접근함으로써 갖게 되는 한계를 극복하기 위한 다중 차원적 접근방법 중 하나이다. 이 모형에 따르면, 조직문화의 유형은 두 가지 차원, 즉 내부 대 외부, 그리고 통제성 대 유연성을 기준으로 인간관계모형, 개방체제모형, 내부과정모형, 그리고 합리적 목표모형 등 네 가지로 구분된다.

   ① 조직문화창조모형
   ② 갈등·협상모형
   ③ 혼합주사모형
   ④ 경쟁가치모형
   ⑤ 하위정부모형

6. 갈등관리에 대한 설명으로 옳지 않은 것은?
   ① 갈등은 해결과정에서 조직의 문제해결능력, 창의력, 융통성 등이 향상되는 순기능도 있다.
   ② 관계갈등을 해결하기 위해서는 의사전달의 장애요소를 제거하고 직원 간 소통의 기회를 제공해 줄 필요가 있다.
   ③ 직무갈등을 해결하기 위해서는 조직의 자원 증대, 공식적 권한을 가진 상사의 명령 및 중재, 그리고 상호타협의 방법이 있을 수 있다.
   ④ 과정갈등은 상호 의사소통 증진이나 조직구조의 변경을 통하여 해결할 수 있다.
   ⑤ 갈등은 조직 구성원의 사기를 저하시키고 부서 간의 위화감을 조성할 수 있다.

7. 「인사혁신처 예규」상 탄력근무제에 해당하지 않는 것을 모두 고르면?

   ┌─────────────────┐
   │ ㄱ. 재택근무형   │
   │ ㄴ. 시차출퇴근형   │
   │ ㄷ. 스마트워크 근무형 │
   │ ㄹ. 근무시간선택형 │
   │ ㅁ. 집약근무형   │
   └─────────────────┘

   ① ㄱ, ㄴ
   ② ㄱ, ㄷ
   ③ ㄱ, ㄴ, ㄷ
   ④ ㄱ, ㄷ, ㄹ
   ⑤ ㄷ, ㄹ, ㅁ

8. 정부 간 관계이론에 대한 설명으로 옳지 않은 것은?
   ① 라이트(Wright)의 이론 중 중첩권위형은 중앙정부와 지방정부가 상호의존적인 관계를 맺고 있는 유형을 말하며 가장 이상적인 형태다.
   ② 던사이어(Dunsire)의 이론 중 하향식모형은 지방정부가 중앙정부에 전적으로 의존하는 유형을 말한다.
   ③ 엘코크(Elcock)의 이론 중 동반자모형은 지방정부가 중앙정부의 감독 및 지원 하에 국가정책을 집행하는 유형을 말한다.
   ④ 윌다브스키(Wildavsky)의 이론 중 갈등-합의 모형은 중앙정부와 지방정부의 관계가 인사와 재정상으로 완전하게 분리되어 서로 독립적·자치적으로 운영되는 유형을 말한다.
   ⑤ 무라마츠 미치오(村松岐夫)는 중앙정부와 지방정부 간의 관계를 수직적 통제모형과 수평적 경쟁모형으로 나눈다.

9. 우리나라 지방자치단체 상호 간의 관계에 대한 설명으로 옳지 않은 것은?
   ① 지방자치단체나 그 장은 소관 사무의 일부를 다른 지방자치단체나 그 장에게 위임하여 처리하게 할 수 있다.
   ② 2개 이상의 지방자치단체에 관련된 사무의 일부를 공동으로 처리하기 위하여 행정협의회를 구성할 수 있다.
   ③ 지방자치단체장 상호 간의 교류와 협력을 위하여 전국적 협의체를 설립할 수 있다.
   ④ 중앙행정기관장과 지방자치단체장이 사무를 처리함에 있어서 의견을 달리하는 경우 이를 협의·조정하기 위하여 국무총리 소속으로 행정협의조정위원회를 둔다.
   ⑤ 지방자치단체 조합의 사무 처리의 효과는 지방자치단체가 아닌 지방자치단체 조합에 귀속된다.

10. 「정부업무평가 기본법」상 평가결과의 환류 및 활용에 대한 설명으로 옳지 않은 것은?

① 행정안전부장관은 평가제도의 운영실태를 확인·점검하고, 그 결과에 따라 제도개선방안의 강구 등 필요한 조치를 할 수 있다.
② 중앙행정기관의 장은 평가결과를 다음 연도의 예산요구시 반영하여야 한다.
③ 기획재정부장관은 평가결과를 중앙행정기관의 다음 연도 예산편성시 반영하여야 한다.
④ 중앙행정기관의 장은 전년도 정책 등에 대한 자체평가 결과를 지체 없이 국회 소관 상임위원회에 보고하여야 한다.
⑤ 평가를 실시하는 기관의 장은 평가결과를 전자통합평가체계 및 인터넷 홈페이지 등을 통하여 공개하여야 한다.

11. 예산에 대한 설명으로 옳지 않은 것은?

① 정기국회 심의를 거쳐 확정된 최초 예산을 본예산 혹은 당초예산이라고 한다.
② 준예산 제도는 국회에서 예산안이 의결될 때까지 전년도 예산에 준해 집행할 권한을 정부에 부여하는 제도이다.
③ 예산이 성립되면 잠정예산은 그 유효기간이나 지출 잔액 유무에 관계없이 본예산에 흡수된다.
④ 적자예산으로 인한 재정적자는 국채발행, 한국은행으로부터의 차입, 해외차입 등으로 보전한다.
⑤ 수정예산은 예산성립 후에 발생한 사유로 인하여 필요한 경비의 과부족이 발생한 때 본예산에 수정을 가한 예산이다.

12. 우리나라 예산과정에 대한 설명으로 옳지 않은 것은?

① 국회사무총장은 예산요구서를 매년 5월 31일까지 기획재정부장관에게 제출해야 한다.
② 국회는 정부의 동의없이 정부가 제출한 지출예산 각 항의 금액을 증가하거나 새 비목을 설치할 수 없다.
③ 국회사무총장은 「국가회계법」에서 정하는 바에 따라 회계연도마다 작성한 결산보고서를 다음 연도 1월 31일까지 기획재정부장관에게 제출하여야 한다.
④ 정부가 국회에 제출하는 예산안에는 국고채무부담행위 설명서, 예산정원표와 예산안편성기준단가, 국유재산특례지출예산서를 포함하여야 한다.
⑤ 정부의 세입·세출에 대한 출납사무는 다음 연도 2월 10일까지 완결해야 한다.

13. 베버(Weber)가 주장했던 이념형 관료제의 특징으로 옳은 것만을 〈보기〉에서 모두 고르면?

〈보 기〉

ㄱ. 지도자 개인의 카리스마가 아니라 성문화된 법령이 조직 내 권위의 원천이 된다.
ㄴ. 엄격한 계서제에 따라 상대방의 지위를 고려하여 법규를 적용한다.
ㄷ. 관료는 업무 수행에 대한 대가로 정기적으로 일정한 보수를 받는다.
ㄹ. 모든 직무수행과 의사전달은 구두가 아니라 문서로 이루어지는 것이 원칙이다.
ㅁ. 권한은 사람이 아니라 직위에 부여되는 것이다.

① ㄱ, ㄴ
② ㄴ, ㅁ
③ ㄱ, ㄷ, ㄹ
④ ㄱ, ㄷ, ㄹ, ㅁ
⑤ ㄴ, ㄷ, ㄹ, ㅁ

14. 정책평가과정에서 효과가 크게 나타날 사람들만을 의도적으로 실험집단에 포함시킴으로써 실제보다 정책의 효과가 과대평가되는 경우를 설명하는 개념은?

① 선정효과
② 회귀효과
③ 오염효과
④ 크리밍 효과(creaming effect)
⑤ 대표효과

15. 지방자치단체가 수행하는 기관위임사무에 대한 설명으로 옳은 것은?

① 기관위임사무의 처리에 필요한 경비는 수임한 지방자치단체가 전액 부담한다.
② 상·하수도 설치 및 관리, 도시·군 계획사업의 시행, 소비자 보호 및 저축장려는 기관위임사무이다.
③ 기관위임사무는 지방자치단체의 장과 지방의회가 공동으로 수임 주체가 된다.
④ 지방자치단체가 그 권한에 속하는 사무의 일부를 소속 행정기관에 위임할 때는 개별적인 법령의 근거가 필요하지 않다.
⑤ 지방의회는 자치단체의 기관위임사무를 지휘할 수 있는 권한이 있다.

16. 우리나라 통합재정수지에 대한 설명으로 옳은 것은?

① 2009년 이전까지는 지방재정이 통합재정수지에 포함되지 않았지만, 현재는 지방재정의 일반회계, 기금, 교육특별회계까지 모두 통합재정수지에 포함된다.
② 통합재정수지를 통해 국가재정을 통합하여 관리할 수 있게 되어 예산운용의 신축성이 제고되었다.
③ 통합재정수지를 계산할 때 국민연금기금 등의 사회보장성 기금의 수지는 제외된다.
④ 통합재정수지는 정부가 실제 수행하고 있는 활동영역별 예산을 파악하기 위해 도입되었다.
⑤ 일반회계, 특별회계, 기금을 포괄한 정부 예산의 규모를 정확하게 파악하기 위한 것이다.

17. 우리나라의 전자정부에 대한 설명으로 옳지 않은 것은?

① 국회사무총장은 전자정부의 구현·운영 및 발전을 위하여 5년마다 전자정부기본계획을 수립하여야 한다.
② 국회입법조사처장은 5년마다 해당 기관의 전자정부의 구현·운영 및 발전을 위한 기본계획을 수립하여 국회사무총장에게 제출하여야 한다.
③ 전자정부기본계획에는 전자정부서비스의 제공 및 활용 촉진, 전자정부 구현을 위한 업무 재설계, 전자정부의 국제협력에 대한 내용이 포함되어야 한다.
④ 국회예산처장은 민원인이 첨부·제출하여야 하는 증명서류 등 구비 서류가 행정기관 등이 전자문서로 발급할 수 있는 문서인 경우 민원인이 관계 법령에서 정한 수수료를 냈을 때에만, 직접 그 구비 서류를 발급하는 기관으로부터 발급받아 업무를 처리할 수 있다.
⑤ "정보기술아키텍처"란 정보의 수집·가공·저장·검색·송신·수신 및 그 활용과 관련되는 기기와 소프트웨어의 조직화된 체계를 말한다.

18. 우리나라 공무원연금제도에 대한 설명으로 옳지 않은 것은?

① 공무원연금제도의 주무부처는 인사혁신처이며, 공무원연금기금은 공무원연금공단이 관리·운용한다.
② 공무원연금제도는 기금제를 채택하고 있다.
③ 공무원연금제도는 기여제를 채택하고 있다.
④ 기여금을 부담하는 재직기간은 최대 36년까지이다.
⑤ 퇴직수당은 공무원과 정부가 분담한다.

19. 징계위원회에서 징계위원 7명의 의견이 다음과 같다. 「공무원징계령」에 따를 때 결정된 징계 종류는?

위원 A: 파면	위원 B: 감봉
위원 C: 강등	위원 D: 해임
위원 E: 정직	위원 F: 해임
위원 G: 파면	

① 파면
② 해임
③ 정직
④ 강등
⑤ 감봉

20. 정책집행에 대한 설명으로 옳은 것은?
   ① 버만(Berman)의 적응적 집행이란 명확한 정책목표에 의거하여 다수의 참여자들이 협상과 타협을 통해 정책을 수정하고 구체화하면서 집행하는 것을 말한다.
   ② 엘모어(Elmore)의 전방향적 접근법은 정책결정자가 집행과정과 정책결정의 결과에 영향을 행사하고자 한다고 가정한 반면, 후방향적 접근법은 그렇지 않다고 가정한다.
   ③ 하향식 접근방법에는 공식적 정책목표가 중요한 변수로 취급받지 않으므로 이에 근거한 집행실적의 객관적 평가가 어렵다.
   ④ 나카무라와 스몰우드(Nakamura & Smallwood)의 정책집행모형 중 재량적 실험가형은 정책집행자들이 대부분의 권한을 갖고 정책과정 전반에 영향력을 행사하면서 실질적인 정책결정 및 집행과정을 주도한다고 본다.
   ⑤ 엘모어(Elmore)는 통합모형에서 정책결정자들이 정책설계단계에서는 하향적으로 정책목표를 결정하고, 정책수단을 강구할 때에는 상향적 접근법을 수용하여 가장 집행가능성이 높은 수단을 선택해야 한다고 주장한다.

21. 「정부조직법」상 우리나라 정부조직 체계에 대한 설명으로 옳은 것만을 〈보기〉에서 모두 고르면?

   ─── 〈보 기〉 ───
   ㄱ. 행정기관에는 그 소관사무의 일부를 독립하여 수행할 필요가 있는 때에는 법률로 정하는 바에 따라 행정위원회 등 합의제 행정기관을 둘 수 있다.
   ㄴ. 과학기술정보통신부·문화체육관광부에는 차관 2명을 둔다.
   ㄷ. 행정각부의 장은 국무위원이다.
   ㄹ. 각 부(部) 밑에 처(處)를 둔다.
   ㅁ. 각 위원회 밑에 청(廳)을 둔다.

   ① ㄱ, ㄹ
   ② ㄱ, ㄴ, ㄷ
   ③ ㄱ, ㄴ, ㅁ
   ④ ㄴ, ㄷ, ㅁ
   ⑤ ㄷ, ㄹ, ㅁ

22. 우리나라 공무원 노동조합에 대한 설명으로 옳지 않은 것은?
   ① 공무원 노동조합 활동을 전담하는 전임자는 인정되지 않는다.
   ② 공무원 노동조합은 고용노동부장관에게 설립신고를 하여야 한다.
   ③ 공무원 노동조합은 2개 이상의 단위에 걸치는 노동조합이나 그 연합단체도 허용하고 있다.
   ④ 단체교섭의 대상은 조합원의 보수·복지, 그 밖의 근무조건 등에 관한 사항이다.
   ⑤ 5급 이상의 일반직공무원은 공무원 노동조합에 가입할 수 없다.

23. 우리나라 지방재정에 대한 설명으로 옳지 않은 것은?
   ① 중앙관서의 장은 그 소관 사무로서 지방자치단체의 경비부담을 수반하는 사무에 관한 법령을 제정하거나 개정하려면 미리 행정안전부장관의 의견을 들어야 한다.
   ② 지방자치단체의 장은 이미 성립된 예산을 변경할 필요가 있을 때에는 추가경정예산을 편성할 수 있다.
   ③ 국가는 정책상 필요하다고 인정할 때 또는 지방자치단체의 재정 사정상 특히 필요하다고 인정할 때에는 예산의 범위에서 지방자치단체에 교부금을 지급할 수 있다.
   ④ 지방자치단체의 장은 대통령령으로 정하는 바에 따라 각 정책사업 내의 예산액 범위에서 각 단위사업 또는 목의 금액을 전용할 수 있다.
   ⑤ 행정안전부장관은 지방자치단체가 소속 공무원의 인건비를 30일 이상 지급하지 못한 경우 해당 지방자치단체를 긴급재정관리단체로 지정할 수 있다.

24. 우리나라 참여예산제도에 대한 설명으로 옳은 것만을 〈보기〉에서 모두 고르면?

〈보기〉
ㄱ. 국민참여예산제도는 2019년도 예산편성부터 시행되었다.
ㄴ. 국민참여예산제도에서 각 부처는 소관 국민제안사업에 대한 적격성 점검을 실시하고 기획재정부, 국민참여예산지원협의회와 협의하여 최종적으로 사업예산편성 여부를 결정한다.
ㄷ. 지방자치단체는 주민참여예산제도의 운영에 대한 평가를 실시한다.
ㄹ. 주민참여예산제도의 구체적인 내용은 대통령령으로 정한다.

① ㄱ, ㄴ
② ㄱ, ㄷ
③ ㄴ, ㄷ
④ ㄴ, ㄹ
⑤ ㄷ, ㄹ

25. 우리나라 예산제도에 대한 설명으로 옳은 것은?
① 예산 재배정은 기획재정부장관이 중앙관서의 장에게 예산을 배분하는 것을 말한다.
② 각 중앙관서의 장은 천재지변 등 불가피한 사유가 발생한 경우 당초 예산에 계상되지 않았다고 하여도, 예산의 목적범위 안에서 재난구호 사업을 추진하기 위하여 예산을 전용할 수 있다.
③ 초·중등 교육시설의 신·증축사업이나 문화재 복원사업은 예비타당성조사 대상에서 제외될 수 없다.
④ 총사업비 관리제도란 완성에 2년 이상 소요되는 일정 규모 이상의 대규모사업에 대하여 기획재정부장관과 사전에 협의하게 하는 것이다.
⑤ 채무의 이행에 대한 국가의 보증을 받고자 하는 채무자 또는 채권자는 기획재정부장관의 의견을 받아야 한다.

경찰간부후보생

2025년 경찰간부후보생 …… 183

2024년 경찰간부후보생 …… 193

2023년 경찰간부후보생 …… 203

2022년 경찰간부후보생 …… 211

2021년 경찰간부후보생 …… 219

신용한 행정학

합격으로 증명하는 1등 행정학

2025년도 경찰간부후보생(제74기) 공개경쟁선발시험

2교시

- 객관식 [분야별 필수] -

목 차

〈과목(1)〉
【행 정 학】 (일반) ·· 0
【형사소송법】 (세무회계, 사이버) ························· 0

〈과목(2)〉
【경찰학개론】 (일반) ·· 0
【세 법 개 론】 (세무회계) ······································· 0
【정보보호론】 (사이버) ··· 0

응시자 유의사항

응시자는 답안 작성 시 반드시 과목 순서에 맞추어 표기하여야 하며, 과목 순서를 바꾸어 표기한 경우에도 과목 순서대로 채점되므로 유의하시기 바랍니다.

※ 시험이 시작되기 전까지 표지를 넘기지 마십시오.

경찰대학

경찰대학 : http://www.police.ac.kr   원서접수사이트 : http://gosi.police.go.kr

1. 행정과 행정학에 대한 설명 중 가장 옳지 않은 것은?
   ① 행정학의 기원과 관련 있는 패러다임은 정치·행정이원론이다.
   ② 관리과학 중심의 전통행정학은 공정과 평등(fairness & equality)을 중시하는 경영학과 유사하다.
   ③ 1945년 2차 세계대전 이후 행정과 행정학의 범위는 확대되었다.
   ④ 윌슨(W. Wilson)은 「행정연구(The Study of Administration)」에서 행정과 경영의 유사성을 강조했다.

2. 행정가치에 대한 설명으로 옳은 것을 모두 고른 것은?

   가. 과정설에서 인식하는 공익은 사익의 총합이거나 사익 간 타협 또는 집단 간 상호작용의 산물이라고 본다.
   나. 롤스(Rawls) 정의의 제1원리는 불우한 사람들의 편익을 최대화해야 한다는 것이다.
   다. 합법성은 법치행정을 의미하며 공무원 행위의 정당성을 가르는 기반이다.
   라. 디목(Dimock)의 사회적 효율성은 과학적 관리론에 입각한 기계적 효율관을 비판한다.

   ① 가, 나
   ② 가, 다
   ③ 나, 다, 라
   ④ 가, 다, 라

3. 행정이론의 등장시기를 순서대로 바르게 연결한 것은?

   가. 행태주의 – 사이먼(Simon)
   나. 행정(조직)관리론(POSDCoRB) – 귤릭(Gulick)
   다. 공공선택론 – 오스트롬(Ostrom)
   라. 신공공서비스론 – 덴하트와 덴하트(Denhardt & Denhardt)
   마. 정부재창조론 – 오스본과 게블러(Osborne & Gaebler)

   ① 가 → 나 → 다 → 라 → 마
   ② 가 → 나 → 다 → 마 → 라
   ③ 나 → 가 → 다 → 마 → 라
   ④ 나 → 가 → 다 → 라 → 마

4. 다음 중 울프(Wolf)의 정부실패 원인을 모두 고른 것은?

   가. 공공재의 존재
   나. 외부효과의 발생
   다. 자연독점
   라. 정보 비대칭성
   마. X-비효율
   바. 사적 목표의 설정
   사. 파생적 외부효과
   아. 분배의 불공정

   ① 가, 다, 마, 바
   ② 가, 라, 사, 아
   ③ 나, 다, 라, 마
   ④ 마, 바, 사, 아

5. 행정통제 중 외부통제에 해당하지 않는 것은?
   ① 입법부에 의한 통제
   ② 사법부에 의한 통제
   ③ 감사원에 의한 통제
   ④ 언론에 의한 통제

6. 윌슨(J.Q.Wilson)의 규제정치모형에 대한 설명 중 가장 옳지 않은 것은?
   ① 고객정치에서는 응집력이 강한 소수의 편익 수혜자 논리가 적용될 가능성이 높다.
   ② 작업안전을 둘러싼 노동계와 경제계 간 갈등은 기업가정치에 해당하는 예이다.
   ③ 이익집단정치는 규제로부터 예상되는 비용과 편익이 모두 소수의 동질적 집단에 귀속된다.
   ④ 대중정치는 감지된 비용과 편익이 모두 넓게 분산되며 대표적 예로는 낙태에 대한 규제를 들 수 있다.

7. 균형성과표(Balanced Score Card: BSC)에 대한 설명 중 가장 옳지 않은 것은?
   ① 1990년대 초에 카플란과 노턴(Kaplan & Norton)이 개발한 성과평가 시스템이다.
   ② 고객 관점은 고객이 조직을 어떻게 평가하는가에 초점을 맞춘 것으로 성과지표로는 고객만족도, 민원불만 등을 들 수 있다.
   ③ 내부(프로세스) 관점은 인적자원 개발과 발전에 관한 내용들을 포함하는데 성과지표로는 직무만족, 지식관리, 조직문화 쇄신 등이 대표적이다.
   ④ 재무 관점은 주어진 예산에서 자원을 효율적으로 배분하는 것을 중요시하는데, 성과지표로는 재정 조기집행률, 예산 현액대비 불용률, 부채규모 등이 있다.

8. 정부 규모(예산)팽창이론에 대해 바르게 설명한 것만 고른 것은?

   가. 와그너(Wagner) 법칙 : 1인당 국민소득이 증가할 때 국민경제에서 차지하는 공공부문의 크기가 상대적으로 증대
   나. 보몰(Baumol) 효과 : 공공부문의 낮은 생산성이 사회 전체의 경쟁력을 저하시키는 현상
   다. 파킨슨(Parkinson) 법칙 : 관료들이 자신과 자신 부서의 효용(권력)을 극대화하기 위해 필요 이상의 예산을 추구
   라. 전위효과 및 대체효과 : 전쟁 등 위기상황 발생 시 공공지출이 상향 조정되며 위기상황 해소 후에는 민간지출이 공공지출을 대체하는 현상

   ① 가, 나 ② 가, 라
   ③ 나, 다 ④ 다, 라

9. 예산의 원칙과 내용을 바르게 설명한 것만 고른 것은?

   가. 예산 완전성의 원칙 : 예산의 효율적 통제와 효과적 관리를 위해 예산이 하나만 존재해야 한다.
   나. 예산 단일의 원칙 : 정부의 모든 재정적 거래와 활동 내용이 예산에 포함되어야 한다.
   다. 예산 사전의결의 원칙 : 모든 예산은 집행이 이루어지기 전에 입법부의 의결을 거쳐야 한다.
   라. 예산 한정성의 원칙 : 국회가 의결한 예산사업의 목적 외 지출은 금지되며 지출 규모 역시 당초 계획한 수준을 넘어설 수 없다.

   ① 가, 나 ② 가, 다
   ③ 나, 라 ④ 다, 라

10. 정부예산 종류에 대한 설명으로 가장 옳지 않은 것은?
    ① 기금은 특정수입과 지출의 연계가 강하다는 점에서 특별회계와 유사하나 계획변경 및 집행절차에 탄력성이 결여된다는 점에서 차이가 있다.
    ② 특별회계는 예산단일의 원칙과 예산통일의 원칙에 대한 예외 사항이다.
    ③ 일반회계는 기본적인 정부활동과 관련된 주요 재정사업을 모두 포괄하는 회계로서 국가의 일반적 활동을 위한 예산이다.
    ④ 특별회계는 특정사업을 안정적으로 추진할 수 있다는 장점이 있으나 재정 칸막이 현상을 초래할 수 있다는 단점도 있다.

11. 우리나라 예산과정을 순서대로 바르게 연결한 것은?

> 가. 예산안편성 지침 통보
> 나. 중기사업계획서 제출
> 다. 예산요구서 작성 및 제출
> 라. 예산안 편성(국무회의 심의 및 대통령 승인)
> 마. 상임위원회 예비심사
> 바. 예산안 국회제출
> 사. 예산결산특별위원회 종합심사
> 아. 본회의 심의·확정

① 가 → 나 → 다 → 라 → 바 → 마 → 사 → 아
② 나 → 가 → 다 → 라 → 바 → 마 → 사 → 아
③ 가 → 다 → 나 → 라 → 바 → 마 → 사 → 아
④ 나 → 가 → 다 → 라 → 바 → 사 → 마 → 아

12. 우리나라 재정관리제도에 대한 설명 중 가장 옳지 않은 것은?

① 국가재정운용계획은 정부가 매년 당해 회계연도부터 10회계 연도 이상의 기간에 대해 수립하는 재정운용계획이다.
② 예산총액배분 자율편성제도는 국가재정운용계획에 근거해 부처별 지출한도를 먼저 정하고, 각 부처가 지출한도 범위 내에서 자율적으로 예산을 편성하는 방식이다.
③ 성인지 예산제도는 예산이 여성과 남성에게 미치는 영향을 분석해 예산편성에 반영·집행하는 제도로「국가재정법」에 명시되어 있다.
④ 예비타당성조사는 기획재정부장관 주관으로 시행되는 사전적 타당성 검증제도로서 신규투자 우선순위결정, 예산낭비 방지, 재정운영의 효율성 제고를 목적으로 한다.

13. 다음의 특징을 지니는 예산제도는?

> • 예산항목에 대한 개별 부서의 지출 통제
> • 회계적 책임성 제고
> • 구입한 재화나 자원에 의한 지출 분류
> • 지출을 둘러싼 행정권 남용의 최소화

① 품목별 예산제도
② 성과주의 예산제도
③ 계획 예산제도
④ 영기준 예산제도

14. 다음의 지방세 중 도세에 해당하지 않는 것은?

① 취득세
② 등록면허세
③ 지방소비세
④ 담배소비세

15. 민츠버그(Mintzberg)가 제시한 조직구조 유형에 대한 설명으로 가장 옳지 않은 것은?

① 단순구조(simple structure)에서는 전략부문에서 행사하는 힘이 강력하다.
② 전문적 관료제(professional bureaucracy)는 기술구조가 조직의 핵심적인 부문이다.
③ 기계적 관료제(machine bureaucracy)의 핵심 조정기제는 작업 과정의 표준화이다.
④ 애드호크라시(adhocracy)는 동태적이고 복잡한 환경에서 유리한 조직구조 유형이다.

16. 연합모형(coalition model)의 특징에 대한 설명으로 가장 옳지 않은 것은?

① 갈등의 준해결
② 문제 중심의 탐색
③ 표준운영절차(SOP) 중시
④ 불확실성의 선호

17. 동기부여이론에 대한 설명으로 가장 옳은 것은?

① 맥클리랜드(McClelland)는 성취동기이론에서 불만족을 주는 위생요인과 만족을 주는 동기요인을 서로 다른 차원으로 구분하였다.
② 매슬로우(Maslow)는 욕구계층이론에서 가장 하위 단계의 욕구로서 안전 욕구를 제시하였다.
③ 애덤스(Adams)의 공정성이론에 따르면 개인은 불공정성을 해소하는 행동으로 조직을 떠날 수 있다.
④ 브룸(Vroom)의 기대이론에 따르면 상위단계의 욕구가 충족되지 않으면 하위 단계 욕구로 퇴행할 수 있다.

18. 리더십에 대한 설명으로 가장 옳은 것은?

① 피들러(Fiedler)의 상황적합형 리더십 이론에 따르면 상황적 유리성(favorableness)이 매우 높거나 매우 낮은 경우 과업지향적 리더십이 효과적이다.
② 하우스(House)의 경로-목표 모형에 따르면 높은 구조주도 행동과 높은 배려 행동을 동시에 보이는 리더십이 효과적이다.
③ 변혁적(transformational) 리더는 상황적 보상과 예외에 의한 관리를 통해 부하의 바람직한 행동을 유도한다.
④ 서번트(servant) 리더는 부하의 성장을 지원하기 위해 이상적 영향력, 영감적 동기부여, 지적자극, 개별적 배려를 발휘한다.

19. 집단적 의사결정 기법에 대한 설명으로 가장 옳은 것은?

① 지명반론자기법은 대안에 대한 아이디어를 서면으로 제출한 후 토의를 거쳐 투표로 대안을 선정한다.
② 브레인스토밍이 진행되는 동안에는 상대방의 아이디어를 비판하거나 평가해서는 안된다.
③ 명목집단기법은 전문가들의 의견을 반복된 설문을 통해 취합하는 방식으로 문제해결이 이루어진다.
④ 델파이기법은 의사결정에 참여한 집단을 둘로 나누고 의무적으로 서로 상반된 의견을 제시하는 토론과정을 거쳐 대안을 선정한다.

20. 조직이론에 대한 설명으로 가장 옳지 않은 것은?

① 구조적 상황이론은 모든 상황에 적합한 유일·최선의 조직설계와 관리 방법은 없다고 전제한다.
② 거래비용이론은 조직이 생겨나고 일정한 구조를 가지게 되는 이유를 조직경제학적으로 설명하는 접근방법이다.
③ 자원의존이론은 조직을 외부환경에 의해서 조직구조가 결정되는 피동적 존재로 보는 환경결정론적 입장을 취한다.
④ 조직군생태론에 따르면 조직군에서 일어나는 변화의 과정은 변이, 선택, 보존이라는 세 단계로 설명될 수 있다.

21. 공직분류에 대한 설명으로 가장 옳은 것은?

① 직렬이란 직무의 종류·곤란성과 책임도가 상당히 유사한 직위의 군을 말한다.
② 직류란 직무의 종류가 유사하고 그 책임과 곤란성의 정도가 서로 다른 직급의 군을 말한다.
③ 직급이란 같은 직렬 내에서 담당 분야가 같은 직무의 군을 말한다.
④ 직군이란 직무의 성질이 유사한 직렬의 군을 말한다.

22. 공무원의 인사이동에 대한 설명으로 가장 옳지 않은 것은?
    ① 겸임은 직위 및 직무 내용이 유사하고 담당 직무 수행에 지장이 없다고 인정되는 경우에 한 사람의 공무원에게 둘 이상의 직위를 부여하는 것이다.
    ② 전직은 동일한 직렬과 직급 내에서 직위만 바꾸는 것을 의미한다.
    ③ 파견은 국가적 사업의 수행을 위하여 공무원의 소속을 바꾸지 않고 일시적으로 다른 국가기관이나 국가기관 이외의 기관 및 단체에서 근무하게 하는 것을 의미한다.
    ④ 승진은 일반적으로 직무의 곤란도와 책임의 증대를 의미하며, 보통 보수의 증액을 수반한다.

23. 공무원 분류에 대한 설명으로 가장 옳은 것은?
    ① 별정직 공무원은 특정직 공무원의 한 유형이다.
    ② 경력직 공무원은 일반직 공무원과 특수경력직 공무원으로 구분된다.
    ③ 군인과 군무원은 별정직 공무원에 해당한다.
    ④ 법관과 외무공무원은 특정직 공무원에 해당한다.

24. 근무성적평정 과정상의 오류에 대한 설명으로 가장 옳지 않은 것은?
    ① 상동적 오류(stereotyping error)는 나이, 성별, 출신학교, 종교 등과 같은 평정대상자의 개인적 특성에 대하여 평정자가 평소에 지닌 선입견에 의해 발생할 수 있다.
    ② 체계적 오류(systematic error)는 어떤 평정자가 다른 평정자들 보다 항상 후한 점수 또는 박한 점수를 일관되게 부여함으로써 나타나는 오류이다.
    ③ 연쇄효과(halo effect)는 평정 시점에 가까운 최근의 근무성적이 평정에 영향을 미치는 현상이다.
    ④ 집중화 경향(central tendency)은 평정자가 평정대상자들에게 중간이나 평균치 정도의 점수를 주는 심리적 경향이다.

25. 직업공무원제에 대한 설명으로 가장 옳지 않은 것은?
    ① 공직에 대한 폭넓은 시각과 안목을 가진 일반행정가 양성에 불리하다.
    ② 신분보장 강화로 인해 공무원들이 무사안일에 빠져 행정의 비능률성을 초래할 수 있다.
    ③ 공직자로서의 봉사정신과 직업윤리적 가치관을 공고히 할 수 있다.
    ④ 공무원의 장기근속을 유도하여 행정의 안정성과 계속성을 확보할 수 있다.

26. 고위공무원단 제도에 대한 설명으로 가장 옳지 않은 것은?
    ① 성과에 대한 책임성을 강조한다.
    ② 고위직의 개방을 확대하고 경쟁을 촉진한다.
    ③ 역량평가를 통해 고위공무원의 능력과 자질을 검증한다.
    ④ 연공서열 중심의 인사관리를 강조한다.

27. 공무원의 직위해제에 대한 설명으로 가장 옳지 않은 것은?
    ① 직위해제란 임용권자가 해당 공무원의 신분은 보존시키되 직위를 부여하지 않는 임용 행위를 말한다.
    ② 임용권자는 파면·해임·강등 또는 정직에 해당하는 징계 의결이 요구 중인 자에 대해서 직위해제를 할 수 있다.
    ③ 직무수행 능력이 부족하거나 근무성적이 극히 나쁜 자는 직위 해제의 대상에 해당되지 않는다.
    ④ 직위해제 사유가 소멸되면 임용권자는 지체 없이 직위를 부여하여야 한다.

28. 신지방분권화의 등장 배경에 대한 설명으로 가장 옳지 않은 것은?
   ① 중앙집권적 국정운영은 전국적·총량적 성과를 달성하였으나 지역 간의 불균형 발전을 초래하였다.
   ② 교통·통신 수단의 발달은 이동의 시·공간을 단축시킴과 동시에 주민의 생활 권역을 넓혔다.
   ③ 대량생산·대량소비·대중매체들에 의해 개인의 개성과 지역사회의 특수성 등 사회 각 부문의 고유한 가치가 거대화와 표준화에 밀려 상실되었다.
   ④ 세계화의 물결이 세계 각국의 지역사회로까지 확산하면서 국내 지방도시와 외국의 지방도시가 네트워크로 상호 연결되어 교류·협력·경쟁의 시대가 되었다.

29. 주민자치와 단체자치 특징의 차이에 대한 설명으로 가장 옳지 않은 것은?
   ① 주민자치는 정치적 의미이고, 단체자치는 법률적 의미이다.
   ② 주민자치에서는 고유권설을 인정하는 데 비해, 단체자치는 수탁권설의 견해를 인정한다.
   ③ 주민자치는 민주주의 원리이고, 단체자치는 지방분권의 원리이다.
   ④ 주민자치는 지역의 문제를 지역 주민이 자신의 책임 아래 처리하는 대륙형 모델이고, 단체자치는 국가로부터 상대적으로 독립한 지방정부가 사무를 처리하는 영국형 모델이다.

30. 기관대립형에 대한 설명으로 가장 옳은 것은?
   ① 의원내각제와 유사한 구조이며, 지방의회만 주민직선으로 선출한다.
   ② 지방의회와 주민들의 의견이 상반되는 경우 이를 중재하거나 견제와 균형의 원리에 따라 권력의 편중과 남용을 방지할 수 있다.
   ③ 의결기관과 집행기관 간의 불필요한 갈등을 줄일 수 있으며, 다수의 위원이 의결과 집행에 관여하게 되어 민주적이고 신중한 행정에 유리하다.
   ④ 선거로 선출된 의원은 각자의 정치적 기반과 색채가 강하여 행정의 총괄조정이 어렵다.

31. 지방의회와 지방자치단체장의 권한에 대한 설명으로 가장 옳지 않은 것은?
   ① 지방의회는 조례제정 및 개폐권을 갖고, 지방자치단체장은 자치단체의 대표 및 사무 총괄권을 갖는다.
   ② 지방의회는 규칙제정권을 갖고, 지방자치단체장은 사무관리 집행권을 갖는다.
   ③ 지방의회는 행정사무 감사권을 갖고, 지방자치단체장은 지방 의회에 대한 발안권을 갖는다.
   ④ 지방의회는 예산 의결권과 결산 승인권을 갖고, 지방자치단체장은 선결처분권을 갖는다.

32. 특별지방행정기관과 지방자치단체의 차이에 대한 설명으로 가장 옳지 않은 것은?
   ① 특별지방행정기관은 국가사무를 관장하는 반면, 지방자치단체는 자치사무와 국가로부터 위임된 사무를 관장한다.
   ② 「지방자치분권 및 지역균형발전에 관한 특별법」에 따르면 특별지방행정기관이 수행하는 사무 중 지방자치단체가 수행하는 것이 더 효율적인 사무는 지방자치단체가 담당하도록 하여야 한다.
   ③ 특별지방행정기관과 지방자치단체는 관할구역이 완전히 일치하거나 상당 부분이 중첩되는 경우가 많이 존재하지만, 유사한 관할지역 내의 주민을 공통의 고객으로 삼지는 않는다.
   ④ 특별지방행정기관의 업무상 책임소재는 국가 또는 중앙정부에 있으나, 지방자치단체는 스스로 책임을 부담하되 사안에 따라 지방의회 또는 자치단체장에게 책임이 있다.

33. 정책 네트워크 모형 중 정책공동체(policy community) 모형의 내용을 모두 고른 것은?

> 가. 특정 정책과 관련해 이해관계를 같이하는 집단과 개인들로 구성된다.
> 나. 공익을 저해하고 배타성이 강한 철의 삼각만으로 정책 과정을 바라볼 때 정책 결정에 영향을 미치는 상당히 개방적인 참여자들의 네트워크를 놓치기 쉽다.
> 다. 폐쇄적 경계를 강조하며 배타성이 매우 강해 다른 이익집단을 철저히 배제하는 특징을 갖는다.
> 라. 정책 결정이 주요 참여자 간의 합의와 협력으로 일어난다고 간주하면서 이들 사이의 갈등 관계까지 고려하는 특징이 있다.

① 가, 나
② 나, 다
③ 가, 라
④ 나, 라

34. 무의사결정(non-decision making)에 대한 설명으로 가장 옳지 않은 것은?

① 바흐라흐(Bachrach)와 바라츠(Baratz)가 「권력의 두 얼굴(two faces of power)」에서 제안하였다.
② 지배계급인 엘리트들이 그들의 이익에 도전해오는 주장을 의도적으로 기각 내지는 방치하는 신엘리트 이론이다.
③ 중립적 행동을 반영하며, 집행과정에서는 무의사결정이 일어나지 않는다.
④ 무의사결정의 수단과 방법으로 폭력이나 테러 행위도 사용된다.

35. 정책참여자 간 관계모형에서 다원주의와 조합주의에 대한 설명으로 가장 옳지 않은 것은?

① 다원주의는 이익집단 간 상호경쟁을 추구하고, 조합주의는 국가통제를 수용하는 대가로 해당 범위 내에서 이익대표권을 독점하지 않는다.
② 다원주의는 개별집단의 이익을 추구하고, 조합주의는 사회적 책임과 조화의 가치를 추구한다.
③ 다원주의에서 정부의 역할은 중립적 심판관이며, 조합주의는 정부의 역할을 인정하고 이익집단과의 상호협력을 중시한다.
④ 다원주의는 이익집단 간 타협을 강조하고, 조합주의는 국가와 이익집단 간의 제도화된 협력을 추구한다.

36. 비용·편익분석(cost-benefit analysis)에 대한 설명으로 가장 옳지 않은 것은?

① 할인율이 높거나 할인 기간이 길어지면 현재의 가치가 작아진다.
② 발생 가능한 비용·편익을 화폐단위로 추정한다.
③ 비용·편익분석은 단일정책이나 프로그램의 비용과 편익을 산출해 내는 데 효과적이다.
④ 비용·편익분석은 정책에 대한 개개인의 만족 수준을 비교하기에 적절한 방법이다.

37. 내적 타당성 저해 요인에 대한 설명으로 가장 옳지 않은 것은?

① 실험집단 구성 후 시간의 경과에 따라 실험집단 특성이 자연스럽게 변한다.
② 연구자의 측정기준이나 측정도구가 변한다.
③ 실험집단 구성원이 실험대상이라는 사실을 인식함으로써 평소와 다른 심리적 행동을 보인다.
④ 연구기간 중 실험집단의 일부가 탈락해 남아 있는 최종 실험집단 구성원이 최초와 다른 특성을 가진다.

38. 정책집행 연구의 접근법에 대한 설명으로 가장 옳지 않은 것은?
   ① 하향적 접근방법(top-down approach)은 집행참여자들의 상호작용이 중요하다.
   ② 상향적 접근방법(bottom-up approach)은 목표가 분명하지 않아 모호성을 띠기 쉽다.
   ③ 하향적 접근방법(top-down approach)은 집행의 성공 여건은 정책결정자의 리더십이다.
   ④ 상향적 접근방법(bottom-up approach)은 문제 상황의 대응성을 위한 정책 결정과 집행의 통합이 중요하다.

39. 정책변동 이론 중 정책지지(옹호)연합 모형의 내용을 모두 고른 것은?

   가. 다양한 활동 행위자를 포함한 정책 하위 체제에 중점을 둔다.
   나. 정책변동과 그 안에서 작용하는 정책 지향적 학습을 이해하기 위해서는 적어도 10년 이상의 시계가 필요하다.
   다. 정책을 어떻게 실현할 것인가에 관한 가치 우선순위 및 인과관계의 과정을 설명할 수 있다.
   라. 규범적 핵심 신념, 정책 핵심 신념, 부차적 신념의 세 겹 구조로 설명할 수 있다.

   ① 가
   ② 가, 나
   ③ 가, 나, 다
   ④ 가, 나, 다, 라

40. 정책의제 설정 과정 모형에서 주도집단별 분류 중 동원형에 대한 설명으로 가장 옳지 않은 것은?
   ① 사회문제, 정부의제, 공중의제 순으로 전개된다.
   ② 권력집중형 국가, 불평등사회, 시간이 급박한 경우, 국민이 사전에 알면 곤란한 경우 사용한다.
   ③ 정책의 성공적 집행을 위해 필요한 일반 국민에게서 정책에 대한 옹호와 지지를 얻어낸다.
   ④ 정부부문의 힘이 강하고 민간 부문의 힘이 취약한 국가에서 주로 사용된다.

신용한 행정학

합격으로 증명하는 1등 행정학

2024년도 경찰간부후보생(제73기) 공개경쟁선발시험

2 교시

- 객관식 [분야별 필수] -

목 차

〈과 목(1)〉
【행 정 학】(일반) ·· 0
【형사소송법】(세무회계, 사이버) ················· 0

〈과 목(2)〉
【경찰학개론】(일반) ·· 0
【세 법 개 론】(세무회계) ································· 0
【정보보호론】(사이버) ······································ 0

응시자 유의사항

응시자는 답안 작성 시 반드시 과목 순서에 맞추어 표기하여야 하며, 과목 순서를 바꾸어 표기한 경우에도 과목 순서대로 채점되므로 유의하시기 바랍니다.

※ 시험이 시작되기 전까지 표지를 넘기지 마십시오.

경찰대학 : http://www.police.ac.kr   원서접수사이트 : http://gosi.police.go.kr

1. 행정과 경영에 대한 설명으로 가장 옳지 않은 것은?
   ① 행정학이 태동하던 시기에는 행정과 경영의 차별성을 강조하는 공사행정 이원론의 입장이었다.
   ② 신자유주의에 바탕을 둔 정부개혁을 추진하는 과정에서는 '행정의 경영화'라는 용어가 보편적으로 사용된다.
   ③ 행정과 경영은 인적·물적 자원을 동원하고 활용하는 관리기술적인 차원에서 유사성을 지닌다.
   ④ 행정은 경영에 비해 법적·정치적 환경의 영향을 훨씬 강하게 받는다.

2. 공익의 실체설에 대한 설명으로 가장 옳은 것은?
   ① 사익의 총합이거나 사익 간 타협 또는 집단 간 상호작용의 산물이라고 본다.
   ② 공직자의 조정자적 역할 및 행정의 중재역할을 강조한다.
   ③ 공익을 형성하는 대표적인 의사결정 방식으로 숙의민주주의나 공론화 방안들이 강조된다.
   ④ 사익과 구별되는 공익의 존재성을 인정하나 그 실체에 대해서는 다양한 견해가 있다.

3. 시장실패와 정부실패에 대한 설명으로 가장 옳지 않은 것은?
   ① 소비자와 공급자 사이에서 나타나는 정보의 비대칭성은 시장실패를 초래한다.
   ② 경제활동이 의도하지 않은 혜택이나 손해를 가져다주면서도 이에 대한 대가나 비용이 수반되지 않는 외부효과는 시장실패를 초래한다.
   ③ 비배제성과 비경합성을 지닌 공공재의 존재는 정부실패를 초래한다.
   ④ 정부활동을 위한 비용은 조세를 통해 확보되기에 비용과 수입이 분리되어 정부실패를 초래한다.

4. 행정학의 발달과정에 대한 설명으로 옳은 것은 모두 몇 개인가?

   > 가. 윌슨(Wilson)은 1887년에 발표한 '행정연구'라는 논문을 통해 정치로부터 자유로운 행정 영역을 확립하려는 정치·행정 이원론을 주창했다.
   > 나. 사이먼(Simon)은 행정학 연구에 자연과학의 연구방법을 도입할 것을 강조하면서, 사실과 가치를 구분해 사실만을 다루어야 한다고 주장했다.
   > 다. 1960년대 신행정학에서는 행정학의 실천적 성격과 적실성을 회복하기 위해 실증주의에 기반한 관리지향적인 행정학을 요구했다.
   > 라. 사회학적 제도주의에서는 제도가 '결과성의 논리'가 아닌 '적절성의 논리'에 따라 변화는 것으로 본다.
   > 마. 1980년대 신공공관리론은 '큰 정부'를 강조하는 기조 속에서 규제를 강화하고 복지정책을 확대할 것을 요구했다.

   ① 1개
   ② 2개
   ③ 3개
   ④ 4개

5. 행정책임에 대한 설명으로 가장 옳지 않은 것은?
   ① 행정책임은 공무원이 도덕적·법률적 규범에 따라 행동해야 하는 의무를 말한다.
   ② 행정책임은 도덕적 책임과 법적 책임으로 구분할 수 있다.
   ③ 법적책임은 도덕적 책임과 달리 국민여론이나 개인의 양심적 비판으로 끝날 수 있다.
   ④ 행정책임에 대해 파이너(Finer)는 외재적·객관적 책임을, 프리드리히(Friedrich)는 내재적·주관적 책임을 강조한다.

6. 가외성 요소 중 등전위성(동등잠재성: equipotentiality)에 대한 설명으로 가장 옳은 것은?
   ① 행정기능이 한 기관에 배타적으로 주어지지 않고 여러 기관에 혼합적으로 분산되어 있는 상태를 말한다.
   ② 동일한 기능을 여러 기관이 독립적으로 수행·관리하는 것을 말한다.
   ③ 하나의 기능이 주된 담당 기관에 의해 제대로 작동하지 않을 때, 보조기관이 이를 대행하는 것을 말한다.
   ④ 한 기관이 다른 기관과 비교해 권한과 자원을 동등하게 배분받는 것을 말한다.

7. 신공공관리론과 신공공서비스론에 대한 설명으로 가장 옳은 것은?
   ① 신공공관리론은 공익을 개인 이익의 총합으로 보는 반면, 신공공서비스론은 공익을 담론에 기반을 둔 공유가치로 본다.
   ② 신공공관리론은 정부의 방향잡기 역할을 강조하는 반면, 신공공서비스론은 정의된 목표에 초점을 둔 노젓기 역할을 중시한다.
   ③ 신공공관리론은 조직내외적으로 리더십을 공유하는 협력적 구조를 중시하는 반면, 신공공서비스론은 정부기능이 민간에게 많이 이양되고 주요 통제권이 분권화된 조직형태를 선호한다.
   ④ 신공공관리론은 책임성 확보 방안으로 복잡성과 다차원에 주목하는 반면, 신공공서비스론은 민주적으로 선출된 정치지도자에 대한 책임을 중시한다.

8. 정책유형에 대한 설명으로 연결이 옳은 것은?

   가. 항공사에 항공노선 취항을 허가하면서 서비스에 대한 여러 가지 규정을 지키도록 하는 것
   나. 누진세를 통해 고소득으로부터 많은 조세를 징수하여 저소득층에게 사회보장지출을 제공하는 것
   다. 문화재 복원사업, 국경일 제정 등을 통해 정부 정통성에대한 인식을 제고하고, 정부정책에 대한 순응을 확보하여 정책활동을 원활하게 하기 위한 것

	가	나	다
①	경쟁적 규제정책	재분배정책	상징정책
②	보호적 규제정책	배분정책	추출정책
③	경쟁적 규제정책	재분배정책	추출정책
④	보호적 규제정책	재분배정책	상징정책

9. 정책의제설정의 유형에 대한 설명으로 가장 옳은 것은?
   ① 외부주도형 의제설정은 정책결정자에게 접근이 용이한 극소수의 외부집단과 정책 담당자들이 정책의제를 설정하는 것이다.
   ② 동원형 의제설정은 정부 외부의 다양한 행위자들에 의해 특정사회문제가 정부개입을 통해 해결해야 할 문제로 받아들여지는 것이다.
   ③ 내부접근형 의제설정은 일당제 국가에서 최고 통치자나 고위정책결정자가 주도적으로 정책의제를 형성하는 것이다.
   ④ 동원형의 경우 정부의제를 다양한 활동을 통해 공중의제화하지만, 내부접근형에서는 정부가 공중의제화하는 것을 꺼린다.

10. 앨리슨(Allison)의 정치모형(Model III)에 대한 설명으로 옳은 것은 모두 몇 개인가?

> 가. 정부의 정책목표와 구성원 개인의 목표가 일치하는 것으로 가정한다.
> 나. 느슨하게 연계된 하위조직체들이 표준운영절차(SOP)에 따라 의사결정을 한다.
> 다. 각자의 재량권과 이해관계를 가진 독립적인 개인들이 조정과 타협을 통해 정책을 결정한다.
> 라. 정책결정은 준해결의 상태에 그치며 제한된 합리성에 의해 제약을 받는다.
> 마. 정책결정 주체 간 목표의 공유도는 매우 낮고 정책결정의 일관성도 매우 약하다는 특징을 가진다.

① 1개
② 2개
③ 3개
④ 4개

11. 립스키(Lipsky)의 일선관료에 대한 설명으로 가장 옳지 않은 것은?

① 교사, 일선경찰관 등 일반 국민과 직접 접촉하는 공무원들이다.
② 재량권을 많이 행사하기 때문에 실질적인 정책결정자로 이해된다.
③ 업무환경은 불충분한 자원과 명확하고 일관된 역할 기대를 특징으로 한다.
④ 단순화와 정형화라는 적응 메커니즘을 개발하여 업무를 처리한다.

12. 정책분석 및 평가방법에 대한 설명으로 가장 옳은 것은?

① 비용효과분석에서는 모든 비용과 편익을 화폐가치로 환산하지만 비용편익분석은 화폐가치로 측정이 어려운 경우에도 활용된다.
② 총괄평가는 정책집행 과정에서 발생하는 문제점의 발견 및 수정·개선을 도모하기 위한 것으로 바람직한 정책집행 전략과 방법을 모색하는 것이 목적이다.
③ 정량적 또는 양적방법은 전문가의 전문적 판단에 의존하는 것으로 브레인스토밍, 정책델파이가 이에 해당한다.
④ 준실험은 무작위 배정을 통해 실험집단과 통제집단의 동질성을 확보하기 어려울 때 사용하는 설계방법이다.

13. 호그우드(Hogwood)와 피터스(Peters)의 정책변동에 대한 설명으로 가장 옳은 것은?

① 정책혁신은 기존의 조직과 예산을 활용하여 새로운 정책을 형성·결정하는 것이다.
② 선형승계는 정책목표를 변경시키지 않는 범위 내에서 정책 내용을 새로운 것으로 바꾸는 것이다.
③ 정책종결은 정책문제가 소멸되거나 정책목표 달성이 불가능할 경우 정책 자체를 완전히 폐지하고 다른 정책으로 대체하는 것이다.
④ 부분종결은 정책의 일부를 유지하면서 다른 일부를 폐지하는 것으로 정책혁신과 종결이 배합된 경우로 볼 수 있다.

14. 직위분류제에 대한 설명으로 가장 옳지 않은 것은?

① 직렬은 직무의 종류가 유사하고 그 책임과 곤란성의 정도가 서로 다른 직급의 군이다.
② 동일직무에 대한 동일보수를 지급함으로써 직무급 체계 확립에 유용하다.
③ 전보나 전직의 범위가 매우 넓게 설정되어 있어 인적자원의 전문성 향상에 기여한다.
④ 직무분석에 입각한 합리적 인사운영을 가능하게 하여 직무중심의 인사행정을 수행하는 데 용이하다.

15. 대표관료제에 대한 설명으로 가장 옳지 않은 것은?

① 적극적 대표성은 사회 전체의 인구통계학적 특성을 반영해 정부 관료제를 구성하는 것이다.
② 할당제의 강요와 역차별을 초래할 수 있다.
③ 정부관료제 내에 민주성과 형평성의 가치를 내재화시킬 수 있다.
④ 실천하는 과정에서 실적주의 이념과 충돌할 수 있다.

16. 근무성적평정 방법에 대한 설명으로 옳은 것은 모두 몇 개인가?

> 가. 도표식 평정척도법은 평정요소와 등급의 추상성이 높아 평정자의 자의적 해석에 의한 평가가 이루어지기 쉽다.
> 나. 강제배분법은 피평정자들의 성적이 정규분포를 이루도록 하는 데 목적이 있다.
> 다. 행태기준 평정척도법은 특정 행태가 관찰되는 행태유형의 빈도수를 중심으로 평가하는 방법이다.
> 라. 중요사건기록법은 피평정자의 태도와 직무수행 개선 등 행태변화를 도모하는 데 유용하다.

① 1개
② 2개
③ 3개
④ 4개

17. 「국가공무원법」상 공무원 인사규정에 대한 설명으로 가장 옳은 것은?

① 강임은 직제 또는 정원의 변경이나 예산의 감소 등으로 직위가 폐직되거나 하위의 직위로 변경되어 과원이 된 경우 또는 본인이 동의한 경우 가능하다.
② 강등은 1계급 아래로 직급을 내리고 공무원 신분은 보유하나 1개월간 직무에 종사하지 못하며 그 기간 중 보수는 전액을 감한다.
③ 감봉은 1개월 이상 3개월 이하의 기간 동안 보수의 3분의 2를 감한다.
④ 정직은 1개월 이상 3개월 이하의 기간으로 하고, 그 기간 중 공무원의 신분은 보유하나 직무에 종사하지 못하며 보수의 3분의 1을 감한다.

18. 공무원 교육훈련 방법에 대한 설명으로 가장 옳지 않은 것은?

① 인턴십(internship)은 피훈련자에게 조직의 전반적인 구조, 문화, 과정에 대한 이해와 함께 간단한 업무를 경험할 수 있는 기회를 부여한다.
② 실무지도(coaching)는 일상적으로 직무를 수행하면서 선임자나 상사가 신규직원이나 후임자를 지도한다.
③ 사례연구(case study)는 실제 조직에서 경험한 사례 혹은 가상의 시나리오에 대한 연구를 통해 문제해결능력 배양을 도모한다.
④ 액션러닝(action learning)은 피훈련자에게 특정 역할이 주어지고, 그 역할에 따른 책임과 대처능력을 피훈련자가 연기함으로써 학습한다.

19. 우리나라 공무원에 대한 설명으로 가장 옳지 않은 것은?

① 경력직 공무원은 실적과 자격에 따라 임용되며 그 신분이 보장된다.
② 전문경력관은 정무직 공무원 중 특수 업무 분야에 종사하는 공무원이다.
③ 시간선택제채용공무원은 주당 15시간 이상 35시간 이하의 범위에서 근무한다.
④ 일반임기제공무원은 직제 등 법령에 규정된 경력직 공무원의 정원에 해당하는 직위에 적용된다.

20. 쓰레기통 모형에서 조직화 된 무정부 상태(organized anarchy)의 특성에 해당하지 않는 것은?

① 불명확한 기술(unclear technology)
② 문제성 있는 선호(problematic preferences)
③ 유동적 참여자(fluid participants)
④ 선택기회(choice opportunity)

21. 동기부여이론에 대한 설명으로 가장 옳지 않은 것은?
   ① 허즈버그(Herzberg)의 2요인 이론에 의하면 동기요인이 존재하지 않는다고 하더라도 이것이 불만족을 일으키지 않는다.
   ② 맥클리랜드(McClelland)의 성취동기이론에 의하면 세 가지 욕구 중에서 조직의 생산성에 가장 중요한 영향을 미칠 수 있는 욕구는 권력욕구이다.
   ③ 로크(Locke)의 목표설정이론에 의하면 목표설정이론은 구체적이고 어려운 목표의 설정과 목표성취도에 대한 환류를 강조한다.
   ④ 브룸(Vroom)의 기대이론은 자신이 어떤 특정 수준의 성과를 달성하면 보상이 주어질 것이라 믿는 정도를 수단성(Instrumentality)이라 한다.

22. 퀸(Quinn)의 경쟁가치모형에 대한 설명으로 가장 옳지 않은 것은?
   ① 내부지향-외부지향 차원과 통제-안정 차원을 기준으로 조직문화를 구분하였다.
   ② 과업지향문화(합리문화)에서 조직의 업무구조는 통제를 강조하고 조직은 외부를 지향한다.
   ③ 관계지향문화(집단문화)는 인적자원의 중요성과 개발을 강조한다.
   ④ 혁신지향문화(발전문화)는 구성원들의 도전과 창의성을 강조한다.

23. 토마스(Thomas)의 갈등해결 전략에 대한 설명으로 가장 옳지 않은 것은?
   ① 경쟁(competing)은 신속하고 결단력이 필요한 경우 효과적이다.
   ② 회피(avoiding)는 자신이 원하는 것을 포기하고 상대방이 원하는 것이 충족되는 경우를 말한다.
   ③ 협동(collaborating)은 갈등 쌍방의 관심사가 각자에게 너무 중요하여 절충할 수 없을 때 효과적이다.
   ④ 타협(compromising)은 자신과 상대방이 다 같이 양보하여 서로의 관심사를 부분적으로 충족하는 방식이다.

24. 리더십이론에 대한 설명으로 옳은 것은 모두 몇 개인가?

   가. 블레이크(Blake)와 머튼(Mouton)의 관리격자 모형에 따르면 인간에 대한 관심과 생산(과업)에 대한 관심이 높은 단합형(team management) 리더십이 가장 효과적이다.
   나. 피들러(Fiedler)의 상황적응적 리더십이론에 따르면 상황적 유리성(favorableness)이 매우 낮은 경우에는 과업지향형 리더십이 인간관계지향형 리더십보다 효과적이다.
   다. 허시(Hersey)와 블랜차드(Blanchard)의 상황적 리더십이론에 따르면 부하의 성숙도(maturity)가 매우 높은 상황에는 지시형 리더십이 가장 효과적이다.
   라. 하우스(House)의 경로-목표이론에 따르면 리더는 부하가 원하는 보상을 획득할 수 있는 경로를 명확하게 함으로써 부하의 성과를 향상시킬 수 있다고 전제한다.

   ① 1개　　② 2개
   ③ 3개　　④ 4개

25. 조직구조의 일반적인 특성에 대한 설명으로 가장 옳지 않은 것은?
   ① 공간적 분화는 조직의 종적인 분화로서 책임과 권한의 계층적 분화를 말한다.
   ② 공식화의 정도가 높을수록 업무는 표준화되고 조직구성원들의 재량권은 줄어든다.
   ③ 조직이 수행하는 업무의 세분화 정도가 높을수록 수평적 분화의 정도가 높은 조직이라 할 수 있다.
   ④ 의사결정 권한이 조직의 상층부에 집중되어 있을수록 집권성이 높은 조직이라 할 수 있다.

26. 거래비용 이론에 대한 설명으로 가장 옳지 않은 것은?
   ① 거대한 위계적 조직이 발생하는 이유를 설명하는 데 유용하다.
   ② 거래에 수반되는 불확실성이 낮고, 거래 대상의 자산전속성(asset specificity)이 낮을수록 거래비용이 커진다.
   ③ 시장에서의 거래비용이 내부조직화 비용보다 작으면 거래를 외부화시키는 것이 효율적이다.
   ④ 기회주의는 거래비용을 발생시키는 요인 중 인간적 요인에 해당한다.

27. 조직이론에 대한 설명으로 가장 옳지 않은 것은?
   ① 자원의존이론은 외부환경에 의해서 조직구조가 결정된다는 환경결정론적 입장을 취하고 있다.
   ② 과학적 관리론은 생산량 최적화를 위한 유일최선의 작업방법이 있다고 가정한다.
   ③ 조직군 생태론은 조직의 생성과 사멸의 원인을 환경에 대한 조직의 적합도에서 찾는다.
   ④ 인간관계론은 개인의 행태나 직무수행에 영향을 미치는 비공식 집단의 중요성을 강조하였다.

28. 주민참여예산제도에 대한 설명으로 가장 옳지 않은 것은?
   ① 지방자치단체의 예산편성 과정에 주민이 참여하는 제도이다.
   ② 참여예산제는 결과적 측면보다는 과정적 측면의 이념을 지향한다.
   ③ 「지방재정법」에 당연규정이 아닌 임의규정으로 근거 조항이 마련되어 있다.
   ④ 주민참여예산기구의 구성·운영과 그 밖에 필요한 사항은 해당 지방자치단체의 조례로 정한다.

29. 우리나라 예산과 법률을 비교한 설명으로 가장 옳지 않은 것은?
   ① 대통령은 국회가 의결한 법률안에 대해 재의요구권을 갖지만, 국회가 의결한 예산에 대해서는 재의 요구를 할 수 없다.
   ② 법률안과 달리 예산안은 정부만이 편성하여 제출할 수 있다.
   ③ 국회는 발의·제출된 법률안을 수정·보완할 수 있지만, 제출된 예산안을 정부의 동의 없이 증액할 수는 없다.
   ④ 의결된 법률과 예산이 대외적인 효력을 인정받기 위해서는 법률안과 예산안 모두 공포 절차를 거쳐야 한다.

30. 다음 중 예산집행의 신축성을 보장하기 위한 제도에 대한 설명으로 가장 옳지 않은 것은?
   ① 예산의 이용과 전용은 예산집행의 신축성 확보를 위한 것으로 예산 한정성 원칙의 예외사항이다.
   ② 국고채무부담행위는 국가가 다음 연도에 부담해야 할 채무부담을 인정하는 것으로 실제 지출 권한까지 부여한 것이다.
   ③ 예비비는 정부가 예측할 수 없는 예산 외의 지출 또는 예산초과 지출을 충당하기 위한 것으로 일반회계 예산 총액의 100분의 1 이내의 금액을 세입세출예산에 계상할 수 있다.
   ④ 정부조직 등에 관한 법령의 개정으로 인해 중앙관서의 직무와 권한에 변동이 있을 때 그 중앙관서의 장의 요구에 따라 그 예산을 이체할 수 있다.

31. 점증주의 예산이론에 대한 설명으로 가장 옳지 않은 것은?
   ① 인간의 능력 부족과 환경의 불확실성에 기초한 제한된 합리성을 전제한다.
   ② 예산은 여러 기관과 단계를 거쳐 결정되는데, 이 과정에서 이해당사자들의 협상과 적응의 상호 조절 과정을 거친다고 주장한다.
   ③ 정치환경이 가변적이고 사회적 불안정이 지속되는 국가의 예산 결정을 설명하기 위한 이론으로는 적합하지 않다.
   ④ 기존 사업에 대한 당위적 예산 배분을 제어할 수 있다는 점에서 유용하다.

32. 제출시기에 따른 예산에 대한 설명으로 가장 옳지 않은 것은?
   ① 본예산은 다음 연도의 예산을 미리 추정하여 편성한 것으로, 행정부가 입법부에 제출한 시점의 예산을 의미한다.
   ② 정부가 예산안을 국회에 제출한 이후 부득이한 사유로 인해 그 내용의 일부를 변경하고자 하는 때에는 수정예산안을 국회에 다시 제출할 수 있다.
   ③ 이미 확정된 예산을 변경할 필요가 있는 경우, 행정부는 추가경정예산을 편성해 국회에 제출할 수 있다.
   ④ 정부는 추가경정예산안이 국회에서 확정되기 전에 이를 미리 배정하거나 집행할 수 있다.

33. 우리나라의 예산제도상 특징에 대한 설명으로 가장 옳지 않은 것은?
   ① 조세의 종목과 세율을 법률로 정하도록 하는 조세법률주의를 채택하고 있다.
   ② 「국가재정법」에 명시된 예산안 의결 시한과 「헌법」상 예산불성립의 시점은 동일하다.
   ③ 정부는 감사원의 세출예산요구액을 감액하고자 할 때에는 국무회의에서 감사원장의 의견을 들어야 한다.
   ④ 우리나라의 예산은 행정부가 제출하고 국회가 심의·의결하지만, 미국과 달리 예산법률주의를 채택하고 있지는 않다.

34. 계획예산제도(PPBS)와 영기준 예산제도(ZBB)에 대한 설명으로 가장 옳지 않은 것은?
   ① PPBS는 점증주의적 예산편성 방식을 반영해 계획과 예산을 통합적 개념으로 이해하려는 예산제도이다.
   ② ZBB는 모든 사업에 대한 근본적인 재평가를 통해 예산을 편성함으로써 예산의 효율성을 도모한다.
   ③ PPBS는 수립된 계획에 대한 상황 변화적 대응이 적시에 이루어지지 못할 경우 예산 배분의 합리성이 저해될 수 있다.
   ④ ZBB는 PPBS에 비해 분권적·상향적 의사결정 방식을 취한다.

35. 티부(Tiebout)모형의 가정으로 가장 옳지 않은 것은?
   ① 규모의 경제효과가 존재하며, 주민들은 지방정부 간 공공재 생산에 소요되는 단위당 비용 차이를 완전히 알고 있다.
   ② 지방정부의 공공서비스로 인한 외부효과가 존재하지 않는다.
   ③ 고용기회와 관련된 제약조건은 거주지 의사결정에 왜곡을 초래할 수 있으므로 고려하지 않아야 한다.
   ④ 개인은 자신의 선호에 따라 다른 지역으로 자유롭게 이주할 수 있다.

36. 사회자본(social capital)에 대한 설명으로 옳은 것은 모두 몇 개인가?

   가. 신뢰, 공동체의식, 호혜성, 사회적 연계망 등을 주요 구성 요소로 한다.
   나. 구성원 사이의 신뢰를 바탕으로 거래비용을 감소시킬 수 있으며, 공동이익을 위한 상호 조정과 협력을 촉진할 수 있다.
   다. 상호 호혜적 행동을 통해 집단 내 사회자본 수준을 단기간에 증대시킬 수 있다.
   라. 집단결속으로 인해 다른 집단과의 관계에 있어서 부정적 효과를 나타낼 수도 있다.

   ① 1개 ② 2개
   ③ 3개 ④ 4개

37. 지방재정조정제도에 대한 설명으로 가장 옳지 않은 것은?
   ① 국가와 지방자치단체 간의 수직적 재정불균형을 시정하려는 목적이 있다.
   ② 지방교부세와 국고보조금은 지방자치단체의 자체수입이 아닌 중앙정부로부터 지원되는 의존재원이라는 공통점이 있다.
   ③ 보통교부세는 사용 목적과 용도가 정해져 있지 않은 일반 재원의 성격을 가진다.
   ④ 지방교부세 대비 국고보조금의 비중 증가는 지방재정의 자율성을 강화한다.

38. 「지방자치법」상 특별지방자치단체에 대한 설명으로 옳은 것을 모두 고른 것은?

> 가. 2개 이상의 지방자치단체가 공동으로 특정한 목적을 위하여 광역적으로 사무를 처리할 필요가 있을 때에는 특별지방자치단체를 설치할 수 있다.
> 나. 특별지방자치단체를 구성하는 지방의회의원은 특별지방자치단체의 의회 의원을 겸할 수 없다.
> 다. 특별지방자치단체의 장은 규약으로 정하는 바에 따라 특별지방자치단체의 의회에서 선출한다.

① 가, 나
② 가, 다
③ 나, 다
④ 가, 나, 다

39. 기관위임사무에 대한 설명으로 가장 옳지 않은 것은?
① 법령에 의해 해당 지방자치단체에 위임된 사무로서 전국적 이해관계를 가지는 통일적 사무들이다.
② 기관위임사무에 드는 소요 경비는 원칙적으로 국가가 부담해야 한다.
③ 지방의회는 국회와 상급 자치단체가 직접 감사하기로 한 기관 위임사무 외에는 감사 가능하다.
④ 단체위임사무에 비해 기관위임사무에 대한 상급기관의 감독은 더 광범위하다.

40. 아른스타인(Arnstein)의 주민참여 8단계론에 대한 설명으로 가장 옳지 않은 것은?
① 주민참여 결과로 나타나는 영향력의 크기에 따라 주민참여를 8단계로 제시한다.
② 주민참여의 형태를 비참여, 형식적 참여, 실질적 참여의 3가지 범주로 구분한다.
③ 정보제공단계(informing)는 지방정부가 지역주민에게 정보를 일방적으로 제공하는 단계로서, 계도단계(manipulation) 및 교정단계(therapy)와 더불어 비참여의 범주에 속한다.
④ 주민통제단계(citizen control)는 주민이 지방정부의 진정한 주인으로 모든 결정을 주도하는 단계로서, 현실에 존재하기 어렵다.

신용한
행정학

합격으로 증명하는 1등 행정학

2023년도 경찰간부후보생(제72기) 공개경쟁선발시험

2 교시

- 객관식 [분야별 필수] -

목 차

〈과 목(1)〉
【행 정 학】(일반) ·· O
【형사소송법】(세무회계, 사이버) ············· O

〈과 목(2)〉
【경찰학개론】(일반) ···································· O
【세 법 개 론】(세무회계) ···························· O
【정보보호론】(사이버) ································ O

응시자 유의사항

응시자는 답안 작성 시 반드시 과목 순서에 맞추어 표기하여야 하며, 과목 순서를 바꾸어 표기한 경우에도 과목 순서대로 채점되므로 유의하시기 바랍니다.

※ 시험이 시작되기 전까지 표지를 넘기지 마십시오.

경찰대학 : http://www.police.ac.kr   원서접수사이트 : http://gosi.police.go.kr

1. 행정에 대한 설명으로 가장 옳은 것은?
   ① 행정은 넓은 의미로 공공단체, 기업체, 민간단체를 포함한 모든 조직에서 보편적으로 나타나는 활동이다.
   ② 공·사행정 이원론에서는 행정과 경영의 유사점과 함께 효율적 관리를 강조한다.
   ③ 윌슨(Wilson)은 「행정연구(The Study of Administration, 1887)」에서 정치와 행정의 통합을 주장한다.
   ④ 정치·행정 이원론은 행정에 내포되어 있는 정치적인 기능을 강조한다.

2. 행정가치에 대한 설명으로 가장 옳은 것은?
   ① 공익에 대해 과정설에서는 사익을 초월한 별도의 공익이 존재하며, 집단 간 상호작용을 통해 도출된다고 인식한다.
   ② 롤스(Rawls)에 따르면 무지의 베일에 가려진 원초적 상태에서 합리적 인간은 최대극소화(minimax) 원리에 따라 의사결정을 한다.
   ③ 사회적 능률성(social efficiency)은 디목(Dimock)이 제시한 개념으로 인간관계론의 등장과 함께 강조된다.
   ④ 효과성(effectiveness)은 투입 대비 산출의 비율을 의미하는 것으로 조직 내부적 관계가 강조된다.

3. 행정학 관련 학자에 대한 설명으로 가장 옳지 않은 것은?
   ① 굿노(Goodnow)는 정치는 국가의지의 표현이며, 행정은 이를 실천하는 것으로 정치와 행정의 차이를 명확히 구별했다.
   ② 테일러(Taylor)는 시간과 동작에 관한 연구를 통해 최고관리자의 기능으로 POSDCoRB를 제시했다.
   ③ 애플비(Appleby)는 정치와 행정의 관계는 연속·순환적이어서 양자를 구별하는 것이 부적절하다고 주장했다.
   ④ 메이요(Mayo)는 호손실험을 통해 생산성 향상에 비공식적 집단이 중요하다는 것을 발견했다.

4. 시장실패와 그에 대한 대응으로 가장 옳지 않은 것은?
   ① 비배제성과 비경합성을 지닌 공공재로 인해 무임승차 현상이 발생할 수 있고, 이에 대응하기 위해 공적 공급이 필요하다.
   ② 외부불경제의 경우 정부의 개입 없이 과소공급되므로 정부는 보조금을 비롯한 공적 유도가 필요하다.
   ③ 정보의 비대칭성은 도덕적 해이를 유발할 수 있고, 이에 대응하기 위해 공적 유도나 정부규제가 필요하다.
   ④ 규모의 경제가 적용될 때 자연독점이 발생할 수 있고, 이에 대응하기 위해 공적 공급이나 정부규제가 필요하다.

5. 정책과정 참여자 중 비공식적 참여자만 모두 나열한 것은?
   ① 정당, 이익집단, 언론, 전문가집단
   ② 국회, 정당, 전문가집단, 지방정부
   ③ 정당, 이익집단, 전문가집단, 사법부
   ④ 대통령, 이익집단, 언론, 전문가집단

6. 정부규제에 대한 설명으로 옳은 것은 모두 몇 개인가?

   가. 윌슨(Wilson)은 규제로 인한 비용은 분산되고 편익은 집중되는 상황을 이익집단정치로 분류하고, 여기에서 포획현상이 강하게 나타난다고 하였다.
   나. 포지티브 규제는 '원칙 금지', '예외 허용'의 형태로 명시적으로 허용하는 것 외에는 모든 것을 금지하는 방식이다.
   다. 관리규제는 정부가 특정한 사회문제 해결에 대한 목표 달성 수준을 정하고, 피규제자에게 이를 달성할 수단과 방법에 대해 자율성을 부여하는 방식이다.
   라. 우리나라에서는 정부의 규제정책을 심의·조정하고 규제의 심사·정비 등에 관한 사항을 종합적으로 추진하기 위해 대통령 소속으로 규제개혁위원회를 두고 있다.
   마. 「행정규제기본법」에 따르면 규제의 존속기한을 규제목적을 달성하기 위해 필요한 최소한의 기간 내에서 설정하도록 하고 있으며, 그 기간은 원칙적으로 3년을 초과할 수 없다.

   ① 1개   ② 2개
   ③ 3개   ④ 4개

7. 공공선택이론의 주요 내용으로 가장 옳은 것은?

① 뷰캐넌과 털럭(Buchanan & Tullock)은 참여자 수가 많을수록 외부비용이 증가함에 따라 총비용도 증가하므로 적정 참여자 수를 강조한다.
② 티부(Tiebout)는 '발에 의한 투표'가 공공재 공급과정에서 중앙정부의 독점적 역할을 강화시킨다고 주장한다.
③ 니스카넨(Niskanen)은 관료가 총편익과 총비용의 차이인 순편익이 최대가 되는 수준에서 공공서비스를 공급한다고 주장다.
④ 던리비(Dunleavy)는 예산의 성격과 기관유형 등에 따라 고위관료들이 예산극대화 행동에 소극적일 수 있다고 주장한다.

8. 신공공관리론과 뉴거버넌스에 대한 설명으로 가장 옳은 것은?

① 신공공관리는 정부를 노젓기의 중심에 놓는 반면, 뉴거버넌스는 정부와 시장, 시민사회의 평등관계를 강조한다.
② 신공공관리는 경쟁과 선택을 중시하는 반면, 뉴거버넌스는 네트워크나 협력을 강조한다.
③ 신공공관리는 과정에 초점을 맞추는 반면, 뉴거버넌스는 결과에 초점을 둔다.
④ 신공공관리는 관료를 조정자로 보는 반면, 뉴거버넌스는 관료를 공공기업가로 본다.

9. 정책유형에 대한 설명으로 옳은 것을 모두 고른 것은?

> 가. 로위(Lowi)의 분배정책에서는 포크배럴(pork-barrel)이나 로그롤링(log-rolling) 현상이 나타난다.
> 나. 리플리와 플랭클린(Ripley & Franklin)의 보호적 규제정책은 분배정책과 규제정책의 성격을 동시에 지니고 있고, 진입규제가 이에 해당한다.
> 다. 알몬드와 파월(Almond & Powell)의 상징정책은 정치체제에 대한 정당성과 신뢰성을 위한 정책으로 조세, 징병 등이 이에 해당한다.
> 라. 리플리와 플랭클린(Ripley & Franklin)의 재분배정책은 정책집행을 위한 안정적 절차화 가능성이 낮고 집행을 둘러싼 이데올로기 논쟁 강도는 높다.

① 가, 나 ② 가, 다
③ 가, 라 ④ 나, 다

10. 미래예측기법에 대한 설명으로 연결이 옳은 것은?

> 가. 관련 사건의 발생 여부에 기초하여 미래 특정 사건의 발생 가능성에 대한 판단을 이끌어내는 분석기법
> 나. 즉흥적이고 자유로운 분위기에서 창의적 의견이나 독창적 아이디어를 만들어내는 집단토의 기법
> 다. 전문적 지식과 경험을 가진 익명성이 보장된 사람들을 대상으로 반복적인 설문조사 과정을 통해 의견조정과 합의를 유도하는 기법

	가	나	다
①	델파이	브레인스토밍	교차영향분석
②	교차영향분석	브레인스토밍	델파이
③	브레인스토밍	델파이	교차영향분석
④	교차영향분석	델파이	브레인스토밍

11. 정책결정모형에 대한 설명으로 옳은 것은 모두 몇 개인가?

> 가. 만족모형에서 정책담당자는 제한된 합리성으로 인해 모든 대안을 탐색하지 않고 몇 개의 대안만을 무작위적이고 순차적으로 탐색한다.
> 나. 혼합주사모형은 합리모형과 점증모형의 두 요소를 절충한 것으로 근본적 정책결정은 점증모형을, 부분적 정책결정은 합리모형을 따른다.
> 다. 쓰레기통모형은 조직화된 무질서 상태에서의 정책결정을 설명하며 정책결정 요소들이 우연히 만나 결정이 이루어진다고 본다.
> 라. 앨리슨(Allison)의 관료정치모형은 조직 하위계층에 적용가능성이 높고, 앨리슨의 세 가지 모형은 실제 정책결정을 설명하는데 모두 부분적으로 적용될 수 있다.
> 마. 정책딜레마모형은 갈등집단들의 내부응집력이 약하고 집단 간 권력이 불균형적일 때 딜레마가 증폭된다고 본다.

① 1개 ② 2개
③ 3개 ④ 4개

12. 나카무라와 스몰우드(Nakamura & Smallwood)가 분류한 정책집행 유형 중 '재량적 실험가형'에 대한 설명으로 가장 옳은 것은?

    ① 전문성과 기술 등의 능력과 기업가 정신을 발휘하여 정책결정자의 권력을 장악하고 정책과정을 지배한다.
    ② 정책목표와 수단에 대해 정책결정자와 합의가 이루어지지 않은 상황에서 정책집행과정을 통해 정책목표와 수단에 대해 결정자와 협상한다.
    ③ 정책결정자가 구체적인 목표를 설정하지 못하는 상황에서 정책목표를 구체화하고 필요한 정책 수단을 선택하는 등 광범위하고도 구체적인 책임 하에 정책을 집행한다.
    ④ 정책결정자가 정책목표와 대체적 방침을 정한 상황에서 목표의 집행에 필요한 폭넓은 재량권을 위임받아 정책을 집행한다.

13. 정책평가의 타당성과 신뢰성에 대한 설명으로 가장 옳은 것은?

    ① 구성타당성은 실험에 있어서 인과적 추론의 정확성을 말하며 성숙효과가 있을 때 저해된다.
    ② 외적타당성은 실험결과의 일반화 수준으로 표본의 대표성이 높을 때 저해된다.
    ③ 내적타당성을 저해하는 모방효과는 실험 직전 극단적인 점수를 얻은 사람이 실험 진행과정에서 원래 성향으로 돌아가는 현상을 말한다.
    ④ 신뢰성은 동일한 측정도구를 반복 사용할 때 동일한 결과를 얻을 가능성으로 타당성의 필요조건이지만 충분조건은 아니다.

14. 조직몰입에 대한 설명으로 가장 옳지 않은 것은?

    ① 조직몰입은 조직구성원이 소속조직 및 소속 조직의 목표와 일체화되어 그 조직의 구성원으로 남기를 원하는 태도의 수준을 말한다.
    ② 태도적 조직몰입은 조직구성원이 조직의 목적과 가치를 동일화하여 내재화할 때 발생된다.
    ③ 행위적 조직몰입은 조직구성원이 도덕적인 또는 윤리적인 이유로 조직에 남는 행동을 의무로 생각하는 태도이다.
    ④ 타산적 조직몰입은 조직구성원이 조직으로부터 보상과 비용의 이해타산에 따라 조직에 몰입하게 되는 태도이다.

15. 조직진단을 위한 환경분석 방법으로 가장 옳지 않은 것은?

    ① 스왓(SWOT) 분석
    ② 페스트(PEST) 분석
    ③ 스테퍼(STEPPER) 분석
    ④ 비용편익(B/C) 분석

16. 네트워크조직에 대한 설명으로 가장 옳지 않은 것은?

    ① 제품 및 서비스의 품질관리와 안정적 공급 확보가 용이하다.
    ② 정보통신기술을 활용해 시간·공간 제약이 완화된다.
    ③ 참여 주체의 기회주의 행위를 방지하기 위한 감시비용이 증가한다.
    ④ 조직 경계가 모호해 정체성이 약하고 응집력이 있는 조직문화를 가지기 어렵다.

17. 책임운영기관제도에 대한 설명으로 가장 옳지 않은 것은?

    ① 「책임운영기관의 설치·운영에 관한 법률」에 근거해 1999년에 시범사업이 시행되었다.
    ② 책임운영기관에 대한 종합평가는 매년 기획재정부 장관이 평가단을 구성하여 지원한다.
    ③ 소속책임운영기관과 중앙책임운영기관으로 구분되며 중앙책임운영기관으로는 특허청이 유일하다.
    ④ 소속책임운영기관장의 임기는 5년의 범위에서 소속중앙행정기관의 장이 정하되, 최소한 2년 이상으로 하여야 하며 신분은 공무원이다.

18. 셍게(Senge)가 제시한 학습조직의 구성 요소가 아닌 것은?

    ① 집단적 사고(collective thinking)
    ② 개인적 숙련(personal mastery)
    ③ 공유비전(shared vision)
    ④ 사고모형(mental model)

19. 강화이론에 대한 설명으로 가장 적절하지 않은 것은?
   ① 스키너(Skinner)의 자극-반응의 심리학에서 발전된 동기부여 이론이다.
   ② 적극적 강화란 자극에 따른 반응 행동에 관해 제공되는 보상이나 기타 바람직한 결과를 말한다.
   ③ 회피는 바람직한 행동을 하게 될 경우 바람직하지 않은 결과를 제거하는 것이다.
   ④ 연속적 강화란 바람직한 행위에 대해 미리 계획된 일정한 간격으로 강화 요인을 제공하는 것을 말한다.

20. 총체적 품질관리(TQM)에 대한 설명으로 가장 옳지 않은 것은?
   ① 신공공관리에 지대한 영향을 주었다.
   ② 목표관리제(MBO)의 목표설정은 외향적이나 총체적 품질관리의 목표설정은 내향적이다.
   ③ 품질 향상을 통한 고객만족을 최종 목표로 하기 때문에 공무원들의 행태를 고객중심적으로 전환할 수 있다.
   ④ 업무수행 노력의 초점이 개인적 노력에서 집단적 노력으로 옮아간다.

21. 공무원직장협의회 설립에 대한 설명으로 가장 옳지 않은 것은?
   ① 기관장이 4급 이상 공무원 및 이에 상당하는 공무원인 기관단위의 설립을 원칙으로 한다.
   ② 국가기관뿐만 아니라 지방자치단체 및 하부기관에 설립할 수 있다.
   ③ 기관 단위로 설립하는 것을 원칙으로 하지만 하나의 기관에 복수의 협의회 설립이 가능하다.
   ④ 두 개 이상 기관단위에 걸쳐 하나의 협의회를 설립하거나, 협의회 간 연합협의회를 설립할 수 없다.

22. 중앙인사행정기관에 대한 설명으로 가장 옳지 않은 것은?
   ① 2014년 세월호 침몰사고를 계기로 안전행정부의 인사 기능을 분리하여 인사혁신처가 신설되었다.
   ② 인사혁신처는 비독립단독형 기관으로 입법부·행정부·사법부의 인사업무를 총괄한다.
   ③ 준사법 기능은 중앙징계위원회와 소청심사위원회에서 수행한다.
   ④ 국무총리 소속이며 처장은 인사청문회 대상이 아니다.

23. 실적제에 대한 설명으로 가장 옳지 않은 것은?
   ① 공무원의 정치적 중립성을 포함한다.
   ② 미국에서는 1883년 펜들턴법(Pendleton Act)을 계기로 실적제가 확립되었다.
   ③ 공무원 인력의 탄력적 운용이 가능하다.
   ④ 공무원은 공개경쟁시험을 통해 능력과 자격에 따라 채용된다.

24. 직무평가방법에 대한 설명으로 가장 옳지 않은 것은?
   ① 서열법은 직위의 등급 수를 미리 정하고 등급기준표를 활용한다.
   ② 점수법은 직무의 평가요소별 가중치를 부여하고 각 직무에 대하여 요소별로 점수를 매기는 방법이다.
   ③ 요소비교법은 대표 직위(key position)를 선정하여 대표 직위의 평가 요소별 서열을 정하는 방법이다.
   ④ 분류법은 등급별로 책임도, 곤란성, 필요한 지식과 기술에 관한 기준을 고려하여 직무를 해당 등급에 배치하는 방법이다.

25. 근무성적평정 오류에 대한 설명으로 가장 옳지 않은 것은?
   ① 중심화 경향(central tendency)은 평정자가 피평정자들에게 대부분 중간 수준의 점수를 주는 심리적 경향을 일컫는다.
   ② 후광 효과(halo effect)는 피평정자의 두드러진 특성이 다른 세부 특성을 평가하는 데에도 영향을 미치는 현상을 말한다.
   ③ 관대화 경향(leniency tendency)은 평정결과의 분포가 우수한 쪽으로 집중되는 경향을 말한다.
   ④ 초두 효과(primacy effect)는 피평정자의 근무성적평정기간에 가장 근접한 기간의 업무수행 실적일수록 평정에 더 크게 반영하는 오류를 말한다.

26. 공무원 성과급제도에 대한 설명으로 가장 옳지 않은 것은?
   ① 국가공무원 6급(상당) 이하 및 모든 임기제 공무원은 성과상여금제 적용 대상이다.
   ② 국가공무원 5급(상당) 이상과 국립대학교 교원은 성과급적 연봉제 적용 대상이다.
   ③ 대통령과 국무총리는 고정급적 연봉제 적용 대상이다.
   ④ 고위공무원단은 직무성과급적 연봉제 적용 대상이다.

27. 현행 공무원연금제도에 대한 설명으로 옳은 것만으로 모두 묶인 것은?

   가. 법령에 특별한 사유가 없는 한 재직 기간 20년 이상 공무원의 경우에만 65세가 되는 때부터 퇴직연금 수급이 가능하다.
   나. 기여율은 기준소득월액의 9%이다.
   다. 고액연금 수급 방지를 위한 기준소득월액 상한은 전체 공무원 기준소득월액 평균액의 180%이다.
   라. 기금제와 기여제를 채택하고 있다.
   마. 유족연금 적용률은 60%이다.
   바. 연금지급률은 재직기간 1년당 평균기준소득월액의 1.9%이다.

   ① 가, 다, 마   ② 나, 라, 마
   ③ 나, 라, 바   ④ 다, 라, 마

28. 예산과정에 대한 설명으로 가장 옳지 않은 것은?
   ① 예산과정은 어느 한 시점(t)을 놓고 보면 t+1년의 예산을 편성하고, t년의 예산을 집행하고, t-1년의 예산을 결산하는 것이다.
   ② 예산결산특별위원회의 종합심사가 완료된 예산안은 국회 본회의에 상정되어 정책질의와 찬반투표를 거쳐 회계연도 개시 30일 전에 의결해야 한다.
   ③ 국회에서 예산안이 통과되어 각 부처에 이미 배정된 예산이라 할지라도 경기과열, 임금인상, 세입부족 등의 상황에서는 예산지출을 지연시킬 수 있다.
   ④ 국회는 회계기록의 회계검사와 결산보고서의 심의·의결을 통해 행정부의 예산집행이 예산안에 반영된 입법부의 의도를 충실히 따랐는지를 확인한다.

29. 예산원칙과 그 예외 간의 연결이 가장 옳지 않은 것은?
   ① 단일성의 원칙 – 기금
   ② 사전의결의 원칙 – 특별회계
   ③ 한정성의 원칙 – 이월
   ④ 완전성의 원칙 – 수입대체경비

30. 예산제도에 대한 설명으로 가장 옳지 않은 것은?
   ① 품목별 예산제도(Line Item Budgeting)는 예산지출에 대한 통제와 담당 공무원의 책임성을 확보하는 데 유리하다.
   ② 성과주의 예산제도(Performance Budgeting)는 사업성과가 좋은지 나쁜지의 결과에 초점을 두며 예산을 들여 사업과 활동별로 무엇을 하는지에 대한 정보는 알기 어렵다.
   ③ 계획 예산제도(Planning Programming Budgeting)는 의사결정이 지나치게 집권화되고 전문화되어 외부통제가 어렵다.
   ④ 영기준 예산제도(Zero Based Budgeting)는 예산편성 과정에서 중간관리층을 포함한 구성원의 참여 및 이들의 상향적 의사소통 통로가 확대된다.

31. 성인지예산제도에 대한 설명으로 가장 옳지 않은 것은?
   ① 남성과 여성에게 미칠 영향을 미리 분석하여 예산을 검토한다.
   ② 성인지예산서에는 양성평등 기대효과, 성과목표, 성별 수혜분석 등을 포함하여야 한다.
   ③ 중앙부처 및 지방자치단체는 성인지예산서와 결산서를 작성할 의무가 있다.
   ④ 예산사업을 대상으로 하며 기금사업은 해당되지 않는다.

32. 예산결정모형에 대한 설명으로 가장 옳지 않은 것은?
   ① 총체주의는 기존의 예산을 토대로 수정하여, 현실적으로 적용 가능한 예산결정을 추구한다.
   ② 점증주의는 각 이해집단 간 정치적 상호작용을 통한 최적의 예산결정을 모색한다.
   ③ 단절균형모형 관점에서 예산결정의 참여자들은 점증적인 예산결정 행태를 보이다가, 특정 사건이나 상황이 발생하면 자신들의 예산결정 패턴을 급격히 변화시킨다.
   ④ 다중합리성모형 관점에서 예산과정은 하나의 관점에서 일관성 있게 전개되기보다는 예산과정의 다양한 단계별 특성들이 복합적으로 작용한 결과로서 실제 예산배분이 결정된다.

33. 정부회계제도에 대한 설명으로 가장 옳지 않은 것은?
   ① 복식부기에서 자산의 증가, 부채의 감소, 비용의 발생은 차변에 기입해야 한다.
   ② 현금주의는 비용과 수익을 알 수 없어서 경영성과 파악이 어렵다.
   ③ 발생주의 회계방식은 자의적인 회계처리가 불가능하여 통제에 유리하다.
   ④ 현금주의는 교량, 박물관, 체육관 등 가시적 치적 쌓기에 관심이 있는 정치인들이 선호하는 회계제도이다.

34. 총액배분·자율편성제도에 대한 설명으로 옳은 것만을 모두 묶은 것은?

   가. 중기적 재정운영보다는 개별 사업 위주의 단년도 예산편성에 적합하다.
   나. 각 부처는 소관 정책의 우선순위에 따라 지출 한도 내에서 사업의 재원을 자율적으로 배분한다.
   다. 재정 운용의 집권과 분권의 조화를 추구하는 하향적 예산편성 방식이다.
   라. 한도액의 설정으로 각 부처의 과도한 예산요구 관행을 줄일 수 있다.
   마. 지출 한도가 사전에 제시됨에 따라 부처의 전문성을 활용하여 사업별 예산 규모를 결정할 수 있어 책임성과 권한이 강화된다.

   ① 가, 나, 다
   ② 나, 다, 라
   ③ 가, 나, 라, 마
   ④ 나, 다, 라, 마

35. 다음 중 (가)와 (나) 안에 들어갈 지방자치단체 사무배분 원칙으로 올바르게 짝지어진 것은?

   (가) - 모든 사무는 기본적으로 지방정부가 담당하고 중앙정부는 지방정부가 처리하기 곤란한 사무를 처리해야 한다.
   (나) - 지방정부가 배분받은 사무는 되도록 지방정부가 자기 책임 아래 독자적으로 처리할 수 있게 해야 한다.

	(가)	(나)
①	보충성의 원칙	포괄성의 원칙
②	불경합의 원칙	효율성의 원칙
③	현지성의 원칙	불경합의 원칙
④	효율성의 원칙	보충성의 원칙

36. 지방자치단체의 계층구조에 대한 설명으로 가장 옳지 않은 것은?
   ① 단층제는 중층제보다 행정책임소재를 명확하게 할 수 있다.
   ② 중층제는 지역 특수성에 맞는 신속한 행정을 도모할 수 있다.
   ③ 단층제는 중앙정부의 권한과 역할을 강화하는 배경이 될 수 있다.
   ④ 세종특별자치시와 제주특별자치도는 단층제로 운영되고 있다.

37. 자치경찰제에 대한 설명으로 옳은 것을 모두 묶은 것은?

   가. 제주도 자치경찰단장은 자치경찰위원회가 임명하고 도지사의 지휘·감독을 받는다.
   나. 공공안녕에 대한 위험의 예방과 대응을 위한 정보의 수집작성 및 배포는 자치경찰사무에 해당한다.
   다. 지역 간 치안 격차의 발생 가능성이 존재한다.
   라. 시·도자치경찰위원회는 합의제 행정기관으로서 그 권한에 속하는 업무를 독립적으로 수행한다.

   ① 가, 나
   ② 나, 다
   ③ 다, 라
   ④ 가, 다, 라

38. 지방자치단체의 기관구성에 대한 설명으로 옳지 않은 것은?
    ① 기관통합형은 주민이 선출한 의원들이 행정을 담당하기 때문에 행정에 주민의 의사를 보다 정확하게 반영할 수 있다.
    ② 기관분리형은 견제와 균형의 원리가 적용되어 권력 남용을 방지할 수 있다.
    ③ 우리나라는 기본적으로 기관통합형이며 중앙통제형 강시장-약의회의 구도를 취하고 있다.
    ④ 우리나라는 따로 법률로 정하는 바에 따라 주민투표를 거쳐 지방자치단체의 기관구성 형태를 달리할 수 있다.

39. 지방의회에 대한 설명으로 가장 옳지 않은 것은?
    ① 지방자치단체의 사무에 대한 행정사무 감사권 및 조사권을 갖는다.
    ② 지방의회에서 부결된 의안은 회기 중에 다시 발의하거나 제출할 수 없다.
    ③ 의회 의원의 자격상실 결정은 재적의원 과반수 출석과 출석의원 3분의 2 이상 찬성이 필요하다.
    ④ 지방의회의 사무직원의 수는 지방의회가 조례로 정하고, 사무직원은 지방의회의 의장이 임명한다.

40. 주민참여제도에 대한 설명으로 옳은 것만을 모두 묶은 것은?

    > 가. 주민은 지방자치단체의 조례를 개정하거나 폐지할 것을 청구할 수 있다.
    > 나. 주민투표에 부쳐진 사항은 주민투표권자 총수의 4분의 1 이상의 투표와 유효투표수 과반수의 득표로 확정된다.
    > 다. 주민의 감사청구는 사무처리가 있었던 날이나 끝난 날부터 3년이 지나면 제기할 수 없다.
    > 라. 주민은 그 지방자치단체의 장을 포함한 모든 지방의회의원을 소환할 권리를 가진다.

    ① 가, 나   ② 가, 다
    ③ 가, 나, 다   ④ 가, 다, 라

2022년도 경찰간부후보생(제71기) 공개경쟁선발시험

2 교시

- 객관식 [분야별 필수] -

목 차

〈과 목(1)〉
【행 정 학】(일반) ··· ○
【형사소송법】(세무회계, 사이버) ······················ ○

〈과 목(2)〉
【경찰학개론】(일반) ··· ○
【세 법 개 론】(세무회계) ································· ○
【정보보호론】(사이버) ····································· ○

응시자 유의사항

응시자는 답안 작성 시 반드시 과목 순서에 맞추어 표기하여야 하며, 과목 순서를 바꾸어 표기한 경우에도 과목 순서대로 채점되므로 유의하시기 바랍니다.

※ **시험이 시작되기 전까지 표지를 넘기지 마십시오.**

경찰대학 : http://www.police.ac.kr   원서접수사이트 : http://gosi.police.go.kr

1. 관료제에 대한 설명으로 가장 적절하지 않은 것은?
   ① 관료에게 일정한 자격 또는 능력에 따라 규정된 기능을 수행하는 전문성이 요구된다.
   ② 베버(M. Weber)의 이념형 관료제는 성과급 제도와 부합한다.
   ③ 직무의 집행은 서류나 문서에 의거해서 수행되는 문서주의의 특징을 가진다.
   ④ 성문화된 법령이 조직 내 권위의 원천이 된다.

2. 조직구조에 대한 설명으로 가장 적절하지 않은 것은?
   ① 기계적 구조를 가진 조직은 유기적 구조를 가진 조직에 비해 엄격한 계층제의 특징을 가진다.
   ② 매트릭스 구조에서는 조직구성원들을 기능부서와 사업부서가 공동으로 활용할 수 있다.
   ③ 네트워크 구조를 가진 조직은 상호 독립적인 조직들이 수직적·수평적으로 연결되어 업무를 수행한다.
   ④ 사업구조를 가진 조직은 제품별·산출물별로 구성된 자기완결적 사업부서를 가지며, 이들 사이의 업무조정은 매우 쉽다.

3. 리더십에 대한 설명으로 가장 적절하지 않은 것은?
   ① 리더십은 상황, 행태, 자질 등 다양한 요소를 바탕으로 설명할 수 있다.
   ② 변혁적(transformational) 리더십은 조직에서 변화를 주도하고 관리하는 리더십으로 카리스마적 리더십과 중첩되는 측면이 있다.
   ③ 피들러(F. Fiedler)의 상황조건론은 리더에게 유리한 리더십 상황(단순하고 명확한 과업구조, 강한 직위 권력 등)에서 인간관계 중심형 리더십이 효과적이라 주장한다.
   ④ 리더십은 조직의 공식적 구조와 설계의 불완전성을 보완해줄 수 있다.

4. 조직 발전(organization development)에 대한 설명으로 가장 적절한 것은?
   ① 조직 전체의 변화를 추구하는 계획적이고 의도적인 개입방법이다.
   ② 과정지향적이며 아래로부터의 자율적이고 자발적인 접근방법이다.
   ③ 조직 내·외부의 컨설턴트가 참여할 여지가 적다.
   ④ 조직발전은 조직의 구조나 형태를 바꾸는 것을 최우선 목표로 한다.

5. 동기부여이론에 관한 설명 중 가장 적절한 것은?
   ① 매슬로우(A.H. Maslow)의 욕구단계이론은 인간의 욕구를 다섯 가지로 구분하고 하위 욕구를 완전히 충족해야 상위욕구를 추구하게 된다고 주장한다.
   ② 맥그리거(D. McGregor)의 X이론은 근로자들의 자율 행동과 자기규제를 중시한다.
   ③ 아담스(J.S. Adams)의 형평성(공정성)이론은 개인이 지각하는 산출-투입비율이 타인의 산출-투입비율과 대등하면 동기가 유발되지 않는다고 주장한다.
   ④ 브룸(V.H. Vroom)의 V.I.E. 기대이론은 기대감, 수단성, 유의성과 함께 만족감을 동기부여의 주요 요인으로 본다.

6. 대표관료제(representative bureaucracy)에 대한 설명으로 가장 적절하지 않은 것은?
   ① 관료제의 인적 구성측면을 강조하며 관료제의 대표성과 대응성을 강화하기 위한 제도이다.
   ② 우리나라의 양성평등채용목표제는 대표관료제의 발상을 반영한 대표적인 제도이다.
   ③ 관료집단으로 하여금 민주적인 방법으로 행동하도록 하기 위한 방안으로 도입되었다.
   ④ 능력에 따른 채용을 엄정하게 적용하여 행정의 전문성과 생산성을 높이는 것을 목표로 한다.

7. 직위분류제에 대한 설명으로 가장 적절하지 않은 것은?
   ① 직위분류제는 직무의 종류·책임도·곤란도를 고려한 인사행정을 수행한다.
   ② 직위분류제 하에서는 동일 직렬에서의 장기간 근무가 가능하여 전문가 양성에 도움이 된다.
   ③ 직무 간 인사이동이 용이하여 직무관련 부패가 발생할 가능성이 낮다.
   ④ 동일 직무에 대한 동일보수제공을 원칙으로 한다.

8. 페리(J.L. Perry)가 주창하는 공공봉사동기이론(public service motivation)에 대한 설명으로 가장 적절하지 않은 것은?

① 공사부문 간 업무성격이 다르듯이 공공부문의 조직원들은 사부문의 조직원들과 동기구조 자체가 다르다고 주장한다.
② 공공봉사동기가 높은 사람은 물질적·외재적 동기보다 사명감과 이타심 같은 공공에 대한 봉사를 더 중요하게 여길 것으로 가정한다.
③ 공공봉사동기이론은 높은 공공봉사동기를 가지고 있는 것과 공무원이 되고자 하는 동기 사이에는 아무 상관이 없는 것으로 결론 내린다.
④ 공공봉사동기이론에 따르면 공공봉사동기가 높은 사람은 공익실현과 사회적 형평을 추구할 것으로 기대된다.

9. 계급제에 관한 설명으로 가장 적절하지 않은 것은?

① 개별 공무원의 자격과 능력을 기준으로 계급을 설정하고 이에 따라 공직을 분류하는 제도이다.
② 여러 부처의 같은 계급 공무원 사이의 횡적 교류와 협력이 원활하다.
③ 보수와 업무부담 간 형평성을 높이기에 가장 적절한 제도이다.
④ 계급에 따른 조직 내 상하관계와 차등대우가 상대적으로 명확하게 제시된다.

10. 우리나라 예산 및 법률에 대한 설명으로 가장 적절하지 않은 것은?

① 대통령은 국회가 의결한 법률안에 대해 거부권이 있지만, 국회에서 의결된 예산에 대해서는 거부권을 행사할 수 없다.
② 예산은 정부만이 제안권을 갖고 있고, 국회는 제안권을 갖고 있지 않다.
③ 국회는 정부의 동의 없이 정부가 제출한 지출예산 각 항의 금액을 증가시키거나 새 비목을 설치할 수 있다.
④ 예산을 심의할 때, 국회는 정부가 제출한 예산안의 범위 내에서 삭감할 수 있다.

11. 예산결정이론과 제도에 대한 설명으로 가장 적절하지 않은 것은?

① 계획예산(PPBS)와 영기준예산(ZBB)는 자원의 합리적 배분을 중시하는 대표적인 예산결정제도이다.
② 점증주의 예산은 다수의 참여자들이 복잡하게 연결되어 있는 예산배분 상황에서 상호작용을 통한 합의를 바탕으로 예산을 결정하게 될 때 나타난다.
③ 예산 결정의 합리성을 높이기 위해 비용편익분석, 체제분석 등의 분석기법이 사용된다.
④ 점증주의에 기반한 단절균형 예산이론(punctuated equilibrium theory)는 급격한 단절적인 예산변화를 예측할 수 있다는 장점이 있다.

12. 다음 중 「국가공무원법」에 규정된 공무원의 의무가 아닌 것은?

① 이해충돌 방지 의무
② 청렴의 의무
③ 친절·공정의 의무
④ 복종의 의무

13. 총액배분 자율편성 예산제도에 대한 설명으로 가장 적절하지 않은 것은?

① 정부 각 기관에 예산 자율권을 부여하는 예산관리모형이다.
② 부처의 사업별 재원배분에 대해 보다 세밀한 관리·통제가 가능하다.
③ 전략적계획의 발전을 촉진하고 재정의 경기 조절 기능을 강화할 수 있다.
④ 의사결정의 주된 흐름은 하향적이다.

14. 우리나라의 국세 중 직접세에 해당하는 것은 모두 몇 개인가?

가. 소득세	나. 종합부동산세
다. 법인세	라. 부가가치세
마. 주세	바. 자동차세

① 2개
② 3개
③ 4개
④ 5개

15. 과학적 관리론과 인간관계론에 관한 설명 중 가장 적절한 것은?
   ① 과학적 관리론은 과학적 분석을 통해 다양한 사람들이 각자의 특성에 꼭 맞는 자기만의 최선의 방식을 발견하도록 돕는다.
   ② 인간관계론은 조직의 성과제고를 궁극적인 목표로 하며 조직 내 인간관계의 중요성을 강조한다.
   ③ 호손실험(Hawthorne experiment)는 과학적 관리방법의 실증적 근거가 되었다.
   ④ 과학적 관리론이 바라보는 인간은 맥그리거(D. McGregor)의 Y이론이 제시하는 인간형과 일맥상통한다.

16. 정부(government)의 통치에서 거버넌스(governance)로 변화하는 것의 중요성을 강조하는 입장에 대한 설명으로 가장 적절하지 않은 것은?
   ① 정부 혼자서는 해결할 수 없는 복잡한 사회적 난제(wicked problem)가 늘어나고 있다고 주장한다.
   ② 거버넌스의 확대는 다양한 사회 세력들의 참여를 증대시킨다고 주장한다.
   ③ 거버넌스 체제에서의 정부는 정부가 가지는 고유한 권한과 역할을 포기해야 한다고 주장한다.
   ④ 거버넌스에 기반한 서비스 연계망은 분절화로 인해 집행통제가 어렵다는 비판을 받는다.

17. 정책의제설정모형에 대한 설명으로 가장 적절한 것은?
   ① 동형화 모형은 강압·모방·규범 등을 통해 정부 간 정책전이가 일어나면서 정책의제설정에 영향을 끼친다고 주장한다.
   ② 체제의제는 정책담당자가 공식적으로 논의하기로 결정한 정책문제를 의미한다.
   ③ 외부주도형 정책의제설정은 주로 정부 내 최고 통치자나 고위정책결정자가 주도적으로 정부의제를 만드는 것을 의미한다.
   ④ 정부의 힘이 강하고 민간부문의 힘이 취약한 권위적인 계층주의 사회에서는 내부접근형 정책의제설정이 나타나기 쉽다.

18. 우리나라 정부예산과목의 분류체계에 대한 설명으로 가장 적절하지 않은 것은?
   ① 예산과목 중에서 장·관·항은 입법과목이며, 세항·목은 행정과목이다.
   ② 예산과목의 구분과 설정은 기획재정부 장관이 정한다.
   ③ 소관은 누가 예산을 사용하는가에 대한 분류로 환경부, 국방부 등을 들 수 있다.
   ④ 세입예산과 세출예산 모두 장·관·항·세항·목으로 구분한다.

19. 정책 유형의 분류에 대한 설명으로 가장 적절하지 않은 것은?
   ① 분배정책에서 일반적으로 각종 개발사업과 관련된 법안이나 정책 교부금을 둘러싸고 의원들이 그 혜택을 나누어 가지려고 노력하는 현상이 나타난다.
   ② 규제정책은 분배정책에 비해 피규제자(피해자)와 수혜자가 명확하게 구분된다.
   ③ 분배정책이란 부나 권리의 편중을 해소하기 위하여 정부가 가진자와 못 가진자의 분포를 인위적으로 변화시키려고 하는 정책이다.
   ④ 누진세의 실시, 임대주택건설, 영세민 취로사업 등은 재분배정책에 해당한다.

20. 정책네트워크론에 대한 설명으로 가장 적절하지 않은 것은?
   ① 정책네트워크에는 참여자들의 상호작용을 규정하는 공식적 규칙이 존재하지 않는다.
   ② 사회학에서 많이 사용되고 있는 사회 연결망의 분석방법을 응용한다.
   ③ 정책네트워크의 참여자는 정부뿐만 아니라 민간부문까지 포함된다.
   ④ 행위자들 간의 연계는 의사소통과 전문지식, 신뢰, 그리고 여타 자원을 교환하는 통로로 작용한다.

21. 정책분석에 대한 설명으로 가장 적절하지 않은 것은?
   ① 정책분석은 정책문제를 해결하기 위해 정책 목표를 설정한 뒤 정책 목표를 성취하기 위한 구체적인 대안을 탐색하고 모색하는 과정을 의미한다.
   ② 정책델파이분석은 주요정책이슈의 잠정적인 해결책에 대하여 있을 수 있는 강력한 반대의견을 창출한 후 토론을 거쳐 최종보고서를 작성하는 기법이다.
   ③ 던(W. N. Dunn)은 정책대안의 결과를 예측하는 양적 방법으로 연장적 예측과 이론적 예측방법을 제시하였다.
   ④ 정책분석은 합리적인 대안 도출을 위한 활동으로 정치적 요인을 고려하지 않는다.

22. 살라몬(L.M. Salamon)의 정책수단유형에 대한 설명으로 가장 적절하지 않은 것은?
   ① 공공정보는 정부가 민간에게 공적정보를 제공하는 직접 수단이다.
   ② 바우처는 정부가 직접 서비스를 지급하기 어려울 경우 서비스 생산자에게 지원금을 지원하는 제도이다.
   ③ 공기업은 정부의 소유 또는 통제 하에 재화와 서비스를 제공하는 직접 수단이다.
   ④ 경제적 규제는 가격, 산출, 기업의 진입·퇴출 등 민간의 경제 활동을 통제하는 직접 수단이다.

23. 「정부업무평가 기본법」에 의한 정부업무평가제도에 대한 설명으로 가장 적절하지 않은 것은?
   ① 지방자치단체의 장은 정부업무평가시행계획에 기초하여 소관 정책 등의 성과를 높일 수 있도록 자체평가계획을 매년 수립하여야 한다.
   ② 행정안전부 장관은 정부업무평가위원회의 위원이다.
   ③ 정부업무평가의 실시와 평가기반의 구축을 체계적·효율적으로 추진하기 위하여 대통령 소속 하에 정부업무평가위원회를 둔다.
   ④ 공공기관에 대한 평가는 공공기관 외부의 기관이 실시하여야 한다.

24. 조례와 규칙에 대한 설명 중 가장 적절하지 않은 것은?
   ① 지방의회는 자치단체의 내부구조, 운영, 사무처리 등을 규정하는 조례를 제정할 수 있다.
   ② 자치단체의 장은 법령이나 조례가 위임한 범위에서 그 권한에 속하는 사무에 관하여 규칙을 제정할 수 있다.
   ③ 지방자치단체 조례를 위반한 행위에 대하여 조례로써 1천만원 이하의 과태료를 정할 수 있다.
   ④ 지방의회는 조례를 통하여 지방세의 종목과 세율을 자체적으로 결정할 수 있다.

25. 지방재정에 대한 설명 중 가장 적절하지 않은 것은?
   ① 지방재정은 중앙재정에 비해 지역 주민의 복지 및 후생에 직접 관계가 있는 지출의 비중이 크다.
   ② 지방재정은 중앙재정에 비해 외부효과로 인해 자원배분의 비효율이 발생할 가능성이 높다.
   ③ 지방재정은 중앙재정에 비해 수익자부담주의(응익주의)에 입각한 재정운영이 쉽다.
   ④ 지방재정은 중앙재정에 비해 자원배분 기능, 소득재분배 기능, 지역경제 안정화 기능 등 더 포괄적인 기능을 수행한다.

26. 「공공기관의 운영에 관한 법률」에 대한 설명으로 가장 적절하지 않은 것은?
   ① 공공기관의 운영에 관하여 공기업·준정부기관의 지정, 지정 해제 등에 관한 사항을 심의·의결하기 위하여 기획재정부장관 소속하에 공공기관운영위원회를 둔다.
   ② 직원 정원이 500명 미만인 공기업의 장은 임원추천위원회가 복수로 추천하여 운영위원회의 심의·의결을 거친 사람 중에서 국무총리가 임명한다.
   ③ 공기업은 시장형과 준시장형으로, 준정부기관은 기금관리형과 위탁집행형으로 구분된다.
   ④ 정부는 공공기관의 책임경영체제를 확립하기 위하여 공공기관의 자율적 운영을 보장하여야 한다.

27. 우리나라의 참여예산제도에 대한 설명으로 가장 적절하지 않은 것은?
① 「지방재정법」에 근거하여 예산과정에 주민이 참여할 수 있도록 시행되는 제도이다.
② 현재 모든 지방자치단체들은 참여예산제도를 운영해야 할 의무를 가진다.
③ 시민들의 참여로 예산과정의 효율성은 높일 수 있지만, 적법성(legitimacy)을 저해할 것으로 우려된다.
④ 주민참여예산을 통해 예산과정의 투명성이 높아질 것으로 기대된다.

28. 다음 중 큰 정부와 작은 정부에 대한 설명으로 가장 적절하지 않은 것은?
① 신자유주의가 등장하면서 큰 정부에서 작은 정부로의 전환이 이루어졌다.
② 신공공관리론에서는 작은 정부를 적극적으로 옹호한다.
③ 큰 정부를 지지하는 케인즈 경제학은 공급 중시 거시경제정책을 강조한다.
④ 작은 정부를 추구하는 신자유주의는 규제 완화와 민영화 등을 강조한다.

29. 외부효과에 대한 설명으로 가장 적절하지 않은 것은?
① 외부효과에 따른 자원의 비효율성을 해소하기 위해서는 사회적 비용 혹은 사회적 편익의 내부화를 해야 한다.
② 코오즈(R. Coase) 정리에서는 부정적 외부효과의 해결을 위해 정부의 규제정책을 강조한다.
③ 개인이나 기업이 소비 또는 생산활동을 함에 있어서 일으키는 공해는 외부불경제의 사례에 해당한다.
④ 긍정적 외부효과(외부경제)가 존재하는 시장의 경우, 사회적으로 바람직한 수준보다 과소공급이 이루어진다.

30. 윌슨(J. Wilson)의 규제정치이론에 관한 설명으로 가장 적절하지 않은 것은?
① '고객 정치' 상황에서는 불특정 다수의 논리가 투영될 가능성이 높다.
② 식품에 대한 위생규제, 산업안전규제, 환경오염규제는 '기업가적 정치' 상황에 해당한다.
③ 비용과 편익이 분산되는 경우보다 비용과 편익이 집중되는 경우에 정치 활동이 활발해진다.
④ 규제의 편익과 비용이 모두 이질적인 불특정 다수에게 분산되는 것은 '대중적 정치' 상황에 해당한다.

31. 「행정규제기본법」에서 규정하고 있는 내용으로 가장 적절하지 않은 것은?
① 중앙행정기관의 장은 규제를 신설·강화·완화하려면 규제영향분석을 하고 규제영향분석서를 작성하여야 한다.
② 규제는 법률에 근거하여야 한다.
③ 정부의 규제정책을 심의·조정하고 규제의 심사·정비 등에 관한 사항을 종합적으로 추진하기 위하여 대통령 소속으로 규제개혁위원회를 둔다.
④ 중앙행정기관의 장은 소관 규제의 명칭·내용·근거 등을 규제개혁위원회에 등록하여야 한다.

32. 정부실패에 대한 설명으로 가장 적절하지 않은 것은?
① 지대추구이론에서는 정부의 시장개입이 클수록 로비와 같은 지대추구행위가 증가하여, 사회적 손실도 증가한다고 주장한다.
② X-비효율성이란, 관료제 안에서 공익보다는 개인과 조직의 이익을 우선하는 현상을 의미한다.
③ 비용과 편익의 분리(괴리)는 정부 실패의 원인에 해당한다.
④ X-비효율성에 의한 정부 실패가 발생한 경우의 대응방안으로서는 민영화, 정부 보조 삭감, 규제 완화 등이 있다.

33. 스티글러(G. Stigler)의 정부규제이론에 대한 설명으로 가장 적절하지 않은 것은?
① 공공선택이론적 시각을 반영한 정부규제이론이다.
② 정부규제의 수요자는 피규제산업으로 대표되는 이익집단이다.
③ 관료는 공익을 대변하는 대다수 국민을 위해 필요한 규제를 실시한다.
④ 정치가는 합리적인 행위자이므로 자신의 효용 극대화를 추구한다.

34. 리그스(F. Riggs)의 프리즘적 모형(prismatic model)에 대한 설명으로 가장 적절하지 않은 것은?
① 비생태론적 접근방법에 기반을 둔다.
② 프리즘적 사회의 특성으로서는 고도의 이질성, 형식주의 등이 있다.
③ 프리즘적 사회는 농업사회에서 산업사회로 넘어가는 과도기적 사회를 말한다.
④ 프리즘적 사회에서 지배적인 행정 모형은 사랑방 모형이다.

35. 공공선택론적 접근방법에 대한 설명으로 적절하지 않은 것만을 묶은 것은?

　가. 개인의 행동을 기본적 분석단위로 함
　나. 비시장적 의사결정에 대한 경제학적 연구
　다. 개인은 합리적이고 이기적인 존재
　라. 공공문제 해결을 위한 정부의 역할을 중시
　마. 공공부문의 시장경제화를 처방
　바. 전통적인 관료제는 시민의 요구에 민감하게 반응하는 제도적 장치

① 가, 라
② 나, 마
③ 다, 라
④ 라, 바

36. 신제도주의에 대한 설명으로 가장 적절하지 않은 것은?
① 역사적 제도주의는 제도의 경로의존성을 강조한다.
② 신제도주의에서는 법률, 규칙 등을 제도로 간주하지만, 비공식적인 제도나 규범은 제도로 간주하지 않는다.
③ 사회학적 제도주의에서는 개인은 자신의 의도에 따라 제도를 만들거나 변형시킬 수 없다고 본다.
④ 합리적 선택 제도주의는 제도를 개인의 전략과 행동 그리고 이들 간의 상호작용을 규제하고 또 지속적인 규칙성을 유도하는 틀로 이해하지만, 그 제도는 개개인이 의도적으로 선택한 결과로 본다.

37. 신공공관리론의 주장으로 가장 적절하지 않은 것은?
① 시장메커니즘을 정부에 적용하고자 한다.
② 정책기능과 집행기능의 통합에 의한 책임행정체제를 확립해야 한다.
③ 시민을 고객으로 인식해 고객 만족의 극대화를 추구한다.
④ 민영화나 민간위탁, 정부 보조금 삭감 등을 통한 작은 정부를 강조한다.

38. 다원주의론에 대한 설명으로 가장 적절하지 않은 것은?
① 이익집단 간의 영향력의 차이는 주로 정부의 정책과정에 대한 상이한 접근기회에 기인한다고 본다.
② 이익집단 간에 상호 경쟁적이지만, 기본적으로 게임의 규칙을 준수해야 하는 데 합의를 하고 있다고 본다.
③ 신다원주의론에서는 사회에 존재하는 이익집단들 간에 이익의 균형과 조정이 민주주의의 핵심적인 동력으로 작용한다고 본다.
④ 이익집단들이나 일반 대중이 정책의제설정에 상당한 영향을 행사한다고 본다.

39. 조합주의에 대한 설명으로 가장 적절하지 않은 것은?
① 우리나라의 경제사회노동위원회(구 노사정위원회)는 조합주의에 따른 정책조정방식이다.
② 정책과정에서 국가의 역할은 소극적이라고 본다.
③ 정부는 사회적 공동선을 달성하기 위해 중요 이익집단과 우호적 협력관계를 유지한다.
④ 국가조합주의는 국가가 민간부문의 집단들에 대하여 강력한 주도권을 행사한다고 보는 모형이다.

40. 데이터기반 행정에 대한 설명으로 가장 적절하지 않은 것은?
① 공공기관이 데이터를 수집·저장·가공·분석·표현하는 등의 방법으로 정책 수립 및 의사결정에 활용하는 것을 말한다.
② 「데이터기반행정 활성화에 관한 법률」이 정의하는 데이터는 기계에 의한 판독이 가능한 형태로 존재하는 정형 또는 비정형의 정보를 의미한다.
③ 미국의 증거기반정책(evidence-based policy)와 유사한 개념이다.
④ 데이터기반 행정은 행정의 정치성과 민주성을 높이는 것을 최우선 목표로 한다.

2021년도 경찰간부후보생(제70기) 공개경쟁선발시험

2 교 시

- 객관식 [분야별 필수] -

목 차

〈과 목(1)〉
【행 정 학】 (일반) ·· 0
【형사소송법】 (세무회계, 사이버) ····················· 0

〈과 목(2)〉
【경찰학개론】 (일반) ······································ 0
【세 법 개 론】 (세무회계) ································ 0
【정보보호론】 (사이버) ··································· 0

응시자 유의사항

응시자는 답안 작성 시 반드시 과목 순서에 맞추어 표기하여야 하며, 과목 순서를 바꾸어 표기한 경우에도 과목 순서대로 채점되므로 유의하시기 바랍니다.

※ 시험이 시작되기 전까지 표지를 넘기지 마십시오.

경찰대학 : http://www.police.ac.kr   원서접수사이트 : http://gosi.police.go.kr

1. 행정이론과 학자 및 그 특성이 옳게 연결된 것은?
   ① 행정행태론 - 마리니(Marini), 정치행정일원론, 민주성 강조
   ② 행정관리론 - 어윅(Urwick), 정치행정이원론, 형평성 강조
   ③ 비교행정론 - 리그스(Riggs), 정치행정일원론, 합법성 강조
   ④ 신공공관리론 - 오스본(Osborne), 정치행정이원론, 성과 강조

2. 다음 학자에 대한 설명으로 옳지 않은 것은?
   ① 굿노(F. Goodnow)는 행정은 국가의지의 표현이라고 주장하였다.
   ② 윌슨(W. Wilson)은 정치와 행정의 분리를 주장하였다.
   ③ 사이먼(H. Simon)은 고전적 조직원리들을 검증되지 않은 속담이나 격언에 불과하다고 비판하였다.
   ④ 테일러(F. Taylor)는 시간과 동작에 관한 연구를 통해 효율적 관리를 위한 최선의 방법을 찾고자 하였다.

3. 과학적 관리법(scientific management)의 기본 전제와 가장 관련이 없는 것은?
   ① 과학적 분석에 따라 유일무이한 최선의 방안을 찾을 수 있다.
   ② 생산성 향상의 혜택은 노동자와 사용자 모두에게 돌아간다.
   ③ 인간은 내재적 보상에 의해 동기가 유발된다.
   ④ 조직의 목표는 명확하다.

4. 다음 중 고전적 인간관계론에서 자주 언급되는 호손실험(Hawthorne experiments)에 관한 설명으로 옳지 않은 것은?
   ① 생산성 향상에 비공식적 집단이 중요한 영향을 미친다는 것을 발견하였다.
   ② 생산성 향상은 작업환경의 변화보다도 근로자들이 특별한 존재로 인식되었기 때문에 일어났다.
   ③ 작업환경의 변화에 근로자들이 조직적으로 대응하는 문화가 존재한다는 것을 발견하였다.
   ④ 이 실험은 애초에 생산성 향상보다는 근로자들에 대한 인간적 대우가 중요하다는 것을 증명하기 위해서 설계되었다.

5. 사회학적 신제도론에 관한 설명으로 옳은 것은?
   ① 조직 내 제도의 변화는 효율성을 증진하기 위한 것으로 본다.
   ② 합리적 조직행태를 설명하는 데 적합하다.
   ③ 제도를 법규에만 한정하는 개념으로 정의한다.
   ④ 조직은 제도적 환경의 요구에 순응함으로써 정당성을 확보한다고 주장한다.

6. 퍼트남(R. Putnam)이 제시한 사회자본론과 관련하여 옳지 않은 것은?
   ① 이탈리아 지방정부의 제도적 성과와 관련하여 남부의 성공하지 못한 지역과 북부의 성공적인 지역을 비교 연구한 결과이다.
   ② 사회자본의 구성요소로 신뢰, 사회적 네트워크, 지역금융이 있다.
   ③ 사회자본은 스스로 창출되면서도 오랜 기간에 걸쳐 구축되고 나면 짧은 기간 내에 쉽게 사라지지 않는 성격을 지닌다.
   ④ 사회자본이란 참여자들이 공동목적을 추구하기 위해 효율적으로 일을 함께 할 수 있도록 만드는 조건을 의미한다.

7. 정책수단의 한 형태인 바우처(voucher)제도에 대한 설명 중 옳지 않은 것은?
   ① 공공서비스의 민영화를 위한 방식의 하나로 사용되고 있다.
   ② 수요자와 공급자 간의 결탁 또는 바우처 전매 등으로 정책효과가 제대로 발생하지 않을 수 있다.
   ③ 소수의 공급자가 있는 경우에 유용하게 활용될 수 있다.
   ④ 저소득층에게 식품, 교육 등의 복지제공을 위해 종종 사용된다.

8. 다음은 정부를 논의할 때 거론되는 다양한 설명들이다. 옳지 않은 것은?
   ① 정부나 개인이나 기업에게 제한된 공공재화를 배분하거나 경제 행위를 할 수 있는 인·허가 권한을 내주는 상황에서 형성된 배타적 이익을 지대(rent)라고 한다.
   ② 파킨슨 법칙(Parkinson's Law)에서는 공무원의 규모는 업무량에 상관없이 증가한다고 주장된다.
   ③ 신자유주의는 고전적 자유주의와 달리 정치, 경제, 사회 모든 분야에서 개인의 자유를 공익을 위해 제한하자는 사상이다.
   ④ 공유재의 비극이라는 주장에서는 효용극대화를 추구하는 합리적 인간에 대한 가정을 전제로 한다.

9. 고용노동부의 인증을 받고 활동하고 있는 사회적 기업에 대한 설명으로 옳은 것은?
   ① 사회적 기업은 취약계층에 대한 일자리 창출과 사회서비스 수요에 대한 공급확대 정책으로 시작되었다.
   ② 비영리단체 형태의 조직만이 사회적 기업으로 인증받을 수 있다.
   ③ 무급근로자로만 구성된 비영리단체라도 사회적 기업으로 인증받을 수 있다.
   ④ 고용노동부는 매년 사회적 기업의 활동실태를 조사하고 고용정책심의회에 통보하여야 한다.

10. 정책집행에 대한 하향식 접근법의 내용으로 옳지 않은 것은?
    ① 엘모어(Elmore)는 하향식 접근법을 후향식 접근(backward mapping)이라고 표현하였다.
    ② 정책이 집행되는 동안 목표의 우선순위가 변하지 않아야 한다.
    ③ 정책결정의 내용은 타당한 인과이론에 근거하여야 한다.
    ④ 정책결정과 집행은 독자적인 영역으로 서로 구분된다.

11. 조직 내 사회적 압력으로 인하여 비판적인 사고가 억제되고 판단능력이 저하되어 결국, 잘못된 의사결정에 도달되는 현상은 다음 중 어느 것인가?
    ① 공유재의 비극
    ② 집단사고
    ③ 님비(NIMBY)현상
    ④ 포획현상

12. 다음 중 비용편익분석(cost-benefit analysis)에 대한 설명으로 옳지 않은 것은?
    ① 총비용에 대해 총편익이 큰 정책이 바람직한 정책이라고 가정한다.
    ② 미래에 발생할 비용과 편익을 화폐적 단위로 표시하고 계량적인 환산을 한다.
    ③ 적절한 할인율을 설정하기가 쉽지 않다.
    ④ 투자한 비용에 대해 효과가 장기적으로 발생한다면, 할인율이 높을수록 현재가치가 크게 평가되어 경제적 타당성이 높게 나타난다.

13. 다음은 로위(T. Lowi)의 분류에 따른 정책유형에 관한 예이다. 옳지 않은 것은?
    ① 분배정책 : 고속도로 건설
    ② 재분배정책 : 저소득층의 소득안정 정책
    ③ 규제정책 : 식품위생에 관한 정책
    ④ 구성정책 : 코로나 사태에 따른 자영업자 금융 지원 정책

14. 다음은 정책결정모형에 관한 설명이다. 옳은 지문은 몇 개인가?

　가. 사이먼(Simon)에 따르면, 인간의 합리성은 제한적이지만 정책결정자는 최선의 대안을 추구한다.
　나. 윌다브스키(Wildavsky)에 따르면, 예산 결정은 과거의 지출수준을 토대로 점증적으로 결정될 가능성이 크다.
　다. 쓰레기통 모형(Garbage can model)에 따르면, 조직의 의사결정은 고도로 불확실한 상황에서 이루어진다.
　라. 드로(Dror)에 최적모형에 따르면, 영감, 직관, 통찰력과 같은 초합리적 요소는 합리적 분석을 위해 배제되어야 한다.
　마. 사이버네틱스(Cybernetics)의사결정에 따르면, 의사결정의 질은 사전에 설정된 표준운영절차가 얼마나 정교한지에 의해 결정된다.

① 2개　② 3개
③ 4개　④ 5개

15. 우리나라는 1997년 IMF 경제위기 이후 노사문제를 해결하기 위하여 노사정위원회를 구성하였다. 이러한 노사정위원회는 어떤 정책조정방식이론을 따른 것인가?
① 엘리트론
② 다원주의론
③ 조합주의론
④ 계급이론

16. 허즈버그(F. Herzberg)가 주장하는 위생요인의 예로 옳지 않은 것은?
① 근무환경
② 임금
③ 동료 간의 관계
④ 책임감

17. 민츠버그(H. Mintzberg)가 제시한 조직구조의 기본 부문들에 대한 설명으로 옳지 않은 것은?
① 전략부문(strategic apex)은 조직에 관한 전반적 책임을 지는 부분이다.
② 핵심운영부문(operating core)은 생산업무에 직접 종사하는 기능을 담당한다.
③ 중간부문(middle line)은 업무의 표준화를 추구한다.
④ 기술구조부문(technostructure)은 작업의 설계와 변경을 담당하는 전문가들이 있는 곳이다.

18. 베버(M. Weber)가 제시한 이념형(ideal type) 관료제의 특성으로 옳지 않은 것은?
① 문서주의
② 전문성
③ 카리스마적 권위
④ 상명하복

19. 조직구조설계 유형에 관한 기술로 옳은 것은?
① 팀제 구조는 책임 및 권한의 소재가 분명하다는 장점을 지닌다.
② 기능구조는 규모의 경제라는 장점을 지닌다.
③ 사업구조는 환경변화에 대한 탄력적 대응력이 기능구조에 비해 떨어진다.
④ 매트릭스 구조의 장점으로 신속한 의사결정이 있다.

20. 리더십 이론에 대한 내용으로 옳지 않은 것은?
① 피들러(Fiedler)의 상황론이 제시하는 상황변수에는 리더와 부하와의 관계, 리더의 공식적 권한, 과업구조의 특성이 있다.
② 변혁적 리더십은, 거래적 리더십과 같이 보상을 기반으로 추종자들을 통제하기 보다는, 평등·자유·정의 등 고차원의 비전을 제시함으로써 추종자들의 의식을 더 높은 단계로 끌어올리려 한다.
③ 행태이론은 모든 상황에 효과적인 리더의 행태가 존재한다고 가정한다.
④ 블레이크와 모튼(Blake and Mouton)의 관리망(managerial grid)연구에서는 과업형이 가장 효과적인 리더십 행태로 나타났다.

21. 책임운영기관에 대한 설명으로 옳지 않은 것은?
   ① 1999년 제정된「책임운영기관의 설치·운영에 관한 법률」에 근거하여 운영되고 있다.
   ② 인사와 예산에서 자율성은 확대되고 운영성과에 대해서는 책임이 부여되는 정부기관이다.
   ③ 책임운영기관 제도설계의 이론적 기반은 신공공관리론이다.
   ④ 책임운영기관의 기관장은 공개모집을 통해 정년이 보장되는 정규직 공무원으로 채용된다.

22. 대통령 직속 행정위원회에 해당하는 것은?
   ① 공정거래위원회
   ② 국민권익위원회
   ③ 방송통신위원회
   ④ 금융위원회

23. 정보공개청구 제도에 관한 내용으로 옳지 않은 것은?
   ① 행정기관이 보유하고 있는 정보를 시민의 청구에 따라 공개하는 제도이다.
   ② 예산 사용에 관한 정보는 이 제도를 통해 청구할 수 없다.
   ③ 「공공기관의 정보공개에 관한 법률」에 근거하여 정보공개를 청구할 수 있다.
   ④ 중앙과 지방을 불문하고 공공기관에 대해 정보공개를 청구할 수 있다.

24. 다음은 정부에 대한 이론 중 주인-대리인 모델에 관한 설명이다. 괄호 안에 들어갈 용어로 옳게 짝지어진 것은?

   > 주인이 책임성을 확보하지 못하는 것은 주인이 대리인보다 정보가 부족하기 때문이다. 이를 (A)이라 한다. 그런 유리한 입장을 이용해 대리인의 (B)가 발생하게 된다. 이 모형을 정부에 적용하면 우선 국민이 주인이고 선출직인 국회의원과 대통령이 대리인이다.

   ① A - 정보의 비효율성, B - 도덕적 해이
   ② A - 정보의 비효율성, B - 무임승차
   ③ A - 정보의 비대칭성, B - 도덕적 해이
   ④ A - 정보의 비대칭성, B - 무임승차

25. 다음 중 감사원의 임무 및 기능에 대한 설명으로 가장 옳지 않은 것은?
   ① 감사원이 국가결산보고서의 위법 또는 부당한 내용을 발견하면 이를 무효로 하거나 취소할 수 있다.
   ② 국가 또는 지방자치단체가 자본금의 50% 이상을 출자한 법인의 회계에 대해서 회계검사를 할 수 있다.
   ③ 직무감찰 대상은 공무원, 지방공무원, 한국은행 임원, 준공무원 등이다.
   ④ 감사원의 감사를 받는 자의 직무에 관한 처분, 그 밖의 행위에 관하여 이해관계를 가진 자는 감사원에 심사청구를 할 수 있다.

26. 다음은 직위분류제와 관련된 용어의 설명이다. 옳지 않은 것은?
   ① 직렬 : 직무의 종류가 유사하고 그 책임과 곤란성의 정도가 서로 다른 직급의 군
   ② 직급 : 직무의 종류, 곤란성과 책임도가 상당히 유사한 직위의 군
   ③ 직위 : 1인의 공무원에게 부여할 수 있는 책무와 책임
   ④ 직군 : 동일한 직렬 내에서 담당 분야가 같은 직무의 군

27. 대표관료제에 대한 기술로 옳은 것은?
   ① 관료들이 그들의 출신, 배경집단이 아닌 사회 전체를 대표하는 공익에 봉사할 것이라는 가정에 기반하고 있다.
   ② 대표관료제를 실현하기 위해 실적주의 원칙이 적용된다.
   ③ 전문성과 능률성이 떨어질 수 있다는 단점이 있다.
   ④ 대표관료제는 역차별과는 무관하다.

28. 조직생활에서 단정한 옷차림의 예의 바른 사람을 두고 선량하여 범죄를 저지를 가능성이 없다고 판단하는 예와 같이, 부분적인 특질을 전체적 수준으로 확대 해석하는 지각적 오류를 범할 가능성이 있다. 이러한 오류를 지칭하는 용어는?
   ① 선택적 인지(selective perception)
   ② 후광효과(halo effect)
   ③ 자기 예언적 실현(self-fulfilling prophecy)
   ④ 투사(projection)

29. 다음은 공무원 인사제도에 대한 설명이다. 옳은 지문은 몇 개인가?

> 가. 실적주의는 공직 임용기회 균등으로 평등이념 실현에 기여할 수 있다.
> 나. 실적주의는 공무원의 정치적 중립을 요구하지는 않으나, 직업공무원제는 공무원의 정치적 중립이 중요하다.
> 다. 엽관주의는 선거를 통해 행정부를 통제한다는 긍정적인 기능이 있다.

① 0개 ② 1개
③ 2개 ④ 3개

30. 다음은 공무원 보수에 대한 설명이다. 옳지 않은 것은?

① 실적급은 공무원의 직무수행능력을 측정하여 그 능력이 우수할수록 보수를 우대하는 보수체계이다.
② 직무급은 직무의 난이도와 책임의 정도에 따른 직무의 가치를 보수와 연결시킨 것이다.
③ 연공급은 근속연수, 경력 등 속인적인 요소의 차이에 따라 보수의 격차를 두는 보수체계이다.
④ 생활급은 공무원과 그 가족의 기본적인 생활 내지 생계 유지에 필요한 경비를 중심으로 보수를 결정하는 것이다.

31. 계획예산제도(PPBS)에 관한 설명으로 옳지 않은 것은?

① 상향식 예산 편성으로 하위 구성원의 참여가 보장된다.
② 비용편익분석 등 계량적 분석기법이 사용된다.
③ 의회의 관계기관으로부터 협조를 받지 못해 실패한 제도로 평가된다.
④ 목표와 계획에 따른 사업의 효율적 집행에 초점을 맞춘다.

32. 다음은 예산제도에 관한 설명이다. 옳지 않은 것은?

① 우리나라 예산은 장, 관, 항, 세항, 목 등의 예산으로 분류되는데 이 중에서 관 이상을 입법과목이라 한다.
② 계속비는 공사나 제조 및 연구개발사업과 같이 장기간에 걸쳐 사업이 지속되어야 효과가 나타나는 경우 회계연도를 탄력적으로 적용할 필요가 있을 때 허용된다.
③ 범죄수사 등 특수활동에 소요되는 경비, 여비, 경제정책상 조기 집행을 필요로 하는 공공사업비 등은 회계연도가 개시되기 이전에 예산을 배정할 수 있도록 허용하는 경우도 있다.
④ 국고채무부담행위는 외국인 고용이나 건물 임차 또는 국공채발행과 같이 다년도에 걸쳐 국고 부담을 야기하는 채무를 체결할 수 있는 권한을 국회로부터 부여받는 것이다.

33. 다음 중 예산에 대한 설명으로 옳지 않은 것은?

① 기금은 국가의 특정목적사업을 위해 출연금, 부담금 등을 주요 재원으로 한다.
② 기금은 특정수입과 지출의 연계를 배제한다.
③ 일반회계예산의 집행절차는 합법성에 입각하여 엄격하게 통제하는 경향이 있다.
④ 일반회계예산은 공권력에 의한 조세수입과 무상급부를 원칙으로 한다.

34. 성과주의 예산제도에 대한 설명이다. 옳지 않은 것은?

① 중간목표가 아니라 사업이나 서비스의 최종 소비자인 국민을 중심으로 성과를 접근하기 때문에 국민의 요구에 대한 대응성을 높일 수 있다.
② 예산 집행의 자율권을 부여함으로써 사업집행이나 서비스 전달의 구체적인 수단을 탄력적으로 동원할 수 있다.
③ 사업선정의 기준과 과정을 제시하지 않고 있어 기관 간 비교가 곤란하고 그 결과 국가 전체 차원에서 자원 배분의 효율성을 확보하기가 곤란하다.
④ 성과측정을 위해 계량화가 가능한 지표 중심으로 평가가 이루어지기 때문에 전략목표 및 성과목표와의 정합성이 떨어지는 지표가 포함될 가능성이 없다.

35. 다음 괄호 안에 들어갈 용어로 옳은 것은?

> 정부는 예산이 성립된 후에 생긴 사유로 이미 성립된 예산에 변경을 가할 필요가 있을 때에는 ( )을 편성하여 국회에 제출할 수 있다.

① 수정예산
② 준예산
③ 가예산
④ 추가경정예산

36. 듀브닉과 롬젝(Dubnic and Romzek)의 행정책임성 유형 중 외부지향적이고 통제의 강도가 높은 책임성은?

① 정치적 책임성
② 법적 책임성
③ 전문가적 책임성
④ 관료적 책임성

37. 미국 클린턴(B.Clinton)행정부의 국정성과평가팀(National Performance Review)이 추구한 행정개혁에 대한 내용으로 옳지 않은 것은?

① 고객우선주의
② 문서주의의 지양
③ 권한위임
④ 내부관리에 대한 통제 강화

38. 제도적 책임성(Accountability)과 자율적 책임성(Responsibility)에 대한 설명으로 옳지 않은 것은?

① 자율적 책임성은 정부가 행정활동으로 국민에게 손해를 끼칠 경우 그에 대해 책임을 추궁한다.
② 자율적 책임성은 직업윤리와 책임감에 기반한 능동적인 책임성을 의미한다.
③ 제도적 책임성은 법규와 규정에 따른 적절한 절차를 강조한다.
④ 제도적 책임성은 수동적인 행정책임을 의미한다.

39. 특별지방행정기관 제도에 대한 설명으로 옳은 것은?

① 특별지방행정기관의 설치로 지역 주민들을 위한 공공서비스의 책임 행정이 약해진다.
② 특별지방행정기관의 관할 범위가 넓을수록 이용자인 국민의 편의가 증진된다.
③ 특별지방행정기관과 지방자치단체 간 기능의 보완으로 효율성을 제고할 수 있다는 장점이 있다.
④ 특별지방행정기관은 지방자치단체에서 별도로 설치한 일선집행기관이다.

40. 다음 지방세 중에서 목적세에 해당하는 것은?

① 취득세
② 지방교육세
③ 재산세
④ 레저세

합격으로 증명하는 1등 행정학

신용한 행정학

합격으로 증명하는 1등 행정학

신용한
행정학

합격으로 증명하는 1등 행정학

합격으로 증명하는 1등 행정학

신용한
행정학

합격으로 증명하는 1등 행정학